中国社会科学年鉴

中国地方志年鉴 2019

YEARBOOK OF CHINESE LOCAL RECORDS

中国地方志指导小组办公室 主办

中国社会科学出版社

图书在版编目（CIP）数据

中国地方志年鉴.2019／中国地方志指导小组办公室主办.—北京：中国社会科学出版社，2021.5
ISBN 978－7－5203－8337－0

Ⅰ.①中… Ⅱ.①中… Ⅲ.①地方志—编辑工作—中国—2019—年鉴 Ⅳ.①K290－54

中国版本图书馆CIP数据核字(2021)第082446号

出 版 人 赵剑英
责任编辑 王鸣迪
责任校对 韩海超
责任印制 张雪娇

出　　版 中国社会科学出版社
社　　址 北京鼓楼西大街甲158号
邮　　编 100720
网　　址 http://www.csspw.cn
发 行 部 010－84083685
门 市 部 010－84029450
经　　销 新华书店及其他书店

印刷装订 三河市东方印刷有限公司
版　　次 2021年5月第1版
印　　次 2021年5月第1次印刷

开　　本 889×1194 1/16
印　　张 32.5
插　　页 18
字　　数 978千字
定　　价 278.00元

编辑说明

一、《中国地方志年鉴》是经国家新闻出版广电总局批准、由中国地方志指导小组办公室主办、国内外公开发行的正式出版物，是一部全面系统地记述中国地方志事业发展状况的专业年鉴，从2002年创刊起，每年出版一卷。

二、《中国地方志年鉴（2019）》的编纂，坚持以马克思列宁主义、毛泽东思想、邓小平理论、"三个代表"重要思想、科学发展观、习近平新时代中国特色社会主义思想为指导，客观翔实记述2018年全国及各省（自治区、直辖市）、市（地、州、盟）、县（市、区、旗）三级地方志工作机构，新疆生产建设兵团志办公室、国务院有关部委局史志机构等地方志工作的基本情况。

三、为了更好地反映全国地方志系统的工作情况，结合地方志工作实际，《中国地方志年鉴（2019）》除特载、特辑、大事记、文献等部分外，设中指组及其办公室工作、志书编纂与出版、旧志整理与出版、年鉴编纂与出版、地方志资源开发利用、信息化与方志馆建设、理论研究与期刊出版、依法治志与督促检查、工作会议、专业培训与考察交流、机构队伍、人物类目。

四、《中国地方志年鉴（2019）》采用分类编辑法，类目下设分目，分目下设条目，以条目为主体。各部分一般依行政区划排列，同一行政区域内，再按时间排序。全书使用规范的语体文记述，文字言简意赅。

五、为便于读者查阅，卷首设中、英文目录，卷末有索引。索引采用主题分析法，包括地方志工作机构名和书名，按汉语拼音音序排列。

六、本年鉴所采用的文字内容和数据，除特载和理论研究与期刊出版类目的研究综述、论文索引为特约稿件外，其他资料由各级地方志工作机构提供，并经单位领导审定。对部分遗漏和不完整的资料，则从全国地方志系统期刊简报摘录补充，不一一注明。

《中国地方志年鉴》编辑委员会

《中国地方志年鉴(2019)》撰稿人名单

中国地方志指导小组办公室：刘永强　冷晓玲　刘淑颖　杨卓轩　朱　海
范锐超　宿万涛　武　斌

北京市：姜　坤　王韧洁

天津市：唐　旗　刘　蒙　宋铭月

河北省：王慧卿　刘天骄　郑小明　刘　霁　邢素丽　任丽英　赵　斌

山西省：武　岭

内蒙古自治区：李　洋

辽宁省：梁忠音　赵　丹　吴承军　卜俊丽　刘　莹　李晓琳　张晓春　杜祥武
朝阳市史志办　鞍山市史志办　营口市档案史志管理中心

沈阳市：俄文亮

大连市：宫宗缘　孙建宏　刘　成　张　莹　李尔纳　袁百成　孙　军　舒　民
王喜武　阎　利

吉林省：赵德新　周玉顺　高　岩　肖志刚　魏云峰　于泳生　闫佳函　盛禹彭
庄　喆　付　莉　张海龙　杜宝君　张建光　李　雯　周春玲　任　帅
刘传仁

长春市：崔玉恺

黑龙江省：徐　萍　杜胜男

上海市：王师师　陈　畅

江苏省：吉　祥　武文明　朱莉萍　张　丽　李　婧　朱永平　周文燕　李海宏
常熟市志办　吴中区志办

南京市：王艳荣

浙江省：浙江省志办　绍兴市志办　衢州市志办　温州市志办　嘉兴市志办
湖州市志办　丽水方志办　金华市志办　台州方志办　舟山市志办

杭州市：高　丹　李景苏　朱　旭　张砚春　黎似玖　袁啸马　许红霞　陈金春
金利权　刘金炎　张丽萍　冯跃民　蔡建明　郦　晶　马琦敏　俞美娜
秦文蔚　徐　宏　倪　晴　刘　毅　王惟惟　任　艺　张素卿
建德市志办　桐庐县志办　萧山区志办　临安区志办　下城区志办
滨江区志办　江干区志办

宁波市：高曙明

安徽省：史五一

福建省：欧长生　吴朝庭

厦门市： 郑　欣

江西省： 朱　岳

山东省： 耿玉石

济南市： 张　阳

青岛市： 李　乒

河南省： 高孟娜　汪朝霞　文清华　戴　霞　马俊明　姜静涛

湖北省： 湖北省文旅厅地方志工作处

武汉市： 张道旺

湖南省： 张　睿　刘运华　孟东华　吴　夏　田　丰　任璀洛　张征远　陈晓红　唐继武　李文英　谢　华　周　璜　王成亮　易可倩　姜　标

广东省： 吕汉光　广东省志办

广州市： 李玉平　李启伦　张丽蓉　贺　坤　何文倩　梁斯豪　王艺霖　王　娜　杨宏伟　谢亚新

广西壮族自治区： 梁金荣　唐中克　孙　仿　韦韩韫　杨文光　苏麟忠　符松柏　杨　东　秧新明　王小霞　周珍朱　陈雄意　韦瑟钧乙

海南省： 郑　昕　王美芳　王建廷　雷晓玲　梁德珍　林　夏　滕志雄　张永翠　林书娇　郭　城　杜朝栋　李　鑫　卫静春　陈宇聪　琼海市史志办　琼中黎族苗族自治县党史县志办公室　五指山市史志办　保亭县史志办　白沙县史志办　文昌市史志办　乐东县史志办

重庆市： 杨祖静　熊　英　陈欣如　张仁富　雷　蕾　刘　芳　钟国军　李文秀　陈秀红　李才东　白　刚　罗　杨　王福忠　吴　炎　袁　征　毛世国　吴展渊　聂月红　赵　伟　师祝英　谭先敏　朱小红　张玉洁　司逸澈　叶春梅　重庆市黔江区党史和地方志服务中心　重庆市巫山县委党史研究室　重庆市南川区党史与地方志办公室

四川省： 黄　绚　陈静妮　孙玉峰　雷雨露　朱　丹　刘艳平

成都市： 李华扬

贵州省： 吕　勇

云南省： 郑灵琳

西藏自治区： 刘小莉　肖旭明　徐文玉　邹廷波　廖鲲鹏

陕西省： 韩云鸽

西安市： 黄立峰

甘肃省： 甘肃省地方史志办

青海省： 马　渊

宁夏回族自治区： 张明鹏

新疆维吾尔自治区： 陈　忠

新疆生产建设兵团： 王兴鹏　张　畅　孙　莉　第一师阿拉尔市史志办　第二师铁门关市史志办　第三师图木舒克市史志办

第四师可克达拉市史志办　第五师双河市史志办
第七师史志办　第九师史志办　第八师石河子市史志办
第十师北屯市史志办　第十一师史志办　第十二师史志办
第十三师史志办　第十四师昆玉市史志办

中国铁路总公司：姚岳山

有关组织机构及文件全称、简称对照表

全称	简称
中国共产党中央委员会	中共中央
中华人民共和国全国人民代表大会	全国人大
中国人民政治协商会议	政协
中国共产党中央军事委员会	中央军委
国家发展和改革委员会	国家发展改革委
国家民族事务委员会	国家民委
中华人民共和国人力资源和社会保障部	人社部
国家卫生和计划生育委员会	国家卫计委
国家新闻出版广播电影电视总局	新闻出版广电总局
中国民用航空总局	民航总局
中国人民解放军	解放军
中国人民武装警察部队	武警部队
新疆生产建设兵团	兵团
中国共产党××省（自治区、直辖市）、市（地、州、盟）、县（市、区）委员会	××省（自治区、直辖市）、市（地、州、盟）、县（市、区）委
××省（自治区、直辖市）、市（地、州、盟）、县（市、区）人民代表大会	××省（自治区、直辖市）、市（地、州、盟）、县（市、区）人大
中国人民政治协商会议××省（自治区、直辖市）、市（地、州、盟）、县（市、区）委员会	××省（自治区、直辖市）、市（地、州、盟）、县（市、区）政协
中国地方志指导小组	中指组
中国地方志指导小组办公室	中指办
××省（自治区、直辖市）、市（地、州、盟）、县（市、区）地方志编纂委员会	××省（自治区、直辖市）、市（地、州、盟）、县（市、区）地方志编委会
××省（自治区、直辖市）、市（地、州、盟）、县（市、区）地方志编纂委员会办公室	××省（自治区、直辖市）、市（地、州、盟）、县（市、区）志办

××省（自治区、直辖市）、市（地、州、盟）、县（市、区）人民政府地方志办公室	××省（自治区、直辖市）、市（地、州、盟）、县（市、区）志办
××省（自治区、直辖市）、市（地、州、盟）、县（市、区）地方志办公室	××省（自治区、直辖市）、市（地、州、盟）、县（市、区）志办
××省（自治区、直辖市）、市（地、州、盟）、县（市、区）地方志工作办公室	××省（自治区、直辖市）、市（地、州、盟）、县（市、区）志办
××省（自治区、直辖市）、市（地、州、盟）、县（市、区）地方史志办公室	××省（自治区、直辖市）、市（地、州、盟）、县（市、区）史志办
《全国地方志事业发展规划纲要（2015—2020年）》	《规划纲要》

中指组领导活动

◀1月12日，国家方志馆开馆暨“魅力中国”展览开展仪式举行。中国社会科学院院长、中指组组长王伟光（左四），中国社会科学院副院长、党组副书记王京清（右四），中国社会科学院党组成员张英伟（左三），中国社会科学院副院长、党组成员蔡昉（右三）等共同为国家方志馆揭幕

▶5月29日，国家方志馆黄河分馆开馆仪式在山东东营举行。全国政协常委、民族和宗教委员会主任，中国社会科学院大学校长、中指组组长王伟光（左三）；全国人大常委会委员、社会建设委员会副主任委员，中国社会科学院副院长，中指组常务副组长李培林（左四）；山东省副省长孙继业（左二）等出席开馆仪式

◀7月4日，《中国方志志》编纂座谈会在山东长岛召开。全国政协常委、民族和宗教委员会主任，中国社会科学院大学校长王伟光（后排右四）出席座谈会

▶ 8 月 14 日，国家方志馆知青分馆揭牌仪式在黑龙江黑河举行。全国政协常委、民族和宗教委员会主任，中国社会科学院大学校长，中指组原组长王伟光（右三）；中国社会科学院副院长、中指组常务副组长李培林（右二）；黑龙江省副省长孙东生（左四）等出席揭牌仪式

◀ 10 月 12 日，中国社会科学院副院长、中指组常务副组长李培林（左四）会见云南省副省长李玛琳（左三）一行

▶ 10 月 16 日，全国人大社会建设委员会副主任委员、中国社会科学院副院长、中指组常务副组长李培林（左三）在参加《中国影像志 · 高碑店村》开机仪式期间调研高碑店村史博物馆

全国地方志系统工作会议

全国省级地方志机构主任工作会议

◀12 月 14 日至 15 日，2019 年全国省级地方志机构主任工作会议暨第三次全国地方志工作经验交流会议在河北保定召开。图为开幕式会场

▶12 月 14 日，中国社会科学院院长、中指组组长谢伏瞻（左一）在 2019 年全国省级地方志机构主任工作会议暨第三次全国地方志工作经验交流会议上向四川省地方志工作办公室原党组书记、主任马小彬颁发“你真方志”荣誉证书和牌匾

◀ 会上，向入选第二批中国年鉴精品工程“中国精品年鉴”编纂单位颁发颁发荣誉证书和牌匾

▶ 12 月 14 日至 15 日，全国省级地方志机构负责人座谈会在河北保定召开。中国社会科学院院长、中指组组长谢伏瞻出席会议（右一排右三）

全国地方志工作研讨会议

▶ 1 月 5 日，中国社会科学院副院长、中指组常务副组长李培林（左三）到中指办考察指导，并听取中指办近期工作情况汇报

◀ 9 月 12 日至 13 日，2018 年全国地方志系统信息化研讨会暨中国地方志学会信息化分会年会、2018 年全国地方史志期刊研讨会暨中国地方志学会史志期刊分会年会在黑龙江抚远召开，图为开幕式会场

▶ 9 月 19 日至 20 日，2018 年全国年鉴研讨会暨中国地方志学会年鉴分会年度会议、第二届全国年鉴论坛在新疆阿克苏召开。图为开幕式会场

◀ 5 月 29 日至 30 日，首届全国方志馆建设经验交流会在山东东营召开

▶ 8 月 14 日至 16 日，全国方志馆建设工作研讨会暨方志馆业务培训班在黑龙江黑河举办。图为开幕式会场

◀ 12 月 25 日，中国影像志工作座谈会在云南德宏召开

学术研讨交流

学术研讨

▶ 1 月 13 日至 14 日，“新时代　新使命　新征程：精品志鉴与地方志编纂创新研讨会”在江苏张家港召开。图为开幕式会场

◀ 3 月 20 日，《中华人民共和国地方志法》立法专家论证会在国家方志馆召开

▶ 3 月 31 日，《八一镇志》编纂座谈会在西藏林芝召开

◀5月18日，依法治国与依法治志论坛——《地方志工作条例》颁行12周年座谈会在北京举办，中国社会科学院副院长、中指组常务副组长李培林，中国法学会副会长、中国社会科学院学部委员、法学研究所原所长李林等出席论坛

▶6月13日，《中华人民共和国史志法》立法研讨会暨“南岳衡山杯”首届全国地方志系统优秀论文交流座谈会在湖南长沙召开。图为开幕式会场

◀10月31日，纪念章学诚诞辰280周年座谈会在浙江绍兴召开

▶ 10 月 31 日，“第八届中国地方志学术年会暨中国社会科学院历史学部第十七届史学理论研讨会”在浙江绍兴召开。中国社会科学院副院长、中指组常务副组长李培林（左五）出席会议

◀ 12 月 12 日至 13 日，《中国抗日战争志》编纂研讨会在河北保定召开。图为讨论会场

学术交流

◀ 8 月 23 日至 29 日，中指组秘书长、中指办主任冀祥德（右四）率中国地方志学术交流团出席在马来西亚举行的第 84 届世界图书馆与信息大会，并与国际图联家谱与地方史委员会主负责人就地方志的价值与作用、家谱与地方志数字化、口述历史等相关内容进行座谈交流

▶ 12 月 17 日至 21 日，中指办副主任邱新立（左二）率中国地方志学术交流团赴台湾地区交流地方志工作。图为考察“国史馆台湾文献馆”

业务培训

▶1月29日至2月2日，2018年第一期全国地方志工作机构新任负责人培训班在浙江嘉兴开班。图为开班式会场

◀4月2日至3日，中国名镇志、中国名村志丛书编纂业务培训班在西藏林芝开班

◀ 4 月 19 日至 22 日，第一期全国地方志系统行政管理干部培训班在福建宁德开班。图为开班式会场

▶ 7 月 25 日至 27 日，第三期全国年鉴主编培训班在江西上饶开班。图为开幕式会场

◀ 8 月 12 日至 16 日，专业技术人才知识更新工程 2018 年全国地方志系统信息化高级研修班在北京开班。图为开班式会场

▶ 10 月 14 日至 18 日，2018 年第二期全国地方志工作机构新任负责人培训班在北京开班。图为开班式会场

◀ 10 月 24 日至 28 日，第一期援疆志鉴编纂业务培训班在新疆五家渠市开班。图为开班式会场

重要基地、重大工程建设

◀1月9日，《中国影像志·福建名镇名村影像志》签约仪式暨新闻发布会在福州召开

▶4月19日，全国地方志系统宁德培训基地揭牌仪式在宁德师范学院举行。中指组秘书长，中指办党组书记、主任冀祥德（右四）出席揭牌仪式

◀12月25日，以“乡村振兴战略实现与地方志开拓创新”为主题的第二届全国名村论坛暨第二批中国名村志丛书出版座谈会在云南省德宏州召开

▶ 7 月 6 日，中国精品志书《威海市志》发行会议在山东威海召开

◀ 12 月 6 日，第三届全国名镇论坛暨第三批中国名镇志丛书出版座谈会在湖北孝感召开

▶ 12 月 25 日，第二届全国名村论坛暨第二批中国名村志丛书出版座谈会在德宏州召开

各省（自治区、直辖市）地方志工作

省领导指导地方志工作

◀ 2 月 22 日，海南省副省长王路到省志办调研

▶ 2 月 27 日，山东省副省长孙继业到省史志办调研并座谈

▶ 8 月 17 日，湖南省副省长吴桂英到省地方志编委会调研

◀ 10 月 17 日，云南省地方志工作推进电视电话会议召开，云南省副省长李玛琳出席会议并讲话

▶ 11 月 14 日，陕西省委常委、常务副省长梁桂到省志办调研

部分重要活动

◀ 4 月 20 日，新疆维吾尔自治区地方志编委会、克拉玛依市政府、华为技术有限公司签署三方云计算发展战略合作协议

▶ 5 月 10 日，《汶川特大地震四川抗震救灾志》出版座谈会在四川成都召开

▶6月8日，由武汉市志办与广电部门联合摄制的大型纪实片《武汉 我的家》开机仪式在武汉举行

◀7月20日，福建省地方志编委会和人民网联合主办的让地方志“活”起来——《闽宁扶贫协作图志》启动仪式在北京人民网1号演播厅举行

▶10月12日，“2018上海年鉴国际学术论坛”在上海举行

目　　录

特　　载

加强方志馆建设，让地方志“立”起来
——在首届全国方志馆建设经验
交流会上的讲话 ……………… 王伟光(1)
高举习近平新时代中国特色社会主义
思想伟大旗帜　努力开创新时代
地方志事业高质量发展新局面
——在2019年全国地方志机构
主任工作会议暨第三次全国
地方志工作经验交流会上的
讲话 …………………………… 谢伏瞻(7)
以志为铭不染初心　以笔为犁不负
韶华——2018年新春贺词 ………………
………………………………… 李培林(12)
全面推进依法治志　加快史志立法
——在依法治国与依法治志
论坛上的致辞 ……………… 李培林(13)
开拓创新　努力探索方志馆建设
新路径——在国家方志馆黄河
分馆开馆仪式上的讲话 …… 李培林(16)
在全国方志馆建设工作研讨会暨
方志馆业务培训班上的讲话…… 李培林(17)

特　　辑

• 中指组领导地方志工作调研与批示

李培林到中指办调研指导工作 ……… (22)
李培林到方志出版社调研座谈 ……… (22)
李培林到中指办看望慰问干部职工…… (22)
李培林对福建省地方志工作作出
批示 ………………………………… (22)
李培林会见云南省副省长李玛琳
一行 ………………………………… (22)

• 省部级领导地方志工作调研与批示

河北省委书记王东峰、省长许勤高度
重视承办2019年全国省级地方志
机构主任工作会议暨第三次全国
地方志工作经验交流会 …………… (23)
山西省省长楼阳生、副省长曲孝丽
分别就地方志工作作出批示 ……… (23)
山西省委常委、宣传部部长廉毅敏出席
中共山西省委党史研究院(山西省
地方志研究院)干部大会…………… (23)
山西省副省长贺天才对地方志工作
作出批示 ………………………… (23)
黑龙江省政协主席黄建盛、副主席
马立群一行到黑龙江省志办调研…… (23)
黑龙江省委常委、秘书长张雨浦出席
中共黑龙江省委史志研究室揭牌
仪式 ……………………………… (23)
黑龙江省副省长孙东生听取黑龙江省
志办工作汇报 …………………… (23)
上海市委常委、宣传部部长、市地方志
编纂委员会主任委员董云虎就
地方志工作作出批示 …………… (24)
上海市委常委、宣传部部长周慧琳
到市志办调研 …………………… (24)
江苏省委书记、省人大常委会主任
娄勤俭对贯彻实施《江苏省地方志
工作条例》作出批示 ……………… (24)
江苏省省长吴政隆对审议《江苏省
地方志工作条例(草案)》发表
讲话 ……………………………… (24)
江苏省委常委、常务副省长、省委
秘书长樊金龙对“两全目标”
工作作出批示 …………………… (24)

江苏省委常委、常务副省长、省委秘书长樊金龙对贯彻实施《江苏省地方志工作条例》作出批示 …………………（24）
浙江省副省长成岳冲就地方志工作作出批示 ………………………………（25）
安徽省人大常委会副主任谢广祥到省志办调研 ………………………………（25）
安徽省副省长王翠凤到省志办调研 …（25）
福建省副省长杨贤金对《中国影像志·福建名镇名村影像志》作出批示 ……（25）
江西省副省长孙菊生到省志办调研 ……（25）
山东省副省长孙继业到省史志办调研 ……………………………………（26）
山东省副省长孙继业到国家方志馆黄河分馆暨东营市方志馆调研 ……（26）
山东省副省长孙继业出席省史志办向省社会主义学院赠书活动 ………（26）
湖南省副省长吴桂英对中指组2018年第二季度“两全目标”通报作出批示 ……………………………………（26）
湖南省副省长吴桂英到省方志委调研 ……………………………………（26）
广东省委书记李希、省长马兴瑞等就全省自然村落历史人文普查工作报告批示 …………………………（26）
广西壮族自治区政府副主席黄俊华对地方志工作作出批示 ……………（26）
海南省委常委、秘书长胡光辉多次就史志工作作出批示 ………………（27）
海南省委常委、秘书长胡光辉，副省长王路先后对第二轮修志工作作出批示 ……………………………………（27）
海南省副省长王路到省志办调研 ……（27）
重庆市副市长屈谦到市志办调研 ……（27）
四川省委常委、常务副省长王宁对2017年度地方志工作作出批示 ……（28）
四川省委常委、常务副省长王宁对中指组2018年第一季度“两全目标”通报作出批示 …………………（28）
四川省委常委、常务副省长王宁听取省志办工作汇报 ……………………（28）
贵州省副省长王世杰到省志办调研地方志工作 ……………………………（28）
云南省副省长李玛琳到省志办调研 ……（28）
云南省副省长李玛琳率队考察方志馆建设 ………………………………（28）
西藏自治区党委常委、秘书长刘江到自治区党委党史研究室（区地方志办公室）看望干部职工 ………………（28）
西藏自治区党委常委、秘书长刘江对地方志工作作出批示 ………………（29）
陕西省省委常委、常务副省长梁桂对地方志工作作出批示 ………………（29）
青海省省长刘宁、副省长杨逢春分别对地方志工作作出批示 ……………（29）
青海省副省长杨逢春对地方志工作作出批示 ……………………………（29）
青海省副省长杨逢春听取省志办工作汇报 ……………………………………（29）
新疆维吾尔自治区政府副主席吉尔拉·衣沙木丁出席《新疆通志（1986—2005）》终审会并讲话 ………………（29）
新疆维吾尔自治区政府副主席哈德尔别克·哈木扎听取自治区地方志工作汇报 ………………………………（30）

大事记

1月 ……………………………………（31）
2月 ……………………………………（32）
3月 ……………………………………（32）
4月 ……………………………………（33）
5月 ……………………………………（33）
6月 ……………………………………（34）
7月 ……………………………………（34）
8月 ……………………………………（35）
9月 ……………………………………（36）
10月 ……………………………………（36）
11月 ……………………………………（37）
12月 ……………………………………（38）

中指组及其办公室工作

• 中指组工作

实行“两全目标”工作进度季通报制度 …………………………………… (39)

开展第五届全国地方志优秀成果(年鉴类)评审活动 ………………… (39)

中指组印发《关于全国地方志系统支援西藏、新疆地方志工作的意见》 …………………………………………………… (39)

中指组印发《国家方志馆分馆建设管理工作规定》……………………… (39)

• 中指办工作

国家方志馆开馆暨“魅力中国”展览开展仪式举行 ……………………… (39)

中国国情网正式开通 ………………… (40)

中指办领导在中国社会科学院2017年度名优建设工程工作会议上作“名志”工程建设报告 …………… (40)

新时代 新使命 新征程:精品志鉴与地方志编纂创新研讨会召开 ……… (40)

中指办领导调研海宁市、湖州市地方志工作 ………………………… (40)

2018年第一期全国地方志工作机构新任负责人培训班开班 …………… (41)

中指办领导听取黑龙江省地方志工作汇报 …………………………… (41)

中指办领导听取甘肃省地方志工作汇报 ………………………………… (41)

中指办领导听取国家方志馆黄河分馆工作汇报 ……………………… (41)

中指办领导听取湖南省地方志工作汇报 ………………………………… (41)

中指办领导听取中国煤炭工业协会史志工作汇报 ……………………… (41)

中指办领导到衡阳市调研地方志工作 ………………………………… (42)

中指办领导到长沙市调研地方志工作 ………………………………… (42)

中指办领导听取河北省地方志工作汇报 …………………………… (42)

中指办领导听取山东省史志工作汇报 ………………………………… (42)

《中华人民共和国地方志法》立法专家论证会召开 …………………… (42)

中指办领导听取福建省地方志工作汇报 …………………………… (42)

《中华人民共和国史志法》立法建议稿专家研讨会议召开 ………… (43)

《中华人民共和国史志法》立法调研座谈会在哈尔滨召开 ………… (43)

《中华人民共和国史志法》立法调研座谈会在扬州召开 …………… (43)

《关于史志立法的建议》《中华人民共和国史志法(立法建议稿)》法学专家论证会在北京召开 ……… (43)

《八一镇志》编纂座谈会在林芝召开 ………………………………… (43)

中国名镇志、中国名村志丛书编纂业务培训班在林芝开班 …………… (43)

中指办领导听取郑州市地方史志工作汇报 …………………………… (44)

中指办领导听取遵义市地方志工作汇报 ………………………………… (44)

中指办领导听取广东省地方志工作汇报 ………………………………… (44)

中指办领导与中国索引学会理事长一行座谈交流 ……………………… (44)

中指办领导听取保定市地方志工作汇报 ………………………………… (44)

中指办领导到楚雄州调研地方志工作 ………………………………… (44)

中指办领导到宁德市调研地方志工作 ………………………………… (45)

全国地方志系统宁德培训基地成立 ………………………………… (45)

第一期全国地方志系统行政管理干部培训班在宁德开班 …………… (45)

中指办领导到中国扶贫第一村赤溪村调研指导工作 …………………… (45)
中指办领导听取四川省地方志工作情况汇报 …………………… (45)
国家社科基金抗日战争研究专项工程《中国抗日战争志》项目暨中国地方抗日战争志工程研讨会在枣庄召开 …………………… (45)
中指办领导听取湖北省方志馆工作汇报 …………………… (46)
中国年鉴精品工程2018年卷申报年鉴篇目研讨会在马鞍山召开 …… (46)
中指办领导到马鞍山市、滁州市调研地方志工作 …………………… (46)
依法治国与依法治志论坛——《地方志工作条例》颁行12周年座谈会在北京举行 …………………… (46)
中指办公布第二批入选中国年鉴精品工程"中国精品年鉴"名单 ………… (46)
中指办领导听取广西地方志工作汇报 …………………… (47)
中指办与军事科学院座谈交流军事志工作 …………………… (47)
中指办领导听取湖北省地方志工作汇报 …………………… (47)
"方志中国"微信矩阵上线 …………… (47)
首届全国方志馆建设经验交流会在东营召开 …………………… (47)
中指办领导到莱芜调研地方志工作 …………………… (48)
中国名酒志评选标准专家座谈会召开 …………………… (48)
《中华人民共和国史志法》立法研讨会暨"南岳衡山杯"首届全国地方志系统优秀论文交流座谈会在长沙召开 …………………… (48)
中指办领导听取贵阳市地方志工作汇报 …………………… (48)
中国地方志学术交流团访问加拿大、美国、英国 …………………… (48)
中指办领导听取深圳市申报国家方志馆特区分馆工作汇报 ………… (48)
中指办领导出席山东省志稿评审会 …… (49)
中国精品志书《威海市志》发行会召开 …………………… (49)
中指办领导听取泰安市史志工作汇报 …………………… (49)
中指办领导到黑河市调研地方志工作 …………………… (49)
冀祥德做客人民网谈中国地方志走进新时代 …………………… (49)
中指办领导听取国家方志馆知青分馆建设专题工作汇报 …………… (49)
中指办领导出席《闽宁扶贫协作图志》启动会 …………………… (50)
第三期全国年鉴主编培训班暨第五届全国地方志优秀成果(年鉴类)评审系列会议在上饶举行 ………… (50)
2018年全国地方志系统信息化高级研修班在北京开班 …………………… (50)
国家方志馆知青分馆揭牌 …………… (50)
全国方志馆建设工作研讨会暨全国方志馆业务培训班在黑河举行 …… (50)
中国地方志学术交流团出席第84届国际图书馆协会联合会世界图书馆与信息大会 …………………… (51)
中国地方志学术交流团访问马来西亚 …………………… (51)
中指办领导听取广西地方志工作专题汇报 …………………… (51)
2018年全国地方志系统信息化、史志期刊研讨会在抚远召开 ……… (51)
中国名镇志丛书、中国名村志丛书学术委员会评审会在北京召开 …… (52)
中指办领导调研新疆生产建设兵团第一师阿拉尔市地方志工作 ……… (52)
2018年全国年鉴研讨会暨中国地方志学会年鉴分会年度会议、第二届全国年鉴论坛在阿克苏举行 …………… (52)
中指办领导听取国家方志馆中原分馆项目申报工作汇报 …………………… (52)

中指办领导听取国家方志馆黄河分馆运行情况汇报 …………………（52）
中指办领导听取重庆市地方志工作汇报 ………………………………（52）
2018年第二期全国地方志工作机构新任负责人培训班在北京开班 ……（53）
中指办领导听取陕西省地方志工作汇报 ………………………………（53）
《中国影像志·高碑店村》在北京开机 ………………………………（53）
中指办领导听取福建省地方志工作汇报 ………………………………（53）
中指办领导与河北省志办、保定市人大领导座谈交流地方志工作 ……（53）
中指办领导与遵义市政府领导座谈交流地方志工作 …………………（53）
第一期援疆志鉴编纂业务培训班在五家渠开班 ………………………（54）
中指办领导调研海南省地方志工作……（54）
中指办领导听取成都市地方志工作汇报 ………………………………（54）
纪念章学诚诞辰280周年座谈会在绍兴上虞举行 ……………………（54）
第八届中国地方志学术年会在绍兴举行 ………………………………（54）
中指办领导听取湖北省地方志工作汇报 ………………………………（55）
中指办领导听取江西省地方志工作汇报 ………………………………（55）
地方史志期刊建设研讨会在晋江召开 …………………………………（55）
中指办领导听取楚雄州地方志工作汇报 ………………………………（55）
国家方志馆建设研讨会在三门峡召开 …………………………………（55）
第三届全国名镇论坛暨第三批中国名镇志丛书出版座谈会在孝感举行 ……（55）
《中国抗日战争志》编纂研讨会在保定召开 …………………………（56）
2019年全国省级地方志机构主任工作会议暨第三次全国地方志工作经验交流会议在保定召开 ……（56）
全国省级地方志机构负责人座谈会在保定召开 ………………………（56）
中指办领导听取新疆地方志编委会、新疆生产建设兵团志办公室工作汇报 ……（56）
中国地方志学术交流团赴台湾地区交流地方志工作 …………………（57）
中国影像志工作座谈会在德宏召开 …（57）
第二届全国名村论坛暨第二批中国名村志丛书出版座谈会在德宏举行 ……（57）
方志出版社工作 ………………………（57）

志书编纂与出版

● 编纂进展

北京市志书编纂进展 …………………（58）
天津市志书编纂进展 …………………（58）
山西省志书编纂进展 …………………（58）
内蒙古自治区志书编纂进展 …………（59）
辽宁省志书编纂进展 …………………（59）
吉林省志书编纂进展 …………………（60）
黑龙江省志书编纂进展 ………………（60）
上海市志书编纂进展 …………………（60）
江苏省志书编纂进展 …………………（61）
浙江省志书编纂进展 …………………（61）
安徽省志书编纂进展 …………………（61）
福建省志书编纂进展 …………………（61）
江西省志书编纂进展 …………………（62）
山东省志书编纂进展 …………………（62）
河南省志书编纂进展 …………………（62）
湖北省志书编纂进展 …………………（62）
湖南省志书编纂进展 …………………（62）
广东省志书编纂进展 …………………（63）
广西壮族自治区志书编纂进展 ………（63）
海南省志书编纂进展 …………………（63）
重庆市志书编纂进展 …………………（63）
四川省志书编纂进展 …………………（64）

贵州省志书编纂进展 …………………… (64)
云南省志书编纂进展 …………………… (64)
西藏自治区志书编纂进展 ……………… (64)
陕西省志书编纂进展 …………………… (65)
甘肃省志书编纂进展 …………………… (65)
青海省志书编纂进展 …………………… (65)
宁夏回族自治区志书编纂进展 ………… (65)
新疆维吾尔自治区志书编纂进展 ……… (65)
新疆生产建设兵团志书编纂进展 ……… (65)
全国铁路系统志书编纂进展 …………… (66)
● **省级志书出版**
《北京志·海关志(2000—2010)》出版 ………………………………… (66)
《北京志·国家税务志(1994—2010)》出版 ………………………………… (66)
《北京志·地方税务志(1994—2010)》出版 ………………………………… (66)
《北京志·气象志(1996—2010)》出版 ………………………………… (66)
《北京志·电信志(1991—2010)》出版 ………………………………… (66)
《北京志·人力资源和社会保障志(1995—2010)》出版 ……………… (67)
《北京志·云居寺志》 …………………… (67)
《北京志·检验检疫志(2001—2010)》出版 ………………………………… (67)
《天津市志·高新区志》出版 ………… (67)
《天津市志·工会志》出版 …………… (67)
《河北省志·国土资源志(1979—2005)》出版 ………………………… (67)
《河北省志·水利志(1979—2005)》出版 ………………………………… (67)
《河北省志·信访志(1979—2005)》出版 ………………………………… (67)
《河北省志·国有企业改革志(1979—2005)》出版 ……………… (67)
《河北省志·林业志(1979—2005)》出版 ………………………………… (67)
《山西省志·粮食志》出版 …………… (68)
《山西省志·出版志》出版 …………… (68)
《山西省志·教育志》出版 …………… (68)
《山西省志·民俗志》出版 …………… (68)
《山西省志·中小(民营)企业志》出版 ………………………………… (68)
《山西省志·统计调查志》出版 ……… (68)
《山西省志·国家税务志》出版 ……… (68)
《山西省志·轻工业志》出版 ………… (68)
《山西省志·中共山西省委志》出版 ………………………………… (68)
《山西省志·政治协商会议志》出版 ………………………………… (68)
《吉林省志(1986—2000)·检察志》出版 ………………………………… (68)
《吉林省志(1986—2000)·中医药志》出版 ………………………………… (69)
《吉林省志(1986—2000)·民航志》出版 ………………………………… (69)
《吉林省志(1986—2000)·大事记》出版 ………………………………… (69)
《黑龙江省志·共青团志(1986—2005)》出版 ………………………… (69)
《黑龙江省志·测绘志(1986—2005)》出版 ………………………………… (69)
《黑龙江省志·政协志(1986—2005)》出版 ………………………………… (69)
《黑龙江省志·出版志(1986—2005)》出版 ………………………………… (69)
《江苏省志丛书(1978—2008)·央行志》出版………………………… (70)
《江苏省志丛书(1978—2008)·银行志》出版………………………… (70)
《江苏省志丛书(1978—2008)·测绘志》出版………………………… (70)
《浙江通志·海关志》出版 …………… (70)
《浙江通志·哲学社会科学志》出版 ………………………………… (70)
《浙江通志·医疗卫生志》出版 ……… (70)
《浙江通志·乡镇企业专志》出版 …… (70)
《浙江通志·财政志》出版 …………… (71)
《浙江通志·蚕桑丝绸志》出版 ……… (71)
《浙江通志·公安志》出版 …………… (71)

《福建省志·水利志(1991—2005)》出版 …………………………………（71）
《山东省志·电信志(1996—2005)》出版 …………………………………（71）
《山东省志·社会科学志(1996—2005)》出版 …………………………………（71）
《山东省志·气象志(1986—2005)》出版 …………………………………（71）
《山东省志·信息产业志(1986—2005)》出版 …………………………………（71）
《山东省志·水利志(1986—2005)》出版 …………………………………（72）
《山东省志·体育志(1986—2005)》出版 …………………………………（72）
《山东省志·工业志(下)(1986—2005)》出版 …………………………（72）
《山东省志·凡例目录(1986—2005)》出版 …………………………………（72）
《山东省志·文物志(1991—2005)》出版 …………………………………（72）
《山东省志·报业志(1991—2005)》出版 …………………………………（72）
《山东省志·人物志(1986—2005)》出版 …………………………………（72）
《山东省志·妇联志(1995—2005)》出版 …………………………………（72）
《山东省志·工业综合管理志(1991—2005)》出版 ………………（73）
《山东省志·科学技术志(1986—2005)》出版 …………………………………（73）
《山东省志·文化志(1986—2005)》出版 …………………………………（73）
《山东省志·出版志(1988—2005)》出版 …………………………………（73）
《山东省志·侨务志(1991—2005)》出版 …………………………………（73）
《湖南省志(1978—2002)·妇女团体志》出版…………………………（73）
《广西通志·报业志(1998—2005)》出版 …………………………………（73）
《广西通志·医疗卫生志(1991—2005)》出版 ………………………（73）
《广西通志·教育志(1986—2005)》出版 …………………………………（74）
《广西通志·广播电影电视志(1996—2010)》出版………………（74）
《广西通志·审计志(1993—2005)》出版 …………………………………（74）
《广西通志·机构编制志(1950—2005)》出版 …………………………………（74）
《重庆市志·政协志》出版 ……………（74）
《四川省志·大熊猫志》出版 …………（74）
《四川省志·安全生产管理志(1986—2005)》出版………………（74）
《四川省志·测绘志(1986—2005)》出版 …………………………………（74）
《四川省志·出版志(1986—2005)》出版 …………………………………（75）
《四川省志·铁路志(1986—2005)》出版 …………………………………（75）
《四川省志·政府志(1986—2005)》出版 …………………………………（75）
《贵州省志(1978—2010)·烟草》出版 …………………………………（75）
《贵州省志(1978—2010)·政协》出版 …………………………………（75）
《贵州省志(1978—2010)·邮政》出版 …………………………………（75）
《贵州省志(1978—2010)·金融》出版 …………………………………（75）
《贵州省志(1978—2010)·环境保护》出版 …………………………………（75）
《贵州省志(1978—2010)·体育》出版 …………………………………（76）
《贵州省志(1978—2010)·审计》出版 …………………………………（76）
《贵州省志(1978—2010)·司法行政》出版 …………………………………（76）
《云南省志·气象志(1978—2005)》出版 …………………………………（76）

《云南省志·环境保护志(1978—2005)》出版 …………………………(76)
《云南省志·劳动和社会保障志(1978—2005)》出版 ………………(76)
《云南省志·侨务志(1978—2005)》出版 ……………………………(76)
《云南省志·出入境检验检疫志(1978—2005)》出版 ………………(76)
《云南省志·公安志(1978—2005)》出版 ……………………………(77)
《云南省志·审判志(1978—2005)》出版 ……………………………(77)
《云南省志·审计志(1978—2005)》出版 ……………………………(77)
《云南省志·电力工业志(1978—2005)》出版 ………………………(77)
《云南省志·财税志(1978—2005)》出版 ……………………………(77)
《西藏自治区志·劳动和社会保障志》出版 …………………………(77)
《西藏自治区志·政区建置志》出版 …(77)
《青海省志·邮政电信志·邮政(1986—2010)》出版 ………………(77)
《青海省志·地震志》出版 ……………(77)
《青海省志·共产党志(1991—2006)》出版 ………………(78)
《青海省志·教育志(1990—2010)》出版 ……………………………(78)

• 地市级志书出版

《太原市志(1978—2011)》出版 ………(78)
《运城市志》出版 ……………………(78)
《铁岭市志(1984—2005)》卷三出版 ……………………………(78)
《鸡西市志(1986—2005)》出版 ………(78)
《徐州市志(1978—2005)》出版 ………(78)
《连云港市志(1984—2005)》出版 ……(78)
《绍兴市志(1979—2010)》出版 ………(78)
《福州市志(1995—2005)》出版 ………(78)
《东营市志(1996—2013)》出版 ………(79)
《济宁市志(1991—2010)》出版 ………(79)
《德州市志(1986—2011)》出版 ………(79)
《开封市志(1986—2004)》出版 ………(79)
《株洲市志》出版 ……………………(79)
《南宁市志(1991—2005)》出版 ………(79)
《钦州市志》出版 ……………………(79)
《遵义市志》出版 ……………………(79)
《铜仁地区志·人物志》出版 …………(80)
《海北藏族自治州志(1991—2010)》出版 ……………………………(80)

• 县级志书出版

《北京市朝阳区志(1996—2010)》出版 ……………………………(80)
《北京市通州区志(1997—2010)》出版 ……………………………(80)
《北京市房山区志(1996—2010)》出版 ……………………………(80)
《馆陶县志(1997—2013)》出版 ………(80)
《盐山县志(1987—2005)》出版 ………(80)
《唐县志(1991—2010)》出版 …………(80)
《容城县志(1990—2010)》出版 ………(80)
《保定市北市区志(1989—2008)》出版 ……………………………(80)
《保定市新市区志(1989—2009)》出版 ……………………………(81)
《保定市南市区志(1987—2009)》出版 ……………………………(81)
《承德市鹰手营子矿区志》出版 ………(81)
《大名县志(1979—2005)》出版 ………(81)
《望都县志(1990—2005)》出版 ………(81)
《邯山区志(1988—2010)》出版 ………(81)
《博野县志(1993—2010)》出版 ………(81)
《安国市志(1991—2010)》出版 ………(81)
《雄县志(1990—2012)》出版 …………(81)
《涞水县志(1979—2009)》出版 ………(81)
《顺平县志(1998—2008)》出版 ………(81)
《定兴县志(1991—2010)》出版 ………(81)
《阜平县志(1996—2010)》出版 ………(82)
《涿州市志(1993—2005)》出版 ………(82)
《满城县志(1991—2008)》出版 ………(82)
《张家口市桥东区志》出版 ……………(82)
《新河县志(1989—2008)》出版 ………(82)
《大同县志(1996—2013)》出版 ………(82)

《定襄县志》出版 …………………… (82)
《祁县志(1978—2014)》出版 ………… (82)
《介休市志(1992—2013)》出版 ……… (82)
《神池县志》出版 …………………… (82)
《平定县志(1991—2012)》出版 ……… (82)
《永和县志》出版 …………………… (82)
《北镇市志(1986—2005)》出版 ……… (82)
《朝阳市双塔区志(1984—2005)》出版 ………………………………… (83)
《鸡东县志(1986—2005)》出版 ……… (83)
《爱辉区志(1983—2005)》出版 ……… (83)
《桃山林业局志(1986—2005)》出版 ………………………………… (83)
《乌马河区(林业局)志(1986—2005)》出版 ………………………………… (83)
《新青区(林业局)志(1986—2005)》出版 ………………………………… (83)
《赣榆县志(1990—2009)》出版 ……… (83)
《泰州市海陵区志(1988—2008)》出版 ………………………………… (83)
《高邮市志(1986—2005)》出版 ……… (84)
《灌云县志(1984—2005)》出版 ……… (84)
《金湖县志(1986—2005)》出版 ……… (84)
《海宁市志(1991—2010)》出版 ……… (84)
《龙游县志(简本)》出版 ……………… (84)
《温岭市志(1988—2007)》出版 ……… (84)
《厦门市同安区志(1997—2007)》出版 ………………………………… (84)
《大田县志(1993—2008)》出版 ……… (84)
《明溪县志(1991—2005)》出版 ……… (85)
《南安市志(1989—2008)》出版 ……… (85)
《贵溪市志(1991—2008)》出版 ……… (85)
《梁山县志(1994—2013)》出版 ……… (85)
《峄城区志(1991—2010)》出版 ……… (85)
《薛城区志(1991—2013)》出版 ……… (85)
《台儿庄区志(1986—2013)》出版 …… (85)
《滕州市志(1988—2016)》出版 ……… (85)
《寒亭区志(1989—2013)》出版 ……… (85)
《兖州市志(1996—2013)》出版 ……… (85)
《栖霞市志(1985—2002)》出版 ……… (85)
《烟台市芝罘区志(1983—2002)》出版 ………………………………… (86)
《武城县志(1986—2013)》出版 ……… (86)
《海阳市志(1978—2010)》出版 ……… (86)
《许昌市魏都区志》出版 ……………… (86)
《监利县志(1912—1949)》出版 ……… (86)
《湘阴县志(1978—2015)》出版 ……… (86)
《灵川县志(1991—2005)》出版 ……… (86)
《平乐县志(1991—2005)》出版 ……… (86)
《永福县志(1991—2005)》出版 ……… (86)
《灌阳县志(1991—2005)》出版 ……… (86)
《资源县志(1991—2005)》出版 ……… (87)
《浦北县志(1991—2005)》出版 ……… (87)
《陆川县志(1990—2005)》出版 ……… (87)
《全州县志(1991—2005)》出版 ……… (87)
《邕宁县志(1991—2005)》出版 ……… (87)
《桂林市七星区志》出版 ……………… (87)
《酉阳土家族苗族自治县志(1986—2005)》出版……………… (87)
《重庆市大渡口区志(1989—2008)》出版 ………………………………… (87)
《秀山县志(1912—1949)》出版 ……… (87)
《苍溪县志(1991—2005)》出版 ……… (87)
《修文县志(1978—2010)》出版 ……… (88)
《关岭布依族苗族自治县志(1999—2015)》出版……………… (88)
《雷山县志(1988—2013)》出版 ……… (88)
《榕江县志(1978—2012)》出版 ……… (88)
《台江县志(1991—2010)》出版 ……… (88)
《罗甸县志(1991—2015)》出版 ……… (88)
《册亨县志(1999—2015)》出版 ……… (88)
《仲巴县志》出版 …………………… (88)
《察隅县志》出版 …………………… (88)
《西安市长安区志(1990—2010)》出版 ………………………………… (88)
《西安市雁塔区志(1994—2010)》出版 ………………………………… (88)
《十三团志(1997—2013)》出版 ……… (89)
《二十二团志(1996—2010)》出版 …… (89)
《三十一团志(1996—2010)》出版 …… (89)

• **乡镇村志书出版**

《沈阳街道乡镇志》（第二辑）出版 …… (89)
《中国名镇志 · 孤山镇志》出版 ……… (89)
《中国名村志 · 新生村志》出版 ……… (89)
《侯冲社区志》出版 ……………………… (89)
《中兴镇志》出版 ………………………… (89)
《田垛里村志》出版 ……………………… (90)
《欧桥村志》出版 ………………………… (90)
《小明沙村志》出版 ……………………… (90)
《中国名镇志 · 杨舍镇志》出版 ……… (90)
《中国名镇志 · 塘桥镇志》出版 ……… (90)
《中国名镇志 · 金港镇志》出版 ……… (90)
《中国名镇志 · 凤凰镇志》出版 ……… (90)
《中国名镇志 · 梅李镇志》出版 ……… (90)
《旺山村志》出版 ………………………… (90)
《箭泾村志》出版 ………………………… (90)
《中国名镇志 · 光福镇志》出版 ……… (91)
《中国名村志 · 三山村志》出版 ……… (91)
《中国名村志 · 杨湾村志》出版 ……… (91)
《中国名村志 · 陆巷村志》出版 ……… (91)
《双桥村志》出版 ………………………… (91)
《罗阳镇志》出版 ………………………… (91)
《洲岭乡志》出版 ………………………… (91)
《仙稔乡志》出版 ………………………… (91)
《碑排乡志》出版 ………………………… (91)
《南院乡志》出版 ………………………… (92)
《岭北乡志》出版 ………………………… (92)
《下洪乡志》出版 ………………………… (92)
《丁桥镇志》出版 ………………………… (92)
《杨庙镇志》出版 ………………………… (92)
《丁栅镇志》出版 ………………………… (92)
《西塘镇志》出版 ………………………… (92)
《黄姑镇志》出版 ………………………… (92)
《全塘镇志》出版 ………………………… (92)
《中国名镇志 · 双林镇志》出版 ……… (93)
《沈村村志》出版 ………………………… (93)
《小越镇志》出版 ………………………… (93)
《马金镇志》出版 ………………………… (93)
《坂头村志》出版 ………………………… (93)
《鸬鸟镇志》出版 ………………………… (93)
《安仁村志》出版 ………………………… (93)
《香泉镇志》出版 ………………………… (93)
《幸福村志》出版 ………………………… (93)
《小南京村志》出版 ……………………… (93)
《甘溪村志》出版 ………………………… (94)
《大峡谷村志》出版 ……………………… (94)
《后郭村志》出版 ………………………… (94)
《溪尾村志》出版 ………………………… (94)
《东青村志》出版 ………………………… (94)
《后黄村志》出版 ………………………… (94)
《穆云畲族乡志》出版 …………………… (94)
《浔中镇志》出版 ………………………… (94)
《辛安街道志（1993—2014）》出版 …… (94)
《西南庄村志》出版 ……………………… (94)
《粟山村志》出版 ………………………… (94)
《新户镇郭局村志》出版 ………………… (94)
《太平二村志》出版 ……………………… (95)
《孟集村志》出版 ………………………… (95)
《上九山村志》出版 ……………………… (95)
《辛店街道志》出版 ……………………… (95)
《棘洪滩街道志》出版 …………………… (95)
《北关社区志》出版 ……………………… (95)
《栾川乡志》出版 ………………………… (95)
《白马寺镇志》出版 ……………………… (95)
《中国名镇志 · 北京街道志》出版 …… (95)
《中国名村志 · 石牌村志》出版 ……… (95)
《上合村志》出版 ………………………… (96)
《四合村志》出版 ………………………… (96)
《中国名镇志 · 兴隆华侨旅游经济区志》出版 ……………………………… (96)
《中国名镇志 · 来凤街道志》出版 …… (96)
《中国名村志 · 荷花村志》出版 ……… (96)
《中国名村志 · 黄瓜山村志》出版 …… (96)
《安康家园志》出版 ……………………… (96)
《保冲村志》出版 ………………………… (96)
《中国名村志 · 隆里所村志》出版 …… (96)
《中国名村志 · 肇兴村志》出版 ……… (97)
《南湖社区志》出版 ……………………… (97)
《中国名镇志 · 八一镇志》出版 ……… (97)

• **部门（行业、专题）志书出版**

《北辰审计志》出版 ……………………… (97)
《抚宁县人民代表大会志》出版 ……… (97)

《平乡县人民医院志》出版 …………… (97)
《朝阳市交通志》出版 ………………… (97)
《溧水县国土资源志(1996—2013)》出版 ……………………………… (97)
《江苏邗建集团公司志》出版 ………… (97)
《江苏省民防志》出版 ………………… (97)
《江阴市地名志》出版 ………………… (98)
《扬州市园林志》出版 ………………… (98)
《江苏省苏州地方税务局志(1994—2018)》出版 ………………………… (98)
《昆山经济技术开发区志》出版 ……… (98)
《玉苍山志》出版 …………………… (98)
《温州市鹿城区慈善志》出版 ………… (98)
《桐乡文化体育志》出版 …………… (98)
《绍兴市商务志》出版 ……………… (98)
《上虞卫生志》出版 ………………… (98)
《上虞地名志》出版 ………………… (99)
《诸暨徐氏志》出版 ………………… (99)
《松阳县机构编制志》出版 ………… (99)
《永春县芦柑志》出版 ……………… (99)
《政和茶志》出版 …………………… (99)
《仙游王氏文化志》出版 …………… (99)
《云霄名特产志》出版 ……………… (99)
《宜春市粮食志》出版 ……………… (99)
《石钟山志》出版 …………………… (99)
《青岛世园会志》出版 ……………… (99)
《青岛援藏志》出版…………………… (100)
《东明县政协志(2003—2017)》出版 ……………………………… (100)
《郓城县人大志(1949—2017)》出版 ……………………………… (100)
《广饶县人大志(2005—2017)》出版 ……………………………… (100)
《东营市河口区水利图志(1984—2016)》出版………………………… (100)
《山东尚舜化工有限公司志》出版…… (100)
《银座华兴志(1994—2017)》出版 … (100)
《郓城县工会志》出版………………… (100)
《青州市人大志》出版………………… (100)
《东营市河口区人民代表大会志(1995—2016)》出版 ……………… (100)
《沂水县水利志》出版………………… (100)
《东平县教育志》出版………………… (101)
《开封老街志》出版…………………… (101)
《秭归县移民志(2003—2010)》出版 ……………………………… (101)
《舜帝陵志》出版……………………… (101)
《广西风物图志》(第一辑·圩集)出版 ……………………………… (101)
《广西风物图志》(第一辑·服饰)出版 ……………………………… (101)
《广西风物图志》(第一辑·铜鼓)出版 ……………………………… (101)
《广西风物图志》(第一辑·戏剧)出版 ……………………………… (101)
《广西风物图志》(第一辑·古村镇)出版 ……………………………… (102)
《重庆市永川北山中学校校志(1938—2016)》出版 ……………… (102)
《重庆三峡移民志·库区建设与发展》出版 ………………………… (102)
《武隆县志·广播电视台志》出版…… (102)
《攀枝花市人大志(1968—2018)》出版 ……………………………… (102)
《汶川特大地震广元抗震救灾志》出版 ……………………………… (102)
《汶川特大地震广元市元坝区抗震救灾志》出版 ……………………… (102)
《汶川特大地震青川抗震救灾志》出版 ……………………………… (102)
《顺庆地方志志》出版………………… (102)
《双流县中医医院志(1956—2015)》出版 ……………………………… (102)
《名山统计志(1953—2013)》出版 … (102)
《螺髻山图志》出版…………………… (103)
《裴石家风志》出版…………………… (103)
《水城老城志》出版…………………… (103)
《安顺市档案志》出版………………… (103)
《兴仁县民族宗教志》出版…………… (103)
《丝绸之路青海道志》出版…………… (103)
《河湟文明志》(卷一)出版 ………… (103)
《陕甘宁盐环定扬黄工程志》出版…… (103)

《宁夏红寺堡扬水工程志》出版 ········ (103)

旧志整理与出版

● 工作进展

山西省旧志整理工作进展 ·············· (104)
吉林省旧志整理工作进展 ·············· (104)
黑龙江省旧志整理工作进展 ············ (104)
江苏省旧志整理工作进展 ·············· (104)
浙江省旧志整理工作进展 ·············· (104)
安徽省旧志整理工作进展 ·············· (105)
山东省旧志整理工作进展 ·············· (105)
湖北省旧志整理工作进展 ·············· (105)
湖南省旧志整理工作进展 ·············· (105)
广东省旧志整理工作进展 ·············· (105)
广西壮族自治区旧志整理工作进展 ·············· (105)
海南省旧志整理工作进展 ·············· (105)
重庆市旧志整理工作进展 ·············· (105)
陕西省旧志整理工作进展 ·············· (106)
甘肃省旧志整理工作进展 ·············· (106)

● 旧志出版

《赞皇旧志集成》出版 ··················· (106)
光绪《溧水县志》点校出版 ·············· (106)
三部《阜宁县志》统一影印出版 ········ (106)
《苏州旧志序跋汇编(府县志辑)》出版 ··············· (106)
《西湖新志补遗》影印出版 ·············· (107)
《萧山湘湖志》影印出版 ················· (107)
《杭县志稿》整理出版 ··················· (107)
乾隆重刻康熙《於潜县志》(点校版)出版 ·············· (107)
《广雁荡山志》点校出版 ················· (107)
康熙《海盐县志》排印出版 ·············· (107)
康熙续修《嘉善县志》影印出版 ········ (108)
《〈松夏志〉校续》出版 ·················· (108)
顺治《亳州志》(点校版)出版 ········· (108)
道光《桐城续修县志》点校出版 ········ (108)
民国《丰南志》(点校本)出版 ········· (108)
康熙《大同志》(点校本)出版 ········· (108)
同治《永新县志》(点校本)出版 ······ (108)
万历《吉安府志》(点校本)出版 ······ (108)
《山东省历代方志集成》(潍坊卷、济宁卷、临沂卷)出版 ·············· (109)
《山东省历代方志集成》(青岛卷、淄博卷、枣庄卷、东营卷、烟台卷)出版 ··············· (109)
《河南历代方志集成》出版 ·············· (109)
《方城旧志丛书》出版 ··················· (109)
康熙《开封府志》(点校本)出版 ······ (109)
同治《宜昌府志》校注出版 ·············· (109)
嘉靖《巴东县志》(校注译评本)出版 ·············· (109)
明清《黄州府志》丛刊(点校本)出版 ·············· (110)
乾隆《汉阳县志校注》出版 ·············· (110)
嘉庆《汉阳县志》出版 ··················· (110)
嘉庆《宜章县志》(点校版)出版 ······ (110)
嘉靖《广西通志》影印出版 ·············· (110)
乾隆《镇安府志》影印出版 ·············· (110)
康熙《重庆府涪州志》影印出版 ········ (111)
乾隆《涪州志》影印出版 ················· (111)
道光《涪州志》影印出版 ················· (111)
同治《重修涪州志》影印出版 ··········· (111)
光绪《涪乘启新》影印出版 ·············· (111)
民国《涪陵县续修涪州志》影印出版 ·············· (111)
乾隆《大宁县志》点校出版 ·············· (111)
民国《新修合川县志》点校出版 ········ (111)
康熙《巫山县志》点校出版 ·············· (112)
嘉庆《江津县志》影印出版 ·············· (112)
光绪《江津县志》影印出版 ·············· (112)
民国《江津县志》影印出版 ·············· (112)
《清嘉庆〈宜宾县志〉补注》出版 ······ (112)
嘉庆《广安州志》(点校本)出版 ······ (112)
同治《大邑县志校注》出版 ·············· (112)
乾隆《大邑县志》影印出版 ·············· (112)
民国《灌县志》影印出版 ················· (112)
乾隆、道光、嘉庆、光绪《黔西州志》(点校本、重勘本)出版 ······ (112)
嘉靖《思南府志》(校注本)出版 ······ (113)
民国《兴义县志》点校出版 ·············· (113)

年鉴编纂与出版

• 年鉴创刊出版

《任县年鉴(2017)》创刊 …………… (114)
《安国年鉴(2017)》创刊 …………… (114)
《宣化区年鉴(2017)》创刊 ………… (114)
《沧州市运河区年鉴(2017)》创刊 … (114)
《黄骅年鉴(2017)》创刊 …………… (114)
《献县年鉴(2017)》创刊 …………… (114)
《盐山年鉴(2017)》创刊 …………… (114)
《南关年鉴(2018)》创刊 …………… (115)
《龙山年鉴(2018)》创刊 …………… (115)
《新吴年鉴(2018)》创刊 …………… (115)
《徐州市鼓楼年鉴(2018)》创刊 …… (115)
《云龙年鉴(2018)》创刊 …………… (115)
《周庄年鉴(2018)》创刊 …………… (115)
《南湖年鉴(2018)》创刊 …………… (116)
《越城年鉴(2018)》创刊 …………… (116)
《九江教育年鉴(2011—2015)》创刊 …………… (116)
《龙山年鉴(2018)》创刊 …………… (116)
《中山市古镇镇年鉴(2018)》创刊 … (116)
《海城年鉴》(2017)创刊 …………… (116)
《银海年鉴(2017)》创刊 …………… (116)
《钦南年鉴(2017)》创刊 …………… (117)
《港南年鉴(2017)》创刊 …………… (117)
《覃塘年鉴(2017)》创刊 …………… (117)
《平果年鉴(2016)》创刊 …………… (117)
《南丹年鉴(2017)》创刊 …………… (117)
《天涯区年鉴(2017)》创刊 ………… (117)
《吉阳区年鉴(2017)》创刊 ………… (118)
《渝中年鉴(2017)》创刊 …………… (118)
《沙坪坝年鉴(2018)》创刊 ………… (118)
《黔江年鉴(2018)》创刊 …………… (118)
《忠县年鉴(2018)》创刊 …………… (118)
《新津年鉴(2018)》创刊 …………… (118)
《贡觉年鉴(2018)》创刊 …………… (118)
《八宿年鉴(2018)》创刊 …………… (118)
《类乌齐年鉴(2018)》创刊 ………… (118)
《王益年鉴(2018)》创刊 …………… (119)
《同仁年鉴(2017)》创刊 …………… (119)
《尖扎年鉴(2017)》创刊 …………… (119)
《杂多年鉴(2017)》创刊 …………… (119)
《第二师铁门关市年鉴(2018)》创刊 …………… (119)

• 省级综合年鉴出版

《北京年鉴(2018)》出版 …………… (119)
《河北年鉴(2017)》出版 …………… (119)
《山西年鉴(2018)》出版 …………… (119)
《辽宁年鉴(2018)》出版 …………… (120)
《吉林年鉴(2018)》出版 …………… (120)
《黑龙江年鉴(2017)》出版 ………… (120)
《黑龙江年鉴(2018)》出版 ………… (120)
《上海年鉴(2018)》出版 …………… (120)
《上海年鉴(2018)》英文版出版 …… (121)
《江苏年鉴(2018)》出版 …………… (121)
《浙江年鉴(2018)》出版 …………… (121)
《江西年鉴(2018)》出版 …………… (121)
《山东年鉴(2018)》出版 …………… (121)
《河南年鉴(2018)》出版 …………… (122)
《湖北年鉴(2018)》出版 …………… (122)
《湖南年鉴(2018)》出版 …………… (122)
《广东年鉴(2018)》出版 …………… (122)
《广西年鉴(2018)》出版 …………… (122)
《海南年鉴(2018)》出版 …………… (122)
《海南年鉴(2018)》英文简本出版 … (122)
《重庆年鉴(2018)》出版 …………… (123)
《贵州年鉴(2018)》出版 …………… (123)
《云南年鉴(2018)》出版 …………… (123)
《西藏年鉴(2017)》出版 …………… (123)
《陕西年鉴(2018)》出版 …………… (123)
《甘肃年鉴(2018)》出版 …………… (123)
《青海年鉴(2018)》出版 …………… (123)
《兵团年鉴(2018)》出版 …………… (124)

• 地市级综合年鉴出版

《唐山年鉴(2018)》出版 …………… (124)
《保定年鉴(2018)》出版 …………… (124)
《沧州年鉴(2017)》出版 …………… (124)
《太原年鉴(2018)》出版 …………… (124)
《大同年鉴(2018)》出版 …………… (124)
《阳泉年鉴(2018)》出版 …………… (124)

《沈阳综合年鉴(2018)》出版 ……… (124)
《丹东年鉴(2017)》出版 …………… (125)
《锦州年鉴(2017)》出版 …………… (125)
《阜新年鉴(2018)》出版 …………… (125)
《朝阳年鉴(2018)》出版 …………… (125)
《吉林市年鉴(2018)》出版 ………… (125)
《辽源年鉴(2017)》出版 …………… (126)
《通化年鉴(2018)》出版 …………… (126)
《哈尔滨年鉴(2018)》出版 ………… (126)
《南京年鉴(2018)》出版 …………… (126)
《苏州年鉴(2018)》出版 …………… (126)
《盐城年鉴(2018)》出版 …………… (126)
《嘉兴年鉴(2018)》出版 …………… (127)
《金华年鉴(2017)》出版 …………… (127)
《合肥年鉴(2018)》出版 …………… (127)
《九江年鉴(2017)》出版 …………… (127)
《新余年鉴(2018)》出版 …………… (127)
《青岛年鉴(2018)》出版 …………… (127)
《济宁年鉴(2018)》出版 …………… (127)
《潍坊年鉴(2018)》出版 …………… (128)
《菏泽年鉴(2018)》出版 …………… (128)
《平顶山年鉴(2018)》出版 ………… (128)
《武汉年鉴(2018)》出版 …………… (128)
《襄阳年鉴(2018)》出版 …………… (128)
《长沙年鉴(2018)》出版 …………… (128)
《株洲年鉴(2018)》出版 …………… (129)
《永州年鉴(2018)》出版 …………… (129)
《广州年鉴(2018)》出版 …………… (129)
《广州年鉴(2017)》英文版出版 …… (129)
《深圳年鉴(2018)》出版 …………… (129)
《东莞年鉴(2018)》出版 …………… (129)
《中山年鉴(2018)》出版 …………… (130)
《南宁年鉴(2018)》出版 …………… (130)
《桂林年鉴(2018)》出版 …………… (130)
《北海年鉴(2018)》出版 …………… (130)
《海口年鉴(2018)》出版 …………… (131)
《三亚市年鉴(2018)》出版 ………… (131)
《成都年鉴(2018)》出版 …………… (131)
《南充年鉴(2018)》出版 …………… (131)
《乐山年鉴(2018)》出版 …………… (131)
《昆明年鉴(2018)》出版 …………… (131)
《大理州年鉴(2018)》出版 ………… (131)
《山南年鉴(2018)》出版 …………… (131)
《西安年鉴(2018)》出版 …………… (132)
《宝鸡年鉴(2018)》出版 …………… (132)
《咸阳年鉴(2018)》出版 …………… (132)
《甘南州年鉴(2018)》出版 ………… (132)
《白银市年鉴(2018)》出版 ………… (132)
《海西年鉴(2017)》出版 …………… (132)
《北屯年鉴(2018)》出版 …………… (132)

• 县区级综合年鉴出版

《北京海淀年鉴(2018)》出版 ……… (132)
《北京通州年鉴(2018)》出版 ……… (132)
《北京密云年鉴(2018)》出版 ……… (133)
《唐山市丰润年鉴(2018)》出版 …… (133)
《滦南年鉴(2018)》出版 …………… (133)
《阳曲年鉴(2018)》出版 …………… (133)
《平顺年鉴(2018)》出版 …………… (133)
《霍州年鉴(2018)》出版 …………… (133)
《敦化年鉴(2018)》出版 …………… (133)
《珲春年鉴(2018)》出版 …………… (133)
《公主岭年鉴(2018)》出版 ………… (134)
《南岗年鉴(2018)》出版 …………… (134)
《五常年鉴(2018)》出版 …………… (134)
《宁安年鉴(2018)》出版 …………… (134)
《溧水年鉴 2018》出版 …………… (134)
《江阴年鉴(2018)》出版 …………… (134)
《上城年鉴(2018)》出版 …………… (134)
《下城年鉴(2018)》出版 …………… (135)
《拱墅年鉴(2017)》出版 …………… (135)
《滨江年鉴(2017)》出版 …………… (135)
《萧山年鉴(2017)》出版 …………… (135)
《柯桥区年鉴(2017)》出版 ………… (135)
《东阳年鉴(2017)》出版 …………… (135)
《金寨年鉴(2017)》出版 …………… (135)
《南康年鉴(2018)》出版 …………… (136)
《安丘年鉴(2018)》出版 …………… (136)
《曲阜年鉴(2018)》出版 …………… (136)
《舞钢市年鉴(2018)》出版 ………… (136)
《江岸年鉴(2018)》出版 …………… (136)
《汉阳年鉴(2018)》出版 …………… (136)
《武昌年鉴(2018)》出版 …………… (136)

《浏阳年鉴(2018)》出版 …………… (137)
《岳阳县年鉴(2018)》出版 ………… (137)
《越秀年鉴(2018)》出版 …………… (137)
《光明年鉴(2018)》出版 …………… (137)
《南海年鉴(2018)》出版 …………… (137)
《西乡塘年鉴(2018)》出版 ………… (137)
《天等年鉴(2018)》出版 …………… (137)
《灵山年鉴(2018)》出版 …………… (137)
《璧山年鉴(2018)》出版 …………… (138)
《梁平年鉴(2018)》出版 …………… (138)
《武隆年鉴(2018)》出版 …………… (138)
《纳溪年鉴(2018)》出版 …………… (138)
《彭山年鉴(2018)》出版 …………… (138)
《拉萨城关年鉴(2018)》出版 ……… (138)
《乃东年鉴(2018)》出版 …………… (138)
《洛扎年鉴(2018)》出版 …………… (139)
《印台年鉴(2018)》出版 …………… (139)
《紫阳年鉴(2018)》出版 …………… (139)
《山丹年鉴(2018)》出版 …………… (139)
《临洮年鉴(2018)》出版 …………… (139)
《西宁市城西年鉴(2017)》出版 …… (139)
《化隆回族自治县年鉴(2018)》出版 ………………………………… (139)
《同仁年鉴(2018)》出版 …………… (139)

● 乡镇村年鉴出版

《张浦年鉴(2018)》出版 …………… (139)
《石碣年鉴(2018)》出版 …………… (140)
《虎门年鉴(2018)》出版 …………… (140)
《厚街年鉴(2018)》出版 …………… (140)
《大朗年鉴(2018)》出版 …………… (140)
《松山湖高新区年鉴(2018)》出版 … (140)
《塘厦年鉴(2018)》出版 …………… (141)
《观澜年鉴(2018)》出版 …………… (141)
《深圳市光明新区玉塘办事处年鉴(2018)》出版 ……………………… (141)
《龙城街道年鉴(2018)》出版 ……… (141)
《福城年鉴(2018)》出版 …………… (141)
《民治年鉴(2018)》出版 …………… (141)
《南城年鉴(2018)》出版 …………… (141)

● 地方专业年鉴出版

《中关村年鉴(2018)》出版 ………… (142)
《北京经济技术开发区年鉴(2018)》出版 ………………………………… (142)
《河北金融年鉴(2018)》出版 ……… (142)
《中国·秦皇岛经济技术开发区年鉴(2018)》出版 ………………… (142)
《沧州统计年鉴(2018)》出版 ……… (142)
《山西统计年鉴(2018)》出版 ……… (142)
《吉林统计年鉴(2018)》出版 ……… (142)
《长春汽车经济开发区年鉴(2018)》出版 ………………………………… (142)
《黑龙江统计年鉴(2018)》出版 …… (142)
《温州公安年鉴(2017)》出版 ……… (142)
《中共山东年鉴(2018)》出版 ……… (143)
《山东国土资源年鉴(2018)》出版 … (143)
《黄河年鉴(2018)》出版 …………… (143)
《武汉城市圈年鉴(2017)》出版 …… (143)
《武汉公安年鉴(2018)》出版 ……… (143)
《武汉交通运输年鉴(2018)》出版 … (143)
《武汉建设年鉴(2018)》出版 ……… (144)
《湖南统计年鉴(2018)》出版 ……… (144)
《长沙统计年鉴(2018)》出版 ……… (144)
《广东建设年鉴(2018)》出版 ……… (144)
《广东卫生和计划生育年鉴(2018)》出版 ………………………………… (144)
《粤港澳大湾区年鉴(2018)》出版 … (145)
《深圳文艺年鉴(2018)》出版 ……… (145)
《深圳统计年鉴(2018)》出版 ……… (145)
《深圳科技年鉴(2018)》出版 ……… (145)
《广西环境年鉴(2017)》出版 ……… (145)
《广西建设年鉴(2018)》出版 ……… (145)
《西藏统计年鉴(2018)》出版 ……… (145)
《陕西统计年鉴(2018)》出版 ……… (145)
《陕西科技年鉴(2018)》出版 ……… (146)
《青海统计年鉴(2018)》出版 ……… (146)
《中国石油青海油田公司年鉴(2018)》出版 ………………………………… (146)
《新疆生产建设兵团统计年鉴(2018)》出版 ………………………………… (146)
《新疆兵团第十四师昆玉市统计年鉴(2018)》出版 ………………… (146)

地方志资源开发利用

● 地情书编写与出版

《中国地情报告(2018)》 …………… (147)
《京剧大观》出版……………………… (147)
《天津运河文化图集》出版…………… (147)
《河北省改革开放 40 年史事录(1978—2018)》出版 ……………… (147)
《山西家规家训精选》出版…………… (147)
《辽宁大事记(2017)》出版 ………… (147)
《东港方言》出版……………………… (148)
《丹东民间语文》出版………………… (148)
《寻路关东——长白山区移民口述实录》出版 ………………………… (148)
《吉林省体育发展实录(1986—2015)》出版 ………………………………… (148)
《留住城市的记忆——哈尔滨历史建筑寻踪》翻译出版 ……………… (148)
《辉煌的合江》出版…………………… (148)
《上海六千年》出版…………………… (148)
《上海滩丛书》出版…………………… (149)
《时光里的家园——上海市静安区社区微志选辑》出版 ……………… (149)
《抚夷日记》出版……………………… (149)
《京话》出版…………………………… (149)
《雨花石子记》出版…………………… (149)
《丹凤街》出版………………………… (149)
《金陵古迹图考》《金陵古迹名胜影集》出版 ………………………… (149)
《科学的南京》出版…………………… (150)
《鼓楼微鉴(2018)》创刊出版 ……… (150)
《金陵老门东》出版…………………… (150)
《燕矶旧影》出版……………………… (150)
《滨湖渔史》出版……………………… (150)
《文鼎江阴三百年——明清江苏学政传略》出版 …………………… (150)
《江阴城市地图集》出版……………… (150)
《江阴市标准地名图集》出版………… (151)
《扬州历代地方名官》出版…………… (151)
《常熟老街巷》出版…………………… (151)
《骆马湖记忆》出版…………………… (151)
《无锡国企改革之路》出版…………… (151)
《见证辉煌——无锡改革开放亲历者述忆》出版 ………………………… (151)
《〈人民日报〉看嘉兴(1978—2017)》出版 ………………………………… (152)
《嘉兴改革开放大事记(1978—2017)》出版 ………………………………… (152)
《一百个民间食谱》出版……………… (152)
《槜李文系(海盐卷)》出版 ………… (152)
《中国国家人文地理 · 德清卷》出版 ………………………………… (152)
《历代诗人咏云门》出版……………… (152)
《越地茶史》出版……………………… (152)
《上虞五千年》出版…………………… (152)
《纵游两江》出版……………………… (153)
《淮北地名印记》出版………………… (153)
《风雅建阳》出版……………………… (153)
《建本风流》出版……………………… (153)
《福建土楼 · 故里南靖》出版………… (153)
《王阳明与平和》出版………………… (153)
《作家眼中的平和》出版……………… (153)
《江西方志文化丛书》出版…………… (153)
《山东改革开放 40 年大事记》出版 … (154)
《济南名士多——济南历史人物选传(一)》出版 ……………………… (154)
《青岛史话》出版……………………… (154)
《记忆中的市北(第九辑)》出版 …… (154)
《近代黄河三角洲成陆志考》出版…… (154)
《潍坊解放战争史辑》出版…………… (154)
寿光市孙家集街道历史文化系列丛书出版 ……………………………… (154)
《利津村镇图谱 · 北宋镇卷》出版…… (154)
《腾飞的费县》出版…………………… (154)
《豫见 · 改革开放四十年》出版……… (154)
《传承:河南省非物质文化遗产代表性传承人实录》出版 ………… (155)
《不泯的记忆:口述焦裕禄》出版 …… (155)
《襄阳市要览》出版…………………… (155)
《武汉市要览》出版…………………… (155)
《武汉改革开放 40 年鉴》出版 ……… (155)

《硚口区要览》出版 …………………… (155)
《东西湖备要》出版 …………………… (155)
《黄陂革命老区》出版 ………………… (155)
《黄陂湖光山色》出版 ………………… (156)
《山水洪山》出版 ……………………… (156)
《荆州名村》出版 ……………………… (156)
《广东印记》出版 ……………………… (156)
《广州当代大事纪略》出版 …………… (156)
《广西之最(2017)》出版 …………… (156)
《广西图鉴(2017)》出版 …………… (156)
《广西书院研究》出版 ………………… (157)
《南宁地情手册(2018)》出版 ……… (157)
《石头记——广西柳州及周边石刻的时空演绎》出版 …………………… (157)
《海南改革开放实录》出版 …………… (157)
《特区足迹——海南建省办经济特区30年大事记》出版 ……………… (157)
《海南省红色旅游指南》出版 ………… (157)
《海南与海上丝绸之路》出版 ………… (157)
《重庆历史政德人物》出版 …………… (157)
《秦良玉史料全集》出版 ……………… (157)
《微e成都》出版 ……………………… (158)
《天府芙蓉》出版 ……………………… (158)
《锦水花间》出版 ……………………… (158)
《新都春秋·桂湖碑林》出版 ………… (158)
《郫都特色文化解析与创新发展研究》出版 …………………………… (158)
《郫都贤良人物故事》出版 …………… (158)
《青羊街巷——他们的地方史》出版 ………………………………… (158)
《岁月》出版 …………………………… (158)
《泸顺起义》出版 ……………………… (158)
《宜宾市精准脱贫图鉴(2018)》出版 ………………………………… (158)
《川南名镇·分水岭》出版 …………… (159)
《大竹千年大事概览》出版 …………… (159)
《宜宾城的2200年》出版 …………… (159)
《宜宾市乡镇概览》出版 ……………… (159)
《凤凰鸣矣》出版 ……………………… (159)
《西征骁将尹昌衡》出版 ……………… (159)
《刘文辉在西康》出版 ………………… (159)
《广安市广安区人文拾萃》出版 ……… (159)
《濉阳纪事》出版 ……………………… (159)
《孝弘嘉陵　德洽果州》出版 ………… (159)
《陕西故事》出版 ……………………… (159)
《甘肃史地考述》出版 ………………… (159)
《窑街史话》出版 ……………………… (160)
《平凉方志录》出版 …………………… (160)
《永宁历史影像》出版 ………………… (160)
《海原红色记忆》出版 ………………… (160)
《三五九旅史料选辑》出版 …………… (160)

● 信息咨询与服务

北京市首家地方志开发利用基地揭牌 ………………………………… (160)
北京市房山区首家地方志开发利用基地揭牌 ……………………… (160)
天津市志办开展方志文化"六进"活动 ………………………………… (160)
《中国影像方志·河北卷》滦县、平泉、滦平、遵化、涉县篇播出 …… (161)
中国工合国际委员会与红色保定摄影展在保定市举行 ……………… (161)
"山海关老照片展"在国家方志馆秦皇岛分馆举行 ………………… (161)
迁安市开展"以志鉴今、资政育人"地方志传承教化活动 …………… (161)
山西省推动读志用志 ………………… (161)
辽宁省地方志系统信息咨询与服务 ………………………………… (161)
沈阳市政务公开日宣传方志工作 …… (162)
沈阳市志办开展送书进基层活动 …… (162)
营口市史志办提供信息咨询与服务 ………………………………… (162)
"感动吉林"2017年度十大人物评选活动结束 ……………………… (163)
长春市志办开展资政和宣传服务 …… (163)
"方志上海微视频系列"上线 ………… (163)
上海市志办多渠道宣传史志文化 …… (163)
江苏省地方志系统服务党委、政府中心工作 ………………………… (163)
江苏优秀地方志成果参加第八届江苏书展 ………………………… (163)

国家记忆·南京长江大桥建成50周年档案史料展举行 ……………………（164）
南京市志办合作制作《四十年四十天》系列主题报道 ……………………（164）
启东市志办开展设立县治90周年系列纪念活动 ……………………（164）
仪征市志办参与纪录片《一园天造》制作 ……………………（164）
无锡方志馆开展锡台地方文献交流 ……………………（164）
无锡市史志办参与无锡市太湖读书月活动 ……………………（165）
海门市志办与交通音乐台合作制作系列专题节目 ……………………（165）
温州市开展志鉴宣传咨询 ……………（165）
嘉兴市开展地情资料整理与咨询服务 ……………………（165）
嘉善县史志办推进“了凡善学”思想挖掘宣传工作 ……………………（165）
湖州市史志办开展信息咨询与服务 …（166）
兰溪市史志办挖掘红色底蕴助推全域旅游发展 ……………………（166）
衢州市提供信息咨询与服务 …………（166）
龙游县史志办积极支持姜席堰申报世界灌溉工程遗产 ……………（166）
台州市地方志系统参与服务农村文化礼堂建设 ……………………（167）
丽水市志办开发利用地方志资源 ……（167）
《中国影像志·福建名镇名村影像志》开拍 ……………………（167）
福建省地方志编委会用摄影记录乡村“名”“特”风采 ………………（167）
福建省地方志编委会召开地方志服务乡村振兴战略研讨会 …………（167）
悠远地方志，魅力霍童溪——福建省地方志助力乡村振兴系列活动举办 ……………………（167）
福建省地方志编委会在宁德霍童设立全省第四个方志书屋 …………（168）
“方志＋旅游”助力政和美丽乡村建设 ……………………（168）
厦门市开展社区书院活动 ……………（168）
厦门市少儿图书馆开设方志专架 ……（168）
厦门市举办文史沙龙活动 ……………（168）
泉州市推行“乡村记忆文化”项目建设 ……………………（168）
浦城县地方志编委会为申报国家地理标志产品提供文献支撑 ………（169）
宁德市地方志编委会开办“方志讲坛” ……………………（169）
宁德市地方志编委会开设地情文献专柜 ……………………（169）
宁德市地方志编委会编印《方志带你认识宁德》 ……………………（169）
《闽东日报》开辟“今古宁德”专栏 ……………………（169）
建瓯市“白沙闽源文化馆”开馆………（169）
济南市史志办举办史志成果进社区共建共享活动 ……………………（169）
济南市史志办举办庆祝改革开放40周年史志成果展 ………………（170）
青岛市举行《青岛年鉴(2018)》“六进”活动……………………（170）
青岛市市南区组织开展志书进社区、进校园活动 ……………………（170）
青岛市市北区史志办摄制《循源》系列片上线播出 ……………………（170）
青岛市市北区史志办开展方言采集工作 ……………………（170）
青岛市城阳区史志办举办区情知识进课堂活动 ……………………（170）
桓台县史志办向农家(社区)书屋赠送志鉴书籍 ……………………（170）
沂源县史志办助力山东财经大学暑期社会实践活动 …………………（170）
枣庄市史志办开展史志成果进校园活动 ……………………（170）
东平县开展“学党史 报党恩 传承红色基因”活动 ……………………（171）
聊城市东昌府区送志书下乡 …………（171）
沂水县史志办加大史志成果宣传 ……（171）

沂南县史志办助力山东财经大学“读县志，懂中国”知行社开展社会实践 ……（171）
曹县史志办为廉政文化建设提供史料 ……（171）
郓城县史志办为地方文化建设提供方志依据 ……（171）
东明县史志办为地理标志商标申请提供依据 ……（171）
商丘市开展史志知识进校园活动 ……（172）
武汉市志办参加长江网武汉城市留言板在线轮值 ……（172）
襄阳市樊城区史志办开展史志成果进机关活动 ……（172）
广东省全面完成自然村落历史人文普查工作 ……（172）
广东省地方志系统推出一批群众喜闻乐见的视频类产品 ……（172）
广东省地方志系统参与党委政府中心工作 ……（172）
广东省地方志系统开拓社会用志途径 ……（172）
“多彩乡村情系故里”主题教育实践活动形成社会品牌 ……（173）
广东省古驿道活化利用工作取得社会认可 ……（173）
广州市举办市情专题开放活动 ……（173）
广州市组织“创新创业在广州”口述访谈 ……（174）
广州市2017年度入载地方志十件大事评选活动举行 ……（174）
海南省史志办推介史志成果 ……（174）
重庆市万州区志办提供资政服务 ……（174）
重庆市黔江区史志办服务地方文化旅游 ……（174）
重庆市渝中区志办提供区情咨询 ……（175）
重庆市铜梁区史志办提供资料查询服务 ……（175）
重庆市南川区史志办提供资政服务 ……（175）
酉阳县志办提供资政服务 ……（175）
四川省地方志系统提供资政服务情况 ……（175）
陕西省地方志系统提供信息咨询与服务 ……（176）
“坚定文化自信 讲好西安故事”活动举行 ……（176）
青海省志办提供信息咨询服务 ……（176）
宁夏回族自治区举行“5·18地方志工作宣传日”活动 ……（176）
兵团第二师铁门关市史志办服务地方文化建设 ……（176）
兵团第四师可克达拉市史志办提供信息咨询与服务 ……（176）
兵团第七师史志办开展学史用志活动 ……（176）
兵团第八师石河子市史志办开展“读史用志”活动 ……（176）
兵团第九师史志办为团场冬训民兵讲授兵团历史 ……（177）
兵团第十师北屯市史志办开展屯垦戍边历史宣传 ……（177）

信息化与方志馆建设

● 网站建设

京网运行维护 ……（178）
天津市志办网站建设进展 ……（178）
内蒙古自治区区志办网站建设进展 ……（178）
辽宁省地方志网站建设进展 ……（178）
吉林省地方志网站建设进展 ……（179）
“中国龙志”网站建设进展 ……（179）
上海市地方志网站建设进展 ……（179）
江苏地情网建设进展 ……（179）
南通史志网上线运行 ……（179）
温州市地方志网站建设进展 ……（179）
嘉兴市档案史志网迁移 ……（180）
嵊州春秋网持续更新 ……（180）
金华地方志网站建设进展 ……（180）
台州方志网建设进展 ……（180）
丽水史志网建设进展 ……（180）

福建省地方志编委会门户网站建设进展 ……………………………… (180)
福州地情网建设进展 …………………… (180)
新干数字方志馆网站开通 ……………… (180)
山东省情网建设进展 …………………… (180)
青岛市情网提升史志信息化建设水平 …………………………………… (181)
河南省情网和省情数据库迁入“中原云” …………………………… (181)
湖北方志网建设进展 …………………… (181)
武汉市志办门户网站调整进展 ……… (181)
湖南省地方志编委会网站建设进展 ……………………………………… (181)
新版广东省情网正式上线 ……………… (181)
广州市情网建设进展 …………………… (182)
深圳市网站建设进展 …………………… (182)
广西地情网站建设进展 ………………… (182)
海南史志网扩容升级 …………………… (182)
重庆地情网建设进展 …………………… (182)
四川省地方志网站建设进展 ………… (182)
云南省情网试运行 ……………………… (182)
陕西省情网改版 ………………………… (182)
甘肃地方史志网建设进展 ……………… (182)
甘肃省市、县两级地方志网站建设进展 ……………………………… (182)
青海省完善和提升地方志网站服务功能 ……………………………… (183)
新疆地情网建设进展 …………………… (183)

● 数字化建设

北京数字方志馆建设进展 ……………… (183)
天津市志办数字化建设进展 ………… (183)
山西加快地方志数字化建设 ………… (183)
吉林省志鉴数字化建设进展 ………… (183)
黑龙江省数字方志馆建设完成 ……… (183)
江苏地方志智能信息平台上线运行 …………………………………… (183)
温州志鉴书籍数字化进展 ……………… (184)
海宁设立编研成果数字化成果共享库 ………………………………… (184)
湖州市地方志数字化建设进展 ……… (184)
绍兴市柯桥区启动数字方志馆建设 ………………………………… (184)
金华市志办数字化建设进展 ………… (184)
舟山网上方志馆补充完善 …………… (184)
台州市数字化建设进展 ……………… (184)
丽水市地方志资料数字化进展 ……… (184)
福建省“数字方志”建设进展………… (184)
厦门市重启建设“地方志文件管理系统” …………………………… (185)
山东省全面完成首轮三级志书数字化标引入库、志鉴上网发布 ………………………………… (185)
淄博市博山区建成数字方志馆 ……… (185)
河南省地方志数字化建设进展 ……… (185)
《武汉春秋》数字化建设进展………… (185)
湖南省地方志数字化建设进展 ……… (185)
全粤村情数据平台建设进展 ………… (185)
广东省数字方志馆建设进展 ………… (186)
深圳市地方志数字化建设进展 ……… (186)
广西地情资料库建设进展 …………… (186)
南宁市地方志信息化建设项目“智慧方志”上线试运行…………… (186)
海南省史志办影像资料库建设进展 ………………………………… (186)
海口市史志办推进年鉴网络化工作 ………………………………… (186)
重庆市地方志数据库建设进展 ……… (186)
忠县地方志数据库建设进展 ………… (186)
巫山县地方志数字化建设进展 ……… (186)
四川省地方志数据库建设进展 ……… (187)
贵州省方志云项目正式立项 ………… (187)
陕西省地方志数字化建设进展 ……… (187)

● 新媒体平台建设

北京市地方志微信微博建设进展 …… (187)
北京市志办“赏志”微信公众号上线 ………………………………… (187)
天津市志办新媒体建设进展 ………… (187)
河北省地方志新媒体平台建设进展 ……………………………… (187)
山西省新媒体建设进展 ……………… (188)
内蒙古自治区新媒体建设进展 ……… (188)

辽宁省地方志新媒体平台建设进展 …………（188）
"方志吉林"新媒体建设进展 …………（188）
江苏省地方志新媒体建设进展 …………（188）
温州市地方志新媒体建设进展 …………（188）
嘉兴市地方志新媒体建设进展 …………（188）
湖州市地方志新媒体建设进展 …………（189）
绍兴市地方志新媒体建设进展 …………（189）
浦江地方志微信公众号开通 …………（189）
安徽省地方志新媒体建设进展 …………（189）
"福建方志"微信公众号运行进展 …………（189）
"方志福州"微信公众号运行进展 …………（189）
"泉州史志"微信公众号运行进展 …………（189）
山东省史志"新媒体"矩阵组建 …………（190）
"山东史志"微信公众号影响扩大 …………（190）
"山东史志"头条号阅读量突破200万人次 …………（190）
河南省地方志新媒体建设进展 …………（190）
武汉市地方志新媒体建设进展 …………（190）
"方志湖南"微信公众号运行进展 …………（190）
"广州市情"微信公众号运行进展 …………（190）
"深圳史志"微信公众号运行进展 …………（190）
广西地方志微信公众号建设进展 …………（190）
"琼崖史志"微信公众号运行进展 …………（190）
"重庆地方志"微信公众号建设进展 …………（191）
四川省地方志新媒体建设进展 …………（191）
"方志贵州"手机报推送进展 …………（191）
"方志陕西"微信公众号和网站手机版开通 …………（191）
"方志新疆"微信公众号运行进展 …………（191）
• 方志馆建设
"北京地情展"升级改造 …………（191）
北京方志馆举办系列专题展 …………（191）
北京方志馆馆藏图书购置 …………（191）
河北省方志馆建设进展 …………（191）
山西省情（方志）馆建设进展 …………（191）
内蒙古方志馆建设进展 …………（192）
吉林省方志馆建设进展 …………（192）
吉林省方志馆新馆建设进展 …………（192）
吉林省市县方志馆建设进展 …………（192）
长春市方志馆开馆 …………（192）
黑龙江省方志馆建设进展 …………（192）
上海通志馆建设进展 …………（193）
江苏省方志馆建设进展 …………（193）
南京市方志馆建设进展 …………（193）
六合区志办创新思路打造六合方志馆 …………（193）
苏州市方志馆建设进展 …………（193）
无锡方志馆建设进展 …………（194）
常州方志馆建设进展 …………（194）
杭州市方志馆建设 …………（194）
温州市龙湾区党史方志展示厅开放 …………（194）
海盐县方志馆动工 …………（194）
海宁方志文献馆筹建 …………（194）
湖州市方志馆运营进展 …………（195）
柯桥区方志馆公共服务能力提升 …………（195）
义乌方志馆建设进展 …………（195）
浦江县志办筹建方志馆 …………（195）
龙游县方志馆完成主体工程施工 …………（195）
安徽省方志馆建设进展 …………（195）
安徽省市县方志馆建设进展 …………（196）
闽台方志万祥馆揭牌仪式 …………（196）
台江区方志馆建设进展 …………（196）
江西省方志馆成为省首批中小学生研学实践教育基地 …………（196）
山东省方志馆聊城大学分馆、山东中华文化学院分馆成立 …………（196）
青岛市市北区档案馆（区方志馆）通过单体竣工验收 …………（196）
淄博市方志馆建成 …………（196）
诸城市方志馆挂牌 …………（197）
寿光市方志馆挂牌成立 …………（197）
邹城市方志馆揭牌成立 …………（197）
嘉祥县方志馆挂牌成立 …………（197）
河南省方志馆建设进展 …………（197）
湖北省方志馆建设进展 …………（197）
武汉市方志馆建设进展 …………（197）
湖南方志馆建设进展 …………（197）
广东省方志馆试开放运行 …………（197）
广州市地方志新馆建设进展 …………（198）

深圳市方志馆建设进展 ……………… (198)
广东省市县方志馆建设进展 ………… (198)
广西方志馆建设进展 ………………… (198)
海南史志馆建设进展 ………………… (199)
重庆市江北区方志馆运行进展 ……… (199)
四川省三级方志馆建设进展 ………… (199)
西藏自治区党史馆(方志馆)建设
  进展 ……………………………… (199)
陕西省三级方志馆建设进展 ………… (199)
甘肃省市县方志馆及数字方志馆
  建设进展 ………………………… (199)
新疆方志馆建设进展 ………………… (200)
新疆生产建设兵团史志馆建设
  进展 ……………………………… (200)

理论研究与期刊出版

• 志鉴理论研究
2018 年全国志鉴理论研究综述 …… (201)
• 方志论文索引 ……………………… (218)
• 年鉴论文索引 ……………………… (238)
• 志鉴著述选介
《中国方志发展报告(2018)》 ……… (243)
《中国年鉴发展报告(2018)》 ……… (243)
《国外年鉴选介》……………………… (243)
《新方志编纂管见》…………………… (243)
《吉林省地方志学术年会论文集
  (2017)》 ………………………… (244)
《方志之乡 文化浙江——改革开放
  以来浙江省地方志系统论文成果
  选编》 …………………………… (244)
《章学诚研究概览——章学诚诞辰
  280 周年纪念文集》 …………… (244)
《莫艳梅方志探论》…………………… (244)
《武汉新编地方志序跋选》…………… (244)
• 学会活动与理论研讨
北京地方志学会组织系列讲座 ……… (244)
北京地方志学会组织会员参观
  调研交流 ………………………… (245)
第四届皖冀方志理论研讨会召开 …… (245)
辽宁省地方志学会第四届会员
  代表大会召开 …………………… (245)
辽宁省地方志学会评审推荐全国
  地方志优秀成果(年鉴类)评审
  活动参评成果 …………………… (245)
吉林省地方志学术年会召开 ………… (245)
吉林省 3 部地方志成果获省
  第十二届社会科学优秀成果奖 …… (245)
2018 年地方志与地方史理论
  研讨会召开 ……………………… (246)
2018 上海年鉴国际学术论坛举行…… (246)
2018 上海地方志论坛举行…………… (246)
上海市地方志发展研究中心揭牌
  成立 ……………………………… (246)
上海市志办与复旦大学合作开办
  上海市地方志编纂研修班 ………… (246)
江苏省各市组织地方志学术研究
  活动 ……………………………… (247)
江苏精品年鉴申报单位大纲研讨会
  召开 ……………………………… (247)
2018 南京都市圈城市年鉴工作
  研讨会暨业务培训会召开 ………… (247)
浙江省地方志学会第四次会员
  代表大会召开 …………………… (247)
杭州市地方志学会组织村志编修和
  乡村文明主题研讨会 …………… (247)
海宁史志学堂开设课程 ……………… (248)
第四届皖冀方志理论研讨会召开 …… (248)
福建省年鉴研究会 2018 年年会暨
  学术交流会召开 ………………… (248)
福建省地方志学会 2018 年学术
  年会举行 ………………………… (248)
第六届福建省地方志学会六届
  五次常务理事(扩大)会议举行…… (248)
淄博市方志理论研讨会暨《淄博
  史志》撰稿人座谈会召开 ………… (249)
曲阜市志书谱牒文化研究会工作
  会议召开 ………………………… (249)
湖南省开展"南岳衡山杯"地方志
  理论研究征文评奖活动 ………… (249)

2018 年广东地方志理论交流会举行 …… (249)
纪念改革开放 40 周年暨海南建省办经济特区 30 周年征文活动举办…… (249)
甘肃省地方史志学会第四次会员大会召开 …… (249)

● **期刊出版**

《中国地方志》…… (250)
《中国年鉴研究》…… (250)
《方志中国》…… (250)
《北京地方志》…… (250)
《天津史志》…… (250)
《河北地方志》…… (250)
《史志学刊》…… (250)
《鞍山史志工作》…… (250)
《营口春秋》…… (250)
《今古大观》…… (250)
《黑龙江史志》…… (250)
《江苏地方志》…… (251)
《南京史志》…… (251)
《杭州月志》…… (251)
《温州史志》…… (251)
《洞头史志》…… (251)
《龙湾史志》…… (251)
《瓯海史志》…… (251)
《文成史志》…… (251)
《永嘉方志》…… (251)
《嘉兴档案史志》…… (252)
《南湖档案史志》…… (252)
《嘉善史志》…… (252)
《海盐史志》…… (252)
《海宁档案史志》…… (252)
《湖州史志》…… (252)
《德清史志》…… (252)
《长兴史志》…… (252)
《史志参阅》…… (252)
《越地春秋》…… (252)
《上虞史志》…… (252)
《义乌方志》…… (252)
《兰溪史志》…… (253)
《龙游史志》…… (253)
《黄岩方志》…… (253)
《临海史志》…… (253)
《天台方志》…… (253)
《丽水史志》…… (253)
《福建史志》…… (253)
《江西地方志》…… (253)
《史鉴》…… (253)
《崂山春秋》…… (253)
《城阳纵横》…… (254)
《即墨古今》…… (254)
《夏津史志学刊》…… (254)
《古郪新韵》…… (254)
《河南史志》…… (254)
《武汉春秋》…… (254)
《广东史志》…… (254)
《羊城今古》…… (254)
《广西地方志》…… (254)
《海南史志》…… (255)
《重庆地方志》…… (255)
《巫山导刊》…… (255)
《巴蜀史志》…… (255)
《云南史志》…… (255)
《西藏地方志》…… (255)
《陕西地方志》…… (255)
《西安地方志》…… (255)
《甘肃史志》…… (255)
《宁夏史志》…… (255)
《新疆地方志》(汉文版) …… (255)

依法治志与督促检查

● **依法治志**

地方志纳入《乡村振兴战略规划(2018—2022 年)》…… (256)
《天津市地方志工作办法》印发…… (256)
《内蒙古自治区地方志书行文规则》印发 …… (256)
江苏省开展地方志立法调研 …… (256)
《江苏省地方志工作条例》出台…… (256)

江苏省将修志编鉴列入省政府2018年度十大主要任务百项重点工作 …… (256)
《江苏名镇名村志评审验收办法》印发 …… (257)
《扬州市地方志工作管理办法》实施 …… (257)
莱芜市开展纪念《地方志工作条例》颁行12周年系列宣传活动 …… (257)
《广东省地方志工作条例》出台 …… (257)
广州市推进依法治志建设 …… (257)
《广州市地方志资料年报工作管理办法》修订实施 …… (257)
广西壮族自治区建立地方志资料年报制度 …… (257)
四川省推进依法治志建设 …… (258)
《成都市地方志资源开发项目管理办法(试行)》印发 …… (258)

● 督促检查

《河北省志》编纂工作调度会召开 …… (258)
山西省将“两全目标”列入省政府“13710”督办系统 …… (258)
内蒙古自治区志办开展地方志工作督查 …… (258)
辽宁省地方志系统开展地方志工作督查 …… (258)
吉林省地方志编委会调研《吉林省地方志事业发展规划(2016—2020年)》实施情况 …… (259)
吉林省评估地方志系统编纂出版物质量 …… (259)
黑龙江省志办开展地方志工作督查 …… (259)
上海市地方志编委会领导听取第二轮修志工作督查汇报 …… (259)
浙江省志办开展地方志工作督查 …… (259)
安徽省志办开展地方志工作督查 …… (260)
福建省地方志编委会开展地方志工作督查调研 …… (260)
青岛市“三全目标”工作推进会召开 …… (260)
湖北省志办开展地方志工作督查 …… (260)
湖南省志办开展地方志工作督查 …… (260)
广东省志办开展地方志工作督查 …… (260)
广西壮族自治区志办开展地方志工作督查 …… (261)
海南省史志办开展地方志工作督查调研 …… (261)
四川省志办开展地方志工作督查调研 …… (261)
四川省志办推进“两全目标”工作 …… (262)
贵州省志办开展地方志工作督查调研 …… (262)
云南省开展“两全目标”督查 …… (262)
云南省志办开展地方志工作督查调研 …… (262)
西藏自治区志办开展地方志工作督查调研 …… (262)
西藏自治区《2017年度全区地方志工作督查考核通报》印发 …… (263)
青海省志办开展“两全目标”督查 …… (263)
青海省将“两全目标”工作纳入省政府“710”政务督办系统 …… (263)
新疆维吾尔自治区地方志编委会开展地方志工作督查 …… (263)
兵团志办开展“两全目标”工作调研督查 …… (263)

工作会议

● 地方志工作会议

2018年北京市地方志工作会议召开 …… (264)
京津冀地方志部门联席会议召开 …… (264)
2018年河北省地方志工作机构主任工作会议召开 …… (264)
河北省地方志援藏对接工作座谈会召开 …… (264)
山西省地方志工作会议召开 …… (264)
山西省地方志编委会奋战志鉴“两全目标”工作推进会召开 …… (265)

《山西抗日战争志》编委会工作会议召开 …………………………… (265)
辽宁省各市地方志办公室主任会议召开 …………………………… (265)
《獐岛村志》出版发布会暨辽宁省名村名镇名山系列文化工程推进会议召开 ……………………… (265)
吉林全省地方志工作机构主任会议(2018)召开 ……………………… (265)
黑龙江省第十次地方志工作会议召开 ………………………………… (265)
黑龙江省东部片区地方志工作机构主任推进"两全目标"专题座谈会召开 ………………………………… (266)
上海市地方志编纂委员会全体委员(扩大)会议召开 ……………… (266)
2018年江苏省地方志工作会议召开 ………………………………… (266)
江苏省第二轮市县(市、区)志编修扫尾工作推进会召开 ………… (267)
《江苏援藏援疆建设志》编纂工作推进会召开 …………………… (267)
《江苏省地方志工作条例》贯彻实施座谈会召开 ………………… (267)
浙江省各市志办主任会议暨全省、市、县方志系统"十业十佳"推评会召开 ……………………… (267)
浙江省地方志工作年中座谈会召开 ………………………………… (268)
浙江省市县第二轮修志工作督导推进会召开 ……………………… (268)
浙江省部分市县"两全目标"工作督导推进会召开 ………………… (268)
2018年安徽省地方志工作会议召开 ………………………………… (268)
2018年福建省地方志工作机构主任会议召开 ……………………… (268)
福建省2018年省志分志编纂工作推进会召开 ……………………… (268)
福建省2018年第一次全省设区市地方志工作机构主任会议暨学习贯彻全省实施乡村振兴工作会议部署会召开 ……………… (269)
厦门市2018年全市地方志工作机构主任会议召开 ………………… (269)
第二轮《江西省志》编纂工作推进会召开 ………………………… (269)
山东省史志工作"三全目标"推进会召开 ………………………… (269)
山东省史志工作半年总结会议暨"三全目标"推进工作会议召开 …… (270)
青岛市2017年区市史志工作总结会召开 ………………………… (270)
河南省地方史志机构主任工作会议召开 ………………………… (270)
湖北省地方志系统主任工作会议召开 …………………………… (270)
武汉志办主任工作会议召开 ………… (270)
湖南省市州志办主任会议暨"两全目标"推进工作培训会召开 ……… (270)
湖南省志编纂工作推进会召开 ……… (271)
广州市地方志系统2017年度工作总结大会召开 ……………………… (271)
深圳市史志专项工作动员会召开 …… (271)
广西地方志工作机构主任工作会议召开 ………………………………… (271)
广西壮族自治区市县志编修督查推进会召开 ………………………… (271)
广西地方志资料年报工作现场会召开 ………………………………… (271)
海南省史志机构主任会议召开 ……… (272)
2018年海南省市县第二轮修志工作推进会召开 ……………………… (272)
重庆市地方志工作座谈会召开 ……… (272)
四川省地方志工作会议召开 ………… (272)
《四川省志》2018年度计划送审出版分卷承编单位座谈会召开 …… (273)
《四川省志·人物志(1986—2005)》编纂工作启动会召开 ……………… (273)

《汶川特大地震四川抗震救灾志》出版座谈会召开 …………………… (273)
《四川改革开放40周年大事记》出版座谈会召开 …………………… (273)
成都市地方志工作会议暨全市地方志系统业务培训会召开 ……… (273)
贵州省地方志工作会议召开 ………… (273)
《贵州省抗日战争志》编纂工作推进会召开 ………………………… (274)
云南省“加快工作进度,攻坚‘两全目标’”专题会议召开 ……… (274)
云南省“补齐工作短板,推进方志信息化建设”专题会议召开 ……… (274)
云南省地方志工作推进电视电话会议召开 …………………………… (274)
云南省地方志工作座谈会召开 ……… (274)
云南援藏志书编纂工作对接会召开 ……………………………… (274)
藏渝地方志系统援藏工作对接座谈会召开 …………………………… (275)
陕西省地方志年度工作会暨部分县(区)修志工作推进会召开……… (275)
甘肃省地方史志编纂委员会主任会议召开 …………………………… (275)
甘肃全省地方史志工作会议召开 …… (275)
甘肃省地方史志系统信息化工作会议召开 …………………………… (275)
青海省各市州地方志工作机构负责人会议召开 …………………… (276)
新疆维吾尔自治区地方志工作机构主任工作会议召开 …………… (276)
2018年西北五省(区)暨新疆生产建设兵团地方志工作协作会议召开 ……………………… (276)

• **年鉴工作会议**

2018年《北京年鉴》工作会召开 …… (276)
吉林省综合年鉴编纂全覆盖工作推进会召开 ………………………… (276)
上海市年鉴工作会议暨市年鉴学会理事会议召开 ……………………… (276)
江苏省“年鉴全覆盖”及编纂进度推进会召开 ………………………… (277)
江西省县级综合年鉴全覆盖推进会暨综合年鉴专题培训班举办 ……… (277)
山东省年鉴业务工作座谈会召开 …… (277)
青岛市年鉴业务工作座谈会召开 …… (277)
《广西年鉴》《广西图鉴》2018年卷组稿会召开 ………………………… (277)
广西全区综合年鉴全覆盖工作推进会召开 ………………………… (278)
《海南年鉴(2018)》组稿暨资料年报培训会召开 …………………… (278)

专业培训与考察交流

• **业务培训**

2018年北京市第一次年鉴业务培训班举办 ………………………… (279)
2018年北京市地方志系统宣传报道员培训班举办 ………………… (279)
2018年北京市各区地方史编修培训班举办 ………………………… (279)
2018年第二次北京市年鉴业务培训班举办 ………………………… (279)
2018年北京市地方志资料工作培训会召开 ………………………… (279)
北京市地名志交通设施篇培训会召开 …………………………………… (279)
北京2018年度全市地方志编纂业务主编培训班举办 ……………… (280)
2018年北京市精品年鉴工程培训会召开 ………………………… (280)
天津市地方志工作机构主任工作会议暨学习贯彻《天津市地方志工作办法》培训班举办 ………… (280)
天津市地方史培训研讨会召开 ……… (280)
天津市综合年鉴编纂和方志期刊通讯员业务培训会召开 …………… (280)
河北省举办县级地方综合年鉴编纂工作座谈会 ……………………… (280)
山西省志办继续举办“晋志讲堂”…… (280)

山西省年鉴编纂业务培训会召开 …… (280)
内蒙古自治区志办举办志鉴业务培训 …… (281)
辽宁省地方志系统举办志鉴业务培训 …… (281)
吉林省市(州)、县(市、区)志书总纂培训班第七次集中培训举办 …… (281)
吉林省 2018 年度年鉴编纂业务培训班举办 …… (281)
吉林省地方志编委会专家学术报告会举办 …… (281)
吉林省市(州)、县(市、区)志书总纂培训班第八次集中培训举办 …… (282)
《吉林年鉴(2019)》撰稿人培训班举办 …… (282)
长春市志办召开续志资料长编业务知识培训会 …… (282)
上海市志办举办志鉴业务知识培训 …… (282)
《江苏援藏援疆建设志》西藏新疆编纂人员专题培训班举办 …… (282)
2018 年江苏省全省地方综合年鉴培训班举办 …… (282)
江苏全省地方志系统学习贯彻《江苏省地方志工作条例》培训会召开 …… (283)
《浙江通志》主编培训班举办 …… (283)
《浙江通志》编纂工作和编纂业务培训班举办 …… (283)
杭州市地方志工作业务培训班举办 …… (284)
安徽省地方志系统方志馆和信息化工作培训班举办 …… (284)
安徽省年鉴编纂业务培训班举办 …… (284)
安徽省乡镇志、村志编纂业务培训班举办 …… (284)
《福建年鉴(2018)》撰稿人培训班举办 …… (284)
2018 年福建省地方综合年鉴主编培训班举办 …… (284)
2018 年福建省地方综合年鉴编辑培训班举办 …… (285)
山东省精品志书编修培训班举办 …… (285)
山东省名镇名村志编修培训班举办 …… (285)
山东省史志系统领导干部培训班举办 …… (285)
山东省年鉴业务培训会议召开 …… (285)
河南省乡镇志编纂业务培训班举办 …… (285)
河南省名镇名村志编纂研讨培训班举办 …… (286)
湖北省志办援博志鉴编纂业务培训班举办 …… (286)
2018 年湖南省年鉴业务培训班举办 …… (286)
广东省志办实施新一轮地方志人才培训工程 …… (286)
广东省地方志系统依法治志培训班举办 …… (286)
广州市名镇名街名村志编修业务培训班举办 …… (286)
广州市部门志行业志编纂业务培训班举办 …… (287)
2018 年深圳市史志鉴业务培训班举办 …… (287)
深圳市第三届史志工作培训班举办 …… (287)
广西地方志工作机构新任负责人培训班举办 …… (287)
广西地方志系统志鉴质量专题培训班举办 …… (287)
《广西通志》专志编纂业务培训班举办 …… (287)
海南省史志系统学习贯彻十九大精神培训会召开 …… (287)
《海南年鉴(2018)》组稿暨资料年报培训会召开 …… (287)
《海南年鉴(2018)》新撰稿人培训会议召开 …… (288)

海南省史志系统习近平新时代中国特色社会主义思想专题培训班举办 …… (288)
海南省地方志业务培训班举办 …… (288)
四川省地方志宣传、信息暨期刊工作培训会议召开 …… (288)
四川省地方志工作培训会议召开 …… (288)
《四川省志》分卷承编单位暨部门大事记编写单位工作培训会议召开 …… (289)
贵州地方志业务能力提升培训班举办 …… (289)
《云南省志》出版业务培训会议召开 …… (289)
2018 年西藏自治区地方志业务培训班举办 …… (289)
陕西省地方志系统人员综合能力提升培训班举办 …… (289)
陕西省地方志系统综合业务培训会召开 …… (289)
《西安年鉴》业务培训会召开 …… (289)
西安市区县修志业务培训会召开 …… (289)
甘肃省地方综合年鉴业务培训班举办 …… (289)
宁夏回族自治区志办组织开展全区志书业务指导培训 …… (290)

• **考察交流**

北京市志办赴杭州市方志馆考察交流 …… (290)
北京市志办赴江西考察交流 …… (290)
北京市志办赴北京市科学技术研究院考察交流 …… (290)
北京市志办赴广东考察交流 …… (290)
北京市志办赴兵团对接地方志对口支援工作 …… (290)
北京地方志学会组织赴江苏、浙江地方志系统考察交流 …… (290)
北京市志办赴云南考察交流 …… (290)
唐山市志办赴武汉考察交流 …… (290)
内蒙古自治区志办赴杭州市方志馆考察交流 …… (290)
吉林省地方志编委会赴湖北、浙江考察交流 …… (291)
吉林市志办赴四川考察交流 …… (291)
上海市志办赴广东、天津、山东调研 …… (291)
上海市志办赴四川交流学习 …… (291)
上海市志办赴重庆、贵州考察 …… (291)
江苏省人大常委会一行赴四川省志办考察交流 …… (291)
江苏省地方志代表团赴白俄罗斯、哈萨克斯坦访问交流 …… (291)
江苏省地方志代表团赴英国、德国访问交流 …… (291)
苏州市志办赴兵团考察交流 …… (292)
浙江省政协文史委到省志办调研 …… (292)
浙江省志办赴西藏调研对接地方志援藏工作 …… (292)
湖北省地方志系统考察团赴美国考察交流 …… (292)
湖北省地方志系统赴兵团调研对接地方志援藏工作 …… (292)
武汉志办赴成都、广州考察交流 …… (292)
河南省史志办赴杭州市方志馆考察交流 …… (292)
河南省史志办开展提升能力学习调研活动 …… (292)
济南市史志办赴杭州市方志馆考察交流 …… (292)
广东省志办赴香港考察交流 …… (293)
广州市志办赴山东、浙江、天津考察交流 …… (293)
广州市志办赴茂名、湛江考察交流 …… (293)
深圳市史志办赴四川考察交流 …… (293)
广西钦州保税港区管委会到自治区志办考察交流 …… (293)
广西壮族自治区志办赴广东考察交流 …… (293)
广西壮族自治区志办赴陕西考察交流 …… (293)

广西壮族自治区志办赴福建考察交流 ……………………………（293）
广西壮族自治区志办赴香港地区和美国考察交流 ………………………（294）
《广西历代方志集成》项目调研组赴宁夏、四川、河南考察交流 ……（294）
四川省志办赴福建、浙江考察交流 ……………………………（294）
四川省志办赴山东、上海考察交流 ……………………………（294）
西安市志办赴浙江、江苏考察交流 ……………………………（294）

机构队伍

• 机构设置

北京市地方志编纂委员会办公室 ……（295）
天津市档案馆（天津市地方志编修委员会办公室） ……………………（295）
河北省地方志编纂委员会办公室 ……（295）
中共山西省委党史研究院（省地方志研究院）…………………（295）
内蒙古自治区地方志编纂委员会办公室 ……………………………（296）
辽宁省地方志机构改革情况 …………（296）
吉林省地方志编纂委员会 ……………（296）
中共黑龙江省委史志研究室 …………（296）
上海市地方志办公室 …………………（296）
江苏省地方志编纂委员会办公室 ……（296）
浙江省人民政府地方志办公室 ………（297）
中共安徽省委党史研究院（省地方志研究院）…………………（297）
中共福建省委党史研究和地方志编纂办公室 ………………………（297）
江西省地方志编纂委员会办公室 ……（297）
中共山东省委党史研究院（省地方史志研究院）………………（297）
河南省地方史志办公室 ………………（297）
湖北省地方志工作机构 ………………（297）
湖南省地方志编纂委员会 ……………（298）
广东省人民政府地方志办公室 ………（298）
广西壮族自治区地方志编纂委员会办公室 ………………………（298）
中共海南省委党史研究室（省地方志办公室）…………………（298）
重庆市地方志办公室 …………………（299）
四川省地方志工作办公室 ……………（299）
贵州省档案馆（省地方志编纂委员会办公室） ……………………（299）
云南省地方志编纂委员会办公室 ……（299）
西藏自治区地方志办公室 ……………（299）
陕西省地方志办公室 …………………（299）
甘肃省地方志工作机构 ………………（299）
青海省地方志编纂委员会办公室 ……（300）
宁夏回族自治区地方志编审委员会办公室 ………………………（300）
新疆维吾尔自治区地方志编纂委员会 ………………………………（300）
新疆生产建设兵团志办公室 …………（300）
中国铁路总公司史志机构情况 ………（300）

• 表彰先进

吉林省地方志系统表彰先进 …………（300）
《辽源年鉴（2017）》编纂人员获三等功奖励 ………………………（301）
黑龙江省地方志系统表彰先进 ………（301）
江苏省政府办公厅表彰全省地方志优秀成果 …………………………（301）
连云港市政府给全市第二轮修志工作先进集体和个人记功 …………（301）
杭州市地方志学会获多项荣誉和表彰 ……………………………………（302）
2017 年山东省情网先进供稿单位获表彰 ……………………………（302）
山东省政府办公厅印发《关于2017 年度山东省优秀史志成果的通报》 ……………………（302）
湖南省地方志编委会印发《关于第五届湖南省年鉴奖评选结果的通报》 ……………………（302）
海南省开展第二届市县地方综合年鉴质量评比活动 ………………（302）
四川省地方志系统表彰先进 …………（302）

西藏自治区党委办公厅、政府办公厅印发《关于表彰2017年度全区地方志工作先进集体和先进个人的决定》……(302)

人　物

• 领导名录

中国地方志指导小组及其办公室……(303)
北京市地方志编纂委员会办公室……(303)
天津市档案馆(市地方志编修委员会办公室)……(303)
河北省地方志编纂委员会办公室……(303)
中共山西省委党史研究院(省地方志研究院)……(303)
内蒙古自治区地方志编纂委员办公室……(303)
吉林省地方志编纂委员会……(303)
辽宁省档案局(辽宁省档案馆、辽宁省工业文化发展中心)……(303)
中共黑龙江省委史志研究室……(303)
上海市地方志办公室……(303)
江苏省地方志编纂委员会办公室……(303)
浙江省人民政府地方志办公室……(303)
中共安徽省委党史研究院(安徽省地方志研究院)……(303)
中共福建省委党史研究和地方志编纂办公室……(303)
江西省地方编纂委员会办公室……(304)
山东省地方史志研究院……(304)
河南省地方史志办公室……(304)
湖北省文化和旅游厅……(304)
湖南省地方志编纂委员会……(304)
广东省人民政府地方志办公室……(304)
广西壮族自治区地方志编纂委员会办公室……(304)
海南省地方志办公室……(304)
重庆市地方志办公室……(304)
四川省地方志工作办公室……(304)
贵州省地方志编委会办公室……(304)
云南省地方志编纂委员会办公室……(304)
西藏自治区地方志编纂委员会办公室……(304)
陕西省地方志办公室……(304)
甘肃省地方史志办公室……(304)
青海省地方志编纂委员会办公室……(304)
宁夏回族自治区地方志编审委员会办公室……(304)
新疆维吾尔自治区地方志编纂委员会……(304)
新疆生产建设兵团志办公室……(304)

• 人物选介

果爱民……(305)
宋洪军……(305)
李明……(305)
乔方辉……(306)
易介南……(306)
胡正好……(306)
蔡玉葵……(307)
杨青林……(307)
温益群……(307)
杨英奎……(308)
牛述林……(308)
贠有强……(308)

文　献

• 中指组及其办公室地方志工作文件

关于实行"两全目标"工作进度季通报制度的通知……中国地方志指导小组(310)
关于对第五届全国地方志优秀成果(年鉴类)的通报表扬……中国地方志指导小组(311)
关于2018年第四季度全国第二轮省市县三级志书和综合年鉴全覆盖完成情况的通报……中国地方志指导小组(314)
附件1　全国第二轮三级志书完成进度统计排名表……(317)
附件2　全国第二轮省级志书完成进度统计排名表……(318)

附件3　全国第二轮市级志书完成进度统计排名表 ……………………（319）
附件4　全国第二轮县级志书完成进度统计排名表 ……………………（320）
附件5　全国2017年卷三级综合年鉴公开出版统计排名表 …………（321）
附件6　全国2017年卷三级综合年鉴启动编纂统计排名表 …………（322）
附件7　2017年卷省级年鉴公开出版统计排名表 ……………………（323）
附件8　2017年卷市级年鉴公开出版统计排名表 ……………………（324）
附件9　2017年卷县级年鉴公开出版统计排名表 ……………………（325）
附件10　全国2018年卷三级综合年鉴启动编纂统计排名表 …………（326）
附件11　全国2018年卷三级综合年鉴公开出版统计排名表 …………（327）
关于印发《关于全国地方志系统支援西藏、新疆地方志工作的意见》的通知 …………………… 中国地方志指导小组（328）
关于全国地方志系统支援西藏、新疆地方志工作的意见 ……………（328）
关于印发《国家方志馆分馆建设管理工作规定》的通知 ………… 中国地方志指导小组（331）
国家方志馆分馆建设管理工作规定 ……………………………………（331）
关于印发《中国名街志文化工程实施方案》的通知 ……………… 中国地方志指导小组办公室（332）
中国名街志文化工程实施方案 ………（333）
关于印发《中国名山志文化工程实施方案》的通知 ……………… 中国地方志指导小组办公室（336）
中国名山志文化工程实施方案 ………（336）
关于印发《中国名水志文化工程实施方案》的通知 ……………… 中国地方志指导小组办公室（340）
中国名水志文化工程实施方案 ………（340）

● **各省(区、市)地方志工作文件**

天津市人民政府令第3号 ……………（343）
天津市地方志工作办法 ………………（344）
吉林省地方志编纂委员会关于印发《吉林省地方综合年鉴编纂规范》的通知 … 吉林省地方志编纂委员会（346）
吉林省地方综合年鉴编纂规范 ………（346）
吉林市地方志编纂委员会关于《实施地方志资料年报制度的意见》的通知 …… 吉林省地方志编纂委员会（349）
实施地方志资料年报制度的意见 ……（350）
吉林市地方志编纂委员会关于印发《吉林省地方志资料年报编写要求》的通知 … 吉林省地方志编纂委员会（352）
吉林省地方志资料年报编写要求 ……（352）
江苏省地方志工作条例 ………………（355）
江苏名镇名村志评审验收办法 ……… 江苏省地方志办公室（358）
杭州市主城区区志编纂工作推进行动计划(2018—2020年) … 杭州市人民政府地方志办公室（359）
杭州市年鉴事业发展行动计划(2018—2020年) ……… 杭州市人民政府地方志办公室（361）
关于印发《山东省地方综合年鉴编纂出版业务规范》的通知 ……… 山东省地方史志编纂委员会（362）
山东省地方综合年鉴编纂出版业务规范 ……………………………（363）
四川省地方志工作办公室关于实施地方志工作质量提升行动的意见 ………… 四川省地方志工作办公室（366）
四川省地方志工作办公室关于印发四川省地方志系统贯彻落实传承发展中华优秀传统文化实施意见工作方案的通知 …… 四川省地方志工作办公室（368）
四川省地方志系统贯彻落实传承发展中华优秀传统文化实施意见的工作方案 ……………………………（369）

• 领导讲话摘要
把握机遇　乘势而上　站在新起点
开创地方志工作新局面
——在四川省地方志工作会上的
讲话 ………………………… 冀祥德(372)
认真学习实施宪法修正案　全面
推进地方志转型升级
——在黑龙江省第十次地方志
工作会议上的讲话 ………… 冀祥德(376)
实施名村名镇志文化工程　助推
国家乡村振兴战略实现
——在中国名镇志、中国名村志
丛书编纂业务培训班开班式上的
讲话 ………………………… 冀祥德(379)
方志,从宁德出发
——在全国地方志系统行政管理
干部培训班暨福建方志与地情
文献人才培养专修班开班式上的
讲话 ………………………… 冀祥德(383)
方志人应该在捍卫国家与民族
利益上敢于担当
——在国家社科基金抗日战争
研究专项工程“中国抗日战争志”
项目暨中国地方抗日战争志工程
研讨会上的讲话 …………… 冀祥德(387)
树立自信，开拓创新　做“活”做
“热”地方志事业
——在郑州市地方志业务
培训班上的讲话 …………… 冀祥德(390)
同心协力　加快立法　为中国强起来
盛世修志提供坚实法律保障
——在依法治国与依法治志
论坛上的总结讲话 ………… 冀祥德(393)
走进新时代的地方志
——人民网访谈 …………… 冀祥德(396)
坚定信心，凝心聚力，为全面建成
小康社会贡献“志”礼
——2019 年全国地方志工作机构
主任工作会议工作报告 …… 冀祥德(399)
冲锋拼搏,攻坚克难,决胜地方志
“两全目标”
——2019 年全国地方志工作
安排及要求 ………………… 冀祥德(403)
真抓实干　认真落实方志事业发展
新要求　拼搏冲锋　全力冲刺
完成“两全目标”总任务
——在 2019 年全国地方志机构主任
工作会议暨第三次全国地方志工作
经验交流会上的总结讲话 …… 高京斋(407)
方志馆建设的春天
——在首届全国方志馆建设
经验交流会上的总结讲话 …… 邱新立(411)
• 各省(区、市)领导讲话摘要
在 2018 年北京市地方志工作会上的
讲话 ………………………… 王　宁(416)
在 2019 年全国省级地方志机构
主任工作会议暨第三次全国
地方志工作经验交流会上的
致辞(摘录) ………………… 袁桐利(425)
在省地方志编纂委员会奋战志鉴
“两全目标”　工作推进会上的
讲话 ………………………… 曲孝丽(426)
在《山西抗日战争志》编委会工作
会议上的讲话 ……………… 曲孝丽(428)
在《江苏省地方志工作条例》贯彻
实施座谈会上的讲话 ……… 许仲梓(430)
在纪念章学诚诞辰 280 周年
座谈会上的讲话 …………… 成岳冲(433)
在 2018 年广西壮族自治区地方志
机构主任工作会议上的
讲话 ………………………… 黄俊华(434)
在调研云南省地方志办工作时的
讲话 ………………………… 李玛琳(437)
在甘肃省地方史志编纂委员会主任
会议上的讲话(摘要) ……… 何　伟(440)

附　　表

全国第二轮省市县三级志书规划与
出版情况统计表 …………………… (441)

到2020年全面完成地方综合年鉴编纂任务及出版情况统计表 ……… (442)
全国地方志系统行业志、部门志、专业志、乡镇村志、街道社区志、山水名胜古迹志、地情书、教材、理论著述、工具书、历代方志整理出版情况统计表 ……… (444)
行业年鉴、部门年鉴、专业年鉴出版情况统计表 ……… (445)
全国地方志系统方志馆建设情况统计表(2018年度) ……… (446)
全国地方志系统信息化建设情况统计表 ……… (447)
全国地方志系统信息化建设情况统计明细表 ……… (448)
全国地方志系统工作机构情况统计表 ……… (449)
省级地方志工作机构情况统计表 ……… (450)
地市级地方志工作机构情况统计表 ……… (452)
县区级地方志工作机构情况统计表 ……… (453)

索　引

索引 ……… (454)

Contents

Featured Article .... (1)

Special Collection .... (22)

Chronology .... (31)

The Work of Chinese Local Chronicles Steering Group and Its General Office .... (39)

- The Work of Chinese Local Chronicles Steering Group .... (39)
- The Work of the General Office of Chinese Local Chronicles Steering Group .... (39)

Local Chronicles Compilation and Publication .... (58)

- Recent Progress and Development ...... (58)
- Provincial Local Chronicles Publication .... (66)
- Regional and Municipal Local Chronicles Publication .... (78)
- County and District Local Chronicles Publication .... (80)
- Town and Village Local Chronicles Publication .... (89)
- Departmental (Industrial Monographic) Local Chronicles Publication .... (97)

Traditional Local Chronicles Collation and Publication .... (104)

- Recent Deployment and Progress ...... (104)
- Collation and Publication .... (106)

Yearbook Compilation and Publication .... (114)

- Launch of the Yearbook .... (114)
- Provincial Yearbook Publication .... (119)
- Regional and Municipal Yearbook Publication .... (124)
- County and District Yearbook Publication .... (132)
- Town and Village Yearbook Publication .... (139)
- Departmental (Industrial Monographic) Yearbook Publication .... (142)

Local Chronicles Resources Development and Utilization .... (147)

- Local Information Book Compilation and Publication .... (147)
- Information Consultation and Information Service .... (160)

Application of Information Technologies and Construction of Local Chronicles Museums .... (178)

- Website Construction .... (178)
- Digitalization Construction .... (183)
- Construction of New Media Platform ... (187)
- Construction of Local Chronicles Museums .... (191)

Theoretical Research and Periodicals Publication .... (201)

- Research on the theory of Local Chronicles .... (201)

- Papers Index of Local Chronicles …… (218)
- Papers Index of Yearbook …………… (238)
- Writing and Compilation of Local Chronicles and Yearbooks ………… (243)
- Society Activities and Periodicals Publication ………………………… (244)
- Periodicals Publication ……………… (250)

Regulations and Ordinances and Policy Steering Activities …………………… (256)
- Rules and Regulations ……………… (256)
- Supervision and Steering Activities …… (258)

Working Conferences ………………… (264)
- Working Conferences of Local Chronicles ………………………… (264)
- Working Conferences of Yearbooks …… (276)

Professional Training and Exploring Exchanges …………………………… (279)
- Business Training …………………… (279)
- Exploring Exchanges ………………… (290)

Institutions and Team - building ……… (295)
- Institutional Settings ………………… (295)
- Commendations ……………………… (300)

Local Chronicles and Yearbooks Who's Who ………………………… (303)
- Name List of the Leaders …………… (303)
- Personages Introduction ……………… (305)

Documents and Literature …………… (310)
- The Compilation Documents of The Office of Chinese Local Chronicles Guidance Group …………………… (310)
- The Compilation Documents of All The Provinces …………………………… (343)
- Extracts of Leaders' Speeches ………… (372)
- Extracts of Leaders' Speeches of All The Provinces ……………………… (416)

Appendix ……………………………… (441)

Indexs ………………………………… (454)

特　载

加强方志馆建设，让地方志“立”起来
——在首届全国方志馆建设经验交流会上的讲话

（2018年5月29日）

中指组组长、中国社会科学院大学校长　王伟光

今天，在中国最美湿地之一，同时也是我国重要的石油基地、古代军事家孙武故里的山东省东营市召开首届全国方志馆建设经验交流会，我代表中国地方志指导小组（以下简称中指组）向各位代表，并通过你们向全国广大方志馆工作者表示诚挚的问候！

这次会议的主题是：以马克思主义、毛泽东思想、中国特色社会主义理论体系为指导，深入学习贯彻习近平新时代中国特色社会主义思想和党的十九大精神，按照《全国地方志事业发展规划纲要（2015—2020年）》（以下简称《规划纲要》）要求，总结开展方志馆建设，特别是党的十八大和第五届中指组成立以来全国方志馆建设取得的经验及其不足，研究中国特色社会主义进入新时代方志馆建设事业发展的新形势、新内涵、新要求，统一思想，凝心聚力，在新的、更高起点上，进一步推动全国方志馆建设事业持续快速发展，让地方志“立”起来，为全国地方志事业转型升级做出新的、更大贡献。

党的十八大以来，党中央、国务院高度重视地方志事业发展。习近平总书记、李克强总理、刘延东副总理多次就地方志工作做出重要指示、批示。2015年8月，国务院办公厅印发《规划纲要》，对全国地方志事业发展作出了科学的顶层设计。2016年3月“加强修史修志”被写入国家“十三五”规划；2017年1月《关于实施中华优秀传统文化传承发展工程的意见》出台，地方志工作被纳入中华优秀传统文化传承发展工程；2017年5月《国家“十三五”时期文化发展改革规划纲要》出台，地方志工作被纳入社会主义文化强国建设任务之中；2017年10月党的十九大胜利召开，开启了决胜全面建成小康社会、全面建设社会主义现代化国家的新征程，为地方志事业发展指明了前进方向。地方志在国家文化建设中的作用愈加明显，地位愈加突出。

在党中央、国务院的亲切关怀和高度重视下，第五届中指组及其办公室牢记使命，勇于创新、敢于担当、夙夜在公、勤勉工作，认真履行统筹规划、组织协调和督促指导职责，带领全国地方志系统深入学习贯彻习近平新时代中国特色社会主义思想和党的十九大精神，全面贯彻党的十八大精神，贯彻习近平总书记系列重要讲话、李克强总理重要批示和刘延东副总理重要讲话、重要批示精神，要求各级机构突出地方志政治性这一主题，将宪法修正案和深化党和国家机构改革的决定落实到地方志工作中去；深刻领会习近平新时代中国特色社会主义思想、中国共产党领导是中国特色社会主义最本质的特征等载入宪法的重大意义，紧紧把握历史脉搏，在新的历史起点上，

不断开拓创新。中指组及其办公室立足地方志工作实际，充分认识党的十九大精神对全国地方志事业转型升级的重大指导意义，提出树立文化自信、不断铸就中华文化新辉煌、以我为主加强中外人文交流、在历史进步中实现文化进步等新论述对地方志工作的新期待、新要求，进一步明确方志人在把我国建成富强民主文明和谐美丽的社会主义现代化强国过程中所肩负的新使命，深入探索并着力实践全国地方志事业进入新时代的具体内涵，提出“一纳入、八到位”的总要求，把2015年确定为调研年、培训年，2016年确定为顶层设计年，2017年确定为督查落实年，把2018年定为攻坚年、质量年，凝心聚力，久久为功，坚定不移地推进和落实“两全目标”，大力拓展地方志事业发展格局，摒弃“一本书主义”，开拓志、鉴、史、馆“四驾马车”并驾齐驱，志、鉴、库、馆、网、用、会、刊、研、史“十业并举”新局面，在全国范围内全面推动地方志从一项工作向一项事业转型升级。

一、勇于担当，敢于创新，方志馆建设成效显著

在我国，方志馆建设是新生事物。方志馆作为全国地方志事业发展的重要依托和新的增长点，在各级党委、政府的关心、支持下，在各级地方志工作机构的积极努力下，取得了一系列重要的、阶段性的成就。

第一，注重顶层设计，为各级方志馆建设提供方向指引。中指组及其办公室积极推进顶层设计和规划部署，狠抓落实，严格督查，坚定不移地推进和落实“两全目标”，并结合实际大力拓展地方志事业发展格局，认真研究解决制约方志馆事业发展的重点、难点问题，始终坚持正确方向、坚持规划引领、坚持依法治志、坚持改革创新、坚持质量标准，在顶层设计、法治建设和行业规范建设方面，不等待、不观望、不懈怠，开创了全国方志馆建设全面开花的新局面。

为指导、规范全国各级方志馆建设，2017年6月，中指组印发《方志馆建设规定（试行）》（以下简称《规定》），对各级方志馆建设的功能定位、申报立项、设计布局、建设发展等做出明确规定。《规定》出台时间虽然不长，但已经发挥了巨大作用，比如在山西省方志馆、内蒙古方志馆、洛阳市方志馆的立项申报、建筑面积规划等过程中，在广西方志馆重新启动二期建设工程中，《规定》发挥了关键性作用，实现了各馆顺利立项和功能升级。

与此同时，各级地方政府和地方志机构也出台一系列相关规定。2017年6月，北京市出台《关于加强北京市方志（地情）馆（室）建设的指导意见》；2017年11月，山东省人民政府办公厅印发《全省方志馆建设管理规范》；江苏省将《江苏省地方志工作条例》列入江苏省政府2018正式立法项目，等等。各级相关规定的出台，有力保障了方志馆建设的规范化、标准化。

第二，推进方志馆建设，让地方志“立”起来。近年来，经过各方面的共同努力，全国方志馆建设战略布局、落成数量、建成面积、馆藏规模呈几何级数增长，方志馆迅速跻身博物馆、文化馆、图书馆等重要文化机构之列，并日益成为国家公共文化服务体系的重要组成部分。方志系统不仅启动了国家、省、市、县四级体系的方志馆建设，还开创性地开展了国家方志馆分馆建设、方志馆合作基地、驿站等多种探索模式，例如今天开馆的国家方志馆黄河分馆暨东营市方志馆面积达2万平方米；河南省和郑州市联合申报的国家方志馆中原分馆建筑面积达35850平方米；广州市方志馆建成全国首批6所高校地方志分馆和全国首批27个方志驿站，北京市方志馆挂牌北京市首个离退休干部活动基地，等等。另外，还有2万平方米的山西省情馆、1.7万平方米的内蒙古方志馆已经立项；天津市、河北省档案方志馆正在立项申报中，辽宁省的方志馆图书馆共建、吉林省档案馆方志馆共建正在项目招标中；特别是山东，2万—3万平方米的山东省方志馆新馆建设已经获得省政府领导同意，正在积极推进，率先提出方志馆建设省、市、县三级全覆盖，到2020

年方志馆全部建成达标等，可喜可贺。截至今日，全国已经建成各级方志馆597家。随着各级方志馆建筑规模的扩大和分布于全国各地的方志馆数量规模的激增，方志的形象从千百年来的“平面”纸质书籍，向有独立空间、兼具地情展示等多功能的“立体”转变，地方志在新时代“立”了起来。

第三，深挖方志馆功能，让地方志“活”起来。五年来，全国方志馆馆藏建设力度、资金投入力度逐年加大，功能挖掘不断深化，精品展陈不断涌现，专题展交错纷呈。2016年和2018年，国家方志馆“方志中国”和“魅力中国”展览先后开展；2017年8月，哈尔滨市方志馆与市国资委联合举办《马迭尔·老哈尔滨之魂暨哈尔滨俄侨历史文化展》，推动与俄罗斯的交流合作；2017年9月，北京、天津、河北三地机构联合举办“京津冀运河文化展”，文化惠民、地情传播深入基层，实现了展览进机关、进社区、进军营和进学校；公开观览性地情资料著述走出国门，中俄文双语对照《哈尔滨观览》在中俄博览会和世界原居哈尔滨人交流大会上被作为伴手礼赠予中外嘉宾；口述史专题入藏成为特色，北京、上海、广东、福建、山东、黑龙江、陕西等地观众通过方志馆的市民录音棚，或与电视台等媒体合作录音，或拍摄微型纪录片，讲述熟悉的本地故事、民俗、掌故，为城市发展保存珍贵的历史资源与影像资料；国家方志馆主办，广东省方志馆、广州方志馆协办的“贯彻落实十九大精神中国梦·方志情——首届全国方志馆讲解员大赛”，成为全国各地不同区域方志文化集中展示的展演会和传播地情文化的公益讲坛。借助展览、影像志及口述史、纪录片录制、动漫、技能大赛等形式，结合纸媒、网站、微信公众号、电子政务等各种平台加强宣传，通过方志馆功能挖掘，地方志由束之高阁的“死书”摇身一变，成为有“影”有“声”、能“展出”的活体，不仅能“说话”，会“走路”，甚至可“交流互动”。

第四，推进数字方志馆建设，让地方志事业“热”起来。中指组及其办公室适应新形势、新情况，有计划、分步骤地推进数字方志馆建设。2015年，为贯彻落实《规划纲要》，中指组及其办公室推出全国地方志“十大工程”，将实施“全国信息方志与数字方志建设工程”作为落实《规划纲要》中“加强方志馆建设”要求的具体抓手。2017年，中指组下发《全国信息方志与数字方志建设工程实施方案》，推进中国方志网、中国地情网、中国国情网、国家数字方志馆、地方志综合办公平台、地方志新媒体传播平台的建设，并致力通过数字方志馆开发全国地方志资源管理系统，把全国的数字化志书、年鉴、地情资料、旧志、史志期刊、音视频、图片等资源集中起来，建设地方志数字资源中心。利用虚拟技术，对“方志中国”“魅力中国”展览以及各省特色展览进行三维全景展示，打造全国地情教育网上展厅。文件下发后，各地迅速加快推进数字方志馆建设步伐。内蒙古、上海、江苏、浙江、福建、山东、湖南、广东、广西、四川、新疆等省（自治区、直辖市）打造“互联网+地方志”模式，推动志鉴信息化和数字化建设步伐。哈尔滨市方志馆推出720度全景地情展馆；内蒙古经过数年努力，通过购买服务方式，完成以内蒙古区情网汉文网站、蒙古文网站、手机网站、内蒙古地情网站集群、方志内蒙古微信公众平台、多功能数据库等为主要内容的“四网、两平台、双系统、一库（馆）”的发展战略格局。随着各种方志媒介的纷纷建立和数字方志馆建设事业的不断延伸、拓展，地方志逐步走进千家万户，地方志由不为人知或鲜为人知一跃而成为广为人知、大众接受，地方志的社会“知名度”日益提升，地方志事业逐渐由“冷”变得“热”了起来。

二、总结经验，明确目标，致力推动方志馆可持续发展

五年来，全国各级方志馆坚持围绕中心、服务大局，着力充分发挥地情展示功能，不断加强馆藏资源体系、信息平台建设，工作开展卓有成效，也积累了大量宝贵经验。概括地讲有以下几

个方面。

第一，坚持正确的政治方向是方志馆建设的基本原则。五年来，在第五届中指组的带领下，各地坚持以习近平新时代中国特色社会主义思想和党的十九大精神为统领，从战略全局的高度深刻认识做好方志馆建设工作的特殊重要性，按照《〈全国地方志事业发展规划纲要（2015—2020年）〉的实施意见》等法规文件要求，切实把包括方志馆建设工作在内的地方志工作纳入重要议事日程，当成一项重大的政治工程、战略工程、文化工程和固边工程来抓，为开展地方志工作创造了良好条件。

第二，争取各级领导充分重视是方志馆建设的重要保障。经过五年来的建设与发展，方志馆已经成为地方志工作的重要延伸和地方志事业实现长远发展的重要阵地。各级地方志工作机构在充分认识方志馆功能、定位的基础上，进一步树立并强化建设方志馆的阵地意识、责任意识和发展眼光，深刻领会并严格依照《规划纲要》提出的总体目标和《规定》提出的建设要求，将方志馆建设纳入当地经济社会发展、文化建设和城市建设总体规划加以统筹推进，确保了方志馆建设从立项选址、经费保障、设计施工、展览展示、收藏利用等方面得以顺利推进，并通过地情展示讲好中国故事，展现真实、立体、全面的中国，为当代提供资政辅治之参考，为后世留下堪存堪鉴之记述，更好地实现地方志工作的时代价值和历史价值。

第三，“四个中心”是方志馆建设的时代定位。习近平总书记指出：“要紧紧围绕建设社会主义核心价值体系、建设社会主义文化强国，完善文化管理体制和文化生产经营机制，建立健全现代公共文化服务体系、现代文化市场体系来做好工作，以此推动社会主义文化大发展大繁荣。”2015年，中办、国办专门印发《关于加快构建现代公共文化服务体系的意见》，对构建现代公共文化服务体系作出全面部署。各级方志馆作为集地情展示、收藏保护、编纂研究、专业咨询、信息服务、开发利用、宣传教育、业务培训、文化交流等功能于一身的公共文化服务机构，决定了积极参与公共文化服务体系建设，大力提升公共文化服务水平，让人民群众共享社会主义文化发展成果，是方志馆建设与发展的基本定位。因此，各级方志馆建设要着力强化办馆特色，突出全方位地情展览展示功能，建成“地情展示中心”；加大收藏保护力度，建成“地情文献收藏中心”；加快方志馆数字化、网络化、信息化建设步伐，着力构建从国家到省、市、县的多级方志馆服务网络，建立健全需求反馈机制，积极开发多层次、多样性的服务形式，建成“数字地情服务中心”；深入推进地域文化研究与交流，充分发挥平台、阵地作用，建成“地域文化研究中心”。不断提高公共文化服务现代传播能力，集中塑造方志馆服务品牌，在全国公共文化服务体系建设中充分发挥出全国各级方志馆的能量和作用。

第四，让方志“立起来、活起来、热起来、强起来”是新时代方志人的使命担当。作为集地情展示等功能于一身的公共文化服务机构，积极参与公共文化服务体系建设，大力提升公共文化服务水平，让人民群众共享社会主义文化发展成果，是各级方志馆建设与发展的职责、使命。因此，方志馆区别于博物馆、图书馆等其他场馆，成为公共文化服务体系不可或缺的重要一环，必须摒弃“一本书主义”，把方志从传统的书面纂修拓展为多功能空间聚合体的方志馆建设，实现方志从纸质平面到立体呈现的“立起来”；借助展览、影像志及口述史、技能大赛、晚会等形式，让方志“活起来”；以方志馆为对外服务窗口，结合纸媒、网站、微信公众号、电子政务等各种平台加强方志馆宣教服务，让方志“热起来”。方志人凝心聚力，在加快推进地方志事业转型升级过程中，必须明确新任务，牢记新使命，认清新形势，在国家第一个一百年目标全党全国人民决胜全面建成小康社会之时，地方志要决胜“两全目标”；在第二个一百年目标本世纪中叶建成富强民主文明和谐美丽的社会主义现代化强国之际，地方志要实现上至中华人民共和国国志，中至省、市、县三级志书编修，下至乡镇志、村志、社区志的全覆盖，用地方志这一中华民族文化的特有载体，记述国家、民族、社会以及所有行政区域内的自然、经济、政治、文化、社会的历史与现状，把以习近平同志为核心的党中央团结带领全国各族人民实现中华民族伟大复兴中国梦的过程真实记录并传承下去。

当前全国方志馆建设形成了一定规模，积累了一定经验，方志馆队伍不断壮大，社会影响力日益扩大。但是，由于各地区对“一纳入、八到位”的认识程度不同，经济社会发展程度、地理环境等差异大，一些地方还存在对建设方志馆的重要性认识不足、“四个中心”定位把握不到位、方志馆建设工作进度进程不一等情况。当前方志馆事业正处于繁荣发展的大好机遇期，从严从高要求，改进和提升的空间很大。我们要以此次会议的召开为契机，进一步解放思想，深入思考、研究解决带有全局性、根本性、普遍性的问题，认真谋划好方志馆事业的未来可持续发展之路。

三、高举旗帜，久久为功，在新时代全力开创方志馆建设新局面

2018年是贯彻落实党的十九大精神的开局之年，是改革开放40周年的纪念之年，是决胜全面建成小康社会、实施“十三五”规划承上启下的关键之年，全国方志人要进一步凝聚共识、提振信心，开疆辟土、开拓创新，进一步推进地方志事业全面转型升级，进一步加大优秀传统文化的保护与弘扬力度，开创新时代地方志工作新局面。下面，结合当前全国地方志工作及方志馆建设情况，我谈几点意见。

第一，要坚持以习近平新时代中国特色社会主义思想为指导，推动方志馆事业可持续发展。当前和今后一个时期，全国地方志系统要结合地方志工作实际，深入贯彻党的十九大精神，深刻认识中国特色社会主义进入新时代给地方志事业发展带来的历史性机遇，深刻认识中国特色社会主义进入新时代给方志馆建设工作提出的历史性课题，深刻认识中国特色社会主义进入新时代给方志馆事业带来的历史性变革，树立强烈的时代性、创新性和人民性。明确方志人在把我国建成富强民主文明和谐美丽的社会主义现代化强国征程中所肩负的新使命和新担当；明确地方志事业发展的“两个一百年”奋斗目标。方志馆建设工作应坚持聚焦主业，夯实地方志的存史功能；应坚持围绕中心，强化地方志的资政功能；应坚持服务社会，拓展地方志的育人功能。

第二，要树立方志文化自信，为传承发展中华优秀传统文化和文化惠民、文化强国做出方志人的贡献。要从地方志与文化、传统文化的关系入手，深刻领会树立方志文化自信建立的时代价值，明确建立方志文化自信不仅对方志馆高质量建设有着重要意义，而且对于文化自信的进一步增强、对于社会主义文化强国的建设、对于中华民族伟大复兴中国梦的实现都有着非比寻常的意义。全国地方志机构要认真贯彻落实中办、国办《关于实施中华优秀传统文化传承发展工程的意见》，努力发挥主力军作用，坚持“创造性转化、创新性发展”方针，立足为当前服务，着力围绕弘扬传统文化中的“优秀”部分下功夫、做文章。大力推动流动方志馆设施建设，实现阵地服务与流动服务相结合，建立灵活机动、惠及基层群众的服务网络，推动方志馆服务向基层、社区延伸；不断完善服务体系，创新服务模式，制订阅读、观展激励计划，加强推广，研究用户需求和行为习惯，提高服务效率；抓住重点环节，推动中华传统优秀文化与当代社会主义先进文化相融相通；主攻高峰，重点打造行业有亮点、全国有影响的品牌活动项目。

第三，要有红线意识，坚持文化安全、信息安全及自身建设安全不动摇。当今时代，国际格局发生了深刻的变化，国际的竞争已经不再局限于传统的军事、政治、经济等“硬实力”的竞争，而更多包含了文化、外交等“软实力”的竞争。在此背景下，世界上许多国家在对外交

往过程中越来越重视维护本国文化安全。古人说:“灭人之国,必先去其史。”国内外敌对势力往往就是拿中国革命史、新中国历史来做文章,竭尽攻击、丑化、污蔑之能事。一个民族的历史是一个民族安身立命的基础,各级地方志工作机构应通过实体方志馆和数字方志馆建设,组织群众、宣传群众、引导群众,正本清源,还历史之本来面貌。在实体方志馆基础建设方面把好安全关,在文献收藏保护上切实加强规范化管理,进一步提高方志资料的安全性、保密性和规范性;在数字方志馆信息安全方面坚持以预防为主的方针,弘扬主旋律,激发正能量,大力培育和践行社会主义核心价值观,把握好网上舆论引导的时、度、效,使网络空间清朗起来,确保文化的长治久安。

第四,要因地制宜开展方志馆建设,强化质量第一意识。众所周知,我国地域辽阔,各地地情、民情差异较大,方志馆建设一定要密切联系当地实际,避免“一刀切”。要在不违背脱离《规划纲要》指导精神前提下,充分尊重和发挥地方政府、地方志工作机构和方志馆人的积极性和创造性。同时,要谨记“质量是一切事业发展的根基”,方志馆建设要树立“质量第一”意识,各级地方志工作机构和方志馆应主动融入经济社会发展大局,努力解决方志馆建设不充分不平衡发展的问题,致力于推动方志馆体系建设,完善方志馆定级、运行评估制度,开放共享信息资源,加强馆藏文献文物预防性保护和数字化保护利用,发展智慧方志馆,引导重点方志馆向国际先进场馆行列迈进,支持基层中小馆提升办馆、办展水平,积极推进馆际交流、区域协同发展,与相关领域跨界融合、引入社会力量广泛参与,整体推进,多措并举,推动方志馆建设从高速度增长走向高质量发展。

第五,要开展智慧方志馆建设,从向世界展现中华文明转向为世界贡献中国智慧。数字化时代使方志馆建立与观众紧密联系的纽带和施展创新的平台成为可能,建设由方志馆、物联网、大数据和云计算等构成的智慧方志馆是未来方志馆事业发展的重要工作内容。智慧保护使文献文物永久保存,智慧管理应对庞杂数字信息,智慧服务以公众需求为核心。我们要在实践中创建业务协同系统:一是基于系统性的方志馆业务整体解决方案,包括标准规范设计、共享式的业务服务框架、先进合理的技术架构来构建智慧方志馆平台技术支撑体系,避免信息孤岛、重复性信息化建设;二是基于共享型的业务框架,业务可以不断开展,系统不再无限扩张,可以汇聚平台上关于人、物、财、数据等资源,以项目的目标管理、里程碑设定、信息管理的新型组织模式,建立起适用于方志馆特点的标准化、流程化、一体化的业务管理机制,建设馆藏文献文物数据库系统和智慧管理平台,实现编目账、影像账、保管账、保护账、资料账等五账合一的管理体系以及文物文献的数字化保护;三是智慧型服务系统,包括大数据中心统计与智能分析,同时物联网把传感器、控制器、机器、人和物等通过新方式连在一起,借助多媒体、虚拟现实、工程技术等提升手段,为观众、读者创建人性化、动态化的地情信息咨询和地情观展环境。

功崇惟志,业广惟勤。过去的成绩和经验已成为历史,站在新时代,使命呼唤担当,使命呼唤未来!地方志的未来正需要全体地方志人凝心聚力、不负重托、顽强拼搏、砥砺奋进,向世界奏响我们前进的号角,为历史写下我们这代人浓墨重彩的一笔!今天,全国方志馆界同人齐聚一堂,召开首届全国方志馆建设经验交流会议,这在方志馆建设史上,乃至在中国方志发展史上都具有开创性意义。我预见,百年之后,方志馆将成为中华民族伟大复兴的中国梦实现的历史见证馆。人们在这里,就会看到今天的我们,是如何在以习近平同志为核心的党中央的坚强领导下,带领全国各族人民以坚定的信心和非凡的勇气,攻坚克难,锐意进取,开辟治国理政新境界、开创中国特色社会主义事业新局面,并最终实现中华民族伟大复兴中国梦的!

高举习近平新时代中国特色社会主义思想伟大旗帜 努力开创新时代地方志事业高质量发展新局面

——在2019年全国地方志机构主任工作会议暨第三次全国地方志工作经验交流会上的讲话

（2018年12月14日）

中国社会科学院院长、中指组组长　谢伏瞻

2018年8月，经国务院同意，我担任中国地方志指导小组（以下简称中指组）组长，深感责任重大，使命光荣。今年是中国改革开放40周年，在这重要时刻，我们召开2019年全国地方志机构主任工作会议暨第三次全国地方志工作经验交流会，对于全面推进新时代地方志事业高质量发展具有重要意义。在此，我谨代表中指组，向各位代表表示热烈的欢迎！向给予本次会议大力支持的河北省委、省政府，保定市委、市政府，以及为承办会议付出辛勤劳动的河北省以及保定市地方志办公室的同志们表示衷心感谢！

40年来，我们党团结带领中国人民进行改革开放新的伟大革命，“以敢闯敢干的勇气和自我革新的担当，闯出了一条新路、好路，实现了从‘赶上时代’到‘引领时代’的伟大跨越”。中华大地发生了感天动地的伟大变革，每一个中国人都能切实感受到这40年来生活翻天覆地的变化，都能享受到社会繁荣发展的成果。有着2000多年传承历史的地方志，也不断打破束缚思想的桎梏、扫除阻碍发展的藩篱，在改革开放中实现了大发展、大突破、大跨越。这次会议的主题就是以习近平新时代中国特色社会主义思想为指导，贯彻党的十九大，十九届二中、三中全会精神和习近平总书记关于继承弘扬中华优秀传统文化、高度重视修史修志系列重要讲话精神，总结改革开放以来全国地方志工作取得的成绩和经验，加深对改革开放重大意义和伟大成就的认识，明确进入新时代地方志的定位、目标、任务，统一思想，坚定信心，凝心聚力，攻坚克难，在新的历史起点上，着力在全国范围内全面推动地方志从一项工作向一项事业转型升级，努力开创新时代地方志事业高质量发展新局面。

下面，我就新时代地方志事业创新发展谈几点意见。

一、高举旗帜，把握新时代地方志事业高质量发展方向

新时代新使命新征程，推进地方志事业高质量发展，从根本上讲，就是必须高举习近平新时代中国特色社会主义思想伟大旗帜。这一重要思想是当代中国的马克思主义、21世纪的马克思主义，是引领中国特色社会主义新时代的纲领、旗帜和灵魂，是全党全国人民为实现中华民族伟大复兴而奋斗的行动指南，是我们必须长期坚持的指导思想。

地方志纵贯古今、横陈百科，汇集了各地自然、人文、社会、经济的历史和现状的全面、系统、客观的资料，显示了一定区域内历史发展轨迹和事业盛衰起伏的全过程，可谓是“凡郡之所有，事无巨细，莫不皆然”。地方志事业关乎历史延续、文化传承，关乎当前建设、未来发展，是

社会主义文化事业的重要组成部分，是党和国家工作全局中的重要组成部分。坚持以习近平新时代中国特色社会主义思想为指导，是新时代地方志事业始终沿着正确方向不断前进的根本保证，是我们做好各项工作的强大思想武器。高举旗帜，就是要学懂弄通做实习近平新时代中国特色社会主义思想，用以武装头脑、指导工作。

明确新定位，增强推动新时代地方志高质量发展的使命感。习近平总书记强调，“要高度重视修史修志，让文物说话、把历史智慧告诉人们，激发我们的民族自豪感和自信心，坚定全体人民振兴中华、实现中国梦的信心和决心”，将地方志工作提升至关乎实现中华民族伟大复兴中国梦的高度。新时代地方志不再是“说起来重要，做起来次要，忙起来不要”的一项可有可无的工作，而是国家“五位一体”总体布局和“四个全面”战略布局中的重要内容。新时代地方志不仅要服务国家战略，而且要融入国家战略，成为中华优秀传统文化传承发展、乡村振兴等国家战略实施中的重要组成部分。新时代地方志新的定位，赋予我们新的使命，要更加积极主动地推动地方志事业高质量的发展。一方面，要持续不断地保存民族记忆，传承民族优秀传统文化、革命文化和社会主义先进文化，翔实记载中华民族走向复兴的伟大进程，永葆地方志当代价值和恒久魅力。另一方面，要通过高质量的方志文化成果激发每一个中国人的民族自尊心、自信心、自豪感，激发每一个中国人的政治认同、民族认同、道路认同、理论认同、制度认同、文化认同，坚定每一个中国人的道路自信、理论自信、制度自信、文化自信，投身中华民族伟大复兴征程，为实现中华民族伟大复兴提供智力支撑和精神动力。

明确新要求，增强推动新时代地方志高质量发展的责任感。习近平总书记强调，一个国家、一个民族的强盛，总是以文化兴盛为支撑的，中华民族伟大复兴需要以中华文化发展繁荣为条件。文化兴国运兴，文化强民族强。没有高度的文化自信，没有文化的繁荣兴盛，就没有中华民族伟大复兴。地方志保存了中华民族的精神追求和文明进步，传承了中华民族的历史记忆和文化基因，是中华民族传统文化的重要组成部分。地方志事业在社会主义文化强国建设中有着举足轻重的作用。新定位对地方志事业发展也提出了新的要求，要从落实国家战略的高度高质量推动地方志事业，从推动中华民族现代化进程的角度创新发展方志文化，使之成为实现“两个一百年”奋斗目标和中华民族伟大复兴中国梦的重要力量。我们必须以强烈的事业心和责任感回应新时代新要求，坚持为人民服务、为社会主义服务，坚持创造性转化、创新性发展。要切实推动地方志理念创新、理论创新、体制机制创新，以解决地方志事业发展不平衡不充分的问题，在全国范围内全面推进地方志提质升级。要用高质量的方志文化成果来涵养社会主义核心价值观，夯实国家文化软实力，传播当代中国价值观念，坚守中华文化立场，展示中华文化独特魅力，维护国家文化安全，为世界文化注入新的理念、新的血液。

明确新思路，增强推动新时代地方志高质量发展的主动性。改革开放后，特别是党的十八大以来，地方志事业迅猛发展，领域不断扩大，内涵不断丰富。但面临新形势、新任务，迫切需要谋划新时代地方志发展新思路。新思路必须以习近平新时代中国特色社会主义思想为指引，立足于新的历史方位、新的事业定位、新的时代要求，在准确把握地方志事业发展规律的基础上来谋划布局。要始终围绕助力新时代改革开放再出发，助力中华民族伟大复兴中国梦实现，助力社会主义文化强国建设，坚持以人民为中心，打造高质量公共文化产品，提供高水平公共文化服务。这就要求我们用新发展理念引领地方志各项工作。要提高地方志公共文化服务的覆盖水平和服务供给能力，让人民群众共享地方志成果，不断提升人民群众的文化获得感和满意度。要健全地方志体制机制，拓宽社会各界参与地方志工作的途径和方式；拓展地方志工作领域，以地方志编修体系、理论研究和学科建设体系、质量保障体系、资源开发利用体系、工作保障体系为核心，打造科学、完善、成熟的“五位一体”地方志事业发展综合体系。要服务国家文化“走出去”战略，推动中国方志文化走向世界，讲好中国故事，传播中华文化，增强方志文化影响力。

二、提高站位，坚定新时代地方志事业高质量发展信心

新时代面临新使命、新任务、新要求，特别是与人民日益增长的美好生活需要相比，地方志的发展还有很多不适应的地方，面临着不少的挑战和问题。如志、鉴、馆、网、库、用、会、刊、研、史“十业”之间，以及地区之间的发展失衡，尤其是“把地方史纳入地方志工作范畴”还没有实质性进展，理论研究滞后于地方志实践，研究成果学术含金量不高；《条例》不完全适应新时代地方志事业发展的需要，法治化建设面临现实困境；完成“两全目标”时间紧、任务重、压力大，志鉴成果质量参差不齐；方志人才队伍结构不合理，干部队伍素质有待提升；管理体制和运行机制还不完善，各级地方志工作机构在归属上缺乏统一性，有的归属政府，有的归属党委，有的归属地方社科院；规格上差别很大，同为省级机构，有的是正厅级，有的是副厅级，有的是正处级；编制上各不相同，有的是事业编制，有的是国家公务员序列。当前，各省（自治区、直辖市）刚刚完成地方政府机构改革，地方志工作机构有的与档案部门合并，有的与党史研究机构合并，有的将行政职能划走。面对这些问题，尤其是地方机构改革后出现的问题，我们要增强文化自信，尤其是方志文化自信，提高站位，迎难而上，下大力气予以解决。

坚定发展信心，要深化对地方志的新认识。习近平总书记指出，“要马上了解一个地方的重要情况，就要了解它的历史。了解历史的可靠的方法就是看志，这是我的一个习惯。过去，我无论走到哪里，第一件事就是要看地方志，这样做，可以较快地了解到一个地方的山川地貌、乡情民俗、名流商贾、桑麻农事，可以从中把握很多带有规律性的东西，可谓‘开卷有益’”。可见，地方志对于记录当地历史、传承中华文明有着重要价值。世界上唯有中华文明五千年来一脉相承、从未中断，一直延续到今天，其中地方志可以说居功至伟。“故夫方志者，非直一州一邑文献之寄而已。民之荣瘁，国之污隆，于兹系焉。”从古到今，地方志工作者编纂志书的目的凸显了方志文化“存史、资政、育人”的功能价值。可以说，地方志编纂之所以能绵延千年而不绝，最重要的原因就在于地方志功能的不可替代性。一方面，中外知名学者大规模使用方志。如著名气象、地理学家竺可桢，根据方志记载的植物分布及花开花落时间的变化，研究中国历代气候变化的规律，在其名著《中国近五千年来气候变迁的初步研究》中提出“方志时期”（1400—1900年），即利用数量众多的明清方志，探讨明清两代500年中长江、黄河流域气候变化的情况。据不完全统计，从我国翻译海外汉学研究著作中，近60年来就有数十位美国学者出版了专著，使用了古志550余种。另一方面，在中华民族伟大复兴的征程中，地方志在规划编制、旅游开发、环境治理、人口控制、历史文化遗产发掘保护传承等各方面发挥“参谋”“资治”的作用，服务经济社会发展的例子，数不胜数，发挥了很高的社会经济效益。习近平总书记指出，只有回看走过的路、比较别人的路、远眺前行的路，弄清楚我们从哪儿来、往哪儿去，很多问题才能看得深、把得准。新时代，要走好新长征路，就要理解中国的改革，首先就是要把原原本本、原汁原味的历史记录搞清楚，把来龙去脉搞清楚，这更加凸显了新时代地方志的不可替代性。我们要有地方志事业的认同感和自豪感，对地方志事业发展的前景充满信心；要有高度的职业价值认同、职业价值自信，坚定自身存在的价值，从而在推动地方志事业发展过程中，主动担当，积极探索，有所作为。

坚定发展信心，要强化方志人的担当作为。近40年的实践经验证明，地方志工作开展，离不开各级党委、政府的重视，社会各界支持。但是反过来党委、政府的重视，社会各界的支持，来源于地方志扎扎实实的工作。空谈、“等靠”都不会得到领导的重视，也不会升华为事业发展的动力。我们事业发展的信心来源于自身的努力。新时代，围绕全面深化改革，我们提出地方志要围

绕党和国家利益、经济社会发展、以人民为中心三大主题开拓创新，在全国范围内全面推动地方志从一项工作向一项事业转型升级；围绕全面依法治国，我们提出并实施依法治志，积极推动国务院办公厅颁行《规划纲要》等；围绕文化自信，我们提出并践行方志文化自信；围绕中国特色社会主义进入新时代，我们落实地方志如何在新时代、新担当、新作为；围绕国家“两个一百年”奋斗目标，我们倡导方志人应树立“两个一百年”奋斗目标，即在2020年全面建成小康社会之时，实现省省、市市、县县有志有鉴，一个都不能少的“两全目标”，实现世界文化伟大创举，在21世纪中叶中华人民共和国成立100年即建成富强民主文明和谐美丽的社会主义现代化强国之际，编纂中华人民共和国国志，实现省、市、县三级志书，乡镇志、村志、社区志、小区志和地方综合年鉴全覆盖等；以敢闯敢干的勇气和自我革新的担当，抢抓机遇，主动作为，扎扎实实，一步一个脚印，使全国地方志形势发生了很大变化，实现了跨越式发展，赢得了事业发展的主动权，提升了事业发展的信心。

坚定发展信心，要形成全社会的地方志意识。我们必须承认，目前地方志尚未形成普遍的社会意识、家喻户晓的公众意识。社会公众对地方志缺乏认识，没有概念，这与方志的社会功用、价值极不相称。新时代，要使地方志形成普遍的社会意识、家喻户晓的公众意识，就要使地方志事业的发展与人民群众精神文化需求相匹配。一是要了解人民群众的需求，拓展地方志资源开发利用的深度和广度，有针对性地调整公共文化产品的内容，丰富地方志产品的展现形式，推动产品走向社会大众，走向千家万户。二是要培育、扶持和监管地方志文化市场，拓展产品供给方式、途径、渠道。三是要规范方志馆等方志公共文化设施建设，提升方志公共文化服务能力，积极主动承担公共文化服务职能，使地方志走出“深闺”，被人民群众所认识、所了解、所运用，从而进一步推进地方志事业发展，形成人人都是方志人的格局。当每个人都能在地方志中找到自己的位置时，当每个人都能认识、了解、运用地方志时，地方志才真正地“立起来”“活起来”“热起来”，也才真正地“强起来”。

三、明确任务，推动新时代地方志事业高质量发展

今年是改革开放40周年，明年是新中国成立70周年，后年既是全面建成小康社会之年，也是全面完成《规划纲要》任务，特别是实现“两全目标”的收官之年。目前，正是我们爬坡过坎的关键期，是完成使命的冲刺期，我们要统一思想，凝聚共识，在新的、更高起点上，切实推动新时代地方志事业高质量发展。党的十九大报告中明确提出“质量强国”，“努力实现更高质量、更有效率、更加公平、更可持续的发展”，这为地方志事业高质量发展指明了方向。在全社会关注质量发展的黄金时期，尤其是在完成“两全目标”任务的关键期，在抢进度的时候，我们提出推进地方志事业高质量发展更是恰当其时。可以预计，今后一两年内，志书、年鉴出版将呈井喷之势，数量之多前所未有，更需要将质量建设、高质量发展作为头等大事来抓。同时，需要指出的是，地方志质量建设应该“十业”全方位推进，不能仅仅局限于志书年鉴，同时要加快形成推动地方志高质量发展的指标体系、标准体系、统计体系、评价体系、考核体系，建立有效的地方志质量保障体系和政策体系。

自觉用习近平新时代中国特色社会主义思想指导地方志工作。新时代催生新思想，新思想引领新时代。习近平新时代中国特色社会主义思想内涵丰富，涵盖治国理政各个领域、各个方面，构成了一个系统完整、逻辑严密、相互贯通的思想理论体系，必须学懂弄通做实。这是当前乃至今后都要抓牢的管总、紧迫的政治任务。这就要求我们牢固树立“四个意识”，更加紧密地团结在以习近平同志为核心的党中央周围，更加坚定地维护习近平总书记的全党核心地位，更加坚定维

护党中央权威和集中统一领导，更加自觉地在思想上、政治上、行动上同以习近平同志为核心的党中央保持高度一致，更加扎实地把党中央的各项决策部署落到实处。这就要求我们全面贯彻落实习近平总书记关于加强修史修志工作的重要指示精神，着重把握其精神实质、基本内涵和主要观点，坚持理论联系实际，深刻领会习近平新时代中国特色社会主义思想对全国地方志事业转型升级的重大指导意义，准确理解全国地方志事业进入新时代的内涵与外延，努力谱写地方志事业发展的新篇章。

全力推进《中华人民共和国史志法》立法。习近平总书记强调："凡属重大改革都要于法有据。在整个改革过程中，都要高度重视运用法治思维和法治方式，发挥法治的引领和推动作用，加强对相关立法工作的协调，确保在法制轨道上推进改革。"2006年国务院颁布的《条例》，满足了当时地方志工作的需要。但是随着时代的发展、社会的进步，《条例》已经不能满足地方志事业转型发展的需要。当前的重要任务就是推动《中华人民共和国史志法》立法，制定一部好的法律，真正发挥法的约束和保障作用，把地方志工作纳入法治的轨道，用法治思维、法治方式来认识和解决地方志工作中的问题，推动地方志事业在法制轨道上健康发展。

按时保质完成"两全目标"。《规划纲要》明确提出，到2020年全面完成第二轮修志规划任务，实现省、市、县三级综合年鉴编纂出版的全覆盖。这是党中央国务院赋予各级党委和政府光荣而艰巨的任务，也将是全国地方志系统向全面建成小康社会献上的一份厚礼。因此，按时、保质完成"两全目标"，打造一批资辅当前、存鉴后世、经得起历史检验的精品佳作，不仅是一种法定责任，而且具有重要的政治意义和现实意义。现在距离2020年只剩下两年时间，时间紧、任务重，要以踏石留印、抓铁有痕的劲头，要用科学合理的规划、行之有效的措施，推动"两全目标"任务完成，善始善终，善作善成。

及时编制《规划纲要（2021—2025年）》。只有通过科学规划，加强顶层设计，才能准确把握地方志事业发展规律，厘清新时代地方志事业高质量发展的基本思路、主要目标，才能以新的发展理念推动新的发展。《规划纲要》主要任务完成以前，就要提前谋划地方志事业下一个五年规划。目前，时间已经非常紧迫，应该立即启动相关工作。要制定时间表、路线图。在总结上一个规划纲要制定与实施经验的基础上，立足新时代地方志新定位新要求，立足解决地方志主要矛盾，坚持问题导向，充分调研，广泛征求意见，制定新一轮地方志事业发展规划，科学部署全面建成小康社会以后五年的地方志工作。

适时启动《中华一统志》《中华人民共和国志》（以下简称《国志》）编纂、部署第三轮修志。《规划纲要》明确提出要"总结历代一统志编纂经验，开展编修一统志的可行性研究"。编修《中华一统志》《国志》，十分必要与迫切，尤其对中国"强"起来盛世修志，意义重大，影响深远。《中华一统志》《国志》编修是一项浩繁的文化系统工程，启动的重要前提就是要形成一套完整成熟、切实可行的论证报告。要对《中华一统志》《国志》的机构设置、组织动员、具体运作和体例制定、篇目设计、资料收（征）集、志稿编写、评审验收等进行广泛深入、周密细致的研究论证，加快推进《中华一统志》《国志》编纂可行性研究。按照《规划纲要》要求，将于2020年完成第二轮修志任务。目前正处于两轮修志的交汇期，在全力完成二轮修志任务的同时，要尽快着手制定第三轮修志规划，统一规划、统一部署、统一启动全国第三轮修志工作。

继续围绕"三大主题"开拓创新。尽快推进《三沙市志》编纂出版，积极推进《中国南海志》编纂，大力推动《中国抗日战争志》编纂和中国地方抗日战争志丛书编纂。要积极支持香港特别行政区、澳门特别行政区地方志编纂，增强中华文化的凝聚力和向心力，培养爱港、爱澳和爱国感情。继续推进中国名镇志文化工程、中国名村志文化工程等，大力推进乡村史志修编，繁荣乡村文化，服务乡村振兴。积极推进《中国影像方志》及《中国影像志·名系列》的制作和播出等。进一步谋划编纂社区志、居民小区志。

稳步推进地方志公共文化服务设施建设。方志馆是地方志公共文化服务的重要载体，经过近年来的努力，方志馆已经成为彰显地方志价值、提升方志文化自信、扩大地方志社会影响力的重要平台。要积极推动方志馆建设，整合方志馆力量，全力构建具有中国特色的方志馆体系。要围绕建成地情展示中心、地情文献收藏中心、数字地情服务中心、地域文化研究中心等时代定位，夯实发展根基，强化办馆特色，挖掘馆藏资源，推动学术研究，积极打造方志馆的文化品牌，特别是要加快方志馆数字化、网络化、信息化建设步伐，努力构建多层次、立体化地方志公共文化服务网络，开发多样性、高效便捷的服务形式，为经济社会发展改革提供丰富的信息资源，为各级党委、政府提供科学的决策依据，为广大人民群众提供高质量的文化成果，全面推动地方志“用起来”“立起来”“活起来”“热起来”。

大力加强人才队伍建设。人才队伍是地方志事业健康发展的重要基础，是地方志事业创新发展的智力之源。纵览中国方志史，名家大家辈出。当今时代，有充足的条件，有丰富的实践，更应当出名家大家。我们要建立开放、包容的人才队伍建设体制机制和环境，培养人才，培养大家。当前的重要任务就是要制定方志学学科建设规划，建立和完善方志理论研究学术规范，力争到2020年形成较为成熟的方志学学科体系，以学科建设来推动人才队伍培养，这也是《规划纲要》的要求。要加大方志理论研究力度，推动形成方志学本科、硕士研究生、博士研究生、博士后完整的方志学人才培养体系，以完整的普通高等教育体系来推动人才队伍培养。同时，要重视人才的培养和任用，探索适合地方志事业发展的人才政策和机制，努力培养一支政治素质过硬，业务技能精湛，能力强、有担当、讲奉献的人才队伍，为地方志事业的长远发展奠定坚实根基。

“士不可以不弘毅，任重而道远。”同志们，走进新时代的地方志踏上了新征程。让我们更加紧密地团结在以习近平同志为核心的党中央周围，高举习近平新时代中国特色社会主义思想伟大旗帜，以对党忠诚、为党分忧、为党尽职、为民造福的政治担当，以时不我待、只争朝夕、勇立潮头的历史担当，以守土有责、守土负责、守土尽责的责任担当，不断改革创新、攻坚克难，锐意进取，努力做出无愧于时代、无愧于人民、无愧于历史的业绩，全力推进地方志事业转型升级，奋力开创新时代地方志事业高质量发展的新局面。

以志为铭不染初心　以笔为犁不负韶华

——2018年新春贺词

（2018年2月15日）

中国社会科学院副院长、中指组常务副组长　李培林

承继辉煌辞旧岁，锐意进取迎新年。在2018年新春佳节来临之际，我谨代表中国地方志指导小组向全国广大地方志工作者致以节日的祝福！向多年来关心和支持地方志事业发展的社会各界人士致以衷心的感谢！

2017年是地方志发展进程中极不平凡的一年。党的十九大胜利召开，开启了决胜全面建成小康社会、全面建设社会主义现代化国家的新征程，为地方志事业的发展指明了前进方向。《关于实

施中华优秀传统文化传承发展工程的意见》出台，地方志工作被纳入中华优秀传统文化传承发展工程；《国家“十三五”时期文化发展改革规划纲要》出台，地方志工作被纳入社会主义文化强国建设任务之中。地方志在国家文化建设中的作用愈加明显，地位愈加突出。中国地方志指导小组及其办公室紧紧抓住地方志“两全目标”，扎实推进全国地方志“十大工程”，明确地方志“两个一百年”奋斗目标和开拓创新“三大方向”，全面推动地方志事业转型升级，地方志发展进入新时代。

岁月不居，天道酬勤。这一年，地方志事业持续发力，硕果累累。广大方志人修志问道、直笔著史，以中国梦为时代主题，以优秀方志文化为根脉，持续谱写方志新篇，在方志发展史上留下浓墨重彩的一笔。圆满召开“新疆四会”“山东三会”等重要会议，成功举办南海主权与地方志论坛、首届全国名村论坛、首届全国年鉴论坛、首届中国地情论坛、首届全国方志馆馆长论坛、第二届全国名镇论坛，全面启动编纂《中国南海志》《三沙市志》，顺利启动《中国抗日战争志》项目暨中国地方抗日战争志工程、中国名酒志、中国名山志等重大文化工程，与中央电视台联合拍摄《中国影像方志》，启动拍摄《中国名镇影像志》，地方志事业全方位发展，工作格局不断拓展。信息化建设高歌猛进，中国地情网（二期）、中国国情网（一期）成功开通。全国各级方志馆建设如火如荼，国家方志馆黄河分馆、长江分馆齐头并进，“魅力中国”顺利开展，方志馆讲解员大赛异彩纷呈。积极推动方志文化“走出去”，举行走向世界的中国方志文化国际学术研讨会，推介《中国名镇志·乌镇志》精彩亮相世界互联网大会，扩大与台湾地区、欧美学术机构交流合作，向世界讲述中国故事，贡献中国智慧。

“新故相推，日生不滞。”2018 年是贯彻落实党的十九大精神的开局之年，是改革开放 40 周年，是决胜全面建成小康社会、实施“十三五”规划承上启下的关键一年。中国地方志指导小组及其办公室将继续以习近平新时代中国特色社会主义思想为指导，全面贯彻落实党的十九大精神，深入贯彻落实习近平总书记系列重要讲话精神，李克强总理、刘延东副总理重要批示、重要讲话精神，坚持社会主义先进文化前进方向，紧握时代脉搏，紧跟时代步伐，深入推进地方志事业转型升级，扎实推动地方志创造性转化、创新性发展，为建设社会主义文化强国，为实现“两个一百年”奋斗目标和中华民族伟大复兴的中国梦贡献强大“志”力。

心之所向，物之所成，幸福由奋斗得来，精彩靠努力创造。让我们紧密团结在以习近平同志为核心的党中央周围，以志为铭不染初心，以笔为犁不负韶华，以更加昂扬的斗志、更加进取的精神、更加果敢的气魄，扬鞭策马，扬帆远航，实现方志宏伟蓝图，铸就方志鼎盛辉煌！

全面推进依法治志　加快史志立法

——在依法治国与依法治志论坛上的致辞

（2018 年 5 月 18 日）

中国社会科学院副院长、中指组常务副组长　李培林

12 年前的今天，即 2006 年 5 月 18 日，国务院颁行《地方志工作条例》（以下简称《条例》），这是我国第一部有关地方志工作的行政法规。今天，我们在这里隆重集会，召开依法治国与依法

治志论坛，纪念《条例》颁布实施12周年，研讨《中华人民共和国史志法》（以下简称《史志法》）立法。这是在全面推进依法治国战略部署背景下，全面推进依法治志，着力加快史志立法，助力中华民族伟大复兴中国梦实现的重要会议。在此，我谨代表中国地方志指导小组及其办公室，对此次论坛的召开表示热烈祝贺，向出席今天开幕式的方志学、法学以及相关领域的专家学者代表表示热烈欢迎。

地方志是中华优秀传统文化的重要组成部分，是世界历史文化长河中具有中国特色的文明传承方式。"国有史，郡有志，家有谱"，在两千多年的递嬗传承中，国史、方志、家谱成为支撑中华优秀传统文化大厦的块垒基石，也形成了博大精深、独具特色、灿烂辉煌的史志文化。

党的十八大以来，党中央、国务院高度重视史志工作。习近平总书记就传承弘扬中华优秀传统文化发表了一系列重要讲话，指出要高度重视修史修志。李克强总理对地方志工作作了三次重要批示，国务院原副总理刘延东两次接见全国地方志会议代表并发表重要讲话、两次作出重要批示。在党中央、国务院的领导下，经有关方面的共同努力，2015年8月国务院办公厅印发《全国地方志事业发展规划纲要（2015—2020年）》（以下简称《规划纲要》），标志着全国地方志事业走上了规划先行、以科学规划引领发展的道路。2016年3月，国家"十三五"规划正式写入"加强修史修志"，首次把史志工作写入国民经济和社会发展五年规划，把史志事业发展纳入国家发展战略之中。2017年1月，中共中央办公厅、国务院办公厅印发《关于实施中华优秀传统文化传承发展工程的意见》，将史志工作纳入中华优秀传统文化传承发展工程。2017年5月，中共中央办公厅、国务院办公厅印发《国家"十三五"时期文化发展改革规划纲要》，将史志工作纳入社会主义文化强国建设任务之中。这是中国特色社会主义建设事业进入新时代党和国家对史志事业的高度重视，是对史志文化功能价值的高度肯定。

党的十八大、十九大以来，全国地方志工作者以习近平新时代中国特色社会主义思想为指导，抓住机遇，开拓创新，奋发有为，在中国特色社会主义进入新时代的背景下，提出地方志进入新时代；在全面依法治国背景下，提出依法治志；在全面深化改革背景下，提出地方志要以党和国家利益为导向、以经济社会发展为目标、以人民为中心开拓创新，在全国范围内，全面推动地方志从一项工作向一项事业转型升级；提出"修志问道，直笔著史"的方志人精神、"三耐一强"的仙人掌精神；提出方志担当、方志速度、方志效率、方志梦想；实施全国地方志"十大工程"；提出要把地方志"立"起来、"用"起来，让地方志"活"起来、"强"起来。在推动地方志"创造性转化、创新性发展"过程中，以地方志事业发展涵养社会主义核心价值观，夯实国家文化软实力的根基，传播当代中国价值观念，坚守中华文化立场，展示中华文化独特魅力，助力社会主义文化强国建设，助推中华民族伟大复兴的中国梦的实现。

习近平总书记指出："我们要让全面深化改革、全面推进依法治国如鸟之两翼、车之双轮，推动全面建成小康社会的目标如期实现。"地方志事业蓬勃发展离不开法治的保障。在2016年召开的纪念国务院《地方志工作条例》颁布实施10周年座谈会上，我重点梳理了新中国成立后地方志发展的脉络，从某种意义上说，这也是地方志法治化所经历的三大阶段。第一阶段是新中国成立至2006年5月，为依令修志阶段，各级地方志工作都是通过行政手段加以推动的。第二阶段是2006年5月至2015年8月，为依法修志阶段。《条例》的颁布实行，标志着地方志工作进入有法可依的法制化阶段和大规模修志时期。第三阶段是2015年8月之后，为依法治志阶段。《规划纲要》明确将"坚持依法治志"作为六大基本原则之一，其颁布施行标志着全国地方志从依法修志转向依法治志，地方志工作从法制化迈向法治化轨道。依法治志是在当前我国建设社会主义法治国家的背景下提出的，是全面推进依法治国的应有内涵与必然要求，是依法治国在地方志事业上的重要组成部分。

习近平总书记指出："在整个改革过程中，都要高度重视运用法治思维和法治方式，发挥法治的引领和推动作用。"根据习总书记的重要指示精神，如何深入推进依法治志，发挥"法治的引领和推动作用"，是当前地方志法治化建设亟须解决的难题。其中，我认为最有效、最可信、最可靠的途径就是进行史志立法，真正让史志工作有法可依、有法必依、执法必严、违法必究。全面推进依法治国是一个系统工程，是国家治理领域一场广泛而深刻的革命，需要各个领域、各项工作都进入法治化轨道。文化作为人民日益增长的美好生活需要的重要组成部分，也要实现有法可依。党的十八大、十九大以来，党中央高度重视文化立法，要求要"依法管理文化事业"和"重视哲学社会科学领域立法工作"。作为文化建设重要组成部分的史志，面临着地方史无法可依、无规可循，地方志工作随意性强、管理主体不统一，《条例》部分条款已不适应新时代地方志事业发展需要，法律效力位阶不够等问题，所以必须加快史志立法进程，彻底解决这些亟待解决的问题。本月下旬，我们将在山东东营举行国家方志馆黄河分馆开馆仪式，同时召开首届全国方志馆建设经验交流会。我们看到，这几年方志馆的建设如火如荼，在助力方志"立"起来、聚焦方志"活"起来、引领方志"强"起来等方面，取得突破性进展。但我们也发现，方志馆建设最大的瓶颈就是缺乏法治支撑。要确保方志馆建设科学、有序、健康发展，必须通过史志立法予以保障。

习近平总书记指出，"我们要加强重要领域立法，确保国家发展、重大改革于法有据，把发展改革决策同立法决策更好结合起来"，"各有关方面都要从党和国家工作大局出发看待立法工作，不要囿于自己那些所谓利益，更不要因此对立法工作形成干扰"。史志立法，我们就是要从党和国家的需要出发，站在实现中华民族伟大复兴中国梦、维护国家文化安全、推进社会主义文化强国建设的高度来考虑这个问题。史志文化中蕴含着深厚历史积淀、宝贵精神品格、浓重家国情怀、崇高价值追求，为实现中华民族伟大复兴提供智力支撑和精神动力。史志用资料说话，以事实服人，是对历史虚无主义和文化虚无主义的有力反击，是维护国家安全的重要力量。作为公共文化服务体系中的重要组成部分，史志工作有责任为社会提供公共文化产品，培育、扶持和监管相关史志文化市场。史志立法就是要摒弃部门本位主义，把为党立言、为国存史、为民修志落到实处。

习近平总书记指出："人民群众对立法的期盼，已经不是有没有，而是好不好、管用不管用、能不能解决实际问题；不是什么法都能治国，不是什么法都能治好国；越是强调法治，越是要提高立法质量。"我们要以习近平新时代中国特色社会主义思想为指导，深入学习贯彻落实党的十九大精神，全面加快史志立法，确保史志立法质量，提高立法的针对性、及时性、系统性、可操作性，扩大公众有序参与。我们一方面要在全国地方志系统开展立法调研，另一方面要面向社会开展史志立法的征求意见活动，特别是要积极征求方志学、法学以及各相关领域专家学者的意见，深入推进科学立法、民主立法，全面整合系统上下、专业内外的资源，加快史志立法进程。

今天，就有来自国务院发展研究中心、中国法学会、北京大学、中国人民大学、浙江大学、中国政法大学、中国社会科学院大学、中国社会科学院法学研究所等全国一流高等院校、科研机构的几十位著名法学家出席我们的论坛，为史志立法工作出谋划策、贡献智慧。在此，再次感谢各位专家的与会。

开拓创新　努力探索方志馆建设新路径

——在国家方志馆黄河分馆开馆仪式上的讲话

（2018年5月29日）

中国社会科学院副院长、中指组常务副组长　李培林

“一朝春夏改，隔夜鸟花迁。”在这春夏之交的美丽时节，国家方志馆黄河分馆今天正式开馆了。我谨代表中国地方志指导小组（以下简称中指组）表示热烈的祝贺！向给予分馆建设大力支持的黄河水利委员会，东营市委、市政府表示衷心感谢！向为此付出劳动的山东省地方史志办公室、东营市地方史志办公室及展览设计公司的同志们、朋友们表示崇高敬意！

国家方志馆黄河分馆是第五届中指组成立以来批准建设的第一个国家方志馆分馆，也是迄今唯一一个已落成的分馆。由中国地方志指导小组办公室、黄河水利委员会和东营市三方共建、共同管理的综合性文化场馆，同时挂黄河文化博物馆、东营市方志馆的牌子。旨在打造黄河文化标志、东营市文化名片和重要的爱国主义教育基地，具有国家性、方志性、黄河性、东营性等特点。

近年来，在党中央、国务院的亲切关怀下，第五届中指组坚持开拓创新，充分发挥“统筹规划，组织协调，督促指导”职能，加强顶层设计，在全国范围内全面推动地方志从一项工作向一项事业转型升级。全国方志馆建设作为地方志转型升级发展的重要组成部分，也呈现出快速发展、遍地开花的良好态势。据统计，截至今日，全国共建成国家、省、市、县四级方志馆597家，在馆舍建设、国情地情展览展示、制度建设、数字方志馆建设、地情图书资料收藏、地情研究与服务、人才队伍建设等方面成就斐然。近年来各地方志馆的异军突起不仅实现了我国传统方志馆向现代方志馆的规模性和创新性转变，书写了我国方志馆建设的崭新篇章，而且极大地改变了传统方志平面线性的形象，使方志在人们的观念里有了立体感，方志开始“立”起来。更为重要的是，随着集地情展示中心、地情文献收藏中心、数字地情服务中心、地域文化研究中心四大功能于一身的各级方志馆如雨后春笋般出现，全国方志事业发展不但有了重要依托和新的增长点，而且对于推动各地增强公共文化服务能力和文化软实力，提高我国文化自信和中华文化影响力意义重大。方志馆不仅是方志“立”起来的主要形式，而且是方志“用”起来的新型阵地，“活”起来的重要平台，“热”起来的有力助推器，“强”起来的必由之路。

分馆建设是中指组及其办公室积极探索方志馆建设新路径的有益尝试。分馆是国家方志馆的必要补充与有益延伸，建设分馆旨在扩大国家方志馆的辐射力与影响力，引领全国方志馆建设工作，推动方志馆融入地方公共文化服务体系，更好地为地方经济社会发展服务。国家方志馆黄河分馆如期开馆并将发挥重要文化功能，证明中指组及其办公室坚持推进分馆建设的路子是正确的。中指组将继续支持国家方志馆开展分馆建设。目前，已有长江分馆、中原分馆、知青分馆、黄金分馆、冶炼分馆等在建设或筹建之中，希望更多有条件的地方以黄河分馆开馆为契机，学习借鉴先进经验，努力创造建设条件，积极申请分馆建设。可以预见，在不久的将来，随着一批各具特色的分馆的建成，不但会壮大国家方志馆的力量，改写国家方志馆的历史，而且会推动全国方志

馆建设的发展，必将在我国方志馆建设史上留下浓重的一笔。

同志们，今天国家方志馆黄河分馆开馆，希望黄河分馆抓住机遇，勇于创新，展示中华优秀文明，走出一条服务大众的新路。中国地方志指导小组及其办公室、国家方志馆将一如既往地关心指导、帮助解决遇到的问题与困难，不断推广其成熟的经验与做法，努力把国家方志馆黄河分馆建设成为全国方志馆的典型与示范。

在全国方志馆建设工作研讨会暨方志馆业务培训班上的讲话

（2018 年 8 月 14 日）

中国社会科学院副院长、中指组常务副组长　李培林

今天，非常高兴来到有着“中俄之窗”“欧亚之门”美誉的黑龙江省黑河市参加全国方志馆建设工作研讨会。首先，我代表中国地方志指导小组（以下简称中指组）向各位代表，并通过你们向全国广大方志馆工作者表示诚挚的问候！

党的十八大、十九大以来，在党中央、国务院的高度重视和亲切关怀下，全国地方志系统深入学习贯彻习近平新时代中国特色社会主义思想和党的十八大、十九大精神，紧紧围绕党和国家的中心工作，深化改革，创新发展，大力拓展地方志事业发展格局，开拓志、鉴、史、馆“四驾马车”并驾齐驱，开创了志、鉴、库、馆、网、用、会、刊、研、史“十业并举”的新局面。作为全国地方志事业发展的重要依托和新的增长点，全国各级方志馆建设在各级党委、政府的关心、支持下，在各级地方志工作机构的积极努力下，取得了突破性发展，成绩喜人。

总结近一年多来方志馆建设与发展取得的成绩，主要包括以下几个方面。

一、完善顶层设计，提供基本保障

2017 年 6 月 12 日，中指组印发《方志馆建设规定（试行）》，对各级方志馆建设的功能定位、申报立项、设计布局、建设发展等作出了明确规定，为全国各级方志馆建设提供了重要依据，并且在山西、内蒙古、广西等省区方志馆建设顺利立项和功能升级过程中发挥了关键性作用。与此同时，各级地方政府和地方志工作机构也出台一系列相关规定，指导各地方志馆建设与发展。2017 年 6 月北京市出台《关于加强北京市方志（地情）馆（室）建设的指导意见》，2017 年 11 月山东省人民政府办公厅印发《全省方志馆建设管理规范》，2018 年 1 月福建省地方志编纂委员会出台《全省市、县（区）方志馆（书库）建设指导意见（2017—2020）》，有力保障了方志馆建设的科学化和规范化。此外，为推动全国方志馆建设，2017 年 11 月，中指办、国家方志馆在广州成功举办了“贯彻落实十九大精神‘中国梦 · 方志情’首届全国方志馆讲解员大赛”，有力提升了各级方志馆讲解员的讲解水平，产生了良好的社会反响；2018 年 5 月，在山东东营成功召开了首届全国方志馆建设经验交流会，推动了各级方志馆的业务交流与协作。

二、积极立项建设，构建志馆体系

全国方志馆体系已经初具规模并不断壮大。截至2018年5月底，全国共建成、在建和立项方志馆598家，其中国家方志馆1家、国家方志馆分馆2家，省级方志馆25家，市级方志馆131家，县级方志馆439家。已落成的建筑规模在2万平方米以上的有2家，1万平方米以上的有6家。河北省尝试政府与企业合作，打造方志馆建设新模式。上海通志馆、广西方志馆分别加快推进二期工程建设。山东省17个地级市均建有市级方志馆，建筑面积在1000平方米以上的县级方志馆达100余家，并率先提出到2020年省、市、县三级方志馆全覆盖的建设目标。四川省提出“全域建馆”理念，并出台全省建馆指导意见。广东省着力推进方志馆建设，省、市、县三级方志馆从无到有，社会影响面逐步扩大，实现方志馆建设的新突破。此外，还有一批方志馆正在加紧申报筹建。各级方志馆如雨后春笋般出现，改变了传统方志平面、线性的形象，为推动地方志在新时代“立”起来、“活”起来作了重大贡献。

为进一步扩大国家方志馆的社会影响力，助推各级方志馆建设发展，中指组及其办公室积极探索方志馆建设新路径，创造性开展国家方志馆分馆建设新模式。2018年5月29日，由中国地方志指导小组办公室、东营市人民政府、黄河水利委员会三方合作共建的国家方志馆黄河分馆正式开馆。今天我们还将举行国家方志馆知青分馆揭牌仪式。两个分馆将在各级方志馆建设中发挥引领、示范作用。此外，中原分馆、长江分馆、黄金分馆、冶炼分馆等也在申报或筹建之中。为规范各地申请设立国家方志馆分馆行为，中指办、国家方志馆依据建设规定和各地方志馆建设实际，着手制定《国家方志馆分馆管理规定》，目前正在反复论证阶段。该规定将从立项申请、审核程序、管理考核等环节作出明确要求，并本着严格程序、优中选优、稳步推进的原则，通过建设国家方志馆分馆助推、引领各级方志馆建设。

三、充实馆藏资源，夯实服务根基

全国各级方志馆通过各种途径，不断充实馆藏资源。黑龙江省志办与全国18个省志办签订志书交换协议，每年与外省志办进行新出版志书的交换，丰富馆藏资源。湖北省方志馆积极扩展资料馆藏，在原有近6万册藏书基础上，新增收藏新编志书、年鉴、历代旧志、期刊、志稿及资料长编等，藏书规模扩展到10万册。苏州方志馆收藏了国内较完整的旧志典籍，成为国内少有的地级市拥有完整史志典籍的方志馆。深圳市方志馆自2015年方志馆启用以来，每年安排近400万元专项购书经费用于采购符合馆藏目标的党史、地情、年鉴等图书资料，并全部编目入库，供市民查阅研究，同时积极开展捐赠征集工作，发动社会力量向市方志馆捐赠文献文物资料，截至2018年4月，共收到160多家单位和个人捐赠的文献文物1.8万多件。口述史专题入藏成为方志馆收藏的一个新特色。北京、上海、广东、福建、山东、黑龙江、陕西等地观众通过方志馆的市民录音棚，或与电视台等媒体合作录音，或拍摄微型纪录片，讲述熟悉的本地故事、民俗、掌故，为城市发展保存珍贵的历史资源与影像资料。

四、提升展示水平，传播地域文化

全国各级方志馆深入研究国情地情特色，精心设计展览方案，大胆创新展陈方式，国情地情展示取得良好社会反响。继“方志中国”展览之后，2018年1月12日国家方志馆“魅力中国”

展览开展，积极宣传中国魅力，讲好中国故事，培育家国情怀。北京方志馆常设展和专题展互为补充，2017年结合高考恢复40周年以及北京市文物局发布的《大运河遗产保护规划（北京段）》举办了“北京恢复高考40周年专题展”和“北京大运河水利工程遗产展”。2017年北京、天津、河北三地机构联合举办“京津冀运河文化展”，文化惠民、地情传播深入基层。2017年5月开馆的广州市地方志新馆，设有6603平方米地情展示，分序厅、综合展区、专题展区、互动展区，全面展示广州的历史文化和地情特色，吸引大量群众前来参观，获得社会各界的高度评价。深圳市方志馆举办“新移民新传奇新深圳——深圳特区建设者家谱展”“深港今昔——以深圳河为证”专题展览。各类展览展示紧扣时代主题，内容丰富多彩，形式活泼新颖，承载文化基因，突出地方特色，推动地方志在新时代“活”了起来。

五、整合新型传媒，打造数字方志

2017年，中指组下发《全国信息方志与数字方志建设工程实施方案》，推进包括中国方志网、中国地情网、中国国情网、国家数字方志馆、地方志综合办公平台、地方志新媒体传播平台在内的“三网一馆两平台”建设。各级方志馆加大信息化建设力度，积极推动数字方志馆建设。内蒙古、上海、江苏、浙江、福建、山东、湖南、广东、广西、四川、新疆等省（自治区、直辖市）打造“互联网+地方志”模式，推动志鉴信息化和数字化建设步伐。常州市方志馆充分运用五种“黑科技”手段，哈尔滨市方志馆推出720度全景地情展馆，一些方志馆结合方志文化的自身特点、巧妙注入科技手段和元素增强展陈效果，增大公众吸引力；各种方志媒介的建立和数字方志馆的建设，将地方志事业不断延伸、拓展，地方志逐步走进千家万户，“飞入寻常百姓家”，社会“知名度”日益提升，推动地方志在新时代“热”了起来。

六、开展编纂研究，提升学术水准

一年多来，全国方志馆业务研究有了新进展，研究氛围日益浓厚，研究成果大量涌现。中国地方志指导小组办公室、国家方志馆高度重视方志馆业务研究，积极搭建方志馆理论研究和业务交流平台。2017年4月21日，中国地方志指导小组办公室、国家方志馆在江苏苏州举办首届全国方志馆馆长论坛。该论坛是全国方志馆界召开的第一次馆长论坛，达到了统一思想、提高认识、明确任务的目的。论坛结束后，国家方志馆于年内编辑出版《首届全国方志馆馆长论坛论文集》。为推动全国方志馆建设与研究，国家方志馆编辑出版了《中国方志馆研究》（第一辑），第二辑目前正在进行编辑工作，将于今年年底适时推出。

各级方志馆依托馆藏资源，积极开展旧志整理和各类地情书编纂工作，宣传地域文化，服务经济社会发展。江苏方志馆依托丰富的馆藏资源、完善的设施设备，开展江苏历代旧志整理、影印、出版工作，其中组织点校出版的乾隆《江南通志》被列入“十三五”国家重点图书出版规划。2017年12月，广东省方志馆完成《广东民国年鉴丛编》编纂出版工作。北京市方志馆利用馆藏资源，先后编辑出版了“外国眼中的北京”系列北京文史资料翻译丛刊，主持编著了多部地情文化资料书或研究论著；吉林省方志馆近年来组织、参与及合作编纂出版的图书达63部。2017年，上海通志馆编辑出版《上海滩》杂志11期，86篇文章被《新民晚报》《报刊文摘》等各类媒体转载。

经过全国广大方志馆工作者和社会各界的共同努力，一年多来，方志馆建设与发展工作稳步推进，在明确定位、提升地位等方面的成绩有目共睹，作用日益凸显，方志馆已经在地方公共文化服务体系构建、服务经济社会发展过程中崭露头角。

同时，我们也应清醒地认识到，方志馆建设作为地方志事业发展的新生事物，目前整体上还处于起步、探索阶段，方志馆如何更加清晰地定位，如何更好地发挥功能作用等问题，还需要进一步深入探讨。各地方志馆建设水平和发展速度还很不平衡，地情展示平面化问题还比较突出，一些地方建成方志馆以后参观量较少、资源利用率偏低，方志馆建设专业人才极度匮乏，方志馆馆藏资源开发利用还有很大的提升空间。从总体上看，方志馆建设与社会各界的期望还有一定距离，方志馆发展还有很长的路要走，还有大量的困难需要克服。我们要高度重视，以改革的精神、创新的理念、实干的作风认真加以解决。在此，我就下一步方志馆建设与发展问题谈几点意见。

一、高举习近平新时代中国特色社会主义思想伟大旗帜，推动方志馆事业科学健康发展

全国各级地方志工作机构和广大方志馆工作者，要坚持以习近平新时代中国特色社会主义思想统领方志馆建设与发展，自觉把习近平新时代中国特色社会主义思想与方志馆建设实践紧密结合起来，确保方志馆建设与发展保持正确的政治方向。要深刻认识中国特色社会主义进入新时代给地方志事业发展带来的历史性机遇，深刻认识中国特色社会主义进入新时代给方志馆建设提出的历史性课题，切实增强方志馆工作的使命意识、责任意识、担当意识、服务意识，全面助推全国地方志事业转型升级，全面助推地方志事业发展到2020年“两全”目标的顺利实现。

二、大力提升方志馆建设水平，推动方志馆更好地走向社会

提升方志馆建设和管理水平是方志馆发展道路上的永恒话题。要本着进一步推动地方志“用起来”“立起来”“活起来”“强起来”的思路，围绕地情展示中心、地情文献收藏中心、数字地情服务中心、地域文化研究中心等功能定位，在收藏、展示、研究、服务等方面下大力气，不断提高方志馆的利用率，切实提升方志馆的公共文化服务能力。要本着大力建设国情馆、地情馆的宗旨，科学规划、优化设计、精心布展，通过形式多样的长期和短期展览，充分展示地情风貌、地域特点、发展成就和地域文化，积极服务经济社会发展。要充分认识到方志馆作为新建文化场馆在馆藏资源建设方面的先天不足，打破方志馆仅仅是收藏志书、年鉴的偏见，大力充实各类图书、档案、古籍、文物等馆藏地情资源，积极搜集整理数字音像、口述访谈资料，加强特色资料库建设，筑牢服务社会的坚实基础。要开拓思路，挖掘潜力，加强宣传教育，推动社会参与，努力探索具有方志馆特色的服务模式，大力提高方志馆的开放度和利用率，让方志馆建设走进千家万户，惠及广大人民群众。

三、加快信息化步伐，开展智慧方志馆建设

信息化时代带来的服务理念和生产生活方式变革是深刻的。要在扎实推进实体方志馆建设的同时，积极推进数字方志馆建设，通过网络构建与观众沟通联系的纽带和施展创新的平台。要积极探索多种基于数字方志馆技术的创新服务，提高数字文化产品供给与服务能力，扩大资源总量，加强资源共享，在全国形成一个资源丰富、服务快捷、技术先进、稳定可靠的分布式数字方志馆服务网络。未来方志馆事业发展的重要工作内容是建设由方志馆、物联网、大数据和云计算等构成的智慧方志馆，要树立超前思维，培育和打造新方志文化服务业态，大力提升方志馆的公共文化服务能力，巩固和加强地方志事业发展根基，确保方志馆在国家公共文化服务体系建设中能够最大限度地发挥作用。

四、稳步推进国家方志馆分馆建设，积极引领方志馆建设与发展

分馆建设是中指组及其办公室、国家方志馆积极探索国家方志馆建设的有益尝试，是创造性转化、创新性发展的积极探索。建设国家方志馆分馆，对于国家方志馆和地方方志馆建设是一种互利共赢。国家方志馆分馆建设，一方面克服了国家方志馆目前面积较小、发展空间有限的不利条件，选择与方志文化、地域文化密切相关，具有典型文化内涵的场馆作为国家方志馆分馆，无论从空间还是从业务范围、文化包容性等方面，都是一个有力拓展，是对国家方志馆建设的必要补充与有益延伸。另一方面，建设分馆是扩大国家方志馆的辐射力与影响力，引领全国方志馆建设，推动方志馆融入地方公共文化服务体系，让地方志在全国范围内进一步“立起来”的一个重要举措。希望更多有条件的地方以黄河分馆开馆和即将进行的知青分馆揭牌为契机，学习借鉴先进经验，努力创造建设条件，积极申请分馆建设。中指组及办公室也将继续支持开展并规范分馆申报工作，严格对分馆的立项申请、审核程序、管理考核等环节作出明确要求，严格把关，成熟一个批复一个，优中选优，稳步推进。

五、深化理论研究，为方志馆建设和地方志事业发展提供智力支持

开展理论研究，是实现方志馆向纵深发展的重要方法和途径。各级方志馆要以馆藏资源为依托，围绕方志馆建设发展、方志学学科建设、地域文化挖掘等主题展开深入研究，编纂出版各类地情资料和学术著作，服务社会需要和地方志事业发展，努力把方志馆打造成为各级地方志工作机构的研究阵地和各级党委、政府文化建设的智囊咨询中心。要建立健全理论研究、人才培养与业务发展之间的良性互动机制，加强与高等院校、科研院所的交流合作，建设理论研究的人才库和专家团队，通过整合科研力量，积极推出一批方志馆研究和方志理论研究学术成果，大力增强方志学在学术界的话语权，为提升方志馆建设水平和推动地方志事业更大发展做出积极的贡献。

同志们，方志馆是地方志事业发展的基础和根本，是地方志事业走向社会、服务大众的重要平台。希望全国广大方志馆工作者抓住机遇、明确方向，总结经验、乘胜前行，以永不懈怠的精神状态，在做“活”、做“热”方志馆事业进程中奋发有为，在推动社会主义文化强国建设进程中充分展示出方志馆的独特魅力和时代风采！

特　　辑

·中指组领导地方志工作调研与批示

【李培林到中指办调研指导工作】 1月5日，中国社会科学院副院长、中指组常务副组长李培林到中指办调研指导工作。他对做好国家方志馆开馆、中国国情网上线以及“魅力中国”展览布展等工作提出要求：时间上要更加紧凑合理，倒排工期，按时保质完成相关活动的准备工作；把展览布展、环境卫生、安全保卫、车辆调度等细节问题做好；合理安排时间，确保各项活动、会议顺利进行；把“魅力中国”展览、中国国情网、中国名镇志、中国名村志等地方志工作新近成果宣传展示好。（刘淑颖）

【李培林到方志出版社调研座谈】 1月5日，中国社会科学院副院长、中指组常务副组长李培林到方志出版社调研座谈。李培林表示，方志出版社2017年正风肃纪，凝心聚力，开拓创新，成果丰硕，办公环境得到改善，职工收入大幅增加，还培养出一批素质高、能力强、能打硬仗的人才队伍。李培林指出，方志出版社在今后的发展中，一是要坚持政企分开，行政工作和企业生产运营要有区分；二是要向现代企业管理方向去进行制度规范，学习其他企业的经营管理经验，实现内部治理机制规范化、制度化；三是要进一步完善资助出版工作，保证当年资助任务当年完成；四是要按照中国社会科学院有关规定，完善企业薪酬制度，确保薪酬收入科学合理。（刘淑颖）

【李培林到中指办看望慰问干部职工】 2月9日，中国社会科学院副院长、中指组常务副组长李培林到中指办看望慰问干部职工并召开座谈会。李培林在听取工作汇报后强调，2018年全国地方志系统要把实现“两全目标”作为首要任务，在省份完成数和总体完成率上有所提高、有所突破。李培林要求，2018年中指办要发扬成绩，再接再厉，切实发挥关键作用，加强对地方志工作的全面统筹和规划引领；齐心聚力、多点用力、精准发力，让全体地方志工作者有更多获得感和幸福感。（王超）

【李培林对福建省地方志工作作出批示】 5月10日，中国社会科学院副院长、中指组常务副组长李培林听取福建省方志委主任陈秋平的工作汇报。李培林对福建省地方志工作成效给予充分肯定，并在《福建省地方志工作汇报》上批示：“福建省方志委以习近平新时代中国特色社会主义思想为指导，坚持改革创新，主动服务大局，探索形成让地方志‘活’起来、让方志人‘活’起来的‘福建经验’，实现地方志工作转型升级，在全国产生较大反响，值得全国地方志系统学习借鉴。”（刘淑颖）

【李培林会见云南省副省长李玛琳一行】 10月12日，中国社会科学院副院长、中指组常务副组长李培林会见云南省副省长李玛琳一行。李玛琳对云南地方志工作进行了系统汇报。她表示，云南省委、省政府高度重视地方志工作，云南有信心、决心和恒心，在中指组的指导下，打赢“两全目标”攻坚战。李培林肯定云南省政府针对“两全目标”采取的相关措施，希望各地认真分析“两全目标”推进中面临的问题，根据部门和行业实际情况进行调整。他指出，地方志工作机构要围绕经济社会发展大局，党委、政府中心工作和人民群众需求，大力推动地方志资源开发利用工作，方志馆建设要根据中指组及其办公室的相关规定、务实推进，信息化要面向社会、面向群众。

（杨卓轩）

·省部级领导地方志工作调研与批示

【河北省委书记王东峰、省长许勤高度重视承办2019年全国省级地方志机构主任工作会议暨第三次全国地方志工作经验交流会】 12月14日至15日，2019年全国省级地方志机构主任工作会议暨第三次全国地方志工作经验交流会在保定召开。会前，河北省委书记王东峰与中国社会科学院院长、中指组组长谢伏瞻就地方志工作进行电话沟通。河北省省长许勤对承办2019年全国省级地方志机构主任工作会议暨第三次全国地方志工作经验交流会作出批示，要求会议要精心准备，确保圆满成功。

（王慧卿）

【山西省省长楼阳生、副省长曲孝丽分别就地方志工作作出批示】 4月19日，山西省志办向省政府呈报《关于奋力推进全省志鉴“两全目标”按期保质完成的请示》。当日，副省长曲孝丽批示：“请继续加大指导、督办力度，不断推进‘两全目标’达成的进度。”4月23日，省长楼阳生批示：“同意下步工作措施，请孝丽同志抓好落实。” （武岭）

【山西省委常委、宣传部部长廉毅敏出席中共山西省委党史研究院（山西省地方志研究院）干部大会】 10月28日，新组建的中共山西省委党史研究院（山西省地方志研究院）召开干部大会，宣布领导班子并举行挂牌仪式。省委常委、宣传部部长廉毅敏出席会议并对新组建的领导班子和史志工作提出要求。他强调，要树牢意识、提高站位，深入学习和领会党中央关于机构改革的一系列部署精神；要强化责任、靠前指挥，坚决贯彻省委关于机构改革的决策部署；要严明纪律、严守规矩，着力保持良好改革秩序；要凝心聚力、创新发展，努力开创新时代全省党史和地方志工作的新局面。

（武岭）

【山西省副省长贺天才对地方志工作作出批示】 1月15日，山西省副省长贺天才就地方志工作作出批示：“志鉴‘两全目标’是刚性任务、法定职责。各级各部门要高度重视，采取得力措施，全力推进，按期保质完成。” （武岭）

【黑龙江省政协主席黄建盛、副主席马立群一行到黑龙江省志办调研】 8月31日，黑龙江省政协主席、党组书记黄建盛，省政协副主席、省农工民主党主委马立群一行到省志办调研并参观黑龙江省方志馆。在听取省志办工作汇报后，黄建盛指出，地方志是中国传统文化的瑰宝，记录历史、传承历史的地方志工作非常重要。省志办提出的打好打赢的“五个硬仗”，每一“仗”都很“硬”；提出的“四个倡扬”，对加强地方志队伍建设起到了引领、导向作用。希望省志办按照省委、省政府的工作部署，特别是地方志工作要围绕中心、融入中心的要求，进一步做好地方志工作，发挥好存史育人、资政辅治作用。 （杨卓轩）

【黑龙江省委常委、秘书长张雨浦出席中共黑龙江省委史志研究室揭牌仪式】 10月26日，黑龙江省委常委、秘书长张雨浦出席新组建的中共黑龙江省委史志研究室揭牌仪式并讲话。张雨浦强调，全省史志工作者要提高政治站位，立足新起点，展现新形象、新担当、新作为，围绕黑龙江全面振兴全方位振兴，充分发挥“存史、资政、育人”的重要作用，努力做到政治过硬、业务过硬、成果过硬，开创全省史志工作新局面。 （徐萍　杜胜男）

【黑龙江省副省长孙东生听取黑龙江省志办工作汇报】 2月24日，黑龙江省副省长孙东生听取省志办工作汇报并讲话。他要求，要认清地方志工作的本质，肩负起责任和使命；要找准地方志工作的定位，全面体现地方志工作的价值；要把握地方志工作的路径和方法，努力把地方志工作做强、做实、做活。他希望，在新的形势下，要切实加强理论学习、转变工作作风、坚定信念的紧迫感，通过提高整体素质，努力打造一支能够真正担当地方志工作责任和使命的人才队伍。（徐萍　杜胜男）

【上海市委常委、宣传部部长、市地方志编纂委员会主任委员董云虎就地方志工作作出批示】 1月29日，上海市委常委、宣传部部长、市地方志编纂委员会主任委员董云虎在上海市志办上报的《2017年上海市地方志工作总结》上批示："2017年，方志办紧紧围绕存史、育人、资政的目标任务，聚焦主业，有力有序推进二轮志书编纂，积极开发利用方志资源，深化方志理论研究和宣传普及，各项工作取得新进展、新成就。谨向方志办的同志们表示衷心感谢和崇高敬意。新的一年，要深入学习贯彻习近平新时代中国特色社会主义思想和党的十九大精神，按照市委、市政府和宣传部的部署要求，进一步推动本市方志事业上新的台阶。"（王师师　陈畅）

【上海市委常委、宣传部部长周慧琳到市志办调研】 10月17日，上海市委常委、宣传部部长、市地方志编纂委员会主任委员周慧琳到市志办调研。周慧琳对市志办着力构建存史"志库"、育人"知库"、资政"智库"，全力打造具有时代特征、上海特点和全国影响的地方志品牌工作成效给予充分肯定。他指出，要切实增强做好地方志工作的责任感、使命感。第二轮新编地方志书编纂工作是当前的重中之重，2020年必须全面完成，时间紧迫、任务艰巨。市志办要倒排时间、挂图作战，集中各方力量，抓进度、抓质量，确保按时圆满完成。在做好第二轮修志工作的同时，要兼顾好修志、编鉴、著史以及开发、推广、应用，并持续推进方志研究、信息化建设和通志馆建设等工作。（王师师　陈畅）

【江苏省委书记、省人大常委会主任娄勤俭对贯彻实施《江苏省地方志工作条例》作出批示】 9月21日，江苏省十三届人民代表大会常务委员会第五次会议审议通过《江苏省地方志工作条例》，自2018年12月1日起施行。江苏省委书记、省人大常委会主任娄勤俭作出批示："对于本次会议通过的《江苏省地方志工作条例》，要做好解读宣传工作，认真组织贯彻实施，保障我省地方志工作有序开展。"

（武文明）

【江苏省省长吴政隆对审议《江苏省地方志工作条例（草案)》发表讲话】 5月2日，江苏省政府召开第5次常务会议，专题审议《江苏省地方志工作条例（草案)》，原则同意由省政府将条例（草案）提请省人大常委会审议。省长吴政隆讲话时指出，地方志是传承和彰显中华文明的重要载体。江苏是方志大省，历代流传下来的地方志近800种，占全国总数的十分之一，与江苏在全国的GDP占比相匹配。条例（草案）中"行政区划有重大调整的，应当及时组织编纂已撤销的设区的市、县（市、区）地方志书，适时组织编纂新设的设区的市、县（市、区）地方志书"尤其有必要，这些资料只有地方志才能记载。（吉祥）

【江苏省委常委、常务副省长、省委秘书长樊金龙对"两全目标"工作作出批示】 5月12日，江苏省委常委、省政府常务副省长、省委秘书长樊金龙在中指组《关于2018年第一季度全国第二轮省市县三级志书和综合年鉴全覆盖完成情况的通报》上批示："请江苏省地方志办公室按照通报要求，抓好江苏省志书工作。"（武文明）

【江苏省委常委、常务副省长、省委秘书长樊金龙对贯彻实施《江苏省地方志工作条例》作出批示】 10月23日，江苏省委常委、常务副省长、省委秘书长樊金龙对贯彻实施《江苏省地方志工作条例》作出批示。批示指出，《江苏省地方志工作条例》已经省人大常委会审议通过，将于2019年12月1日起施行，这标志着江苏省地方志工作迈入了依法治志的新时代。江苏省各地各有关部门要以习近平新时代中国特色社会主义思想为指导，按照省委书记娄勤俭对贯彻落实该条例的指示要求，切实加强领导，精心部署安排，做好解读宣传，认真组织实施，把该条例各项规定落到实处。批示要求，江苏省地方志系统要以该条例施行为契机，进一步明确目标、强化责任、开拓创新，加强地方志管理，规范地方志工作，大力推动依法治志。要充分发扬修志问道、直笔著史的精神，主动融入省委、省政府重大决策部署，认真落实修志编鉴各项任务，积极组织编纂特色专业志鉴，不断创造方志文化精品。要加强地方志资源开发利用，拓宽社会读志用志途径，提升信息化和方志馆建设水平，努力打造江苏文化标识，为推动高质量发展走在前列、加快建设“强富美高”新江苏作出新的更大贡献。　（武文明）

【浙江省副省长成岳冲就地方志工作作出批示】 3月，浙江省副省长成岳冲分别在中指组印发的《关于实行“两全目标”工作进度季通报制度的通知》、浙江工商大学浙商研究院报送的《关于编纂出版〈浙商通志〉的建议报告》等文件上作批示，就有关工作给予充分肯定，并要求省志办认真抓好落实。　（段愿）

【安徽省人大常委会副主任谢广祥到省志办调研】 2月11日，安徽省人大常委会副主任谢广祥到省志办调研。谢广祥在听取省志办2017年工作情况和2018年工作安排的汇报后指出，地方志工作是中国特色社会主义文化建设的重要组成部分，是文化自信的重要内容。省人大常委会加大执法检查力度，发挥依法监督作用，增强各级领导的法治意识，推动全省各市县（区）有效贯彻落实《地方志工作条例》，有效地促进工作落实，使地方志工作更好地服务经济社会发展。　（史五一）

【安徽省副省长王翠凤到省志办调研】 3月26日，安徽省副省长王翠凤到省志办调研指导工作。王翠凤在听取省志办情况汇报后，对全省地方志工作取得的成绩给予充分肯定。她指出，地方志工作使命光荣、责任重大，专业性强、涉及面广，工作辛苦、成果累累，各级地方志工作者要进一步提高认识、勇于担当、勤奋敬业，努力开创新时代地方志事业发展的新局面；要加快信息化建设，积极做好成果转化利用，着力发挥地方志资政育人教化作用，更好服务现实、服务大局；要重视抓好班子建设、带好队伍，大力吸引人才，加强专业培训，树立精品意识，提高志鉴质量，全力推进地方志工作“两全目标”如期实现。（史五一）

【福建省副省长杨贤金对《中国影像志·福建名镇名村影像志》作出批示】 5月31日，《中国影像志·福建名镇名村影像志》首季《上杭古田篇》在福建电视台综合频道首播，并于6月2日在东南卫视重播。6月6日，福建省副省长杨贤金在《用影像让地方志“活起来”“立起来”——我省首开先河摄制大型高清纪录片〈中国影像志·福建名镇名村影像志〉》（八闽快讯）上批示：“第一集《上杭古田篇》播出后，获得了电视观众和业内专家的好评，要继续做好用影像的方式让方志‘立’起来、‘活’起来的工作，继续探索地方志表现的新形式。”　（欧长生　吴朝庭）

【江西省副省长孙菊生到省志办调研】 6月19日，江西省副省长、省地方志编委会副主任孙菊生到省志办及省方志馆调研，并看望慰问全体干部职工。孙菊生充分肯定省志办各项工作所取得的成绩，勉励大家认真贯彻落实国务院《地方志工作条例》《全国地方志事业发展规划纲要（2015—2020年）》和《江西省地方志事业发展规划纲要（2016—2020年）》，全力推进全省志书编纂和综合年鉴编辑“两全目标”的实现，努力做好各项工作，完成省委、省政府交办的各项任务，以饱满的姿态、踏实的作风，做好本职工作，为全省地方志事业发展作出新贡献。　（朱岳）

【山东省副省长孙继业到省史志办调研】 2月27日，山东省副省长孙继业到省史志办调研。孙继业先后到省政府综合楼和省方志馆两个办公区进行实地调研，看望史志办干部职工，召开座谈会并讲话。他指出，山东省广大史志工作者在省委、省政府的坚强领导下，付出艰辛努力，倾注大量心血，取得丰硕成果。他强调，要自觉提高政治站位，把省委、省政府要求具体化、实践化，坚决贯彻到工作中；要抓住重点力求突破，确保“三全目标”任务如期完成；要严守纪律狠抓作风，切实把党风廉政建设责任落实到位，打造忠诚干净担当的干部队伍，更加奋发有为地做好工作，为建设物质富裕、精神富有、和谐美丽现代化强省作出应有贡献。（孙杰　王赟）

【山东省副省长孙继业到国家方志馆黄河分馆暨东营市方志馆调研】 5月5日，山东省副省长孙继业到国家方志馆黄河分馆暨东营市方志馆调研。省政府办公厅二级巡视员张连三，东营市市长赵豪志、副市长刘美华等陪同。孙继业听取了东营市方志馆建设情况汇报，实地考察方志馆展陈，对东营市方志馆建设取得的成绩给予充分肯定，对做好下一步工作提出明确要求。（孙杰　王赟）

【山东省副省长孙继业出席省史志办向省社会主义学院赠书活动】 7月17日，山东省史志办向山东省社会主义学院（山东中华文化学院）举行赠书活动。副省长、省社会主义学院院长孙继业出席活动，并为“山东省方志馆山东中华文化学院分馆”揭牌。孙继业向山东省政府办公厅党组成员、山东省史志办主任刘爱军颁发捐赠证书。（孙杰　王赟）

【湖南省副省长吴桂英对中指组2018年第二季度“两全目标”通报作出批示】 8月16日，湖南省副省长吴桂英在中指组《关于2018年第二季度全国第二轮省市县三级志书和综合年鉴全覆盖完成情况的通报》上批示：“请省志办在现有工作基础上进一步加大推动力度。请省直有关部门、各市州提升认识、落实责任，共同推进我省‘两全目标’如期完成。”（杨卓轩）

【湖南省副省长吴桂英到省方志委调研】 8月17日，湖南省副省长吴桂英到湖南省地方志编委会考察调研地方志工作。吴桂英听取汇报后，首先对省地方志编委会为修志工作付出的努力给予充分肯定。对全省地方志工作今后的发展，吴桂英要求，要提升政治站位，牢固树立“四个意识”；地方志工作作为全省大局工作中重要的一环，希望大家有定力、有历史责任感，做好历史的记录者；地方志工作要进一步推动均衡发展，要通过多种方式全力推动“两全目标”工作，抓短板，坚持体现湖南特色；加强机构队伍建设。（张睿）

【广东省委书记李希、省长马兴瑞等就全省自然村落历史人文普查工作报告批示】 年内，广东省普查办与华中师大梳理自然村落历史人文普查的基本情况和特点，分析了普查工作的意义与价值并提出了普查成果开发利用建议，形成《深化普查成果，助力乡村振兴——全省自然村落历史人文普查工作报告》，呈报省委、省政府。广东省委书记李希批示：“此报告颇有价值。所提建议针对性强。”广东省省长马兴瑞批示：“请有关负责同志阅示。”副省长许瑞生阅示。副省长黄宁生批示：“该项工作围绕中心、服务大局，值得充分肯定。请地方志办认真落实李希书记、兴瑞省长的批示精神，积极与省委农办、农业厅、文化厅、国土厅、住建厅、旅游局等有关部门沟通衔接，推动普查成果的开发利用，为深入实施乡村振兴战略提供有力支撑。”副省长叶贞琴批示：“请农业厅、林业厅、扶贫办认真阅研，充分利用普查成果，发展兴村富民特色产业。”

（广东省志办）

【广西壮族自治区政府副主席黄俊华对地方志工作作出批示】 5月2日，广西壮族自治区政府副主席黄俊华在自治区志办上报自治区政府的《关于全区“两全目标”完成情况及〈广西抗日战争志〉篇目框架制定情况的报告》上作出批示对自治区志办提出要求：“一、点对点对接。《广西通志》专志、市县志未达到‘两全目标’要求的，100%要明确完成计划，按计划有序推进‘两全目标’工作；二、市县两级地方综合年鉴‘一年一鉴、公开出版’必须以100%达标为要求抓好落实；三、在明确要求的同时，广西壮族自治区志办要充分了解各地各单位志鉴编修工作存在的问题和困难，加强指导、培训。”6月28日，黄俊华在首期《八桂地情参阅》（内刊）上作出批示，要求自治区志办要坚持办下去，在“修志为用”上不断探索，办成品牌，办成精品。（杨文光）

【海南省委常委、秘书长胡光辉多次就史志工作作出批示】 1月10日，海南省委常委、秘书长胡光辉在《海南省史志办关于2017年工作总结和2018年工作安排的报告》上批示：“省委党史室过去的一年做了大量工作，予以肯定。今年是海南建省办经济特区30周年，望党史室结合本身职能，尽责履职，取得更好的成绩。”1月14日，胡光辉就海南省史志工作作出批示：“2017年我省广大史志工作者紧紧围绕中心、服务大局，锐意进取，忠诚履职，充分发挥史志‘存史、资政、育人’作用，推动我省史志工作取得了新成绩。2018年是我国改革开放40周年、海南建省办经济特区30周年，希望海南省各级史志工作机构和广大史志工作者以习近平新时代中国特色社会主义思想为指导，全面深入贯彻落实党的十九大精神和省第七次党代会部署，继续发扬成绩，戒骄戒躁，勇于担当，再接再厉，不断推动编史修志工作再上新台阶，为弘扬优秀传统文化、加快建设美好新海南贡献史志智慧和力量”。8月10日，胡光辉在《全国地方志系统“两全目标”工作推进会暨援藏援疆工作座谈会会议精神及贯彻落实意见》上批示说：“请党史室（地方志）牵头认真贯彻‘两全目标’推进会精神，督促各市县按时按质完成我省‘两全目标’。”（郑昕）

【海南省委常委、秘书长胡光辉，副省长王路先后对第二轮修志工作作出批示】 8月24日，海南省委常委、秘书长胡光辉在《关于对第二轮市县（区）志编修工作开展督查的情况汇报》上批示：“请肖百成同志商毛志华同志丰富一点内容，提出具体要求，发一期督查通报。”8月28日，海南省副省长王路在《关于对第二轮市县（区）志编修工作开展督查的情况汇报》上批示：“还要加大督查督办，对明显滞后且无计划的市县和厅局要向主官通报情况，并可按月（或季）通报进展。”（郑昕）

【海南省副省长王路到省志办调研】 2月22日，海南省副省长王路到省志办调研，并看望慰问全体干部职工。王路指出，2019年是中国改革开放40周年，也是海南建省办经济特区30周年，海南省广大史志工作者要坚持以习近平新时代中国特色社会主义思想为指引，贯彻落实党的十九大精神和省第七次党代会部署，紧紧围绕中心大局，发挥好“存史、资政、育人”作用，讲好海南故事，传播海南声音，努力在新时代实现史志新作为。（郑昕）

【重庆市副市长屈谦到市志办调研】 9月4日，重庆市副市长屈谦到市志办调研地方志工作，并看望慰问市志办干部职工。屈谦高度赞扬市志办一年来的工作成果，肯定市志办“三个围绕，三个服务”的新思路。他指出，要坚持问题导向，对于存在的问题要有思路、讲方法、守纪律，解决问题要区分轻重缓急，分步实施，稳步推进。他要求，要树立信心，要以对历史负责任的态度对待方志工作；明确目标，突出重点，逐步跟进，到2020年，全面完成市、区（县）综合志书编纂出版和地方综合年鉴实现一年一卷、公开出版的目标任务；完善机制，强化指导，点上突破，市志办要紧跟中央、国务院出台的相关政策，学习借鉴周边省市的先进经验，建立健全组织协调机制。（杨卓轩）

【四川省委常委、常务副省长王宁对2017年度地方志工作作出批示】 1月24日，四川省委常委、常务副省长王宁对2017年度全省地方志工作作出批示："去年，全省地方志系统按照省委、省政府决策部署，在编志、纂鉴、资政等方面做了大量基础性工作，形成了一批新的重要成果，为传承巴蜀文化，书写四川记忆作出了积极贡献，特表问候。新的一年，望再接再厉，坚持以习近平新时代中国特色社会主义思想为指导，深入贯彻党的十九大精神，按照省第十一次党代会和省委十一届二次全会部署，在中指组的指导下，进一步增强使命感责任感，牢牢把住正确政治方向，认真组织实施全省地方志事业'十三五'发展规划，始终坚守志鉴编纂主业，加强成果创新和运用，不断提升信息化水平，全面落实党要管党从严治党责任，切实把地方志这一宝贵资源保护好、传承好、利用好，为建设美丽繁荣和谐四川作出新的更大贡献！"（黄绚）

【四川省委常委、常务副省长王宁对中指组2018年第一季度"两全目标"通报作出批示】 6月8日，四川省委常委、常务副省长王宁对中指组《关于2018年第一季度全国第二轮省市县三级志书和综合年鉴全覆盖完成情况的通报》作出批示："省志办并建春同志：要安排好，有序有效加以推动。"（黄绚）

【四川省委常委、常务副省长王宁听取省志办工作汇报】 8月21日，四川省委常委、常务副省长王宁听取省志办工作汇报，对地方志工作提出要求。他指出，要切实抓好"两全目标"工作的落实，确保按时全面完成国家规定的编纂任务；要加强审核把关，牢固树立志书质量意识；要加强对志书编纂的统筹规划；要进一步加强对市（州）和县（区）地方志工作的指导，把讲政治放在首位，落在实处，进一步提升全省地方志工作编纂水平和服务经济社会发展的水平；要进一步加强队伍建设。

（黄绚）

【贵州省副省长王世杰到省志办调研地方志工作】 2月28日，贵州省副省长王世杰到省志办调研指导地方志工作。他听取省志办工作汇报后指出，省志办尽管工作条件有限，但是班子团结努力，工作井井有条，干部职工精神饱满、业务精湛，除了常规工作外，还承担了省领导交办的任务，工作成效显著，令人印象深刻。他要求，要进一步紧紧围绕省委、省政府的战略部署，尤其是围绕实施大扶贫战略行动，坚持下功夫深入做好精准扶贫记录工作，通过志书、年鉴记录好、传承好贵州决战脱贫攻坚、决胜全面小康的全过程，记述好中华民族对世界人类文明发展史里程碑式的贡献。要加强方志文化资源的收集、开发和利用。

（杨卓轩）

【云南省副省长李玛琳到省志办调研】 2月6日，云南省副省长李玛琳到省志办调研并召开座谈会。她要求，全省地方志工作者要提高政治站位、强化使命担当、明确目标任务，真抓实干。她希望省志办当好全省地方志工作的领头羊，全面推进全省地方志事业繁荣发展，打造精品佳志，为全省经济社会发展和与全国同步全面建成小康社会作出新的贡献。（郑灵琳）

【云南省副省长李玛琳率队考察方志馆建设】 10月13日至14日，云南省副省长李玛琳一行考察山东省、广东省方志馆建设。山东省副省长任爱荣会见考察组一行。李玛琳表示，两地方志馆特色突出、设施先进、展览形式新颖多样，将认真学习借鉴先进经验，加快推动云南方志馆建设，充分发挥方志馆集中展示省情、讲好地方故事、教育干部群众等独特作用。希望两省史志同仁在方志馆建设、"两全目标"完成以及队伍建设等方面，继续加强交流合作。（杨卓轩）

【西藏自治区党委常委、秘书长刘江到自治区党委党史研究室（区地方志办公室）看望干部职工】 7月3日，西藏自治区党委常委、秘书长刘江到自治区党委党史研究室（区地方志办公室）看望干部职工，勉励大家要做好史志工作，为全区经济社会长足发展和长治久安提供智力支撑。（刘小莉　肖旭明）

【西藏自治区党委常委、秘书长刘江对地方志工作作出批示】 8月3日，西藏自治区党委常委、秘书长刘江对地方志工作作出批示，指出西藏自治区地方志工作与全国先进省市相比，还有较大差距，强调要加大督办力度和培训力度，关键是一把手要重视，要求自治区志办加大业务指导，全区各修志单位要列出时间表，在确保质量的前提下加快进度，如期圆满完成地方志工作“两全目标”任务。12月13日，刘江再次对地方志工作作出批示，指出要借鉴兄弟省市区的好做法，加强西藏自治区的方志工作，拟定任务要紧盯不放，加强对地方志业务指导。（刘小莉　肖旭明）

【陕西省省委常委、常务副省长梁桂对地方志工作作出批示】 年内，陕西省委常委、常务副省长梁桂充分肯定省志办“三个经济”课题研究和讲好陕西故事活动，并作出批示：“省地方志办公室发挥自身优势，积极为党委、政府决策提供历史借鉴，弘扬社会正能量，值得肯定。希望再接再厉，进一步繁荣方志事业，传播优秀传统文化，为全省经济社会发展作出新贡献。”（韩云鸽）

【青海省省长刘宁、副省长杨逢春分别对地方志工作作出批示】 11月5日，青海省省长刘宁在省志办报送的《关于全省地方志工作情况的报告》上批示：“编撰地方志需要常抓不懈，持之以恒，各方面要高度重视，给予关心和支持。原则同意下一步工作意见。”副省长杨逢春批示：“请省地方志办公室按刘宁省长的批示精神，既主动作为，又协调各方，就所提出的五项工作设想，逐项细化落实，我们全力支持。”（马渊）

【青海省副省长杨逢春对地方志工作作出批示】 1月9日，青海省副省长杨逢春在省志办报送的《关于2017年工作总结及2018年工作要点的报告》上批示：“省地方志办公室2017年聚焦推进实现志鉴‘两全目标’主动作为，做了大量工作并取得了好的成效！2018年仍要保持这个目标，加强沟通，适时组织督查和通报，加快推进。”5月16日，杨逢春在中指组印发的《关于2018年第一季度全国第二轮省市县三级志书和综合年鉴全覆盖完成情况的通报》上批示：“省地方志办公室要认真落实2017年召开的全省推进会的要求，通过加强指导、督导、通报、约谈、与分管领导沟通等措施，力争近期内有一个大的推进，尤其是市（州）、县级层面。”8月15日，杨逢春在中指组印发的《关于2018年第二季度全国第二轮省市县三级志书和综合年鉴全覆盖完成情况的通报》上批示：“请省地方志办公室围绕‘两全目标’，紧盯我省各级志鉴的时序进度，对标各省市区的差距，认真落实各方责任，通报、督查、约谈并举，加快我省各级志鉴的编纂出版进度。”（马渊）

【青海省副省长杨逢春听取省志办工作汇报】 10月30日，青海省副省长杨逢春主持召开会议，听取分管部门和单位年度工作情况汇报。针对地方志工作，他指出，当前地方志工作的重点是要确保到2020年如期实现“两全目标”，严格按照期限标准，谋划好全省第二轮三级志书及综合年鉴编纂工作，在加快进度的同时要注重志鉴编纂质量，使志鉴编纂质量经得起历史的检验。同时，要统筹谋划地方志其他工作，分轻重缓急，逐步把其他业务工作抓起来，推动全省地方志事业转型升级。（马渊）

【新疆维吾尔自治区政府副主席吉尔拉·衣沙木丁出席《新疆通志（1986—2005）》终审会并讲话】 5月8日，《新疆通志（1986—2005）》终审会在乌鲁木齐召开。新疆维吾尔自治区政府副主席吉尔拉·衣沙木丁出席会议并讲话。他指出，要以习近平新时代中国特色社会主义思想为引领，深入贯彻党的十九大精神，始终把政治性放在首位，贯彻于志书、年鉴编纂的全过程。他要求，坚定坚决把维护习近平总书记党中央的核心、全党的核心地位作为最大的政治、最重要的政治纪律和政治规矩，筑牢思想根基，站稳政治立场，始终保持正确的政治方向；认真贯彻落实以习近平同志为核心的党中央治疆方略特别是社会稳定和长治久安的总目标，要紧紧围绕总目标、服务总目标、聚焦总目标、落实总目标，坚决落实好自治区党委各项工作部署要求；引导社会各界更加广泛参与地方志工作，引导各族群众不断增强“三个离不开”和“五个认同”意识；深入学习领会、贯彻落实《关于新疆若干历史问题研究座谈纪要》精神，始终坚持马克思主义国家观、历史观、民族观、文化观、宗教观，要运用辩证唯物主义和历史唯物主义的立场、观点和方法，全面、系统、准确反映新疆历史、新疆民族发展史、新疆宗教演变史。

（杨卓轩）

【新疆维吾尔自治区政府副主席哈德尔别克·哈木扎听取自治区地方志工作汇报】 12月12日，新疆维吾尔自治区地方志编委会党组书记、副主任廖运建等向新分工负责地方志工作的自治区政府副主席哈德尔别克·哈木扎汇报自治区地方志事业发展、“两全目标”进度、依法治志、方志馆建设等方面工作情况。哈德尔别克·哈木扎充分肯定自治区地方志工作取得的成绩。他表示，新疆地方志工作是一项政治性很强的意识形态领域的重要工作，也是反分裂斗争的主战场，要牢固树立“四个意识”，增强“四个自信”，切实做到“两个维护”，认真贯彻落实以习近平同志为核心的党中央治疆方略。他强调，要紧紧围绕总目标、聚焦总目标和实现总目标来开展；要认真落实好“组合拳”各项工作和自治区党委“1+3+3+改革开放”工作部署；要发挥好地方志优势，宣传好新疆“四史”；要抓好“两全目标”，帮助有困难的地方按时完成志鉴出版，对确因领导不重视而影响任务完成的地方，及时督查和约谈。

（杨卓轩）

大 事 记

1月

3日 2018年河北省地方志工作座谈会在石家庄市召开。

是日 广西壮族自治区党委决定，任命梁金荣为广西壮族自治区志办党组书记、主任；免去李秋洪自治区志办党组书记、主任职务。

5日 中国社会科学院副院长、中指组常务副组长李培林到中指办、方志出版社调研。

9日 重庆市政府决定，任命刘文海为市志办（市地方志编委会总编辑室）主任（总编辑）。

10日 海南省委常委、秘书长胡光辉对《海南省史志办关于2017年工作总结和2018年工作安排的报告》作出批示。

11日至12日 浙江省各市志办主任会议暨全省市县方志系统“十业十佳”推评会在杭州市召开。

12日 国家方志馆开馆暨“魅力中国”展览开展仪式举行。

是日 中国国情网开通仪式举行。

是日 四川省委决定，任命陈建春为省志办党组书记，免去马小彬省志办党组书记职务。

13日至14日 中指办组织的“新时代新使命新征程：精品志鉴与地方志编纂创新研讨会”在张家港市召开。

14日 山东省省长龚正圈阅省史志办《关于全国会议有关情况的报告》，副省长王随莲就该报告作出批示。

是日 海南省委常委、秘书长胡光辉就史志工作作出批示。

15日 山西省副省长贺天才就地方志工作作出批示。

16日 黑龙江省人力资源和社会保障厅、省志办印发《关于评选表彰全省地方志系统先进集体和先进工作者的通知》。

17日 山西省地方志工作会议在灵石县召开。

是日 江苏省政府办公厅印发《关于江苏省地方志书优秀成果的通报》。

是日 甘肃省地方史志编委会主任会议召开。

是日 甘肃省地方史志工作会议在兰州市召开。

22日 2018年度四川省地方志工作会议在成都市召开。

23日 江苏省地方志工作会议在南京市召开。

24日 四川省委常委、常务副省长王宁对2017年度四川省地方志工作作出批示。

25日 辽宁省各市志（史志）办主任会议在丹东市召开。

是日 青海省《政府工作报告》在对2018年重点工作的安排部署中明确提出：“加强地方志、参事等建设，推动实现志鉴‘两全目标’，更好发挥资政作用。”

29日 全国地方志专业出版基地图书质量年活动启动仪式暨研讨会在济南市举行。

29日至2月2日 2018年第一期全国地方志工作机构新任负责人培训班在嘉兴市举办。

是日 上海市委常委、宣传部部长、市地方志编委会主任委员董云虎就市志办《2017年上海市地方志工作总结》作出批示。

是日 四川省政府决定，任命陈建春为省志办主任。

30日 上海市志办印发《上海市年鉴事业发展规划（2017—2020年）》《上海市地方志信息化发展规划（2017—2020年）》。

是日 青岛市史志办召开2017年区市史志工作总结会。

是月 杨立勋任深圳市史志办公室（市委党史研究室）主任。

是月 甘肃省副省长何伟任省地方史志编纂委员会主任。原省委常委、常务副省长黄强辞去省地方史志编纂委员会主任职务。

2月

2日 2018年河北省地方志机构主任工作会议在石家庄市召开。

是日 2018年安徽省地方志工作会议在合肥市召开。

是日 厦门市志办召开2018年全市地方志机构主任会议。

6日 河南省地方史志机构主任工作会议在郑州市召开。

是日 贵州省地方志工作会议在贵阳市召开。

是日 云南省副省长李玛琳到省志办调研。

9日 中国社会科学院副院长、中指组常务副组长李培林到中指办看望慰问干部职工并召开座谈会。

12日 江苏省委决定，免去漆冠山省志办党组书记职务。

22日 海南省副省长王路到省志办调研。

27日 山东省副省长孙继业到省史志办调研并对史志工作作出批示。

28日 贵州省副省长王世杰到省志办调研。

是日 新疆维吾尔自治区全区地方志机构主任工作会议召开。

是月 广东省志办印发《关于印发〈广东省年鉴质量评价办法〉的通知》。

3月

1日 天津市市长张国清签发第3号市政府令，发布《天津市地方志工作办法》，自4月1日起施行。

是日 上海市政府办公厅印发2018年市政府规章立法工作计划，《上海市实施〈地方志工作条例〉办法》被列为24项立法后评估项目之一。

4日 新疆生产建设兵团党委决定，免去曹蕾兵团党委党史研究室（兵团志办公室）副主任职务，批准提前退休。

6日 2018年福建省地方志机构主任会议在福州市召开。

7日 吉林省地方志工作机构主任会议（2018）在长春市召开。

8日 广州市情微信公众号进驻广州日报“广州+”政务信息平台。

9日 湖南省地方志编委会印发《关于颁发“湖南方志工作荣誉奖”的通知》。

12日 吉林省政府决定，省长景俊海兼任省地方志编委会主任，副省长安立佳兼任省地方志编委会副主任。

是日 河南省史志办印发《关于落实全省史志机构主任会议报告提出的2018年重点工作任务的通知》。

13日 湖南省地方志编委会印发《关于做好2018年度全省年鉴工作的通知》。

14日 广西地方志机构主任工作会议召开。

是日 成都市2018年度全市地方志工作会议暨全市地方志系统业务培训会召开。

19日至23日 吉林省地方志编委会党组成员、副主任李正奎率队赴湖北省志办、浙江省志办进行调研。

20日 《中华人民共和国地方史志法》立法专家论证会在北京召开。

是日 杭州市地方志机构主任会议召开。

21日 京津冀地方志部门联席会议在北京市召开。

是日 江苏省政府办公厅印发《省政府2018年度十大主要任务百项重点工作》，明确地方志和年鉴年度目标。

26日 中指组印发《关于实行“两全目标”工作进度季通报制度的通知》。

是日 安徽省副省长王翠凤一行到省志办调研指导工作。

是日 武汉市在全国公安机关互联网安全管理服务平台注销“大武汉方志网”（whfz.org.cn）的备案并确认“武汉市情网”（whfz.gov.cn）。

是日 青海省第一次全省市州地方志工作机构主任会议召开。

27日 黑龙江省政府召开全省第十次地方志工作会议。

28日 江苏省政府决定，免去漆冠山省志办主任职务。

31日 《八一镇志》编纂座谈会在林芝市召开。

是月 浙江省副省长成岳冲分别对中指组印发的《关于实行“两全目标”工作进度季通报制度的通知》、浙江工商大学浙商研究院报送的《关于编纂出版〈浙商通志〉的建议报告》等作出批示。

是月 广东省志办印发《关于开展2018年全省年鉴质量评价工作的通知》。

是月 银川方志网更名为银川市地方志编纂委员会办公室网。

4月

2日至3日 中国名镇志、中国名村志丛书编纂业务培训班在林芝市举行。

12日 吉林省地方志编委会修订印发《吉林省地方综合年鉴编纂规范》。

是日 江苏省清江浦区志办编纂的《清江浦年鉴（2017）》由方志出版社创刊出版。

13日 2018年北京市地方志工作会议召开。

16日 《中国名村志·开弦弓村志》入围2018年第一季“书香中国·北京阅读季”推荐书单。

19日 全国地方志系统宁德培训基地在宁德师范学院成立。

19日至22日 第一期全国地方志系统行政管理干部培训班在宁德市举办。

20日 云南省政府秘书长杨杰对省地方志工作作出批示。

22日 广东省委副书记、广州市委书记任学锋到广州市地方志新馆考察。

23日 山西省省长楼阳生就山西省志办呈报《关于奋力推进全省志鉴“两全目标”按期保质完成的请示》作出批示。19日，副省长曲孝丽就该请示作出批示。

25日至26日 国家社科基金抗日战争研究专项工程《中国抗日战争志》项目暨中国地方抗日战争志工程研讨会在枣庄市召开。

27日 “中国名镇志丛书”之《乌镇志》《枫泾镇志》《周庄镇志》英文版在加拿大出版发行。

5月

2日 江苏省省长吴政隆对审议《江苏省地方志工作条例（草案）》发表讲话。

是日 广西壮族自治区政府副主席黄俊华对《关于全区“两全目标”完成情况及〈广西抗日战争志〉篇目框架制定情况的报告》作出批示。

8日 《新疆通志（1986—2005）》终审会在乌鲁木齐市召开。

9日 青岛市史志办公室召开青岛市年鉴业务工作座谈会。

10日 中国社会科学院副院长、中指组常务副组长李培林对福建省地方志工作作出批示。

是日 《汶川特大地震四川抗震救灾志》出版座谈会在成都市举行。

14日 山东省副省长孙继业对中指组《关于2018年第一季度全国第二轮省市县三级志书和综合年鉴全覆盖完成情况的通报》作出批示。

16 日至 17 日 2018 年江苏省地方综合年鉴培训班在南京市举办。

18 日 依法治国与依法治志论坛——《地方志工作条例》颁行 12 周年座谈会在北京市举行。

是日 兵团党委办公厅厅务会研究决定，兵团党委党史研究室（兵团志办公室）副主任陈旭临时主持兵团党委党史研究室（兵团志办公室）工作。

20 日至 26 日 贵州省志办联合上海交通大学在上海举办地方志业务能力提升培训班。

21 日 辽宁省委办公厅印发《省直公益性事业单位优化整合方案》，重新组建辽宁省档案局（省档案馆、省工业文化发展中心、省志办），承担档案资料保管、整理和地方志编纂等职能。

是日 四川省委常委、常务副省长王宁对四川省志办《关于赴京向中指办汇报四川地方志工作的情况报告》作出批示。

21 日至 25 日 山东省史志系统领导干部培训班在古田干部学院举办。

23 日至 24 日 吉林省志书总纂第七次集中培训在辽源市举行。

25 日 中指办上线“方志中国”微信矩阵。微信矩阵包含省级、市级、县级三个微信矩阵，共 50 余个地方志微信公众号。

是日 江苏省志办印发《关于贯彻落实省领导批示精神确保“两全目标”圆满完成的通知》。

28 日 浙江省志办在杭州市举办《浙江通志》主编培训班。

29 日 国家方志馆黄河分馆开馆仪式在东营市举行。

29 日至 30 日 首届全国方志馆建设经验交流会在东营市召开。

是月 南京市鼓楼区志办编纂的《鼓楼微鉴（2018）》由南京出版社创刊出版。

6 月

1 日 成都市志办印发《成都市地方志资源开发项目管理办法（试行）》。

5 日至 8 日 2018 年福建省地方综合年鉴主编培训班在晋江市举办。

6 日 福建省副省长杨贤金在《用影像让地方志“活起来”“立起来”——我省首开先河摄制大型高清纪录片〈中国影像志 · 福建名镇名村影像志〉》（八闽快讯）上作出批示。

8 日 四川省委常委、常务副省长王宁对中指组《关于 2018 年第一季度全国第二轮省市县三级志书和综合年鉴全覆盖完成情况的通报》作出批示。

13 日 《中华人民共和国史志法》立法研讨会暨“南岳衡山杯”首届全国地方志系统优秀论文交流座谈会在长沙市召开。

15 日 甘肃省史志办印发《关于加快市县地方综合年鉴编辑工作进度　尽快实现一年一鉴连续公开出版目标的通知》。

19 日 江苏省副省长孙菊生到省志办调研。

20 日 中指办印发《中国名街志文化工程实施方案》《中国名山志文化工程实施方案》《中国名水志文化工程实施方案》。

20 日至 27 日 中指组秘书长，中指办党组书记、主任冀祥德率中国地方志学术交流团一行 6 人访问加拿大、美国、英国，先后访问加拿大不列颠哥伦比亚大学、维多利亚大学、美国斯坦福大学、加州大学伯克利分校、加州大学洛杉矶分校，英国大英图书馆。

22 日 云南省委决定，杨建林任省志办主任。

24 日 海南省委常委、秘书长胡光辉对《关于第二轮省志分志编修工作情况汇报》作出批示。

26 日 吉林省地方志编委会印发《关于印发吉林省地方志专家库专家名单的通知》。

28 日 广西壮族自治区政府副主席黄俊华对首期《八桂地情参阅》上作出批示。

7 月

4 日 青海省政府办公厅印发《关于加快

推进全省地方志编纂“两全目标”工作的通知》。

是日 《中国地方志》编纂座谈会在长岛县召开。

11日至14日 湖南省2018年度全省年鉴业务培训班在长沙市举办。

13日至16日 江苏省志办组织精选20余种优秀地方志成果参加第八届江苏书展。

18日 广西地方志系统2018年年中工作会议在钟山县召开。

18日至19日 吉林省2018年度年鉴编纂业务培训班在桦甸市举办。

19日 江苏省人大法制委副主任委员、常委会法工委副主任李后龙率省人大教科文卫委、法工委相关人员一行到苏州开展《江苏省地方志工作条例（草案）》立法调研。

20日 湖南省委决定，免去易介南省地方志编委会党组书记、副主任职务，退休。

23日 辽宁省档案局（省档案馆、省工业文化发展中心、省志办）正式挂牌成立。

是日 青岛市政府决定，免去高克力市史志办党组书记、主任职务，退休。

25日至28日 第三期全国年鉴主编培训班暨第五届全国地方志优秀成果（年鉴类）评审系列会议在上饶市举行。

是月 江苏地方志智能信息平台上线试运行。

8月

9日 重庆市副市长屈谦对《关于2018年第二季度全国第二轮省市县三级志书和综合年鉴全覆盖完成情况的通报》作出批示。

10日 海南省委常委、秘书长胡光辉对《全国地方志系统“两全目标”工作推进会暨援藏援疆工作座谈会会议精神及贯彻落实意见》作出批示。

12日至16日 由人力资源和社会保障部主办，中指办、中国社会科学院人事教育局承办的专业技术人才知识更新工程——2018年全国地方志系统信息化高级研修班在北京市举办。

14日 经国务院同意，任命谢伏瞻为第五届中指组组长。

是日 国家方志馆知青分馆揭牌仪式在黑河市瑷珲镇举行。

14日至16日 首届全国方志馆建设经验交流会暨方志馆业务培训班、国家方志馆知青分馆揭牌仪式在黑河市举行。

16日 湖南省副省长吴桂英对中指组《关于2018年第二季度全国第二轮省市县三级志书和综合年鉴全覆盖完成情况的通报》作出批示。

是日 云南省政府办公厅印发《关于加快推进地方志编纂工作确保完成两全目标的通知》。

是日 甘肃省地方史志编委会主任会议在兰州召开。

17日 湖南省副省长吴桂英到省地方志编委会考察调研地方志工作并召开座谈会。

21日 四川省委常委、常务副省长王宁听取省志办工作汇报并作出指示。

22日至23日 2018年福建省地方综合年鉴编辑培训班在长汀县举办。

23日 吉林全省志鉴业务培训暨专家学术报告会举办。

是日 “上海市地方志发展研究中心”签约揭牌仪式在复旦大学举行。

23日至29日 中指组秘书长，中指办党组书记、主任冀祥德率中国地方志学术交流团出席在马来西亚举行的第84届世界图书馆与信息大会。

24日 辽宁省委办公厅印发辽宁省档案局（省档案馆、省工业文化发展中心、省志办）三定方案。设分支机构辽宁省地方志编纂中心，承担《辽宁省志》编纂等地方志业务工作，人员编制14名。

是日 海南省委常委、秘书长胡光辉对《关于对第二轮市县（区）志编修工作开展督查的情况汇报》作出批示。28日，副省长王路对该情况汇报作出批示。

27日至28日 中指组秘书长，中指办党组书记、主任冀祥德率中国地方志学术交流团访问马来亚大学、华社研究中心、新纪元大学学院、拉曼大学。

是日　广西地方志编委会印发《关于成立广西地方志专家库的通知》。

30 日　2018 年第一次福建省设区市方志机构主任会议暨全省实施乡村振兴工作会议学习贯彻会在浦城县召开。

31 日　黑龙江省政协主席黄建盛，省政协副主席、省农工民主党主委马立群一行到省志办调研并考察方志馆。

是月　河北省献县志办编纂的《献县年鉴（2017）》由河北人民出版社创刊出版。

是月　四川省志办、省地方志学会开展四川省第十八次地方志优秀成果评奖活动。

9 月

10 日　中指组印发《关于全国地方志系统支援西藏、新疆地方志工作的意见》。

11 日　四川省委常委、常务副省长王宁对《中指组关于 2018 年第二季度全国第二轮省市县三级志书和综合年鉴全覆盖完成情况的通报》作出批示。

12 日　2018 年全国地方志系统信息化研讨会暨中国地方志学会信息化分会年会、2018 年全国地方史志期刊研讨会暨中国地方志学会史志期刊分会年会在抚远市召开。

是日　安徽省志办、河北省志办举办的第四届皖冀方志理论研讨会在蚌埠市召开。

14 日　中指组、中国地方志学会印发《关于对第五届全国地方志优秀成果（年鉴类）的通报表扬》。

17 日至 20 日　西藏自治区 2018 年全区地方志业务培训班在日喀则市举办。

19 日至 20 日　2018 年全国年鉴研讨会暨中国地方志学会年鉴分会年度会议、第二届全国年鉴论坛在阿克苏市举行。

20 日　2018 年西北五省（区）暨新疆生产建设兵团地方志工作协作会议在阿克苏市召开。

21 日　《江苏省地方志工作条例》经江苏省十三届人民代表大会常务委员会第五次会议审议通过，自 2018 年 12 月 1 日起施行。

26 日　中共中央、国务院印发《乡村振兴战略规划（2018—2022 年）》。该规划第二十三章“弘扬中华优秀传统文化”中明确“鼓励乡村史志修编”。

28 日　吉林省地方志系统信息化建设业务培训班在长春市举办。

是日　青海省委决定，任命杨松义为省志办主任（正厅级）。

30 日　西藏自治区党委办公厅、政府办公厅印发《关于表彰 2017 年度全区地方志工作先进集体和先进个人的决定》。

10 月

8 日　山东省委十一届六次全会审议通过山东省省级机构改革的实施意见，决定整合省委党史研究室、省史志办的职责，组建省委党史研究院（省地方史志研究院）。

11 日　中指组印发《国家方志馆分馆建设管理工作规定》。

12 日　中国社会科学院副院长、中指组常务副组长李培林会见云南省副省长李玛琳一行。

12 日至 13 日　2018 上海年鉴国际学术论坛在上海市举办。

13 日至 14 日　云南省副省长李玛琳率队赴山东、广东考察方志馆建设。

14 日至 18 日　2018 年第二期全国地方志工作机构新任负责人培训班在北京市举行。

16 日　《中国影像志·高碑店村》在北京市朝阳区高碑店村开机。

是日　山东省委常委、组织部部长王可宣布新组建的省委党史研究院（省地方史志研究院）领导班子，赵国卿任院长。

17 日　上海市委常委、宣传部部长、市地方志编委会主任委员周慧琳调研市志办工作。

是日　云南省地方志工作推进电视电话会议召开。

17日至18日 安徽省地方志系统方志馆和信息化工作培训班在合肥市举办。

19日 "发展中的世界索引事业"国际学术研讨会暨2018年中国索引学会年会地方志分会召开。

23日 江苏省委常委、常务副省长、省委秘书长樊金龙对贯彻实施《江苏省地方志工作条例》作出批示。

24日至25日 吉林省志书总纂培训班第八次集中培训在长春市举办。

24日至28日 第一期援疆志鉴编纂业务培训班在五家渠市举办。

25日 中共山东省委党史研究院（省地方史志研究院）挂牌成立。

25日至26日 江苏省全省学习贯彻《江苏省地方志工作条例》培训会在淮安市召开。

25日至28日 第十三届中国·北京国际文化创意产业博览会在北京市召开。京津冀晋蒙志办联合举办的"永定河文化展"获组委会办公室颁发的"最佳展示奖"。

26日 新组建的中共黑龙江省委史志研究室举行揭牌仪式。

28日 新组建的中共山西省委党史研究院（省地方志研究院）举行挂牌仪式。

31日 纪念章学诚诞辰280周年座谈会在绍兴市召开。

31日至11月1日 第八届中国地方志学术年会暨中国社会科学院历史学部第十七届史学理论研讨会在绍兴市举行。会议期间，浙江省志办举办"浙江省改革开放40周年地方志成果展"。

是月 北京志办"赏志"微信公众号（shangzhi2018）正式上线。

是月 云南省志办创办《志滇问道》通讯简报。

11月

2日 河北省地方志机构主任会议在石家庄市召开。

5日 辽宁省编办印发通知，辽宁省档案局（省档案馆、省工业文化发展中心、省志办）更名为辽宁省档案馆（省工业文化发展中心）。"辽宁省人民政府地方志办公室"牌子不再保留。

9日 青海省第二次全省市州地方志工作机构主任会议召开。

14日 陕西省委常委、常务副省长梁桂到省志办调研。

15日 上海市志办召开"南社与江南文化"研讨会。

16日 中国社会科学院党组任命高京斋为中指办党组书记。

18日 兵团党委决定，免去何喜清兵团党委党史研究室（兵团志办公室）副主任职务，退休。

19日 重庆市全市地方志工作座谈会召开。

22日 新组建的天津市档案馆（市地方志编修委员会办公室）正式揭牌成立。

22日至23日 福建省年鉴研究会2018年年会暨学术交流会在浦城县举办。

23日 浙江省编办印发《关于调整省志办机构职能编制的函》，同意省志办从2019年起承担《浙江年鉴》编纂工作，并同意在综合处加挂年鉴编纂处牌子等相关事项。

26日 江苏省志办印发《关于开展2019年省级精品年鉴试点申报工作的通知》。

27日 地方史志期刊建设研讨会在晋江市召开。

是日 江苏省人大常委会召开《江苏省地方志工作条例》贯彻实施座谈会。

29日 福建省地方志学会2018年学术年会在沙县举行。

是日 新疆维吾尔自治区党委决定，任命马文华为新疆维吾尔自治区地方志编委会党组成员、副主任（厅长级）。

29日至30日 安徽省年鉴编纂业务培训班在芜湖市举办。

12 月

4 日　国家方志馆建设研讨会在三门峡市召开。

5 日　青海省志办印发《关于贯彻落实省委、省政府领导批示精神推动地方志事业发展的通知》。

6 日至 7 日　第三届全国名镇论坛暨第三批中国名镇志丛书出版座谈会在孝感市举行。

6 日　吉林省委决定，任命尚志华为省地方志编委会党组成员。

10 日　上海市地方志编委会印发《关于下发 2018 年调整后的第二轮新编地方志书卷（志）目及编纂分工的通知》。

12 日至 13 日　《中国抗日战争志》编纂研讨会在保定市召开。

14 日至 15 日　2019 年全国省级地方志机构主任工作会议暨第三次全国地方志工作经验交流会议在保定市召开。

17 日　江苏省委决定，左健伟任省志办主任。

17 日至 21 日　中指办副主任邱新立率中国地方志学术交流团一行 6 人赴台湾地区交流地方志工作。

25 日　吉林省地方志编委会网站（dfz. jl. gov. cn）迁移至省政府网站集约化平台，纳入政府网站集约化统一建设管理。

是日　中国影像志工作座谈会在德宏州召开。

25 日至 26 日　第二届全国名村论坛暨第二批中国名村志丛书出版座谈会在德宏州举行。

是月　天津市河东区志办编纂的《天津市河东年鉴（2018）》由天津社会科学院出版社创刊出版。

是月　天津市宁河区志办编纂的《宁河年鉴（2018）》由天津人民出版社创刊出版。

是月　国家标准化管理委员会（2018 年第 11 号）地方标准 599 项通过审核并批准发布并予以公示，由江苏制定的两项地方标准《地方志数字化处理规范》《地方志著录元数据规范》，其地方标准编号分别为 TDB32/T 3484—2018 和 DB32/T 3485—2018。

是月　《西安年鉴（2017 英文版）》由世界图书出版西安有限公司创刊出版。

中指组及其办公室工作

·中指组工作

【实行“两全目标”工作进度季通报制度】 3月26日，中指组印发《关于实行“两全目标”工作进度季通报制度的通知》，从2018年第一季度开始，对各地推进“两全目标”工作进度进行排名，以中指组文件的形式进行一季度一通报，通报对象为各省级人民政府和地方志工作机构，同时报送国务院督查室。4月28日、7月23日、11月9日，中指组分别印发《关于2018年第一季度全国第二轮省市县三级志书和综合年鉴全覆盖完成情况的通报》《关于2018年第二季度全国第二轮省市县三级志书和综合年鉴全覆盖完成情况的通报》《关于2018年第三季度全国第二轮省市县三级志书和综合年鉴全覆盖完成情况的通报》。通报要求排名靠后的地区采取强力措施，切实推进本地区“两全目标”工作；要求各地做好“两全目标”在线统计系统的数据更新工作。（杨卓轩）

【开展第五届全国地方志优秀成果（年鉴类）评审活动】 3月23日，中指组出台《第五届全国地方志优秀成果（年鉴类）评审活动实施方案》印发全国地方志工作机构，启动评审工作。评审范围是全国地方志系统2017年编纂并公开出版的各级各类年鉴。据统计，全国地方志系统2017年编纂并公开出版各级各类年鉴共2215部。在各地各部门评选推荐的377部年鉴基础上，经专家小组评审、全国地方志优秀成果（年鉴类）评审活动领导小组办公室复审与领导小组终审，在省级综合年鉴、地市级综合年鉴、县区级综合年鉴、专业年鉴中确定特等年鉴22部，一等年鉴53部，二等年鉴76部，三等年鉴75部，提名年鉴44部。9月14日，中指组印发《关于对第五届全国地方志优秀成果（年鉴类）的通报表扬》的通知，对以上获评年鉴进行通报表扬。（杨卓轩）

【中指组印发《关于全国地方志系统支援西藏、新疆地方志工作的意见》】 9月10日，中指组印发《关于全国地方志系统支援西藏、新疆地方志工作的意见》。该意见由重要意义、指导思想、基本原则、目标任务、保障措施五部分构成，对地方志系统援藏援疆的注意事项、援助内容、人员经费、督查机制等作出明确规定，要求各地结合本地实际，加强领导，落实责任，切实做好援藏援疆工作。（刘淑颖）

【中指组印发《国家方志馆分馆建设管理工作规定》】 10月11日，中指组印发《国家方志馆分馆建设管理工作规定》。该规定共17条，从制定的依据与原则以及国家方志馆分馆的申报条件、申报程序、机构人员管理等方面作出明确规定，为推进全国各级方志馆申报立项和建设工作、大力加强馆藏资源建设、全面提升各级方志馆的公共文化服务水平提供有力指导。（刘淑颖）

·中指办工作

【国家方志馆开馆暨“魅力中国”展览开展仪式举行】 1月12日，国家方志馆开馆暨“魅力中国”展览开展仪式举行。中国社会科学院院长、党组书记，中指组组长王伟光，中国社会科学院副院长、党组书记王京清，中国社会科学院党组成员张英伟，副院长、党组成员蔡昉，副秘书长韩大川，中指组秘书长，中指办党组书记、主任冀祥德，中指办副主任刘玉宏、邱新立共同为国家方志馆揭幕。展览分“锦绣山河”“悠久文明”“今日辉煌”“走向未来”四部分，将自然与历史、科技与文化相结合，集中展示中国国情特色，深刻解读“魅力中国”的时代内涵，宣传中国“魅力”，讲好中国故事，培育家国情怀。中国社会科学院各职能局、各研究所负责人，中指办、国家方志馆、方志出版社全体人员约150人参加开馆仪式并参观展览。（刘淑颖）

【中国国情网正式开通】 1月12日，中国国情网开通仪式在国家方志馆举行。中国社会科学院院长、党组书记，中指组组长王伟光，中国社会科学院副院长、党组副书记王京清，中国社会科学院党组成员张英伟、副秘书长韩大川，中指组秘书长，中指办党组书记、主任冀祥德出席仪式。中国国情网是国情信息展示平台、国情信息检索平台和国情资料收集平台，按照经济建设、政治建设、文化建设、社会建设、生态文明建设“五位一体”战略布局收集、展示、研究国情，实现国情信息的汇聚、整合和检索，面向党政机关、社会团体和人民群众提供国情信息的咨询、服务和教育，为编修中华人民共和国国志储备国情资料。网站设一级栏目7个，二级栏目32个，涵盖中国国情的各个维度，体现方志文化的独特价值。中国社会科学院各职能局、各研究所负责人，中指办、国家方志馆、方志出版社全体人员约150人参加开通仪式。（刘淑颖）

【中指办领导在中国社会科学院2017年度名优建设工程工作会议上作“名志”工程建设报告】 1月12日，中指组秘书长，中指办党组书记、主任冀祥德在中国社会科学院2017年度学术传播阵地名优建设工程工作会议上作题为《以“名志”工程引领全国地方志事业转型升级》的报告。冀祥德指出，2017年，中指办积极推进全国地方志“十大工程”，围绕国家利益，党委、政府中心工作和以人民为中心开拓创新；提出并树立“方志文化自信”，增强方志创新力；形成“方志六有”，不断提升方志传播力。冀祥德表示，中指办将抓住机遇，不忘“为当代提供资政辅治之参考，为后世留下堪存堪鉴之记述”之初心，牢记“修志问道，以启未来”之使命，推动地方志事业转型升级，努力实现地方志“两个一百年”奋斗目标。（刘淑颖）

【新时代 新使命 新征程：精品志鉴与地方志编纂创新研讨会召开】 1月13日至14日，新时代新使命新征程：精品志鉴与地方志编纂创新研讨会在江苏张家港召开。会议重点围绕全国地方志“一体两翼”工程和中国名镇志、名村志文化工程进行研讨。中指组秘书长，中指办党组书记、主任冀祥德，中指办副主任邱新立出席会议。冀祥德对全国地方志“一体两翼”工程和中国名镇志、名村志文化工程的实施提出具体要求。与会人员从篇目设置、加强宣传、数据引用等方面对“一体两翼”工程提出意见和建议，从文字规范、人员培训、强化宣传等方面对中国名镇志、名村志文化工程提出意见和建议。（刘淑颖）

【中指办领导调研海宁市、湖州市地方志工作】 1月29日至30日，中指组秘书长，中指办党组书记、主任冀祥德到海宁市、湖州市开展调研，并分别召开座谈会。29日，冀祥德听取海宁市地方志工作情况汇报后，对海宁市地方志工作提出要求：做好把地方史纳入地方志工作范畴的试验田，做好第三轮修志前期工作的试验田，做好探索地方志人才队伍培养路径的试验田。30日，冀祥德听取湖州市地方志工作汇报后，对湖州市下一步地方志工作提出要求：要在完成“两全目标”的基础上，全面提高志书、年鉴的质量；要积极参与中国名镇志文化工程、中国名村志文化工程、中国名山志文化工程等系列文化工程；要在充分发挥地方志资政、教化功能上下功夫。（刘淑颖）

【2018年第一期全国地方志工作机构新任负责人培训班开班】 1月29日至2月2日，2018年第一期全国地方志工作机构新任负责人培训班在浙江嘉兴开班。中指组秘书长，中指办党组书记、主任冀祥德，中指办副主任邱新立分别出席开班式和结业式并讲话。培训班授课内容有《新时代、新定位、新目标、新措施》《方志发展史与编纂规范》《习近平新时代中国特色社会主义思想对地方志工作的现实指导意义》《地方志机构负责人应具备的基本素质》《年鉴发展史与编纂规范》《全国地方志信息化建设面临的新形势、新成绩及新规划》《地方史志期刊工作的形势与任务》《志书编纂的形势与任务》《年鉴工作的形势与任务》《从出版角度谈精品志书编纂》等。全国省、市、县三级地方志工作机构新任负责人和解放军军事科学院军事志研究室相关人员120余人参加培训。 （刘淑颖）

【中指办领导听取黑龙江省地方志工作汇报】 2月6日，中指组秘书长，中指办党组书记、主任冀祥德，中指办副主任邱新立听取黑龙江省志办主任何伟志一行工作汇报。听取汇报后，冀祥德对黑龙江省下一阶段地方志工作提出要求：以党的十九大精神为引领，以习近平新时代中国特色社会主义思想为指导，切实推动黑龙江地方志事业转型升级；按时保质完成“两全目标”；围绕中心，开拓创新，探索史志资政新路子；率先在全国启动省级地方志“一体两翼”工程；探索地方志走进千家万户的路径。邱新立指出，黑龙江省地方志队伍是一支技术过硬、能打硬仗、有情有义的工作队伍，希望下一阶段获得更大突破。 （刘淑颖）

【中指办领导听取甘肃省地方志工作汇报】 2月11日，中指组秘书长，中指办党组书记、主任冀祥德，中指办副主任邱新立听取甘肃省史志办党组书记、主任张军利一行工作汇报。听取汇报后，冀祥德指出，党的十八大以来，甘肃省推进全面从严治党抓队伍，建章立制抓作风，落实职责抓“两全目标”，加强信息化建设扩大史志影响力，编纂《甘肃抗日战争志》服务党委、政府中心工作，工作取得实效。冀祥德对甘肃省史志下一步工作提出要求：明确指导，坚定方向；抓住机遇，紧跟步伐；牢记职责，强化担当；弘扬精神，攻坚克难；立足甘肃，干出特色。邱新立指出，甘肃省地方志工作措施得力、工作到位，希望再接再厉，克服困难，按期完成“两全目标”，发挥史志功能，服务关中平原城市群建设。 （刘淑颖）

【中指办领导听取国家方志馆黄河分馆工作汇报】 2月28日，中指组秘书长，中指办党组书记、主任冀祥德，中指办副主任邱新立听取国家方志馆黄河分馆建设工作领导小组办公室主任、东营市史志办主任杜金华一行工作汇报。冀祥德充分肯定黄河分馆建设取得的成绩，就黄河分馆下一步工作提出要求：充分准备好黄河分馆开馆仪式和全国方志馆建设经验交流会；考虑如何发挥黄河分馆在国家方志馆分馆建设中的标杆作用；切实发挥方志馆作用，让方志馆“用”起来、“活”起来；在三方共建框架内实现黄河分馆科学管理。邱新立希望黄河分馆做好展陈工程验收等收尾工作，认真谋划、精心筹备，确保黄河分馆开馆仪式和全国方志馆建设经验交流会顺利召开。 （刘淑颖）

【中指办领导听取湖南省地方志工作汇报】 3月1日，中指组秘书长，中指办党组书记、主任冀祥德，中指办副主任邱新立听取湖南省地方志编委会党组书记、副主任易介南一行工作汇报。听取汇报后，冀祥德指出，近年来湖南省扎实推进地方志转型升级，全省地方志工作呈现出蓬勃发展的良好势头。冀祥德对下一步湖南省地方志工作提出要求：坚持讲政治，找准发展定位；坚定信心，决胜“两全目标”；围绕中心，服务大局；以人民为中心，先行先试。 （刘淑颖）

【中指办领导听取中国煤炭工业协会史志工作汇报】 3月13日，中指组秘书长，中指办党组书记、主任冀祥德听取《中国煤炭工业志》

编委会副主任、总纂吴晓煜一行工作汇报。冀祥德对《中国煤炭工业志》编委会的工作表示充分肯定，希望编委会总结煤炭行业史志工作经验，搭建史志科研平台，积极参与中指办的“名系列”文化工程，加强与全国地方志工作者的联系。（刘淑颖）

【中指办领导到衡阳市调研地方志工作】 3月15日，中指组秘书长，中指办党组书记、主任冀祥德到衡阳市调研地方志工作，召开《中国名山志·南岳衡山志》编纂工作调研座谈会，并听取衡阳市委常委、常务副市长廖健等关于衡阳市地方志工作和《南岳衡山志》编纂相关情况的汇报。冀祥德在听取汇报后强调，《南岳衡山志》的编纂要突出政治性、方志性、名特性、可读性、有用性。（刘淑颖）

【中指办领导到长沙市调研地方志工作】 3月16日，中指组秘书长，中指办党组书记、主任冀祥德到长沙市调研地方志工作，并召开《长沙年鉴》申报中国年鉴精品工程调研座谈会。冀祥德指出，长沙市地方志工作成绩突出，走在全国前列；《长沙年鉴》申报中国年鉴精品工程有条件、有基础、有保障，下一步要苦练内功，在“打磨”上下大功夫，重点把好政治关、篇目关、史实关、文字关。

（刘淑颖）

【中指办领导听取河北省地方志工作汇报】 3月19日，中指组秘书长，中指办党组书记、主任冀祥德听取河北省志办主任杨洪进一行工作汇报。冀祥德指出，河北省志办在压力大、任务重的情况下，做出符合河北特点、彰显河北特色的工作，值得充分肯定。冀祥德对下一步河北省地方志工作提出要求：以习近平新时代中国特色社会主义思想为指导，实现地方志系统的“两个一百年”目标；全面理解习近平总书记依宪治国的理论内涵，加大依法治志力度，为地方志转型升级提供坚实的法治保障；在地方志服务经济社会发展、以人民为中心上下功夫，让地方志走进千家万户；坚定方志文化自信，弘扬方志人精神，提升方志人士气；积极支持雄安新区建设，发挥地方志作用。

（刘淑颖）

【中指办领导听取山东省史志工作汇报】 3月19日，中指组秘书长，中指办党组书记、主任冀祥德听取山东省政府办公厅党组成员、省史志办主任刘爱军一行工作汇报。冀祥德指出，党的十八大以来山东省史志工作表现突出，形成了“山东经验”，希望山东省继续在全国地方志系统当好政治表率、业务表率、创新表率、担当表率和队伍建设表率。（刘淑颖）

【《中华人民共和国地方志法》立法专家论证会召开】 3月20日，《中华人民共和国地方志法》立法专家论证会在国家方志馆召开。中指组秘书长，中指办党组书记、主任冀祥德，中指办原党组书记田嘉，中指办副主任邱新立出席会议。全国人大常委会法制工作委员会立法规划室、中国社会科学院、中国政法大学以及全国地方志系统的法学专家、方志学专家出席会议。会议介绍《关于地方志全国人大常委会立法的建议》《地方志人大立法项目报告》《中华人民共和国地方志法（草案文本）》起草情况。不同领域专家从法学角度和地方志编修实践角度出发，对立法的必要性、紧迫性、可行性提出建议，对文件整体框架、概念界定、章节选择、具体措辞等提出意见，就立法技术、文本内容等进行交流。（刘淑颖）

【中指办领导听取福建省地方志工作汇报】 3月22日，中指组秘书长，中指办党组书记、主任冀祥德听取福建省地方志编委会主任陈秋平一行工作汇报。冀祥德指出，福建省在拓展地方志功能、扩大地方志影响力上多措并举、大胆创新，将地方志工作开展得有声有色，效果明显。他对下一步福建省地方志工作提出要求：干好主业，紧盯“两全目标”不放松；干出特色，让地方志“活”起来；干出经验，推动福建地方志事业发展。（刘淑颖）

【《中华人民共和国史志法》立法建议稿专家研讨会议召开】 3月24日至25日，《中华人民共和国史志法》立法建议稿专家研讨会议在北京召开。中指组秘书长，中指办党组书记、主任冀祥德，中指办副主任邱新立出席会议。冀祥德从助力中华民族伟大复兴、反对历史虚无主义、维护国家安全的高度认识《史志法》立法等方面阐述对《史志法》立法建议稿的意见。邱新立从立法目的、机构职能、表彰奖励等角度阐述对文本的意见。会议介绍《史志法》建议稿和《关于地方志全国人大常委会立法的建议》文本起草与修改情况。与会专家围绕地方志机构社会管理、公共服务、市场监管的行政管理职能等内容发表意见，对史志立法的必要性、紧迫性和可行性提出建议。

（刘淑颖）

【《中华人民共和国史志法》立法调研座谈会在哈尔滨召开】 3月27日，《中华人民共和国史志法》立法调研座谈会在黑龙江哈尔滨召开。中指组秘书长、中指办党组书记、主任冀祥德主持座谈会。冀祥德介绍《中华人民共和国史志法（立法建议稿）》《关于史志立法的建议》的指导思想、立法背景，希望史志立法要摒弃部门本位主义、摒弃“一本书主义”，通过立法明确史志工作机构的职责和相关部门的权利义务。与会代表围绕法律名称、立法宗旨、立法必要性的层次表述、增加定义性内容、罚则的可操作性、处理好与相关法律的关系、章节设置等内容提出意见和建议。哈尔滨等13个市（地）地方志工作机构负责人参加会议。（刘淑颖）

【《中华人民共和国史志法》立法调研座谈会在扬州召开】 3月27日，《中华人民共和国史志法》立法调研座谈会在江苏扬州召开。中指办副主任邱新立主持座谈会。邱新立介绍《中华人民共和国史志法（立法建议稿）》《关于史志立法的建议》的指导思想、立法背景，强调在立法文本的讨论中要注意站位问题、法条粗细问题和顶层设计与具体实践之间的矛盾问题。与会专家对两个建议稿提出修改意见和建议。南京等5个地市、江阴等3个市（区）地方志工作机构负责人参加会议。（刘淑颖）

【《关于史志立法的建议》《中华人民共和国史志法（立法建议稿）》法学专家论证会在北京召开】 3月29日，《关于史志立法的建议》《中华人民共和国史志法（立法建议稿）》法学专家论证会在国家方志馆召开。中指组秘书长，中指办党组书记、主任冀祥德，中指办副主任邱新立出席会议。冀祥德指出，站在实现中华民族伟大复兴中国梦、维护国家安全、推进社会主义文化强国建设的高度，制定一部史志法势在必行。邱新立指出，修订《地方志工作条例》无法解决地方志工作面临的新问题，要制定史志法促进国家史志事业发展。会议介绍两个文本的起草和修改情况。与会专家一致认为史志立法非常必要，并从立法技术角度对史志法立项工作提出意见。国务院发展研究中心资源与环境政策研究所和中国社会科学院法学研究所的专家学者参加会议。（刘淑颖）

【《八一镇志》编纂座谈会在林芝召开】 3月31日，《八一镇志》编纂座谈会在西藏林芝召开。中指组秘书长，中指办党组书记、主任冀祥德出席会议并讲话。冀祥德表示，《八一镇志》是西藏列入中国名镇志文化工程中的第一部镇志，对弘扬红色革命文化、记载历史乡愁、助推经济社会发展、打造林芝旅游名片起到引领作用。冀祥德强调，要从维护国家文化安全、西藏安全的高度来看待《八一镇志》的编纂工作，做好资料收集整理工作，提高志书编纂质量。（刘淑颖）

【中国名镇志、中国名村志丛书编纂业务培训班在林芝开班】 4月1日至3日，中国名镇志、中国名村志丛书编纂业务培训班在西藏林芝开班。西藏自治区人大常委会副主任、林芝市委书记马升昌出席仪式，总结西藏地方志工作取得的成绩，分析存在的问题，要求要充分发扬老西藏精神、“两路”精神和方志人精神，切实承担起承办培训班的具体职责，确保各项工作优质高效落实到位。中指组秘书长，中指办党组书记、主任冀祥德出席开班式，要求学员认真理解中国名镇志、中国名村志丛书编纂的基本要求；积极发言，加强交流，互相借鉴；严格遵守纪律和培训期间的安排。培训班上，授课专家围绕中国名镇志、名村志丛书编纂的篇目设计、编纂方法、编纂质量、编纂实务进行授课，学员围绕编纂经验、编纂业务和《中国名镇志文化工程实施方案（修订稿）》展开讨论。（刘淑颖　刘小莉　肖旭明）

【中指办领导听取郑州市地方史志工作汇报】 4月10日，中指组秘书长，中指办党组书记、主任冀祥德听取郑州市史志办主任朱军一行工作汇报。冀祥德指出，郑州市在完成“两全目标”、全面推进依法治志、理顺管理体制、地方史机构设置、方志馆建设等方面取得突破性进展。冀祥德对郑州市下一步地方志工作提出要求：继续巩固“两全目标”成果，积极参与中国志书和年鉴精品工程，积极扩展地方志工作范畴，围绕“资政辅治”多下功夫，做好人才培养工作。（刘淑颖）

【中指办领导听取遵义市地方志工作汇报】 4月12日，中指组秘书长，中指办党组书记、主任冀祥德听取遵义市志办主任陈灼一行工作汇报。冀祥德指出，遵义市志办组织沙滩村申报“中国方志之乡”是地方志工作机构主动作为、服务党委政府中心工作的重要举措，未来要进一步提高认识，做好组织论证和筹备工作。冀祥德还就《四渡赤水志》《花茂村志》《遵义红军街志》《沙滩村志》编纂工作提出具体意见。（刘淑颖）

【中指办领导听取广东省地方志工作汇报】 4月12日，中指组秘书长，中指办党组书记、主任冀祥德听取广东省志办党组书记、主任陈华康一行工作汇报。冀祥德对广东省志办在开拓创新、转型升级、能力建设等方面取得的成绩给予充分肯定，并对下一步广东省地方志工作提出要求：把党的十九大精神真正贯彻落实到地方志各项工作中，紧紧围绕党和国家利益、围绕经济社会发展、围绕以人民为中心开拓创新，围绕助力乡村振兴战略和精准扶贫战略的实施拓展思路，进一步加大地方志人才队伍建设力度，持续推进地情文化和地情资源开发利用工作，总结“新时代广东经验”。（刘淑颖）

【中指办领导与中国索引学会理事长一行座谈交流】 4月13日，中指办副主任邱新立与中国索引学会名誉理事长、中央党史和文献研究院院务委员会委员魏海生一行座谈交流。邱新立介绍全国地方志机构及工作情况，特别是党的十八大以来地方志系统发生的巨大变化。魏海生等介绍中国索引学会的基本情况，并表达与中指办在资料文献、数据整理、人才培养、学术交流等方面加强合作的愿望。（刘淑颖）

【中指办领导听取保定市地方志工作汇报】 4月13日，中指组秘书长，中指办党组书记、主任冀祥德听取保定市人大常委会主任、市地方志指导委员会主任马誉峰一行工作汇报。冀祥德对下一步保定市地方志工作提出要求：始终坚持以习近平新时代中国特色社会主义思想为指导，把党的十九大精神真正贯彻落实到地方志各项工作中；深刻领会中国特色社会主义进入新时代、全国地方志事业进入新时代的价值内涵；正确处理好主业和副业关系，按时保质完成“两全目标”；全面总结保定市地方志工作受到党委、政府重视，落后变先进的做法，打造独具特色的“保定经验”。（刘淑颖）

【中指办领导到楚雄州调研地方志工作】 4月14日，中指组秘书长，中指办党组书记、主任冀祥德一行到云南楚雄调研地方志工作并召开座谈会。冀祥德在听取楚雄州志办主任郭孟贤及楚雄州部分单位负责人工作汇报后表示，楚雄州在机构编制经费面临困难的情况下，扎实工作，取得很大成绩。冀祥德对楚雄州下一步地方志工作提出意见：认清形势，把握机遇，在楚雄州全面推动地方志从一项工作向一项事业转型升级；站稳政治立场，坚定政治方向，把讲政治与直笔著史有机统一；坚决完成“两全目标”，打造精品志鉴；弘扬方志人精神，发扬“三耐一强”的仙人掌精神。同日，冀祥德出席《楚雄彝族自治州志（1978—2010）》发行会议，对《楚雄州志》的顺利出版表示祝贺，并提出统一思想、明确方向、强化创新、依法治志、加强保障等要求。

（刘淑颖）

【中指办领导到宁德市调研地方志工作】 4月19日，中指组秘书长，中指办党组书记、主任冀祥德到宁德市地方志编委会调研并召开座谈会，听取宁德市地方志编委会主任吴乃意宁德地方志工作汇报，以及与会代表关于《中华人民共和国史志法》立法工作的意见。冀祥德充分肯定福建省和宁德市的地方志工作，并对宁德市地方志工作提出要求：以习近平新时代中国特色社会主义思想为指导，重温习近平同志主政宁德期间对地方志工作的重要讲话精神，创造出新时代地方志的宁德经验；把《宁德市志》打造成福建省第一部中国精品志书；围绕宁德经济社会发展形势，围绕让地方志“活”起来做好文章；弘扬新时代方志人精神，把宁德地方志工作做到全省前列。（刘淑颖）

【全国地方志系统宁德培训基地成立】 4月19日，全国地方志系统宁德培训基地在宁德师范学院成立，并举行揭牌仪式。这是第一个全国地方志系统培训基地。中指组秘书长，中指办党组书记、主任冀祥德等出席仪式并共同揭牌。会上宣读《中国地方志指导小组办公室关于同意设立全国地方志系统宁德培训基地的批复》。冀祥德在讲话中希望宁德培训基地弘扬孔子有教无类、因材施教、学用结合、学无常师的教育理念，培养国家史志事业发展需要的专业人才；秉承蔡伦、毕昇等人的创新精神，全面助推地方志事业转型升级。（刘淑颖）

【第一期全国地方志系统行政管理干部培训班在宁德开班】 4月19日至22日，第一期全国地方志系统行政管理干部培训班在福建宁德开班。中指组秘书长，中指办党组书记、主任冀祥德出席开班仪式并讲话。培训班授课内容有《方志——中华民族传统文化的根与魂》《调查研究工作的理论与实践》《切实解决好办事办文办会“最后一公里”的问题》《地方志工作机构行政管理干部基本素质及业务要求》等。参训学员结合各地实际情况，就做好行政管理工作的心得体会以及下一步工作进行研讨和交流。（刘淑颖）

【中指办领导到中国扶贫第一村赤溪村调研指导工作】 4月20日，中指组秘书长，中指办党组书记、主任冀祥德到福建省福鼎市赤溪村调研指导地方志工作。冀祥德一行先后参观赤溪村街貌、扶贫展示厅、文化活动中心，听取赤溪村30多年来建设全面小康村的奋斗历程介绍。冀祥德要求当地志办在服务乡村振兴战略、服务精准扶贫工程上开拓创新，编纂《中国扶贫第一村·赤溪村志》，将村民们在习近平总书记关心下艰苦奋斗、摆脱贫困的历程，真实客观地记录下来并传承下去，启迪当代，教育后人。（刘淑颖）

【中指办领导听取四川省地方志工作情况汇报】 4月23日，中指组秘书长，中指办党组书记、主任冀祥德听取四川省志办党组书记、主任陈建春和省志办原党组书记、主任马小彬一行工作汇报。冀祥德肯定四川省志办上一届领导班子的贡献，并对下一步四川省地方志工作提出希望：要讲政治，履行官责，提供资政辅治功能的资料性文献；要抓住机遇，结合省情，在做实、做好、做活地方志工作上下功夫；要坚定不移完成“两全目标”，在编修精品志鉴上做好文章；要明确工作思路，将地方志可持续发展落到实处。（刘淑颖）

【国家社科基金抗日战争研究专项工程《中国抗日战争志》项目暨中国地方抗日战争志工程

研讨会在枣庄召开】　4月25日至26日，国家社科基金抗日战争研究专项工程《中国抗日战争志》项目暨中国地方抗日战争志工程研讨会在山东枣庄召开。中指组秘书长，中指办党组书记、主任冀祥德，中指办原党组书记田嘉，中指办副主任邱新立出席会议。冀祥德在讲话中指出，编纂《中国抗日战争志》和中国地方抗日战争志丛书要遵循志书的基本要求，全面系统记述中国人民抗日战争的伟大历史，希望高校、科研院所抗战史学者和方志界专家学者通力合作，如期编纂出精品佳作。

（刘淑颖）

【中指办领导听取湖北省方志馆工作汇报】　4月27日，中指办副主任邱新立听取湖北省志办副主任陈剑飞一行工作汇报。邱新立指出，湖北省方志馆作为国内最早建立的省级方志馆之一，开馆以来，积极发挥自身区位优势和资源优势，在展示省情历史文化风貌与特色、服务区域经济社会发展方面作出重要贡献。邱新立强调，下一步要整合资源配置，优化结构功能，并在科学调查、充分研判的基础上开展方志馆改造升级工作。（刘淑颖）

【中国年鉴精品工程2018年卷申报年鉴篇目研讨会在马鞍山召开】　5月3日至4日，中国年鉴精品工程2018年卷申报年鉴篇目研讨会在安徽马鞍山召开。与会专家就32部申报年鉴篇目框架结构存在的共性问题进行梳理和点评，并就条目撰写规范及需要注意的问题进行交流。会议认为，年鉴篇目要充分适应新时代新形势新要求，充分体现政治经济体制改革的成果和新的认知，认真推敲分目和条目标题，正确把握部类设置的科学性及部类之间的逻辑关系。（刘淑颖）

【中指办领导到马鞍山市、滁州市调研地方志工作】　5月3日至4日，中指组秘书长，中指办党组书记、主任冀祥德调研马鞍山市、滁州市地方志工作，并听取工作汇报。3日，冀祥德对马鞍山市志办敢于担当、主动作为，特别是在服务党委、政府中心工作中的探索表示赞赏。他对马鞍山市地方志下一步工作提出要求：要把地方志“用”起来，要把地方志“立”起来，要让地方志“活”起来，要把地方史管起来。4日，冀祥德到滁州调研指导名村志编纂工作。他强调，小岗村是中国农村改革的源头，编纂《小岗村志》意义重大、影响深远，中指办将《小岗村志》列入中国名村志文化工程出版计划，建议滁州市相关部门认真谋划，尽快完成编纂工作。（刘淑颖）

【依法治国与依法治志论坛——《地方志工作条例》颁行12周年座谈会在北京举行】　5月18日，依法治国与依法治志论坛——《地方志工作条例》颁行12周年座谈会在北京举行。中国社会科学院副院长、学部委员，中指组常务副组长李培林，中国法学会副会长，中国社会科学院学部委员、法学研究所原所长李林出席会议并致辞。中指组秘书长，中指办党组书记、主任冀祥德出席开幕式并作主旨发言。中指办副主任邱新立出席开幕式。李培林指出，依法治志是全面推进依法治国的应有内涵与必然要求，也是依法治国在地方志事业上的重要组成部分。他强调，要实现依法治志，不断推动地方志法治化建设，加快史志立法进程；要摒弃部门本位主义，站在实现中华民族伟大复兴中国梦、维护国家文化安全、推进社会主义文化强国建设的高度推动史志立法；要提高史志立法的针对性、及时性、系统性、可操作性。与会专家学者围绕依法治国与依法治志关系，依法治志的价值、目标、实现路径，地方志工作法治化建设，以及史志立法理论与实践等问题，积极发言，展开论辩，共商依法治志向纵深迈进、共同展望地方志工作法治化前景。（刘淑颖）

【中指办公布第二批入选中国年鉴精品工程“中国精品年鉴”名单】　5月15日，中指办印发《关于公布第二批入选中国年鉴精品工程“中国精品年鉴”的通知》，《山西年鉴（2017）》《南京年鉴（2017）》《辽源年鉴

(2017)》《北京海淀年鉴（2017）》《海安年鉴（2017）》5部年鉴入选。通知要求，根据国务院《地方志工作条例》“对在地方志工作中作出突出成绩和贡献的单位、个人，给予表彰和奖励”的规定，建议本级人民政府对“中国精品年鉴”编纂单位和相关人员给予表彰和奖励。（杨卓轩）

【中指办领导听取广西地方志工作汇报】 5月17日，中指组秘书长，中指办党组书记、主任冀祥德听取广西壮族自治区志办党组书记、主任梁金荣一行工作汇报。冀祥德指出，广西地方志工作基础好，队伍结构相对合理，各项工作扎实有序开展，与全国地方志事业的发展步调一致。对广西地方志下一步的工作，冀祥德强调，要紧抓“两全目标”；要围绕经济社会发展开拓创新，提升地方志的影响力；要在服务党委政府决策方面做好文章。

（刘淑颖）

【中指办与军事科学院座谈交流军事志工作】 5月22日，中指办与军事科学院军队政治工作研究院副院长张社卿一行在国家方志馆开展座谈交流。中指组秘书长，中指办党组书记、主任冀祥德出席座谈会并讲话。冀祥德指出，中指办与军事志研究室合作良好，希望双方在新的历史机遇和发展形势下继续加强交流与合作，开创军地融合发展新局面。冀祥德还对编纂《军事志学》和《中国革命纪念建筑物志·国家级烈士纪念设施卷》项目申报事宜提出意见。军事科学院军队政治工作研究院相关人员介绍研究院的机构规格、编制配置、队伍建设情况，以及编纂《军事志学》《中国革命纪念建筑物志·国家级烈士纪念设施卷》的资料筹备工作。会上，军事科学院军队政治工作研究院向国家方志馆赠送《中国军事百科全书（第二版）》。（刘淑颖）

【中指办领导听取湖北省地方志工作汇报】 5月24日，中指组秘书长，中指办党组书记、主任冀祥德听取湖北省志办副主任司念堂一行工作汇报。冀祥德对湖北省地方志系统在新时代有新作为、新担当的良好精神风貌表示肯定，并对下一步湖北省地方志工作提出要求：按时保质完成“两全目标”，认真传达并落实中指办实施的民族地区与贫困地区年鉴资助工程各项优惠政策，精心筹备第三届全国名镇论坛暨第三批中国名镇志丛书出版座谈会，对申请加入中国名镇志文化工程的7部名镇志严格把关。（刘淑颖）

【“方志中国”微信矩阵上线】 5月25日，中指办正式上线“方志中国”微信矩阵。“方志中国”微信矩阵包含省级、市级、县级三个微信矩阵，共50余个地方志微信公众号，方便地方志系统各微信平台的互动及用户阅览交流。“方志中国”微信矩阵将根据各地方志微信平台情况进行不定期更新，通过新媒体应用创新，助推全国地方志事业转型升级。

（刘淑颖）

【首届全国方志馆建设经验交流会在东营召开】 5月29日至30日，首届全国方志馆建设经验交流会在山东东营召开。中指组组长、中国社会科学院大学校长王伟光，中指组常务副组长，中国社会科学院副院长李培林，中指组秘书长，中指办党组书记、主任冀祥德，中指办副主任邱新立出席会议。王伟光指出，召开首届全国方志馆建设经验交流会议在方志馆建设史上、中国方志发展史上都具有开创性意义。他要求，要坚持以习近平新时代中国特色社会主义思想为指导，树立方志文化自信，要有红线意识，因地制宜开展方志馆建设，开展智慧方志馆建设。会后，王伟光、李培林、山东省副省长孙继业出席国家方志馆黄河分馆（东营市方志馆）开馆仪式。20名与会代表围绕方志馆立项及选址、方志馆建设模式与功能开发、信息化与新型方志馆建设、展览展示与社教宣传、地情与方志馆研究课题推进等问题展开探讨，并就《国家方志馆分馆管理规定（讨论稿）》提出修改意见和建议。

（杨卓轩 刘淑颖）

【中指办领导到莱芜调研地方志工作】 5月29日至30日，中指组秘书长，中指办党组书记、主任冀祥德到山东莱芜调研地方志工作。30日，冀祥德出席国家方志馆冶炼分馆规划建设汇报会，听取关于国家方志馆冶炼分馆规划建设及莱芜地方史志工作的汇报。冀祥德指出，国家方志馆分馆建设不仅需要是综合性场馆的标杆，也需要是行业性场馆的引领者，莱芜申请建设国家方志馆冶炼分馆很有意义。冀祥德强调，莱芜市方志馆在场馆选址、建设面积等方面具备有利条件，下一步要加强必要性论证、优化规划设计方案。（刘淑颖）

【中国名酒志评选标准专家座谈会召开】 6月1日，中国名酒志评选标准专家座谈会召开。中指组秘书长，中指办党组书记、主任冀祥德，中指办副主任邱新立出席会议。冀祥德指出，中国名酒志文化工程是中国方志文化与酒文化的融合工程，也是宣传弘扬中华优秀传统文化的公益性文化工程，要坚持宁缺毋滥的原则，设置科学合理的准入门槛，打造出经得起历史和实践考验的精品。邱新立介绍酒类企业申报中国名酒志文化工程的情况，并对《中国名酒志评选标准》作出说明。与会专家从基本标准、“名酒”标准、“名志”标准等方面展开讨论。会议研究通过《中国名酒志评选标准》。（刘淑颖）

【《中华人民共和国史志法》立法研讨会暨“南岳衡山杯”首届全国地方志系统优秀论文交流座谈会在长沙召开】 6月13日，《中华人民共和国史志法》立法研讨会暨“南岳衡山杯”首届全国地方志系统优秀论文交流座谈会在湖南长沙召开。中指办副主任邱新立出席会议并讲话。邱新立指出，地方志工作长期面临实践和理论研究发展不平衡的情况，要以创新为引领、以问题为导向、以质量为核心，抓紧抓实地方志理论研究工作。大会通报优秀论文评选结果，与会领导为“南岳衡山杯”优秀论文作者代表颁发荣誉证书和牌匾。优秀论文作者就史志立法理论与实践问题作大会交流。会议还就《中华人民共和国史志法（征求意见稿）》征集意见和建议。（刘淑颖）

【中指办领导听取贵阳市地方志工作汇报】 6月14日，中指组秘书长，中指办党组书记、主任冀祥德听取贵阳市副市长魏定梅一行工作汇报。冀祥德指出，贵阳市志办围绕推进“两全目标”完成、“贵阳方志云”建设、贵阳方志馆建设、《人文贵阳》期刊编辑、专家资源整合利用以及人才队伍建设等方面做了大量工作，成绩突出，值得肯定。冀祥德对下一步贵阳市地方志工作提出要求：决胜“两全目标”任务，努力打造精品志书，推进数字方志馆建设，推进贵阳地方志事业转型升级，围绕“三个方向”开拓创新。（刘淑颖）

【中国地方志学术交流团访问加拿大、美国、英国】 6月20日至27日，中指组秘书长，中指办党组书记、主任冀祥德率中国地方志学术交流团一行6人访问加拿大不列颠哥伦比亚大学、维多利亚大学，美国斯坦福大学、加州大学伯克利分校、加州大学洛杉矶分校及英国大英博物馆。交流团分别向当地介绍地方志事业在中国的发展状况，并了解各地年鉴与方志的收藏情况。双方就共建中国海外地方志文献中心、组织学术活动、中国方志英文版的推出和翻译、方志文化在国外传播利用进行深入交流，达成若干一致意见，希望加强合作，共同推动中国方志文化走向世界，开创合作互利新局面。（刘淑颖）

【中指办领导听取深圳市申报国家方志馆特区分馆工作汇报】 6月27日，中指办副主任邱新立听取深圳市史志办主任杨立勋一行关于深圳市方志馆申报国家方志馆特区分馆的工作汇报。邱新立介绍国家方志馆分馆的建设情况和准入机制，希望深圳市方志馆继续争取深圳市委、市政府的大力支持，在软硬件环境方面逐步提升，同时探索共享共建的路子，先行先试，打造标杆性方志馆。（刘淑颖）

【中指办领导出席山东省志稿评审会】 7月2日，中指组秘书长，中指办党组书记、主任冀祥德先后出席《青州市志（1988—2013）》志稿评审会、《潍坊市志（1991—2012）》志稿评审会暨潍坊市“三全目标”推进会并分别讲话。冀祥德希望广大史志工作者做习近平新时代中国特色社会主义思想的活学活用者、中华优秀传统文化的传承者、中华文化自信的引领者、中华民族伟大复兴中国梦实现的记录者，并对《青州市志（1988—2013）》《潍坊市志（1991—2012）》志稿提出修改意见。

（刘淑颖）

【中国精品志书《威海市志》发行会召开】 7月6日，中国精品志书《威海市志》发行会召开，中指组秘书长，中指办党组书记、主任冀祥德出席会议并讲话。冀祥德指出，《威海市志》的正式出版是中国志书精品工程实施以来结出的又一重要硕果，是威海建市30年来一项重要的文化成果。他对威海市下一步史志工作提出要求：深入学习习近平新时代中国特色社会主义思想和党的十九大精神；抓住机遇，认清形势，全面推动威海市地方志事业转型升级；认真落实威海市委、市政府要求，切实推进“三全目标”的完成；开拓事业、学习经验，推动威海市史志事业实现新跨越。

（刘淑颖）

【中指办领导听取泰安市史志工作汇报】 7月10日，中指组秘书长，中指办党组书记、主任冀祥德听取泰安市副市长成丽一行工作汇报。冀祥德指出，泰安市史志办按照中指组统一部署和山东省具体规划，不等不靠，积极作为，较早完成“两全目标”，在落实《规划纲要》等方面走在全国前列。冀祥德对下一步泰安市史志工作提出要求：强化政治意识，服务泰安经济社会发展，全面提升志鉴质量，高度重视泰安市方志馆建设工作，进一步拓展地方志功能。

（刘淑颖）

【中指办领导到黑河市调研地方志工作】 7月10日至11日，中指办副主任邱新立一行3人到黑龙江省黑河市调研地方志工作。邱新立一行考察黑河市知青博物馆建设情况，并听取黑河市知青博物馆馆长刘树新对建馆情况的专题汇报。邱新立指出，知青博物馆展陈要进一步提升知青史展示的总体性，突出黑龙江省、黑河市知青史的概貌和特点，并就展览合理利用多媒体提升展览效果、提高展厅空间利用率等提出改进意见。调研期间，邱新立还分别听取黑龙江省和黑河市地方志工作情况汇报，就如何进一步做好地方志工作提出指导性意见。

（刘淑颖）

【冀祥德做客人民网谈中国地方志走进新时代】 7月12日，人民网以“走进新时代的地方志”为主题，通过视频、文字同时直播的形式对中指组秘书长，中指办党组书记、主任冀祥德进行专访。此次访谈直播是方志发展史上中央级媒体首次以地方志为主题的专访。冀祥德主要介绍三方面内容：党的十八大以来党和国家领导人对地方志工作的重视；中指组及其办公室带领全国地方志系统在学习贯彻习近平新时代中国特色社会主义思想和党的十九大精神上，注重学懂、弄通、做实，不摆花架子，不唱高调，做到真学、真用，活学、活用；第五届中指组成立以来，把地方志“用”起来，让地方志“立”起来，使地方志“活”起来，最终做到让地方志“强起来”所采取的举措、取得的成就。他希望广大地方志工作者不忘初心、牢记使命，为国家实现“两个一百年”奋斗目标贡献方志人“两个一百年”奋斗目标的“志”礼。

（刘淑颖）

【中指办领导听取国家方志馆知青分馆建设专题工作汇报】 7月20日，中指组秘书长，中指办党组书记、主任冀祥德，中指办副主任邱新立听取黑龙江省志办党组书记、主任何伟志一行5人关于国家方志馆知青分馆建设和全国方志馆工作会议筹备情况的专题汇报。冀祥德指出，知青专题方志馆在让地方志“活”起来、“立”起来，走进千家万户方面意义重大，知青分馆要具备国家性、专题性、方志性。

（刘淑颖）

【中指办领导出席《闽宁扶贫协作图志》启动会】 7月20日，中指办副主任邱新立出席福建省地方志编委会和人民网联合主办的《闽宁扶贫协作图志》启动会。邱新立指出，福建省地方志编委会在探索形成让地方志“活”起来的“福建经验”方面走在全国前列，希望福建省地方志编委会与人民网能够发挥各自优势，把《闽宁扶贫协作图志》编纂好、出版好、宣传好，为全国开展扶贫志编纂工作提供参考。

（刘淑颖）

【第三期全国年鉴主编培训班暨第五届全国地方志优秀成果（年鉴类）评审系列会议在上饶举行】 7月25日至28日，第三期全国年鉴主编培训班暨第五届全国地方志优秀成果（年鉴类）评审系列会议在江西上饶举行。中指组秘书长，中指办党组书记、主任冀祥德出席会议并讲话。评审专家按照《第五届全国地方志优秀成果（年鉴类）评审实施方案》要求，分成省级综合年鉴、地市级综合年鉴、县区级综合年鉴和专业年鉴4个评审小组，筛选推荐年鉴373部，《南京年鉴（2017）》等4部年鉴由中指办等额推荐参加评审活动。各评审小组通过整体评估与分项打分、分工审读与集中研讨相结合的方式有序组织开展评审工作，形成评审建议名单，并在总结会议上汇报相关情况。培训班授课内容有《志鉴编纂及出版常见法律错误及其纠正》《〈地方综合年鉴编纂出版规定〉解读》《从出版角度谈精品年鉴编纂》《精品年鉴评审与质量标准建设》《年鉴分类及相关问题研究——以社会部类为例》《行业（专业）年鉴编纂的实践与思考》。（刘淑颖）

【2018年全国地方志系统信息化高级研修班在北京开班】 8月12日至16日，由人力资源和社会保障部主办，中国社会科学院人事教育局、中指办承办的专业技术人才知识更新工程2018年全国地方志系统信息化高级研修班在北京举办。中指组秘书长，中指办党组书记、主任冀祥德，中指办副主任邱新立出席会议并讲话。冀祥德强调，地方志工作者要抓住机遇、强化本领，做习近平新时代中国特色社会主义思想的学懂、弄通、做实者，做中华优秀传统文化的传承者，做中华民族伟大复兴中国梦实现进程的忠实记录者。邱新立指出，要提升政治站位，把握工作重点，强化创新意识，做“热”做“活”新时代地方志事业。研修班上，有关专家为学员授课，授课内容包括《全国地方志事业形势与任务》《特色文献资源建设与管理》《中国社会科学资源整合与共享》等。参训学员还围绕地方志信息化进行经验交流。

（刘淑颖）

【国家方志馆知青分馆揭牌】 8月14日，国家方志馆知青分馆揭牌仪式在黑龙江黑河举行。全国政协常务委员、民族和宗教委员会主任，中国社会科学院大学校长，中指组原组长王伟光，中国社会科学院副院长、中指组常务副组长李培林，中指组秘书长，中指办党组书记、主任冀祥德，中指办副主任邱新立出席仪式。知青分馆以全面系统展示中国知青历史为主题，传承知青历史文化，是集研究、收藏、教育、展示、阅览、交流于一体的社会公益标志性文化场馆。揭牌仪式后，还举行了赠书和聘任荣誉馆长、名誉馆长仪式。全国各级地方志工作机构和方志馆的负责人及部分知青代表共170余人参加仪式。（刘淑颖）

【全国方志馆建设工作研讨会暨全国方志馆业务培训班在黑河举行】 8月14日至16日，全国方志馆建设工作研讨会暨全国方志馆业务培训班在黑龙江黑河举行。全国政协常务委员、民族和宗教委员会主任，中国社会科学院大学校长，中指组原组长王伟光，中国社会科学院副院长、中指组常务副组长李培林，中指组秘书长，中指办党组书记、主任冀祥德，中指办副主任邱新立出席会议。王伟光系统总结了党的十八大以来全国地方志事业发展的基本情况和基本经验，要求广大地方志工作者进一步统一思想，努力提升责任担当，稳步推进方志馆建设，真正让地方志“用起来、立起来、活起来、强起来”。李培林总结了近一年多来方志馆建设与发展取得的成绩，要求大力提升方志馆建设水平，加快方志馆信息化步伐，稳步推进国家方志馆分馆建设，不断深化理论研究。会后，李培林出席国家方志馆知青分馆揭牌仪式。与会代表围绕《国家方志馆分馆管理规定（讨论稿）》《国家方志馆建设发展规划（讨论稿）》进行讨论交流。培训课程有《突现黄河文化　打造国家方志馆特色分馆》《国家方志馆知青分馆建设概况》《北京市数字方志馆的功能特点和未来展望》《大数据下黑龙江数字方志馆建设探索》《浅谈江苏省数字方志馆的建设和特色》等。（刘淑颖）

【中国地方志学术交流团出席第84届国际图书馆协会联合会世界图书馆与信息大会】 8月23日至29日，中指组秘书长，中指办党组书记、主任冀祥率中国地方志学术交流团一行4人赴马来西亚出席第84届世界图书馆与信息大会（World Library and Information Congress, WLIC）。23日，交流团在槟城参加国际图联家谱与地方史委员会卫星会议，与国际图联家谱与地方史委员会相关人员就地方志的价值与作用、家谱与地方志数字化、口述历史等进行座谈交流；24日，前往吉隆坡出席国际图联世界图书馆与信息大会中文代表预备会议；25日，出席国际图联世界图书馆与信息大会迎新大会和开幕式；26日，出席国际图联家谱与地方史委员会会议，冀祥德在会上发表讲话，介绍中国的方志文化，并就会议代表关心的问题进行解答；29日，出席第84届国际图联世界图书馆与信息大会家谱与地方史挑战与机遇会议，冀祥德作题为“The Value Characteristics and Cultural Influence of Chinese Local Chronicles”（《中国地方志的价值特性及文化影响》）的主旨报告，重点介绍社会转型中方志功能的拓展和丰富。这是中国地方志首次参加国际图联大会，发出了中国方志声音，扩大了中国方志影响。（刘淑颖）

【中国地方志学术交流团访问马来西亚】 8月27日至28日，中指组秘书长，中指办党组书记、主任冀祥德率中国地方志学术交流团一行4人访问马来西亚，先后访问马来亚大学、华社研究中心、新纪元大学学院、拉曼大学。在座谈交流中，冀祥德介绍了赓续不断的中国地方志文化和蓬勃发展的中国地方志事业。双方就地方志与地方史编纂、中国地方志收藏与开发利用、中国抗战志编纂、中国地方志编修方法借鉴等深入交流意见，并达成初步合作意向。这是中指办首次组团赴马来西亚开展学术交流。通过交流，中指办与马来亚大学等4家学术机构建立有效沟通联络机制，为双方下一步交流与合作奠定良好基础。（刘淑颖）

【中指办领导听取广西地方志工作专题汇报】 9月6日，中指组秘书长，中指办党组书记、主任冀祥德听取广西壮族自治区志办党组书记、主任梁金荣一行工作汇报。双方就筹备《地方志服务“一带一路”——灵渠—合浦：海上丝绸之路历史溯源》专题研讨会进行讨论。冀祥德指出，专题研讨会是贯彻落实习近平总书记关于“一带一路”建设重要论述和视察广西重要讲话精神的重要举措，是地方志围绕中心、服务大局的具体体现，要精心组织谋划，确保会议成功。（刘淑颖　杨东）

【2018年全国地方志系统信息化、史志期刊研讨会在抚远召开】 9月12日，2018年全国地方志系统信息化研讨会暨中国地方志学会信息化分会年会、2018年全国地方史志期刊研讨会暨中国地方志学会史志期刊分会年会在黑龙江抚远召开。中指办副主任邱新立出席开幕式并讲话。邱新立总结2017年7月以来信息化及史志期刊工作建设与发展取得的成绩，强调要加强统筹规划，深化顶层设计，创新开发利用信息化及史志期刊资源方式，推进标准化建设，提升全国地方志信息化及史志期刊工作水平。各地代表围绕地方志系统信息化工作和史志期刊建设介绍经验，并对下一步的信息化和期刊工作提出意见建议。（刘淑颖）

【中国名镇志丛书、中国名村志丛书学术委员会评审会在北京召开】 9月14日，中国名镇志丛书、中国名村志丛书学术委员会评审会召开。中指办副主任邱新立出席会议并讲话。邱新立强调，要进一步修改、打磨、润色志稿，提高质量，打造精品，树立品牌。会上，与会专家分别对30部第三批中国名镇志丛书和22部第二批中国名村志丛书志稿进行评审。学术委员会认为，两批丛书总体上质量较高，原则同意列入中国名镇志丛书、中国名村志丛书，希望下一步根据评审会上提出的意见和建议，认真修改，提高志稿质量。（刘淑颖）

【中指办领导调研新疆生产建设兵团第一师阿拉尔市地方志工作】 9月18日，中指组秘书长，中指办党组书记、主任冀祥德一行调研新疆生产建设兵团第一师阿拉尔市地方志工作，并召开座谈会。冀祥德对第一师阿拉尔市地方志工作给予肯定，表示将加大对新疆、新疆生产建设兵团地方志工作，尤其是实现“两全目标”的支持力度。（刘淑颖）

【2018年全国年鉴研讨会暨中国地方志学会年鉴分会年度会议、第二届全国年鉴论坛在阿克苏举行】 9月19日至20日，2018年全国年鉴研讨会暨中国地方志学会年鉴分会年度会议、第二届全国年鉴论坛在新疆阿克苏举行。新疆维吾尔自治区人大常委会副主任董新光出席会议并致辞，要求自治区党委、政府始终高度重视地方志工作，大力督促自治区地方志编委会及各地州、县市和有关部门到2020年完成“两全目标”任务。中指组秘书长，中指办党组书记、主任冀祥德出席会议并讲话。冀祥德肯定新疆和阿克苏地方志工作取得的成绩，并传达《关于全国地方志系统支援西藏、新疆地方志工作的意见》有关要求，总结2016年第一次全国年鉴工作会议以来的年鉴工作。会议宣读《关于对第五届全国地方志优秀成果（年鉴类）的通报表扬》，介绍第五届全国地方志优秀成果（年鉴类）评审工作，研究通过年鉴分会部分常务理事、理事人选调整事宜，补选年鉴分会副会长。研讨会上，与会代表紧紧围绕“年鉴全覆盖”推进工作，就《关于地方综合年鉴编纂出版若干问题的补充规定》及年鉴编纂与决胜全面建成小康社会等内容进行深入交流。论坛上，论文作者围绕地方综合年鉴的编纂与实践等问题进行交流。

（杨卓轩　刘淑颖）

【中指办领导听取国家方志馆中原分馆项目申报工作汇报】 9月21日，中指组秘书长，中指办党组书记、主任冀祥德听取郑州市史志办主任朱军一行关于国家方志馆中原分馆项目申报工作汇报。冀祥德指出，在项目申报过程中，要注意理顺关系，明确共建各方的权利、义务；要积极与国家方志馆有关部门沟通，按照分馆建设相关规定有序开展工作，明确分馆项目申报流程，进一步完善和论证项目申报方案，争取项目建设尽早落地。（刘淑颖）

【中指办领导听取国家方志馆黄河分馆运行情况汇报】 9月25日，中指组秘书长，中指办党组书记、主任冀祥德听取东营市史志办主任杜金华一行关于国家方志馆黄河分馆运行情况工作汇报。冀祥德对东营市史志办下一步工作提出要求：立足新时代，力行新担当，实现新作为；坚持“引进来”，创新形式，丰富馆藏，增加方志元素；坚持“走出去”，扩大与黄河流域文化机构交流合作；总结经验，探索国家方志馆分馆办馆路径；加强对黄河分馆的科学管理，理顺工作机制，定期汇报；进一步加大宣传力度。（刘淑颖）

【中指办领导听取重庆市地方志工作汇报】 9月28日，中指组秘书长，中指办党组书记、主任冀祥德听取重庆市志办主任刘文海一行工作汇报。冀祥德指出，重庆市志办新一届领导班子积极谋划、认真调研，迅速开展工作，提出“三个围绕”“三个服务”思路，工作卓有成效。冀祥德强调，重庆市在下一步地方志工作中，要深刻把握历史机遇，高度认识做好地方志工作的重要性；做好重庆地方志近期、中长期工作规划；坚持“走出去”，加强对外交流学习；切实填补业务空白、补齐工作短板；注意总结经验，力争“后来居上”。（刘淑颖）

【2018年第二期全国地方志工作机构新任负责人培训班在北京开班】 10月14日至18日，2018年第二期全国地方志工作机构新任负责人培训班在北京开班。中国社会科学院副院长、党组副书记王京清出席开班仪式并作主题报告。中指组秘书长，中指办党组书记、主任冀祥德，中指办副主任邱新立出席培训班并授课。冀祥德强调，地方志工作机构新任负责人要争做政治上的掌舵人、组织上的明白人、队伍建设的智慧人、干事创业的带头人和中国梦实现的记录人。培训班授课内容有《年鉴发展史与编纂规范》《年鉴工作的形势与任务》《志书编纂的形势与任务》《方志发展史与编纂规范》等。学员围绕地方志工作业务和培训班授课内容展开交流，并结合当前的工作提出意见建议。（刘淑颖）

【中指办领导听取陕西省地方志工作汇报】 10月16日，中指组秘书长，中指办党组书记、主任冀祥德，中指办副主任邱新立听取陕西省志办党组书记、主任雷湛一行工作汇报，并座谈交流。冀祥德指出，陕西省要认清形势，抓住机遇，在习近平新时代中国特色社会主义思想指导下，克服困难，坚定信心，坚决完成“两全目标”；要动脑筋想办法，在围绕中心服务大局方面多做工作，切实把地方志工作推向一个新的层级。邱新立指出，陕西要善借外力，加强同有关方面的交流，将工作迎头赶上。（刘淑颖）

【《中国影像志·高碑店村》在北京开机】 10月16日，《中国影像志·高碑店村》在北京市朝阳区高碑店村开机。中国社会科学院副院长、中指组常务副组长李培林，北京市副市长、北京市地方志编委会常务副主任王宁，中指组秘书长，中指办党组书记、主任冀祥德出席开机仪式。李培林在讲话中指出，《中国影像志·名镇名村》展示中国历史文化名镇、中国历史文化名村的历史与现状，将在传承乡土文化、留存乡愁记忆、抢救古镇村落、挖掘历史智慧、服务城镇化建设、乡村振兴战略等方面发挥作用。新华社、中央广播电视总台、中国新闻社、《光明日报》、《中国青年报》、《中国社会科学报》、人民网、光明网、中国社科网、中国国情网、中国地情网、中国方志网等新闻媒体进行报道。北京市志办、市部分委办局、市各区地方志工作机构，以及高碑店乡、高碑店村有关领导及人员约100人参加。（刘淑颖）

【中指办领导听取福建省地方志工作汇报】 10月23日，中指组秘书长，中指办党组书记、主任冀祥德听取福建省地方志编委会主任陈秋平一行工作汇报，并座谈交流。冀祥德指出，福建省在让地方志“活”起来方面的工作卓有成效，希望全面贯彻落实《规划纲要》，坚决完成“两全目标”任务；继续加强与中国台湾地区以及东南亚地区的交流，总结福建地方志工作经验，探索让地方志“活”起来的路径。（刘淑颖）

【中指办领导与河北省志办、保定市人大领导座谈交流地方志工作】 10月24日，中指组秘书长，中指办党组书记、主任冀祥德听取河北省志办主任杨洪进，保定市人大常委会主任、市地方志指导委员会主任马誉峰一行关于2019年全国地方志机构主任工作会议暨第三次全国地方志工作经验交流会筹备情况的汇报。冀祥德指出，保定市要高度重视此次会议，做好各项会务准备工作；要切实完成“两全目标”，在会议期间展示有关成果；要深入挖掘保定市地方志工作经验，供全国地方志同行借鉴；要提前与中指办、河北省志办沟通协调，做好会议期间各项安排。（刘淑颖）

【中指办领导与遵义市政府领导座谈交流地方志工作】 10月24日，中指组秘书长，中指办党组书记、主任冀祥德听取遵义市副市长李莲娜一行关于遵义市地方志工作的汇报，并座谈交流。冀祥德强调，当前遵义市要确保全面完成“两全目标”；统筹推进“国家方志馆沙滩文化分馆”建设和“中国方志之乡”申报工作；高质量编纂《花茂村志》《沙滩村志》《遵义红军街志》，并协同推进英文版编纂、影像志拍摄工作。（刘淑颖）

【第一期援疆志鉴编纂业务培训班在五家渠开班】 10月24日至28日，第一期援疆志鉴编纂业务培训班在新疆五家渠开班。中指办副主任邱新立出席会议并讲话。邱新立在讲话中强调，地方志工作者要有新作为；增强责任意识，按期保质完成“两全目标”任务；增强创新意识，提高地方志资源开发利用水平；加强人才队伍建设，为地方志事业发展提供强大原动力。培训内容包括地方志书编纂基础理论、志书编修常见问题分析、年鉴编纂基础理论、方志馆建设与利用、方志信息化建设等方面的内容。会上，与会领导为“兵团史志专家库”专家代表颁发聘书。（刘淑颖）

【中指办领导调研海南省地方志工作】 10月26日至27日，中指组秘书长，中指办党组书记、主任冀祥德一行到海南省调研地方志工作。海南省史志办主任毛志华主持调研座谈会，并介绍海南省地方志工作的总体情况，省史志办副主任秦武军汇报海南省地方志“两全目标”的进展情况和相关工作措施。冀祥德对海南省地方志工作提出要求：要加快编修进度，毫不动摇地坚决完成“两全目标”任务，把统一出版的海南三级志书打造成二轮志书的质量标杆；要强化智慧担当，发扬方志人精神，处理好机构改革与事业发展的关系，以新一轮机构改革为契机推进“两全目标”和地方志工作再上新台阶；要坚定发展信心，认清发展形势，推动地方志事业实现新跨越。会上，海口市志办主要负责人、三沙市政府办公室相关负责人汇报海口、三沙的地方志工作开展情况。与会专家对《三沙市志》进行评议，《三沙市志》评稿专家、中指办、海南省史志办、海口市史志办、三沙市政府相关人员参加会议。（郑昕）

【中指办领导听取成都市地方志工作汇报】 10月29日，中指组秘书长，中指办党组书记、主任冀祥德听取成都市志办党组书记、主任高志刚一行工作汇报。冀祥德强调，成都市在下一步地方志工作中，要继续学习贯彻习近平新时代中国特色社会主义思想和党的十九大精神，学懂、弄通、做实，融入干事创业；处理好“两全目标”规定动作与自选动作之间的关系，保质保量完成“两全目标”，创精品出佳志；总结经验，切实把干部队伍抓好带好；以地情展示为核心，加强方志馆建设；积极拓展地方志服务经济社会发展的途径，让地方志“立”起来、“活”起来、“热”起来、“强”起来。（刘淑颖）

【纪念章学诚诞辰280周年座谈会在绍兴上虞举行】 10月31日，纪念章学诚诞辰280周年座谈会在绍兴市上虞区召开。中国社会科学院副院长、中指组常务副组长、中国地方志学会会长李培林，浙江省副省长成岳冲，中指组秘书长，中指办党组书记、主任，中国地方志学会副会长兼秘书长冀祥德，中指办副主任、中国地方志学会副会长邱新立出席会议。李培林在讲话中强调，要总结提炼、传承弘扬中国传统文化中的优秀成分，为当今中国哲学社会科学事业和经济社会发展作出新贡献；要提炼、展示章学诚学术思想中具有当代价值、世界意义的文化精髓，继承弘扬中国传统文化的经世意识、创新精神。会议充分肯定章学诚的修志理念和其在方志发展史上的崇高地位，还举行《章学诚研究概览——章学诚诞辰280周年纪念文集》首发式。（刘淑颖）

【第八届中国地方志学术年会在绍兴举行】 10月31日至11月1日，第八届中国地方志学术年会在浙江绍兴举行。会议主题是“方志学一级学科建设与地方志转型升级”，84篇论文入选本届学术年会。中国社会科学院副院长、中指组常务副组长、中国地方志学会会长李培林，浙江省人民政府副秘书长蔡晓春，中指组秘书长，中指办党组书记、主任，中国地方志学会副会长兼秘书长冀祥德，中指办副主任、中国地方志学会副会长邱新立出席会议。李培林在讲话中指出，方志学学科要坚持体现特色、结构合理、突出优势、拓展领域、补齐短板的原则，不断完善学科体系，融通各种资源，瞄准学术前沿，着力提高学术品质，打造具有中国特色和独特优势的原创性理论，构建具有自身特质的学术体系，服务地方志转型升级。开幕式上，还举行《绍兴市志（1979—2010）》首发式，并向绍兴各行业代表赠书。与会专家学者对史学理论体系创新、中西史学理论比较、历史学类学科体系建设、方志学一级学科建设等议题进行深入交流。（刘淑颖）

【中指办领导听取湖北省地方志工作汇报】 11月6日，中指组秘书长，中指办党组书记、主任冀祥德听取湖北省志办党组书记、主任吴凤端一行工作汇报。冀祥德指出，湖北省志办要妥善处理好机构改革与地方志事业发展的关系，确保队伍稳定和工作正常开展；保持“两全目标”稳步推进的良好势头，确保按期保质完成任务；高度重视第三届全国名镇论坛承办工作，及时与中指办沟通联系，做好会务各项筹备工作。（刘淑颖）

【中指办领导听取江西省地方志工作汇报】 11月13日，中指组秘书长，中指办党组书记、主任冀祥德听取江西省志办党组书记、主任梅宏一行工作汇报。冀祥德表示，江西省志办抓大事、谋大局、开拓创新，工作走在全国前列，希望继续全面贯彻落实《规划纲要》，审慎进行第二轮省志规划调整，在数字方志馆建设方面与国家方志馆数字标准开展对接试点探索。（刘淑颖）

【地方史志期刊建设研讨会在晋江召开】 11月27日，地方史志期刊建设研讨会在福建晋江召开。中指办副主任邱新立出席会议并讲话。邱新立要求，中指办要进一步加强对全国各级史志期刊的组织、指导，进一步加强全国地方史志期刊的质量建设。会上，相关人员就中国社科院学术期刊管理及审读工作情况、旗下报刊的审稿发稿编辑制度和规范、期刊编辑出版的国际发展趋势与方向作报告。（刘淑颖）

【中指办领导听取楚雄州地方志工作汇报】 12月4日，中指组秘书长、中指办主任冀祥德听取云南省楚雄州委常委、副州长王大敏一行关于地方志工作的汇报，并座谈交流。冀祥德表示，在下一步地方志工作中，希望楚雄把讲政治摆在首要位置；紧紧盯住“两全目标”，保质保量完成任务，并积极申报打造精品年鉴；抓住机遇，做“活”地方志事业；实现方志馆建设零的突破；适时总结楚雄州地方志工作经验。（刘淑颖）

【国家方志馆建设研讨会在三门峡召开】 12月4日，国家方志馆建设研讨会在河南三门峡召开。中指办党组书记高京斋、副主任邱新立出席会议。高京斋在讲话中指出，方志馆建设要选准定位点，具备方志性、特色性，抓好人才队伍建设；各级地方史志机构要认真思考如何更好发挥方志馆的窗口、平台和阵地作用，突出国家方志馆及分馆的示范引领作用。与会代表讨论《国家方志馆建设发展规划（2018—2030年）》和《国家方志馆分馆建设管理工作规定》两个文本，以及方志馆建设相关问题。（刘淑颖）

【第三届全国名镇论坛暨第三批中国名镇志丛书出版座谈会在孝感举行】 12月6日至7日，第三届全国名镇论坛暨第三批中国名镇志丛书出版座谈会在湖北孝感举行。《杨店镇志》等28部镇志入选丛书。中指组秘书长、中指办主任冀祥德，中指办原党组书记田嘉出席会议。冀祥德在开幕式讲话中就地方志进一步服务好全国城镇化建设和乡村振兴战略、做好中国名镇志文化工程提出要求。会上，相关人员向第三批中国名镇志丛书编纂单位授牌和颁发证书；中国名镇志丛书编纂委员会办公室负责人作中国名镇志文化工程阶段性工作报告，第三批中国名镇志丛书编纂单位和专家代表作交流发言。（刘淑颖）

【《中国抗日战争志》编纂研讨会在保定召开】 12月12日至13日，《中国抗日战争志》编纂研讨会在河北保定召开。中指办副主任邱新立主持会议并讲话。邱新立就《中国抗日战争志》编纂过程中的重要事项提出建议，并对下一步抗战志工作进行部署，要求加快推进抗日战争志编纂工作。中国抗日战争志子课题组和地方抗战志项目代表分别汇报抗日战争志编纂进展情况。与会代表还就中国抗日战争志篇目和试写稿进行讨论，并从历史学、方志学的角度提出意见和建议。（王慧　刘淑颖）

【2019年全国省级地方志机构主任工作会议暨第三次全国地方志工作经验交流会议在保定召开】 12月14日至15日，2019年全国省级地方志机构主任工作会议暨第三次全国地方志工作经验交流会议在河北保定召开。中国社会科学院院长、中指组组长谢伏瞻，河北省委常委、常务副省长、省地方志编委会主任袁桐利，河北省人大常委会原副主任、省地方志编纂委员会副主任、《河北省志》总纂龚焕文，河北省人大常委会副主任、保定市委书记聂瑞平，中指组秘书长、中指办主任冀祥德，中指办党组书记高京斋、副主任邱新立出席会议。会上，谢伏瞻作题为“高举习近平新时代中国特色社会主义思想伟大旗帜 努力开创新时代地方志事业高质量发展新局面”的讲话，要求广大地方志工作者高举旗帜，把握新时代地方志事业高质量发展方向；提高站位，坚定新时代地方志事业高质量发展信心；明确任务，推动新时代地方志事业高质量发展。冀祥德作2018年全国地方志工作报告，部署2019年全国地方志主要工作。高京斋作总结讲话。会议交流各地在志鉴编修、方志馆和信息化建设、地方志资源开发利用等方面的经验。会议还为广西壮族自治区志办原党组书记、主任李秋洪，四川省志办原党组书记、主任马小彬颁发“你真方志”荣誉证书和牌匾，向入选中国年鉴精品工程“中国精品年鉴”的5部年鉴编纂单位颁发荣誉证书和牌匾。（刘淑颖　王慧卿）

【全国省级地方志机构负责人座谈会在保定召开】 12月14日，全国省级地方志机构负责人座谈会在河北保定召开。中国社会科学院院长、中指组组长谢伏瞻出席会议并讲话，充分肯定近年来中指办以及全国地方志系统的工作成绩，要求全国省级地方志机构负责人坚定做好地方志事业的信心和决心，找准工作着力点，用成绩赢得各级党委、政府的重视和支持；正视困难和问题，补足短板，创新发展；稳定队伍，多种方式推动地方志发展；加强质量建设，切实完成“两全目标”；在地方志事业“十业并举”的过程中，抓住重点，统筹推进。部分省（自治区、直辖市）地方志工作机构代表及离退休老干部就本地工作特色亮点进行汇报，对加快史志法立法、方志学学科建设、机构改革、人才队伍建设等提出意见建议。（刘淑颖）

【中指办领导听取新疆地方志编委会、新疆生产建设兵团志办公室工作汇报】 12月17日，中指组秘书长、中指办主任冀祥德，中指办党组书记高京斋听取新疆维吾尔自治区地方志编委会党组书记、副主任廖运建，新疆生产建设兵团志办副主任陈旭一行工作汇报。冀祥德、高京斋充分肯定近几年新疆、兵团地方志工作取得的成绩，认为新疆、兵团地方志工作在维护新疆社会稳定、开展意识形态领域斗争方面作出重要贡献；领导班子讲政治、顾大局、重团结、善谋划，地方志工作者精神面貌良好。他们希望，新疆、兵团将2019年全国省级地方志机构主任工作会议精神传达好，认真部署2019年地方志工作；确保“两全目标”如期完成，审慎进行名镇志编纂，稳定人才队伍，全面总结新疆地方志工作经验。（刘淑颖）

【中国地方志学术交流团赴台湾地区交流地方志工作】 12月17日至21日，中指办副主任、中国地方志学会副会长邱新立率中国地方志学术交流团一行6人赴台湾地区交流地方志工作，了解地方志文献收藏、利用情况，并与台湾地区部分史志专家学者就《中国抗日战争志》编修相关问题进行探讨。邱新立向有关交流学术机构介绍中指组及其办公室近年来开展的重点工作，特别是“两全目标”任务，《汶川特大地震抗震救灾志》《中国抗日战争志》等国家级重大文化工程，中国名镇志、中国名村志等相关成果，希望加强史志文化交流，共同弘扬中华优秀传统文化，并就《中国抗日战争志》编修相关问题征求台湾地区史志专家学者意见，推动两岸学者共享史料、共写史书。其间，交流团先后与台湾地区的“中国近代史学会”、“中央研究院近代史研究所”、中国文化大学史学系、民国历史学社、“国史馆台湾文献馆”等科研、高校以及文献收藏机构学者代表交流。（刘淑颖）

【中国影像志工作座谈会在德宏召开】 12月25日，中国影像志工作座谈会在云南德宏召开。中指组秘书长、中指办主任冀祥德出席会议并讲话。冀祥德指出，影像志是新时代地方志开拓创新、把地方志“用”起来、让地方志“活”起来的重要举措，是增强方志文化自信的重要载体，要总结经验、创新形式，拍摄数量更多、质量更高的影像志，让地方志走进千家万户。与会人员围绕《中国影像方志》审稿注意事项、加强与媒体沟通协调，以及推进实施《中国影像志》等问题展开讨论，提出意见和建议。（刘淑颖）

【第二届全国名村论坛暨第二批中国名村志丛书出版座谈会在德宏举行】 12月25日至26日，第二届全国名村论坛暨第二批中国名村志丛书出版座谈会在云南德宏举行。《九保村志》等20部村志入选丛书。会议以“乡村振兴战略实现与地方志开拓创新”为主题。中指组秘书长、中指办主任冀祥德，中指办党组书记高京斋出席会议并讲话。会上，向第二批中国名村志丛书编纂单位授牌和颁发证书，中国名村志丛书编委会办公室负责人作中国名村志文化工程阶段性工作报告，12个中国名村志丛书编纂单位代表和3名专家作学术交流发言。

（刘淑颖）

【方志出版社工作】 年内，方志出版社围绕“把方志出版社建设成全国地方志专业出版基地”的核心目标，不断开拓进取，制度建设和队伍建设日益完善，重点出版项目顺利推进，精品图书项目开花结果，图书出版“走出去”有序开展，各项生产经营指标稳中有进。着力推进重点图书项目的出版工作，加强品牌建设。共报送“十三五”国家重点图书出版规划项目4个；积极推进“中国名镇志丛书”“中国名村志丛书”的出版工作，新推出28部名镇志、20部名村志；积极推进民族地区与贫困地区志书和年鉴出版资助工程图书的出版工作；4月，《枫泾镇志》《周庄镇志》英文版先后在加拿大出版发行，首批“志书精品走出去”项目取得圆满成功。举行全国地方志专业出版基地图书质量年活动启动仪式暨研讨会，提升志鉴的编纂水平和出版质量。运营方志出版社微信公众号和“今日头条”号。

（方志出版社）

志书编纂与出版

·编纂进展

【北京市志书编纂进展】　年内，《北京志·市政管理志》《北京志·人民政协志》《北京志·教育志》《北京志·民防志》《北京志·环境保护志》《北京志·金融志》《北京志·工商行政管理志》《北京志·共产党志》《北京志·民主党派·工商联志》通过初审；《北京志·药品监督管理志》《北京志·财政志》《北京志·检察志》《北京志·文物志》《北京志·人口志》《北京志·青年组织志》《北京志·民族志·宗教志》《北京志·商业志》《北京志·人民代表大会志》《北京志·公安志》《北京志·信息化志》《北京志·对外经济贸易志》《北京志·北京经济技术开发区志》通过复审；《北京志·残疾人事业志》《北京志·工业志》《北京志·发展改革志》《北京志·财政志》《北京志·规划志》《北京志·国土资源志》《北京志·监狱志》《北京志·劳教志》《北京志·民政志》《北京志·旅游志》通过终审验收。接收初审稿11部，完成初审评议13部，通过复审16部，完成终审评议15部，通过终审验收9部，送交出版社9部，出版见书8部。截至年底，第二轮《北京志》70部分志中，累计接收初审稿65部，初审13部，复审14部，终审9部，出版17部，已见书11部。在第二轮规划的18部区县志中，5月底全部区县志均完成复审稿提交，6月底完成全部区县志复审评议工作。12月17日，《门头沟区志》提交终审稿，至此全部区县志书均完成终审稿提交。12月底，累计通过终审评议的区县志有12部，通过终审9部。截至年底，累计出版9部区县志。年内，列入中国名镇名村志的志书有：《延庆区大庄科乡志》《大兴区采育镇志》《顺义区南法信镇志》《门头沟区斋堂镇志》《西城区天桥街道志》《昌平区北七家镇志》《顺义区焦庄户村志》《房山区水峪村志》8部志书。7月11日，《令公村志》编纂启动会召开。7月18日，市志办与延庆区旧县镇烧窑峪村开展的城乡党组织结对共建项目《烧窑峪村志》编纂启动会召开。7月，《顺义区焦庄户村志》被列入第二批中国名村志。10月18日，北京第一批传统村落志书《吉家营村志》《古北口村志》初审评议会召开。10月中旬，成功组织《中国名村影像志·高碑店村》开机活动。10月下旬，全面启动23部市级传统村落志书编纂工作。（姜坤）

【天津市志书编纂进展】　年内，天津市《职业教育志》《科学技术志》《政协志》《农业志》《粮食志》《人民代表大会志》《环境保护志》《民主党派志》《人口和计划生育志》9部市级专志完成复审，《北仓镇志》《西堤头镇志》《双口镇志》《河东区志》《东丽区志》5部志书完成复审，《开发区志》《滨海新区志》《南开区志》3部志书完成终审，《文物博物馆志》编修工作推动会、《杨柳青镇志》初审征求意见会和《政府志》编修业务培训会召开。

（宋铭月）

【山西省志书编纂进展】　年内，山西省志编纂评审19部，出版《中共山西省委志》《政治协商会议志》《教育志》《民俗志》《中小（民营）企业志》《统计调查志》《国家税务志》《出版志》《粮食志》《轻工业志》10部，累计出版52部，出版率58.4%；市县志评审20部，出版《太原市志》《运城市志》《阳泉市志》3部市志以及《大同县志》《定襄县志》《祁县志》《介休市志》《神池县志》《娄烦县志》《平定县志》《长治县志》《永和县志》9部县志，累计出版77部，出版率59.2%。

（武岭）

【内蒙古自治区志书编纂进展】 年内，内蒙古自治区规划三级志书191部，已出版73部，占规划总数的38.22%。蒙古文志书编译出版18部，启动编译（翻译）63部。评审志稿9部，即内蒙古《国税志》《食品药品监督管理志》《质量技术监督志》《水利志》《人力资源和社会保障志》《财政志》和《杭锦旗志》《鄂温克族自治旗志》《海南区志》；验收志稿7部，即内蒙古《食品药品监督管理志》《国土资源志》《通信志》《质量技术监督志》和《杭锦旗志》《二连浩特市志》《东胜区志》；验收蒙古文翻译志稿11部，即《内蒙古自治区志·大事记》、《哲里木盟志》、《满洲里市志》、《鄂伦春旗志》（首轮、第二轮）、《察右中旗志》、《巴林左旗志》、《乌拉特后旗志》、《苏尼特右旗志》、《临河区志》、《海南区志》；新出版志书2部，即内蒙古《工会志》《食品药品监督管理志》；按出版下限时间调整为完成第二轮出版任务2部，即《包钢志》《回民区志》。出版蒙古文志书《扎赉特旗志》1部。第二轮《内蒙古自治区志·政府志》编纂工作稳步推进，目前完成篇目大纲设计。

（李洋）

【辽宁省志书编纂进展】 年内，辽宁省志办完成《辽宁省志·农业志》《辽宁省志·水利志》《辽宁省志·公路水运志》出版；完成《辽宁省志·政协志》终审，《辽宁省志·财政志》《辽宁省志·外事志》正在终审后修改；完成《辽宁省志·档案志》《辽宁省志·国土资源志》《辽宁省志·邮政志》《辽宁省志·铁道志》《辽宁省志·工会志》《辽宁省志·检察志》《辽宁省志·司法行政志》《辽宁省志·共青团志》《辽宁省志·海洋与渔业志》等省志审读及意见反馈。市级志书方面，沈阳市志办稳步推进志书编纂规划任务，规划出版的《沈阳市志（1986—2005）》4卷已出版3部；鞍山市史志办完成《鞍山市志（1986—2005）》第二卷编纂工作，于12月通过复审（即终审）；抚顺市志办完成《抚顺市志（1986—2005）》第三卷（科教文卫卷）复审后修改工作，《抚顺市志（1986—2005）》第四卷（经济卷）完成近300万字的编校；本溪市党史志办完成《本溪市志（1986—2005）》第三卷的专家初审并通过复审，启动《本溪市志（1986—2005）》第四卷编写工作；锦州市志办完成《锦州市志（1986—2002）》政治文化卷初稿编纂；《营口市志》第一卷通过复审，第二卷、第三卷完成整体基本构架、篇目设置和内容划分；阜新市志办积极推进《阜新市志（1986—2005）》第三卷编纂；辽阳市志办完成《辽阳市志》第三卷初稿编纂工作；铁岭市志办完成《铁岭市志（1984—2005）》卷三出版，开展《铁岭市志（1984—2005）》卷四稿修改和资料补充工作；盘锦市志办继续编辑修改《盘锦市志（1991—2005）》，完成《盘锦市志》社会部分资料收集。截至年底，全省有《阜新市志》第二卷，《本溪市志》第三卷，《鞍山市志》第二卷，《丹东市志》第一卷、第二卷，《营口市志》第一卷共6部市志通过复审。全省累计出版市志19部，占市志规划出版总数57部的33.33%。县级志书方面，沈阳市《和平区志（1986—2005）》《新民市志（1996—2005）》完成评审修改，截至年底，全市13个区（县、市）中11个完成第二轮志书编纂出版工作；鞍山市《台安县志（2001—2015）》资料收集基本完成；抚顺市志办对《新抚区志》《望花区志》《东洲区志》编修工作进行有针对性的督促、指导，《新抚区志》通过评审；锦州市《黑山县志》《北镇市志》《义县志》已出版；《凌海市志》《太和区志》通过专家评审待出版；《凌河区志》《松山新区志》完成初稿；《古塔区志》《滨海新区志》完成资料收集；辽阳市《辽阳县志》《文圣区志》《弓长岭区志》出版，《太子河区志》《宏伟区志》完成送审准备出版；朝阳市《朝阳市双塔区志（1984—2005）》已出版；盘锦市《盘山县志》完成送审，《大洼县志》通过评审待出版，《双台子区志》进入出版阶段，《兴隆台区志》正在修改完善。专题志方面，辽宁省志办继续编纂《辽宁方志志》《辽宁图志》《辽宁改革开放志》《辽宁古塔志》4部，其中《辽宁古塔志》交付出版。（梁忠音）

【吉林省志书编纂进展】 年内，第二轮《吉林省志》规划60部分志，有35部分志出版，占总数的58.33%；14部分志通过终审，占总数的23.33%；8部分志通过复审，占总数的13.33%；3部分志处在编写阶段。吉林省市、县（市、区）规划的68部志书，出版62部，占总数的91.18%；通过终审待出版的5部，占总数的7.35%；正在编纂的1部，占总数的1.47%。年内，完成《检察志》《外事侨务志》《民航志》《中医药志》《大事记》5部省志分志出版，完成《大事记》《民航志》《中医药志》《共青团志》《医疗卫生志》《质量技术监督志》《旅游志》《教育志》《审判志》9部省志分志终审，完成《中医药志》《教育志》《国税志》《文化志》《人大志》《艺术志》《烟草志》《建设志》《民主党派工商联志》《国土资源志》10部省志分志复审。全年督促指导完成《人事志》《工业志》《经济综合志》3部分志初稿编写与总纂。（高岩　肖志刚）

【黑龙江省志书编纂进展】 年内，黑龙江省第二轮规划志书有省志95部，市（地）志13部，县（市、区）、局志143部。截至年底，省志志稿《人物志》《附录》2部完成资料收集，《总述》《大事记》《省委志》《组织志》《宣传志》《法制志》《党史志》《残联志》《审判志》《人事编制志》《劳动和社会保障志》《经济综述》《农业志》《水产志》《煤炭工业志》《电力志》《工业志（综合）》《信息产业志》《乡镇企业志》《铁路志》《航运志》《民航志》《城乡建设志》《商务志》《银行志》《税务志》《海关志》《教育志》《广播电视志》《医药志》《体育志》《报业志》《方志志》等33部完成编纂，《政府志》《粮食志》《供销合作社志》《公共图书馆志》4部完成初审，《统战志》《信访志》《人大志》《武警志》《外事侨务志》《对外经济贸易志》《统计志》《质量技术监督志》《证券志》《保险志》《检验检疫志》《卫生志》《艺术志》《文物志》《档案志》等15部完成复审，《工商联志》《文学志》2部完成终审，《地震志》《政策研究志》《党校志》《民主党派志》《工会志》《林业志》《邮政志》《环境保护志》《社科联志》《民政志》《人口与计划生育志》《民族志》《宗教志》等13部审后修改，《纪检监察志》1部移交出版，《土地志》《气象志》《地质矿产志》《司法行政志》《公安志》《军事志》《妇联志》《石油工业志》《畜牧志》《电信志》《烟草志》《旅游志》《农垦志》《财政志》《公路志》《审计志》《工商行政管理志》《物价志》《科学技术志》《政协志》《检察志》《共青团志》《测绘志》《出版志》《水利志》等25部出版。市（地）、县（市、区）、局志编纂19部，初审6部，复审2部，终审2部，审后修改19部，移交出版12部，出版96部。（徐萍　杜胜男）

【上海市志书编纂进展】 年内，上海第二轮地方志书启动15部，其中上海市志7部、市级专志7部、区县志书1部；评议11部，其中上海市志8部、市级专志2部、区县志书1部；审定7部，其中上海市志5部、市级专志2部；验收13部，其中上海市志10部、市级专志3部；出版15部，其中上海市志《共产党分志·党史研究卷（1978—2010）》《交通运输分志·城市公共交通卷（1978—2010）》《交通运输分志·海洋运输卷（1978—2010）》《交通运输分志·江河运输卷（1978—2010）》《工业分志·汽车业卷（1978—2010）》《交通运输分志·公路运输卷（1978—2010）》《工业分志·船舶工业卷（1978—2010）》《新闻出版分志·报业卷（1978—2010）》《信息化分志（1978—2010）》《综合经济管理分志·质量技术监督卷

(1978—2010)》《交通运输分志·航空运输卷(1978—2010)》等11部，市级专志《交通银行志》《中国石化上海石油化工股份有限公司志》《上海市社会主义学院志》3部，区县志书《闵行区志（1992—2011)》1部。

（王师师　陈畅）

【江苏省志书编纂进展】　年内，《江苏省志》60本分（专）志中，累计出版15本，交付出版10部，出版和待出版的占规划总数的42%。完成（提交）终审15部，终审以上完成率占规划总数的66.7%。尚有20部处于编纂过程的各个阶段。已出版《发展改革志》《人大志》《纪检·监察志》《审计志》《审判·检察志》《旅游·餐饮志》《农林志》《邮电志》《江苏建置志》《江苏吴文化志》《资源志》《教育志》《水利志》《环境志》《交通运输志》。已交付出版《央行 银行 证券·保险志》《民主党派·工商联志》《江苏江河湖泊志》《民政志》《人民团体志》《煤炭电力志》《著述志》《工商价格志》《政协志》《卫生志》。通过终审的有《政协志》《“公安·司法志”司法篇》《“煤炭·电力志”煤炭篇》《“出版·报业志”出版篇》《江苏民营经济志》《税务志》《机构编制志》《建材建筑志》《海洋渔业志》等。市级、县级志书方面，出版《徐州市志（1978—2005)》《连云港市志（1984—2005)》《赣榆县志（1990—2009)》《金湖县志（1986—2005)》等20部（含签字付印)，完成《宿迁市志（1983—2005)》等3部志书终审。截至年底，累计出版或交付出版市级、县级志书103部。南京、无锡、常州、苏州、南通、连云港、盐城、镇江、泰州9个设区市志书和县（市、区）志书已全部出版，其中《常州市志（1986—2010)》入选中国精品志书，乡镇村志方面，江苏省有60部镇村志入选首批江苏名镇名村志编修计划。完成无锡《祝陵村志》、南通《城东镇志》《泰宁村志》3部志书验收定稿工作，完成苏州《杨湾村志》、淮安《高沟镇志》、镇江《新坝镇志》等15部志书终审；泰州启动名镇名村志编纂，被列为泰州市委、市政府2018年重点目标任务；《周庄镇志》英文版正式出版，苏州市吴江区《开弦弓村志》作为首批中国名村志入选第八届“书香中国·北京阅读季”2018年第一季好书书目，并编纂英文版。苏州90%的乡镇完成镇志编纂，连云港、扬州等市全面开展乡镇志编纂，张家港市启动第三轮镇志试点，东台市14个镇、经济开发区志书编纂工作全部推开。专业志方面，《江苏援藏援疆建设志》形成初稿200万字；《中国淮扬菜志》确定并完善编纂大纲，初稿大部分成型；《江苏名酒志》包括《洋河酒志》《双沟酒志》《高沟酒志》和《汤沟酒志》4部，全面完成终审，进入出版阶段；《“6·23”特大龙卷风冰雹盐城抢险救灾暨灾后重建志》形成资料长编；《中国东海水晶志》完成终审。

（朱莉萍　张丽　武文明）

【浙江省志书编纂进展】　年内，《浙江通志》编纂工作按“三个一批”年度计划，完成初审30卷，复审31卷，终审18卷，出版7卷（累计出版11卷)，总体完成率67%。浙江省志办会同《浙江通志》编委会，通过开展培训研讨、行政督导和召开月度总编办公会议、全办月度学习会、制定各种规范制度等方式，加大业务指导、行政推动和质量提升等工作力度。截至年底，市级志书已出版7部，志稿初审3部，志稿编纂1部，完成率64.64%；县级志书已出版54部，移交出版社3部，志稿终审3部，志稿复审2部，志稿初审7部，志稿编纂18部，完成率62.07%。　（浙江省志办）

【安徽省志书编纂进展】　年内，《安徽省志》87部分志已出版61部，5部进入出版印刷阶段，10部已会审正在修改中，6部已送出版社审稿，4部已报送审稿，1部完成初稿。

（史五一）

【福建省志书编纂进展】　年内，福建省第二轮志书编纂工作有序推进，累计公开出版省级志书31部、地市级志书4部、县区级志书44

部。（欧长生　吴朝庭）

【江西省志书编纂进展】　年内，江西省第二轮省志102部分志中，42部完成初审，其中23部完成复审；58部完成初稿编纂，准备初审。7月17日，省政府召开第二轮《江西省志》编纂工作推进会。市县两级志书编纂方面，11部市级志书已出版9部，《赣州市志》入选中国精品志书，交付出版；《景德镇市志》完成复审，正在修改。县级志书97部已公开出版，其余3部中，《德安县志》正在印刷，《铅山县志》正在修改，《乐安县志》正接近完成初稿。

（朱岳）

【山东省志书编纂进展】　年内，山东省完成终审和出版省志分志17部。截至年底，74部省志分志全部完成终审，除2部正接受国家新闻出版机构重大选题审查外，其余72部全部出版，提前两年完成修志任务。根据中指组关于全国省级志书编纂进度的统计，山东省成为全国第三个全面完成第二轮省志编纂任务的省份。全年评审市志3部2册，县级志书22部。至9月底，市县两级志书全部完成评审任务。至年底，规划的17部市志、137部县级志书全部出版。（孙杰　王赟）

【河南省志书编纂进展】　年内，河南省168部第二轮市县综合志书全部审定，其中出版157部、未出版11部（正在印刷的6部、修改的5部）。《河南省志（1978—2000）》15卷49篇134部分志交付出版社14卷48篇133部分志，《河南省志·人物篇》完成全部志稿。9月，新乡市地方史志局将《平原省志（送审稿）》第三稿报送省史志办。至此，《平原省志》志稿编纂工作进入副主编、主编审定阶段。6月，河南省乡镇志编纂工作推进会暨《回车镇志》评审会召开。乡镇志书方面，全省2428个乡镇街道中，已经有300余家完成初稿，公开出版乡镇村志、街道社区志29部。

（汪朝霞）

【湖北省志书编纂进展】　年内，《湖北省志》进入出版前准备阶段，13部市（州）志和101部县（市、区）志均已出版。全省各级地方志工作机构均启动乡镇村志编纂工作，已出版46部。第三批中国名镇志共28部，湖北省入选6部。（湖北省文旅厅地方志工作处）

【湖南省志书编纂进展】　年内，湖南省计划编纂出版的66部省志，累计出版49部。评议《湖南省志（1978—2002）·政协志》《湖南省志（1978—2002）·有色金属工业志》稿，终审验收、出版《湖南省志（1978—2002）·妇女团体志》。14部市（州）综合志累计出版7部，终审验收2部；规划编修的121部县级综合志书累计出版98部，验收6部，评审6部，出版、验收、评审计110部。乡镇志方面，出版邵阳县《寨市镇志》、张家界市永定区《王家坪镇志》2部名镇志和《马头溪村志》1部名村志；验收醴陵市《浦口镇志》、岳阳县《张谷英镇志》，启动12部乡镇志编修工作，包括湘西土家族苗族自治州《里耶镇志》《边城镇志》《十八洞村志》等9部名镇名村志、桂阳县《阳山村志》、双峰县《荷叶镇志》、临湘市《聂市镇志》，其中部分篇目经中指办专家审定后，进入正式编纂阶段。出版《湖南乡镇简志·郴州市卷》《湖南乡镇简志·常德市卷》《湖南乡镇简志·衡阳市卷》，评审《湖南乡镇简志·长沙市卷》《湖南乡镇简志·株洲市卷》《湖南乡镇简志·邵阳市卷》《湖南乡镇简志·益阳市卷》等4部；终审《湖南乡镇简志·湘潭市卷》1部。《湖南乡镇简志》14部市（州）分卷出版5部，终审1部，评审4部，出版、终审、评审共计10部。先后审定浏阳市《淮川街道朝阳社区梅花小区志》《淮川街道西正社区志》篇目，并启动编修。特色志方面，出版《舜帝陵志》1部，终审验收《炎帝陵志》稿，完成《老司城志》《岳麓山志》评议稿，审定《韶山灌区志》篇目，审读《韶山灌区志》试写稿。

（湖南省地方志编委会）

【广东省志书编纂进展】 年内，广东省出版和申报中国名镇志、中国名村志文化工程志书25部；东莞市拍摄《新时代·东莞影像志》《东莞故事·东莞影像志》等名镇名村系列各10篇；广州市、湛江市推动部门志、行业志编修；深圳、珠海、肇庆、云浮等地发动指导多个镇村（街道）、部门、行业开展志书编修。出版广东名镇志1部、名村志2部。完成20多部乡镇、村志上报工作，包括广州《光塔街道志》《黄花岗街道志》，阳江《沙扒镇志》，韶关《九峰镇志》（审查没有通过）、汕尾《赤石镇志》（审查没有通过），深圳《坪山镇志》《盐田街道志》《公明街道志》；深圳《鹏城社区（村）、楼村村志》《秀新村村志》《龙田村村志》《六和村村志》《坪环村村志》《沙栏吓村村志》，东莞《塘尾村村志》《南社村志》，珠海《北山村村志》。完成对东莞《塘尾村村志》（先后三次）、珠海《北山村村志》终审稿的组织审查验收。完成名镇名村志宣传片拍摄组织工作，《北京街志》完成宣传片拍摄。年内，广东省还启动第三轮修志试点工作，在调研、摸排的基础上，全省确认25个试点单位，其中省直2家、地级市2个、县（市、区）10个、乡镇7个、村3个、名山1个。试点单位具有较广泛的代表性，既包括省直、市、县、乡镇、村庄，也包括机关、企业、协会、山川、名人等部门志、专业志、人物志。各地各单位在理论、资料、队伍等方面积极试点，有序推进，其中佛冈、广州、湛江、黄埔、顺德、仁化等地进展顺利。地方志资料年报为第三轮修志提供资料支撑得到检验。

（广东省志办）

【广西壮族自治区志书编纂进展】 年内，《广西通志》各分志累计出版31部，占编纂计划总数的48.44%；完成审查验收待出版13部，占编纂计划总数的20.31%；完成评稿待审查验收19部，占编纂计划总数的20.31%。第二轮市县志出版54部，通过审查验收待出版26部，评稿后待审查验收38部，未评稿3部。

（苏麟忠　符松柏）

【海南省志书编纂进展】 年内，海南省省级志书进入编审的有《旅游志》《人事劳动志》《报业志》《测绘志》《文化志》《工青妇志》《渔业志》《安全生产监督志》《国土资源志》《气象志》《地震志》《民政志》《外事侨务志》《民族·民俗·宗教志》《经济管理志》《商务志》《粮食志》《林业志》《教育志》《科学技术志》《琼剧志》《体育志》《广播电视志》《卫生志》《工业志》《交通志》《物价志》《邮政通信志》《人大志》《政协志》《城乡建设志》《检察志》《公安志》《司法行政志》《地名志》《人口与人民生活志》《工商管理志》《农业志》《税务志》《金融志》《社会科学志》《政府志》《军事志》《监察志》《海关志》《统计管理志》《洋浦开发区志》《审计志》48部。市级志书进入编审的有《海口市志》《三亚市志》《儋州市志》《三沙市志》4部。县级志进入编审的有《海口市秀英区志》《海口市龙华区志》《海口市琼山区志》《海口市美兰区志》《琼海市志》《文昌市志》《万宁市志》《东方市志》《五指山市志》《乐东黎族自治县志》《澄迈县志》《临高县志》《定安县志》《屯昌县志》《陵水黎族自治县志》《昌江黎族自治县志》《保亭黎族苗族自治县志》《琼中黎族苗族自治县志》《白沙黎族自治县志》19部。乡镇志进入编审的有《崖城镇志》《博鳌镇志》《老城镇志》3部。

（郑昕）

【重庆市志书编纂进展】 年内，重庆市第二轮省级志书《政府志》《中国共产党志·统战工作卷》2部完成初稿撰写；《商贸志》《文物志》《出版志》《残疾人事业志》《中国共产党地方组织志·政法工作卷》5部进入评审验收；九三学社重庆地方《组织志》《总述》《建置沿革》3部移交出版；《重庆三峡移民志·库区建设与发展》《政协志》《煤炭工业志》《科学技术志》《法院志》《中国民主进步促进会重庆地方组织志》6部公开出版。区县综合志书方面，《重庆市涪陵区志（1986—2007）》《重庆市沙坪坝区志（1986—2015）》《潼南县志（1986—2005）》3部完成初稿撰写；《重庆市双桥区志（2003—2011）》《重庆市巴南区志（1995—2011）》《璧山县志（2006—2014）》《重庆市万盛区志（1986—2011）》《彭水苗族土家族自治县志（1986—2005）》《江津市志（1993—2006）》6部进入评审验收；重庆市《合川区志（1986—2010）》《重庆市万盛区志（1986—2011）》《彭水苗族土家族自治县志（1986—2005）》3部移交出版；《大足县志（1986—2011）》《荣昌县志（1986—2005）》《永川市志·政治卷》《永川市志·经济卷》《永川市志·文化卷》《秀山县志（1912—1949）》《酉阳土家族苗族自治县志（1986—2005）》《重庆市大渡口区志（1989—2008）》《重庆市北碚区志（1986—2005）》7部9卷公开出版。（杨祖静　陈欣如）

【四川省志书编纂进展】 年内，四川省规划的《四川省志（1986—2005）》93个分卷已终审验收79个分卷，其中50个分卷出版，21个分卷进入出版程序，8个分卷在进行终审后修改，14个分卷未终审。5月，《汶川特大地震四川抗震救灾志》出版。《“4·20”芦山强烈地震大事辑要》《“4·20”芦山强烈地震文献辑存》完成资料补充与排版协调，进行印刷制作。《四川省“8·8”九寨沟地震抗震救灾大事辑要》《四川省“8·8”九寨沟地震抗震救灾文献辑存》完成定稿和招投标工作，送交出版社排版。（陈静妮）

【贵州省志书编纂进展】 年内，贵州省第二轮省级志书规划64部，公开出版33部，占规划数的51.56%；完成终审15部，完成复审12部，正在编纂4部。公开出版的有《环境保护志》《气象·地震志》《人口与计划生育志》《政协志》《检察志》《司法行政志》《人力资源和社会保障志》《人防战备志》《质量技术监督志》《审计志》《税务志》《金融志》《农业志》《扶贫开发志》《能源志》《海关·检验检疫志》《城乡建设志》《公路 水路志》《铁路志》《邮政志》《教育志》《卫生志》《体育志》《文学艺术志》《档案史志志》《烟草志》《国土资源志》《社会科学志》《公安志》《民政志》《发展改革志》《财政志》《商业志》；《中国共产党贵州省地方组织志》《民主党派·社团贵州省地方组织志》《报业志》《文化志》《食品药品监督志》《人民代表大会志》《民族宗教志》《军事志》《工商·统计志》《物价志》《林业志》《水利志》《科学技术志》《通信志》《酒业志》15部通过终审，正在最后修改；《名乡名镇志》《文化遗产志》《法院志》《大事记·总述志》《民营经济志》《工业志（上）》《供销·粮食·盐业志》《新闻出版志》《广播电视志》《旅游志》《茶业志》《地名志》12部通过复审。《政府志》《人物志》《工业志（下）》《民用航空志》4部正在编纂。市县级志书规划88部，公开出版市（地）级志书3部、县级志书58部；正在编纂市（地）级志书6部、县级志书30部，其中通过验收待出版市（地）级志书5部、县级志书13部。《重安镇志》通过省级终审，并报送中国名镇志文化工程办公室。特色志《铜仁市万山区转型发展志（2007—2017）》完成并通过省级终审，待出版。（贵州省志办）

【云南省志书编纂进展】 年内，《云南省志》卷三《气象志》、卷五《环境保护志》、卷十《人事志》、卷十一《劳动和社会保障志》、卷十三《侨务志》、卷十五《出入境检验检疫志》、卷二十一《政府志》、卷二十三《公安志》、卷二十四《审判志》、卷二十八《审计志》、卷三十七《体育志》、卷四十九《畜牧业志》、卷五十二《烟草志》、卷五十三《电力工业志》、卷六十六《财税志》15卷分志出版，市级志书出版3部，县级志书出版14部。（郑灵琳）

【西藏自治区志书编纂进展】 年内，《西藏自治区志·劳动和社会保障志》《西藏自治区志·政区建置志》《康马县志》《尼木县志》《仲巴县志》《察隅县志》共6部志书出版。完成41部志书审查验收相关工作，其中《左贡县志》《丁青县志》通过验收，《西藏自治区志·商业志》《西藏自治区志·审判志（2001—2010年）》《西藏自治区志·政协志（2001—2015年）》等7部志书通过终审，《西藏自治区志·体育志（2001—2010年）》《西藏自治区志·审计志（2001—2010年）》《西藏自治区志·测绘志（2001—2010年）》《昌都地区志（2001—2010年）》等15部志书通过复审，《西藏自治区志·政务志（2001—2010年）》《加查县志（2001—2010年）》等17部志书通过初审。（邹廷波）

【陕西省志书编纂进展】 年内，陕西省完成省志终审9分册、市县（区）志终审13部，完成省志审验14分册、市县（区）志审验13部。全省规划的省志72分册，累计通过终审49分册，其中出版29分册，进入出版环节13分册，通过终审待审验7分册；规划市（区）志11部，累计通过终审3部，其中出版2部，通过终审待审验1部；规划县（区）志106部，累计通过终审72部，其中出版46部、进入出版环节12部、通过终审待审验14部。

（韩云鸽）

【甘肃省志书编纂进展】 年内，甘肃省完成省志编纂17部，是年初计划任务11部的155%，其中复审31部、终审29部。截至年底，全省累计编就省志分卷64部，占规划任务的89%；终审55部，占规划任务的76%，出版54部，占规划任务的75%。规划的市（州）志全部完成编纂，占规划任务14部的100%；终审11部，占规划任务的78.6%。规划的86部县（市、区）志，完成编纂或形成初稿82部，占规划任务的95%，其中通过终审70部，占规划任务的81.4%。年内，甘肃省出版县（市、区）志12部：《康县志》《清水县志》《迭部县志》《民乐县志》《凉州区志》《西峰区志》《安定区志》《庄浪县志》《华亭县志》《庆城县志》《安宁区志》《秦州区志》。（甘肃省史志办）

【青海省志书编纂进展】 年内，青海省出版志书12部，验收志书7部，终审志书8部，复审志书7部，初审志书9部。（马渊）

【宁夏回族自治区志书编纂进展】 年内，宁夏回族自治区志办积极推动银川市兴庆区、金凤区、吴忠市、吴忠市利通区、青铜峡市、同心县、中卫市、中卫市沙坡头区8个没有完成第二轮志书的市、县（区）志书编纂工作，包括指导启动《中卫市志》编修；邀请自治区专家学者组成编写小组，协助《青铜峡市志》《利通区志》开展编修工作；协调《沙坡头区志》以购买社会服务形式做好区志编修启动工作；督促已启动编修的《吴忠市志》《同心县志》《兴庆区志》《金凤区志》《利通区志》按计划实施编纂工作。《银川市志（1979—2005）》《大武口区志（1993—2014）》即将出版。

（张明鹏）

【新疆维吾尔自治区志书编纂进展】 年内，《新疆通志（1986—2005）》完成编纂工作送交出版社。自治区志《食药志》《农业志》《法院志》《农村信用社志》《银行业志》通过终审并送交出版；《文化志》《科技志》通过复审；《残疾人事业志》《农机志》通过初审；《水利志》《审计志》《综合经济志》《地税志》《监狱志》《海关志》完成初稿。完成《沙湾县志》《乌尔禾区志》《拜城县志》等3部志书初审、复审；完成《博乐市志》《轮台县志》《库尔勒市志》《尉犁县志》《奇台县志》《吉木萨尔县志》《阿合奇县志》《克拉玛依市志》《巩留县志》《和静县志》10部志书终审。全年审定《阿勒泰地区志》《呼图壁县志》《巴音郭楞州志》《且末县志》《和硕县志》《温泉县志》《精河县志》《霍尔果斯市志》《新和县志》《柯坪县志》等11部志书篇目。（陈忠）

【新疆生产建设兵团志书编纂进展】 年内，新疆生产建设兵团纳入全国“两全目标”任务的第二轮志书20部，包括省级5部、市级14部（14个师市各1部）、县级1部（图木舒克市1部）。截至年底，出版志书5部，其中省级志书出版 4 部。14 部市级志书中，《农三师图木舒克市志》《第四师可克达拉市志》《第十二师志》等 3 部进入资料搜集阶段，《第二师铁门关市志》《第五师双河市志》《第六师五家渠市志》《第七师志》《农八师石河子市志》《第九师志》《第十三师志》《第十四师志》等进入初稿撰写阶段，《农一师阿拉尔市志》进入终审程序，《建工师志》进入出版环节，《图木舒克市志》已公开出版。年内，完成新疆地方志编委会组织编纂的《新疆通志·兵团志》审查上报工作，《十三团志》《三十一团志》《二十二团志》出版，《十一团志》《十二团志》《奎东农场志》进入出版程序。

（王兴鹏）

【全国铁路系统志书编纂进展】　年内，中国铁路总公司下属的哈尔滨、沈阳、西安、北京、太原、上海、南昌、广州、南宁、成都、昆明、兰州局集团有限公司及青藏集团有限公司 13 个单位续修省（区）志中的铁路志（铁路篇）或单位志。年内，正式出版发行的有《沈阳铁路局志（1996—2015）》，编纂启动《上海铁路局志（1996—2017）》，完成《广铁集团志（1993—2015）》初稿编纂，《南宁铁路局志（1993—2017）》完成部分初稿。年内，《中国铁路志·建设志（三）线路》《中国铁路志·附录》审核会召开。完成《中国铁路志·附录》中古汉语资料的收集、整理、勘误、编辑工作；完成《中国铁路志·总述·大事记》中总述部分 2011—2015 年的续修撰写和大事记部分的续修及政治审核；完成《中国铁路志·工业·多元经营志》的彩页照片收集与编辑及多元经营部分内容的梳理修改；完成《中国铁路志·建设志（二）桥梁隧道》由按区域改为按线路编写的修改任务、《中国铁路志·建设志（一）线路》《中国铁路志·建设志（四）车站枢纽》《中国铁路志·运输志（上）》《中国铁路志·运输志（下）》修改编辑和校对任务。对全书开展一轮编辑校对工作，除《中国铁路志·总述·大事记》外，其他 14 卷的编辑校对工作均完成。　（姚岳山）

·省级志书出版

【《北京志·海关志（2000—2010）》出版】
1 月，北京海关编纂的《北京志·海关志（2000—2010）》由北京出版社出版。该志反映 2000 年至 2010 年北京地区进出境物品、贸易货物及运输工具、加工贸易海关监管和关税征管、海关稽查、海关缉私、海关统计、海关行政管理等领域的历史发展。全书 42 万字。

（姜坤）

【《北京志·国家税务志（1994—2010）》出版】　1 月，北京市国家税务局（现北京市税务局）编纂的《北京志·国家税务志（1994—2010）》由北京出版社出版。该志反映 1994 年至 2010 年北京市行政区域内实施国家税收征收管理工作的发展演变。全书 44.6 万字。

（姜坤）

【《北京志·地方税务志（1994—2010）》出版】　1 月，北京市地方税务局（现北京市税务局）编纂的《北京志·地方税务志（1994—2010）》由北京出版社出版。该志反映 1994 年至 2010 年市地方税收征收工作的发展演变，记述税收收入及收入管理、税收制度、税收管理、纳税服务、税收信息化和行政管理等内容。全书 44 万字。　（姜坤）

【《北京志·气象志（1996—2010）》出版】
1 月，北京市气象局编纂的《北京志·气象志（1996—2010）》由北京出版社出版。该志从气候、气象业务、气象服务、气象科技、气象事业管理等方面记述 1996 年至 2010 年的 15 年间北京气象特征及气象事业的突出成就。全书 61 万字。　（姜坤）

【《北京志·电信志（1991—2010）》出版】
4 月，北京市通信管理局编纂的《北京志·电信志（1991—2010）》由北京出版社出版。该志从电信业务、电信建设、电信管理等方面记

述1991年至2010年的20年间北京电信业的发展与变革。全书61万字。 （姜坤）

【《北京志·人力资源和社会保障志（1995—2010）》出版】 5月，北京市人力资源和社会保障局编纂的《北京志·人力资源和社会保障志（1995—2010）》由北京出版社出版。该志记述1995年至2010年北京市就业、职业技能培育与技能鉴定、人力资源流动、专业技术人员管理、公务员管理、转业军官安置、薪酬福利、养老保障、医疗保障、事业保险、剩余保险、工伤保险、社会保险基金管理监督与劳动鉴定、权益保障等内容。全书105万字。

（姜坤）

【《北京志·云居寺志》】 5月，北京市房山区政府编纂的《北京志·云居寺志》由北京出版社出版。该志从寺院、石经、碑刻与艺文、文物保管与利用等方面记述云居寺建寺和云居寺石经镌刻之始至2010年的发展变化过程。全书48万字。 （姜坤）

【《北京志·检验检疫志（2001—2010）》出版】 6月，北京出入境检验检疫局编纂的《北京志·检验检疫志（2001—2010）》由北京出版社出版。该志集中展现中国加入世界贸易组织以来，北京地区进出口商品检验、进出境动植物检疫、出入境卫生检疫以及检验检疫综合管理工作的历史与发展情况。全书39.9万字。 （姜坤）

【《天津市志·高新区志》出版】 5月，天津市志办和中共天津滨海高新技术产业开发区工作委员会、天津滨海高新技术产业开发区管理委员会编纂的《天津市志·高新区志》由天津社会科学院出版社出版。该志记述1988年至2015年天津高新区政治、经济、科技、社会、文化等方面的变化和发展。全书130万字。

（宋铭月）

【《天津市志·工会志》出版】 11月，天津市志办和市总工会编纂的《天津市志·工会志》由天津社会科学院出版社出版。该志记述1866年至2008年天津工人运动与工会事业发展的历史与现状。全书186万字。 （宋铭月）

【《河北省志·国土资源志（1979—2005）》出版】 11月，河北省地方志编委会编纂的《河北省志·国土资源志（1979—2005）》由河北人民出版社出版。该志记述1979年至2005年河北省国土资源（土地、地质矿产、海洋）管理、使用制度改革、法制建设、执法监察、非税收入、科技教育、管理体制等方面的发展和现状。全书123.2万字。 （刘天骄）

【《河北省志·水利志（1979—2005）》出版】 11月，河北省地方志编委会编纂的《河北省志·水利志（1979—2005）》由河北人民出版社出版。该志记述1979年至2005年河北省水文情况、水利机构队伍发展变化情况。全书73.6万字。 （刘天骄）

【《河北省志·信访志（1979—2005）》出版】 11月，河北省地方志编委会编纂的《河北省志·信访志（1979—2005）》由河北人民出版社出版。该志上限为1979年10月，下限为2005年12月31日，记述河北省人民信访26年不同时期的发展及特点。全书74.9万字。

（刘天骄）

【《河北省志·国有企业改革志（1979—2005）》出版】 11月，河北省地方志编委会编纂的《河北省志·国有企业改革志（1979—2005）》由河北人民出版社出版。该志反映河北省贯彻落实国有企业改革的一系列战略部署，附录收录习近平同志1985年4月6日在正定县首季开门红表彰大会上讲话《抓好以增强企业活力为中心的综合改革》（节选）。全书84.6万字。 （刘天骄）

【《河北省志·林业志（1979—2005）》出版】 年内，河北省地方志编委会编纂的《河北省志·林业志（1979—2005）》由河北人民出版社出版。该志记述河北省林业改革，体现林业管理的变化。全书80万字。（刘天骄）

【《山西省志·粮食志》出版】 9月，山西省委党史研究院、省地方志研究院编纂的《山西省志·粮食志》由中华书局出版。该志上限1978年1月1日，下限2011年12月31日，反映山西省境内粮食收购、销售、储备、调运、加工、转化等粮食流通的全过程及各个方面的工作。全书135.1万字。（武岭）

【《山西省志·出版志》出版】 11月，山西省委党史研究院、省地方志研究院编纂的《山西省志·出版志》由中华书局出版。该志记载1978年1月至2010年12月山西省新闻出版业发展的历史与现状。全书82万字。（武岭）

【《山西省志·教育志》出版】 11月，山西省委党史研究院、省地方志研究院编纂的《山西省志·教育志》由中华书局出版。该志反映1978年到2006年山西教育发展历程以及取得的成就。全书115.2万字。（武岭）

【《山西省志·民俗志》出版】 11月，山西省委党史研究院、省地方志研究院编纂的《山西省志·民俗志》由中华书局出版。该志上限不设统一时限，下限至21世纪初，反映山西民俗文化的历史渊源与基本面貌。全书91万字。（武岭）

【《山西省志·中小（民营）企业志》出版】 11月，山西省委党史研究院、省地方志研究院编纂的《山西省志·中小（民营）企业志》由中华书局出版。该志上限为1978年，下限至2012年，记述山西中小（民营）企业发展的历史与现状。全书115.8万字。（武岭）

【《山西省志·统计调查志》出版】 12月，山西省委党史研究院、省地方志研究院编纂的《山西省志·统计调查志》由中华书局出版。该志上限为1983年，下限为2011年，记述山西省统计事业的历史与现状。全书90.4万字。（武岭）

【《山西省志·国家税务志》出版】 12月，山西省委党史研究院、省地方志研究院编纂的《山西省志·国家税务志》由中华书局出版。该志记述1978年至2015年12月以来山西省税收事业的改革与发展历程。全书152.4万字。（武岭）

【《山西省志·轻工业志》出版】 12月，山西省委党史研究院、省地方志研究院编纂的《山西省志·轻工业志》由中华书局出版。该志上限为1978年，下限为2009年，记述山西轻工业的历史和现状，是记录山西轻工业发展的文献资料。全书89.6万字。（武岭）

【《山西省志·中共山西省委志》出版】 12月，山西省纪检委机关、省委办公厅、省委组织部、省委宣传部、省委统战部等16个部委厅局编纂的《山西省志·中共山西省委志》由中华书局出版。该志上限为1978年，下限为2010年12月，记述中共十一届三中全会以后山西省委组织机构、重大决策及活动、重要会议，省顾问委员会、省纪律检查委员会、省委工作部门、省委部门直管机构及省委直属事业单位工作情况。全书218.9万字。（武岭）

【《山西省志·政治协商会议志》出版】 12月，山西省委党史研究院、省地方志研究院编纂的《山西省志·政治协商会议志》由中华书局出版。该志上限起自1977年12月政协第四届山西省委员会第一次会议，下限至2013年1月政协第十届山西省委员会届满，记述山西省政协近37年的发展历程。全书143.4万字。（武岭）

【《吉林省志（1986—2000）·检察志》出版】 7月，吉林省地方志编委会编纂、省人民检察院承编的《吉林省志（1986—2000）·检察志》由吉林文史出版社出版。该志分13章，另设概述及附录，记述1986年至2000年吉林省人民检察事业发展历程、改革发展情况以及取得的成就。特别是记述全省检察机关15年间在最高人民检察院、中共吉林省委领导下，坚定不移地贯彻执行党的路线、方针、政策，紧紧围绕党和国家的中心工作，认真履行法律监督职能，积极开展各项检察业务工作，促进公正司法，保障国家法律正确统一实施的总体情况。全书58.4万字。（高岩）

【《吉林省志（1986—2000）·中医药志》出版】 9月，吉林省地方志编委会编纂、省中医药管理局承编的《吉林省志（1986—2000）·中医药志》由吉林文史出版社出版。该志分5篇，另设概述及附录，记述1986年至2000年吉林省中医药事业发展情况以及取得的成就。记述吉林省中医药事业由小到大、由弱到强，特别是改革开放、国家振兴东北老工业基地战略实施以来，吉林省大力推进中医药事业发展，中药产业成为吉林省经济发展的支柱产业，为保障人民群众健康，推动地方经济增长发挥重要作用的总体情况。全书49万字。（高岩）

【《吉林省志（1986—2000）·民航志》出版】 10月，吉林省地方志编委会编纂、省民航机场集团公司承编的《吉林省志（1986—2000）·民航志》由吉林文史出版社出版。该志分12章，另设概述及附录，记述1986年至2000年吉林省民航事业发展历程、改革发展情况以及取得的成就，记述吉林省民航系统15年间不断深化改革，实行政企分开，加快机场建设，大力发展航线网络，更新引进先进机型，不断提升服务质量等方面的内容。全书40万字。（高岩）

【《吉林省志（1986—2000）·大事记》出版】 11月，吉林省地方志编委会编纂的《吉林省志（1986—2000）·大事记》由吉林文史出版社出版。该志全面、系统、客观反映1986年至2000年吉林省发展历史，注重突出改革开放，记述全省经济和社会各行各业所发生的重大变化，注重记载与人民群众生活息息相关的大事要事。全书40万字。（高岩）

【《黑龙江省志·共青团志（1986—2005）》出版】 3月，黑龙江省地方志编委会编纂、共青团黑龙江省委员会承编的《黑龙江省志·共青团志（1986—2005）》由黑龙江人民出版社出版。该志分8篇27章96节，图（照）片36幅，根据共青团工作的性质，大量采用《中国青年报》《黑龙江日报》《哈尔滨日报》及黑龙江省下辖市（地）新闻媒体等提供或刊发的信息，以及全省团的各级组织提供的资料。全书58万字。（徐萍　杜胜男）

【《黑龙江省志·测绘志（1986—2005）》出版】 3月，黑龙江省地方志编委会编纂、省测绘局承编的《黑龙江省志·测绘志（1986—2005）》由黑龙江人民出版社出版。该志分9篇37章120节，坚持实事求是，尊重事实，客观反映历史，突出测绘行业特色，真实反映黑龙江省测绘行业改革和发展的历程。全书67万字。（徐萍　杜胜男）

【《黑龙江省志·政协志（1986—2005）》出版】 6月，黑龙江省地方志编委会编纂、中国人民政治协商会议黑龙江省委员会承编的《黑龙江省志·政协志（1986—2005）》由黑龙江人民出版社出版。该志分5篇35章125节，照片200余幅，依据国家、省有关规定编纂，全面、客观、系统地反映1986年至2005年黑龙江省政协工作的发展变化。全书96万字。（徐萍　杜胜男）

【《黑龙江省志·出版志（1986—2005）》出版】 10月，黑龙江省地方志编委会编纂、省广播电视和新闻出版局承编的《黑龙江省志·出版志（1986—2005）》由黑龙江人民出版社出版。该志分6篇24章83节，全面、客观、系统反映1986年至2005年黑龙江省新闻出版事业的发展变化。全书 59 万字。

(徐萍　杜胜男)

【《江苏省志丛书(1978—2008)·央行志》出版】 3 月，中国人民银行南京分行编纂的《江苏省志丛书(1978—2008)·央行志》由江苏人民出版社出版。该志从机构、货币政策、金融监管、金融稳定、金融调查统计与研究、金融服务、外汇管理、内部管理等方面记述中国人民银行江苏省分行及 1998 年成立的中国人民银行南京分行改革开放 30 年来在贯彻落实党中央、国务院以及中国人民银行总行关于金融工作的方针政策、推进金融业改革开放、加强金融宏观调控、维护金融稳定、提升金融服务水平，促进江苏经济持续健康发展和社会稳定所做的工作情况。全书 36 万字。(朱莉萍)

【《江苏省志丛书(1978—2008)·银行志》出版】 3 月，中国人民银行南京分行和江苏省银监局编纂的《江苏省志丛书(1978—2008)·银行志》由江苏人民出版社出版。该志从银行业机构、银行业监管、存款业务、贷款业务、中间业务、国际业务、非银行金融机构业务、内部控制与行业自律、银行科技与教育培训等方面记述江苏银行业在改革开放 30 年中的发展历程。全书 55 万字。(朱莉萍)

【《江苏省志丛书(1978—2008)·测绘志》出版】 9 月，江苏省测绘局编纂的《江苏省志丛书(1978—2008)·测绘志》由江苏人民出版社出版。该志从测绘单位，国家、省基础测绘，市、县基础测绘，资源勘查测量，工程建设测量，地图编制，测绘科技、教育、仪器制造，测绘管理等方面记述江苏测绘地理信息专业发展情况，记录江苏测绘服务于社会生产生活的工作情况。全志 62 万字。(朱莉萍)

【《浙江通志·海关志》出版】 9 月，杭州海关、甬江海关编纂的《浙江通志·海关志》由浙江人民出版社出版。该志分 11 章，记述自北宋端拱二年(989)浙江设置两浙路市舶司及以后浙江地域设关情况变迁和历史渊源，对于有些历史史实不仅编修，还略带考证，作了尝试性的探索。按照详今略古的编纂原则，着重对中国改革开放及加入世界贸易组织以后，即 1979 年至 2010 年的 32 年间，海关的货运监管、稽查缉私、税收征管、海关统计等传统监管职能及维护贸易安全与便利、知识产权边境保护等非传统监管职能，进行了较为详尽的叙述，试图总结和概括不同历史时期(时段)浙江省主要的杭州和宁波两个海关"治关、治业"的过程与经验。全书 73.2 万字。

(浙江省志办)

【《浙江通志·哲学社会科学志》出版】 9 月，浙江省社会科学院承编，省教育厅、省社科联、浙江大学、省委党校参编的《浙江通志·哲学社会科学志》由浙江人民出版社出版。该志分 16 章，在原《浙江省哲学社会科学志》(1999 年版)的基础上，全面梳理和反映距今百万年远古文化遗迹和自上古三代以降至 1840 年的浙江人文科学与社会科学成就，以及 1989 年之后与时代同行、发展的哲学社会科学光辉历程。全书 117.2 万字。(浙江省志办)

【《浙江通志·医疗卫生志》出版】 9 月，浙江省卫生厅编纂的《浙江通志·医疗卫生志》由浙江人民出版社出版。该志分 11 章，在全面系统梳理全省医疗卫生事业发展的基础上，注重中医、西医、中西医结合学科边界，突出政府引导规范医疗卫生市场、提供公共产品与服务、确保广大居民的基本医疗等方面的作用，突出记载浙江特色的医疗卫生事业发展史实。全书 99.8 万字。(浙江省志办)

【《浙江通志·乡镇企业专志》出版】 12 月，浙江省经信委(省中小企业局)、浙江工业大学中国中小企业研究院编纂的《浙江通志·乡镇企业专志》由浙江人民出版社出版。该志分 12 章，记述中华人民共和国成立至 2009 年浙江乡镇企业的发展历史，既尊重《浙江乡镇企业志》已有成果，又站在《浙江通志》的全局，重新谋篇布局，明确定位，省略与其他卷目重复交叉内容。全书74.6万字。

（浙江省志办）

【《浙江通志·财政志》出版】 12月，浙江省财政厅编纂的《浙江通志·财政志》由浙江人民出版社出版。该志分6章，上溯浙江财政的发端，下至2010年，涵盖浙江财政收入、支出、体制、管理、教育与科研、机构与人员及重要政策文件等内容，客观、真实反映浙江财政各个历史阶段的发展历程，特别是1978年改革开放后，浙江财政实施分税制财政体制改革，构建公共财政体制框架的实践。全书86.8万字。 （浙江省志办）

【《浙江通志·蚕桑丝绸志》出版】 12月，浙江凯喜雅集团承编，省农业厅、省经信委参编的《浙江通志·蚕桑丝绸志》由浙江人民出版社出版。该志分13章，着重反映浙江丝绸产业链完整、农工商贸发达、科技文化底蕴深厚的特点，注重涵盖丝绸历史发展全貌，更突出明古详今的要求，充分体现浙江蚕桑丝绸业发展的地方特色和时代特征。全书67.6万字。

（浙江省志办）

【《浙江通志·公安志》出版】 12月，浙江省公安厅编纂的《浙江通志·公安志》由浙江人民出版社出版。该志分20章，上限1903年，下限2010年，记录清末与民国时期的警察制度，重点反映浙江解放60余年内人民公安工作的奋斗历程，全面总结全省人民公安机关长期积累的宝贵经验，以及在新的历史起点上进一步推动浙江公安工作科学发展作出的重要贡献。全书103.4万字。 （浙江省志办）

【《福建省志·水利志（1991—2005）》出版】 8月，福建省地方志编委会组织编纂、省水利厅承编的《福建省志·水利志（1991—2005）》由鹭江出版社出版。该志分为水资源、水利规划与勘测设计、水利水电工程、农村水利水电专项工作、防汛抗旱、水土保持、水利法制建设、水利科技与对外交流、综合管理、机构队伍等10章，系统反映“八五”至“十五”期间，福建省水利事业坚持兴利除害结合、开源节流并重、防汛抗旱并举，对主要江河进行综合治理与全面开发，突出防灾减灾、服务农业和地方电力重点，同步发展水利基础设施和基础产业，以信息化带动水利现代化的发展历程。全书101万字。 （欧长生 吴朝庭）

【《山东省志·电信志（1996—2005）》出版】 5月，山东省通信管理局编纂的《山东省志·电信志（1996—2005）》由山东人民出版社出版。该志全面客观反映1996年至2005年山东电信行业的发展历程，记述组织机构、行业监管、电信业务、网络建设、企业管理、经营与服务等内容。全书36万字。 （孙杰 王赟）

【《山东省志·社会科学志（1996—2005）》出版】 6月，山东省社会科学规划办公室编纂的《山东省志·社会科学志（1996—2005）》由山东人民出版社出版。该志全面客观反映1996年至2005年山东社会科学事业的发展历程，记述哲学研究，经济学研究，科学社会主义、党史党建研究，政治学、法学、社会学、教育学、人口学研究，语言学、文学研究，历史学、考古学研究，传统文化和文化建设研究，社会科学事业管理与建设等内容。全书60万字。 （孙杰 王赟）

【《山东省志·气象志（1986—2005）》出版】 8月，山东省气象局编纂的《山东省志·气象志（1986—2005）》由山东人民出版社出版。该志全面客观反映1986年至2005年山东省气象事业改革发展的历程，记述气候、气象业务、气象服务、气象科技与教育、气象事业管理等内容。全书46万字。 （孙杰 王赟）

【《山东省志·信息产业志（1986—2005）》出版】 9月，山东省经济和信息化委员会编纂的《山东省志·信息产业志（1986—2005）》

由山东人民出版社出版。该志全面客观反映1986年至2005年山东省电子信息产业改革发展的历程，记述电子信息产品制造业，软件与集成电路产业，社会各领域信息化，无线电管理，机构、管理、科技、教育等内容。全书39.5万字。（孙杰　王赟）

【《山东省志·水利志（1986—2005）》出版】 9月，山东省水利厅编纂的《山东省志·水利志（1986—2005）》由山东人民出版社出版。该志全面客观反映1986年至2005年山东省水利事业的发展历程，记述水资源与水旱灾害，基础工作，河湖治理，水库塘坝、防潮堤建设，农村水利，水生态建设，防汛抗旱，跨流域调水，水利管理等内容。全书61万字。

（孙杰　王赟）

【《山东省志·体育志（1986—2005）》出版】 9月，山东省体育局编纂的《山东省志·体育志（1986—2005）》由山东人民出版社出版。该志全面客观反映1986年至2005年山东体育事业的发展历程，记述群众体育、学校体育、竞技体育、体育项目、运动竞赛、科研、宣传对外交流、场馆建设、体育产业、体育管理等内容。全书59万字。（孙杰　王赟）

【《山东省志·工业志（下）（1986—2005）》出版】 10月，山东省经济和信息化委员会、省国防科学技术工业办公室编纂的《山东省志·工业志（下）（1986—2005）》由山东人民出版社出版。该志全面客观反映1986年至2005年山东省国防科技工业、石油化学工业和建材工业改革发展的历程。全书48万字。

（孙杰　王赟）

【《山东省志·凡例目录（1986—2005）》出版】 11月，山东省史志办编纂的《山东省志·凡例目录（1986—2005）》由山东人民出版社出版。该志凡例提挈《山东省志（1986—2005）》的编纂原则、编纂方法及行文规定等事项，总目录包含《山东省志（1986—2005）》全部分志目录，附录收录《山东省志（1986—2005）》编纂过程中形成的重要文件和资料。全书47万字。（孙杰　王赟）

【《山东省志·文物志（1991—2005）》出版】 11月，山东省文物局编纂的《山东省志·文物志（1991—2005）》由山东人民出版社出版。该志记述1991年至2005年山东省文物保护和文物管理工作的发展历程，记述不可移动文物、可移动文物、管理与组织机构等内容。全书68万字。（孙杰　王赟）

【《山东省志·报业志（1991—2005）》出版】 11月，山东省新闻出版广电局、大众报业集团编纂的《山东省志·报业志（1991—2005）》由山东人民出版社出版。该志全面客观反映1991年至2005年山东报业发展的历程，记述报业媒体、新闻报道、新闻采编、报业管理、报业经营等内容。全书46.6万字。

（孙杰　王赟）

【《山东省志·人物志（1986—2005）》出版】 11月，山东省委组织部、省史志办编纂的《山东省志·人物志（1986—2005）》由山东人民出版社出版。该志全面客观反映1986年至2005年对山东发展有突出贡献和重大影响的山东籍与客籍人物、外籍人物以及在省内外各个领域中有全国性、国际性影响的山东籍人物。全书77.4万字。（孙杰　王赟）

【《山东省志·妇联志（1995—2005）》出版】 12月，山东省妇女联合会编纂的《山东省志·妇联志（1995—2005）》由山东人民出版社出版。该志全面客观反映1995年至2005年山东省妇女事业的发展历程，记述妇女代表大会与妇女组织、妇女儿童发展纲要规划、妇女参与经济建设、家庭教育与儿童工作、妇女儿童权益维护、妇女宣传教育与精神文明建设、队伍建设与妇女交往交流、妇女理论研究等内容。全书33万字。（孙杰　王赟）

【《山东省志·工业综合管理志（1991—2005）》出版】 12月，山东省经济和信息化委员会编纂的《山东省志·工业综合管理志（1991—2005）》由山东人民出版社出版。该志全面客观反映1991年至2005年山东省工业综合管理事业的发展历程，记述经济运行、技术改造、技术创新、企业管理、行业管理、交通物流、节能与综合利用、机构与管理等内容，反映出山东工业在由加快发展到科学发展的重要时期，通过企业改革、结构调整、技术进步、加强管理等途径，促进全省工业经济稳定健康运行方面取得的重要成就。全书56万字。

（孙杰　王赟）

【《山东省志·科学技术志（1986—2005）》出版】 12月，山东省科技厅编纂的《山东省志·科学技术志（1986—2005）》由山东人民出版社出版。该志全面客观反映1986年至2005年山东省科学技术事业的发展历程，记述科技管理、基础科学、农业科技、工业科技、海洋科技、社会发展科技、高新技术及其产业发展、医药卫生科技等内容。全书72.4万字。

（孙杰　王赟）

【《山东省志·文化志（1986—2005）》出版】 12月，山东省文化厅编纂的《山东省志·文化志（1986—2005）》由山东人民出版社出版。该志全面客观反映1986年至2005年山东省文化事业的发展历程，记述文学、艺术、社会文化、文化市场、文化产业、文化交流、文化管理等内容。全书53万字。（孙杰　王赟）

【《山东省志·出版志（1988—2005）》出版】 12月，山东省新闻出版广电局、山东出版集团有限公司编纂的《山东省志·出版志（1988—2005）》由山东人民出版社出版。该志全面客观反映1988年至2005年山东省出版行业的发展历程，记述出版、书刊印刷与复制、发行、出版管理等内容。全书54万字。

（孙杰　王赟）

【《山东省志·侨务志（1991—2005）》出版】 12月，山东省政府侨务办公室编纂的《山东省志·侨务志（1991—2005）》由山东人民出版社出版。该志全面客观反映1991年至2005年山东省侨务工作的发展历程，记述海外侨情、联谊与交流、为侨服务、服务经济建设和社会发展、宣传教育与文化交流、组织机构与管理等内容。全书28万字。（孙杰　王赟）

【《湖南省志（1978—2002）·妇女团体志》出版】 7月，湖南省地方志编委会编纂的《湖南省志（1978—2002）·妇女团体志》由湖南人民出版社出版。该志设概述、妇女社会地位概况、妇女组织、组织妇女投身经济建设、促进妇女参政、宣传工作、维权工作、儿童少年工作、妇女儿童发展规划、国际及港澳交流与合作9篇和附录，主要记述1978年至2002年湖南妇女和妇女工作史实。全书52万字。

（孟东华）

【《广西通志·报业志（1998—2005）》出版】 7月，广西壮族自治区地方志编委会编纂，自治区党委宣传部、自治区新闻出版局、广西日报社承编的《广西通志·报业志（1998—2005）》由广西人民出版社出版。该志分中共各级党委机关报，都市报、行业报、民族报、校报、期刊，报纸编务、宣传经营，通讯社、记者站，新闻网，管理，人物、表彰先进、职称、获奖作品7篇，全面系统记述1998年至2005年广西报业的发展历史与现状。全书70万字。

（苏麟忠）

【《广西通志·医疗卫生志（1991—2005）》出版】 7月，广西壮族自治区地方志编委会编纂、自治区卫生厅承编的《广西通志·医疗卫生志（1991—2005）》由广西人民出版社出版。该志设卷首照片、概述，后置大事纪略、附录、索引、后记，正文采用篇、章、节、目体，设卫生资源、医疗、基层卫生与妇幼保健、爱国卫生与卫生监督、疾病预防控制、医药卫生研究、医学教育、医学文献信息、卫生行政管理、人物与先进集体等 10 篇，全面记述 1991 年至 2005 年广西医疗卫生事业发展的历史与现状。全书 110 万字。（苏麟忠）

【《广西通志·教育志（1986—2005）》出版】 9 月，广西壮族自治区地方志编委会编纂、自治区教育厅承编的《广西通志·教育志（1986—2005）》由广西人民出版社出版。该志前有概述，后设附录、索引及编后记，通过篇、章、节、目多层次结构和志文、图表、照片、附录相结合的表述形式，包括教育资源、基础教育、中等职业教育、普通高等教育、成人教育、教师教育等 13 篇正文及大事纪略，翔实记载广西教育发展和改革实施。全书 147.07 万字。（苏麟忠）

【《广西通志·广播电影电视志（1996—2010）》出版】 11 月，广西壮族自治区地方志编委会编纂、自治区广播电影电视局承编的《广西通志·广播电影电视志（1996—2010）》由广西人民出版社出版。该志设卷首照片、概述，后置大事纪略、附录、索引、后记。正文采用篇、章、节、目体，分设广播、电视、广播电视新媒体、传输发射覆盖网、电影、报刊·出版·教育·社团·生产经营、广播电影电视管理、获奖作品与技术项目、人物·先进集体等 9 篇，全面记述 1996 年至 2010 年广西广播影视事业发展的历史与现状。全书 195 万字。（苏麟忠）

【《广西通志·审计志（1993—2005）》出版】 11 月，广西壮族自治区地方志编委会编纂、自治区审计厅承编的《广西通志·审计志（1993—2005）》由广西人民出版社出版。该志设卷首照片、概述，后置大事纪略、附录、索引、后记，正文采用篇、章、节、目体，设国家审计、内部审计与社会审计、管理、人物与表彰先进等 4 篇，全面记述 1993 年至 2005 年广西审计事业发展的历史与现状。全书 85 万字。（苏麟忠）

【《广西通志·机构编制志（1950—2005）》出版】 11 月，广西壮族自治区地方志编委会编纂，自治区编制委员会办公室承编的《广西通志·机构编制志（1950—2005）》由广西人民出版社出版。该志设卷首照片、概述，后置大事纪略、附录、索引、后记；正文采用篇、章、节、目体，设党政群机关机构编制、事业单位企业单位机构编制、议事协调机构与临时机构政府驻外省（区）机构、行政体制和机构改革、机构编制管理 5 篇，全面记述 1950 年至 2005 年广西机构编制事业发展的历史与现状。全书 75 万字。（苏麟忠）

【《重庆市志·政协志》出版】 10 月，政协重庆市委员会办公厅编纂的《重庆市志·政协志》由西南师范大学出版社出版。该志记述 1983 年至 2007 年重庆政协组织沿革、政协会议、政协工作、区县（自治县、市）政协简况等内容。全书 143 万字。（陈欣如）

【《四川省志·大熊猫志》出版】 1 月，四川省地方志编委会编纂的《四川省志·大熊猫志》由方志出版社出版。该志全面系统地记录大熊猫这一珍奇动物的神秘身世、物种特征、分布规律以及人们为保护、拯救、研究大熊猫所走过的漫长道路，付出的辛勤劳动，取得的丰硕成果；叙述了大熊猫作为“动物明星”的风采和世界性“大熊猫热”长久不衰的历史和现状。全书 82.8 万字。（陈静妮）

【《四川省志·安全生产管理志（1986—2005）》出版】 3 月，四川省地方志编委会编纂的《四川省志·安全生产管理志（1986—2005）》由方志出版社出版。该志记述 1986 年至 2005 年四川省在生产领域安全管理方面的总体情况，以及重大举措、重大成就、重大事件和经验教训。全书 51.3 万字。（陈静妮）

【《四川省志·测绘志（1986—2005）》出版】 3 月，四川省地方志编委会编纂的《四川省志·测绘志（1986—2005）》由方志出版社出版。该志记述1986年至2005年四川省测绘工作的历史与现状，突出反映四川省测绘工作作为全省国民经济与社会发展提供强有力基础先行保障作用的情况。全书74.1万字。

（陈静妮）

【《四川省志·出版志（1986—2005)》出版】 3月，四川省地方志编委会编纂的《四川省志·出版志（1986—2005)》由方志出版社出版。该志记述1986年至2005年四川省出版业的发展和取得的成就。全书46.6万字。

（陈静妮）

【《四川省志·铁路志（1986—2005)》出版】 3月，四川省地方志编委会编纂的《四川省志·铁路志（1986—2005)》由方志出版社出版。该志为四川省第一部铁路志，是第一轮《四川省志·交通志》“铁路”篇续修，主要记述四川铁路主业发展史实。全书117.1万字。

（陈静妮）

【《四川省志·政府志（1986—2005)》出版】 10月，四川省地方志编委会编纂的《四川省志·政府志（1986—2005)》由方志出版社出版。该志是首轮《四川省志·政务志》（上册）的续修志书，是第一部独立专设的《四川省志》分卷，全面系统记述1986年至2005年省政府各项工作。全书103.1万字。

（陈静妮）

【《贵州省志（1978—2010）·烟草》出版】 11月，贵州省地方志编委会编纂的《贵州省志（1978—2010）·烟草》由贵州人民出版社出版。该志为第二轮贵州省志6部特色志之一，设概述、大事记、烤烟、卷烟、两烟经营、烟草专卖、管理、烟草科技、机构与队伍等篇，主要记载1978年至2010年贵州烟草行业以发展烤烟和卷烟生产为主的各项经营管理活动和相关工作。全书65万字。

（贵州省志办）

【《贵州省志（1978—2010）·政协》出版】 11月，贵州省地方志编委会编纂的《贵州省志（1978—2010）·政协》由贵州人民出版社出版。该志设概述、大事记、组织机构、会议、经常性工作、其他工作等篇，主要记载1978年至2010年贵州政协工作的发展历程和取得的成就。全书70万字。（贵州省志办）

【《贵州省志（1978—2010）·邮政》出版】 12月，贵州省地方志编委会编纂的《贵州省志（1978—2010）·邮政》由贵州人民出版社出版。该志设概述、大事记、邮政网络、邮政服务、服务与经营、邮政能力建设、邮政企业管理、邮政行业管理等篇，主要记载1978年至2010年贵州邮政通信事业的管理体制、经营服务、发展建设及相关工作。该志记载贵州邮政从“日戳加夹钳”式手工操作到电子化支局遍布城乡，从“函、包、汇、发”四大传统业务扩展到邮政储蓄、特快专递、电子商务、物流配送，初步形成邮务类、金融类、速递物流类三大业务板块，贵州邮政从一个传统劳动密集型行业逐步迈入信息化轨道的历程。全书90万字。（贵州省志办）

【《贵州省志（1978—2010）·金融》出版】 12月，贵州省地方志编委会编纂的《贵州省志（1978—2010）·金融》由贵州人民出版社出版。该志设概述、大事记、机构、银行存款、贷款及投资、中间业务、金融市场、金融调控、金融监管、金融建设等篇，主要记载1978年至2010年贵州金融业改革、发展变化的情况。全书100万字。（贵州省志办）

【《贵州省志（1978—2010）·环境保护》出版】 12月，贵州省地方志编委会编纂的《贵州省志（1978—2010）·环境保护》由贵州人民出版社出版。该志设概述、大事记、环境特点与环境质量、环境保护规划与环保投入、环境监测、环境污染防治、生态环境保护与管理、环境保护专项管理、法治与宣传教育、环保科研与国际合作、环境保护机构与环境信息化等篇，主要记载1978年至2010年贵州环境污染防治及监管、生态环境保护及监管、核与辐射安全管理及相关工作。全书130万字。（贵州省志办）

【《贵州省志（1978—2010）·体育》出版】 12月，贵州省地方志编委会编纂的《贵州省志（1978—2010）·体育》由贵州人民出版社出版。该志设概述、大事记、民族体育、群众体育、竞技体育、体育竞赛、教育科研宣传对外交流、体育设施、体育管理等篇，主要记载1978年至2010年贵州体育事业发展历程。全书80万字。（贵州省志办）

【《贵州省志（1978—2010）·审计》出版】 12月，贵州省地方志编委会编纂的《贵州省志（1978—2010）·审计》由贵州人民出版社出版。该志首设概述、大事记、国家审计监督、内部审计和社会审计、法制建设和审计管理、审计机构和队伍建设等篇，主要记载1978年至2010年贵州审计事业发展历程。全书60万字。（贵州省志办）

【《贵州省志（1978—2010）·司法行政》出版】 12月，贵州省地方志编委会编纂的《贵州省志（1978—2010）·司法行政》由贵州人民出版社出版。该志设概述、大事记、法制宣传和依法治省、监狱工作、劳动教养工作、律师与法律援助、国家司法考试与法学教育、安置帮教与社区矫正、公证与司法鉴定、基层工作、法制工作与理论研究、机构与队伍等篇，主要记载1978年至2010年贵州司法行政的主要发展状况和取得的成就以及出现的新情况、新问题，突出司法行政工作管理、指导、服务的行业特点。全书80万字。

（贵州省志办）

【《云南省志·气象志（1978—2005)》出版】 12月，云南省地方志编委会编纂的《云南省志·气象志（1978—2005)》由云南人民出版社出版。该志资料主要来源于档案，少数来源于公开出版物、回忆录，省气象局各处室和业务部门、各州市气象局也提供了丰富的备选资料。志中所使用的气候资源史料平均值、极值是从全省1971年至2000年地面气候资料整编成果中选取的。全书68万字。（郑灵琳）

【《云南省志·环境保护志（1978—2005)》出版】 12月，云南省地方志编委会编纂的《云南省志·环境保护志（1978—2005)》由云南人民出版社出版。该志记述的范围包括云南省行政区域内所有环保机构（包括城建环保局）的历史沿革和发展进程，资料来源于公开出版物、年鉴、历年环境状况公报、环境质量报告书、工作总结及重要人物访谈等。全书70万字。（郑灵琳）

【《云南省志·劳动和社会保障志（1978—2005)》出版】 12月，云南省地方志编委会编纂的《云南省志·劳动和社会保障志（1978—2005)》由云南人民出版社出版。该志全面记述云南省劳动和社会保障事业在云南经济社会发展中发挥重要作用的历史和现状。全书57万字。（郑灵琳）

【《云南省志·侨务志（1978—2005)》出版】 12月，云南省地方志编委会编纂的《云南省志·侨务志（1978—2005)》由云南人民出版社出版。该志资料及数据来源于云南省侨办和云南省侨联、州市侨办和州市侨联、云南省档案馆、特色侨乡县政府和县侨办、13个华侨农林场，以及云南侨务系统离退休老干部。全书52.5万字。（郑灵琳）

【《云南省志·出入境检验检疫志（1978—2005)》出版】 12月，云南省地方志编委会编纂的《云南省志·出入境检验检疫志（1978—2005)》由云南人民出版社出版。该志事类按原云南进出口商品检验、动植物检疫、卫生检疫三个系统（简称“三检”）合并前后进行记述。“三检”合并前分别记述进出口商品检验（简称“商检”）、动植物检疫（简称

“动植检”）、卫生检疫（简称“卫检”）各自的发展情况，“三检”合并后记述出入境检验检疫（简称“检验检疫”）系统的发展情况。全书87.6万字。（郑灵琳）

【《云南省志·公安志（1978—2005）》出版】 12月，云南省地方志编委会编纂的《云南省志·公安志（1978—2005）》由云南人民出版社出版。该志客观真实反映中共十一届三中全会以后至2005年全省公安机关保卫和服务经济建设、改革开放，维护国家安全与社会稳定，打击各类违法犯罪、加强和完善社会治安管理、服务全党全国工作大局的主要职能工作。全书110万字。（郑灵琳）

【《云南省志·审判志（1978—2005）》出版】 12月，云南省地方志编委会编纂的《云南省志·审判志（1978—2005）》由云南人民出版社出版。该志案件所涉当事人参照2016年《最高人民法院关于人民法院在互联网公布裁判文书的规定》记述。该志引用的案例对照相关规定对涉及婚姻家庭、继承纠纷案件当事人、刑事案件被害人、未成年人等的姓名作了隐名处理；对涉及商业秘密、个人隐私、技术侦察措施的信息和犯罪手段具体细节等信息做了删除处理。全书98.5万字。（郑灵琳）

【《云南省志·审计志（1978—2005）》出版】 12月，云南省地方志编委会编纂的《云南省志·审计志（1978—2005）》由云南人民出版社出版。因有时间跨度，该志对审计查处的问题落实情况在年终统计报表中用数据综合反映。全书75万字。（郑灵琳）

【《云南省志·电力工业志（1978—2005）》出版】 12月，云南省地方志编委会编纂的《云南省志·电力工业志（1978—2005）》由云南人民出版社出版。该志主要由概述、大事、专章、附录等组成。按电力工业的特点，设电源建设、输变电建设、规划与勘测设计、施工与基建管理、发电、供电与用电、电网管理与电力调度、农电、科技与教育、修造与多种经营、管理、精神文明建设与民主管理等章。为反映2003年以后云南电力工业发展情况，选录2003年至2010年，即“十五”计划后三年和“十一五”规划时期，云南电力工业发展的主要数据、主要电源点和输变电工程建设史料。全书71万字。（郑灵琳）

【《云南省志·财税志（1978—2005）》出版】 12月，云南省地方志编委会编纂的《云南省志·人事志（1978—2005）》由云南人民出版社出版。该志采用篇章节目体，以收入、支出、管理、机构4个主体篇，全面、系统反映断限内云南省财税事业发展的历史与现状。该志采用“专记”形式，对一些重要的事项，采用纵跨时空、横跨条目、集中记述的方式进行反映。全书95.5万字。（郑灵琳）

【《西藏自治区志·劳动和社会保障志》出版】 5月，西藏自治区人力资源和社会保障厅编纂的《西藏自治区志·劳动和社会保障志》由方志出版社出版。该志全面记述从事物发端至2000年特别是西藏和平解放以后在中国共产党的领导下西藏劳动和社会保障事业取得的巨大成就。全书80万字。（邹廷波）

【《西藏自治区志·政区建置志》出版】 11月，西藏自治区民政厅编纂的《西藏自治区志·政区建置志》由中国藏学出版社出版。该志全面记述从事物发端至2000年西藏政区沿革情况。全书89万字。（邹廷波）

【《青海省志·邮政电信志·邮政（1986—2010）》出版】 5月，青海省地方志编委会、省邮政管理局编纂的《青海省志·邮政电信志·邮政（1986—2010）》由青海人民出版社出版。该志客观反映断限内青海省邮政事业发展的历史与现状。全书53万字。（马渊）

【《青海省志·地震志》出版】 9月，青海省地方志编委会、省地震局编纂的《青海省志·

地震志》由青海人民出版社出版。该志记述地震活动、地震预防、地震应急、抗震救灾、重建工作、依法行政、地震预报、工程研究与监测技术、机构与队伍等内容。全书60万字。

（马渊）

【《青海省志·共产党志（1991—2006）》出版】 12月，青海省地方志编委会、省委办公厅编纂的《青海省志·共产党志（1991—2006）》由青海人民出版社出版。该志全面、系统、客观地反映中国共产党青海省委员会在断限内执政的基本情况。全书50万字。（马渊）

【《青海省志·教育志（1990—2010）》出版】 12月，青海省地方志编委会、省教育厅编纂的《青海省志·教育志（1990—2010）》由青海民族出版社出版。该志全面、系统、客观反映断限内青海省教育事业发展的历程及取得的成就。全书65万字。（马渊）

·地市级志书出版

【《太原市志（1978—2011）》出版】 年内，山西省太原市志办编纂的《太原市志（1978—2011）》由中华书局出版。该志上限1978年，下限2011年，记述太原境域内自然、政治、经济、文化和社会的历史与现状。全书635.3万字。

（武岭）

【《运城市志》出版】 年内，山西省运城市志办编纂的《运城市志》由中华书局出版。该志上限追溯事物发端，下限截至2012年，记述运城市自然、政治、经济、文化、社会等方面的历史与现状。全书716.8万。（武岭）

【《铁岭市志（1984—2005）》卷三出版】 3月，辽宁省铁岭市志办编纂的《铁岭市志（1984—2005）》卷三由辽宁民族出版社出版。该志设经济综述、对外开放与经济开发、农业、工业、商业贸易、金融保险等篇，卷首配近百幅图片，全面记述1984年至2005年铁岭市农业、工业、国内外贸易、金融保险等方面的发展变化情况。全书100万字。（赵丹）

【《鸡西市志（1986—2005）》出版】 9月，黑龙江省鸡西市地方志编委会编纂的《鸡西市志（1986—2005）》由黑龙江人民出版社出版。该志记述1986年至2005年鸡西自然、政治、经济、文化和社会各方面的历史和现状。全书350万字。（徐萍　杜胜男）

【《徐州市志（1978—2005）》出版】 4月，江苏省徐州市地方志编委会编纂的《徐州市志（1978—2005）》由江苏人民出版社出版。该志采用中篇体章节目结构，志首设总述、大事记，设分志43篇，志末设附录，客观反映徐州市1978年至2005年自然、经济、政治、文化和社会等方面的历史与现状。该志在交通运输、地域文化等方面的记述，突出徐州“交通枢纽”“楚汉故地”的地域特色。全书310万字。

（张丽）

【《连云港市志（1984—2005）》出版】 5月，江苏省连云港市地方志编委会编纂的《连云港市志（1984—2005）》由方志出版社出版。该书分上、中、下3册，设43卷，收录照片800余幅。志书突出改革开放的时代特色，专门设置开放型经济、信息化建设等卷，并在相关卷专设体现改革的章节。全书设花果山、连云港·口岸、连云港与新亚欧大陆桥、海洋经济等卷，反映连云港的海港城市特点和城市文化。全书410万字。（张丽）

【《绍兴市志（1979—2010）》出版】 9月，浙江省绍兴市史志办编纂的《绍兴市志（1979—2010）》由浙江古籍出版社出版。该志设47卷，卷首彩色照片72幅、彩色地图20幅、随文照片620幅。全书490万字。

（绍兴市史志办）

【《福州市志（1995—2005）》出版】 11月，福建省福州市地方志编委会编纂的《福州市志

(1995—2005)》由中国文史出版社出版。全书分5册，第一册主要是自然人口、基础设施类，第二册主要是综合经济管理类，第三册主要是第一、二、三产业经济类，第四册主要是党政群团类，第五册主要是科教文卫类。该志设总述统领全书，反映福州1995年至2005年发展全貌；大事记采用编年体，部分采用纪事本末体，记载大事、要事、新事；志以横排门类、纵述史实为原则，主要设篇、章、节三个层次，节下适当设目；人物传坚持“生不立传”的原则，收录在福州工作生活且对福州有重要影响的人士，兼收在外地工作生活并做出重要贡献的福州籍人士，增补符合条件、前志遗漏未立传的人物；人物表收录福州籍院士、高级专业技术人员、全国劳模、烈士等；附录选编福州市1995年至2005年重要文献、法规。全书500万字。（欧长生 吴朝庭）

【《东营市志（1996—2013）》出版】 12月，山东省《东营市志（1996—2013）》编委会编纂的《东营市志（1996—2013）》由中华书局出版。该志首设总述、大事记，中设专业志29编，特设黄蓝经济区建设、黄河口、石油、吕剧4编以及专记4篇，突出地方特色和时代特点；末设人物、附录。图片1318幅，表格488个。全书393.6万字。（孙杰 王赟）

【《济宁市志（1991—2010）》出版】 12月，山东省济宁市地方史志编委会编纂的《济宁市志（1991—2010）》由方志出版社出版。该志分上、中、下3卷，设40篇，照片1288幅，图表321幅。设文化、文化遗存、儒家文化、运河文化、水浒文化等5篇特色专志。全书450万字。（孙杰 王赟）

【《德州市志（1986—2011）》出版】 11月，山东省德州市地方史志编委会编纂的《德州市志（1986—2011）》由方志出版社出版。该志分上、中、下3册，设36卷，前设概述、大事记，后缀人物和附录，图、照400余幅。创设“引黄工程”“太阳城建设”等专记。全书260万字。（孙杰 王赟）

【《开封市志（1986—2004）》出版】 1月，河南省开封市地方史志编委会编纂的《开封市志（1986—2004）》由中州古籍出版社出版。该志设历史文化名城、悬河、北方水城、菊花名城、书法名城、旅游名城、夜市名城、美食城、名特产和姓氏寻根等43篇，借此突出开封八朝古都地位和近700年省会历史的地方特色，并特设焦裕禄精神篇，突出开封时代特色、弘扬焦裕禄精神。全书600万字。（汪朝霞）

【《株洲市志》出版】 11月，湖南省株洲市地方志编委会编纂的《株洲市志》由方志出版社出版。该志分4册，图照140余幅，设30篇，另有综述、大事记、人物、附录等部分，系统反映从事物发端至2000年株洲行政区域内自然、政治、经济、文化、社会的历史和现状。全书512万字。（吴夏）

【《南宁市志（1991—2005）》出版】 11月，广西壮族自治区南宁市地方志编委会编纂的《南宁市志（1991—2005）》由方志出版社出版。该志分5卷，内容沿袭首轮《南宁市志》综合卷、政治卷、经济卷（上、下）、文化卷分类，由总述、大事记、专志、附录、索引组成。记述地域范围，以市区为主，兼及市辖的武鸣县、横县、宾阳县、上林县、马山县、隆安县。全书666.8万字。（韦瑟钧乙）

【《钦州市志》出版】 12月，广西壮族自治区钦州市地方志编委会编纂的《钦州市志》由广西人民出版社出版。该志志首设图、序、凡例、总述、大事记，主体部分设39篇，志末设附录、编后记，记述钦州市自然、社会各方面的历史与现状。全书460万字。（韦瑟钧乙）

【《遵义市志》出版】 1月，贵州省遵义市地方志编委会编纂的《遵义市志》由方志出版社出版。该志上限起于史实发端，下限断至2007

年 12 月，全面系统记述遵义行政区域内自然、政治、经济、文化、社会的历史与现状。全书 639 万字。（贵州省志办）

【《铜仁地区志·人物志》出版】 6 月，贵州省铜仁市地方志编委会编纂的《铜仁地区志·人物志》由九州出版社出版。该志是首轮《铜仁地区志》48 部专志中的一部，主要收录在当地有重大影响者和本籍人在外地有重大影响者，各类人物共计 8880 余人。全书 140 万字。（贵州省志办）

【《海北藏族自治州志（1991—2010）》出版】 8 月，青海省海北藏族自治州地方志编委会编纂的《海北藏族自治州志（1991—2010）》由青海民族出版社出版。该志设 20 编，全面客观系统反映 1991 年至 2010 年海北地区经济社会发展历程和取得的辉煌成就。全书 120 万字。（马渊）

·县级志书出版

【《北京市朝阳区志（1996—2010）》出版】 10 月，北京市朝阳区地方志编委会编纂的《北京市朝阳区志（1996—2010）》由线装书局出版。该志记述 2008 年奥运场馆建设、北京 CBD 发展以及使馆区等地域特色，反映朝阳区从人口、面积大区到综合实力强区，从设施、环境相对落后的城乡接合地带到环境优美宜居的现代化国际城区的重大跨越。全书 210 万字。（姜坤）

【《北京市通州区志（1997—2010）》出版】 12 月，北京市通州区志办编纂的《北京市通州区志（1997—2010）》由北京出版社出版。该志突出反映通州区城乡建设、环境保护等内容。全书 144 万字。（姜坤）

【《北京市房山区志（1996—2010）》出版】 10 月，北京市房山区地方志编委会编纂的《北京市房山区志（1996—2010）》由线装书局出版。该志记述房山区 15 年间由煤炭之乡、建筑之乡、建材之乡走上现代化、城市化发展之路的历史进程。全书 128 万字。（姜坤）

【《馆陶县志（1997—2013）》出版】 2 月，河北省馆陶县地方志编委会编纂的《馆陶县志（1997—2013）》由方志出版社出版。该志记录馆陶县 17 年政治、经济、社会等方面的发展变化和改革开放的历史进程。全书 123 万字。（刘霁）

【《盐山县志（1987—2005）》出版】 3 月，河北省盐山县地方志编委会编纂的《盐山县志（1987—2005）》由中州古籍出版社出版。该志是 1991 年版首轮《盐山县志》的续志，记录盐山县 1987 年至 2005 年自然、政治、经济、文化、社会等方面的发展变化和改革开放的历史进程。特设“管道装备制造业”篇，彰显管道装备制造业在县域经济中的特殊地位；特设“千童文化”章，介绍公元前 210 年徐福奉秦始皇之命入海求仙，在盐山周围征召数千童男女、百工集驻千童城（今千童镇）等内容。全书 135 万字。（郑小明）

【《唐县志（1991—2010）》出版】 5 月，河北省唐县地方志编委会编纂的《唐县志（1991—2010）》由九州出版社出版。全书 168 万字。（刘霁）

【《容城县志（1990—2010）》出版】 9 月，河北省容城县地方志编委会编纂的《容城县志（1990—2010）》由九州出版社出版。该志为 1998 年版《容城县志》的续志，上限衔接前志下限自 1990 年起，下限断至 2010 年。为突出县域经济特色和挖掘历史文化遗产，将“服装产业”和“地域文化研究”升格设篇。全书 129 万字。（刘霁）

【《保定市北市区志（1989—2008）》出版】 9 月，河北省保定市莲池区地方志编委会编纂的《保定市北市区志（1989—2008）》由九州

出版社出版。全书 87 万字。（刘霁）

【《保定市新市区志（1989—2009）》出版】 9 月，河北省保定市竞秀区地方志编委会编纂的《保定市新市区志（1989—2009）》由九州出版社出版。该志反映新市区 1989 年至 2009 年自然、政治、经济、文化、社会的历史和现状。全书 112 万字。（刘霁）

【《保定市南市区志（1987—2009）》出版】 11 月，河北省保定市莲池区地方志编委会编纂的《保定市南市区志（1987—2009）》由九州出版社出版。全书 137 万字。（刘霁）

【《承德市鹰手营子矿区志》出版】 7 月，河北省承德市鹰手营子矿区志编委会编纂的《承德市鹰手营子矿区志》由方志出版社出版。该志为鹰手营子矿区首轮志书，上限上溯至所记内容的发端，下限断于 2003 年，为使所记内容更加完整，个别内容下限延至 2004 年，记述该区政治、经济、文化、社会、自然等方面的历史与现状。全书 171 万字。（刘霁）

【《大名县志（1979—2005）》出版】 9 月，河北省大名县地方志编委会编纂的《大名县志（1979—2005）》由方志出版社出版。该志记述大名县历史文化、物产资源、风土人情、体育卫生、名人古迹，反映该县历史沿革、经济发展、文化繁荣、社会变革等进程，特别是改革开放以来发生的变化。全书 132 万字。（刘霁）

【《望都县志（1990—2005）》出版】 10 月，河北省望都县地方志编委会编纂的《望都县志（1990—2005）》由新华出版社出版。该志记述 1990 年至 2005 年望都县自然、地理、经济、政治、文化等方面的发展情况。全书 199 万字。（刘霁）

【《邯山区志（1988—2010）》出版】 10 月，河北省邯郸市邯山区地方志编委会编纂的《邯山区志（1988—2010）》由中州古籍出版社出版。该志记录邯山区 1988 年至 2010 年政治、经济、社会等方面发展变化和改革开放的历史进程。全书 110 万字。（刘霁）

【《博野县志（1993—2010）》出版】 11 月，河北省博野县地方志编委会编纂的《博野县志（1993—2010）》由九州出版社出版。该志为 1996 年版《博野县志》的续志，上限衔接前志下限自 1993 年记起，下限断至 2010 年，记述博野县自然、经济、政治、文化和社会的历史与现状。全书 158 万字。（刘霁）

【《安国市志（1991—2010）》出版】 11 月，河北省安国市地方志编委会编纂的《安国市志（1991—2010）》由方志出版社出版。该志使用互联网技术，以二维码形式记载 50 多个视频、音频资料。全书 298 万字。（刘霁）

【《雄县志（1990—2012）》出版】 11 月，河北省雄县地方志编委会编纂的《雄县志（1990—2012）》由河北人民出版社出版。该志为 1992 年版《雄县志》的续志，上限衔接前志下限，自 1990 年起，下限断至 2012 年。全书 159 万字。（刘霁）

【《涞水县志（1979—2009）》出版】 11 月，河北省涞水县地方志编委会编纂的《涞水县志（1979—2009）》由方志出版社出版。该志为 2000 年版《涞水县志》的续志，上限衔接前志下限自 1979 年起，下限断至 2009 年。全书 150 万字。（刘霁）

【《顺平县志（1998—2008）》出版】 11 月，河北省顺平县地方志编委会编纂的《顺平县志（1998—2008）》由方志出版社出版。全书 164 万字。（刘霁）

【《定兴县志（1991—2010）》出版】 12 月，河北省定兴县志编委会编纂的《定兴县志（1991—2010）》由河北人民出版社出版。该志为 1997 年版《定兴县志》的续志，上限衔接前志下限自 1991 年起，下限断至 2010 年。为突出全国文化先进县特色和挖掘历史文化遗产，将“地域文化研究”升格设篇。全书 145.5 万字。（刘霁）

【《阜平县志（1996—2010）》出版】 12 月，河北省阜平县地方志编委会编纂的《阜平县志（1996—2010）》由方志出版社出版。全书 163 万字。（刘霁）

【《涿州市志（1993—2005）》出版】 12 月，河北省涿州市地方志编委会编纂的《涿州市志（1993—2005）》由中华书局出版。全书 180 万字。（刘霁）

【《满城县志（1991—2008）》出版】 12 月，河北省满城县地方志编委会编纂的《满城县志（1991—2008）》由方志出版社出版。全书 146 万字。（刘霁）

【《张家口市桥东区志》出版】 12 月，河北省张家口市桥东区地方志编委会编纂的《张家口市桥东区志》由河北人民出版社出版。该志记述 1905 年至 2008 年京张铁路开筑以来，桥东区的自然、经济、政治、文化和社会的历史与现状。全书 123 万字。（刘霁）

【《新河县志（1989—2008）》出版】 12 月，河北省新河县地方志编委会编纂的《新河县志（1989—2008）》由河北人民出版社出版。全书 140 万字。（刘霁）

【《大同县志（1996—2013）》出版】 年内，山西省大同县志办编纂的《大同县志（1996—2013）》由线装书局出版。该志上限为 1996 年 1 月，个别内容适当上溯，下限至 2013 年 12 月，记述 1996 年以后，特别是进入 21 世纪后的现代化建设成就。全书 135 万字。（武岭）

【《定襄县志》出版】 年内，山西省定襄县志编委会编纂的《定襄县志》由中华书局出版。该志上溯事物发端，下讫 2009 年 12 月，记述县域自然和社会发展的历史与现状，记述中华人民共和国成立以后，特别是改革开放以来的史实。全书 226 万字。（武岭）

【《祁县志（1978—2014）》出版】 年内，山西省祁县志编委会编纂的《祁县志（1978—2014）》由方志出版社出版。该志上限为 1978 年，下限为 2014 年，记述祁县自然、经济、政治、文化和社会的发展历史与现状，反映改革开放时期的时代特色和地方特色。全书 183.1 万字。（武岭）

【《介休市志（1992—2013）》出版】 年内，山西省介休市志编委会编纂的《介休市志（1992—2013）》由中华书局出版。该志上限为 1992 年，下限至 2013 年，记述介休自然、经济、政治、文化与社会发展的历史和现状。全书 152 万字。（武岭）

【《神池县志》出版】 年内，山西省神池县志编委会编纂的《神池县志》由中华书局出版。该志上溯事物发端，下讫 2010 年 12 月 31 日，记述神池县域自然、经济、政治、文化和社会发展的历史和现状。全书 260 万字。（武岭）

【《平定县志（1991—2012）》出版】 年内，山西省平定县志编委会编纂的《平定县志（1991—2012）》由新华出版社出版。该志上限起于 1991 年 1 月 1 日，下限断至 2012 年 12 月 31 日，记述平定县自然、政治、经济、文化、社会的发展变化。全书 169.6 万字。（武岭）

【《永和县志》出版】 年内，山西省永和县志编委会编纂的《永和县志》由山西人民出版社出版。该志上限溯至事物发端，下限为 2011 年 12 月 31 日，记述县域自然、经济、政治、文化、社会发展的历史与现状。全书 170 万字。（武岭）

【《北镇市志（1986—2005）》出版】 4 月，

辽宁省北镇市志编委会编纂的《北镇市志（1986—2005）》由万卷出版公司出版。该志前设概述、大事记，内设政区、环境、人口、街道·开发区·乡镇、改革开放、农村经济、工业、城建·交通·电力·邮电、贸易、财税·金融·保险、经济管理、党政社团、司法·军事、社会管理、科技·教育·卫生、文化·体育·新闻、文物、旅游、人物等编，后缀附录和索引。表格146个，彩图116幅。全书120万字。（吴承军）

【《朝阳市双塔区志（1984—2005）》出版】 12月，辽宁省朝阳市双塔区史志办编纂的《朝阳市双塔区志（1984—2005）》由辽宁民族出版社出版。该志设建置·区划·地名、自然环境、人口·民族、中共朝阳市双塔区地方组织、朝阳市双塔区人民代表大会及其常务委员会、朝阳市双塔区人民政府、政协朝阳市双塔区委员会、群众团体、公安·司法、军事、经济发展综述、经济监督管理、农业、工业、城乡建设·交通·环境保护、国内商业与对外经济贸易、财政·税务、教育、科技·卫生、文化·体育·档案·史志、社会生活、乡镇·街道、人物等篇。全书110万字。

（朝阳市史志办）

【《鸡东县志（1986—2005）》出版】 1月，黑龙江省鸡东县地方志编委会编纂的《鸡东县志（1986—2005）》由黑龙江人民出版社出版。该志设24篇，客观反映鸡东县1986年至2005年政治、经济、文化等各方面的发展、历史与现状。全书160万字。（徐萍　杜胜男）

【《爱辉区志（1983—2005）》出版】 5月，黑龙江省黑河市爱辉区志办编纂的《爱辉区志（1983—2005）》由方志出版社出版。该志设27篇，记述爱辉区（包括原爱辉县）1983年至2005年的发展过程，重点反映全区各方面的改革和发展进程，突出爱辉边境特点和时代特色。全书170万字。（徐萍　杜胜男）

【《桃山林业局志（1986—2005）》出版】 6月，黑龙江省伊春市桃山林业局志编委会编纂的《桃山林业局志（1986—2005）》由方志出版社出版。该志由总述、要事纪略、人物、专志、特载和附录等部分组成，专志按社会分工和事物属性分门别类编纂。全书86.1万字。

（徐萍　杜胜男）

【《乌马河区（林业局）志（1986—2005）》出版】 11月，黑龙江省乌马河区（林业局）地方志编委会编纂的《乌马河区（林业局）志（1986—2005）》由黑龙江人民出版社出版。该志设22篇，全面、准确地记载乌马河区（林业局）在社会进步与经济发展方面的基本情况，着重反映改革开放过程中涌现的新成就、新事物、新技术。全书133万字。

（徐萍　杜胜男）

【《新青区（林业局）志（1986—2005）》出版】 12月，黑龙江省伊春市新青区（林业局）编委会编纂的《新青区（林业局）志（1986—2005）》由黑龙江人民出版社出版。该志分概述、大事记、专志、附录和索引等部分，记述新青区（林业局）1986年至2005年经济社会发展和改革开放20年来的历程。全书133万字。（徐萍　杜胜男）

【《赣榆县志（1990—2009）》出版】 4月，江苏省连云港市赣榆区地方志编委会编纂的《赣榆县志（1990—2009）》由方志出版社出版。该书为1997年出版的《赣榆县志》的续志，采用中篇结构、篇章节体式，除总述、大事记、附录外，设36篇，记录1990年至2009年赣榆县依托资源和区位优势，坚持“工业立县、工业强县”战略，在开拓创新中加快发展的历史进程，充分展现20年间经济、政治、文化、社会等领域取得的辉煌成就。全书210万字。（张丽）

【《泰州市海陵区志（1988—2008）》出版】 11月，江苏省泰州市海陵区地方志编委会编纂的《泰州市海陵区志(1988—2008)》由南京出版社出版。该志主体设31篇，志首设宣传彩页、序、凡例、总目、总述、大事记，志末设附录、编纂始末、索引，志首彩图184幅、随文图片279幅。全书着重反映海陵1996年撤市设区以后在改革开放、经济建设、城乡建设和社会发展等方面取得的成就。全书240万字。（张丽）

【《高邮市志(1986—2005)》出版】 12月，江苏省高邮市地方志年鉴编委会编纂的《高邮市志(1986—2005)》由方志出版社出版。该志分上、下册，设35篇，图文并茂，彩印精装，并附有电子版，从高邮鸭业、龙虬庄文化等高邮特色入手，彰显历史文化名城的风采。全书重点记载高邮市在改革开放和社会主义现代化建设20年中所取得社会经济发展、精神文明建设的丰硕成果和丰富经验，突出改革开放的时代特色。全书325万字。（张丽）

【《灌云县志(1984—2005)》出版】 8月，江苏省灌云县地方志编委会编纂的《灌云县志(1984—2005)》由方志出版社出版。该志分上、下册，除图照、总述、大事记、附录外，设34编，客观、系统地记录1984年至2005年灌云县自然、政治、经济、文化、社会等方面的历史与现状。全书230万字。（张丽）

【《金湖县志(1986—2005)》出版】 12月，江苏省金湖县地方志编委会编纂的《金湖县志(1986—2005)》由方志出版社出版。该志采用篇章节目体结构，设44篇，另设图录、地图、序言、凡例、概述、大事记、附录、索引、编后记，记载1986年至2005年金湖经济、政治、文化、社会等领域取得的辉煌成就。全书资料丰富翔实，设置金湖油田、金湖秧歌、专记(兴修淮河入江水道的前后史实、金湖大桥兴建始末等)，彰显金湖特色。全书280万字。

（张丽）

【《海宁市志(1991—2010)》出版】 12月，浙江省海宁市史志编委会编纂的《海宁市志(1991—2010)》由浙江人民出版社出版。该志分上、下册，设专志42篇，配表格499张、随文图片431幅，卷首设彩页、概述和大事记，卷末设附录，著名武侠小说家金庸(海宁袁花人)题词“海宁市志”和中国科学院院士周志炎(祖籍海宁盐官)题词“盛世修志，继往开来”，市委书记、市长联合作序。全书316万字。（嘉兴市史志办）

【《龙游县志(简本)》出版】 1月，浙江省龙游县地方志编委会编纂的《龙游县志(简本)》由方志出版社出版。该志是一部系统反映龙游县情，且便于携带和使用的简明读本。除序、凡例、概述外，设24卷，分别为大事记、政区、自然环境、县城、街道·镇·乡、人口·氏族、宗教·风俗、社会事业、基础设施、农业、工业·建筑业·房地产业、商贸服务业、金融·财税、经济行政管理、中国共产党地方组织、政府·人大·政协、公安·司法、教育·科技、卫生·体育、文化、文物·旅游、人物传、诗文选、表格汇编。全书50.3万字。（衢州市志办）

【《温岭市志(1988—2007)》出版】 11月，浙江省温岭市地方志编委会编纂的《温岭市志(1988—2007)》由中华书局出版。该志记述1988年至2007年的温岭历史，部分重大事件有延后记述。全书208万字。（台州市志办）

【《厦门市同安区志(1997—2007)》出版】 1月，福建省厦门市同安区志办编纂的《厦门市同安区志(1997—2007)》由方志出版社出版。该志是中华人民共和国成立后同安编纂的第二部志书，也是同安历史上的首部区志，共设29篇。全书189.5万字。

（欧长生　吴朝庭）

【《大田县志(1993—2008)》出版】 8月，福建省大田县地方志编委会编纂的《大田县志(1993—2008)》由方志出版社出版。该志是

1996 年版《大田县志》的续志，共设 29 卷。全书 181 万字。（欧长生 吴朝庭）

【《明溪县志（1991—2005）》出版】 8 月，福建省明溪县地方志编委会编纂的《明溪县志（1991—2005）》由方志出版社出版。该志是 1997 年版《明溪县志》的续志，共设 22 卷。全书 127.3 万字。（欧长生 吴朝庭）

【《南安市志（1989—2008）》出版】 8 月，福建省南安市地方志编委会编纂的《南安市志（1989—2008）》由方志出版社出版。该志分上、下册，设 37 卷。全书 182.5 万字。

（欧长生 吴朝庭）

【《贵溪市志（1991—2008）》出版】 2 月，江西省贵溪市地方志编纂委员会编纂的《贵溪市志（1991—2008）》由方志出版社出版。姜新文主编。全书分上、下两册，共 31 卷，设建置区划、自然环境、资源等 118 章，全面系统记述断限内贵溪发展历程。志首设序、凡例、概述、大事记、专记，志末附 1996 年版《贵溪县志》勘误、重要文件选录、贵溪赋、《贵溪市志》各承编单位主笔、资料员名单、编后记。该志全面记述改革开放，记写园区建设、保险证券、邮政物流、互联网通信等新生事物，突出铜工业、非物质文化遗产、习俗、方言、谱牒等地方特色。全书 207.8 万字。

（潘晨）

【《梁山县志（1994—2013）》出版】 7 月，山东省梁山县地方史志编委会编纂的《梁山县志（1994—2013）》由方志出版社出版。该志设 26 篇，涵盖自然地理、政治经济、社会人文、乡风民俗等内容。全书 136 万字。

（孙杰 王赟）

【《峄城区志（1991—2010）》出版】 9 月，山东省枣庄市峄城区史志办编纂的《峄城区志（1991—2010）》由天津古籍出版社出版。该志设 22 编。全书 130 万字。（孙杰 王赟）

【《薛城区志（1991—2013）》出版】 12 月，山东省枣庄市薛城区地方史志编委会编纂的《薛城区志（1991—2013）》由方志出版社出版。该志设 28 编，由概述、大事记、专业各编和人物、附录组成。全书 170 万字。

（孙杰 王赟）

【《台儿庄区志（1986—2013）》出版】 12 月，山东省枣庄市台儿庄区地方史志编委会编纂的《台儿庄区志（1986—2013）》由方志出版社出版。该志设 28 编，由概述、大事记、专业各编和人物、附录组成。全书 150 万字。

（孙杰 王赟）

【《滕州市志（1988—2016）》出版】 12 月，山东省滕州市史志办编纂的《滕州市志（1988—2016）》由方志出版社出版。该志分上、下册，设 36 编，由概述、大事记、专业各编和人物、附录组成。全书 260 万字。

（孙杰 王赟）

【《寒亭区志（1989—2013）》出版】 12 月，山东省潍坊市寒亭区地方史志编委会编纂的《寒亭区志（1989—2013）》由方志出版社出版。该志共 34 个部类。全书 165.8 万字。

（孙杰 王赟）

【《兖州市志（1996—2013）》出版】 12 月，山东省济宁市兖州区地方史志编委会编纂的《兖州市志（1996—2013）》由方志出版社出版。该志分概述、大事记、专业各篇（29 篇）和人物、附录、索引、编后记，图照 500 余幅。全书 160 万字。（孙杰 王赟）

【《栖霞市志（1985—2002）》出版】 12 月，山东省栖霞市地方史志编委会编纂的《栖霞市志（1985—2002）》由方志出版社出版。该志设概述、大事记、专业各编（29 编）和人物、附录、索引、编后记等，图照 1100 余幅。全书 175 万字。（孙杰 王赟）

【《烟台市芝罘区志（1983—2002）》出版】 12月，山东省烟台市芝罘区地方史志编委会编纂的《烟台市芝罘区志（1983—2002）》由线装书局出版。该志分上、下册，设32编171章648节，全面系统反映1983年至2002年芝罘区的人情、地情和区情。全书247.5万字。

（孙杰　王赟）

【《武城县志（1986—2013）》出版】 12月，山东省武城县地方史志编委会编纂的《武城县志（1986—2013）》由方志出版社出版。该志设29编及大事记、人物、附录，记述1986年到2013年武城县自然、政治、经济、社会、文化、生态文明建设的轨迹和基本情况。全书98万字。（孙杰　王赟）

【《海阳市志（1978—2010）》出版】 12月，山东省海阳市地方史志编委会编纂的《海阳市志（1978—2010）》由方志出版社出版。该志分上、下册，设27编。全书220万字。

（孙杰　王赟）

【《许昌市魏都区志》出版】 1月，河南省许昌市魏都区地方史志编委会编纂的《许昌市魏都区志》由中州古籍出版社出版。该志上限上溯至商朝，下限2000年。全志详今略古，重记当代，特别详记1978年中国共产党十一届三中全会以后和1986年许昌市行政区划调整以后魏都区各项建设事业的实绩。全书采用小编篇目结构，首设概述，次设大事记，后设附录。该志27篇，1000余幅图片，客观、真实地记录魏都区历史发展的演变轨迹和区情变化过程。全书140万字。（汪朝霞）

【《监利县志（1912—1949）》出版】 年内，湖北省监利县地方志编委会编纂的《监利县志（1912—1949）》由长江出版社出版。该志上限起于1912年1月，下限讫于1949年10月。全书采用纲目体，以志为主，分别门类，横排纵写，卷目按四级目排列。全书69.8万字。

（湖北省文旅厅地方志工作处）

【《湘阴县志（1978—2015）》出版】 8月，湖南省湘阴县志编委会组织编纂的《湘阴县志（1978—2015）》由方志出版社出版。该志上限与前志下限重叠8年（1978年至1985年）。全志由序、凡例、概述、大事记、专志、人物、附录、索引、后记组成。专志采用篇、章、节、目的结构形式，设专志25篇。全书190万字。（田丰）

【《灵川县志（1991—2005）》出版】 1月，广西壮族自治区灵川县地方志编委会编纂的《灵川县志（1991—2005）》由广西人民出版社出版。该志记述时限为1991年至2005年，卷首设地图、图片、序、概述和大事记，卷末有附录、索引及后记；设18篇，篇下按章、节、目、子目结构层次排列。各篇章附有随文插图。全书140万字。（韦瑟钧乙）

【《平乐县志（1991—2005）》出版】 4月，广西壮族自治区平乐县地方志编委会编纂的《平乐县志（1991—2005）》由国家图书馆出版社出版。该志为篇章节体，以志为主，设22篇。全书103万字。（韦瑟钧乙）

【《永福县志（1991—2005）》出版】 6月，广西壮族自治区永福县地方志编委会编纂的《永福县志（1991—2005）》由国家图书馆出版社出版。该志上自1991年1月，下至2005年12月，记载永福县改革开放15年间的历史变迁和社会发展情况。正文设22篇，前置地图、彩页、概述、大事记，后设附录、索引、编后记，内置彩色图照215幅。全书175.8万字。

（韦瑟钧乙）

【《灌阳县志（1991—2005）》出版】 6月，广西壮族自治区灌阳县地方志编委会编纂的《灌阳县志（1991—2005）》由国家图书馆出版社出版。该志为章节体，专志部分设27篇，志后有附录、编后记，记载1991年至2005年灌阳经济与社会的发展变迁，对1995年版《灌阳县志》进行补遗，记述新圩阻击战主战

场、新圩阻击战战地救护所、酒海井红军烈士纪念碑等红色旅游景点，突出灌阳红色旅游特色。全书140万字。（韦瑟钧乙）

【《资源县志（1991—2005）》出版】 7月，广西壮族自治区资源县地方志编委会编纂的《资源县志（1991—2005）》由国家图书馆出版社出版。该志设38章，横排门类，纵述始末；后设乡镇概况、人物荣誉、附录、索引、后记，内文有插图，表随文设。全书138.5万字。（韦瑟钧乙）

【《浦北县志（1991—2005）》出版】 8月，广西壮族自治区浦北县地方志编委会编纂的《浦北县志（1991—2005）》由线装书局出版。该志以篇章节目形式，正文设25篇，记述1991年至2005年浦北县地理、政治、经济、文化及风土人情。全书153.5万字。（韦瑟钧乙）

【《陆川县志（1990—2005）》出版】 9月，广西壮族自治区陆川县地方志编委会编纂的《陆川县志（1990—2005）》由国家图书馆出版社出版。该志是1993年版《陆川县志》的续编本，设25篇，图片493幅，记述1990年至2005年陆川县自然、经济、政治、文化、社会等方面建设的历史进程和重大成就。全书167万字。（韦瑟钧乙）

【《全州县志（1991—2005）》出版】 10月，广西壮族自治区全州县地方志编委会编纂的《全州县志（1991—2005）》由广西人民出版社出版。该志为1998年版《全州县志》的续志，设20篇，后设附录、索引、后记。全书100万字。（韦瑟钧乙）

【《邕宁县志（1991—2005）》出版】 12月，广西壮族自治区南宁市邕宁区、良庆区地方志编委会编纂的《邕宁县志（1991—2005）》由方志出版社出版。该志为1995年版《邕宁县志》的续志，主体部分设22篇，书后设附录、索引、编后记，记载1991年至2005年邕宁县自然、政治、经济、文化及社会发展的历史与现状。全书198.3万字。（韦瑟钧乙）

【《桂林市七星区志》出版】 12月，广西壮族自治区桂林市七星区地方志编委会编纂的《桂林市七星区志》由方志出版社出版。该志为章节体，设35章，后设附录、索引、编后记。全书146.9万字。（韦瑟钧乙）

【《酉阳土家族苗族自治县志（1986—2005）》出版】 7月，重庆市酉阳土家族苗族自治县志编委会编纂的《酉阳土家族苗族自治县志（1986—2005）》由方志出版社出版。该志是1983年11月酉阳土家族苗族自治县成立之后编修的首部县志，记述1986年至2005年酉阳县自然、经济、政治、文化、社会的发展变化，其中大事记和图片下延至2012年。全书120万字。（张仁富）

【《重庆市大渡口区志（1989—2008）》出版】 11月，重庆市大渡口区地方志编委会编纂的《重庆市大渡口区志（1989—2008）》由重庆出版社出版。该志记述1989年至2008年大渡口区在经济、政治、文化、社会、生态文明等方面取得的成就，体现行政区划调整、重钢环保搬迁、经济建设、经济体制改革、城市建设等内容。全书120万字。（雷蕾　刘芳）

【《秀山县志（1912—1949）》出版】 7月，重庆市秀山土家族苗族自治县地方志编委会编纂的《秀山县志（1912—1949）》由方志出版社出版。该志记述1912年至1949年11月7日秀山县域的自然、政治、经济、文化及社会等方面状况，为了解民国时期的秀山历史提供史实依据，共设21篇，配图90幅。全书63.5万字。（钟国军）

【《苍溪县志（1991—2005）》出版】 11月，四川省苍溪县地方志编委会编纂的《苍溪县志（1991—2005）》由中国书籍出版社出版。该志

记述苍溪县1991年至2005年政治、经济、社会与文化发展变化的真实情况。全书130万字。（雷雨露）

【《修文县志（1978—2010）》出版】 9月，贵州省修文县地方志编委会编纂的《修文县志（1978—2010）》由方志出版社出版。该志上限起于1978年，下限止于2010年，并设附录记载2011年至2017年发生的大事、要事和新事，充分体现出修文改革开放以来的时代特色和地域特点。全书275万字。（贵州省志办）

【《关岭布依族苗族自治县志（1999—2015）》出版】 7月，贵州省关岭布依族苗族自治县地方志编委会编纂的《关岭布依族苗族自治县志（1999—2015）》由方志出版社出版。该志设19篇，全面客观反映关岭社会、政治、经济、军事、教育、文化、卫生、旅游等发展情况。全书130万字。（贵州省志办）

【《雷山县志（1988—2013）》出版】 7月，贵州省雷山县地方志编委会编纂的《雷山县志（1988—2013）》由方志出版社出版。该志记录雷山县1988年至2013年发展历程及雷山县政治、经济、社会、生态、文化地情资料和信息。全书257万字。（贵州省志办）

【《榕江县志（1978—2012）》出版】 8月，贵州省榕江县地方志编委会编纂的《榕江县志（1978—2012）》由方志出版社出版。该志主要记载1978年改革开放以后榕江县建设所取得的成就，也反映存在的问题。全书207万字。（贵州省志办）

【《台江县志（1991—2010）》出版】 10月，贵州省台江县地方志编委会编纂的《台江县志（1991—2010）》由方志出版社出版。该志集中展现台江县在改革开放新的历史时期发生的重大变化，突出苗族人口高度聚居的民族特色。全书219万字。（贵州省志办）

【《罗甸县志（1991—2015）》出版】 6月，贵州省罗甸县地方志编委会编纂的《罗甸县志（1991—2015）》由方志出版社出版。该志全面记述罗甸山川地理、政治经济、科教文化、民俗风情等各方面的历史和现状。全书154万字。（贵州省志办）

【《册亨县志（1999—2015）》出版】 1月，贵州省册亨县地方志编委会编纂的《册亨县志（1999—2015）》由方志出版社出版。该志设15篇，记载1999年至2015年册亨县政治、经济、文化和社会各项事业发展情况。全书160万字。（贵州省志办）

【《仲巴县志》出版】 4月，西藏自治区仲巴县地方志编委会编纂的《仲巴县志》由中国藏学出版社出版。该志设16篇，全面记述从事物发端至2000年特别是西藏和平解放以后仲巴县各族人民在中国共产党的领导下，政治、经济、社会、文化、生态等各方面所取得的巨大成就。全书84万字。（邹廷波）

【《察隅县志》出版】 7月，西藏自治区察隅县地方志编委会编纂的《察隅县志》由中国藏学出版社出版。该志设16篇，全面记述从事物发端至2005年特别是西藏和平解放以后在中国共产党领导下，察隅县政治、经济、社会、文化、生态等方面取得的巨大成就。全书140万字。（邹廷波）

【《西安市长安区志（1990—2010）》出版】 8月，陕西省西安市长安区志编委会编纂的《西安市长安区志（1990—2010）》由陕西人民出版社出版。该志是1999年版《长安县志》的续志，记述上限为1990年，下限至2010年底，部分记述适当追溯下延。该志沿用章节体，共设32编，全面反映长安区21年间经济、政治、文化和社会各个方面的发展成果。全书150万字。（黄立峰）

【《西安市雁塔区志（1994—2010）》出版】 10

月，陕西省西安市雁塔区志编委会编纂的《西安市雁塔区志（1994—2010）》由陕西旅游出版社出版。该志由总述、大事记、32个分篇和附录等组成，记述上限为1994年，下限为2010年，个别事物记述适当上溯。该志全面系统反映雁塔区17年间社会发展的轨迹和变革。全书140万字。（黄立峰）

【《十三团志（1997—2013）》出版】 8月，新疆生产建设兵团第一师阿拉尔市十三团史志编委会编纂的《十三团志（1997—2013）》由新疆生产建设兵团出版社出版。该志分环境、经济、政治、社会、人物等板块，设26章，记述十三团1997年至2013年自然、经济、政治、文化、社会的历史和现状。全书126万字。（第一师阿拉尔市史志办）

【《二十二团志（1996—2010）》出版】 12月，新疆生产建设兵团第二师铁门关市史志办编纂的《二十二团志（1996—2010）》由新疆生产建设兵团出版社出版。该志上限为1996年，下限为2010年，全面翔实记述二十二团15年间经济和社会各项事业发展历程及所取得的成就。全书120万字。

（第二师铁门关市史志办）

【《三十一团志（1996—2010）》出版】 10月，新疆生产建设兵团《三十一团志（1996—2010）》由新疆文化出版社出版。该志上限为1996年，下限为2010年，为突出三十一团的经济地域特色，设棉花主题种植业、库尔勒香梨主题果业、塔里木马鹿主题养殖业专章。全书110万字。（杨卓轩）

·乡镇村志书出版

【《沈阳街道乡镇志》（第二辑）出版】 年内，辽宁省沈阳市志办整理的《沈阳街道乡镇志》（第二辑）由沈阳出版社出版。该志对20世纪80年代全市编写的油印、手写街道乡镇志稿进行收录（包括隶属于和平区的12个街道志稿），对设置不合理的章节进行归并、分拆或移位，对错误的人名、地名、职务等进行校正，对人称、句法、用字等不规范的地方加以改正。全书50万字。（俄文亮）

【《中国名镇志·孤山镇志》出版】 11月，辽宁省东港市孤山镇志编委会编纂的《中国名镇志·孤山镇志》由方志出版社出版。该志入选第三批中国名镇志丛书。该志设置基本镇情、文化遗产、古建筑群、古镇保护、旅游开发、驻军战事、地域文化、风土人情、名人与名镇、艺文杂记等类目。收录随文图片、图画200余幅。全书31.7万字。（卜俊丽）

【《中国名村志·新生村志》出版】 11月，黑龙江省黑河市爱辉区新生鄂伦春族乡新生村志编委会编纂的《中国名村志·新生村志》由方志出版社出版。该志入选第三批中国名村志丛书。该志分12个类目，着重记述新生村鄂伦春族的生活和发展进程，突出展示该地宗教信仰、民族习俗、村落文化、旅游产业。上限尽量追溯至事物发端，下限断至启动编修年份，个别重大事项延至搁笔。体裁运用适当创新，篇目设置不求面面俱到，一般意义上的村级内容略去不载。全书25.3万字。

（徐萍　杜胜男）

【《侯冲社区志》出版】 7月，江苏省南京市浦口区永宁街道侯冲社区办事处编纂的《侯冲社区志》由方志出版社出版。该志设18章，前置序言、凡例、概述、大事记，后殿附录，收录彩图80幅，记载内容上限不限，下至2015年，记录侯冲社区历史沿革、自然地理、政治经济、文化体育、社会民生、民俗风情等方面的发展和变化。全书54万字。（张丽）

【《中兴镇志》出版】 6月，江苏省张家港市《中兴镇志》编委会编纂的《中兴镇志》由广陵书社出版。该志设16编，上限尽量追溯，下限为1999年8月，照片延至2018年4月。志首有地图、彩页、编审人员名录、序、凡

例、概述和大事记，志末设志余、编后记。全书 66.9 万字。（张丽）

【《田垛里村志》出版】 6 月，江苏省张家港市杨舍镇《田垛里村志》编委会编纂的《田垛里村志》由凤凰出版社出版。田垛里村位于张家港经济技术开发区腹地，2001 年与泾东村合并，2012 年与陈东庄、范港村合并，成立新的田垛里村。该志采用编、章、节、目结构，配图近百幅，上限尽量追溯，下限至 2016 年底。全书 43 万字。（张丽）

【《欧桥村志》出版】 10 月，江苏省张家港市塘桥镇《欧桥村志》编委会编纂的《欧桥村志》由文汇出版社出版。欧桥村地处塘桥镇妙桥办事处，2004 年 3 月由欧桥、立新、西旸三村合并而成。该志设 15 卷，记述欧桥村自然、人文、经济、政治、文化、社会发展的历史与现状。全书 40 余万字。（张丽）

【《小明沙村志》出版】 11 月，江苏省张家港市保税区（金港镇）小明沙村编纂的《小明沙村志》由广陵书社出版。2004 年 3 月，原小明沙村和德丰村合并升格成党委村。该志设 13 卷，上限尽量追溯，下限为 2015 年 12 月。全书 38.4 万字。（张丽）

【《中国名镇志·杨舍镇志》出版】 11 月，江苏省张家港市杨舍镇志编委会编纂的《中国名镇志·杨舍镇志》由方志出版社出版。该志入选第三批中国名镇志丛书。该志设杨舍镇情、宜居新城、国家级经济技术开发区、全国文明城市“五连冠”创建主阵地、暨阳风物、名人与名镇、艺文杂技、大事记略等类目。全书 34.4 万字。（朱永平）

【《中国名镇志·塘桥镇志》出版】 11 月，江苏省张家港市塘桥镇志编委会编纂的《中国名镇志·塘桥镇志》由方志出版社出版。该志入选第三批中国名镇志丛书。该志设基本镇情、纺织名镇、围棋之乡、中国民间文化艺术之乡、东渡览胜、古迹遗址、风土人情、名人与名镇、艺文杂记、大事记略等类目。全书 35.1 万字。（朱永平）

【《中国名镇志·金港镇志》出版】 11 月，江苏省张家港市金港镇志编委会编纂的《中国名镇志·金港镇志》由方志出版社出版。该志入选第三批中国名镇志丛书。该志设基本镇情、张家港保税区、张家港港、香山旅游、风土人情、名人与名镇、艺文杂记、大事记略等 9 章。全书 31.9 万字。（朱永平）

【《中国名镇志·凤凰镇志》出版】 11 月，江苏省张家港市凤凰镇志编委会编纂的《中国名镇志·凤凰镇志》由方志出版社出版。该志入选第三批中国名镇志丛书。该志设基本镇情、凤凰山风景区、古镇风貌、蜜桃文化、凤凰风物、艺文杂记、名人与名镇、大事记略等 8 章。全书 36.1 万字。（朱永平）

【《中国名镇志·梅李镇志》出版】 11 月，江苏省常熟市梅李镇志编委会编纂的《中国名镇志·梅李镇志》由方志出版社出版。该志入选第三批中国名镇志丛书。该书设基本镇情、经编名镇、宜居小镇、现代农业、文物古迹、孝爱之乡、风土人情、艺文杂记、名人与名镇、大事记略等篇章。全书 31.6 万字。（常熟市志办）

【《旺山村志》出版】 3 月，江苏省苏州市吴中区越溪街道旺山村村民委员会编纂的《旺山村志》由方志出版社出版。该志设 14 章，记述旺山村的历史变迁和发展现状。全书 37 万字。（张丽）

【《箭泾村志》出版】 8 月，江苏省苏州市吴中区胥口镇《箭泾村志》编委会编纂的《箭泾村志》由古吴轩出版社出版。该志设 12 章，上至民国元年，下至 2012 年底，图文并茂、分类科学，囊括建置、地理、人口、经济、路桥河浜、社会事业和古迹民俗等诸多方面。全书正文中28幅手绘自然村（小区）平面图浓墨重彩，将2008年境域内村民住宅、河浜道路和街市树林等悉数绘入，并标注每户户主姓名。全书23万字。（张丽）

【《中国名镇志·光福镇志》出版】 11月，江苏省苏州市吴中区光福镇志编委会编纂的《中国名镇志·光福镇志》由方志出版社出版。该志入选第三批中国名镇志丛书。该志设概述（湖光山色 宜居福地）、基本镇情、山水、邓尉探梅、香雪海、千年古刹、古镇风貌、渔业之乡、工艺之乡、花木之乡、名人与名镇、艺文著述、杂记、大事记略等13篇。全书39.2万字。（吴中区志办）

【《中国名村志·三山村志》出版】 11月，江苏省苏州市吴中区东山镇三山村志编委会编纂的《中国名村志·三山村志》由方志出版社出版。该志入选第三批中国名村志丛书。该志设基本村情、三山古村落、生态三山、三山旅游、三山岛旧石器时代文化遗址、三山习俗、物产、名人与名村、艺文等类目。全书29.6万字。（吴中区志办）

【《中国名村志·杨湾村志》出版】 11月，江苏省苏州市吴中区东山镇杨湾村志编委会编纂的《中国名村志·杨湾村志》由方志出版社出版。该志入选第三批中国名村志丛书。该志设基本村情、古村风貌、古建瑰宝、古村保护、乡村旅游、山珍湖鲜、民俗风情、艺文杂记、杨湾望族、名人与名村等类目。全书28.7万字。（吴中区志办）

【《中国名村志·陆巷村志》出版】 11月，江苏省苏州市吴中区东山镇陆巷村志编委会编纂的《中国名村志·陆巷村志》由方志出版社出版。该志入选第三批中国名村志丛书。该志设基本村情、古村风貌、古村保护、乡村旅游、名优特产、民俗风情、艺文杂记、名人与名村等类目。全书29.7万字。（吴中区志办）

【《双桥村志》出版】 8月，江苏省宜兴市丁蜀镇双桥村编纂的《双桥村志》由方志出版社出版。该志设12章，收录7部本村宗谱，记录范仲淹后裔、徐悲鸿同族、周处同宗的大宗姓氏迁徙、繁衍的历程，3座县志记载的老桥、大小宗祠记载文书，更有范氏宗祠“永思堂”、义仓“绵厚堂”、“鸡婆头”屋脊、《示禁碑》《重建风鸣桥碑》、八房民间舞蹈“孋双忙”、确权田亩册以及1700年的古老银杏树等遗存、照片、资料。全书40万字。（张丽）

【《罗阳镇志》出版】 8月，浙江省泰顺县《罗阳镇志》暨六乡志编委会编纂的《罗阳镇志》由浙江古籍出版社出版。该志以2010年浙江省泰顺县罗阳镇地域为界，上不设限，下限至2010年，记述罗阳镇的自然、经济、政治、人文的历史与现状。全书61.3万字。（温州市史志办）

【《洲岭乡志》出版】 8月，浙江省泰顺县《罗阳镇志》暨六乡志编委会编纂的《洲岭乡志》由浙江古籍出版社出版。该志以2011年5月浙江省泰顺县洲岭乡地域为界，上不设限，下限至2011年5月，记述洲岭乡的自然环境、经济、社会、人文的历史与现状。全书21.6万字。（温州市史志办）

【《仙稔乡志》出版】 9月，浙江省泰顺县《罗阳镇志》暨六乡志编委会编纂的《仙稔乡志》由浙江古籍出版社出版。该志以2011年5月浙江省泰顺县仙稔乡地域为界，上不设限，下限至2011年5月，记述仙稔乡的自然环境、经济、社会、文化的历史与现状。全书22.6万字。（温州市史志办）

【《碑排乡志》出版】 9月，浙江省泰顺县《罗阳镇志》暨六乡志编委会编纂的《碑排乡志》由浙江古籍出版社出版。该志以2011年5月浙江省泰顺县碑排乡地域为界，上不设限，下限至2011年，记述碑排乡的自然环境、经济、社会、文化的历史与现状。全书26万字。
(温州市史志办)

【《南院乡志》出版】 9月，浙江省泰顺县《罗阳镇志》暨六乡志编委会编纂的《南院乡志》由浙江古籍出版社出版。该志以2011年5月浙江省泰顺县南院乡地域为界，上不设限，下限至2011年5月，记述南院乡的自然环境、经济、社会、文化的历史与现状。全书34万字。
(温州市史志办)

【《岭北乡志》出版】 9月，浙江省泰顺县《罗阳镇志》暨六乡志编委会编纂的《岭北乡志》由浙江古籍出版社出版。该志以2011年5月浙江省泰顺县岭北乡地域为界，上不设限，下限至2011年5月，记述岭北乡的自然环境、经济、社会、文化的历史与现状。全书26.5万字。
(温州市史志办)

【《下洪乡志》出版】 9月，浙江省泰顺县《罗阳镇志》暨六乡志编委会编纂的《下洪乡志》由浙江古籍出版社出版。该志以2011年5月浙江省泰顺县下洪乡地域为界，上不设限，下限至2011年5月，记述下洪乡的自然环境、经济、社会、文化教育的历史与现状。全书29.2万字。
(温州市史志办)

【《丁桥镇志》出版】 2月，浙江省嘉兴市《丁桥镇志》编委会编纂的《丁桥镇志》由方志出版社出版。该志设地理、农业、工业、水利·电力、碰头潮、交通运输·邮政通信、商贸·财税·金融、党派·群团、政权、军事·法治、民政·人民生活、教育·科技、文化·体育·卫生、风俗·宗教·语言、人物·世家、艺文等篇，卷首设图照、概述、大事记。全书119.7万字。
(嘉兴市史志办)

【《杨庙镇志》出版】 年内，浙江省嘉善县天凝镇镇志编委会编纂的《杨庙镇志》由中华书局出版。该志记述杨庙自有史记载以来至2009年7月杨庙镇并入天凝镇时的自然、政治、经济、文化、社会等历史和现状。全志设29章。志首附照片64幅、地图6幅，内有随文照片32幅，生动体现杨庙“丝棉古地，鱼米之乡”的风采和改革开放以来的发展成就。志末设专记两篇，分别记述雪菜和东麟湖馄饨菱两种杨庙特色农产品的发展历史。全书39.8万字。
(嘉兴市史志办)

【《丁栅镇志》出版】 年内，浙江省嘉善县姚庄镇镇志编委会编纂的《丁栅镇志》由中华书局出版。该志设33章，志中附各时期行政区划图8幅、图照201幅（其中随文照片81幅），生动体现丁栅“鱼米之乡、工业强镇、文化名镇”的风采。志末设专记两篇，分别记述太浦河浙江段建设工程和嘉善田歌的起源发展及传承保护。全书112万字。
(嘉兴市史志办)

【《西塘镇志》出版】 年内，浙江省嘉善县西塘镇镇志编委会编纂的《西塘镇志》由中华书局出版。该志分36章，是继1994年出版首部《西塘镇志》后的重修镇志，增加下甸庙、大舜两地的内容，记述西塘、大舜、下甸庙自有史记载以来至2009年的自然、经济、政治、文化和社会的历史与现状。志首列序言、照片、地图、概述、大事记，志末设专记3篇，分述下甸庙砖瓦、嘉善黄酒、大舜纽扣三种地方特色经济的发展历史。全书125万字。
(嘉兴市史志办)

【《黄姑镇志》出版】 1月，浙江省平湖市黄姑镇镇志编委会编纂的《黄姑镇志》由中华书局出版。该志设27编，各编之首均有综述性短文提示梗概，彩照、图片大多置于各志之首。上溯事物发端，下限至2009年12月，由概述、大事记、专志和丛录4部分组成。全书150万字。
(嘉兴市史志办)

【《全塘镇志》出版】 1月，浙江省平湖市全塘镇镇志编委会编纂的《全塘镇志》由中华书局出版。该书设11卷48章，每卷、章首设小序，图、表穿插章节之中。上溯事物发端，下限至2009年12月，个别事物有所延伸，所述地名、机构名称按当时所称，酌注今名。卷首设概述和大事记，纵横记述全塘镇概况。全书77.6万字。（嘉兴市史志办）

【《中国名镇志·双林镇志》出版】 11月，浙江省湖州市南浔区双林镇志编委会编纂的《中国名镇志·双林镇志》由方志出版社出版。该志入选中国名镇志丛书。该志设基本镇情、绫绢生产、蚕丝绫绢文化、名胜古迹、民间文化、风土人情、名人与名镇、艺文、大事记略9个部分，图片128幅。全书32.5万字。

（湖州市志办）

【《沈村村志》出版】 1月，浙江省绍兴市柯桥区平水镇《沈村村志》编委会编纂的《沈村村志》由方志出版社出版。该志设11章，全面客观记载沈村的村庄历史、自然环境、特色产业、组织建设、村民生活、风物习俗等内容。全书22.75万字。（绍兴市史志办）

【《小越镇志》出版】 11月，浙江省绍兴市上虞区《小越镇志》编委会编纂的《小越镇志》由中国文史出版社出版。该志全面客观记载小越镇风土人情，记述小越自事物发端到2010年的变迁。全书43万字。

（绍兴市史志办）

【《马金镇志》出版】 10月，浙江省衢州市《马金镇志》编委会编纂的《马金镇志》由西泠印社出版。该志设概述、大事记及12篇正文，记述上限一般上溯事物之发端，下限2015年，对个别事物的记述延伸至脱稿之时。志首载地图、照片、序、凡例。全书80万字。

（衢州市志办）

【《坂头村志》出版】 2月，浙江省江山市贺村镇《坂头村志》编辑部编纂的《坂头村志》由方志出版社出版。该志分彩页、序1、序2、序3、凡例、概述、第一版块土地（十三节）、第二版块政事（十一节）、第三版块居民（七节）、文献、大事纪年、评论、编纂始末等。全书58万字。（衢州市志办）

【《鸬鸟镇志》出版】 6月，浙江省杭州市鸬鸟镇政府编纂的《鸬鸟镇志》由方志出版社出版。该志设政治、经济、文化等8卷，系统记载鸬鸟镇境内自然、政治、经济、社会、文化等方面的历史与现状。全书110万字。（李景苏）

【《安仁村志》出版】 10月，浙江省建德市乾潭镇安仁村编纂的《安仁村志》由方志出版社出版。该书设20章，照片486幅，充分展示该村悠久的历史文化、丰富的自然资源和独特的风土人情，对安仁日新月异的新农村建设、经济社会发展、开拓创新的历程等作详尽记载。全书65万字。（建德市志办）

【《香泉镇志》出版】 3月，安徽省和县香泉镇志编委会编纂的《香泉镇志》由安徽人民出版社出版。该志为马鞍山市出版的首部乡镇志。香泉镇早在明代就修过两本志，一是嘉靖十七年（1538）胡永成编纂的《香泉志》；二是嘉靖三十四年（1555）和州知州李渭和他的学生张仲华共同重新诠释纂辑的《香泉志》，并将和县香泉、含山陈村汤池、乌江汤泉合而为一，成《三泉志》（三卷本）。全书80万字。

（史五一）

【《幸福村志》出版】 2月，安徽省舒城县《幸福村志》编委会编纂的《幸福村志》由黄山书社出版。该志上限追溯至事物发端，下限止于2016年底。设12个类目，全面系统反映幸福村的自然、历史与现状，重点反映改革开放以来幸福村的经济发展成就和村级文化特色。全书38万字。（史五一）

【《小南京村志》出版】 12月，安徽省金寨县《小南京村志》编委会编纂的《小南京村志》由黄山书社出版。该志记述从北宋至2016年小南京村境内自然、政治、经济、文化、社会等方面的发展变迁，记述改革开放以后小南京村发展经济、改善民生方面的重要事项。全书设概述、大事记、基本村情、政治、经济发展、光伏产业、乡村旅游、社会事业、风土人情、辖组述略、人物、附录等，收录彩色图片300余幅，收录小南京籍各类人物673人。全书40万字。（史五一）

【《甘溪村志》出版】 11月，安徽省志办、广德县志办编纂的《甘溪村志》由黄山书社出版。该志设基本村情、氏族宗谱、组织机构、村组建设、名优特产、村落文化、风土民情等编，图文并茂，详尽记述甘溪村的历史沿革、行政区划、山水桥梁等内容，重点突出广德本土的宗族家谱、土著文化、传说故事、名优特产等。全书20万字。（史五一）

【《大峡谷村志》出版】 4月，安徽省金寨县燕子河镇《大峡谷村志》编委会编纂的《大峡谷村志》由黄山书社出版。该志系纲目体结构，由概述、大事记、基本村情、村级组织、大峡谷旅游、村级经济、社会事业、风土人情、人物、附录、编纂始末、人物索引等组成，大峡谷旅游是该书的主要特色内容。全书46万字。（史五一）

【《后郭村志》出版】 5月，福建省莆田市档案局（馆）、涵江区档案局（馆）编纂的《后郭村志》由中国文史出版社出版。该志上限为1949年。全书73万字。（欧长生　吴朝庭）

【《溪尾村志》出版】 5月，福建省莆田市档案局（馆）、仙游县档案局（馆）编纂的《溪尾村志》由中国文史出版社出版。全书23万字。（欧长生　吴朝庭）

【《东青村志》出版】 5月，福建省莆田市档案局（馆）、城厢区档案局（馆）编纂的《东青村志》由中国文史出版社出版。全书38万字。（欧长生　吴朝庭）

【《后黄村志》出版】 5月，福建省莆田市档案局（馆）、荔城区档案局（馆）编纂的《后黄村志》由中国文史出版社出版。全书38万字。（欧长生　吴朝庭）

【《穆云畲族乡志》出版】 11月，福建省穆云畲族乡政府编纂的《穆云畲族乡志》由方志出版社出版。全书37.7万字。（欧长生　吴朝庭）

【《浔中镇志》出版】 12月，福建省德化县浔中镇志编委会编纂的《浔中镇志》由方志出版社出版。全书32.9万字。（欧长生　吴朝庭）

【《辛安街道志（1993—2014）》出版】 1月，山东省青岛西海岸新区辛安街道办事处编纂的《辛安街道志（1993—2014）》由黄河出版社出版。该志设建置地理、改革、经济、城乡建设与管理、政治、教科文卫体、民生、社会、人物、附录等。全书80万字。（孙杰　王赟）

【《西南庄村志》出版】 1月，山东省青岛西海岸新区史志办指导、西南庄村编纂的《西南庄村志》由线装书局出版。全书7卷，上限为事物发端，下限为2013年，设基本村情、文化、村域经济、风土人情、村民生活、政治、人物等。全书79万字。（孙杰　王赟）

【《粟山村志》出版】 2月，山东省临朐县史志办指导、粟山村编纂的《粟山村志》由方志出版社出版。该志上限为事物发端，下限为2014年，设村情要览、大事记、建置环境、人口、村务管理、新村建设、产业发展、公共服务、风土人情、人物、附录等。全书57万字。（孙杰　王赟）

【《新户镇郭局村志》出版】 3月，山东省东营市《新户镇郭局村志》编委会编纂的《新户镇郭局村志》由线装书局出版。全书上起村庄建立，下限至2015年底，共16篇，100余幅图片，主要记述郭局村建置、自然环境、居民、村民家族谱牒、新农村建设、农业、渔业、经济、综合管理、党群组织、基层政权与村民自治组织、民政与社会保障、驻军兵役、社会生活、人物等。全书47.5万字。

（孙杰　王赟）

【《太平二村志》出版】　4月，山东省邹城市太平镇太平二村志编委会编纂的《太平二村志》由中国国际文化出版社出版。全书8章，记述太平二村境域内的自然、地理、经济及社会等的历史和现状。全书45万字。

（孙杰　王赟）

【《孟集村志》出版】　5月，山东省德州市孟集村志编委会编纂的《孟集村志》由中国文史出版社出版。该志上限1368年，下限至2016年，全面记述孟集村政治、经济、文化、风俗等方面的历史变迁和中华人民共和国成立以来机构变革、经济建设、自然风貌、风俗习惯、文化教育等方面的发展成就。全书30万字。

（孙杰　王赟）

【《上九山村志》出版】　10月，山东省邹城市石墙镇上九山村志编委会编纂的《上九山村志》由中州古籍出版社出版。该志前冠概述、大事记，后殿人物、附录，中设建置环境、居民、村庄建设、党政群团、农业、工商服务业、社会事业、旅游业、风俗、方言传说等编。全书28万字。　（孙杰　王赟）

【《辛店街道志》出版】　11月，山东省东营市东营区辛店街道志编委会编纂的《辛店街道志》由线装书局出版。全书上限自事物发端，下限至2010年，卷首设彩页、概述、大事记，中设专志24篇，后设附录，插图600余幅。全书110万字。　（孙杰　王赟）

【《棘洪滩街道志》出版】　11月，山东省青岛市城阳区史志办编纂的《棘洪滩街道志》由方志出版社出版。该志记述渔盐古镇、交通要镇、水源大镇、园区强镇、动车小镇等。全书36.4万字。

（孙杰　王赟）

【《北关社区志》出版】　12月，山东省邹城市钢山街道北关社区史志编委会编纂的《北关社区志》由中国文史出版社出版。该志前冠概述、大事记，后殿人物、附录，中设建置环境、居民、农业、工商服务业、党政军群团组织、科教文卫、民俗、名胜古迹、路街巷驻社区单位等。全书52万字。　（孙杰　王赟）

【《栾川乡志》出版】　4月，河南省洛阳市史志办指导、洛阳市栾川乡编委会编纂的《栾川乡志》由河南人民出版社出版。该志上启仰韶文化中后期，下至2016年底，记述数千年栾川乡社会发展的历史，客观反映中国共产党领导下穷乡僻壤发生的沧桑之变，特别是改革开放后“旅游带动”乡民脱贫致富奔小康的现实状况。全书88万字。　（汪朝霞）

【《白马寺镇志》出版】　11月，河南省洛阳市白马寺镇编委会编纂的《白马寺镇志》由中州古籍出版社出版。该志客观记录白马寺镇从新石器时代至2013年约7000年的历史，展现了镇域风貌和乡土人情，彰显改革开放以来的重大变化。全书68万字。　（汪朝霞）

【《中国名镇志·北京街道志》出版】　11月，广东省广州市越秀区志办、越秀区委宣传部、北京街道办事处编纂的《中国名村志·北京街道志》由方志出版社出版。该志设岭南名街（概述）、基本街情、文物胜迹、街巷风貌、千年商都、旅游开发、风土人情、名人与名街、艺文、大事记略等类目。全书37.8万字。

（李启伦）

【《中国名村志·石牌村志》出版】　11月，广东省广州市天河区志办编纂的《中国名村志·石牌村志》由方志出版社出版。该志设基本村情、城市中心的村庄、村域经济、村民生活、风俗文化、文化古迹、艺文杂记、姓氏宗族、名人与名村等类目，客观、系统记述石牌村800多年的变迁历程，突出记述改革开放以来石牌村作为典型的城中村的嬗变历程。全书33.7万字。（李启伦）

【《上合村志》出版】 7月，广东省深圳市宝安区新安街道地方志系列编委会编纂的《上合村志》由北方文艺出版社出版。该志包括卷首图片、概述、大事记、附录，以及建置、自然地理、姓氏宗族人口、经济改革、农业、工业、物业与商业服务业、城市化建设、党群建设、文化、教育体育、卫生计划生育、行政村（社区）管理、社会事务、民情风俗、重大历史事件、人物荣誉等。全书28万字。

（黄瑞栋）

【《四合村志》出版】 9月，重庆市江津区地方志编委会编纂的《四合村志》由九州出版社出版。该志记述江津区中山古镇四合村自有史可考至2014年的建置、环境、人口、农业、文教卫生、政治、生活、民情风俗、人物等内容，反映四合村的发展历史。全书40万字。

（陈秀红）

【《中国名镇志·兴隆华侨旅游经济区志》出版】 11月，海南省万宁市兴隆华侨旅游经济区志编委会编纂的《中国名镇志·兴隆华侨旅游经济区志》由方志出版社出版。该志记述兴隆基本区情、侨乡建设历程、独特咖啡文化、旅游业、艺文书画、风情美食、名人等方面的内容。全书34万字。（郑昕）

【《中国名镇志·来凤街道志》出版】 11月，重庆市璧山区来凤街道志编委会编纂的《中国名镇志·来凤街道志》由方志出版社出版。该志设基本街情、千年古驿、古迹文物、来凤鱼、传统工商业、风土人情、民间艺术、名人与名镇、艺文杂记等类目，配地图、照片、绘画等200余幅。全书38.4万字。

（王福忠　罗杨）

【《中国名村志·荷花村志》出版】 11月，重庆市巴南区接龙镇荷花村志编委会编纂的《中国名村志·荷花村志》由方志出版社出版。该志记录荷花村自建村至2016年底改革开放的发展成就，并将民俗文化作为志书主线，图片150余幅。全书26.3万字。（白刚）

【《中国名村志·黄瓜山村志》出版】 11月，重庆市永川区南大街街道黄瓜山村志编委会编纂的《中国名村志·黄瓜山村志》由方志出版社出版。该志设基本村情、乡村旅游、黄瓜山梨、风土人情、村民生活、新农村建设、村民自治、人物等类目，突出黄瓜山村发展特色农业、带动乡村旅游经验成果，展现黄瓜山村的新农村发展历程。全书29.7万字。（李文秀）

【《安康家园志》出版】 5月，四川省成都市双流区《安康家园志》编委会编纂的《安康家园志》由四川大学出版社出版。安康家园是由全国妇联中国儿童少年基金会在汶川特大地震后倡议建立，由日照钢铁集团捐资建设，专门用于救助四川灾区孤困儿童的项目。该书分概述、专志、安康人物、家园纪事和附录5个部分，其中专志分建立家园、家园管理、家庭教育、心理重建、学习成长、人间大爱6篇，按照纲目体设置，插图近400幅。全书50万字。

（孙振中　李华扬）

【《保冲村志》出版】 8月，贵州省普安县南湖街道保冲村志编委会编纂的《保冲村志》由云南人民出版社出版。全书34万字。

（贵州省志办）

【《中国名村志·隆里所村志》出版】 11月，贵州省锦屏县隆里乡隆里所村志编委会编纂的《中国名村志·隆里所村志》由方志出版社出版。该志突出记录隆里所600多年的军事城堡历史、“王昌龄”现象、完整保存的明代特色文化古迹和姓氏宗族文化。全书34万字。

（贵州省志办）

【《中国名村志·肇兴村志》出版】 11月，贵州省黎平县肇兴镇肇兴村编委会编纂的《中国名村志·肇兴村志》由方志出版社出版。该志突出记录肇兴侗寨的历史和文化特色，阐述“千年侗寨，鼓楼文化之乡”的名片内涵。全书30万字。（贵州省志办）

【《南湖社区志》出版】 11月，贵州省普安县南湖街道南湖社区志编委会编纂的《南湖社区志》由云南人民出版社出版。该志设综述、大事记、村落、自然地理、中国共产党组织、社区政权机构等章节。（贵州省志办）

【《中国名镇志·八一镇志》出版】 12月，西藏自治区八一镇志编委会编纂的《中国名镇志·八一镇志》由方志出版社出版。该志为西藏自治区第一部镇级志书。全书除彩图和志首概述外，设基本镇情、山水形态、旅游胜地、城乡建设、援建扶贫、双拥模范、工布印象、物产美食、名人与名镇等类目，记载八一镇历史、政治、经济、文化、民族和自然风光，如实记录八一镇自西藏和平解放以来在中国共产党的领导下，由一个乱石滩逐渐发展和演变成为西藏东南部一座举足轻重的高原重镇的历史变迁。全书45万字。（邹廷波）

·部门（行业、专题）志书出版

【《北辰审计志》出版】 11月，天津市北辰区审计局、北辰区志办、区委党研室共同编纂的《北辰审计志》由吉林人民出版社出版。该志系北辰区第二轮修志公开出版的《北辰区志分志丛书》第八部，记述北辰审计事业创新发展的业绩、成果。（宋铭月）

【《抚宁县人民代表大会志》出版】 5月，河北省秦皇岛市志办编纂的《抚宁县人民代表大会志》由中国文史出版社出版。该志上限起于1949年12月27日的抚宁县各界代表会议召开，下限迄至2015年12月10日的秦皇岛市抚宁区一届一次人大常委会召开。全书83万字。（郑小明）

【《平乡县人民医院志》出版】 5月，河北省平乡县人民医院编纂的《平乡县人民医院志》由中国文史出版社出版。该志记述自1949年9月建院至2012年60多年间九易院名、三迁院址、九次改扩建和整体搬迁的过程。全书63万字。（郑小明）

【《朝阳市交通志》出版】 8月，辽宁省朝阳市交通局编纂的《朝阳市交通志》由人民交通出版社出版。该志包括交通管理机构、古近代交通、现代交通规划、现代交通公路、现代交通道路运输、交通工程质量监督与安全管理、交通规费征稽、交通监理与公安、铁路民航水运邮电、交通工业与交通科技、党建·群团·精神文明建设、人物·荣誉等内容。全书212万字。（朝阳市史志办）

【《溧水县国土资源志（1996—2013）》出版】 4月，江苏省南京市国土资源局溧水分局编纂的《溧水县国土资源志（1996—2013）》由方志出版社出版。该志是1999年出版的《溧水县土地管理志》的续志，设12章，系统反映1996年至2013年溧水县国土资源状况和管理脉络。全书53万字。（张丽）

【《江苏邗建集团公司志》出版】 5月，江苏省邗建集团公司编纂的《江苏邗建集团公司志》由广陵书局出版。该志设8篇，上限起于1972年，下限止于2014年，记述邗建集团公司的经营管理、科技管理、人力资源管理、资产管理、财务管理，以及经营体制、产权制度改革等内容。全书64.4万字。（张丽）

【《江苏省民防志》出版】 6月，江苏省民防局编纂的《江苏省民防志》由南京大学出版社出版。该志从组织机构、防空指挥、通信警报、防空工程、平战结合、核事故应急管理、经费物资、法制建设、科技和学术研究、宣传教育培训等各方面记述江苏地区民防发展的历史和现状。附录部分增加《1949—1977年江苏防空大事记》《江苏遭空袭史实》《江苏抗日防空袭记事》。全书68万字。 (朱莉萍)

【《江阴市地名志》出版】 8月，江苏省江阴市地名志编委会编纂的《江阴市地名志》由江苏凤凰出版社出版。该志分上、中、下三册，包含1.1万余条地名词条、5100余幅照片。全书以江阴市现有行政区划为界，按照界定的地名范畴，提供全市所辖各类地名的标准名称，准确表述地名、地理位置、名称来历、含义和演变、历史沿革及其自然地理、社会历史和经济文化状况等地理实体特征及相关信息，系统地记载全市地名资料。全书318.6万字。

(张丽)

【《扬州市园林志》出版】 9月，江苏省扬州市园林志编委会编纂的《扬州市园林志》由广陵书社出版。该志分古典园林、公园、城市绿地、园林植物、扬派盆景、造园技艺等9章以及综述、大事记、附录和后记，以文字描述、数字列表、图片再现等手段，记述扬州园林的发展历史与现状。全书116.8万字。 (张丽)

【《江苏省苏州地方税务局志（1994—2018）》出版】 12月，江苏省苏州市地方税务局编纂的《江苏省苏州地方税务局志（1994—2018）》由古吴轩出版社出版。该志设16章，志首设概述、大事记，志后设附录，记述1994年9月苏州市国税、地税机构分设至2018年7月苏州市地税和国税机构合并，江苏省苏州地方税务局24年间在组织机构、地税收入、税政管理、纳税服务、征收管理、风险管理、税务稽查、税收法治、队伍建设等方面的内容。全书100万字。 (张丽)

【《昆山经济技术开发区志》出版】 6月，江苏省昆山经济技术开发区志编委会编纂的《昆山经济技术开发区志》由江苏人民出版社出版。该志基本断限1984年至2007年，以“昆山发展的起步”“昆山之路”开篇，主体设决策选址、自费开发、基础设施、载体建设、亲商服务、招商引资、经济概要、主导产业、自主创新、组织机构、党群工作一体化、综合管理、公共事业等章，卷末有大事记、附录。全书60万字。

(吉祥)

【《玉苍山志》出版】 5月，浙江省玉苍山志编委会编纂的《玉苍山志》由浙江古籍出版社出版。该志设11章，首列序言、凡例、大事记，末附后记，从自然环境、物产资源、旅游名胜宗教流派、古今艺文、摹刻石碑等方面记述位于浙江南部的玉苍山。全书35.2万字。

(温州市史志办)

【《温州市鹿城区慈善志》出版】 7月，浙江省温州市鹿城区慈善总会编纂的《温州市鹿城区慈善志》由方志出版社出版。该志设9篇，图文并重，记述鹿城区慈善事业发展的历史与现状。全书22.4万字。 (温州市史志办)

【《桐乡文化体育志》出版】 6月，浙江省桐乡文化体育志编委会编纂的《桐乡文化体育志》由中华书局出版，该志设置群众文化、文博、图书、电影、文化市场、非物质文化遗产、文学艺术、体育、行政管理、党群组织、人物、诗文选等章。全书120万字。

(嘉兴市史志办)

【《绍兴市商务志》出版】 2月，浙江省绍兴市商务志编委会编纂的《绍兴市商务志》由中国商务出版社出版。该志分31章，分上、下两卷，上卷记国内贸易，下卷记对外贸易经济合作。记事起自春秋战国，下限至2010年，重要事项延伸至2015年。全书180万字。

(绍兴市史志办)

【《上虞卫生志》出版】 1月，浙江省绍兴市上虞区卫生和计划生育局编纂的《上虞卫生志》由方志出版社出版。该志记述上虞自事物发端至2012年的医事活动，反映医疗卫生事

业不断进步、积极创新的历史进程。全书 48 万字。（绍兴市史志办）

【《上虞地名志》出版】 12 月，浙江省绍兴市上虞区民政局编纂的《上虞地名志》由中国文史出版社出版。该志分 8 编，其上限至地名发端，下限至 2013 年底，以上虞区现行政区划为界，全面系统地记载上虞地名资料。全书 87 万字。（绍兴市史志办）

【《诸暨徐氏志》出版】 5 月，浙江省诸暨徐氏志编委会编纂的《诸暨徐氏志》由团结出版社出版。该志是《浙江徐氏志》的重要组成部分，分为概述、大事记、徐氏渊源、诸暨徐氏、徐氏文化、徐氏人物、史料鉴录等章，详细记载诸暨徐氏历史渊源及市内各乡、镇、村徐氏的分布、沿革、变迁及名人、宗祠、家谱等资料。该志采用通用体例，横排门类，纵写史实，俱见始末。配有插页和图片，记述诸暨徐氏源流、宗族特征、各派世系、居住村落、人口分布情况以及古迹、人文等史实。（绍兴市史志办）

【《松阳县机构编制志》出版】 1 月，浙江省《松阳县机构编制志》编委会编纂的《松阳县机构编制志》由西泠印社出版。该志分上、下两卷，设 7 篇，记录松阳县建县以来的机构编制工作历史和现状，记述 1982 年恢复松阳县制以来的机构编制管理工作与成效。全书 78.6 万字。（丽水市史志办）

【《永春县芦柑志》出版】 6 月，福建省永春县农业局、永春县志办编纂的《永春县芦柑志》由中国农业出版社出版。该志上限为隋朝。全书 31.2 万字。（欧长生　吴朝庭）

【《政和茶志》出版】 9 月，福建省政和县政府编纂的《政和茶志》由海峡书局出版。该志上限不限，下限至 2016 年 12 月，设建置与区划、茶叶发展史、茶叶种植、茶叶种类、制茶、茶叶销售、茶文化、茶人茶企、管理等章，以及大事记、附录、图片彩版。全书 47.8 万字。（欧长生　吴朝庭）

【《仙游王氏文化志》出版】 11 月，福建省仙游王氏文化研究会、仙游王氏宗亲联谊会编纂的《仙游王氏文化志》由中国楹联出版社出版。该志于 2018 年 1 月始修，上限为周朝。全书 31.2 万字。（欧长生　吴朝庭）

【《云霄名特产志》出版】 11 月，福建省云霄县地方志编委会编纂的《云霄名特产志》由云南人民出版社出版。该志于 2016 年始修，上限为事物发端。全书 25 万字。

（欧长生　吴朝庭）

【《宜春市粮食志》出版】 2 月，江西省宜春市粮食局编纂的《宜春市粮食志》由江西人民出版社出版。全书设 17 章，分粮食体制改革、粮油收购、粮油销售、粮油调运、粮油储存、粮油检验、粮油市场、粮油价格、粮办工业、粮油科技、粮安工程、粮食财务、粮食机构、行政管理、艺文、各县市区粮食局和中储粮库概况以及人物等章，记述上自清末、下至 2015 年底宜春境内粮食系统各项工作的历史。全书 95 万字。（朱岳）

【《石钟山志》出版】 7 月，江西省湖口县《石钟山志》编委会编纂的《石钟山志》由江西人民出版社出版。该书记述范围为石钟山景区，包括上石钟山、下石钟山、鞋山和天山 4 个景点，记述时间上限为事物起端、下限为 2015 年。志书共设 6 篇，全面记述石钟山景区地理、景观、艺文、人物、历代战争以及旅游经济等内容。全书 88 万字。（朱岳）

【《青岛世园会志》出版】 12 月，山东省青岛市史志办编纂的《青岛世园会志》由青岛出版社出版。该书设大事记、组织筹备、工程建设、展馆与展园等 13 个部分，图照表 600 余幅（张）。全书 120 万字。（孙杰　王赟）

【《青岛援藏志》出版】 12月，山东省青岛市史志办编纂的《青岛援藏志》由天津古籍出版社出版。该书分11章，图片近200幅，全面记述青岛援藏工作20多年的光辉历程。全书40万字。 （李乒）

【《东明县政协志（2003—2017)》出版】 1月，中国人民政治协商会议山东省东明县委员会编纂的《东明县政协志（2003—2017)》由中国文史出版社出版。该志设7章，前设概述，后有附录。全书66.8万字。

（孙杰　王赟）

【《郓城县人大志（1949—2017)》出版】 1月，山东省郓城县人大常委会主编的《郓城县人大志（1949—2017)》由天津古籍出版社出版。全书9章，前设概述、大事记，后设附录。全书94.5万字。 （孙杰　王赟）

【《广饶县人大志（2005—2017)》出版】 2月，山东省广饶县人大志编委会编纂的《广饶县人大志（2005—2017)》由中华书局出版。该志78幅图片，卷首设概述、大事记，卷尾设后记，中设反映人大工作的9篇。全书60万字。 （孙杰　王赟）

【《东营市河口区水利图志（1984—2016)》出版】 3月，山东省东营市河口区水利图志编委会编纂的《东营市河口区水利图志（1984—2016)》由线装书局出版。全书图片3000余幅，10万字。 （孙杰　王赟）

【《山东尚舜化工有限公司志》出版】 7月，《山东尚舜化工有限公司志》编委会编纂的《山东尚舜化工有限公司志》由中国文化出版社出版。该志上限为1977年，下限至2017年，设机构设置、基础设施、生产、产品销售、科技进步、企业管理、党群与思想政治工作、企业文化与社会公益、荣誉、人物10篇，前有序言、凡例、概述、大事记和发展历程，后有附录和跋。全书88万字。 （孙杰　王赟）

【《银座华兴志（1994—2017)》出版】 9月，山东省临朐县银座华兴有限公司编纂的《银座华兴志（1994—2017)》由山东画报出版社出版。该志分概述、大事记、机构设置、企业改革、供销经营、企业管理、企业文化、职工队伍、党群组织、人物、附录11部分。全书36万字。

（孙杰　王赟）

【《郓城县工会志》出版】 9月，山东省郓城县总工会编纂的《郓城县工会志》由方志出版社出版。全书设8章，上限为1949年，下限至2017年底，记述郓城县工人阶级诞生、成长发展的战斗历程和光辉业绩。全书100万字。

（孙杰　王赟）

【《青州市人大志》出版】 9月，山东省青州市人大志编委会编纂的《青州市人大志》由中国石油大学出版社出版。该志上限为1949年11月益都县第一届各界人民代表会议第一次会议召开，下限至2018年1月青州市第十八届人民代表大会第二次会议闭幕共12编，设县各界人民代表会议、人民代表大会、人民代表大会常务委员会、监督工作、重大事项决定、人事任免、人大常委会及其机关自身建设、人大代表、乡镇（公社）人民代表大会、人物、上级人大到青重要活动、文件汇编。全书106万字。 （孙杰　王赟）

【《东营市河口区人民代表大会志（1995—2016)》出版】 11月，山东省《东营市河口区人民代表大会志》编委会编纂的《东营市河口区人民代表大会志（1995—2016)》由方志出版社出版。该志设21章，主体部分设区历届人民代表大会、区人大常委会、乡镇人民代表大会，图片100余张。全书150万字。

（孙杰　王赟）

【《沂水县水利志》出版】 11月，山东省沂水县水利志编委会编纂的《沂水县水利志》由中华书局出版。该志设12编，客观翔实反映自汉元帝初元元年（公元前48）至2017年沂

水县水利的历史发展与现状。全书135.3万字。（孙杰　王赟）

【《东平县教育志》出版】 12月，山东省东平县教育志编委会编纂的《东平县教育志》由中国文史出版社出版。该志设6编，上自1904年废科举、兴学堂，下迄2017年，全面系统记述东平教育100余年的发展脉络。全书90.4万字。（孙杰　王赟）

【《开封老街志》出版】 3月，河南省开封市史志办编纂的《开封老街志》由中州古籍出版社出版。该志收录2000年前存在于开封市辖区的500余条街巷，集中体现了开封独具特色的街巷文化。全书共7篇，500余幅照片，标注古地图2张，不但有街巷的基本要素如方位、长宽和特色，还有历史文化，如街巷的称谓、沿革、历史遗存、人文典故，并随文配上具有存史价值和体现街巷特色的图片。该志还收录1938年开封城市全貌航拍图，系国内首次公开。全书40万字。（汪朝霞）

【《秭归县移民志（2003—2010）》出版】 年内，湖北省秭归县县志党史办公室编纂的《秭归县移民志（2003—2010）》由湖北人民出版社出版。该志断限上自2003年7月，下至2010年12月，设概述、大事记、章、附录、后记共5部类12章。全书53.4万字。

（湖北省文旅厅地方志工作处）

【《舜帝陵志》出版】 8月，湖南省地方志编委会编纂的湖南省特色志丛书之《舜帝陵志》由方志出版社出版。全书分上、下册，上限起自上古，下限止于2015年，全面系统反映九嶷山舜帝陵的历史与现状，设总述、大事记和舜帝传略、舜帝陵庙、舜陵风物、舜帝祭祀、舜裔宗亲、考古发现、舜陵艺文、舜文化研究、陵区管理、舜帝陵基金会等10章。全书90.8万字。（孟东华）

【《广西风物图志》（第一辑·圩集）出版】 1月，广西壮族自治区志办编纂的《广西风物图志》（第一辑·圩集）由社会科学文献出版社出版。该志设圩集的源流、圩集种类、圩集的经济效益与文化内涵、广西著名圩集4章。全书6.6万字。（周珍朱）

【《广西风物图志》（第一辑·服饰）出版】 1月，广西壮族自治区志办编纂的《广西风物图志》（第一辑·服饰）由社会科学文献出版社出版。该志从广西各民族服饰的起源、制作变迁、服饰文化意境、服饰工艺、服饰色彩、服饰图案纹样、服饰文化功能等不同角度，对服饰与民族地区的生态环境、社会历史、经济发展水平、政治制度、宗教信仰、审美观念、民族风俗等文化事象的相互关系进行阐述。全书16.5万字。（周珍朱）

【《广西风物图志》（第一辑·铜鼓）出版】 1月，广西壮族自治区志办编纂的《广西风物图志》（第一辑·铜鼓）由社会科学文献出版社出版。该志分10个部分，分别剖析铜鼓神话传说和文献记载，记录铜鼓发现、收藏和流传的传奇故事；对铜鼓进行分类，论列各个类型的主要特征和分布状况，突出以广西铜鼓出土地命名的冷水冲型、灵山型和北流型铜鼓，冷水冲型铜鼓装饰华丽，灵山型铜鼓纹饰精巧，北流型铜鼓形体巨大；在铜鼓装饰方面，对画像艺术和雕塑小品做详细解读；对铜鼓的实用功能和社会功能进行归纳和阐释；最后钩沉有关广西铜鼓的诗词和文人学者对铜鼓的吟咏之作。全书13.3万字。（周珍朱）

【《广西风物图志》（第一辑·戏剧）出版】 1月，广西壮族自治区志办编纂的《广西风物图志》（第一辑·戏剧）由社会科学文献出版社出版。该志描绘广西戏剧的产生和渊源、文化生态，叙述广西戏剧发展在内容形式上的多样性和丰富性，并对在广西戏剧史上影响重大的剧目名称、内容、影响及在广西戏剧史上产生重大影响的人物做回顾叙述。全书15万字。

（周珍朱）

【《广西风物图志》（第一辑·古村镇）出版】 1月，广西壮族自治区志办编纂的《广西风物图志》（第一辑·古村镇）由社会科学文献出版社出版。该志从村镇形成、发展和保护的视角，展示广西人民在历史上对文化的艰苦追求及创造成效。全书13.9万字。（周珍朱）

【《重庆市永川北山中学校校志（1938—2016）》出版】 7月，重庆市永川北山中学校校志委员会编纂的《重庆市永川北山中学校校志（1938—2016）》由吉林人民出版社出版。该志记述永川北山中学70余年的办学历程。全书51万字。（李文秀）

【《重庆三峡移民志·库区建设与发展》出版】 7月，重庆三峡移民志编委会编纂的《重庆三峡移民志·库区建设与发展》由中国三峡出版社出版。该志记述重庆三峡库区建设与发展的决策部署、政策规划、重点产业、基础设施建设、生态环境保护、移民安置以及社会事业发展等情况，是一部反映三峡大移民、大搬迁、大发展的大型系列志书。全书97万字。（陈欣如）

【《武隆县志·广播电视台志》出版】 10月，重庆市武隆区广播电视台、武隆区地方志编委会编纂的《武隆县志·广播电视台志》由四川大学出版社出版。该志图片100余幅，记述从1986年至2015年的30年发展历程，武隆广播电视从“录像台”到“电视台”，从磁带摄录播出到硬盘播出，从节目录像到现场直播，从有线广播到光纤电视，从微波覆盖到光缆传输，从模拟信号到数字传输，展现武隆广播电视事业取得的成果。全书23.7万字。（李才东）

【《攀枝花市人大志（1968—2018）》出版】 9月，四川省攀枝花市人大常委会编纂的《攀枝花市人大志（1968—2018）》由光明日报出版社出版。该志记述50年间攀枝花市人民代表大会制度建立、发展、完善过程中的重要事件，全面反映历届攀枝花市人大及其常委会在坚持党的领导、保障人民当家作主权利、推动民主法制建设、促进全市经济社会发展中的重要作用。全书125万字。（孙玉峰）

【《汶川特大地震广元抗震救灾志》出版】 7月，四川省广元市志办编纂的《汶川特大地震广元抗震救灾志》由方志出版社出版。该志全面客观记述汶川特大地震广元市境内地震灾情和抗震救灾及灾后重建工作的情况。全书257万字。（孙玉峰）

【《汶川特大地震广元市元坝区抗震救灾志》出版】 5月，四川省广元市昭化区志办编纂的《汶川特大地震广元市元坝区抗震救灾志》由四川科学技术出版社出版。该志完整记述广元市元坝区在汶川特大地震中的灾情及震后应急抢险、医疗救助、赈济灾民、恢复重建等方面情况。全书82.5万字。（孙玉峰）

【《汶川特大地震青川抗震救灾志》出版】 5月，四川省青川县志办编纂的《汶川特大地震青川抗震救灾志》由四川科学技术出版社出版。该志完整记述青川县在汶川特大地震中的灾情及震后应急抢险、医疗救助、赈济灾民、恢复重建等方面情况。全书180万字。（孙玉峰）

【《顺庆地方志志》出版】 9月，四川省南充市顺庆区志办编纂的《顺庆地方志志》由九州出版社出版。该志全面介绍顺庆地方志工作的成果与经验。全书26万字。（孙玉峰）

【《双流县中医医院志（1956—2015）》出版】 4月，四川省《双流县中医医院志》编委会编纂的《双流县中医医院志（1956—2015）》由四川科学技术出版社出版。该志记述双流县中医医院由一个只有5间铺面的中医联合诊所发展成为占地90余亩的三级乙等中医医院的历程。全书60万字。（孙玉峰）

【《名山统计志（1953—2013）》出版】 2月，四川省雅安市名山区统计局编纂的《名山统计志（1953—2013）》由团结出版社出版。该志

记述1953年至2013年名山统计工作的发展历程和显著成绩。全书43.5万字。（孙玉峰）

【《螺髻山图志》出版】 8月，四川省西昌市市志编委会办公室编纂的《螺髻山图志》由开明出版社出版。该书以图志的方式展示螺髻山的绝世之美，丰富的动植物资源，民俗文化，收录历代文人雅士对螺髻山的诗文题咏。全书42万字。（朱丹）

【《裴石家风志》出版】 6月，四川省社会科学院历史研究所、宜宾市南溪区巴蜀家风研究中心编纂的《裴石家风志》由西南财经大学出版社出版。该志是四川省首部乡镇地域家风专题志，是以乡镇为单元，以家风记述为主题，通过大量田野调查编写而成。全书21.6万字。（孙玉峰）

【《水城老城志》出版】 年内，贵州省六盘水市钟山区史志办编纂的《水城老城志》由方志出版社出版。全书50.4万字。（贵州省志办）

【《安顺市档案志》出版】 4月，贵州省安顺市档案局编纂的《安顺市档案志》由云南大学出版社出版。该志全面系统记述1949年至2016年安顺市档案事业的探索、奋斗历程及取得的成绩。全书60万字。（贵州省志办）

【《兴仁县民族宗教志》出版】 4月，贵州省《兴仁县民族宗教志》编委会编纂的《兴仁县民族宗教志》由方志出版社出版。全书记录兴仁县民族宗教文化及多方面工作。全书77.5万字。（贵州省志办）

【《丝绸之路青海道志》出版】 5月，青海省地方志编委会编纂的《丝绸之路青海道志》由青海民族出版社出版。该志详细记述古丝绸之路青海道的形成、发展和演变过程，全面系统地向人们展示古丝绸之路青海道的全貌。该志共11章39节。全书35万字。（马渊）

【《河湟文明志》（卷一）出版】 12月，青海省地方志编委会编纂的《河湟文明志》（卷一）由青海民族出版社出版。该志从环境资源、民族、人口、区域经济、文化、文艺、民俗生活等方面详细记述青海河湟地区文明发展演变的历史进程。全书80万字。（马渊）

【《陕甘宁盐环定扬黄工程志》出版】 9月，《陕甘宁盐环定扬黄工程志》编纂委员会编纂的《陕甘宁盐环定扬黄工程志》由宁夏人民出版社出版。柳钧正主编。该志采用章节体框架结构，全志设地理环境、工程立项、共用工程建设、共用工程运行管理、专用工程建设与管理、组织建设、工程效益、人物、艺文共计9章34节。志首设彩页、序言、凡例、概述、大事记，志末设附录和后记。全志集中记述陕甘宁扬黄灌溉工程从立项建设到发挥效益的艰苦历程，将黄河水引上亘古荒原，形成了水往“高”处流的人工水脉，筑起了一座反贫困史的丰碑，解决了陕甘宁老区40万人民饮水困难问题，使40万亩荒漠变成了良田，为当地经济社会发展做出了突出贡献。该志的主要特点，首开宁夏跨省合作修志的先河；志内专门设一章“艺文”，展示水利行业的文化底蕴。全书62万字。（张明鹏）

【《宁夏红寺堡扬水工程志》出版】 11月，《宁夏红寺堡扬水工程志》编纂委员会编纂的《宁夏红寺堡扬水工程志》由宁夏人民出版社出版。张国军主编。该志采用章节体框架结构，全志设自然环境及灌区建置沿革、工程立项与建设、扬水工程、工程运行管理、灌溉管理、安全生产、经营管理、依法治水、工程效益、组织和队伍建设、党建及精神文明建设、人物、艺文共计13章51节。志首设彩页、序言、凡例、概述、大事记，志末设附录和后记。全书60万字。（张明鹏）

旧志整理与出版

· 工作进展

【山西省旧志整理工作进展】 年内，山西启动清乾隆《山西志辑要》影印工作，出版民国《榆次县志》点校本、清乾隆四十三年（1778）《陵川县志》影印本、清乾隆《虞乡县志》、民国《虞乡县新志》以及清康熙四十七年（1708）木刻版《平阳府志》之《平陆县志》等。（武岭）

【吉林省旧志整理工作进展】 年内，吉林省地方志编委会主要进行旧志征集采购。5月，通过网络和报纸进行公开征集。8月，省地方志编委会召开《自行采购旧方志图书项目论证评定会》，外聘省档案局、吉林大学古籍部、省图书馆古籍部等古籍专家参加论证评定会，经过专家的鉴定论证，认定光绪《吉林通志》、民国《渤海国志》、民国《吉林方正县志》3部旧志都是原版古籍，七成品相。省地方志编委会确认后购买上述旧志。（于泳生）

【黑龙江省旧志整理工作进展】 年内，黑龙江省委史志研究室进一步补充或替换《黑龙江历代方志集成》版本更好的底本。与黑龙江省档案馆、吉林省档案馆、辽宁省图书馆、南京大学图书馆开展合作，征集到清代的《柳边纪略》《长寿县乡土志》《宁古塔山水记》，民国时期的《望奎县志》《瑷珲县志》《漠河县志》《双城县乡土志》《依安县志》等底本，做到种类齐全数量完备，完成底本收集工作。根据底本收集情况，及时修订篇目，核定版本与目次，修改版面设计。（徐萍　杜胜男）

【江苏省旧志整理工作进展】 年内，《江苏历代方志全书》出版141种140册，其中扬州府部68册、淮安府部30册、徐州府部42册。计划出版直隶州（厅）部79种及小志、专志部中的官署厂局志14种，合计旧志93种，成书80册。《连云港历史文献集成》点校整理工作启动，确定入选书目18部，时间跨度为自明代至民国年间，具体包括《隆庆海州志》《康熙海州志》《嘉庆海州直隶州志》《朐阳纪略》《云台新志》《朐海诗存》《海州文献录》《云台山志》《连云一瞥》《古朐考略》《苍梧片影》《云台导游诗钞》《復山鸿集》《淮北票盐志略》《万历赣榆县志》《康熙赣榆县志》《光绪赣榆县志》《民国赣榆县续志》。该书拟出版珍藏版、普及版两个版本。截至年底，《连云港历史文献集成》珍藏版第一辑《古州志》基本完成，包括《隆庆海州志》《康熙海州志》《嘉庆海州直隶州志》，共70万字。（周文燕）

【浙江省旧志整理工作进展】 年内，浙江省嘉兴、衢州、台州等市地方志系统通过点校、影印等方式，整理出版大量旧志和古代文献。嘉兴市史志办继续整理点校《光绪嘉兴府志》，完成全书点校工作。嘉善县史志办按照古籍和地方文献收集整理计划，12月，清康熙续修《嘉善县志》由中华书局影印出版；完成明万历《嘉善县志》点注工作，约33万字。海盐县史志办点校整理出版《康熙海盐县志》《槜李文系（海盐卷）》《钱公良测语（外一种）》。海宁市史志办完成《海宁州志稿》点校部分，并由专家进行初审，至年底完成二审稿。桐乡市史志办点校民国《濮院志》，12月由中华书局出版；7月，启动民国《乌青镇志》点校工作，计划2020年6月前完成点校并出版。衢州市龙游县史志办开展万历《龙游县志》、康熙《龙游县志》、民国《龙游县志》3种旧志的点校工作，截至年底，完成3种旧志共约208万字点校工作，并送中华书局审稿；县史志办还完成《古籍中的龙游》的定稿并送中华书局审核。开化县志办完成乾隆《开化县志》42万字点校任务，7部古县志完成6部。民国褚传诰整理的《天台县志稿》点校工作持续开展。仙居县开展《仙居文献录》古籍整理专项活动，及时抢救整理古籍文献资料。（浙江省志办）

【安徽省旧志整理工作进展】 年内，安徽省在完成全省规划整理95部旧志的基础上，部分市、县（市、区）地方志工作机构和社会人士自发新增整理一批旧志，主要有：合肥市的清代李恩绶版《香花墩志》，清顺治《亳州志》、明嘉靖《亳州志》和《涡阳县志》（民国乙丑刊），清乾隆《阜阳县志》、明正德《颍州志》、明嘉靖十五年《颍州志》和清顺治《颍州志》，明弘治《宿州志》，明嘉靖《池州府志》，明嘉靖《宁国府志》、明万历《宁国府志》，清道光《徽州府志》。其中，有的着手点校，有的正在点校，有的已经出版。

（史五一）

【山东省旧志整理工作进展】 年内，山东省完成《山东省历代方志集成》（青岛、淄博、枣庄、东营、烟台、潍坊、济宁、临沂卷）影印出版工作，收录旧志197种。其中，上半年完成青岛卷、淄博卷、枣庄卷、东营卷、烟台卷影印出版工作，共收录旧志96种，42000余筒子页，2200余万字，精装33册，印制1000套；下半年完成潍坊、济宁、临沂卷影印出版工作，共收录旧志101种，43000余筒子页，精装37册，印制1000套。（孙杰 王赟）

【湖北省旧志整理工作进展】 年内，湖北省稳步推进旧志整理工作，共出版旧志10部。首次组织全省业务骨干赴美国考察交流旧志收藏整理与开发利用工作。积极参与全省文化建设，编校出版《宜昌府志》《黄州府志》《蒲圻县志》《咸丰县志》等多部旧志。

（湖北省文旅厅地方志工作处）

【湖南省旧志整理工作进展】 年内，湖南省地方志编委会主持的重大旧志整理项目《〈光绪湖南通志〉点校》《徐霞客〈楚游日记〉考察记》出版。长沙市地方志编委会整理校对的同治《浏阳县志》由岳麓书社出版。常德市志办点校的《常德文库》第四个子项目——《琉球入学见闻录》由方志出版社出版，全书共4卷、50余万字。衡南县志办影印同治《清泉县志》200册。江永县史志办影印道光《江永县志》200册。宜章县史志办主持的清嘉庆《宜章县志》（点校版）出版。（任璀洛）

【广东省旧志整理工作进展】 年内，广东省旧志整理工作稳步推进，湛江、肇庆组织编印出版历代方志集成；阳江市、河源市，梅州市五华县、汕头市潮阳区整理点注一批旧志。

（广东省志办）

【广西壮族自治区旧志整理工作进展】 年内，广西壮族自治区地方志系统整理旧志5种，出版旧志5种，其中公开出版2种，分别为明嘉靖《广西通志》，清乾隆《镇安府志》；内部出版3种，分别为民国《象县志》、清道光《罗城县志》、乾隆《庆远府志》。（韦韩韫 王小霞）

【海南省旧志整理工作进展】 年内，海南省陵水黎族自治县史志办推进《清代陵水县志》（康熙版和乾隆版）点校工作，影印版于2017年11月由九州出版社出版，第一稿点校已完成，正进行审校。（郑昕）

【重庆市旧志整理工作进展】 年内，重庆市地方志系统稳步推进旧志整理工作。渝中区志办启动乾隆《巴县志》整理工作，与某公司签订合作协议，落实影印文字审核校对和封面设计事宜。梁平区志办启动嘉庆《梁平县志》整理工作，完成100余万字的点校、注释和注解工作。长寿区志办整理的民国《长寿县志》完成点校工作。璧山区志办整理的民国《续修璧山县志稿点校本》进入公开出版阶段。万州区志办完成影印咸丰《万县志》二卷、民国《万县乡土志》二卷各200册，作为内部资料保存。涪陵区志办整理出版康熙《重庆府涪州志》、乾隆《涪州志》、道光《涪州志》、同治《重修涪州志》、光绪《涪乘启新》、民国《涪陵县续修涪州志》。巫溪县志办整理出版乾隆《大宁县志》。合川区史志办整理出版民国《新修合川县志》。巫山县党史办整理出版康熙《巫山县志》。江津县志办整理出版嘉庆《江津县志》、光绪《江津县志》、民国《江津县志》。（赵伟）

【陕西省旧志整理工作进展】 年内，陕西省对旧志整理工作成绩突出的6个市、县（区）进行经费补助。全年共整理出版明《增订渭南县志》《延绥镇志》、嘉靖《合阳县志》，清《永寿县志》、康熙《兴安州志》、乾隆《南郑县志》、乾隆《雒南县志》等数十部旧志，其中《增订渭南县志》为中国图书馆馆藏孤本。（韩云鸽）

【甘肃省旧志整理工作进展】 年内，甘肃省史志办积极开展旧志整理出版工作。截至年底，组织点校整理的乾隆《甘肃通志》出版，填补了省级旧志整理的空白。（甘肃省史志办）

·旧志出版

【《赞皇旧志集成》出版】 10月，河北省赞皇县志办主持整理的《赞皇旧志集成》由河北人民出版社出版。该书共收录整理包括清康熙十一年（1672）、乾隆十六年（1751）、光绪二年（1876），民国29年（1940）4个纂修、续修刊本和光绪三十一年秦兆阶、张占鳌编纂的《赞皇县乡土志》。五部旧志脉络相沿，承先启后，从疆域、沿革、山川、河流、特产、税赋、人物、风俗、艺文、祀典、古迹等多方面再现赞皇历代政治经济社会历史发展轨迹。为保持版面整体效果，将光绪二年续修《赞皇县志》卷二十《艺文诗》中部分作品夹杂的原有注解，移至原诗后，并在作品中标明原注位置。全书60万字，收录原旧志插图15幅。（郑小明）

【光绪《溧水县志》点校出版】 12月，江苏省南京市溧水区志办点校的光绪《溧水县志》由凤凰出版社出版。上海市社会科学院研究员承载研究溧水区档案馆馆藏3个版本的光绪《溧水县志》，确定工作底本。溧水区志办工作人员、溧水文史专家傅章伟和凤凰出版社责任编辑王淳航进行点校工作。该志共22卷、卷首1卷，傅观光、施春膏修，丁维诚纂。（周文燕）

【三部《阜宁县志》统一影印出版】 11月，江苏省阜宁县志办整理的乾隆《阜宁县志》、光绪《阜宁县志》和民国《阜宁县新志》由广陵书社出版。重印本以“修旧如旧”为原则，行款格式完全按照原书，对异体字、避讳字也完全遵照原书，并参照相关历史文献，对文字漫漶处进行补校。影印采用宣纸印刷，宋式线装，封面用蓝色冰梅锦绫，函套用料同封面。共计16册，分两函，上函第一册为乾隆《阜宁县志》、第二至八册为光绪《阜宁县志》，下函第九至十六册为民国《阜宁县新志》。（周文燕）

【《苏州旧志序跋汇编（府县志辑）》出版】 1月，江苏省苏州市志办汇编的《苏州旧志序跋汇编（府县志辑）》由广陵书社出版。该书汇编苏州96种府县志的287篇序跋、43篇凡例。其中有些旧志已经不存，但序跋依靠后面志书的辑录得以流传。如窦德远纂洪武《松陵志》，康熙年间已佚，但是窦德远撰于“洪武六年七月既望”的《松陵志自序》及书中目录尚存于《崇祯志》卷首《旧序目》中；成化《姑苏郡邑志稿》已佚，《明史·艺文志》著录，同治《苏州府志》卷150《旧序》有刘昌《姑苏郡邑志序》，载其修纂经过，从中可了解

已佚志书的概貌。（周文燕）

【《西湖新志补遗》影印出版】 11月，浙江省杭州市志办整理的《西湖新志补遗》由浙江人民出版社影印出版。该书据浙江图书馆馆藏民国12年（1923）铅印本影印出版，是《西湖新志》的补缺，胡祥翰编，共6卷。另有考证3则，不成卷附于后。卷一为山水，卷二为寺观，卷三为祠宇，卷四为冢墓，卷五为人物，卷六为物产。（金利权）

【《萧山湘湖志》影印出版】 11月，浙江省杭州市志办整理的《萧山湘湖志》由浙江古籍出版社影印出版。该志据民国14年（1925）铅印本影印出版，萧山人周易藻编，共8卷，外编1卷。卷一为湘湖原始等，卷二、卷三为清嘉庆至民国时期主垦主禁始末等，卷四为历代禁止垦占之碑记等，卷五为关于水利之艺文等，卷六为湖贤事迹，卷七为题咏，卷八为湖山、村落等，外编为韩强士经营湘湖意见书（计划书）等。（金利权）

【《杭县志稿》整理出版】 12月，浙江省《余杭古籍再造丛书》之《杭县志稿》由浙江古籍出版社出版。民国时期，杭县设修志馆，馆址设于塘栖镇倚云楼，馆长为汪坚青。民国35年（1946）至民国37年，修志馆组织纂修《杭县志》（未成志），由姚寿慈为总纂、管伟为副总纂。它是民国元年杭县建制以后唯一的官方修志，其编纂大纲经省民政厅转报国民政府内务部批准。到1949年，其通纪、物产、水利、财政等6卷已成稿，舆地、人口、政教等8卷成初稿，其余为资料。因编纂未竣，置于倚云楼，署名《倚天丛载》。1985年至1987年，余杭县志办将志稿整理成通纪、物产、建筑、政教等18卷共60余万字，再经杭州图书馆古籍部校订、毛笔誊写，而后胶印出版，名《杭县志稿》。该志虽有断线缺门，但仍较为全面、系统地记载了境内自然、政治、经济、社会、文化各项事业（事物）的历史和民国时期的状况。（李景苏）

【乾隆重刻康熙《於潜县志》（点校版）出版】 12月，浙江省杭州市临安区志办整理的乾隆重刻康熙《於潜县志》（点校版）由浙江古籍出版社出版。该点校版一函四册，采用宣纸印刷，横陈门类，竖记专项，绫绢装饰，配以函套，保持志书原有风貌。该志由清康熙十二年（1673）赵之珩主持编修，何尔彬、章国佐实际负责编纂，总计8卷。因各志记载繁简不一，错讹较多，乾隆三十一年（1766）於潜知县陈泰年据原本重新进行编印。该志聘请浙江农林大学马克思主义学院教师负责校订，以乾隆重刻康熙《於潜县志》为底本，参校康熙《於潜县志》、嘉庆《於潜县志》《咸淳临安志》《杭州府志》、雍正《浙江通志》等相关资料，对照补漏取舍，并邀请省内相关专家和区内文史爱好者参与审稿，纠讹正误。

（临安区志办）

【《广雁荡山志》点校出版】 12月，浙江省乐清市社会科学界联合会、市文献丛书整理出版委员会办公室、市志办编纂的《广雁荡山志》由浙江古籍出版社出版。该志为温州曾唯辑著，乾隆五十五年（1790）初刊，正文28卷，卷首“图”和卷末“游法”各1卷，合为30卷。正文分山、谷、峰、胜景、山水、寺宇、物产、寓贤、方外、纪异、艺文等类，每类下又列目。清末孙诒让《温州经籍志》称其“在《雁山志》中最为完备”。后世嘉庆、同治多有增补翻刊，版本多样。1994年，浙江摄影出版社有点校本出版。该点校本综合各个时期不同版本，正误补缺，是现今最为完善的版本。（温州市史志办）

【康熙《海盐县志》排印出版】 11月，康熙《海盐县志》由浙江古籍出版社排印出版。该志由清张素仁修，彭孙贻、童申祉纂，编纂于康熙十二年（1673），全书10卷，约25.7万字。康熙《海盐县志》为手稿本，向来没有刊刻，南京图书馆藏有一部，《中国地方志集成》本即据此影印出版。该书以《中国地方志集成》本为底本，按照原格式重新排版，将俗体字、不规范字体，按照字书规范，改成规范字体，不施加标点符号。原书所缺，据光绪《海盐县志》等资料补入。该志是系统记载海盐自然、政治、经济、文化、社会等方面的重要文献资料。此次排印出版，是首次将手稿本变成排版本，对该志书的普及、保存等具有重要意义。（嘉兴市史志办）

【康熙续修《嘉善县志》影印出版】 12月，清康熙续修《嘉善县志》由中华书局影印出版。清康熙续修《嘉善县志》，崔维华纂修，共8卷。该影印本以重印的清康熙续修《嘉善县志》为底本，由嘉善县史志办点校整理而成。该志详尽记载嘉善的地理变化、建制沿革、社会变迁、历史文化、乡情民俗等。

（嘉兴市史志办）

【《〈松夏志〉校续》出版】 12月，浙江省绍兴市上虞区委党史研究室（绍兴市上虞区地方志研究室）点校的《〈松夏志〉校续》由中国文史出版社出版。民国年间，连光枢访遗故实，编修成《松夏志》12卷。

（绍兴市史志办）

【顺治《亳州志》（点校版）出版】 2月，安徽省亳州市志办点校整理的清顺治《亳州志》由方志出版社出版。顺治《亳州志》是清顺治十三年（1656）江南凤阳府亳州知州刘泽溥主修编纂。全书共4卷，卷一分郡代纪、版舆图、郡县表、帝王表、秩官表、科贡表、建置、田赋考、土产9类，卷二分古迹考、学校、典礼、兵卫、材胥、商纪、魏纪、秩官列传8类，卷三分人物列传、忠义传、孝友传、节烈传、方外传、外传6类，卷四为艺文，集诗、文80余首（篇）。（史五一）

【道光《桐城续修县志》点校出版】 8月，安徽省桐城市志办点校整理的清道光《桐城续修县志》（附明弘治《桐城县志》、民国《桐城县志略》）由黄山书社出版。桐城自明代至民国九修县志，其中清代七修县志。经专家多次甄别、讨论，选择清道光七年（1827）《桐城续修县志》、明弘治三年（1490）《桐城县志》、民国25年（1936）《桐城县志略》三部志书于2012年开始点校。点校者翻阅众多版本，研究大量相关资料，校正底本中很多错误，补正底本漏载、错载等诸多内容。

（史五一）

【民国《丰南志》（点校本）出版】 3月，安徽省黄山市徽州区志办整理的民国《丰南志》（点校本）由黄山书社出版。该书是徽州区迄今发现并被《中国地方志集成》辑录的两部乡镇旧志之一（另一部为清代《岩镇志草》）。20世纪30年代末西溪南村（旧称“丰南”）人吴吉祜编纂，内容包括舆地、人物、选举、艺文、杂志等共10卷，较为翔实地记载了唐宋以降特别是由明迄清西溪南一地的自然、人文、社会诸方面历史。全书50余万字。

（史五一）

【康熙《大同志》（点校本）出版】 9月，福建省厦门市同安区志办整理的清康熙《大同志》（点校本）由海峡书局出版。该书原稿总计8册12卷，载录同安自肇建至清初800余年的山川形胜、建置沿革、人文丕变、社会变迁等。（欧长生　吴朝庭）

【同治《永新县志》（点校本）出版】 10月，清同治《永新县志》（点校本）由江西科学技术出版社出版。该志以记叙为主，评述、议论性文字极少。在大量引用前人著作的同时几乎做到“无一字无出处”。入志取舍标准为：“有裨风教”的取，“徒尚藻丽”的舍，且选材表现为多角度性。该书将纶音（即圣旨）置于卷首，编写“列女”部分时，与先前编纂的各部志书相比，表现出对妇女更大程度的轻视。全书60余万字。（朱岳）

【万历《吉安府志》（点校本）出版】 11月，江西省吉安市志办编辑的吉安方志文化丛书之万历《吉安府志》（点校本）由中华书局出版。

该书由吉安一中退休校长汪泰荣根据书目文献出版社1991年《日本藏中国罕见地方志丛刊》据日本内阁文库藏万历十三年刻本影印本《吉安府志》点校而成。这部府志是清代以前所修吉安府（庐陵郡）17部志书中保存基本完好的唯一一部，人物记载的篇幅超过三分之二。全书65万字。（朱岳）

【《山东省历代方志集成》（潍坊卷、济宁卷、临沂卷）出版】 11月，山东省史志办整理的《山东省历代方志集成》（潍坊卷、济宁卷、临沂卷）由天津古籍出版社影印出版。收录新中国成立前历朝历代编纂、现存且可查、分散收藏在国内外的现潍坊、济宁、临沂区域内的各种版本的府志、县志、乡土志、专志共98种，43000余筒子页，精装35册。本着保留原貌、修旧如旧的原则，按照底本影印，不作点校，依据原装订规制，精装缩印出版。全书2200余万字。（孙杰　王赟）

【《山东省历代方志集成》（青岛卷、淄博卷、枣庄卷、东营卷、烟台卷）出版】 12月，山东省史志办整理的《山东省历代方志集成》（青岛卷、淄博卷、枣庄卷、东营卷、烟台卷）由天津古籍出版社影印出版。收录新中国成立前历朝历代编纂、现存且可查、分散收藏在国内外的现青岛、淄博、枣庄、东营、烟台区域内的各种版本的府志、县志、乡土志、专志共100余种。本着保留原貌、修旧如旧的原则，按照底本影印，不作点校，依据原装订规制，精装缩印出版。全书3300余万字。

（孙杰　王赟）

【《河南历代方志集成》出版】 5月，河南省史志办编纂的河南省重大文化工程《河南历代方志集成》由大象出版社出版。该书以现行河南省行政区划为依据，分省志卷和18个省辖（管）市卷共19卷565册（另附总目1册），汇编影印现存上启明永乐十一年（1414）下迄新中国成立500余年间河南历代各级综合志书586种，内容涵盖河南自然、社会、人文、经济的发展变迁。（文清华　汪朝霞）

【《方城旧志丛书》出版】 1月，河南省方城县史志办编纂的《方城旧志丛书》线装古籍、精装合辑两个版本由中州古籍出版社出版。该丛书包含方城现存最早的明嘉靖《裕州志》、清乾隆《裕州志》和民国《方城县志》，是对现存方城县旧志的集中整理。丛书约800个筒子页，分为1函10册。此次出版，由方城县史志办甄选底本，统一规格，采用宣纸线装的形式影印出版，其版框大小一仍其旧。（汪朝霞）

【康熙《开封府志》（点校本）出版】 9月，河南省开封市史志办整理编纂的康熙《开封府志》（点校本）由中州古籍出版社出版。该志由开封知府管竭忠纂，张沐修。目前传世的大多是康熙《开封府志》同治补刻本，该书保存了大量清代开封府政治、经济、文化等方面珍贵史料。全书40卷，近124万字。（汪朝霞）

【同治《宜昌府志》校注出版】 年内，湖北省宜昌市志办点校注释的清同治《宜昌府志》由湖北人民出版社出版。该志成书于清同治五年（1866），由时任宜昌知府聂光銮主修，方志名家王柏心主纂。此次整理主要是根据现行标点符号用法进行规范化标点，改原刻本的繁体字为现在规范的简体字，错别字及明显的错误一并改正，对繁难艰深词句加以注释说明。全书共8册，106.4万字。

（湖北省文旅厅地方志工作处）

【嘉靖《巴东县志》（校注译评本）出版】 年内，湖北省巴东县史志办整理的明嘉靖《巴东县志》（校注译评本）由湖北科技出版社出版。该书底本为明嘉靖三十年（1551）刻本抄本，共3卷，内分舆地、政教、艺文三纪，由当时巴东知县许周校刊、训导杨培之纂修，为现存《巴东县志》最早版本。巴东县史志办积极参与文化巴东建设，从三峡大学聘请专家学者对嘉靖《巴东县志》进行校注译评。

（湖北省文旅厅地方志工作处）

【明清《黄州府志》丛刊（点校本）出版】 2月，湖北省黄冈市志办整理的明清《黄州府志》丛刊（点校本）由武汉大学出版社出版。该丛书全套7册，根据弘治十四年（1501）、康熙二十四年（1685）、乾隆十四年（1749）、光绪十年（1884）《黄州府志》刻印本和宣统二年（1910）《黄州府志拾遗》铅印本点校整理编辑而成。全套丛书保留原著全部内容，对原著进行断句标点，对部分繁难艰深的词句作注释，对部分内容作考订说明。全书350余万字。（湖北省文旅厅地方志工作处）

【乾隆《汉阳县志校注》出版】 年内，湖北省武汉市汉阳区志办整理的乾隆《汉阳县志校注》由武汉出版社出版。乾隆《汉阳县志》成书于清乾隆十三年（1748），原书存世极少，且字迹大多漫漶不清。此次整理以国家图书馆和中国社会科学院图书馆收藏的乾隆《汉阳县志》刻本为底本和校对本，同时参考明嘉靖、万历和清康熙、乾隆《汉阳府志》进行整理。

（湖北省文旅厅地方志工作处）

【嘉庆《汉阳县志》出版】 9月，湖北省武汉市汉阳区志办整理的嘉庆《汉阳县志》由武汉出版社出版。该志是清嘉庆二十三年（1818）汉阳知县裘行恕编纂，载述清嘉庆年间汉阳县境域各方面情况。汉阳区志办此次整理的嘉庆《汉阳县志》，以国家图书馆藏本为底本，以武汉方志馆藏本为校本，并参考嘉靖《汉阳府志》、万历《汉阳府志》、康熙《汉阳府志》、乾隆《汉阳府志》、乾隆《汉阳县志》等有关志书，除对原文进行标点、分段、注释外，还对底本存在的问题进行考辨，用脚注形式加以说明。全书60万字。（张道旺）

【嘉庆《宜章县志》（点校版）出版】 年内，湖南省宜章县史志办点校的清嘉庆版《宜章县志》由中国文史出版社出版。清嘉庆二十年（1815），时任宜章县知县陈永图主持完成《宜章县志》纂修，这是清代宜章县纂修的最后一部县志。全志设24卷，收录图片20幅，是记载清中叶宜章自然、政治、经济、社会、文化的百科全书。2016年7月，宜章县史志办开始对清嘉庆《宜章县志》进行点校整理，至2017年9月，完成点校工作。全书77.5万字（含点校）。（湖南省地方志编委会）

【嘉靖《广西通志》影印出版】 年内，广西古籍丛书编辑委员会、广西壮族自治区志办整理的明嘉靖《广西通志》由广西人民出版社影印出版。该志是广西现存最早的通志，60卷，明林富修，黄佐纂。明嘉靖九年（1530）秋，由黄佐等人在前人旧稿的基础上重加增订，至嘉靖十年十月成书，经林富校阅审定后开始刊刻，至嘉靖十一年刻成初印。此后又有少量的文字增补，至迟到嘉靖十五年全书定稿并重印。该志首列图经上、下卷，上卷各地风土人情、下卷土官所治地区的大部分史料不见于其他文献；山川、公署、学校、书院、坛庙、宫室等志还抄录大量诗文碑记，有些为历代文学别集、总集所不载，具有重要文献价值；《夷情志》以时代为维度，历述从上古三代直至明代发生在少数民族地区的反抗与斗争，尤其以宋明史料最为详尽，保存大量的原始往来公文；《外志》因其保存大量古代广西少数民族重要史料，无论从史料质量还是数量上来看，都是最有价值的部分。明嘉靖《广西通志》存世的印本藏于中国国家图书馆、日本内阁文库、日本京都大学人文科学研究所东方学研究部等地，都是嘉靖十五年增补过的后印本。此次整理影印以内阁文库本为底本。内阁文库本所缺的卷二十二至二十六和其他卷的一些散叶，尽量使用京都大学本补配。两本均缺的极少量散叶，用国图本补配。对于底本版刻确实模糊难辨的书页，尽量使用另外两个印本的相关页进行替换。全书约85万字。

（韦韩韫　王小霞）

【乾隆《镇安府志》影印出版】 年内，广西古籍丛书编辑委员会、广西壮族自治区志办、百色市志办整理的清乾隆《镇安府志》由广西人民出版社影印出版。该志由傅埾纂修，于乾隆二十一年（1756）刊刻，为现存最早的镇安府志。该志全8卷，凡7门50目，7门分别为舆地、营建、赋役、秩官、人物、兵防、艺文。该志在编纂中注意调查采访，实地考察，其中土职尤详，将各土官世系罗列得较清楚。“事实”一目记事自唐贞元十年（794）始，至清康熙末年止。（韦韩韫　王小霞）

【康熙《重庆府涪州志》影印出版】 3月，重庆市涪陵区志办整理的清康熙《重庆府涪州志》由国家图书馆出版社影印出版。该志成书于康熙五十三年（1714），涪州知州董维祺修，郡人冯懋柱纂。全志设图考、星野、建置沿革、形胜、山川、古迹、贡赋、风俗、官制、官籍、学校、礼制、名宦、乡贤、选举、兵制、孝义、节烈、隐逸、流寓、仙释、艺文等，共4卷，约7.3万字。（赵伟）

【乾隆《涪州志》影印出版】 3月，重庆市涪陵区志办整理的清乾隆刻本《涪州志》由国家图书馆出版社影印出版。该志成书于乾隆五十年（1785），涪州知州多泽厚修，原任湖南绥宁县知县陈于宣等纂。全志设封域、营建、秩官、武备、风土、赋役、礼典、礼仪、选举、人物、艺文、见闻等，共12卷，约16.4万字。（赵伟）

【道光《涪州志》影印出版】 3月，重庆市涪陵区志办整理的清道光刻本《涪州志》由国家图书馆出版社影印出版。该志成书于道光二十五年（1845），涪州知州德恩修，原任福建海澄县知县石彦恬，拔贡李树兹等纂。全志设封域、营建、秩官、武备、风土、赋役、祀典、礼仪、选举、人物、艺文、见闻等，共12卷，约36.9万字。（赵伟）

【同治《重修涪州志》影印出版】 3月，重庆市涪陵区志办整理的清同治刻本《重修涪州志》由国家图书馆出版社影印出版。该志成书于同治九年（1870），涪州知州吕绍衣等修，邑人王应元等纂。全志设舆地、建置、秩官、典祀、选举、人物、武备、艺文、拾遗、附录等，共16卷附《典礼备要》8卷，约34万字。（赵伟）

【光绪《涪乘启新》影印出版】 3月，重庆市涪陵区志办整理的清光绪《涪乘启新》由国家图书馆出版社影印出版。该书成书于光绪三十一年（1905），清贺守典、熊鸿谟编。全书设地理门、政治门、风俗门。该书稍异于州志，除文、质、政外，另立风俗一门，人物纳于中，编成时，适逢京师大学堂编书局所颁乡土志例目，与其核对，大体契合。全书约2.6万字。（赵伟）

【民国《涪陵县续修涪州志》影印出版】 3月，重庆市涪陵区志办整理的铅印本《涪陵县续修涪州志》由国家图书馆出版社影印出版。该志成书于民国17年（1928），涪陵县知事王鉴清等修，光绪进士施纪云等纂。全志设疆域、建置、赋课、风土、典礼、秩官、选举、人物、食货、艺文、杂编、叙录等，共27卷，约57万字。（赵伟）

【乾隆《大宁县志》点校出版】 6月，重庆市巫溪县志办整理点校的清乾隆抄本《大宁县志》由西南师范大学出版社出版。该志成书于乾隆十一年（1746），知县阎清源修，焦懋熙等汇纂。全书记载古时大宁县的自然、地理、社会、经济、文化等方面的历史状况，共4卷，约2.5万字。（赵伟）

【民国《新修合川县志》点校出版】 8月，重庆市合川区史志办点校整理的民国《新修合川县志》由方志出版社出版。该志由张森楷编纂，卢作孚等48人协助，民国7年（1918）开始编修，民国11年成书，分图经、谱、掌录、传状、余编、文存等83卷，上至远古传说伏羲氏，下至民国9年。全书采用现代装订本，分上、中、下三册出版，同时将繁体字转化为简体字，文字竖排，约405万字。

（师祝英）

【康熙《巫山县志》点校出版】 10月，重庆市巫山县地方志编委会点校整理的清康熙《巫山县志》由吉林文史出版社出版。该志以（清）佚名纂修，传抄清史馆旧藏康熙五十四年（1715）写本、国立北平图书馆民国19年（1930）2月重抄本为底本，雍正《巫山县志》（清佚名纂修，北京师范大学图书馆藏原中国书店1963年抄本）为校本，并参校光绪《巫山县志》和正德《夔州府志》。全书设疆界、星野、建制沿革、山川、巫山大昌物产、关梁、风俗、公署、城池、学校、祠祀、赋役、驿传、秩官、名宦、科第、乡贤、孝义、孝妇、忠节、义士、义仆、节烈、隐逸、流寓、仙释（附寺观）、古迹（宫室坟墓附）、祥异、僭据、兵防等。 （巫山县委党史研究室）

【嘉庆《江津县志》影印出版】 12月，重庆市江津区档案局、江津区志办整理的清嘉庆《江津县志》由线装书局影印出版。该志成书于嘉庆九年（1804），由徐鼎续修，杨彦青校订。全志设图考、天文、地理、职官、兵防、食货、学校、典礼、风俗、选举、士女、艺文等。 （陈秀红）

【光绪《江津县志》影印出版】 12月，重庆市江津区档案局、江津区志办整理的清光绪《江津县志》由线装书局影印出版。该志成书于光绪元年（1875），由时任知县王煌监修，浙江道监察御史、前翰林院编修袁方城总纂。全志设图考、天文、地舆、职官、赋役、兵防、食货、学校、典礼、风俗、选举、士女、艺文等。 （陈秀红）

【民国《江津县志》影印出版】 12月，重庆市江津区档案局、江津区志办整理的民国《江津县志》由线装书局影印出版。该志成书于民国13年（1924），由聂述文监修，程德音总纂。全志设图考、地理、建置、前事、典礼、食货、职官、人物、学校、选举、武备、风土、实业、宗教、杂志等。 （陈秀红）

【《清嘉庆〈宜宾县志〉补注》出版】 9月，四川省宜宾县志办整理的《清嘉庆〈宜宾县志〉补注》由方志出版社出版。该志资料来源于民国21年（1932）铅印本，并在1984年由宜宾市志编委会和宜宾县志编委会共同整理印行的清嘉庆《宜宾县志》校注本基础上，同康熙《叙州府志》、光绪《叙州府志》中有关宜宾县部分及清代叙州府属部分区县志资料进行对照，并补校注。全书约30万字。 （朱丹）

【嘉庆《广安州志》（点校本）出版】 4月，四川省广安市志办整理的清嘉庆《广安州志》（点校本）由线装书局出版。该志由广安州知州刘有仪、监生吴栻编修，翰林院编修刘学厚纂。志分54门，艺文、人物、选举、职官、山川、古迹、祀典等较详。嘉庆二十五年（1820）刻本和传抄本，中国科学院南京地理研究所和四川泸州市图书馆各收藏一部。该点校本是广安市志办继点校出版雍正、乾隆版州志后的第三部。全书约34.7万字。 （朱丹）

【同治《大邑县志校注》出版】 7月，四川省大邑县志办整理的同治《大邑县志校注》由巴蜀书社出版。该志共20卷，于同治六年（1867）由赵霦所修。 （朱丹）

【乾隆《大邑县志》影印出版】 9月，四川省大邑县志办整理的清乾隆《大邑县志》由巴蜀书社影印出版。该志除卷首外有4卷本，始修于乾隆十四年（1749），成书于乾隆二十年左右，由知县宋载纂修，是大邑县现存的第一部志书。全书34.7万字。 （朱丹）

【民国《灌县志》影印出版】 9月，四川省都江堰市志办整理的民国《灌县志》由巴蜀书社影印出版。该志记载灌县自然变迁与社会更迭。全书18卷，约17万字。 （朱丹）

【乾隆、道光、嘉庆、光绪《黔西州志》（点校本、重勘本）出版】 2月，贵州省黔西县史志办整理的乾隆、道光、嘉庆、光绪《黔西州志》（点校本、重勘本）由方志出版社出版。黔西州自何缙创志，中经鲍尚忠、冯光宿两修而未刊，至刘永安再修。该志包括天文、地理、营建、食货、秩官、武备、人物、艺文等8卷。点校本为35万字，重勘本为17.5万字。（贵州省志办）

【嘉靖《思南府志》（校注本）出版】 12月，嘉靖《思南府志》（校注本）编委会整理的嘉靖《思南府志》（校注本）由团结出版社出版。该志校注以宁波天一阁藏明嘉靖刻本《思南府志》的1962年1月上海古籍书店影印本为底本。全书30万字。（贵州省志办）

【民国《兴义县志》点校出版】 1月，贵州省兴义市史志办点校整理的民国《兴义县志》由开明出版社出版。该志记录兴义疆域之险易、职官之沿革、户口之盈缩、田赋之轻重、兵制之得失，还记录民情风俗、文化教育、社会生活、道德精神及功业文章。全书33万字。（贵州省志办）

年鉴编纂与出版

· 年鉴创刊出版

【《任县年鉴（2017）》创刊】 1月，河北省任县政府主办、县志办编纂的《任县年鉴（2017）》由河北人民出版社创刊出版。该卷年鉴设数字任县、特载、任县概况、2016年综述、大事记、党政机关、群众群体、军事政法、综合管理、农业、工业、交通邮电、城乡建设、贸易服务、财政金融、保险、教科文卫、乡镇和重点企业、人物及附录等类目。全书51.7万字。（邢素丽）

【《安国年鉴（2017）》创刊】 5月，河北省安国市政府主管、市地方志编委会编纂的《安国年鉴（2017）》由河北人民出版社创刊出版。该卷年鉴设特载、大事记、中国共产党安国市委员会、安国市人民代表大会、安国市人民政府、中国人民政治协商会议安国市委员会、社会团体、政法·军事、综合管理、药业、农业、工业、商贸、水利·电力、交通·邮政·电信、城建·环保、财政·税收、金融、教育·科技、文化·卫生、社会生活、乡镇办事处、人物、附录24个类目。全书57万字。（邢素丽）

【《宣化区年鉴（2017）》创刊】 3月，河北省张家口市宣化区政府主管、区档案史志局编纂的《宣化区年鉴（2017）》由九州出版社创刊出版。该卷年鉴配设题词2幅，照片69幅，其中以人民为中心的民生服务工程照片34幅，区级工作会议动态照片28幅，在卷尾配设展示各部门行业基层的彩图416幅。全书96万字。（邢素丽）

【《沧州市运河区年鉴（2017）》创刊】 10月，河北省沧州市运河区委区政府组织、区年鉴编委会编纂的《沧州市运河区年鉴（2017）》由河北人民出版社创刊出版。该卷年鉴设25个类目，下设137个分目683个条目，插图171幅，其中前彩78幅、内文插图93幅；专门设置“媒体看运河”类目，收录运河区区委、区政府在《沧州日报》等各大媒体刊登的运河区政务性专刊。全书57万字。（邢素丽）

【《黄骅年鉴（2017）》创刊】 10月，河北省黄骅市志办编纂的《黄骅年鉴（2017）》由河北人民出版社创刊出版。该卷年鉴设26个类目，彩照20页，记述黄骅市创建国家园林城、国家卫生城，开展美丽乡村建设等工作取得的成绩，黄骅市创建国家卫生城的过程以附录形式记载于内。全书49万字。（邢素丽）

【《献县年鉴（2017）》创刊】 8月，河北省献县民政局主管、县地方志编委会编纂的《献县年鉴（2017）》由河北人民出版社创刊出版。该卷年鉴设特载、大事记、总述、中共献县委员会、献县人民代表大会、献县人民政府、政协献县委员会、纪检监察、人民团体、军事政法、综合管理、农业、工业、商贸流通、财政税务、金融保险、城乡建设和环境保护、交通邮政通信、教育科技、文化体育、卫生医药、社会生活、乡镇概况23个类目。全书55.6万字。（邢素丽）

【《盐山年鉴（2017）》创刊】 12月，河北省盐山县志办编纂的《盐山年鉴（2017）》由河北人民出版社创刊出版。该卷年鉴设特载、大事记、县情概况、中共盐山县委员会、盐山县人民代表大会、盐山县人民政府、政协盐山县委员会、纪检·监察、人民团体、军事·政法、综合管理、农业、工业、商务流通、财政·税务、金融·保险、城乡建设·环境保护、交通运输·邮政·通信、教育·科技、文化、卫生·体育、乡镇概况、人物、附录24个类目，彩照36幅，突出“脱贫攻坚”“乡村一体化建设”的盐山特色。全书39万字。（邢素丽）

【《南关年鉴（2018）》创刊】 9月，吉林省长春市南关区政府主管、区志办主办的《南关年鉴（2018）》由吉林文史出版社创刊出版。该卷年鉴设精彩南关专辑、南关概况、大事记等27个类目，下设124个分目1082个条目。卷首及正文使用图片160幅。卷首用16个彩版集中反映南关区基本情况、获得荣誉、各级领导在南关区考察的情况及经济社会发展指标等方面的大事、新事。全书50万字。（赵德新）

【《龙山年鉴（2018）》创刊】 12月，吉林省辽源市龙山区政府主管、区地方志编委会编纂的《龙山年鉴（2018）》由吉林文史出版社创刊出版。该卷年鉴设专文、大事记、区情概览、中国共产党龙山区委员会、龙山区人民代表大会、龙山区人民政府、中国人民政治协商会议龙山区委员会、中国共产党龙山区纪律检查委员会、社会团体、军事、法治、经济管理、农林牧水、工业、城市建设、生态文明建设、商务、财政·税收、科技、教育、文化·体育·旅游、卫生、社会民生、乡镇、社区、人物、附录、索引28个类目，下设107个分目634个条目，正文插入表格33个，卷首及正文采用图片197幅。全书64万字。（赵德新）

【《新吴年鉴（2018）》创刊】 12月，江苏省无锡市新吴区政府主办、区档案馆（史志办）编纂的《新吴年鉴（2018）》由中华书局创刊出版。该卷年鉴设33个类目，从新吴区区情出发，着力抓住“区政合一”体制下新吴区的若干特点，凸显新吴区的产业园区发展、智慧城市建设、特色小镇建设、上市工作、吴文化建设等方面的特色和亮点。全书73.3万字。（吉祥）

【《徐州市鼓楼年鉴（2018）》创刊】 12月，江苏省徐州市鼓楼区志办编纂的《徐州市鼓楼年鉴（2018）》由江苏人民出版社创刊出版。该卷年鉴设26个类目，下设139个分目700余个条目，记述该区2017年各个层面的重大事件。全书45万字。（吉祥）

【《云龙年鉴（2018）》创刊】 12月，江苏省徐州市云龙区政府主办、区志办编纂的《云龙年鉴（2018）》由江苏人民出版社创刊出版。该卷年鉴设26个类目，记述该区2017年各个层面的重大事件。全书45万字。（吉祥）

【《周庄年鉴（2018）》创刊】 12月，江苏省昆山市周庄镇志办编纂的《周庄年鉴（2018）》由广陵书社创刊出版。该卷年鉴设特别报道、大事记、周庄概貌、中共周庄镇委员会、周庄镇人民代表大会、周庄镇人民政府、群众团体、武装民防·治安司法、休闲旅游、遗产保护、农副业、工业、商贸服务业、镇村建设、公用事业、综合经济管理、劳动与社会保障、教育与科技、文化与体育、卫生与计划生育、民政与民生、村·社区、负责人名录、荣誉榜、附录、索引26个类目，下设167个分目658个条目，随文表格18个，卷首图版设置2017年周庄速览、古镇风貌——小桥流水人家、四季周庄——春夏秋冬、重点工程、重大活动等专题以及周庄镇地图、周庄古镇旅游地图。“特别报道”栏目收录《花灯映两岸　情系一家亲——“两岸情·一家亲”主题晚会精彩举行，2017年海峡两岸（昆山）中秋灯会盛大启幕》《守护水乡文化的根　阮仪三工作站在周庄揭牌》《建设田园乡村　为全省做好示范和引领　省领导来昆调研特色田园乡村建设工作》《昆山双桥传感器公司经理王冰捧回

国家技术发明奖》《周庄社区管理引入上海理念》《首部中国名镇影像志拍摄工作在周庄启动》6篇。全书42万字。（吉祥）

【《南湖年鉴（2018）》创刊】 12月，浙江省嘉兴市南湖区委、区政府主办，区地方志编委会编纂的《南湖年鉴（2018）》由中华书局创刊出版。该卷年鉴设特载、专记、大事记、区情概貌、中国共产党南湖区委员会、南湖区人民代表大会、南湖区人民政府、政协南湖区委员会、民主党派·工商联等33个类目，下设198个分目943个条目，附有索引。全书71.2万字。（嘉兴市史志办）

【《越城年鉴（2018）》创刊】 12月，浙江省绍兴市越城区政府主办、区档案局编纂的《越城年鉴（2018）》由浙江人民出版社创刊出版，该年鉴创刊标志着绍兴市提前两年完成“两全目标”任务。该卷年鉴设类目38个，下设120余个分目1000余个条目，反映2017“三个越城”全面推进之年，全区政治、经济、文化、科教等领域工作成果。全书50万字。

（绍兴市史志办）

【《九江教育年鉴（2011—2015）》创刊】 1月，《九江教育年鉴》编辑委员会编纂的《九江教育年鉴（2011—2015）》由江西高校出版社创刊出版。该卷年鉴设卷首、特载、大事记、专记、综合管理、县区教育、驻市院校教育、人物荣誉、附录9个类目，将教育统计列入附录。全书106万字。（朱岳）

【《龙山年鉴（2018）》创刊】 12月，湖南省龙山县政府主办、县委党史研究室（地方志编纂室）编纂的《龙山年鉴（2018）》由方志出版社创刊出版。该卷年鉴设特载、大事记、概况、政治、政法军事、经济建设、综合经济管理、财政税务、城市建设与管理、旅游、文教科卫、社会民生、乡镇街道、附录14个类目，下设139个分目1269个条目。全书69.8万字。

（湖南省地方志编委会）

【《中山市古镇镇年鉴（2018）》创刊】 12月，广东省中山市古镇镇党政办公室编纂《中山市古镇镇年鉴（2018）》由广东人民出版社创刊出版。该卷年鉴设年度关注、2017年古镇之最、2017年古镇大事记、镇情概况、党政机关、社团组织、政法军事、农业、工业·商贸服务业、财税·金融、经济监督管理、交通运输与邮政业、城建·环保、科技·教育、文化、卫生·体育、社会民生、村居概况、人物19类目和文献、索引等。前置彩色插页设政务古镇、创新古镇、美丽古镇、幸福古镇、博爱古镇、创建广东省森林小镇等专题栏目。其中“创建广东省森林小镇”专题记录古镇镇建创广东省森林小镇的全过程。全书37万字。

（广东省志办）

【《海城年鉴》（2017）创刊】 5月，广西壮族自治区北海市海城区地方志编委会编纂的《海城年鉴（2017）》由广西科学技术出版社创刊出版。该卷年鉴设特载、大事记、概况、中国共产党北海市海城区委员会、北海市海城区人民代表大会、北海市海城区人民政府、中国人民政治协商会议北海市海城区委员会、中国共产党北海市海城区纪律检查委员会（北海市海城区监察局）、人民团体和工商联、政法、军事、工业、农业·水利、水产畜牧、交通、城乡规划建设和管理、环境保护、商务·旅游、信息产业·邮政、财政·税务、银行·保险、经济行政管理和监督、科学技术、教育、文化·广播电影电视·体育、医疗卫生·计划生育、人力资源和社会保障、侨务·台湾事业、社会事务、镇（街道）概况、统计资料、附录等类目。全书51万字。（孙仿　秧新明）

【《银海年鉴（2017）》创刊】 7月，广西壮族自治区北海市银海区政府主办、区地方志编委会编纂的《银海年鉴（2017）》由广西科学技术出版社创刊出版。该卷年鉴设特载、大事记、概况、中国共产党北海市银海区委员会、北海市银海区人民代表大会、北海市银海区人民政府、中国人民政治协商会议北海市银海区委员会、中国共产党北海市银海区纪律检查委员会、人民团体和工商联、政法、军事、工业、产业园区、农业·水利、渔业、交通、城乡规划建设和管理、环境保护、商务、旅游业、信息产业·邮政、财政·税务、银行·保险、经济行政管理和监督、科学技术、教育、文化·体育、卫生·计划生育、人力资源和社会劳动保障、侨务·台湾事务、社会事务、乡镇概况、统计资料、附录 34 个类目。全书 60 万字。（孙仿 秧新明）

【《钦南年鉴（2017）》创刊】 4 月，广西壮族自治区钦州市钦南区志办编纂的《钦南年鉴（2017）》由线装书局创刊出版。该卷年鉴设特载、大事记、概况、党政机关、人民团体、政法、军事、经济管理、工业、农林·水利、水产畜牧、交通·贸易、旅游业、国土·建设·环保、教育·科技、文化·体育、卫生·计生、社会生活、镇街道概况、人物、统计资料、附录·文件辑录 22 个类目。书前设数字钦南·2016、图片专辑栏目，收录钦南区经济社会发展重要统计数据和领导考察、重要会议、工业发展、农业示范区建设、扶贫攻坚、创建特色旅游名县等内容。全书 83 万字。

（孙仿 秧新明）

【《港南年鉴（2017）》创刊】 5 月，广西壮族自治区贵港市港南区政府主办、区地方志编委会编纂的《港南年鉴（2017）》由中州古籍出版社创刊出版。该卷年鉴设特载、大事记、概况、政治、人民团体、法治、军事、农业、工业、商贸·旅游、交通运输、财政税收、经济管理与监督、城乡建设·环境保护、科学技术·教育、文化·体育、医疗卫生·计划生育、社会事务、镇（街道）、统计资料、附录 21 个类目。全书 50 万字。（孙仿 秧新明）

【《覃塘年鉴（2017）》创刊】 7 月，广西壮族自治区贵港市覃塘区政府主办、区地方志编委会编纂的《覃塘年鉴（2017）》由中州古籍出版社创刊出版。该卷年鉴分综合情况、动态信息、辅助资料三大部分。综合情况设年度要闻·2016、特载、大事记、概况 4 个类目。动态信息设政治、人民团体、法治、军事、经济、产业、教育·科技、文化·体育、医疗卫生与计划生育、社会事务、国土资源·建设·环保、乡镇 12 个类目。辅助资料设附录。全书 27 万字。（孙仿 秧新明）

【《平果年鉴（2016）》创刊】 8 月，广西壮族自治区平果县政府主办、县志编委会编纂的《平果年鉴（2016）》由中州古籍出版社创刊出版。该卷年鉴设特载、平果县概况、大事记、中国共产党平果县委员会、平果县人民代表大会、平果县人民政府、中国人民政治协商会议平果县委员会、纪律检查与行政监察、人民团体、法治、军事、工业、农业、商业贸易·旅游、城乡建设与管理、交通运输·海事管理、邮政·通信、环境保护、金融业、经济管理与监督、财政·税收、科学技术、教育、文化·体育、医疗卫生·计划生育、社会生活、乡镇、附录 28 个类目。全书 41 万字。

（孙仿 秧新明）

【《南丹年鉴（2017）》创刊】 8 月，广西壮族自治区南丹县政府主办、县志编纂委员会编纂的《南丹年鉴（2017）》由中州古籍出版社创刊出版。该卷年鉴分综合情况、动态信息、辅助资料三大部分。综合情况设特载、大事记、概况 3 个栏目；动态信息设政治、军事、法制、经济、产业、资源建设水利环保、教育科学、文化体育卫计、社会生活、乡镇概况 10 个类目。辅助资料有县委、县政府重要文件，统计资料和调研文章等。全书 33.5 万字。

（孙仿 秧新明）

【《天涯区年鉴（2017）》创刊】 11 月，海南省三亚市天涯区委区政府主办、区政府办公室编纂的《天涯区年鉴（2017）》由南方出版社创刊出版。该卷年鉴设图片专记、特载、特辑、概述、中共三亚市天涯区委员会、三亚市天涯区人民代表大会、三亚市天涯区人民政府、人民团体、军事·法制、产业经济、经济管理、城乡建设、科教文体、医疗卫生、社会事务管理、村（居）委会、大事记、统计资料、人物、文献选编和附录21个类目。全书58万字。　（郑昕）

【《吉阳区年鉴（2017）》创刊】　11月，海南省三亚市吉阳区委区政府主办、区政府办公室编纂的《吉阳区年鉴（2017）》由南方出版社创刊出版。该卷年鉴设特载、特辑、总述、中共三亚市吉阳区委员会、三亚市吉阳区人民代表大会、三亚市吉阳区人民政府、人民团体、军事·法制、产业经济、经济管理、城乡建设、科教文体、医疗卫生、社会事务管理、村（居）委会、大事记、统计资料、人物、文献选编和附录20个类目。全书70万字。（郑昕）

【《渝中年鉴（2017）》创刊】　7月，重庆市渝中区政府主管、区志办编纂的《渝中年鉴（2017）》由电子科技大学出版社创刊出版。该卷年鉴设特载、渝中概况、政治、法治与军事、经济、城市建设、社会事业、街道、人物光荣榜、大事记、文献、统计资料、重要文件、索引14个类目。全书80万字。　（吴炎）

【《沙坪坝年鉴（2018）》创刊】　12月，重庆市沙坪坝区政府主办、区志办编纂的《沙坪坝年鉴（2018）》由重庆大学出版社创刊出版。该卷年鉴设大事记、特载、沙坪坝区概况、政治与法治、经济、社会事业、专项工作、镇街、人物·光荣榜、统计资料、重要文件存目、附录、索引13个类目。全书93.5万字。

（吴展渊）

【《黔江年鉴（2018）》创刊】　12月，重庆市黔江区政府主管、区政府办公室主办、《黔江年鉴》编辑委员会编纂的《黔江年鉴（2018）》由西南师范大学出版社创刊出版。该卷年鉴设特载、专记、大事记、黔江概况、三大战略概览、政治、经济、法治、文化、社会事业、乡镇（街道）、人物荣誉、重要文献、统计资料、附录、索引16个类目，后有附录。全书75万字。　（重庆市黔江区党史和地方志服务中心）

【《忠县年鉴（2018）》创刊】　12月，重庆市忠县政府主管、县党史研究与地方志编纂办公室编纂的《忠县年鉴（2018）》由方志出版社创刊出版。该卷年鉴设特载、大事记、忠县概况、民主党派、社会团体、法治、军事、农业、工业、交通通信、城乡建设、环境保护、商贸旅游业、财政税务、金融、县属国有企业、经济综合管理、非公有制经济、科学技术、社会科学、教育、文化、体育、卫生、人民生活、社会保障、社会事务、街道镇乡、人物、艺文、文献、附录等类目。全书86.8万字。　（袁征　毛世国）

【《新津年鉴（2018）》创刊】　12月，四川省新津县政府主办、县志办编纂的《新津年鉴（2018）》由四川科学技术出版社创刊出版。该卷年鉴设综述、专文、大事记等30个类目，下设162个分目1139个条目，表36张，随文图片81幅，彩色图片44页。全书47万字。

（孙振中　李华扬）

【《贡觉年鉴（2018）》创刊】　6月，西藏自治区贡觉县委办公室主办、县志办编纂的《贡觉年鉴（2018）》由中州古籍出版社创刊出版。该卷年鉴设数字贡觉、特载、大事记、政治、经济、社会事业、乡（镇）概况、附录等类目。全书40万字。　（刘小莉　肖旭明）

【《八宿年鉴（2018）》创刊】　4月，西藏自治区八宿县委办公室主管、县志办编纂的《八宿年鉴（2018）》由中州古籍出版社创刊出版。该卷年鉴设数字八宿、特载、大事记、综述、政治、人民团体、法治军事、经济社会发展、社会事业、乡（镇）、附录等类目。全书50万字。　（刘小莉　肖旭明）

【《类乌齐年鉴（2018）》创刊】　5月，西藏自治区类乌齐县政府主办、县志办编纂的《类乌齐年鉴（2018）》由重庆出版社创刊出版。该卷年鉴设数字类乌齐、特载、大事记、综述、政治、法治、军事、经济和社会事业、乡（镇）、机构和负责人、先进名录、统计资料等类目。全书41万字。（刘小莉 肖旭明）

【《王益年鉴（2018）》创刊】 12月，陕西省铜川市王益区政府主办、《王益年鉴》编委会编纂的《王益年鉴（2018）》由三秦出版社创刊出版。该卷年鉴系统记述2017年王益区自然、政治、经济、文化、社会等方面的情况，内容按类目、分目、条目编纂，设30个类目，下设196个分目1178个条目。全书52万字。

（陕西省志办）

【《同仁年鉴（2017）》创刊】 12月，青海省同仁县政府办公室主管、县志办编纂的《同仁年鉴（2017）》由四川科学技术出版社创刊出版。该卷年鉴设特载、概况、大事记、政治、群众团体、政法军事、综合经济管理、农林牧水、工业商务旅游、交通通信电力、财政税收、金融保险、社会事业、乡镇概况、附录15个类目，下设92个分目941个条目，图片20幅。全书70万字。（马渊）

【《尖扎年鉴（2017）》创刊】 12月，青海省尖扎县政府主管、尖扎年鉴编委会办公室编纂的《尖扎年鉴（2017）》由三秦出版社创刊出版。该卷年鉴设特载、县情概况、大事记、组织机构及领导名录、政治、经济、社会事业、乡镇概览、人物，后附附录。全书45万字。

（马渊）

【《杂多年鉴（2017）》创刊】 7月，青海省杂多县政府主管、县志办编纂的《杂多年鉴（2017）》由中州古籍出版社创刊出版。该卷年鉴设特载、概况、大事记、组织机构和领导名录、政治、地方军事、经济、社会事业、乡镇发展、集体·人物、附录等类目。全书46万字。（马渊）

【《第二师铁门关市年鉴（2018）》创刊】 年内，新疆生产建设兵团第二师铁门关市史志办编纂的《第二师铁门关市年鉴（2018）》由中国社会科学出版社创刊出版。该卷年鉴设38个类目，照片200余幅，采用随文图片60余幅。全书94万字。（第二师铁门关市史志办）

·省级综合年鉴出版

【《北京年鉴（2018）》出版】 10月，北京市地方志编委会主管、市志办主办、北京年鉴社编纂的《北京年鉴（2018）》出版。该卷年鉴设46个类目，重点展现改革开放40周年的变化情况。全书150万字。年内，北京年鉴社编纂的《北京年鉴（2017）》（简本）英文版出版。（姜坤 王韧洁）

【《河北年鉴（2017）》出版】 4月，河北省政府办公厅主管、河北省志办主办的《河北年鉴（2017）》由河北年鉴社出版。该卷年鉴文前设图片专题，内文设特载、大事记、河北概况、中国共产党河北省委员会、河北省人民代表大会常务委员会、河北省人民政府、中国人民政治协商会议河北省委员会、民主党派·工商联、人民团体、军事、政法、综合管理、环境保护、农业、工业、国内贸易、对外开放、财政·税务、金融、城乡建设、交通·邮政·通信、旅游、民营经济、科学技术、社会科学、教育、文化、卫生、体育、社会生活、市县概况、人物、法规·规章、统计资料34个类目，下设若干分目和条目。全书149万字。

（邢素丽）

【《山西年鉴（2018）》出版】 12月，山西省委党史研究院、省地方志研究院编纂的《山西年鉴（2018）》由方志出版社出版。该卷年鉴设41个类目，下设252个分目66个次分目1880个条目，收录图片和统计表210张。全书根据党和国家重要部署、省情及年度特色，增设“脱贫攻坚”类目，在“农业”“工业”类目中作调整，将原“卫生和计划生育”类目改为“医疗卫生”。专题图片分为山西省委的实践、文化产业发展、转型发展“喜见山西蓝”、精准扶贫的“山西解法”等部分。全书157.3万字。（武岭）

【《辽宁年鉴（2018）》出版】 11月，辽宁省政府主办、《辽宁年鉴》编辑部编纂的《辽宁年鉴（2018）》出版。该卷年鉴分类目、分目、条目3个层次，设特载、大事记、概况、党政机关、民主党派·工商联、群众团体·社会团体、法制、军警·人防、经济发展与改革、农村经济、工业、资投·建设·环保·旅游、交通运输·邮电、国内贸易、对外经贸、经济社会管理、财政·税务、金融·保险、科学技术、教育、卫生·社保·生活、文化·体育、市县区概况和统计资料24个类目，有彩图24版，统计表39版。全书143万字。（刘莹）

【《吉林年鉴（2018）》出版】 12月，吉林省政府办公厅主管、省地方志编委会主办、吉林年鉴编辑部编纂的《吉林年鉴（2018）》出版。该卷年鉴采用四级结构，设精彩吉林、专文、大事记、概况、政治、法治、军事、经济调节与监管、经济建设、生态建设、科技、教育、文化卫生体育、社会生活、市县概况、人物、文献、附录18个类目，下设102个分目438个栏目2886个条目。使用图片215幅。全书在卷首用20个彩版集中反映吉林省经济社会发展主要指标、吉林全球推介活动、第十一届中国—东北亚博览会、地铁1号线开通、美丽乡村建设、“感动吉林”年度人物等主题。增设“生态建设”类目，设综述、绿色发展、环境治理、生态系统保护、生态环境监管5个分目；增设“专文”类目，对2017年度吉林省深化改革情况进行全面记述；“概况”类目增加“五位一体”全面发展情况记述；“社会生活”类目新增综述、劳动就业分目。“群众团体”分目增加吉林省志愿者协会栏目；“对外开放”分目增加融入“一带一路”建设、口岸管理2个栏目；“旅游业”分目增加冬季冰雪、夏季避暑等生态旅游活动内容；“文化”分目增加戏剧、音乐、舞蹈、曲艺及民间艺术等内容。首次采用微信小程序，实现通过手机扫描二维码阅读。全书164万字。（闫佳函）

【《黑龙江年鉴（2017）》出版】 7月，黑龙江省政府主管、省志办主办、《黑龙江年鉴》编辑部编纂的《黑龙江年鉴（2017）》出版。该卷年鉴设34个类目，下设376个分目2395个条目，反映2016年黑龙江省自然、政治、经济、文化、社会、生态文明等方面的发展情况，以及在全面建成小康社会进程中取得的新变化。全书150.9万字。（徐萍　杜胜男）

【《黑龙江年鉴（2018）》出版】 12月，黑龙江省政府主管、省志办主办、《黑龙江年鉴》编辑部编纂的《黑龙江年鉴（2018）》出版。该卷年鉴设特载、专记、大事记、省情概览、中国共产党黑龙江省委员会、群众团体、法治、军事等34个类目，下设373个分目2268个条目。附有附录及索引。全书130.3万字。（徐萍　杜胜男）

【《上海年鉴（2018）》出版】 11月，上海市志办主管主办、《上海年鉴》编辑部编纂的《上海年鉴（2018）》出版。该卷年鉴设48个类目，下设280个分目1755个条目（包括资料条目25个），收录表格199个，图片437幅，附主题索引、资料索引、表格索引、图片索引。全书设“特记”记述中国（上海）自由贸易试验区建设和具有全球影响力的科技创新中心建设，刊载《上海参与和服务国家“一带一路”建设》《〈上海市城市总体规划（2017—2035）〉编制》《黄浦江两岸全线贯通》《上海城乡中小河道综合整治》《上海公交都市建设》《上海爱党爱国爱社会主义文艺宣传教育探索》《上海报业集团改革转型》7篇专文，收录《上海改革开放40年民生成就报告》《上海居民消费调查》《上海消费品市场情况》《上海房地产市场情况》《上海学前教育调查》《上海居民生活垃圾分类处理调查》《上海与国内主要城市人口结构比较》7篇社会调查，卷首彩页有“滨江新貌”“虹桥商务区”“航运中心”“城市更新”“工业制造”“商业会展”“文化地标”“社会生活”“美丽乡村”等专辑，卷首图照特设“四十年故事”专辑。全书150万字。（王师师　陈畅）

【《上海年鉴（2018）》英文版出版】 年内，上海市志办主管主办、《上海年鉴》编纂委员会编纂的《上海年鉴（2018）》英文版出版。该卷年鉴以《上海年鉴（2018）》中文版为资料基础，设申城速览、上海概览、上海大事年表、政党政权、司法、经济、金融、旅游、环境保护、城市建设与管理、交通运输、科技、教育、文化、卫生、体育、社会生活、友好往来、在上海的外籍人士等类目。多幅图片彩照反映改革开放40年期间人民社会生活的变化。全书5万字。（王师师　陈畅）

【《江苏年鉴（2018）》出版】 12月，江苏年鉴杂志社编纂的《江苏年鉴（2018）》出版。该卷年鉴设特载、大事纪要、省情概览、政治、法治、公共管理、经济结构、农业、制造业、服务业、开放型经济、国际（地区）交流、基础设施、城乡发展、区域发展、生态环境、科学技术、教育、文化艺术、大众传媒、医疗卫生、体育、人力资源、收入与消费、社会保障、公共安全、军事、市县发展等类目，下设2039个条目，收录表格、名录423份，设立“延伸阅读”资料59条，引用“参考文献”61份，专题图片设《年度要闻》《40年·图表看变化》《逐梦，奋斗者的时代身影》《江苏省第一次地理国情普查公报》《江苏最美水地标》，刊载图片256幅。与2017年卷相比，全书对部分类目和分目进行重新调整和完善，原附录中与正文紧密相关的统计资料随文表现，增加江苏与全国其他省区市的比对性资料。全书190.9万字。（吉祥）

【《浙江年鉴（2018）》出版】 年内，浙江省政府主办、省委政研室编纂的《浙江年鉴（2018）》出版。该卷年鉴设特载、概况、经济建设、政治建设、文化建设、社会建设、生态文明建设、党的建设和市区县概况9个类目，记录浙江经济、政治、文化、社会和生态文明建设等方面取得的成绩。全书165万字。（浙江省志办）

【《江西年鉴（2018）》出版】 12月，江西省政府主办、省地方志编委会编纂的《江西年鉴（2018）》由国家图书馆出版社出版。该卷年鉴设56个栏目，系统记述2017年全省自然、政治、经济、文化、社会等方面情况，全面真实客观地反映全省经济建设、社会发展和改革开放的最新情况。全书154.75万字。（朱岳）

【《山东年鉴（2018）》出版】 6月，山东省政府办公厅主管、省史志办主办的《山东年鉴（2018）》出版。该卷年鉴设特载、大事记、山东概况等35个类目。该卷年鉴特点鲜明：一是设置“亲切关怀”类目，收录中共中央政治局常委、国务院总理李克强在威海、济南考察照片。二是设置聚焦盛会图片专版。三是设置第八届世界儒学大会和2017中国（曲阜）国际孔子文化节暨第十二届联合国教科文组织孔子教育奖颁奖典礼图片专版。四是设置省十三届人大一次会议和省政协十二届一次会议图片专版。五是设置省领导调研活动图片专版。六是设置推进综合试验实现动能转换专版，全面解读国务院批复的《山东新旧动能转换综合试验区建设总体方案》。七是使用13个二维码，收录5个视频资料和8个一次性文献资料。八是对年鉴的类目进行调整完善，新设“开发区建设”类目；将原“商务”类目分为“商贸流通”和“开放型经济”两个类目；删减原“信息化建设”类目，相关内容放到“工业”和“通信业”类目中，主要内容放入“省政府”类目中；在“农业”类目中增设“蔬菜产业”分目；对“工业”类目进行重新调整排序，对传统工业及压减萎缩行业能合则合，加大篇幅反映山东省新兴行业、高端装备制造业及新旧动能转换发展情况等。九是内文插入代表类目特色、具有现实意义和存史价值的随文图片

169 幅，运用表格、示意图 104 幅。卷首编制有中英文目录，卷末设有综合性主题索引。全书 135 万字。（孙杰　王赟）

【《河南年鉴（2018）》出版】　12 月，河南省史志办编纂的《河南年鉴（2018）》出版。该卷年鉴设特载、概览、大事记、政治、军事、法治、基础产业、农业、工业、建设·环保、商务、财税、金融、旅游、经济管理、教育、科学、文化、社会事业、市县概况、附录等类目，下设 2300 个条目，图片 90 余幅。全书 151 万字。（马俊明）

【《湖北年鉴（2018）》出版】　12 月，湖北省地方志编委会编纂的《湖北年鉴（2018）》出版。该卷年鉴内容分为综合信息、分类信息和其他资料，综合信息设年度关注、特载、省情概览、经济社会发展战略 4 部分，分类信息设经济、政治、文化、社会、生态文明 5 大部分，其他资料设大事记、地区经济社会发展、企事业单位选介、经济和社会发展统计资料及附录。书后附有索引，并附电子光盘。全书 180 万字。

（湖北省文化和旅游厅地方志工作处）

【《湖南年鉴（2018）》出版】　12 月，湖南省政府主办、省地方志编委会编纂的《湖南年鉴（2018）》由湖南年鉴社出版。该卷年鉴设特载、大事记、湖南概况、政治、军事、法治、综合监督管理、两型社会建设、区域开发与园区经济、农业·林业·水利、工业、城乡建设与房地产·环境保护、交通·邮政·通信、国内贸易、对外经济贸易、旅游业、财政·税务、银行·保险·证券、民营经济、科学技术与科技服务、社会科学、教育、文化事业、新闻出版广电、文学艺术、卫生和计划生育、体育、社会生活、市州县概况、人物、经济社会环境主要统计资料、政策法规选登 32 个类目，下设 155 个分目 148 个次分目 2400 余个条目，彩插 32 页。全书 190 万字。（张征远）

【《广东年鉴（2018）》出版】　10 月，广东年鉴编纂委员会编纂的《广东年鉴（2018）》由广东年鉴社出版。该卷年鉴设概貌、大事记、年度关注、政治、经济、文化、社会、生态环境、市县（区）、人物、文献专载·调研报告、统计资料、附录 13 个类目，下设 100 个分目 233 个次分目 1848 个条目。全书 150 万字。

（广东省志办）

【《广西年鉴（2018）》出版】　12 月，广西壮族自治区地方志编委会编纂的《广西年鉴（2018）》由广西年鉴社出版。该卷年鉴设特载、概况、政治、法治、军事、经济、产业、国土资源·建设·环保、教育、科学、文化、医疗卫生·计划生育、体育、民族、社会生活、市县（区）、人物、大事记、统计资料、附录 20 个类目。在书前设数说广西、年度要闻和图片专辑栏目，为读者提供关注度高的资料信息。图片专辑刊载学习贯彻习近平总书记视察广西重要讲话精神、学习宣传贯彻党的十九大精神、庆祝广西壮族自治区成立 60 周年、第 14 届中国—东盟博览会、第 14 届中国—东盟商务与投资峰会、脱贫攻坚战略实施、和谐社会新风尚、第 19 届南宁国际民歌艺术节、重大项目建设等内容。重新设置“概况”类目的框架，按照经济建设、政治建设、文化建设、社会建设、生态文明建设“五位一体”的提法设置分目。在“法治”类目增设“政法委”和“维护社会稳定”两个分目。全书 200 万字。（孙仿　秧新明）

【《海南年鉴（2018）》出版】　12 月，海南省政府主管、《海南年鉴》编辑委员会编纂的《海南年鉴（2018）》由海南年鉴社出版。该卷年鉴设图片专题、特载、特辑、概况、经济、政治、法治、文化、社会、生态建设、市县、人物、统计资料、大事记、附录 15 个类目。全书 184 万字。（郑昕）

【《海南年鉴（2018）》英文简本出版】　12 月，海南省政府主管、《海南年鉴》编辑委员会编纂的《海南年鉴（2018）》英文简本由海南年鉴社出版。该卷年鉴设海南概况、经济建设、政治建设、文化建设、社会建设、生态文明建设、大事记、附录8个类目。全书15万字。（郑昕）

【《重庆年鉴（2018）》出版】 11月，重庆市政府主管、市政府办公厅主办，市志办、重庆年鉴社编纂的《重庆年鉴（2018）》出版。该卷年鉴设大事记、重庆概况、政治、军事、法治、经济、两江新区、社会事业、区县（自治县）、人物·光荣榜、文献、统计资料、附录13个部分，下设40个类目。全书150万字。

（熊英）

【《贵州年鉴（2018）》出版】 12月，贵州省志办主管主办、《贵州年鉴》编辑部编纂的《贵州年鉴（2018）》出版。该卷年鉴首次采用全彩印刷，设特载、大事记·要闻、省概况等36个类目。全书进一步优化类目设置，设立脱贫攻坚、大数据产业等时代性和年度性强的部类，彩页设置十九大时光专题，着力反映2017年贵州人民践行新发展理念，牢守发展和生态两条底线，坚持以供给侧结构性改革为主线，大力实施主基调主战略，强力推进大扶贫、大数据、大生态三大战略行动，培植后发优势，奋力后发赶超所获得的新进展、新成就。全书240万字。（贵州省志办）

【《云南年鉴（2018）》出版】 年内，云南省政府主办、省政府研究室主管、云南年鉴社编纂的《云南年鉴（2018）》出版。该卷年鉴设特载、大事记、云南省概况、政治、军事、法治、民族·宗教、经济管理与监督、农业、工业·信息产业、交通运输·邮政、烟草业、旅游业、建设·环保、财政·税务、金融、贸易·经济合作、科学、教育、文化、卫生·体育、社会生活、人物、州市概况、经济社会统计资料、附录26个类目。全书181.7万字。

（郑灵琳）

【《西藏年鉴（2017）》出版】 1月，西藏自治区政府主管、区志办编纂的《西藏年鉴（2017）》由西藏人民出版社出版。该卷年鉴设数字西藏、图片专辑、特载、综述、大事记、政权·政治协商、人民团体、法治、武装、经济·社会·事业、地市县区、先进名录、索引等。数字西藏彩图90幅，随文图片120幅。全书120万字。（刘小莉　肖旭明）

【《陕西年鉴（2018）》出版】 11月，陕西省政府主管、省志办主办、陕西年鉴编辑部编纂的《陕西年鉴（2018）》出版。该卷年鉴设特载、专文、大事记、陕西概览、政治、法治、军事、经济管理与监督、农业、工业等类目，附录有关重要法规决定、各市主要经济社会指标、各类公文、调研报告等。图片分卷首图片和随文插图两种，书前刊有中英文目录，附有索引。全书163.8万字。（范锐超）

【《甘肃年鉴（2018）》出版】 10月，甘肃省政府主管、省史志办主办的《甘肃年鉴（2018）》由甘肃民族出版社出版。该卷年鉴在卷首设置脱贫攻坚专栏，紧紧围绕甘肃省委省政府贯彻落实脱贫攻坚的安排部署，重点反映“牛、羊、菜、果、薯、药”六大扶贫产业，以及乡村振兴和易地搬迁的重大成就。全书112万字。（甘肃省史志办）

【《青海年鉴（2018）》出版】 12月，青海省地方志编委会主办、青海年鉴社编纂的《青海年鉴（2018）》出版。该卷年鉴设特载、专记、概况、大事记、省级部门组织机构及领导名录、政治、军事、法治、经济、社会事业、市州概览、集体·人物、统计资料、地方性法规14个类目，前设目录，后附索引。与上卷相比，恢复设置省级部门组织机构及领导名录；以专记形式系统记述“三区建设”（即建设国家循环经济发展先行区、全国生态文明建设先行区和民族团结进步示范区）年度进程；在“动态信息”中设置全面深化改革工作、国家级重大督查督导检查、“两学一做”学习教育、扶贫开发、三江源保护区管理等条目，在“经济”类目下设置“经济开发区”等分目；各县级行政区，统一设置概况、主要经济指标、领导名录3个条目；卷首图照设青海省地图、数字青海、发展足迹、会展活动、文化艺术、体育赛事、生态环保、社会生活8个板块。全书83万字。（马渊）

【《兵团年鉴（2018）》出版】 12月，新疆生产建设兵团办公厅主办、兵团年鉴编委会编纂的《兵团年鉴（2018）》由兵团年鉴社出版。该卷年鉴设41个类目，下设216个分目约4000个条目，收录照片356幅，各类统计表、示意图98幅。首次增设民主党派、环境保护、精神文明建设、市场物价、收入消费等类目，突出时代特色；新增动态性条目，彰显年度特色和区域特点。全书167万字。（王兴鹏）

·地市级综合年鉴出版

【《唐山年鉴（2018）》出版】 9月，河北省唐山市政府主管、市志办编纂的《唐山年鉴（2018）》由新华出版社出版。该卷年鉴大致分为类目、分目、条目3个层次，部分篇内增加子目。前有目录，后附索引，配有电子版（光盘）随书赠送。全书120万字。（邢素丽）

【《保定年鉴（2018）》出版】 11月，河北省保定市志办编纂的《保定年鉴（2018）》由河北人民出版社出版。该卷年鉴设30个类目，16开本精装，全彩色印刷。全书131.2万字。（邢素丽）

【《沧州年鉴（2017）》出版】 8月，河北省沧州市政府主管、市志办编纂的《沧州年鉴（2017）》由九州出版社出版。该卷年鉴设特载、大事记、市情概况、工业、农业、县市区概况等31个类目，下设200余个分目，卷首设图片70幅。全书75万字。（邢素丽）

【《太原年鉴（2018）》出版】 12月，山西省太原市志办编纂的《太原年鉴（2018）》由三晋出版社出版。该卷年鉴设36个类目，下设142个分目40个次分目1722个条目，随文插图293幅，统计报表41页，附有英文目录、附录和中文索引。全书130万字。（武岭）

【《大同年鉴（2018）》出版】 12月，山西省大同市政府主办、市志办编纂的《大同年鉴（2018）》由方志出版社出版。该卷年鉴设市情概览、中国共产党大同市委员会、大同市人民代表大会、大同市人民政府、中国人民政治协商会议大同市委员会、中国共产党大同市纪律检查委员会、民主党派工商联、工业经济、农林水利、住房和城乡建设、环境保护、交通运输、教育、文化、文物旅游业、县区概览等34个类目。在“大同市人民政府”类目中，增设“能源革命”分目，以及“山西（大同）云冈文化旅游活动”“2017大同国际半程马拉松赛”“大同万达广场开业”“大同高铁站广场开工”等条目。推出手机版《大同年鉴》。全书154.6万字。（武岭）

【《阳泉年鉴（2018）》出版】 11月，山西省阳泉市委、市政府组织，市志办编纂的《阳泉年鉴（2018）》由方志出版社出版。该卷年鉴设29个类目，下设151个分目62个次分目1576个条目。书前彩页设“城市建设——山城巨变新面貌”“精准扶贫——日新月异新农村”“旅游景点——全域旅游新时代”“刘慈欣——中国科幻新高度”“五城联创——全民共建新阳泉”“数字阳泉”6个板块，首推数字化模式，书名页印有二维码。全书101万字。（武岭）

【《沈阳综合年鉴（2018）》出版】 12月，辽宁省沈阳市志办编纂的《沈阳综合年鉴（2018）》由沈阳出版社出版。该卷年鉴设40余个类目、彩图100余幅。全书框架结构有所优化，卷前增设“特载”类目，“文献”类目改为“附录”，“市委”类目设“营商环境”分目，“市政府”类目设“‘三引三回’活动”分目。全书110万字。（俄文亮）

【《丹东年鉴（2017）》出版】 4月，辽宁省丹东市政府主办、市志办编纂的《丹东年鉴（2017）》由沈阳出版社出版。该卷年鉴设综合情况、动态信息、辅助资料三大部分，设特载、专记、大事记、概貌、领导名录、中共丹东市委员会、丹东市人民代表大会、丹东市人民政府、政协丹东市委员会、民主党派·工商联、群众团体、法制、军事、工业、农业、建筑业·房地产业、城乡建设与环境保护、交通、信息业·邮政、商贸服务业、旅游业、对外经贸·口岸、国内合作、财政·税务、金融业、经济调控与管理、科学技术、教育、文化·传媒、卫生·计划生育、体育、社会生活、经济开发区·园区、县（市）区概略、专论、先进集体·先进个人、统计资料37个类目，下设176个分目1227个条目，收录图片199幅、表格199个。在卷首彩色图片专辑中增设“数字丹东（2016）”，收录2016年丹东经济社会发展主要指标73个；增设“专论”类目，收录8篇前瞻性社科结题报告；精选年度动态性条目；规范索引编制，采用编制主题分析索引。全书135万字。（李晓琳）

【《锦州年鉴（2017）》出版】 11月，辽宁省锦州市政府主办、市志办编纂的《锦州年鉴（2017）》由辽宁民族出版社出版。该卷年鉴设特载、专题、大事记、综述、锦州沿海经济带、中国共产党锦州市委员会、锦州市人民代表大会、锦州市人民政府、中国人民政治协商会议锦州市委员会、中国共产党锦州市纪律检查委员会（监察委）、民主党派和人民团体、军事、法制、对外往来、旅游、口岸、工业和信息化、交通邮电、农村经济、商贸、金融业、经济管理、城乡建设和环境保护、科学技术、教育、文化传媒体育、卫生、社会生活、县（市）区建设、附录30个类目，下设196个分目1124个条目，彩页11版、随文附图40幅，附有索引。全书80万字。（吴承军）

【《阜新年鉴（2018）》出版】 年内，辽宁省阜新市志办编纂的《阜新年鉴（2018）》由辽宁民族出版社出版。该卷年鉴设特载、大事记、概况、中国共产党、人民政权、人民政协、民主党派和工商联、群众团体、政法、军事、农业、工业、城乡建设·环境保护、交通·邮电·信息产业、国内外贸易、财政·税务、金融·保险、经济管理、科学、教育、文化、卫生·体育、社会生活、县区建设、高新技术产业开发区·高新技术产业园区、统计资料、附录、索引28个类目，下设130个分目1242个条目，收录142页彩页。全书100万字。（张晓春）

【《朝阳年鉴（2018）》出版】 12月，辽宁省朝阳市委、市政府主管，市史志办编纂的《朝阳年鉴（2018）》由吉林文史出版社出版。该卷年鉴设朝阳市概况、特载、政党、政权、军事、法制、农业、工业、建筑业·房地产业、城市建设与管理、五大园（景）区、科学、教育、文化、县（市）区概况、人物、社会福利救助事业、索引等35个类目。全书90万字。（朝阳市史志办）

【《吉林市年鉴（2018）》出版】 10月，吉林省吉林市政府主办、市志办编纂的《吉林市年鉴（2018）》由吉林文史出版社出版。该卷年鉴卷前公益彩页部分以江城名片、数字江城、图说江城、江城映像的形式展示吉林市年度亮点。江城映像部分包括四季魅影、人文胜景、文化旅游、城市建设、工业基地、农业农村、经贸交流、创新创业、生态宜居9个专题。正文设大事记、市情概貌、党政机构、群众团体、法治、军事、经济调节与监管、农业、工业、城市建设、生态建设、开发区建设、交通运输、邮政通信、金融、商贸服务业、旅游、科技、教育、文化、卫生、体育、社会民生、区县概况、人物、文献、附录27个类目，下设211个分目1580个条目，随文表格55个，卷首及正文使用图片218幅。卷首设中文目录及英文简目、内文有页眉检索、卷末备有主题分析索引。全书92万字。（付莉）

【《辽源年鉴（2017）》出版】 6月，吉林省辽源市政府主办、市志办编纂的《辽源年鉴（2017）》由方志出版社出版。该卷年鉴入选第二批中国年鉴精品工程“中国精品年鉴”。该卷年鉴设35个类目，下设252个分目1282个条目，正文插入表格42个，卷首及正文使用图片394幅。检索系统包括目录和索引，卷首设中英文目录，卷尾设主题索引。全书设置专文集中反映辽源市加快产业转型及特色发展成果，置于全书之首；在分目设计上强调行业类别，突出展示行业发展情况，打破以往以部门为单位进行记述的固定模式；在全书运用具有代表性的辽源元素，融合辽源市市花、市树、魁星楼等，将美观与地方特色统一起来，实现全彩印刷，减少图片专辑内容，相关图片插入正文内容中。全书80万字。（盛禹彭）

【《通化年鉴（2018）》出版】 12月，吉林省通化市政府主办、市志办编纂的《通化年鉴（2018）》由吉林文史出版社出版。该卷年鉴设大事记、专辑、市情综述、政治、法治、军事、经济调节与监管、经济、科教、文化卫生体育、社会生活、开发区和县（市、区）概况、人物、文献、附录15个类目，下设94个分目136个栏目1124个条目，卷首及正文使用图片324幅。该卷年鉴在保持原有框架相对稳定的前提下，对部分内容进行调整，撤销“特载”和“地方性法规”类目，新建“文献”类目；调整个别行业、部门的从属关系。全书60万字。（庄喆）

【《哈尔滨年鉴（2018）》出版】 11月，黑龙江省哈尔滨市政府主管、市志办主办、哈尔滨年鉴社编纂的《哈尔滨年鉴（2018）》出版。该卷年鉴设30个类目，下设191个栏目1442个条目，围绕哈尔滨市在经济建设、政治建设、文化建设、社会建设、生态文明建设和党的建设等方面各项重大决策部署和目标任务，全面、客观地反映2017年哈尔滨市经济社会发展成就。全书110万字。（徐萍　杜胜男）

【《南京年鉴（2018）》出版】 8月，江苏省南京市志办编纂的《南京年鉴（2018）》出版。该卷年鉴设34个类目，收录表格142个、图表8张、照片124幅。彩插分“城市新貌”“重要活动”“年度精彩”“民生实事”4个专题，将首届江苏发展大会、2017全球未来网络发展峰会、2017全球服务贸易大会、第八届中国京剧艺术节、2017世界全项目轮滑锦标赛等重要活动集中展现；将南京2017年获得全国首批国家知识产权强市创建市、蝉联“全国文明城市”称号、第九次蝉联最具幸福感城市等荣誉用图文并茂的方式留在文献中；选取为民办实事中的典型实事，用鲜活的图照方式展示市委、市政府“以人民为中心”的执政理念。“专记”类目选取“第四次南京大屠杀死难者国家公祭仪式”“南京率先创成‘国家公交都市示范城市’”两件年度大事浓墨重彩集中记述，正文各类目加强学习贯彻党的十九大精神、加快建设法治政府、推进“263”专项行动、推进“两落地一融合”工程等年度重点、亮点的记述，精简共性资料。全书117万字。（王艳荣）

【《苏州年鉴（2018）》出版】 9月，江苏省苏州年鉴编委会编纂的《苏州年鉴（2018）》由古吴轩出版社出版。该卷年鉴设12个篇目60个类目（含统计资料、索引），下设292个分目1644个条目，照片204幅，图表157张。新设“生态文明”篇目；对“苏州概况”“经济”“社会”“统计资料”等篇目进行调整，在“专辑”篇中专设年度特色类目“‘两减六治三提升专项行动’在苏州”；在“媒体专访”类目中选用“纪念苏州古典园林列入《世界遗产名录》20周年”内容。全书采用“纸屏互动”模式，在卷首“聚焦苏州”专栏印制市歌《苏州好风光》音频二维码（苏州方言演唱），设置“掌中关注”专栏，在“苏州概况”“大事记”等9个篇目的辑封背面印制相关内容的视频二维码。全书120万字。（吉祥）

【《盐城年鉴（2018）》出版】 11月，江苏省盐城市志办编纂的《盐城年鉴（2018）》由方志出版社出版。该卷年鉴设10个篇章50个类目，下设242个分目549个类目。卷首图版以图说盐城为栏目，设城市名片、特别报道和年度要闻三个大类，分别以改革开放40周年暨盐城建市35周年和产业强市、生态立市、富民兴市为主题，图片98幅，辅以“大美湿地水韵盐城”“归来的麋鹿”“6·23抗击特大龙卷风纪实”“构筑‘一张网’”“引进‘一桶水’”“壮大‘一部车’”“培育‘一片林’”“建美‘一座城’”8个二维码链接影像音频，展示2017年盐城城市风貌、城市特色、城市品位及年度重大活动、重点工程；特载以《宣传贯彻中共十九大精神》《新水源地及跨区域引水工程建设回眸》《中国首位环保烈士徐秀娟牺牲30周年》为专题，展现年度要事、特事。该卷年鉴手机版设置全文目录、页码跳转、内文检索、自动翻页等功能键，实现年鉴内容检索截取；采取分享、复制链接、在浏览器打开等传递模式，实现盐城年鉴数字化流转。全书120万字。（吉祥）

【《嘉兴年鉴（2018）》出版】 11月，浙江省嘉兴市委市政府主办、市地方志编委会编纂的《嘉兴年鉴（2018）》由中华书局出版。该卷年鉴设36个类目，下设262个分目1523个条目，表格57个。该卷年鉴与上卷年鉴相较，适当调整年鉴框架结构和记述内容，更好地突出时代特征、地方特色；大幅度增加随文照片。全书98万字。（嘉兴市史志办）

【《金华年鉴（2017）》出版】 6月，浙江省金华市委主办、市地方志编委会编纂的《金华年鉴（2017）》由方志出版社出版。该卷年鉴设金华要闻、特载、大事记、概况、经济建设、政治建设、文化建设、社会建设、生态文明建设、党的建设、县（市、区）概况、国家省直驻金单位、专记、附录等类目。全书56.3万字。（金华市志办）

【《合肥年鉴（2018）》出版】 年内，安徽省合肥市政府主办、市志办编纂的《合肥年鉴（2018）》由黄山书社出版。该卷年鉴分卷首图片专辑、内文百科、附录和索引四大部分，设32个类目，下设244个分目1337个条目，并随文图照84幅、表格76个。与上年卷相比，该卷在内容和形式上均有所创新，如取消“专辑”类目；新增“合肥综合性国家科学中心”“中国（合肥）工业设计城”“大数据”“国家实验室”“引江济淮”“江水西调”等内容；优化彩页内容，设置“科技创新”“产业发展”“开放高地”“美丽城市”“幸福家园”等板块。全书100万字。（史五一）

【《九江年鉴（2017）》出版】 1月，江西省九江市史志办编纂的《九江年鉴（2017）》由武汉出版社出版。该书设42个类目，下设288个分目、2088个条目。图片161幅，其中地图2幅、彩照95幅、黑白图照64幅。与往年相比，全书采用中英文双目录，增加索引。全书134万字。（朱岳）

【《新余年鉴（2018）》出版】 11月，江西省新余市史志办、市档案局编纂的《新余年鉴（2018）》由国家图书馆出版社出版。该卷年鉴对目录作较大调整和修改，新增对“夏布绣”的介绍和记载，增添随文图片和索引。全书69万字。（朱岳）

【《青岛年鉴（2018）》出版】 8月，山东省青岛市史志办编纂的《青岛年鉴（2018）》由青岛出版社出版。该卷年鉴较上卷增设“青岛数字”“美丽青岛行动”“新旧动能转换”“精准扶贫”“生态文明建设”等专版。全书130余万字。（李乒）

【《济宁年鉴（2018）》出版】 6月，山东省济宁市政府主办、市史志办编纂的《济宁年鉴2018》由方志出版社出版。该卷年鉴在装帧设计、框架结构、记述形式等方面进行创新，篇目设置抓住社会热门话题和突出问题，随文图片200余幅。全书110万字。（孙杰　王赟）

【《潍坊年鉴（2018）》出版】 7月，山东省潍坊市政府主办、市史志办编纂的《潍坊年鉴（2018）》由方志出版社出版。该卷年鉴设特载、大事记、全市概况等31个类目，卷首收录潍坊市地图、潍坊城区图，设16个彩页，着重反映在中共潍坊市委领导下潍坊市“四个城市”建设取得的成就。全书97万字。

（孙杰　王赟）

【《菏泽年鉴（2018）》出版】 10月，山东省菏泽市政府主办、市史志办编纂的《菏泽年鉴（2018）》由中州出版社出版。该卷年鉴设特载、特辑、大事记、市情概览等21个类目。全书在上一卷年鉴框架结构的基础上，对部分篇目调整充实，彩页部分增设“2017年度纪实”专题板块，“特辑”中增设“全市省级文明城市创建”“全市精准扶贫”“第五届中国淘宝村高峰论坛”专题。同时将菏泽市情网和菏泽市志微信公众号二维码植入年鉴。全书66万字。

（孙杰　王赟）

【《平顶山年鉴（2018）》出版】 12月，河南省平顶山市史志办编纂的《平顶山年鉴（2018）》由中州古籍出版社出版。该卷年鉴设27个类目，下设150个分目1762个条目，图片206幅，表格33个。根据年度特色和地域特色，彩图设置“阅读鹰城”“领导活动”“社会民生”“文化体育”等板块，“人物”类目设全国“五一劳动奖章”获得者、河南省“五一劳动奖章”获得者、全国特级优秀人民警察、感动中原人物等分目。内文版面不断创新发展，每个类目前增设类目图。全书120万字。

（马俊明）

【《武汉年鉴（2018）》出版】 10月，湖北省武汉市政府主管、市志办编纂的《武汉年鉴（2018）》出版。该卷年鉴设33个类目（含武汉风貌和索引），下设191个分目（含特载、书目、附录、统计资料）1693个条目（不含附录），刊载图片518幅，表格213个。该卷年鉴与上卷相较，修改调整部分类目、分目，将“环境保护”类目改为“生态文明建设”类目，原“城市建设”“旅游·园林”等类目中相关内容编入增设的“国土资源保护”“水资源保护”“园林绿化”等分目；在“武汉综述”类目中新设置“招商引资”分目，取消“对外开放”分目，将原“对外贸易·经济合作·口岸”类目改为“对外开放”类目，将原“武汉综述”类目中“对外开放”分目的内容以及原“政治”类目中“外事·侨务”“对台合作”分目的内容整合编入；根据2017年度武汉市重点领域的重要事件，新设立“专记”分目编入“大事记”。全书150万字。

（张道旺）

【《襄阳年鉴（2018）》出版】 12月，湖北省襄阳市委、市政府主管，市党史和地方志办公室编纂的《襄阳年鉴（2018）》由湖北科学技术出版社出版。该卷年鉴设特载、大事记、襄阳综述、工业经济、农业农村经济、交通·通讯、住房和城乡建设、商贸、财政·税务·金融、经济监督管理、组织机构及其领导人名单、中共襄阳市委员会、襄阳市人民代表大会、襄阳市人民政府、政协襄阳市委员会、中共襄阳市纪律检查委员会、民主党派·工商联·群众团体、法治·军事、科技·教育、卫生和计划生育、文化·新闻出版·旅游·体育、社会民生、开发区、城区、县（市）、人物·先进集体、附录等类目，设“数字襄阳”“襄阳名片”等18个图片专题，收录图片资料410幅、表格60个。全书110万字。

（湖北省文旅厅地方志工作处）

【《长沙年鉴（2018）》出版】 12月，湖南省长沙市地方志编委会主办、市志办编纂的《长沙年鉴（2018）》由方志出版社出版。该卷年鉴设35个类目，下设210个分目54个子目1534个条目，正文体例有概况、条目、附录、资料、图表等，以条目为主体，书中插排彩色专版。该卷年鉴与上卷相较，对框架进行调整：增设“长株潭两型社会试验区”内容，将原“湖南湘江新区·开发区”类目分为“湖南湘江新区”“开发区”类目；将原“商贸业”类目分为“商贸服务业”“对外经贸”类目；“工业”类目改为“工业·建筑业”，原“建筑业”类目内容归入该类目中；将“房地产”从“城乡建设”类目中析出，单设“房地产业”类目；将“财政·税务”类目内容归入“经济管理”类目；将“人物”从“附录”类目中析出单设类目；将消防内容归入“军事”类目中的“公安”分目；将“交通·邮政·通信”类目改为“交通运输”，邮政、通信归入“商贸服务业”；将“农业·农村经济”“卫生·计划生育”“区县（市）概况”类目分别更名为“农业”“卫生”“区县概况”；在“长沙概况”中增设“历史文化”分目；设置“长沙市抗击特大暴雨洪水纪实”彩页专题。全书157万字。（陈晓红）

【《株洲年鉴（2018）》出版】 10月底，湖南省株洲市政府主办、市志办编纂的《株洲年鉴（2018）》由方志出版社出版。该卷年鉴设特载、大事记、株洲概况、工业、园区建设、农业和农村工作、城乡建设、教育等34个类目，并刊载彩色图片近200幅。全书120万字。

（湖南省地方志编委会）

【《永州年鉴（2018）》出版】 11月，湖南省永州市委市政府主办、永州年鉴编委会编纂的《永州年鉴（2018）》由方志出版社出版。该卷年鉴设特载、专文、大事记、永州概貌、“六大战役”、政治建设、经济建设、文化建设、社会建设、生态文明建设、县区概况、人物·荣誉、附录13个部类，下设类目、分目、条目3个层次。专题策划“六大战役”特色版面，重点征集记述“六大战役”文字和图片，服务市委、市政府中心工作。突出反映“重点工程（项目）”“开放协作”“友好往来”“数字永州”“精神文明建设”等条目。细化重要类目，重点反映工业、农业、文化、教育等产业发展、现状条目。目录采用中英文对照。全书103万字。（湖南省地方志编委会）

【《广州年鉴（2018）》出版】 11月，广东省广州市政府主管、市志办主办、广州年鉴社编纂的《广州年鉴（2018）》出版。该卷年鉴设特载、概貌、国家中心城市、年度十件大事、大事记、党政机关、社会团体、法治、军事、宏观经济管理、财政·税收、工业、信息业、农业、商贸流通业、对外经济贸易、金融业、旅游业、交通运输业、建筑和房地产业、城乡建设、民营经济、科学技术、经济监督管理、环境保护、教育、文化、传媒、社会科学、卫生·体育、社会民生、市辖区、人物、经济社会统计资料、文献法规35个类目，下设2000多个条目。设立“国家中心城市”类目；优化调整类目设计和顺序，设置“宏观经济管理”类目，包含固定资产投资和重点项目建设等方面内容。全书173万字。（贺坤）

【《广州年鉴（2017）》英文版出版】 1月，广东省广州市政府主管、市志办主办、广州年鉴社编纂的《广州年鉴（2017）》英文版出版。该卷年鉴选取《广州年鉴（2017）》中文版中最能反映广州地区经济社会发展状况的重点和亮点内容编译而成。按照经济、政治、文化、社会和生态文明“五位一体”的理念设置框架，设市情概貌、经济社会发展概述、特色广州、年度地方志十件大事、大事记、经济建设、政治建设、文化建设、社会建设、生态文明建设10个部分。通过国际邮政快递赠阅到国外公共图书馆。全书24万字。（贺坤）

【《深圳年鉴（2018）》出版】 12月，广东省深圳市委主管、市史志办主办的《深圳年鉴（2018）》出版。该卷年鉴框架设置以国民经济社会分类为主要依据，将“党政机关”类目调整为“中共深圳市委”等6个类目，加大政治类目记载力度，框架结构和内容更趋完善。全书158万字。（广东省志办）

【《东莞年鉴（2018）》出版】 9月，广东省东莞市志办编纂的《东莞年鉴（2018）》由广东人民出版社出版。该卷年鉴设年度关注、争当排头兵、总述、党政机关、民主党派·群众团体、人力资源·社会保险·民政、外事·侨务、莞台合作·莞港澳合作、区域合作·扶贫开发、法治、军事、城建·环保、交通·邮政·通信业、园区经济、开放型经济、农业·农村、工业、商贸流通业、旅游业·餐饮业、金融业、财政·税务、经济监督管理、科学、教育、文化、体育·卫生、社会生活、镇街、人物、文献专载、大事记、选录等类目。图片专辑则以“东莞突围”为题。设“年度关注”类目，记载东莞市获国务院表彰的集约用地、推进“中国制造2025”战略、商事制度改革等三项工作；设“争当排头兵”类目，记载东莞经济社会发展中居“世界之最”“中国之最”“全省之最”的重要突破；设“莞台合作·莞港澳合作”类目，突出东莞市和台湾地区、港澳地区的关系。全书170万字。（广东省志办）

【《中山年鉴（2018）》出版】　10月，广东省中山年鉴编委会编纂的《中山年鉴（2018）》由广东经济出版社出版。该卷年鉴设年度关注、2017年中山之最、2017年中山大事记、市情概览、党政机关、民主党派和工商联、人民团体、军事、法治、农业、工业、信息业、商贸业、邮政·物流、旅游业、金融业、财政·税收、经济监督管理、口岸、交通、城乡建设、科技·教育、文化、卫生·体育、社会民生、区镇概况、人物、经济社会统计资料、文献、索引30个类目。挑选2017年7月在中山举行的2017粤港澳合作论坛——粤港澳大湾区发展高层峰会图片作为年鉴封面；彩页图片专辑设立“粤港澳大湾区交流合作”“特色小镇建设”专题。全书131.5万字。

（广东省志办）

【《南宁年鉴（2018）》出版】　12月，广西壮族自治区南宁市地方志编委会编纂的《南宁年鉴（2018）》由方志出版社出版。该卷年鉴设特载、大事记、概貌、中国—东盟博览会·商务与投资峰会、南宁与东盟、脱贫攻坚、经济、产业、新区·开发区、城市规划建设与管理、政治、法治、军事、教育、科学、文化·体育、卫生·计生、社会民生、生态、区县、人物、专题调研与经济分析、统计资料、附录20余个类目。全书160.7万字。

（孙仿　秧新明）

【《桂林年鉴（2018）》出版】　12月，广西壮族自治区桂林市委、市政府主办，市地方志编委会编纂的《桂林年鉴（2018）》由广西师范大学出版社出版。该卷年鉴设概况、特载、大事记、桂林国际旅游胜地建设、中国共产党桂林市委员会、桂林市人民代表大会、桂林市人民政府、中国人民政治协商会议桂林市委员会、纪律检查和行政监察、民主党派·工商联、人民团体、政法、军事、外事侨务·接待、旅游业、城乡建设与管理、环境保护、交通运输·邮政、信息业、工业、农业·水利·农村扶贫、商业·会展业、对外经济贸易·非公有制经济、财政·税务、金融、新区·开发区、经济行政管理与监督、教育、科学、文化、新闻出版·广播电视、卫生·计划生育·体育、人力资源和社会保障、社会生活、区县简介、人物、统计资料、附录38个类目。全书110万字。（孙仿　秧新明）

【《北海年鉴（2018）》出版】　11月，广西壮族自治区北海市政府主办、市地方志编委会编纂的《北海年鉴（2018）》由线装书局出版。该卷年鉴设总述、中国共产党北海市委员会、北海市人民代表大会、北海市人民政府、中国人民政治协商会议北海市委员会、民主党派·工商联、人民团体、法治、军事、开放开发、工业、农业和农村工作、海洋管理·渔业生产、交通邮政业、城乡建设、环境保护、旅游业、商贸·物流、信息化建设、经济行政管理与监督、财政·税务、金融、口岸建设和管理、科学技术、教育、文化·体育、医疗卫生·计划生育、社会·生活、县区、人物、大事记、统计资料、附录30余个类目。全书140万字。

（孙仿　秧新明）

【《海口年鉴（2018）》出版】 9月，海南省海口市政府主办、市史志办编纂的《海口年鉴（2018）》由南海出版公司出版。该卷年鉴设要闻·大事记、特载、特辑、总述、组织机构及负责人名录、创新发展、中国共产党海口市委员会、海口市人民代表大会、海口市人民政府、中国人民政治协商会议海口市委员会、纪检监察、民主党派·工商联、群众团体、法治、军事、城乡建设与管理、工业、农业、交通运输业、邮电·信息、商贸服务业、旅游业、金融、财政税务、经济监督管理、教育·科技、文化传媒、卫生·体育、社会民生、保税区·开发区·农场、市辖区、人物、附录、统计资料34个类目。全书146.8万字。

（郑昕）

【《三亚市年鉴（2018）》出版】 12月，海南省三亚市委、市政府主办，市史志办编纂的《三亚市年鉴（2018）》由南海出版公司出版。该卷年鉴设特载、特辑、大事记、概况、政治、经济、文化、区（生态区）、农场、人物、统计资料、附录12个类目。全书79.6万字。

（郑昕）

【《成都年鉴（2018）》出版】 10月，四川省成都市政府主管、市志办主办、成都年鉴社编纂的《成都年鉴（2018）》出版。该卷年鉴设综述、政治、城建环保、经济产业、综合经济与管理、社会、成都市及周边城市、附录8个篇目26个类目。首次在书前部分彩色图片及内文的资料中配置二维码，读者可以通过扫描二维码直接观看相关视频和进一步解读资料详细内容。全书185万字。 （孙玉峰）

【《南充年鉴（2018）》出版】 12月，四川省南充市志办编纂的《南充年鉴（2018）》由中国文史出版社出版。该卷年鉴设图片专辑、特载、专题记述、大事记、南充市概况、市委、市人大、市政府、市政协、纪检·监察、军事、审判·检察、民主党派·工商联、群众团体、发展改革·投资促进、公安·司法、民政、人力资源和社会保障、财政·税务·审计、农业、工业和信息产业、产业集中区、商贸、旅游、住房和城乡建设、交通、金融、市场监督与管理、教育·体育、科技和知识产权、文化·广播·影视·新闻出版、卫生和计划生育、县（市、区）简况、人物和先进、附录35个类目。全书87.1万字。 （孙玉峰）

【《乐山年鉴（2018）》出版】 10月，四川省乐山市政府主管、市志办主办、《乐山年鉴》编辑部编纂的《乐山年鉴（2018）》由四川大学出版社出版。该卷年鉴设综述、大事记、自然地理、政治、经济、文化、社会·民生、县（市、区）概况、新发现新资料新著作、人物、附录11个类目。全书87.1万字。 （孙玉峰）

【《昆明年鉴（2018）》出版】 10月，云南省昆明市政府主办、市志办编纂的《昆明年鉴（2018）》由云南民族出版社出版。该卷年鉴设30个类目，在公益新版以图文形式介绍昆明历史文化方面的地方特色资料。全书129万字。

（郑灵琳）

【《大理州年鉴（2018）》出版】 11月，云南省大理州政府主办、州志办编纂的《大理州年鉴（2018）》由云南民族出版社出版。该卷年鉴设特载、大事记、概况、政治、政法、军事、经济管理、产业、规划建设、民族宗教、民生、社会事业、县市要览、人物、附录、索引16个类目。全书160万字。 （郑灵琳）

【《山南年鉴（2018）》出版】 9月，西藏自治区山南市政府主办、市志办编纂的《山南年鉴（2018）》由方志出版社出版。该卷年鉴卷首含行政区划图、公益图照、特载、专辑、山南概况、大事记，正文结合国民经济行业分类方法，依次记述政治、经济、文化、社会事业等内容；卷尾含人物、附录，记载山南年度先进人物、领导名录、国民经济指标情况。全书95.4万字。 （刘小莉 肖旭明）

【《西安年鉴（2018）》出版】 11月，陕西省西安市政府主办、市志办编纂的《西安年鉴（2018）》由世界图书出版公司出版。该卷年鉴设37个类目，下设178个分目1601个条目，彩页32版。全书150万字。（陕西省志办）

【《宝鸡年鉴（2018）》出版】 9月，陕西省宝鸡市政府主办、《宝鸡年鉴》编委会编纂的《宝鸡年鉴（2018）》由三秦出版社出版。该卷年鉴在内容上确保全面，突出新事，保全大事，增设“脱贫攻坚”类目，加入“宝鸡市政区交通图”“宝鸡市城区图”。全书125万字。

（陕西省志办）

【《咸阳年鉴（2018）》出版】 10月，陕西省咸阳市政府主办、市志办编纂的《咸阳年鉴（2018）》由陕西人民出版社出版。该卷年鉴在突出时代特色上，将学习贯彻党的十九大精神、脱贫攻坚、铁腕治霾、整顿和规范市场秩序、“一河两岸”生态治理、创建全国文明城市等列入“专辑”重点记述，同时增设市委、市政府工作机构和市人大、市政协专委会记述主要职能及工作开展情况。全书120万字。

（陕西省志办）

【《甘南州年鉴（2018）》出版】 10月，甘肃省甘南藏族自治州政府主管、州史志办编纂的《甘南州年鉴（2018）》由甘肃文化出版社出版。该卷年鉴记述2017年甘南藏族自治州在自然、政治、经济、文化、社会、生态建设等方面的建设成就。全书94万字。

（甘肃省史志办）

【《白银市年鉴（2018）》出版】 10月，甘肃省白银市政府主办、市地方志编委会编纂的《白银市年鉴（2018）》由中州古籍出版社出版。该卷年鉴记述2017年白银市在自然、政治、经济、文化、社会、生态建设等方面的建设成就。全书75万字。（甘肃省史志办）

【《海西年鉴（2017）》出版】 1月，青海省海西州委办公室主管、州志办编纂的《海西年鉴（2017）》由青海民族出版社出版。该卷年鉴设特载、概况、大事记、组织机构及领导名录、政党·政务、军事、法治、经济、社会事业、市县行委概览、附录等类目；卷首图照分亲切关怀、重要会议、要闻回顾、工业经济、农牧经济、社会发展、旅游事业、人民生活、民俗风情、脱贫攻坚、民族团结、区域发展等栏目。全书60万字。

（马渊）

【《北屯年鉴（2018）》出版】 12月，新疆生产建设兵团第十师北屯市政府主办、北屯年鉴编委会编纂的《北屯年鉴（2018）》由新疆生产建设兵团出版社出版。该卷年鉴设特载、师市概况、大事纪要、政治政权、法治军事、群众团体、经济管理、财政·税务、银行·保险、农业、工业·建筑业、交通·通信、城市建设·环境保护、贸易、旅游业、科学技术、教育·体育、文化·传媒、医疗卫生、社会事业、工业园区、农牧团场、人物、规范性文件、附录25个类目。彩页专版21页，彩图143幅。全书73万字。

（第十师北屯市史志办）

·县区级综合年鉴出版

【《北京海淀年鉴（2018）》出版】 12月，《北京海淀年鉴》编委会编纂的《北京海淀年鉴（2018）》由方志出版社出版。该卷年鉴把中关村自主创新示范区核心区设置为类目，在“科技”分目中增设“科技创新”次分目，在“教育”类目下设立“高等教育”分目，增加中关村科学城北区和中关村大街的记述。配有双重检索系统，后附索引，配电子版（光盘）。全书113万字。（姜坤）

【《北京通州年鉴（2018）》出版】 11月，北京市通州区委、区政府主管，区地方志编委会编纂的《北京通州年鉴（2018）》由方志出版社出版。该卷年鉴重新界定社会团体的范围，并在“专文”中突出记述北京城市副中心建设

情况。全书105.6万字。（姜坤）

【《北京密云年鉴（2018）》出版】 12月，北京市密云区政府主管主办、区地方志编委会编纂的《北京密云年鉴（2018）》由北京出版社出版。该卷年鉴首次采用四色印刷、随文插图，增强重点内容的可读性和视觉吸引力，突出生态文明建设、绿色创新发展、城市规划建设管理等重点内容。全书91.5万字。（姜坤）

【《唐山市丰润年鉴（2018）》出版】 12月，河北省唐山市丰润区政府主管、区年鉴编委会编纂的《唐山市丰润年鉴（2018）》由河北人民出版社出版。该卷年鉴设28个类目。全书100万字。（邢素丽）

【《滦南年鉴（2018）》出版】 12月，河北省滦南县志办编纂的《滦南年鉴（2018）》由河北人民出版社出版。该卷年鉴设23个类目。全书60万字。（邢素丽）

【《阳曲年鉴（2018）》出版】 12月，山西省阳曲县史志办编纂的《阳曲年鉴（2018）》由北岳文艺出版社出版。该卷年鉴设26个类目，下设136个分目22个次分目1125个条目，随文插图189幅、统计表5张。全书60万字。（武岭）

【《平顺年鉴（2018）》出版】 12月，山西省平顺县志办编纂的《平顺年鉴（2018）》由山西人民出版社出版。该卷年鉴记载2017年度平顺县政治、经济、文化、社会等方面的发展和社会主义现代化建设中出现的新情况、新问题、新变化。全书50万字。（武岭）

【《霍州年鉴（2018）》出版】 9月，山西省霍州市志办编纂的《霍州年鉴（2018）》由方志出版社出版。该卷年鉴记载2017年度霍州市自然、政治、经济、文化、社会生态等方面的新成就、新进展、新经验。全书64万字。（武岭）

【《敦化年鉴（2018）》出版】 12月，吉林省敦化市政府主管、市地方志编委会主办的《敦化年鉴（2018）》由吉林文史出版社出版。该卷年鉴设文明敦化（卷首彩页）、专文、大事记、人物、文献、附录等40个类目，下设249个分目1887个条目，表格58个。全书在卷首彩页“文明敦化”中使用照片89幅、统计图表8幅，分13个专题40个版面，反映敦化市2017年度开发建设足迹和亮点；在正文中使用随文照片、示意图239幅，活跃、美化年鉴版面。全书60万字。（杜宝君）

【《珲春年鉴（2018）》出版】 11月，吉林省珲春市政府主管、市地方志编委会主办的《珲春年鉴（2018）》由吉林文史出版社出版。该卷年鉴设大事记、特载、市情概览、开发开放、中国共产党珲春市委员会、珲春市人民代表大会、珲春市人民政府、中国人民政治协商会议珲春市委员会、中国共产党珲春市纪律检查委员会、群众团体、法治、军事、工业、农业·林业·畜牧业、水利、旅游、城乡建设、交通、邮政·通信、金融·保险、商务、口岸、珲春边境经济合作区、经济调节与监管、环境、教育、科技、文化·体育·传媒、卫生和计划生育、社会·民生、乡镇·街道、人物、文献33个类目，下设236个分目1468个条目。全书增设“开发开放”类目，将“口岸”类目前移，突出珲春市处于长吉图开发开放先导区前沿、吉林省对外开放重要窗口的地方特色；增设“社会·民生”类目，体现“以人为本”理念，突出民生工作的重要地位；将“社会团体”类目改为“群众团体”类目；将“农业”类目展开为“农业·林业·畜牧业”类目；将“交通·邮政·通信”类目分解为“交通”和“邮政·通信”类目；将“金融”类目改为“金融·保险”类目；将“商业贸易”类目改为“商务”类目；将“教育·气象”类目改为“教育”类目，“气象”内容并入“科技”类目；将“文化·出版·广电”类目改为“文化·体育·传媒”类目。全书60万字。（张海龙）

【《公主岭年鉴（2018）》出版】 12月，吉林省公主岭市委、市政府主办，市志办编纂的《公主岭年鉴（2018）》由吉林文史出版社出版。该卷年鉴设大事记、概况、中国共产党公主岭市委员会、公主岭市人民代表大会、公主岭市人民政府、中国人民政治协商会议公主岭市委员会、民主党派、社会团体、军事·法治、开发区·园区、经济管理、农村·农业、工业、商贸、交通·邮政·通信、城建·环保、金融、科技、教育、文化·体育、卫生·健康、社会·民生、乡镇·街道、人物、领导干部名录、文献、附录27个类目，下设187个分目1168个条目。图片144幅，表格44个。全书在卷首用城市名片、民生实事、农业硕果、文化剪影、岭城夜色、地方经济社会发展统计图表6个彩版集中反映公主岭市城市风貌和各业发展情况。设“社会·民生”类目，将原“民主党派·工商联”类目中工商联的内容纳入“社会团体”类目，将原“文化·体育·卫生”类目中卫生的内容和“公主岭市人民政府”类目中“人口和计划生育”分目的内容合并为“卫生·健康”类目。全书73万字。

（张建光）

【《南岗年鉴（2018）》出版】 12月，黑龙江省哈尔滨市南岗区地方志编委会编纂的《南岗年鉴（2018）》由黑龙江人民出版社出版。该卷年鉴记载南岗区政治、经济、文化、社会等方面发展的历史进程。全书52万字。

（徐萍　杜胜男）

【《五常年鉴（2018）》出版】 10月，黑龙江省五常市政府主管、市志办主办、《五常年鉴》编辑部编纂的《五常年鉴（2018）》由黑龙江人民出版社出版。该卷年鉴系统记载五常市2017年经济社会发展的基本情况和发展特点。全书71万字。（徐萍　杜胜男）

【《宁安年鉴（2018）》出版】 10月，黑龙江省宁安年鉴编委会编纂的《宁安年鉴（2018）》由黑龙江人民出版社出版。该卷年鉴系统反映2017年度宁安市政治、经济、社会、文化等各项事业发展情况。全书新增基层单位提供的随文图片，反映宁安在各项事业建设中所取得的新成就，城市发展的新气象、新面貌。全书54.1万字。

（徐萍　杜胜男）

【《溧水年鉴2018》出版】 11月，江苏省南京市溧水区志办编纂的《溧水年鉴（2018）》由方志出版社出版。该卷年鉴设30个类目，图片283幅、表格53个，加强对农产品质量安全、新能源汽车产业、生态环境整治、劳动就业、教育医疗等社会民生保障内容的记载。卷首图片以溧水区为南京新副城的具体定位“三城一园”，分别设置“枢纽新城”“产业新城”“康居新城”“都市田园”4个板块，彰显溧水区作为正在崛起的新副城的嬗变；专记选题《李巷红色主题特色田园乡村打造纪实》《江苏省首个区县级农产品公用品牌“无想田园”启动》；统计资料表项设计践行对标找差思路，增加溧水区与南京市各区主要经济指标比较表、对标找差标杆城市相关数据等对比表格。全书83万字。

（吉祥）

【《江阴年鉴（2018）》出版】 7月，江苏省江阴市史志办编纂的《江阴年鉴（2018）》由方志出版社出版。该卷年鉴设41个类目，下设42个分目258个条目，随文图片109幅，表格131个。与上一卷相比，彩色插页新设“撤县建市30年30事”“全国文明城市创建”“江阴发展大会”“纪念徐霞客诞辰430周年”“企业上市20年”等专栏；特载新增“县级集成改革试点”专版，新增“纪检监察体制改革”“两减六治三提升”分目等内容。全书119.1万字。

（吉祥）

【《上城年鉴（2018）》出版】 11月，浙江省杭州市上城区志办编纂的《上城年鉴（2018）》由方志出版社出版。该卷年鉴设33个类目，下设174个分目1122个条目，随文照片97幅，表格30个，附属资料38篇。全书基本内容分为综合情况、动态信息、辅助资料3大部分，综合情况部分设特载、总述、专记3个专栏，动态信息部分设上城区委、上城区人大、上城区政府、上城区政协、纪检监察、民主党派与工商联、法治、军事、综合经济管理、工业经济、城区建设与管理、环境保护、社会生活、街道等部类，辅助资料有大事记、统计资料和附录。卷首彩页刊热点聚焦、领导调研、创新转型、文化传承、品质生活、美丽上城等照片。同时推出掌上年鉴小程序。全书64.8万字。 （许红霞）

【《下城年鉴（2018）》出版】 12月，浙江省杭州市下城区志办编纂的《下城年鉴（2018）》由浙江人民出版社出版。该卷年鉴设卷首彩页、特载、年度聚焦、大事记、区情概览、政治、经济、城区建设管理、环境保护、科技、教育、文化体育、卫生、人力资源和社会保障、社会民生、街道、人物、统计资料、附录等34个类目，下设1086个条目，随文图照202幅，表格24个。全书61万字。

（下城区志办）

【《拱墅年鉴（2017）》出版】 12月，浙江省杭州市拱墅区志办编纂的《拱墅年鉴（2017）》由中国文史出版社出版。该卷年鉴设25个类目，下设35个分目54个次分目932个条目，图片136幅，表格22个。全书56万字。

（陈金春）

【《滨江年鉴（2017）》出版】 12月，浙江省杭州市滨江区志办编纂的《滨江年鉴（2017）》由方志出版社出版。该卷年鉴设27个类目，下设131个分目157个次分目1230个条目，图片160幅，表格39个。同步发行“掌上滨江年鉴”，通过扫描小程序码，实现移动端阅读和检索。全书64万字。 （滨江区志办）

【《萧山年鉴（2017）》出版】 2月，浙江省杭州市萧山区志办编纂的《萧山年鉴（2017）》由浙江人民出版社出版。该卷年鉴设37个类目，下设294个分目、59个子分目、2190个条目，收录照片130幅，地图4幅（新增钱江世纪城、湘湖的地图2幅），记载萧山区2016年经济、政治、文化、社会发展等方面的情况。内文新设“G20杭州峰会与萧山”专记，插页设“G20特刊”，及时记录二十国集团领导人杭州峰会。同时发行掌上年鉴，读者可通过扫描书前二维码或搜索小程序“掌上萧山年鉴”在手机上进行阅读和检索。全书100万字。

（萧山区志办）

【《柯桥区年鉴（2017）》出版】 11月，浙江省绍兴市柯桥区史志办编纂的《柯桥区年鉴（2017）》由浙江古籍出版社出版。该卷年鉴按事物属性和主次，设总情、经济、政治、文卫、建制镇（街道）、国民经济统计资料选刊和索引7部分；设45个类目，下设296个分目1185个条目、9个小资料，彩色图照211幅，表格57个。全书67.9万字。（绍兴市史志办）

【《东阳年鉴（2017）》出版】 9月，浙江省东阳市志办编纂的《东阳年鉴（2017）》由方志出版社出版。该卷年鉴设31个类目，下设204个分目34个子分目1510个条目，表格73个，图片211幅，附有光盘版。前设类目英译，后附主题分析索引和表格索引。全书99.5万字。 （金华市志办）

【《金寨年鉴（2017）》出版】 3月，安徽省金寨县党史县志档案局、县志办、县地方志编纂中心编纂的《金寨年鉴（2017）》由黄山书社出版。该卷年鉴设特载、大事记、发展概况、县委、县人大、县政府、人民政协、军事、社会团体·工商联、公安·检察·审判·司法、环保·国土资源管理、城乡规划建设·城管执法、工业·现代产业园区、农业农村·林业、水利·水文·电力、交通、邮政·电信·移动通讯、财政·税务、金融·保险、商贸流通服务、综合经济管理、人力资源和社会保障、教育·科技·气象、文化·体育·广播电视、卫生和计划生育、旅游、民政·老龄工作、民俗·民间文化、文艺作品、时代人物、

镇乡概况 31 个类目，下设 172 个分目 1295 个条目。全书 71 万字。（史五一）

【《南康年鉴（2018）》出版】 9 月，江西省赣州市南康区志办编纂的《南康年鉴（2018）》由黄山书社出版。该卷年鉴由卷首、百科、卷尾 3 个部分组成，设 248 个分目 1396 个条目，附表 65 个，随文图片 45 幅，有中文目录和英文目录，卷末附主题分析索引。与上一卷年鉴相比，增加“南康非物质文化遗产”“方言”“政治建设”“文化建设”“生态文明建设”“文明城市建设”“社会组织简介”“中国（赣州）第五届家具产业博览会”等内容。全书 92 万字。（朱岳）

【《安丘年鉴（2018）》出版】 4 月，山东省安丘市政府主办、市史志办编纂的《安丘年鉴（2018）》由方志出版社出版。该卷年鉴设特记、特载、大事记、全市概况等 28 个类目，下设 700 余个条目，照片近百幅。收录安丘市法治政府建设、经济发展纲要等方面的重要文件。全书 78 万字。（孙杰　王赟）

【《曲阜年鉴（2018）》出版】 6 月，山东省曲阜市政府主办、市史志办编纂的《曲阜年鉴（2018）》由中国文史出版社出版。该卷年鉴设特载、大事记、曲阜概况等 30 个类目。前彩及随文图片 300 幅，卷首设置数字曲阜 2017、曲阜名片；前彩安排亲切关怀、第八届世界儒学大会、2017 中国（曲阜）国际孔子文化节、领导活动、交流活动、要事集萃、中国共产党曲阜市第十四次代表大会、曲阜市第十八届人民代表大会第一次会议、中国人民政治协商会议第十四届曲阜市委员会第一次会议、曲阜市第四届“百姓儒学节”“创城”工程等照片；正文插入部分照片，增设“资源管理·环境保护”类目，将“人民团体”类目调整为“群众团体”；附录刊载曲阜市十大新闻、公交火车列车时刻表等内容。全书 101 万字。（孙杰　王赟）

【《舞钢市年鉴（2018）》出版】 12 月，河南省舞钢市史志办编纂的《舞钢市年鉴（2018）》由中州古籍出版社出版。该卷年鉴设概况、大事记等 22 个类目。全书 68 万字。（马俊明）

【《江岸年鉴（2018）》出版】 11 月，湖北省武汉市江岸区政府主管、区志办编纂的《江岸年鉴（2018）》由长江出版社出版。该卷年鉴设江岸风貌、特载、专记、2017 年大事记、江岸概览、中共江岸区委员会、江岸区人民代表大会、江岸区人民政府、政协江岸区委员会、人民团体、军事、法治、城市建设管理、生态文明建设、交通邮政通信、经济综合管理、财政税收审计、教育科技、文化体育卫生、社会生活、街道、统计资料、附录、索引 24 个类目。全书 66 万字。（张道旺）

【《汉阳年鉴（2018）》出版】 10 月，湖北省武汉市汉阳区政府主管、区志办编纂的《汉阳年鉴（2018）》由长江出版社出版。该卷年鉴设汉阳风貌和索引等 28 个类目，下设 164 个分目 843 个条目，图片 321 幅，表格 84 个。在“汉阳概览”类目“沿江岸线”条目体现汉阳具有丰富沿江岸线资源的特色；在“科技”类目中，设置“辖区路桥勘察设计科研单位选介”分目；设专文刊载全区特色亮点工作调研报告；设专记记述武汉四新生态新城、汉阳经济开发区功能区、“汉阳造”文化创意产业园建设和发展。在“汉阳风貌”中设置生态汉阳、发展汉阳、和谐汉阳、文化汉阳 4 个栏目。全书 110 万字。（张道旺）

【《武昌年鉴（2018）》出版】 11 月，湖北省武汉市武昌区政府主管、区志办编纂的《武昌年鉴（2018）》由长江出版社出版。该卷年鉴设 26 个类目，下设 143 个分目，图片 635 幅，表格 81 个。与上一卷相比，增加“特色企事业单位”“文献”“附录”“大成武昌（微信公众号）”等类目。彩页分成“重要会议”“重要活动”“武昌美景”“街道风采”4 个板块。其中“街道风采”集中反映 14 条街道的特色工作。附录首次收录武昌区区直机关、人民团

体和部分事业（企业）单位机构和领导名录。全书125万字。（张道旺）

【《浏阳年鉴（2018）》出版】 12月，湖南省浏阳市委、市政府主办，市志档案局编纂的《浏阳年鉴（2018）》由方志出版社出版。该卷年鉴设35个类目，下设190个分目1177个条目。与上一卷年鉴相比，入鉴资料引用的数据均由统计、水文、气象等相关权威部门提供，增加水文、气象相关图表。正文按政治、经济、文化、社会先后顺序和国民经济行业分类依次排列，配合“三大攻坚战”新设置“专文”“生态环境”“开发区与园区建设”类目，“浏阳概况”类目增设“传统文化”分目。全书136万字。（唐继武）

【《岳阳县年鉴（2018）》出版】 10月，湖南省岳阳县委党史志办编纂的《岳阳县年鉴（2018）》由方志出版社出版。该卷年鉴设24个类目，在图片、彩版设计、版面编排上创新思路，充分反映年度亮点、社会热点工作。全书64.8万字。（湖南省地方志编委会）

【《越秀年鉴（2018）》出版】 12月，广东省广州市越秀区志办编纂的《越秀年鉴（2018）》由广东经济出版社出版。该卷年鉴设18个类目，下设143个分目928个条目，收录图片243幅。“年度关注”类目以专文形式记述越秀经济发展和社会事业成果。“越秀概貌”类目增设记述“越秀区全国重点文物保护单位名录”25个、“越秀区市级及以上非物质文化遗产代表性项目名录”十大类别。在年鉴封面设计上，选取全国重点文化保护单位五仙观“五羊仙迹”构图。全书88万字。（广东省志办）

【《光明年鉴（2018）》出版】 12月，广东省深圳市光明区史志办编纂的《光明年鉴（2018）》由深圳报业集团出版社出版。该卷年鉴增设“年度关注”等动态类目。全书108万字。（广东省志办）

【《南海年鉴（2018）》出版】 10月，广东省佛山市南海区政府主办、南海年鉴社编纂的《南海年鉴（2018）》由广东经济出版社出版。该卷年鉴设27个类目，下设近1000个条目，图片约300幅，表格81个。增设“年度关注”类目，设置“品牌南海 镇街风采”“打造全球创客新都市”“十年百万图 见证南海美”“建成首批省级公共文化服务体系示范区”专题彩页。全书70万字。（广东省志办）

【《西乡塘年鉴（2018）》出版】 11月，广西壮族自治区南宁市西乡塘区政府主办、《西乡塘年鉴》编纂委员会编纂的《西乡塘年鉴（2018）》由线装书局出版。该卷年鉴分综合情况、动态信息、辅助资料3大部分，综合情况设特载、西乡塘概貌2个类目，动态信息设政治、法治、军事、经济、产业、开发区·产业园区、城乡规划建设与管理、国土资源管理·环境保护·园林绿化、教育、科学技术、文化·体育、卫生·计生、社会民生、镇·街道、人物15个类目，辅助资料设大事记、附录、图片专辑等。书前设年度要闻（2017）、走进西乡塘区、西乡塘区地图、图片专辑、数字西乡塘、西乡塘精神等栏目。全书101万字。（孙仿 秧新明）

【《天等年鉴（2018）》出版】 12月，广西壮族自治区天等县委县政府主办、县地方志编委会编纂的《天等年鉴（2018）》由德宏民族出版社出版。该卷年鉴设特载、概述、2017年大事记、中共天等县委员会、天等县人民代表大会、天等县人民政府、政协天等县委员会、群团组织、法制·军事、农业·水利、工业、交通·信息、城建·环保、商贸·旅游、财政·税务、经济管理与监督、金融·保险、科技·教育、文化·体育、广播·电影·电视、医疗卫生·计划生育、民族事务·社会生活、乡镇概况、文件选登、统计资料、附录等类目。全书75万字。（孙仿 秧新明）

【《灵山年鉴（2018）》出版】 9月，广西壮族自治区灵山县委、县政府主办，灵山县县志办编纂的《灵山年鉴（2018）》由线装书局出版。该卷年鉴设特载、大事记、概况、党政机关、人民团体、司法·军事、农林牧渔业、农机·水利·扶贫、工业·信息·交通·邮政、商贸·个体私营经济·旅游业、2017·灵山荔枝文化旅游节、国土资源管理·住房和城乡建设管理·环境保护、财政·税务·金融、经济行政管理、科技·教育·卫生、文化·体育、社会事务管理·人民生活、镇（街道）概况、人物、统计资料、附录21个类目。全书94万字。（孙仿　秧新明）

【《璧山年鉴（2018）》出版】　12月，重庆市璧山区政府主管、区志办主办、璧山年鉴编辑部编纂的《璧山年鉴（2018）》由方志出版社出版。该卷年鉴设特辑、大事记、璧山概况、“三区一美”行动计划、政治、法治、民兵与民防、经济、文化、社会事业、镇街、人物光荣榜、文献、统计资料、附录等类目。全书75.8万字。（王福忠　罗杨）

【《梁平年鉴（2018）》出版】　12月，重庆市梁平区政府主管、区政府办公室主办、区档案局编纂的《梁平年鉴（2018）》由方志出版社出版。该卷年鉴设年度要闻、特辑、大事记、梁平概况、政治与法治、经济、社会事业、乡镇（街道）、文献、统计资料、光荣榜、附录12个类目。全书67.5万字。（聂月红）

【《武隆年鉴（2018）》出版】　12月，重庆市武隆区政府主办、《武隆年鉴》编纂委员会编纂的《武隆年鉴（2018）》由方志出版社出版。该卷年鉴设大事记、特辑、专记、特载、概述、政治、经济、文化、社会事业、乡镇、人物、荣誉12个类目，收录图片200余幅。全书93.5万字。（李才东）

【《纳溪年鉴（2018）》出版】　12月，四川省泸州市纳溪区政府主管，区志办主办和编纂的《纳溪年鉴（2018）》由中州古籍出版社出版。该卷年鉴设特载、专题、大事记、纳溪概况、区委、人大、政府、政协、纪检监察、群众团体、民主党派·工商联、法制、军事、经济管理、农业与农村经济、工业、交通·邮电、城建·环保·旅游、商业贸易、财税·金融、文化·广播·电视、文史·档案、教育·科技、管理与监督、人民生活与社会保障、镇·街道、附录27个类目。全书53万字。（孙玉峰）

【《彭山年鉴（2018）》出版】　11月，四川省眉山市彭山区政府主管、区史志办主办、《彭山年鉴》编纂委员会编纂的《彭山年鉴（2018）》由方志出版社出版。该卷年鉴设特载、大事记、彭山概况、区委、人大、政府、政协、纪检·监察、民主党派、群众团体、法治·军事、农业、工业、旅游业、商贸、经济管理、财政·税收、金融·保险、交通·邮政·电信、城乡建设与环境保护、社会事业、人物、乡镇概况、附录24个类目。全书42万字。（孙玉峰）

【《拉萨城关年鉴（2018）》出版】　7月，西藏自治区拉萨市城关区政府主办、区志办编纂的《拉萨城关年鉴（2018）》由方志出版社出版。该卷年鉴包括行政区划图、公益版图照、编辑说明、编委会及编辑部组成、目录、正文、先进名录、统计资料、附录、索引、各单位图片等。全书65.6万字。（肖旭明）

【《乃东年鉴（2018）》出版】　年内，西藏自治区山南市乃东区政府主办、区志办编纂的《乃东年鉴（2018）》由中州古籍出版社出版。该卷年鉴设特载、专辑、乃东概况、大事记、中共乃东区委员会、乃东区人民代表大会常务委员会、乃东区人民政府、中国人民政治协商会议乃东区委员会、纪检监察、群众团体、法治、军事、农牧业水利·林业、交通·邮政、城乡建设·环境保护、经济管理、财税·金融、教育、文化·卫生、民族·宗教、民政与社会保障、乡（镇）概况、荣誉录、组织机构及负责人、经济·社会统计资料等类目。卷末

设索引。全书55万字。（肖旭明）

【《洛扎年鉴（2018）》出版】 12月，西藏自治区洛扎县政府主办、县地方志编委会编纂的《洛扎年鉴（2018）》由中州古籍出版社出版。该卷年鉴设特辑、洛扎概貌、大事记、政治、法治、军事、经济、社会、乡（镇）概况、附录等类目。全书55.2万字。（肖旭明）

【《印台年鉴（2018）》出版】 12月，陕西省铜川市印台区政府主办、《印台年鉴》编纂委员会编纂的《印台年鉴（2018）》由三秦出版社出版。该卷年鉴专设“特载”记载2017年度全区年度大事、要事、特事，设“专文”登载区级领导、部门领导和镇、街道领导就印台经济、社会发展撰写的调研文章。全书58万字。（陕西省志办）

【《紫阳年鉴（2018）》出版】 9月，陕西省紫阳县委、县政府主办，县档案史志局编纂的《紫阳年鉴（2018）》由方志出版社出版。该卷年鉴设特载、大事记、概况、党政群团、军事、法治、人物、附录等20个类目。全书55万字。（陕西省志办）

【《山丹年鉴（2018）》出版】 11月，甘肃省山丹县政府主管、县志办编纂的《山丹年鉴（2018）》由甘肃文化出版社出版。该卷年鉴记述2017年山丹县在自然、政治、经济、文化、社会、生态建设等方面基本情况和取得成就。全书63万字。（甘肃省史志办）

【《临洮年鉴（2018）》出版】 12月，甘肃省临洮县政府主管、县志办编纂的《临洮年鉴（2018）》由陕西人民出版社出版。该卷年鉴记述2017年临洮县在自然、政治、经济、文化、社会、生态建设等方面的建设成就。全书108万字。（甘肃省史志办）

【《西宁市城西年鉴（2017）》出版】 11月，青海省西宁市城西区政府主管、区志办编纂的《西宁市城西年鉴（2017）》由青海民族出版社出版。该卷年鉴设特载、概况、大事记、政党·政务、民主党派、工商联、人民团体、法制与军事、经济管理、财政与税收、国土·农林牧水、经济发展·安全生产、市政建设·环境保护、社会事业、政务工作、镇办概览、附录等类目。全书43万字。（马渊）

【《化隆回族自治县年鉴（2018）》出版】 12月，青海省化隆县政府主管、县志办编纂的《化隆回族自治县年鉴（2018）》由青海人民出版社出版。该卷年鉴设特载、专记、概况、大事记、中共化隆回族自治县委员会等21个类目。全书65万字。（马渊）

【《同仁年鉴（2018）》出版】 12月，青海省同仁县政府办公室主管、县志办编纂的《同仁年鉴（2018）》由四川科学技术出版社出版。该卷年鉴设特载、同仁综述、大事记、中国共产党同仁县委员会、同仁县人民代表大会及其常委会、同仁县人民政府、中国人民政治协商会议同仁县委员会、法院·检察院·人民武装、群众团体、法制建设、农业农村与脱贫攻坚、生态文明与环境保护、综合管理与服务、财政·税收、基础建设、经济贸易、社会事业、金融·保险、乡镇概况、附录、索引等类目。全书70万字。（马渊）

·乡镇村年鉴出版

【《张浦年鉴（2018）》出版】 12月，江苏省昆山市张浦镇党政办公室编纂的《张浦年鉴（2018）》由广陵书社出版。该卷年鉴设30个类目，下设164个分目739个条目，特色类目设“扩权强镇”“昆山德国工业园”。卷首设“2017年张浦速览”和“张浦风貌”“最美村庄”“重大活动”“实事工程”“年度荣誉”等图片专题。“特别报道”中收录《张浦镇：从“工业重镇”到“工业强镇”》《中德（昆山）中小企业合作区揭牌暨昆山智能制造样板工厂启动》《昆山张浦：精密机械与高端食品“比翼双飞"》《沪光汽车电器成功获批国家级汽车线束智能工厂试点示范企业》《全国首家乡镇保利影城开业》5篇文章。全书39万字。

（吉祥）

【《石碣年鉴（2018）》出版】 12月，广东省东莞市石碣镇委、镇政府主管，镇政府编纂的《石碣年鉴（2018）》由广东旅游出版社出版。该卷年鉴设大事记、特载、总述、党务·政务、社会团体、法治、城建·环保、科技·信息、工业·商贸、农业·林业·水利、财税·金融、经济管理、文化·教育、体育·卫生、民生、村（社区）、荣誉、统计资料等类目。其中，"电子信息产业"分目记述石碣镇电子产业重镇的特色。全书42.6万字。

（广东省志办）

【《虎门年鉴（2018）》出版】 11月，广东省东莞市虎门镇委、镇政府主管，镇政府编纂的《虎门年鉴（2018）》由广东人民出版社出版。该卷年鉴设2017年大事记、特载、总述、党政机关、社会团体、政法·武装、城建·环保、交通运输·邮政、科学技术·信息服务、农林·渔业·水利、工业·能源、商贸流通、对外经贸·招商引资、广东虎门富民集团、财政·税务·金融、经济管理、旅游·美食、教育、文化、体育·医疗卫生、社会生活、社区、荣誉、文献等类目。其中"虎门城市名片"介绍虎门镇获得的"全国重点镇""中国女装名镇""中国十大特色名镇"等主要国家级荣誉；"数字虎门·2017"介绍2017年虎门镇主要经济社会发展指标；虎门镇特色产业服装服饰产业，从"概况""创新发展""产业集群""专业市场""知名品牌""服装公共服务平台""服装服饰电子商务""第22届中国（虎门）国际服装交易会"等条目进行记述。全书73万字。

（广东省志办）

【《厚街年鉴（2018）》出版】 12月，广东省东莞市厚街镇委、镇政府主管，镇政府编纂的《厚街年鉴（2018）》由光明日报出版社出版。该卷年鉴设大事记、特载、总述、党务·政务、人民团体·群众团体、法治·军事、城建·环保、交通·邮政、农业、工业、商贸服务业、对外经济、金融·保险、财税、经济监督管理、科技·信息化、教育、文化、体育、卫生、民生、社区、人物等类目。厚街镇特色支柱产业，专设"家具业""鞋业""机电业"分目，其中"家具业"分目下设"家具业协会组织""家具专业市场""家具企业选介"等5个条目，集中记述厚街镇家具业发展概况；"鞋业"分目下设"鞋业协会组织""鞋业市场""鞋业企业选介"等条目，集中记述厚街镇鞋业发展情况。全书47.8万字。

（广东省志办）

【《大朗年鉴（2018）》出版】 11月，广东省东莞市大朗镇委、镇政府主管，镇政府编纂的《大朗年鉴（2018）》由广东人民出版社出版。该卷年鉴设影像大朗、大事记、特载、镇情简述、党务·政务、群众团体·行业协会、法治·军事、城建·环保、开放型经济、工业·商贸服务业、毛织业、农业·林业·水务、财税·金融、经济监督管理、科学技术·信息化、教育、文化、体育·卫生、民生、社区（村）、附录等类目。"大朗城市名片"介绍大朗镇获得的"全国文明镇""中国羊毛衫名镇""中国荔枝之乡"等主要国家级荣誉；"数字大朗2017"介绍2017年大朗镇主要经济社会发展指标；特色产业"毛织业"，设"毛织业综述""毛织业服务管理""中国（大朗）国际毛织产品交易会""毛织业时尚活动""毛织商贸城建设"等分目，集中记述大朗毛织产业发展概况。全书65万字。（广东省志办）

【《松山湖高新区年鉴（2018）》出版】 12月，广东省东莞市松山湖高新区管委会主管、区年鉴编纂委员会编纂的《松山湖高新区年鉴（2018）》由广东旅游出版社出版。该卷年鉴设概貌、大事记、特载、产业发展、科技创新、招商引资、招才引智、城市建设、社会发展、环境保护、合作交流、党政服务、园区统筹、开发经营、政策文件等类目。设“松山湖名片”介绍松山湖高新区获得的“中国最具发展潜力的高新技术产业开发区”等主要国家级荣誉；“数字松山湖·2017”介绍2017年松山湖高新区主要经济社会发展指标；“产业发展”类目设“高端电子产业”“生物技术产业”“机器人产业”“文化创意产业”“新能源产业”9个分目，集中记载产业发展概况；“科技创新”类目设“知识产权工作”“产学研合作”“科技成果转化”“科技·金融”6个分目，集中记载科技发展概况；“环境保护”类目设“环境建设与管理”“环境监管”“环保宣传”“绿色低碳发展”5个分目，集中记载环境保护情况。全书55万字。（广东省志办）

【《塘厦年鉴（2018）》出版】 11月，中共东莞市塘厦镇委主管、镇政府编纂的《塘厦年鉴（2018）》由广东人民出版社出版。该卷年鉴设2017年大事记、特载、总述、党务·政务、群众团体、法治·军事、城建·环保、交通·邮政、开放型经济、工业·商贸、旅游产业、农业·林业·水利、金融业、财税、经济监督管理、科技·信息、教育、宣传·文化、体育·卫生、民生、社区、附录、索引等类目。专设“高尔夫产业”分目，从“高尔夫产业概况”“青少年高尔夫球运动教育”“2017塘厦高尔夫球博览会”“2017‘塘厦杯’青少年高尔夫球公开赛”“高尔夫产业发展”“计划编制高尔夫产业发展规划”等条目，集中记述塘厦镇高尔夫产业发展概况。全书63万字。

（广东省志办）

【《观澜年鉴（2018）》出版】 10月，中共广东省深圳市龙华区观澜街道工作委员会、观澜街道办事处编纂的《观澜年鉴（2018）》由中国文史出版社出版。该卷年鉴各分目下注重设置概况条目，“社区”类目记载基层社区的各项工作。全书50万字。（广东省志办　贺宏卿）

【《深圳市光明新区玉塘办事处年鉴（2018）》出版】 10月，广东省深圳市光明新区玉塘办事处编纂的《深圳市光明新区玉塘办事处年鉴（2018）》由线装书局出版。该卷年鉴重点记述玉塘街道各行各业2017年的新发展、新变化、新情况。各分目下均设置“概况”条目，动态静态条目配置较为合理。全书34万字。

（贺宏卿）

【《龙城街道年鉴（2018）》出版】 12月，广东省深圳市龙岗区龙城街道办事处主编、龙城街道党工委办公室编纂的《龙城街道年鉴（2018）》由中国文史出版社出版。该卷年鉴图片专辑在反映社会、政治、经济生活的同时注重体现人文与自然的展示，“特色龙城”类目中设置“年度亮点”“重要论坛节会”等分目。全书25万字。（广东省志办）

【《福城年鉴（2018）》出版】 11月，广东省深圳市龙华区福城街道党工委、办事处编纂的《福城年鉴（2018）》由中国文史出版社出版。该卷年鉴各分目下均设置“概况”条目，条目信息量较大。全书39.9万字。（广东省志办）

【《民治年鉴（2018）》出版】 10月，中共广东省深圳市龙华区民治街道工作委员会、民治街道办事处编纂的《民治年鉴（2018）》由中国文史出版社出版。全书46万字。

（广东省志办）

【《南城年鉴（2018）》出版】 10月，广东省东莞市南城街道委员会、南城街道办事处主管，南城街道办事处编纂的《南城年鉴（2018）》由广东人民出版社出版。该卷年鉴设大事记、特载、总述、党务·政务、社会团体、法治·军事、城建·环保、交通、开放型经济、工业·商贸流通业、农业·林业、财税·金融、经济监督管理、科技·信息化、教育、文化·旅游、体育·卫生、民生、社区、荣誉等类目。“南城名片”介绍南城街道获得的“全国文明单位”“全国城市体育先进社区”等主要国家级荣誉；“数字南城·2017”介绍2017年南城街道办主要经济社会发展指标。全

书 65 万字。（广东省志办）

· 地方专业年鉴出版

【《中关村年鉴（2018）》出版】 12 月，中关村科技园区管理委员会编纂的《中关村年鉴（2018）》由北京出版社出版。全书 110 万字。（姜坤）

【《北京经济技术开发区年鉴（2018）》出版】 12 月，北京经济技术开发区管理委员会主办、开发区年鉴编纂委员会编纂的《北京经济技术开发区年鉴（2018）》由北京科学技术出版社出版。全书 76.8 万字。（姜坤）

【《河北金融年鉴（2018）》出版】 10 月，中国人民银行石家庄中心支行主管、河北省金融系统编纂的《河北金融年鉴（2018）》由河北科学技术出版社出版。该卷年鉴设 6 个类目。全书 125 万字。（邢素丽）

【《中国·秦皇岛经济技术开发区年鉴（2018）》出版】 12 月，河北省秦皇岛开发区管理委员会主管、开发区地方志编委会编纂的《中国·秦皇岛经济技术开发区年鉴（2018）》由九州出版社出版。该卷年鉴设 10 个类目。全书 50 万字。（邢素丽）

【《沧州统计年鉴（2018）》出版】 12 月，河北省沧州市统计局编纂的《沧州统计年鉴（2018）》由中国统计出版社出版。该卷年鉴设 15 个类目。全书 119 万字。（邢素丽）

【《山西统计年鉴（2018）》出版】 9 月，山西省统计局编纂的《山西统计年鉴（2018）》由中国统计出版社出版。该卷年鉴设 20 个类目，收录全省和各地市、县（市、区）、有关部门 2017 年经济、社会、科技等方面统计数据以及多个重要历史年份主要统计数据。全书 142 万字。（武岭）

【《吉林统计年鉴（2018）》出版】 12 月，吉林省统计局编纂的《吉林统计年鉴（2018）》由中国统计出版社出版。该卷年鉴设综合、国民经济核算、人口、从业人员和职工工资、固定资产投资、对外经济贸易和旅游业、能源生产和消费、财政 金融 保险、价格指数、人民生活、市政公用事业和环境保护、农业、工业、建筑业、交通运输和邮电通信业、批发零售贸易和餐饮业、教育 科技 文化、体育 卫生 其他事业、市（州）和县（市）概况 19 个类目。记载 2017 年度吉林省国民经济和社会发展情况，收录全省、各市（州）和县（市）经济和社会各方面大量统计数据。全书 130 万字。（赵德新）

【《长春汽车经济开发区年鉴（2018）》出版】 11 月，吉林省长春汽车经济开发区管委会主办、长春汽车经济开发区地方志编委会编纂的《长春汽车经济开发区年鉴（2018）》由吉林人民出版社出版。该卷年鉴设专文、大事记、汽开区概况、城市建设与管理、招商引资及重点项目、支柱产业及重点企业、科技创新、综合经济管理、政务服务、依法治区、社会事业、农村（街道）工作、党群工作、精彩汽开、典型、干部名录、表彰、文献、附录 19 个类目，照片 200 余幅。全书 38 万字。（赵德新）

【《黑龙江统计年鉴（2018）》出版】 12 月，黑龙江省统计局、国家统计局黑龙江调查总队编纂的《黑龙江统计年鉴（2018）》由中国统计出版社出版。该卷年鉴设 20 个类目，收录全省及各市（地）、县 2017 年经济和社会各方面统计数据，以及历史重要年份主要统计数据。全书 68.5 万字。（徐萍　杜胜男）

【《温州公安年鉴（2017）》出版】 1 月，浙江省温州市公安局编纂的《温州公安年鉴（2017）》由方志出版社出版。该卷年鉴由卷首、百科、卷尾 3 个基本单元构成，卷首部分设专文、彩图、特载、大事记 4 个类目，百科部分设组织机构、防范打击犯罪、公安行政管理、警务综合保障、队伍建设、县（市、区）公安、典型案例7个类目，卷尾部分设发文目录（部分）1个类目。全书46.9万字。

（浙江省志办）

【《中共山东年鉴（2018）》出版】 12月，山东省委主办、省委党史研究室编纂的《中共山东年鉴（2018）》由山东人民出版社出版。该卷年鉴设中共山东省委工作概况、政治纲要、大事记、省委各部门及工青妇工作概况、党风和党纪、武装工作、党建论坛、执政论坛、重要纪事、市委工作概况、县（市、区）委工作概况、高校党委工作概况、企业党建、农村党建、社区党建、机关党建、改革和创新、光荣榜、山东省党组织发展统计资料19个类目。全书196万字。（孙杰　王赟）

【《山东国土资源年鉴（2018）》出版】 年内，山东省自然资源厅主办、山东国土资源年鉴编辑部编纂的《山东国土资源年鉴（2018）》由山东省地图出版社出版。该卷年鉴设重要文献选编、重大活动专述、大事记、国土资源概况、省国土资源厅工作、直属事业单位工作、其他相关单位工作、市县国土资源工作、统计资料和附录10个类目。配有双重检索系统，正文前刊有详细目录，其后备有汉语拼音首字母索引。主要收录2017年山东国土资源行业工作的大事要闻，突出反映山东国土资源的优势、特点和各地深化改革、扩大开放，加大资源保护，强化资源保障的新举措、新进展，内容包括土地资源、矿产资源、测绘地理信息工作3个部分。卷首设置“数字山东国土资源（2018）”和彩色图片专版。全书98万字。

（孙杰　王赟）

【《黄河年鉴（2018）》出版】 年内，黄河年鉴社编纂的《黄河年鉴（2018）》出版。该卷年鉴90%的篇幅是治黄业务记述，及时、动态反映黄河治理开发管理与保护的全过程、黄河流域水利发展信息和黄河干流水电建设与管理各方面的最新成就和发展趋势，涵盖黄河系统各个专业、各领域治理和开发黄河的实践活动。全书80万字。（马俊明）

【《武汉城市圈年鉴（2017）》出版】 4月，湖北省武汉志办编纂的《武汉城市圈年鉴（2017）》由武汉出版社出版。该卷年鉴设22个类目，下设836个条目，图片350幅，表格60个。增加对圈域宏观、信息整体记载和反映。增设“两型社会建设综合配套改革实验推进”部类，分目设置不以城市划分层级，保证全书体例统一。“开发区建设”类目，不再按城市划分，采用国家级、省级开发区分类。“重大项目建设”分为基础设施项目、产业升级项目、生态保护项目3个分目，着重体现各城市与“两型社会”建设相关的有特色、有内容的重点项目，不再追求每个城市面面俱到。扩展组稿渠道和丰富资料呈现形式，增加二次文献刊载量，二次文献占比达到35.5%。附录部分增加“两型社会改革中的典型案例”分目。缩减一般性、基础性信息介绍，将基本情况、国民经济发展概况和市辖区县合并为“市情概览”。全书120万字。（张道旺）

【《武汉公安年鉴（2018）》出版】 7月，湖北省武汉市公安局编纂的《武汉公安年鉴（2018）》由武汉出版社出版。该卷年鉴设武汉警察风貌、特载、大事记、综述、防范打击犯罪、治安管理、出入境管理、特勤工作、特警、轨道交通保卫、交通管理、消防管理、水上治安保卫、公安法制、院校教育、警务指挥、警务合作、公安政治、公安审计、警务督察、警务保障、区分局工作、统计资料、人物、文件选编25个类目，照片200余幅、图表10张。全书50万字。（张道旺）

【《武汉交通运输年鉴（2018）》出版】 11月，湖北省武汉市交通运输局（原市交通运输委员会）、市交通科学研究所编纂的《武汉交通运输年鉴（2018）》由武汉出版社出版。该卷年鉴设特载、综述、行业综合管理、铁路、航空、水运、公路、公路运输、物流、常规公共交通、轨道交通、客运出租汽车、邮政、区级交通、投资建设、获奖名录、法规与规章制度选编、行业论文选编、交通统计资料、附录20个类目，图片400多幅，表格100多个。新增“武汉‘交通杯’摄影大赛获奖作品”栏目。全书83万字。（张道旺）

【《武汉建设年鉴（2018）》出版】 11月，湖北省武汉市城乡建设局主办、市城市建设档案馆编纂的《武汉建设年鉴（2018）》由武汉出版社出版。该卷年鉴设综述、国土规划、基础设施建设、重点工程、功能新区、城市管理、房地产业、建筑业管理、勘察设计、环境保护、管网建设、村镇建设、城区建设13个类目，另有附录2个，图片近200幅。全书40万字。（张道旺）

【《湖南统计年鉴（2018）》出版】 12月，湖南省统计局主办、湖南统计年鉴编辑委员会编纂的《湖南统计年鉴（2018）》由中国统计出版社出版。该卷年鉴设特载（《2018年湖南省政府工作报告》和《2017年湖南省国民经济和社会发展统计公报》）、综合，国民经济核算，人口，就业人员和工资，价格，人民生活，固定资产投资，对外经济和旅游，能源，财政、金融和保险，城市建设和环境保护，农业，工业，建筑业，交通运输、邮电和其他服务业，批发和零售业、住宿和餐饮业，教育和科技，文化、体育和卫生，党群、政法和社会服务，区域经济，各市、州主要经济和社会统计指标，各县（市、区）主要经济和社会统计指标22个类目。各部类篇末附有《主要统计指标解释》。根据统计新形势和新变化，新增“价格”和“人民生活”两类目，并增加价格、人民生活有关数据表；对2016年的地区生产总值、第一产业增加值数据进行重新核算，对2006年以来的相关数据进行修订，对“农业”相关指标历史年份数据进行修订；删减湖南产业园区、省级和国家级开发区、工业集中区有关数据表，删减分县市区的规模工业增加值能耗情况表。全书125万字。（周璜）

【《长沙统计年鉴（2018）》出版】 8月，湖南省长沙市统计年鉴编辑委员会主办、市统计局和国家统计局长沙调查队编纂的《长沙统计年鉴（2018）》由中国统计出版社出版。该卷年鉴收录长沙市及所辖各区、县（市）2017年经济社会发展方面大量统计数据，以及重要年份的全市主要统计数据。全书86万字。（王成亮）

【《广东建设年鉴（2018）》出版】 9月，广东省住房和城乡建设厅主办、广东建设年鉴编纂委员会编纂的《广东建设年鉴（2018）》由广东人民出版社出版。该卷年鉴遵循“凸显特色、总体稳定、与时俱进”原则，组编“广东省政区图”“广东省古驿道遗存现状分布图”“珠江三角洲全域空间规划（2016—2020）空间结构规划图”，以及“2017·广东城乡建设要录”“2017·广东城乡建设数字”，设置“广东城乡建设风采”“广东建设项目选辑”“各市建设新貌”3个彩色图片专辑，图片320幅、知识性链接6条，内文运用统计表149张、示意图16幅。全书150万字。（广东省志办）

【《广东卫生和计划生育年鉴（2018）》出版】 12月，广东省卫生和计划生育委员会主办、省医学学术交流中心（广东省医学情报研究所）编纂的《广东卫生和计划生育年鉴（2018）》由广东人民出版社出版。该卷年鉴设2017年精彩回顾、概述、年度关注、大事记、工作进展、人事与干部、行业卫生和计划生育工作、各市卫生和计划生育工作、学术（群众）团体工作、卫生统计、重要会议报告、重要文件与法规、附录、索引14个类目。全书将卷首插页扩增为“年度荟萃”和“图片专辑·广东省卫生计生事业风采”；增加“人物与荣誉”分目，收录2017年广东省卫生计生系统获得“全国五一劳动奖章”“广东省五一劳动奖章”个人的简介，以及获得国家级和省级的荣誉；附录收录“广东省部分医疗机构通讯地址一览表”，提供医疗机构地址、邮编、电话。全书105万字。（广东省志办）

【《粤港澳大湾区年鉴（2018）》出版】 1月，广东省志办领导和指导，香港特别行政区、澳门特别行政区和广东省广州市、深圳市、珠海市、佛山市、惠州市、东莞市、中山市、江门市、肇庆市9个城市合作编纂的《粤港澳大湾区年鉴（2018）》由方志出版社出版。根据推进粤港澳大湾区建设的国家战略，2017年在原有《珠江三角洲城市群年鉴》的基础上创刊《粤港澳大湾区城市群年鉴》，2018年更名为《粤港澳大湾区年鉴》。该卷年鉴分大湾区综述、区域发展、产业发展、大事记、专题调研成果、统计资料、附录7大部分。“专题调研成果”部分收入《关于建设粤港澳大湾区的几点建议》《落实粤港澳大湾区战略，加快三地金融“软规则”对接融通的建议》《打造粤港澳大湾区科技创新高地的对策建议》等资料文献。全书70.9万字。 （广东省志办）

【《深圳文艺年鉴（2018）》出版】 11月，广东省《深圳文艺年鉴》编辑委员会编纂的《深圳文艺年鉴（2018）》由深圳报业集团出版社出版。该卷年鉴设概述、文艺事业、文艺品牌、文艺交流、基层文艺、组织建设、文化产业、文艺人才、文艺纪事等类目。采取“版块+条目”的框架形式，对深圳文学、戏剧、电影电视、音乐、舞蹈、美术、书法、摄影、曲艺、杂技、民间文艺、评论等12个艺术门类以及基层文艺、文化产业的年度发展状况进行汇集和概览。全书36万字。 （贺宏卿）

【《深圳统计年鉴（2018）》出版】 12月，广东省深圳市统计局、国家统计局深圳调查队编纂的《深圳统计年鉴（2018）》由中国统计出版社出版。该卷年鉴全面系统地介绍深圳市国民经济和社会发展情况，主要指标着重反映了2017年深圳市经济和社会各方面所取得的成就，也收录深圳建市以来历年统计数据。全书75万字。 （贺宏卿）

【《深圳科技年鉴（2018）》出版】 12月，深圳特区科技杂志社编纂的《深圳科技年鉴（2018）》由辽宁科学技术出版社出版。该卷年鉴设概况、政策法规、科技投融资体系、知识产权保护、各区科技发展、科技服务体系、科学普及、科技新闻、科技发展研究报告、科技企业办事指南、科技名录、创新载体等章，全面记录2017年深圳科技事业发展内容。全书130万字。 （贺宏卿）

【《广西环境年鉴（2017）》出版】 8月，广西壮族自治区环境保护厅编纂的《广西环境年鉴（2017）》由广西人民出版社出版。该卷年鉴设特载、规划与投资、政策与法规、机构改革与人事、环境科技与管理、环境质量、污染物减排、环境影响评价、环境监测、污染防治、生态保护和建设、核与辐射安全监管、环境监察、环境应急与事故调查、环境宣传教育培训、对外合作与交流、信息公开与环境信访、信息化建设、党的建设与纪检监察、部门与行业环境保护、各市环境保护、环境保护大事记、附录、索引24个类目。全书100万字。 （孙仿 秧新明）

【《广西建设年鉴（2018）》出版】 11月，广西建设年鉴编辑委员会编纂的《广西建设年鉴（2018）》由广西师范大学出版社出版。该卷年鉴设广西住房城乡建设事业发展综述、各市建设、大事记、荣誉榜、统计资料、领导讲话、文件选编、政策解读、工作年报、图片专辑10个类目。全书100万字。 （孙仿 秧新明）

【《西藏统计年鉴（2018）》出版】 9月，西藏自治区统计局、国家统计局西藏调查总队编纂的《西藏统计年鉴（2018）》由中国统计出版社出版。该卷年鉴通过大量统计数据，全面客观记录2017年西藏自治区经济、社会发展情况。全书80万字。 （肖旭明）

【《陕西统计年鉴（2018）》出版】 8月，陕西省统计局主办，陕西省统计局、国家统计局陕西调查总队编纂的《陕西统计年鉴（2018）》由中国统计出版社出版。该卷年鉴全面系统反映2017年以来陕西经济和社会发展情况，内容以统计资料为主，并配有数据来源和调查方法、主要统计指标提要、统计图和主要指标解释。全书110万字。（陕西省志办）

【《陕西科技年鉴（2018）》出版】 12月，陕西省科学技术厅主办、陕西科技年鉴编辑室（省科学技术情报研究院）编纂的《陕西科技年鉴（2018）》由陕西科学技术出版社出版。该卷年鉴覆盖科技资源、科技管理、科技服务、基础研究、行业科技5个板块，全面展示和系统记述陕西科技资源富集、科技成果丰硕、科技园区发展迅猛、科技创新体系日趋完善的全景风貌和总体情况。全书75万字。

（陕西省志办）

【《青海统计年鉴（2018）》出版】 8月，青海省统计局、国家统计局青海调查总队编纂的《青海统计年鉴（2018）》由中国统计出版社出版。该卷年鉴设特载、综合、国民经济核算、人口、就业人员和工资、固定资产投资、对外经济贸易、能源与环境、财政、价格指数、人民生活、农业、工业、建筑业、运输和邮电、国内贸易、旅游、金融业、教育和科技、卫生和社会服务、文化和体育、公共管理、社会保障和其他、全国各地区主要经济指标等。全书110万字。（马渊）

【《中国石油青海油田公司年鉴（2018）》出版】 12月，中国石油青海油田公司年鉴编委会主办、青海油田勘探开发研究院编纂的《中国石油青海油田公司年鉴（2018）》由甘肃科学技术出版社出版。该卷年鉴设总述（综述、特载、专文），重要会议、重大活动、重大成果，油气勘探，油气田开发，油气储运、炼化与销售，工程技术服务，科技、信息与外事工作，安全环保与质量节能，企业管理，基地后勤服务，精神文明建设，机构与人物，二级单位概览，大事记，先进荣誉，附录等内容。全书38万字。（马渊）

【《新疆生产建设兵团统计年鉴（2018）》出版】 7月，新疆生产建设兵团统计局、国家统计局兵团调查总队编纂的《新疆生产建设兵团统计年鉴（2018）》由中国统计出版社出版。该卷年鉴分特载和统计资料两部分，特载部分刊载兵团2017年国民经济和社会发展统计公报，统计资料部分包括20篇数据资料。全书100万字。（王兴鹏）

【《新疆兵团第十四师昆玉市统计年鉴（2018）》出版】 12月，新疆生产建设兵团第十四师统计局、国家统计局新疆生产建设兵团第十四师调查队编纂的《新疆兵团第十四师昆玉市统计年鉴（2018）》由中国统计出版社出版。该卷年鉴分特载和统计资料两部分。统计资料设综合、国民经济核算、人口、就业人员和职工工资、固定资产投资、财务、农业、工业、建筑业、交通运输业、国内贸易、能源、教育·文化及卫生、社保·水利·保险、农牧团场基本情况、各师主要经济指标排序、附录17个类目，涵盖第十四师及各团场2017年国民经济和社会发展各方面大量统计数据、历年以来主要统计数据、兵团、各师主要经济指标排序等资料。（第十四师昆玉市史志办）

地方志资源开发利用

·地情书编写与出版

【《中国地情报告（2018）》】 12月，中指办编纂的《中国地情报告（2018）》由方志出版社出版。主编冀祥德、邱新立。该书由总报告、乡村振兴、区域发展、改革开放、精准扶贫、生态文明、社会治理等板块构成，重点反映2017年度全国各地在经济、文化、社会、生态等领域取得的进展，突出区域发展亮点和特色，展示新时代中国特色社会主义伟大实践取得的成就。本卷报告利用地方志资源优势，采取分专题、多区域比较研究的方式，捕捉各地发展亮点。全书32.6万字。（刘淑颖）

【《京剧大观》出版】 3月，北京市方志馆编译的《京剧大观》由北京联合出版公司出版。作者日本波多野乾，翻译卢茂君。该书属《日文北京文史资料翻译丛刊》之一，由京剧概说、剧本梗概及剧名一览等部分构成，梳理京剧剧目600余种，剧名1200余个，所有剧目按照故事发生的年代顺序归类整理，是当时日本读者了解中国京剧不可或缺的必备读物，也是此后中国京剧界了解中国戏曲史的常识书目。（王韧洁）

【《天津运河文化图集》出版】 12月，天津市志办编纂的《天津运河文化图集》由百花文艺出版社出版。该图集分概述、南运河、北运河、三岔河口4个部分，收录图片200余幅，反映天津自运河开凿以来政治、经济、文化等各领域的发展情况。全书20万字。（刘蒙）

【《河北省改革开放40年史事录（1978—2018）》出版】 12月，河北省志办编纂的《河北省改革开放40年史事录（1978—2018）》由河北人民出版社出版。该书采用编年条目体，以时为序，每事一条，追前叙后，反映1978年至2018年河北省改革开放的历程和成就。全书126万字。（任丽英）

【《山西家规家训精选》出版】 5月，山西省志办编纂的《山西家规家训精选》由三晋出版社出版。该书精选山西历史上影响较大的23个名人和望族的家规家训，弘扬和传承以忠诚、仁爱、孝慈、友善、慎交、勤俭、好学、清廉等传统美德为主题的家风文化。全书32.5万字。（武岭）

【《辽宁大事记（2017）》出版】 10月，辽宁省志办编纂的《辽宁大事记（2017）》由东北大学出版社出版。该书主要记载2017年辽宁政治、经济、文化、社会、生态等领域发生的重大事件、重要会议、重要工作成果等。收录大事标准较高，记录省委、省政府围绕贯彻落实习近平总书记参加十二届全国人大五次会议辽宁代表团审议时重要讲话精神，贯彻落实《中共中央、国务院关于全面振兴东北地区等老工业基地的若干意见》、《国家创新驱动发展战略纲要》、《“十三五”脱贫攻坚规划》、《中国（辽宁）自由贸易试验区总体方案》、推进各领域体制改革、“放、管、服”改革等重要举措，以及贯彻中央巡视整改回头看，肃清王珉、薄熙来影响等大事、要事、特事；收录《政府工作报告》《辽宁省2017年度环境状况报告》《2017年辽宁省国民经济和社会发展统计公报》等重要文件以及地方法规规章及文件目录、统计指标与数据。全书36万字。

（杜祥武）

【《东港方言》出版】　7月，辽宁省丹东市志办编纂的《东港方言》由东北大学出版社出版。作者邓福巨。该书词条按照国际音标、汉语拼音、词源、词义、例句的结构进行编纂。收录生活类、民俗习俗类、地理类、服饰类、语言类、文化类、体育类、游戏类等内容的词近3000个。全书26万字。（卜俊丽）

【《丹东民间语文》出版】　7月，辽宁省丹东市志办编纂的《丹东民间语文》由东北大学出版社出版。该书收录400余条方言词汇，词条以方言、拼音、词源、词义、引申义、例句为基本结构，是整理和研究丹东市满族地区的方言集。全书27.9万字。（卜俊丽）

【《寻路关东——长白山区移民口述实录》出版】　1月，《寻路关东——长白山区移民口述实录》由吉林文史出版社出版。作者于建青。该书系吉林省地方志资源开发立项项目。该书以早年闯关东聚居地长白山区为切入点，以反映移民历史为线索，以采访到的第一手资料为支撑，全方位、多角度记录清末至20世纪60年代移民者及其后裔的人生经历和生存境遇。书中人物从商贾巨子牛子厚、艺术大家金意庵、抗联英烈陈翰章到挖参人、淘金工、拓荒者、土匪、猎户、木帮等普通人，配图94幅。全书26万字。（李雯）

【《吉林省体育发展实录（1986—2015）》出版】　10月，《吉林省体育发展实录（1986—2015）》由吉林文史出版社出版。作者周学华。该书系吉林省地方志资源开发立项项目。该书设概述、群众体育、竞技体育、体育运动赛会、体育场馆设施、体育人才培养基地、体育管理及社会团体、附录8个部分，对体育界著名人物采用以事系人的形式加以反映。记述1986年至2015年吉林省体育事业的发展和成就。全书31万字。（李雯）

【《留住城市的记忆——哈尔滨历史建筑寻踪》翻译出版】　9月，黑龙江省哈尔滨市志办编辑的《留住城市的记忆——哈尔滨历史建筑寻踪》英译本《Memories of the City——Historic Building in Harbin》由黑龙江人民出版社出版。该书以英语为主要记述语言，根据2016年出版的哈尔滨市人志办编纂的《留住城市的记忆——哈尔滨历史建筑寻踪》翻译而成，以历史建筑为切入点，辑录哈尔滨市历史建筑和知名老建筑（包括已经灭失的著名老建筑）300余处，哈尔滨各个时期建筑的历史和现状照片600幅，图文对照，以老街为经纬，覆盖整个哈尔滨市区的百年时空，探寻哈尔滨城市历史发展的轨迹与脉络。全书50万字。

（徐萍　杜胜男）

【《辉煌的合江》出版】　5月，黑龙江省佳木斯市委宣传部、市志办编纂的《辉煌的合江》由黑龙江人民出版社出版。该书记述在解放战争中，作为东北革命根据地战略大后方、被誉为“东北革命文化摇篮”“东北小延安”，以佳木斯市为省会的合江省在东北解放战争乃至全国解放战争胜利中作出的重要贡献，弘扬和传承东北抗联精神和“东北小延安”精神。全书24万字。（徐萍　杜胜男）

【《上海六千年》出版】　8月，上海市志办编纂的《上海六千年》由上海人民出版社出版。该书作为上海地方志普及读本系列之一，分远古文明、千年之城、百年梦想3卷。全书以上海建设成为卓越的全球城市为切入点，以上海历史演进和发展为脉络，以上海地方志文献资料为基础，在时间上包括史前上海、古代上海、近代上海和当代上海，特别重视上海的革命史、建设史和改革开放史，以及展现上海“两个一百年”的发展愿景；在内容上，重点突出在上海具有代表性、标志性的事、人和物。通过图文并茂的方式、通俗易读的语言和体裁多样的结构，穿插大量具象的故事、鲜活的细节讲述上海故事。全书59.3万字。

（范锐超）

【《上海滩丛书》出版】 年内，上海通志馆编纂的上海地情普及系列《上海滩丛书》由上海大学出版社出版。该丛书包括《海上潮涌》《申江赤魂——中国共产党诞生地纪事》《楼藏风云——上海老洋房往事》《年味乡愁——上海滩民俗记趣》4部。《海上潮涌》记录1978年党的十一届三中全会后，上海在各领域的重大改革举措及取得的辉煌成果，全书27.7万字。《申江赤魂——中国共产党诞生地纪事》叙述中国共产党在上海诞生后，在领导中国人民进行反帝反封建民主革命斗争中发展、壮大的光辉历程，全书30.6万字。《楼藏风云——上海老洋房往事》展现上海众多老洋房多姿多彩的建筑艺术，以及居住在这些洋楼中的近现代中国各界诸多重要人物的人生经历，全书29.6万字。《年味乡愁——上海滩民俗记趣》挖掘上海地区民俗文化方面的种种趣闻轶事和这些风俗对人们生活所产生的重大影响，以弘扬传统民俗，重建乡土记忆，全书19万字。

（王师师　陈畅）

【《时光里的家园——上海市静安区社区微志选辑》出版】 6月，上海市静安区志办编纂的《时光里的家园——上海市静安区社区微志选辑》由方志出版社出版。这是近年来静安区志办开创性地探索创新社区（即居住区、小区）修志工作的创新之举。该书选取静安区内21个住宅小区作为编修重点，每个社区设无题序言、大事记、地块沿革、家园溯源、居民生活、自治组织、人物、专记、附录等体裁和内容。每个小区配历史和现在的“行号图”、水粉画、手绘图和大量照片，还首次披露部分民国户籍、道契等珍贵档案。全书56.1万字。

（王师师）

【《抚夷日记》出版】 6月，江苏省南京市志办整理的《抚夷日记》由南京出版社出版。该书系《南京稀见文献丛刊》之一种。该书是清代张喜撰写的一部私人日记，重点记载其在南京期间参加中英双方谈判前后85天的活动情况，是有关中国近代史上第一个丧权辱国的不平等条约——中英《南京条约》谈判过程最为生动翔实的中文记录。全书6.9万字。

（周文燕　王艳荣）

【《京话》出版】 6月，江苏省南京市志办编纂的《京话》由南京出版社出版。该书系《南京稀见文献丛刊》之一种。该书是民国姚颖1932年末至1935年在上海《论语》杂志所写的文章结集，专写当时南京政坛花絮、官场内幕、名人逸事，文笔俏皮戏谑、幽默趣味，涉及南京掌故及南京独特的语言现象，真实反映20世纪30年代南京的官场百态和社会世相。全书14.8万字。（周文燕　王艳荣）

【《雨花石子记》出版】 6月，江苏省南京市志办编纂的“南京稀见文献丛刊”《雨花石子记》由南京出版社出版。该书系《南京稀见文献丛刊》之一种。该书是民国王猩酋撰写的一部关于雨花石收藏、鉴赏、研究的专著，记录和总结作者一生收藏和鉴赏雨花石的情况。该书对雨花石的概念、产地、成因、收藏的历史标准、鉴赏品第、赏玩禁忌等作深入阐释，其提出的观点囊括雨花石收藏研究的大致范畴。全书11.6万字。（周文燕　王艳荣）

【《丹凤街》出版】 6月，江苏省南京市志办整理的“南京稀见文献丛刊”《丹凤街》由南京出版社出版。该书系《南京稀见文献丛刊》之一种。该书是张恨水于20世纪40年代创作的长篇小说，讲述以童老五为首的一帮在丹凤街上自食其力的小菜贩、小酒保们不畏强权解救穷姑娘陈秀姐的故事。书中使用大量的方言俚语，充满地道的南京味，生动地描绘出旧时南京的市井文化风俗。全书18.5万字。

（周文燕　王艳荣）

【《金陵古迹图考》《金陵古迹名胜影集》出版】 12月，江苏省南京市志办和南京出版社编纂的《金陵古迹图考》《金陵古迹名胜影集》由南京出版社出版。《金陵古迹图考》《金陵古迹名胜影集》是现代著名学者朱偰的代表作，1936年由商务印书馆首次出版，以实地调查和文献分析相结合的方法，对南京的历史沿革和名胜古迹进行详细的考证，为后人留下一份珍贵的南京历史足迹的存照。（王艳荣）

【《科学的南京》出版】 12月，江苏省南京市志办和南京出版社编纂的《科学的南京》由南京出版社出版。该书是由民国时期民间综合性学术团体中国科学社于1932年出版的一本科学论文汇编，内容包括竺可桢的《南京之气候》、秉志的《南京之自然史略》、赵元任的《南京音系》等13篇著作，以科学的方法系统研究南京的地理环境、气候、地质、动植物、矿物和方言等，是反映当时南京风貌的重要文献。全书22万字。（王艳荣）

【《鼓楼微鉴（2018）》创刊出版】 5月，江苏省南京市鼓楼区志办编纂的《鼓楼微鉴》由南京出版社创刊出版。该书定位于与综合年鉴错位发展、互为补充，以自主创新、科学发展，建设“强富美高”新鼓楼为主线，设领导调研、经济强、百姓福、环境美、社会文明程度高5个类目，下设经济数据、商务商贸、软件互联网、文创旅游、重大项目、经济治理、民生改善、健康鼓楼、学有所教、就业创业、老有所养、民生保障、市容之美、河流之美、文化引领、社区建设、法治建设、党的建设、人大政协工作、廉政建设、群团工作等分目。全书13.3万字。（吉祥　王艳荣）

【《金陵老门东》出版】 5月，江苏省南京市秦淮区志办编纂的《金陵老门东》由南京出版社出版。该书分上、下卷，图片500余幅。上卷“市井深处”，分街巷典故、名人、成语、诗词、楹联、童谣、游戏、非遗、民俗9个方面，叙述过去老门东讲风雅、讲发家、讲积善、讲气节、讲怀旧的“五讲”；下卷“休闲佳处”介绍老门东当下的餐饮购物等特色业态和人文景观，分8个方面表现当下老门东讲情调、讲时尚、讲休闲、讲文运、讲品位的“五讲”。全书22.5万字。（张丽）

【《燕矶旧影》出版】 4月，江苏省南京市栖霞区人民政府燕子矶办事处、燕子矶新区新城开发建设指挥部编纂的《燕矶旧影》由中国文史出版社出版。该书辑录1890年到1978年燕子矶老照片300余幅，设风景名胜、人物屐痕、乡教之花、工企华采、游人倩影、市井风情6个板块，展现燕子矶88年间的历史变迁风貌。（张丽）

【《滨湖渔史》出版】 2月，江苏省无锡市滨湖区档案局和区政协学习文史、社会法制委员会编纂的《滨湖渔史》由凤凰出版社出版。该书设6章28节，通过查阅大量文献档案资料，征集老渔民口述史料，以时为经，以事为维，全面记述滨湖地区自古以来特别是中华人民共和国成立以来捕捞渔业和养殖渔业的发展历史，是记录滨湖地区悠久渔业历史文化的珍贵文献资料。全书37万字。（张丽）

【《文鼎江阴三百年——明清江苏学政传略》出版】 12月，江苏省江阴市史志办、市政协学习文史委员会编纂的《文鼎江阴三百年——明清江苏学政传略》由广陵书社出版。该书记录从明万历四十二年（1614）至清光绪三十二年（1906），驻节江阴的113位江苏学政的生平事迹、历史地位及对江阴文化教育、经济社会的深远影响，图片100余幅。全书41万字。（张丽）

【《江阴城市地图集》出版】 10月，江苏省江阴城市国土资源局编纂的《江阴城市地图集》由中华地图学社出版。该书以城市街区地图形式，反映城市历史文物遗存、政府公共服务、文教卫生、交通旅游、社会经济等功能服务；以区域地图形式，反映市（县）、乡镇、行政村的标准地名、位置、地理分布；以专题地图、历史地图形式全方位反映城市变迁、经济社会发展、资源环境、城市建设等特征。

（张丽）

【《江阴市标准地名图集》出版】 10月，江苏省江阴市民政局主办，市地名委员会、市史志办和江苏全方测绘地理信息有限公司编纂的《江阴市标准地名图集》由凤凰出版社出版。该书编制江阴市全域行政区划、地势水系、效能旅游、重点企业和历史文物遗存等矢量地图；17个镇街道简介、图片，镇街道区域、中心街区、重点片区等各类矢量地图。附录收录江阴市11个撤并乡镇自然集镇街区的矢量地图、江阴从南北朝至1987年的十幅历史地图。通过前期地名资料编修整理，全书对江阴市一些地名资料进行匡正、勘误，对地图信息进行完善、补正，巩固江阴市地名普查成果，实现地名的标准化。

（张丽）

【《扬州历代地方名官》出版】 5月，江苏省扬州市档案局（馆）、市志办编纂的《扬州历代地方名官》由江苏人民出版社出版。该书系“扬州记忆”档案方志系列丛书首发书籍，选取汉代到清代曾在扬州任职的官员346人，有“正其义不谋其利”的西汉大儒董仲舒，“数点梅花亡国泪，二分明月故臣心”的抗清名将史可法，有为扬州“同治重建”和文化传承殚精竭虑的方濬颐，一生勤勉为民、在任期间扬州始有“扬一益二”之称的杜佑，有崇尚宽简之道的欧阳修，留下送布佳话的廉吏傅希挚等，依据志书以及其他历史文献，记载了他们的生平事迹，着重叙述在扬州的政绩、政声，彰显他们为官一任、造福一方的善政廉迹。全书65.8万字。

（张丽）

【《常熟老街巷》出版】 10月，江苏省常熟市志办编纂的《常熟老街巷》由上海三联书店出版。该书系“常熟地方历史文化丛书”之一种。该书编写街巷条目400多则，并收录若干珍贵的老街巷图照，插图200多幅。主要撰写改革开放前已有，并有一定历史的街巷，分古城内老街巷、城厢老街巷、乡镇老街巷等部分，每条老街巷重点介绍其历史与现状，以及与街巷相关的历史人物、古迹、文保建筑等。已消失的街巷作为附录简要介绍。全书23万字。

（张丽）

【《骆马湖记忆》出版】 11月，江苏省宿迁市宿豫区志办编纂的《骆马湖记忆》由江苏人民出版社出版。该书为纪念骆马湖建成常年水库60周年而编修，分骆马湖今昔、地名探源、烽火岁月、抗洪防汛、水库决策、水利工程、移民纪实、骆马湖物产、民俗轶事、贤达闻人、歌唱骆马湖11章，收录有关骆马湖前世今生的大量史料，记述当年5万居民舍小家顾大局，为旱改水、建成“水稻县”做出巨大牺牲的历史。全书35万字。

（张丽）

【《无锡国企改革之路》出版】 12月，江苏省无锡市国有资产监督管理委员会、市史志办编纂的《无锡国企改革之路》由当代中国出版社出版。该书分综述、案例分析、口述历史、档案文献资料、大事记等部分。其中，综述由无锡市国有企业改革历程、无锡市国有资产管理体制改革历程以及江阴市、原崇安区、原南长区、滨湖区、原新区等市（县、区）国有企业改革历程组成，由点及面反映全市国有企业和国有资产管理体制改革历程；案例分析由无锡市产业发展集团、无锡威孚高科技集团、无锡国棉一厂、一汽集团无锡柴油机厂和太极实业改革发展情况等组成；口述史资料中部分内容辑自《奋力前行——无锡国联集团二十年口述历史》；档案文献资料精选改革开放以来无锡市委、市政府及市综合部门作出的关于国有企业改革的重要文件；大事记以收录反映无锡市的国有企业改革发展大事为主，兼顾江阴市、宜兴市国有企业改革发展大事。全书45万字。

（张丽）

【《见证辉煌——无锡改革开放亲历者述忆》出版】 12月，江苏省无锡市史志办编纂的《见证辉煌——无锡改革开放亲历者述忆》由凤凰出版社出版。该书收录53篇述忆文章，并配有大量表格和图片，以改革开放以来无锡发生的重大事件、作出重要决策的51位当事人、见证人、知情人为主体，通过口述历史的方式，从不同的历史方位和视角记述无锡改革开放波澜壮阔的历史。全书52.2万字。

（张丽）

【《〈人民日报〉看嘉兴（1978—2017）》出版】 11月，浙江省嘉兴市档案局（市志办、市委党史研究室）收集整理的《〈人民日报〉看嘉兴（1978—2017）》由浙江人民出版社出版。该书由改革开放以来《人民日报》上刊登的有关嘉兴（含五县两区）的资料、图片汇编而成。收录图文资料1034篇、图片350余幅，内容涉及经济建设、政治建设、文化建设、社会建设、生态文明建设和党的建设等方面。全书70万字。（嘉兴市史志办）

【《嘉兴改革开放大事记（1978—2017）》出版】 11月，浙江省嘉兴市档案局（市志办、市委党史研究室）编纂的《嘉兴改革开放大事记（1978—2017）》由浙江人民出版社出版。该书记述1978年12月至2017年12月嘉兴经济建设、政治建设、文化建设、社会建设、生态文明建设和党的建设等方面的重大事件，突出反映具有嘉兴特色、独特经验和首创精神的大事要事。全书33万字。（嘉兴市史志办）

【《一百个民间食谱》出版】 6月，浙江省嘉兴市南湖区档案局（馆）、区史志办编纂的《一百个民间食谱》由团结出版社出版。该书分南湖区十大传统菜、南湖区100道民间食谱、老嘉兴谈嘉兴民间饮食3章，每道菜肴均有配图，对南湖区餐饮文化进行有效挖掘、整理、归纳和总结，汇集南湖区民间菜肴的精华，从历史继承与发展的角度，客观展现南湖区独特的餐饮文化。全书11.2万字。

（嘉兴市史志办）

【《槜李文系（海盐卷）》出版】 1月，《槜李文系（海盐卷）》由浙江古籍出版社出版。《槜李文系》是一部搜集嘉兴地区历代名贤的著作，最初由嘉兴王店藏书家忻虞卿所辑。民国10年（1921），葛嗣浵与张元济、金兆蕃等发起补辑。历时14年，成书80卷，收存2354位作者文章4041篇。其中，海盐卷收录自宋至清海盐人及有关海盐的文章350篇，作者141人。全书50万字。（嘉兴市史志办）

【《中国国家人文地理·德清卷》出版】 9月，浙江省湖州市委宣传部、市史志办编纂的《中国国家人文地理·德清卷》由中国地图出版社出版。该书分德清名片和德清概况、历史溯源、名胜古迹、风物遗珍、名人荟萃、产业精粹、发展成就、愿景蓝图8个篇章，涵盖城市的历史文化、人文资源、地理信息、生态环境以及经济社会发展成就。全书2.64万字。

（湖州市史志办）

【《历代诗人咏云门》出版】 8月，浙江省绍兴市柯桥区史志办编纂的《历代诗人咏云门》由浙江古籍出版社出版。该书收集256位诗词名家留存于世的475首咏云门诗词，其中涉及浙东“唐诗之路”唐代诗人咏云门的诗词达152首。全书26万字。（绍兴市史志办）

【《越地茶史》出版】 10月，浙江省绍兴市柯桥区茶文化研究会、区农林局、区史志办编纂的《越地茶史》由浙江古籍出版社出版。该书分古代卷、近现代卷、当代卷和茶文化卷，配图片440余幅，完整记录从古代到当代越地茶产业和茶文化发展情况，形成图文并茂的总体风格，宣传绍兴茶文化、茶历史。全书68.6万字。（绍兴市史志办）

【《上虞五千年》出版】 12月，浙江省绍兴市上虞区史志办编纂的《上虞五千年》由中国文史出版社出版。该书系通史类著作，起自新石器时代，止于民国，时间跨度约5500年。除首“绪论”、末“余论”外，分洪水时代、龙山时代、运河时代、曹娥江时代4篇31章，内容涵盖农业、水利、交通、工商、文艺、宗教、风俗、科技、教育、医药和方言等诸方面，涉及虞舜文化、孝德文化、青瓷文化、梁祝文化、东山文化、乡贤文化、春晖文化。全书44.5万字。（绍兴市史志办）

【《纵游两江》出版】 1月，浙江省龙游县史志办、县旅游委员会编纂的《纵游两江》由中国文史出版社出版。该书上限起自事物发端，下限2017年底，深入挖掘龙游县“两江风情游”的文化底蕴，把那些已经渐行渐远的风土人情、风光名胜、写景诗文重新集锦。全书26.5万字，（衢州市志办）

【《淮北地名印记》出版】 8月，安徽省淮北市志办、市民政局编纂的《淮北地名印记》由黄山书社出版。该书是淮北市第二次全国地名普查成果转化的系列丛书之一，分历史沿革、行政区划、道路街巷、山水桥梁、古迹寺庙、城市地标、故事传说等部分，精选具有代表性的地名219个，配图120余幅，充分挖掘各类地名的文化内涵，详细记述每个地名的地理位置、来历和传说、节点演化和如今现状。全书29万字。（史五一）

【《风雅建阳》出版】 5月，福建省南平市建阳区地方志编委会编纂的《风雅建阳》由海峡书局出版。该书分城池书院、亭台津梁、诗文内外、佛天福地4类。城池书院写的是建阳的由来、建阳城池的建设、建阳县学、考亭书院、环峰精舍等；亭台津梁则以亭台、桥梁为主要叙写对象；诗文内外是古代诗歌、记文、文集中对建阳的描述；佛天福地是寺庙宫观的述写。全书34万字。（范锐超）

【《建本风流》出版】 5月，福建省南平市建阳区地方志编委会编纂的《建本风流》由海峡书局出版。该书主要记述建本刻书家的另类“风流”，是弘扬建阳雕版印刷、寻找建本精神之书。全书29万字。（欧长生 吴朝庭）

【《福建土楼·故里南靖》出版】 6月，福建省南靖县县委、县政府编纂的《福建土楼·故里南靖》由上海人民出版社出版。该书基于2006年出版的《南靖土楼》图册，加入申遗成功后南靖土楼保存发展和县市环境生态保护、旅游配套设施发展的内容。该书分概述，多彩多姿的南靖土楼，南靖土楼的建筑装饰，南靖土楼的人文景观，生态富美的土楼家园，南靖土楼建筑的研究与保护、开发6个部分。全书0.8万字。（范锐超）

【《王阳明与平和》出版】 3月，福建省平和县政协文史委员会编纂的《王阳明与平和》由中国文史出版社出版。该书系统揭示王阳明与平和不一般的历史关系，真实还原那段特殊的历史场景，让人们再次领略到王阳明文韬武略、治世能臣的过人风采，而且也为平和县纪念置县500周年打造好、运作好王阳明历史名人牌奠定坚实基础、营造良好氛围。全书28万字。（范锐超）

【《作家眼中的平和》出版】 11月，福建省平和县委宣传部编纂的《作家眼中的平和》由当代世界出版社出版。该书由印象篇、风景篇、文化篇、红色篇、乡愁篇5个篇章组成，描述平和风景名胜、历史文化、风情习俗等，收入何镇邦、肖克凡、杨少衡、关仁山、龙一、江子、张楚、黄荣才、卢一心、何也等省内外数十位著名作家关于平和的文章60篇，从不同年代和视角介绍平和悠久的历史和文化底蕴。全书23万字。（范锐超）

【《江西方志文化丛书》出版】 3月，江西省志办编纂的《江西方志文化丛书》由武汉大学出版社出版。该丛书由《江西书院》《江西古代名人》《江西名人墓》《江西寺观》《江西古楼塔及牌坊》《江西地方戏》《江西进士》《江西古窑》《江西古祠堂》《江西古桥古渡》10个分册组成，介绍江西最具代表性的10个方面的地域特色文化。全套丛书377.5万字。

（朱岳）

【《山东改革开放40年大事记》出版】 10月，山东省史志办编纂的《山东改革开放40年大事记》由方志出版社出版。该书记载1978年12月中国共产党第十一届中央委员会第三次全体会议召开至2018年5月31日山东区域内发生的与改革开放有关的重大事件和重要活动。全书120万字。（孙杰　王赟）

【《济南名士多——济南历史人物选传（一）》出版】 10月，山东省济南市史志办编纂的《济南名士多——济南历史人物选传（一）》由中州古籍出版社发行。该书收录从上古至清末历史人物200多位，涵盖在济南出生、宦游、客居及游历于济南者。全书26万字。

（孙杰　王赟）

【《青岛史话》出版】 12月，山东省青岛市史志办、市社会科学院、市档案馆、青岛文化研究院编纂的《青岛史话》由青岛出版社出版。该书分11篇，通过对青岛地域文化的重新解读，重绘青岛历史文化地图，讲述青岛辖域的历史故事。全书40万字。（孙杰　王赟）

【《记忆中的市北（第九辑）》出版】 12月，山东省青岛市市北区史志办编纂的《记忆中的市北（第九辑）》由团结出版社出版。该书分历史回眸·风云印迹、岁月吟读·城区变迁、情牵梦回·稚年记事、朝花夕拾·文教艺体、行歌回荡·市北工企5个部分，收录文章64篇。全书32万字。（孙杰　王赟）

【《近代黄河三角洲成陆志考》出版】 2月，山东省东营市河口区史志办编纂的《近代黄河三角洲成陆志考》由中国文史出版社出版。该书设14章，以黄河变迁、黄河改道、海岸线、三角洲等准确史料为铺垫，找准形成黄河三角洲的历史脉络，重点将南起以垦利宁海为顶点、北起套尔河口（徒骇河入海汇集处）、南至淄脉河口这一近代黄河三角洲，与以垦利渔洼为顶点、北起挑河、南至宋春荣沟之间现代黄河三角洲的成陆过程与地域历史变迁进行考证。全书35.4万字。（孙杰　王赟）

【《潍坊解放战争史辑》出版】 4月，山东省潍坊市史志办编纂的《潍坊解放战争史辑》由济南出版社出版。该书全面记述1945年8月日本帝国主义投降到1949年中华人民共和国成立这段时间内中国共产党领导人民同各种反动势力浴血奋战的光辉历程。全书76万字。

（孙杰　王赟）

【寿光市孙家集街道历史文化系列丛书出版】 4月，山东省寿光市孙家集街道志编委会编纂的寿光市孙家集街道历史文化系列丛书由中国诗词楹联出版社出版。丛书分为《孙家集街道志》《孙家集街道人物》《孙家集街道村庄志略》，系统记载了孙家集街道自然、社会、人文变化等方面的情况。全书183万字。

（孙杰　王赟）

【《利津村镇图谱·北宋镇卷》出版】 5月，山东省利津县史志办编纂的《利津村镇图谱·北宋镇卷》由华龄出版社出版。该书以图文并茂的形式记录利津县北宋镇乡村历史和现状，内容涵盖村名由来、历史沿革、自然环境、历史人物、民俗传说、古墓、古建筑、古树等。全书25万字。（孙杰　王赟）

【《腾飞的费县》出版】 12月，山东省费县史志办编纂的《腾飞的费县》由齐鲁电子音像出版社出版。该书设引领篇、富裕篇、美丽篇、和谐篇、幸福篇、展望篇等篇，随文图片500多幅，记述时限为1978年至2017年底。全书47.4万字。（孙杰　王赟）

【《豫见·改革开放四十年》出版】 12月，河南省史志办编纂的《豫见·改革开放四十年》由中州古籍出版社出版。该书分上、中、下3卷，省、市、县三个层次，收录438篇故事，以讲故事方式和纪实写真手法，从经济、政治、文化、社会、生态、人物诸多领域图文并茂、立体化地反映河南省各方面取得的成

就。全书380万字。（汪朝霞）

【《传承：河南省非物质文化遗产代表性传承人实录》出版】 12月，河南省史志办编纂的《传承：河南省非物质文化遗产代表性传承人实录》由河南大学出版社出版。该书是河南省政府批准的优秀传统文化传承发展工程重点文化项目，分10大类40卷，以口述史形式，首次对河南省已公布的832位国家级、省级非物质文化遗产代表性传承人的技艺文化和其“背后的故事”进行全面系统的深度挖掘与整理，并附以大量图片、音像资料。进行全景扫描和鲜活展现。全书800余万字。（文清华 戴霞）

【《不泯的记忆：口述焦裕禄》出版】 5月，河南省开封市尉氏县史志办编纂的《不泯的记忆：口述焦裕禄》由人民出版社出版。该书以口述史形式，再现焦裕禄一生的先进事迹。作者深入走访基层社区，远赴外地，采访与焦裕禄一起战斗、生活、工作过的战友、同事、领导、亲友和基层群众，并参阅相关的文献资料、历史档案，还原焦裕禄生前工作和生活的风采，真实再现焦裕禄一生为党、为人民的光辉形象。全书30万字。（汪朝霞）

【《襄阳市要览》出版】 6月，湖北省志办编纂的《襄阳市要览》由长江出版社出版。该书是《湖北要览丛书》第一册。该丛书是湖北省志办贯彻落实党的十九大精神，全力推进地方志事业转型升级的一项开创性工程，以地域为单位，省、市（州）、县（市、区）各汇编一册，全套117册。该书分襄阳概貌、建置区划、自然环境、优势产业、名优特产、交通商贸、科教卫生、文化艺术、文物名胜、民俗方言、重大事件、著名人物12个部类，全面展示襄阳市最基础的地情信息和特有的历史人文禀赋。全书10万字。

（湖北省文旅厅地方志工作处）

【《武汉市要览》出版】 11月，湖北省武汉志办编纂的《武汉市要览》由长江出版社出版。该书为《湖北要览丛书》之一，分武汉概貌、自然环境、建置区划、优势产业、名优特产、市政交通、科教卫体、文学艺术、文物名胜、政治中心、民俗方言、重大事件、重要人物等13个部分。全书12.7万字。（张道旺）

【《武汉改革开放40年鉴》出版】 12月，湖北省武汉志办和江汉大学合作编纂的《武汉改革开放40年鉴》由武汉出版社出版。该书采用篇章节结构体例，分风貌、综述、经济建设篇、政治建设篇、文化建设篇、社会建设篇、生态文明建设篇和大事记8个部分，设25章80节，图片300余幅。全书110万字。

（张道旺）

【《硚口区要览》出版】 9月，湖北省武汉市硚口区党史（地方志）办公室编纂的《硚口区要览》由长江出版社出版。该书为《湖北要览丛书》之一，记述硚口建置区划、自然环境、工业优势、名优特产、交通商贸、科教文卫体、民俗生活、重大事件、著名人物等内容。该书突出硚口作为汉口商贸业和近代工业的发祥地之一，市场众多、商贸繁荣的主要特色，着重强调硚口以汉正街小商品市场和“世界冠军摇篮”为代表的特征。全书12.6万字。

（张道旺）

【《东西湖备要》出版】 6月，湖北省武汉市东西湖区志办编纂的《东西湖备要》由武汉出版社出版。该书参照《武汉通览》《武汉备要》等书的体例，充分利用《东西湖区志》《东西湖年鉴》以及有关的档案、文献、工具书，深入各街道、园区、学校、企业以及文化、交通、旅游、卫生等系统采编相关资料，设自然环境、建置与人口、政治、经济、科学教育文化、东西湖围垦与水利、市政建设、交通与邮政电信、旅游文物、社会及民俗风情、人物、大事记等门类。全书40万字。（张道旺）

【《黄陂革命老区》出版】 2月，湖北省武汉市黄陂区史志和档案局、区作家协会编纂的

《黄陂革命老区》由长江出版社出版。该书是“人文黄陂丛书”之一，记载黄陂革命老区史料、木兰山斗争时期史料、抗日根据地姚家山史料、重要党史资料及党史人物、老区现状，并搜集各类革命示意图表。全书21.4万字。

（张道旺）

【《黄陂湖光山色》出版】 2月，湖北省武汉市黄陂区史志和档案局、区作家协会编纂的《黄陂湖光山色》由长江出版社出版。该书是“人文黄陂丛书”之一，收录近60篇文章，是作者通过收集资料，走村访户将黄陂的木兰花乡、木兰草原、姚家山、刘家山、杨家河、黄花涝、云雾山等美好风景记录纸上。全书19.5万字。

（张道旺）

【《山水洪山》出版】 12月，湖北省武汉市洪山区党史办公室、区志办编纂的《山水洪山》由武汉出版社出版。该书分上、下篇，上篇介绍洪山、珞珈山、喻家山、桂子山、磨山、伏虎山、东湖、南湖、青菱湖、汤逊湖、黄家湖、天兴洲等知名景观，以及与其相关的人文景观；下篇介绍山水景观背后的历史故事及相关名人轶事，浓墨重彩地展示改革开放以来洪山山水的巨大变化。全书27万字。

（张道旺）

【《荆州名村》出版】 4月，湖北省荆州市史志办编纂的《荆州名村》由长江出版社出版。该书载录荆州市8个县（市、区）的113个村，主要以获国家级和省部级命名的名村为收录对象，同时兼顾各地不同特色的代表村。侧重记述基本村情和突出特色，包括古朴建筑、民风民俗、农耕生活方式等有形的历史文化印记和口耳相传的无形文化信息。全书32万字。

（湖北省文旅厅地方志工作处）

【《广东印记》出版】 12月，广东省志办编纂的《广东印记》由广东人民出版社出版。该书是“广东印记·省情集萃”卡片的结集，分5册：第一册建置区划、地理环境、人口情况、风俗，共105个条目；第二册历史文化名城、文物保护单位，共92个条目；第三册历史人物、历史事件，共95个条目；第四册非物质文化遗产名录，共115个条目；第五册名特土产、老字号店铺、历史文化名村，共115个条目。全书74万字。

（广东省志办）

【《广州当代大事纪略》出版】 12月，广东省广州市志办、市委党史研究室、市档案局编纂的《广州当代大事纪略》由广州出版社出版。该书系《广州改革开放40年丛书》第六分册。该书撷取1978年12月中共十一届三中全会以来广州在政治、经济、文化、社会、生态等领域突破旧的体制机制，推进创新发展，对推动全国改革开放发展进程有引领作用的大事、要事。全书为条目体，每年条目从实际出发，因事设目。文末附有“大事记”，补充收录未能入选大事纪略但在全国、全省范围内有较大影响的事件。该书注重记载广州市委、市政府的一系列重大决策；广州运用中央赋予的特殊政策和灵活措施，大胆探索、先行一步的重要举措；全市各区、各条战线改革开放中涌现的典型事例。全书34.7万字。

（李玉平）

【《广西之最（2017）》出版】 8月，广西壮族自治区志办编纂的《广西之最（2017）》由广西人民出版社出版。该书以文字资料为主，以图表为辅，设39篇，以2009年自治区志办出版的大型区情电视专题片《广西之最》（精编版）配套图书为基础，利用新编地方志书、年鉴、地情书的丰硕成果及广西统计局公布的相关统计资料、媒体资料进行补充编纂。全书约15万字。

（周珍朱）

【《广西图鉴（2017）》出版】 11月，广西壮族自治区志办、广西年鉴社编纂的《广西图鉴（2017）》由广西师范大学出版社出版。该书是《广西图鉴》第2卷，分政治、法治·军事、经济、教科文卫体、民族宗教·社会民生、各市风采6章。书前设数说广西2016、年度要闻

2016、专题辑录栏目。书前图片专辑收录脱贫攻坚精准帮扶、特色优势产业掠影、遍行天下心仪广西、生态广西建设显成效、居民生活新姿彩等有广西地方特色、年度特点的内容。编制书前目录、书后索引双重检索系统。还配套出版电子版U盘，收录图片1000余幅。全书26万字。（孙仿　秧新明）

【《广西书院研究》出版】 12月，广西史志文化研究丛书出版资助项目《广西书院研究》由云南人民出版社出版。作者邓敏杰、邓韬。该书设概观、种类、分布、建筑、管理、教学、传承、金石艺文、人物9章。全书82万字。（周珍朱）

【《南宁地情手册（2018）》出版】 7月，广西壮族自治区南宁市志办、市档案局编纂的《南宁地情手册（2018）》由广西人民出版社出版。该书设南宁速览、南宁聚焦、产业发展、开发区建设、社会民生、历史人文、区县概览、生活资讯8个板块。全书16万字。（周珍朱）

【《石头记——广西柳州及周边石刻的时空演绎》出版】 6月，广西壮族自治区柳州市志办编纂的《石头记——广西柳州及周边石刻的时空演绎》由线装书局出版。该书以柳州及其周边地区的摩崖石刻、碑刻、墓志铭和历史文化遗迹为载体，对柳宗元、王安中等谪臣迁客，以及明代"柳州八贤"之张翀、佘勉学、佘立和著名乡贤计宗道、佘崇风、李允简、王尚学、王化、王启元等作深度挖掘记述。全书33.2万字。（周珍朱）

【《海南改革开放实录》出版】 3月，海南省史志办编纂的《海南改革开放实录》由海南出版社出版。该书收录海南自改革开放以来，特别是建省办经济特区以来在全国有较大影响的30个重大成就、重大改革、重大事件、重大举措。全书55.6万字。（郑昕）

【《特区足迹——海南建省办经济特区30年大事记》出版】 3月，海南省史志办编纂的《特区足迹——海南建省办经济特区30年大事记》由海南出版社出版。该书收录1988年1月1日至2017年12月31日30年间的海南大事要闻，以编年体为主，部分条目采用纪事本末体，所记述内容主要来源于历史档案、文件及《海南日报》等媒体权威报道。全书80万字。（郑昕）

【《海南省红色旅游指南》出版】 3月，海南省史志办编纂的《海南省红色旅游指南》由海南出版社出版。该书系统介绍海南红色旅游景区、景点和线路，共收录红色景点115个，风景名胜66个。全书35万字。（郑昕）

【《海南与海上丝绸之路》出版】 8月，海南省史志办编纂的《海南与海上丝绸之路》由清华大学出版社出版。该书阐述海南在21世纪海上丝绸之路建设中的地位和作用，经略南海与海上丝绸之路建设的战略关系，提出海南参与21世纪海上丝绸之路建设的战略构想与政策建议，辟专章研究历史上海南在海上丝绸之路上的地理区位、海南古代海上对外交流与经济贸易、海南古代港口与沿海城镇以及《更路簿》与海南地方文化的关系等问题。全书46.7万字。（郑昕）

【《重庆历史政德人物》出版】 8月，重庆市志办编纂的《重庆历史政德人物》由西南师范大学出版社出版。该书收录先秦至明清时期重庆历史上32位政治、军事、文化人物明大德、守公德、严私德的故事。全书20万字。（陈欣如）

【《秦良玉史料全集》出版】 5月，重庆市石柱土家族自治县志办编纂的《秦良玉史料全集》由重庆出版社出版。11月，出版精装本。该书分历史资料、研究论文、小说故事、戏剧曲艺、诗歌散文和影视剧作6卷，较20世纪80年代《秦良玉史料集成》新增后五卷。史料包括《明史》《清史稿》等关于秦良玉的大量正史，研究论文包括国内外专家研究秦良玉的文献，文艺作品部分占全集总字数的三分之二。全书500万字。（谭先敏）

【《微e成都》出版】 12月，四川省成都市志办编纂的《微e成都》由四川科技出版社出版。该书对“成都方志”微信公众号中“古今人物传记”“锦官故事”“历史今天”3个栏目59篇短文进行归类整合，系统介绍成都各历史时期的重大事件和代表人物。全书18万字。

（朱丹　孙振中　李华扬）

【《天府芙蓉》出版】 12月，四川省成都市武侯区志办编纂的《天府芙蓉》由中国文史出版社出版。该书分溯“蓉城”源起、话风流人物、咏“拒霜”诗歌、品非遗艺术、探品种知识、创芙蓉名园、办芙蓉花节7个章节，结合重点文化项目天府芙蓉园建设，记述成都芙蓉历史文化，内含图片120余幅，挖掘成都芙蓉历史文化。全书9万字。

（朱丹　孙振中　李华扬）

【《锦水花间》出版】 4月，四川省成都市金牛区志办编纂的《锦水花间》由四川人民出版社出版。该书以前后蜀时期的成都为主要背景，以前蜀王建墓的发掘为开端，以《花间集》所勾连的文人雅士为底本，分战乱中的奇迹、唯闻全蜀少尘埃、风流皆入蜀、花间纪4章。全书13.5万字。（朱丹）

【《新都春秋·桂湖碑林》出版】 6月，四川省成都市新都区志办编纂的《新都春秋·桂湖碑林》由四川辞书出版社出版。该书收录历代名人书法碑刻130余品，既有作品展示、阐释，又有书家简介，以及背景介绍。全书35万字。（朱丹）

【《郫都特色文化解析与创新发展研究》出版】 3月，四川省成都市郫都区史志办编纂的《郫都特色文化解析与创新发展研究》由现代出版社出版。该书收录10篇文章，介绍望丛文化、扬雄文化、农耕文化、林盘文化、水文化、蜀绣文化等。全书10万字。（朱丹）

【《郫都贤良人物故事》出版】 10月，四川省成都市郫都区史志办编纂的《郫都贤良人物故事》由新华出版社出版。该书分廉政自律篇、施政为民篇、刚正无私篇、高品洁行篇、家教育人篇、孝行善举篇、精忠爱国篇7章，165篇文章。全书15万字。（朱丹）

【《青羊街巷——他们的地方史》出版】 3月，四川省成都市青羊区志办编纂的《青羊街巷——他们的地方史》由中国音像出版社出版。全书分为小巷小街、曾经风景、校园时光、青羊味道、河流记忆5章，共71篇文章。全书20.4万字。（朱丹）

【《岁月》出版】 12月，四川省成都市成华区志办编纂的《岁月》由新华出版社出版。该书设名片、学府、客家、古刹、贤者、碎片、剪影、潮流等篇章。全书11万字。（朱丹）

【《泸顺起义》出版】 3月，四川省泸州市志办编纂的《泸顺起义》由中共党史出版社出版。该书收录原始资料和相关人士回忆录166篇，反映中共重庆地委及军委会在四川泸州和顺庆组织领导泸顺起义的全部过程。全书30万字。（朱丹）

【《宜宾市精准脱贫图鉴（2018）》出版】 6月，四川省宜宾市政府主管，中共宜宾市委党史研究室、市志办、市扶贫和移民工作局主办，《宜宾市精准脱贫图鉴》编纂室编纂的《宜宾市精准脱贫图鉴（2018）》由西南交通大学出版社出版。该书以图鉴的表现形式，选取2017年度宜宾市脱贫攻坚、阻断返贫和乡村振兴中的创新实践、典型事件，还原脱贫攻坚战群英的本源，讴歌脱贫攻坚战的壮丽实践。全书23.8万字。（孙玉峰）

【《川南名镇·分水岭》出版】 12月，四川省泸州市江阳区志办编纂的《川南名镇·分水岭》由四川师范大学电子出版社出版。该书以散文随笔的形式，从老街小巷、草舍茅檐中挖掘整理分水岭镇有关的传说故事以及红色英雄和名人的历史故事。全书13.4万字。（朱丹）

【《大竹千年大事概览》出版】 3月，四川省大竹县志办编纂的《大竹千年大事概览》由电子科技大学出版社出版。该书分大竹历史大事纪略、大竹千年大事记、附录3个部分。全书33万字。（朱丹）

【《宜宾城的2200年》出版】 8月，四川省宜宾市志办编纂的《宜宾城的2200年》由四川科学技术出版社出版。该书分犍郡僰道城、戎州僰道城、叙州宜宾城、叙州府宜宾城等9章。全书30.2万字。（朱丹）

【《宜宾市乡镇概览》出版】 11月，四川省宜宾市志办编纂的《宜宾市乡镇概览》由四川科学技术出版社出版。该书分为上、中、下3册，以宜宾市185个乡（镇、街道）为基本单元，勾勒各乡（镇、街道）在不同历史时期积淀形成的特色和特质。全书82万字。（朱丹）

【《凤凰鸣矣》出版】 8月，四川省德昌县史志办编纂的《凤凰鸣矣》由开明出版社出版。该书分为地方特色文化、建置政区、军事、宗教、少数民族、文物、风物、旅游资源、民间故事和百度百科凤凰知识10章64篇文章。全书40.5万字。（朱丹）

【《西征骁将尹昌衡》出版】 8月，四川省甘孜州志办编纂的《西征骁将尹昌衡》由开明出版社出版。该书既是一部历史人物传记，也是一部反对"西藏独立"，维护祖国统一和川边安全，遏制达赖分裂势力以武力侵占川边、图谋实现"大西藏"的历史传记。全书24万字。（朱丹）

【《刘文辉在西康》出版】 8月，四川省甘孜州志办编纂的《刘文辉在西康》由四川美术出版社出版。该书采用传记体的形式，以19世纪、20世纪中上叶川、康两地历史发展背景为依托，全面翔实地记述和描写少年、青年、壮年各个时期的刘文辉。全书24万字。（朱丹）

【《广安市广安区人文拾萃》出版】 8月，四川省广安市广安区志办、广安区档案局（馆）编纂的《广安市广安区人文拾萃》由中共党史出版社出版。该书分古代历史人物、近现代人物、旅游文化、曲艺文化、家风文化、风俗文化、饮食文化等类目，全方位介绍广安区的人文历史。全书38万字。（朱丹）

【《㵲阳纪事》出版】 5月，贵州省镇远县史志办整理点校的《㵲阳纪事》由九州出版社出版。该书为清道光年间镇远知府凌泰交编撰，是迄今发现记述镇远历史最早的也是最完整的地方文献。该书的出版，展示了200年前镇远社会生活情态，对深入挖掘镇远县历史文化有重要作用。全书15万字。（贵州省志办）

【《孝弘嘉陵　德洽果州》出版】 11月，四川省南充市嘉陵区志办编纂的《孝弘嘉陵 德洽果州》由吉林文史出版社出版。该书分中华传统孝道文化、嘉陵孝道人迹集萃、天乐谷孝文化景区、附录4辑，随文图片200幅。全书6.5万字。（朱丹）

【《陕西故事》出版】 10月，陕西省志办编纂的《陕西故事》由三秦出版社出版。该书设国政、文治、民生、人物、武治、都邑6编。辑录陕西历史大事，涵盖2000余年陕西的发展历程，上迄西周，下至中华人民共和国成立，依时代顺序排列，每件大事均独立成篇。全书69.6万字。（范锐超）

【《甘肃史地考述》出版】 2月，甘肃省史志办编纂的《甘肃史地考述》由天津古籍出版社出版。该书分上下2册，重点编选二十五史及

历史地理著作中有关甘肃的基本资料，内容主要包括政权更迭、郡县建置、民族迁徙、历史地理等。全书83.6万字。（范锐超）

【《窑街史话》出版】　10月，甘肃省兰州市红古区志办编纂的《窑街史话》由中国文史出版社出版。该书设历史沧桑、重振辉煌、细说陶瓷、人文览胜、珍闻逸事、民俗民风、人物传略7个栏目，记述窑街这个昔日唐蕃古道和丝绸之路上千年古镇的前世今生以及所承载的深厚历史底蕴和文化积淀。全书24.5万字。（范锐超）

【《平凉方志录》出版】　2月，甘肃省平凉市志办编纂的《平凉方志录》由方志出版社出版。该书设方志要事、方志目录、修志人物、方志序跋、方志文献等部分。记述上溯事物发端，下至2016年12月底，反映平凉市有史以来地方志书编修情况。全书24.6万字。（范锐超）

【《永宁历史影像》出版】　7月，宁夏回族自治区永宁县史志办编纂的《永宁历史影像》由宁夏人民出版社出版。该书是对存于永宁各处的影像资料进行整理成的画册，记录90多年共产党在永宁的革命活动。全书22万字。（范锐超）

【《海原红色记忆》出版】　6月，宁夏回族自治区海原县志办、县政协文史委编纂的《海原红色记忆》由宁夏阳光出版社出版。该书设红色星火、红军西征、革命英烈、红军故事、红色回忆等8篇，收入文章110余篇，图片约300幅，书中深入阐述海原红色文化的根源和来由，有红军西征、三军会聚的历史回忆；共和国开国将帅在海原的战斗故事；海原籍红色人物故事；收录的红色回忆文章；对红色革命遗址遗迹的介绍；还有在报纸刊物发表的与海原有关的红色研究成果。全书40万字。（范锐超）

【《三五九旅史料选辑》出版】　5月，新疆生产建设兵团第一师阿拉尔市史志办编纂的《三五九旅史料选辑》由新疆生产建设兵团出版社出版。该选辑收录图片约1500幅，分4辑：第一辑反映三五九旅之前身“湘赣革命根据地游击队、湘东独立师、湘东南独立师、红八军、红六军团”时期的浴血奋斗史；第二辑为“三五九旅”时期挺进华北抗日前线、回防陕北、屯垦南泥湾、南下北返、中原突围、保卫延安等历史史料；第三辑记述“中国人民解放军第一野战军第一兵团第二军步兵五师及农一师”的屯垦戍边史，分进军西北、建设新疆、重要史料选辑、忆文、王震谈话选编、四十七军史料等内容；第四辑为历史图片辑，以红六军团、三五九旅、步兵五师、农一师各个历史时期历史图片为主，反映农一师这支具有光荣革命传统的部队的光辉历程。全书130万字。（第一师阿拉尔市史志办）

·信息咨询与服务

【北京市首家地方志开发利用基地揭牌】　6月13日，北京市首家地方志开发利用基地在大兴区中华耕织文化园揭牌。该基地建有方志展厅、方志书屋、方志影厅3个文化场所。方志展厅内设“北京景观新旧对比展”，方志书屋藏有200余册北京方志文化书籍，方志影厅收有北京地情片11种26集。（王韧洁）

【北京市房山区首家地方志开发利用基地揭牌】　11月14日，北京市房山区首家地方志开发利用基地在云居寺举行揭牌仪式。云居寺作为北京市地方志开发利用基地之一，主要包括方志书屋和方志文化巡展两个文化场所。其中，方志文化巡展内容是房山大石窝石作文化，方志书屋收集北京市各地方志工作机构出版的北京志书、北京区县志、北京特色志书以及北京地情书共230余册。（王韧洁）

【天津市志办开展方志文化“六进”活动】　年内，天津市志办开展方志文化进机关、进农村、进社区、进校园、进企业、进军营活动，分别向天津市公安局警察博物馆、长春市方志馆、蓟州区农村和社区、天津市第九十中学和大沽口炮台博物馆赠送志书，宣传地方志文化。（天津市志办）

【《中国影像方志·河北卷》滦县、平泉、滦平、遵化、涉县篇播出】 年内，中指办、央视网等单位支持，河北省志办作方志学指导，中国国际电视总公司制作的《中国影像方志·河北卷》滦县、平泉、滦平、遵化、涉县篇在中央电视台科教频道播出。每篇时长40分钟。2月20日，《滦县篇》播出，分地名记、铁桥记、大事记、传承记、美食记、当代记和后记7部分。3月14日，《平泉篇》播出，分地名记、民俗记、考古记、历史记、美食记、当代记、后记等板块。8月22日，《滦平篇》播出，分引言、考古记、地名记、名胜记、语言记、当代记、传承记、后记等板块。8月26日，《遵化篇》播出。9月30日，《涉县篇》播出。（任丽英 郑小明）

【中国工合国际委员会与红色保定摄影展在保定市举行】 6月，由河北省保定市志办和中国工合国际委员会主管的中国工合国际委员会与红色保定摄影展在保定市方志馆举行。中国工合国际委员会主席柯马凯，保定市人大常委会主任、市地方志指导委员会主任马誉峰出席活动并为摄影展揭幕。该摄影展主题为“深切的缅怀 永恒的记忆”，以马保茹多年致力于工合国际在保定的活动研究成果和亲身经历为基础，经过大范围的史料收集和作品遴选，共集中展出6个部分270余幅珍贵图片。（郑小明）

【“山海关老照片展”在国家方志馆秦皇岛分馆举行】 10月15日，河北省秦皇岛市志办主办，国家方志馆秦皇岛分馆、山海关区志办承办的“山海关老照片展”在国家方志馆秦皇岛分馆开展。该展览分两京锁钥、畿辅重镇、旅游胜地、典型建筑和古城风情5个部分，精选20世纪50年代以前反映山海关自然风光、重大事件、特色旅游、文物古迹、特色建筑、民俗风情的近200幅图照，展示清末民初山海关普通民众的生活百态。（郑小明）

【迁安市开展“以志鉴今、资政育人”地方志传承教化活动】 年内，河北省迁安市志办通过交流座谈、宣传培训、传承志书等多种形式，深入70家市直机关、企事业单位、人民团体，开展“以志鉴今、资政育人”地方志传承教化活动。活动期间，积极搭建方志资源共享平台，策划志鉴促招商、志鉴进校园、志鉴辅旅游、志鉴助项目等系列专题，免费赠送各类志鉴书籍650余本。（郑小明）

【山西省推动读志用志】 年内，山西省志办助建大同市、大同市新荣区、朔州市平鲁区、灵石县、和顺县、左权县、大同大学、省社会主义学院、太行干部学院、太岳干部学院方志馆以及全省第一个村级方志馆——乔李村方志馆。各市县开展形式多样的读志用志活动，阳泉市开展志书、年鉴、地情书“八进”（进机关、进校园、进社区、进企业、进乡镇、进农村、进宾馆、进景区）活动，累计向500多家单位赠送各类方志书籍6000余册；晋中市太谷县开展以“读方志、知县情、爱家乡、作贡献”为主题的志书捐赠活动，推动方志文化“进机关、进农村、进社区、进校园、进企业、进军营”。（山西省志办）

【辽宁省地方志系统信息咨询与服务】 年内，辽宁省志办为辽宁省统计局编《辽宁年鉴（2018）》提供“大事记”和“地方志工作”两个栏目8万字的文字资料。为省委党史研究室编《中国共产党辽宁执政实录（2017年）》提供“地方志工作”栏目资料。大连市档案馆（中共大连市委党史研究室、大连市志办）利用档案、地方党史、地方志资源开展系列活动，纪念改革开放40周年；举办“红色印记光辉的历程——大连地方党史展（1926—1949）”“光辉历程——庆祝中国共产党成立

97 周年展览”“档案见证大连改革开放专题展览”“潮起黄渤海　筑梦新时代——大连改革开放 40 年档案文献图片展览”“回眸——庆祝大连改革开放 40 年图片展”等。鞍山市档案馆（市史志办）配合鞍山市“不忘初心 牢记使命”主题活动开展提供资政支持；到机关单位进行《红船精神 永放光芒》宣讲，加大《鞍山市情》《鞍山红色旅游指南》等地情书宣传力度。鞍山市铁东区史志办配合铁东区招商引资工作，提供史志资料，编印《铁东招商指南》，介绍、宣传铁东，吸引内外商到铁东投资兴业；与铁东区委宣传部合作，整理文字材料，编纂《改革开放 40 年的铁东》VCR 视频，在市报、市台分别刊载、播出，在全区街道社区学校进行广泛学习宣传。抚顺市志办为市委办、市政府办等党政机关提供资政服务，为市民政局、市农委、市国土局、各县（区）等单位提供有关咨询、查阅服务。为市政府很多资料性书籍编写提供借鉴；抚顺方志馆为广大市民提供查询、借阅、咨询等服务，全年接待来访市民 100 余人次，查询、借阅、赠送书籍 200 余册。铁岭市志办积极主动为市领导和各级有关部门等提供市志和年鉴，为市委宣传部、市纪检委等有关部门提供志鉴等地情资料。把志书和年鉴送至档案馆、图书馆等部门充实收藏。盘锦市志办为省市有关单位提供咨询服务 10 余次，为中国地质局天津地质所提供盘锦地质资料咨询，实地考察盘锦境内古城子村和大洼区清水镇的地质年代及成陆时间；考察盘锦历史上的驿道情况，沿着盘锦古代驿道的分布路线自东向西做实地考察；走进盘锦电台“直播间”，向听众讲述农历小年到正月十五的盘锦民间节日习俗和故事；宣传推介盘锦“辽河口文化”。与市档案局合作完成“盘锦改革开放 40 年图片展”。　（辽宁省志办）

【沈阳市政务公开日宣传方志工作】　5 月 15 日，辽宁省沈阳市志办以“推进政务公开 优化营商环境”为主题，利用沈阳市政各公开日之机在北陵公园举办宣传活动。活动展示近年来市志办编纂出版的《沈阳图志》《张氏帅府志》《沈阳十县简志》《沈阳华侨志》以及综合年鉴等图书，宣传地方志法规，普及地方志知识，扩大地方志工作影响。活动现场解答群众咨询 80 余人次，发放宣传材料 150 余份，发放地情类书籍 60 册。　（俄文亮）

【沈阳市志办开展送书进基层活动】　9 月，辽宁省沈阳市志办组织党员干部到浑南区五三街道开展送书进基层活动。针对五三街道管辖的城市社区图书阅览室藏书量不能满足居民需求的情况，赠送市志、年鉴、专题志等地情书籍近 800 册。　（俄文亮）

【营口市史志办提供信息咨询与服务】　年内，辽宁省营口市史志办（中共营口市委党史研究室）以及机构改革后的营口市档案史志管理中心，为营口市有关单位提供信息咨询与服务。根据市气象局展览要求，向市气象局提供《营口年鉴（2017）》中抗击暴风雪图片和 1975 年 2 月 4 日营口地震照片及相关文字资料。为营口市委政研室工作人员查找从 2015 年到 2018 年 3 月营口市史志办大事记，为营口市委宣传部编纂的《营口记忆》提供历史图片 10 多幅。编纂出版《2017 年营口市情》，向营口市全市各级党政机关、人民团体及企事业单位免费发放。组织开展纪念营口解放 70 周年系列活动，在《营口日报》开办“纪念营口解放 70 周年”专版，刊登一组《黎明鏖战——解放营口之战》文章，铭记中国共产党领导下的人民军队在营口走过的光辉足迹。利用营口市文化科技卫生“三下乡”和科学普及宣传周活动平台，开展“党史知识、史志书籍进学校、进乡村、进社区”活动。在营口市第一中学播放市史志办制作的六集党史专题片《营口曙光》，向师生介绍营口四次解放的历程，举办捐赠史志书籍仪式，赠送《营口春秋》专刊。组织参加由营口市社科联主办的科普宣传周活动，发放近年编纂的历史书籍 500 余册，普及史志知识。在《营口社科研究》（月刊）刊发介绍营口历史和地情文章 12 篇，宣传营口地区的历史文化。定期为营口市委创办《营口工作》史志专

栏提供史志文化稿件。（杜祥武）

【“感动吉林”2017年度十大人物评选活动结束】 1月20日，吉林省地方志编委会组织的第十五届（2017年度）“感动吉林”颁奖典礼在长春市举行。世界著名地球物理学家、吉林大学地球探测科学与技术学院教授黄大年（已故）；吉林森工集团三岔子林业局景山林场瞭望员牛胜国；理发店老板刘建军；汪清县鸡冠乡鸡冠村村民李才、石凤珍、李红颖；“洮宝”大学生创业团队；安图县公安局亮兵镇派出所民警曹志宇、王岩松（已故）；长春市书山学府国学书画院院长、艺凡艺术教育培训学校校长张超凡；吉林市范淑霞气管炎专科门诊院长范淑霞；伊通满族自治县人民检察院民事行政检察部副部长王铁柱；著名天文学家、FAST工程总工程师兼首席科学家南仁东（已故）当选2017年度“感动吉林”十大人物。吉林农业大学精准扶贫团队获年度致敬人物称号。（闫佳函）

【长春市志办开展资政和宣传服务】 年内，吉林省长春市志办搜集、整理和分析全国15个副省级城市、吉林省9市（州）和长春市15个县（市、区）、开发区5年的数据变化情况，形成《2013—2017经济指标比较》数据册，报送副市级以上领导，为领导决策提供服务。结合改革开放40周年和长春解放70周年，市志办还举办《城市记忆——长春地情展》展览，介绍长春发展历史和改革开放取得的重大成就。（崔玉恺）

【“方志上海微视频系列”上线】 年内，上海市志办推出“方志上海微视频系列”第一季《船的城市》。该微视频系列利用微视频传播速度快、范围广的特点，通过挖掘上海地方志资源，每季以一个贯通古今的上海历史知识主题，用具象的方式和通俗的语言告诉人们地方志是什么、地方志有什么用，以现代化、信息化、大众化的直观效果普及和推广地方志，传承上海优秀历史文化，为地方志有效传播与传承搭建新的平台，打造地方志的新品牌。

（王师师 陈畅）

【上海市志办多渠道宣传史志文化】 年内，上海市志办多渠道宣传史志文化。1月31日《文汇报》刊发上海市志办副主任王依群文章《做中华文化的忠实传承者和弘扬者》；5月10日《光明日报》刊发唐长国文章《史志工作亟需立法规范》；5月18日《解放日报》刊发《“志库”存史“知库”育人“智库”资政》；10月13日《解放日报》刊发《聚焦年鉴事业创新发展 上海年鉴国际学术论坛举行》；12月26日《文汇报》刊发《老城厢藏着海派文化独有的精神气质》。（王师师 陈畅）

【江苏省地方志系统服务党委、政府中心工作】 年内，江苏省志办参与省委宣传部主办的“筑梦伟大时代，共创美好生活”庆祝改革开放40周年图片展；南京市志办参与庆祝改革开放40周年南京发展图片展，参与拍摄专题电视节目《四十年四十天》；无锡市史志办协助各家媒体开展“跨越四十年改革再出发”无锡改革开放40年大型融媒体新闻行动，与多家单位联合开展庆祝改革开放40周年评选“40年40事”。常州市志办协办“砥砺奋进四十年，深化开放再前行——常州对外开放40年图片展”开展。镇江市志办参与FM104镇江综合广播专题节目《改革开放实录》的制作。苏州市志办编印《苏州纪事2018》，向市“两会”代表委员、各级党政机关等发放赠阅。淮安市志办为大运河文化带江苏段建设建言献策，《江苏运河遗产的文化优势及其永续利用》等建议被省政府采纳，形成设区市“8+3”的运河遗产保护格局。（武文明）

【江苏优秀地方志成果参加第八届江苏书展】 7月13日至16日，江苏省政府主办的第八届江苏书展在苏州国际博览中心举办，省志办组织精选《江苏年鉴》中英文版，《江苏地方志》杂志，首轮《江苏省志简编》、第二轮《江苏省志》、《汶川特大地震江苏援建志》等部分专志，部分名镇名村志，《江苏历代方志地图选》(线装本)、《江苏历代方志名胜图选》(线装本)、《江苏名胜志三种》、《宝应图经》、《泗州通志》、《淮安府志》等旧志，《江苏好家训》等地情书共20多种优秀地方志成果参加江苏书展。省志办拍摄的《传承文明 服务当代》影像宣传片在报刊阅读馆宣传屏幕上多次播出。（周文燕）

【国家记忆·南京长江大桥建成50周年档案史料展举行】　12月26日，江苏省档案馆、省政协文化文史委、中铁大桥局集团有限公司、南京市志办等单位在南京梅园新村纪念馆联合举办国家记忆·南京长江大桥建成50周年档案史料展。该展览分千年建桥梦、九载架飞虹、精神永流传、历史铸丰碑4个篇章，反映南京长江大桥立项规划、选址勘探、设计施工、运行维护、科研攻关等全过程。尘封半个多世纪的近千份有关南京长江大桥的文件、照片和影像档案首度公开。（李海宏）

【南京市志办合作制作《四十年四十天》系列主题报道】　8月，江苏省南京市志办和南京电视台联合制作《四十年四十天》系列主题报道在南京电视台《南京新闻》《直播南京》等栏目陆续播出。南京电视台融媒体新闻中心和南京市志办从改革开放40年中选取40个有代表性的日子或者瞬间，以点切入、以线展开、以面收网，充分展示南京改革开放40年标志性成果，贴近百姓生活，彰显南京特色，为改革开放40年献礼。（王艳荣）

【启东市志办开展设立县治90周年系列纪念活动】　年内，江苏省启东市志办启动设立县治90周年系列纪念活动。开展知识竞赛，围绕南通市启东历史、风土人情、经济发展等内容，设计1000道知识竞赛题，并专门开发系统，利用微信公众号，采取“一站到底、PK模式”等形式，并以积分抽奖等方式，吸引更多市民了解家乡、热爱家乡。开辟专题专栏，梳理并刊载90个启东“第一”，选择采访90位90岁老人，将他们的故事在纸质媒体、电子媒体上展现，得到深刻启示。建设“启东历史名人园”，首期选取南通市启东分治设县首任县长袁希洛、农工党创始人之一施方白、抗日教育先驱沈铁公等11位启东历史名人，雕成石像，于石碑上刻人物简介，设置在交通便捷、游人如织的景观花园。开展“大美启东”征文比赛，编纂纪念画册。学习宣传新时期“启东精神”，邀请社会各界人士，对以“开拓、包容、创新、争先”为表述语的新时期启东精神进行座谈讨论。（吉祥）

【仪征市志办参与纪录片《一园天造》制作】　4月26日，第十届江苏省园艺博览会对外宣传纪录片《一园天造》在扬州市仪征枣林湾正式开机。仪征市志办全程参与该片制作，并配合完成部分配音稿审稿工作。该片是首部以中国第一部园林艺术理论专著——《园冶》为内容的纪录片。该纪录片的故事即由仪征开始，结合当地正在建设的园博会中的“园冶园”，道出一座三百多年前在这里的园林——“寤园”。从讲述《园冶》中所记述的内容开始，剖析《园冶》的时代背景、文化底蕴、精神气质，深入解读《园冶》。该片分上、下集，每集45分钟，分为“枣林深处·又起画意”“如诗园冶·烟雨寤园”“古为今用·领秀江南”“随宜何用·人境和谐”4个部分。该片摄制完成后，于9月江苏省园博会开园前夕在中央电视台9套纪录片频道播出。（江苏省志办）

【无锡方志馆开展锡台地方文献交流】　4月20日，江苏省无锡市台办、市史志办筹划指导，无锡市梁溪区政府主办的“与君同源来——锡台文化交流月”活动开幕。台湾地区专家学者、台湾学子、在锡台商代表、无锡市文化人士、文史爱好者、市民代表、新闻媒体及无锡市志办，240多人参加启动式。活动为期一个月，以“与君同源来”为主题，围绕“同心”“同进”“同赏”3条主线，内容涵盖国学、地方史志、图书、书画、摄影、文创等多个文化领域。启动仪式上，无锡市史志办副主任、无锡方志馆馆长顾必成与台湾中国文化大学图书馆馆长吴瑞秀互赠两地编修的《无锡市志》及《续修台北市志·文化志》等史志文献。（吉祥）

【无锡市史志办参与无锡市太湖读书月活动】 4月22日，江苏省无锡市史志办首次参与市委宣传部、市委市级机关工委、市全民阅读办、市文广新局等13家单位联合主办的无锡市太湖读书月启动仪式。在启动式上，无锡市史志办主任、党组书记许建军等向东林书院、梁溪书院、游礼驿站、匠人书屋、3W阅读点、醒来闻到咖啡香、梦想城阅读点、智荟阅读点等8个知名阅读点授予“无锡市史志文化阅读角”匾牌。同步启动由市史志办等8家单位联合主办、无锡方志馆等承办的首届“乡音记忆·魅力童谣”征集诵读大赛，并播放各地名主播祝贺大赛启动的短视频。在为期3个月的无锡市第十一届太湖读书月期间，无锡方志馆举办“璀璨梁溪”展览，开展锡台文化交流、改革开放40周年系列读书活动等。（李海宏）

【海门市志办与交通音乐台合作制作系列专题节目】 年内，江苏省海门市志办与海门交通音乐台加强合作，制作《海门印象》《海门之子》《江海风情》等系列专题节目6期，每期10分钟，分时段滚动播出，以短小精悍、生动活泼的形式展现史志成果，受到群众的广泛好评。同时，定期参加直播节目，与听众进行互动交流。节目内容同步在市交通音乐电台的微信公众平台上进行推送，并与“蜻蜓FM”实现手机移动在线收听和回听。（李海宏）

【温州市开展志鉴宣传咨询】 年内，浙江省温州市史志办于市“两会”期间向全市人大代表、政协委员免费赠送《温州年鉴》860册，向全市直属各单位赠送300余册，与全国各地史志部门交换年鉴140册，同时还向全国图书馆寄赠年鉴。利用全市社科普及周活动平台，在南塘开展史志书籍免费赠阅活动，共赠送书籍1000余册。积极组织全市史志系统通过开设史志专柜、帮助收集地情资料、指导礼堂布展等方式，助推农村文化礼堂建设，宣传志鉴文化和成果。永嘉县志办人员到永嘉县界坑乡界坑村、瓯北三江文化礼堂等地开展6场“送志下乡”活动，向当地公共图书室赠送地方志书籍、资料等，并向村干部和群众普及地方志知识，弘扬地方志文化。平阳县志办利用地方志资源为群众服务，为社会各界提供查询服务60多次。瑞安市志办通过送书和提供专业咨询服务群众，全年接待咨询群众（单位及个人）100余人，赠送《瑞安年鉴》《瑞安市志》等相关书籍和光盘800余份。（温州市史志办）

【嘉兴市开展地情资料整理与咨询服务】 年内，浙江省嘉兴市史志办联合市档案局，持续开展志书征集、交流工作，向省内外有关市、县（市）交流征集首轮、第二轮志书及年鉴。截至年底，征集志书76套93册，向档案馆移交志书、年鉴等303册；配合有关部门征集老照片，参与“岁月留痕·嘉兴记忆”老照片展设计评审工作；向市司法局提供有关资料；为秀洲区新塍镇文化建设进行策划和提供帮助；做好地名审查工作，对地名专家库制度提出意见。嘉善县史志办报送的《嘉善接轨上海的历史渊源》得到县委书记许晴批示肯定；支持各镇基层文化礼堂、革命纪念馆、历史陈列室和城市规划建设；参与洪溪社区中共淞沪地委“洪家滩会议”陈列室筹建；为天凝镇文化礼堂（嘉善“血防工作”纪念馆）审定建设方案，提供相关文字和图片资料，拟写纪念馆建设的意见书；为惠民街道枫南村建设文化礼堂、毛家村建设抗战纪念馆提供建设参考意见和相关资料；支持姚庄“农运星火”陈列室和“长秀村史志资料阅览室”建设。

（嘉兴市史志办）

【嘉善县史志办推进“了凡善学”思想挖掘宣传工作】 年内，浙江省嘉善县史志办按照县委领导要求，把袁了凡作为嘉善文化“金名片”打造，组织人员编写嘉善文化系列丛书之三《丁宾评传》，形成10万字初稿；汇集印刷

《“嘉善·宝坻·吴江”三地了凡善学思想论坛集萃》，约10万字；指导惠民街道建设了凡纪念园（现惠民街道新润村独社浜）；参与陶庄镇小城市改造中有关地方文化内容的融合，并提供镇域步道两侧有关“了凡四训”语录的设置方案；做好“了凡善学”微信公众号的日常推送工作；为扩大受众面，自7月1日起“了凡善学”微信栏目落户至“嘉善报社”公众号，年内推送65期。（嘉兴市史志办）

【湖州市史志办开展信息咨询与服务】　年内，浙江省湖州市史志办接待查询人数200余人次，为道场乡菰城村、和孚镇荻港村、东林镇南山村等十多个乡村文化礼堂建设提供服务。湖州方志馆全年接待党政机关工作人员100多批次4000余人，专家学者26批次200余人，参观人数达5万人次；完成《国家人文地理·湖州卷》在国家部委、湖州高铁站、四星级以上宾馆、大中小学校等共计发放4500册；10月，完成《国家人文地理·湖州卷》在德国、英国为期8天的海外推介活动。德清县史志办接待来办咨询群众50余人次；赠送《德清年鉴》《德清县志》及旧志点校本等各类地方志书籍成果近千册，为德清县镇（街道）等建设历史文化长廊、特色小镇等提供资料。湖州市南浔区史志办举办“近代湖商发展的历史启示”论坛，邀请杭州师范大学人文学院副院长陶水木教授作专题讲座。（湖州市志办）

【兰溪市史志办挖掘红色底蕴助推全域旅游发展】　年内，浙江省兰溪市史志办围绕全市高质量推进“一区一地一城”建设的目标，加强对红色人物、古城史迹等有关资料的整理、收集，挖掘兰溪深厚的红色文化底蕴，助推全域旅游、古城复兴；开展口述历史记录，对当地的10余名八九十岁老人进行录音访谈，重点对当地的民间习俗、传说故事、历史（名人）掌故、美食小吃、手工非遗、百年老字号等作访谈，整理有效口述历史的录音音频资料10份，并将其转化成文字资料；发挥地方志自身的资源优势，挖掘包括童玉堂、邵溥慈、严汝清等新民主主义革命时期兰溪党史的名人资料，搜集民国时期国内十大著名公馆相关资料，整理出抗战时期兰溪籍国民党特工郑苹如以及郑氏家族的故事，收集日本侵华的十五师团长酒井直次于浙赣会战中在兰溪被炸毙命的纪录片视频。按照“我的古城我的梦”文史收集工作要求挖掘党史研究行业人才，多方走访调研。征集反映兰溪革命的老相片100余幅，像章、徽章300余枚，其他红色文化物件近百件。（金华市志办）

【衢州市提供信息咨询与服务】　年内，浙江省衢州市志办为各部门、单位和社会人士开展社科研究、编修志书、编修家谱、寻根问祖等提供资料查阅服务。接待查阅130多人次，提供查阅的地情资料250多册（卷）。龙游县市志办协助庙下乡严村村完成华岗纪念馆的布置。协助完成傅春龄故居的布置。常山县史志办提供《常山县志》查阅服务，帮助撰写涉及常山历史人物、村史、古道、古建筑的文章；为《球川镇志》《同弓乡志》等编撰提供相关资料或查阅档案。（衢州市志办）

【龙游县史志办积极支持姜席堰申报世界灌溉工程遗产】　年内，浙江省龙游县史志办为申报世界灌溉工程遗产工作整理提供资料，包括收集姜席堰的水利文化、灌区文化、元代民族文化、城池文化和青碓新石器时代文化资料；整理和收集姜席堰历史文化内容，重点研究官督民办的社会管理机制，寻找堰长制的始末；整理恢复姜席堰历代碑记和碑铭14方；调查姜席堰枢纽主堰和灌区七十二副堰的水文化设施的沿革和掌故；查阅和整理民国时期的姜席堰文史档案，编写民间故事与整理民国时期管理章程等；组织、策划并培训姜席堰春耕祭祀文化大典活动，参加加拿大申报的现场答疑会。8月14日，在加拿大萨斯卡通召开的国际灌溉排水委员会第69届国际执理会会议上，姜席堰被确认入选2018年（第五批）世界灌溉工程遗产名录并授牌。（衢州市志办）

【台州市地方志系统参与服务农村文化礼堂建设】 年内，浙江省台州市、县两级地方志工作机构利用地方志资源，在史料征集、内容布展、文化宣讲、送书下乡等方面为农村文化礼堂建设服务。临海市开展“双百结对、共建文明”活动，向文化礼堂赠送书籍，并参加农村文化礼堂考核验收工作．仙居县参与高迁村乡贤馆、县级家风家训馆设计装修，参与新建文化礼堂的设计、考核、验收及奖励工作，帮助40多家文化礼堂挖掘整理历史资料。玉环市配合“书香玉环”活动，将《榴岛晨曦》《玉环胜迹图志》等书籍送到全市每家农村文化礼堂和部分农村党员手中。（台州市志办）

【丽水市志办开发利用地方志资源】 年内，浙江省丽水市史志办充分利用地方志资源，加强处州文化、处士文化、乡土文化挖掘工作，服务农村文化礼堂建设。收集整理处州知府和处州进士名录，为全市“奏响新时代田园牧歌、打造世界级诗画丽水、复兴升级版的农耕文明、争当中国特色乡村振兴排头兵”提供重要资政辅政素材。做好市“两会”建议、提案回复办理工作，重点关注《关于重视农村家谱的翻印保存工作的建议》《加强历史文化研究，助推文化丽水建设》。为相关部门提供卢镗墓、处州府学等史料等。（丽水市史志办）

【《中国影像志·福建名镇名村影像志》开拍】 2月25日，大型纪录片《中国影像志·福建名镇名村影像志》在上杭县古田镇正式开拍。取景摄制历时20多天，将地方志与古田镇的红色文化结合起来，从地理沿革、红色历史、山川物产、风土人情等方面充分展示古田的发展变迁，诠释古田红色文化内涵，弘扬古田会议精神。（欧长生　吴朝庭）

【福建省地方志编委会用摄影记录乡村“名”“特”风采】 4月15日，福建省地方志编委会与中国新闻社福建分社联合启动《摄影家眼中的方志》项目，并在连城县培田村举办《摄影家眼中的方志》暨《中国影像志·福建培田篇》开拍仪式。首期摄影地包括上杭县古田镇、平和县九峰镇、蕉城区霍童镇、连城县培田村、尤溪县桂峰村、福安市廉村。率先邀请知名摄影家深入名镇名村，从摄影家角度诠释、反映地方志，在全国率先通过影像、摄影、文字三种载体生动讲述乡村故事。（欧长生　吴朝庭）

【福建省地方志编委会召开地方志服务乡村振兴战略研讨会】 5月15日，福建省地方志编委会召开地方志服务乡村振兴战略研讨会。省地方志编委会主任陈秋平，副主任俞杰、林浩，副巡视员戴振华，以及部分市、县（区）地方志编委会（办）负责人，部分国家级、省级历史文化名镇名村领导，《人民日报》、新华社、人民网、新华网、中国新闻社等驻闽机构媒体代表约50人参加会议。与会人员围绕各地非物质文化遗产保护传承、旅游文化、民俗活动等情况，就如何发挥地方志作用，挖掘乡村文化资源，服务乡村振兴战略进行研讨交流。（欧长生　吴朝庭）

【悠远地方志，魅力霍童溪——福建省地方志助力乡村振兴系列活动举办】 9月21日，福建省地方志编委会在宁德市蕉城区霍童溪流域举办悠远地方志，魅力霍童溪——福建省地方志助力乡村振兴系列活动。这是福建省地方志编委会在全国率先举办的内容丰富、形式多样、参与面广的地方志助力乡村振兴系列活动。活动现场，省地方志编委会将地方志记载中关于霍童溪流域沿线乡镇的美食名产、特技特艺、风景名胜42项，分别进行整理归纳，形成“福建方志特色记忆”并进行现场解读；表演畲族《请茶歌》、八都畲族双音、赤溪内文拳、霍童线狮等技艺；展出霍童光饼、畲族油茶等数十种美食，包括小吃、水果、茶饮、伴手礼、活鲜五个品类，参观者可边参观边品尝，通过扫码了解每种美食的方志文化内涵；播放霍童溪流域方志自然人文图照（视频）；展示省、市、区三级方志及地情文献成果；安排参观九都贵村，观看洪口“独木冲浪”表演，走访霍童明清古街、线狮馆、仁记剪刀，瞻仰虎贝“百丈英风”。此外，福建省地方志编委会还专门为活动印制配套画册，以图文并茂的形式，反映霍童溪流域各乡镇方志特色资源，介绍这些资源的方志记载和方志文化内涵。（欧长生　吴朝庭）

【福建省地方志编委会在宁德霍童设立全省第四个方志书屋】　9月21日，福建省地方志编委会主任陈秋平等为宁德霍童方志书屋揭牌。这是省地方志编委会在全省设立的第四个方志书屋，主要展出的是全省第一、二轮修志的部分成果，以及采购的科技、卫生、经济等涉农方面书籍530余部。（欧长生　吴朝庭）

【“方志+旅游”助力政和美丽乡村建设】　10月25日，福建地方志助力乡村振兴系列活动暨政和县第二届旅游产业发展大会举办。福建省地方志编委会将方志记载中关于政和的美食名产、特技特艺、风景名胜共计60项整理归纳后，形成“福建方志特色记忆”注释牌并进行挂牌挂旗，编印配套画册《“悠远地方志·魅力新政和”——福建地方志助力乡村振兴系列活动》（政和专辑），详细介绍每项“福建方志特色记忆”的方志记载和方志文化内涵。会上，正式启动《美丽乡村·政和石圳影像志》项目和《石圳志》编纂；举行省地方志编委会与海峡出版集团合作编纂出版《福建名镇名村志》签约仪式，该项目配合《中国影像志·福建名镇名村影像志》和“摄影家眼中的方志”项目，推出影像、照片、文字三位一体的名镇名村立体方志；开展“方志+旅游”体验活动和精品路线踩线等活动。同时，为石圳方志书屋、福建方志隆合书院揭牌。

（欧长生　吴朝庭）

【厦门市开展社区书院活动】　2月6日，福建省厦门市志办人员到厦门溪岸社区开展“传厦门故事　盈溪岸香韵”社区书院活动，为社区冬令营的孩子们讲述老厦门历史及地名来历。冬令营由溪岸社区居委会主办，约40名孩子参加，厦门市志办人员通过讲述厦门地名的历史来源，激发孩子们了解厦门地名及文化的热情。（欧长生　吴朝庭）

【厦门市少儿图书馆开设方志专架】　5月，福建省厦门市地方志法规宣传月期间，厦门市志办与市少儿图书馆合作，开设“厦门方志专架”。该专架设在市少儿图书馆（中山馆）四楼，陈列地方志书、地方综合年鉴、地方文献资料等厦门地情书籍合计53种111册，方便读者了解厦门历史，认识厦门地情。

（欧长生　吴朝庭）

【厦门市举办文史沙龙活动】　年内，福建省厦门市志办与市图书馆、市政协文史宣委合作，先后以“华侨民族主义的高潮：抗日战争”“漫谈鼓浪屿华侨”“海关文史价值与鼓浪屿申遗意义”“厦门籍抗战将领”“从厦门漆画现象看中国漆画的发展”“厦门中秋博饼民俗探源”“改革开放初期厦门境外华商的小故事”“知厦门兴替，明人生得失”等为主题举办厦门文史沙龙活动，并于4月21日举办文史沙龙五周年座谈会。五年来，该活动举办近50场，邀请近30名文史专家主讲，2000多人次参加，其中参与的年轻人占30%，成为深受市民喜爱的文化服务品牌之一。（欧长生　吴朝庭）

【泉州市推行“乡村记忆文化”项目建设】　年内，福建省泉州市地方志编委会联合泉州市档案局。推出实施泉州市“乡村记忆文化”项目建设三年行动方案。8月，初选50个村为示范村（社区），从中确定12个首批泉州市“乡村记忆文化”项目建设试点村（社区），拨付首批补助资金共计48万元，制定下发《泉州市“乡村记忆文化”项目建设测评标准》。召开首批“乡村记忆文化”项目建设工作会议，以会代训，推进首批“乡村记忆文化”项目建设试点工作。11月，通过专项调研考察以及“乡村记忆文化”项目建设领导小组研究，确定第二批38个试点村（社区）。

（欧长生　吴朝庭）

【浦城县地方志编委会为申报国家地理标志产品提供文献支撑】 6月13日，福建省浦城县地方志编委会为浦城大米、浦城贡米申报国家地理标志产品相关工作提供《浦城县志》《建宁府志》等史料中有关浦城贡米的记载情况，为浦城大米申报国家地理标志商标提供文献支撑。 （欧长生 吴朝庭）

【宁德市地方志编委会开办“方志讲坛”】 年内，福建省宁德市地方志编委会组织开办4期“方志讲坛”活动。5月25日，结合全市地方志工作会议，邀请福建省地方志编委会副主任俞杰为各县（市、区）政府分管领导、地方志编委会主任，市地方志工作领导小组成员单位负责人及市地方志编委会全体人员作题为《与历史同行中坚定文化自信》的专题讲座。5月28日，联合蕉城区蕉南街道芦坪社区开展“方志讲坛”进社区活动。邀请专家作题为《老子思想在当代的阐扬》专题讲座。9月29日，结合年鉴编纂业务培训班暨《宁德年鉴》质量讲评会，邀请专家作“方志讲坛”交流。11月23日，开展“方志讲坛”进校园活动，组织人员到宁德师范学院附属小学为一年级学生上以家训为主题的课程。

（欧长生 吴朝庭）

【宁德市地方志编委会开设地情文献专柜】 年内，福建省宁德市地方志编委会开设“宁德地情文献专柜”3个。4月，分别向宁德师范学院图书馆和宁德新华书店捐赠《宁德地区志》《宁德年鉴》《宁德地名概览》《宁德家训·乡规民约》《大京村志》、各县（市、区）首轮及第二轮志书以及近年出版年鉴等书籍110册和47册，分别在师院图书馆内和新华书店设置“宁德地情文献专柜”。10月，向市机关退休老干部活动站赠送《宁德地区志》《宁德年鉴》《宁德地名概览》《宁德家训·乡规民约》《大京村志》、各县（市、区）首轮及第二轮志书等书籍62册，并在活动站内设置“宁德地情文献专柜”。 （欧长生 吴朝庭）

【宁德市地方志编委会编印《方志带你认识宁德》】 5月，福建省宁德市地方志编委会编印刊发《方志带你认识宁德》宣传册。该宣传册分宁德概况、今日宁德、特色宁德3大板块，重点介绍宁德自然地理、资源禀赋、历史人文，以及撤地设市尤其是近年宁德在基础设施、生态环境、城乡建设、经济发展、人民生活、“环三”战略规划实施等方面发展与成就，约6万字。该宣传册受到受赠单位和群众的一致好评，成为了解宁德的“窗口”和传统文化宣传推广的“工具书”。 （欧长生 吴朝庭）

【《闽东日报》开辟“今古宁德”专栏】 年内，宁德市地方志编委会在《闽东日报》开辟“今古宁德”专栏，全年刊发12期。与闽东日报社共同完成版面栏目设定，下发组稿通知，鼓励全市方志、文史、社会等方面的专家学者撰写稿件，并对内容进行编纂把关，由闽东日报社编发。通过介绍古今地名、历史名人、名胜古迹、名镇名村、乡情民俗、风物特产、技艺传承等展现宁德地情概貌、今古变迁。

（欧长生 吴朝庭）

【建瓯市“白沙闽源文化馆”开馆】 7月1日，福建省建瓯市地方志编委会在南雅镇白沙村举行“白沙闽源文化馆”开馆揭牌仪式。该文化馆设闽源历史厅、闽源文化厅和法制宣传专栏，系统而精练地介绍“闽之源·古建州”的悠久历史和厚重文化。 （欧长生 吴朝庭）

【济南市史志办举办史志成果进社区共建共享活动】 9月21日，山东省济南市史志办组织部分党员干部到包挂共建单位济南炼油厂社区，举办史志成果进社区共建共享活动，向社区居民赠送《济南年鉴（2018）》《济南史志》《历乘》《清及民国济南笔记游记》等史志书籍，并向社区日间照料中心的老人送上中秋祝福。该活动是纪念改革开放四十周年暨济南市史志成果展的一部分，也是史志成果“六进”（进机关、进学校、进部队、进企业、进农村、进社区）活动的具体实践。 （孙杰 王赟）

【济南市史志办举办庆祝改革开放40周年史志成果展】 12月5日，山东省济南市史志办举办庆祝改革开放40周年史志成果展。该展览设置市和区县两个展区，分24个展览主题，涵盖地方志、年鉴、史志期刊、古籍文献、方志馆建设等多个方面，展出各类史志成果60余种，全面展示济南市改革开放40年的伟大成就和沧桑巨变。（孙杰　王赟）

【青岛市举行《青岛年鉴（2018）》"六进"活动】 10月10日，青岛市史志办举行《青岛年鉴（2018）》"六进"活动启动仪式，向青岛市137个街道、镇及其所辖社区（管区）赠送《青岛年鉴（2018）》1800余册。其他受赠单位以分批、集中方式领取赠书。

（孙杰　王赟）

【青岛市市南区组织开展志书进社区、进校园活动】 年内，山东省青岛市市南区史志办组织开展志书下基层活动，将市南区首部区志《青岛市市南区志》送进社区、学校。该活动是市南区史志办志书"进社区、进学校、进企业、进科研院所、进军营、进机关"活动的内容之一，向辖区10个街道办事处、50个社区和68所中小学、幼儿园赠送214套《青岛市市南区志》。（李乒）

【青岛市市北区史志办摄制《循源》系列片上线播出】 10月，山东省青岛市市北区档案馆（区史志办）摄制的人文历史系列片《循源》在"在市北"App上线播出12集，每两天播出一集。《循源》系列片追寻和发掘市北区作为青岛的历史源头而传承的百年企业文化、生生不息的民俗文化、异国风情的建筑文化、历史悠久的商贸文化、激昂向上的红色文化。

（孙杰　王赟）

【青岛市市北区史志办开展方言采集工作】 年内，山东省青岛市市北区史志办开展小鲍岛、上四方村和下四方村方言采集工作。市北区史志办根据青岛方言的分布确定采集点，联系代表老市北区域的小鲍岛、上四方村、下四方村有关街道办事处和有关社区，按拟定条件筛选确定15位方言录制人，进行封闭录音采集，共录制近200分钟珍贵素材。（李乒）

【青岛市城阳区史志办举办区情知识进课堂活动】 6月21日，山东省青岛市城阳区档案局、区史志办在城阳区第三实验小学举行留住城阳记忆 建设阳光城阳——区情知识进课堂活动暨小学版乡土教材《家·城阳》颁书仪式。仪式结束后，城阳区史志办工作人员讲解区情知识示范课。城阳区教体局、区民政局和区档案局部分领导、实验三小师生约150人参加活动。

（李乒）

【桓台县史志办向农家（社区）书屋赠送志鉴书籍】 11月16日，山东省桓台县史志办向全国示范农家书屋——索镇于家村书屋和城区街道锦秋社区书屋赠送第一、二轮《桓台县志》及《桓台年鉴》40余册，受到村民（居民）的热烈欢迎。2018年，县史志办融入地方发展大局，宣传推介史志成果，探索史志成果服务社会的新平台、新途径，累计为图书馆、学校、农家（社区）书屋赠送书籍200余册。

（孙杰　王赟）

【沂源县史志办助力山东财经大学暑期社会实践活动】 7月13日，山东财经大学"读县志，懂中国"知行社齐鲁乡村振兴宣传调研项目沂源队21名大学生到沂源县开展社会实践活动。沂源县史志办为大学生调研团队详细介绍史志事业服务全县经济社会发展情况，讲解沂源县基本县情，解答大学生提出的全县企业发展、乡村振兴、大学生为地方发展出谋谏策的切入点等方面问题，并提供相关县情资料。

（孙杰　王赟）

【枣庄市史志办开展史志成果进校园活动】 9月11日，山东省枣庄市史志办携带枣庄地情资料系列书籍和国学经典系列丛书到市立新小学开展志书进校园活动。市史志办主任王巍波向立新小学赠送《枣庄市志》《枣庄年鉴》和枣庄地情研究等书籍，立新小学向王巍波颁发立新小学校外地情知识辅导员聘书。

（孙杰　王赟）

【东平县开展“学党史 报党恩 传承红色基因”活动】 6月29日，山东省东平县史志办在银山镇南堂子社区党员干部“三同”教育基地开展以“学党史 报党恩 传承红色基因”为主题的赠书活动，向南堂子社区赠送《东原星火》《红色旅游概览》《中共东平县组织史资料》《东平风物志》《东平年鉴》等党史、县情资料书籍近千册。（孙杰　王赟）

【聊城市东昌府区送志书下乡】 11月23日，山东省聊城市东昌府区史志办积极响应全区创国家卫生城和文明城工作要求，在帮包社区开展志愿者服务活动，分别向侯营镇侯营社区孙楼村和常庄村党支部赠送首轮和第二轮《聊城市志》、《东昌府区志》及《东昌府年鉴》等志鉴书籍30余册。（孙杰　王赟）

【沂水县史志办加大史志成果宣传】 9月25日，山东省沂水县史志办与沂水县科学技术协会开展史志成果“六进”活动，向县科协捐赠清康熙、道光《沂水县志》《沂水县志（1991—2008）》《沂水年鉴》等志书、年鉴，并在县科协“沂水科教文体党建服务联盟”展馆开辟“史志阅读区”。10月23日，县史志办在沂水生活网建立“开发利用服务基地”。沂水生活网定位县域电商发展，以县域为单位，城区、乡镇、村庄通过互联网实现咨询便民服务，整合县内特产，进行包装和推广，为阿里巴巴、拼多多提供产品对接。县史志办赠阅年鉴、志书等地情书籍，通过沂水生活网在各乡镇建立的便民服务中心，宣传推介史志成果，并通过互联网、App等载体拓宽读志用志新领域。（孙杰　王赟）

【沂南县史志办助力山东财经大学“读县志，懂中国”知行社开展社会实践】 7月16日，山东财经大学“读县志，懂中国”知行社齐鲁乡村振兴宣传调研项目临沂沂南队12名大学生到沂南县史志办查阅史志资料、了解乡村发展风貌。县史志办工作人员指导12名大学生查阅县志、年鉴等史志资料，为大学生讲解史志知识，解答关于史志方面的疑问，帮助大学生了解沂南乡村发展状况，开展乡村振兴宣传调研。（孙杰　王赟）

【曹县史志办为廉政文化建设提供史料】 12月28日，山东省曹县史志办依托地方历史文化资源，梳理曹县历史上著名的清官廉吏事迹，并整理出曹县籍清官廉吏5人、曹县清廉爱民的知县1人，提供相关史料约8000字，为廉政文化建设提供服务。县史志办参加菏泽市和曹县纪委召集的廉政文化建设座谈会，受到市、县纪委的肯定。（孙杰　王赟）

【郓城县史志办为地方文化建设提供方志依据】 5月，山东省郓城县史志办查阅地情书籍，从明崇祯《郓城县志》、清康熙《郓城县志》、清光绪《郓城县志》、民国《郓城乡村志》、《郓城县志（1840—1985）》、《郓城县志（1986—2005）》等志书中查找到关于“郓半夏”的文字记载材料，并将有关资料汇集整理，为“郓半夏”申报中国地理标志产品提供方志依据。年内，县史志办还帮助为鸿发涌酒厂查找有关历史记载，为申请山东老字号提供服务；帮助县规划局人员查找郓城历史沿革相关史料，为创建历史文化名城提供史料支持；帮助郓城宋江湖风景名胜区提供水浒文化相关史料，为筹备2018郓城宋江湖旅游文化节提供历史文化参考。（孙杰　王赟）

【东明县史志办为地理标志商标申请提供依据】 8月3日，山东省东明县史志办协助市场监管局，为东明黄河鲤鱼、东明富硒小麦两项申请为地理标志商标寻找依据，查找相关资料，并为商标申请提供《东明县志》等志书资料。

（孙杰　王赟）

【商丘市开展史志知识进校园活动】 11月28日，河南省商丘市史志办人员到商丘学院开展史志知识进校园活动，向人文学院赠送《商丘地区志》《商丘年鉴》《商丘大事月报》《图说商丘名胜》《胡同记忆》和历史文献丛书《壮悔堂文集》等志鉴书籍，商丘学院院长、党委副书记程印学为市史志办主任马时全颁发商丘学院特聘教授聘书，马时全作《走近商丘历史名人 弘扬优秀传统文化》学术报告。

(汪朝霞)

【武汉市志办参加长江网武汉城市留言板在线轮值】 7月11日和9月19日，湖北省武汉志办参加长江网武汉城市留言板在线轮值，在线回复网友提问18条，《长江日报》对在线轮值情况予以报道；在武汉城市留言板回复网民史志问题留言。 (张道旺)

【襄阳市樊城区史志办开展史志成果进机关活动】 年内，湖北省襄阳市樊城区史志办集中开展史志成果进机关赠书活动，由专人负责，把近几年编纂出版的史志书籍1000多册赠送到全区各机关部门。赠送图书包括宣传樊城区情的《樊城年鉴(2016)》、《樊城年鉴(2017)》和《樊城改革开放实录》第一辑、第二辑。 (湖北省文旅厅地方志工作处)

【广东省全面完成自然村落历史人文普查工作】 年内，广东省13.3万个自然村落全面完成普查，自然村落普查填报系统资料入库完成率98.71%，比上年增长29个百分点；初稿完成率100%，比上年增长6个百分点；总纂完成率97.64%，比上年增长25个百分点；初审完成率95.72%，比上年增长14个百分点；复审完成率94.85%，比上年增长42个百分点；终审完成率82.3%，比上年增长66个百分点；完成送出版165册，其中2018年度135册。开发利用3年期400个项目从无到有，完成44个。普查地图制作全面完成。经过全省各级地方志工作机构、国土资源部门、省地图院、省国土资源厅的共同努力，完成4000余图次复核，1264幅地图核稿、最终定稿，国土行政部门出具审图号。 (广东省志办)

【广东省地方志系统推出一批群众喜闻乐见的视频类产品】 年内，广东省志办组织拍摄24集系列微视频《广东印记》，在南方+、头条、腾讯等多个平台推送，点击量超过245.8万人次，得到省领导肯定。《广东印记》系列微视频24集于8月全部完成制作，7月至10月在南方+客户端开设“在这里，读懂广东——《广东印记》系列微视频”专题首发，同步在广东省情网、“方志广东”微信公众号、头条号、腾讯、大鱼号等多个网络平台推送。24集微视频播出3个多月，点击量突破246万次，平均每集视频点击量超10万次。中秋节期间推出的《莲香楼广式月饼》视频，附后开展问卷调查，仅一天就吸引7800人次参与互动。《深圳村落记忆——深圳市自然村落历史人文普查纪录片》、《岭南印记》电视微纪录栏目、《顺德祠堂图文全集》、《美丽高明 军人风采》电视节目和《寻找广宁古道上的遗迹和发生的故事》、《广宁美丽乡村行》专题片等产生较大影响。 (广东省志办)

【广东省地方志系统参与党委政府中心工作】 年内，广东省广州、深圳、肇庆等市志办为市委市政府提供重要历史资料和发展情况，参与改革开放纪念活动和城市宣传。湛江市志办被列为《湛江市贯彻广东省深入实施商标品牌战略 服务经济社会发展的若干措施实施方案》责任单位。连山县助力当地乡村振兴和全域旅游大发展。梅州市蕉岭县参与重修文福镇羊岃村“力田草庐”工作。德庆县为巴戟天、何首乌申请国家地理标志保护产品及公路命名提供史实资料。中山市助力“中山五桂山沉香”申报国家地理标志商标、“神湾禾虫”申报国家地理标志产品。 (广东省志办)

【广东省地方志系统开拓社会用志途径】 年内，广东省志办赠送图书支持高校、社团、部队、乡村和基层地方志机构用志。广州市继续实施“地情服务校校通、班班通、人人通”网络平台建设，向全市青少年普及广州市情知识。湛江市在全市范围内开展为期8个月的修志读志用志活动。汕头市举办汕头乡村记忆工程之“家·春秋”口述家史特训营，开展史志进社区、进校园活动。汕头市潮阳区编印《潮阳史志读本》作为该区乡土教育辅导教材。饶平县开展方志文化进校园活动。（广东省志办）

【“多彩乡村情系故里”主题教育实践活动形成社会品牌】 年内，广东省志办、省教育厅、省农业农村厅、省文明办、团省委、省学联、南方报业传媒集团7家单位主办“多彩乡村情系故里”主题教育实践活动，被纳入团省委大学生暑期“三下乡”社会实践活动之中。4月28日，“多彩乡村情系故里”主题教育实践活动在暨南大学启动；6月13日，在华南师范大学召开分享交流推进会；9月3日，在省志办召开加温会；11月22日，在华南农业大学举行总结会。活动开展的7个月里，共征集到参赛作品1446份，内容涉及全省21个地级以上市的1130多个村落，总时长2767分钟。参与单位（团队）97个，直接参与活动及网络投票人数42万多人次，影响人数超百万人。其中，参与高校62所、中学15所、小学10所、社会团体和个人121个。组织媒体采访团到各地采访2次，搜狐网、中国新闻网、南方网、《南方农村报》、珠海新闻网等十多家媒体32次报道活动开展情况。组织专家初选出105个优秀候选作品，进行网络投票和专家评审，最终产生一等奖10个、二等奖20个、三等奖20个、优秀奖55个、优秀组织单位50个。

（广东省志办）

【广东省古驿道活化利用工作取得社会认可】 年内，广东省志办基本摸清省内古驿道路线分布、现存遗迹和沿线自然村落状况，直接收集资料100多万字，编纂《驿道乡情》，编制驿道分布图20多幅；省志办参与全省古驿道定向大赛所在地历史事件与历史名人信息收集、整理和报送及活动评估工作，全年共利用周末出差30人次。萧艳娥《广东历代方志驿道史料开发利用研究》一文被收入《中国南粤古驿道学术文集》，并应邀参与学术研讨会、作主旨发言；基于普查资料基础的《广东名村系列丛书》《广东乡村集萃系列丛书》等结构化成果编纂顺利开展，深圳市、珠海市、中山市、汕头市，珠海市斗门区、清远市清新区、汕头市南澳县等也策划编纂一批村情产品。基于普查中关于南粤古驿道调查资料基础的《清远古驿道》《梅州古驿道》《潮阳古驿道》《肇庆古驿道集萃》等编纂稳步进行。（广东省志办）

【广州市举办市情专题开放活动】 年内，广东省广州市志办以广州市地方志新馆为平台，举办5次广州市情专题开放活动。1月17日至月底，第28次广州市情专题开放活动暨广州年度入载地方志十件大事专题宣传活动举行，广州市志办、天河区来穗人员管理局、广仁来穗人员服务中心联手举办8组来穗人员亲子家庭为广东省科普教育基地揭牌和“雁临金穗、圆梦天河”40组80位来穗人员亲子冬令营等专题活动。5月6日至18日，第29次广州市情开放活动——詹天佑家风展举行，中国南方人才市场流动人才第三党总支支委及各党支部书记共80多人参观，广州市志办第三党支部，以“讲好广州故事、助力基层党建”为主题，开展党员讲解志愿服务，并向对方赠送《广州年鉴（2017）》《广州市情（2017）》《荔湾区年鉴（2017）》《詹天佑照片手迹故事集》等书籍。6月24日至25日，“不忘初心、牢记使命”党员志愿服务统一行动日暨第30次广州市情专题开放活动举行，主题为“宣传广州市情，展示广州发展新貌”，广州市志办机关党员志愿服务支队27名党员志愿者与广电物业讲解员一起为来自南方人才市场测评中心的党员、天河区的小学生、台北市少年乒乓球暑期训练营学员进行讲解和服务。11月28日至29日，广州市委宣传部与广州市志办举行的第31次广州市情专题开放活动，以“道德模范 身边好人”展览为主，充分利用“商”“政”“人”“文”展区资源，倡导道德文明新风、弘扬廉洁从政正能量，两天共接待7个单位团体及市民3224人。12月20日至23日，第32次广州市情专题开放活动暨广州商业40年图片展举行，活动以广州市志办、广州商业总会联合举办的“‘改革峥嵘路 创新更辉煌’广州商业40年图片展”为主要载体开展。该展分勇立潮头、探索前进、蜕茧锐变、再创辉煌4个部分，展出图片100多幅，活动当天5个团体和市民群众近千人次前来参观。（李玉平）

【广州市组织“创新创业在广州”口述访谈】 年内，广东省广州市志办牵头，市政协、市妇联和广东广播电视台栏目组开展共建共享合作，推进“创新创业在广州”口述访谈项目，选取在广州地区创新创业环境中成长起来的具有代表性的优秀企业家进行深度访谈。年内，完成31位优秀企业家采访、拍摄工作，并将采访文字和视频制作成《创新创业在广州——优秀企业家口述访谈实录》一书。部分访谈视频在广东广播电视台珠江频道《今日财经》选播，全部访谈视频在广州市地方志馆新“人”展区展播。（梁斯豪）

【广州市2017年度入载地方志十件大事评选活动举行】 1月，广东省广州市志办发动全市226个年报单位和《广州年鉴》供稿单位推荐报送2017年度入载广州地方志候选大事，共征集到257条。大事评选工作小组通过《每天快报》《穗府信息》《广州日报》等多种渠道收集大事86条，整理综合形成50件初选大事。6月24日，组织召开市人大代表、政协委员代表、市民代表初选大事征求意见座谈会，16名代表参加评议、推荐、勾选候选大事。6月25日，在第30次广州市情专题开放活动中，发动市民参加大事推选活动。7月至9月，再次向全市各主要委办等44个单位印发候选大事，组织新一轮大事条目推荐和勾选。9月25日，就30件候选大事内容征求《广州年鉴》135名作者的意见和建议。经汇总各方意见，形成“广州市2017年度入载地方志十件大事候选大事”30件。10月24日至11月8日，开展为期15天的网络投票活动，计14.53万人次参加投票。广州市志办对网络投票情况及时汇总，形成“2017年度入载地方志十件大事候选事件网络投票结果统计表和排位表”。（贺坤）

【海南省史志办推介史志成果】 年内，海南省史志办与省委组织部合作，推介史志成果上传“海南干部在线学习网”。截至年末，《孤岛奋战二十三红旗不倒》《海南行政建置演变》等18个课程在“海南干部在线学习网”特色海南专栏上线，点击人数突破28万人次。（郑昕）

【重庆市万州区志办提供资政服务】 年内，重庆市万州区志办为万州区政协提供万州十大优秀历史文化资料，经整理加工后上报区委主要领导参考并获批示；为万州区申报“中国烤鱼之乡”提供历史资料，使万州烤鱼的历史从南宋推前至商周时期；为市文化委撰写《充满爱国主义精神的革命文化——万州区特色文化概述》；为三峡国际旅游节“水幕秀”、万州茶文化建设、密溪沟片区地名规划建设等提供历史资料，并对一批路、桥命名提出意见建议；为中华易温泉、周家坝教贤古街、西山公园等项目建设挖掘历史文化资源并提出意见建议。（朱小红）

【重庆市黔江区史志办服务地方文化旅游】 年内，重庆市黔江区史志办围绕挖掘区内濯水景区历史文化，提出以涉及“一江两岸”区域内13位历史人物、3大历史事件、13处古遗址遗迹、11个民间传说、5项民间技艺等内容提升景区文化内涵的建议意见并报送区政府，获分管文化旅游的副区长批示转旅游局落实；围绕打造全区旅游发展升级版，提供《关于黔江升级版导游词撰写资料》，约3万字；为中央电视台10频道《地理·中国》摄制组提供“黔江三潮水奇观”史料记载，以黔江区濯水景区三潮水景点为拍摄对象的记录栏目——《觅源龙潭沟》于10月26日在央视10频道播出；助力黔江全国文明城区创建工作，历时10

个月编纂《黔江历史简明读本》，向市民免费赠送。（重庆市黔江区党史和地方志服务中心）

【重庆市渝中区志办提供区情咨询】 年内，重庆市渝中区志办接受社会咨询、查阅资料180人次。向区委组织部提供2012年至2015年区四套班子领导任职资料，用于市委巡视组进驻渝中区了解班子情况；为渝中区商标品牌保护提供相关资料；为中央电视台纪录片《记住乡愁》第五季渝中区部分提供相关资料；为渝中区文化旅游发展中长期规划提供相关资料；为渝中区纪委提供改革开放40年相关展览资料。（吴炎）

【重庆市铜梁区史志办提供资料查询服务】 年内，重庆市铜梁区史志办对已实现数字化管理的3774万字档案、地情丛书、党史丛书进行系统升级和维护，继续开展“读志用志”活动，为铜梁区农业、工商、文化等部门和5个镇街提供资料查询服务，协助申办农特产品地理标识商标。（张玉洁）

【重庆市南川区史志办提供资政服务】 年内，重庆市南川区史志办深入宁江小学、红山厂旧址等，推进“三线博物馆”建设；梳理东街（东城外）文史资料，协助推进东街古城建设；深入区委党校、电大进修校等，为科级领导干部等宣讲区情、区史6场次；在《南川日报》开设“南川史志纵横”专栏，推出系列文章5篇；为“魅力中国城”竞演、新街道命名、地名词典编纂、历史文化名村创建等提供史实服务。（重庆市南川区史志办）

【酉阳县志办提供资政服务】 年内，重庆市酉阳土家族苗族自治县志办提供县志和年鉴中有关酉阳绿茶、红茶、五倍子、蜂蜜等产品史料，为地理产品标识保护申请提供资料；为县气象局提供《酉阳直隶州总志》《酉阳州志》《酉阳县志》，为酉阳气象科普园建设和申报中国气象旅游县提供历史依据；参与酉阳土司文化的挖掘和展示工作。（张仁富）

【四川省地方志系统提供资政服务情况】 年内，四川省志办撰写资政报告、资政文章，贡献“志”慧。西藏江达县波罗乡发生山体滑坡后，组织整理《堰塞湖成因及危情处置》《志书中记载的四川历史上山体崩塌及处置方式》《四川地质灾害主要类型、成因及影响》等文章，编发《资政参阅》报省委、省政府并送各相关部门参考。《四川省地方志工作简报资政参阅专刊》第8期刊登的《兴文县红军岩红军小学推进红色文化校园建设调研报告》得到省委常委、宣传部部长甘霖肯定性批示，省关工委执行主任、原省长张中伟批示全省关工委学习借鉴。各级地方志工作机构围绕中心大局撰写的《川南师范学堂沿革及革命传统教育研究》《地方志助力乐山发展》《关于挖掘红色文化资源，大力发展红色旅游，助推宜宾建成四川经济副中心的文化资政报告》《产业扶贫是脱贫奔康的主要途径》《1985—2004年内江市市中区社会保障制度改革》《芦山地震灾后恢复重建新路子探索》等优秀资政报告及文章获肯定。宜宾市志办牵头组织编制完成的《宜宾市红色旅游总体规划和重点项目概念性规划（2018—2035）》，获2018年度四川省旅游规划成果专项类优秀奖；达州市志办参与《达州市巴文化遗址保护条例》立法工作；资阳市志办与市文广电新局等单位协作，打造“吴道子主题文化”招商引资项目并拟定项目建设方案；凉山州史志办围绕打造世界级阳光生态安宁河谷重大战略，制定《安宁河谷乡镇村寨志编纂规划》。雅安市名山区志办牵头指导打造解放乡银木村“村史室”，省委书记彭清华现场调研时给予高度肯定。省志办会同省委改革办编纂出版《四川改革开放40周年大事记》，在《四川日报》刊发《勇立潮头 敢为人先——改革开放40年四川在全国改革首创大事要闻》，协同四川广播电视台制作纪念改革开放40周年特别节目《大江奔流听涛声》，《巴蜀史志》出版“纪念改革开放40周年”专刊。年内，省志办向全国各省（自治区、直辖市）志办、全省21个市（州）、183个县（市、区）党政机关及公共图书馆、109所高校和图书馆赠送《汶川特大地震四川抗震救灾志》近3000套，向全省党政机关及图书馆、档案馆赠送《四川改革开放40周年大事记》2600余套。　（孙玉峰）

【陕西省地方志系统提供信息咨询与服务】 年内，陕西省志办深入挖掘历史文化资源，围绕中心，服务大局。围绕"三个经济"建设，发挥智库作用，撰写《明清陕西商贸经济的枢纽和门户地位》一文，分别在《当代陕西》第19期和10月16日的《各界导报》上刊发。围绕"四个自信"，根据省政府重点工作要求，与省委宣传部联合组织开展全省"坚定文化自信、讲好陕西故事"活动。活动采用讲故事比赛及宣传推介、征文及编纂丛书、影像拍摄等形式，通过地方志搭台、全社会参与，使陕西故事进机关、进校园、进社区、进企业、进军营、进乡村。12月3日，决赛在陕西电视台进行，对22名优秀选手进行表彰。　（韩云鸽）

【"坚定文化自信 讲好西安故事"活动举行】 年内，陕西省西安市委宣传部、市志办联合举办"坚定文化自信 讲好西安故事"活动，先后有区县、开发区和市级部门20个单位选送近40个节目。经过两场初赛，16个节目晋级决赛。9月18日，决赛在市政府举行。副市长方光华出席，市级机关有关部门和全市地方志系统代表近150人现场观看。　（黄立峰）

【青海省志办提供信息咨询服务】 年内，青海省志办与兄弟省（自治区、直辖市）地方志工作机构及省内有关单位赠送各类志鉴共计800余册，搜集志鉴及地情资料300余册。整理上架图书资料800余册；向省内外30家单位60余人次提供地方志资料查阅服务工作，共查阅志鉴图书资料500余册。　（马渊）

【宁夏回族自治区举行"5·18地方志工作宣传日"活动】 5月18日，宁夏回族自治区各市、县（区）地方志工作机构组织开展"5·18地方志宣传日"活动，宁夏回族自治区志办派出5个工作组检查指导。银川市、石嘴山市、吴忠市等地通过悬挂横幅、制作展板、发放地情资料进行宣传。固原市对优秀乡（镇）志、村志和家谱进行表彰。海原县开展地方志宣传进乡村活动。　（张明鹏）

【兵团第二师铁门关市史志办服务地方文化建设】 年内，新疆生产建设兵团第二师铁门关市史志办围绕中心、服务大局，参与铁门关市将军河14座桥栏文字及配图的方案审核；参与铁门关市文化主题公园、四馆中心人物雕塑、丝路雕塑设计方案的审核，提出5条合理化建议，为部门单位提供文史、地方志信息资料26次。　（第二师铁门关市史志办）

【兵团第四师可克达拉市史志办提供信息咨询与服务】 年内，新疆生产建设兵团第四师可克达拉市史志办接待各类查阅咨询史料120人次。7月，配合可克达拉市规划局开展规划馆布展工作，为市规划局提供第四师建制沿革、戍边历史、大事记和军垦人物故事等图文资料，参加《可克达拉市规划馆影片制作方案》专题论证会和规划馆现场布展内容审核。8月，向石河子大学图书馆捐赠《农四师志》、《第四师可克达拉市年鉴》、团场简史等图书15册。

（第四师可克达拉市史志办）

【兵团第七师史志办开展学史用志活动】 年内，新疆生产建设兵团第七师史志办依托党校教育，开展学史用志活动，在师党校开设史志教育课，做到定计划、定课时、定教材、定老师。年内，第七师史志办先后为七师党校青干班、书记班、淮安援疆干部三个班次及新上岗大学生志愿者上第七师历史课4次，受教育人数200人次。　（第七师史志办）

【兵团第八师石河子市史志办开展"读史用志"活动】 年内，新疆生产建设兵团第八师石河子市史志办结合"民族团结一家亲""世界读书日""红细胞工程"等活动开展"读史用志"活动。2月13日，在"民族团结一家亲"结对认亲户所在地八师石河子镇十户窑村举办

“读史用志”活动讲座。4月21日，向市图书馆赠送史志鉴各类书籍170余本。7月6日，结合“党旗映天山”系列活动，在社区开展“读史用志”活动讲座和赠书仪式，赠送书籍30余册。（第八师石河子市史志办）

【兵团第九师史志办为团场冬训民兵讲授兵团历史】 12月，新疆生产建设兵团第九师史志办主任孙静为一六五团、一六八团参加冬季大练兵的民兵讲授兵团和第九师历史。此次授课先后为两个团场讲授5场次，重点为民兵们讲述兵团与第九师历史沿革，兵团的性质、地位、作用、任务以及第九师维稳戍边进程中涌现出的英模人物先进事迹。（第九师史志办）

【兵团第十师北屯市史志办开展屯垦戍边历史宣传】 年内，新疆生产建设兵团第十师北屯市史志办将十师北屯市不同发展时期发生的历史事件用故事形式串联展现，在《北屯文艺》屯垦史话栏目上连续刊出，使人们更容易了解和记住在艰苦年代及各个发展时期所留下的荡气回肠、感人至深的屯垦戍边故事。

（第十师北屯市史志办）

信息化与方志馆建设

· 网站建设

【京网运行维护】 上半年，按照国办、北京市政府办公厅、北京市经信委等要求，北京市志办完成《政府网站工作年度报表（2017）》并发布，申请首都之窗二级域名“dfz. beijing. gov. cn”与原域名并行。发布信息152条，调整网站“政务公开”栏目设置，变更网站标识信息，变更网站备案提交材料并完成现场核验。（王韧洁）

【天津市志办网站建设进展】 年内，天津市志办网站发布信息数量200余条。（刘蒙）

【内蒙古自治区区志办网站建设进展】 年内，内蒙古自治区志办按照“互联网+地方志”模式，继续推进以内蒙古区情网为基础，地方志数据库、在线编纂软件系统、盟市网站建设为重点的“三网、两平台、双系统、一库一馆一集群”信息化建设，内蒙古区情网蒙汉双语网站、手机网站、蒙汉双语多功能数据库均正常使用，面向全国乃至全世界宣传内蒙古区情信息。截至10月末，累计上传稿件800余篇，234万字，图片585幅；蒙古文网站发布稿件158篇；“内蒙古区情网”网站点击量突破2000万人次，较2017年增长15.4%。

（内蒙古自治区志办）

【辽宁省地方志网站建设进展】 年内，辽宁省有省级地方志网站1个，即辽宁省地方志网。该网设省情播报、史志动态、辽宁地情、辽宁大事记、辽宁省志、辽宁旧志、辽宁概览、志鉴编纂、志鉴论坛、物质文化遗产、非物质文化遗产、民俗、史话、人物、地名、家谱、读志用志、方志书讯、资料下载、信息公开等栏目，其中省情播报、史志动态、辽宁大事记等栏目更新频次较高，“省情播报”年更新约500条。该网站原由辽宁省志办主办，机构改革后，省志办撤销，该网站暂保留。全省有市级地方志网站及党史研究室、档案馆（地方志）合办网站6个。其中，中共沈阳市委党史研究室、市志办主办的沈阳地方志网，设政务公开、史志工作、沈阳大事记、走进沈阳、画说沈阳、沈阳之最、政策文件、业务规范、志鉴论坛、地情文献、沈阳十景、人物述林等栏目；大连市档案馆（中共大连市委党史研究室、市志办）主办中共大连党史网（地方志网），在原方志期刊、大连志鉴、大连党史、党史期刊、新书推荐、成果展示、历史印记、光辉历程、文件讲话、他山之石等栏目基础上，新增“庆祝改革开放40周年”“纪念中国共产党成立97周年”专栏；鞍山市档案馆（市史志办）主办鞍山档案信息网，该网站的前身为市史志办创办的鞍山史志网，8月机构改革后开通新网站鞍山档案信息网，由市史志办、市档案局、市城建档案馆联合主办，有政务公开、档案利用、公众参与、档案业务、网上展厅、视听点播、档案博览、品读鞍山等栏目，更新档案动态73条；“营口春秋网”由原营口市史志办创办、运行、维护、管理，设亲切关怀、史志动态、党史党建、营口史话、民俗文化、昔日营口、今日营口、影像营口、营口老建筑、营口地情、历史人物、当代名人、风景名胜、资政育人、营口之最、咨询建议、史志书籍、画说营口等栏目；朝阳市史志办继续运行维护朝阳史志网，开设朝阳概况、史志动态、党史研究、地方志书、朝阳人物、法规文件、朝阳大事记等栏目；葫芦岛地方志网站设葫芦岛概况、葫芦岛市志、县区志书、资料馆藏、方志动态、机构概况等栏目。（杜祥武）

【吉林省地方志网站建设进展】 12月，按照吉林省政府网站管理办公室的要求，省地方志网站迁移到省政府网站集约化平台，网站建设纳入政府统一管理。全省各市（州）地方志工作机构网站开展规范域名、ICP备案、重新设计主页、规划栏目等工作，为迁移至当地政府网站集约化平台，纳入政府统一管理做准备。

（于泳生）

【“中国龙志”网站建设进展】 年初，“中国龙志”网站完成改版升级工作，黑龙江省志办针对网站试运行后的页面动画设置、栏目设定、板块内容等方面进行全面分析和研究，并按照政府网站检查相关要求，及时对网站进行自我摸排整改，完成“中国龙志”网站升级上线运行工作。省志办本着及时、准确、高效的原则，实时更新网站各级工作动态及网站所有板块栏目等内容，全年共发布转载各类信息200余条，发挥“中国龙志”网站宣传服务平台作用。（徐萍　杜胜男）

【上海市地方志网站建设进展】 年内，上海市志办完成“上海通”网站改版，优化完善网站结构。新版简化页面，方便查阅，增加分享、无障碍等功能；重新调整简化栏目、增加内容；开展后台数据库框架设计、内容充实、与现存数据库之间衔接过渡工作，软硬件配套设计和购买研发工作；实施新版上海通网站的上线和试运行。继续推进新出版地方志书及地情资料书等数字化加工和入库、上网工作，完成累计100万元的数字化加工合同的验收入库任务。对上海通志馆馆藏志书开展电子编目和数据网络化建设，改版上海通志馆网站，上线上海各时期地情书籍、江浙部分民国时期地情书籍。开展《上海地方志信息化工作发展规划（2017—2020年）》印发、宣传和落实工作，开展区信息化工作调研、做好技术指导工作，做好OA系统及计算机软硬件日常维护工作。

（王师师　陈畅）

【江苏地情网建设进展】 年内，江苏地情网宣传平台强化时政要闻、方志动态、方志资源检索、方志文化宣传工作的意识，加快地方志信息宣传工作与新兴媒体融合发展，推进地方志信息宣传工作转型升级，挖掘志鉴资源，开发有深度、有价值、有温情的地情信息、历史信息、人文信息，让沉淀刻板的东西“活”起来、“立”起来，网站栏目包括新闻展示、乡愁记忆、方志江苏、数字方志、政务公开和网上咨询。3月，增加“江苏影像志”栏目。

（李海宏）

【南通史志网上线运行】 10月19日，江苏省南通市委党史工作办公室、市志办主办的南通史志网（http：//www.ntszw.gov.cn/）正式上线运行。南通史志网于2017年7月启动建设，版面设计上，网站采用全新页面风格，设置首页、南通概览、党史园地、走进方志、翻阅年鉴、打开期刊、方志馆、史志专题、史志之窗9个一级栏目，通过一级栏目下拉菜单可直接进入二级栏目导航，方便公众浏览。内容编排上，立足于重要文献史料，佐以视频、图片、文字等表现形式，在提供愉悦阅读体验的同时，充分展现南通地方党史和厚重的人文历史，突出网站“以史鉴今、资政育人”功能定位。同时上线“史志通”微信公众号，微信用户可通过公众号直接访问南通史志网微网站，了解南通地情，实时掌握南通史志工作动态。

（李海宏）

【温州市地方志网站建设进展】 年内，浙江省温州市、县两级地方志工作机构加大网站建设力度，调整和升级网站。温州史志网更新信息300余条，点击量3417146人次。平阳史志网迁移到平阳政府门户网站。龙湾地情网专人负责不定期更新《龙湾年鉴》《龙湾史志》

《龙湾史谭》《龙湾大事记》以及方志等相关材料。文成史志网设有山水文成、史志动态、党史纵横、方志天地、政策法规等栏目。

（温州市史志办）

【嘉兴市档案史志网迁移】 12月4日，嘉兴市档案史志网栏目和内容迁移到市政府集约化平台。该史志网于2003年6月开通运行，设党务公开、政务公开、信息动态、网上办事、法规标准、档案篇、党史篇、志鉴篇、学会工作、专题专栏10个栏目，其中志鉴篇栏目分设嘉兴概貌、风俗习惯、文献杂记、嘉兴名人、嘉兴年鉴、本地特产、老字号名企、历史文化名镇、主要旅游景点9个子栏目。网站采用文字、图片、音频、视频等多种方式，刊载有关地方志法规、政策性文件，以及《嘉兴年鉴》《嘉兴市志》有关地情资料，实现档案史志编研成果社会共享。（嘉兴市史志办）

【嵊州春秋网持续更新】 年内，嵊州春秋网持续更新，上传内容主要有《嵊州年鉴（2018）》《吴振民纪念文集》以及史志动态等。该网站于2013年创办，设机构职能、史志动态、嵊州地情、地方党史、史志宣教、资政课题、历史遗迹、地方文献、剡地人物、法规文件、史志刊物、主任信箱等栏目。

（绍兴市史志办）

【金华地方志网站建设进展】 年内，金华地方志网站正常运行，网站总访问量124万多次，发布文章377篇，省志办网站采用23篇。金华地情网网站完成框架编制，撰写并制作发布市、县（市、区）情资料7.8万字，撰写并制作发布全市各街道、镇、乡地情资料64万字。（金华市志办）

【台州方志网建设进展】 年内，浙江省台州市地方志工作者、方志爱好者和地情研究者，积极向台州方志网供稿。该网站于2013年启用。市志办加快地方志编研成果的上网进程，及时完善充实更新各级栏目。（台州市志办）

【丽水史志网建设进展】 年内，丽水史志网作为全市史志系统网站正常运行。该网站开辟史志园地、丽水市情、工作交流等8个栏目，充分反映史志工作全貌、丽水市情，可阅览历年年鉴电子版本、历年史志刊物、丽水地区志书及九县（市、区）第一轮志书，还登载有方志理论知识及全市各地风土人情。

（丽水市史志办）

【福建省地方志编委会门户网站建设进展】 年内，福建省地方志编委会做好门户网站维护管理和信息发布相关工作。根据国务院办公厅颁发《政府网站发展指引》文件精神，制定省地方志编委会门户网站升级改造规划，通过对外招标开展升级改造工作。面向基层地方志工作机构征集新出版的志鉴与地情书籍电子版220种，其中30种志书电子版经过邀请招标开展数字化加工上网。全年发布网站信息450多条。（欧长生　吴朝庭）

【福州地情网建设进展】 年内，福州地情网更新完善福州地情网全文数据库，依托全省地情资料数据库新增169部志书。及时回复办理在线咨询、领导信箱信息11件以及来信来函咨询4件。（欧长生　吴朝庭）

【新干数字方志馆网站开通】 12月，江西省新干县志办完成新干数字方志馆网站开通（网址：www. xgszfzg. com）。该网站设置新干县志、新干年鉴、历代旧志、地情资料、新干关键词等栏目，提供现存各版新干县志、年鉴及新干县情地貌等信息，介绍新干县经济社会、历史人文、风俗习惯、县情地貌等方面知识。

（朱岳）

【山东省情网建设进展】 年内，根据山东省政府统一部署，省史志办研究、细化山东省情网迁移整合工作方案，进一步明确数据标准和技术要求；向主管部门提交网站数据格式、栏目情况、资料内容等报告；根据要求选定项目服务商，协调筹措工作经费，在山东省政务云平台建立山东省情网新版网站。山东省情网设新闻中心、政务公开、山东概览、省情资料库、齐鲁方志、山东地方史6大板块，栏目管理实行分工负责制，责任到人，落实到位。年内，山东省情网更新36个栏目，发布信息3233篇427万字，其中“省情播报”更新564篇86万字。省史志动态更新224篇25万字。其他栏目更新1300多篇共200万字。及时发布山东省行政区划、历史简况、自然资源、自然地理等概况和山东方志新成果、政务公开、“山东历史上的今天”等栏目的最新内容。截至年底，山东省情网总访问量为1530万人次。在山东省政府2018年网站抽查中，山东省情网为合格。（孙杰　王赟）

【青岛市情网提升史志信息化建设水平】 年内，山东省青岛市史志办通过青岛市情网改版升级，推进史志新媒体传播平台建设，加快史志资源数字化建设，提高史志资源利用效率。该网站新增资料2000余万字，实现已出版志书、年鉴资料全部数字化；利用网络多媒体动态交互技术，完成《青岛市志》全部8卷仿真电子书制作及上网发布；设计制作网站手机版，采用针对手机显示最相适应的界面，实现整站资料手机移动端查阅浏览，实现随时、随地、更加广泛地为社会公众提供地情信息服务，开创“史志资源+智能传播”信息化工作新局面。截至年底，青岛市情网站资料信息量1.3亿字，查阅浏览总量1400余万人次，2018年查阅浏览量100余万人次。（李乒）

【河南省情网和省情数据库迁入“中原云”】 4月，河南省情网和省情数据库迁入“中原云”，安全性和稳定性大幅提高。首轮省、市、县三级综合志书数据化任务基本完成，网站内容质量和更新频率明显提升。省情网站年访问量首次突破30万人次。（文清华）

【湖北方志网建设进展】 年内，湖北方志网更新各类信息1000余条，网站总点击率近200万人次。继续与“今日头条”新闻资讯类手机客户端合作，在“今日头条”App上建立覆盖省、市、县三级的地方志系统矩阵，用于推广地方历史文化及介绍地情信息。

（湖北省文旅厅地方志工作处）

【武汉市志办门户网站调整进展】 3月初，湖北省武汉志办针对门户网站二级栏目过多过杂的情况进行改版。改版后，有一级栏目7个，二级栏目39个。11月21日，改版后的网站上线运行。12月，按照网站集约化建设要求，关停13个区方志网。全年上传志鉴信息474.5万字，上传文史信息210条计36.6万字、图片234幅、视频3个。2018年访问网站的用户总数26154个，网站总点击次数149416次。（张道旺）

【湖南省地方志编委会网站建设进展】 年内，湖南省地方志编委会网站属于省政府政务网站群下一个部门网站站点，网站域名为dfz.hunan.gov.cn，一级栏目有机构职能、政务动态、通知公告、政策规划、图书检索等。该网站在公安机关进行备案，在首页显著位置新增“机关党建”栏目，全年发布政务信息242条（不含党建专题消息及首页漂浮消息，不含转发国务院、湖南省政府、人民日报社、新华社等网站消息）。（任璀洛）

【新版广东省情网正式上线】 11月15日，新版广东省情网正式上线。广东省志办在省政府办公厅等网站管理部门指导下，经过精心策划，对广东省情网主站栏目进行重新规划整合，着力打造具有“政味、志味、粤味”的新版广东省情网。新版广东省情网对标政府网站考评进行建设，同时进一步加强内容建设，开设志鉴动态、政务信息公开、省情要览、数字方志馆、产品产业、南粤村情、民系文化、影像广东等重要栏目。年内，省情数据库入库地情文献书籍228册，其中志书171册、年鉴53册，发布地情信息2.7万条、图片超1万幅；新创“产品产业和民系文化”专栏，组织原创稿件100余篇。（广东省志办）

【广州市情网建设进展】 年内，广州市地方志网络建设工作稳步推进。门户网站广州市情网集约化至全市门户网站平台，优化栏目配置，提升管理运维水平，全年发布信息约5800条，地情书籍9种。（梁斯豪）

【深圳市网站建设进展】 年内，深圳市情网主要设置有首页、职能机构、工作动态、党史、市志、专业志、旧志、深圳年鉴、方志馆、深圳市大事记、深圳史志、地情资料、深圳概览、深圳镜头、史志鉴研究、网上公告、法规文件、深圳非物质文化遗产等栏目。该网站于2006年12月开通，较全面记载深圳地情人文内容，实时更新工作动态、深圳历史上的今天等资讯信息。截至年底，该网站发布简报类信息44篇、更新类信息190篇、图片96幅，上传史志类电子书籍24册。（陈立智）

【广西地情网站建设进展】 年内，广西地情网完成大改版1次、小改版5次，浏览人次突破700万。新增“网上办事”“扶贫领域腐败和作风问题专项治理”“群众办事百项者堵点疏解行动”3个专题栏目，发布文档3793篇538万字，图片5500余幅，视频1200分钟。广西壮族自治区志办按照政府网站集约化建设要求，协助6个地级市地情网进行网站改版设计工作，协助56个县级地情网完成下线关停程序以及地情数据迁移工作，通过电话、QQ群、微信等督促无力维护的县级地情网站尽快办理永久下线，答疑3000多次。（周珍朱）

【海南史志网扩容升级】 年内，“海南史志网”进一步扩容升级，上传20余部史志书籍，约2000万字。（郑昕）

【重庆地情网建设进展】 年内，重庆市志办将119本志书及《重庆地方志》期刊、工作动态以及区县有关信息等资料上传到重庆地情网，使更多人共享地方志资源成果，访问量达25万余次。网站主要设实时市情、市情概览、市情资料库、方志工作等栏目。（杨祖静）

【四川省地方志网站建设进展】 年内，四川省志办打破四川地方志网站仅仅宣传工作业务格局，按建设“最权威最全面四川省情信息网”的指导思想，着手推进网站栏目架构改版。成都、德阳、泸州、巴中、雅安、眉山等市（州）改版升级地方志网站，全年全省共建成地情网站37个。（朱丹）

【云南省情网试运行】 12月25日，云南省情网开通上线试运行，实现云南省方志信息化建设零的突破。该网站设置云南新闻、方志要闻、工作动态、云南概况、地情概貌、云南影像、机关党建、开发利用等栏目。（郑灵琳）

【陕西省情网改版】 年内，陕西省志办完成陕西地情网站群迁移，陕西省情网改版更名为陕西省志办，下设6个一级栏目，上网资料约18亿字。该网站发布工作动态信息600余条，被中国方志网、“方志中国”微信公众号转载42条，点击约79万人次，累计点击量达550万人次。（韩云鸽）

【甘肃地方史志网建设进展】 12月，甘肃地方史志网完成网站扩容，并实现数据迁移及与搜索引擎的兼容。年内，数字化志鉴和地情资料361部、1.92亿字，其中省志8部618.4万字，市（州）志2部436万字，县（市、区）志30部3518.9万字；省级年鉴2部264万字，市（州）年鉴52部5083.42万字，县（市、区）年鉴41部2556.33万字；旧志220部6582.54万字；村镇志1部58.5万字；期刊4本42万字。自开通至年底，该网站累计数字化志鉴资料743部5.02亿字。网站累计浏览21.5万人次（其中9月至11月因网站扩容关闭未统计）。（甘肃省史志办）

【甘肃省市、县两级地方志网站建设进展】 年内，甘肃省张掖市、定西市、庆阳市3个市级地方志网站（专栏）改版升级；敦煌、玉门、肃北、金川区、高台、通渭、渭源、漳县、静宁、正宁、宁县、西和、广河、和政、碌曲15个县（市、区）新开通县级地方志网页（专栏）；民乐、临泽、古浪、民勤、清水5个县，根据《政府网站发展指引》规定，将已建成县级地方志网站改版并入当地政府网设立专栏。截至年底，全省14个市（州）地方志工作机构全部开通地方志网站或专栏，县级建有独立网站10个、在政府网站开设网页或专栏47个。 （甘肃省史志办）

【青海省完善和提升地方志网站服务功能】 年内，青海省地方志网设省情综览、机构职责、政务公开、法规制度、工作动态、志鉴论坛、志鉴成果、志鉴百科8大栏目。为使网站志鉴内容查阅更加便捷，对该网站志鉴的查阅方式进行改进升级，增加查阅目录，目录设置到三级目，做到查阅方式的便捷清晰。全年共发布信息53条，网站访问量达到52790人次。 （马渊）

【新疆地情网建设进展】 年内，新疆维吾尔自治区地方志编委会实施"互联网+地方志"工程，开展基于云计算、大数据的智慧研发与应用，完成新疆地情网、新疆地情资料库数据迁移工作。截至年底，新疆地情网发布各类文章、信息3500余条，同时收录自2011年以来的《新疆地方志》杂志（汉文版）全部内容；新疆地情资料库收录志书、年鉴近250卷约4亿字。 （陈忠）

·数字化建设

【北京数字方志馆建设进展】 年内，北京数字方志馆上传志鉴50余部，添加北京禁毒历史专题展和北京家风家谱家训展网上展厅，全景看北京栏目新增国子监、孔庙和北海三个场景。 （王韧洁）

【天津市志办数字化建设进展】 截至12月底，天津市志办志书、年鉴、地情资料书、地方史研究丛书等数据化资料入库率达90%，与市图书馆合作数据化达到120册。 （刘蒙）

【山西加快地方志数字化建设】 年内，山西省建成山西省数字党史方志综合管理平台，《山西年鉴（2018）》《太原市志》《大同年鉴（2018）》《晋城年鉴（2018）》手机版上线。太原数字方志馆建成上线，制作志书电子版1万余份。 （武岭）

【吉林省志鉴数字化建设进展】 年内，吉林省地方志编委会利用省财政志鉴数字化专项资金，通过公开招标购买服务方式集中统一开展全省志鉴图书数字化工作，完成61部志鉴图书数字化，并追加到吉林省方志数据库。截至年底，吉林省方志数据库志鉴数字化总数为600部，完成首轮吉林省志、市县志、《吉林年鉴》数字化工作，完成部分第二轮志书、年鉴数字化工作。 （于泳生）

【黑龙江省数字方志馆建设完成】 年初，黑龙江省数字方志馆建设工作完成，后期针对数字方志馆在页面建模、首页内容导览、数字展馆板块设置等方面进行逐一调整，并根据史志工作重点及时增补内容，全年增补板块60余处，增加图片文字40幅。及时更新数据库，并依托龙志网站对黑龙江方志馆进行全景展示。 （徐萍　杜胜男）

【江苏地方志智能信息平台上线运行】 年内，江苏省志办以建设"江苏智慧方志"为导向，开展江苏地方志智能信息平台建设。7月，江苏省地方志智能信息平台上线试运行。该平台使用一卡通方式进行用户一站式管理，包括智能检索系统、地理分析系统、数字方志馆、年鉴编纂系统、期刊投稿系统和数字方志馆系统等子系统。地方志智能信息检索系统提供对地方志资源的全文检索、书目检索、导航检索、地图检索、情景检索等检索功能，提供书目信息展示、全文在线阅读等交互功能。地理专题信息系统通过整合挖掘地方志中的有效信息，采用向导流程式的方式向用户提供专题信息自动统计与分析功能。截至年底，已开发经济、人口、科技、医疗、教育、农业、家庭收入和行政区域变化8个专题。期刊投稿系统搭建线上投稿平台，可在线宣传、投递、管理、审核稿件，兼具在线查看、订阅、读者投稿、编辑审核功能。年鉴编纂系统通过多用户共享一平台实现组稿、编稿和审稿流程。数字方志馆系统已能提供南京方志馆和苏州方志馆两馆藏书目检索。12月，江苏省地方志智能检索系统建设项目二期建设工作通过项目验收。（李海宏）

【温州志鉴书籍数字化进展】 年内，浙江省温州市县两级地方志系统继续开展志鉴书籍数字化工作；苍南县史志办数字化志鉴书籍《苍南县志（1981—2005）》，《苍南年鉴》（2006年至2018年卷）；《鹿城区志》《鹿城年鉴》《鹿城记忆》《鹿城方志》与《鹿城建区30年纪事》全部成果实现数字化加工，建成为鹿城方志数据库，数据规模20GB，在鹿城方志网全文可查阅发布；瑞安在完成《瑞安年鉴》（1987年至2005年卷）数字化工作的基础上，开启《瑞安年鉴》（2006年至2017年卷）数字化工作。（温州市史志办）

【海宁设立编研成果数字化成果共享库】 年内，浙江省海宁市史志办将《海宁年鉴》1999年至2017年卷、旧志点校成果、地方文献整理成果和第二轮修志成果数字化整合，上传至海宁市档案馆馆藏资源信息系统，设立“编研成果数字化成果共享库”，方便查阅。（嘉兴市史志办）

【湖州市地方志数字化建设进展】 年内，浙江省湖州市方志馆建成“志书一体机”，收集整理新旧志书58套供查询，同时整理增加旧志20套，上传“数字方志”供读者查阅。全年共提供查询服务100多人次。（湖州市志办）

【绍兴市柯桥区启动数字方志馆建设】 年内，浙江省绍兴市柯桥区史志办启动数字方志馆建设，构建省内三级志书数据库，对馆藏的浙江省内首轮省、市、县志进行数字化加工，覆盖省内所有地级市及下辖区县，共完成数字化加工117种13.35万页，为浙江省史志系统首创。开展《越医典籍》数字化扫描，涉及《景岳全书》《伤寒瘟疫条辨》《痘疹要略》《绍兴医药学报》等清代、民国时期医学典籍，共计460种约15万页。（绍兴市史志办）

【金华市志办数字化建设进展】 年内，浙江省金华市志办信息化网络化工作被推评为全省市县地方志系统“十业十佳”，受到省志办的表扬。完成28部府县旧志录入600多万字，保存为TXT文档。摘录清代金华有关资料21万字。（金华市志办）

【舟山网上方志馆补充完善】 年内，浙江省舟山市史志办向各县（区）收集地情及地方志类电子书籍，委托有关公司对全市新出版书籍进行目录制作，经校对后上传，继续对体验不足与内容缺失等问题提出修改意见并落实调整。（舟山市史志办）

【台州市数字化建设进展】 年内，浙江省台州市分步把历代府、县旧志，新中国成立后首轮、第二轮市、县（市、区）地方志数字化，以便读者上网查阅，更好地服务人民群众。已完成《台州地区志》《台州市志》共430万字的数字转换及核对工作。（台州市志办）

【丽水市地方志资料数字化进展】 年内，浙江省丽水市史志办充分利用省党史资料数字化、市机关档案数字化工作契机，把全市年鉴、志书等地方志书籍作为党史资料一起数字化，并建立市党史方志办机关数字档案室。从2016年开始，共有170多册志鉴、乡镇街道通览、全市史志刊物等书籍进行数字化。（丽水市史志办）

【福建省“数字方志”建设进展】 年内，福建省地方志编委会推进“数字方志”建设，持续强化协同办公系统（OA）、图书管理系统、志鉴在线修志编纂系统、门户网站、志书数字化等方面建设工作。其中，图书管理系统用于省地方志编委会书库藏书管理，包含编目管理、典藏管理、流通管理、图书管理信息检索四大功能，累计已收录近2.8万本图书信息。（欧长生　吴朝庭）

【厦门市重启建设“地方志文件管理系统”】 年内，福建省厦门市志办重启“地方志文件管理系统”项目，通过需求调研、系统部署、测试优化等环节，完成验收，进入试运行阶段。运行后，该系统能实现各种文书档案数字化管理，并为下一步地情书籍数字化利用夯实基础。（欧长生　吴朝庭）

【山东省全面完成首轮三级志书数字化标引入库、志鉴上网发布】 年内，山东省完成德州市《德州地区市志》《乐陵县志》《禹城县志》等11部市县志2600万字数字化和入库上网。至此，全面完成全省首轮三级志书数字化、入库和上网工作。全省首轮三级志书包括山东省志84卷、各市地志书14套、县级志书128部，共计2.5亿字。有近10亿字资料公开发布，供用户在线查阅。完成山东省第二轮省志《广播电视志（1991—2005）》《环境保护志（1996—2005）》等5部志书，《山东年鉴（2018）》《山东地方史志年鉴（2017）》等入库和上网发布；完成齐鲁诸子名家志等20部600万字上网发布，包括孔子、诸葛亮、李清照、辛弃疾、戚继光等28位先贤名家；完成山东纪念抗战胜利70周年丛书5部256万字、821幅图片的上网发布工作。制作《山东简史》《山东年鉴（2018）》《山东省情概览（2018）》等电子书，在山东省情网和微信平台发布，保持原书版式，设计文字检索、标签索引等功能。（孙杰　王赟）

【淄博市博山区建成数字方志馆】 4月，山东省淄博市博山区数字方志馆（http://www.bsqszfzg.gov.cn/）建成，这是博山区2018年第一批创新改革示范点项目之一。该数字方志馆主要分古籍库、志书库、年鉴库、地情资料库、图片库、影音库6大主题数据库，收录历年来博山地区出版的各类志书、年鉴、地情文献、旧志古籍等资料，实现文献阅读、信息检索、分类导航、资料下载及宣传服务等功能综合利用。（孙杰　王赟）

【河南省地方志数字化建设进展】 年内，河南省各级史志工作机构信息化建设均有新突破，“互连网+史志”工作模式成为新常态，史志工作活力日益增强。省史志办数字化志书46册1.2亿字，省情数据库库容突破12亿字。（文清华）

【《武汉春秋》数字化建设进展】 年内，湖北省武汉志办完成《武汉春秋》（1982—2010）共26本纸质期刊的数字化加工处理，共7367页1682万字。加工标准为双层PDF文件，错误率万分之一。（张道旺）

【湖南省地方志数字化建设进展】 年内，湖南省地方志编委会验收湖南数字方志馆建设二期项目的成果，主要对“湖南近现代史展馆”进行详慎的审读验收，并启动实施数字方志馆（三期）项目。在前两期项目中，“文献馆”数字化总文献字数1.09亿字，上传湖南传统志书FLASH格式动画101册，免费供广大方志研究爱好者查阅。第三期项目计划完成湖南省各市（州）、县（市、区）地方志书数字化，总字数约3.2亿字。湖南数字方志馆访问地址：http://218.76.24.115/index.html。（任璀洛）

【全粤村情数据平台建设进展】 年内，广东省志办与省信息中心（省政务服务数据管理局）、数字广东公司、华中师范大学中国农村研究院以及众多从事大数据分析的技术团队合作，以助力乡村振兴战略实施为目标，探索全粤村情数据平台建设，利用GIS、AI分析等技术分析普查数据，挖掘普查数据资源价值。完成向数管局方案提交，与华中师范大学、数字广东公司共同完成建设方案。数据以“以库资政”，为党委、政府提供智能化、科学化决策服务；“一库知乡”，以一体化数据平台全方位展示村落乡情为基本目标，整理、分析全省自然村落历史人文普查数据，通过编码形成一套标准化自然村落普查数据，以此为基础建设“全粤自然村落村情数据库”，并围绕乡村振兴战略构建村情专题指标体系。根据村情专题指标体系，利用大数据技术，对村情数据进行深入挖掘、全面分析，进而形成村情专题分析报告，报送省委、省政府，为推进乡村振兴战略实施提供参考。（广东省志办）

【广东省数字方志馆建设进展】 年内，广东省方志馆多次召开会议，对数字方志馆页面调整、数据库建设、网站修改等进行专题研讨，加强与数字广东网络建设有限公司等沟通，提交数字方志馆建设需求，跟进数字方志馆托管、管理、3D展厅等相关工作。多次召开数字方志馆建设专题会议，完成数字方志馆页面修改，完善省情数据库设置。（广东省志办）

【深圳市地方志数字化建设进展】 年内，广东省深圳市史志鉴数字化依托深圳市情网（网库合一）建设，共扫描书籍26本、上传史志类电子书籍24册。深圳市情信息网共发布综合志书9部1215.6万字，专业志书11部481.6万字，综合年鉴17部2516.2万字，地情书籍45部1421万字，旧志3部322万字，期刊45册709.4万字，文章510篇51.2万字，地情图片670幅。（陈立智）

【广西地情资料库建设进展】 年内，广西地情资料库设于广西地情网一级栏目，设广西通志、市志、县（区）志、广西年鉴、市县年鉴、方志期刊、地情书、方志论著、乡村志、古籍旧志10个子栏目。该资料库数字化并发布各类书籍109本（册）9386万字。

（周珍朱）

【南宁市地方志信息化建设项目“智慧方志”上线试运行】 10月30日，广西壮族自治区南宁市志办主办的“智慧方志”项目上线试运行。“智慧方志”是集地情发布、地情宣传、国情教育于一体，依托智慧南宁大数据中心（南宁智慧云平台）建设“一库两网两平台”（地情资料全文数据库，南宁地情网、南宁数字方志馆，地方志微信传播平台、移动终端App）的信息化项目。该项目于2017年4月开展前期准备工作，总投资195万元，2017年8月获南宁市发改委批复立项，2017年12月正式启动实施。（周珍朱）

【海南省史志办影像资料库建设进展】 年内，海南省史志办影像资料库不断完善，历史照片由建设之初的1700幅增长至约15000幅，党的十八大以来照片资料增长到12000余幅，动态影像资料呈现出逐年稳步上升态势。（郑昕）

【海口市史志办推进年鉴网络化工作】 年内，海南省海口市史志办以市政府门户网站为平台，将《海口年鉴》上传至“认识海口”栏目，在推进年鉴的资源共享和转化利用工作同时为社会群众读鉴、用鉴提供渠道。截至年末，自《海口年鉴（1995）》至《海口年鉴（2018）》共24卷全部上传至市政府门户网站。（郑昕）

【重庆市地方志数据库建设进展】 年内，重庆市志办完成340本志书和有关地情资料数字化录入工作，将53本有电子版的志书进行专门目录链接，建立数据444GB，总页数196600页；加上电子本47本，共录入387本，初步完成全市地方志数据库建设工作。（杨祖静）

【忠县地方志数据库建设进展】 年内，重庆市忠县史志办建成地方志数据库规模105GB，PDF格式数据2本，数据库软件为世纪科怡文档一体化管理系统，存储位置为办公室，数据备份方式为电脑备份。（袁征 毛世国）

【巫山县地方志数字化建设进展】 年内，重庆市巫山县党史办投入资金10余万元，对历年来形成的史志档案资料进行整理归档。全年收集史志资料300余万字，归档700余卷。采取扫描和刻录光盘等手段，共扫描史志资料信

息1万余页，初步完成对纸质史志核心资料数据化工作。 （重庆市巫山县委党史研究室）

【四川省地方志数据库建设进展】 年内，四川省志办加强对志书、年鉴、地情文献等数字化资源的收集与保护，扩大四川数字方志馆规模。全年将首轮《四川省志》（65部79册）、第二轮《四川省志》已出版的部分、《四川年鉴》（2013年至2017年卷共5部）、首轮市县志、部分市县年鉴、部分省市县地情资料及四川家谱、族谱数字化成果共500多部添加到四川数字方志馆。四川省市、县两级地方志工作机构开展数字方志馆建设工作。全年全省共建成各级数字方志馆（数据库）9个。 （朱丹）

【贵州省方志云项目正式立项】 年内，贵州省方志云项目正式立项。2016年，贵州省志办启动贵州省方志云项目立项工作。2018年4月，项目通过贵州省大数据发展管理局的前置评审；6月，项目通过省财政厅的投资评审；11月，项目招标完成。项目建设主要分为两大部分：系统支撑平台（包括海量非结构化数据库管理系统、智能全文检索系统、文本挖掘引擎三个平台软件）；贵州省方志云平台服务系统（数字加工子系统、数字资源管理子系统、协同编纂子系统、知识体系构建、专题知识库建设、黔贵方志数据中心、方志服务应用子系统、黔志在线讲堂、数据评价体系）等业务管理及应用子系统。总投资603.23万元，建设周期为3年，计划2020年建成。

（贵州省志办）

【陕西省地方志数字化建设进展】 年内，陕西省地方志数据库不断充实，发布数字化书籍37部，数字化书籍累计1141部（册）约10亿字，并为近20家省内政府网站进行链接。

（韩云鸽）

·新媒体平台建设

【北京市地方志微信微博建设进展】 年内，“北京市方志馆”微信公众号共推送文章170篇、图片27幅，订阅号粉丝新增2490个；开展线上线下活动，尝试微信互动形式创新。举办1次线上线下老物件征集活动，1次线下亲子暑期非遗体验活动，1次线上转赞评送福利活动。发送文章、活动、参观动态等微博信息196条。

（王韧洁）

【北京市志办“赏志”微信公众号上线】 10月，北京市志办“赏志”微信公众号上线。该公众号展示地方志开发利用成果，传承历史文脉，宣传地域文化。设为你读志、邀你观志、给你荐志3个主要栏目，下设志说故事、家乡有志、展览展志、视频映志、志知多少、志海品志等子栏目，接受社会大众投稿。（王韧洁）

【天津市志办新媒体建设进展】 截至12月底，“方志天津”微信公众号发布各类信息80余期。

（刘蒙）

【河北省地方志新媒体平台建设进展】 年内，河北省地方志政务新媒体开通率大幅攀升，“方志邯郸”“方志香河”“方志安国”“方志邢台”“方志青县”等新媒体账号关注人数上升，影响力扩大。“方志河北”微信公众号与今日头条、澎湃新闻、一点资讯等多家新媒体平台实现合作，总阅读量突破千万人次大关。“方志河北”澎湃问政号受关注指数持续位列“文化榜”前3名，头条号月度端政指数在全国地方志系统持续领先。12月，“方志河北”“方志张垣”获得澎湃新闻2018年度最佳政务传播奖。安国市搜集民间资料，记录乡音，保存大量即将消逝的文化现象，通过新媒体广泛传播。清河县与电视台合作拍摄“文化清河”“行走大运河”等多部有关清河历史文化的专题片，在腾讯视频官网、“方志清河”平台发布，提升“方志清河”魅力。香河县逐步实现头条号、微信公众号、服务号和小程序等新媒体齐头并进，通过“一网二馆三平台”形式，提高宣传质量与效率，实现资源共享。（赵斌）

【山西省新媒体建设进展】 年内，“方志山西”微信公众号开辟“每周一域”“晋志讲堂”“晋志人物”“山西旧志记载中传统节日”等特色品牌栏目，被列为全省综合发布平台“山西发布”的固定栏目。年内推送信息360期1189篇。（山西省志办）

【内蒙古自治区新媒体建设进展】 截至10月末，“方志内蒙古”微信公众号发布127期，蒙古文特辑发布6期；方志内蒙古手机报发布3期；微信公众号用户突破1000人，较2017年增长35%。（内蒙古自治区志办）

【辽宁省地方志新媒体平台建设进展】 年内，辽宁省鞍山市档案馆（鞍山市史志办）继续加强微信公众号和微信群建设和利用工作，通过微信平台发布信息，扩大史志宣传渠道；丹东市志办创办“丹东年鉴之家”微信公众平台开通运行。该微信平台是丹东市志办“数字方志与信息方志工程”的组成部分，设置通知公告、工作动态、年鉴理论、丹东市情、丹东人物等栏目，全年发布各类信息60期。营口市史志办主办的“营口春秋”微信公众号继续做好宣传营口历史文化、风俗民情工作，全年推送微信140期，图文消息560余条，关注人数累计3000余人；“营口春秋”今日头条号全年发表文章254篇，发布信息200多条，阅读量近48万人次，单篇文章最高阅读量达9.5万次。盘锦市志办聘请专业人员制作《盘锦年鉴（2018）》电子书，并上传互联网，利用手机端扫描封底左下角二维码可实现手机客户端阅读下载，亦可在电脑端访问盘锦档案信息网，找到《盘锦年鉴》浮动块，点击进入阅读下载，为读者提供更加方便快捷的查阅方式。

（杜祥武）

【“方志吉林”新媒体建设进展】 年内，“方志吉林”微信公众号为社会各界读者提供资料翔实、图文并茂的地域文化、地方志历史、志鉴编纂等相关信息。每周推送信息5条。截至年底，“方志吉林”微信公众号总浏览人数200余万人次。“方志吉林”今日头条号是方志、民俗、地情等综合信息的又一平台，年内推送信息200余条，总浏览人数200余万人次。“吉林家谱”微信公众号每天推送信息5条至7条，总浏览人数300余万人次。（于泳生）

【江苏省地方志新媒体建设进展】 年内，江苏省加快地方志与新媒体融合，“方志江苏”微信公众号发布方志动态信息180期550篇，“风雅江苏”微信公众号推送地情文章48期220篇。13个设区市全部开通运行方志微信公众号，其中“盐城史志”微信公众号于1月开通，南通市对原“江海春秋”微信公众号进行改版，更名后的“史志通”微信号于11月开通。各县区也陆续创建微信公众号，形成地方志新媒体矩阵。苏州市吴江区大力实施方志文化资源数据库建设，建成“吴江通”地域历史文化网站，运行“吴江通”微信公众号，网站日均点击量8000人次，微信关注量突破10万人，获得吴江宣传思想文化工作创新创优奖、优秀政务网站和首届吴江“互联网+”创新奖。“无锡史志”今日头条号发布史志文章56篇，阅读量达9.1万人次，总阅读量近35万人次。“淮安地方志”政务头条号在全国地方志政务头条号排名稳居前20位，总阅读量超23万人次。无锡市史志办在喜马拉雅App建立无锡音频童谣库。（吉祥）

【温州市地方志新媒体建设进展】 年内，“温州史志”新浪官方微博推送微博151条、公众号发布微信40期118条。“温州史志”新浪官方微博于2014年开通，微信公众号于2016开通，由专人负责日常维护。“文成史志”微信公众号建成，设有史志信息（通知公告、动态信息）、史志研究（理论文章、资政专栏）、史志宣教（党史胜迹、山城史迹、乡土人文）等栏目。“泰顺史志”微信公众号发布科室动态、史志文章、科普史志常识等各类信息27篇，点击量652次。（温州市史志办）

【嘉兴市地方志新媒体建设进展】 年内，浙江省嘉兴市地方志系统加强新媒体平台建设。“南湖档案史志”微信公众号设置档案动态、馆藏指南、在线服务3个栏目，其中“在线服务”设查档指南、手机查档、满意度调查等子栏目。平湖掌上志鉴数据库上线，《平湖县志》《平湖市志》《平湖年鉴（2018）》实现掌上查询。海盐史志宣传有史志期刊、宣传栏、微博和讲坛4个平台，发布微博190条，其中原创160条；开展史志宣讲13次，受众750多人次。“海宁档案史志”微信公众号设有概况、资源、服务三个栏目，可通过手机查阅档案，主要推送内容有档案史志业务动态、机关党建和“十佳档案员”、改革开放40周年图片展、“千村”档案建设等专题，全年推送90条。

（嘉兴市史志办）

【湖州市地方志新媒体建设进展】 年内，浙江省湖州市建成3D方志馆，实现自动讲解，满足不出家门即可游览方志馆的需求。“方志湖州”微信公众号全年发布文章118篇，平均每周2—3篇，内容主要包括活动预告、动态消息、地方文化三大块。推出“湖州历史上这一周”专栏，每周一推送湖州历史上这一周的大事记。关注人数达4000余人，有40多万人次点击和浏览。（湖州市志办）

【绍兴市地方志新媒体建设进展】 年内，“柯桥纪事”微信公众号立足稽山鉴水、越地名士、史志动态三个板块，定期更新内容。全年累计发布史志微信30余条，其中“习近平谈修志工作”单条微信阅读量达1608人次。诸暨市史志办创建“诸暨史志”微信公众号，设方志诸暨、红色印记、史志论坛等专栏，及西施文化、方志概览、诸暨年鉴、革命遗址、党史人物等子栏目，推送各类党史、地方志文章百余篇。绍兴市上虞区史志办创建“上虞史志”微信公众号，设党史纵览、志鉴论苑、文史天地3个大栏和11个小栏，每周固定发布2条信息，及时跟进办公室动态，结合党的重大纪念日和活动推出热点，峰值时日访问量达到1000人次。（绍兴市史志办）

【浦江地方志微信公众号开通】 3月，浙江省浦江县志办微信公众号开通，每周以文字、图片等方式推送文章3篇以上，平均阅读量在200次以上。重点推出宣传浦江民俗、浦江历史文化文章，如《曾经端午事》《浦江话中的狗》等。开设浦江周记、浦江百年人物、手艺等专栏，推送《浦江周记》37期、《浦江百年人物》33期。（金华市志办）

【安徽省地方志新媒体建设进展】 1月1日，“安徽地方志”微信公众号更名为“方志安徽”。安徽省地方志系统按照“互联网+地方志”的新理念，根据《全国地方志信息化发展规划（2016—2020）》和《全国信息方志与数字方志建设工程实施方案》精神，推进网站、数据库、微信平台等建设。为提升机关网站运行环境，省志办对网站进行改版升级，对网页进行改版，合理设置栏目，改版后的网站页面及运行环境均受到用户好评。（史五一）

【“福建方志”微信公众号运行进展】 年内，福建省地方志编委会做好微信公众号自媒体工作，“福建方志”微信公众号全年发布各类重要信息172篇（期），其中发布全委重要工作信息97篇、发布福建要闻信息38期、转发各类媒体重要新闻信息37篇。

（欧长生　吴朝庭）

【“方志福州”微信公众号运行进展】 年内，福建省福州市继续建设“方志福州”微信公众号，开设县区方志要闻、方志知识百科、福州古街古巷、闽都人杰等栏目，结合地方舆情，紧扣福州时政推出相应内容。全年推送工作动态、地情文化信息176篇。（欧长生　吴朝庭）

【“泉州史志”微信公众号运行进展】 年内，“泉州史志”微信公众号编发400多条信息，配附图片400多幅。泉州地区以外关注用户占32%，覆盖全国各省、自治区、直辖市以及港澳台地区。（欧长生　吴朝庭）

【山东省史志“新媒体”矩阵组建】 年内，山东省新开济南、潍坊、莱芜、肥城、莘县、东明等6个史志微信公众号，济南开通史志微博，泰安市开通史志今日头条号。形成“山东史志”微信公众号、头条号，济南、德州、泰安、淄博等10个市级史志微信公众号，邹城、沂水、博山等12个县（市、区）史志微信公众号，威海史志微博、智慧临沂手机App、文登“搜城记 App”微杂志专栏，以及济宁市“史志云”“智慧济宁”手机App等新媒体矩阵。（孙杰　王赟）

【“山东史志”微信公众号影响扩大】 年内，“山东史志”微信公众号有1.7万人订阅，发稿950多篇，共发布信息近5000篇。4月，在该平台开展第二届“山东史志”十大年度人物评选，评选活动使用第三方投票软件，共有88.6万人访问投票系统，11.3万人投票。（孙杰　王赟）

【“山东史志”头条号阅读量突破200万人次】 年内，“山东史志”头条号发布山东史志工作、史料记载、省情信息等1320多篇，5000多人订阅关注。开通以来共发布图文2300多篇，230多万人次阅读，900多人次留言。（孙杰　王赟）

【河南省地方志新媒体建设进展】 年内，河南省史志办加强“河南记忆”微信公众号、微博账号内容保障，全年推送信息280条，内容包括领导调研、地方史志政策法规、理论研讨、成果动态展示、榜样推介等，做到每天有更新。各省辖市均开通微博账号、微信公众号，利用新媒体拓宽市情信息服务功能渠道。1月19日，“内乡史志”微信公众号正式开通，设史志动态、史志编研、地方百科、内乡历史、正气格言5个栏目，每月发布2—4期内容。（文清华　汪朝霞）

【武汉市地方志新媒体建设进展】 年内，“武汉地方志”政务微博发布信息20条，粉丝553人；“武汉方志”头条号发布信息25条，累计阅读量24333次；“方志武汉”微信公众号发布信息60条，总用户数298人。（张道旺）

【“方志湖南”微信公众号运行进展】 年内，湖南省地方志编委会运营的“方志湖南”微信公众号关注用户423人，共计推送消息73组（每组1—7条消息不等）。阅读量较高的推送消息有：《省人民政府副省长吴桂英到省地方志编委会调研地方志工作》《关于第五届湖南省年鉴奖评选结果的通报》《10年“翻新”湖南家底书：让更多湖南人了解湖湘家底》等。（任璀洛）

【“广州市情”微信公众号运行进展】 年内，广东省广州市志办运行的“广州市情”微信公众号进驻《广州日报》“广州+”全市政务信息平台，全年推送信息300多条，并增设地方志馆在线预约参观等功能。（梁斯豪）

【“深圳史志”微信公众号运行进展】 年内，“深圳史志”微信公众号设市情动态、深圳年鉴、关于我们等栏目。全年发布信息43次51篇。开通以来共发布信息489篇，关注人数突破1000人。（陈立智）

【广西地方志微信公众号建设进展】 年内，广西壮族自治区南宁市志办开通“方志南宁”微信公众号。至此，广西有6个方志微信公众号，包括“方志北海”“方志广西”“志说桂林”“兴安县志”“方志南宁”“来宾史志”。年内，“方志广西”微信公众号关注人数2450人，发布70期共172篇信息，浏览人次近5万次。（周珍朱）

【“琼崖史志”微信公众号运行进展】 年内，“琼崖史志”微信公众号以图文形式刊载海南历史人物、重要历史事件、革命遗址、海南省情地情、风土人情、相关法规、史志研究理论文章所整合成的稿件及重要史志动态信息。（郑昕）

【“重庆地方志”微信公众号建设进展】 年内，重庆市志办主办的“重庆地方志”微信公众号，设工作动态、市情简介两个栏目。年内共推送各类地方志图文消息23条，总阅读量6331人次。至年底，共有订阅用户384人。

（司逸潋）

【四川省地方志新媒体建设进展】 年内，四川省志办建成“方志四川”微信公众号、微博账号、头条号、企鹅号等新媒体矩阵，每日在“方志四川”微信公众号编辑推送8篇文章，信息发布提质提速增量，全年发布各类地情文章2135篇，微信关注用户比2017年增长2倍；今日头条上文章单篇阅读量最大多达61.6万次，单篇评论达5015条。“方志绵阳”“方志金牛”“方志武侯”“方志成华”“威远史志”“三台县地方志”“芦山地方志”微信公众号广受欢迎，与喜马拉雅网络科技有限公司建立合作关系，在喜马拉雅FM开通“方志四川”官方电台，制作发布音频节目，首批50集音频节目《舌尖上的四川》陆续上线播出。自贡、绵阳、巴中等地与各类媒体合办专栏，构建巴蜀文化立体传播格局。全年全省共建设新媒体平台35个。（朱丹）

【“方志贵州”手机报推送进展】 年内，“方志贵州”手机报推送23期。（贵州省志办）

【“方志陕西”微信公众号和网站手机版开通】 年内，陕西省做好新媒体建设，开通“方志陕西”微信公众号和网站手机版，全年推送陕西地方志各类信息约400条，公众号用户关注人数持续增加，单条信息最大点击量近9000人次。（韩云鸽）

【“方志新疆”微信公众号运行进展】 年内，“方志新疆”微信公众号传播功能进一步提升，发布制度进一步完善，发布各类信息195条，阅读量650余人次。（陈忠）

·方志馆建设

【“北京地情展”升级改造】 3月，北京市方志馆“北京地情展”升级改造完成，并开始试运行。改造后的展览在内容更新、技术改进、互动体验三个方面均有所进步。该地情展全年参观总人数万余人次。（王韧洁）

【北京方志馆举办系列专题展】 年内，北京市方志馆举办高碑店风物展、北京禁毒历史展、北京家谱家训家风展3个专题展，累计接待观众万余人次。与农光里邮局合作举办改革开放40年邮品展、与千龙网合办“时光里的北京范儿”改革开放40年老物件展、与朝阳区合作举办“朝阳区建区60周年发展成就展”。

（王韧洁）

【北京方志馆馆藏图书购置】 年内，北京市方志馆购置图书659种，包括各地志书148种、古代文献资料61种（其中旧志3种）、地方志目录1种。从各方接收赠书922种。交换志书、年鉴1000多种。电子阅览区增设电视屏幕用于数字方志馆、图书管理系统、北京地名信息查询系统等数字资源展示，并重新安装电子阅览区电脑安全管理系统。（王韧洁）

【河北省方志馆建设进展】 1月，与河北省方志馆共同建馆的河北省档案局向省政府请示要求重新选址建馆，河北省方志馆建设项目受其影响需另行考虑。年内，河北省方志馆通过政府招标采购购买100万元图书资料。

（王慧卿）

【山西省情（方志）馆建设进展】 年内，山西省情（方志）馆项目推进会、初步设计论证会召开，完成设计施工图和征地工作，办理《建设用地规划许可证》。市县方志馆建设迈出新步伐，大同方志馆开馆，全省第一个村级方志馆——乔李村方志馆开馆，阳泉方志馆完成选址，运城方志馆开工。（武岭）

【内蒙古方志馆建设进展】 截至10月，内蒙古自治区有8家单位建成方志馆（资料室），其中盟市级工作机构5家，旗县级工作机构3家。有11家单位方志馆（资料室）已经立项，其中省级工作机构1家，盟市级工作机构5家，旗县级工作机构5家。按照《方志馆建设规定（试行）》标准，符合建设面积标准要求的有2家单位，即内蒙古方志馆和兴安盟方志馆，均在建设中。内蒙古方志馆于3月正式立项，馆址呼和浩特市赛罕区巴彦塔拉路，与市图书馆、市档案馆、市演艺中心、市民族青少年宫和市民俗文化展示馆合并建设，规划总建设面积16300平方米，预计2020年建成并投入使用。截至年末，内蒙古方志馆地下一、二层主体基础完工，正在协调方志馆建设经费及设立方志馆工作机构等事宜。

（内蒙古自治区志办）

【吉林省方志馆建设进展】 年内，吉林省方志馆通过购买、捐赠、报送、交换等方式入库志书、年鉴及地情图书共3786册，出库配（赠）送各类图书1427册，购置旧志4部，搜集、购买《朱姓家谱》等家谱22册。截至年底，省方志馆馆藏图书14.7万册，家谱200余部，旧方志复制本220种1070册，志书电子版1770余部。省方志馆作为吉林省社会科学界联合会优秀科普基地，全年接待政府机关、企事业单位、学校院所、报社等单位及社会读者1430人次到馆参观、查阅、咨询信息。

（周春玲）

【吉林省方志馆新馆建设进展】 年内，吉林省发改委正式批复《吉林省档案局、方志馆新馆建设工程可行性研究报告》。完成吉林省方志馆新馆初步设计起草工作，与建筑公司开展新馆水暖、平面图布局设计对接工作。完成新馆平面图纸修改并达到省统建办要求，新馆设计建设工程概算通过审核。（周春玲）

【吉林省市县方志馆建设进展】 年内，吉林省地方志工作机构建成并通过实地评估3家方志馆（资料室），分别为吉林市龙潭区方志馆、长春市二道区地方志资料室、四平市方志馆。截至年底，全省70个地方志工作机构建成39个方志馆（资料室）。（于泳生）

【长春市方志馆开馆】 12月12日，吉林省长春市方志馆（长春道台衙门博物馆）开馆仪式在吉长道尹公署旧址举行。市方志馆位于长春市南关区亚泰大街669号，是利用全国重点文物保护单位吉长道尹公署旧址改建而成，占地面积11000平方米，建筑面积2501.28平方米。现存建筑四栋，共设立5个展区：大堂内设“百年衙署的经世沧桑”基本陈列区；大堂回廊处设“城市记忆——长春地情展区”；二堂是方志成果展示阅览区；侧堂是“末代皇帝溥仪办公和起居室”模拟复原陈列区；以及三堂遗址考古保护区。馆藏各类文献、资料3000余种3.3万余册。其主要功能是传承中华民族优秀传统文化，收藏、展示地情类书籍和文献资料，开展地情资源研究开发与利用，进行爱国主义宣传教育和文化交流等。（崔玉恺）

【黑龙江省方志馆建设进展】 年内，黑龙江省方志馆分别在内容更新、规范服务、数字方志馆建设及资料管理等方面加大工作力度。省方志馆被中共黑龙江省委直属机关工委列为“首批省直机关党建活动基地”。省方志馆进一步深挖龙江历史文化资源，并结合省委、省政府中心工作和史志工作重点，重新撰写解说词，讲好龙江故事、传递龙江声音。在展示内容、电子设备维护、馆藏书籍管理上下功夫。先后完成发展之路、龙志流源、志办沿革、第十次工作会议、“12531”工程及省政协主席黄建盛参观报道等60余块板块图文更新工作。省方志馆加大宣传力度，主动与黑龙江省关心下一代工作委员会、凤凰网黑龙江频道等单位、媒体取得联络，进一步吸引参观人员，并以纪念改革开放40周年和被列为省直机关党建活动基地为契机，先后吸引、接待省政府机关事务管理局、中共中央党史研究室、省社会科学院、省委组织部主办的两期国情省情主题研修班等20余家单位参观，参观人数300余人次。8月，省政协主席黄建盛到馆参观，对黑龙江省方志馆建设和布展、服务等工作给予肯定。 （徐萍 杜胜男）

【上海通志馆建设进展】 年内，上海通志馆馆舍建设和文献资料收集与展示工作继续推进。上海通志馆新馆（上海图书馆东馆内）深化功能定位与空间布局，推动落实“五馆合一”的新馆建设理念，加强旧馆迁建工作考察与联络。截至10月底，通志馆收藏各类志书13238种22112册，年鉴6758种10297册，地情资料4955种9834册，同比新增各类书籍共13825册。上海通志馆展示室接待国家图书馆等多家单位300余人次，开通“上海通志馆”微信公众号，定期向大众读者推送微信文章，想方设法多渠道收集展品，年内增加民国时期上海市通志馆编写的《上海掌故》等资料。

（王师师 陈畅）

【江苏省方志馆建设进展】 年内，江苏省方志馆入馆图书20993册，整理志书、年鉴资料集74盒。入馆图书中，志书2537册、年鉴801册、旧志16178册、地情书1405册、工具书72册，包括《天一阁藏历代方志汇刊》《中国名镇志丛书》《湖北省图书馆藏稀见方志丛刊》《民国赈灾史料初编》等丛书。22个省（自治区、直辖市）建立交换协作关系，交换第二轮志书，全年共交换志书110册。截至年底，馆藏图书15.7万册，其中录入书目数据库4.2万册，保存首轮省志37051册，第二轮省志12316册，历年江苏年鉴8625册，影印旧志40422册。省方志馆与南京大学、南京师范大学、江苏第二师范学院等高校开展交流合作，共建实践实习基地。丰富江苏数字方志馆内容，在江苏新方志、华东地区年鉴、江苏旧方志等9个专题数据库基础上，新增《中国历史人物传记资源数据库》《中国古籍影印丛书查询数据库》。年底，江苏数字方志馆有11个数据库，总规模近3TB。收录华东地区所有公开出版年鉴的创刊至2018年卷镜像数据，共有年鉴数据861种8440册。继续丰富江苏新方志数据库，在已有2553册的基础上，新增购286册，共收录新方志2839册。 （周文燕）

【南京市方志馆建设进展】 年内，江苏省南京市方志馆创新宣传教育手段，利用南京市地方志大学生志愿者基地优势，主动协调接入并注册中国南京网站App“我的南京”志愿者活动，先后接待两批大学生参加方志馆社会实践活动。该馆联合“爱之源”公益发展服务中心，在南师附中、中华中学组织和培训首批高中生志愿讲解员队伍，开展首批具有特殊意义的暑期公益志愿服务和参观活动。全年接待机关、社会团体、学校参观1000人次。 （吉祥）

【六合区志办创新思路打造六合方志馆】 年内，江苏省南京市六合区志办把建设六合方志馆作为“对标找差，争做贡献”的工作目标，在区新图书馆三楼阅览区域内，专门提供一间面积为40余平方米的独立阅览室，并挂牌六合方志馆。邀请省、市地方志工作机构主要负责人到方志馆调研，争取到大量珍贵方志史料支持，面向全国地方志工作机构开展志鉴交流活动。六合区图书馆近年收集的史志资料类图书也在方志馆入库。借阅登记等工作全部纳入图书馆统一管理，不需要区志办加派人手进行管理。通过登记、贴标、盖印等三道程序，图书全部上架，对外开放。 （周文燕）

【苏州市方志馆建设进展】 年内，江苏省苏州市方志馆完成五卅路方志馆整修，市方志馆新馆完成规划设计和施工图设计。购买和交换《中国地方志荟萃》西南卷、华东卷、中南卷、华北卷辑164册，《中国地方志艺文荟萃》华东卷、西南卷、中南卷、华北东北卷辑110册，《四川大学图书馆馆藏珍稀四川地方志丛刊续编》《中国地方志集成·山志专辑》《河南大学图书馆藏稀见方志丛刊》《陕西省图书馆藏稀见方志丛刊》等方志丛刊346册。购买其他书籍116册，交换131册，收到捐赠351册。入库《南社后裔口述历史》等各类书籍1269

册，朱树民、朱斌生、陈艺、徐圭逊、钦瑞兴、薛龙等书画家捐赠作品15幅。全年现场接待查阅资料1000余人次，接待参加未成年人实践基地活动学生6000余人次，接待团体单位到馆查询资料50余次。（吉祥）

【无锡方志馆建设进展】 年内，江苏省无锡市史志办按照市发改委项目计划要求，组织实施无锡方志馆拓建项目。3月，无锡方志馆改造建设项目正式施工，完成无锡方志馆“璀璨梁溪——无锡历史人文集萃”布展工作，12月正式对大众开放。配合有关部门做好无锡方志馆院内其他三幢老建筑修缮工程。联合市文广新局印发《关于交存连续性内部资料出版物的通知》，明确建立无锡市拥有准印号的内刊向市图书馆、无锡方志馆交存的制度，推进方志馆地方史志资料征集管理工作制度化、规范化、常态化。联合市台办、梁溪区政府等举办“与君同源来——锡台文化交流月”活动，与台湾中国文化大学图书馆相互交流地方文献，并探索建立地方文献互通交流制度。（吉祥）

【常州方志馆建设进展】 年内，江苏省常州方志馆被确定为江苏省海外交流基地，为省侨办汇编的《文化寻梦——江苏省海外交流基地资料汇编》图册提供文字介绍、图片资料。开展方志馆小小志愿讲解员招募培训工作，招募小小讲解员20名，进行培训，为首批讲解优秀的小小讲解员颁发证书。全年接待登记来访者14339人次，接待团队48批次。（吉祥）

【杭州市方志馆建设】 年内，浙江省杭州市方志馆开展馆内、馆外活动190次。其中大型活动有杭城首次汉服展、昆曲音乐会、元宵节猜灯谜活动、花朝节民俗活动、皮影戏活动、南宋文化节游园活动、冬至节传统民俗活动等。举办杭州历史文化讲堂4次。接待市民游客咨询27人次。开展共建工作，与财通证券股份有限公司、浙江育英职业技术学院、浙江大学、柳翠井巷社区、西牌楼社区、杭州市机动车驾驶员考试服务中心、上城区巡特警大队、杭州市天艺幼儿园上城区涌泉社区服务中心、上城区安监局、杭州第十中学、宁波大学11家单位签订共建协议。开展基地创建活动，被授予杭州市爱国主义教育基地、杭州市党员教育示范基地、浙江大学教学实践基地、上城区青少年学生第二活动课堂、上城区市民终身学习体验基地等。组织方志文化“六进”（进机关、进社区、进学校、进农村、进企业、进军营）活动11次。全年市方志馆被省市级以上媒体报道73次。年内，市方志馆共接待参观者9.14万人次，其中散客8.61万人次、团队293批5211人次，开馆306天，日均299人次。（冯跃民）

【温州市龙湾区党史方志展示厅开放】 9月，浙江省温州市龙湾区党史方志展示厅正式建成开放。该展示厅位于龙湾区便民服务中心8楼，是集文化交流与展示、志书收藏、宣传教育等多功能于一体的综合性场所，展示龙湾区史志成果，共收藏龙湾区各类志书、年鉴、党史资料汇编、地情丛书、方志理论著作、期刊影像资料、口述资料、图片资料等2000余册。

（温州市史志办）

【海盐县方志馆动工】 年内，浙江省海盐县史志办启动方志馆建设工作。自2月起，县史志办三次组织外出参观，两次召开会议研究海盐方志馆设计工作。县史志办在参观学习基础上，3月8日制定《海盐县方志馆初步设计方案》，初步明确方志馆的功能定位、设计布局和初步预算，县方志馆规划面积1000平方米。3月10日，相关人员对方案进行修改完善，调整方志馆展示厅等部分设计，增加改革开放等内容。12月28日，县方志馆正式开工建设。

（嘉兴市史志办）

【海宁方志文献馆筹建】 年内，浙江省海宁方志文献馆项目馆址确定，位于干河街徐家老宅，明清风格建筑，市级文物保护单位，占地1156平方米，建筑面积1689.5平方米。年内，方志文献馆功能布局初步确定，由方志陈列馆、名人文献馆、家谱文献馆三部分组成，并设有办公研究区、多功能室、特展室和讲堂。

（嘉兴市史志办）

【湖州市方志馆运营进展】 年内，浙江省湖州市方志馆进一步探索发挥地情教育功能，举办各类公益活动，通过多样形式，提高市民对地方志的认识和关注。通过“讲座＋互动＋全民参与”的形式。举办“汇聚方志文化 定格湖州历史今朝”等庆祝传统节庆活动10余次；利用三楼临展区，开展“湖州历代主要家谱展”“中国铜镜展”等展览4次，吸引大量的游客前来参观。进一步发挥爱国主义教育基地作用，开展各类馆校共建合作项目，市方志馆被市委市政府命名为“湖州市第九批市级爱国主义教育基地”，被市直机关党工委授予“湖州市直属机关主题党日活动基地”；与市新风小学教育集团合作，共同探索研究课外实践拓展教育课程——“小小讲解员”，成为市方志馆发挥爱国主义教育基地功能的重要实践之一。举办3期招募培训活动，培养合格讲解员35名，利用节假日在市方志馆上岗为市民服务，累计接待团队27场，服务逾9000人次。由湖州方志馆创作、小小讲解员团队表演的《湖州歌》获得市首届童谣节童谣传唱节目一等奖。与市第二中学、市第四中学教育集团签署馆校共建协议并举办授牌仪式，送志书、宣传册、影片等地方志有关书籍资料进校园、进教室、进课堂。举办“方志公益讲堂”系列活动。邀请对中国传统文化和地方志有一定研究的专家和学者走进方志馆，面向市民或学生开展免费公益讲座。全年累计接待访客近5万人次，接待各类团队95场，开展公益讲座和学术研讨12次。

（湖州市志办）

【柯桥区方志馆公共服务能力提升】 年内，浙江省绍兴市柯桥区方志馆新增史志书籍、地情文献资料共233种343册。全年，区方志馆免费对外开放，依托海量馆藏资料，运用现代化手段和方式，为大众提供公共服务。全年累计接待社会各界查阅资料600余人次，为100余个单位部门编修志书、规划建设、决策部署提供权威资料。

（绍兴市史志办）

【义乌方志馆建设进展】 年内，浙江省义乌方志馆为广大市民和史志爱好者提供资料查阅、地情咨询等服务50余次，接待各界人士2.1万人次，为广大人民群众提供地方志成果。

（金华市志办）

【浦江县志办筹建方志馆】 4月15日，浙江省浦江县志办筹备县方志馆建设工作，在县档案馆二楼选定70平方米场所，内设收藏室、资料阅览室、陈列室。

（金华市志办）

【龙游县方志馆完成主体工程施工】 年底，余绍宋（越园）方志馆完成主体工程施工。余绍宋（越园）方志馆作为浙江省龙游县博物馆内容之一，选址在龙洲街道宝塔路46号，与龙游民居苑毗邻。该馆展厅面积473平方米，临展厅838平方米，投资约331万元。展陈内容包括“贤达之路——余绍宋的生平”“方志新章——余绍宋的志书贡献”“翰墨丹青——余绍宋的书画成就”3个部分，陈列有余氏家谱、日记手稿、捐赠的藏书、各种志书、碑刻、摩崖题记、书画作品、印章、照片、档案等资料。

（衢州市志办）

【安徽省方志馆建设进展】 年内，安徽省志办编写修改《安徽省方志馆展陈大纲》，并先后赴国家方志馆等地考察调研，先后两次召开会议研讨和评审该大纲。拟订《省地方志馆机构编制申请报告》《省地方志馆内部建设经费预算》《方志文化和安徽省情展布展工作经费预算》等专题报告，争取省编办和财政部门支持。为奠定省方志馆开馆基础，省志办启动“重大专题资料”系列专柜建设，系统收集并保存各地在历史发展演变过程中，最具地方特色、时代特征的典型人物、重大事件、重点项目工程、大型企业和历史文化等专题资料。截至年底，已建立国家级历史文化名城歙县、寿县、亳州、安庆、绩溪5个资料专柜，省级历史文化名城蒙城、桐城、凤阳、绩溪4个资料专柜。新增入库图书10501册，其中志书5253册，年鉴3232册，家谱25部（馆藏共计157部），地情书1991册。电子数据收集120余种。对1991年以来的13248种31462册图书进行集中统计造册，为省方志馆馆藏资料提前做好准备。（史五一）

【安徽省市县方志馆建设进展】 年内，安徽省市县方志馆建设积极推进。合肥市方志馆面积1万平方米，已开工建设，展陈大纲正抓紧研究。宿州市档案馆（方志馆）于2016年12月开工建设，地上建筑面积14200平方米，其中方志馆库房面积1200平方米、展厅面积2000平方米；宿州市埇桥区档案馆（方志馆）新馆已经开工建设，建筑面积11900平方米；萧县综合档案馆（方志馆）新馆作为县"六馆一中心"重点项目建设，计划2019年建成。蚌埠市史志档案馆建筑面积2.3万平方米，方志馆占2000平方米。安庆市扩大方志馆面积，开辟"桐城派""黄梅戏""陈独秀"等重大专题资料专柜，完成10余种志鉴书籍电子版录入和备份工作；淮北市数字方志馆正式在"淮北地情网"上线运行。铜陵市启动投资300万元的数字史志馆建设。（史五一）

【闽台方志万祥馆揭牌仪式】 3月16日，福建省地方志编委会在石狮市举行闽台方志万祥馆揭牌仪式暨闽台方志文化交流座谈会。省地方志编委会聘请蔡友平为闽台方志万祥馆名誉馆长，并首次吸收香港、台湾地区专家加入传承发展中华优秀传统文化（福建方志文化）专家委员会。在揭牌仪式后举行的座谈会上，来自香港、台湾地区和福建省内的有关专家学者、方志工作者等围绕加强闽台方志文化交流、促进闽台文化深度融合等展开讨论。

（欧长生　吴朝庭）

【台江区方志馆建设进展】 8月，福建省福州市台江区方志馆建成开放，面积38平方米，藏书3000余册。（欧长生　吴朝庭）

【江西省方志馆成为省首批中小学生研学实践教育基地】 10月，江西省方志馆被确定为江西省首批中小学生研学实践教育基地。省方志馆作为全国较早建立的一批省级方志馆，馆藏书籍达10余万册，有全国各地志书、年鉴等地情资料，全国各地家谱，中国历史、世界历史、江西历史和人物传记等书籍。（朱岳）

【山东省方志馆聊城大学分馆、山东中华文化学院分馆成立】 6月14日，山东省地方史志系统运河文化研究基地、山东省方志馆聊城大学分馆揭牌。7月17日，山东省方志馆山东中华文化学院分馆揭牌。（孙杰　王赟）

【青岛市市北区档案馆（区方志馆）通过单体竣工验收】 9月，山东省青岛市市北区档案馆（区方志馆）项目通过单体竣工验收。该档案馆的建筑形状为不规则六边形，是一座集文化展示与档案史志业务于一身的综合配套建筑。项目占地面积2503.5平方米，建筑面积约1.07万平方米，其中地上建筑面积7884.19平方米，地下建筑面积2781.1平方米。该项目是绿色三星级别建筑项目，并获得全国绿色建筑最高标准"三星级绿色建筑设计标识"，被作为青岛市被动式超低能耗建筑标识示范项目。

（孙杰　王赟）

【淄博市方志馆建成】 12月，山东省淄博市方志馆完成内部装修布展工作，设备全部到位，进入调试阶段。市方志馆位于市文化中心D组团档案方志馆五层，定位于收藏研究、开发利用地方志资源，面向社会、服务当代、传承文化、资政存史、宣传展示地情的公共文化服务机构，列入《淄博市中华优秀传统文化传承发展实施方案》。全馆建筑面积3000平方米，主要包括方志文化展厅、书库、阅览、学术交流、办公等区域。其中，方志文化展厅全面介绍地方史志以及淄博市史志事业发展历程和成就。年内，淄博市8个区县方志馆全部列入规划，并有序推进建设工作。（孙杰　王赟）

【诸城市方志馆挂牌】 8月13日，山东省诸城市方志馆挂牌仪式举行。诸城市方志馆新馆位于诸城市群众文化活动中心，建筑面积8000余平方米、实用展陈面积6000余平方米。方志馆分序厅、自然环境、文明起源、建置沿革、历史名人、改革历程、方志文化等部分。内部设计利用展板、文物、雕塑、绘画、影像等形式，通过声光电等现代高科技手段展示诸城深厚的历史文化和地情。序厅、文明起源、历史名人、改革历程等部分改造提升工程于7月完成，并对社会公众开放。（孙杰　王赟）

【寿光市方志馆挂牌成立】 7月10日，山东省寿光市方志馆挂牌仪式举行。该馆从原位于寿光市图书馆内的方志馆迁至寿光市历史文化中心，在圣贤宝殿厅加挂市方志馆牌子。按照全省方志馆建设标准和要求，扩大展陈内容，重点充实新中国成立之后的历史。

（孙杰　王赟）

【邹城市方志馆揭牌成立】 6月26日，山东省邹城市方志馆揭牌成立。省方志馆馆长李坤、济宁史志办主任张树礼出席仪式并揭牌。

（孙杰　王赟）

【嘉祥县方志馆挂牌成立】 3月5日，山东省嘉祥县方志馆挂牌成立。该馆位于嘉祥县文化中心，与档案馆功能整合、合作共建，两馆建设面积3000多平方米，其中方志馆面积约1200平方米。年内，嘉祥县开展馆藏资料收集和方志馆装修布展工作。（孙杰　王赟）

【河南省方志馆建设进展】 6月底，河南省方志馆扩建改造工程顺利完工。工程总投资200余万元，对省方志馆外立面进行装饰，内部改造展厅、书库6个，报告厅1个，完善相应配套设施。改造后的省方志馆新增使用面积400平方米，总使用面积达3600平方米。

（文清华）

【湖北省方志馆建设进展】 年内，湖北省方志馆开展升级改造前期准备工作。襄阳市在首届全国方志馆建设经验交流会作经验交流，宜昌市、孝感市全力做好方志馆设计展陈工作，荆门市完成方志馆的土建工作。部分县（市、区）方志馆在建。

（湖北省文旅厅地方志工作处）

【武汉市方志馆建设进展】 年内，湖北省武汉市方志馆完成新入藏地情图书资料360种394册，馆藏累计图书文献25605种40660册。该馆设立于1994年，与武汉市志办合署办公，2010年3月搬迁至武汉市江岸区铭新街8号。现有馆藏面积约165平方米，设地方文献室、年鉴志书库、基本藏书库、历史文献库（旧志、工具书、海外文献、复印资料等）、期刊电子出版物库5个书库。馆内藏有4万多种6万多册志书、年鉴和地情资料，包括海内孤本明万历《汉阳府志》等。年内，为展示地方志历年编纂成果，在市志办一楼大厅两侧摆放两个总长度约3.75米、宽度约0.4米、高度约1米，中间有分隔的成果展示柜，展示1981年成立以来的全部地方志成果。（张道旺）

【湖南方志馆建设进展】 截至年底，湖南方志馆馆藏图书3.5万余册。其中，方志类19013册，年鉴类6483册，其他旧志古籍和湖南地情资料书10469册。湖南地方文献研究所于2000年11月成立，加挂湖南方志馆的牌子。2015年5月更名为湖南省地方文献研究所，仍加挂湖南方志馆牌子。年内，该馆通过购买、与外省方志馆及相关单位交流捐赠，共新上架图书2922册，过刊475册；购置资料查阅专用电脑，完善借阅制度，做到全天候开馆。面向全国开展“南岳衡山杯”2018年地方志理论研究征文活动。面向全国征集162个姓氏的家谱346套569册。（易可倩）

【广东省方志馆试开放运行】 5月15日，广东省方志馆省情馆开始对外运营。截至12月底，接待团体260多批次6500多人次、个人1000多人次参观。参观团队多以党支部活动和学校组织开展省情教育等形式参观省情馆。针对大型接待、重要接待，省方志馆制定专门工作方案，责任到人。主要有《广东省地方志工作条例》颁布实施新闻发布会和贯彻实施会议，北京师范大学附属实验中学570名师生研学活动参观并举行闭营活动，省志办庆祝新中国成立69周年暨改革开放40周年文艺汇演，国家政协宗教界委员考察团参观考察及座谈会，云南省副省长率队参观座谈，全省公安机关基层党支部书记培训班450名学员参观等大型活动。此外，还为《广东抗日战争志》审议会等会议及活动提供服务。　（广东省志办）

【广州市地方志新馆建设进展】　年内，广东省广州市地方志新馆展厅基础设施进一步完善。新馆图书管理设备与广州图书馆服务器获得授权，实现连接；城、政、人、水、区情等展区实施升级改造。方志驿站和地方志分馆建设步伐加快，对27个方志驿站开展后续跟进工作，并与市政府系统培训中心合力打造广州方志驿站示范点，优化培训项目和现场教学形式。推进6个广州地区高校地方志分馆建设，深入广东外语外贸大学、广州大学调研，商洽强化地方志分馆共建工作。7月11日，市地方志新馆与广东外语外贸大学、中国南方人才市场、广州大学人文学院、广州大学新闻与传播学院、广州智子教育科技5个单位签约建立教学实践及教育基地并在新馆挂牌。为广州大学新闻传播学院师生在新馆开展视频录制现场教学活动提供支持，启动实施以“越识广，粤识讲”为主题的《即兴口语表达》课程选题计划，为新馆录制25个粤语讲解小视频。全年接待军转干部4期900余人次、初任公务员现场教学4期420多人次。接待预约讲解41000多人次，其中团队284批次11100人次。借用广东外语外贸大学生讲解志愿者，完成境外团队印度青年代表团100人参观接待。（王艺霖）

【深圳市方志馆建设进展】　年内，广东省深圳市方志馆设深圳党史馆、深圳地情馆、文献阅览室、书库、历史影像编辑保存中心、口述历史中心、地方志资料年报室、党史宣教室、多功能会议厅、研究办公区等功能用房，馆藏图书资料约4.9万种20万余册，是集收藏、研究、咨询、展示、交流、教育于一体的公共文化设施。该馆总体目标是建设“六个中心”（全国与深圳地方史志文献收藏中心、深圳地方党史资料收集研究与宣传展示中心、深圳地方史志编纂与地情研究咨询中心、深圳地情变迁展示中心、深圳历史文化名人与人文历史展示中心、中外地方史志交流中心）、“两个基地”（党史教育基地、市情教育基地），为市民提供公共文化服务。　（陈立智）

【广东省市县方志馆建设进展】　年内，广东全省已建、在建和已规划各级方志馆（室）有61个。其中广东省方志馆、广州市地方志新馆、深圳方志馆发挥示范引领作用。东莞市方志馆做好场馆修缮改造工作，并积极推进市方志馆与市档案馆二期合建；大朗镇方志馆、南城方志馆管理不断加强；中堂、大朗、东坑镇多个村（社区）因地制宜开展村志村史馆建设。佛山市从方志馆与档案馆两馆合一角度，重点推进地情展厅《佛山足印》项目、地方志成果展、方志阅览室的功能完善。阳江市启动50个方志驿站建设，首个“方志驿站”在中国十大最美海岛——海陵岛270°海上书吧挂牌。湛江、云浮、韶关新丰等地积极推进方志馆建设，清远市连山县启动太保镇旧城村史馆创建工作，汕头市潮南区志办协助陇田镇南埔村创建村文史馆，肇庆四会市石狗镇程村开展村史馆建设。　（广东省志办）

【广西方志馆建设进展】　年内，广西方志馆通过采购、交换、上报、赠送等方式，采集各种图书资料共8829种1.2万册、期刊合订本190种590册。其中，入藏上架志书、年鉴、地情书、志稿及其他参考工具书等2575册，报刊合订本590册。面向自治区内外交换、配（赠）送图书975册。与全国149种刊物建立期刊交换关系，其中史志类刊物59种。馆藏古籍管理方面，修复《史记评林》《汉书评林》

《宋元通鉴》等3种古籍共89册、6826叶；扫描整理馆藏民国文献资料2.5万页，并制作“广西方志馆地方文献数据库”。截至年末，馆藏图书达3.9万种8.5万册，报刊1000余种2.1万册（合订本）。此外，还整理编纂馆藏书刊目录，将《广西方志馆馆藏图书目录》（第1—5卷）初稿进行重新梳理、编辑，增加报刊部分，最终定为四卷，并更名为《广西方志馆馆藏书刊目录》。

年内，该馆接待党政机关、企事业单位、学校院所、社会人士等各类读者到馆查阅资料680人次，接待河南省史志办、自治区党委组织部、自治区纪委、自治区财政厅、市县志办等单位及个人参观史志博物馆200余人次。

（周珍朱）

【海南史志馆建设进展】 年内，海南史志馆基建工程竣工，布展工作展开，开馆运营的各项工作持续推进，计划2019年正式开馆运营。

（郑昕）

【重庆市江北区方志馆运行进展】 年内，重庆市江北区方志馆面积200余平方米，设区情展示厅、志鉴及地情资料陈列厅、方志编研室3个功能区，馆藏图书3000余册。展厅内容包括江北区情、江北地方志两部分，设历史江北、地理江北、人文江北、今日江北、方志概览、新编方志、本土方志、方志馆藏、修志剪影等栏目。年内，该馆投入约8万元，购进《中国地方志集成·善本志辑》（第一、二编），包括上海、江苏、浙江、山西、陕西、安徽、福建、湖北、湖南等14个省（市）善本方志影印本162册。全年接待参观和查阅资料市民500余人次，与沙坪坝、荣昌、万州等区县地方志工作机构以及区文化馆、作协、文联等文艺创作和研究组织开展方志馆业务、地情资料编研交流活动，并为江北嘴中央商务区、区历史文化特色街区建设领导小组、区委宣传部、区外宣办等单位提供区情资料查阅及咨询等服务。（叶春梅）

【四川省三级方志馆建设进展】 年内，四川省共建成各级方志馆28家。省方志馆接收、采购各类志书和地情资料1550册并编目入库，装裱完成400余幅馆藏民国地图。做好家谱族谱征集、接收，全年共接收家谱、族谱书籍60多本（套），电子版50多份，并向捐赠人现场颁发或邮寄珍藏证书。成都、巴中等市方志馆重新布展升级。（朱丹）

【西藏自治区党史馆（方志馆）建设进展】 年内，西藏自治区党史馆（方志馆）项目建设在土地划拨、经费保障、项目可行性研究等方面都取得进展，项目新址可行性研究报告基本完成，为项目建设开展奠定基础。（廖鲲鹏）

【陕西省三级方志馆建设进展】 年内，陕西省按照中指组《方志馆建设规定（试行）》的要求，加强方志馆建设和管理，申请专项经费。陕西省志办落实专项经费，加强省地方志馆基础设施建设。西安市方志馆立项前期工作启动，完成初步规划建设面积约1.5万平方米。延安方志馆建设与延安博物馆项目同步进行，形成初步布展方案；黄龙县“大美黄龙”展室成为延安市第一家建成在用的方志馆，宜川县方志馆主体已完工，吴起县方志馆已规划立项。榆林方志馆完成基建，具备办公条件。咸阳市方志馆建设列入政府“十三五”规划，安康市地方志馆完成升级改造，为社会各界提供地情服务，带动机关单位、社区、学校等在方志馆开展主题党日、专题学习，强化方志文化教育功能，并应邀在全国首届方志馆建设经验交流会上做交流发言。安康市汉滨区方志馆建设面积1500平方米。宝鸡市推进村史馆建设，全年新建村史馆3个，村史墙12个。

（韩云鸽）

【甘肃省市县方志馆及数字方志馆建设进展】 年内，甘肃省在建市级方志馆2家。平凉市在市博物馆内建设面积近800平方米的方志馆，主要征集进馆资料、设计布展工作；庆阳市落实100平方米场馆，计划建成集史志收藏、地情展示、方志研究为一体的史志文献收藏中心，已收藏全国省市县各种志鉴 3000 多套 5000 多册。新建县级方志馆 2 家，张掖市甘州区在市图书馆内建成 120 平方米的方志馆，收藏展示志鉴、地情资料近 1 万册；高台县在县博物馆内建成 60 平方米方志馆。兰州、嘉峪关、金昌、武威、白银、定西、庆阳 7 个市的数字方志馆初步建立，并持续充实。

（甘肃省志办）

【新疆方志馆建设进展】 年内，新疆已建成 6327 平方米的新疆方志馆（新疆地情展示中心），预计 2020 年正式开馆运营。新疆方志馆的整体定位是：收藏研究、开发利用地方志资源、宣传展示国情、地情的公共服务机构，是爱国主义教育基地、新疆地情展示中心、地方文献收藏中心、综合数据网库中心（数字方志馆）、对外文化交流中心。新疆方志馆作为地方文化展示的重要组成部分，在设计展陈时做到专业性与可观性的有机统一。积极探索信息技术在史料整理、运用和推广等方面广泛应用，力争把新疆方志馆打造成为传播新疆历史文化与地情展示的重要窗口。 （陈忠）

【新疆生产建设兵团史志馆建设进展】 年内，新疆生产建设兵团史志馆项目建设明确与兵团档案馆优势互补、资源共享、相互独立、联合共建的方向。向兵团发展改革委、国土资源局、住建局、环保局、档案局、机关事务管理局、财政局等部门对接工作并征求意见，并向中央党史和文献研究院、中指办上报《关于支持兵团史志馆项目建设的请示》。 （王兴鹏）

理论研究与期刊出版

·志鉴理论研究

2018年全国志鉴理论研究综述

2018年，志鉴研究较2017年取得颇为丰硕的成果。据统计，本年度公开发表的方志论文800多篇，公开发表的年鉴论文超过200篇。论文作者主要来自两大系统，一是高校科研机构，二是各省区市志办，其中后者占有更大比重。为了便于述评，本文分为方志理论研究和年鉴理论研究两个部分进行梳理。梳理的对象主要是2018年国内公开发表的期刊论文，有关研究著作仅作简要介绍，学术研讨会议论文、论文集论文不在研究范围之内。

一、方志理论研究

据统计，2018年度公开发表的方志方面论文有800多篇，其中方志理论96篇，方志管理与实践258篇，方志编纂141篇，方志史与方志史学193篇，志书（稿）研究与评介244篇。论文作者主要来自两大系统，一是高校科研机构，二是各省区市志办，其中后者占有更大比重。为了便于述评，本部分从方志理论、方志管理与实践、方志编纂、方志史与方志史学、志书（稿）研究与评介五个方面进行展开。

（一）方志基础理论研究

方志理论研究是方志学研究的首要重点内容。2018年的研究主要集中于探讨方志基础理论、方志学建设及与其他学科关系、地方志事业转型升级、方志文化建设等方面，旨在为方志学发展寻求理论上的突破。

关于方志基础理论。这方面论文有27篇。方志基础理论经历明清肇兴、民国发展、新中国创新，有了其独特的研究对象、内容和任务。其中，方志的性质一直是方志理论研究中的重点。戴昇的《回顾与审思：18世纪以来的地方志性质研究》（《广西地方志》2018年第3期）一文从戴震与章学诚的讨论引入，回顾了各个时期方志学者们对方志性质的探讨，认为在中国传统社会时期，方志性质由早期“重地”向后期“重史”转化；地方志的“地域性”与“时段性”是其方志性质不可或缺的部分；方志作为综合性资料，其性质是随着社会的发展变化而不断变化的，它是特定地域、特定时段的产物。此外，张以发《浅议方志的特异性》（《天津史志》2018年第1期）、孟秀《简述地方志性质演变》（《江西地方志》2018年第4期）均对方志的性质进行阐述。王丹林《方志体例源于河图洛书考略》（《史志学刊》2018年第6期）一文通过对这场“河图洛书”的学术公案进行梳理、考辨，认为方志体例起源与河图洛书有关，但是进一步的考证，仍旧需要后续的学者进行开拓。孙生玉《浅谈方志体例的继承与创新》（《宁夏史志》2018年第3期）一文指出，方志体例是志书内容的表达形式，方志体例的继承与创新为中国地方志的发展提供了滋养。

关于方志学学科建设及与其他学科关系。这方面论文有14篇。对于方志学如何建成一级学科，学者提出了自己的想法。巴兆祥《基于学科学视角的方志学学科构建源流》（《上海地方志》2018年第3期）一文用学科学的方法理论，从学术史的视角，梳理方志学从乾嘉到新中国成立这段时间的发展过程，角度新颖，讨论空间广大。张志仁、高生记、张佳琪《近20年来方志学学科建设研究述略》（《史志学刊》2018年第4期）一文梳理了20年来方志学学科建设的成果。并指出作为专门学问成为独立的方志学学科仍处于理论研究层面，关键是研究成果和研究人才匮乏制约着进一步发展。梁滨久《方志学一级学科建设刍议》（《安徽地方志》2018年第4期），韩章训《论方志学转型升级》（《浙江方志》2018年第6期），付永正、常京锁《方志学一级学科建设问题初探》（《今古大观》2018年第5期），白城市地方志办公室课题组《方志学一级学科建设刍议》（《今古大观》2018年第6期）就如何解决方志学学科体系建设中的问题进行论述。池诚《当代方志学的理论构建——试论当代方志学之主要内容》（《上海地方志》2018年第1期）一文提出了加大方志学科顶层设计和人才培养对于方志学科建设的意义重大，并建议增加方志批评学、谱牒等内容。张安东《把握方志学科建设要点——理论提升、体系建构和途径原则》（《上海地方志》2018年第4期）一文指出，学界关于方志学学科建设研究仍存在较大分歧，建立一个被学界认同的方志学学科体系，是方志学界必须思考和解决的问题。沈卫平《浅析方志学学科建设及方志学专业在高校的发展路径》（《中国地方志》2018年第3期）一文将方志学的构建与方志学科在高校的发展联系在一起，认为要摆脱高校方志学专业发展面临的困境，最好的办法还是要获得教育部给予的名分，争取列入国务院学位办的学科目录。

关于地方志事业转型升级。这方面论文有32篇。2018年，地方志事业转型升级较往年更加受到学界重视。张英聘《口述史视野下地方志事业发展的新趋向》（《中国地方志》2018年第1期；《云南史志》2018年第2期）一文指出，口述史学对地方志而言加深了各学科之间的互动与整合，推动了地方志向纵深发展。从叙事方法讲，口述史的出现改变了传统历史编撰的方式，呈现出对历史记忆的综合和兼容的特性，进而推动了地方志在工作理念上的变化与创新。赵飞《地方志事业全面转型升级与继承中华优秀传统文化略论》（《史志学刊》2018年第2期）一文强调，发展地方志事业是提升国家文化软实力的基础工程，是传承发展中华优秀文化的具体体现；发展地方志事业是培育和弘扬社会主义核心价值观的基础工程，是增强文化自信的具体体现；发展地方志事业是挖掘和弘扬地域和民俗文化的基础工程，是服务社会现实需要的具体体现。陈忠《地方志事业转型升级的三重境界——以发扬“仙人掌”精神为例》（《新疆地方志》2018年第2期）一文指出一丝不苟、爱岗敬业精神，锲而不舍、淡泊名利精神，开拓进取、甘于奉献的地方志工作者“仙人掌”精神是地方志事业发展的内在必然要求，渐次达到地方志事业转型升级的三重境界。任璀洛《方志事业的现状分析和转型思考》（《湖北方志》2018年第5期；《云南史志》2018年第4期）、詹维强《新时代地方志事业转型升级探讨》（《浙江方志》2018年第6期）分析当前地方志事业的现状，对转型升级后的地方志事业作出展望。

关于方志文化。这方面论文有23篇。2017年，冀祥德在《论方志文化自信》一文首次提出“方志文化自信”概念。方志作为中华民族的“文化瑰宝”，更应展现出自己的文化自信。夏传玉的《新常态下的方志文化传承与创新》（《上海地方志》2018年第1期）一文从新常态下的方志文化的特点、方志文化的定位、方志文化的谋划、方志文化的人才观四个方面论述方志文化的传承与创新。韩保农《关于弘扬方志文化的几点思考》（《史志学刊》2018年第2期）一文以唯物辩证法的观点，从方志文化的内涵到弘扬方志文化背景、途径、意义等几方面进行方志文化的探讨。南剑飞《论地方志传承弘扬中华优秀传统文化的基本原则》（《上海地方志》2018年第3期）和《论地方志传承弘扬中华优秀传统文化的重大价值》（《新疆地方志》2018年第3期）认为地方志是传承了优秀中华传统文化，强调了地方志传承弘扬中华优秀传统文化的重大价值，从基本原则与重大价值方面来阐述弘扬方志文化的重要性与紧迫性。杨敬宝《浅谈方志文化自觉》（《河北地方志》2018年第5期）、刘善泳《方志文化的三个认识维度》（《江西地方志》2018年第3期）等对方志文化的不同方面进行阐述。黄小华、邓芳《“方志文化走出去”的路径初探——以成都方志办为例》（《广西地方志》2018年第5期）一文以成都方志办为例，探讨方志文化输出的新路径，认为地方志是向世界展示中国魅力的独特话语体系。吴凤端、张晓纪《新时代地方志文化的创新性转化与发展——以湖北省地方志工作为例》（《湖北方志》2018年第6期）一文也以湖北省为例，指出方志文化的创新发展。

（二）方志管理与实践研究

方志管理与实践是地方志事业的重要保障和支撑，2018年，方志管理与实践研究主要分为方志质量、方志开发利用、地方志工作经验交流、地方志队伍建设、方志法治化建设、方志馆研究等方面。

关于方志事业管理。这方面论文34篇。随着方志从“一本书主义”向多元化“十业”并举的方向转变，方志事业的管理也面临着转型升级。张旭《应当立法赋予地方志机构行政主体的法律地位》（《黑龙江史志》2018年第9期）一文指出，应当在立法时赋予地方志机构行政主体的法律地位，强调赋予地方志机构行政主体的法律地位是依法治志的必然趋势，是继承和发扬中华优秀传统文化的需要，是地方志事业健康发展的现实需要。

关于工作经验交流。这方面论文82篇。颜小忠《关于依法监管与问责覆盖志鉴编纂全过程的思考》（《中国地方志》2018年第2期）一文指出，在志鉴编纂组织阶段，上级地方志工作机构要依法监管各地各级地方志工作机构依法开展地方志编纂工作的组织情况和地方志建章立制的工作情况。在志鉴编写、审定阶段，依法监管志书征集资料的真实准确可靠，资料长编的编写规范；修志编鉴人员的岗前培训，篇目的设定，体例体裁的把握；确保志鉴评审验收不致流于形式。在志鉴出版阶段，监管志鉴出版的招标投标工作；杜绝没有经过法定评审验收擅自出版三级行政区域志鉴的违规现象。在志鉴出版后，建立抽查审读制度，优秀成果定期表彰制度以及不合格志鉴召回问责制度。张博《试论军事年鉴与军事志书的一体化发展》（《军事历史》2018年第3期）一文指出，实现志鉴一体化发展有利于保持资料工作的延续性、保持编纂队伍的稳定性、化解志书编纂周期长与知识更新慢的矛盾。王复兴《第二轮修志几个问题之我见》（《中国地方志》2018年第3期）一文指出，第二轮志书在细微方面存在不足是志稿评议会后未沉下心认真修改就匆忙出版，解决办法是要重视最后阶段的质量把关，出版前要有充足时间对志稿精雕细刻。陈畅《全力打响“地方志文化品牌”》（《社会科学报》2018年5月17日第05版）一文明确上海市相关单位、部门在全力打响“上海文化”品牌决策部署中的责任分工，打造具有时代特征、上海特点和全国影响的地方志事业。

关于方志质量。这方面论文有19篇。孟跃亭《精品志书编纂困境探究》（《中国地方志》2018年第4期）一文认为，篇目设计呆板雷同、资料不够翔实具体、内容华而不实、学术和使用价值低、编纂团队的内耗等是打造精品佳志的制约因素。张维《浅谈坚持志书续修质量标准与创新操作过程的保障条件——兼论志书编修达到“又好又快”的必要与可能》（《史志学刊》2018年第2期）一文从总结第一、二轮志书编修的实践入手，探讨志书编纂工作在确保质量的前提下，创新编纂组织、选用编纂人员、压缩编纂周期，及时有效地发挥地方志书在我国经济社会发展和社会主义文化强国建设中的重要作用。唐凌《论如何提高抗战志编写质量——以广西为例》（《广西地方志》2018年第4期）一文指出，做好抗战志编写工作，必须贯彻落实全民抗战的理念，以最大化展现抗战历史画面为原则；正确认识各地的抗战地位与作用，突出特色与作用；针对抗战历史的薄弱环节狠下功夫，丰富抗战内容；

努力发掘抗战志新资料，将文本资料与非文本资料结合起来使用；根据后抗战时代的研究新成果，及时调整思路与方法，不断提高编写质量。此外，有的学者已经开始关注古代修志质量，韩章训《明代修志质量不佳的原因探析》（《广西地方志》2018 年第 5 期）一文认为，导致明代修志质量不佳主要是目的政治化、思想理学化、运作快速化 3 个原因，其中根本原因即修志目的政治化。导致明代修志的最终结果必然以牺牲志书质量为代价，也是明代修志界留给后世的最惨痛教训。

关于方志开发利用。这方面论文 56 篇。地方志可以成为地方政治建设的决策依据、经济建设参考典籍和文化建设的资料宝库。开发与利用地方志资源是地方志书编纂的补充和延伸，是地方志事业健康发展的重要途径。李涛《论建设强军文化新时代背景下军事志书成果的创新转化》（《中国地方志》2018 年第 6 期）一文指出，做好新时代军事志书成果的创新转化，须在推进资源挖掘系统化、拓展内容形式多样化、做好学志用志普及化方面下功夫，强化军事志书成果创新转化的基础、丰富军事志书成果创新转化的路径、实现军事志书成果创新转化的目标。近些年来，传统的方志如何在新媒体时代求生存，是方志界亟待解决的问题。陈红彦、傅静、黄涛《地方志资源的聚合方法与实现》（《国家图书馆学刊》2018 年第 2 期）一文以《介休与介子推》为例展开地方志资源的聚合方法研究，对地方志资源内容进行分类并确定不同类型地方志资源的整合方法，进一步提出地方志资源聚合模型并对该模型进行应用实现。赵莉莉《浅析地方志资源数字化》（《广西地方志》2018 年第 2 期）一文论述了方志资源数字化建设的主要内容，指出方志资源数字化对地方志资源保存、开发及研究的价值。袁昊姝《新媒体语境下方志题材纪录片影像重构的路径》（《视听》2018 年第 10 期）一文从传播学、新闻学和社会学的角度对方志题材纪录片的影像形态进行了分析和研究，并将其置于全媒体的视域中对新媒体带给电视媒介的影响作进一步探析。赵捷《〈中国影像方志〉：为当代中国作传》（《电视研究》2018 年第 2 期）、姚永明《影像志：传播方志文化的有效路径——以〈中国影像方志〉为例》（《传媒》2018 年第 8 期）等文章均指出，《中国影像方志》的出现证明，创新才能更好地实现传统文化与大众传媒的深度整合，是方志文化传播的重要路径。

数字化发展是地方志融入信息社会的必然选择，通过微信公众号和微博平台的资料传播和实现高度社会化的利用，是志鉴数字化传播利用的有效便捷的途径。唐长国《地方志社会需求“微信调查”研究》（《上海地方志》2018 年第 1 期）一文通过地方志社会需求调查。调查表明不同职业、年龄和学历群体对地方志需求差异较大，地方志工作需要在编纂高质量地方志书、加强地方志普及化开发、注重地方志碎片化应用、继续开展地方志“六进”活动等方面加大力度，进一步满足社会需求，发挥存史、育人、资政作用。周维《全国地方志微信公众平台的现状和发展探析》（《今古大观》2018 年第 3 期）、陈乐《浅议利用“两微”推动全省地方志工作信息化》（《江西地方志》2018 年第 3 期）、石志莹《一次方志微信公众号推广的尝试》（《河北地方志》2018 年第 3 期）均论述如何开发和利用微信、微博手段发展地方志。2018 年有学者开始关注台湾等地地方志开发利用的状况，如张素玢《从 CBDB 到 TBDB：〈新修彰化县志・人物志〉为试金石》（《数位典藏与数位人文》2018 年第 2 期）指出，台湾历史人物传记资料库（TBDB）的建置计划源自中国历代人物传记资料库（CBDB），该建置期望能提供台湾历史人物传记资料的文本探勘、社会网络分析工具及相关软件服务，梳理错综复杂的人际网络，开拓台湾史的研究视野。

关于方志法治建设。这方面论文 43 篇。法治建设是地方志事业健康发展的重要保障。2018 年，学者对方志立法之中存在的问题和可行性进行思考和研究。赵鹏的《关于地方志立法若干问题的研究》（《中国地方志》2018 年第 6 期）一文认为地方志立法应该以问题为导向，从理论 、实践、需求不同角度进行解答。张奇《论地方志立法的三个转向》（《中国地方志》2018 年第 2 期）一文提出方志立法位阶上的从法规到法律、强制力上的从软法到硬法、实践上的从纸面的法到行动的法 3 个转向问题。樊誉《地方志法治化研究述略》一文梳理了近 40 年来地方志法制化所取得的成果与成就，以期在其中吸取经验，为下一步《史志法》立法提供可行性的研究参照。梁滨久在《中华人民共和国史志立法的几个问题》中层层递进地提出了五个关于史志立法的问题。赵青《对地方志工作法治化的几点思考》，是一个修志基层工作人员对于地方志立法提出的几点思考。张跃安的《依法治志亟需实现的三个转型论析》认为要推行依法治志，必须实现三个转型，即实现工作推动方式由行政命令向法制自觉的转型、实现方志队伍由“被动拼建”向专业稳定的转型、实现方志参与由部门“独角戏”到社会化的转型。陈忠《依法治志的哲学思辨》（《新疆地方志》2018 年第 3 期）、杨卓轩《从唯物史观视角论依法治志的价值与作用》（《史志学刊》2018 年第 6 期）和王贞伟的《依法治志价值研究》（《新疆地方志》2018 年第 4 期）等从依法治志的价值角度进行阐释。除了上述方面，孟亚男《关于〈地方志工作条例〉修订之思考——以吉林省贯彻落实〈条例〉为例》（《史志学刊》2018 年第 1 期）和郑欣《试述依法治志的实现途径——以厦门志书编纂工作为例》（《福建史志》2018 年第 1 期）从具体法律依据和各地工作的特点角度对依法治志进行阐释。

关于方志队伍建设。这方面论文 11 篇。赵玉英《论如何做好地方志人才培养工作》（《黑龙江史志》2018 年第 10 期）一文从地方志人才的培养工作入手进行讨论，认为调动全体地方志工作者的积极性、主动性、自觉性，是地方志事业开拓的坚实基础。朱克雄《大力弘扬方志人精神推动地方志事业开拓创新》（《新疆地方志》2018 年第 2 期）一文认为，方志人精神对方志事业的开拓十分重要，大力弘扬以“修志问道、直笔著史”和仙人掌“三耐一强”（耐炎热、耐干旱、耐贫瘠、生命力强）为特征的方志人精神，才能建设好修志队伍。俞富江《浅谈志书编纂人才向专业化方向发展》（《黑龙江史志》2018 年第 10 期）一文对方志编纂人才提出了更高的要求，认为专业化要从熟悉编纂业务、规范编校质量、鼓励在职学习、努力开拓视野四个方面进行开展。杨贵坤《将读志用志纳入干部教育培训体系刍议》（《广西地方志》2018 年第 6 期）一文指出，干部教育培训体系存在缺乏规划、缺乏氛围、机制体制不完善等原因，需通过做好顶层设计、完善规划，创造条件、营造氛围，完善机制，强化督查等手段将读志用志纳入干部教育培训体系。

关于方志馆研究。这方面论文 13 篇。近年来，对方志馆的研究随着全国经济、文化建设的形势，地方志事业的不断繁荣，较往年迅速发展。刘玉宏《论方志馆的性质与功能》（《中国地方志》2018 年第 1 期）一文介绍方志馆的性质和功能，认为方志馆与通志馆、图书馆等文化场馆不同之处是其全面性。潘捷军的《近年来全国方志馆研究概况及若干思考》一文梳理近年来全国方志馆的研究现状，提出现阶段方志馆存在的问题，认为方志馆不能故步自封，应该“吸收进来”其他的优秀文化，史志结合，开拓领域。和卫国《对方志馆建设与发展问题的几点思考》（《黑龙江史志》2018 年第 8 期）一文针对方志馆建设与发展中的认识不到位、区域发展不平衡、地情展示水平有待提升等 7 个方面问题，提出把地情展览展示做成展览精品、把馆藏资源建设作为方志馆建设的最基础性工作、加强理论研究作为提升方志馆建设水平的重要支撑等 5 个解决方法。张梦柳、周亚、刘敏的《方志馆宣传工作提升策略研究》（《山东图书馆学刊》2018 年第 4 期）一文认为，加强方志馆宣传工作是发挥其公共文化服务能力的基础和前提，在今后的方志馆工作中应该加强宣传队伍建设、细分宣传目标受众、创新宣传形式、丰富宣传内容、强化外部合作、借助名人效应。乔方悦、沈松平《试论方志馆内部空间和外观建筑的设计》（《设计》2018 年第 18 期）一文运用查阅文献和实地调查走访等方法对方志馆设计进行探讨。从方志馆的内部空间及外观设计两个方面分析其展厅设计和建筑特色，总结出当代方志馆的整体设计模式。周亚、殷静雯《方志馆公共文化服务提升路径研究——基于〈中华人民共和国公共文化服务保障法〉的视角》（《上海地方志》2018 年第 2 期）和陈忠《“一带一路”背景下新疆方志馆公共文化服务能力建设浅析》（《新疆地方志》2018 年第 4 期）均对如何提升方志馆的公共文化服务能力进行阐述。

（三）方志编纂研究

2018 年，方志编纂研究主要分为方志篇目设计、编纂原则与方法、分志编纂、各类方志编纂、主编和总纂、方志资料等方面，旨在为今后方志编纂提供借鉴。

关于编纂原则与方法、篇目设计。这方面论文 8 篇。志书编纂需要遵循一定的原则与方法。王雨亭《述而不论与反映观点》（《黑龙江史志》2018 年第 1 期）一文认为方志编纂中“述而不论”的编纂原则，与现实中表达观点是不相悖的，但认为志书必须有正确的观点作指导，达到两者是在不同的结构、不同的层次、不同的地位时出现，各有各自的作用。陈泽泓《从“地名”在志书篇目分类中的归属说起——关于志书分类原则》（《广东史志》2018 年第 2 期）一文指出，方志分类原则除了妥善处理科学分类与社会分工之间的关系的原则，还有事以类聚、约定俗成的原则。事以类聚是方志分类的基本原则，约定俗成是对事以类聚的分类原则经过实践积淀的认可。此外，张柳《地名志篇章结构初探》（《北京地方志》2018 年第 1 期）、齐家璐《关于〈中国抗日战争志〉篇目设置问题的思考》（《河北地方志》2018 年第 6 期）、郑树森《试论乡村志编纂的宗旨和篇目设计》（《安徽地方志》2018 年第 1 期）等对不同志书的篇目设计也进行了思考。

关于志稿编写。这方面论文 30 篇。张凤雨《市县志编纂若干问题的探讨》（《广西地方志》2018 年第 1 期）一文分析了市县志编纂存在的内容平面化、可读性差、不符合方志文体、文字简练不够、时段混乱、内容重复过多、“述而不作”与“述而有作”关系处理不当、书写形式不统一、标点符号不科学等问题，并探讨解决办法。其另一篇文章《市县志条目运用新探》（《广西地方志》2018 年第 4 期）指出，志书条目要大小适中、不分段、不内含小题目，时段保证上下限、中间“纵不断主线”，名称以大半号黑体字空一字格与正文相连等具体规范。任根珠《新方志增设“杂记”琐议》（《上海地方志》2018 年第 1 期）一文指出，加强“杂记”篇的记述在新方志编修中加以合理利用，志书的资料性、可读性、趣味性定会得到明显提升，对于提高志书的质量都大有益处，值得重视和提倡。蔺志茹《志书中“表体”常见问题浅析》（上、下）（《上海地方志》2018 年第 1 期、第 2 期）一文从表题、表头、表身、表注 4 个方面举例粗浅分析表体常见问题，并在举例表格后提出修改意见。李诚《地方志中的地图》（《中国测绘报》2018 年 7 月 31 日第 04 版）、夏侯炳《论索引及其编制》（《江西地方志》2018 年第 2 期）、高金山《志首之“序”说》（《今古大观》2018 年第 4 期）等对志书的某方面提出设想。

关于志稿评审。这方面论文 13 篇。沈松平、乔方悦《关于〈中国名镇志丛书〉〈中国名村志丛书〉编修的思考》（《史志学刊》2018 年第 2 期）一文指出，《中国名镇志丛书》《中国名村志丛书》的适时推出，既符合志体，秉承了乡镇村志编修的本意，又在形式上有所创新，是普及方志、拓展读志用志的一大创举，也是中国传统方志文化走向世界的有益探索。俞富江《浅谈县级第二轮志书的审稿》（《新疆地方志》2018 年第 1 期）一文指出，县级第二轮修志人员既要明确自己的职责、任务，又要具有参与全过程的组织协调能力，同时具备较高的审稿素养是确保志书的编纂质量的关键。高叶青《关于新修志书评鉴的若干问题刍议——两种新修〈陇县志〉之比较研究》（《陕西历史博物馆论丛》2018 年第 25 辑）一文以 1993 年版和 2015 年版《陇县志》为主要研究对象，从多个角度对其进行考察，强调篇章结构的设计是否合理、资料是否翔实、体例是否科学规范和文字是否详略得当等方面是评鉴志书的标准。

关于主编、总纂。这方面论文 7 篇。颜小忠《二轮修志志稿总纂研究》（《上海地方志》2018 年第 2 期）一文强调，合格的总纂要把握好志稿进入总纂阶段的条件，明确总纂的职责、任职要求与作用，科学制定好总纂的工作步骤，进而宏微相济，如期完成总纂的工作任务。乔玮晏《浅析县区志总纂成稿过程中常见典型问题》（《新疆地方志》2018 年第 1 期）一文纵观已出版的长春市县（市）区两轮 20 多部县（市）区志，发现存在篇目结构、资料应用、记述方式、数字运用、图表使用等诸多方面的问题。对于评审工作，俞富江《浅谈县级二轮志书终审的三个问题》（《黑龙江史志》2018 年第 9 期）一文谈到县级二轮志书终审的观点正确、体例规范、资料翔实 3 个问题。

关于方志资料。这方面论文 22 篇。郭翠凤《谈志书资料的征集与考证》（《新疆地方志》2018 年第 1 期）一文认为地方志资料征集工作是志书编纂工作基础。充分利用好现有资料，扎实做好资料征集，做好资料的考证核实才能使志书体例完备，资料翔实，体现其存史、资政、育人功能。金雄波《谈地方志书编写资料长编》（《新疆地方志》2018 年第 4 期）一文介绍了资料长编的编写。朱丹华《档案资料在志书编撰中的作用与意义探析》（《办公室业务》2018 年第 14 期）一文探析档案资料在保证志书“志涵百科”的容量标准，保证志书的翔实性、地方性和特色性，增强志书的资政、教化、存史功能等方面的作用与意义。

关于分志编纂。这方面论文 21 篇。许德忠、初云峰《志书金融编篇目设计与内容记述问题浅探》（《中国地方志》2018 年第 3 期）一文强调，志书编纂篇目设计要突出重点章节，内容记述要突出重点，去粗取精，化繁为简。在内容记述上，要明确各章的记述要点，完善部分章节的记述内容。结合金融业的行业特点，采取深入挖掘法和阶段性记述法，突出金融业的地方特色和时代特色。张军《宗教志编纂的若干思考——以〈安徽省志·民族宗教志〉为例》（《广西地方志》2018 年第 3 期）一文结合宗教问题的敏感性、复杂性，导致宗教志的篇目内容多沿袭守旧，少有特色和个性特点等编写实际，提出资料收集上与时俱进，收集合法的和适应新时代的资料，注重鉴别核实，把握好记述原则和注意事项等解决方式。许海意、胡奥千《大事记纪事本末体应用刍议——以〈中国文物志·大事记〉编纂为例》（《中国地方志》2018 年第 6 期）一文指出，大事记事条记述要注意完整性，切忌割裂事件、分述过细，充分注意相对于各分志的提要性，以免事条设置过粗，造成大事遗漏。

关于各类方志编纂。这方面论文 40 篇。渠鸿章《浅析第三轮军事志编修应着力把握的几个问题》（《中国地方志》2018 年第 5 期）一文指出第三轮军事志编修应着眼于信息化、数字化发展的大环境以及新时代强军目标的使命任务，总结吸取第二轮军事志编纂经验教训，在顶层任务设计、资料工作、写实技法、志稿评审、志书开发利用等方面，全面加强和提升军事志编纂质量。李玉平《专志大事记编纂存在问题及对策——以广州市三部专志为例》（《广西地方志》2018 年第 4 期）一文以《广州邮政志（1834—1990）》《广州石化志（第三卷）》《广州非物质文化遗产志》广州市的 3 部专志为例，对大事记编纂存在的问题进行解读、分析、试图给出对策。田保家《当代图志编纂刍议》（《福建史志》2018 年第 6 期）一文阐述当代图志编纂有其独特优越性，即表达方式图文并茂，记录地情翔实精准、直观生动，适合快节奏的文化传播需求等。为此，对当代图志的定义、编纂规范及标准的探讨应该受到业界重视。

2018 年，学界对于各类方志的编纂研究主要集中在乡镇志、村志的编纂研究。富宏博的《浅析村志的编修》认为编修方志是适应时代，但是也要认识到编纂村志的难度，比如资料的收集问题。王复兴《乡镇志编写初探》认为乡镇志能补充县志内容的缺略，为编修县志、建设精神文明和物质文明提供资料，留住乡愁，帮助乡镇领导尽快熟悉地情。金雄波的《谈谈村志的编修———以〈凤凰村志〉为例》从浙江凤凰村的村志编修，来探讨中国村志编修所存在的问题。除了对乡镇志、村志的编纂研究，还有其他志书的研究。

(四) 方志史与方志史学

关于历代方志史。这方面论文 57 篇。黄毓芸《论魏晋隋唐方志外延———以方志的著录为中心》(《史志学刊》2018 年第 4 期)一文对魏晋隋唐方志外延进行探讨，推知魏晋隋唐方志包括各级行政区综合志及不以官府修志通用名目命名而记述一地综合情况的志书。其另一文章《魏晋隋唐方志文献学研究史略》(《史志学刊》2018 年第 1 期)认为魏晋隋唐方志处于中国方志发展的初级阶段，就研究现状看，尚存在成果多而零散、重复性研究较多、对经典成果过度依赖、缺乏对材料挖掘利用的问题。吴晓萍和郭怡的《宋代方志研究述评》(《史志学刊》2018 年第 5 期)一文从学术史的角度梳理 20 世纪至今学术界关于宋代方志整理与辑佚的研究成果，指出对于宋代方志某些问题的研究及该领域研究中存在的问题，并给出建议。吴德义《明代存佚省志的数量与时空分布》(《西北师大学报(社会科学版)》2018 年第 4 期)一文对明代存佚省志的数量以及时空分布进行梳理，明代共编纂并可考之省志共 59 部、现存 39 部、散佚 20 部。还有学者对古代史志编纂中的方法意识进行研究，如张文浩的《魏晋南北朝史志编纂的方法意识及其成就》(《兰台世界》2018 年第 10 期)。

关于区域方志史研究。这方面论文有 55 篇。张英聘《现存明代贵州省志编修简述》(《史志学刊》2018 年第 6 期)一文对现存的四部贵州省志进行包括编修者情况、编修过程、体例设置等编修方面的简述，考察明代贵州省志编修的传承与发展。汪维真《明嘉靖间归德志纂修史实考》(《史学史研究》2018 年第 4 期)一文比较明嘉靖二十年代和嘉靖四十年代纂修的两部归德志，前后所纂不仅存在州志与府志的性质差别，而且其目录结构和载录范围等也各有不同。刘锦增《清末新疆回族的人口分布与地域经济差异——以新疆各地的乡土志为中心》(《中国边疆史地研究》2018 年第 4 期)一文指出，清末新疆的回族人口在分布上呈现分布极不均匀、以男性回族人口为主、以关内回族移民为主、以政府主导性的回族垦荒移民为主的特征。清末新疆各区域的回族在其经济特征上呈现镇迪道、伊塔道的回族以耕种为主，阿克苏道、喀什噶尔道的回族以经商为主的差异。韩章训《论明代福建方志理论要点》(《福建史志》2018 年第 1 期)、《论清代福建方志理论要点》(《福建史志》2018 年第 4 期)、《论古代山东方志理论要点(三)》(《山东史志》2018 年第 1 期)、《谈古代安徽方志理论要点(下)》(《安徽地方志》2018 年第 1 期)等文章梳理明清两代的方志，并对古代福建、安徽、山东等地的方志理论进行归纳总结。张毅《民国时期国立北平图书馆抄藏方志述略》(《中国地方志》2018 年第 3 期)一文对民国时期国立北平图书馆抄藏方志作考略，其中抄藏方志所属的地域看，西南地区最多。其中，四川 27 部、甘肃 7 部、云南 6 部、广西和贵州各 5 部、海南 4 部，湖北、湖南、山西各 2 部，广东、江苏、浙江、宁夏、陕西、安徽各 1 部。李勇先的《试论晚清民国时期巴蜀乡土志的编纂及其创新》认为乡土志有别于传统的乡镇志，是近代用于小学乡土史地知识教育的教材，其中巴蜀地区所编写的省、厅、县、屯、乡等乡土志大多数以稿本或钞本的形式保存下来，弥足珍贵，不仅具有重要的文献价值，而且在编纂体例、编纂思想、编纂内容等方面有很多创新。

关于方志收藏与整理。这方面论文有 10 篇。方志的整理主要集中于旧志，李波《河池地区旧方志整理及数字化现状调查与思考》(《广西地方志》2018 年第 1 期)一文指出，河池地区旧方志的整理面临着整体停滞不前，成果数量少，流通性差，数字化水平不高等诸多问题，需在现有基础上，根据新的社会环境，科学规划，加大投入；加快原有整理成果的出版，提高其可获得性，扩大其社会影响；充分利用社会学术力量，推进旧方志的校点；

建设“河池数字方志库”，提高河池旧方志的数字化和资源共享水平。同时，学者已经开始关注国外关于中国旧志的收藏。如吉正芬的《美国主要研究型图书馆西藏旧方志收藏概况》（《西藏研究》2018年第4期）一文从国内西藏方志的整理和研究，美国西藏志书的流传和收藏，美国国会图书馆、犹他家谱协会及各著名大学东亚图书馆西藏旧方志典藏情况三方面展示了美国西藏旧方志的收藏情况。

关于修志名家及其方志学思想。这方面论文有32篇。张山梁《王阳明的方志观》（《福建史志》2018年第2期）一文通过对王阳明给《高平县志》《金坛县志》所作序言的分析、探究，阐述王阳明以志书观政、经世致用的修志思想，阐明方志与治国的辩证关系。薛艳伟《傅振伦和马克思主义方志学》（《中国地方志》2018年第4期）一文论述傅振伦将唯物史观的基本观点运用到方志学的研究之中，积极提倡用马克思主义指导方志学的研究以及在修志工作中贯彻唯物史观。陈巧芳《习近平史志情怀》（《三明学院学报》2018年第5期）一文强调习近平对史志有特殊的情怀。他自幼与史结善，善于从史书中学习和积累，在实践与工作中逐步形成了对史志的独特情怀。在他的系列讲话、活动轨迹中可见其坚持以马克思主义为指导，做到从历史中来，以史为鉴，更以实事求是的原则治史的丰富内涵。裴丽芳《来新夏方志理论研究简述》（《史志学刊》2018年第5期）一文指出，来新夏提出史与志是“同源异体、殊途同归、相辅相成”的关系，明确方志学的研究对象；坚持四项质量标准编纂新编志书，志书体例要有创新；发挥“地方志人文价值的再衍生”；整理旧志是“新时代修志事业的第二任务”；由“众手成志”向“专家修志”转变等观点，为新编地方志事业发展作出积极贡献。

关于方志理论著作研究与评介。这方面论文39篇。周慧《〈周礼〉的方志学价值》（《史志学刊》2018年第4期）一文从方志学视角审视《周礼》，认为其不但设计了地情职官，而且建立档案制度，有效保存地情资料，为后世政治家重视地情树立典范，为方志的形成和编纂奠定基础。祁琪《周方高〈永乐大典本南宋至明初湖南佚志辑校〉评介》［《湖南工程学院学报（社会科学版）》2018年第2期］一文指出《〈永乐大典〉本南宋至明初湖南佚志辑校》一书考定佚志曲直，如实弥补阙题、作者，分录补录翔实得当，据实补缀文字，考证佚志编修作者、年代是著者辑校工作的重要内容，也是该书更具参考文献价值的重要体现。还有学者对某部著作进行介绍和评价，如巴兆祥、李论《公众史学视野下的区域方志史探索——读汪毅〈方志四川〉有感》（《巴蜀史志》2018年增刊第1期）、李万忠《民国学校志〈资兴东乐成传书〉》（《档案时空》2018年第3期）等。

关于志书与科学研究。这方面论文17篇。郑丽霞《陈梦林文学与方志学理论的相互融通研究》［《北京科技大学学报（社会科学版）》2018年第3期］一文指出，陈梦林编纂志书带有文学色彩。重视收录地方文学文献，以独特的文学敏感性捕捉历史文献材料中文学的特殊魅力，编排模式与写作方式均体现出自觉的文学意识。刘国宣《清代考证学潮流中方志典范的转移》（《历史教学问题》2018年第2期）一文以清代考据学为方志学学术大背景，探讨了方志典范的转移问题，蕴含着在学术大环境改变的情况下，学科研究范式的调整。卢美松《方志与碑刻的史料价值》（《福建史志》2018年第1期）一文将方志与碑刻的史料相互印证，说明方志记载的可信度。易介南、任国瑞《论从家族修谱到社区、行政村修志的现代转换》（《中国地方志》2018年第1期）一文指出，村和社区修志取代旧时的家族修谱要充分认识家谱编修的传统与家谱的功能意义，探求村志、社区志对家谱创造性转换、创新性发展的途径，村志、社区志编修有基本思路。刘芝华《方志对嘉定竹刻的书写与塑造》（《上海地方志》2018年第2期）也是这方面的研究。

（五）志书（稿）研究与评介

关于中华人民共和国成立前志书（稿）。这方面论文128篇。2018年，学者把视野主要集中在日本藏中国地方志的研究。巴兆祥《日本藏孤本光绪〈新市镇再续志〉研究》（《中国地方志》2018 年第 1 期）一文是对日藏孤本光绪《新市镇再续志》的研究。该志资料来源有三：《仙潭文献》、节孝旌表清册、时人记述，全面细致地刻画了新市镇生活空间，收录丰富的当地望族资料，突出记述新市镇的主要产业，保存当地有关地震和水利等方面的重要史料，反映纂者对时代变化的感知。金晓刚《日藏足本正德〈兰溪县志〉考述》（《中国地方志》2018 年第 4 期）一文对日藏足本正德《兰溪县志》的考释，都对中国方志传入日本进行简单的概述，对方志的体例、内容及其史料价值作了细致的分析。指出日藏本在地方人口、经济、诗文等记载上可补浙图本之缺，具有重要的文献价值。林日波《〈（民国）当涂县志〉稿本的编纂特色和文献价值初探》（《古籍研究》2018 年第 67 卷）一文对《（民国）当涂县志》的编纂特色和文献价值进行了 4 个方面的探讨：一是对于旧志编排不合理之处，多有分析、调整；二是采用摄影、拓片等技术手段配图，使记述内容更直观、形象；三是根据地方发展实际情况，设立新门类，囊括新材料；四是“艺文志”中收录的文章、诗歌、词数量可观，对《全宋文》《全宋诗》《全宋词》《全元文》等多有补充。封磊《地方志所见清中叶陕西民众的日常生活》（《中国地方志》2018 年第 3 期）一文对清中叶陕西地方志中作物种植与饮食构成、衣着材质与布匹贸易、起居形态与经济景况、生活用具与贸易来源、民间信仰与地域特征、资源开发与人地矛盾等方面进行考察，探讨地方志在日常生活史当中的史料价值。

关于中华人民共和国成立后志书（稿）。这方面论文共 91 篇。永红《西藏自治区新方志的特点》（《中国藏学》2018 年第 3 期）一文认为西藏自治区所编撰的专业志、地区志、市志、县志既具方志共性又各有其特点。文章结合中国藏学出版社所出一系列西藏自治区新方志，对其特点进行分析和介绍，对全面了解西藏自治区新方志具有参考意义。沈永清《一部展示上海港改革开放全貌的资料性文献——〈上海市志·交通运输分志·港口卷（1978—2010）〉与〈上海港志〉比较评析》（《上海地方志》2018 年第 1 期）一文指出，《上海市志·交通运输分志·港口卷（1978—2010）》是首轮《上海港志》的续修。其卷编修体制创新、编纂体例因创并重、资料全面、价值取向多元，彰显的编修特色可为续修志书借鉴，对其不足应加强学术探讨。王广才《一部约而不凡的自治区志——读〈广西通志（1979—2005）〉有感》（《广西地方志》2018 年第 2 期）、《一部特色鲜明的名市名志——读二轮〈杭州市志〉有感》（《今古大观》2018 年第 3 期）分别对《广西通志（1979—2005）》《杭州市志》进行评价。

关于方志辨误。这方面论文 25 篇。韩中慧《旧志辨伪方法论——以甘肃、宁夏旧志为中心》（《中国地方志》2018 年第 4 期）一文认为旧志辨伪，需要以传统辨伪学理论与方法为基础，再结合旧志自身的编纂体例，从古今目录著录的对比再到序跋、内容、体例等方面进行考察，揭示出作伪痕迹，并合理认识伪志的文献价值。程英良《光绪〈郓城县志·星野〉句读辨正——兼与张友云先生商榷》（《中国地方志》2018 年第 5 期）一文对《明清郓城县志》（标点本）在句读方面存在当读而失读失标、不当读而误读误标、当属上读而误属下、当属下而误属上、正读而误标等诸多问题及其原因进行条分缕析，进而提出修改意见。张祥光《读贵州史志文献札记三则》（《贵州文史丛刊》2018 年第 3 期）一文叙述了三方面的内容：一是《地理·中国》节目介绍寻找断肠草的经过。节目介绍中未涉及“断肠鸟”。贵州地方文献对断肠草与断肠鸟有详细的记载，为研究者提供了宝贵资料。二是贵州地域明清时“卫”的建置。一些学者认为明代贵州只设有二十四卫是不准确的，明代贵州有“卫”是二十七个。清初贵州新设“巴香卫”，虽然巴香卫设置时间很短，但不能否定它的存在。三是对贵州文献记载“奢香”曾见高皇后，并得到若干赏赐，这是与史实不符合的错误记载。

欧潭生《南宋〈三山志〉的几处失误》（《福建史志》2018 年第 2 期）一文点评《三山志》的失误，阐述闽越国冶都新店古城的考古发现，纠正唐甘棠港误注福安，论证唐甘棠港在福州，闽候不是闽侯、泔液境不是甘液境、长乐显应宫主祀开漳圣王陈元光等历史问题。

二、年鉴理论综述

据统计，2018 年公开发表年鉴方面的论文 200 余篇。从论文的作者单位来看，高校、科研单位及各省（自治区、直辖市）地方志工作机构为主。通过梳理和考察 2018 年的情况可知，我国学者在年鉴编纂中存在的问题、如何提高质量和年鉴创新等方面取得了一定的研究成果。本部分从年鉴编纂基础理论、年鉴编纂应用理论、年鉴管理与实践、年鉴资源开发利用 4 个方面对 2018 年年鉴研究情况作梳理。

（一）年鉴编纂基础理论

年鉴编纂出版事业的快速发展，客观上要求年鉴编纂理论研究与时俱进，用不断创新的理论指导不断创新的实践，用不断发展的理论促使年鉴研究体系更加完整和严谨，支撑迅速发展的中国年鉴事业。年鉴基础理论研究是年鉴研究的首要重点内容。

2018 年，年鉴编纂基础理论的研究主要集中于探讨年鉴的属性与功能、年鉴与志书的关系、外国年鉴研究等方面。在这方面，研究论文 29 篇。

1. 综论

2018 年专家学者主要针对年鉴的属性、功能及年鉴学科建设等基础理论进行深入研究，以促进创新年鉴编纂机制，提高年鉴编纂运作的整体效率。在这方面，研究论文 20 余篇。

关于年鉴属性。陈洪毅《地方综合年鉴的基本属性与写作技巧》（《中国年鉴研究》2018 年第 3 期）一文指出，关于年鉴根本属性的解读存在“工具书”与“文献”的不同主张。“工具书观点”主张年鉴的三个本质特征：工具书、汇辑资料、按年度连续出版；“文献观点”主张年鉴的三个本质特征：文献、系统记述各方面情况、年度资料性。两种观点在年鉴表现形式、年度性要求、规范写作等方面存在一定的差异。

关于年鉴功能。刘书峰《年鉴社会记忆功能中的仪式与话语》（《中国年鉴研究》2018 年第 3 期）一文论述了我国的年鉴事业发挥着社会记忆功能；我国年鉴形成了权威的、稳定的、发展的话语特色，并以依法治志的方式固定下来。从“仪式”和“话语”的角度，年鉴塑造了社会记忆并形成集体记忆，新时期年鉴在建构集体记忆、塑造身份认同等深层次的社会文化功能方面有所拓展。徐艳《新时代拓展年鉴社会服务功能刍议》（《新疆地方志》2018 年第 2 期）一文从年鉴的性质及作用发挥状况出发，指出社会服务功能是年鉴的核心功能。年鉴工作者需要转变思路，开拓创新，寻求年鉴社会服务功能拓展的新路径。另外，蓝武《新时代年鉴的社会服务功能多元化拓展研究》（《中国年鉴研究》2018 年第 2 期）、吉祥《年度时间形态与年鉴功能拓展》（《江西地方志》2018 年第 6 期）、付莉《融合创新：实现新时代年鉴功能拓展》（《今古大观》2018 年第 3 期）等均对新时代年鉴功能进行论述。

关于年鉴学学科建设。周旭《对我国年鉴学发展的思考》（《中国年鉴研究》2018 年第 2 期）一文论述年鉴学的构建包括是否有本学科一套专业术语、本学科的理论及其体系、本学科公认的代表性著作和本学科公认的代表性人物等诸多问题。年鉴学只有在理论、方法、技术和形式等多方面进行更多的探索和突破，才能使年鉴学的构建和发展成为必然。齐迎春《年鉴编纂规范与年鉴学范式的构建》（《上海地方志》2018 年第 4 期）一文从年鉴规范与年鉴学范式、年鉴学范式在中国的发展、构建年鉴学范式的制约因素三个方面初步探讨我国年鉴学范式的构建与意义、年鉴编纂规范与年鉴学范式的关联、年鉴学思想在中国的发展轨迹以及与年鉴学范式形成的关系，并对年鉴学范式构建的制约因素作出思考。

关于年鉴与地方志书的关系。朱彩云《年鉴研究中理论观点异同说》（《江苏地方志》

2018 年第 5 期、第 6 期）一文对年鉴理论中志鉴异同论、年鉴书刊异同说、中国年鉴与国外年鉴异同论、年鉴“官书”异同说、“规范和创新是否矛盾”异说、“创新是否是年鉴发展主题”的争论六种不同异说进行辨析。冯跃民、袁啸马《年鉴如何更好地为志书编修服务》（《浙江方志》2018 年第 6 期）论述年鉴与志书的关系。齐迎春《地方综合年鉴与地方史在地方志学科构建中的地位与作用》（《中国年鉴研究》2018 年第 2 期）一文强调地方综合年鉴的编纂实践，有助于推进方志理论研究，构建独立完整的一级地方志学科体系，为地方志学科体系的构建、实现地方志事业的转型升级提供理论依据和实践支持。

2. 国外年鉴研究

年鉴起源于西方国家，探寻和借鉴西方年鉴的功用和发展规律，进一步推进我国年鉴研究向深度发展和向广度拓展，是中国年鉴发展的必要途径。在这方面，研究论文 6 篇。杨宝荣《非洲研究中几部年鉴的特点比较》（《中国年鉴研究》2018 年第 3 期）一文指出《撒哈拉以南非洲年鉴》《非洲统计年鉴》《非洲经济发展报告》等年鉴或发展报告在形式和内容上的特点，它们除提供基础数据外，也反映相关机构对非洲发展议题关注的变化。裘晓燕《英美年鉴的价值所在》（《社会科学报》2018 年 10 月 18 日第 5 版）一文通过分析英国《惠特克年鉴》和美国《世界年鉴》的内容，强调二者存在的差异体现了西方年鉴追求个性化发展的特点。黄玲、贺宏卿《国内外网络年鉴编纂初探》（《中国年鉴研究》2018 年第 1 期）一文介绍美国信息年鉴 Inforplease 在发展理念、内容设计、合作方式、平台搭建等方面的经验，指出我国的网络年鉴编纂具有的独特发展模式。另外，崔震《〈惠特克年鉴〉简析》（《北京地方志》2018 年第 2 期）和沈红岩《〈世界年鉴〉简析》（《北京地方志》2018 年第 4 期）分别对国外某部年鉴进行分析和介绍。值得关注的是，张恒彬主编的《国外年鉴选介》（社会科学文献出版社 2018 年版）一书精选美国、英国、法国、德国、意大利、荷兰、俄罗斯、日本、南非等不同国家不同种类的 26 部优秀年鉴，介绍其内容及特点。

（二）年鉴编纂应用理论

年鉴编纂应用理论研究主要解决各级各类年鉴编纂出版过程中的技术性问题，最终形成一系列年鉴编纂规范，以提高年鉴编纂的效率和质量。在这方面，研究论文 99 篇。

1. 地方综合年鉴编纂

地方综合年鉴编纂是年鉴研究中理论与实践结合最为密切的部分。新时代，年鉴编纂应从指导思想、功能定位、框架结构、内容资料等方面适应党和国家治理体系的重大变革与创新。

关于编纂认识。年鉴编纂应把握正确的编纂方向，突出时代特色，全面反映习近平新时代中国特色社会主义思想的实践成果与发展趋势，发挥汇集年度权威信息资料，服务现实和积累史料的作用。杨永成《我国地方综合年鉴编纂模式改革和创新的理论与方法》（《中国年鉴研究》2018 年第 2 期）一文认为，年鉴编纂模式决定年鉴根本质量，指出我国地方综合年鉴编纂模式存在的理论、方法和设计上的问题，强调在总结我国地方综合年鉴编纂模式的同时，参考借鉴西方年鉴编纂的经验，对我国地方综合年鉴编纂模式的改革和创新具有深刻的推动作用。吕鸿雁《年鉴编纂的变革与守望——从年鉴与同类出版物的异同谈起》（《现代出版》2018 年第 4 期）一文指出，与皮书、方志等相比，年鉴内容更精准、全面、系统，可信度高；在传播形式上，年鉴出版要充分运用好移动智能终端等新载体，以便实现与读者新阅读习惯之间的衔接。赖明《以新思维、新模式解决综合年鉴编写中的新问题》（《新疆地方志》2018 年第 4 期）一文认为采用与时俱进、不断更新年鉴的框架设计，持续反映社会热点、强化年鉴记载力度，加大刊载量、增强年鉴有效信息等几种新模式能体现综合年鉴的时代性、年度性和地方性；用编鉴立志和编鉴存史的新思维，探寻综合年鉴资料收集和条目编写时容易出现的问题及解决方法。

关于框架设计。框架结构是年鉴的纲目，

是全书内容的总体设计，是承载各种信息资料的基本架构。如何设计好框架受到学者们越来越深入的关注。姚震《地方综合年鉴框架的构建》（《江苏地方志》2018 年第 2 期）一文提出，构建年鉴框架过程中要深入分析地情，准确把握地域特色；遵循客观规律，把握年鉴框架分类体系上的科学方法；因地制宜，构建合理规范的年鉴框架。阳晓儒《乡镇（街道）、村（社区）年鉴框架设计比较分析》（《史志学刊》2018 年第 3 期）一文依据广东省内已经出版的 13 种乡镇（街道）、村（社区）年鉴为样本，从年鉴的体裁和结构入手，对每一部分进行比较分析，形成层次和类目划分的规律性认识，并提出具有普遍性的框架设计方案。

关于条目编写。科学地设置条目、规范地撰写条目是年鉴编纂中基础性的重要工作，也是年鉴作为信息资料载体理应体现出的科学性和规范性。夏小平《年鉴条目设置及其编纂要点》（《中国年鉴研究》2018 年第 4 期）一文指出，年鉴条目撰写应坚持政治标准第一，真实性、科学性的原则，做到书写规范，注意区分工作总结和新闻报道两种相近文体。高燕妮《年鉴条目编写琐谈》（《史志学刊》2018 年第 1 期）一文论述条目的作用、特性、组成与表现形式、分类，条目编写存在的问题、条目的撰写要求、规范化处理条目、条目数量的把握等，以期增加使用价值。

关于年鉴图表、索引。图表、索引是年鉴的重要组成部分，没有图照的年鉴不是完整的年鉴，没有高质量图照的年鉴不可能成为优质年鉴。郑茂良《地方综合年鉴中照片的使用》（《中国年鉴研究》2018 年第 1 期）一文要求规范地方综合年鉴中照片的收集渠道和照片使用，依法依规地拓展获得照片的渠道和严谨地使用照片是年鉴编纂中应遵循的原则。张凯《谈谈图片在年鉴编纂中的重要作用》（《广西地方志》2018 年第 3 期）一文从图片的视觉语言表现形式、图片展现的内容和方法、图片直观形象的感知效果、图片是年鉴内容的重要组成部分等方面论述图片在年鉴编纂中的重要作用。姚佳倩《浅述年鉴索引的编制——以〈鄞州年鉴〉等为例》（《中国年鉴研究》2018 年第 1 期）一文指出，重视索引与目录的区别与联系、索引的分类、索引编制的具体方式等是年鉴编纂中的重要因素，也是加强年鉴编纂规范化的重要举措。黄铭《试论构建年鉴的检索系统》（《福建史志》2018 年第 5 期）一文认为，检索系统在宏观层面要求年鉴的框架设计合理、要素齐全、分类科学，在微观层面要求合理设置目录、索引等各类检索工具。文章指出从宏观和微观两个层面出发，构建完善的检索系统，是利用好年鉴的地情信息资源、充分发挥其工具书作用的必备要件，具有十分重要的作用。

其他，刘传仁《地方综合年鉴编纂与生态文明建设》（《中国年鉴研究》2018 年第 4 期）一文论述地方综合年鉴应当在框架设计中给予生态文明建设适当的空间，系统体现当地生态文明建设情况。在设立类目的基础上，采取集中与分散记述有机结合的方式，充分展现当地生态文明建设进程。李果《文质彬彬　然后年鉴——谈谈地方综合年鉴编纂创新的“三个维度”》（《巴蜀史志》2018 年第 3 期）一文从形式、内容与外延三个维度探讨综合年鉴创新的认识和思考。毛宏达《浅议综合年鉴大事记收录范围和记述方法》（《时代金融》2018 年第 24 期）一文通过论述大事记的重要性，提出大事记收录范围、记述方法和遵守原则。

2. 专业年鉴编纂

2018 年，专业年鉴的编纂逐步进入规范提升阶段并取得一定的阶段性成果。

关于高校年鉴编纂。高校年鉴作为专业年鉴的重要组成部分，它在校情展示、辅助决策、文化育人和对外交流等方面发挥重要作用。万静《试论新时期高校年鉴编纂的发展趋势》（《中国年鉴研究》2018 年第 1 期）一文总结高校年鉴编纂的专业化程度进一步加强、编纂研究深入展开、编纂的功能性更加凸显等发展趋势。姚红《关于高校年鉴编纂思考》（《史志学刊》2018 年第 3 期）一文从高校年鉴具有资政、存史、积淀传播学校文化的作用和为档案利用提供便利两方面论述高校年鉴编纂的重要性，从框架设计、条目编写、信息内容、审校出版等方面提出做好年鉴编纂工作要求。李娟《高校年鉴编纂实践要务》（《浙江档案》2018年第7期）一文指出，开展高校年鉴编纂工作，要把握好所涉及部门多、需要考虑寒暑假因素、注重体现学科专业性的特点，在工作中要提供有力的组织保障、形成严谨的工作作风、安排合理的工作进度，还要引入适当的激励机制。另外，王振华《浅析高校年鉴的框架设计——以〈华北电力大学年鉴〉等几部教育部直属高校年鉴为例》（《中国年鉴研究》2018年第2期）、张荣《高校年鉴编纂工作中的问题和对策》[《科教文汇（上旬刊）》2018年第11期]、颜丙通《高校年鉴编撰规范与组稿要求——以档案信息资源深度开发为切入点》（《湖北开放职业学院学报》2018年第23期）均指出高校年鉴编纂中存在的问题，并提出提升年鉴编纂的整体水平的对策。

关于其他专业年鉴编纂。高丹、张美虎《城市文化年鉴的编纂实践探索——对〈杭州文化年鉴〉的考察》（《中国年鉴研究》2018年第2期）一文强调文化年鉴应该在内容文字、图照运用、装帧设计等三个方面彰显出城市的品位。徐聪颖、胡少诚《论年鉴的主体性与精品化——企事业单位年鉴类属、特征与编纂规律》（《中国年鉴研究》2018年第3期）一文探讨企事业单位年鉴与地方综合年鉴、地方专业年鉴的关联与区别，归纳企事业单位年鉴的属性和功用，并从提升编辑队伍专业化水平，重视数据的真实性和保密性，优化框架设计，促进年鉴载体电子化、信息化，保持出版连续性等五个方面对企事业单位年鉴编纂精品化发展提出了若干建议。另外，谢华《初探高校科技在湖南科技年鉴编撰规范研究》（《科技资讯》2018年第7期）、王秀真《关于医院年鉴编撰的几点建议》（《现代国企研究》2018年第8期）、国测《海外工程项目年鉴编制框架设计》（《档案天地》2018年第1期）对规范各类专业年鉴的编纂提出看法。

3. 年鉴质量建设

质量是年鉴生存和发展的基础和保证，重视和提高年鉴编纂质量，是年鉴工作的核心之处。只有树立年鉴精品意识，打造品牌年鉴，年鉴才会更具生命力。李涛、韩刚《论地方综合年鉴军事内容的质量管控——以第五届全国地方志优秀成果（年鉴类）评审活动参评年鉴为例》（《中国年鉴研究》2018年第3期）一文指出，当前地方综合年鉴军事内容存在框架结构不规范、记述内容不严谨、体例和语言风格不一致、保密问题较为突出等四大类问题，只有探寻产生质量问题的原因，并提出解决的方法，才能找到有效提升质量的途径。杨卓轩《地方综合年鉴质量控制研究——以2017年度全国地方志优秀成果（年鉴类）评审为例》（《中国年鉴研究》2018年第2期）一文指出，省、市、县三级地方综合年鉴有彩插图照与文字不统一，未按规定标注审图号，标注参与有关评奖情况不客观、不准确3个容易被忽视的问题，对年鉴综合质量产生一定影响，打造精品年鉴成为当务之急，组稿、编辑和出版三个环节成为关键，每个环节质量责任制的到位和落实是年鉴质量得以提高的保证。周爱军《强撰稿工作之基　有效提高年鉴质量》（《中国档案》2018年第3期）一文强调，紧紧抓住“撰稿”这个起点性、基础性环节做文章是提高年鉴质量的有效手段，加强对撰稿人员的培训和对撰稿工作的管控是提高年鉴稿件质量的有效途径。赵颖《试析如何提高地方综合年鉴质量》（《新疆地方志》2018年第2期）一文指出，要通过形成依法编鉴的格局，争取领导重视和部门支持、加强年鉴编修队伍建设、拓宽渠道收集资料、突出亮点体现特色、严把年鉴校对关来提高年鉴编纂出版质量，增强年鉴的服务功能。

（三）年鉴管理与实践

年鉴的质量，取决于年鉴的管理水平、管理质量，而年鉴管理水平、管理质量又取决于是否全面执行年鉴管理的基本原则。重视有关年鉴管理的基本原则的研究，是促进年鉴事业适应新的经济体制转换的需要。2018年，基层和企业在年鉴工作方面的管理和实践受到专家学者的重视。在这方面，研究论文28篇。

1. 年鉴队伍建设

年鉴能否延续发展，关键在于质量。年鉴质量有赖于年鉴编纂人员的素质和能力。提高年鉴编纂人员的素质和能力，才能保证年鉴质量，实现年鉴事业可持续发展。詹跃华《谈年鉴编纂人员的素质和能力及其提高》（《黑龙江史志》2018 年第 12 期）一文提出，年鉴编纂人员应具备政治、道德、业务、文化、心理等方面素质和驾驭文字、沟通协调、果断处置、开拓创新、策划经营等诸方面的能力。林忠玉《从主编三大意识谈县级年鉴质量的提高》（《福建史志》2018 年第 3 期）一文从年鉴主编这一核心角色，从增强县级年鉴主编的责任意识、人才意识和法治意识的角度，探讨如何发挥年鉴作为年度性文献的价值和作用。俞富江《地方综合年鉴组稿面临的困难与对策》（《黑龙江史志》2018 年第 6 期）一文指出，只有从提高撰稿员队伍和责任编辑素质抓起，才能提高年鉴编纂质量。汤淏《新时代地方专业年鉴人才队伍提升的路径思考》（《江苏科技信息》2018 年第 35 期）一文介绍了地方专业年鉴编纂队伍的现状与问题，结合新时代对地方专业年鉴编纂人员的新要求，提出地方专业年鉴人才队伍提升的对策建议。

2. 工作管理及经验管理

工作管理是行之有效的行政和业务管理手段。作为一项复杂的社会化工程，年鉴工作管理体系越来越为各年鉴工作机构决策层、管理层所重视。2018 年，总结和交流年鉴编纂经验，推动年鉴工作的开展，是学术研究的重要方向。王韧洁《地方综合年鉴工作信息管理问题研究——以北京市为例》（《中国年鉴研究》2018 年第 3 期）一文阐述地方综合年鉴存在信息收集渠道局限、信息组织时效性差、信息利用薄弱等问题，需要稳固地方综合年鉴的信息管理基础，拓展信息获取途径和渠道，有效参与社会服务，引进部分市场机制来提升年鉴信息价值。王继杰《上海市年鉴事业发展调查报告》（《上海地方志》2018 年第 2 期）一文介绍了上海地区综合年鉴开发利用、研究交流、旧鉴整理等方面形成的特色并提出，针对存在的年鉴发展、质量、开发利用问题，制订发展规划，通过加强法治保障和协作机制，以质量、进度为抓手，全方位推进年鉴事业科学发展。丁国瑞《军事年鉴工作可持续发展的探索与思考》（《中国年鉴研究》2018 年第 3 期）一文指出，随着国防和军队改革的全面推进，研究军事年鉴的发展特点，探索如何适应改革后新的编制体制和组织形式，调整部署任务，创新编纂机制，实现转型升级，确保军事年鉴工作可持续发展，成为一个亟待解决的现实课题。程立海《测绘地理信息年鉴在服务事业发展中的价值研究》（《测绘与空间地理信息》2018 年第 5 期）一文强调树立精品年鉴战略理念的重要性，重点研究分析行业年鉴在服务测绘地理信息事业发展中的作用。李奕《深入学习贯彻党的十九大精神　开创新时代北京教育年鉴工作新局面》［《北京教育（普教版）》2018 年第 7 期］一文指出，要认真学习贯彻党的十九大精神，增强做好年鉴工作的责任感和使命感；加快构建教育年鉴体系，着力解决年鉴发展中的问题；继续开展年鉴工作供给侧结构改革，增强获得感；把纪律和规矩挺在最前面，切实提高年鉴编纂质量。刘清《档案工作为学校发展服务之我谈——年鉴编写工作现状与对策》（《办公室业务》2018 年第 3 期）一文阐述了新时期年鉴编写工作的意义，分析档案编研工作中学校年鉴编写的现状和出现的问题，以及影响年鉴编写的因素，并就加强年鉴编写工作提出建议和改进对策。

（四）年鉴资源开发利用

2018 年，加快年鉴数字化建设，提高年鉴使用效率，进一步挖掘年鉴资源开发利用仍是研究者密切关注的话题。年鉴资源开发利用研究分年鉴创新发展、年鉴资源利用和年鉴研究与评介 3 部分。在这方面，研究论文 58 篇。

1. 年鉴创新发展

近年来，地方志事业发展面临着机遇和挑战，年鉴的发展创新、转型升级受到学界重视。姜标《试说年鉴创新》（《今古大观》2018 年第 6 期）一文指出年鉴需要创新的原因以及年鉴创新的基础和原则，强调中国年鉴事业的整体发展方向应该顺应社会信息化趋势实施创新，应该自觉而迅速地走上数字化、网络化的道路，目标是构建大规模的中国年鉴资源数据库。李林澳《年鉴中数值知识元的描述类型及规则研究》[《湖北经济学院学报（人文社会科学版)》2018 年第 10 期] 一文把年鉴中数值知识元分为引用型、比率型、总结型、时间型、排名型、对比型和消息型七种类型，对年鉴中包含数值的句子进行抽取，过滤句子中的其他不相关词后形成句子的线性描述结构，在此基础上经过人工审核与合并归类，形成数值知识元的描述规则，为后续知识元抽取提供支撑，指出由于年鉴数据的真实性和重要性特点，提高数据处理人员的专业化水平迫在眉睫。钱丽丽、王潇《我国高校年鉴数据统计的发展与完善》(《中国年鉴研究》2018 年第 1 期）一文指出，以院校研究为引领，加强编撰队伍建设，提高统计人员综合素质，科学设置统计指标体系，明确规范化要求，拓展延伸年鉴数据统计范围，增强对数据的价值挖掘，创新年鉴传播利用载体，创建年鉴利用与交流的大数据平台，将成为有效促进高校年鉴规范化发展的路径。陈永红《军事年鉴的发展与创新》(《军事历史》2018 年第 3 期）一文强调，军事年鉴应把编纂工作作为军队同步存史的基本途径确立起来；应体现时代特征，突出深化国防和军队改革这一主线；应注重信息化手段的运用，提高军事年鉴编纂的时效性；应注重军民融全，依托地方志工作体系加强军事年鉴编纂人才培养和理论建设；应加强开发利用和丰富形式，发挥军事年鉴的多重价值。张衍辉、葛宝庆《数字化微时代行业年鉴出版工作探析》(《科技与出版》2018 年第 7 期）一文着重分析数字化年鉴在出版和经营方式方面的变化。

在信息技术日新月异的今天，越来越多学者寻求新技术与年鉴结合的可能性，指出年鉴信息化建设的不足之处，并提出相应的对策。赵冰《省级综合年鉴微信公众号现状与对策研究》(《史志学刊》2018 年第 2 期）一文提出，要找准省级综合年鉴微信定位，完善年鉴微信服务功能，提高推送信息的效果，加快实现电子资源服务的嵌入，加大年鉴微信公众平台宣传力度以及拓宽年鉴与读者沟通的渠道等对策，以期充分发挥微信优势进行年鉴的有效宣传和传播。毛宏达《浅议云南年鉴网络化、信息化建设》(《时代金融》2018 年第 24 期）一文指出，年鉴网络化、信息化建设的现状，针对年鉴的内容、体例等发展网络化、信息化中的优势，提出需要建立门户网站和编纂平台、培养复合型人才的措施。方利宏《论年鉴价值与编纂信息化》(《上海地方志》2018 年第 3 期）一文以年鉴源流和读者利用为导向，分析和归纳年鉴的价值本质和影响年鉴价值的主要因素，提出以信息技术解决问题的方法和实践经验，为年鉴内容策划、供稿及编辑等提供方法借鉴。孙琳、汤淏、严文强、王永超《DT 时代背景下科技年鉴发展的对策研究》(《天津科技》2018 年第 4 期）一文分析 DT 时代背景下科技年鉴发展的迫切需求，针对科技年鉴的市场性、实用性、创新性 3 个方面的现状及存在的问题，分别从年鉴的内容和形式等方面提出解决问题的建议。

2. 年鉴资源利用

李光普《开发利用综合年鉴资源的途径新探》(《广西地方志》2018 年第 5 期）一文分析做好地方综合年鉴资源开发利用工作的重要性，指出年鉴资源开发利用的现状和问题，提出开发利用年鉴资源工作应当树立质量第一、编鉴为用、研究创新的理念，并从搜集高质量年鉴资料与信息、提升年鉴地域特色与品牌、创新年鉴编纂与开发、丰富年鉴读鉴与用鉴渠道、强化年鉴资源开放与共享、深化年鉴理论研究与队伍建设等方面，提出开发利用综合年鉴资源的新途径。王书亮、薛亮、刘永亮《浅析年鉴复刊中南方片引排水汇编文件的问题及改进方法》(《治淮》2018 年第 3 期）一文以 1989 年 6 卷 20 册水文年鉴为例，分析南方片生成的数据表的缺陷，提出相应的改进方法。卢旭《利用年鉴编写促进校园文化建设的有效策略研究》(《办公室业务》2018 年第 19 期）一文以年鉴编写的意义与价值为出发点，从提升编写人员专业素养、加强档案收集整理、拓展多种写作渠道三个方面深入探究优化年鉴编写的有效策略。此外，刘立荣《中国网民二十年发展变化趋势研究——基于〈中国互联网络发展状况统计报告〉及〈中国统计年鉴〉的分析》（《新闻战线》2018 年第 10 期）、邢伯伦《西藏农牧业发展实证研究——以〈西藏统计年鉴〉为例》（《中国藏学》2018 年第 4 期）等对相关的年鉴数据统计进行整理，对网民、农牧业等社会生产生活领域进行研究。

尤为引人注意的是，有学者开始关注民国时期的年鉴，进而研究其对当今的现实意义。汪旭东《民国〈武进年鉴〉内容特色和借鉴意义》（《江苏地方志》2018 年第 1 期）一文指出，民国版《武进年鉴》最大特点是围绕建设新武进而编纂，其突出年度特色、服务地方政府中心工作、丰富征稿途径、注重调查方法、提高年鉴编纂质量、灵活设置内容版式的特点对当今年鉴编纂有借鉴意义。方书生《中外交融下近代中国年鉴的生成与演化（1846—1949）》（《上海地方志》2018 年第 4 期）一文认为伴随着我国学界对年鉴学习与认识的深入，基于我国文献资源上所形成的多种类型的年鉴逐渐出现，学科意义上的中国年鉴逐渐形成，近代中国年鉴的生成与演化，是一个中西方知识融汇和中国实情调适的进程，在遵循学科普适性的原则下，中国年鉴编纂中也形成了自身的特色。孙兴武《浅述〈中华年鉴〉对九一八事变的记载》（《“九一八”研究》2018 年第 17 辑）一文指出，英国记者伍德海主编的 1932 年《中华年鉴》，在序言、第二十三章等部分对“九一八”事变有着丰富记载，内容体现了中立性、宏观性的特点，为研究该事变及抗日战争提供了不同的视角，共计 20 卷的整部年鉴为研究抗战在内的中国近代史留下了宝贵的史料。

3. 年鉴研究与评介

沈永清《一部特色鲜明的省级城市年鉴——读〈上海年鉴（2015）〉札记》（《中国年鉴研究》2018 年第 1 期）一文论述《上海年鉴（2015）》的审美价值表现，它既能陶冶读者心灵，发挥审美愉悦的教化作用，又能提升学术质量，但是其准确性等方面的不足应引起年鉴领域关注。陈晓婧《浅议〈江苏年鉴（2017）〉编纂特色》（《江苏地方志》2018 年第 3 期）一文指出，《江苏年鉴（2017）》在精选展现年度热点特色的图片专题、挖掘资料、提升年鉴的权威性等方面都有所创新。张靖晗《改革开放初期创办学术年鉴之“初心”考——以 10 部学术年鉴创刊号为例》（《史志学刊》2018 年第 6 期）一文以改革开放初期创办的 10 部学术年鉴为例，分析改革开放初期的社会政治文化背景及学术年鉴创办背景，探究学术年鉴创办的“初心”。冯卓慧《网络与数字时代的〈中国音乐年鉴〉——写在〈中国音乐年鉴〉创刊 30 周年之际》（《人民音乐》2018 年第 4 期）一文指出，《中国音乐年鉴》具有兼及左史和右史的职责，兼有编年体与纪传体的体例，兼具目录书与志书的功用，具有总结年度学术进展与揭示隐含的学术线索的功能和特点。

综观 2018 年的志鉴理论研究，学界基本上保持着近年来稳中有进的局面，一些学者与时俱进，密切关注国家方针政策和新技术的变化，由此寻求方志和年鉴的发展和创新。整体而言，志鉴理论研究的现状依然不容乐观。最直观的体现就是，除少数文章发表在核心期刊上，大多数文章只能发表于级别较低的期刊，甚至是内部出版物。相比较年鉴方面的论文，方志在核心期刊的发表上更多一些，但大多文章均与旧志相关。其次，学术规范有待加强。学者们注重对单一书籍或单一问题的研究，忽视了通论研究，导致其没有宏观性的把握和发展研究，一稿多投现象仍然存在。再次，志鉴研究队伍的结构不合理。观察论文的作者可知，2018 年志鉴理论研究的主力为各省（区、市）地方志工作机构的工作者，高校、科研单位中的发文者偏少，文章质量参差不齐。各省（区、市）地方志工作机构的研究人员有丰富的编鉴实践经验，但缺乏严格的学术训练，这在一定程度上影响和限制他们的学术视野和理论水平。因此，提高科研机构和高校研究方志和年鉴的热情和水平，加快高校科研单位与地方志工作机构的学术交流，是志鉴理论研究今后发展亟待解决的问题。相比较方志理论研究，从2018年年鉴理论研究来看，研究者对年鉴的研究在理论、规范、多视角方面还存在不足，仍需进一步深入，年鉴学学科体系、学术体系、话语体系建设之路依然任重而道远。

当前，志鉴理论研究者要高举中国特色社会主义伟大旗帜，深入学习贯彻党的十九大精神和习近平新时代中国特色社会主义思想，努力为发展21世纪马克思主义、当代中国马克思主义，构建中国特色哲学社会科学学科体系、学术体系、话语体系，增强我国哲学社会科学国际影响力作出贡献。志鉴理论研究者应一如既往地紧跟时代发展步伐，立时代潮头，通古今变化，发思想先声，为改革开放鼓与呼，为推进马克思主义中国化、繁荣发展我国哲学社会科学作出新的贡献。要通过加强志鉴的编纂和研究，整合志鉴信息资源，强化志鉴理论的话语权；发挥志鉴的学术评价功能，开启志鉴研究的新方向，进而推动方志学和年鉴学学科体系、学术体系、话语体系建设。

·方志论文索引

一 方志理论

张以发 浅议方志的特异性 《天津史志》2018年第1期

孟 秀 简述地方志性质演变 《江西地方志》2018年第4期

戴 昇 回顾与审思：18世纪以来的地方志性质研究 《广西地方志》2018年第3期

王丹林 方志体例源于河图洛书考略 《史志学刊》2018年第6期

孙生玉 浅谈方志体例的继承与创新 《宁夏史志》2018年第3期

丁 剑 说史论志 《安徽地方志》2018年第2期

梁滨久 “志书”“志学”概念的提出 《江西地方志》2018年第6期

吉 祥 “修志问道”与方志编纂思维更新 《史志学刊》2018年第1期

张世民 略论地方志的学术沉淀问题 《陕西地方志》2018年第4期

史五一 地方志批评的现状与思考 《安徽地方志》2018年第4期

陈泽泓 从事件志更名题材志说起——关于志书分类 《广东史志》2018年第1期

王景忠 关于志书断限问题的思考——从重大事件志编纂看志书的断限 《安徽地方志》2018年第2期

陈泽泓 从“地名”在志书篇目分类中的归属说起——关于志书分类原则 《广东史志》2018年第2期

孔建民 弘文载道 焕采如需——浅谈史志如何在新形势下发挥服务功能 《山东史志》2018年第2期

俞富江 以数据的准确性保证第二轮志书的权威性 《新疆地方志》2018年第3期；《今古大观》2018年第2期

杨 先 方志“大众化”趋向简论 《甘肃史志》2018年第1期

张殿成 志鉴与公文语言写法异同谈 《天津史志》2018年第5期

梁滨久 方志编纂融入诸多体裁的趋势渐强 《社会科学报》2018年12月27日第05版

杨军益 陈 畅 坚守续修方志的学术标准 《社会科学报》2018年8月16日第05版

刘景莲 中国社会科学院所藏稀见方志概览 《中国史研究动态》2018年第2期

巴兆祥 基于学科学视角的方志学学科构建源流 《上海地方志》2018年第3期

韩章训 论方志学转型升级 《浙江方志》2018年第6期

梁滨久 方志学一级学科建设刍议 《安徽地方志》2018年第4期

白城市地方志办公室课题组 方志学一级学科建设刍议 《今古大观》2018年第6期

付永正 常京锁 方志学一级学科建设问题初探 《今古大观》2018年第5期

张安东 把握方志学科建设要点——理论提升、体系建构和途径原则 《上海地方志》2018年第4期

池 诚 当代方志学的理论构建——试论当代方志学之主要内容 《上海地方志》2018年第1期

黄 鑫 新时期文化建设视域下的方志学发展浅谈 《宁夏史志》2018年第6期

沈松平 史学应用型人才培养路径研究——基于方志学专业发展的考察 《宁波大学学报（教育科学版）》2018年第4期

沈松平 浅析方志学学科建设及方志学专业在高校的发展路径 《中国地方志》2018年第3期

苏发祥 地方志传统与族别史研究的有机结合——《西藏通史》的新突破 《中国藏学》2018年第3期

课题组 近20年来方志学学科建设研究述略 《史志学刊》2018年第4期

苏卢健 2017年方志学理论研究综述 《上海地方志》2018年第3期

赵 岩 《太平寰宇记》在地方志学科体系建立中的地位——以《太平寰宇记》与《新唐书》的比较为视角

《江西地方志》2018 年第 5 期

缴世忠　方志转型升级需攀登三级台阶　《今古大观》2018 年第 5 期

吴明堂　张　昀　方志转型升级应凸显资政、育人功能　《湖北方志》2018 年第 6 期

赵海渊　用法治方式推动地方志事业发展和转型升级　《西藏地方志》2018 年第 3 期

詹维强　新时代地方志事业转型升级探讨　《浙江方志》2018 年第 6 期

任璀洛　王明成　论地方志事业基于互联网的开拓创新　《新疆地方志》2018 年第 4 期；《安徽地方志》2018 年第 2 期；《贵州史志林》2018 年第 1 期；《海南史志》2018 年第 3 期；《云南史志》2018 年第 2 期

张　晨　略论智慧方志事业　《浙江方志》2018 年第 1 期

张英聘　口述史视野下地方志事业发展的新趋向　《中国地方志》2018 年第 1 期；《云南史志》2018 年第 2 期

赵　飞　地方志事业全面转型升级与继承中华优秀传统文化略论　《史志学刊》2018 年第 2 期

任璀洛　方志事业的现状分析和转型思考　《湖北方志》2018 年第 5 期；《云南史志》2018 年第 4 期

孟亚男　新时代·新机遇·新作为——对地方志进入新时代的思考　《今古大观》2018 年第 1 期

仓修良　用地方志来思考、认识、更正杭州历史　《浙江方志》2018 年第 4 期

蒋文欢　在转型升级中彰显方志价值　《浙江方志》2018 年第 1 期

潘捷军　不忘初心　牢记使命——地方志事业改革开放 40 周年暨从事方志工作 10 周年感言　《浙江方志》2018 年第 1 期

刘　新　发展方志事业　提升文化自信　《天津史志》2018 年第 3 期

课题组　京津冀地方志事业协同发展现状与展望　《天津史志》2018 年第 5 期

李永奇　坚定文化自信　推动地方志事业繁荣发展　《河北地方志》2018 年第 2 期

王春雨　把握历史新方位　履行方志新使命　砥砺前行助力经济社会大发展——大兴安岭地区地方志事业发展综述　《黑龙江史志》2018 年第 1 期

黑龙江省农垦总局史志办　勇于开拓　创优争先　推动黑龙江垦区史志事业再上新台阶　《黑龙江史志》2018 年第 3 期

黑河市地方志办公室　狠抓实干　勇于创新　推动黑河地方志事业再上新台阶　《黑龙江史志》2018 年第 3 期

张树礼　拥抱地方史志事业的春天——关于济宁市地方史志事业创新发展的探索与思考　《山东史志》2018 年第 1 期

郑州市地方史志办公室　明确方向　完善制度　积极推动地方志事业转型升级创新发展　《河南史志》2018 年第 1 期

长垣县地方史志办公室　围绕中心　主动作为　以基层修志工作促进史志事业转型升级　《河南史志》2018 年第 1 期

王筱武　把握新时代要求　推动方志事业转型升级　《湖北方志》2018 年第 1 期

曹水兵　学习贯彻落实十九大精神　推进地方志事业转型升级　《湖北方志》2018 年第 1 期

衡阳市地方志编纂委员会办公室　以党的十九大精神为指引　推进地方志事业全面发展　《湖南年鉴·文献与人物》2018 年第 1 期

蒋精华　方志事业应为增强民族文化自信　平心静气做好基础性工作——学习十九大报告体会　《湖南年鉴·文献与人物》2018 年第 2 期

西藏自治区地方志办公室　坚定文化自信　强化方志担当　奋力推进西藏地方志事业发展和进步　《西藏地方志》2018 年第 1 期

李　瑛　姚敏杰　杨建国　学习贯彻十九大精神　推动地方志事业转型升级　《陕西地方志》2018 年第 2 期

廖运建　陈　忠　以党的十九大精神为引领　不断开创新时代地方志事业新局面　《新疆地方志》2018 年第 1 期

刘　博　继往开来　砥砺前行——改革开放 40 年新疆地方志事业的发展　《新疆地方志》2018 年第 4 期

冀祥德　宋丽亚　论方志文化自信　《甘肃史志》2018 年第 1 期；《云南史志》2018 年第 1 期

刘善泳　方志文化的三个认识维度　《江西地方志》2018 年第 3 期

梁滨久　树立方志文化的高度自觉与自信　《云南史志》2018 年第 4 期

杨敬宝　浅谈方志文化自觉　《河北地方志》2018 年第 5 期

夏传玉　新常态下的方志文化传承与创新　《上海地方志》2018 年第 1 期

赵　峰　新媒体时代方志文化传播浅析　《甘肃史志》2018 年第 1 期

南剑飞　论地方志传承弘扬中华优秀传统文化的基本原则　《上海地方志》2018 年第 3 期

南剑飞　论地方志传承弘扬中华优秀传统文化的重大价值　《新疆地方志》2018 年第 3 期

黄文记　浅论地方志在传承优秀传统文化中的地位和作用　《巴蜀史志》2018 年第 2 期

符思念　在继承中创新　在交流中传播——试论方志文化走向世界的路径　《江西地方志》2018 年第 2 期

黄小华　邓　芳　"方志文化走出去"的路径初探——以成都方志办为例　《广西地方志》2018 年第 5 期

赵树森　杜中州　地方文化的传承与地方志书的编纂　《河北地方志》2018 年第 3 期

陈　迟　构建"方志 +"模式转变方志思维，推动"三化"撰写提升方志自信　《湖北方志》2018 年第 6 期

张棉标　提升新时代方志文化传播力的探索与实践　《河北

地方志》2018 年第 6 期

李立峰　地方志文化大众化的探索　《江西地方志》2018 年第 1 期

张　军　牢固树立地方志文化自信的思考　《宁夏史志》2018 年第 5 期

韩保农　关于弘扬方志文化的几点思考　《史志学刊》2018 年第 2 期

赵海渊　把握机遇　善作善为　提升方志文化的当代价值及永恒魅力——试论弘扬方志文化要处理好的若干关系　《巴蜀史志》2018 年第 1 期

朱　虹　方志文化荐江西　《江西地方志》2018 年第 3 期

程汝明　坚定方志工作自信　增强方志文化自觉　《云南史志》2018 年第 3 期

宁安市地方志办公室　坚定文化自信　提升方志节奏　开创"全方位""大修志"工作格局　《黑龙江史志》2018 年第 3 期

杨　颖　挖掘资源内涵　服务现实需求　助推方志文化创新发展——宁安市系列志书编纂谈　《黑龙江史志》2018 年第 7 期

吴凤端　张晓纪　新时代地方志文化的创新性转化与发展——以湖北省地方志工作为例　《湖北方志》2018 年第 6 期

杨志华　张棉标　徐佳佳　让江西方志文化"立"起来"活"起来"走"出去的探索与实践　《江西地方志》2018 年第 5 期

雷　湛　牢牢把握"五个突出"　扎实推进新时代方志文化发展繁荣　《各界导报》2018 年 11 月 21 日第 03 版

二　方志管理与实践

张　旭　应当立法赋予地方志机构行政主体的法律地位　《黑龙江史志》2018 年第 9 期

郑　羽　方志资料工作面临的机遇与挑战——从"建设新福建"资料收集谈起　《福建史志》2018 年第 1 期

马艾民　关于地方志工作破解难题、开拓创新的思考　《广西地方志》2018 年第 1 期

颜小忠　关于依法监管与问责覆盖志鉴编纂全过程的思考　《中国地方志》2018 年第 2 期

赵淑萍　信息化带来志鉴编辑工作新变化　《天津史志》2018 年第 4 期

自贡市地方志办公室　第二轮修志实践及规律探寻　《巴蜀史志》2018 年第 1 期

陈　畅　全力打响"地方志文化品牌"　《中国社会科学报》2018 年 5 月 17 日第 05 版

颜越虎　试论方志担当精神　《河北地方志》2018 年第 3 期

卢永著　乡镇（街道）、村修志的意义及其必要性与可行性——以昌平区志书编修为例　《北京地方志》2018 年第 3 期

王复兴　第二轮修志几个问题之我见　《中国地方志》2018 年第 3 期

王敬模　拓宽方志空间　向修志编鉴著史转型发展　《天津史志》2018 年第 6 期

杨　芳　时代背景下基层地方志事业面临的机会和挑战　《云南史志》2018 年第 4 期

课题组　攻坚克难精准施策　确保任务目标如期完成——推进第二轮《天津市志》编修目标落实情况调研报告　《天津史志》2018 年第 5 期

金利权　浅谈地方志在农村文化建设中的作用　《浙江方志》2018 年第 2 期

张棉标　新时代方志宣传工作初探　《河南史志》2018 年第 6 期

林其君　新视角新方法新常态——对新时代志书的初步认识与展望　《史志学刊》2018 年第 3 期

李佳明　高校图书馆与地方志收集工作研究　《科技资讯》2018 年第 14 期

杨志虎　坚守地方志意识形态领域阵地　坚定坚决维护意识形态领域安全　《新疆地方志》2018 年第 3 期

李昌远　坚持以习近平新时代中国特色社会主义思想指导地方志编纂工作　《河北地方志》2018 年第 1 期

管仁富　弘扬优秀传统文化　服务经济社会发展做贡献　《河南史志》2018 年第 3 期

冷国文　新形势下加强地方志宣传工作的思考　《巴蜀史志》2018 年第 3 期

陈朝权　抓好地方志工作的思考　《重庆地方志》2018 年第 4 期

向天燕　在意识形态工作中发挥史志优势——浅谈如何做好意识形态工作　《河南史志》2018 年第 6 期

大庆市地方志办公室　以"三个负责"态度编纂佳志精鉴　《黑龙江史志》2018 年第 3 期

俞文华　新时代谱写新华章——寄语方志人　《浙江方志》2018 年第 1 期

张　博　试论军事年鉴与军事志书的一体化发展　《军事历史》2018 年第 3 期

吴海龙　民营修志机构参与编史修志的意义和建议　《北京地方志》2018 年第 3 期

赫丽丽　谈谈民营文化公司参与镇、村志书编修的意义及遇到的实际困难　《北京地方志》2018 年第 3 期

秦　华　以习近平新时代中国特色社会主义思想统领乡镇村志编修工作　为助力乡村文化振兴　史志工作大有可为　《湖北方志》2018 年第 4 期

洛阳市地方史志办公室　抓住重点　全力推进　不断开创洛阳史志工作新局面　《河南史志》2018 年第 1 期

北京经济技术开发区　把准定位　体现特点　奋力推进志鉴工作再上新台阶　《北京地方志》2018 年第 1 期

卢宏升　北京市推动乡村文化振兴的相关措施安排　《北京地方志》2018 年第 3 期

琼中黎族苗族自治县史志办公室　创新举措　完善机制　奋力开创修志编鉴工作新局面　《海南史志》2018 年第 5 期

于维政　唐茜茜　秉持工匠精神　打造志书精品　扎实做好二轮《检验检疫志》编修工作　《北京地方志》2018 年第 1 期

杨志虎　不忘初心　牢记使命——改革开放以来新疆地县两级地方志工作回顾　《新疆地方志》2018 年第 4 期

孟跃亭　精品志书编纂困境探究　《中国地方志》2018 年第 4 期

俞富江　试论地方志书的多样性与规范性　《海南史志》2018 年第 2 期

齐家璐　冯　松　关于志书质量要求的一些思考　《河北地方志》2018 年第 4 期

张　维　增强依法治志观念　努力提升志鉴的出版质量——兼论志书资料的合理选择与正确运用　《黑龙江史志》2018 年第 9 期

王　东　地方志资料工作的信息化标准化初探　《海南史志》2018 年第 3 期；《广东史志》2018 年第 5 期；《巴蜀史志》2018 年第 6 期

张　维　浅谈坚持志书续修质量标准与创新操作过程的保障条件——兼论志书编修达到"又好又快"的必要与可能　《史志学刊》2018 年第 2 期

张富华　浅议二轮省志编纂出版的规范和要求——以山东省省志编纂为例　《现代视听》2018 年第 2 期

唐　凌　论如何提高抗战志编写质量——以广西为例　《广西地方志》2018 年第 4 期

黄开林　修改与校对是写好县志的必修课——以二轮《岚皋县志》为例　《陕西地方志》2018 年第 2 期

李桂清　关于确保村志编写质量的几点思考　《北京地方志》2018 年第 2 期

王铁鹏　编修镇村志要把好政治质量关　《北京地方志》2018 年第 3 期

陈建春　提高政治站位　强化履职担当　推动地方志工作高质量发展　《巴蜀史志》2018 年第 5 期

李宗海　浅谈方志校对　《河北地方志》2018 年第 1 期

吴建雄　浅谈志书出版前的审查校对工作　《福建史志》2018 年第 2 期

余浩然　地方文化传承与发展应重视乡志撰修工作　《贵州民族报》2018 年 4 月 25 日第 A03 版

俞慧军　崇尚团队精神　打造方志精品　《河南史志》2018 年第 1 期；《黑龙江史志》2018 年第 2 期；《宁夏史志》2018 年第 3 期；《西藏地方志》2018 年第 4 期；《云南史志》2018 年第 1 期

海口市地方史志办公室　落实规划　狠抓质量　突出特色　全面推进海口市地方志事业迈向新台阶　《海南史志》2018 年第 5 期

毛志华　坚持质量第一原则　打造堪存堪鉴成果　《海南史志》2018 年第 1 期

韩章训　明代修志质量不佳的原因探析　《广西地方志》2018 年第 5 期

唐远波　"智慧方志"下的地方志数据库建设及安全规范研究　《巴蜀史志》2018 年第 1 期

赵莉莉　浅析地方志资源数字化　《广西地方志》2018 年第 2 期

陈红彦　傅　静　黄　涛　地方志资源的聚合方法与实现　《国家图书馆学刊》2018 年第 2 期

韩　笑　推动史志从单一纸媒体向多媒体转变的有益尝试　《新疆地方志》2018 年第 4 期；《海南史志》2018 年第 1 期

唐长国　地方志社会需求"微信调查"研究　《上海地方志》2018 年第 1 期

周　维　全国地方志微信公众平台的现状和发展探析　《今古大观》2018 年第 3 期

陈　乐　浅议利用"两微"推动全省地方志工作信息化　《江西地方志》2018 年第 3 期

陈洪泉　地方志微信公众号建设的几点思考　《河北地方志》2018 年第 2 期

杨开明　试论新时代志鉴信息化建设　《云南史志》2018 年第 3 期

石志莹　一次方志微信公众号推广的尝试　《河北地方志》2018 年第 3 期

朱　岳　浅谈"互联网 +"地方志　《江西地方志》2018 年第 3 期

杨　芳　"互联网 +"时代的志书编纂　《云南史志》2018 年第 1 期

金华市地方志办公室　实现志库数字化　走向志网智能化　《浙江方志》2018 年第 3 期

整合升级县情网　融入全局大合唱——沂水县整体迁移县情网站的做法　《山东史志》2018 年第 2 期

袁昊姝　新媒体语境下方志题材纪录片影像重构的路径　《视听》2018 年第 10 期

李　娜　基于条件随机场的方志古籍别名自动抽取模型构建　《中文信息学报》2018 年第 11 期

黄　涛　戴淑敏　成二丽　一种地方志资源的混合推荐模型　《国家图书馆学刊》2018 年第 2 期

李　涛　论建设强军文化新时代背景下军事志书成果的创新转化　《中国地方志》2018 年第 6 期

李　涛　开发军事志书资源　推进强军文化建设　《军事历史》2018 年第 3 期

田保家　试论地方志服务乡村振兴战略的途径　《中国地方志》2018 年第 5 期

章　浩　丁涛杰　谢秀建　蔡梦晨　地方志与文物保护单位经济开发探究——以绍兴市为例　《现代营销（下旬刊）》2018 年第 11 期

王玉琴　旧志资源与宁夏全域旅游示范区文化内涵的提升　《宁夏师范学院学报》2018 年第 3 期

孔祥震　韦　群　邓志红　利用旧志资源开发旅游产品探析　《山东史志》2018 年第 1 期

魏　敏　王　清　谈咸阳地方志与旅游资源开发利用　《旅游纵览（下半月）》2018 年第 7 期

李晔华　龙　麟　何栋斌　利用地方志进行社会服务的思考——以云南省普洱市地方志服务现状为例　《教育教学论坛》2018 年第 12 期

霍丽娜　全域旅游视角下宁夏地方志资源开发利用探析　《宁夏党校学报》2018 年第 3 期

郭鉴欣　中医药地方志文献数据库的设计与实现——以贵州省为例　《贵阳中医学院学报》2018 年第 5 期

时统宇　盛世修志的影像巨献　《电视研究》2018 年第 2 期

陈　群　影像方志背景下人文摄影的表达与展望　《新闻世界》2018 年第 7 期

姚永明　影像志：传播方志文化的有效路径——以《中国影像方志》为例　《传媒》2018 年第 8 期

董　浩　《中国影像方志》，以地方志的创新书写为当代中国作传　《传媒观察》2018 年第 11 期

靳智伟　《中国影像方志》：镜头作笔写乡愁　《电视研究》2018 年第 2 期

赵　捷　《中国影像方志》：为当代中国作传　《电视研究》2018 年第 2 期

阚兆江　《中国影像方志》传播核心价值观、树立文化自信的实践探索　《中国记者》2018 年第 6 期

阚兆江　为时代而歌　为人民立传——在《中国影像方志》中感受贯通古今的文化自信　《电视研究》2018 年第 2 期

曹　敏　大型系列纪录片《中国影像方志》　《电视研究》2018 年第 2 期

王恒蕊　从《少林寺志》视角探寻嵩山少林品牌的创意开发　《汉字文化》2018 年第 10 期

周日杰　谈同一地缘县域间史志资源共享同拓——以莱西、莱阳为例　《山东史志》2018 年第 1 期

臧素雅　浅谈二轮续志中的数据运用问题　《江苏地方志》2018 年第 5 期

饶凯丽　"近在咫尺"：乡土资料在历史教学中的开发与运用——以《青田县志》为例　《中学历史教学参考》2018 年第 21 期

游桃琴　大数据思维方式下地方志工作的开拓与创新　《新疆地方志》2018 年第 1 期

黄玉华　读志用志在地情知识竞赛中的体现——以安徽省滁州市琅琊区情知识竞赛为例　《史志学刊》2018 年第 6 期

课题组　天津市地方志资源开发利用情况现状分析及对策　《天津史志》2018 年第 3 期

王朔桓　陈媛媛　特色方志的数字化开发探究——以《云南风物志》为例　《图书馆理论与实践》2018 年第 9 期

包鸿梅　论数字方志馆的发展建设　《智库时代》2018 年第 33 期

王远森　漫游四川"纸上的方志馆"——《方志四川——四集电视纪录片文本》赏析　《巴蜀史志》2018 年增刊第 1 期

于　彪　地情信息融入公众生活之我见——以兰州市地方志信息化为依据　《甘肃史志》2018 年第 1 期

丁　瑾　以地方志编纂为视野谈苏州家风家训文化　《江苏地方志》2018 年第 2 期

孟亚男　拓宽读志用志渠道　让地方志"活起来"——吉林省地方志编纂委员会实施"青少年'知家乡 爱家乡'系列方志读物"编纂工程　《今古大观》2018 年第 5 期

姜　原　地方志辅助体裁在北京州县志中的运用　《北京地方志》2018 年第 4 期

松阳县史志办公室　松阳县地情资料开发利用情况　《浙江方志》2018 年第 5 期

苏新华　1943 年潮汕地区大饥荒灾情及应对措施研究——以地方志为中心的考察　《广东史志》2018 年第 2 期

张虹萍　张晓光　黑龙江省三江地区环境史资料利用研究——以《佳木斯市志》为例　《经济师》2018 年第 12 期

汪德华　杨思娴　新中国县级财力均衡状况的历史演变——基于三省新方志财政统计资料的研究　《南京大学学报（哲学·人文科学·社会科学）》2018 年第 4 期

郑州市地方史志办公室　选准定位扎实推进　努力打造精品佳志　《河南史志》2018 年第 3 期

罗　瀛　践行地方志工作职能　服务新时代发展大局　《北京地方志》2018 年第 1 期

高志刚　关于新时代地方志工作的几点思考——以成都地方志工作为例　《巴蜀史志》2018 年第 5 期

郑州市地方史志办公室　多措并举　全方位推进各项工作　《河南史志》2018 年第 5 期

湖州市人民政府地方志办公室　弘扬地方优秀文化　展示方志特色魅力　《浙江方志》2018 年第 3 期

王进才　记述家乡历史是我的责任　《北京地方志》2018 年第 3 期

陈　强　做好新时期地方志工作应树立六种意识——18 年地方志办主任经历的感悟　《广东史志》2018 年第 2 期

赵　刚　蓟州区史志工作迈入新时代踏上新征程　《天津史志》2018 年第 2 期

陈翠莲　加强理论研究与实践探索　编纂出版优秀志鉴文化成果　《云南史志》2018 年第 1 期

林州市地方史志办公室　弘扬红旗渠精神　提升乡镇村志编纂工作水平　《河南史志》2018 年第 3 期

邹澄洪　加强宣传推广　让地方志走进公众视野　《江西地方志》2018 年第 5 期

赖永生　加强学习，做好工作，为海南自贸区（港）建设贡献史志力量　《海南史志》2018 年第 4 期

唐　璨　举旗定向　弘扬中华优秀传统文化　《湖南年鉴·文献与人物》2018 年第 1 期

赵　飞　改革开放中成长的吉林省地方志　《今古大观》

2018年第6期

胡维仁 干自己喜欢的事 其乐无穷 《今古大观》2018年第4期

胡瑞云 搞好作风建设，加快省志编纂工作 《江西地方志》2018年第3期

内乡县人民政府 攻坚克难 砥砺前进 不断开创内乡史志工作新局面 《河南史志》2018年第3期

李永玲 参与地方文化保护 促进校地共同发展——以《使赵村志》的编修为例 《安顺学院学报》2018年第2期

嘉善县史志办公室 创新研究方法 提升研究水平 让史料更好发挥“存史、资政、育人”作用 《浙江方志》2018年第5期

固始县地方史志办公室 打牢业务基础 提升服务能力 史志工作成为固始地域文化风景 《河南史志》2018年第1期

汝州市地方史志办公室 担当历史重任 记述伟大时代 《河南史志》2018年第1期

衢州市地方志办公室 科学谋划 开拓创新 突出特色 全面实现“两全”目标 《浙江方志》2018年第2期

黑龙江省通信管理局 科学组织 奋发努力 秉笔直书 《黑龙江史志》2018年第3期

宝丰县肖旗乡政府 留存乡村历史 记录时代发展 《河南史志》2018年第3期

韩章训 再更新方志观念，以跟上方志研究新步伐 《浙江方志》2018年第5期

郭　城 卫静春 海南省市县（区）著史修志编鉴工作调研报告 《海南史志》2018年第5期

杭州市富阳区地方志编纂委员会办公室 围绕中心服务发展 发挥存史教化功能 《浙江方志》2018年第4期

赵　行 我看改革开放40年地方志的新变化 《巴蜀史志》2018年第4期

济源市地方史志办公室 五抓并举，整体推进，确保镇（街道）志编纂工作扎实开展 《河南史志》2018年第3期

绍兴市柯桥区史志办公室 明古详今 藏用相宜 《浙江方志》2018年第2期

雷　湛 内强素质 外树形象 努力开创地方志工作新局面 《陕西地方志》2018年第2期

徐佳佳 适应新形势需要 做好地方志资源的大众化 《江西地方志》2018年第1期

孙瑞珍 内乡：史志二三事 累累硕果香 《河南史志》2018年第3期

毕淑霞 潜心编著 默默耕耘 《今古大观》2018年第4期

陈平军 读两本志书所想到的 《河南史志》2018年第5期；《云南史志》2018年第4期

杨洪进 深入学习贯彻党的十九大精神 决胜“两全目标”推动转型升级 《河北地方志》2018年第2期

李一平 深入学习贯彻十九大精神 扎实推进做好地方志工作 《湖南年鉴·文献与人物》2018年第2期

范晓东 史志成果助推美丽乡村建设 《河南史志》2018年第6期

张洪林 蒋大奎 李胜平 王邱悦 朱质国 深度挖掘地方史志资源 推动乡村田园旅游发展 《巴蜀史志》2018年第6期

赖建明 浅议新时代 引领新方志 《江西地方志》2018年第1期

青岛市崂山区史志办公室 青岛市崂山区开展基层修志工作的做法与体会 《山东史志》2018年第3期

夏小平 以习近平新时代中国特色社会主义思想为指导 推进地方志创造性转化创新性发展 《重庆地方志》2018年第1期

陈建春 用好地方志 服务乡村文化振兴 《四川日报》2018年12月7日第06版

马世明 修好志 编好史 服务汉中“三市”建设 《陕西地方志》2018年第3期

王明相 修志，实现我的梦想 《贵州史志林》2018年第1期

王依群 修志为何是件“得志”的事情 《解放日报》2018年6月5日第09版

哈尔滨市平房区地方志办公室 修志问道 拼搏赶超 做新时代的见证者和建设者 《黑龙江史志》2018年第3期

课题组 天津市名镇、村志编纂工作存在问题及对策分析 《天津史志》2018年第4期

新乡市卫滨区史志办公室 同心协力传承乡土历史 汇智聚才编修乡镇志书 《河南史志》2018年第3期

禹州市地方史志办公室 突出地方特色 打造品牌方志 《河南史志》2018年第1期

王宗勋 我们是怎样编纂《中国名村志·魁胆村志》的 《贵州史志林》2018年第3期

严　萧 做乡风文明的推动者 新时代史志人的责任担当——以近年来嵩明县编纂的两部村志为例 《云南史志》2018年第3期

中共儋州市委党史研究室（儋州市地方志办公室） 团结实干 攻坚克难 围绕“两全”目标全面抓实推进 《海南史志》2018年第5期

吴明堂 地方志如何扩大社会影响的几点思考——以武汉市地方志工作为例 《湖北方志》2018年第3期

秦宝龙 焦国锋 改革开放40年陵川县地方志工作回顾 《史志学刊》2018年第6期

胡　蓉 铭记历史昭示 传承优良作风——关于新时代调查研究方法的思考 《巴蜀史志》2018年第6期

张存浥 默默耕耘 淡泊名利 谱写春秋 双柏县地方志工作回顾 《云南史志》2018年第2期

朱永平 江苏省张家港市村志编纂调查 《广西地方志》2018年第1期

韩章训 江苏乡镇志发展述略 《江苏地方志》2018年第

3 期

省地方志办公室调研组　湖北省地方志系统落实“两全目标”调研报告　《湖北方志》2018 年第 4 期

易小良　漆跃庆　宜丰县乡镇志编写体会　《江西地方志》2018 年第 3 期

薛世孝　从事煤炭史志研究四十年　《河南史志》2018 年第 5 期

陈立新　大量的有价值的资料存在于老百姓的记忆中——济源市大峪镇镇志编撰的做法与体会　《河南史志》2018 年第 3 期

吴志强　迎接党的“十九大”胜利召开　我县地方志系统应该这样做　《云南史志》2018 年第 2 期

开封日报　笃行修志促发展　更加出彩绘新篇——开封市地方史志办公室近年工作亮点聚焦　《河南史志》2018 年第 5 期

杨云伟　咬定青山不放松　立根原在破岩中——建州 60 年蒙自史志工作掠影　《云南史志》2018 年第 1 期

调研组　渝东北 4 县地方志工作调研报告　《重庆地方志》2018 年第 1 期

徐　勇　与成都市地方志办公室业务交流拾零　《天津史志》2018 年第 4 期

任国瑞　地方志资料工作讲录（一）　《湖南年鉴·文献与人物》2018 年第 1 期

任国瑞　地方志资料工作讲录（二）　《湖南年鉴·文献与人物》2018 年第 2 期

任国瑞　地方志资料工作讲录（三）　《湖南年鉴·文献与人物》2018 年第 3 期

任　之　地方志资料工作讲录（四）　《湖南年鉴·文献与人物》2018 年第 4 期

张馨月　重视资料积累　夯实史志基础——四川省公安厅史志编研工作做法与经验　《巴蜀史志》2018 年第 5 期

陈　强　地方志办主任应树立六种意识——省地方志办主任 18 年经历的体会感悟　《广西地方志》2018 年第 3 期

赵　琳　从“文化自信”看地方志工作　《湖南年鉴·文献与人物》2018 年第 3 期

谢　敏　不忘初心　砥砺前行——我的修志路　《新疆地方志》2018 年第 4 期

傅朝阳　编纂《庐江县庐城镇志》的几点体会　《安徽地方志》2018 年第 1 期

陈立新　我在方志编纂中对口述资料挖掘的做法与体会　《河南史志》2018 年第 5 期

姜熠乾　驻村第一书记在编纂乡镇村志推动乡村振兴战略中大有可为　《河南史志》2018 年第 2 期

陵水县史志办公室　志鉴编纂的一点经验与感悟　《海南史志》2018 年第 5 期

杨家龙　筑起彝乡山村脱贫致富之路——记乐山市地志办驻村帮扶工作组　《巴蜀史志》2018 年第 2 期

俞富江　浅谈志书编纂人才向专业化方向发展　《黑龙江史志》2018 年第 10 期；《安徽地方志》2018 年第 3 期

王玉琴　也谈地方志编辑学术素养的提升　《新疆地方志》2018 年第 2 期

李淑建　浅议如何建设地方志编纂队伍　《天津史志》2018 年第 6 期

朱克雄　大力弘扬方志人精神　推动地方志事业开拓创新　《新疆地方志》2018 年第 2 期；《宁夏史志》2018 年第 1 期

陈　伟　修志如修心——浅议新时期修志者的自我完善　《重庆地方志》2018 年第 3 期

孙振中　伍　宇　新时代地方志干部队伍建设的对策思考　《巴蜀史志》2018 年第 6 期

赵玉英　论如何做好地方志人才培养工作　《黑龙江史志》2018 年第 10 期

任茂松　树牢“八种意识”　不辱历史使命　当好新时代“史官”——“方志人”角色定位浅识　《云南史志》2018 年第 1 期

赖永生　史志工作者应把学习当作一种责任——在 2018 年第一季度读书交流会上的发言　《海南史志》2018 年第 2 期

黄　惠　浅谈新闻志编纂的基本要求　《编辑学刊》2018 年第 1 期

李　晶　让档案史志队伍“根深叶茂”　《兰台世界》2018 年增刊

杨贵坤　将读志用志纳入干部教育培训体系刍议　《广西地方志》2018 年第 6 期

冀祥德　论依法治志　《湖南年鉴·文献与人物》2018 年第 6 期

赵　鹏　关于地方志立法若干问题的研究　《中国地方志》2018 年第 6 期；《湖南年鉴·文献与人物》2018 年第 6 期

张　奇　论地方志立法的三个转向　《中国地方志》2018 年第 2 期

陈　忠　依法治志的哲学思辨　《新疆地方志》2018 年第 3 期

吕鲜林　依法治国与依法治志辩证关系探微　《上海地方志》2018 年第 1 期

游桃琴　论新时代地方志事业的法治化　《江西地方志》2018 年第 4 期

杨卓轩　从唯物史观视角论依法治志的价值与作用　《史志学刊》2018 年第 6 期

陈平军　由模糊逐步走向清晰——地方志立法浅识　《云南史志》2018 年第 1 期

颜越虎　着力拓展依法治志的范畴——《地方志工作条例》有关条款修订研究　《黑龙江史志》2018 年第 8 期

孟亚男　关于《地方志工作条例》修订之思考——以吉林省贯彻落实《条例》为例　《史志学刊》2018 年第 1 期

熊　军　浅议史志工作立法的必要性——对《地方志工作条例》和《江西省〈地方志工作条例〉办法》的反思　《江西地方志》2018 年第 4 期

田　丰　立法语言模糊性视角下的地方志立法初探——以《地方志工作条例》为中心　《湖南年鉴·文献与人物》2018 年第 5 期

方　明　认真学习贯彻国务院《地方志工作条例》　推进兵团依法治志　《新疆地方志》2018 年第 2 期

郑　江　论习近平新时代中国特色社会主义思想指引下修志工作进入依法治志轨道的必然性　《新疆地方志》2018 年第 2 期

吴晓红　从依法修志到依法治志　《宁夏史志》2018 年第 2 期

王贞伟　依法治志价值研究　《新疆地方志》2018 年第 4 期

张跃安　依法治志亟需实现的三个转型论析　《黑龙江史志》2018 年第 11 期

赵　青　对地方志工作法治化的几点思考　《黑龙江史志》2018 年第 6 期

杨开明　浅谈新时代依法治志　《云南经济日报》2018 年 8 月 6 日第 A03 版

徐　艳　史志法立法研究初探　《安徽地方志》2018 年第 4 期

陈起兴　试论史志立法的紧迫性与必要性　《福建史志》2018 年第 4 期

梁滨久　中华人民共和国史志立法的几个问题　《黑龙江史志》2018 年第 6 期

张文芳　浅谈如何在地方立法中融入社会主义核心价值观　《黑龙江史志》2018 年第 6 期

王福忠　关于实施依法治志的一些思考　《重庆地方志》2018 年第 2 期

史五一　地方志行政执法的现状与思考　《安徽地方志》2018 年第 2 期

李剑军　依宪立法执法才是方志事业的保障——试论地方志工作立法的遵循、坚持、依据和规避　《安徽地方志》2018 年第 4 期

唐长国　积极推进地方志立法工作　《社会科学报》2018 年 7 月 12 日第 05 版

樊　誉　地方志法治化研究述略　《史志学刊》2018 年第 3 期

费国容　二轮地方志工作法治化进程及推进方略　《重庆地方志》2018 年第 4 期

王文东　地方志法规升级理论与实践研究　《湖北方志》2018 年第 6 期

柳成栋　关于地方志立法之我见　《黑龙江史志》2018 年第 6 期

徐　钊　抓住机遇　推进立法　开启依法治志新篇章　《天津史志》2018 年第 3 期

沙　洵　《天津市地方志工作办法》解读　《天津史志》2018 年第 2 期

关树锋　沙　洵　天津市地方志工作立法纪事　《天津史志》2018 年第 2 期

匡　吟　依法治志与基层地方志事业发展——以南昌市地方志工作现状为例　《江西地方志》2018 年第 6 期

方　琛　从行政化到法治化的实践与思考——以安康市汉滨区三十年修志历程为例　《安徽地方志》2018 年第 2 期

张晓纪　试论地方志事业的法治化路径——从湖北省地方志工作实际出发　《湖北方志》2018 年第 4 期

朱克雄　全面实行依法依规依政治志　确保地方志事业可持续发展　《安徽地方志》2018 年第 2 期；《河南史志》2018 年第 3 期

郑　欣　试述依法治志的实现途径——以厦门志书编纂工作为例　《福建史志》2018 年第 1 期

易明刚　讲好广东故事　传承岭南文化——《广东省地方志工作条例》解读　《人民之声》2018 年第 11 期

陈泽泓　依法治志的新飞跃——学习《广东省地方志工作条例》体会　《广东史志》2018 年第 3 期

邱　捷　一项促进我省方志事业发展的新法规　《广东史志》2018 年第 3 期

刘玉宏　论方志馆的性质与功能　《中国地方志》2018 年第 1 期

潘捷军　近年来全国方志馆研究概况及若干思考　《黑龙江史志》2018 年第 5 期

和卫国　对方志馆建设与发展问题的几点思考　《黑龙江史志》2018 年第 8 期

周　亚　刘　敏　方志馆宣传工作提升策略研究 张梦柳　《山东图书馆学刊》2018 年第 4 期

乔方悦　沈松平　试论方志馆内部空间和外观建筑的设计　《设计》2018 年第 18 期

周春玲　浅谈方志馆档案资源服务方式　《黑龙江档案》2018 年第 2 期

周　亚　殷静雯　方志馆公共文化服务提升路径研究——基于《中华人民共和国公共文化服务保障法》的视角　《上海地方志》2018 年第 2 期

张富华　山东省方志馆建设与发展刍议　《济南职业学院学报》2018 年第 4 期

陈　忠　“一带一路”背景下新疆方志馆公共文化服务能力建设浅析　《新疆地方志》2018 年第 4 期

曹云飞　对县（区）级方志馆建设功能定位的思考——以扬州市邗江区方志馆为例　《黑龙江史志》2018 年第 5 期

李亚雄　走近尉氏县方志馆　《江苏地方志》2018 年第 6 期

柴伟梁　积极探索推进民间档案史志的发展——海宁个人档案史志工作室的生动实践　《浙江方志》2018 年第 2 期

陈　康　李　勇　“三同”架起连心桥　“绣花”扶贫正当时——汶川县史志办践行“一线工作法”纪实　《巴蜀史志》2018 年第 1 期

三　方志编纂

王雨亭　述而不论与反映观点　《黑龙江史志》2018年第1期

霍贵兴　述体的应用　《天津史志》2018年第3期

丁　剑　论志书语言　《安徽地方志》2018年第1期

张绍碧　"秉笔直书"说　《云南史志》2018年第4期

李志刚　"百年巨匠"立传因素和撰写方法——以《张家口市桥东区志》詹天佑传记为例　《河北地方志》2018年第5期

孙立新　民俗入志刍议　《陕西地方志》2018年第5期

赵　瑛　对志书记述改革开放的思考　《新疆地方志》2018年第4期

王广才　志书编修中的"加、减、乘、除"　《今古大观》2018年第1期

夏侯炳　论索引及其编制　《江西地方志》2018年第2期

韩玉梅　浅谈新方志中示意图的使用　《天津史志》2018年第6期

詹跃华　谈志书篇幅适度控制　《新疆地方志》2018年第3期

王广才　刍议志书编修中的"四大要务"——以续志编修中的"加、减、乘、除"为论述重点　《巴蜀史志》2018年第3期;《河南史志》2018年第1期

高金山　志首之"序"说　《今古大观》2018年第4期

李　诚　地方志中的地图　《中国测绘报》2018年7月31日第04版

张凤雨　市县志编纂若干问题的探讨　《河北地方志》2018年第2期;《广西地方志》2018年第1期

张　柳　地名志篇章结构初探　《北京地方志》2018年第1期

张凤雨　市县志条目运用新探　《广西地方志》2018年第4期

刘卫国　如何根据实际内容设定出有特色的篇目　《北京地方志》2018年第3期

凌　琳　续修志书中共决策内容记述刍议　《广西地方志》2018年第2期

詹跃华　第二轮志书记述民主党派浅识　《河北地方志》2018年第5期

詹跃华　第三轮志书如何记述广播电影电视　《广西地方志》2018年第5期

詹跃华　第三轮志书记述信息产业问题初探　《广西地方志》2018年第4期

张福平　地方志书撰写之如何记述好"机构"——仅针对"单摆浮搁"之撰写方式而言　《黑龙江史志》2018年第12期

杨蕊萌　浅谈表改图方法在志书编修中的应用——以《天津市南开区志（1979—2020）》为例　《天津史志》2018年第2期

姜天载　海防志编纂需把握的几个问题　《福建史志》2018年第3期

梁滨久　二轮志书的"概述"亦应是一地总貌的概述　《黑龙江史志》2018年第4期

任根珠　新方志增设"杂记"琐议　《上海地方志》2018年第1期

任继远　编写民族与宗教志的几点把握　《河北地方志》2018年第6期

齐家璐　编修国家志的设想　《今古大观》2018年第4期

益建春　编修学校史志　传播校园文化　《北京地方志》2018年第2期

杨海峰　编修镇村志在乡村振兴战略中的地位和作用——以实施中国名镇志、中国名村志文化工程为例　《北京地方志》2018年第3期

蔺志茹　志书中"表体"常见问题浅析（上）　《上海地方志》2018年第1期

蔺志茹　志书中"表体"常见问题浅析（下）　《上海地方志》2018年第2期

车光杰　志书人物编纂的困惑与创新——谈为生者入志　《云南史志》2018年第2期

李云章　编纂地方志大事记之管见　《福建史志》2018年第3期

赵　飞　编写好志书"组织机构"部分 完整记录中国特色社会主义制度建设历程　《新疆地方志》2018年第2期;《今古大观》2018年第3期

沈秋农　编志也应守规矩——从"阿庆嫂"入志说起　《江苏地方志》2018年第2期

向　耘　编纂乡镇志应注意的若干问题　《湖北方志》2018年第1期

俞富江　关于县级第二轮志书篇幅控制的思考　《黑龙江史志》2018年第2期

杨秀立　刘惠娟　编写村志的几点思考　《河北地方志》2018年第3期

王复兴　浅析村志的编写　《云南史志》2018年第3期

富宏博　浅析村志的编修　《黑龙江史志》2018年第1期

杨　颖　关于开展志书评审的几点思考　《云南史志》2018年第4期

司少华　志稿评审散议　《陕西地方志》2018年第6期

刘光军　稿件失实谈　《重庆地方志》2018年第4期

王德河　改革为主线　利用"三结合"编写工业志——兼谈经济部类志稿的编写　《山东史志》2018年第1期

高叶青　关于新修志书评鉴的若干问题刍议——两种新修《陇县志》之比较研究　《陕西历史博物馆论丛》2018年第25辑

康丽跃　发挥地志稿体例常见问题评析　《浙江方志》2018年第4期

李昌远　要注意把握政治和政策性界限——审读《河北省志》未定稿之思考　《河北地方志》2018年第6期

杨云伟　谈谈地方志初稿评议的几点体会　《云南史志》2018年第2期

金雄波　试谈志稿编写中须注意的几个问题　《宁夏史志》2018年第6期

王耀珍　浅谈审稿应注意的几个问题　《陕西地方志》2018年第6期

俞富江　浅谈县级第二轮志书的审稿　《新疆地方志》2018年第1期

张合德　念好“精准细”三字经　修改好《津南区志》终审稿　《天津史志》2018年第2期

沈松平　乔方悦　关于《中国名镇志丛书》《中国名村志丛书》编修的思考　《史志学刊》2018年第2期

陈建军　以史鉴今　资政育人——对二轮荔波修志编审工作的几点看法　《贵州史志林》2018年第3期

詹跃华　编写第二轮志书人民政府篇章的几点看法　《新疆地方志》2018年第2期

朱丽晖　《中华民国省区全志·河南省志》与《分省地志·河南》研究　《上海地方志》2018年第3期

蔺志茹　谈志书中水利内容篇目的拟定——以《宁河县志（1979—2014）》为例　《天津史志》2018年第4期

董宁波　熊　英　浅谈第二轮志书经济部类的编纂——以《厦门市志（1996—2005）》等三部志稿为例　《重庆地方志》2018年第1期

孙起鹏　量质并重　多措并举　扎实开展乡镇志编纂工作　《河南史志》2018年第3期

杨全福　严谨真实　求同存异——以《陇县志·方言卷》编写为例　《陕西地方志》2018年第1期

余日蓉　试论第二轮《江西省志》分志编纂说明的写作　《江西地方志》2018年第2期

龙瑞芳　浅谈《江西省志·市县概况》编纂中图片的选用标准　《江西地方志》2018年第2期

许德忠　初云峰　志书金融编篇目设计与内容记述问题浅探　《中国地方志》2018年第3期

詹跃华　编写第二轮志书中共地方组织的思考　《广西地方志》2018年第2期

张　军　宗教志编纂的若干思考——以《安徽省志·民族宗教志》为例　《广西地方志》2018年第3期

王德河　突破成规　写“活”立传人物——二轮志书人物传记浅析与撰写试探　《山东史志》2018年第2期

吕飞飞　第二轮地方志书政府法制建设部类编纂若干问题的思考　《广西地方志》2018年第3期

陈洪毅　陈莉莉　地方志交通运输篇结构创新初探——以《南宁市志》交通运输篇为例　《广西地方志》2018年第5期

俞富江　关于县级第二轮志书设置《旅游篇》的思考　《黑龙江史志》2018年第4期

詹跃华　第二轮志书人民代表大会编写之我见　《湖北方志》2018年第3期

詹跃华　第二轮志书人民政协篇章编写管窥　《黑龙江史志》2018年第11期

倪　平　吴汉卫　第三轮省级建设志续修工作思考　《陕西地方志》2018年第2期

许海意　胡奥千　大事记纪事本末体应用刍议——以《中国文物志·大事记》编纂为例　《中国地方志》2018年第6期

田保家　当代图志编纂刍议　《福建史志》2018年第6期

李玉平　专志大事记编纂存在问题及对策——以广州市三部专志为例　《广西地方志》2018年第4期

梁滨久　再议“专志贵专”　《今古大观》2018年第4期

张　划　以“六字功能”导向修志的实践与思考——两轮《大足县志》的编纂回顾　《重庆地方志》2018年第3期

黄江平　“风俗志”编写的体例、特点及其民俗观——以《上海府县旧志丛书》和《上海乡镇旧志丛书》为例　《吕梁学院学报》2018年第5期

渠鸿章　浅析第三轮军事志编修应着力把握的几个问题　《中国地方志》2018年第5期

章利国　尊重历史　坚持原则——试谈美术志书的编修　《美术观察》2018年第11期

乔丽华　市级企业专志中关于记载股份制内容的思考　《上海地方志》2018年第3期

俞鸣霞　如何编修新世纪以来的企业续志　《档案时空》2018年第2期

陈平军　行业志编修的几个误区及解决路径　《新疆地方志》2018年第4期

陈　华　浅谈地方科技志编纂　《西藏科技》2018年第3期

图　嘎　在编纂《昌都地区志》的过程中对一些重要和敏感问题处理意见的思考　《西藏地方志》2018年第2期

齐家璐　关于《中国抗日战争志》篇目设置问题的思考　《河北地方志》2018年第6期

段　纲　对编纂农信社志（农商行志）的几点认识　《贵州史志林》2018年第1期

李　红　科技志篇概述的思考与实践——以第二轮《天津科学技术志》为例　《天津史志》2018年第1期

李治修　戚庆贺　试论地名志的编写　《中国地名》2018年第5期

毛婧婧　档案在医院文化建设中的重要作用——以院志编纂为例　《中医药管理杂志》2018年第10期

池　诚　论“一带一路”视野下《丝路人物志》的编纂　《陕西地方志》2018年第1期

杨富中　领导推动，专众结合成大志——二轮《邯郸市志》编纂的几点做法和体会　《河北地方志》2018年第6期

郑树森　试论乡村志编纂的宗旨和篇目设计　《安徽地方志》2018年第1期

王晓静　如何让镇（街道）、村志写出自己的特色　《北京地方志》2018年第3期

司念堂　浅谈乡村志编纂在乡村文化建设中的地位和作用　《湖北方志》2018年第6期

周　箐　王惠娟　贾忠杰　浅议乡镇志“志体”的把握　《河南史志》2018 年第 5 期

周　华　城市化进程中的深圳村镇志编修　《中国地方志》2018 年第 2 期

王　晖　乡镇村志编纂存在的问题与对策　《中国地方志》2018 年第 2 期；《江西地方志》2018 年第 3 期；《今古大观》2018 年第 1 期

胡卫星　村志编纂中应注意的乡村十大变迁问题　《史志学刊》2018 年第 6 期

孙素玲　乡镇街道志编撰常见问题分析　《河南史志》2018 年第 2 期

蒋朗朗　乡镇村志编纂工作调研报告　《湖北方志》2018 年第 2 期

王复兴　乡镇志编写初探　《广西地方志》2018 年第 3 期

王复兴　乡镇志编写初探（上）　《山东史志》2018 年第 3 期

王复兴　乡镇志编写初探（下）　《山东史志》2018 年第 4 期

沈永清　乡镇志编修探析（一）——以上海市闵行区杜行、七宝、鲁汇 3 部镇志为例　《宁夏史志》2018 年第 1 期

沈永清　乡镇志编修探析（二）——以上海市闵行区杜行、七宝、鲁汇 3 部镇志为例　《宁夏史志》2018 年第 2 期

欧阳发　乡镇志编纂的探索与实践　《安徽地方志》2018 年第 3 期

刘　备　乡镇志如何取舍“接地气的小事”　《河南史志》2018 年第 4 期

刘文江　方志事物与乡镇志、村志篇目设置　《北京地方志》2018 年第 3 期

沈松平　杨　丹　关于新中国乡镇村志编修历史的考察　《上海地方志》2018 年第 4 期

申国华　浅谈村级志书的编纂——以《桃符村志》编纂为例　《贵州史志林》2018 年第 3 期

张长生　试论乡镇村志编修——以北京乡镇村志为例　《史志学刊》2018 年第 6 期

金雄波　谈谈村志的编修——以《凤凰村志》为例　《云南史志》2018 年第 4 期；《福建史志》2018 年第 5 期

毛运海　创新乡镇村志编纂方法　开拓大众学志用志途径　《襄阳职业技术学院学报》2018 年第 3 期

孙晓东　浅谈志书主编的审稿　《江西地方志》2018 年第 6 期

颜小忠　二轮修志志稿总纂研究　《上海地方志》2018 年第 2 期

颜小忠　加强方志稿总纂的运作模式研究　《社会科学报》2018 年 4 月 26 日第 05 版

傅常欣　浅谈志稿总纂合成应注意的问题　《天津史志》2018 年第 5 期

乔玮晏　浅析县区志总纂成稿过程中常见典型问题　《新疆地方志》2018 年第 1 期

俞富江　浅谈县级二轮志书终审的三个问题　《黑龙江史志》2018 年第 9 期

马静怡　从编辑角度谈地方志编纂应注意的问题　《传播力研究》2018 年第 8 期

朱丹华　档案资料在志书编撰中的作用与意义探析　《办公室业务》2018 年第 14 期

许　可　徐　斌　新编地方志书与海疆史料的运用　《福州大学学报（哲学社会科学版）》2018 年第 6 期

王志迁　对地方志因事系人的粗浅看法　《安徽地方志》2018 年第 1 期

孙振忠　论新修县志应注重记述与传承乡贤文化　《中国地方志》2018 年第 4 期

孙立新　方言入志刍议　《陕西地方志》2018 年第 3 期

陆再奇　依法治理新编地方志书资料缺失路径思考——以宣城市县两级新编已公开发行的两轮志书为例　《安徽地方志》2018 年第 2 期

王立杰　挖掘馆藏资料资源　服务二轮志书编纂　《黑龙江史志》2018 年第 8 期

李连山　编修区志如何解决搜集资料难的问题　《河北地方志》2018 年第 6 期

杨艳萍　对志书资料长编工作的思考　《云南史志》2018 年第 3 期

詹跃华　论志书背景资料的运用　《福建史志》2018 年第 5 期

柯遂喜　胡晓飞　社区（村）志编纂的难点与对策——关于收集《王寨社区志》口碑资料的有益探索　《湖北方志》2018 年第 4 期

金雄波　谈地方志书编写资料长编　《新疆地方志》2018 年第 4 期；《河北地方志》2018 年第 6 期；《河南史志》2018 年第 6 期

管清斌　如何做好乡镇（街道）、村（社区）志资料收集工作　《北京地方志》2018 年第 3 期

石立强　强化资料整理工作 夯实志书编纂基础　《今古大观》2018 年第 1 期

尹雪原　任嗣民　浅议编修新志如何使用旧志资料　《山东史志》2018 年第 4 期

胡忠英　地方志孝悌资料在思想政治理论课中的应用研究　《红河学院学报》2018 年第 4 期

郭翠凤　谈志书资料的征集与考证　《新疆地方志》2018 年第 1 期

杨　娟　浅谈史志编纂工作中档案资料查找的重要性　《才智》2018 年第 2 期

石立强　高度重视资料整理 夯实志书编纂基础　《河北地方志》2018 年第 3 期

周丽莹　浅谈修史编志必须重视利用档案资料　《兰台内外》2018 年第 12 期下旬刊

四 方志史与方志学史

黄毓芸 论魏晋隋唐方志外延——以方志的著录为中心 《史志学刊》2018 年第 4 期

黄毓芸 魏晋隋唐方志文献学研究史略 《史志学刊》2018 年第 1 期

张文浩 魏晋南北朝史志编纂的方法意识及其成就 《兰台世界》2018 年第 10 期

包伟民 说“坊”——唐宋城市制度演变与地方志书的“书写” 《文史哲》2018 年第 1 期

吴晓萍 郭 怡 宋代方志研究述评 《史志学刊》2018 年第 5 期

高柯立 南宋时期《吴郡志》的编纂与刊刻——侧重于社会与政治的历史考察 《北京大学学报（哲学社会科学版）》2018 年第 4 期

汪维真 明嘉靖间归德志纂修史实考 《史学史研究》2018 年第 4 期

华 烨 冯贤亮 明中后期徽州岩镇的社会空间与秩序确立——以《岩镇志草》的记述为中心 《徽学》2018 年第 11 辑

王火红 明清时期嘉兴岁时风俗研究——基于地方志的考察 《嘉兴学院学报》2018 年第 3 期

黎孔清 包 平 明清时期梨种植区域分布与栽培种类研究——基于《方志物产》的分析 《中国农史》2018 年第 5 期

李庆霞 明清士人出仕前景差异及原因探析——以《光绪续修庐州府志》为例 《合肥学院学报（综合版）》2018 年第 1 期

张文禄 明清时期皖北女子孝行研究——以光绪《寿州志》《宿州志》和《亳州志》为考察对象 《六盘水师范学院学报》2018 年第 2 期

邹赜韬 李广志 明代东南海疆倭乱记忆中的烈女故事——以浙江方志书写为中心 《浙江海洋大学学报（人文科学版）》2018 年第 3 期

吴铮强 明代方志复原宋元地方祠庙体系可能性探讨——以《弘治温州府志》祠庙记录为例 《浙江方志》2018 年第 4 期

王群韬 明代江南方志之《祠庙》《寺观》体例探析 《江苏师范大学学报（哲学社会科学版）》2018 年第 3 期

吴德义 明代存佚省志的数量与时空分布 《西北师范大学学报（社会科学版）》2018 年第 4 期

周广骞 明代以来山东沿运地域方志纂修略论 《淮阴工学院学报》2018 年第 4 期

王开队 柳雪 明清黄山文化影响力的时空阐释：以《黄山志定本》为中心 《黑龙江社会科学》2018 年第 2 期

董志磊 张燕 明清胶东地区商人及其商业活动——以地方志商人传记为中心的考察 《潍坊学院学报》2018 年第 1 期

贾亿宝 明清山西民间信仰与长城记忆——以崞县扶苏、蒙恬崇拜方志书写为线索 《史志学刊》2018 年第 2 期

谢 强 学术与政治之间：李承乾注《汉书》与李泰撰《括地志》 《齐齐哈尔大学学报（哲学社会科学版）》2018 年第 10 期

于少波 明清以降广西铁力木主要产区及相关问题探研——以广西现存方志为中心 《广西地方志》2018 年第 3 期

袁 月 明清时期河南通志研究 《佳木斯大学社会科学学报》2018 年第 5 期

罗秋菊 明清时期重庆府志研究 《佳木斯大学社会科学学报》2018 年第 4 期

董志磊 方志所见山东明清商人传记的编纂与书写 《滨州学院学报》2018 年第 3 期

刘净贤 从方志、宗谱管窥明晚期至清早期龙泉窑 《华夏考古》2018 年第 5 期

郝文军 文本与史实——明清时期潞安府地方志堡寨记载稀少的原因与真相管窥 《中国地方志》2018 年第 5 期

马卫中 李秉星 情感的诠释：清初流人的地志书写与上京考掘 《湖南社会科学》2018 年第 1 期

龚先砦 清代孝感县孝行考论——立足《孝感县志》的考察 《湖北工程学院学报》2018 年第 1 期

张一弛 刘凤云 清代“大一统”政治文化的构建——以《盛京通志》的纂修与传播为例 《中国人民大学学报》2018 年第 6 期

陈 凯 清代江南乡镇志书的体例与编修 《浙江方志》2018 年第 3 期

郑珊珊 清代徽州善书简论：以徽州方志为核心的考察 《鲁东大学学报（哲学社会科学版）》2018 年第 4 期

向志春 人口与赋税：省志所载清初省级人丁尾数探析 《怀化学院学报》2018 年第 3 期

严忠良 清代湖北散佚方志述略 《湖北方志》2018 年第 2 期；《荆楚学刊》2018 年第 3 期

马振颖 赵世金 清代舟曲县城镇地理研究——以地方志和舟曲现存金石碑刻为中心 《唐山师范学院学报》2018 年第 4 期

何沛东 清代方志舆图的海防描绘——以《嘉兴府志·海防图》为例 《海洋史研究》2018 年第 12 辑

钟洁华 清代方志舆图绘制的研究——以清远地区旧志为中心 《广东史志》2018 年第 6 期

龙宁东 地方志研究背景下清代八寨厅的风俗变迁 《成都航空职业技术学院学报》2018 年第 1 期

刘锦增 清末新疆回族的人口分布与地域经济差异——以新疆各地的乡土志为中心 《中国边疆史地研究》2018 年第 4 期

陆小赛 江南明代祠堂记事内涵分析——以《程朱阙里志》为例 《家具与室内装饰》2018 年第 8 期

王大文　大清一统志馆初探　《历史档案》2018 年第 3 期
任晓雯　从（嘉庆）《无为州志》看无为地区人口及赋税变化　《巢湖学院学报》2018 年第 2 期
陈　旭　道光《遵义府志》中平播战争史料价值探析　《遵义师范学院学报》2018 年第 4 期
刘　波　赵　琼　民国刘赞廷西藏《昌都县志》的版本源流、编写特点与文献价值　《西藏民族大学学报（哲学社会科学版）》2018 年第 5 期
刘　猛　民国泾县续修县志的新史料　《中国地方志》2018 年第 5 期
韩章训　谈广西古代和民国时期方志理论要点　《广西地方志》2018 年第 4 期
韦韩韫　广西旧志中的水利工程建设史料　《广西地方志》2018 年第 2 期
韩章训　论古代山东方志理论要点（三）　《山东史志》2018 年第 1 期
韩章训　谈古代安徽方志理论要点（下）　《安徽地方志》2018 年第 1 期
赵　伟　邓洪波　官办书院与私修院志：端溪书院的三次修志活动探析　《高校图书馆工作》2018 年第 6 期
张清玮　方志中的民间传说故事初探　《大众文艺》2018 年第 11 期
张乃格　胡适利用《淮安府志》考定《西游记》作者　《江苏地方志》2018 年第 2 期
王胜军　杨　灿　论书院志编纂体例转换与学术思潮的演进　《邵阳学院学报（社会科学版）》2018 年第 5 期
林立杰　浅谈《三山志》中的福州州学　《福建史志》2018 年第 6 期
欧福克　胡　锐　老子隐居之所：以《天社山志》为中心的历史地理考察　《宗教学研究》2018 年第 3 期
吴会蓉　王　庆　西康地方志纂修源流述略　《西南民族大学学报（人文社会科学版）》2018 年第 7 期
张怀宁　平凉崆峒山的志书　《发展》2018 年第 8 期
谢　超　试析浙江方言亲属称谓——以《中国方志所录方言汇编》为例　《忻州师范学院学报》2018 年第 4 期
黄有才　乡土文化在实施乡村振兴战略中的作用研究　《巴蜀史志》2018 年第 6 期
张燕妮　张　蕊　乡土志中有关中药材文化的史料价值研究　《黑河学刊》2018 年第 4 期
周　平　西藏地方志编修的历史进程　《西藏地方志》2018 年第 2 期
永　红　西藏自治区新方志的特点　《中国藏学》2018 年第 3 期
范　将　试述志书中的涵江港口　《福建史志》2018 年第 3 期
余　力　余方平　商洛古代地方志文献中的望文生义例证　《商洛学院学报》2018 年第 6 期
张　晓　董乾坤　“谱”“志”之间：宗族发展、士绅认同与地方史的构建——以徽州胡曈、胡学父子为例　《安徽史学》2018 年第 4 期
徐　勇　在地方志体系内开展地方史研究的若干思考　《天津史志》2018 年第 2 期
司艳华　《西域考古录》的成书背景与内容特点探析　《新疆地方志》2018 年第 2 期
于建青　杜宝君　鄂多里城的“历史书”　《今古大观》2018 年第 6 期
张　莉　旧志所见中国古代地方传说的流变——以安徽芜湖灵泽夫人庙为例　《上海地方志》2018 年第 2 期
任　迎　简述记载宁夏历史文化的地方志发展轨迹　《边疆经济与文化》2018 年第 4 期
李　松　国家文化工程中的声音记忆——以集成志书中的音乐记录为例　《民族艺术研究》2018 年第 1 期
张　兴　田　敏　浅论地方志在地方史研究中的价值与不足——以民国《宣汉县志》为例　《汉字文化》2018 年第 21 期
韩素杰　Shelly Chen　基于地方志的江苏省土产药物研究　《中医文献杂志》2018 年第 4 期
李东辉　地方志所见淮河流域的饮食文化　《四川旅游学院学报》2018 年第 6 期
周　平　地方志视野下的藏族文化传承　《西藏地方志》2018 年第 3 期
王小军　关于地方史编写工作的几点认识——从地方志工作者角度　《江西地方志》2018 年第 5 期
刘　岩　治丁铭　东北地方志中中医药文献信息及其价值研究　《开封教育学院学报》2018 年第 2 期
王成玥　修志撰史，适当其时——《常熟图书馆史》与《川沙图书馆发展史》比较研究　《新世纪图书馆》2018 年第 4 期
陈泽泓　由陆贾《南越行纪》及罗泊湾汉简谈方志起源　《中国地方志》2018 年第 6 期
屈水源　论《西湖梦寻》的文本特点及价值——以与《西湖游览志》的互文性关系为中心　《安徽农业大学学报（社会科学版）》2018 年第 5 期
刘振刚　敦煌写本《西州图经》中的“高昌县”问题　《新疆大学学报（哲学·人文社会科学版）》2018 年第 1 期
杜文玉　吴越国杭州佛寺考——以《咸淳临安志》为中心　《唐史论丛》第 26 辑（2018 年）
胡　瀚　地志、碑石所见清代汉中府县地方官的诉讼认识与实践（下）　《陕西理工大学学报（社会科学版）》2018 年第 1 期
姜　胜　从方志看《湖心亭看雪》中的“雪”与“亭”　《中学语文教学》2018 年第 8 期
白昕霞　从《秘书监志》管窥元初内府法书收藏与管理　《中国书法》2018 年第 4 期
黄定华　从《地名志》解读我国乡村的民间信仰——以《万载县地名志》为个案　《宜春学院学报》2018 年第 10 期

陈　婷　补校《全宋诗》《全元诗》22首——兼谈如何以地方志补辑诗歌总集　《湖北科技学院学报》2018年第5期

熊贤品　常熟地方志所载相关商周故事小议　《江苏地方志》2018年第6期

宋晓勇　从古典方志角度谈大王背柴氏族谱　《贵州史志林》2018年第2期

姚晓东　从宁波旧志看海上丝绸之路史料及价值　《宁波通讯》2018年第17期

邢培顺　王明东　刘裕北伐僚属地志作品考论　《古籍整理研究学刊》2018年第2期

孙旭辉　《山海经》的空间叙事与方志的海洋实践　《中国社会科学报》2018年8月13日第04版

毛丽娟　康熙云南方志与地方文化互动探究　《上海地方志》2018年第4期

张若兰　历史记忆、文化认同与意义选择——云南方志中星回节起源记载的忠节化倾向　《中国地方志》2018年第2期

张英聘　现存明代贵州省志编修简述　《史志学刊》2018年第6期

胡安徽　明代贵州官修省志生态资料探析　《贵阳学院学报（社会科学版）》2018年第5期

林　松　清代贵州方志中方言编概述　《贵州工程应用技术学院学报》2018年第6期

赵　青　贵州乡贤文化研究历史观察——以民国《贵州通志·人物志》为中心　《凯里学院学报》2018年第4期

崔　凤　孙家愉　贵州方志墓志中撰写的自觉性研究　《安徽文学（下半月）》2018年第3期

刘明昕　王喜臣　从清末民初地方志看人参在吉林省的分布情况　《长春中医药大学学报》2018年第5期

丁芬芬　崔　为　吉林旧志涉药文献的挖掘与研究　《中国社区医师》2018年第15期

高铭阳　张奚铭　吉林方志文献研究概述　《今古大观》2018年第4期

仝正涛　“子”尾亲属称谓词综合研究——以清代及民国时期环北京地区方志方言为中心　《励耘语言学刊》2018年第2辑

唐　浩　上党“荫城古镇”建置沿革研究——以地方志与碑刻资料为中心　《长治学院学报》2018年第6期

陈　凯　清代广东乡镇志书考述　《广东史志》2018年第4期

王　强　王汐牟　理学与明代福建省志编修　《集美大学学报（哲学社会科学版）》2018年第1期

王　强　高学钦　理学与明代福建方志编修研究　《宁德师范学院学报（哲学社会科学版）》2018年第2期

韩章训　论明代福建方志理论要点　《福建史志》2018年第1期

韩章训　论清代福建方志理论要点　《福建史志》2018年第4期

杨齐福　吴敏霞　台湾士人与清代台湾地方志之修撰　《东方论坛》2018年第3期

卞　梁　连晨曦　方志学视野下的晚清中外台湾游记——兼论近代台湾地方话语权的再建构　《中国地方志》2018年第6期

卞　梁　连晨曦　方志学视域下清前中期台湾游记的嬗变　《三明学院学报》2018年第5期

覃寿伟　清初台湾收复后的善后建设——以方志为中心的考察　《大连大学学报》2018年第5期

邵宝振　方志专家许承尧收藏略述　《安徽地方志》2018年第3期

李海毅　西藏地方志资料整理研究的认识论与方法论刍议　《巴蜀史志》2018年第3期

吉正芬　美国主要研究型图书馆西藏旧方志收藏概况　《西藏研究》2018年第4期

李　波　河池地区旧方志整理及数字化现状调查与思考　《广西地方志》2018年第1期

李海毅　西藏地方志资料整理研究的认识论与方法论刍议　《巴蜀史志》2018年第3期

周德富　同治《宜昌府志》整理记　《湖北方志》2018年第5期

周德富　乾隆《东湖县志》整理记　《湖北方志》2018年第1期

郭　鹏　青史标名　流芳千古——整理《乐城艺文志·文征》感言　《陕西地方志》2018年第2期

杨七斤　浅谈对旧志校注整理的认识　《宁夏史志》2018年第3期

王金富　浅谈旧志整理　《河北地方志》2018年第1期

石立强　高度重视资料整理　夯实志书编纂基础　《河北地方志》2018年第3期；《今古大观》2018年第1期

韩章训　论寿鹏飞方志思想　《浙江方志》2018年第3期

韩章训　谈黄佐方志思想　《广东史志》2018年第5期

范　猛　周永年方志观探论　《广西地方志》2018年第1期

汪凤娟　论李泰棻的方志学主张　《江西地方志》2018年第1期

薛艳伟　傅振伦和马克思主义方志学　《中国地方志》2018年第4期

张晓彭　张澍方志学特色论略　《甘肃史志》2018年第2期

陈庆元　于　婧　徐𤊹修志实践及其理论　《闽南师范大学学报（哲学社会科学版）》2018年第2期

张山梁　王阳明的方志观　《福建史志》2018年第2期

刘国宣　清代考证学潮流中方志典范的转移　《历史教学问题》2018年第2期

邱　亚　四库馆臣的方志观　《中国四库学》第2辑（2018年）

许曾会　民国时期北方桐城派的方志编纂　《史学理论与史学史学刊》2018年上卷（第18卷）

郭国胜　李绂修志　《江西地方志》2018年第6期

陈巧芳　习近平史志情怀　《三明学院学报》2018 年第 5 期

习近平同志谈修志　《北京地方志》2018 年第 1 期

高忠严　刘大鹏《晋祠志》的个人著述色彩探究　《中北大学学报（社会科学版）》2018 年第 4 期

江　亚　清陈廷桂生卒年及《历阳典录》版本考述——兼及志书评价　《宿州学院学报》2018 年第 12 期

石欣欣　黄宗昌父子与《崂山志》　《德州学院学报》2018 年第 1 期

王楠楠　黄肇颚《崂山续志》的基本述略　《科学咨询（科技·管理）》2018 年第 8 期

朱克雄　赵时春与《平凉府志》　《甘肃史志》2018 年第 4 期

闫广勤　张光孝及其《华州志》研究　《陕西地方志》2018 年第 3 期

张振霞　蒋学镛与《鄞志稿》　《名作欣赏》2018 年第 32 期

裴丽芳　来新夏方志理论研究简述　《史志学刊》2018 年第 5 期

丁中秋　“为革命先辈树碑立传无尚光荣！”——记湖北省孝感市孝南区史志工作者梁柏清　《中国老区建设》2018 年第 8 期

罗相海　路上行人口是碑——纪念楚雄地方志专家、彝族文化学者杨和森　《云南史志》2018 年第 2 期

王少卿　怀念中感悟不朽——忆邓颖全同志的方志情怀　《巴蜀史志》2018 年第 2 期

贾广耀　鹤乡修志常青树——赵福山 30 年矢志不渝修志纪实　《今古大观》2018 年第 2 期

龙志刚　夕阳无限好　悠悠方志情——记江源方志人武传仁　《今古大观》2018 年第 2 期

龙长启　漫话主持续修《贵州通志》的任可澄　《贵州政协报》2018 年 3 月 4 日第 A03 版

彭相如　情系金盾书青史——吴卫东和他的公安志　《今古大观》2018 年第 5 期

刘益令　李修仁与山西地方志事业　《史志学刊》2018 年第 5 期

王春雨　大岭方志人——记大兴安岭地区地方志办公室王艳　《黑龙江史志》2018 年第 12 期

孙学元　史志工作者要像海螺一样“活着”——访凉山州原地方志办主任王林吉　《巴蜀史志》2018 年第 5 期

金春艳　一节什么灯泡都能鼓亮的老电池——记双辽市原地方志办公室主任魏连生　《今古大观》2018 年第 5 期

李　论　巴兆祥　公众史学视野下的区域方志史探索——读汪毅《方志四川》有感　《巴蜀史志》2018 年增刊第 1 期

潘认若　历史本身就是一部好书——品评汪毅新作《方志四川》　《巴蜀史志》2018 年增刊第 1 期

汪　毅　《方志四川》随笔　《巴蜀史志》2018 年增刊第 1 期

邵长兴　陆　奇　《方志四川》与汪毅的方志史观　《巴蜀史志》2018 年增刊第 1 期

伍松乔　我读《方志四川》　《巴蜀史志》2018 年增刊第 1 期

黄　里　方志四川　从《山海经》开始的记述　《巴蜀史志》2018 年增刊第 1 期

王少帅　《中国地方志联合目录》补正二十五则——以《著名图书馆藏稀见方志丛刊》为据　《图书馆理论与实践》2018 年第 2 期

杨小平　王瑞赟　《中国方志所录方言汇编》方言词考证　《西华师范大学学报（哲学社会科学版）》2018 年第 3 期

陈其弟　《苏州旧志序跋汇编（府县志辑）》编写缘起　《江苏地方志》2018 年第 2 期

杨洪进　《河北省新编地方志提要》序　《河北地方志》2018 年第 1 期

周　慧　《周礼》的方志学价值　《史志学刊》2018 年第 4 期

杨青松　谜语名村志　文存乡土情——读《中国名村志·青林寺村志》　《湖北方志》2018 年第 2 期

周乃复　梳理旧志脉络　探索新志特色——《慈溪方志研究》序　《浙江方志》2018 年第 3 期

顾书娟　从方志史研究反观方志实践——读李晓方《县志编纂与地方社会——明清〈瑞金县志〉研究》有感　《广东史志》2018 年第 1 期

贠有强　宁夏地方志编纂研究的探索与创新——写在《宁夏地方志编纂研究（第一辑）》出版之前　《宁夏史志》2018 年第 6 期

张建辉　《乾隆雒南县志校注》前言　《陕西地方志》2018 年第 1 期

李万忠　民国学校志《资兴东乐成传书》　《档案时空》2018 年第 3 期

徐学初　《清代西藏方志研究》的三个特点　《巴蜀史志》2018 年第 1 期

梅　宏　从方志中学习厚重的江西地方特色文化——《江西方志文化丛书》编纂体会　《江西地方志》2018 年第 3 期

韩章训　明代至民国时期广东方志理论举要（中）　《广东史志》2018 年第 1 期

韩章训　明代至民国时期广东方志理论举要（下）　《广东史志》2018 年第 2 期

宁波市鄞州区政府地方志办公室　卅年芳华　从新出发——扩版提质后的《鄞州史志》（季刊）　《浙江方志》2018 年第 4 期

蔡玉葵　十业并举　打造精品力作　开拓创新　彰显方志情怀——《秦良玉史料全集》编辑历程综述　《重庆地方志》2018 年第 2 期

姜　盼　陈文容　萨英额《吉林外记》研究　《今古大观》2018 年第 5 期

王笃堃　《安徽通志稿艺文考·书类》订补　《中国地方志》2018年第5期

张祥光　读贵州史志文献札记三则　《贵州文史丛刊》2018年第3期

张　沛　评志札记四则　《陕西地方志》2018年第2期

金恩晖　《让中国地方志走向世界——方志论丛》跋　《今古大观》2018年第2期

余建蓓　试评《粤大记》海防记述　《广东史志》2018年第4期

梁滨久　《续志编修实践与探索》序　《陕西地方志》2018年第2期

祁　琪　周方高《〈永乐大典〉本南宋至明初湖南佚志辑校》评介　《湖南工程学院学报（社会科学版）》2018年第2期

王家球　八年修志偶感　《巴蜀史志》2018年第3期

曾德强　专家的前提、关键和特征——陈平军及其《续志编修实践与探索》浅说　《云南史志》2018年第2期

郑丽霞　陈梦林文学与方志学理论的相互融通研究　《北京科技大学学报（社会科学版）》2018年第3期

韩　锴　荀悦史学理论对修志问道的启迪意义　《浙江方志》2018年第2期

包　平　李昕升　卢　勇　方志物产史料的价值、利用与展望——以《方志物产》为中心　《中国农史》2018年第3期

卢　卉　刘玲玲　试论志书编纂与档案工作的关系——以《四川省疾病预防控制工作六十年》为例　《寄生虫病与感染性疾病》2018年第3期

朱玲玲　张竟竟　许海澎　从《中国影像方志》谈乡土文化的保存与传承　《中国广播电视学刊》2018年第10期

伍时毅　美学视野下的地方志诗文浅探——以首轮《曲江县志》诗文选录为例　《广东史志》2018年第6期

王清毅　诗词援引与方志的审美价值　《浙江方志》2018年第2期

张元珂　地方志、人物志、"关系"诗学　《人民政协报》2018年9月17日第12版

易介南　任国瑞　论从家族修谱到社区、行政村修志的现代转换　《中国地方志》2018年第1期

刘芝华　方志对嘉定竹刻的书写与塑造　《上海地方志》2018年第2期

段金龙　范春义　方志戏曲史料著录的特点、成因与启示——以山西省为例　《艺术学界》第20辑(2018)

建德市地方志编纂委员会办公室　方志独特优势　助推家谱文化研究　《浙江方志》2018年第4期

熊　洁　统筹兼容　相得益彰——地方志与地方史兼容发展路径探析　《巴蜀史志》2018年第2期

毛　威　村志修撰是历史系人才培养的重要环节（一）《贵州民族报》2018年10月19日第B03版

毛　威　村志修撰是历史系人才培养的重要环节（二）《贵州民族报》2018年10月26日第B03版

徐新菊　初探村志编纂与乡村振兴战略的文化对接——以宜城市村志编纂的实践为例　《湖北方志》2018年第6期

五　志书（稿）研究与评介

林日波　《（民國）當塗縣志》稿本的编纂特色和文献价值初探　《古籍研究》2018年第67卷

赵太和　援史入志：东北方志纂修考略（1911—1945）《中国地方志》2018年第2期

陆　冰　黄阿明　明代《南京户部志》刻本考述　《历史档案》2018年第3期

马秀娟　刘大彬《茅山志》研究　《宋史研究论丛》第22辑(2018年上半年刊)

杨金荣　一部特色鲜明值得借鉴的旧志点校本——浅议《明清浦江县志两种》　《浙江方志》2018年第4期

甘肃省地方史志办公室　（乾隆）《甘肃通志》点校本后记　《甘肃史志》2018年第4期

汪受宽　（乾隆）《甘肃通志》点校本前言　《甘肃史志》2018年第4期

陈立超　1959年《琼中县志》书稿被发现　《海南史志》2018年第3期

陈其弟　《（雍正）苏州府志》考　《江苏地方志》2018年第6期

赵振海　《昌图县志·天文志》史源学探究及纠谬　《中国社会科学报》2018年8月3日第07版

彭　勇　回望《四镇三关志》的磨砺　《博览群书》2018年第12期

宋泽宇　罕见的湖北通志稿本　《档案记忆》2018年第4期

闵　桃　民国《上海县志》的编修　《中国地方志》2018年第6期

曾现江　清乾隆以前川西北藏羌民族地区的方志编纂　《西南民族大学学报（人文社会科学版）》2018年第7期

刘彦东　一方水土一"坊"人——从人类学视角解读《硝河城清真大寺志》　《中国穆斯林》2018年第3期

曹　杰　再论《新安志》的版本问题——兼论国家图书馆藏旧钞本的文献价值　《文献》2018年第4期

蔡二勤　日本东洋文库所藏崇祯本《山西通志》的文献史料价值　《山西档案》2018年第1期

柴福善　清康熙六年《平谷县志》略谈　《北京地方志》2018年第4期

李晓光　徐曦与《东三省纪略》　《今古大观》2018年第2期

杨五贵　张琏与第一部《耀州志》　《陕西地方志》2018年第2期

金生杨　伍彝章与《蓬安縣志稿》　《蜀学》2018年第14辑

李雄野　清光绪《古丈坪厅志》校注纪述　《湖南年鉴·文

献与人物》2018 年第 1 期

陈　凯　马　娇　清代闽台乡镇志书考述　《福建史志》2018 年第 6 期

张　靖　延保全　清代及民国河北方志所见演剧史料考述　《艺术学界》第 19 辑（2018）

张英聘　弘治《八闽通志》编修体例与文本书写　《中国地方志》2018 年第 5 期

孙利政　易鸾嘉靖《和州志》考述　《中国地方志》2018 年第 6 期

王　明　古代方志档案医药文献探析举隅　《档案管理》2018 年第 3 期

李　玲　古直师徒纂修梅县地方志述略　《嘉应学院学报》2018 年第 9 期

王长华　杨凌霄《襄武人物志续编》对陇西文史的贡献　《甘肃史志》2018 年第 1 期

孙冬虎　明清至民国的几部北京地名志书　《北京地方志》2018 年第 1 期

钱建中　汉魏晋时期江苏佚志考述　《江苏地方志》2018 年第 4 期

刘琳玲　光绪十二年《常山县志》简介　《浙江档案》2018 年第 12 期

胡　晶　郧阳抚治与《郧台志》　《档案记忆》2018 年第 4 期

吕冠南　王襄《辨方志》佚文辑存　《史志学刊》2018 年第 2 期

郑宏旻　万历《泉州府志》海盗记载的史料价值　《福建史志》2018 年第 6 期

徐仪明　王夫之《莲峰志》研究　《船山学刊》2018 年第 3 期

王东育　王东岩　张淑娜　《抚松县志》所载近百年来暴雨水灾灾况分析　《农民致富之友》2018 年第 11 期

杨　洸　论《道光重庆府志·列女传》中的列女形象　《地方文化研究》2018 年第 1 期

颜蕙茹　道光《繁昌县志》简析　《齐齐哈尔大学学报（哲学社会科学版）》2018 年第 11 期

吕亚虎　《洋县志》所载“王师德墓”墓主蠡测——兼论“太师坟村”村名由来　《文博》2018 年第 2 期

李振华　《彝山书院志》所见书院史迹考　《开封教育学院学报》2018 年第 7 期

曾绍皇　《凿石浦志》：杜甫湖湘诗地域研究的重要史料　《杜甫研究学刊》2018 年第 2 期

茹莉君　《长治县志》的纂修源流及价值研究　《长治学院学报》2018 年第 1 期

郑吉伟　《至正金陵新志》刻书价格探究　《学理论》2018 年第 5 期

关　欣　《新安志》注释方法、特点及史料价值　《江苏地方志》2018 年第 5 期

陈麟德　重刊《（嘉靖）兴化县志》序　《江苏地方志》2018 年第 6 期

杨　洸　论《贵阳府志·明循吏传》中循吏的执政特色及其现代启示　《贵州文史丛刊》2018 年第 3 期

董灵超　论《桂海虞衡志》“辨民记俗”的开创性功绩　《中北大学学报（社会科学版）》2018 年第 3 期

杨平平　康熙《河州志》考述　《兰州石化职业技术学院学报》2018 年第 1 期

张　军　康熙《杏花村志》对名村志编纂的借鉴　《云南史志》2018 年第 1 期

王玉琴　从乾隆《宁夏府志》看清代宁夏的渠道治理　《中国地方志》2018 年第 5 期

吕冠南　卢见曾《焦山志》文献辑佚价值考述　《常熟理工学院学报》2018 年第 1 期

王菱菱　刘　潇　南宋地方政府的方志编修　《河北大学学报（哲学社会科学版）》2018 年第 3 期

李亚丽　杨永福　民国广南地志资料点注（之一）　《文山学院学报》2018 年第 5 期

王艳艳　《太谷县志》音乐文献浅析　《北方音乐》2018 年第 1 期

关　欣　徐　彬　《新安大族志》之成就与影响　《寻根》2018 年第 2 期

徐景华　吴兆龙　《新安大族志》大族标准、姓氏排列及功用探析　《黄山学院学报》2018 年第 2 期

周天爽　《大明一统志》的影响及评价——由日本藏《大明一统志》引发的思考　《广西地方志》2018 年第 1 期

刘振刚　《读史方舆纪要》辨析二则　《中国地方志》2018 年第 5 期

马卓周　《广西通志》（嘉庆版）中的少数民族音乐史料研究　《音乐传播》2018 年第 3 期

马卓周　潘林紫　《广西通志》（雍正版）中的少数民族音乐史料与思考　《音乐传播》2018 年第 1 期

赵剑锋　《汉唐方志辑佚》四种荆楚地志辑补　《湖北科技学院学报》2018 年第 4 期

羊毛措　《后藏乃宁寺志》及其价值研究　《西藏民族大学学报（哲学社会科学版）》2018 年第 2 期

丁　乐　《黄山图经》的编纂与版本考述　《皖西学院学报》2018 年第 4 期

刘　猛　《黄山图经》纂辑再考　《徽学》　2018 年第 10 辑

吴华峰　《回疆志》初纂本考　《文献》2018 年第 1 期

牟华林　《嘉庆重修一统志·广西统部》述略　《贺州学院学报》2018 年第 2 期

滑红彬　《庐山归宗寺志》的编纂及内容　《九江学院学报（社会科学版）》2018 年第 1 期

樊　宁　《明史·地理志》疑误考正　《史志学刊》2018 年第 1 期

杨胜才　《平越直隶州志》的编纂体例及启示　《贵州史志林》2018 年第 3 期

汪樟保　范树标　黄荣炎　林义育　《乾潭镇志》编纂的实

践与体会　《浙江方志》2018 年第 3 期

赵逸才　《清代职官年表》载“奉天府尹”补正——基于地方志文献的考察　《中国地方志》2018 年第 6 期

杨玉锋　《全宋诗》补遗 50 首——以佛寺志为中心　《黑龙江史志》2018 年第 1 期

王海波　《莎车府乡土志》述略　《安徽文学（下半月）》2018 年第 1 期

司亦如　《新疆图志》民政篇户口制度数量词使用分析　《绥化学院学报》2018 年第 5 期

胡　博　《新疆图志·兵事志》介词“於”的作用及特色　《四川省干部函授学院学报》2018 年第 2 期

胡　博　《新疆图志·兵事志》军事名词探析　《连云港职业技术学院学报》2018 年第 3 期

王睿晨　《新疆图志·兵事志》连动式探析　《连云港职业技术学院学报》2018 年第 2 期

郭雯雯　《新疆图志·兵事志》趋向动词考察　《连云港职业技术学院学报》2018 年第 1 期

刘　波　《永乐大典》纂修人续考——以方志资料为中心　《版本目录学研究》第 9 辑（2018 年）

张雅婷　陈海懿　《元和郡县图志》书名考略　《吉林省教育学院学报》2018 年第 6 期

韩章训　《元一统志》研究　《上海地方志》2018 年第 2 期；《新疆地方志》2018 年第 4 期

高祺琪　《四库全书总目》江苏方志提要补正　《四库学》第 3 辑（2018 年）

方　圆　《四库全书总目》浙江方志提要补正　《浙江方志》2018 年第 4 期；《四库学》第 3 辑（2018 年）

林　璜　《四库全书总目提要》省志类解题浅析　《四库学》第 3 辑（2018 年）

王　渊　《苏州织造局志》载清代补服信息考　《丝绸》2018 年第 5 期

卢美松　方志与碑刻的史料价值　《福建史志》2018 年第 1 期

高叶青　华山旧志史料价值浅析　《陕西地方志》2018 年第 4 期

叶建金　黄仲昭《八闽通志》之编纂及文献价值　《图书馆学刊》2018 年第 6 期

李桔松　建国后国图藏《杭防营志》稿本及文献价值考述　《北京教育学院学报》2018 年第 4 期

汪　毅　志书所见安岳石刻略考　《中国地方志》2018 年第 4 期

郑益兵　万历《滁阳志》与光绪《滁州志》之比较　《绥化学院学报》2018 年第 3 期

陈洪泉　去其糟粕　取其精华　谈新旧志书编纂的继承与创新　《河北地方志》2018 年第 6 期

彭竹兵　读古方志要“求甚解”　《云南政协报》2018 年 8 月 3 日第 06 版

管仁杰　罗愿《新安志》所据史料略考　《中国地方志》2018 年第 5 期

李永超　试论明清保定府志的纂修　《保定学院学报》2018 年第 3 期

严忠良　十堰地区散佚旧志考略　《汉江师范学院学报》2018 年第 5 期

徐逸龙　瑞安县志重收永嘉籍进士辨析　《浙江方志》2018 年第 5 期

王群韬　明清广西方志所见儒家祠祀体系——以府志为中心的考察　《广西地方志》2018 年第 2 期

叶会昌　郎瑞萍　元代曲家王和卿新考——以新见《秘书监志》《开州志》材料为中心　《中国韵文学刊》2018 年第 4 期

蔡越蠡　体例完善存世最早的上海地方文献价值重现——以宋绍熙《云间志》为例　《上海地方志》2018 年第 1 期

刘景会　手抄孤本永乐《东昌志》对《全宋诗》《全宋文》的辑佚价值——兼辨《中国地方志总目提要·东昌志》之讹　《楚雄师范学院学报》2018 年第 4 期

李勇先　试论晚清民国时期巴蜀乡土志的编纂及其创新　《上海地方志》2018 年第 4 期

王长华　吴之珽所著《襄武人物志》对陇西文化的贡献　《甘肃史志》2018 年第 2 期

范春義　段金龙　选择与遗忘：山西方志中的戏曲记忆　《古典文献研究》2018 年第 21 辑上卷

王志钢　清代锦州府知府、《锦州府志》总裁孙成诗考　《湖北科技学院学报》2018 年第 2 期

王志钢　清代锦州知府、官修《锦州府志》总裁孙成考　《辽宁工业大学学报（社会科学版）》2018 年第 1 期

周新民　乌江志的书写　《贵州日报》2018 年 12 月 14 日第 16 版

王　薇　冯　柯　清代“宁夏八景”中的景观构成特征与价值研究——以乾隆《宁夏府志》“宁夏八景”为中心　《建筑史》第 42 辑（2018 年）

韩周敬　越南《大南一统志》编撰的相关问题研究　《中国历史地理论丛》2018 年第 3 期

李储林　清初地方志所见贵州少数民族考——以蒋深《余庆县志》为例　《贵州民族研究》2018 年第 5 期

周广骞　山东旧志存录京杭运河文献述略　《中国地方志》2018 年第 5 期

宋瑞森　浅析清乾隆《会昌县志》的特色　《江西地方志》2018 年第 2 期

郑益兵　论光绪《滁州志》的文献学价值　《湘南学院学报》2018 年第 3 期

刘　涛　冲突文本的背后——旧志中的杨虔诚形象变迁　《上海地方志》2018 年第 3 期

陈　燕　嘉靖《寻甸府志》内容及体例探析　《玉溪师范学院学报》2018 年第 9 期

陈泽泓　从志书记述广州同文馆至两广方言学堂说起——关于志书记述内容缺失的原因　《广东史志》2018 年第 4 期

赵心愚　乾隆《西宁府新志》之西藏篇目考略——兼及清乾隆前期清代西藏地方志的发展　《上海地方志》2018年第3期

张　婷　乾隆《襄阳府志》中习家池及堕泪碑诗歌的文化沉思　《荆楚学刊》2018年第1期

徐章勇　乾隆本《归德府志》编纂研究　《华北水利水电大学学报（社会科学版）》2018年第5期

雷　闻　从“妖人”到仙翁——正史与地方史志中的盛唐道士申泰芝　《中国史研究》2018年第2期

龚先砦　从夺志未遂看清代甘肃妇女的法律地位——立足“甘肃通志”的考察　《山东女子学院学报》2018年第4期

姜　胜　雍正《山西通志》“补殿试”进士科年小考　《史志学刊》2018年第1期

马建民　宣统《甘肃新通志》所载黑褐衫考述　《北方民族大学学报（哲学社会科学版）》2018年第2期

张　莉　宣统《山东通志·艺文志·金石》案语研究　《济宁学院学报》2018年第6期

蔡　平　历代《徐闻县志》的修纂、承续及其文献价值　《广东史志》2018年第5期

邱新立　《坂头村志》序　《浙江方志》2018年第3期

毛东武　《坂头村志》的创新与探索　《浙江方志》2018年第3期

黄懿陆　《呈贡小古城村志》序　《云南经济日报》2018年4月27日第B03版

冯普友　《罗口村志》序　《河南史志》2018年第4期

秦向东　《陕西帝王陵墓志》序　《陕西地方志》2018年第2期

黄万机　“秉笔直书”为良史——评《遵义市志·人物传》　《贵州史志林》2018年第4期

谢太芳　略论《昭鲁水利工程志》的编纂及特色　《昭通学院学报》2018年第1期

甘卫泽　对行政区划多次变迁乡镇入志上限探讨——以《窑湾乡志》为例　《湖北方志》2018年第4期

赵彦昌　朱宝君　《四川省志·档案志志（1986—2005）》评价　《巴蜀史志》2018年第1期

沈永清　《上海市志·交通运输分志·港口卷（1978—2010）》与《秦皇岛港口志（1996—2005）》比较评析　《黑龙江史志》2018年第11期

赵彦昌　乐　苑　《苏州市档案局（馆）志》评介　《江苏地方志》2018年第5期

俞尚曦　《乌镇志》编纂感言　《浙江方志》2018年第3期

杨思炯　《西湖梦寻》：一部被“遗忘”的方志　《浙江大学学报（人文社会科学版）》2018年第3期

赵逵夫　《重修西和县新志》出版弁言　《档案》2018年第4期

梁滨久　博采众长　守正创新——读《紫阳县志（1986—2010）》有感　《安徽地方志》2018年第3期；《海南史志》2018年第6期；《云南史志》2018年第4期

杨海中　不渝著丹青　永世留乡愁——读《杨槐村志》有感　《河南史志》2018年第2期

孙　俊　潘玉君　大历史与小历史——《中国科学院地理科学与资源研究所所志系列》评介（英文）　《地理学报》（*Journal of Geographical Sciences*）2018年第12期

黄发政　档案之树长青——读《贵州省志（1978—2010）·档案》　《贵州史志林》2018年第3期

陈平军　读《武庄8号楼群自管志》《扬州儒商志》有感　《重庆地方志》2018年第3期

刘作会　方圆黔北山水　志书遵义古今——《遵义市志》编纂、评审、出版情况综述　《贵州史志林》2018年第4期

张嘉林　分类科学规范　注重成果运用——读《遵义市志·附录·遵义古籍目录》之后　《贵州史志林》2018年第4期

方起勇　攻坚克难，精雕细刻，高质量完成续修县志任务——写在《峨山彝族自治县志（1978—2008）》的出版之际　《云南史志》2018年第4期

梁茂林　贵州方志文化的新探讨——读《贵州省志（1978—2010）·地方志》　《贵州史志林》2018年第2期

张祥光　贵州省撤地设市首部“市志”——读新编《遵义市志》　《贵州史志林》2018年第4期

贾辉铭　红色圣地金名片——读《遵义市志》有感　《贵州史志林》2018年第4期

刘柏修　厚重的历史，烂漫的今朝——读《遵义市志》看遵义　《贵州史志林》2018年第4期

杨光启　记录历史　留住乡愁——施甸县第二部村志《摆马村志》出版发行　《云南史志》2018年第1期

樊小庆　记忆乡愁的现实力作——写在《杜山村志》出版之际　《湖北方志》2018年第1期

朱敏彦　继“天下府志中第一”后又一部通贯遵义古今的通志体力作——读《遵义市志》兼论地方志书“概述”体裁的运用　《贵州史志林》2018年第4期

梁茂林　敬老崇文情怀的记录——读《贵州省志（1978—2010）·文史馆》　《贵州史志林》2018年第3期

胡克鼎　巨大工程　宝贵信息——读《贵州省志（1978—2010）·档案》有感　《贵州史志林》2018年第2期

周日蓉　陆铨《海陵经籍志》稿本述论　《新世纪图书馆》2018年第8期

王宏生　评《曲水县志》　《西藏地方志》2018年第1期

杨学东　乾隆刻本《西藏志》校勘举隅　《西藏民族大学学报（哲学社会科学版）》2018年第4期

赵克诚　情系修志　感悟沧桑——写在古交矿区开发40周年之际　《史志学刊》2018年第6期

谭徐明　江湖之间的博弈——读《梁子湖志》有感　《中国水利》2018年第21期

李亚雄　十年心血　千手成志——《常州市志（1986—2010）》编纂始末　《江苏地方志》2018年第1期

张　军　试论明清《滁州志》序跋价值　《安徽地方志》2018年第3期

李守明　书改革开放春秋　展史志档案风采——《贵州省志（1978—2010）·史志档案》读后感　《贵州史志林》2018年第2期

左红卫　笋竹高节清风扬——《杞县政协志》编纂感悟　《河南史志》2018年第2期

黄为放　高　莹　踏察长白三江源　填补缺典三百年——刘建封《长白山江冈志略》记　《今古大观》2018年第2期

王任索　完美的传承　编纂之创新——读2017年版《遵义市志》　《贵州史志林》2018年第4期

陈一民　为有源头活水来——《陕西省志·工会志（1992—2010）》编纂体会　《陕西地方志》2018年第3期

王广才　一部本真厚重的特区志——读《深圳市志》有感　《广东史志》2018年第3期

沈永清　刘天明　一部反映泾源20世纪最后10年发展历史的百科全书——读《泾源县志（1991—2000）》札记　《宁夏史志》2018年第4期

沈永清　一部全面反映巨鹿30年发展变化历程的资料性文献——河北省《巨鹿县志（1978—2008）》述评　《河北地方志》2018年第6期

沈永清　一部认识了解1986—2005年伊春区情的资料性文献——黑龙江省伊春市《伊春区志（1986—2005）》评析　《黑龙江史志》2018年第3期

王广才　一部特色鲜明、写作得法的名市名志——读二轮《杭州市志》有感　《浙江方志》2018年第6期

王广才　一部特色鲜明的名市名志——读二轮《杭州市志》有感　《今古大观》2018年第3期

王广才　一部约而不凡的自治区志——读《广西通志（1979—2005）》有感　《广西地方志》2018年第2期

沈永清　一部展示上海港改革开放全貌的资料性文献——《上海市志·交通运输分志·港口卷（1978—2010）》与《上海港志》比较评析　《上海地方志》2018年第1期

肖春燕　一部专业、规范、厚重的志书——评《上海市级专志·瑞金医院志》　《上海地方志》2018年第3期

沈永清　一部纵贯古今横陈百业的新编图志——读《黔东南苗族侗族自治州图志》札记　《黑龙江史志》2018年第12期

黄发政　一曲谱写农村危房改造的长歌——读《贵州省志（1978—2010）·城乡建设·新农村建设》《贵州省减贫志·农村危房改造》　《贵州史志林》2018年第4期

张光远　悠悠村史　浓浓乡情——《南韩村志》序　《陕西地方志》2018年第1期

李　君　一位老村支书的修志情怀——《青羊岗土家族村志》诞生记　《湖北方志》2018年第1期

王张强　《怀来新志》述评　《中国地方志》2018年第1期

胡东乐　梁正元　《开封市志（1986—2004）》编纂出版感悟　《河南史志》2018年第6期

程方勇　《青岛市志·社会卷》（1978—2005）读后　《山东史志》2018年第1期

康敬收　康敬修　村人同心　众手成志——《罗口村志》出版发行　《河南史志》2018年第4期

熊泰河　村志编修应更多体现“名”和“特”——从编修《三河村志》的点滴体会谈起　《云南史志》2018年第3期

刘远坤　《贵州省志（1978—2010）·农业》序言　《贵州史志林》2018年第3期

张岳林　张晓乐　《六安州志》描绘的六安形象　《皖西学院学报》2018年第1期

赵　飞　《防川村志》简评　《今古大观》2018年第4期

廖章荣　四川华阳县修志考述　《蜀学》2018年第15辑

夏和生　李　同　悟道　修德　铭志　读《北京东岳庙志》　《中国宗教》2018年第6期

萧淑贞　敦风化俗　树立为民众服务的政绩观——在《绛州志》中学做官　《群言》2018年第6期

王宗勋　贵州首部“中国名村志”《魁胆村志》编纂始末　《贵州史志林》2018年第1期

张　英　河南师范大学图书馆藏新乡厂矿企业志述略　《河南科技学院学报》2018年第5期

张英聘　《遵义市志》的文化特色　《贵州史志林》2018年第4期

田　洪　《贵州省志（1978—2010）·史志档案·地方志》序　《贵州史志林》2018年第2期

陈　凯　通贯古今　底蕴厚重——新修《宿迁市宿豫志》读后　《江苏地方志》2018年第4期

甘卫泽　如何激活志书中的历史智慧——以《兴山县志》为例　《湖北方志》2018年第5期

陈忆颗　湘乡文化发展的历史与概况——《湘乡县志·艺文志》与《湖南省志·艺文志》之比较分析　《武汉冶金管理干部学院学报》2018年第3期

王　源　用匠人之心修村志　付真情之感著精品——《高碑店村志》编纂纪实　《北京地方志》2018年第2期

李景苏　浅谈《鸬鸟镇志》对突出地域特征和产业特色的探索　《浙江方志》2018年第3期

张祥光　喜读贵州第一部撰述“方志”志书　《贵州史志林》2018年第2期

姚金祥　赞《遵义市志》记述红军长征　《贵州史志林》2018年第4期

顾　久　《贵州省志（1978—2010）·史志档案·文史馆》序　《贵州史志林》2018年第2期

杨小雅　焦雅琦　读三版社志　说四十年报业变迁——从三个时间断面《洛阳日报社志》为视角看改革开放40

年地市报创新　《中国地市报人》2018 年第 11 期

黄晓东　宋晓蓉　论《新疆图志》中的国家意识　《西域研究》2018 年第 3 期

高　健　王安芝　周　严　《哈密直隶厅乡土志》二种介评　《新疆大学学报（哲学·人文社会科学版）》2018 年第 1 期

王传福　凝聚众手之力　编著时代春秋——《贵州省志（1978—2010）·史志档案》出版有感　《贵州史志林》2018 年第 2 期

黄万机　“秉笔直书”为良史——评《遵义市志·人物传》　《贵州史志林》2018 年第 4 期

张宝良　镌刻东岭印记　铭记强村之路——中国名村志文化工程之《东岭村志》　《陕西地方志》2018 年第 1 期

杨会卿　可爱的家乡——读《罗口村志》有感　《河南史志》2018 年第 4 期

王雨亭　克服编年体问题初探　《巴蜀史志》2018 年第 2 期

李云飞　览龙街风物　读新编村志——读《新编龙街村志》评龙街　《云南史志》2018 年第 1 期

张殿成　“海内文宗”修嘉志——袁黄主笔《嘉善县志》评赞　《天津史志》2018 年第 1 期

郁有满　《无锡市志（1986—2005）》与首轮《无锡市志》比较与进步　《江苏地方志》2018 年第 5 期

张振刚　《温江县志》中《祭任汉文》的释读与考证——兼述任汉的生平　《巴蜀史志》2018 年第 2 期

陆青松　苏州地方志记载明清进士资料讹误例说　《安徽广播电视大学学报》2018 年第 1 期

欧潭生　南宋《三山志》的几处失误　《福建史志》2018 年第 2 期

黄文波　清代广西进士名录勘误考——基于《清朝进士题名录》和《广西通志·教育志》的对比　《中国地方志》2018 年第 5 期

邹华芬　20 世纪初期成都开设女性电影专场考论——兼补《成都电影志》之误　《宜宾学院学报》2018 年第 10 期

宫云维　王红伟　明代两浙盐志拾遗　《古籍整理研究学刊》2018 年第 6 期

段　炼　《上海方志提要》补遗（续）　《都会遗踪》2018 年第 25 辑

程英良　光绪《郓城县志·星野》句读辨正——兼与张友云先生商榷　《中国地方志》2018 年第 5 期

薛宗保　方志中的达州“万倾池”与“春申君”辞条考　《职大学报》2018 年第 6 期

顿　拉　明代藏族史学名著《后藏志》思辨三则　《西藏研究》2018 年第 3 期

滕新才　开州史志文献考辨　《重庆三峡学院学报》2018 年第 5 期

赵庚奇　去伪　存真　求实（续）——关于人物记述的史料考辨　《北京地方志》2018 年第 1 期

刘景会　永乐《东昌志》所录《全元文》未收文考　《文化学刊》2018 年第 4 期

刘景会　《中国地方志联合目录》补正六则　《开封教育学院学报》2018 年第 6 期

韩　超　南京图书馆藏孤本清《平凉府志》考辨　《中国典籍与文化》2018 年第 3 期

吴恩荣　明代吏部志乘考述　《肇庆学院学报》2018 年第 3 期

吴恩荣　明代太常寺志乘考述　《商丘师范学院学报》2018 年第 4 期

韩中慧　旧志辨伪方法论——以甘肃、宁夏旧志为中心　《中国地方志》2018 年第 4 期

徐　超　嘉靖《海宁县志》舆图初探——兼谈方志舆图的版本与校勘　《杭州师范大学学报（社会科学版）》2018 年第 4 期

陈继任　胡庆生　对历代《贺县志》所载宋代贺州长吏的补正　《广西地方志》2018 年第 6 期

韦　恬　志书编纂中常见的表格错误解析　《天津史志》2018 年第 2 期

高景全　结合二轮《香河县志》的编修谈谈对续志纠误补遗的一些看法　《河北地方志》2018 年第 5 期

黄　梅　杨永福　民国《松潘县志》“改土设弁”考误　《遵义师范学院学报》2018 年第 1 期

张　升　大典本《维扬志》考　《史学史研究》2018 年第 1 期

任智英　怀安旧志辨疑补正　《河北北方学院学报（社会科学版）》2018 年第 1 期

· 年鉴论文索引

一　综论

陈洪毅　地方综合年鉴的基本属性与写作技巧　《中国年鉴研究》2018 年第 3 期

张　莉　浅析地方综合年鉴的权威性　《重庆地方志》2018 年第 4 期

朱彩云　年鉴研究中理论观点异同说（上）　《江苏地方志》2018 年第 5 期

朱彩云　年鉴研究中理论观点异同说（下）　《江苏地方志》2018 年第 6 期

蓝　武　新时代年鉴的社会服务功能多元化拓展研究　《中国年鉴研究》2018 年第 2 期

徐　艳　高仲平　新时代拓展年鉴社会服务功能刍议——以《沂水年鉴》为例　《中国年鉴研究》2018 年第 3 期

徐　艳　新时代拓展年鉴社会服务功能刍议　《新疆地方志》2018 年第 2 期；《安徽地方志》2018 年第 2 期；《海南史志》2018 年第 6 期

付　莉　新时代年鉴功能拓展研究初探　《中国年鉴研究》2018 年第 4 期

付　莉　融合创新：实现新时代年鉴功能拓展　《今古大观》2018 年第 3 期

王福忠　新时代年鉴功能拓展探析　《重庆地方志》2018 年第 3 期

吉　祥　年度时间形态与年鉴功能拓展　《江西地方志》2018 年第 6 期

刘书峰　年鉴社会记忆功能中的仪式与话语　《中国年鉴研究》2018 年第 3 期

齐迎春　年鉴编纂规范与年鉴学范式的构建　《上海地方志》2018 年第 4 期；《甘肃史志》2018 年第 3 期

周　旭　对我国年鉴学发展的思考　《中国年鉴研究》2018 年第 2 期

齐迎春　地方综合年鉴与地方史在地方志学科构建中的地位与作用　《中国年鉴研究》2018 年第 2 期

冯跃民　袁啸马　年鉴如何更好地为志书编修服务　《浙江方志》2018 年第 6 期

郭　敏　浅析地方综合年鉴与优秀传统文化　《山东史志》2018 年第 1 期

杨　柳　地方年鉴收藏中存在的问题及其对策　《图书馆界》2018 年第 3 期

牟国义　年鉴评价的视角与方位　《中国年鉴研究》2018 年第 4 期

张　暖　关于年鉴转型升级的探索与思考　《中国年鉴研究》2018 年第 1 期

赵海渊　关于年鉴事业转型升级的几点思考　《史志学刊》2018 年第 1 期

何　蕊　邵权熙　论新时代行业年鉴的发展特点　《中国年鉴研究》2018 年第 4 期

冀祥德　新时代肩负新担当，新征程绘就新蓝图　《中国年鉴研究》2018 年第 1 期

孟亚男　新时代·新机遇·新作为　《中国年鉴研究》2018 年第 1 期

牟国义　坚持走中国特色的年鉴发展之路　《中国年鉴研究》2018 年第 1 期

张恒彬　围绕首都功能定位，发挥地方志独特作用　《中国年鉴研究》2018 年第 1 期

黄　玲　高举伟大旗帜，做好新时代综合年鉴编纂出版工作　《中国年鉴研究》2018 第 1 期

李　雯　年鉴中不可忽视的那些“点”　《今古大观》2018 年第 1 期

方书生　中外交融下近代中国年鉴的生成与演化（1846—1949）　《上海地方志》2018 年第 4 期

杨宝荣　非洲研究中几部年鉴的特点比较　《中国年鉴研究》2018 年第 3 期

崔　震　《惠特克年鉴》简析　《北京地方志》2018 年第 2 期

沈红岩　《世界年鉴》简析　《北京地方志》2018 年第 4 期

裘晓燕　英美年鉴的价值所在　《社会科学报》2018 年 10 月 18 日第 5 版

二　地方综合年鉴编纂

潘贵存　孙雅丽　地方综合年鉴系统记述党和国家机构改革成果的探索——以《丰润年鉴（2019）》篇目设置为例　《河北地方志》2018 年第 4 期

赵　杰　浅谈新时代地方综合年鉴框架结构设计　《今古大观》2018 年第 2 期

高　静　浅析地方综合年鉴的框架设计——《云南年鉴》框架设计阐述　《黑龙江史志》2018 年第 7 期

姚　震　地方综合年鉴框架的构建　《江苏地方志》2018 年第 2 期

滕　辉　地方综合年鉴框架设计的思考与解析　《甘肃史志》2018 年第 1 期

阳晓儒　乡镇（街道）、村（社区）年鉴框架设计比较分析　《史志学刊》2018 年第 3 期；《广东史志》2018 年第 6 期

高　静　年鉴整体设计初探　《时代金融》2018 年第 24 期

周宏文　年鉴编纂理念体现人民性的思考　《中国年鉴研究》2018 年第 4 期

刘传仁　地方综合年鉴编纂与生态文明建设　《中国年鉴研究》2018 年第 4 期

赖红柳　地方综合年鉴数据处理探析——以《梧州年鉴》为例　《中国年鉴研究》2018 年第 2 期

郭素琴　周进鹏　增加综合年鉴记述深度的对策建议　《河南史志》2018 年第 2 期

夏小平　年鉴条目设置及其编纂要点　《中国年鉴研究》2018 年第 4 期

高燕妮　年鉴条目编写琐谈　《史志学刊》2018 年第 1 期；《山东史志》2018 年第 3 期

张昊然　李朝霞　有效信息是年鉴条目价值的生命线　《今古大观》2018 年第 4 期

许根来　写好年鉴条目要做到“三清一规范”　《应用写作》2018 年第 3 期

赵　青　略谈地方综合年鉴条目的编写　《黑龙江史志》2018 年第 8 期

唐剑平　谈年鉴综合性条目的编撰　《浙江方志》2018 年第 1 期

赵　峰　论地方综合年鉴概况条目的内容组织　《广西地方志》2018 年第 2 期

周能汉　论年鉴条目的选题与撰写　《新疆地方志》2018 年第 4 期

杨富中　浅议地市级综合年鉴条目编写　《浙江方志》2018 年第 2 期

韩付昌　王　拯　县级综合年鉴专题条目撰写需解决的三个问题　《今古大观》2018 年第 5 期

胡凤斌　任运成　黄海英　淡县级年鉴资料条目的问题与处理　《巴蜀史志》2018 年第 5 期

李　娜　年鉴条目的编写及图表的运用　《新疆地方志》2018 年第 3 期

杨富中　浅谈地方综合年鉴“大事记”编纂　《河北地方志》2018 年第 3 期

毛宏达　浅议综合年鉴大事记收录范围和记述方法　《时代金融》2018 年第 24 期

施德善　年鉴人物编纂的若干考量　《中国年鉴研究》2018 年第 1 期

郑茂良　地方综合年鉴中照片的使用　《中国年鉴研究》2018 年第 1 期

郭勤华　试论地方综合年鉴的图表配选　《中国年鉴研究》2018 年第 2 期

胡茂盛　地方综合年鉴卷首图照编辑浅见　《江西地方志》2018 年第 6 期

张　凯　谈谈图片在年鉴编纂中的重要作用　《广西地方志》2018 年第 3 期

杨　莲　浅析地方综合年鉴图片的选编　《重庆地方志》2018 年第 3 期

郭勤华　地方综合年鉴编修规范与创新思考——以图表选配为例　《宁夏史志》2018 年第 1 期

姚佳倩　浅述年鉴索引的编制——以《鄞州年鉴》等为例　《中国年鉴研究》2018 年第 1 期

黄　铭　试论构建年鉴的检索系统　《福建史志》2018 年第 5 期

郑茂良　论地方综合年鉴的规范　《陕西地方志》2018 年第 6 期

俞富江　浅析地方年鉴编纂现状和创新路径　《安徽地方志》2018 年第 4 期

俞富江　浅析地方综合年鉴编纂现状和创新路径　《江西地方志》2018 年第 5 期

李世恩　创新，是年鉴健康发展的不竭动力——以《日照年鉴》为例谈年鉴编纂如何创新发展　《山东史志》2018 年第 4 期

李　果　文质彬彬　然后年鉴——谈谈地方综合年鉴编纂创新的“三个维度”　《巴蜀史志》2018 年第 3 期

王福忠　地方综合年鉴编纂的创新实践思考——以《璧山年鉴》编纂为例　《重庆地方志》2018 年第 1 期

袁　欣　年鉴编纂与文化自信的深入探究　《黑龙江史志》2018 年第 10 期

刘树波　由岳峰　年鉴编纂坚定文化自信之思考　《黑龙江史志》2018 年第 10 期

杨永成　我国地方综合年鉴编纂模式改革和创新的理论与方法　《中国年鉴研究》2018 年第 2 期

赖　明　以新思维、新模式解决综合年鉴编写中的新问题　《新疆地方志》2018 年第 4 期

张相明　北京市各区年鉴编纂问题研究　《北京地方志》2018 年第 2 期

刘　伟　浅析综合年鉴的编纂技巧　《天津史志》2018 年第 6 期

课题组　天津市综合年鉴编纂出版现状、存在问题及解决对策　《天津史志》2018 年第 6 期

杨秀兰　浅谈年鉴编纂中存在的问题及解决办法　《河北地方志》2018 年第 1 期

贾兴福　试论三轮修志中年鉴资料的利用与年鉴编纂的改进方向　《巴蜀史志》2018 年第 6 期

陈为真　罗晓安　市、县综合年鉴编纂的问题与改进对策　《江西地方志》2018 年第 4 期

胡浩泉　关于城市综合年鉴记述“创新型城市”建设的问题　《中国年鉴研究》2018 年第 4 期

马向齐　刍议编好地方综合年鉴的一大关键　《河北地方志》2018 年第 5 期

裴红琴　关于加强和改进西藏年鉴编纂的几点思考　《西藏地方志》2018 年第 4 期

詹跃华　浅析年鉴编纂的五种意识　《陕西地方志》2018 年第 5 期

俞富江　地方综合年鉴组稿面临的困难与对策　《黑龙江史志》2018 年第 6 期

汪泽洪　丁三国　如何做好地方综合年鉴的撰稿工作　《湖北方志》2018 年第 3 期

蓝碧茹　新时期如何做好地方综合年鉴组稿工作的思考　《海南史志》2018 年第 2 期

詹跃华　年鉴信息收录存在的问题及对策　《浙江方志》2018 年第 1 期

吕鸿雁　年鉴编纂的变革与守望——从年鉴与同类出版物的异同谈起　《现代出版》2018 年第 4 期

马艾民　用“年鉴语言”讲好“中国故事”——“一带一路”视野下的年鉴编纂　《新疆地方志》2018 年第 2 期

三　专业年鉴编纂

王振华　浅析高校年鉴的框架设计——以《华北电力大学年鉴》等几部教育部直属高校年鉴为例　《中国年鉴研究》2018 年第 2 期

李兴春　马　雁　高校年鉴框架设计的现状与反思　《文学教育（下）》2018 年第 9 期

曹逸寒　高校年鉴体例设计的创新探析　《科技与创新》2018 年第 3 期

谢　华　初探高校科技在湖南科技年鉴编撰规范研究　《科技资讯》2018 年第 7 期

张华星　张江林　高校年鉴编纂可持续发展路径探析——以铜仁学院 2016 年年鉴为例　《文教资料》2018 年第 20 期

万　静　试论新时期高校年鉴编纂的发展趋势　《中国年鉴研究》2018 年第 1 期

姚　红　关于高校年鉴编纂思考　《史志学刊》2018 年第 3 期

王　丹　信息化时代高校年鉴编纂工作研究　《办公室业务》2018 年第 22 期

张　荣　高校年鉴编纂工作中的问题和对策　《科教文汇(上旬刊)》2018年第11期

李　娟　高校年鉴编纂实践要务　《浙江档案》2018年第7期

颜丙通　高校年鉴编撰规范与组稿要求——以档案信息资源深度开发为切入点　《湖北开放职业学院学报》2018年第23期

张　博　试论军事年鉴与军事志书的一体化发展　《军事历史》2018年第3期

高　丹　张美虎　城市文化年鉴的编纂实践探索——对《杭州文化年鉴》的考察　《中国年鉴研究》2018年第2期

王永超　基于增强科技年鉴实用性的探讨　《江苏科技信息》2018年第1期

徐聪颖　胡少诚　论年鉴的主体性与精品化——企事业单位年鉴类属、特征与编纂规律　《中国年鉴研究》2018年第3期

王　敏　编好公司年鉴应把好“四关”　《企业文明》2018年第6期

王秀真　关于医院年鉴编撰的几点建议　《现代国企研究》2018年第8期

国　测　海外工程项目年鉴编制框架设计　《档案天地》2018年第1期

黄　玲　贺宏卿　国内外网络年鉴编纂初探　《中国年鉴研究》2018年第1期

四　年鉴质量

阮关水　蔡建明　《地方综合年鉴编纂出版规定》解读　《浙江方志》2018年第3期

杨卓轩　地方综合年鉴质量控制研究——以2017年度全国地方志优秀成果（年鉴类）评审为例　《中国年鉴研究》2018年第2期；《河南史志》2018年第4期

李　涛　韩　刚　论地方综合年鉴军事内容的质量管控——以第五届全国地方志优秀成果（年鉴类）评审活动参评年鉴为例　《中国年鉴研究》2018年第3期

姜海明　谈谈如何提高地方综合年鉴质量　《河北地方志》2018年第1期

李　妍　浅谈如何加强地方综合年鉴质量建设　《河北地方志》2018年第2期

杜胜男　关于地方综合年鉴如何突出地方特色的思考　《黑龙江史志》2018年第12期

赵　颖　试析如何提高地方综合年鉴质量　《新疆地方志》2018年第2期

陈　群　试论如何在地方综合年鉴的编纂中形成特色　避免千鉴一面　《安徽地方志》2018年第1期

游桃琴　试论年鉴编纂“范式化”——以省级地方综合年鉴为例　《江西地方志》2018年第6期

阳晓儒　从年鉴工作试点谈年鉴精品标准　《广东史志》2018年第1期

李　娜　试谈编纂精品年鉴的思路和方法　《新疆地方志》2018年第4期

林忠玉　从主编三大意识谈县级年鉴质量的提高　《福建史志》2018年第3期

杨富中　简析提高地市级综合年鉴质量面临的问题、原因及对策　《重庆地方志》2018年第3期

周爱军　强撰稿工作之基　有效提高年鉴质量　《中国档案》2018年第3期

朱景芳　年鉴编校差错的常见原因及对策浅析　《传播与版权》2018年第3期

朱仕平　浅谈如何提高年鉴条目编写质量　《江西地方志》2018年第3期

五　年鉴管理与实践

王韧洁　地方综合年鉴工作信息管理问题研究——以北京市为例　《中国年鉴研究》2018年第3期

管仁富　如何在史志工作领域搞好供给侧结构性改革　《中国年鉴研究》2018年第1期

李林澳　年鉴中数值知识元的描述类型及规则研究　《湖北经济学院学报（人文社会科学版）》2018年第10期

陈晓玲　悠悠年鉴载我心——浅议新时代年鉴工作在地方文化建设中的独特作用　《河南史志》2018年第4期

包淑华　杨　颖　坚定区域文化自信　拓宽年鉴创新发展途径　《黑龙江史志》2018年第10期

王志迁　实施“六大”创新　推进年鉴转型升级　《安徽地方志》2018年第2期

姜　标　浅析年鉴创新　《湖北方志》2018年第5期

王景忠　年鉴事业发展要走创新的路子　《安徽地方志》2018年第3期

余球添　地方综合年鉴创新思考　《广东史志》2018年第3期

姜　标　试从原因、基础、原则和方向等方面分析年鉴创新　《甘肃史志》2018年第3期

陈　畅　年鉴的更新发展是题中应有之义　《社会科学报》2018年11月1日第5版

沈红岩　关于《北京年鉴》创新发展的几点思考　《北京地方志》2018年第2期

王继杰　上海市年鉴事业发展调查报告　《上海地方志》2018年第2期

陕西省地方志办公室年鉴推荐评审组　当前陕西地方年鉴的评比与启示　《陕西地方志》2018年第4期

陈永红　军事年鉴的发展与创新　《军事历史》2018年第3期

丁国瑞　军事年鉴工作可持续发展的探索与思考　《中国年鉴研究》2018年第3期

李　奕　深入学习贯彻党的十九大精神　开创新时代北京教育年鉴工作新局面　《北京地方志》2018年第2期；《北京教育（普教版）》2018年第7期

林晓晖　坚持“四重”原则，编好学校年鉴　《档案时空》

2018年第7期

詹跃华 谈年鉴编纂人员的素质和能力及其提高 《黑龙江史志》2018年第12期

汤 淏 新时代地方专业年鉴人才队伍提升的路径思考 《江苏科技信息》2018年第35期

吴晓红 浅议年鉴编辑的职业素质 《宁夏史志》2018年第3期

吴晓红 用工匠精神 办精品年鉴 《湖北方志》2018年第4期

姜 标 试说年鉴创新 《今古大观》2018年第6期

卢 旭 利用年鉴编写促进校园文化建设的有效策略研究 《办公室业务》2018年第19期

刘 清 档案工作为学校发展服务之我谈——年鉴编写工作现状与对策 《办公室业务》2018年第3期

程立海 测绘地理信息年鉴在服务事业发展中的价值研究 《测绘与空间地理信息》2018年第5期

陆志荣 坚持以人民为中心 增强年鉴生命力 《浙江方志》2018年第5期

李升宝 张扬年鉴生命之伟力 《西藏地方志》2018年第1期

邓水燕 地方志综合年鉴助力乡村振兴战略的一点思考 《福建史志》2018年第6期

六 年鉴开发和利用

孙 琳 汤 淏 严文强 王永超 DT时代背景下科技年鉴发展的对策研究 《天津科技》2018年第4期

任璀洛 基于年鉴信息化的思路与细节思考 《广东史志》2018年第3期

李光普 开发利用综合年鉴资源的途径新探 《广西地方志》2018年第5期

毛宏达 浅议云南年鉴网络化、信息化建设 《时代金融》2018年第24期

李鹏飞 论新媒体在年鉴传播中的重要作用 《今传媒》2018年第7期

赵 冰 省级综合年鉴微信公众号现状与对策研究 《史志学刊》2018年第2期

韩 枫 用供给侧改革思维建设网络年鉴 《北京地方志》2018年第2期

方利宏 论年鉴价值与编纂信息化 《上海地方志》2018年第3期

张衍辉 葛宝庆 数字化微时代行业年鉴出版工作探析 《科技与出版》2018年第7期

程立海 数据驱动下年鉴精准营销策略研究 《科技与出版》2018年第2期

钱丽丽 王 潇 我国高校年鉴数据统计的发展与完善 《中国年鉴研究》2018年第1期

姜振勇 历史年鉴管理系统设计 《信息系统工程》2018年第9期

王师师 发挥《上海年鉴》在“一带一路”建设中的文化效应 《上海地方志》2018年第3期

王书亮 薛 亮 刘永亮 浅析年鉴复刊中南方片引排水汇编文件的问题及改进方法 《治淮》2018年第3期

崔 震 邓小平同志年鉴谈话考证 《江苏地方志》2018年第1期

宋竟菱 关于2013年到2016年城镇居民人均收支数据的分析——基于国家统计局《2017年中国统计年鉴》 《中国新通信》2018年第9期

梅大伟 修春亮 冯兴华 李晓玲 白立敏 中国城市脆弱性的时空变化及其内在机理——基于“五普”“六普”及《中国城市统计年鉴》数据的分析 《城市问题》2018年第9期

刘立荣 中国网民二十年发展变化趋势研究——基于《中国互联网络发展状况统计报告》及《中国统计年鉴》的分析 《新闻战线》2018年第10期

邢伯伦 西藏农牧业发展实证研究——以《西藏统计年鉴》为例 《中国藏学》2018年第4期

钱伯章 李 敏 能源结构随能源需求增长而持续多样化——2018年世界能源统计年鉴解读 《中国石油和化工经济分析》2018年第8期

那 威 张 舟 侯 静 武 涌 基于统计年鉴的全国及省级居住建筑面积数据分析及驱动因素模型 《暖通空调》2018年第6期

梁秋生 刘燕婷 我国技工教育区域竞争力比较及演变研究——基于2011—2015年鉴数据分析 《吉林广播电视大学学报》2018年第7期

白 云 刘广民 王友民 我国经济增长、居民收入对居民消费影响的实证分析——基于《中国统计年鉴(2016)》数据信息 《哈尔滨学院学报》2018年第7期

张 婧 我国高等职业院校经费投入比较分析及其优化建议——基于2010—2017年年鉴数据分析 《广东技术师范学院学报》2018年第4期

张国栋 我国国债风险定量分析与风险防范机制研究——基于近十年《中国统计年鉴》的数据分析 《市场论坛》2018年第10期

易 磊 钟 莉 梦 桃 欧懿坤 冯径平 农村劳动人口流动对植被覆盖变化的影响——基于四川统计年鉴数据分析 《西部皮革》2018年第8期

徐艺宁 刘德钦 基于统计年鉴的我国农村贫困程度研究 《西南林业大学学报(社会科学版)》2018年第2期

七 年鉴研究与评介

张靖晗 改革开放初期创办学术年鉴之“初心”考——以10部学术年鉴创刊号为例 《史志学刊》2018年第6期

沈永清 一部特色鲜明的省级城市年鉴——读《上海年鉴(2015)》札记 《中国年鉴研究》2018年第1期

陈晓婧 浅议《江苏年鉴(2017)》编纂特色 《江苏地方

志》2018 年第 3 期

魏仕阔 改革创新 质量制胜——《温州年鉴》的精品之路 《浙江方志》2018 年第 1 期

温州市人民政府地方志办公室 突出温州特色 打造年鉴精品 《浙江方志》2018 年第 2 期

樊春楼 年鉴编纂中的文化思维——以《涉县年鉴（2017）》为例 《中国年鉴研究》2018 年第 4 期

易 荣 十年磨一“鉴” 《贵州史志林》2018 年第 4 期

张 勤 四级联动 众手成鉴 打造精品——《东阳年鉴》编纂实践 《浙江方志》2018 年第 5 期

俞富江 年鉴编纂的几点体会——《桐乡年鉴》创刊 20 周年回顾 《江苏地方志》2018 年第 4 期

俞富江 对年鉴编纂工作的几点体会——兼对《桐乡年鉴》创刊 20 周年回顾 《安徽地方志》2018 年第 2 期

周能汉 优秀年鉴的发展设想——读《昭通年鉴》（2016）的启示 《新疆地方志》2018 年第 1 期

汪喜平 年鉴编纂琐谈——以《乌什年鉴》为例 《新疆地方志》2018 年第 1 期

张 晨 《中国信访年鉴》疏议 《中国年鉴研究》2018 年第 1 期

杨 子 语料库与语用学研究发展新趋势——《语料库语言学与语用学年鉴（2015）》述评 《北京科技大学学报（社会科学版）》2018 年第 1 期

马晓超 建构“中国电影学派”建设中国特色国家电影智库——暨《中国电影批评年鉴（2016）》出版研讨会综述 《当代电影》2018 年第 3 期

欧阳敏 范 军 实用性、场域呈现与历史书写——评《中国新闻传播教育年鉴（2016）》价值的三个维度 《出版发行研究》2018 年第 1 期

冯卓慧 网络与数字时代的《中国音乐年鉴》——写在《中国音乐年鉴》创刊 30 周年之际 《人民音乐》2018 年第 4 期

高 放 把《国际共产主义运动年鉴》办成有国际影响的学术品牌——《国际共产主义运动年鉴》创刊号序言 《理论与改革》2018 年第 1 期

中国城市轨道交通协会年鉴编辑部 栉风沐雨，为你而来：中国城市轨道交通首部行业年鉴出版记 《城市轨道交通》2018 年第 1 期

邓胤龙 新时代新儒学新理念的一座丰碑——评《中国和合学年鉴（1988—2016）》 《衡阳师范学院学报》2018 年第 4 期

彭志琪 现代中国画拍卖市场价格研究——评《当代岭南：2013—2014 中国画拍卖年鉴》 《新闻爱好者》2018 年第 4 期

华 蕾 王永刚 供给侧改革推动年鉴跨越式发展——《北京教育年鉴》20 年回顾 《北京地方志》2018 年第 2 期

陆 奇 锦江春色来天地 玉垒浮云变古今——《北京农村年鉴（2017）》书评 《黑龙江史志》2018 年第 11 期

谢利娟 《陕西科技年鉴》质量提高途径探讨 《甘肃科技》2018 年第 11 期

顾 健 如皋最早的“年鉴” 《江苏地方志》2018 年第 2 期

孙兴武 浅述《中华年鉴》对九一八事变的记载 《“九一八”研究》2018 年第 17 辑

汪旭东 民国《武进年鉴》内容特色和借鉴意义 《江苏地方志》2018 年第 1 期

·志鉴著述选介

【《中国方志发展报告（2018）》】 12 月，中指办编纂的《中国方志发展报告（2018）》由方志出版社出版。主编冀祥德。该书由总报告、评估报告、专题报告、探索与创新以及附录组成，重点反映 2017 年促进全国地方志事业转型升级的有益探索和创新举措，贯彻落实“一纳入、八到位”、加快实现“两全目标”、稳步推进全国地方志“十大工程”的做法和经验，以及本地区、本系统地方志工作的亮点与特点等。全书 39.2 万字。（刘淑颖）

【《中国年鉴发展报告（2018）》】 12 月，中指办编纂的《中国年鉴发展报告（2018）》由方志出版社出版。主编冀祥德。该书由总报告、区域报告、专题报告、探索与创新、年鉴成果选介、研究与借鉴及附录组成，重点反映 2017 年全国年鉴系统推进全国年鉴事业转型升级的有益探索和创新举措，贯彻落实“一纳入、八到位”、加快实现“年鉴全覆盖”目标和积极推动年鉴质量建设、开发利用、信息化建设等方面的经验和做法，以及工作特点亮点等。全书 52.9 万字。（刘淑颖）

【《国外年鉴选介》】 12 月，张恒彬主编的《国外年鉴选介》由社会科学文献出版社出版。该书正文部分 6 万余字、选取随文图 50 余张、随文译文约 9 万字。（王韧洁）

【《新方志编纂管见》】 7 月，鄢钢城著《新方志编纂管见》由辽宁大学出版社出版。该书

设绪论、新方志特征及功能、新方志体例、新方志文体文风、新方志内容特色及编纂方法、新方志资料、新方志的题材及编纂、省市县新方志编纂8章，下设30节117目，针对当前志书编纂过程中所遇到的诸多实际问题，力求在基础理论上讲明原则，在编纂方法上指明路径，对常见的问题给出正确的方法。该书从不同角度对志书编纂理论、方志定位、指导思想、基本原则、特征与功能，方志编纂实践、编纂基本方法、资料搜集和考证、概述、大事记编写、体裁运用等进行详细论述；既继承主要方志学专著的理论观点，总结提炼出一系列新观点，将新方志“资治、存史、教化”三大功能发展为“明道、资治、存史、辅教”四大功能；阐述新方志的“政治定位、历史定位、社会定位、文化定位”；提出新方志要记述特定地域中事物“求新、求变、求发展”的全过程，展现特定地域的“新事物、新成果、新局面”。对方志工作具有较强的现实指导意义。全书30万字。（杜祥武）

【《吉林省地方志学术年会论文集（2017）》】 6月，吉林省地方志学会编辑的《吉林省地方志学术年会论文集（2017）》由吉林文史出版社出版。该论文集以“新时代地方志编纂和地方志事业转型升级”为主题，收录论文99篇，包括2018年吉林省地方志学术年会征集论文64篇、2017年被各次全国方志理论学术活动采用及在省级以上史志期刊公开发表的论文35篇。全书68万字。（李雯）

【《方志之乡 文化浙江——改革开放以来浙江省地方志系统论文成果选编》】 1月，潘捷军主编的《方志之乡 文化浙江——改革开放以来浙江省地方志系统论文成果选编》由浙江古籍出版社出版。该论文集由中指组秘书长、中指办党组书记、主任冀祥德研究员作序，收录全省致力于地方志理论与实践研究的诸位学人改革开放以来公开发表于全国性学术刊物上的论文40篇，涉及领域涵盖方志发展史、志鉴编修理论与实践、旧志整理与收藏以及方志开发利用等多方面内容。全书50万字。（浙江省志办）

【《章学诚研究概览——章学诚诞辰280周年纪念文集》】 10月，中国（浙江）地方志学术研究中心编辑、潘捷军主编《章学诚研究概览——章学诚诞辰280周年纪念文集》由杭州出版社出版。该书收集20多位专家学者的研究论文，系统反映清末民初之后特别是改革开放以后全国史志系统在章学诚研究领域的研究状况。书中附有《章学诚方志学研究综述（1801—2018）》《章学诚研究著作论文目录选编（1801—2018）》等一批珍贵的史料汇编，是浙江大学仓修良教授、鲍永军副教授团队长期研究的成果。全书41万字。（浙江省志办）

【《莫艳梅方志探论》】 7月，莫艳梅著《莫艳梅方志探论》由方志出版社出版。该书是莫艳梅的第二部方志论文集。全书37.8万字。（萧山区志办）

【《武汉新编地方志序跋选》】 8月，武汉志办编辑的《武汉新编地方志序跋选》由武汉出版社出版。涵盖1980年至2015年武汉两轮编修的各类志书。辑选的序包括总序、引言、前言、序言、导言等286篇，辑选的跋包括后记、编后、题后记、编后记、修志始末等136篇，附录兼有序和凡例性质的编写说明22篇。全书90余万字。（张道旺）

·学会活动与理论研讨

【北京地方志学会组织系列讲座】 7月30日，举办第一讲“大数据与新媒体”。8月7日，举办第二讲“从地方志的角度论传统文化的保护与利用——以景德镇陶瓷业资料收集与研究及田野工作方法为例”。9月12日，举办第三讲“北京古村落文化挖掘与保护”。10月30日，举办第四讲“北京地方志中的岁时节日记述及其与传统节日的当代复兴”。（王韧洁）

【北京地方志学会组织会员参观调研交流】 7月6日，北京地方志学会组织会员单位赴凤凰国际传媒中心参观交流。11月8日，北京地方志学会组织会员赴昌平区大运河源头白浮泉遗址和德陵参观调研，会员单位代表及市志办有关人员近40人参加活动。（王韧洁）

【第四届皖冀方志理论研讨会召开】 9月12日，由安徽省志办、河北省志办联合主办，蚌埠市志办承办的第四届皖冀方志理论研讨会在蚌埠市召开。来自安徽、河北的24位论文作者围绕依法治志、二轮志书编纂、年鉴编纂与创新、村镇志编纂探索、方志信息化建设、地方抗日战争志编纂等主题进行发言，来自安徽、河北两省的50余位论文作者以及新疆、西藏地方志工作机构代表参加会议。（任丽英）

【辽宁省地方志学会第四届会员代表大会召开】 1月25日，辽宁省地方志学会第四届会员代表大会在丹东市召开。会议审议并通过学会第三届理事会工作报告，审议并通过修改后的《辽宁省地方志学会章程》；审议并通过《辽宁省地方志学会第四届第一次会员（代表）大会选举办法》。学会第四届会员（代表）大会以无记名投票方式选举产生第四届理事会理事15人。第四届理事会第一次会议选举林燕燕为会长，赵国辉等3人为副会长，刘忠义为秘书长。会长林燕燕代表新一届地方志学会理事会作表态发言，并对新当选的第四届理事会提出工作要求。全省地方志学会86名代表参加会议。（杜祥武）

【辽宁省地方志学会评审推荐全国地方志优秀成果（年鉴类）评审活动参评成果】 5月，辽宁省地方志学会与省志办在沈阳召开辽宁省全国地方志优秀成果评审推荐会议。在初评推荐基础上，按照中指办《第五届全国地方志优秀成果（年鉴类）评审活动实施方案》规定的推荐标准、比例，全省10余名市、县地方志工作机构负责人参加会议并评审推荐，对20余部市、县（区）地方综合年鉴和专业年鉴进行评审，评选出辽宁省参评年鉴5部。（杜祥武）

【吉林省地方志学术年会召开】 6月21日至22日，吉林省地方志编委会、省地方志学会主办的吉林省地方志学术年会在大安市召开。会议主题为"新时代地方志编纂和地方志事业转型升级"。征集论文67篇，评选出一等奖6篇、二等奖11篇、三等奖13篇会上。与会领导宣读《关于吉林省地方志学术年会（2017）论文评奖情况的通报》，为获奖论文作者颁发奖励证书。学会会长竭宝峰作2017年度吉林省方志学术理论研究工作报告。中指办期刊处处长程方勇就《关于学术论文的撰写与规范》作专题培训。5名优秀论文作者代表结合自己撰写论文的过程和体会进行交流发言。来自全省地方志系统的论文作者90余人参加会议。（李雯）

6月21日，吉林省地方志学术年会在大安市召开，图为获奖论文作者代表表彰现场。（常京锁　摄影）

【吉林省3部地方志成果获省第十二届社会科学优秀成果奖】 2018年8月20日，吉林省第十二届社会科学优秀成果奖评审结果公布，省地方志学会申报的地方志成果中有3部分获著作类二、三等奖。其中，《吉林省志（1986—2000）·人民政府志》《吉林省中东铁路建筑研究》获二等奖，《向海志》获三等奖。吉林省社会科学优秀成果奖是由吉林省人民政府批准设立的省哲学社会科学最高奖，本届获奖成果共346项。（李雯）

【2018年地方志与地方史理论研讨会召开】 8月23日，由上海市志办和复旦大学主办的2018年地方志与地方史理论研讨会在复旦大学召开。会议坚持以理论研究为主、以学术交流为主、以提高研讨质量为主。中指办公室副主任邱新立出席并作主题演讲，上海市志办主任洪民荣出席，上海市志办副主任王依群、生键红分别主持主题演讲和大会交流，复旦大学历史系主任黄洋作会议总结。研讨会是上海市志办发起并每年连续举办的第三届全国性地方志理论研讨会，旨在构建地方志学术高地，推进地方志理论研究、学科建设和人才队伍建设。

（王师师　陈畅）

【2018上海年鉴国际学术论坛举行】 10月12日至13日，上海市志办、市法学会、黄浦区政府主办，上海市年鉴学会承办的2018上海年鉴国际学术论坛举行。市人大常委会副主任、党组副书记沙海林会见境外专家，并在开幕式上致辞。他肯定本次论坛旨在共同探讨记录和承载历史资料的科学方式，对于拓宽年鉴工作者的视野，推进中外文化交流，具有特别的意义。市法学会党组书记、市高级人民法院原院长崔亚东作《人工智能司法应用及未来法治构建》主题演讲。美国犹他州众议院议员、副议长艾瑞克·凯斯·哈钦斯（Eric K. Hutchings），美国亚利桑那州政府法律顾问安德鲁·詹姆斯·麦奎尔（Andrew J. McGuire），法国内政部秘书长事务专员、大巴黎区区长特别顾问菲利普·沙伊克斯（Philippe Chaix）等应邀出席论坛。市志办党组书记、主任洪民荣，黄浦区委副书记、代理区长巢克俭，市志办副主任王依群、生键红等莅会致辞或主持会议。艾瑞克·凯斯·哈钦斯、穆岚朵（Ludovica Murazzani）、安德鲁·詹姆斯·麦奎尔、菲利普·沙伊克斯等10余人进行学术演讲。《上海市年鉴事业发展调查报告》在论坛上发布。全市地方志系统200多人参加。（王师师　陈畅）

【2018上海地方志论坛举行】 5月18日，上海市志办在上海展览中心举办2018上海地方志论坛。2018年是我国改革开放40年，地方志论坛主题为“改革开放再出发：传承与创新”，旨在纪念国务院《地方志工作条例》颁布12周年和《上海市实施〈地方志工作条例〉办法》实施7周年，宣传改革开放40年历史性成就，宣传地方志事业发展成果，传承弘扬上海优秀历史文化，积极参与全市打响“四大品牌”决策部署，助力改革开放再出发。市志办主任洪民荣致辞，市社会科学界联合会主席王战做《改革开放40年回顾》主旨报告，论坛发布“上海年鉴事业发展调查报告”。论坛上推出一系列最新编纂发行的地方志成果。

（王师师　陈畅）

【上海市地方志发展研究中心揭牌成立】 8月23日，复旦大学和上海市志办合作成立的“上海市地方志发展研究中心”揭牌。上海市政协副主席赵雯和复旦大学党委书记焦扬为中心揭牌，焦扬和中指办副主任邱新立分别致辞，市志办主任洪民荣介绍中心筹备和成立情况，复旦大学副校长陈志敏和市志办副主任王依群签署《上海市地方志发展研究中心合作协议书》，市志办副主任生键红主持签约揭牌仪式。中心充分借助复旦大学作为国家高端智库的智力资源，通过优势互补、资源共享，实现地方志工作机构与教学研究单位的合作，共同打造全国地方志学科建设、理论研究和人才培养高地，共同打造全国地方志事业的高端发展平台。（王师师　陈畅）

【上海市志办与复旦大学合作开办上海市地方志编纂研修班】 年内，上海市志办与复旦大学合作开办上海市地方志编纂研修班。根据培养方案和教学大纲，研修班每月1次，历时两年，完成17门方志业务课程、15门文化拓展课程、2门地情调研学习总计34门课程研修任务。授课老师包括北京大学、中国人民大学、南京大学、复旦大学等著名高校、上海商飞公司等单位的30位相关领域知名专家学者，其中兼任全国、上海市各类学术学会组织会长级专家12位，资深教授6位，博士生导师25位，1位国有大企业副总裁，师资力量雄厚，市、区地方志工作机构100名干部作为学员参加培训并于2018年10月结业。 （王师师　陈畅）

【江苏省各市组织地方志学术研究活动】 年内，江苏省南京市地方志学会组织举办三场专题讲座，分别由南京市志办副主任柳云飞、秘书处副处长陆惠娣和南京大学法学院宪法与行政法学专业教授、博士生导师肖泽晟作“年鉴框架设计问题分析”、“南京市地方志系统信息报送要求”和“依法治志”的主题讲座。常州市地方志学会组织开展课题研究和成果评选等活动，逐年编纂出版《常州史志论文集》。苏州市召开苏州市地方志学会学术年会，组织全市方志系统论文评选，有14项课题结题，83篇论文提交参评。连云港市地方志学会组织召开全市地方志理论研讨会，围绕第二轮修志工作机制建设、志书编纂、乡镇志编纂、地方志资源开发利用等方面进行了深入研讨、交流，会议评选出优秀论文10篇。泰州市地方志工作者多篇论文刊载于《泰州日报》《中国地名》等报刊。 （吉祥）

【江苏精品年鉴申报单位大纲研讨会召开】 6月25日至26日，江苏省志办在扬州市召开精品年鉴申报单位《扬州年鉴（2018）》和《邗江年鉴（2018）》大纲研讨会。省志办副主任牟国义、省志办年鉴处处长吉祥、各设区市志办分管年鉴工作的副主任和年鉴处人员以及部分县（市、区）志办年鉴负责人共计20余人参加会议。会议主要结合中指办《中国年鉴精品实施方案》要求和江苏省精品年鉴标准建设，对2018年度中国年鉴精品工程申报单位《扬州年鉴（2018）》以及扬州市级精品年鉴试点单位《邗江年鉴（2018）》大纲进行研讨。会议不仅集中探讨两家参评年鉴大纲存在的问题，也涉及全省年鉴大纲设计中普遍存在的热点和难点问题，尤其是结合党的十九大报告和机构改革等热点话题。 （吉祥）

【2018南京都市圈城市年鉴工作研讨会暨业务培训会召开】 11月8日至9日，2018南京都市圈城市年鉴工作研讨会暨业务培训会在安徽省芜湖市召开。江苏省南京、扬州、镇江、淮安，安徽省芜湖、滁州、马鞍山、宣城8市和部分区县年鉴编纂人员参加会议。安徽省志办主任郭德成、江苏省志办副主任方亚光出席会议。会议期间，江苏省志办年鉴处处长吉祥作《从规范年鉴到品质年鉴——精品年鉴的打造路径》业务培训讲座，8市代表围绕年鉴编纂工作做交流发言。南京市志办年鉴处处长施国俊对2019年南京都市圈年鉴栏目组稿工作进行部署。与会领导和专家赴芜湖县实地调研《芜湖县年鉴》《北陶村志》编纂工作情况。

（吉祥）

【浙江省地方志学会第四次会员代表大会召开】 10月30日，浙江省地方志学会第四次会员代表大会在绍兴市召开。中指办副主任、中国地方志学会副会长邱新立，浙江省社会科学院院长何显明，省社科联副主席陈先春，省志办主任潘捷军等出席大会。第三届理事会会长潘捷军做工作报告。大会审议并通过第三届理事会工作报告和修订后的《浙江省地方志学会章程》。而后，第四届理事会举行会议，选举产生由22名理事组成的常务理事会。新一届常务理事会，受理事会委托，选举潘捷军为第四届理事会会长，章其祥、姚晓东、梁敬明、周东华为副会长，董郁奎为秘书长。全省各市、有关县（市、区）地方志工作机构以及浙江大学、浙江师范大学、宁波大学、杭州师范大学等高校的会员代表共计60余人参加会议。

（浙江省志办）

【杭州市地方志学会组织村志编修和乡村文明主题研讨会】 5月23日，浙江省杭州市地方志学会组织会员到钱塘江流域历史文化名村——富阳区新登镇湘溪村考察学习，围绕“‘乡村振兴’战略视野下村志编修和乡村文明”主题展开研讨。与会人员实地考察了湘溪村村史馆、农耕文化馆、现代民宿和农家乐，之后，展开热烈讨论。富阳区志办副主任陈炜祥介绍了富春山水文化研究保护、抗战史编纂、村镇史志促进等方面的经验；《湘溪村志》主编陆祖球、《普福村志》副主编陈奇源、杭州市方志馆馆长冯跃民等结合村志编修亲身经历，讲解了新时代村志编修的重要意义、体例规范、工作流程、存在困难和解决办法；萧山区志办副主任汪志华、建德市志办黄建生总结了村志编修指导经验，建议通过规划引领、业务培训、政策扶持等措施推动修志编鉴工作向乡镇、村（社区）延伸；淳安县志办主任朱华民、桐庐县志办副主任杨建丽分别介绍了如何整合社会力量编修村志和运用媒体融合理念编纂“微村志”的具体操作方法；建德市家谱学会常务副会长邹爱民从“谱志结合”的角度阐述了家谱纂修、家谱文化研究对村志编修的启发和促进作用。研讨会由副会长袁啸马主持。学会会员单位代表、家谱研究专家、村志主编等近30人参加。（蔡建明）

【海宁史志学堂开设课程】　年内，浙江省海宁市史志办举办海宁史志学堂，开设4堂课，分别邀请浙江大学人文学院教授、博士生导师许建平讲授“博学多方，著作等身——海宁著名学者周广业”，中国人民大学教授、博士生导师华林甫讲授“中国历代疆域变迁”，原浙江古籍出版社责任编辑、资深文史爱好者李林讲授“吴骞的交游及当时的学术风尚”，浙江省社会科学院教授林华东讲授“西施与越国的兴衰”。（嘉兴市史志办）

【第四届皖冀方志理论研讨会召开】　9月12日，安徽省志办、河北省志办举办的第四届皖冀方志理论研讨会在安徽省蚌埠市召开。安徽省志办主任郭德成、中共蚌埠市委副书记胡朝荣、河北省志办主任杨洪进出席会议并讲话，前来参加安徽援藏援疆修志编鉴工作座谈会的新疆维吾尔自治区地方志编委会党组书记、副主任廖运建，西藏自治区志办主任汪德军出席会议。郭德成、杨洪进在讲话中分别介绍两省地方志工作取得的成果和地方志理论研究工作开展情况，充分肯定了皖冀两省联合举办理论研讨会对贯彻《全国地方志事业发展规划纲要(2015—2020年)》，落实全国地方志科研工作会议部署要求的重要意义。安徽、河北的欧阳发、孙进柱等24名论文作者围绕依法治志、二轮志书编纂、年鉴编纂与创新、村镇志编纂探索、方志信息化建设、地方抗日战争志编纂等作了主题发言。安徽、河北两省的论文作者以及西藏、新疆地方志工作机构代表共80余人参加会议。（史五一）

【福建省年鉴研究会2018年年会暨学术交流会召开】　11月22日至23日，福建省年鉴研究会2018年年会暨学术交流会在浦城县举办。省地方志编委会主任陈秋平出席开幕式并致辞，省年鉴研究会常务副会长丘征元作工作报告。大会宣读了通报表扬27部福建省2017年优秀年鉴的文件，并向受表扬单位颁发荣誉证书。学术年会征集到地方综合年鉴助力乡村振兴、年鉴开拓创新与转型升级、年鉴编纂规范、编纂质量提升等方面论文45篇，其中15篇论文进行现场交流与相互点评。部分省直机关和市、县（市、区）政府及全省各级方志部门会员代表100多人参加。（欧长生　吴朝庭）

【福建省地方志学会2018年学术年会举行】　11月29日，福建省地方志学会2018年学术年会在沙县举行。省地方志编委会主任陈秋平出席会议并讲话。学术年会以“地方志服务中心工作”为主题，收到论文30余篇。与会人员就志鉴编修、读志用志、信息化建设、地方志服务乡村振兴和地方志学科建设等问题进行讨论。研讨分析全省地方志工作的现状与发展趋势，重点就如何让地方志“活”起来、更好地服务地方中心工作进行了深入交流。会上还通报表扬地方志理论研究先进单位和2018年《福建史志》发行工作先进单位。

（欧长生　吴朝庭）

【第六届福建省地方志学会六届五次常务理事（扩大）会议举行】　11月29日，福建省地方志学会六届五次常务理事（扩大）会议在沙县举行。省地方志编委会副主任俞杰传达第七届中国地方志学术年会精神并讲话，省地方志学会会长方清作理事会工作报告。会上讨论通过增补常务理事、聘请学会顾问等事项，并邀请省文史馆馆员、省方志委原主任罗健，厦门大学历史系教授、博士生导师王国荣谈治学经验。（欧长生　吴朝庭）

【淄博市方志理论研讨会暨《淄博史志》撰稿人座谈会召开】 10月16日，山东省淄博市史志办、市地方史志学会召开全市方志理论研讨会暨《淄博史志》撰稿人座谈会。市史志办领导班子成员及各科室负责人、区县史志办分管主任及高新区、文昌湖旅游度假区有关负责同志，理论文章作者代表和《淄博史志》撰稿人代表等40余人参加会议。（孙杰　王赟）

【曲阜市志书谱牒文化研究会工作会议召开】 12月20日，山东省曲阜市志书谱牒文化研究会工作会议召开。会议主要任务是回顾总结一年来全市地方史志工作及市志书谱牒研究会成立以来的工作，对明年工作提出意见建议，进一步部署镇街村志及部门志编纂工作。各镇街分管负责人、镇街志主纂人、有关村主要负责人、市直有关单位分管负责人、志书谱牒研究会会员100余人参加会议。（孙杰　王赟）

【湖南省开展"南岳衡山杯"地方志理论研究征文评奖活动】 3月，湖南省地方志编委会与中国地方志学会、湖南省地方志学会联合启动"南岳衡山杯"地方志理论研究征文活动。活动以"依法治国和依法治志"为主题，面向全国地方志系统开展优秀论文征文和评奖活动。活动共征集到地方志理论研究论文183篇，其中直接进入终评30篇，参加初评141篇。最终评出特等奖1篇，一等奖3篇，二等奖8篇，三等奖30篇。6月13日在长沙举行颁奖仪式，颁发奖金与获奖证书。（易可倩）

【2018年广东地方志理论交流会举行】 12月10日至11日，2018年广东地方志理论交流会在广州举行。省志办党组书记、主任陈华康出席会议并讲话。会议分为专家座谈和学术交流两个环节。陈华康主持召开省情专家座谈，通报广东省地方志工作情况，并向58位到会专家颁发广东省省情专家库聘书。与会专家代表分别从整合省情研究力量、做好参谋智库、培育人才、推进"互联网+地方志"、创新方志传播手段、推动方志馆建设等方面建言献策。党组成员、副主任丘洪松宣读《关于表彰2018年全省地方志理论研讨优秀论文与活动组织优秀单位的通报》。会议分别向2018年全省地方志理论研讨活动优秀组织单位、优秀论文作者代表颁发奖牌和获奖证书。会议邀请省情专家陈泽泓研究员、广州市政府参事李明华研究员作主旨演讲；6位获奖论文作者进行论文交流。广东省省情专家库专家、有关地级以上市地方志工作机构负责人、论文作者及有关专家等出席会议。（广东省志办）

【纪念改革开放40周年暨海南建省办经济特区30周年征文活动举办】 1月，海南省史志办与省党史协会、省地方志协会联合举办纪念改革开放40周年暨海南建省办经济特区30周年征文活动，得到海南省史志系统、省党史学会、省地方志学会、省内高校专家学者积极响应。活动评出一等奖论文2篇，二等奖5篇，三等奖8篇，优秀奖15篇。部分优秀论文被推荐发表在《今日海南》《新东方》《海南日报》等报刊，所有获奖论文结集为《纪念改革开放40周年暨海南建省办经济特区30周年征文获奖论文集》出版。（郑昕）

【甘肃省地方史志学会第四次会员大会召开】 11月27日，甘肃省地方史志学会第四次会员大会在兰州召开。会议听取省地方史志学会第三届理事会工作报告，第三届理事会重点是从服务志鉴编纂、指导旧志整理、评选优秀成果、加强自身管理等方面开展工作。会议以无记名投票方式通过修改后的学会章程，选举产生新一届理事、常务理事及会长、副会长、秘书长。省史志办党组副书记、副主任郝宗维当选为新一届学会会长。省史志办党组书记、主任张军利代表省史志办党组对省地方史志学会第四次会员大会顺利召开表示祝贺，并对新一届理事会工作提出希望和要求。全省各级会员150余人参加会议。（甘肃省史志办）

·期刊出版

【《中国地方志》】 年内，中指办主办的《中国地方志》出刊6期，刊发稿件90余篇，130万字，累计出刊311期。邱新立主编。该刊设新方志研究、旧方志研究、专稿、地方史研究、综述、志评、新书介绍等栏目。1月1日起改月刊为双月刊。（周全 刘淑颖）

【《中国年鉴研究》】 年内，中指办主办的《中国年鉴研究》出刊4期，刊发稿件44篇，35.8万字，累计出刊6期。冀祥德主编。该刊设理论研究、年鉴编纂、专题研究、比较研究、回顾与发展、研究综述等栏目。该刊自2018年第1期起，改双月刊为季刊。第1期刊发《学习贯彻党的十九大精神笔谈》专稿7篇。（宿万涛）

【《方志中国》】 年内，中指办编印的《方志中国》出刊24期，刊发稿件582篇，累计出刊66期，117.6万字。邱新立主编。该刊常设栏目有领导重视、文件通知、工作动态、经验交流、书讯等，新增《中华人民共和国史志法》立法调研、人才培养、两全目标等栏目。该刊主要报道全国地方志工作的最新进展和变化，宣传介绍各地好的经验和做法，反映遇到的问题和困难，是全国地方志系统交流经验、沟通信息的平台。（刘淑颖）

【《北京地方志》】 年内，北京市志办编辑出版《北京地方志》4期，其文章纳入国家哲学社会科学学术期刊数据库。（王韧洁）

【《天津史志》】 《天津史志》出版6期，刊发稿件200余篇。该刊免费发放10000余册，与40多个省市建立期刊交流机制。（刘蒙）

【《河北地方志》】 河北省志办主管的《河北地方志》出刊6期。在2018年改革开放40周年之际，该刊把学习贯彻党的十九大精神和纪念改革开放40周年作为重点栏目，推出一系列学习文章和纪念稿件，并开设学习贯彻十九大、方志论坛、抗战史料、纪念改革开放40周年专稿等栏目。（任丽英）

【《史志学刊》】 中共山西省委党史研究院（省地方志研究院）主管主办的学术期刊《史志学刊》出版6期，刊发理论文章74篇。该刊设置历史研究、文化史研究、区域史研究、方志研究、志鉴编修等栏目。（武岭）

【《鞍山史志工作》】 辽宁省鞍山市档案馆（市史志办）主办的季刊《鞍山史志工作》编发4期（总第22—25期），7.6万字。该刊设特讯、工作动态、基层工作、史志论坛、史海志林、史志成果等栏目。（杜祥武）

【《营口春秋》】 辽宁省营口市史志办主办的《营口春秋》编发4期，约24万字。该刊记述营口地区的历史、现实、人文、地理、人物等为主要内容，开辟“纪念营口解放70周年”专刊。（杜祥武）

【《今古大观》】 吉林省地方志编委会、省地方志学会主办的《今古大观》出版6期，每期约12万字，印数1500册，刊发志鉴理论文章22篇。被列入省新闻出版广电局重点内部资料。（李雯）

【《黑龙江史志》】 年内，《黑龙江史志》出版12期。该刊进行全新改版，在封面设计上进一步突出史志期刊的史志底蕴和龙江特色。重点选取地方志事业在中国特色社会主义新时代下，为传承中华优秀传统文化、发扬文化自

信，谱写龙江经济社会发展等一系列理论文章以及宣传龙江地情、历史、风俗的精品文章。（徐萍　杜胜男）

【《江苏地方志》】 年内，江苏省志办主办的《江苏地方志》出版6期，刊发文章150余篇。该刊保留修志研究、年鉴论坛等地方志专业栏目，整合栏目内容，设置风物览胜、文化遗珍、古籍钩玄、历史探秘等基本栏目，开设城市文脉、古镇漫话、江南味道、田野调查、地名溯源、人物长廊、书评、争鸣、地名溯源等特色栏目。6月，《江苏地方志》入选江苏农家书屋书目。12月，《江苏地方志》出版增刊一期，设批示讲话、权威发布、人大审议、学习解读、宣传报道、大事概要6个栏目，完整收集《江苏省地方志工作条例》的领导关心与批示、立法过程、内容解读、媒体宣传、各方贯彻等内容。集中宣传《江苏省地方志工作条例》。（李海宏）

【《南京史志》】 年内，江苏省南京市志办编印的《南京史志》出版2期，刊文近40万字，图片近500幅。该刊设有金陵文脉、史海钩沉、旧志整理、石城变迁等17个栏目，在“探索发现”栏目中刊登的《〈南都繁会图〉所涉城市空间解析》解读明代南京城市经济社会的繁荣景象；在“城市记忆”栏目中刊出《致敬，四十年！——南京市改革开放四十年掠影》等文章，记录南京标志性地区和建筑的变迁。（李海宏 王艳荣）

【《杭州月志》】 年内，浙江省杭州市志办主办的《杭州月志》出版12期，收录杭州重要时事305条，地情研究文章46篇，方志动态147条，56.82万字，图片721张。该刊立足杭州市情，以一月一刊形式，记录杭州每个月大事要事，同时宣传杭州历史文化，为全市各级领导干部提供市情资料和资政参考。（马琦敏）

【《温州史志》】 年内，中共浙江省温州市委党史研究室（市史志办）主办的《温州史志》出版4期，发行1500册。该刊推出庆祝改革开放40周年专栏。（温州市史志办）

【《洞头史志》】 年内，浙江省温州市洞头区史志办主办的《洞头史志》出版1期，计8万字，刊载区领导重要会议报告、6篇部门党史专题类文章、2篇史志研究类文章、12篇“洞头故事”征文比赛优秀获奖作品等。该刊以洞头党史、区史、民俗、传说为研究对象，传达领导有关史志指示精神，刊发洞头改革开放时期部分党史专题，弘扬洞头历史文化精神，是集史料性、学术性、知识可读性于一体的综合性不定期刊物。（温州市史志办）

【《龙湾史志》】 年内，中共浙江省温州市龙湾区委史志办编印的《龙湾史志》出版4期，累计58期。该刊设特稿、悠悠往事、人物春秋、家园印记、龙湾纪事等栏目。（温州市史志办）

【《瓯海史志》】 年内，浙江省温州市瓯海区委党史研究室、区志办主办的《瓯海史志》出版1期。该刊设领导讲话、党史纵横、纪念改革开放40周年、党建园地、前人足迹、城乡史话、瓯海纪事、史志动态等栏目。（温州市史志办）

【《文成史志》】 年内，浙江省文成县委史志办主办的《文成史志》出版2期，累计出版28期。该刊设时政要闻、工作动态、史志征集、品读刘基、人物春秋、文成大事记等栏目。（温州市史志办）

【《永嘉方志》】 年内，浙江省永嘉县史志办主办的《永嘉方志》出刊2期，累计出版14期。第1期收录20篇各部门、单位地方志编研工作经验、体会和地方历史、文化、风俗等方面文章以及12则永嘉县志办工作简讯，约13万字；第2期发表13篇各部门、单位地方志编研工作经验、体会和地方历史、文化、风俗等方面文章以及6则永嘉县志办工作简讯，约13

万字。　　（温州市史志办）

【《嘉兴档案史志》】 年内，浙江省嘉兴市史志办主办的《嘉兴档案史志》出版4期，共25万余字、图片100余幅。该刊为设理论论坛、地方志研究、嘉兴记忆、知青档案、史海钩沉、“兰台”手记等栏目，反映嘉兴档案史志的工作动态、编研成果、学术论著等。

（嘉兴市史志办）

【《南湖档案史志》】 年内，浙江省嘉兴市南湖区档案局、区史志办主办的《南湖档案史志》出版2期。该刊设党史丛谈、史志纪事、人物春秋、往事寻踪、地名故事、乡土风情、鸳湖随笔等栏目。　　（嘉兴市史志办）

【《嘉善史志》】 年内，浙江省嘉善县史志办主办的《嘉善史志》出版4期。该刊设特载专记、文史纵览、了凡善学、史稿选登、善地风物、人物春秋、史志论坛、大事纪要、史志动态9个栏目。第3期配合改革开放40周年宣传，刊发“《砥砺奋进》”“纪念嘉善县改革开放40周年专刊”。　　（嘉兴市史志办）

【《海盐史志》】 年内，浙江省海盐市志办主办的《海盐史志》出版4期，累计出版57期。该刊本年度新增“史海搜寻”“古哲乡贤”“山水海盐”“人生亲历”等栏目。

（嘉兴市史志办）

【《海宁档案史志》】 年内，浙江省海宁市档案局、市史志办主办的《海宁档案史志》出版4期，累计出版52期。该刊设红色人物、史志人物百年诞辰、改革开放40周年、怀念金庸4个专题，以及馆藏介绍、特载、史志学堂、潮乡人文、海宁影像、争鸣手记、兰台手记、宁志余闻、附录、图片传真等栏目。

（嘉兴市史志办）

【《湖州史志》】 年内，浙江省湖州市志办主办的《湖州史志》出版4期，约30万字，累计出版98期。　　（湖州市志办）

【《德清史志》】 年内，浙江省德清县委党史研究室、县志办主办的《德清史志》出版2期。该刊设改革纪事、人文春秋、史志研究、史志信息等栏目。　　（湖州市志办）

【《长兴史志》】 年内，浙江省长兴县史志办主办的《长兴史志》出版3期，其中第3期为合刊，累计出版157期。　　（湖州市志办）

【《史志参阅》】 年内，浙江省绍兴市史志办主办的《史志参阅》出版10期。该刊着重围绕毛泽东同志批示“枫桥经验”55周年、习近平总书记批示坚持发展“枫桥经验”15周年、“八八战略”实施15年，“五星达标、3A争创”等工作重点，刊登《“枫桥经验”在新时期的实践与创新》《坚持“四个必须”，创新“枫桥经验”——习近平同志对绍兴创新发展“枫桥经验”指示综述》《传承红色基因　助推乡村振兴——绍兴市利用红色资源振兴乡村的调研报告》等参阅件。其中《传承红色基因　助推乡村振兴》得到市委常委、组织部长徐晓光批示肯定，以简报形式向全市推送。

（绍兴市史志办）

【《越地春秋》】 年内，浙江省绍兴市柯桥区史志办主办的《越地春秋》出版4期，刊发文章70余篇。该刊新增地名考略、兰亭文苑等栏目，发掘越地历史文化，扩大杂志撰稿群，及时传递史志动态。年内开设“改革开放40周年专刊”，回顾柯桥建设发展历程。

（绍兴市史志办）

【《上虞史志》】 年内，浙江省绍兴市上虞区史志办主办的《上虞史志》出版4期。该刊依托固定栏目“党史纵览”，约稿新中国成立以来建设和改革开放的回忆性文章，并通过公众号拓宽稿源。　　（绍兴市史志办）

【《义乌方志》】 年内，浙江省义乌市志编纂委员会主办的《义乌方志》出版75期，每期约13万字。该刊设置语、特载、专题研究、史料稽考、史海钩沉、风物乡情、志人札记、简讯、专栏等栏目。（金华市志办）

【《兰溪史志》】 年内，浙江省兰溪市史志办主办的《兰溪史志》出版2期，累计出版6期。该刊设党史专题、峥嵘岁月、口述历史、党史人物、学习研究、史料考证、史海钩沉、人物春秋、兰溪古今、文史论坛、谱牒研究、史志动态等栏目。（金华市志办）

【《龙游史志》】 年内，浙江省龙游县史志办主办的《龙游史志》出版2期，累计出版18期。该刊第2期为姜席堰专刊，记录和龙游姜席堰有关的各种管理章程、档案、颁发文件、民间故事等文献资料以及姜席堰申遗实录等，内容分为工程、文献、申遗、古堰丛谈四部分。（衢州市志办）

【《黄岩方志》】 年内，浙江省台州市黄岩区志办的《黄岩方志》出版2期。该刊以记述本地风俗为主，设史海钩沉、人物春秋、瑞岩往事、风物艺苑等栏目。（台州市志办）

【《临海史志》】 年内，浙江省临海市志办主办的《临海史志》出版2期，每期发行500本。第1期设志稿选登、灵江风情、三台人物、旧志点校、档案存真等栏目，约10万字。第2期为《临海市委市政府执政纪事（2017）》专刊，收录2017年临海市委、市政府重大活动及成就，共26万字。（台州市志办）

【《天台方志》】 年内，浙江省天台县地方志编委会主管主办的《天台方志》出版4期，刊载稿件32篇，图片75幅，约20万字，累计出刊64期。该刊设地情研究、地情亮点、书评选辑、奇人奇事、曲艺赏析、名人贤士、行将消失行当、王阳明研究、宗谱研究、和合文化、考古发现、《全芳备祖》专论、占桥文化、悼念萧车、散文欣赏、大事记等栏目。

（台州市志办）

【《丽水史志》】 年内，浙江省丽水市史志办主办的《丽水史志》出版4期。该刊设特稿特载、史志研究、处州史话、经验交流等栏目。

（丽水市史志办）

【《福建史志》】 年内，福建省地方志编委会、省地方志学会主办的《福建史志》出版6期。该刊被中国人文社会科学期刊AMI综合评价指标系统评为历史学学科A刊（扩展），为全国被评为A刊的44种历史学期刊之一，也是全国两家被评为A刊（扩展）的方志期刊之一。

（欧长生　吴朝庭）

【《江西地方志》】 年内，江西省地方志编委会主管，省志办、省地方志学会主办的《江西地方志》出版6期，刊载志鉴编纂理论和地情文化文章88篇，工作动态信息44条，彩色图文信息24条。（朱岳）

【《史鉴》】 年内，山东省青岛市史志办主办的《史鉴》出版4期，刊登历史、地情和方志理论等文章100余篇。该刊面向全市各级党政领导、部分大企业负责人、10区市领导，以及全市近200个《青岛市志》承编单位发行，同时，寄送到全市166个镇、街道一级行政单位，配发到各市区交通、旅游等重要公共场所，并将每期内容录入青岛市情网，拓展史志工作的服务领域。（李乒）

【《崂山春秋》】 年内，山东省青岛市崂山区档案局、区史志办、中共崂山区委党史研究室合办的《崂山春秋》出版4期，每期发稿20余篇。期刊设卷首语、纪念改革开放四十周年、崂山研究、党史存真、史料辑选、崂山风物、业务论坛、乡情民俗、岁月记忆、走读崂山、旧文重赏、文化经纬、工作动态等栏目。

（李乒）

【《城阳纵横》】　年内，山东省青岛市城阳区档案局、区史志办公室主办的《城阳纵横》出版4期，每期发稿20余篇。该刊设大事纪略、工作视窗、知情者说、阳光市民、档案世语、工作研究、志书编修、档案之光、经典品读、民间故事、时光拾贝、档案史志风采、宝贵瞬间等栏目。（李乒）

【《即墨古今》】　年内，山东省青岛市即墨区史志办主办的《即墨古今》出版2期，每期发稿20余篇。该刊设志鉴论坛、事业风采、人物春秋、地情方言、历史回眸、考证争鸣、望族文化、点滴印象、文史简讯、业务规范等栏目。（李乒）

【《夏津史志学刊》】　5月，山东省夏津县史志办主办的《夏津史志学刊》创办。该刊32开本，每期约2.5万字。该刊设“史海钩沉”“红色记忆”“人物春秋”“百年老字号”“三河文化”“百家争鸣”“夏津民俗”“史林文苑”等栏目。（孙杰　王赟）

【《古鄄新韵》】　8月，中共山东省鄄城县委、县政府主办，县史志办承办的机关综合性刊物《古鄄新韵》创刊。该刊为双月刊，内文56页、图文并茂，采用全彩铜版纸印刷。该刊设置工作聚焦、鄄城论坛、乡情乡音、建言献策、鄄城史话、历史人物、古迹遗址、雷泽文学、大事纪要等固定栏目。主要面向全县各级党政群机关、企事业单位和县级领导班子全体成员、乡镇（街道）部分领导赠阅，送省市有关单位参阅，并免费寄送给鄄城县在外工作人员。（孙杰　王赟）

【《河南史志》】　年内，河南省史志办主办的《河南史志》出版6期，发稿量约48万字。该刊为河南省连续性内部资料出版物，发表各类领导重要讲话、学术论文、工作经验、动态信息等约150篇。（汪朝霞）

【《武汉春秋》】　湖北省武汉志办主办的综合性文史季刊《武汉春秋》累计出版118期，刊载文章84篇，46万字。该刊设置“我与武汉”“名城今古”“史海钩沉”“图说武汉”“往事漫忆”“民俗风物”“史料新说”“书评文萃”“改革开放四十年”“史志正误”“百家争鸣”等栏目。（张道旺）

【《广东史志》】　广东省志办主办的《广东史志》出版4期，每期印数1650本。该刊设有“方志论坛”“年鉴编研”“地方史研究”“史海钩沉”“志人谈志”“乡土文化”“民俗风情”等栏目。（广东省志办）

【《羊城今古》】　广东省广州市志办主办的连续性内部资料刊物《羊城今古》，出版4期，每期出版1500册，累计出版154期。该刊当年设置“广州改革开放40载”专栏和“改革开放40载图说羊城今昔”专题，宣传广州改革开放40年来取得的重大成就和经济社会面貌发生的变化；特设“学习贯彻习近平总书记视察广东重要讲话精神”专栏，详细介绍习近平总书记在广州视察的三个点——永庆坊、暨南大学、广州明珞汽车装备有限公司；增设“乡情古韵”栏目，刊载广州市自然村落历史人文普查成果；新设“岭南家风”专栏，介绍和研究张维屏、郑观应、“赵兰桂堂”家族的家风家训。12月5日，在市文广新局举办的第六届广州市连续性内部资料出版物展示培训交流会上，《羊城今古》荣获2017年度广州市连续性内部资料出版物“优秀出版单位”称号。（李玉平）

【《广西地方志》】　广西壮族自治区志办主管、自治区志办和自治区地方志协会主办的《广西地方志》出版6期，刊载稿件85篇，约60万字。该刊设置专稿、编纂论坛、志鉴研究、史海纵横、八桂一览、八桂地情、方志评论、开发利用、大事记、信息看台等栏目。年内，《广西地方志》进行改版，更注重学术研究、挖掘广西地情史料，减少信息类稿件数量和篇幅，增加“史海纵横”栏目稿件数量，拓宽供

稿渠道，不局限于地方志系统供稿。全年刊载高校、研究机构及其他单位的论文共21篇，比上年增加10篇。（周珍朱）

【《海南史志》】 海南省中共党史学会、省地方志学会主办的《海南史志》出版6期，该刊于1990年创刊，属内部刊物，设置“两学一做”“党史研究”“方志论坛”“红色记忆”“琼州人物”“史海拾贝”“志坛文苑”“史志动态”“传统村落”等栏目。（郑昕）

【《重庆地方志》】 重庆市志办主管主办的《重庆地方志》出版4期，刊登文章59篇，约23万字。该刊主要栏目有特载、修志要闻、志鉴研究、读志用志、方志艺海、山城纵横、名特辑录、工作动态等。（赵伟）

【《巫山导刊》】 重庆市巫山县地方志编委会主办的《巫山导刊》出版12期。该刊设时政、党建、经济社会发展、史志、文化艺术等栏目。（重庆市巫山县委党史研究室）

【《巴蜀史志》】 年内，四川省志办主办的《巴蜀史志》出版6期和“纪念改革开放40周年”专刊1期。该刊从第三期起页码由64页扩容为80页，从第四期全新改版。改版后的《巴蜀史志》在封面设计、栏目设置、专题策划、印刷纸张等方面均有调整。（黄绚）

【《云南史志》】 云南省志办主办的《云南史志》出版4期。该刊设有志鉴编纂、修志论坛、文献辑录、滇史钩沉、会议综述、工作动态、人物春秋、志苑文稿、史志评介等栏目。（郑灵琳）

【《西藏地方志》】 西藏自治区志办主办的内部刊物《西藏地方志》出版4期，刊登文章38篇，28万余字，累计出版80期。该刊创刊于1999，主要栏目有方志论坛、研究与探讨、工作交流、地情风物、乡土文化等，年内结合改革开放40周年，开设“改革开放40周年”专栏。（徐文玉）

【《陕西地方志》】 年内，《陕西地方志》出版6期，刊发论文102篇，赠阅、交流、交换7200册。该刊当年改版，加入唐朝文化意象的设计元素，形象展示陕西的盛唐风采。（韩云鸽）

【《西安地方志》】 年内，陕西省西安市志办主办的《西安地方志》出版6期，约45万字。该刊的封面设计有微调，将历代旧志中有代表性的地图作为封面图，更加体现刊物的地方志特性。（黄立峰）

【《甘肃史志》】 年内，甘肃省史志办主办的《甘肃史志》出版4期，每期刊发文章约10万字、图片20余幅，全年刊登文章7篇，工作信息8条。（甘肃省史志办）

【《宁夏史志》】 年内，宁夏回族自治区志办主办的《宁夏史志》出版6期，刊发稿件70余篇，随文配图照近百幅。该刊设志鉴论坛、文化遗产、人物春秋、历史文化、学术园地、读志笔记、人文地理、西夏遗风、方志论坛、口述历史、地域文化等栏目。（张明鹏）

【《新疆地方志》（汉文版）】 年内，新疆维吾尔自治区地方志编委会、自治区地方志学会主办的《新疆地方志》（汉文版）出版4期，近40万字。（陈忠）

依法治志与督促检查

· 依法治志

【地方志纳入《乡村振兴战略规划（2018—2022年）》】 9月26日，中共中央、国务院印发《乡村振兴战略规划（2018—2022年）》，其中第二十三章“弘扬中华优秀传统文化”第一节“保护利用乡村传统文化”明确规定：“鼓励乡村史志修编。” （刘淑颖）

【《天津市地方志工作办法》印发】 3月1日，天津市市长张国清签发第3号市政府令，正式公布《天津市地方志工作办法》，自4月1日起施行。该办法共25条，明确地方志工作的管理体制、主管部门的职责，规定地方志书审查验收主体和程序，创设相关法律责任，是天津市第一部关于地方志工作的政府规章。 （刘蒙）

【《内蒙古自治区地方志书行文规则》印发】 10月29日，内蒙古自治区志办印发《内蒙古自治区地方志书行文规则》。该规则对标题、层次、文体、语言、名称、称谓、专有名词术语、文字标点、时间表述、数字、计量、图表、照片、注释、引文等作出具体规定。 （内蒙古自治区志办）

【江苏省开展地方志立法调研】 1月和3月，江苏省志办会同省政府法制办分别赴金坛、淮安两地开展地方志立法调研，实地考察地方志事业发展的现状，听取地方相关部门和单位对起草《江苏省地方志工作条例》的意见和建议。7月19日，省人大法制委副主任委员、常委会法工委副主任李后龙率省人大教科文卫委、法工委相关人员到苏州开展《江苏省地方志工作条例》立法调研。8月10日，江苏省志办主任漆冠山、副主任蔡金良和省人大法制委副主任委员李后龙率江苏省地方志立法调研团，在河南省史志办党组书记、主任管仁富陪同下，到郑州市史志办考察调研依法治志工作，重点就地方志立法过程中的一些难点问题进行探讨交流。 （吉祥）

【《江苏省地方志工作条例》出台】 9月21日，江苏省十三届人民代表大会常务委员会第五次会议审议通过《江苏省地方志工作条例》，自12月1日起施行。同日，江苏省人大常委会发布第7号公告，公布该条例全文。该条例共32条，以国务院《地方志工作条例》和有关法律、行政法规为依据，在原有政府规章基础上，从地方志工作的组织保障、编纂出版、开发利用、公众参与以及法律责任等方面作出规定，明确工作宗旨，拓展工作范畴和社会参与度，新增“地方专题志书”的概念，为推动江苏地方志工作规范有序发展提供重要法治保障。 （武文明）

【江苏省将修志编鉴列入省政府2018年度十大主要任务百项重点工作】 3月21日，江苏省政府办公厅印发《省政府2018年度十大主要任务百项重点工作》，明确要求“大力推进地方志和年鉴的修编工作，交付出版《江苏省志》分（专）志10本和市、县（市、区）志13部，完成《江苏历代方志全书》2017年度招标的140册出版任务和2018年度计划80册的招标及部分出版任务，做好《江苏援藏援疆建设志》等5部特色专业志编纂工作，编纂出版《江苏年鉴》和100部市、县（市、区）综合年鉴”。这是修志编鉴工作连续第3年被列入江苏省政府十大主要任务百项重点工作考核。3月27日，江苏省志办印发《关于落实〈省政府2018年度十大主要任务百项重点工作〉考核任务的意见》。（武文明）

【《江苏名镇名村志评审验收办法》印发】 7月10日，江苏省志办印发《江苏名镇名村志评审验收办法》，规范江苏名镇名村志评审验收工作，确保志书质量。该办法共16条，分总则、志书评审、志书验收、附则4个部分，对志书评审验收队伍组成、评审验收程序与要求、评审验收形式与内容等作详细规定，并附有《江苏名镇名村志初审意见表》《江苏名镇名村志复审意见表》《江苏名镇名村志终审意见表》《江苏名镇名村志验收意见表》《江苏名镇名村志终审稿质量评估表》《江苏名镇名村志验收稿质量评估表》6张表格。（武文明）

【《扬州市地方志工作管理办法》实施】 7月21日，江苏省扬州市政府第20次常务会议审议通过《扬州市地方志工作管理办法》。8月3日，代市长夏心旻签发第92号政府令，正式公布该办法，自11月1日起施行。该办法共28条，重点在完善地方志工作规划体系、强化功能区地方志工作保障、构建地方志人才支持保障制度、完善地方志编纂备案年报制度、丰富地方志开发利用方式等方面进行规范，明确功能区、乡镇地方志工作机构、人员、经费要求，强化地方志工作机构的考核、监督职能。

（武文明）

【莱芜市开展纪念《地方志工作条例》颁行12周年系列宣传活动】 5月18日，山东省莱芜市志办与莱芜市莱城区、莱芜市钢城区史志工作机构在房干精神展馆（房干村史馆）门前广场联合举办纪念国务院《地方志工作条例》颁行12周年系列宣传活动。现场通过悬挂横幅标语、解惑释疑史志知识、地情咨询、赠阅《地方志法规文件汇编》和地情资料等方法，营造读志用志氛围。（孙杰　王赟）

【《广东省地方志工作条例》出台】 5月31日，广东省第十三届人大常务委员会第三次会议审议通过《广东省地方志工作条例》，自7月1日起施行。该条例共32条，以国务院《地方志工作条例》和有关法律、行政法规为依据，结合广东省实际，对地方志工作原则、机构人员、宣传教育、公众参与、方志馆建设等作出明确规定，为推动广东地方志事业发展、发挥地方志在促进经济社会发展中的作用提供法治保障。（广东省志办）

【广州市推进依法治志建设】 年内，广东省广州市志办通过向全市各单位印发文件、专题辅导、印发4000本小册子及督促检查，贯彻落实《广东省地方志工作条例》。启动《广州市年鉴工作管理办法》修订工作。规范权责清单，完成广州市政务服务事项管理系统行政许可事项录入4个，完成全省政务服务事项实施清单“十统一”标准化梳理，明确广州市志办政务服务事项23项。（杨宏伟）

【《广州市地方志资料年报工作管理办法》修订实施】 8月28日，广东省广州市政府办公厅印发实施《广州市地方志资料年报工作管理办法》。该办法共18条，包括地方志资料年报主要任务、地方志工作部门职责、年报承报单位职责、年报内容、年报编写要求、年报报送形式、年报审查验收、年报保存管理、年报开发利用、年报工作经费、奖励与处分等内容。

（杨宏伟）

【广西壮族自治区建立地方志资料年报制度】 10月19日，广西壮族自治区地方志编委会印发《广西壮族自治区地方志资料年报制度》《广西壮族自治区地方志资料年报制度实施细则》《广西壮族自治区本级地方志资料年报报送要求》《地方志资料年报定级暂行规定》等地方志资料年报制度文件，明确地方志资料年报工作的任务、职责、内容、步骤，建立健全地方志资料年报工作机制、保障机制、培训机制和督导机制，为修志编鉴写史打下基础。

（杨文光）

【四川省推进依法治志建设】 年内，四川省志办先后制定印发《关于开展部门大事记编写报送工作的通知》《关于实施地方志工作质量提升行动的意见》《四川省地方志系统贯彻落实传承发展中华优秀传统文化实施意见的工作方案》等文件，从制度上保障和规范志鉴质量。建立“两全目标”季度通报制度，将“两全目标”任务完成情况季度通报抄送省政府督查室，积极争取“两全目标”作为绩效目标考核“政令畅通”倒扣分制考核协查内容，强力推进“两全目标”任务落地落实。成都、德阳、眉山、资阳、雅安等市（州），成华区、朝天区、青川县、仁寿等县（市、区）将地方志工作纳入本级政府目标考核。成都市出台《成都市地方志资源开发项目管理办法》，雅安市出台《雅安市地方志工作管理办法》，雅安市雨城区出台《雨城区地方志工作管理办法》，全省地方志规章制度日臻完善。全省共151名地方志工作机构干部职工取得执法资格证，地方志执法队伍建设架构初步形成。

（四川省志办）

【《成都市地方志资源开发项目管理办法（试行）》印发】 6月1日，四川省成都市志办召开新闻发布会，发布《成都市地方志资源开发项目管理办法（试行）》。该办法以广泛调动和充分发挥社会力量为主要目标，通过建立地方志工作机构、地方志学会、专家团队三方协同运行机制，全流程精准资助方志资源开发项目实现对地方志资源的集成性、系统性开发。

（孙振中　李华扬）

·督促检查

【《河北省志》编纂工作调度会召开】 8月7日，《河北省志》编纂工作调度会召开。会议对13部编纂进度缓慢的分志进行调度，要求各承编单位找准位置，认清形势，高度重视，领导亲自推动；充实力量，落实工作条件；坚持问题导向，制定时间表；加强督查指导。省政府办公厅常务副秘书长吴晓华、省志办主任杨洪进、省政府督查室副主任周炳森、12个承编单位的主管领导及编写人员、省方志办有关人员参加会议。

（刘天骄）

【山西省将“两全目标”列入省政府“13710”督办系统】 年内，山西省政府连续两次将“两全目标”进展缓慢市、县、部门纳入山西省政府“13710”督办系统重点督办。3月，“两全目标”进展缓慢的大同市和朔州市及所属3县，太原、忻州、吕梁、长治和临汾5市所属20县及21家省直单位被纳入“13710”督办系统。9月，“两全目标”进展缓慢的朔州市和太原、大同、朔州、忻州、吕梁、临汾6市所属16县及14家省直单位被纳入“13710”山西省政府督办系统。

（武岭）

【内蒙古自治区志办开展地方志工作督查】 7月，内蒙古自治区志办主要负责人带队先后深入4个盟（市）、5个旗（县、区）和6个委（办、厅、局）进行实地调研督查。8月至10月，先后2次召集相关委办厅局和企事业单位召开志书编纂座谈会议，推进地方志工作；各攻坚专项组分赴10个盟（市）、45个旗（县、区）、22个委（办、厅、局）调研指导工作。

（内蒙古自治区志办）

【辽宁省地方志系统开展地方志工作督查】 年内，辽宁省地方志系统通过不同方式开展地方志工作督查。辽宁省志办主任鄢钢城率队赴丹东市志办调研第二轮修志工作。抚顺市志办结合实际，督促、指导《新抚区志》《望花区志》《东洲区志》《大柳村志》《抚顺县年鉴》编修工作。本溪市志办通过专题调研，将各县（区）志鉴编纂工作及落实“一纳入、八到位”情况列入县（区）目标考核体系。丹东市志办制发《丹东市地方综合年鉴编纂出版业务规范》和《〈丹东年鉴〉编写规范》。锦州市委、市政府将地方志工作纳入“重实干、强执行、抓落实”专项行动，采取日报告、周总结、月推进、季汇报的方式推进“两全目标”工作。营口市志办对尚未完成修志任务的3家单位进行专项督促检查。铁岭市志办到基层调研，推动全市“两全目标”工作。（梁忠音）

【吉林省地方志编委会调研《吉林省地方志事业发展规划（2016—2020年）》实施情况】 10月16日至12月14日，吉林省地方志编委会分组赴9个市（州）及部分县（市、区）调研《吉林省地方志事业发展规划（2016—2020年）》实施情况。调研组在各市（州）召开市、县两级政府主管领导和地方志工作机构负责人出席的座谈会，听取工作汇报，围绕规划落实过程中存在的问题及意见建议等进行交流，实地察看27个县（市、区）地方志工作机构、编制人员、方志馆（资料室）基础建设以及志鉴出版、地方志资源开发利用等重点任务情况。调研结束后形成调研报告，对全省各级地方志工作机构在规划实施过程中取得的成绩、存在的问题进行归纳总结，提出2019年攻坚时期切实可行的意见和建议，确保在2020年底前实现规划确定的各项目标任务。（李雯）

【吉林省评估地方志系统编纂出版物质量】 3月30日至5月21日，吉林省地方志编委会开展2018年度吉林省地方志系统编纂出版物质量评估工作，对2017年全省报送备案的志书、年鉴、方志资源开发类成果等55部图书进行评估。经过组织评估专家进行培训、评估专家打分并根据分数排序、省地方志编委会党组会研究，确定评估结果并印发《关于2018年全省地方志系统编纂出版物质量评估情况的通报》。参评成果中，志书类评出优秀等次3部，合格等次1部；年鉴类优秀等次6部，良好等次28部；方志资源开发成果类中评出优秀等次2部，良好等次3部，合格等次5部。评估工作首次在结果通报中写入评估中发现的问题，并对各类问题系统整理。（李雯）

【黑龙江省志办开展地方志工作督查】 5月3日，黑龙江省志办党组书记、主任何伟志一行赴黑河市调研国家方志馆知青分馆、旅俄华侨纪念馆、瑷珲海关历史陈列馆、黑河口岸、姚福升故居和在建的马占山纪念馆，并举行座谈。5月4日，何伟志一行赴五大连池市调研指导《中国五大连池山水志》编纂工作。5月10日，何伟志一行参加牡丹江市实施“12531”工程（即紧紧抓住“一条主线”，全面落实“两个纲要”，加快推进“五个转变”，力争取得“三个突破”，坚决实现“一个目标”）专题座谈会，到牡丹江市西安区和宁安市就“12531”工程推进实施情况和地方志工作进行调研和督查，实地考察牡丹江大学博物馆、宁安马骏纪念馆、张闻天工作室、渤海上京遗址博物馆、宁安碑林、清代大石桥等历史遗迹和文化遗存。（徐萍　杜胜男）

【上海市地方志编委会领导听取第二轮修志工作督查汇报】 7月，上海市委副秘书长、市委宣传部副部长、市地方志编委会副主任委员朱咏雷听取市志办从2017年10月开始的为期近半年的第二轮修志工作督查情况汇报，并对下一步工作提出明确要求，确保上海第二轮修志工作顺利进行。（王师师　陈畅）

【浙江省志办开展地方志工作督查】 1月，浙江省志办主任潘捷军一行赴杭州市拱墅区、下城区、富阳区及淳安县开展以“两全目标”为重点，全面推进地方志事业转型升级的主题调研，与拱墅区委副书记、区长章燕，下城区委副书记、区政法委书记齐力，富阳区副区长孙洁等区政府有关领导分别座谈，对于未完成“两全目标”的单位，潘捷军着重从明确目标责任、加大工作力度、强化行政推动、妥处各种关系等方面提出要求；对于已完成“两全目标”的单位，要推进地方志工作转型升级，实现各业全面发展，为第三轮修志打好基础。3月13日至14日，潘捷军一行赴松阳县及衢州市衢江区、柯城区开展以“大学习大调研大练兵”为主题、以“创造性转化、创新性发展”

为要求、以“两全目标”为重点的专题调研，与松阳县委书记王峻、衢江区委副书记夏盛民、柯城区委副书记姜良米等县（区）主要领导，以及有关市、县（区）地方志工作机构人员分别座谈，要求各单位要从完善机构设置、加强人员配备、发挥体制优势等方面入手，把握时间节点，确保到2020年全面完成“两全目标”，聚焦党的十九大报告关于“创造性转化，创新性发展”的要求，以全省方志系统“十业十佳”先进经验为典型，进一步推动地方志工作转型升级。4月18日至20日，潘捷军一行赴台州督查指导第二轮修志工作，与未完成第二轮修志任务的县（市、区）志办主任（主编）座谈，潘捷军一行还赴台州市椒江区志办就《椒江区志》的编纂进行具体指导和督促。8月29日，省政府副秘书长蔡晓春到省志办调研指导并举行座谈，对下一步工作提出明确要求。11月9日，蔡晓春到省志办就《浙江通志》编纂情况听取专题汇报，并就下一步具体工作提出要求。　（浙江省志办）

【安徽省志办开展地方志工作督查】　1月18日至19日，安徽省志办主任郭德成一行赴淮南、阜阳两市调研督查地方志工作“两全目标”完成情况，先后听取两市志办负责人工作汇报，肯定淮南、阜阳两市在修志编鉴、旧志整理、方志馆和信息化建设、地情开发等方面所取得的成绩，并针对部分县区年鉴工作中存在的实际困难和问题，要求省、市两级志办要进一步确定专人结对帮扶、精准指导、加强督查、跟踪问效，实行上下联动、群策群力，共同打好县区年鉴工作攻坚战。　（史五一）

【福建省地方志编委会开展地方志工作督查调研】　1月23日，福建省地方志编委会主任陈秋平赴尤溪县洋中镇桂峰村考察村落保护与开发情况，检查《福建名镇名村影像志·桂峰篇》拍摄对接工作。2月23日，省地方志编委会副主任俞杰一行赴石狮市调研，听取石狮市志办工作汇报，与石狮市常务副市长陈拥军就地方志工作进行交流，与万祥图书馆馆长、捐建者蔡友平交流探讨设立“闽台方志万祥馆”等相关事宜。　（欧长生　吴朝庭）

【青岛市“三全目标”工作推进会召开】　8月30日，山东省青岛市“三全目标”（全面完成二轮修志任务、年鉴编纂全部达到一年一鉴、方志馆全面建成达标）工作推进会召开。会议学习山东省史志工作半年总结会议暨“三全目标”推进会议精神，听取各区（市）史志工作尤其是“三全目标”完成情况汇报，各区（市）史志办主任参加会议。　（李乒）

【湖北省志办开展地方志工作督查】　上半年，湖北省志办组成4个调研督查组，组长由省志办党组成员和武汉志办主任担任，成员为各市（州）志办主任，对全省地方志工作特别是“两全目标”工作开展督查。下半年，省志办党组对“两全目标”工作落实滞后的市（州）进行跟踪回访督办，并将相关情况当面向分管市（州）领导反馈，推动“两全目标”工作落实，其中鄂州市克服困难，启动3个区级地方综合年鉴编纂工作。至此，全省三级地方综合年鉴全部启动编纂。

（湖北省文旅厅地方志工作处）

【湖南省志办开展地方志工作督查】　3月至4月，湖南省地方志编委会党组书记、副主任易介南率队分别赴湘西自治州、张家界市、株洲市、湘潭市、长沙市等地督查指导“年鉴全覆盖”推进工作。易介南一行先后到湘西自治州花垣县、龙山县，张家界市武陵源区，株洲市荷塘区、石峰区，湘潭市雨湖区、岳塘区，长沙市芙蓉区等地专题调研少数民族地区、贫困地区和城区年鉴工作，座谈商讨如何推进少数民族地区、贫困地区“年鉴全覆盖”，如何进一步编好城市区年鉴等工作。调研期间，易介南还分别与有关市州政府分管副市（州）长进行交流，共商年鉴事业发展。　（张征远）

【广东省志办开展地方志工作督查】　年内，广东省志办针对全省地方志工作存在的不平衡、不充分发展的客观实际，建立并完善《省地方志办领导联系地方工作制度》，组织一系列调研、督促检查工作。全年共组织对全省21个地级以上市地方志工作机构进行指导、调研、检查和督促工作32次。调研工作主要围绕《广东省地方志工作条例》立法，地方志能力建设，贯彻落实中共中央办公厅、国务院办公厅《关于实施中华优秀传统文化传承发展工程的意见》等进行，督促检查重点是督办自然村落历史人文普查、综合年鉴“一年一鉴、公开出版、当年出版”推进情况。调研、督促检查工作主要采取座谈会的形式进行，包括听取各地特别是地级以上市地方志工作机构工作汇报，面对面交流工作存在问题、意见和建议，以及针对各地具体问题进一步做好下一步地方志工作的意见和要求，部分县区还采取查阅资料和现场考察相结合，进行具体工作调研和业务指导。（广东省人民政府志办）

【广西壮族自治区志办开展地方志工作督查】 2018年，广西壮族自治区志办推进“两全目标”工作，将编纂责任层层落实，对未完成“两全目标”任务的市县和通志承修单位开展督查，并与编修单位、承修单位签订“两全目标”承诺书。年内，组织力量分3个督查组先后对13个地级市和有关县（区、市）以及自治区国土厅、自治区统计局、自治区民宗委、自治区粮食局、自治区工信委、自治区统战部、自治区供销社、自治区物价局、自治区商务厅、自治区民政厅、自治区人社厅、自治区地震局等12个承修单位开展实地督查，“点对点”开展业务指导。还举办市县志工作专题推进会、综合年鉴全覆盖工作推进会，推进地方志“两全目标”攻坚。（苏麟忠　陈雄意）

【海南省史志办开展地方志工作督查调研】 年内，海南省史志办领导分赴琼中、五指山、昌江、儋州、万宁、琼海、海口、文昌、陵水、定安等地就地方志服务经济社会发展、提升史志资政育人实效等工作开展调研。7月24日至25日，省志办主任毛志华率队赴琼中县、五指山市进行调研，听取琼中县著史修志编鉴工作情况汇报，实地考察白沙起义纪念园、王国兴故居等重要革命遗址，要求把好廉洁关、质量关，统筹做好驻村扶贫工作，主动参与、主动作为、主动发声，为加强红色革命遗址保护利用、加快地区经济社会发展积极献策助力，海南省志办副主任赖永生一同调研。8月20日至21日，省志办主任毛志华率队赴昌江、儋州两地调研红色资源，要求以重要红色纪念设施为依托，将红色旅游与扶贫开发、全域旅游、乡村振兴、美丽乡村建设等重点工作深度融合起来，海南省志办副主任秦武军一同调研。9月4日至6日，省志办主任毛志华率队赴万宁、琼海调研，听取万宁、琼海史志工作汇报，要求进一步扩大名镇志、名村志、名山名水志等特色志鉴的编纂面，服务美丽海南百镇千村建设和全域旅游发展。9月11日至12日，省志办主任毛志华率队赴海口、文昌两市调研，先后考察海口秀英炮台，文昌张云逸纪念馆、符克纪念园、宋氏祖居等重要遗址遗迹和红色纪念场馆，参观海口石山互联网农业小镇运营中心、施茶村，文昌白土村等美丽乡村建设，要求修好“红色家谱”，建立“红色档案”，传承“红色基因”。9月18日至19日，省志办主任毛志华率队赴陵水、定安调研，先后考察陵水苏维埃旧址纪念馆、陵水坡村黄振士纪念园、定安母瑞山革命根据地纪念园，要求挖掘红色精神的精髓要义、揭示时代价值。（郑昕）

【四川省志办开展地方志工作督查调研】 年内，四川省志办成立调研组，先后前往甘孜州及乐山、眉山、资阳、内江、雅安市，九龙县、沙湾区、洪雅县、彭山区、威远县、安岳县、名山区、荥经县、石棉县等地开展执法调研，采取听取汇报、召开座谈会、实地调研查看等方式，重点调研落实《地方志工作条例》《四川省地方志工作条例》《关于进一步加强新形势下地方志工作的意见》《四川省地方志事业第十三个五年发展规划（2016—2020年）》情况，“两全目标”进展情况，地方志资源二次开发利用工作，以及方志馆和信息化建设、人才队伍培养等基础工作现状。通过执法调研，进一步强化各市（州）、县（市、区）地方志系统工作人员法治思维，提高新时代方志人依法行政工作的能力和水平，推进依法治志向纵深发展。泸州、德阳、绵阳、南充、雅安市等市（州）也相继开展执法调研。

（四川省志办）

【四川省志办推进“两全目标”工作】 1月15日，四川省志办组织召开18家未进入终审分卷单位座谈会，要求滞后分卷牵头承编单位倒排工期、挂图作战。3月16日，省志办向8家省志承编工作进度相对滞后的单位印发《关于加快推进〈四川省志（1986—2005）〉分卷编纂进度的函》，要求加强组织领导，加快编纂进度，确保任务顺利完成。4月26日，四川省志办印发《关于加快推进〈四川省地方志事业第十三个五年发展规划（2016—2020年）〉如期完成“两全目标”任务的通知》，要求各分卷承编单位要严格按任务分工，明确时间，责任到人，抓好落实。5月、8月，省志办相继印发第一、二季度《四川省志（1986—2005）》目标任务完成情况通报，并提出相关工作要求。省志业务指导小组先后与四川出入境检验检疫局、省文化厅、省作协、省文联、成都海关、省食品药品监管局、省委组织部、省教育厅、省民族宗教委、都江堰管理局等单位对接工作，指导编纂业务，协助推进编纂工作。

（四川省志办）

【贵州省志办开展地方志工作督查调研】 年内，贵州省志办领导分赴安顺市平坝区、普定县、镇宁县、惠水县、纳雍县等地开展第二轮志书编纂工作督查调研。5月9日至10日，省志办副主任梁贵钢一行先后赴安顺市平坝区、普定县、镇宁县调研，听取安顺市《安顺市地方志“两全目标”完成情况及2018年安顺市及其各区县地方志工作安排》、平坝区《平坝区地方志“两全目标”完成情况及2018年工作安排》和《平坝县志（1978—2015）》编纂情况，对按时保质完成“两全”目标及《平坝县志（1978—2015）》编纂工作进度提出要求。8月29日至30日，梁贵钢一行先后赴惠水县、纳雍县调研，对两地地方志工作机构提出要加快编纂进度确保按时完成、找出存在问题加快研究解决、加强管理协调形成工作合力等要求，并要求毕节市志办加强对《纳雍县志》编纂工作的督促指导。

（贵州省志办）

【云南省开展“两全目标”督查】 年内，云南省政府办公厅印发《关于加快推进地方志编纂工作确保完成“两全目标”的通知》，对全省攻坚“两全目标”做总动员。省志办按照通知要求，督促未完成第二轮修志任务的9个州（市）、51个县（市、区），以及未做到一年一鉴、公开出版年鉴的32个县（市、区）建立督查通报制度。各州（市）、县（市、区）开展自检自查，倒排工期和任务，明确职责、明确编纂人员，做到一本书一个时间进度表、一个编纂工作组，一个州市县一个办法、一套方案，抓细、抓实、抓到位，加快推进第二轮修志工作进度。年内，《云南省志》15部分志、3部州市志和14部县志公开出版。

（郑灵琳）

【云南省志办开展地方志工作督查调研】 年内，云南省志办主任杨建林带队先后赴玉溪、普洱、版纳、昆明、红河、曲靖等地，协调推进地方志工作。全省地方志系统认真贯彻落实副省长李玛琳讲话精神，通过自检自查、倒排工期等举措，逐项理清制约各地地方志事业发展的“一纳入、八到位”问题，推进“两全目标”任务加快完成。

（郑灵琳）

【西藏自治区志办开展地方志工作督查调研】 4月3日至15日，西藏自治区志办主任汪德军带队赴昌都市左贡县、芒康县、贡觉县、江达县、察雅县、卡若区、八宿县和林芝市巴宜区、米林县、朗县10个县（区），督导调研地方志工作。7月10日至16日，汪德军带队赴那曲市及所属色尼区、巴青县、索县和比如县督导调研地方志工作，通过现场查看志稿、召开座谈会，分析研判解决修志工作中志稿质量不高、编修进度滞后等问题，督促相关县（区）定时间、定任务、定人员、定措施，进一步推动地方志工作提升质量、加快进度、取得实效。（邹廷波）

【西藏自治区《2017年度全区地方志工作督查考核通报》印发】 8月31日，西藏自治区党委办公厅、政府办公厅印发《2017年度全区地方志工作督查考核通报》，肯定2017年度全区地方志工作取得的成绩，指出存在的问题和不足之处，提出深化认识抓落实、强化责任抓落实、提升质量抓落实、优化保障抓落实和加强沟通抓落实等要求。（邹廷波）

【青海省志办开展"两全目标"督查】 2月和9月，青海省志办两次以信函形式向各市（州）政府和省志承编有关单位主要负责人通报如期实现"两全目标"的重要性、紧迫性及各地、各单位志书编修及综合年鉴编纂覆盖情况。信函发出后，先后有包括省委常委在内的多位省级领导分别对各单位承编的志书编纂工作作出批示、提出要求，全省各相关地区和单位领导也纷纷对地方志工作作出批示。5月至8月，省志办人员分批赴相关地区和单位开展实地调研和督查，对全省8个市（州）及所属相关县（市、区、行委）及省志编纂工作滞后的50余家单位开展实地督查和业务指导。（马渊）

【青海省将"两全目标"工作纳入省政府"710"政务督办系统】 7月4日，青海省政府办公厅将"两全目标"进展情况纳入省政府"710"政务督办系统，进行跟踪督办。（马渊）

【新疆维吾尔自治区地方志编委会开展地方志工作督查】 3月19日至25日，新疆维吾尔自治区地方志编委会督查组先后赴昌吉州及呼图壁县、吉木萨尔县、木垒县、奇台县、阜康市，阿勒泰地区及阿勒泰市、布尔津县、青河县督导检查第二轮修志工作。4月20日，自治区地方志编委会党组书记、副主任廖运建一行到克拉玛依档案史志局督导检查第二轮修志工作。5月19日至21日，廖运建一行到克孜勒苏州阿合奇县、阿图什市、阿克陶县督导检查第二轮修志工作。7月3日至4日，自治区地方志编委会派人分别到乌苏市、塔城市、木垒县志办督导检查工作，与修志人员面对面逐编分析，确定修改方案，对篇目结构、政治质量、资料质量、保密质量等提出具体修改意见。（陈忠）

【兵团志办开展"两全目标"工作调研督查】 3月24日，新疆生产建设兵团志办副主任陈旭率队赴第十二师及所属西山农牧场、一〇四团就史志工作开展专题调研，指出要保障修志编鉴人员和经费，利用好对口援疆资源优势，争取援助省市"点对点"专家指导，按时保质保量完成志鉴"两全目标"任务。7月10日至11日，兵团志办派人赴第六师五家渠市史志办开展第二轮修志工作调研，重点调研师志编纂情况，了解编纂工作存在的困难，协助解决编纂过程中遇到的问题，并对篇目大纲和志稿逐章进行审看并提出修改意见。8月14日至18日，兵团志办派人赴第九师、第十师北屯市开展第二轮修志工作调研，围绕第二轮修志工作展开交流讨论，了解师志编纂进展情况，审查师志篇目大纲，查看志书志稿，协助解决编纂过程中遇到的问题。11月7日，兵团志办副主任何喜清赴第三师图木舒克市调研史志工作，并召开座谈会，指出要用好广东支援力量，同时适当采取政府购买方式，全力以赴完成志鉴"两全目标"。（王兴鹏）

工作会议

· 地方志工作会议

【2018年北京市地方志工作会议召开】 4月13日，2018年北京市地方志工作会议召开。副市长、市地方志编委会常务副主任、《北京志》主编王宁出席会议并讲话。会议传达2018年全国地方志机构主任工作会议精神，总结2017年北京市地方志工作，对2018年工作进行部署和安排。会议明确，将结合北京城市总体规划实施，以服务全国文化中心建设为工作重点，以落实北京地方志规划为具体抓手，积极承担公共文化服务职能，进一步落实“一纳入、八到位”；建立健全地方志事业发展长效机制，拓展延伸志鉴编修工作，力争到2020年实现乡镇村基层地方志工作全覆盖；加强制度和人才保障建设，加快推进地方志从一项工作向一项事业、从依法修志向依法治志的转型发展。各区、市委，市政府各部委办局代表分别就志鉴编修、组织管理及开发利用等工作做经验交流发言。市政府副秘书长、《北京志》执行主编尹培彦主持会议。各区、市委，市政府各部委办局主管地方志工作领导及地方志工作负责人，《北京志》副主编及市志办班子成员参加会议。（王韧洁）

【京津冀地方志部门联席会议召开】 3月21日，京津冀地方志部门联席会议在北京市方志馆召开。会议听取关于西山永定河文化展工作、《京津冀概况》编纂工作、《永定河文化志》编纂工作、整理《通惠河志》及开展“我身边的大运河故事”征文活动等方面工作汇报。与会人员围绕上述2018年重点工作进行探讨，形成具体工作思路和步骤安排。三省市地方志业务相关负责人参加会议。（王韧洁）

【2018年河北省地方志工作机构主任工作会议召开】 2月2日，2018年河北省地方志工作机构主任工作会议在石家庄市召开。会议传达2018年全国地方志机构主任工作会议暨第二次全国地方志工作经验交流会精神，总结梳理2017年全省地方志工作，分析工作中存在的各类问题和面临的新形势，部署2018年全省地方志工作。各设区市和省直管县参加会议人员就当地2017年地方志工作开展情况和2018年工作谋划等内容进行汇报。11个设区市和2个省直管县志办主要负责人，省志办各科室负责人及其他有关人员参加会议。（郑小明）

【河北省地方志援藏对接工作座谈会召开】 12月16日，河北省地方志援藏对接工作座谈会在石家庄市召开。会议研究，省志办争取把地方志援藏纳入河北省援疆援藏总体规划。在具体业务帮扶上，河北省地方志系统将全方位、多角度支持札达等4个县以及西藏自治区气象局修志工作。（郑小明）

【山西省地方志工作会议召开】 1月17日，山西省地方志工作会议召开。会议学习习近平总书记关于地方志事业的重要论述，传达贯彻副省长贺天才对全省地方志工作的批示、2018年全国地方志机构主任工作会议精神，回顾总结2017年工作，安排部署2018年工作。省志办处级干部、各市志办主任、部分志鉴编修滞后县（市、区）志办负责人参加会议。（武岭）

【山西省地方志编委会奋战志鉴“两全目标”工作推进会召开】 4月11日，山西省地方志编委会奋战志鉴“两全目标”工作推进会召开。副省长曲孝丽出席会议并讲话。会议要求，要正视差距，进一步增强补齐短板的责任感和紧迫感；要落实责任、强化担当，保质保量完成志鉴“两全目标”；适应新形势新要求，全面推动地方志事业发展。省志办副主任刘益令，省财政厅分管领导，27个需加快推进修志进度的省志承修单位分管领导，第二轮修志中需要奋起直追的太原、大同、朔州、吕梁、长治、临汾6个市的分管市领导和地方志工作机构负责人参加会议。 （武岭）

【《山西抗日战争志》编委会工作会议召开】 8月7日，《山西抗日战争志》编委会工作会议召开。山西省副省长曲孝丽出席会议并对《山西抗日战争志》下一步工作提出要求。省政府副秘书长张文栋主持会议。相关部门领导以及史志专家、课题组成员共30余人参加会议。 （武岭）

【辽宁省各市地方志办公室主任会议召开】 1月25日，辽宁省各市地方志（史志）办公室主任会议召开。各市地方志工作机构负责人对各市2017年主要工作及2018年工作安排作交流汇报，省志办主任鄢钢城分别进行点评。会议总结2017年全省地方志工作并就2018年全省地方志系统工作作部署安排。会议要求，要继续学习贯彻党的十九大精神；要找准方志定位，确定方志工作方向；要抓队伍建设，严把质量关；要明确具体工作目标。会议强调，要采取有力措施确保第二轮修志任务保质保量按时完成，保证到2020年前实现省、市、县三级地方综合年鉴“一年一鉴、公开出版、当年出版”。省志办副巡视员麻志杰、副主任林燕燕及全省14个市地方志工作机构负责人参加会议。 （杜祥武）

【《獐岛村志》出版发布会暨辽宁省名村名镇名山系列文化工程推进会议召开】 1月25日，《獐岛村志》出版发布会暨辽宁省名村名镇名山系列文化工程推进会议召开。会议指出，《獐岛村志》出版发行是辽宁方志界的一件大事、喜事，对辽宁方志文化普及、乡村文化保护、历史文化传承、地域文化建设与发展起到促进作用，同时也为辽宁名村志、名镇志、名山志系列文化工程的推进奠定基础。会上，名村志编纂单位代表作经验介绍。辽宁省志办主任鄢钢城、丹东市副市长张鸣、省志办副巡视员麻志杰、副主任林燕燕，各市地方志工作机构负责人及全省地方志系统相关人员参加会议。 （杜祥武）

【吉林全省地方志工作机构主任会议（2018）召开】 3月7日，2018年吉林省地方志工作机构主任会议召开。省地方志编委会党组书记、副主任李云鹤作题为《全面贯彻党的十九大精神　奋力谱写全省地方志工作新篇章》的讲话。会议传达2018年全国地方志机构主任工作会议精神。长春市、吉林市、辽源市、公主岭市、珲春市等5家地方志工作机构主任（副主任）作典型发言。会议对全省方志理论研究先进单位予以表彰，长春市、吉林市、辽源市、白山市、白城市、延边州、长春市朝阳区、长春市南关区、长春市九台区、桦甸市、梨树县、白山市江源区、公主岭市等13家方志理论研究先进单位受到通报表扬。省地方志编委会副主任李正奎、孟亚男，副巡视员赵飞、谢奎江，各市（州），梅河口市、公主岭市，各县（市、区）地方志工作机构负责人，省地方志编委会全体人员、省方志馆负责人100余人参加会议。 （任　帅）

【黑龙江省第十次地方志工作会议召开】 3月27日，黑龙江省第十次地方志工作会议召开。副省长孙东生，中指组秘书长，中指办党组书记、主任冀祥德出席会议并讲话。省政府副秘书长邢爱国主持会议。省志办党组书记、主任何伟志作全省地方志工作报告。省志办党组成员、副主任袁建勋传达2018年全国地方志机构主任工作会议精神，省人社厅副巡视员

3 月 7 日，吉林全省地方志工作机构主任会议（2018）在长春市召开。图为会议现场

陈泽民宣读《关于表彰全省地方志系统先进集体和先进工作者的决定》。省纪委驻省编办纪检组组长孙承波，省志办党组成员、副主任章磊出席会议。会议以党的十九大精神和习近平新时代中国特色社会主义思想为指导，结合贯彻全国“两会”精神，以及省委十二届二次全会和省政府工作报告的决策部署，传达贯彻2018 年全国地方志机构主任工作会议精神，总结近年来全省地方志工作，明确今后一个时期全省地方志工作的总体要求和主要任务，交流典型经验，表彰地方志系统先进集体和先进工作者。会议要求，肩负起新时代地方志事业的责任和使命；找准定位，体现好地方志工作的价值；注重信息化、数字化工作；加强队伍建设；加强领导，营造推动地方志事业发展良好环境。会议强调，编修地方志功在当代，利在千秋，是一项不朽的伟业。要进一步开拓进取、凝心聚力、扎实工作，为推动全省地方志事业的转型升级，推进文化强省和现代化新龙江建设作出新的更大的贡献。大庆市志办主任曲路海、黑河市志办主任田桂珍、省农垦总局史志办主任曲伟、省通信管理局《黑龙江省志·电信志》主编孙明海、哈尔滨市平房区志办主任王国辉、牡丹江市宁安市志办主任包淑华等作典型经验交流发言。各市（地）、县（市、区）、省（中）直有关单位地方志工作机构负责人和受表彰奖励的先进集体、先进工作者代表等 200 余人参加会议。（徐萍　杜胜男）

【黑龙江省东部片区地方志工作机构主任推进“两全目标”专题座谈会召开】　3 月 14 日，黑龙江省东部片区地方志工作机构主任推进“两全目标”专题座谈会召开。省志办党组书记、主任何伟志出席会议并讲话。佳木斯市、鸡西市、七台河市、鹤岗市、牡丹江市、双鸭山市志办以及牡丹江市西安区、鸡西市滴道区、双鸭山市岭东区、鹤岗市南山区、勃利县地方志工作机构负责人参加会议，围绕推进“两全目标”分别作汇报。省志办相关人员及七台河市茄子河区、桃山区、新兴区地方志工作机构负责人参加会议。（徐萍　杜胜男）

【上海市地方志编纂委员会全体委员（扩大）会议召开】　10 月 18 日，上海市地方志编纂委员会全体委员（扩大）会议召开。市委常委、宣传部部长、市地方志编纂委员会主任委员周慧琳出席会议并讲话。周慧琳指出，中央和市委高度重视史志工作。进入新时代，广大地方志工作者更应深刻认识修志“存史”、修志“育人”、修志“资政”的重要意义，切实增强做好修志工作的责任感、使命感，履行好“为党立言、为国存史、为民修志”的使命责任。他强调，要统筹兼顾，协同推进志鉴史编纂，用好用足编纂成果，创新拓展地方志业务，全面推进上海地方志工作，繁荣发展地方志事业，为助力上海改革开放再出发作出新的更大贡献。（王师师　陈畅）

【2018 年江苏省地方志工作会议召开】　1 月 23 日，2018 年江苏省地方志工作会议召开。会议传达落实 2018 年全国地方志机构主任工作会议暨第二次全国地方志工作经验交流会精神，总结 2017 年度全省地方志工作，安排部署 2018 年任务。省志办主任漆冠山出席会议并讲话。会议对省政府办公厅通报的优秀志书和优秀年鉴进行表彰，常州市等 6 家地方志工作机构主要负责人作交流发言。省志办相关人员、各设区市志办主任、分管负责人，县（市、区）志办主要负责人 150 余人参加会议。（武文明）

【江苏省第二轮市县（市、区）志编修扫尾工作推进会召开】 5月9日至10日，江苏省第二轮市、县（市、区）志编修扫尾工作推进会召开。会议以“进一步统一思想，增强大局意识和责任担当，确保年内全面完成编纂任务”为主题，淮安、盐城、宿迁、丰县等19个尚未完成编纂出版任务的市、县（市、区）志办主要负责人进行表态发言，省志办工作人员作题为“第二轮市、县（市、区）志验收审核稿需要注意的问题”的辅导。会议要求各地完成省政府十大主要任务百项重点工作目标考核任务，确保年内全面完成第二轮市、县（市、区）志编纂工作。省志办副主任蔡金良及相关人员，19个尚未完成编纂出版任务的市、县（市、区）志办主要负责人、主编（总纂）约50人参加会议。 （张莉）

【《江苏援藏援疆建设志》编纂工作推进会召开】 10月31日，《江苏援藏援疆建设志》编纂工作推进会召开。省政府副秘书长王志忠出席会议并讲话。江苏省志办主持工作负责人漆冠山主持会议并通报《江苏援藏援疆建设志》启动进展情况，系统总结各承编单位前期工作，全面分析编纂过程中出现的问题和困难，并对下一步工作计划提出建议。会议肯定前期编纂工作取得的成绩，要求进一步提高政治站位，贯彻落实省委、省政府有关指示要求，履行《江苏省地方志工作条例》规定的各项义务，依法修志，齐心协力做好编纂工作。省商务厅、省对口支援新疆伊犁州前方指挥部、南京市政府、扬州市政府、连云港市政府负责人分别作交流发言。省委办公厅、省民政厅、省商务厅、省对口支援西藏拉萨市前方指挥部、省对口支援新疆伊犁州前方指挥部负责人，以及部分参与援藏援疆建设的省有关部门和单位负责人出席会议。省对口支援西藏拉萨、新疆伊犁州、新疆克州前方指挥部负责人和办公室主任，各有关设区市政府分管副秘书长和志办主任，南京市江宁区、江阴市、常州市武进区、张家港市、昆山市政府分管负责人和志办主任，省志办各处室负责人参加会议。 （武文明）

【《江苏省地方志工作条例》贯彻实施座谈会召开】 11月27日，《江苏省地方志工作条例》贯彻实施座谈会召开。江苏省人大常委会副主任许仲梓出席会议并讲话。许仲梓指出，要充分认识贯彻实施该条例的重要意义，该条例的颁布实施，是贯彻落实习近平新时代中国特色社会主义思想，推动中国特色社会主义文化繁荣兴盛的必然要求，是贯彻落实地方志事业发展规划纲要，推动依法治志的必然要求，也是适应江苏省地方志事业发展，做强做优地方志工作的必然要求。要准确把握该条例的立法精神和重点内容，立足新时代新要求，切实履行好地方各级政府的职责，积极拓展地方志的内涵和工作范畴，进一步拓宽地方志公共服务功能和社会参与度，提高地方志编纂质量，确保地方志的权威性。要加强该条例学习宣传和贯彻实施工作，努力营造氛围，制定配套制度，狠抓贯彻落实，加强人大监督，确保条例各项规定顺利贯彻实施。 （武文明）

【浙江省各市志办主任会议暨全省、市、县方志系统“十业十佳”推评会召开】 1月11日至12日，浙江省各市志办主任会议暨全省、市、县方志系统“十业十佳”推评会召开。会议传达2018年全国地方志机构主任工作会议暨第二次全国地方志工作经验交流会精神，各市志办负责人总结各地上一年度主要工作，并就做好2018年度工作畅谈思路建议。浙江省举办全省、市、县方志系统“十业十佳”推评活动（志、鉴、库、网、馆、刊、会、研、用、史“十业”方面各评选一家单位），以“十佳”为全省各业发展标杆，引领带动全省地方志事业转型升级。省志办领导、各处室负责人、各市志办负责人及有关专家组成评委会，按公开、公平、公正原则评选出10家单位入选全省、市、县方志系统“十业十佳”。省志办主任潘捷军、副主任章其祥，各处室负责人，各市志办负责人及省志办有关人员参加会议。 （浙江省志办）

【浙江省地方志工作年中座谈会召开】　5月9日，浙江省地方志工作年中座谈会召开。会议简要回顾全省地方志系统上半年主要工作，传达省政府、中指组领导有关指示精神，通报市县第二轮志书及市县综合年鉴编纂出版工作进展等情况，并着重围绕“两全目标”计划任务对下半年工作作出部署。有关市、县（市、区）地方志工作机构负责人分别就志书和年鉴工作作交流。省志办主任潘捷军、副主任章其祥，各市及部分县（市、区）地方志工作机构负责人，以及省志办各处室负责人、相关对口联系专家参加会议。（浙江省志办）

【浙江省市县第二轮修志工作督导推进会召开】　9月19日，浙江省市县第二轮修志工作督导推进会召开。各单位分别汇报推进第二轮修志工作举措、志书编纂进度以及下一步工作计划，并交流志书评审出版阶段业务问题。会议通报近期省志办相关工作安排，对下一阶段工作提出要求。计划于2018年完成第二轮修志任务的18个市县地方志工作机构负责人及志书主编参加会议。（浙江省志办）

【浙江省部分市县“两全目标”工作督导推进会召开】　12月18日至19日，浙江省部分市县“两全目标”工作督导推进会召开。会议通报2019年全国省级地方志机构主任工作会议暨第三次全国地方志工作经验交流会有关情况，传达中指组、中指办领导讲话精神，以及近期中指组关于“两全目标”完成情况的通报和省政府有关领导批示精神。会议同时结合与会代表所提问题，以在全国地方志系统率先拟制的志稿评审表为范本，着重就志书编纂、评审阶段的质量把控等内容作专题授课。与会各单位负责人分别汇报落实“两全目标”任务所做的工作、进度以及下一步工作计划，并交流相关业务问题。会议还对各有关市县下一阶段工作提出明确要求。（浙江省志办）

【2018年安徽省地方志工作会议召开】　2月2日，2018年安徽省地方志工作会议召开。会议书面传达2018年全国地方志机构主任工作会议暨第二次全国地方志工作经验交流会精神，省志办主任郭德成作题为《凝心聚力、攻坚克难、以决胜“两全目标”为重点，持续推进安徽地方志事业全面转型升级》的工作报告，全面总结2017年工作，部署2018年及后三年工作。会议分省直片、市县片两个组对工作报告进行讨论。省志办巡视员刘成典主持会议并作总结。省志办会上印发《关于〈安徽省志〉（1986—2005）编纂出版工作进度情况的通报》和《关于进一步推进部分县（市、区）完成综合年鉴“一年一鉴、公开出版”任务的通知》。副主任吴静出席会议，16个省辖市和2个省直管县志办主要负责人、《安徽省志》部分分志承编单位编辑室负责人或编辑、省志办各处（委）主要负责人、有关分志责任编辑共90余人参加会议。（史五一）

【2018年福建省地方志工作机构主任会议召开】　3月6日，2018年福建省地方志工作机构主任会议召开。副省长杨贤金出席会议并讲话。福建省地方志编委会主任陈秋平作工作报告。会议肯定过去一年地方志工作取得的成绩，指出方志文化是中华优秀传统文化的重要组成部分，是建设新福建的一张精神名片，在推动社会主义文化繁荣兴盛中发挥重要作用。会议全面总结2017年以来全省地方志工作情况，为在全国地方志优秀成果（年鉴类）评审中获奖年鉴编纂单位颁奖。省政府办公厅副秘书长赖碧涛，省纪委驻省政府办公厅纪检组常务副组长胡大海，省地方志编委会副主任俞杰、林浩，副巡视员戴振华，各设区市政府、平潭综合实验区管委会分管领导，省直有关单位分管领导和修志机构负责人，省地方志编委会各处处长和市、县（区）地方志编委会（办）负责人等约180人参加会议。

（欧长生　吴朝庭）

【福建省2018年省志分志编纂工作推进会召开】　5月11日，福建省2018年省志分志编纂工作推进会召开。会议的主题是以习近平新时代中国特色社会主义思想为指导，认真贯彻落实国务院办公厅《全国地方志事业发展规划纲要（2015—2020年）》和省政府办公厅《福建省地方志事业发展规划纲要（2016—2020年）》，以及2018年3月全省地方志工作机构主任会议和副省长杨贤金讲话精神，进一步推动第二轮省志编纂工作提质提速，确保2020年全面完成编纂任务。省地方志编委会主任陈秋平出席会议并讲话，未完成编纂任务的省志分志承编单位分管领导、责任处室负责人，省志辅导处负责人及省志辅导处业务人员50余人参加会议。（欧长生　吴朝庭）

【福建省2018年第一次全省设区市地方志工作机构主任会议暨学习贯彻全省实施乡村振兴工作会议部署会召开】 8月30日，福建省2018年第一次全省设区市地方志工作机构主任会议暨学习贯彻全省实施乡村振兴工作会议部署会召开。会议指出，要认真贯彻党的十九大提出的实施乡村振兴战略20字总要求和省委书记于伟国在福建省实施乡村振兴工作会议上的讲话精神，主动服务乡村振兴战略，积极挖掘方志资源，让地方志里的乡村非物质文化遗产、民俗活动、旅游文化、饮食文化、农耕文化、红色文化、乡贤文化等记载“活”起来、“立”起来，并探索使活动常态化、日常化，内容活态化、特色化，参与传承发展优秀乡土文化、建设民风淳朴文化兴盛的文明乡风。省地方志编委会主任陈秋平，副主任俞杰、林浩，省地方志编委会各处负责人，以及各设区市及平潭综合实验区地方志工作机构负责人及秘书处（科）长约40人参加会议。

（欧长生　吴朝庭）

【厦门市2018年全市地方志工作机构主任会议召开】 9月7日，厦门市2018年全市地方志工作机构主任会议召开。会议传达2018年第一次全省设区市地方志工作机构主任会议精神，总结2018年以来全市地方志工作，部署下一阶段工作。会议要求，要把学习宣传贯彻习近平新时代中国特色社会主义思想作为全市地方志系统的首要政治任务；推动落实“一纳入、八到位”，为地方志工作夯实法治基础；突出抓好主业，全力争创精品志鉴；围绕中心，服务大局，主动服务乡村振兴战略；推进地方志资源的共享、开发和利用。市志办主任李志宏及各处负责人、各区志办负责人等参加会议。（欧长生　吴朝庭）

【第二轮《江西省志》编纂工作推进会召开】 7月17日，第二轮《江西省志》编纂工作推进会召开。副省长、省地方志编委会副主任孙菊生出席会议并讲话，他指出，江西省“两全目标”完成情况中，省志编纂是薄弱环节，要认识到位，明确《江西省志》编纂是省委、省政府的政治任务，必须不折不扣地完成；要领导到位，各部门、各单位领导要把编纂工作列入单位年度重要工作，责任到处室，任务到个人；要措施到位，落实好修志工作的具体负责部门，确保分管领导和编纂人员相对稳定，保障修志所需的经费以及相关设备等；要质量到位，要把好志书的政治关、史实关、体例关、文字关，在保证质量的前提下，加快省志编纂进度，力争编纂出经得起历史检验的精品佳志。省志办党组书记、主任梅宏通报第二轮《江西省志》编纂工作进展情况。省工信委、省安全生产监督管理局等13家编纂进度相对落后单位分管领导、相关处室主要负责人共29人参加会议。会后，13家参加会议单位传达贯彻会议精神，落实副省长孙菊生的工作部署，主动自查自纠，部分单位排出时间表，推进第二轮省志编纂工作顺利开展。（朱岳）

【山东省史志工作“三全目标”推进会召开】 5月21日，山东省史志工作“三全目标”推进会召开。省政府办公厅党组成员、省史志办主任刘爱军主持会议并讲话。会议听取各市史志办主任关于“三全目标”任务落实情况汇报，并就进一步加快推进“三全目标”任务提出明确要求。省史志办二级巡视员王兴合，省史志办副主任翟世林、李刚，各市史志办主任，省史志办各处馆长等参加会议。（孙杰　王赟）

【山东省史志工作半年总结会议暨“三全目标”推进工作会议召开】 7月23日至24日，山东省史志工作半年总结会议暨“三全目标”推进工作会议召开。省政府办公厅党组成员、省史志办主任刘爱军出席会议并讲话，省史志办二级巡视员王兴合、省史志办副主任翟世林分别主持会议，省史志办副主任李刚出席会议。会上为第二届“山东史志”十大年度人物颁发证书，向东营市、日照市、菏泽市、崂山区、费县等已建成达标开馆的方志馆赠送部分史志成果，各市史志办主任作半年工作汇报，崂山区、费县史志办作典型发言，滕州市等14个县（市、区）史志办就落实“三全目标”，特别是第二轮修志和年鉴编纂出版工作作交流发言。会议就进一步贯彻落实好“三全目标”任务提出明确要求。各市史志办主任和业务科长、部分县（市、区）史志办主任、省史志办副处级以上干部等100余人参加会议。

（孙杰　王赟）

【青岛市2017年区市史志工作总结会召开】 1月30日，青岛市2017年区市史志工作总结会召开。会议交流区市2017年史志工作情况及2018年工作打算，表彰2017年区市史志工作优秀单位和区市志编修特别成就单位。市史志办主任高克力及各处社长，各区市史志办主任、副主任、业务科长约40人参加会议。

（李乒）

【河南省地方史志机构主任工作会议召开】 2月6日，河南省地方史志机构主任工作会议召开。省史志办党组书记、主任管仁富出席会议并作题为《以习近平新时代中国特色社会主义思想为指导　抓住机遇乘势而上　谱写史志事业新华章》的工作报告。会议总结2017年重点工作开展及完成情况，要求抓好依法治志落实，全面完成第二轮三级志书收尾工作，继续抓好年鉴、月报编纂工作，抓好乡镇村志编纂，加大旧志整理和用志力度，加强库、馆、网基础设施建设，有序开展地方史志工作，深入开展理论研究，打造过硬史志队伍。省史志办副主任冯普友、周慧杰出席会议。各省辖市、直管县史志办（局）主任（局长），各县（市、区）史志办（局）主任（局长）及省史志办全体人员200余人参加会议。（姜静涛）

【湖北省地方志系统主任工作会议召开】 1月18日，湖北省地方志系统主任工作会议召开。省志办主任吴凤端作工作报告，副主任陈剑飞主持会议，副主任司念堂作会议总结。各市（州）志办主任汇报交流2017年工作和2018年工作打算。会议印发和传达中指办近期召开的全国地方志系统有关会议精神，京山县、大冶市、宜都市志办负责人就乡镇村志编纂作典型交流发言。全省17个市（州）志办主任及部分县（市、区）志办主任、全国名镇名村志编纂单位代表参加会议。

（湖北省文旅厅地方志工作处）

【武汉志办主任工作会议召开】 2月8日，武汉志办主任工作会议召开。市志办党组书记、主任王筱武出席会议并讲话，市志办党组成员、副主任王勇祥主持会议，市志办党组成员、副主任程鹏通报各区街（乡镇）志编纂工作推进情况。会议学习2018年全国地方志机构主任工作会议和全省地方志系统主任工作会议精神，对2017年全市地方志工作进行总结，安排部署全市2018年地方志工作，汉阳区、硚口区、武昌区、新洲区志办负责人作典型交流发言，各区交流汇报年度工作。各区志办主要负责人及市志办全体工作人员参加会议。

（张道旺）

【湖南省市州志办主任会议暨“两全目标”推进工作培训会召开】 3月16日，湖南省市州志办主任会议暨“两全目标”推进工作培训会召开，中指组秘书长，中指办党组书记、主任冀祥德出席会议，湖南省地方志编委会党组书记、副主任易介南，党组成员、副主任邓建平分别主持会议。会议决定建立“湖南省方志专家库”，聘请王晓天等97人为首批专家；为张列群等44人颁发金质“湖南方志工作荣誉奖”，为肖和元等155人颁发银质“湖南方志工作荣誉奖”。冀祥德和省地方志编委领导为专家代表和获奖代表颁发聘书、荣誉证书。冀祥德作《学习〈宪法修正案〉，促进地方志事业转型升级》的专题讲座。各市州志办主任及相关业务处室负责人、省地方志编委会全体干部职工参加会议。（湖南省地方志编委会）

【湖南省志编纂工作推进会召开】 6月11日，湖南省志编纂工作推进会召开。会议强调编修志书是党和国家对各级党委、政府下达的法定任务，是依法治志的硬指标，要求各编写组要认真贯彻落实《全国地方志事业发展规划纲要（2015—2020年）》、湖南省政府办公厅《关于进一步加强地方志工作的意见》，尽快制定切实可行的时间表、路线图，争取早日完成相关编纂出版任务。湖南政报社社长唐仁春、省教育厅史志研究所所长刘建琼就提高志书编纂质量作典型发言。湖南省志各编写组负责人和省地方志编委会副处级以上干部90人参加会议。（湖南省地方志编委会）

【广州市地方志系统2017年度工作总结大会召开】 1月23日，广州市地方志系统2017年度工作总结大会召开。会议回顾总结广州市、区地方志系统2017年工作情况，部署2018年主要工作任务。市志办主任黄小晶主持会议并讲话，副主任胡巧利强调注意事项。会议印发2017年市区两级地方志工作总结及计划、市志办各处工作总结及计划、市志办干部职工工作清单等材料。各区志办主任、业务骨干以及市志办全体干部职工参加会议。（杨宏伟）

【深圳市史志专项工作动员会召开】 7月31日，深圳市史志专项工作动员会召开。会议研究部署深圳市《革命老区发展史》与《自然村落历史人文调查》丛书启动工作。市史志办主任杨立勋、副主任王地久及业务骨干，各区党委办、政府办、区志办负责人参加会议。（黄瑞栋）

【广西地方志工作机构主任工作会议召开】 3月14日，广西地方志工作机构主任工作会议召开。广西壮族自治区副主席黄俊华出席会议并讲话，自治区政府副秘书长唐宁主持会议。会议传达2018年全国地方志机构主任工作会议精神，通报广西“两全目标”推进情况，肯定广西地方志工作取得的成绩，分析面临的困难和问题，提出2018年广西地方志工作思路。会议要求全自治区地方志系统要深入贯彻落实党的十九大精神，以习近平新时代中国特色社会主义思想为指引，进一步明确地方志事业发展的历史新定位，着力构建新时代地方志工作新格局，促进全自治区地方志事业转型升级。会议要求广大地方志干部进一步增强做好地方志工作的使命感和责任感，在弘扬文化、服务大局、借史鉴今、启迪后人中肩负起方志人的使命和担当。自治区志办党组书记、主任梁金荣，党组成员、副主任唐中克，《广西通志》各专志编辑室负责人，防城港市等相关市、县政府分管领导，各市、县（市、区）地方志工作机构主要负责人，自治区志办全体干部150余人参加会议。（杨文光）

【广西壮族自治区市县志编修督查推进会召开】 7月17日，广西壮族自治区市县志编修督查推进会召开。广西壮族自治区志办党组书记、主任梁金荣出席会议并讲话，指出全自治区市县志编修进度的总体形势和广西在全国修志进度的排名情况，强调要认清形势，找准差距，增强完成“两全目标”工作任务的紧迫感；传导压力，压出责任，紧盯“两全目标”不放松；努力迎头赶上，交出合格的答卷，奋力实现“两全目标”。自治区志办党组成员、副主任邓敏杰以及14个设区市志办主任，未评稿和已评稿未审验的县（区、市）志办主任等70余人参加会议。（杨文光）

【广西地方志资料年报工作现场会召开】 10月19日，广西地方志资料年报工作现场会在南宁市召开。广西壮族自治区志办党组书记、主任梁金荣出席会议并讲话。会议部署全区全面推进地方志资料年报工作任务。会议指出，要认识地方志资料年报工作的重要意义，明确地方志资料年报工作的任务、职责、内容、步骤，完成好规定动作，创新思路做好自选动作，要建立健全地方志资料年报工作机制、保障机制、培训机制和督导机制，推进地方志资料年报工作。自治区志办党组成员、副主任邓敏杰主持会议并作会议小结。各市地方志工作机构负责人，部分县（市、区）地方志工作机构负责人，中直、区直单位有关人员，自治区志办各处（委）负责人共150人参加会议。（杨文光）

【海南省史志机构主任会议召开】 1月18日，海南省史志机构主任会议在海口市召开。会议传达2018年全国地方志机构主任工作会议暨第二次全国地方志工作经验交流会精神，总结2017年海南省史志工作，研究部署2018年史志重点工作任务。会议指出，2017年海南省史志系统紧紧围绕中心和大局，史志事业呈现良好发展态势；2018年，海南省史志系统要全面贯彻落实党的十九大和省第七次党代会精神，深入学习贯彻习近平新时代中国特色社会主义思想，以党的政治建设为统领，以基层组织建设为根基，以业务能力建设为重点，紧扣纪念海南建省办经济特区30周年、纪念改革开放40周年等重要节点，履行存史、资政、育人职责使命。会议要求，要坚持政治建室，以党的政治建设统领史志工作；要把著史修志编鉴各项任务落到实处；要深化党史研究，为推动习近平新时代中国特色社会主义思想深入人心作出史志贡献；要紧密围绕中心，写好资政育人这篇大文章；要常抓不懈、久久为功，把存史工作做深做实；要严格正风肃纪，营造山清水秀的政治生态；要夯基固本，加强干部队伍建设和机关党的建设。省史志办副处级以上干部及部分退休老干部，各市（县、区）史志机构主任，省中共党史学会、地方志学会有关人员60余人参加会议。（郑昕）

【2018年海南省市县第二轮修志工作推进会召开】 8月20日至22日，2018年海南省市县第二轮修志工作推进会召开。会议对攻坚决胜海南“两全目标”再推进、再部署。省史志办主任毛志华出席开班式并讲话，指出史志工作部门作为市县（区）志编修主体和第一责任人，要接好历史的接力棒，勠力同心、奋发有为，攻坚克难、砥砺前行，确保海南“两全目标”顺利实现。他强调要提高站位，进一步增强做好工作的责任感、使命感，特别是紧迫感、危机感；要崇尚实干，狠抓“两全目标”责任书的落实；要以质为先，进一步强化质量控制，强化每一层级审核主体对志书质量的把控作用，决不因为赶时间降低标准，拿志书质量做妥协；要立足于己，破解对外合作中存在的突出问题；要严于律己，切实守住清正廉洁底线。海口、儋州、陵水、琼中、定安、保亭6个市县地方志工作机构负责人在会上作经验介绍和交流发言。省史志办副主任秦武军主持推进会。省史志办相关人员、各市（县、区）史志机构主要负责人和相关业务人员参加会议。（李鑫）

【重庆市地方志工作座谈会召开】 12月19日，重庆市地方志工作座谈会召开。会议传达2019年全国省级地方志机构主任工作会议暨第三次全国地方志工作经验交流会议精神，就谋划2019年全市地方志工作、推动地方志事业高质量发展提出要求。各区县地方志工作机构主要负责人围绕各单位2019年工作思路、打算作交流发言。会议讨论《重庆市地方志2018年工作总结和2019年工作要点（讨论稿）》，听取各区县对市志办和全市地方志工作的意见建议。各区县（自治县）、万盛经开区地方志工作机构主要负责人和市志办各处室近50人参加会议。（重庆市志办）

【四川省地方志工作会议召开】 1月22日，四川省地方志工作会议召开。中指组秘书长，中指办党组书记、主任冀祥德出席会议并讲话。会前，受省委常委、常务副省长王宁委托，省政府副秘书长钟承林会见冀祥德一行，并就四川省下一步地方志工作交换意见。四川省志办党组书记、主任马小彬作工作报告，党组成员、副主任赵行主持会议，党组成员、机关党委书记邓瑜出席会议。全省21个市（州）志办负责人、《四川省志》分卷承编部门志办负责人120余人参加会议。（四川省志办）

【《四川省志》2018年度计划送审出版分卷承编单位座谈会召开】 4月12日，《四川省志》2018年度计划送审出版分卷承编单位座谈会召开。《四川省志》各分卷责任总编、责任编辑出席会议，省政府办公厅等24家列入2018年复审、终审、出版计划的《四川省志》分卷承编单位编辑室负责人30余人参加会议。（陈静妮）

【《四川省志·人物志（1986—2005）》编纂工作启动会召开】 5月3日，《四川省志·人物志（1986—2005）》编纂工作启动会召开。四川省志办党组书记、主任陈建春代表编委会对编纂工作提出要求，省志办党组成员、副主任赵行介绍编纂筹备过程，并从收录原则、入志标准、编纂体例等方面作说明。省志办党组成员、机关党委书记邓瑜主持会议，省委党史研究室副主任李仁、省档案局副局长张辉华、省总工会副主席苗勇，以及省委组织部、省委老干部局、省军区、省教育厅等20个参编单位分管领导、处室负责人30余人参加会议。（黄绚）

【《汶川特大地震四川抗震救灾志》出版座谈会召开】 5月10日，《汶川特大地震四川抗震救灾志》出版座谈会召开。该志2009年4月由四川省政府启动编纂，由省志办具体组织，省军区、省发展改革委、省民政厅、省卫生计生委、省人社厅、省地震局等部门共同编纂完成，历时近10年，是四川省第一部针对特大自然灾害的专题性志书。会议期间举行向7个牵头承编单位及6个重灾市（州）、部分极重灾县赠送《汶川特大地震四川抗震救灾志》仪式。中指办副主任邱新立、省政府副秘书长钟承林出席座谈会并讲话。省政府参事室主任蔡竞，四川省地方志编委会原党组书记、常务副主任秦安禄，省志办原党组书记、主任，省政协第十二届委员会常务委员马小彬，省志办党组书记、主任陈建春，省志办党组成员、副主任赵行，省志办党组成员、机关党委书记邓瑜出席会议。（黄绚）

【《四川改革开放40周年大事记》出版座谈会召开】 11月16日，《四川改革开放40周年大事记》出版座谈会召开。经省委、省政府领导同意，该书于2018年初正式启动编纂工作，在100余家省直部门和部分中央驻川单位，21个市（州）地方志部门，新华社四川分社、四川日报社、四川画报社等媒体单位以及社会各界的通力协作下，由方志出版社正式出版。省委副秘书长、省委政研室主任、省委改革办常务副主任唐文金出席会议并讲话，省政协第十二届委员会常务委员马小彬，省委政研室原副巡视员陈一农，省社会科学院研究员、四川历史学会会长、巴蜀文化首席专家谭继和出席会议并发言。省志办党组书记、主任陈建春主持会议，省委政研室机关党委书记王孝平，省志办党组成员、副主任赵行，省志办党组成员、机关党委书记邓瑜出席会议。（黄绚）

【成都市地方志工作会议暨全市地方志系统业务培训会召开】 3月16日，四川省成都市地方志工作会议暨全市地方志系统业务培训会召开。会议总结2017年全市地方志工作，分析地方志工作面临的新形势与新要求，明确全市地方志事业迈进全国前列、迈进国际化、迈进全球化的“三迈进”长远目标及构建市县地方志工作机构“一体共进”、社会各方力量“多维联动”工作格局的总要求。成都市各区（市）、县地方志工作机构负责人，市级有关部门分管领导，驻蓉高校、科研机构有关人员180余人参加会议。（孙振中　李华扬）

【贵州省地方志工作会议召开】 2月6日，贵州省地方志工作会议召开。会议传达贯彻2018

年全国地方志机构主任工作会议精神，总结党的十八大以来全省地方志事业发展成绩和经验，部署2018年工作。会前，副省长王世杰对会议作出批示，他指出，近年来地方志工作围绕中心、服务大局，取得了新成绩。新的一年，要坚持以习近平新时代中国特色社会主义思想为指导，充分发挥地方志工作在经济社会发展中的基础性作用，紧紧围绕大扶贫、大数据、大生态“三大”战略行动强化服务，不断夯实基础业务，不断增强服务能力，续写地方志事业发展新篇章。会议强调，要准确把握做好新时代地方志工作的根本性、方向性要求，要抓重点、补短板、强弱项，要全面加强党的政治建设、思想建设、组织建设、作风建设、纪律建设。会议指出，2018年全省要围绕中心、服务大局，强化地方志工作在大扶贫、大数据、大生态战略行动、乡村振兴战略行动和经济高质量发展中的服务职能；打好方志年鉴“两全目标”攻坚仗；拓展地方志资源开发利用；进一步推进地方志改革创新和法治建设；做好宣传工作；加强党的建设，提高地方志干部队伍素质。省志办主任田洪作工作报告，省志办副主任黄远良主持会议，省志办副主任归然作会议总结。各市（州）及省直管县（市）志办主任、贵安新区管委会办公室负责人、省直机关第二轮修志单位负责人、省志办各处室主要负责人80余人参加会议。（贵州省志办）

【《贵州省抗日战争志》编纂工作推进会召开】 7月24日，《贵州省抗日战争志》编纂工作推进会召开。会议细化《贵州省抗日战争志》编纂工作具体实施方案和编纂经费安排，明确编纂人员的任务分工和职责，确定六个编纂工作撰写小组实行组长负责制。各位承编专家就编纂工作具体实施方案、篇目大纲、任务分工等进行讨论，提出意见和建议。省志办副主任归然主持会议。（贵州省志办）

【云南省“加快工作进度，攻坚‘两全目标’”专题会议召开】 7月5日，云南省“加快工作进度，攻坚‘两全目标’”专题会议召开。省志办主任杨建林出席会议，强调要扶强主干，尊重主体，完成主业，“以工作为重心，以事业论英雄，以成败论价值”。省志办副主任袁丽萍主持会议，省志办副主任陈天武作《加快推进“两全目标”》专题辅导。

（郑灵琳）

【云南省“补齐工作短板，推进方志信息化建设”专题会议召开】 7月6日，云南省“补齐工作短板，推进方志信息化建设”专题会议召开。省志办主任杨建林出席会议，强调信息化建设是地方志事业发展的需要，必须整合资源，齐心协力，全力推进。省志办副主任陈天武主持会议，省志办副主任袁丽萍作“补齐工作短板 推进方志信息化建设”专题辅导。

（郑灵琳）

【云南省地方志工作推进电视电话会议召开】 10月17日，云南省政府召开地方志工作推进电视电话会议。副省长李玛琳出席会议并讲话。李玛琳要求，要加强领导，明确责任，协调配合，严肃问责，建立工作进度定期通报制度，组织联合督查和专项督办。她强调，地方志工作机构要主动履行法定职责，加强督促、检查、指导，及时解决疑难问题，反馈工作推进情况。（郑灵琳）

【云南省地方志工作座谈会召开】 12月25日，云南省地方志工作座谈会召开。中指办党组书记高京斋出席会议并讲话，肯定云南地方志工作取得的成绩，指出云南省各级志办要团结带领方志工作者快乐工作，推进“两全目标”工作进度，要考虑适于推进地方志工作长远发展和人才培养的机制。省志办主任杨建林主持会议。全省16个州市及弥勒、广南、梁河等9个县区地方志工作机构负责人参加会议。（郑灵琳）

【云南援藏志书编纂工作对接会召开】 12月26日，云南援藏志书编纂工作对接会召开。西藏自治区志办副主任王会世介绍西藏修志情况和西藏地方志编纂相关原则要求，西藏自治区经济和信息化厅介绍《西藏自治区矿产机械化学工业志》编纂情况，云南省志办、西藏自治区经济和信息化厅就《西藏自治区矿产机械化学工业志》首轮审核把关、第二轮启动及年鉴创刊相关事宜进行商讨。（郑灵琳）

【藏渝地方志系统援藏工作对接座谈会召开】 10月24日，西藏自治区志办主任汪德军在拉萨主持召开藏渝地方志系统援藏工作对接座谈会，听取自治区人社厅、自治区文化厅和自治区质量技术监督局3家单位编纂工作进展情况汇报，并与重庆市志办商谈对接重庆市地方志系统援藏工作有关事宜。双方就开展地方志援藏工作在强化沟通、主动联系，瞄准目标、聚焦中心，加强指导、建强队伍，着眼长效、形成机制，资源共享、合作共赢等方面基本达成合作意向。（邹廷波）

【陕西省地方志年度工作会暨部分县（区）修志工作推进会召开】 2月6日，陕西省地方志年度工作会暨部分县（区）修志工作推进会召开。会议通报第二轮市县志编纂出版工作进度，总结2017年全省地方志系统贯彻落实《规划纲要》，合力推进地方志事业发展取得的成效，并对2018年重点工作进行安排部署。省志办领导及各处室负责人、部分县（区）志办主任、志稿未报送终审的县（市、区）地方志工作机构负责人70余人参加会议。

（韩云鸽）

【甘肃省地方史志编纂委员会主任会议召开】 1月17日，甘肃省地方史志编委会主任会议召开。省委常委、常务副省长、省地方史志编纂委员会主任黄强出席会议并讲话。他强调，要进一步提高思想认识，在编纂工作中深入贯彻落实习近平总书记视察甘肃重要讲话和“八个着力”重要指示精神，自觉在思想上、政治上、行动上同以习近平同志为核心的党中央保持高度一致；要加快工作进度，树牢精品意识，进一步提高志书编纂质量，精心打磨，精益求精，确保二轮修志任务在2020年前全面完成；要坚持修以致用，注意抓好读志用志工作，宣传好志书所记述和反映的甘肃省各领域所取得的历史成就、所总结的实践经验，为促进全省经济社会事业健康发展服务。8月16日，甘肃省地方史志编委会主任会议再次召开。副省长、省地方史志编纂委员会主任何伟出席并讲话。她指出，省史志办和全省史志部门要坚持把推进“两全目标”作为地方志工作的首要任务来对待，认真抓好落实。她强调，在加快志鉴编纂进度的同时，更要注重质量的提高。要坚持求真务实的工作作风，全面、客观、真实、准确地记载历史；要规范工作程序，严格审查制度。各承编单位要力求每一部志书和年鉴成为经得起历史检验的精品，充分发挥志鉴“存史、资政、育人”的重要作用。

（杨卓轩）

【甘肃全省地方史志工作会议召开】 1月17日，甘肃全省地方史志工作会议召开。省地方史志编委会副主任，省史志办党组书记、主任张军利出席会议并讲话。会议传达学习2018年全国地方志机构主任工作会议精神，通报2017年度各市（州）地方史志工作目标完成督查考核情况，宣读《全省2018年地方史志工作要点》，安排部署2018年全省地方史志工作主要任务。全省各市（州）、县（市、区）史志办负责人及省史志办全体人员120余人参加会议。（甘肃省史志办）

【甘肃省地方史志系统信息化工作会议召开】 6月22日，甘肃省地方史志系统信息化工作会议召开。省史志办党组书记、主任张军利出席会议并讲话。会议要求，全省各级地方志工作机构要以史志工作者的眼光看待和认识史志信息化的重要性、必要性和紧迫性；全省各级地方志工作机构要看到差距，奋力追赶，有所作为；全省地方史志信息化工作要分类指导，循序渐进，到2020年省、市、县三级地方志工作机构史志信息化建设要有一定的成果；全省各级地方志工作机构要明确史志网站的学术性和专业性，加强后台监管，保障网络安全。

（甘肃省史志办）

【青海省各市州地方志工作机构负责人会议召开】 3月26日和11月9日，青海省分别两次召开各市州地方志工作机构负责人会议。会议听取各市州地方志工作，特别是“两全目标”工作进展情况汇报，并就如何贯彻落实省政府领导相关批示精神和提出的工作要求，进一步细化工作措施，发挥好地方志工作机构的组织协调和督导职能，主动担当、攻坚克难，扎实做好推进按期保质实现“两全目标”工作，统筹推进地方志事业转型升级进行安排部署。省志办全体干部职工及全省8个市州地方志工作机构负责人参加会议。（马渊）

【新疆维吾尔自治区地方志工作机构主任工作会议召开】 2月28日，新疆维吾尔自治区地方志工作机构主任工作会议召开。会议传达中国社会科学院副院长、中指组常务副组长李培林和中指组秘书长，中指办党组书记、主任冀祥德在2018年全国地方志工作机构主任工作会议暨第二次全国地方志工作经验交流会上的讲话精神，安排部署全区地方志系统主要工作。（陈忠）

【2018年西北五省（区）暨新疆生产建设兵团地方志工作协作会议召开】 9月20日，新疆维吾尔自治区地方志编委会主办，阿克苏地区志办协办的2018年西北五省（区）暨新疆生产建设兵团地方志工作协作会议召开。陕西、甘肃、青海、宁夏、新疆及新疆生产建设兵团代表分别介绍各自省区地方志工作开展情况，特别是“抓队伍，抓质量”方面的工作情况，介绍在完成“两全目标”任务中的措施和方法。西北五省（区）及新疆生产建设兵团地方志工作机构代表50余人参加会议。（杨卓轩）

· 年鉴工作会议

【2018年《北京年鉴》工作会召开】 3月14日至15日，2018年《北京年鉴》工作会召开。会议总结2017年工作并部署2018年任务。全市各年鉴编纂单位及《北京年鉴》组撰稿单位分管领导、组撰稿人员和编纂人员140余人参加会议。

（王韧洁）

【吉林省综合年鉴编纂全覆盖工作推进会召开】 5月11日，吉林省综合年鉴编纂全覆盖工作推进会召开。省地方志编委会党组书记、副主任李云鹤，副主任孟亚男出席会议并讲话。会议通报全省2017年卷地方综合年鉴编纂出版进度情况，强调必须采取一系列强有力的措施，推进年鉴编纂全覆盖工作。与会人员针对吉林省综合年鉴编纂出版现状进行交流讨论，各市（州）志办负责人分别针对当地综合年鉴编纂现状，提出下一步推进年鉴编纂出版全覆盖工作的措施。各市（州）地方志工作机构负责人、省地方志编委会年鉴指导处全体人员参加会议。

（闫佳函）

5月11日，吉林省综合年鉴编纂全覆盖工作推进会在长春市召开。图为会议现场

【上海市年鉴工作会议暨市年鉴学会理事会议召开】 7月4日至5日，上海市年鉴工作会议暨市年鉴学会理事会议召开。市志办副主任、市年鉴学会会长生键红出席会议并作年鉴工作报告。市年鉴学会副会长张文良、徐忠、李宏波、周玉红出席会议。会议指出，要切实落实《全国地方志事业发展规划纲要（2015—2020年）》《上海市地方志事业发展规划纲要（2016—2020年）》，加强依法编鉴，深化质量

意识，积极开发利用，完善管理体系，努力实现上海年鉴事业发展新跨越。上海各区志办负责人、市年鉴学会理事和理事单位代表60余人参加会议。 （上海市志办）

【江苏省“年鉴全覆盖”及编纂进度推进会召开】 8月10日，江苏省“年鉴全覆盖”及编纂进度推进会召开。会议分析和细化、交流全省地方综合年鉴编纂进度情况和年鉴全覆盖情况。各设区市志办分管年鉴工作的副主任就各市及所辖县（市、区）地方综合年鉴编纂进度情况作汇报，部分未正式出版或未公开出版年鉴的县（市、区）志办主任就年鉴编纂启动情况和进度情况作汇报，并交流面对经费、人员、编纂问题时所采取的相应解决措施。会议提出要细化落实年鉴编纂出版的目标任务，即确保列入省政府“十大主要任务百项重点工作”的100部年鉴考核任务在年底完成、确保地方综合年鉴年内全部公开出版、确保地方综合年鉴一年一鉴逐年出版；要求进一步强化年鉴编纂出版的工作推动，包括整合力量、改进编纂流程、加强督促检查等。各设区市志办分管年鉴工作的副主任以及部分县（市、区）志办主任30余人参加会议。 （吉祥）

【江西省县级综合年鉴全覆盖推进会暨综合年鉴专题培训班举办】 7月23日，江西省县级综合年鉴全覆盖推进会暨综合年鉴专题培训班举办。副省长孙菊生为大会作书面讲话，中指组秘书长，中指办党组书记、主任冀祥德，省志办党组书记、主任梅宏出席会议并讲话，吉安市委常委、副市长范圣权，吉水县县长陈克龙出席会议并致辞，省志办党组成员、副主任周慧、杨志华等出席会议。冀祥德、周慧、中指办年鉴处处长刘永强、石城县志办主任刘善泳等专家授课，吉安市、赣州市、新建区、瑞昌市等4家单位负责人做典型发言。全省11个设区市、100个县（市、区）地方志工作机构主任、分管主任、相关人员130余人参加会议和培训。 （朱岳）

【山东省年鉴业务工作座谈会召开】 4月23日，山东省年鉴业务工作座谈会召开。省政府办公厅党组成员、省史志办主任刘爱军出席会议并讲话。各市史志办汇报交流市县两级综合年鉴2018年卷编纂情况和《山东年鉴（2018）》供稿情况，省史志办年鉴工作处安排部署《山东地方史志年鉴（2018）》组稿工作，组织审读山东省参加全国地方志优秀成果（年鉴类）评审活动的年鉴。各市史志办负责人、年鉴科（处）长参加会议。 （孙杰 王赟）

【青岛市年鉴业务工作座谈会召开】 5月9日，山东省青岛市年鉴业务工作座谈会召开。会议传达省政府党组成员、省史志办主任刘爱军在全省年鉴业务工作座谈会上讲话精神、省政府办公厅关于2017年度山东省优秀史志成果的通报，以及中国年鉴精品工程2018年卷申报年鉴篇目研讨会精神，布置《山东地方史志年鉴（2018）》组稿工作。市史志办巡视员王现军、各区市史志办分管主任和撰稿人参加会议。 （李乒）

【《广西年鉴》《广西图鉴》2018年卷组稿会召开】 3月26日，《广西年鉴》《广西图鉴》2018年卷组稿会在南宁市召开。广西壮族自治区志办党组书记、主任，《广西年鉴》主编梁金荣出席会议并讲话，自治区志办党组成员、副主任，《广西年鉴》副主编唐中克主持会议。会议总结《广西年鉴》《广西图鉴》编纂经验，并对2018年卷编纂工作进行部署。会议要求《广西年鉴》《广西图鉴》各供稿单位编辑（写）组和广西年鉴社要按照定人、定时、定责要求，加强基础资料收集，加强信息综合提炼，加强各个环节质量把控，加强各方统筹协调，确保如期完成《广西年鉴》《广西图鉴》2018年卷编纂任务。会议还邀请年鉴专家到会授课，对参加会议人员进行撰稿业务培训。中直驻桂单位、区直单位，各市及部分县（区）《广西年鉴》《广西图鉴》编辑（写）组负责人或撰稿人等160余人参加会议。

（孙仿 秧新明）

【广西全区综合年鉴全覆盖工作推进会召开】 8月22日，广西壮族自治区全区综合年鉴全覆盖工作推进会在南宁市召开。会议要求，各市、县（市、区）志办主任要主动担当作为，增强责任感和紧迫感，履行工作职责；向党委、政府汇报地方志工作成效，宣传地方志工作重要性，争取领导重视和支持；加快年鉴编纂进度，科学安排编纂流程，严格把控组稿、编审、出版等关键性制约环节，综合年鉴要做到规范的当年编纂、当年公开出版；抓好地方志“两全目标”的领导和组织工作，加快实现综合年鉴全覆盖，坚决打赢“两全目标”攻坚战，以优异成绩向改革开放40周年和自治区成立60周年献“志”礼。北海、桂林、南宁3个市和鹿寨县、平南县、梧州市龙圩区、三江侗族自治县4个县（区）志办主任作交流发言，邀请年鉴专家作年鉴业务知识培训。自治区志办党组成员、副主任唐中克，各市志办主任或副主任，2017年卷综合年鉴未公开出版的县（市、区）志办主任，部分综合年鉴编纂工作先进的县（区）志办主任等70余人参加会议。

（孙仿　秧新明）

【《海南年鉴（2018）》组稿暨资料年报培训会召开】 3月30日，《海南年鉴（2018）》组稿暨资料年报培训会在海口市召开。省史志办副主任秦武军出席会议并讲话。会议回顾总结2017年海南省年鉴和年报工作，对2018年工作进行动员部署，对年鉴编纂和年报报送进行专题业务培训，表彰2017年度《海南年鉴》撰稿工作成绩突出的97名优秀撰稿人和资料年报工作开展较好的单位。省直和中央驻琼各组稿单位办公室负责人和年鉴撰稿人、资料年报承办人，有关市、县、自治县政府办公室负责人和年鉴撰稿人，各市、县、自治县地方志工作机构负责人和年鉴撰稿人、资料年报承办人，以及省室（办）相关业务处人员约240人参加会议。

（李鑫）

专业培训与考察交流

·业务培训

【2018年北京市第一次年鉴业务培训班举办】 4月17日至18日，2018年北京市第一次年鉴业务培训班举办。全市各年鉴编纂单位年鉴编纂人员140余人参加培训。（王韧洁）

【2018年北京市地方志系统宣传报道员培训班举办】 5月31日至6月1日，2018年度北京市地方志系统宣传报道员培训班举办。培训班邀请北京日报出版社原常务副总编辑、北京评论家协会副秘书长解玺璋，《北京日报》副刊部编辑刘扬，《北京晨报》副刊部主任蔡辉，解放军画报社原主任记者、大校袁学军分别就《张恨水笔下的北京》《如何给北京日报古都版投稿》《文化中的政治：戏曲与清朝都市社会》《袁学军和〈中国记忆〉》进行专题培训。北京市各修志单位70余人参加培训。（王韧洁）

【2018年北京市各区地方史编修培训班举办】 9月25日至26日，2018年北京市各区地方史编修培训班举办。培训班邀请中国人民大学历史学院执行副院长、副教授姜萌，北京市古代建筑研究所历史研究室主任李卫伟分别就《现代语境下的家乡及其历史书写》《从北京古代建筑视角看地方志编修》进行授课。各区志办负责人及项目单位80余人参加培训。

（王韧洁）

【2018年第二次北京市年鉴业务培训班举办】 9月26日至28日，2018年第二次北京市年鉴业务培训班举办。培训班邀请中指办年鉴处副调研员、《中国年鉴研究》编辑部主任冷晓玲，贵阳市志办年鉴编辑处处长金玫，金城出版社总编辑潘涛，社会科学文献出版社数字出版分社副总编辑刘姝等分别就《年鉴编纂中的一些注意事项和问题解决办法》《新时代县级综合年鉴的审查验收经验做法》《年鉴编校中容易忽视的细节问题》《大数据时代资料性文献的深度开发与利用》等进行讲解。全市各年鉴编纂单位年鉴编纂人员150余人参加培训。

（王韧洁）

【2018年北京市地方志资料工作培训会召开】 11月6日至7日，北京市地方志资料工作培训会召开。会议围绕2017年全市地方志资料工作作工作总结，并部署下年工作。全市各区、市属各有关单位、集团公司代表和市志办工作人员约140人参加会议。（王韧洁）

【北京市地名志交通设施篇培训会召开】 11月15日至16日，北京市地名志交通设施篇培训会召开。市志办党组书记、主任陈玲出席会议并讲话。北京城市铁建轨道交通投资发展有限公司副总经理、教授级高级工程师戴克平，市交通委路政局副局长、教授级高级工程师王众毅受邀介绍全市轨道交通、公路和城市道路的基本情况。北京出版集团史志部有关人员讲解政区、聚落篇专家的审读意见。市志办研究室有关人员讲解交通设施篇的釆词和释文撰写要求。东城区、石景山区、门头沟区、通州区、顺义区、大兴区、平谷区、延庆区志办负责人介绍地名志典编纂工作进展情况。各区志办、规划国土分局有关人员参加培训。

（王韧洁）

【北京2018年度全市地方志编纂业务主编培训班举办】 11月26日至27日，2018年度全市地方志编纂业务主编培训班举办。培训班邀请北京市志办副主任张恒彬、北京出版集团史志编辑部副主任董拯民、山西省志办年鉴处处长高生记分别就《关于图片入志的几个问题》《志书出版环节需注意的问题》《浅谈方志与年鉴的关系及年鉴的规范化问题》进行专题培训。北京市修志单位主编、主笔和部分负责人70余人参加培训。（王韧洁）

【2018年北京市精品年鉴工程培训会召开】 11月27日至28日，2018年北京市精品年鉴工程培训会召开。会议对在第五届全国地方志优秀成果（年鉴类）评审活动中获奖的《北京海淀年鉴（2017）》《中关村年鉴（2017）》《北京经济技术开发区年鉴（2017）》《北京工业年鉴（2017）》《北京工业大学年鉴（2016）》5部年鉴进行通报表扬。北京市各年鉴编纂单位主管领导及年鉴工作者、市志办有关部门人员等70余人参加培训。（王韧洁）

【天津市地方志工作机构主任工作会议暨学习贯彻《天津市地方志工作办法》培训班举办】 3月27日至28日，天津市地方志工作机构主任工作会议暨学习贯彻《天津市地方志工作办法》培训班举办。会议传达2018年全国地方志机构主任工作会议精神。会议要求，各区要按照年度工作统一部署，抓好各项工作落实。市志办及各区地方志工作机构主任参加培训。（刘蒙）

【天津市地方史培训研讨会召开】 6月12日，天津市地方史培训研讨会召开。会议围绕在地方志体系内开展地方史研究，天津市各区编著简史的重要性、必要性和可行性，编著简史的体例、章节、篇目、内容等方面进行培训。《天津军事史话》各编负责人汇报各编篇目、准备情况、任务分工等情况并对篇目进行讨论。天津市简史编写5个试点单位（和平区、红桥区、北辰区、静海区、蓟州区）志办负责人和简史执笔人、《天津军事史话》编者共25人参加会议。（刘蒙）

【天津市综合年鉴编纂和方志期刊通讯员业务培训会召开】 7月19日至20日，天津市综合年鉴编纂和方志期刊通讯员业务培训会召开。市志办规划研究处、年鉴指导处与市方志馆负责人分别就2018年至2020年地方志事业发展三年规划、年鉴规范问题、编辑出版法律法规及期刊编辑工作等问题进行专题培训。全市各区志办主任、年鉴编辑和期刊通讯员，天津年鉴社编辑50人参加会议。（刘蒙）

【河北省举办县级地方综合年鉴编纂工作座谈会】 4月26日，河北省（廊坊、保定、沧州）三市县级地方综合年鉴编纂工作座谈会召开。省志办副主任王蕾就如何编写出高质量地方综合年鉴进行讲解，与会人员参观香河县方志馆，廊坊、保定、沧州三市的县级地方综合年鉴编纂工作负责人、年鉴主编近50人参加会议。7月4日，河北省（张家口、承德、秦皇岛、唐山）四市县级地方综合年鉴编纂工作座谈会召开，王蕾就如何编写出高质量地方综合年鉴进行讲解，张家口、承德、秦皇岛、唐山4市的县级地方综合年鉴编纂工作负责人、年鉴主编近50人参加会议。（邢素丽）

【山西省志办继续举办“晋志讲堂”】 年内，山西省志办举办“晋志讲堂”7讲，邀请山西大学国学院副教授张建伟、山西省委党校哲学部教授张志蓬、北京市志办副主任张恒彬等专家进行专题讲座，内容涉及国学、党的十九大精神学习辅导、志鉴编辑等。全省各市、县志鉴编纂人员及省志办全体人员200余人参加讲座。（王婷）

【山西省年鉴编纂业务培训会召开】 6月，山西省年鉴编纂业务培训会召开。省志办党组书记、主任张志仁出席培训会并讲话，党组成员、副主任赵群虎主持培训会。培训会上集中学习《地方综合年鉴编纂出版规定》，集体讨论《山西省地方综合年鉴编纂规范（征求意见稿）》，参观全国新近出版的年鉴展示。全省11个市地方志工作机构年鉴负责人及业务骨干、省志办年鉴期刊处全体人员参加培训。（武岭）

【内蒙古自治区志办举办志鉴业务培训】 4月，《内蒙古年鉴（2018）》撰稿人培训会议召开。自治区各委（办、厅、局）、企事业单位，盟市、旗县（市、区）年鉴撰稿人员及自治区志办相关人员280余人参加培训。11月13日至16日，2018年全区盟市、旗县（市、区）地方志业务培训班举办。全区各盟市、旗县（市、区）地方志工作机构及自治区志办200余人参加培训。自治区志办还分别对《林业志》《档案志》《审判志》《包钢志》《卫生和计划生育志》《粮食志》《体育志》《四子王旗志》及《扎赉诺尔区志》9部志书的编纂、供稿人员进行业务培训。（内蒙古自治区志办）

【辽宁省地方志系统举办志鉴业务培训】 年内，辽宁省沈阳市志办分别在和平区、皇姑区举办年鉴编纂培训班，讲解年鉴基础知识、篇目设置、书写规范等内容，培养基层修志人才。大连市志办召开《大连年鉴（2018）》编纂工作暨年鉴通讯员培训会；抚顺市志办召开《抚顺年鉴（2018）》撰稿人员培训会；营口市档案史志管理中心指导推进全市行业、部门志，以及乡镇、街道、村志的编修工作，通过集中培训和分散培训相结合的方式培训修志人员100余人。（杜祥武）

【吉林省市（州）、县（市、区）志书总纂培训班第七次集中培训举办】 5月23日至24日，吉林省市（州）、县（市、区）志书总纂培训班第七次集中培训举办。该次培训与吉林省地方志编委会第二季度专家学术讲座一并进行。省地方志编委会党组书记、副主任李云鹤出席会议并作总结讲话，省地方志编委会党组成员、副主任李正奎主持会议，辽源市副市长汤艳致辞。安徽省志办省志编纂处原处长、中国地方志学会学术委员王晖作《志书资料工作》专题授课。授课结束后，学员们分成4组，围绕第六次培训主题“志书结构统驭”和这次专家授课内容“志书资料工作”进行交流讨论。省地方志编委会副主任孟亚男，副巡视员谢奎江，各市（州），梅河口市、公主岭市，各县（市、区）地方志工作机构85名志书总纂学员，省地方志编委会、省方志馆各处室人员参加会议。（任帅）

【吉林省2018年度年鉴编纂业务培训班举办】 7月18日至19日，吉林省2018年度年鉴编纂业务培训班举办。吉林省地方志编委会副主任孟亚男出席培训班并宣读《关于公布第二批入选中国年鉴精品工程“中国精品年鉴”的通知》，桦甸市副市长王莉出席培训班。培训开班式上现场向市（州）代表赠送入选中国年鉴精品工程的《辽源年鉴（2017）》。培训班邀请北京市志办副主任张恒彬、吉林省地方志编委会资料处处长于泳生、辽源市志办副主任赵杰、白山市地方志编委会主任董新春分别就提高年鉴质量、打造精品需要注意解决的问题、编纂出版物申请办理书号有关事项、《辽源年鉴》打造精品年鉴的过程与感悟、年鉴质量评估中发现的问题等作讲解；吉林省地方志编委会年鉴指导处副处长赵旭、吉林市志办总编室主任付莉、白城市方志办副主任滕坤、梅河口市史志办负责人侯远东分别对《四平年鉴》《舒兰年鉴》《敦化年鉴》《江源年鉴》等4部年鉴进行点评。来自全省年鉴编纂单位的领导和编纂人员130余人参加培训。（闫佳函）

【吉林省地方志编委会专家学术报告会举办】 8月23日，吉林省地方志编委会专家学术报告会在长春市举办。会议邀请教育部语言文字应用研究所研究员厉兵以“方志编辑工作中的语言文字规范”为题做专题学术报告。省地方志编委会、省方志馆及各市（州）、县（市、区）地方志工作机构等180余人参加会议。（李雯）

8 月 23 日，吉林省地方志编委会专家学术报告会在长春市举办。图为报告会现场

【吉林省市（州）、县（市、区）志书总纂培训班第八次集中培训举办】 10 月 24 日至 25 日，吉林省市（州）、县（市、区）志书总纂培训班第八次集中培训举办。省地方志编委会党组成员、副主任李正奎主持会议。河北省志办原副主任、编审、河北省方志专家库成员、中国地方志学会学术委员王广才作《志书编纂的继承与创新》专题授课。授课结束后，学员们分成 4 组，围绕第七次培训主题“志书资料工作”和这次专家授课内容“志书编纂的继承与创新”进行交流讨论。省地方志编委会市县指导处处长马艾民逐一点评并作总结讲话。省地方志编委会副巡视员赵飞，各市（州），长白山保护开发区，梅河口市、公主岭市，各县（市、区）地方志工作机构 85 名志书总纂学员，省地方志编委会、省方志馆各处室人员参加会议。（任帅）

【《吉林年鉴（2019）》撰稿人培训班举办】 12 月 27 日，《吉林年鉴（2019）》撰稿人培训班举办。省地方志编委会副主任孟亚男宣读《吉林年鉴编委会关于通报表扬〈吉林年鉴（2018）〉优秀撰稿人的通知》。省交通厅、省教育厅、省民政厅、榆树市 4 位优秀组稿人和撰稿人代表作供稿经验交流。年鉴指导处处长刘传仁总结《吉林年鉴（2018）》供稿情况，并作《〈吉林年鉴（2019）〉供稿规范》辅导讲座。全省各市（州）、县（市）及省直各部门入鉴单位撰稿人 160 余人参加培训。（闫佳函）

【长春市志办召开续志资料长编业务知识培训会】 年内，长春市志办召开 3 次续志资料长编业务知识培训会，建立微信群和 QQ 群，形成资料长编作者、年鉴作者和方志理论研究三支业务队伍，共 200 余人，为地方志业务开展奠定基础。（崔玉恺）

【上海市志办举办志鉴业务知识培训】 年内，上海市志办利用多种形式的培训活动，有针对性地强化地方志干部的素质和能力。组织 7 期上海市志培训班，定向培训专业编纂人员和主编近 400 人次。组织年鉴培训活动 2 次，参与人员近百人次。组织市地方志系统青年开展 2018 年方志系统青年专题培训和上海地情调研活动，参与人员约 120 人次。（王师师　陈畅）

【《江苏援藏援疆建设志》西藏新疆编纂人员专题培训班举办】 4 月 24 日至 26 日，《江苏援藏援疆建设志》西藏新疆编纂人员专题培训班举办。《江苏援藏援疆建设志》编辑室主任、省志办副主任方亚光为学员作《〈援建志〉编纂要求与注意事项》辅导报告。培训班采用专家授课、实地观摩、对口交流等方式，闫文献、宫冠丽、施国俊等专家分别为学员授课。培训期间，学员们先后参观江苏省方志馆、南京市方志馆，实地感受江苏省、南京市的修志成果及经验，部分学员与南京市志办、常州市志办、镇江市志办进行对接交流。西藏自治区拉萨市，新疆维吾尔自治区伊犁州、克孜勒苏柯尔克孜自治州地方志系统及江苏援藏援疆前方指挥部 20 余名干部职工参加培训。（吉祥）

【2018 年江苏省全省地方综合年鉴培训班举办】 5 月 16 日至 17 日，2018 年江苏省全省地方综合年鉴培训班举办。培训班围绕学习《地方综合年鉴编纂出版规定》、总结中国年鉴精品工程创建与评审经验、分析点评 2017 年

度全省综合年鉴优秀类目和条目等开展培训。培训班上，印发省志办《关于开展省级精品年鉴试点工作的通知》以及《中国年鉴精品工程〈南京年鉴（2017）〉〈海安年鉴（2017）〉历次评审意见汇编》《2017年全省综合年鉴优秀类目和条目选编》等，海安县向每位参加培训人员赠送中国精品年鉴《海安年鉴（2017）》。南京市志办、海安县史志工委分别以“以精为魂铸精品”“精准把握编纂规范　凝心聚力打造精品”为题作争创中国精品年鉴的经验体会交流。培训班还邀请专家对获奖的2017年全省综合年鉴优秀类目和条目进行分析点评，并指出年鉴类目和条目设计中存在的常见问题。省志办年鉴处处长吉祥以“从全覆盖向高质量迈进——2017年全省年鉴编纂情况综述”为题，对年鉴工作的新形势、新要求，2017年全省年鉴编纂现状，全省年鉴功能创新拓展作分析，并对2018年及以后的年鉴工作方向提出要求。省志办副主任牟国义结合《地方综合年鉴编纂出版规定》解读以及全国精品年鉴评审，作《精品年鉴评审与质量标准建设》专题报告。全省13个设区市志办分管年鉴的副主任和年鉴处处长、各县（市、区）志办负责年鉴工作的主任或年鉴主编140余人参加培训。（吉祥）

【江苏全省地方志系统学习贯彻《江苏省地方志工作条例》培训会召开】　10月25日至26日，江苏全省地方志系统学习贯彻《江苏省地方志工作条例》培训会召开。省志办主持工作负责人漆冠山出席会议并讲话。会议传达省人大常委会第7号公告，省委书记、省人大常委会主任娄勤俭关于贯彻落实《江苏省地方志工作条例》的指示精神，省委常委、常务副省长、省委秘书长樊金龙关于贯彻实施《江苏省地方志工作条例》的批示精神，要求全省地方志系统抓好学习贯彻。省志办副主任蔡金良对《江苏省地方志工作条例》进行解读。南京市、盐城市、扬州市、张家港市、海安市、东海县6家志办负责人作交流发言。会议进行分组讨论，漆冠山作会议小结，要求迅速汇报、传达会议精神，抓紧研究制定贯彻落实的具体措施，推进依法治志，让《江苏省地方志工作条例》的法律效应得到真正体现。各设区市志办主任、分管副主任，各县（市、区）志办主要负责人，省志办各处室（社、馆）负责人出席会议。（武文明）

10月25日至26日，江苏全省地方志系统学习贯彻《江苏省地方志工作条例》培训会召开。图为会议现场

【《浙江通志》主编培训班举办】　5月28日，《浙江通志》主编培训班举办。《浙江通志·国土资源志》主编王松林、浙江人民出版社文史编辑中心主任王福群分别围绕主编（执行主编）如何做好志书统稿工作、提高志书质量和规范的主题进行授课。《浙江通志》总编俞文华，省志办主任、《浙江通志》常务副总编潘捷军，《浙江通志》副总编郑志耿、王卫东、李志廷（总纂）出席培训班，《浙江通志》副总纂、各卷主编（执行主编）及《浙江通志》责任编辑100余人参加培训班。

（浙江省志办）

【《浙江通志》编纂工作和编纂业务培训班举办】　9月17日，《浙江通志》编纂工作和编纂业务培训班举办。浙江省志办主任、《浙江通志》常务副总编潘捷军主持培训并对下一步编纂工作进行部署。《浙江通志》总编俞文华围绕《浙江通志》编纂工作和编纂业务的主题进行授课，从领导重视、领导人入志、政治把关、质量把关、交叉重复、资料工作、编纂任务外包、编纂进度和编纂质量、编纂工作的规矩和纪律、志稿终审等作讲解。《浙江通志》副总编、副总纂、责任编辑及各卷编写人员参加培训。（浙江省志办）

【杭州市地方志工作业务培训班举办】 11月4日至8日，杭州市地方志工作业务培训班举办。市志办主任蒋文欢、副主任阮关水，宁波大学人文与传媒学院副院长宋闻兵出席开班仪式。培训班邀请宁波大学人文与传媒学院院长、教授张伟，中国地方志学会学术委员、宁波大学人文与传媒学院副教授沈松平，浙江省志办省志工作处处长、《浙江通志》总编办主任、研究员颜越虎，浙江省社会科学院研究员卢敦基，上海市志办年鉴处处长，苏州市志办业务指导处处长等专家、学者围绕如何修好一部志书、地方志书的总纂、地方综合年鉴的条目编写、方志文化建设、浙江文化的发展脉络等主题授课。培训结合实际，到中国共产党慈溪历史馆和天一阁博物馆进行现场教学。全市13个区（县、市）志办、杭州经济技术开发区人员与杭州市志办对口支援的西藏自治区那曲市色尼区志办等地编纂人员60余人参加培训。（马琦敏）

【安徽省地方志系统方志馆和信息化工作培训班举办】 10月17日至18日，安徽省地方志系统方志馆和信息化工作培训班举办。安徽省志办党组书记、主任郭德成出席培训班并作总结讲话，省志办副主任吴静主持培训班。培训班邀请浙江省志办主任潘捷军、广东省方志馆原馆长林子雄、安徽省图书馆数字资源部副主任程强围绕方志馆的建设与利用、方志馆展示功能与建设、网站建设和文献数字化等内容作专题辅导。培训班对2018年安徽地方志网站发稿量、2018年度全省资料报送情况和全省市县志书电子版报送情况进行通报。全省各市、县（市、区）志办负责人及相关业务人员近120人参加培训。（史五一）

【安徽省年鉴编纂业务培训班举办】 11月29日至30日，安徽省年鉴编纂业务培训班举办。安徽省委党史研究院（省地方志研究院）副院长郭德成出席开班仪式并讲话。培训班邀请中指办年鉴处处长刘永强、山西省地方志研究院年鉴处处长高生记分别就《地方综合年鉴编纂出版规定》解读、打造精品年鉴的感受进行授课。马鞍山市、亳州市、安庆市、宁国市志办就提高年鉴质量、打造年鉴精品作经验交流。各市、县（市、区）志办负责人、年鉴主编和编辑人员130余人参加培训。（史五一）

【安徽省乡镇志、村志编纂业务培训班举办】 12月10日至12日，安徽省乡镇志、村志编纂业务培训班举办。安徽省委党史研究院（省地方志研究院）副院长吴静主持培训班并作动员讲话。培训班邀请上海市志办编审梅森、浙江省志办处长颜越虎、江苏省志办处长吉祥围绕乡镇村志编纂业务进行授课。六安市志办副调研员应申作经验交流发言。安徽省乡镇村志主编及地方志工作机构业务人员150余人参加培训。（史五一）

【《福建年鉴（2018）》撰稿人培训班举办】 3月29日至30日，《福建年鉴（2018）》撰稿人培训班举办。福建省地方志编委会主任陈秋平，宁德师范学院校长魏远竹，宁德市副市长王金柱出席开班仪式并分别讲话和致辞。培训班邀请南京年鉴社原社长刘小凡、上海市志办年鉴工作处处长王继杰、《福建建设年鉴》执行主编施德善、宁德师范学院教授游国斌分别就年鉴条目的设置和资料收集、年鉴编纂出版的规范、年鉴的组稿和编写、习近平治国理政思想及伟大实践等方面问题进行授课。省直各单位、各市（县、区）政府办的《福建年鉴》撰稿作者160余人参加培训。

（欧长生 吴朝庭）

【2018年福建省地方综合年鉴主编培训班举办】 6月5日至8日，2018年福建省地方综合年鉴主编培训班举办。省地方志编委会主任

陈秋平、泉州市副市长肖汉辉出席开班仪式并讲话，晋江市副市长王海飞致辞。会议期间，陈秋平等与晋江市委书记刘文儒、市长张文贤就地方志事业开拓创新进行深入交流。省各市、县（区）地方志编委会（办）负责人、年鉴主编（总纂）和业务骨干、2018年福建省年鉴精品工程候选项目年鉴骨干等130余人参加培训。（欧长生　吴朝庭）

【2018年福建省地方综合年鉴编辑培训班举办】 8月22日至23日，2018年福建省地方综合年鉴编辑培训班举办。省地方志编委会主任陈秋平在开班式上讲话，长汀县副县长吴昊、龙岩市地方志编委会主任蓝国华先后致辞。培训班邀请江西省志办副主任周慧、厦门市志办原主任葛向勇、南京年鉴社原社长刘小凡、新疆维吾尔自治区地方志编委会年鉴处处长吴佩昫分别授课。省地方志编委会、年鉴工作处相关人员，全省各设区市地方志编委会（办）、平潭综合实验区党史方志研究中心负责人和年鉴编辑，各县（市、区）综合年鉴编辑等110余人参加培训。（欧长生　吴朝庭）

【山东省精品志书编修培训班举办】 3月5日至7日，山东省精品志书编修培训班举办。中指办副主任邱新立出席开班式并授课，山东省史志办二级巡视员王兴合作动员讲话。开班式由省史志办副主任李刚主持。省史志办副主任翟世林，来自新疆、西藏、青海、云南、甘肃、内蒙古、湖南七省（区）的30余名史志工作者，省内各市、县（市、区）史志办分管业务的主任、主编，部分省志承编单位、省直年鉴编纂单位修志人员等150余人参加培训。（孙杰　王赟）

【山东省名镇名村志编修培训班举办】 10月22日至24日，山东省名镇名村志编修培训班举办。中指组秘书长，中指办党组书记、主任冀祥德出席开班式并授课，省政府办公厅党组成员、省史志办主任刘爱军出席开班仪式并讲话。云南省部分史志同仁，山东省各市、县（市、区）史志办从事指导乡镇村志和名镇名村志编修工作业务骨干，正在编纂乡镇村志和名镇名村志的主编等130余人参加培训。（孙杰　王赟）

【山东省史志系统领导干部培训班举办】 5月21日至25日，山东省史志系统领导干部培训班在龙岩市古田干部学院举办。省政府办公厅党组成员、省史志办主任刘爱军，龙岩市委党校常务副校长、古田干部学院副院长曾汉辉出席开班式并讲话，山东省史志办副主任翟世林、李刚，各市史志办主任，山东省政府办公厅有关人员，山东省史志办各处馆负责人、业务骨干，胶州市、诸城市、费县史志办主任等45人参加培训。（孙杰　王赟）

【山东省年鉴业务培训会议召开】 10月18日至19日，山东省年鉴业务培训会议召开。山东省史志办原副主任翟世林出席会议并讲话，省史志办原副主任李刚主持会议。中指办年鉴处处长刘永强、吉林省地方志编委会副主任孟亚男到会授课。会议还总结《山东年鉴（2018）》《山东地方史志年鉴（2018）》市县供稿工作，部署2019年卷供稿任务。全省17市史志办分管主任、年鉴科（处）长、部分县（市、区）史志办年鉴主编（副主编）等参加会议。（孙杰　王赟）

【河南省乡镇志编纂业务培训班举办】 6月28日至30日，河南省乡镇志编纂业务培训班举办。河南省史志办领导、专家以及外聘专家分别进行专题讲座，主要包括修志基础知识、资料征集、政治标准把握、人物志编纂以及出版印制等内容。培训班开班之前，专门组织西峡县《回车镇志》四级评审，120余人参加，20余人点评发言。省史志办领导和相关处室人员、各市县区负责乡镇志编纂指导的史志办领导和业务骨干，以及部分试点单位执笔人员260余人参加培训。（汪朝霞）

6 月 28 日至 30 日，河南省乡镇志编纂业务培训班举办。图为培训班现场

【河南省名镇名村志编纂研讨培训班举办】 12 月 20 日，河南省名镇名村志编纂研讨培训班举办。省史志办党组成员、副主任冯普友、周慧杰出席开班仪式。培训班重点对《河南省名镇名村志编纂方案（征求意见稿）》进行研讨。各省辖市、直管县（市）负责乡镇志编纂协调指导的领导或业务骨干 90 余人参加培训。

（汪朝霞）

【湖北省志办援博志鉴编纂业务培训班举办】 11 月 11 日至 13 日，湖北省志办援博志鉴编纂业务培训班举办。培训班邀请湖北省地方志学会副会长程林章、湖北省年鉴研究会副会长兼秘书长王钢、武汉志办方志编审处处长吴明堂、十堰市志办年鉴编辑部主任吴晓红分别就志书编纂的基本章法、地方志书的生命和价值在于质量、年鉴的基础知识、地方综合年鉴的规范与创新、年鉴条目的编写方法等课程进行授课。湖北省志办对口支援的新疆博尔塔拉州地方志系统、新疆生产建设兵团第五师双河市史志办、部分博尔塔拉州直单位及乡镇场、兵团第五师师市单位及各团场从事第二轮修志和年鉴编纂的工作人员 80 余人参加培训。

（湖北省文旅厅地方志工作处）

【2018 年湖南省年鉴业务培训班举办】 7 月 11 日至 14 日，2018 年湖南省年鉴业务培训班举办。培训班邀请广东年鉴社社长莫秀吉、湖南省地方志编委会年鉴处处长张征远、长沙市志办年鉴处副处长尚畅、江苏省志办年鉴处处长吉祥分别就《年鉴编纂质量和条目编写要求》《关于“一年一鉴、公开出版”全覆盖政策解读和全省当前工作的形势》《县市年鉴篇目框架设计》《城区年鉴篇目框架设计》进行讲解。各市州、县（市、区）地方志工作机构年鉴编纂业务骨干和《湖南年鉴》各撰稿单位主笔人员 220 余人参加培训。

（湖南省地方志编委会）

【广东省志办实施新一轮地方志人才培训工程】 年内，广东省志办与武汉大学全国干部教育培训中心（继续教育学院）合作先后举办两期广东省地方志系统能力提升培训班。培训对象为全省地方志系统工作人员特别是各地级以上市志办主任、新进人员、业务骨干等，参加培训人员每期 71 人，共 142 人。省志办主要负责人和办党组成员、副主任带队参加培训。

（广东省志办）

【广东省地方志系统依法治志培训班举办】 7 月 15 日至 22 日、9 月 9 日至 9 月 16 日，广东省举办两期依法治志培训班。培训内容为学习贯彻习近平新时代中国特色社会主义思想和党的十九大精神，《广东省地方志工作条例》，经济社会发展新形势、新理念，乡村振兴战略政策以及地方志工作业务知识等。培训形式为讲座、讨论交流、现场教学等。武汉大学教授樊星、熊建生、孙来斌、张掌然以及华中师范大学中国农村研究院学者徐勇等授课。每期培训分别有 8 位学员代表在座谈会上作发言，结合自身实际对《广东地方志工作条例》的学习贯彻谈体会。培训期间，还组织参加培训人员对培训教学进行评价。这是首次委托中组部全国干部教育培训基地举办培训班，首次将党建内容纳入培训课程，首次将贯彻地方志法规的内容列入培训课程。（广东省志办）

【广州市名镇名街名村志编修业务培训班举办】 11 月 16 日，广州市名镇名街名村志编修业务培训班举办。培训班以名镇（村）志的编纂要求、申报中国名镇志等文化工程注意的几个问题为主题进行授课。市、区志办及有关镇街村

编纂人员70余人参加培训。（李启伦）

【广州市部门志行业志编纂业务培训班举办】11月30日，广州市部门志行业志编纂业务培训班举办。培训班围绕述体运用及编写要求、志体运用及编写要求、大事记与大事纪略及专记的运用、人物入志的体裁及体例为主题进行授课。全市63个单位近150名编纂人员参加培训。（李启伦）

【2018年深圳市史志鉴业务培训班举办】3月27日至28日，2018年深圳市史志鉴业务培训班举办，全市各区（新区）及市直各有关单位、各有关街道党史联络员、地方志资料年报编纂人员及年鉴供稿作者150余人参加培训。（黄瑞栋）

【深圳市第三届史志工作培训班举办】6月24日至30日，深圳市第三届史志工作培训班举办。深圳市、区、街道三级近60名史志工作者参加培训。（黄瑞栋）

【广西地方志工作机构新任负责人培训班举办】5月7日至10日，广西地方志工作机构新任负责人培训班举办。广西壮族自治区志办党组书记、主任梁金荣在开班式讲话并授课，富川瑶族自治县委副书记、县长李裕科出席开班式并致辞。培训内容涵括地方志事业发展与转型升级、地方志工作机构负责人应树立的意识、志书编修质量、志书编纂、年鉴编纂、出版知识及广西地方历史等专题。自治区相关市、县（市、区）地方志工作机构新任负责人、《广西通志》专志编辑室新任负责人，部分地级市地方志工作机构负责人，自治区志办业务骨干、业务处新进干部100余人参加培训。（杨东）

【广西地方志系统志鉴质量专题培训班举办】8月28日至9月1日，广西地方志系统志鉴质量专题培训班在西北大学举办。广西壮族自治区志办党组成员、副主任唐中克出席开班仪式并讲话。陕西省志办副巡视员张世民、西北大学中国文化研究中心主任李浩出席开班仪式并分别致辞、讲话。西北大学中国历史文化研究中心副主任赵杭主持开班仪式。培训班围绕提高志鉴质量主题，以方志学术理念与话语空间、年鉴编纂质量问题探讨、方志编纂文献学方法等为内容展开学习。结合陕西省的地情特点，发挥西北大学教学优势，培训班延伸学习中共中央在延安十三年、方志研究与地域文化传承、《史记》文化功能与方志学意义、丝路考察与文化认知、陕西宗教历史、“一带一路”建设与中国经济发展机遇等内容。广西壮族自治区志办及各市、县（区）地方志工作机构以及《广西通志》专志编辑室等相关人员共102人参加培训。（杨东）

【《广西通志》专志编纂业务培训班举办】6月27日，《广西通志》专志编纂业务培训班举办。广西壮族自治区志办党组书记、主任梁金荣在开班式讲话并授课。第二轮未出版的《广西通志》专志负责人或主编、总纂以及主要业务人员，广西人民出版社部分编辑约80人参加培训。（杨东）

【海南省史志系统学习贯彻十九大精神培训会召开】1月17日，海南省史志系统学习贯彻十九大精神培训会召开。省委党校（省行政学院、省社会主义学院）党委书记、省委党校常务副校长王和平以“决胜全面建成小康社会 夺取新时代中国特色社会主义伟大胜利”为题，为史志系统干部职工作专题辅导。省史志办主任毛志华结合党的十九大报告，重点就坚定文化自信，推动社会主义文化繁荣兴盛和坚定不移全面从严治党两部分内容进行专题宣讲。省史志办副主任赖永生、秦武军，各市、县、区史志工作机构主任、副主任，省史志办全体人员及部分退休老干部，省中共党史学会、省地方志学会有关人员，海口市委党史研究室、海口市史志办人员120余人参加会议。（郑昕）

【《海南年鉴（2018）》组稿暨资料年报培训会召开】3月30日，《海南年鉴（2018）》组稿暨资料年报培训会召开。会议回顾总结2017年海南省年鉴和年报工作，对2018年工作进行动员部署，对年鉴编纂和年报报送进行专题业务培训，表彰2017年度《海南年鉴》撰稿工作成绩突出的97名优秀撰稿人和资料年报工作开展较好的单位。省史志办副主任秦武军在会上讲话，省直和中央驻琼各组稿单位办公室负责人和年鉴撰稿人、资料年报承办人，有关市、县政府办公室负责人和年鉴撰稿人，负责年鉴工作的各市、县地方志工作机构负责人和年鉴撰稿人、资料年报承办人，以及省室（办）相关业务处人员共约240人参加会议。

（李鑫）

【《海南年鉴（2018）》新撰稿人培训会议召开】　4月20日，《海南年鉴（2018）》新撰稿人培训会议召开。培训会上，海南省史志办年鉴工作处以《海南年鉴（2018）》编撰大纲为重点，讲授年鉴的基础知识和条目的编写，包括年鉴的性质、资料的收集途径、文稿的质量与要求、行文的基本规范等，指出撰稿过程中可能出现的问题，并发放年鉴编撰学习手册。省直机关和中央驻琼单位30名新撰稿人参加培训。（李鑫）

【海南省史志系统习近平新时代中国特色社会主义思想专题培训班举办】　5月2日至4日，海南省史志系统习近平新时代中国特色社会主义思想专题培训班举办。省史志办副主任赖永生出席开班式并作开班动员，省委党校教育长刘继云出席开班式并致辞，省志办副主任秦武军参加培训班结业式。培训班强调，要以培训为契机，在海南省史志系统掀起学习贯彻热潮，让习近平新时代中国特色社会主义思想和党的十九大精神入脑入心，切实转化为做好各项工作、推动史志事业发展的强大动力和生动实践。各市、县史志工作机构主任、副主任，省志办各处主要负责人48人参加培训。

（卫静春）

【海南省地方志业务培训班举办】　8月20日至22日，海南省地方志业务培训班举办。省史志办主任毛志华出席开班式并授课，强调广大史志工作者要坚决维护习近平总书记的核心地位，坚决维护党中央的权威和集中统一领导，深入学习贯彻习近平新时代中国特色社会主义思想，在推进海南全面深化改革开放中勇当先锋、做好表率，在建设海南自贸区（港）建设中扛起史志担当、作出史志贡献。培训班设置《昌江黎族自治县志》评议会现场体验教学，就“如何在自贸区（港）建设中‘勇当先锋，做好表率’，推动新时代地方志事业转型升级”举行专题研讨。省志办副主任秦武军主持培训班开班式。各市、县（区）史志工作部门主要负责人和相关业务人员、省史志办人员50余人参加培训。（李鑫）

【四川省地方志宣传、信息暨期刊工作培训会议召开】　5月29日至30日，四川省地方志宣传、信息暨期刊工作培训会议召开。省志办党组书记、主任陈建春出席会议并讲话，省志办党组成员、副主任赵行主持会议。四川师范大学历史文化与旅游学院院长、教授王川作题为《四川历史名人文化价值的发掘与中华传统文化的传承与弘扬》的专题讲座。成都、绵阳、宜宾、巴中、阿坝、泸州市纳溪区、威远县地方志工作机构负责人分别介绍宣传、信息和期刊工作的经验做法。会议还表扬全省2016—2017年度优秀方志通讯员。全省21个市（州）志办主任和方志期刊通讯员，部分县（市、区）史志资料主编80余人参加会议。（黄绚）

【四川省地方志工作培训会议召开】　9月29日至30日，四川省地方志工作培训会议召开。省志办党组书记、主任陈建春出席会议并讲话，省志办党组成员、副主任赵行，省志办党组成员、机关党委书记邓瑜先后主持会议。培训会邀请有关专家分别作《学习贯彻省委十一届三次全会精神》《地方综合年鉴编纂的价值取向》《乡镇村志编纂方法》《如何提升政务新媒体的内容建设和运营能力》《用声音表达和传播地方特色文化》专题讲座。全省21个市

（州）、174个县（市、区）志办负责人及编纂人员、省志办及四川年鉴社全体人员240余人参加培训。（黄绚）

【《四川省志》分卷承编单位暨部门大事记编写单位工作培训会议召开】 11月9日，《四川省志》分卷承编单位暨部门大事记编写单位工作培训会议召开。北京市志办副巡视员、市志指导处负责人运子微作《地方志编纂之大事记的撰写》《地方志编纂之人物志的撰写》专题培训。省志办党组书记、主任陈建春出席会议并讲话，省志办党组成员、副主任赵行，省志办党组成员、机关党委书记邓瑜参加会议。全省89个省志参编单位及省直部门、省志办各处（社）150余人参加培训。（黄绚）

【贵州地方志业务能力提升培训班举办】 5月20日至26日，贵州地方志业务能力提升培训班在上海交通大学举办。培训班由贵州省志办与上海交通大学联合举办，采取专题教学和现场教学相结合的方式，邀请复旦大学、上海大学等高校教授，以及浙江省、上海市地方志工作机构专家进行授课，培训内容包括方志馆建设、乡镇志的编修、地域文化的价值与前景、口述历史的理论与务实、地方志综合年鉴的编写与创新、方志文化建设等。全省地方志工作机构58人参加培训。（贵州省志办）

【《云南省志》出版业务培训会议召开】 12月7日，《云南省志》出版业务培训会议召开。云南省志办主任杨建林出席会议并讲话。培训班邀请昆明市志办副主任字应军主讲《云南省志》审校过程中应当注意的图片、表格、日期、目录、凡例、大事记、概述、编纂始末等问题。省志办全体人员参加会议。（郑灵琳）

【2018年西藏自治区地方志业务培训班举办】 9月17日至20日，2018年西藏自治区地方志业务培训班举办。自治区志办主任汪德军出席开班仪式并讲话。培训班以点评《萨迦县志》《白朗年鉴（2018）》和《西藏自治区志·财政志（2001—2010）》的方式，为参加培训学员指出在西藏修志编鉴过程中遇到的困难和问题，并在讲解处理方法过程中讲述地方志工作的基本原则和要求。日喀则、那曲、阿里3地市和所属县（区）以及自治区财政厅、拉萨海关等13家区志承编单位的70余名地方志工作者参加培训。（邹廷波）

【陕西省地方志系统人员综合能力提升培训班举办】 6月28日至7月3日，陕西省地方志系统人员综合能力提升培训班在厦门大学举办。全省地方志系统业务骨干60余人参加培训。（韩云鸽）

【陕西省地方志系统综合业务培训会召开】 11月22日至23日，陕西省地方志系统综合业务培训会召开。培训内容涉及编纂、审稿、年鉴等方面。全省范围内志书未进入终审环节的市、县（区）及省直部门志书编纂人员参加培训。（韩云鸽）

【《西安年鉴》业务培训会召开】 3月14日，《西安年鉴》业务培训会召开。全市13个区（县）、开发区、市级机关及驻市各有关单位130余名年鉴撰稿人参加培训。（黄立峰）

【西安市区县修志业务培训会召开】 11月15日至16日，西安市区县修志业务培训会召开。会议邀请陕西人民出版社专家从图书出版流程、志书框架结构、体例文风、图表使用、数字标点符号规范等方面作专题辅导。全市13个区县志办主任、主编、业务骨干约30人参加培训。（黄立峰）

【甘肃省地方综合年鉴业务培训班举办】 4月11日至12日，甘肃省地方综合年鉴业务培训班举办。培训班分别围绕《地方综合年鉴框架结构设计》《创新和需要注意的问题》《地方综合年鉴的类目设置》《浅析县级地方综合年鉴的实用性问题》《地方综合年鉴的组稿、改稿和统稿》等专题进行授课辅导。省、市

（州）、县（市、区）三级地方综合年鉴主编、副主编、业务骨干 135 人参加培训。

（甘肃省史志办）

【宁夏回族自治区志办组织开展全区志书业务指导培训】 年内，宁夏回族自治区志办加强对全区各基层志书编修工作的业务指导，委派专家对《宁夏环境保护志》《中卫市志》《红寺堡教育志》《红寺堡财政志》《同心县志》《金凤区志》编纂人员进行业务培训，利用《陕甘宁盐环定扬黄灌溉工程志》《红寺堡扬水工程志》《宁夏水务志》《宁夏体育志》等志书评审会采取以评代培方式对编写人员进行方志编纂培训。（张明鹏）

· 考察交流

【北京市志办赴杭州市方志馆考察交流】 5 月 24 日，北京市志办副主任侯宏兴一行 5 人赴杭州市方志馆，就方志馆建馆经验、布展设计、古建筑保护利用情况、基础设施配套建设、文创产品开发等情况进行考察交流。

（俞美娜）

【北京市志办赴江西考察交流】 5 月 29 日至 6 月 2 日，北京市志办副主任张恒彬一行赴江西省志办、江西省方志馆、南昌市史志办、九江市史志办、南昌县史志办，就江西省在村镇志编纂、特色志书编纂、年鉴编纂与指导等方面的成功做法以及可供借鉴的管理理念进行考察交流。江西省志办党组书记、主任梅宏，副主任周慧分别会见张恒彬一行或出席座谈会。两地建立图书互赠机制。（王韧洁　朱岳）

【北京市志办赴北京市科学技术研究院考察交流】 6 月 6 日，北京市志办党组书记、主任陈玲赴北京科学技术研究院，与北京科学技术研究院院长郭广生、副院长谢威等座谈，就促进地方志事业与科技融合发展进行考察交流。

（王韧洁）

【北京市志办赴广东考察交流】 8 月 14 日至 17 日，北京市志办党组书记、主任陈玲率队赴广东，就地方志立法工作、地方志事业转型升级经验做法进行考察交流。（王韧洁）

【北京市志办赴兵团对接地方志对口支援工作】 9 月 9 日至 14 日，北京市志办副巡视员、第二轮《北京志》副主编运子微一行赴新疆生产建设兵团第十四师昆玉市，向十四师昆玉市史志办捐赠 10 万元史志编纂经费，对十四师相关部门参与修志人员 30 余人进行业务培训，同时对十四师第二轮修志部分初稿进行评议，到十四师二二四团、四十七团、一牧场等基层单位进行调研。

（王韧洁　第十四师昆玉市史志办）

【北京地方志学会组织赴江苏、浙江地方志系统考察交流】 10 月 9 日至 12 日，北京地方志学会、市志办区县志指导处有关人员先后赴江苏省苏州市志办、常熟市沙家浜镇、吴江区档案局和嘉兴市桐乡市史志办公室就名镇名村志编纂的组织领导、修志模式、编纂队伍、资料收集、经费来源、质量把控等方面内容进行学习调研。调研中，还参观苏州市方志馆、苏州市博物馆，了解地方志资料收集和资源开发利用工作及方志馆建设情况，与部分名镇名村志执行主编以及编辑人员进行了座谈交流。还互赠了地情文化成果。（王韧洁）

【北京市志办赴云南考察交流】 11 月 12 日，北京市志办副主任张恒彬一行 7 人赴云南省志办进行考察交流，与云南省志办副主任陈天武等进行座谈。（郑灵琳）

【唐山市志办赴武汉考察交流】 10 月 18 日，河北省唐山市志办一行 3 人到武汉市志办学习交流。（邢素丽）

【内蒙古自治区志办赴杭州市方志馆考察交流】 9 月 29 日，内蒙古自治区志办负责人何文俊、副主任查干浪涛一行 6 人赴杭州市方志馆，就

方志馆机构设置、人员配置、内部设计、展陈大纲、设施建设、资料收集、综合管理、经费保障等情况进行考察交流。（马琦敏）

【吉林省地方志编委会赴湖北、浙江考察交流】 3月19日至23日，吉林省地方志编委会副主任李正奎一行8人赴湖北省志办、武汉志办、浙江省志办、浙江省方志馆、绍兴市柯桥区史志办、宁波市志办，就乡（镇）村志编纂工作在建章立制、送审程序、加强培训等方面情况，第二轮志书编纂、志书资料收集以及年鉴编纂中组稿和编纂进度等方面情况进行考察交流。（任帅）

【吉林市志办赴四川考察交流】 10月18日，吉林省吉林市志办调研组一行4人赴四川省志办进行考察交流。四川省志办综合处、政策法规宣传处以及省情信息工作处相关人员与吉林市志办调研组就四川省地方志事业发展、法治建设、方志馆（地情网站）建设等情况进行交流座谈。（黄绚）

【上海市志办赴广东、天津、山东调研】 11月12日至14日和21日至23日，上海市志办党组书记、主任洪民荣带队赴广东省、天津市和山东省调研学习，了解地方志立法、地情开发利用、地方志发挥资政作用、方志馆建设和运行等方面的做法与经验。调研期间，洪民荣一行与广东省志办、广州市志办、深圳市史志办、山东省委党史研究院（省地方史志研究院）领导分别进行座谈和深入交流，并实地考察广州市方志馆、山东省方志馆、深圳图书馆和天津滨海新区图书馆，交换图书资料。（王师师　陈畅）

【上海市志办赴四川交流学习】 11月28日至29日，上海市志办副主任生键红一行18人赴四川省志办，就市县志及地方抗日战争志的编纂经验和做法等内容开展交流学习。四川省志办党组书记、主任陈建春，副主任赵行，机关党委书记邓瑜与上海市同行就相关志书编纂和地方志事业发展情况进行交流座谈。四川省志办市县志工作处、省志工作处、省情信息工作处负责人参加座谈交流。（王师师　陈畅　黄绚）

【上海市志办赴重庆、贵州考察】 12月5日至9日，上海市志办副主任王依群率市志办市志处、专志处、上海通志馆、《上海滩》杂志编辑部一行8人赴重庆、贵州两省市考察学习，了解在完成“两全目标”、推动新时代地方志工作高质量发展等方面的经验与做法。考察学习期间，王依群一行先后与重庆市志办、贵州省志办、遵义市政府及市志办进行座谈，并实地参观重庆中国三峡博物馆、遵义会议会址。（王师师　陈畅）

【江苏省人大常委会一行赴四川省志办考察交流】 4月20日，江苏省人大常委会教科文卫委员会主任周琪、省志办副主任蔡金良一行6人赴四川省志办进行考察交流。四川省志办党组书记、主任陈建春主持召开座谈会，围绕修志编鉴工作主要做法、取得成效和新时期地方志工作思路开展交流。（黄绚）

【江苏省地方志代表团赴白俄罗斯、哈萨克斯坦访问交流】 10月17日至24日，应白俄罗斯文化联盟、哈萨克斯坦国立大学邀请，江苏省地方志代表团一行5人赴白俄罗斯、哈萨克斯坦就国外公共文化服务体系建设及历史文化资源开发利用、传统文化传承情况进行学术交流。代表团先后访问白俄罗斯文化联盟（国家博物馆、美术馆）、明斯克庄园（农业）博物馆和哈萨克斯坦国家博物馆、哈萨克斯坦国立大学、商务报社，查阅相关资料，与有关负责人进行座谈交流，推介江苏志鉴文化。代表团向邀请单位赠送《江苏市县概况》《江苏省档案馆藏江苏旧志电子书专辑》和《南京年鉴（2018）》英文版、《句容市志》电子版、《东海水晶》杂志等。（武文明）

【江苏省地方志代表团赴英国、德国访问交流】 10月21日至28日，应英国剑桥访问中心和德国布朗菲斯市政厅邀请，江苏省地方志代表团一行4人赴德国、英国进行学术访问和工作交流。代表团访问英国帕尔格雷夫·麦克米伦出版公司、A & C布莱克出版公司、不列颠百科全书公司，德国《北莱茵—威斯特法伦州年鉴》编辑部，交流相关年鉴编纂出版情况，顺访位于爱丁堡市中心的苏格兰国家档案馆、德国法兰克福的国家图书馆，与相关邀请单位就当地史志工作进行交流。（武文明）

【苏州市志办赴兵团考察交流】 5月22日，江苏省苏州市志办主任陈兴南一行5人赴新疆生产建设兵团志办，与兵团志办副主任陈旭座谈，就地方志工作情况进行考察交流，并表示将在兵团名镇志编纂方面提供帮助。（王兴鹏）

【浙江省政协文史委到省志办调研】 3月8日，浙江省政协文史委专职副主任周雷一行到省志办调研，双方一致认为，应加强联系，相互促进，不断开展更加广泛而深入的合作，为文化浙江建设作出新贡献。（浙江省志办）

【浙江省志办赴西藏调研对接地方志援藏工作】 7月23日至27日，浙江省志办主任潘捷军率地方志援藏调研组赴西藏就地方志对口支援开展工作对接和调研。24日，调研组一行与西藏自治区志办在拉萨举行座谈，就细化落实地方志援藏工作交换意见。西藏自治区党委副秘书长陈凡彦、自治区志办主任汪德军等参加座谈交流。调研组一行还到浙江省对口支援的那曲市进行调研，反馈审稿意见，并就做好下一步工作进行交流对接。（浙江省志办）

【湖北省地方志系统考察团赴美国考察交流】 7月30日至8月2日，湖北省志办副主任司念堂率地方志系统考察团一行5人赴美国开展海外湖北历代旧志收藏交流。考察团先后走访哥伦比亚大学东亚图书馆、美国国会图书馆亚洲阅览室、哈佛大学燕京图书馆，与哥伦比亚大学东亚系主任商伟、东亚图书馆中文部和特藏部主任王成志、哈佛大学燕京图书馆馆员马小鹤等进行交流，了解各图书馆馆藏中国历代旧方志特别是湖北历代旧方志善本保存以及书目整理、文本电子化、开发利用等基本情况，并就双方开展旧志收藏、影印交流达成初步共识。（湖北省文旅厅地方志工作处）

【湖北省地方志系统赴兵团调研对接地方志援藏工作】 9月25日至29日，湖北省志办综合处一行6人赴博尔塔拉蒙古自治州及所属县市和新疆生产建设兵团第五师团场进行调研，先后到博乐市、阿拉山口市、精河县、第五师八十四团场、八十九团场进行对接，通过面对面交流、实地调研，对博州地方志工作加深了解。武汉市、荆州市、荆门市、鄂州市等志办负责人与对口援助的县市、团场地方志系统负责人进行沟通。（湖北省文旅厅地方志工作处）

【武汉志办赴成都、广州考察交流】 7月2日至3日，武汉志办副主任王勇祥等5人赴成都、广州，就《成都年鉴》《四川交通年鉴》和《广州年鉴》的网络年鉴建设情况进行考察交流。（张道旺）

【河南省史志办赴杭州市方志馆考察交流】 9月6日，河南省史志办省志工作处处长申福领一行5人赴杭州市方志馆，就方志馆建设流程、设计理念、布展设计、人事管理、“读志用志”开发、地情教育活动开展、数字方志馆建设、智慧方志馆建设等内容进行考察交流。（张素卿）

【河南省史志办开展提升能力学习调研活动】 年内，河南省史志办组成5个学习调研小组，分批到上海、福建、贵州、湖南、云南等10省市地方志工作机构，围绕志鉴编修、方志馆建设、信息化建设、《抗日战争志》编纂、史志资政中心等方面进行学习调研。（汪朝霞）

【济南市史志办赴杭州市方志馆考察交流】 9月11日，济南市史志办副巡视员郭建群一行9人赴杭州市方志馆，就方志馆建设内容进行考

察交流。（马琦敏）

【广东省志办赴香港考察交流】 12月17日至19日，广东省志办副主任丘洪松一行5人赴香港考察交流地方志工作。在港期间，考察交流团就进一步提高方志文化开放水平，宣传、塑造广东形象，打造广东方志文化名片，拓展方志文化交流合作空间，加强粤港地方志工作交流与合作，提升《粤港澳大湾区年鉴》编纂质量，探索在全省自然村落历史人文普查和主题教育实践活动中的合作途径、图书文献交流等方面，与中联办宣传文体部副部长罗江等，香港大学图书馆东方语文编目部主任陈伟明、特藏部主任陈桂英，岭南大学教授、香港与华南历史研究部主任、香港志办主任刘智鹏，岭南大学荣誉教授、香港志办副主任刘蜀永等进行交流。在考察交流中，丘洪松介绍广东省地方志工作开展情况，特别是方志馆建设、自然村落历史人文普查以及《粤港澳大湾区年鉴》编纂工作情况，并赠送《祝枝山正德兴宁县志手稿本》以及《广东资政志鉴》《广东历代官箴》等。（广东省志办）

【广州市志办赴山东、浙江、天津考察交流】 8月，广州市志办主任黄小晶率调研组一行7人赴山东省史志办、东营市史志办、浙江省志办、杭州市志办，就如何推动地方志事业转型升级、新一轮修志模式探索、在线修志、地方志馆建设运营等问题进行考察交流。调研期间，调研组参观山东省方志馆、国家方志馆黄河分馆（黄河文化馆）、杭州市方志馆。12月，广州市、区两级地方志工作机构组成调研组一行9人，赴天津市北辰区志办、山东省威海市史志办，就名镇名街名村志编修、精品志书编修工作进行考察交流。（李启伦）

【广州市志办赴茂名、湛江考察交流】 4月19日至21日，广州市志办组成4人调研组赴茂名市志办、湛江市志办、湛江市国税局等单位，就第三轮修志启动准备与思考、部门志和行业志编纂、资料年报工作主要做法、地方志资源开发利用等工作进行考察交流。（李玉平）

【深圳市史志办赴四川考察交流】 3月22日，深圳市史志办主任杨立勋一行6人赴四川省志办与四川省志办党组书记、主任陈建春座谈，围绕依法治志、地方志“存史、资政、育人”功能发挥、地方志信息化建设等情况进行考察交流。（黄绚）

【广西钦州保税港区管委会到自治区志办考察交流】 2月5日，广西钦州保税港区管委会副主任覃开宏一行2人到广西壮族自治区志办考察交流。自治区志办党组书记、主任梁金荣参加座谈并陪同参观广西史志博物馆。梁金荣与覃开宏就《广西钦州保税港区十年》编纂工作进行交流，并拟订篇目框架，为推进该书编纂工作奠定好基础。（杨东）

【广西壮族自治区志办赴广东考察交流】 8月6日至8日，广西壮族自治区志办党组书记、主任梁金荣，副主任邓敏杰等一行6人赴广东省考察交流。考察组与广东省志办党组书记、主任陈华康，副主任刘卫及有关业务处人员等座谈，听取广东省地方志工作情况介绍，考察广东省方志馆与广州市方志馆建设及布展情况，并向广东省志办及广州市地方志馆赠送民国《广西通志稿》《广西风物图志》等书籍。（杨东）

【广西壮族自治区志办赴陕西考察交流】 8月29日，广西壮族自治区志办副主任唐中克等一行7人赴陕西省志办考察交流。考察组参观陕西省方志馆，与陕西省志办副主任史天社、副巡视员张世民及相关业务处人员进行座谈，听取陕西省地方志工作情况介绍，并就志鉴“两全目标”、志稿评审制度、机构队伍等内容进行交流。（杨东）

【广西壮族自治区志办赴福建考察交流】 11月5日至9日，广西壮族自治区志办副主任唐中克率调研组一行4人赴广东省广州市、江门市，福建省泉州市、厦门市，与当地志办、侨办等相关单位就《广西海外华侨华人志》编纂、海外华侨华人资料搜集工作开展交流。

（杨东）

【广西壮族自治区志办赴香港地区和美国考察交流】 10 月 12 日至 19 日，广西壮族自治区志办副主任唐中克率考察交流组一行 2 人赴中国香港地区和美国，访问香港志办和美国斯坦福大学东亚图书馆、哥伦比亚大学东亚图书馆，进行业务交流，了解香港地区和美国收藏、利用广西地方志情况，以及保存地方文献的做法和经验，探讨开展地情资源开发利用、古籍旧志整理等方面的横向协作。考察组还到斯坦福大学胡佛图书馆、哥伦比亚大学珍本书和手稿图书馆调阅收集与广西抗日战争有关的史料。

（杨东）

【《广西历代方志集成》项目调研组赴宁夏、四川、河南考察交流】 11 月 19 日至 25 日，由广西壮族自治区志办牵头，广西大学文学院原副院长、教授黄南津为组长的《广西历代方志集成》项目调研组 6 人赴宁夏、四川、河南，围绕旧志整理出版、第二轮三级志书和年鉴编纂、地方志资源抢救保护和开发利用、干部队伍建设等情况进行考察交流。

（杨东）

【四川省志办赴福建、浙江考察交流】 10 月 9 日至 12 日，四川省志办副主任赵行率队赴福建省地方志编委会、浙江省志办，就地方志服务乡村振兴、第二轮三级志书编修、综合年鉴编纂、方志理论研究、期刊宣传工作等进行考察交流。其间，赵行一行与福建省地方志编委会、浙江省志办进行座谈，参观杭州市方志馆。

（黄绚）

【四川省志办赴山东、上海考察交流】 12 月 11 日至 14 日，四川省志办机关党委书记邓瑜率队赴山东省委党史研究院（省地方志研究院）、上海市志办，就加强方志馆和数字方志馆建设、推动地方志资源开发和利用、提高信息化建设水平，让社会各界更广泛了解地方志、更便利获取地方志、更方便利用地方志，更有效服务党委、政府中心工作、服务经济社会建设等方面内容进行考察交流。期间，邓瑜一行与山东省委党史研究院（省地方志研究院）、上海市志办进行座谈，并参观山东省方志馆、上海通志馆。

（黄绚）

【西安市志办赴浙江、江苏考察交流】 11 月 27 日至 30 日，西安市志办副主任姚敏杰一行 7 人赴浙江省杭州市志办、江苏省志办和南京市志办，就“两全目标”落实情况，志鉴编纂与地情资料开发创新情况，方志馆立项、建设及运转情况，地方志工作机构设置与信息化建设情况等进行考察交流。

（黄立峰）

机构队伍

·机构设置

【北京市地方志编纂委员会办公室】 北京市地方志编纂委员会办公室内设秘书处（人事处）、市志指导处、区县志指导处、研究室、年鉴指导处、开发利用处6个处室和机关党委；下属北京年鉴社和北京市方志馆（北京市地情信息中心）2个事业单位，均为相当于正处级全额拨款事业单位，其中北京市方志馆（北京市地情信息中心）为纳入北京市工资规范管理的事业单位。截至年底，办公室参照公务员法管理的事业编制37人；北京市方志馆纳入工资规范管理事业编制29人，在编28人；北京年鉴社全额拨款事业编制5人，在编4人。（王韧洁）

【天津市档案馆（天津市地方志编修委员会办公室）】 天津市地方志编修委员会办公室成立于1984年，是天津市政府负责地方志工作的职能部门，副局级事业单位，人员参照公务员法管理，归口市政府办公厅。内设秘书处、规划研究处、市志指导处、区县志指导处、年鉴指导处5个处，人员编制25名，实有22名。天津市地方志馆，为市志办所属正处级事业单位，人员编制7名，实有6名。2018年11月，按照天津市机构改革工作部署，天津市地方志编修委员会办公室与天津市档案馆合并，成立新的天津市档案馆，加挂天津市地方志编修委员会办公室牌子，作为市委直属事业单位。（刘蒙）

【河北省地方志编纂委员会办公室】 河北省地方志编委会办公室为正处级参公事业单位。人员定编31名，领导职数设为正职1名（正处级），副职3名（副处级）。非领导职数设为正处级调研员1名、副处级调研员1名。截至年底，人员在编23人，其中处级以上人员3人，正科级人员9人，副科级人员7人，科员1人，工勤人员3人。下设河北年鉴社（正科级事业单位），人员定编3人，在编2人。（郑小明）

【中共山西省委党史研究院（省地方志研究院）】 年内，根据《山西省机构改革实施方案》，山西省委决定，将省委党史办公室与省地方志办公室合并，组建中共山西省委党史研究院（省地方志研究院），作为省委直属事业单位，正厅级。10月28日，新组建的中共山西省委党史研究院（省地方志研究院）召开干部大会，宣布领导班子并举行挂牌仪式。中共山西省委党史研究院（省地方志研究院）内设机构有办公室、党史研究一室、党史研究二室、党史研究三室、党史研究四室、党史研究五室、党史研究六室、党史研究七室、方志编研一室、方志编研二室、方志编研三室、方志编研四室、方志编研五室、方志编研六室、科研规划室、宣传教育室、成果应用室、信息资料室、人事部（机关党委、离退休人员工作部）。全院编制115名，实有110名。设院长1名、副院长4名。内设机构处级领导职数22个正职（含总编审1名、机关党委专职副书记1名、离退休人员工作部部长1名）、22个副职。院属事业单位2个，即山西省党史书刊开发发行中心和山西省方志发展中心。（武岭）

【内蒙古自治区地方志编纂委员会办公室】 内蒙古自治区地方志编纂委员会办公室成立于1982年，是内蒙古自治区地方志编纂委员会的办事机构，隶属于内蒙古自治区政府办公厅为副厅级参照公务员管理事业单位。办公室在自治区党委和政府的领导下，统一组织、管理、指导、协调、督促和检查全区地方志的编纂工作。办公室核定内设机构4个：综合处、自治区志业务处、盟市志业务处、地情资料处。截至年底，定编27人，在编25人，聘用4人，在编人员纳入参照公务员法管理范围。（李洋）

【辽宁省地方志机构改革情况】 5月，按照辽宁省委办公厅印发的《省直公益性事业单位优化整合方案》，辽宁省人民政府地方志办公室与省档案局（馆）、省工业文化发展中心等单位整合，重新组建辽宁省档案局（省档案馆、省工业文化发展中心、省人民政府地方志办公室），承担档案资料保管、整理和地方志编纂等职能。8月24日，中共辽宁省委办公厅印发辽宁省档案局（省档案馆、省工业文化发展中心、省人民政府地方志办公室）三定方案，下设分支机构辽宁省地方志编纂中心，承担《辽宁省志》编纂等地方志业务工作，人员编制14名。对外保留“辽宁省人民政府地方志办公室”牌子。11月5日，辽宁省编办印发通知，辽宁省档案局（省档案馆、省工业文化发展中心、省人民政府地方志办公室）更名为辽宁省档案馆（省工业文化发展中心），“辽宁省人民政府地方志办公室”不再保留。机构改革后，省级地方志行政职能划归辽宁省政府办公厅。

（杜祥武）

【吉林省地方志编纂委员会】 吉林省地方志编纂委员会按中央要求，历任省长兼任省地方志编纂委员会主任，主管副省长兼任省地方志编纂委员会副主任。年内，省地方志编纂委员会主任由省长景俊海兼任，副主任由副省长安立佳兼任。截至年底，吉林省地方志编纂委员会核定人员编制36名，实有人员33名，离退休人员31名，临时聘用人员5名。厅级领导6名。处级领导13名，其中处长7名，副处长6名。非领导职务14名，其中调研员3名、副调研员1名、主任科员3名、副主任科员2名、科员3名。工勤人员2名。吉林省方志馆为省地方志编纂委员会直属事业单位，核定人员编制15名，实有人员15名；领导职数2名，其中正职1名（正处级）、副职1名（副处级）；有3个内设机构。内设机构领导职数3名（正科级）。

（周玉顺　肖志刚）

【中共黑龙江省委史志研究室】 黑龙江省地方志办公室为省政府直属正厅级事业单位，2003年参照公务员管理。内设机构有秘书处、省直指导处、市县指导处、编纂处、研究室、省情信息处、机关党委，人员编制42人。根据黑龙江省委办公厅、省政府办公厅《黑龙江省深化事业单位机构改革实施意见》《关于〈黑龙江省机构改革方案〉的实施意见》要求，10月16日，原中共黑龙江省委党史研究室与原黑龙江省地方志办公室整合组建中共黑龙江省委史志研究室。整合组建后，中共黑龙江省委史志研究室隶属黑龙江省委，按正厅级事业单位管理，为财政全额预算拨款。截至年底，新组建的黑龙江省委史志研究室实际在编人员75人，其中正厅级1人、副厅级3人、正处级20人、副处级14人、正科级21人、副科级6人、科员2人、工勤人员8人。

（徐萍　杜胜男）

【上海市地方志办公室】 上海市地方志办公室内设6个职能处室，分别是秘书处（组织人事处）、市志工作处、专志工作处、区县工作处、年鉴工作处（《上海年鉴》编辑部）、研究室（信息处），编制35名，截至年底在编人员33名。下属公益一类事业单位2个，分别为上海通志馆、当代上海研究所。上海通志馆编制25名，截至年底在编人员21名；当代上海研究所编制10名，截至年底在编人员5名。

（王师师　陈畅）

【江苏省地方志编纂委员会办公室】 江苏省

地方志编纂委员会办公室成立于1986年，为省政府直属副厅级参照公务员法管理事业单位。内设秘书处、省志编纂指导处、市县指导处、研究室（信息处）、年鉴工作处、办机关党委6个处室和江苏省方志馆、江苏年鉴杂志社2个正处级公益一类事业单位。全办人员编制共72人，截至年底在编62人。年内，行政管理人员中，副厅级1人，正处级12人，副处级8人，正科级19人，副科级2人，科员及以下9人。专业技术人员中，中级职称8人，初级职称及以下4人；学历构成，博士1人，硕士18人，本科37人，大专7人。（武文明）

【浙江省人民政府地方志办公室】 浙江省人民政府地方志办公室下设综合处（年鉴编纂处）、省志工作处（《浙江通志》总编室）、市县工作处和研究室4个处室。截至年底，办公室定编20名，在岗人员40名。在编人员中，具有正高级研究职称5名，副高级研究职称4名；具有博士学位2名，硕士学位13名；省宣传文化系统“五个一批”人才1名。（浙江省志办）

【中共安徽省委党史研究院（省地方志研究院）】 年内，按照安徽省机构改革实施方案要求，由原安徽省委党史研究室和原安徽省志办组建中共安徽省委党史研究院（省地方志研究院），是安徽党史和地方志研究专门机构，是省委直属事业单位，为正厅级。内设办公室、第一研究室、第二研究室、第三研究室、第四研究室、第五研究室、第六研究室、第七研究室、科研规划处、资料信息处、人事处、机关党委12个职能处室，下设二级机构《党史纵览》杂志社。编制81人。（史五一）

【中共福建省委党史研究和地方志编纂办公室】 12月26日，中共福建省委党史研究和地方志编纂办公室挂牌成立。省委副书记、福州市委书记王宁出席挂牌仪式并讲话。按照《福建省省级机构改革实施方案》，原省委党史研究室与省地方志编纂委员会整合，设置省委党史研究和地方志编纂办公室，作为省委直属事业单位。（欧长生　吴朝庭）

【江西省地方志编纂委员会办公室】 江西省地方志编纂委员会办公室成立于1983年12月，是省政府直属的参照公务员法管理的全额拨款事业单位。内设秘书处、方志处、年鉴处、指导处、机关党委5个机构，均为正处级；有机关后勤服务中心和江西省方志馆2个下属事业单位，为副处级事业单位。编制57名，截至年底在职干部职工52名。（朱岳）

【中共山东省委党史研究院（省地方史志研究院）】 中共山东省地方史志办公室成立于1981年。10月，根据山东省委、省政府《关于山东省省级机构改革的实施意见》，决定整合原省委党史研究室、省地方史志办公室的职责，组建中共山东省委党史研究院（省地方史志研究院），一个机构、两块牌子，作为省委直属事业单位，正厅级规格。山东省地方史志研究院是山东省委负责山东省地方史志研究工作的专职机构，设置办公室、人事处、机关党委、省志工作处、年鉴工作处、业务指导处、资料信息处、省方志馆8个处室（馆）。截至年底，全院有在职干部职工70名，离退休干部32名，设院长1名，副院长3名，二级巡视员2名。（孙杰　王赟）

【河南省地方史志办公室】 河南省地方史志办公室是由省政府办公厅代管的事业单位，参照公务员法管理。内设综合处（机关党委）、省志工作处（地方史理论规划处）、市县工作处（地方史编修指导处）、年鉴工作处、信息资料工作处5个处室。截至年底，人员编制49人，实有人员42人。其中，厅局级1人，县处级18人，乡科级及以下21人，工勤人员2名。在编人员学历构成，研究生4人，大学本科28人，大学专科10人。（姜静涛）

【湖北省地方志工作机构】 湖北省地方志编纂委员会办公室原名为湖北省地方志纂修委员会办公室，1980年9月由省编制委员会报经湖北省政府同意成立，由湖北省社会科学院代管。1980年12月，省政府发文正式成立湖北省地方志编纂委员会办公室。2007年1月，经省政府同意，湖北省地方志编纂委员会办公室列入参照公务员法管理范围，为省政府直属副厅级事业单位。2009年12月，省政府办公厅印发《湖北省地方志编纂委员会办公室机构编制方案》，审核批准湖北省地方志编纂委员会办公室，内设机构调整为综合处、省志工作处（市县志工作处）、年鉴工作处、省情资料信息工作处。2018年11月，有干部职工40名（在编36名，在岗不在编4名），其中主任1名、副主任2名。内设机构正处级领导3名，副处级领导2名（含1名兼二级调研员），一级调研员4名（含2名兼职副主任），二级调研员6名，四级调研员7名，一级主任科员及以下20名（含1名工人）。11月16日，湖北省文化和旅游厅正式挂牌，将湖北省地方志编纂委员会办公室并入省文化和旅游厅，不再保留湖北省地方志编纂委员会办公室。

（湖北省文旅厅地方志工作处）

【湖南省地方志编纂委员会】　湖南省地方志编纂委员会成立于1985年，为正厅级事业单位，2000年确定为参照公务员法管理的正厅级公益一类事业单位。年内，委机关有人员编制46个，其中参公编制39个、工勤编制7个；在职42人，其中参公人员36人、工勤人员6人。内设综合处（加挂人事处牌子）、省志编纂处、市县志工作指导处、《湖南年鉴》编辑部4个职能处，另设有机关党委、机关纪委、机关工会等。下辖二级机构湖南省地方文献研究所，为正处级公益一类事业单位，人员编制5人，在职人员3人。　（姜标）

【广东省人民政府地方志办公室】　广东省人民政府地方志办公室为正厅级事业单位。根据2015年11月17日广东省机构编制委员会印发《关于广东省人民政府地方志办公室机构编制方案的通知》，广东省人民政府地方志办公室内设机构为人事秘书处、方志处、年鉴处、地方史处、方志资源开发处5个处，下设正处级事业单位广东年鉴社和广东省方志馆。年内，共有人员编制66名，其中办公室42名，广东年鉴社14名，广东方志馆10名。

（广东省志办）

【广西壮族自治区地方志编纂委员会办公室】　广西壮族自治区地方志编纂委员会办公室为自治区人民政府直属的相当正厅级全额拨款事业单位，参照公务员法管理。10月，根据《广西壮族自治区机构改革方案》和实施意见精神，广西壮族自治区地方志编纂委员会办公室为自治区政府直属正厅级公益一类事业单位，有关行政职能划归自治区政府办公厅。设有秘书处、通志工作处、市县志工作处、古籍整理处、地情信息处（对外称广西地情信息中心）、年鉴处（挂广西年鉴社牌子）6个内设机构和机关党委。截至年底，办公室编制53名，在编51名。其中，主任1名，副主任2名，正厅级领导（自治区政协文化文史和学习委员会主任）1名，正处级干部10名，副处级干部10名，主任科员10名，副主任科员4名，科员7名，工勤人员6名。　（杨东）

【中共海南省委党史研究室（省地方志办公室）】　2002年1月，中共海南省委党史研究室和海南省地方志办公室合并，设立海南省史志工作办公室（保留中共海南省委党史研究室和海南省地方志办公室牌子），作为省委、省政府的工作机构，隶属省委，负责海南中共党史和地方志研究编纂工作，为正厅级事业单位。2004年3月，海南省史志工作办公室更名为中共海南省委党史研究室（省地方志办公室），内设秘书处（机关党委、工会）、资料征集处、党史一处、党史二处、科研宣教处、省志编审处、市县志指导处、年鉴工作处8个处级机构。年内，在编人员40名，其中厅级干部3人、处级领导干部14人、处级非领导职务14人、科级干部9人；硕士研究生7人，大学本科25人，大学专科8人。　（郑昕）

【重庆市地方志办公室】 重庆市地方志办公室内设综合处、市志工作处、年鉴工作处、区县志指导处、文献工作处、信息处6个处室。正式编制25人，实有在编人员19人，其中正厅级领导干部1人、副厅级领导干部1人、处级干部8人。博士研究生学历1人，硕士研究生学历3人，大学本科学历14人，大专学历1人。全市除市级地方志工作机构外，还有38个区县（自治县）和万盛经开区共39家地方志工作机构。（杨祖静）

【四川省地方志工作办公室】 四川省地方志工作办公室是省政府直属正厅级事业单位，2006年实行参公管理。内设综合处（与机关党委合署办公）、省志工作处、市县志工作处、政策法规宣传处和省情信息工作处（挂四川省方志馆牌子）5个处。截至年底，有编制39人，在职人员40人，离退休人员30人。1986年，直属事业单位四川年鉴社成立，编制11个，其中财政全额拨款5个，自收自支6个；截至年底，在职人数5人，其中全额拨款5人，退休7人。（黄绚）

【贵州省档案馆（省地方志编纂委员会办公室）】 12月17日，贵州省委办公厅、贵州省政府办公厅印发《贵州省档案馆（贵州省地方志编纂委员会办公室）职能配置、内设机构和人员编制规定》，贵州省档案馆（省地方志编纂委员会办公室）内设办公室、宣传与编研处、信息化处、接收征集处、保管整理处、鉴定保护处、接待利用处（贵州省政府信息公开服务中心）、安全保障处、省志工作处、市县志工作处、年鉴工作处、地方史工作处、人事处（机关党委办公室）、离退休工作处14个处室。事业编制122人，在编118人，聘用1人。在编人员中，硕士学历8人，本科学历86人，大专学历19人，高中以下学历5人。

（贵州省志办）

【云南省地方志编纂委员会办公室】 1981年8月17日，云南省政府发文成立云南省志编审委员会。1982年8月20日，省政府办公厅颁发通知，将其更名为云南省志编纂委员会。1986年10月12日，云南省政府作出《关于加强领导，确保质量，克期完成全省地方志编纂工作的决定》，将云南省志编纂委员会更名为云南省地方志编纂委员会。编纂委员会下设办公室，编制24人，年内在编21人。（郑灵琳）

【西藏自治区地方志办公室】 1996年，西藏自治区地方志编纂委员会及其办公室成立，编纂委员会主任由自治区主席担任，自治区地方志办公室挂靠区党委办公厅，与自治区党委党史研究室合署办公，自治区党委党史研究室（区地方志办公室）为事业参公建制。2001年升格为副厅级单位，领导职数一正三副。内设综合处、党史研究处、地方志处、刊物编辑部，均为副处级；2010年升格为正处级，改地方志处为业务指导处和编审处，均为正处级。2016年，增设年鉴编纂处，为正处级，编制3名，县级职数领导1名。西藏自治区党委党史研究室（自治区地方志办公室）编制共32人，年内实际在编28人，其中副厅级1名，县级14名，科级9名，工人4名。（邹廷波）

【陕西省地方志办公室】 年内，在陕西省机构改革中，陕西省地方志办公室维持原机构不变，但其下属单位——陕西年鉴社被撤销编制，职能和人员并入出版发行处，内设陕西年鉴编辑部，开展《陕西年鉴》编纂和指导全省年鉴编纂工作。截至年底，地方志办公室事业定编41人，实有48人。（韩云鸽）

【甘肃省地方志工作机构】 截至年底，甘肃省共有省、市（州）、县（市、区）三级地方志工作机构101个。其中，省级地方志工作机构1个。甘肃省地方史志办公室为正厅级全额拨款事业单位，参公管理，内设秘书处、省志编纂处、市县志指导处、出版发行处、年鉴处。市（州）级地方志工作机构14个；县（市、区）级地方志工作机构86个。全省三级地方志工作机构共定编661人，实际在编人员

667 人，聘用人员 71 人。（甘肃省史志办）

【青海省地方志编纂委员会办公室】 青海省地方志编纂委员会于 1986 年 6 月由省委批准成立，下设办公室，为青海省社会科学院代管的县级事业单位。同年 9 月，省编委下发《关于青海省地方志编纂委员会增设机构、增加编制的通知》，同意下设办公室、省志编写处、业务指导处三个县级处室，核定编制 13 名。后几经改革，省地方志编纂委员会的职能配置、内设机构和人员编制经数次改革调整。1986 年 12 月，省编委下发《关于省地方志编纂委员会增加事业编制的批复》，编制从 13 名增加到 16 名。1994 年 3 月，省编委下发《关于省地方志编纂委员会隶属关系的批复》，将省地方志编纂委员会纳入省政府办公厅管理；同年 11 月，根据省委、省政府《关于青海省党政群机构设置的通知》规定，省编委正式下达批复确定省地方志编纂委员会为省政府办公厅管理的事业单位，下设省地方志编辑部为工作机构，内设总编办公室、省志编写处、业务指导处 3 个处（室），列事业编制 20 名，其中总编 1 名、副总编 1 名，县处级领导职数 6 名。1995 年，根据省政府领导批示精神，省编委下发《关于省地方志编纂委员会设置年鉴编辑处和增加事业编制的批复》，同意成立年鉴编辑处，增加事业编制 2 名，编制总数达到 22 名，其中县处级领导职数 7 名。2002 年，在全省事业单位机构改革中，将省地方志编纂委员会编辑部更名为省地方志编纂委员会办公室，为省政府办公厅代管的社会公益类厅级事业单位，内设综合处、业务指导处、青海年鉴社。2007 年，省地方志编纂委员会办公室纳入参照公务员法管理事业单位。2018 年，人员编制 22 名，实有人员 19 名。其中，厅级领导 1 名，厅级非领导职务 1 名，县级领导 4 名，县处级非领导职务 4 名，其他人员 9 名。（马渊）

【宁夏回族自治区地方志编审委员会办公室】 宁夏回族自治区地方志编审委员会办公室挂靠宁夏社会科学院，事业单位编制，处级单位。办公室内设业务指导科、年鉴指导科、资料征集科、综合科。编制 15 人，在编 14 人，其中处长 1 人，副处长 1 人；正高级职称 1 人、副高级职称 8 人、中级职称 5 人。年内，全区共有 24 个市、县（市、区）地方志工作常设机构，共有专职编修工作人员 100 余人，在编人员全部实行参照公务员法管理。（张明鹏）

【新疆维吾尔自治区地方志编纂委员会】 年内，新疆维吾尔自治区地方志编纂委员会编制 48 人，实有 46 人。内设机关党委（组织人事处）、综合处、地县志工作处、新疆年鉴工作处、新疆通志工作处、编译处、信息处。

（陈忠）

【新疆生产建设兵团志办公室】 1984 年 3 月，新疆生产建设兵团兵团党史工作办公室和兵团志工作办公室（为团级）成立，两个牌子一套机构。1996 年 8 月，撤销兵团史志办公室，成立中共新疆生产建设兵团委员会党史研究办公室和新疆生产建设兵团志工作办公室，一个机构两块牌子，副师级。2003 年 8 月，兵团志工作办公室更名为兵团志办公室。2018 年，兵团党委党史研究室、兵团志办公室下设综合处、党史处、方志处、年鉴处 4 个处，核定人员编制 16 人。领导职数 3 人，其中主任 1 名，副主任 2 名。在编人员全部参照公务员法管理。年内，退休 2 人，新招录 2 人，截至年末共有 14 人（含 1 名援疆干部）。（王兴鹏）

【中国铁路总公司史志机构情况】 年内，全国铁路有 19 个史志机构。其中，中国铁路总公司档案史志中心，为正局级单位；铁路局集团公司档案史志室 18 个。全国铁路有史志工作人员 53 名，在编 49 名，非在编 4 名。在编人员中，副高级专业技术人员 15 名，中级专业技术人员 18 名，初级专业技术人员 16 名。

（姚岳山）

· 表彰先进

【吉林省地方志系统表彰先进】 1 月 22 日，

吉林省地方志编委会印发《关于对2017年度全省地方志系统信息工作先进单位及先进工作者予以表扬的通报》，对2017年度全省地方志系统3个信息工作先进单位及10名先进工作者予以通报表彰。2017年度全省地方志系统信息工作先进单位为长春市地方志编委会、吉林市志办、辽源市志办，先进工作者为崔玉恺、王梓、赵磊、毕淑霞、纪光、盛禹彭、李明月、田峰、周凯、张建光。12月17日，省地方志编委会印发《关于对2018年度省志编纂工作先进单位和个人予以表扬的通报》，对省志编纂工作开展较好、进展较快，在2018年完成志书出版、志稿终审、复审和初稿编写的30家省志编纂先进单位，以及在省志编纂工作中成绩突出的58名先进个人予以通报表扬。

（周玉顺）

【《辽源年鉴（2017）》编纂人员获三等功奖励】 5月15日，中指办印发《关于公布第二批入选中国年鉴精品工程“中国精品年鉴”的通知》，《辽源年鉴（2017）》入选中国年鉴精品工程“中国精品年鉴”。随后，《辽源日报》、辽源市委《内部通讯》、市政府《信息要闻》、市政府门户网站等多家媒体对此予以报道。8月9日，经辽源市市长孙弘签批同意，辽源市政府印发《关于表彰〈辽源年鉴（2017）〉编纂工作先进集体及先进个人的决定》，授予辽源市志办集体三等功，授予《辽源年鉴（2017）》编纂人员张广信等19人个人三等功。

（刘传仁）

【黑龙江省地方志系统表彰先进】 3月22日，黑龙江省人力资源和社会保障厅、省志办印发《关于表彰全省地方志系统先进集体和先进工作者的决定》，授予大庆市志办等18个单位“全省地方志系统先进集体”荣誉称号；王剑峰等8人“全省地方志系统先进工作者”荣誉称号。

（徐萍　杜胜男）

【江苏省政府办公厅表彰全省地方志优秀成果】 1月17日，江苏省政府办公厅下发《关于江苏省地方志书优秀成果的通报》，表彰地方志优秀成果综合优秀一等20部、二等30部、三等40部，单项优秀中篇目设计类25部、内容记述类25部、特色创新类25部。其中，获得综合优秀一等的省志3部，为《江苏省志（1978—2008）·发展改革志》《江苏省志（1978—2008）·人大志》《江苏省志（1978—2008）·纪检监察志》；市志2部为《扬州市志（1988—2005）》《镇江市志（1983—2005）》；县（市、区）志9部为《高淳县志（1986—2005）》《宜兴市志（1988—2005）》《张家港市志（1986—2005）》《海安县志（1993—2008）》《启东市志（1986—2005）》《海门市志》《东台市志（1988—2005）》《邗江县志（1988—2000）》《丹阳市志（1986—2005）》；镇村志6部，分别为南京市《江宁街道志》、苏州市吴中区《甪直镇志》、苏州市吴中区《陆巷村志》、苏州市吴江区《同里镇志（增订本）》、苏州市吴江区《开弦弓村志》、昆山市《周庄镇志》。

（吉祥）

【连云港市政府给全市第二轮修志工作先进集体和个人记功】 12月10日，江苏省连云港市政府印发《关于给全市第二轮修志工作先进集体和个人记功的决定》。决定指出，全市第二轮修志工作经过13年的艰苦努力，先后完成《连云港市志（1984—2005）》等9部市、县、区志的编纂出版工作，在苏北率先全面完成省规划的第二轮修志任务。市志办编纂出版的《连云港年鉴（2017）》获全国地方志优秀成果（年鉴类）特等年鉴，各县区综合年鉴实现“一地一鉴，一年一鉴”全覆盖目标。第二轮修志工作期间，全市有160余个单位和部门成立修志工作机构，共有1000余人参与前期的资料收集和初稿撰写。全市修志工作者牢记修志问道、以启未来的使命，以不畏艰苦、甘于奉献的情怀，坚持直笔著信史、彰善引风气，高标准、高质量圆满完成各项工作任务。经市十四届政府第31次常务会议研究，决定给市志办等11家集体和17名个人记功。其中，市志办被记集体二等功，4家参编单位被记集体三等功，6家参编单位被集体嘉奖；《连云港市志（1984—2005）》总纂陆瑞萍和副总纂姜龙才2人记个人二等功，另有参编人员7人记个人三等功，8人获个人嘉奖。（武文明）

【杭州市地方志学会获多项荣誉和表彰】 年内，杭州市地方志学会首次参评2018年度杭州市社科联星级社团评定，被评定为四星级社团。市志办编纂的专著《创新创业在杭州》被评为杭州市社科联第十三届社科优秀成果二等奖。市地方志学会被评为2018年度杭州市社科联系统先进社团，会长张美虎被评为2018年度杭州市社科联系统先进工作者，副会长袁啸马被评为2018年度杭州市社会科学普及周活动先进个人。（倪晴）

【2017年山东省情网先进供稿单位获表彰】 1月17日，山东省志办发出《关于表彰2017年山东省情网先进供稿单位的通报》。2017年，山东省情网共计接收来稿1800篇，上网发布市县史志动态1163篇，所选优秀稿件同步发布在“山东史志”微信平台，在宣传工作、交流经验、推介成果等方面发挥了重要作用。各市、县（市、区）志办积极供稿，供稿数量比往年有较大提高，信息的权威性、准确性、时效性受到各方面高度评价。通报对淄博市、菏泽市、济宁市、青岛市、临沂市、泰安市、东营市、日照市、莱芜市、潍坊市史志办和肥城市、沂水县、青岛市市北区、费县、青岛市崂山区、平度市、东营市河口区、郓城县、商河县、邹城市、东平县志办等21个单位予以通报表彰。（孙杰　王赟）

【山东省政府办公厅印发《关于2017年度山东省优秀史志成果的通报》】 4月27日，山东省政府办公厅印发《关于2017年度山东省优秀史志成果的通报》。《山东省志·建设志（1986—2005）》等史志成果被评为2017年度山东省优秀史志成果。（孙杰　王赟）

【湖南省地方志编委会印发《关于第五届湖南省年鉴奖评选结果的通报》】 6月8日，湖南省地方志编委会印发《关于第五届湖南省年鉴奖评选结果的通报》，对《长沙年鉴（2016）》等22部获评一等奖、《岳阳年鉴（2016）》等20部获评二等奖、《郴州年鉴（2017）》等17部获评三等奖的年鉴进行通报表扬。

（湖南省地方志编委会）

【海南省开展第二届市县地方综合年鉴质量评比活动】 5月，海南省史志办组织开展第二届市县地方综合年鉴编纂出版质量评比活动，共评出一等年鉴1部，二等年鉴3部，三等年鉴5部。其中，《海口年鉴（2017）》获一等年鉴。（郑昕）

【四川省地方志系统表彰先进】 8月，四川省人力资源和社会保障厅、省志办联合启动四川省地方志系统先进集体和先进个人表彰活动。12月28日，省人力资源和社会保障厅、省志办印发《关于表彰四川省地方志系统先进集体和先进个人的决定》，对成都市成华区志办等45个先进集体、刘旭等65名先进个人予以表彰。（黄绚）

【西藏自治区党委办公厅、政府办公厅印发《关于表彰2017年度全区地方志工作先进集体和先进个人的决定》】 9月30日，西藏自治区党委办公厅、自治区政府办公厅印发《关于表彰2017年度全区地方志工作先进集体和先进个人的决定》，授予林芝市等4个市“2017年度全区地方志工作先进地市”荣誉称号，授予达孜区等10个县（区）“2017年度全区地方志工作先进县（区）”荣誉称号，授予自治区检察院等10个单位“2017年度全区地方志工作先进单位”荣誉称号，授予赵正路等30人“2017年度全区地方志工作先进个人”荣誉称号。（肖旭明　徐文玉）

人　物

·领导名录

中国地方志指导小组及其办公室

指导小组秘书长，办公室党组书记、主任：冀祥德（11 月不再兼任办公室党组书记）

办公室党组书记：高京斋（11 月任职）

办公室副主任：邱新立

北京市地方志编纂委员会办公室

党组书记、主任：陈玲

党组成员、副主任：侯宏兴　张恒彬

副巡视员：运子微

天津市档案馆（市地方志编修委员会办公室）

党委书记、馆长：方昀（11 月任职）

副馆长：吴爱民　李　政　荆　浩

副馆长、市地方志编修委员会办公室主任：关树锋

副馆长：于全太

河北省地方志编纂委员会办公室

主任：杨洪进

副主任：宋士青　杨胜旗（8 月退休）王蕾

中共山西省委党史研究院（省地方志研究院）

院长：张志仁

副院长：刘益令　钟启元（10 月任职）巨文辉（10 月任职）

党组成员、副主任：赵群虎（7 月退休）

内蒙古自治区地方志编纂委员办公室

主任：胡满达（蒙古族，5 月调离）何文俊（5 月任职）

常务副主任：查干浪涛（蒙古族）

副主任：孟秀芳（女）

吉林省地方志编纂委员会

党组书记、副主任：李云鹤

党组成员、副主任：李正奎　孟亚男

副巡视员：赵飞

辽宁省档案局（辽宁省档案馆、辽宁省工业文化发展中心）

副局长（副馆长、副主任）：鄢钢城（11 月机构改革后，局馆分离，不再兼任副局长）

副巡视员：麻志杰

辽宁省地方志编纂中心主任：林燕燕（12 月任职）

中共黑龙江省委史志研究室

主任：何伟志

副主任：车迎坤　章　磊　陈春雷

上海市地方志办公室

党组书记、主任：洪民荣

副主任：王依群　生键红

江苏省地方志编纂委员会办公室

党组书记、主任：漆冠山（3 月退休）左健伟（12 月任职）

党组成员、副主任：蔡金良　牟国义　方亚光

浙江省人民政府地方志办公室

主任：潘捷军

副主任：章其祥

中共安徽省委党史研究院（安徽省地方志研究院）

院长：程中才

副院长：郭德成（正厅级）

副院长：苗　键　吴　静　施昌旺

中共福建省委党史研究和地方志编纂办公室

主任：黄　誌

副主任：汪一朝　俞　杰　黄　玲　林　浩

黄盛泽
副巡视员：戴振华

江西省地方编纂委员会办公室

党组书记、主任：梅　宏
党组成员、副主任：周　慧　杨志华

山东省地方史志研究院

院长：赵国卿（10 月任职）
副院长：林　杰（10 月任职）
董立新（10 月任职）
二级巡视员：姚丙华（10 月任职）
王兴合（10 月任职）

河南省地方史志办公室

党组书记、主任：管仁富
党组成员、副主任：冯普友　周慧杰

湖北省文化和旅游厅

党组书记、厅长：雷文洁（11 月任职）
党组副书记、副厅长：杨军（11 月任职）
党组成员、驻厅纪检监察组组长：
陈锴（11 月任职）
党组成员、副厅长：周正素　严荣利　段天玲　李开寿　徐勇　陶宏家　陈祖刚（11 月任职）
党组成员：黎朝斌　唐昌华　吴凤端（11 月任职）

湖南省地方志编纂委员会

党组书记、副主任：易介南（7 月退休）
党组成员、副主任：邓建平　黄俊军
副巡视员：杨盛让

广东省人民政府地方志办公室

党组书记、主任：陈华康
党组成员、副主任：丘洪松　刘　卫
副巡视员：吕克坚（9 月退休）

广西壮族自治区地方志编纂委员会办公室

党组书记、主任：梁金荣（1 月任职）
党组成员、副主任：唐中克　邓敏杰

海南省地方志办公室

主　任：毛志华
副主任：赖永生　秦武军

重庆市地方志办公室

主任：刘文海（1 月任职）
副主任：夏小平

四川省地方志工作办公室

党组书记、主任：马小彬（1 月退休）
陈建春（1 月任职）
党组成员、副主任：赵　行
党组成员、机关党委书记：邓　瑜
党组成员、副主任：陶利辉（12 月任职）

贵州省地方志编委会办公室

副主任：归然（主持工作）
黄远良　梁贵钢

云南省地方志编纂委员会办公室

主任：杨建林
副主任：陈天武　袁丽萍

西藏自治区地方志编纂委员会办公室

主任：汪德军
副主任：赤列旦增 王会世（援藏干部）

陕西省地方志办公室

党组书记、主任：雷　湛
党组书记、副主任：史天社　吴玉莲
副巡视员：李保国　张世民　姜冯俊

甘肃省地方史志办公室

党组书记、主任：张军利
党组副书记、副主任：郝宗维
党组成员、副主任：李振宇　徐大武（7 月任职）　张正龙
副巡视员：石为怀

青海省地方志编纂委员会办公室

主任：杨松义（9 月任职）

宁夏回族自治区地方志编审委员会办公室

主任：贠有强
副主任：张万静

新疆维吾尔自治区地方志编纂委员会

党组书记、副主任：廖运建
党组成员、副主任：刘星　阿不都拉·阿吾提
副巡视员：阿不都肉甫·艾力

新疆生产建设兵团志办公室

副主任：陈旭（援疆干部，主持工作）
副主任：何喜清（11 月退休）
曹　蕾（3 月退休）

·人物选介

果爱民　1963年10月出生，河北省唐山市人，中共党员，大学学历。1986年河北大学毕业后进入唐山市政府经济研究中心（现为唐山市委市政府研究室）工作，先后10次被评为优秀公务员，2011年被评为唐山市级劳动模范。2011年9月任唐山市志办主任。大力推进进度较为滞后的《唐山市志（1987—2005）》编纂工作，2018年底通过省级评审。他担任主编的《唐山年鉴》多次在河北省地方志系统年鉴评比中获得一等奖，其中《唐山年鉴（2017）》在第五届全国地方志优秀成果（年鉴类）中获二等年鉴。完成唐山立市时点考证和唐山开埠140周年纪念活动启动及历史事件考证；协助完成纪念唐山大地震抗震救灾胜利43周年纪念活动。主持和参与编辑大型画册《慷慨悲歌冀东魂》、唐山市中小学生校本教材《辉煌历程——唐山开埠140周年回眸与展望》等10余部各类地情书的编辑出版工作。2012年，他带领唐山市志办与北京怡和集团公司共同发起成立“怡和方志奖励基金”，由北京怡和集团出资100万元，用于奖励唐山市地方志优秀工作者和优秀作品，或者专项推动地方志工作，这是地方志工作机构引入民间资金推动地方志工作的一次尝试。果爱民在唐山市志办创立的微信平台“志海听涛”中担任主持人，使平台成为全省较有影响的地方志专业微信平台。

（郑小明）

宋洪军　1954年10月出生，吉林省榆树县人，中共党员，大学学历，副编审。自1985年始从事地方志工作，曾任哈尔滨市志办处长、副主任、巡视员等职务，黑龙江省志书终审专家。先后参与、主持首轮和第二轮《哈尔滨市志》总体设计，分管市志和县（市、区）志编纂工作的组织发动、业务培训指导、志稿审查等工作；担任《哈尔滨市志》执行副主编，参与市志和县（市、区）志终审定稿，负责第二轮《哈尔滨市志》总纂工作。其间，共评审黑龙江省省、市、县三级第二轮志书和《黑龙江年鉴》等。主编、参与编写各种地情汇编、工作手册、人物专集和15个副省级城市地情比较参照等书籍多部，个人撰写文章近百篇，形成自己的学术观点和工作指导方法。在职期间，1999年建议并推动建设哈尔滨地情网；第二轮修志启动后，动议、运作市政府出台全市资料年度化办法，着手夯实第三轮修志资料基础；自2000年始，倡导修志机构工作方法向研究指导型转变，强化理论研究专题化，力争修志队伍能够在当地社科界发出学术声音，占领学术高地。

（徐萍　杜胜男）

李明　1939年出生，江苏省如东县人。1965年毕业于中国人民大学新闻系，先后在中共中央西北局、陕西省委宣传部工作。1971年返回原籍工作，先后担任公社党委副书记、县委办公室副主任、县委宣传部常务副部长兼县委党史办主任、县志办主任。1986年调江苏省志办工作，先后担任市县指导室主任、研究室主任、省志处处长。曾任中国地方志学会第二届、第三届理事，学术委员。创办江苏省地方志学会，并担任学会常务理事、秘书长。1983年由其总纂的《如东县志》由江苏人民出版社出版。与人合作编撰出版新方志编修学术专著《县志编修探微》，独立撰著或与人合作撰著方志理论著作《新地方史志学简编》《新方志编纂实践》《实用方志学编纂研究》《方志管理学》。其业绩被载入新华出版社《东方之子》、英国剑桥大学国际传记

中心《20世纪杰出名人》等。2002年退休后，被江苏省委关工委聘请担任《关心下一代周报》总编室责校工作。承担《江苏省志简编》撰稿，指导完成《高淳县志》《丹阳市志》《扬中市志》《如东县志》等多部第二轮志书。2008年后先后编写出版《收藏生命中的阳光》《智慧人生》《八秩情》等8部共100多万字的自传体励志作品。　（吉祥）

乔方辉　女，中共党员，本科学历，正高职称。1985年毕业于菏泽学院中文系，1986年进入菏泽市史志办工作至今。历任编辑、副科长、科长、副总编。现任菏泽市方志馆馆长、编审。主要社会兼职有中国民俗学会会员、山东省民俗学会常务理事、菏泽市民俗学会副会长、山东省摄影家协会会员、省女摄影家协会副秘书长、市女摄影家协会副主席兼秘书长、市民俗摄影协会主席。先后参与编修、总纂《菏泽地区志》《菏泽市志》《菏泽牡丹志》《菏泽年鉴》等多部志鉴类书籍；出版专著有：《山东黄河民俗》《山东民间玩具》《菏泽民俗》等。2004年创办菏泽市情网站运行至今，多次受到国家、省市有关领导和同行的肯定与表彰。共发表论文100余篇，先后19次荣获山东省史志成果优秀论文一、二、三等奖和山东省民俗学会优秀论文二、三等奖。2003年至2004年，与山东电视台合作，拍摄大型民俗专题片《齐鲁民俗》。2014年8月至12月，在菏泽电视台《百姓讲坛》栏目开设《民俗讲座》16期，受到好评。2008年，被市委组织部、市人社局聘为公务员面试考官。菏泽市方志馆先后于2014年、2017年两次荣获山东省优秀方志馆。2017年8月，中指办、国家方志馆印发《关于通报表扬全国方志馆工作单位和个人的决定》，乔方辉个人获得通报表扬。

（山东省史志办）

易介南　1958年5月出生，湖南省株洲市人，中共党员，硕士研究生，正高职称。毕业于湖南师范大学教育管理专业。1974年4月参加工作，曾任湖南省株洲市北区副区长兼株洲市文联副主席，湖南省艺术学校第一副校长、校长、党委书记，湖南艺术职业学院院长、党委书记，中国艺术职业教育学会副会长、全国文化艺术职业教育教学指导委员会副主任委员、中国音乐剧专业教学委员会副主任、湖南学校艺术教育委员会副主任委员、湖南省戏剧家协会副主席。2013年5月至2018年7月，任湖南省地方志编委会党组书记、副主任，2018年任政协湖南省第十二届委员会委员学习联络委员会副主任。现任中国地方志学会专家顾问委员会副主席。主要作品有：电视剧本《彗星》，荣获“宋庆龄儿童文学奖”；小说集《城市与女人》和戏剧集《同一个月亮》，《城市与女人》改编成电影《热恋》及大型话剧《城市与女人》；音乐剧《同一个月亮》，获湖南艺术节“田汉大奖”、全国艺术职业教育优秀成果奖、首届“中国校园戏剧节”优秀剧目奖；花鼓戏《五十二家别墅》。主持并参与国家级课题《湖南戏剧文化现状的考察与研究》和5个省级课题，在省级、国家级刊物上发表专业论文数十篇，多次获省级以上奖项，主编艺术高职教材《文学鉴赏》，由武汉大学出版社出版。在主持湖南省地方志编委会工作期间，狠抓队伍建设、机关建设，提出并推动新湖南通志、湖南省特色志、乡镇简志、名镇名村志、社区志编修，大力推进全省地方志事业转型升级，开创了湖南地方志事业发展新局面。

（张征远）

胡正好　1968年2月生，重庆市璧山区人，中共党员，研究生学历。现任璧山区人大教科文卫委主任，兼任中国书法家协会会员、重庆市书法家协会草书委员会副主任、四川美术学院

特聘教授、重庆师范大学书法艺术研究院创研部主任、北京大学访问学者、重庆市地方志专家库成员。2012年完成18万字的清同治《璧山县志》点校工作，与清乾隆、嘉庆《璧山县志》合集由九州出版社出版。2017年完成10余万字的民国《续修璧山县志》点校工作，由中国书籍出版社出版。（杨祖静）

蔡玉葵　1965年3月生，重庆市石柱土家族自治县人，土家族，中共党员，大学本科学历，重庆市石柱土家族自治县志办主任。自2001年9月主持石柱县志办工作以来，县志办多年被中共石柱县委、县政府评为部门创优先进单位，被重庆市志办表彰为全市地方志工作先进单位，2011年被人力资源和社会保障部、中指组联合表彰为全国方志系统先进集体。2005年末，蔡玉葵被中指组表彰为全国地方志系统先进工作者。先后组织编修《石柱土家族自治县志》以及《石柱县政协志》《石柱县人大志》《石柱县人民医院志》《石柱县国土房屋局志》等部门志，其中组织编修的《石柱县志（民国元年—民国38年）》开创了重庆市当代人修民国志的先河，《石柱黄连志》是石柱县首部农产品专志。组织编纂《可爱的石柱》《石柱知识台历》《锦绣石柱》《石柱土家族自治县概况》《石柱土家族研究丛书》《绿色石柱》《秦良玉史料全集》等地情书籍，部分篇章还被录编为石柱乡土教材，得到广泛赞誉。（杨祖静）

杨青林　1963年10月出生，四川省崇州市人，中共党员，大学学士学位，高级工程师。1984年7月参加工作，先后在成都航空仪表公司、成都市武侯区工业局、成都市武侯区经济体制改革办公室工作，2005年8月任成都市武侯区政府办公室党组成员、区志办主任。2013年，成都市武侯区志办获评为四川省地方志系统先进集体；2018年，杨青林获评为四川省地方志系统先进个人。组织编纂《成都市武侯区志（1990—2005）》《武侯区民俗志》，分别获四川省地方志优秀成果二等奖，四川省地方志优秀成果一等奖、成都市社科优秀成果三等奖；组织编纂《追寻——武侯抗战将士访谈录》《华西坝记忆》《天府文芯·武侯寻踪》《天府芙蓉》，分获四川省地方志优秀成果一等奖和成都市社科优秀成果三等奖；《武侯年鉴》多次在中指组组织的质量评审活动以及四川省地方志优秀成果评比中获奖；2015年，组织完成武侯区方志馆建设，收藏全市各区（市）县、全省各市州、全国各省会城市城区的志书、年鉴、地情资料等书籍和物品近7000册（件），2017年获评为四川省方志馆工作先进单位，杨青林获评为全国方志馆工作先进个人称号。

（黄绚）

温益群　女，1957年出生，云南省昆明市人，中共党员，本科学历。1983年毕业于云南大学历史系，开始从事地方志工作，先后担任云南省志办调研员、编审，总编室副主任、《云南史志》编辑部主任。2012年退休后，担任云南省地方志学会副会长、云南省地方志专家学术委员会副主任、云南大百科全书编辑部副主任等职务。首轮修志中，担任《云南省志》分纂，负责《云南省志》中的《地理志》《邮电志》《农业志》《冶金志》《盐业志》《卫

生志》等10余部分志，所纂志书700余万字，其中多部分别获全国和省级优秀志书奖。第二轮修志中，作为《云南省志》执行副总纂，负责《财税志》《文化志》《侨务志》《监察志》《民族志》《卫生志》等分志编纂。先后在《中国地方志》《云南史志》《今日中国》《人口研究》《云南社会科学》《云南民族学院学报》等期刊以及有关书籍里公开发表地方史志文化和民族文化研究方面论文90余篇，出版《原始社会中的精神历史构架》《木鼓中的母性之魂》《住瓦房的司岗里后人——佤族》3本个人专著。1996年8月受到云南省政府的荣誉嘉奖，担任编委和作者的《云南民族女性文化丛书》（主编为高发元）获第十届中国图书奖，参编的《玉溪地区志》获全国地方志奖二等奖，执行分纂的《云南省志·邮电志》荣获全国地方志奖二等奖，专著《住瓦房的司岗里后人——佤族》获云南省新闻出版局和云南省地方志编委会评定的优秀著作一等奖。（郑灵琳）

杨英奎　1974年6月出生，山西省永济市人，中共党员，大学本科，助理讲师。现任西藏昌都市志办主任。1998年参加工作，历任昌都地区师范学校教师、洛隆中学教师、昌都地委办公室信息科副科长、昌都地委政研室综合科科长等。2015年6月任西藏昌都市委党史研究室（市志办）副主任（正科级）。在自治区志办、市委办公室的关怀下，2016年开始主持编修《昌都地区志（2001—2010）》，昌都市志办荣获2017年度西藏自治区地方志工作先进集体称号。先后参与、主持编撰《昌都年鉴》2015年卷、2016年卷、2017年卷、2018年卷、2019年卷。个人荣获2016年度全区地方志工作先进个人。（邹廷波）

牛述林　藏族，1965年8月出生，甘肃省卓尼县人，中共党员，本科学历。1990年6月毕业于中央民族学院经济系，7月参加工作。1998年至2016年7月，先后在甘肃省甘南州委、州政府政策研究室、州直机关工委工作，先后任副科长、办公室主任、纪委书记、副书记（兼纪委书记）等职务。2016年1月任甘南州地方史志编纂委员会副主任、办公室主任。1992年以来，先后担任州政府主办的《甘南民族经济》，州委、州政府机关刊物《甘南调研与决策》责任编辑，《甘肃统计年鉴》（甘南部分）主要撰稿人，历次党内重大政治教育活动办公室重要材料起草人及当地学习教育材料编辑。多次获得全州优秀党务工作者、优秀共产党员、先进工作者等荣誉称号。2016年起，先后任《甘南州志（1991—2010）》主编，《甘南州年鉴》2016年卷、2017年卷、2018年卷主编，甘南州非物质文化遗产评审委员会委员，《中国藏区百年》（甘南部分）编委会委员，《甘南州地名志》编委会委员；先后主持复审、终审出版《迭部县志（1991—2010）》《碌曲县志（1996—2010）》和州县市地方综合年鉴22部。他主编的《甘南州年鉴（2017）》获第五届全国地方志优秀成果（年鉴类）三等年鉴。（甘肃省史志办）

贠有强　1974年生，宁夏回族自治区盐池县人，硕士研究生，副编审。1998年毕业于宁夏大学中文系，在宁夏社会科学院就职。先后任宁夏社会科学院历史研究所副所长、宁夏社会科学院办公室主任。2014年11月任宁夏回族自治区志办主任。著有《宁夏历史文化遗存和

文物古迹》《彭德怀与红军西征》两部专著，主编出版大型文献丛书《宁夏旧方志集成》（35卷）和《宁夏地方历史文化论丛》、《宁夏地方志编纂研究》（第一辑）、《宁夏史话》（上、下册）等。参与并完成多项自治区重大现实问题研究课题，主持完成自治区哲学社会科学基金项目1项，在研国家社会科学基金项目1项。曾先后两次被评为自治区宣传文化系统先进工作者。

（张明鹏）

文　献

· 中指组及其办公室地方志工作文件

关于实行“两全目标”工作进度季通报制度的通知

中指组字〔2018〕2 号

各省、自治区、直辖市地方志编委会（办公室），新疆生产建设兵团志办公室：

“两全目标”是当前全国地方志系统的中心工作和首要任务。开展“两全目标”督查是《地方志工作条例》《全国地方志事业发展规划纲要（2015—2020 年）》赋予中国地方志指导小组及其办公室的职权。为及时掌握各地“两全目标”完成进度情况，加大对各地的督查力度，经研究，决定实行“两全目标”工作进度季通报制度。从 2018 年第一季度开始，对各地推进“两全目标”工作进度进行排名，以中国地方志指导小组文件的形式进行一季度一通报，通报对象为各省级人民政府和地方志工作机构，同时报送国务院督查室。请各单位于每季度末月 25 日前将“两全目标”工作进度（附件 1—附件 5）发至“两全目标”督查小组办公室邮箱。对于不如实填报数据的，一经查实将进行通报批评，并约谈相关责任人。

为便于联络，请各省级地方志工作机构指定 1 名联络人负责数据填报工作。联络人名单（附件 6）于 3 月 30 日前报“两全目标”督查小组办公室邮箱。

联系方式：

联系人：安山、朱海

联系电话：010－65226095、010－85111764

E－mail：lqmbdc@ sina. com

邮寄地址：北京市朝阳区潘家园东里九号国家方志馆

邮编：100021

附件：

1. 全国第二轮省市县三级志书规划与出版情况统计表（略）

2. 到 2020 年全面完成第二轮志书编纂任务统计表（略）

3. 全国第二轮省市县三级志书出版情况统计表（略）

4. 到 2020 年全面完成地方综合年鉴编纂任务及出版情况统计表（略）

5. 到 2020 年全面完成地方综合年鉴编纂任务统计表（略）

6. “两全目标”督查工作联络人名单（略）

中国地方志指导小组
“两全目标”督查小组
2018 年 3 月 26 日

关于对第五届全国地方志优秀成果（年鉴类）的通报表扬

中指组字〔2018〕11号

各省、自治区、直辖市地方志编委会（办公室），新疆生产建设兵团志办公室，中央军委党史军史工作领导小组，国务院有关部委局、中央直属企事业单位史志机构：

为深入贯彻落实国务院《地方志工作条例》和《全国地方志事业发展规划纲要（2015—2020年）》，推动年鉴事业科学发展，充分发挥年鉴在我国经济社会发展和社会主义文化强国建设中的重要作用，中国地方志指导小组、中国地方志学会组织开展第五届全国地方志优秀成果（年鉴类）评审工作，评审范围是全国地方志系统2017年编纂并公开出版的各级各类年鉴。

在各地各部门评选推荐的基础上，经专家小组评审与第五届全国地方志优秀成果（年鉴类）评审活动领导小组办公室复审、领导小组终审，在省级综合年鉴、地市级综合年鉴、县区级综合年鉴、专业年鉴、军事年鉴中确定特等年鉴22部，一等年鉴53部，二等年鉴76部，三等年鉴75部，提名年鉴44部。经研究，对以上270部年鉴进行通报表扬。

根据国务院《地方志工作条例》“对在地方志工作中作出突出成绩和贡献的单位、个人，给予表彰和奖励”的规定，建议本级人民政府对获得通报表扬年鉴的编纂单位和相关人员给予表彰和奖励。

希望获得通报表扬的年鉴编纂单位再接再厉，开拓创新，编纂出更高质量的精品佳作，为实现年鉴事业转型发展作出新的更大贡献。同时，也希望各单位学习先进，高度重视年鉴质量建设，以“为当代提供资政辅治之参考，为后世留下堪存堪鉴之记述”为目标，编修出更多经得起时代和历史检验，具有鲜明时代特征、年度特点和地域特色的精品年鉴。

中国地方志指导小组　中国地方志学会

2018年9月14日

第五届全国地方志优秀成果（年鉴类）通报表扬名单

（270部）

特等年鉴（22部）

·**省级综合年鉴**（0部）

空缺

·**地市级综合年鉴**（7部）

《成都年鉴（2017）》《杭州年鉴（2017）》《福州年鉴（2017）》《连云港年鉴（2017）》《赣州年鉴（2017）》《南京年鉴（2017）》《辽源年鉴（2017）》

·**县区级综合年鉴**（6部）

《北京海淀年鉴（2017）》《晋江年鉴（2017）》《海安年鉴（2017）》《东阳年鉴（2016）》《贵阳白云年鉴（2017）》《如皋年鉴（2017）》

·**专业年鉴**（6部）

《广东建设年鉴（2017）》《粤港澳大湾区城市群年鉴（2017）》《中关村年鉴（2017）》《中国—东盟年鉴（2017）》《上海文化年鉴（2017）》《红塔集团年鉴（2017）》

·**军事年鉴**（3部）

《西部战区年鉴（2017）》《宁夏军事年鉴（2017）》《国防科技大学年鉴（2017）》

一等年鉴（53部）

·**省级综合年鉴**（5部）

《江苏年鉴（2017）》《新疆年鉴（2017）》《广西年鉴（2017）》《江西年鉴（2017）》《广东年鉴（2017）》

· 地市级综合年鉴（9 部）

《盐城年鉴（2017）》《苏州年鉴（2017）》《三明年鉴（2017）》《南宁年鉴（2017）》《南昌年鉴（2017）》《柳州年鉴（2017）》《海口年鉴（2017）》《楚雄州年鉴（2017）》《广州年鉴（2017）》

· 县区级综合年鉴（23 部）

《宁国年鉴（2017）》《临安年鉴（2017）》《兴庆年鉴（2015）》《天津市北辰年鉴（2017）》《丰润年鉴（2017）》《金台年鉴（2017）》《敦化年鉴（2017）》《兴化年鉴（2017）》《余杭年鉴（2017）》《鄞州年鉴（2017）》《荣成年鉴（2017）》《丰南年鉴（2017）》《丹徒年鉴（2017）》《寒亭年鉴（2017）》《威远年鉴（2017）》《洪泽年鉴（2017）》《漳浦年鉴（2017）》《无棣年鉴（2017）》《柳北年鉴（2017）》《涉县年鉴（2017）》《东昌府年鉴（2017）》《盘州市年鉴（2017）》《顺德年鉴（2017）》

· 专业年鉴（12 部）

《杭州经济技术开发区年鉴（2017）》《广东卫生和计划生育年鉴（2017）》《上海经济年鉴（2017）》《长春新区年鉴（2017）》《四川油气田年鉴（2017）》《重钢年鉴（2017）》《黄河年鉴（2017）》《全国社会科学院年鉴（2016）》《温州公安年鉴（2017）》《江苏保险年鉴（2017）》《北京经济技术开发区年鉴（2017）》《中国考古学年鉴（2016）》

· 军事年鉴（4 部）

《中国军事测绘导航年鉴（2015）》《江西军事年鉴（2016）》《长沙军事年鉴（2016）》《贵州陆军预备役步兵师年鉴（2017）》

二等年鉴（76 部）

· 省级综合年鉴（5 部）

《安徽年鉴（2017）》《湖南年鉴（2017）》《贵州年鉴（2017）》《宁夏年鉴（2017）》《河北年鉴（2017）》

· 地市级综合年鉴（14 部）

《通辽年鉴（2017）》《深圳年鉴（2017）》《温州年鉴（2017）》《贵阳年鉴（2017）》《桂林年鉴（2017）》《郑州年鉴（2017）》《海南年鉴（2016）》《武汉年鉴（2017）》《长春年鉴（2017）》《唐山年鉴（2017）》《青岛年鉴（2017）》《黑河年鉴（2017）》《宝鸡年鉴（2017）》《上饶年鉴（2017）》

· 县区级综合年鉴（33 部）

《长春市宽城年鉴（2017）》《栖霞年鉴（2017）》（南京）《硚口年鉴（2017）》《武侯年鉴（2017）》《澄江年鉴（2017）》《大丰年鉴（2017）》《连云年鉴（2017）》《新建年鉴（2017）》《新泰年鉴（2017）》《平南年鉴（2017）》《北安年鉴（2017）》《杨浦年鉴（2017）》《惠山年鉴（2017）》《桐乡年鉴（2017）》《柯桥年鉴（2016）》《台江年鉴（2017）》《垦利区年鉴（2017）》《滨城年鉴（2017）》《台前年鉴（2017）》《南海年鉴（2017）》《香河年鉴（2017）》《钟楼年鉴（2017）》《德化年鉴（2017）》《张店年鉴（2017）》《莒南年鉴（2017）》《江油年鉴（2017）》《康定年鉴（2017）》《德江年鉴（2017）》《安吉年鉴（2017）》《信州年鉴（2017）》《盐田年鉴（2017）》《贵定年鉴（2017）》《揭西年鉴（2017）》

· 专业年鉴（18 部）

《江苏科技年鉴（2017）》《世界经济年鉴（2016）》《上海铁路局年鉴（2017）》《河北经济年鉴（2017）》《中国中医药年鉴（行政卷）（2017）》《中国卫生和计划生育年鉴（2017）》《中国林业年鉴（2017）》《中国水利年鉴（2017）》《宁波文化年鉴（2016）》《龙城街道年鉴（2017）》《宁波公安年鉴（2016）》《黑龙江农垦年鉴（2017）》《北京工业年鉴（2017）》《长安年鉴（2017）》《浙江公安年鉴（2017）》《陕西交通运输年鉴（2016）》《中国人口年鉴（2016）》《北京工业大学年鉴（2016）》

· 军事年鉴（6 部）

《武警青海总队年鉴（2017）》《怀化军事年鉴（2017）》《黔东南军事年鉴（2017）》《太原军事年鉴（2017）》《大同军事年鉴（2017）》《白山军事年鉴（2017）》

三等年鉴（75 部）

·省级综合年鉴（7部）

《天津年鉴（2017）》《吉林年鉴（2017）》《福建年鉴（2017）》《河南年鉴（2017）》《海南年鉴（2017）》《黑龙江年鉴（2016）》《兵团年鉴（2017）》

·地市级综合年鉴（17部）

《长沙年鉴（2017）》《东莞年鉴（2017）》《大理州年鉴（2017）》《北屯年鉴（2017）》《大兴安岭年鉴（2017）》《林芝年鉴（2017）》《岳阳年鉴（2017）》《洛阳年鉴（2017）》《乐山年鉴（2017）》《威海年鉴（2017）》《湛江年鉴（2017）》《甘南州年鉴（2017）》《银川年鉴（2017）》《延边年鉴（2017）》《沈阳综合年鉴（2017）》《亳州年鉴（2017）》《长治年鉴（2017）》

·县区级综合年鉴（17部）

《济阳年鉴（2017）》《宁县年鉴（2016）》《普陀年鉴（2017）》《柘荣年鉴（2017）》《浔阳年鉴（2017）》《原阳年鉴（2017）》《监利年鉴（2017）》《松桃年鉴（2015）》《建宁年鉴（2017）》《长葛年鉴（2017）》《保康年鉴（2017）》《开福年鉴（2016）》《黄埔年鉴（2017）》《秀峰年鉴（2017）》《铜山年鉴（2017）》《昌邑年鉴（2017）》《环翠年鉴（2017）》

·专业年鉴（24部）

《中国文学年鉴（2016）》《中国信息产业年鉴（2017）》《中国新闻年鉴（2017）》《国网内蒙古东部电力有限公司年鉴（2016）》《中国标准化年鉴（2017）》《中国质量监督检验检疫年鉴（2017）》《天津科技年鉴（2017）》《中国城市轨道交通年鉴（2017）》《上海信息化年鉴（2017）》《苏州工业园区年鉴（2017）》《贵州交通运输年鉴（2016）》《广西统计年鉴（2017）》《湖北统计年鉴（2017）》《山东新闻出版广电年鉴（2017）》《江西统计年鉴（2017）》《中国测绘地理信息年鉴（2017）》《江西宣传思想文化工作年鉴（2015）》《浙江外事侨务年鉴（2016）》《广西金融年鉴（2016）》《山东中小企业年鉴（2017）》《黑龙江商务年鉴（2016）》《兰州铁路局年鉴（2017）》《温州统计年鉴（2017）》《中国辽夏金研究年鉴（2015）》

·军事年鉴（10部）

《株洲军事年鉴（2017）》《邵阳军事年鉴（2017）》《黔东南军事年鉴（2016）》《贵州陆军预备役步兵师年鉴（2016）》《临汾军事年鉴（2017）》《晋中军事年鉴（2017）》《吕梁市军事年鉴（2016）》《忻州军事年鉴（2017）》《阳泉军事年鉴（2017）》《大同县军事大事记（2017）》

提名年鉴（44部）

·省级综合年鉴（1部）

《西藏年鉴（2017）》

·地市级综合年鉴（7部）

《咸阳年鉴（2017）》《周口年鉴（2017）》《宣城年鉴（2017）》《红河州年鉴（2017）》《天水年鉴（2017）》《泰安年鉴（2017）》《安庆年鉴（2017）》

·县区级综合年鉴（共18部）

《望城年鉴（2017）》《彭山年鉴（2017）》《霍州年鉴（2017）》《湘潭县年鉴（2017）》《纳溪年鉴（2017）》《黄岛年鉴（2017）》《藤县年鉴（2017）》《博山年鉴（2017）》《滕州年鉴（2017）》《鼎城年鉴（2016）》《海拉尔年鉴（2017）》《平远年鉴（2017）》《贡嘎年鉴（2017）》《乐昌年鉴（2017）》《华坪年鉴（2017）》《桑日年鉴（2017）》《夏县年鉴（2017）》《洞头年鉴（2017）》

·专业年鉴（18部）

《杭州统计年鉴（2017）》《沧州统计年鉴（2017）》《中国伦理学年鉴（2015）》《中国工会年鉴（2016）》《中国南水北调工程建设年鉴（2017）》《鞍钢年鉴（2016）》《浙江金融年鉴（2016）》《中国管理学年鉴（2016）》《郭沫若研究年鉴（2015）》《海南农业年鉴（2017）》《湖南教育年鉴（2017）》《张家口经济年鉴（2017）》《浙江统一战线年鉴（2017）》《宁波机场与物流发展集团年鉴（2017）》《东西方哲学年鉴（2016）》《山东食品药品监督管理年鉴（2017）》《宁波金融年鉴（2016）》《中国宗教研究年鉴（2015）》

关于2018年第四季度全国第二轮省市县三级志书和综合年鉴全覆盖完成情况的通报

中指组字〔2019〕1号

各省级地方志工作机构：

自2018年第一季度起实行“两全目标”季度通报制度以来，各地采取强力措施，积极推进第二轮省、市、县三级志书和综合年鉴全覆盖工作。总体上，第四季度“两全目标”工作整体上进展顺利。现将截至2018年第四季度末的有关情况通报如下：

一、省、市、县三级志书完成情况

（一）三级志书完成总体情况

截至2018年第四季度末，全国第二轮三级志书规划5523部，其中省级志书2359部、市级志书389部、县级志书2775部（与2018年第三季度末相比，涉及5个省市的16部志书调整出二轮修志规划，新增5部志书）。按已出版指标统计，三级志书新出版230.5部，累计出版3121.5部，占规划总数的56.52%，较2018年第三季度末提高4.28个百分点。按通过终审（包括志稿评审终审、审后修改、移交出版、已出版等几个统计指标之和）指标统计，三级志书新完成147部，累计完成4022.5部，占规划总数的72.83%，较2018年第三季度末提高2.78个百分点。其中，广东、山东完成第二轮三级规划志书出版。出版总完成率超过50%的还有15个省（区、市），分别是安徽86.92%、天津81.82%、四川80.89、宁夏80.77%、湖南77.11%、吉林75.78%、重庆73.60%、江苏69.82%、甘肃69.19%、河北65.42%、河南62.05%、山西58.64%、湖北57.87%、贵州57.76%、云南50.94%，比2018年第三季度末增加2个省。完成率在40%—49%的有江西、福建、黑龙江、广西、陕西5个省（区），完成率在30%—39%的有北京、内蒙古、辽宁、浙江、青海5个省（区、市），完成率低于30%的有4个省（区、市）和兵团，分别是兵团25%、上海21.36%、新疆20.22%、西藏8.03%、海南7.79%。涉及江西、湖南2个省的5部省志尚未启动编纂（其中含江西4部拟撤销的志书），占规划总数的0.09%。涉及11个省（区、市）和兵团的89部志书已启动编纂但尚未进入初稿撰写阶段，占规划总数的1.61%。北京、天津、河北、上海、浙江、安徽、山东、广西、重庆、四川、贵州、甘肃等省（区、市）第四季度完成率同比增长较快，工作成效明显。

（二）省级志书完成情况

截至2018年第四季度末，按已出版统计，省级志书新出版100.5部，累计出版893.5部，占规划总数的37.88%，较2018年第三季度末提高4.45个百分点。按通过终审（包括志稿评审终审、审后修改、移交出版、已出版等几个统计指标之和）的指标统计，新完成91部，累计完成1445.5部，完成率为61.28%，较2018年第三季度末提高4.18个百分点。广东、宁夏、山东全面完成省级志书规划出版任务，出版完成率超过（含）50%的还有9个省（区、市）和兵团，分别是天津83.61%、兵团80%、甘肃75%、湖南74.24%、重庆72.09%、安徽67.82%、山西58.43%、吉林58.33%、四川53.76%、贵州51.56%，出版完成率低于20%的有10个省（区、市），其中河南17.78%、河北15.25%、上海13.78%、辽宁13.10%、海南10.91%、浙江7.96%、西藏7.14%、江西0%、湖北0%、新疆0%。涉及10个省（区、市）的61部省级志书已启动编纂但尚未进入初稿撰写阶段，占省级志书规划总数的2.59%。

（三）市级志书完成情况

截至2018年第四季度末，按已出版统计，市级志书新出版17部，累计出版218部，占规划总数的56.04%，较2018年第三季度末提高4.37个百分点。按通过终审（包括志稿评审终审、审后修改、移交出版、已出版等几个统计指标之和）的指标统计，新完成12部，累计完成276部，完成率为70.95%，较2018年第三季度末提高3.08个百分点。其中广东、安徽、山东、湖北全面完成市级规划志书出版任务，出版完成率超过（含）50%的还有10个省，分别是吉林88.89%、河南88.89%、江苏84.62%、江西81.82%、四川76.19%、湖南64.29%、浙江63.64%、云南56.25%、山西50%、甘肃50%。出版完成率低于20%的有3个省（区）和兵团，其中，陕西18.18%、海南0%、西藏0%、兵团0%。涉及3个省（区）和兵团的15部市级志书已启动编纂但尚未进入初稿撰写阶段，占市级志书规划总数的3.86%。

（四）县级志书完成情况

截至2018年第四季度末，按已出版统计，县级志书新完成113部，累计出版2010部，完成率为72.43%，较2018年第三季度末提高4.02个百分点。按通过终审（包括志稿评审终审、审后修改、移交出版、已出版等几个统计指标之和）的指标统计，新完成47部，累计完成2301部，完成率为82.92%，较2018年第三季度末提高1.64个百分点。其中，广东、安徽、湖北、山东、兵团完成县级规划志书出版任务，另外出版完成率超过65%的还有13个省（区、市），分别是河南98.67%、江西97%、江苏95.83%、四川95.53%、吉林91.53%、河北86.49%、上海83.33%、湖南80.17%、重庆76.92%、天津75%、宁夏68.18%、甘肃67.44%、云南65.63%。出版完成率低于20%的有2个省（区），其中，海南0%、西藏0%。涉及4个省（区）的13部县级志书已启动编纂但尚未进入初稿撰写阶段，占县级志书规划总数的0.47%。

二、地方综合年鉴全覆盖完成情况

（一）地方综合年鉴全覆盖完成总体情况

截至2018年第四季度末，全国31个省（区、市）和新疆生产建设兵团的32种省级综合年鉴中，2017年卷全部启动编纂、实现一年一鉴、公开出版，其中4种尚未理顺编纂体制；2018年卷32种全部启动编纂，23种实现公开出版。348种市级综合年鉴（含兵团所辖师级年鉴）中，2017年卷341种启动编纂、329种实现一年一鉴、297种实现公开出版；2018年卷342种启动编纂、173种实现公开出版。2841种县级综合年鉴中，2017年卷2489种启动编纂，其中2162种实现一年一鉴、1706种实现公开出版；2018年卷县级综合年鉴2840种（因行政区划调整，相应调减1种）中，2707种启动编纂、1067种实现公开出版。总体来说，全国省、市、县三级综合年鉴2017年卷应编纂出版3221种，公开出版2033种，覆盖率为63.12%；2018年卷应编纂出版3220种，启动编纂3081种，覆盖率为95.68%，1264种实现公开出版，覆盖率为39.25%，公开出版覆盖率排在前3位的是天津100%、江苏98.18%、山东95.48%。

（二）省级综合年鉴编纂出版情况

截至2018年第四季度末，全国31个省（区、市）和新疆生产建设兵团的32种省级综合年鉴中，2017年卷32种全部启动编纂、实现一年一鉴、公开出版；天津、辽宁、浙江、云南4省市尚未理顺编纂体制，未实现由本级地方志工作机构负责编纂。省级综合年鉴2018年卷32种全部启动编纂工作，23种实现公开出版，约占71.88%。

（三）市级综合年鉴编纂出版情况

截至2018年第四季度末，全国应编纂出版的348种2017年卷市级综合年鉴中，341种启动编纂，约占97.99%；329种实现一年一鉴，约占94.54%；297种实现公开出版，约占85.34%。2017年卷年鉴，河北、山西、辽宁、吉林、江苏、浙江、安徽、福建、山东、河南、广东、广西、四川、云南14个省（区）实现启动编纂、一年一鉴、公开出版全覆盖。2018年卷年鉴342种启动编纂，约占98.28%；173种实现公开出版，约占49.71%。尚有涉及黑龙江、海南两省和兵团的6种未启动编纂，约占应编纂出版总数的1.72%。

（四）县级综合年鉴编纂出版情况

截至2018年第四季度末，全国应编纂出版的2841种2017年卷县级综合年鉴中，2489种启动编纂，约占87.61%；2162种实现一年一鉴，约占76.10%；1706种实现公开出版，约占60.05%。应编纂出版的2840种2018年卷年鉴中，2712种启动编纂，约占95.49%；1067种实现公开出版，约占37.57%。其中，北京、天津、山西、内蒙古、吉林、上海、江苏、福建、山东、河南、湖北、广东、广西、重庆、贵州、西藏、甘肃、青海、宁夏19个省（区、市）实现启动编纂全覆盖；尚有涉及河北、辽宁、黑龙江、浙江、安徽、江西、湖南、海南、四川、云南、陕西、新疆12个省（区）的133种未启动编纂工作，约占应编纂出版总数的4.68%。未启动编纂排在前5位的是黑龙江32种、新疆31种、辽宁18种、陕西15种、江西13种。

三、工作要求

按时保质完成“两全目标”，时间紧迫、任务艰巨，希望排名靠后的地区采取强力措施，调动各方面的积极性，切实推进本地区“两全目标”工作。各地要做好“两全目标”在线统计系统的数据更新工作，力争2019年第一季度实现网上报送。工作推进的经验做法、遇到的困难和问题等，请及时报“两全目标”督查小组办公室。

附件：

1. 全国第二轮三级志书完成进度统计排名表
2. 全国第二轮省级志书完成进度统计排名表
3. 全国第二轮市级志书完成进度统计排名表
4. 全国第二轮县级志书完成进度统计排名表
5. 全国2017年卷三级综合年鉴公开出版统计排名表
6. 全国2017年卷三级综合年鉴启动编纂统计排名表
7. 2017年卷省级年鉴公开出版统计排名表
8. 2017年卷市级年鉴公开出版统计排名表
9. 2017年卷县级年鉴公开出版统计排名表
10. 全国2018年卷三级综合年鉴启动编纂统计排名表
11. 全国2018年卷三级综合年鉴公开出版统计排名表

中国地方志指导小组
“两全目标”督查小组
2019年2月15日

附件1　全国第二轮三级志书完成进度统计排名表

（截至2018年第四季度末）

排名	行政区划	规划数	未启动	部署动员	篇目设置	资料收集	初稿撰写	志稿初审	志稿复审	志稿终审	审后修改	移交出版	已出版	完成率
1	广　东	161											161	100.00%
1	山　东	228											228	100.00%
3	安　徽	214						1		2	7	18	186	86.92%
4	天　津	77						4	7			3	63	81.82%
5	四　川	293				3	9	2	3	6	9	24	237	80.89%
6	宁　夏	52				1	7				1	1	42	80.77%
7	湖　南	201	1	2		3	21	8	4	1	1	5	155	77.11%
8	吉　林	128					3		9	6	12	1	97	75.78%
9	重　庆	125					15	4	3			11	92	73.60%
10	江　苏	169					8	6	7	10	9	11	118	69.82%
11	甘　肃	172						13	13	14	2	11	119	69.19%
12	河　北	214					4	23	24	4	12	7	140	65.42%
13	河　南	303									1	114	188	62.05%
14	山　西	220					23	19	37	4	5	3	129	58.64%
15	湖　北	197										83	114	57.87%
16	贵　州	161					12	2	18	4	19	13	93	57.76%
17	云　南	212		5	4	5	35	10	13	20	7	5	108	50.94%
18	江　西	213	4				57	20	24			2	106	49.77%
19	福　建	170					16	22	10	12	10	18	82	48.24%
20	黑龙江	251				2	52	10	17	5	31	13	121	48.21%
21	广　西	186					4		57		29	16	80	43.01%
22	陕　西	189					14	18	14	19	22	24	78	41.27%
23	北　京	88					5	13	15	12	2	6	35	39.77%
24	内蒙古	191		1		4	48	26	15	6	6	11	74	38.74%
25	辽　宁	241		15	5	17	65	18	14	3	12	10	82	34.02%
26	浙　江	211				1	48	35	27	3		27	70	33.18%
27	青　海	113				4	23.5	14	13	7	10	5	36.5	32.30%
28	兵　团	20				3	9		1	1		1	5	25.00%
29	上　海	220			3	10	143	5	4	0	0	8	47	21.36%
30	新　疆	89					26				22	23	18	20.22%
31	西　藏	137		1			64	28	20	9	3	1	11	8.03%
32	海　南	77						14	11	14	28	4	6	7.79%
合　计		5523	5	24	12	53	711.5	315	380	162	260	479	3121.5	56.52%

注：2018年第四季度省、市、县三级规划志书共减少16部，增加5部。

附件 2　全国第二轮省级志书完成进度统计排名表

（截至 2018 年第四季度末）

排名	行政区划	规划数	未启动	部署动员	篇目设置	资料收集	初稿撰写	志稿初审	志稿复审	志稿终审	审后修改	移交出版	已出版	完成率
1	广　东	43											43	100.00%
1	宁　夏	25											25	100.00%
1	山　东	74											74	100.00%
4	天　津	61						2	5			3	51	83.61%
5	兵　团	5							1				4	80.00%
6	甘　肃	72						5	6	5	2		54	75.00%
7	湖　南	66	1	2			11		2	1			49	74.24%
8	重　庆	86					12	2	2			8	62	72.09%
9	安　徽	87						1		2	7	18	59	67.82%
10	山　西	89					14	16	7				52	58.43%
11	吉　林	60					3		8	6	8		35	58.33%
12	四　川	93				3	9	1	1	2	6	21	50	53.76%
13	贵　州	64					4		18		8	1	33	51.56%
14	广　西	65					1		19		8	5	32	49.23%
15	福　建	77					13	4	6	6	7	7	34	44.16%
16	陕　西	72					9	7	1	6	7	12	30	41.67%
17	北　京	70					5	13	15	7	2	3	25	35.71%
18	青　海	59				4	9.5	5	4	6	6	5	19.5	33.05%
19	黑龙江	95				2	33	4	15	2	13	1	25	26.32%
20	江　苏	60					8	6	6	10	5	10	15	25.00%
21	内蒙古	76		1			22	17	10	1	1	6	18	23.68%
22	云　南	68		5	4	4	17	4		19			15	22.06%
23	河　南	135										111	24	17.78%
24	河　北	59					3	20	16		8	3	9	15.25%
25	上　海	196			3	10	140	4	4			8	27	13.78%
26	辽　宁	84		15	2	4	28	11	8	1	4		11	13.10%
27	海　南	55							5	13	27	4	6	10.91%
28	浙　江	113				1	29	25	25			24	9	7.96%
29	西　藏	56		1			28	11	9	2	1		4	7.14%
30	江　西	102	4				56	19	23					0%
30	湖　北	83										83		0%
30	新　疆	10										10		0%
合　计		2359	5	24	9	28	454.5	177	216	89	120	343	893.5	37.88%

注：江西 4 部未启动的志书均为拟撤销的志书。

附件3　全国第二轮市级志书完成进度统计排名表

（截至2018年第四季度末）

排名	行政区划	规划数	未启动	部署动员	篇目设置	资料收集	初稿撰写	志稿初审	志稿复审	志稿终审	审后修改	移交出版	已出版	完成率
1	广　东	19											19	100.00%
1	安　徽	17											17	100.00%
1	山　东	17											17	100.00%
1	湖　北	17											17	100.00%
5	吉　林	9										1	8	88.89%
5	河　南	18									1	1	16	88.89%
7	江　苏	13									2		11	84.62%
8	江　西	11							1			1	9	81.82%
9	四　川	21						1	1	2		1	16	76.19%
10	湖　南	14					5						9	64.29%
11	浙　江	11					1	3					7	63.64%
12	云　南	16					4	1			2		9	56.25%
13	山　西	12					1		3			2	6	50.00%
13	甘　肃	14								4		3	7	50.00%
15	福　建	9						2		1	2		4	44.44%
16	河　北	7						2	1	1			3	42.86%
17	宁　夏	5				1	1					1	2	40.00%
18	黑龙江	13					1				6	1	5	38.46%
19	贵　州	9								1	1	4	3	33.33%
19	内蒙古	12				2	1	3				2	4	33.33%
21	辽　宁	57				9	19	2	4		3	2	18	31.58%
22	新　疆	11					7				1		3	27.27%
23	广　西	15					1		4		4	2	4	26.67%
24	青　海	8					3	3					2	25.00%
25	陕　西	11						5	1	2	1		2	18.18%
26	海　南	2							1	1				0%
26	西　藏	7					3	2	2	0				0%
26	兵　团	14				3	9			1		1		0%
合　计		389				15	56	24	18	13	23	22	218	56.04%

附件4　全国第二轮县级志书完成进度统计排名表

（截至2018年第四季度末）

排名	行政区划	规划数	未启动	部署动员	篇目设置	资料收集	初稿撰写	志稿初审	志稿复审	志稿终审	审后修改	移交出版	已出版	完成率
1	广　东	99											99	100.00%
1	安　徽	110											110	100.00%
1	湖　北	97											97	100.00%
1	山　东	137											137	100.00%
1	兵　团	1											1	100.00%
6	河　南	150										2	148	98.67%
7	江　西	100					1	1				1	97	97.00%
8	江　苏	96							1		2	1	92	95.83%
9	四　川	179							1	2	3	2	171	95.53%
10	吉　林	59							1		4		54	91.53%
11	河　北	148					1	1	7	3	4	4	128	86.49%
12	上　海	24					3	1					20	83.33%
13	湖　南	121				3	5	8	2		1	5	97	80.17%
14	重　庆	39					3	2	1			3	30	76.92%
15	天　津	16						2	2				12	75.00%
16	宁　夏	22					6				1		15	68.18%
17	甘　肃	86						8	7	5		8	58	67.44%
18	云　南	128				1	14	5	13	1	5	5	84	65.63%
19	贵　州	88					8	2		3	10	8	57	64.77%
20	黑龙江	143					18	6	2	3	12	11	91	63.64%
21	浙　江	87					18	7	2	3		3	54	62.07%
22	山　西	119					8	3	27	4	5	1	71	59.66%
23	辽　宁	100			3	4	18	5	2	2	5	8	53	53.00%
24	福　建	84					3	16	4	5	1	11	44	52.38%
25	内蒙古	103				2	25	6	5	5	5	3	52	50.49%
26	北　京	18								5		3	10	50.00%
27	陕　西	106					5	6	12	11	14	12	46	43.40%
28	广　西	106					2		34		17	9	44	41.51%
29	青　海	46					11	6	9	1	4		15	32.61%
30	新　疆	68					19		0		21	13	15	22.06%
31	海　南	20						14	5		1			0%
32	西　藏	74					33	15	9	7	2	1	7	0%
合　计		2775			3	10	201	114	146	60	117	114	2010	72.43%

附件5　全国2017年卷三级综合年鉴公开出版统计排名表

（截至2018年第四季度末）

排名	行政区划	省级		市级		县级		合计		覆盖率
		应编纂出版	公开出版	应编纂出版	公开出版	应编纂出版	公开出版	应编纂出版	公开出版	
1	北　京	1	1	—	—	16	16	17	17	100.00%
1	上　海	1	1	—	—	16	16	17	17	100.00%
1	广　东	1	1	21	21	121	121	143	143	100.00%
4	福　建	1	1	9	9	84	83	94	93	98.94%
5	山　东	1	1	17	17	137	133	155	151	97.42%
6	海　南	1	1	4	3	23	23	28	27	96.43%
7	江　苏	1	1	13	13	96	91	110	105	95.45%
8	贵　州	1	1	9	8	88	78	98	87	88.78%
9	广　西	1	1	14	14	111	92	126	107	84.92%
10	浙　江	1	1	11	11	89	71	101	83	82.18%
11	吉　林	1	1	9	9	60	47	70	57	81.43%
12	云　南	1	1	16	16	129	101	146	118	80.82%
13	四　川	1	1	21	21	183	142	205	164	80.00%
14	安　徽	1	1	16	16	105	69	122	86	70.49%
15	甘　肃	1	1	14	13	86	57	101	71	70.30%
16	山　西	1	1	11	11	119	77	131	89	67.94%
17	河　南	1	1	17	17	158	101	176	119	67.61%
18	湖　北	1	1	13	12	103	57	117	70	59.83%
19	西　藏	1	1	7	6	74	41	82	48	58.54%
20	河　北	1	1	11	11	168	87	180	99	55.00%
21	兵　团	1	1	14	7	—	—	15	8	53.33%
22	重　庆	1	1	—	—	38	19	39	20	51.28%
23	宁　夏	1	1	5	3	22	10	28	14	50.00%
24	湖　南	1	1	14	12	122	52	137	65	47.45%
25	天　津	1	1	—	—	16	6	17	7	41.18%
26	陕　西	1	1	10	8	107	38	118	47	39.83%
27	江　西	1	1	11	8	100	30	112	39	34.82%
28	青　海	1	1	8	4	43	5	52	10	19.23%
29	辽　宁	1	1	14	14	100	4	115	19	16.52%
30	内蒙古	1	1	12	3	103	15	116	19	16.38%
31	黑龙江	1	1	13	7	128	14	142	22	15.49%
32	新　疆	1	1	14	3	96	8	111	12	10.81%
合　计		32	32	348	297	2841	1704	3221	2033	63.12%

附件6　全国2017年卷三级综合年鉴启动编纂统计排名表

（截至2018年第四季度末）

排名	行政区划	省级		市级		县级		合计		覆盖率
		应编纂	启动编纂	应编纂	启动编纂	应编纂	启动编纂	应编纂	启动编纂	
1	北　京	1	1	—	—	16	16	17	17	100.00%
1	天　津	1	1	—	—	16	16	17	17	100.00%
1	山　西	1	1	11	11	119	119	131	131	100.00%
1	吉　林	1	1	9	9	60	60	70	70	100.00%
1	上　海	1	1	—	—	16	16	17	17	100.00%
1	山　东	1	1	17	17	137	137	155	155	100.00%
1	广　东	1	1	21	21	121	121	143	143	100.00%
1	海　南	1	1	4	4	23	23	28	28	100.00%
1	重　庆	1	1	—	—	38	38	39	39	100.00%
1	四　川	1	1	21	21	183	183	205	205	100.00%
1	贵　州	1	1	9	9	88	88	98	98	100.00%
1	青　海	1	1	8	8	43	43	52	52	100.00%
1	宁　夏	1	1	5	5	22	22	28	28	100.00%
1	福　建	1	1	9	9	84	84	94	94	100.00%
15	新　疆	1	1	14	14	96	95	111	110	99.10%
16	云　南	1	1	16	16	129	127	146	144	98.63%
17	湖　北	1	1	13	13	103	101	117	115	98.29%
18	江　苏	1	1	13	13	96	93	110	107	97.27%
19	广　西	1	1	14	14	111	107	126	122	96.83%
20	河　北	1	1	11	11	168	160	180	172	95.56%
21	甘　肃	1	1	14	14	86	81	101	96	95.05%
22	浙　江	1	1	11	11	89	82	101	94	93.07%
23	湖　南	1	1	14	14	122	108	137	123	89.78%
24	安　徽	1	1	16	16	105	86	122	103	84.43%
25	江　西	1	1	11	11	100	77	112	89	79.46%
26	西　藏	1	1	7	7	74	57	82	65	79.27%
27	河　南	1	1	17	17	158	120	176	138	78.41%
28	内蒙古	1	1	12	12	103	75	116	88	75.86%
29	黑龙江	1	1	13	13	128	86	142	100	70.42%
30	陕　西	1	1	10	10	107	61	118	72	61.02%
31	兵　团	1	1	14	7	—	—	15	8	53.33%
32	辽　宁	1	1	14	14	100	7	115	22	19.13%
合　计		32	32	348	341	2841	2489	3221	2862	88.85%

附件7　2017年卷省级年鉴公开出版统计排名表

（截至2018年第四季度末）

排名	行政区划	应编纂	启动编纂	实现一年一鉴	公开出版	公开覆盖率
1	北　京	1	1	1	1	100%
1	天　津	1	1	1	1	100%
1	河　北	1	1	1	1	100%
1	山　西	1	1	1	1	100%
1	内蒙古	1	1	1	1	100%
1	辽　宁	1	1	1	1	100%
1	吉　林	1	1	1	1	100%
1	黑龙江	1	1	1	1	100%
1	上　海	1	1	1	1	100%
1	江　苏	1	1	1	1	100%
1	浙　江	1	1	1	1	100%
1	安　徽	1	1	1	1	100%
1	福　建	1	1	1	1	100%
1	江　西	1	1	1	1	100%
1	山　东	1	1	1	1	100%
1	河　南	1	1	1	1	100%
1	湖　北	1	1	1	1	100%
1	湖　南	1	1	1	1	100%
1	广　东	1	1	1	1	100%
1	广　西	1	1	1	1	100%
1	海　南	1	1	1	1	100%
1	重　庆	1	1	1	1	100%
1	四　川	1	1	1	1	100%
1	贵　州	1	1	1	1	100%
1	云　南	1	1	1	1	100%
1	西　藏	1	1	1	1	100%
1	陕　西	1	1	1	1	100%
1	甘　肃	1	1	1	1	100%
1	青　海	1	1	1	1	100%
1	宁　夏	1	1	1	1	100%
1	新　疆	1	1	1	1	100%
1	兵　团	1	1	1	1	100%
合　计		32	32	32	32	100%

附件 8　2017 年卷市级年鉴公开出版统计排名表

(截至 2018 年第四季度末)

排名	行政区划	应编纂	启动编纂	一年一鉴	公开出版	2017 年出版	启动编纂率	公开出版率
1	河　北	11	11	11	11	5	100.00%	100.00%
1	山　西	11	11	11	11	9	100.00%	100.00%
1	辽　宁	14	14	14	14	14	100.00%	100.00%
1	吉　林	9	9	9	9	6	100.00%	100.00%
1	江　苏	13	13	13	13	12	100.00%	100.00%
1	浙　江	11	11	11	11	11	100.00%	100.00%
1	安　徽	16	16	16	16	16	100.00%	100.00%
1	福　建	9	9	9	9	8	100.00%	100.00%
1	山　东	17	17	17	17	17	100.00%	100.00%
1	河　南	17	17	17	17	12	100.00%	100.00%
1	广　东	21	21	21	21	21	100.00%	100.00%
1	广　西	14	14	14	14	10	100.00%	100.00%
1	四　川	21	21	21	21	16	100.00%	100.00%
1	云　南	16	16	16	16	13	100.00%	100.00%
15	甘　肃	14	14	14	13	9	100.00%	92.86%
16	湖　北	13	13	13	12	11	100.00%	92.31%
17	贵　州	9	9	9	8	6	100.00%	88.89%
18	湖　南	14	14	13	12	9	100.00%	85.71%
18	西　藏	7	7	6	6	4	100.00%	85.71%
20	陕　西	10	10	10	8	8	100.00%	80.00%
21	海　南	4	4	3	3	3	100.00%	75.00%
22	江　西	11	11	11	8	6	100.00%	72.73%
23	宁　夏	5	5	5	3	2	100.00%	60.00%
24	黑龙江	13	13	11	7	5	100.00%	53.85%
25	青　海	8	8	7	4	1	100.00%	50.00%
25	兵　团	14	7	7	7	7	50.00%	50.00%
27	内蒙古	12	12	10	3	3	100.00%	25.00%
28	新　疆	14	14	10	3	0	100.00%	21.43%
合　计		348	341	329	297	244	97.99%	85.34%

附件9　2017年卷县级年鉴公开出版统计排名表

（截至2018年第四季度末）

排名	行政区划	应编纂	启动编纂	一年一鉴	公开出版	2017年出版	启动编纂率	公开出版率
1	北　京	16	16	16	16	10	100.00%	100.00%
1	上　海	16	16	16	16	12	100.00%	100.00%
1	广　东	121	121	121	121	103	100.00%	100.00%
1	海　南	23	23	23	23	23	100.00%	100.00%
5	福　建	84	84	84	83	63	100.00%	98.81%
6	山　东	137	137	133	133	127	100.00%	97.08%
7	江　苏	96	93	93	91	89	96.88%	94.79%
8	贵　州	88	88	88	80	39	100.00%	90.91%
9	广　西	111	107	105	92	34	96.40%	82.88%
10	浙　江	89	82	80	71	50	92.13%	79.78%
11	吉　林	60	60	49	47	17	100.00%	78.33%
12	云　南	129	127	122	101	91	98.45%	78.29%
13	四　川	183	183	179	142	122	100.00%	77.60%
14	甘　肃	86	81	81	57	8	94.19%	66.28%
15	安　徽	105	86	57	69	43	81.90%	65.71%
16	山　西	119	119	76	77	64	100.00%	64.71%
17	河　南	158	120	120	101	48	75.95%	63.92%
18	西　藏	74	57	41	41	40	77.03%	55.41%
19	湖　北	103	101	102	57	57	98.06%	55.34%
20	河　北	168	160	108	87	44	95.24%	51.79%
21	重　庆	38	38	37	19	11	100.00%	50.00%
22	宁　夏	22	22	22	10	5	100.00%	45.45%
23	湖　南	122	108	91	52	36	88.52%	42.62%
24	天　津	16	16	16	6	6	100.00%	37.50%
25	陕　西	107	61	39	38	61	57.01%	35.51%
26	江　西	100	77	77	30	15	77.00%	30.00%
27	内蒙古	103	75	61	15	4	72.82%	14.56%
28	青　海	43	43	22	5	2	100.00%	11.63%
29	黑龙江	128	86	47	14	11	67.19%	10.94%
30	新　疆	96	95	52	8	1	98.96%	8.33%
31	辽　宁	100	7	4	4	4	7.00%	4.00%
合　计		2841	2489	2162	1706	1240	87.61%	60.05%

附件 10　全国 2018 年卷三级综合年鉴启动编纂统计排名表

（截至 2018 年第四季度末）

排名	行政区划	省级		市级		县级		合计		覆盖率
		应编纂	启动编纂	应编纂	启动编纂	应编纂	启动编纂	应编纂	启动编纂	
1	北　京	1	1	—	—	16	16	17	17	100.00%
1	天　津	1	1	—	—	16	16	17	17	100.00%
1	山　西	1	1	11	11	118	118	130	130	100.00%
1	内蒙古	1	1	12	12	103	103	116	116	100.00%
1	吉　林	1	1	9	9	60	60	70	70	100.00%
1	上　海	1	1	—	—	16	16	17	17	100.00%
1	江　苏	1	1	13	13	96	96	110	110	100.00%
1	福　建	1	1	9	9	84	84	94	94	100.00%
1	山　东	1	1	17	17	137	137	155	155	100.00%
1	河　南	1	1	17	17	158	158	176	176	100.00%
1	湖　北	1	1	13	13	103	103	117	117	100.00%
1	广　东	1	1	21	21	121	121	143	143	100.00%
1	广　西	1	1	14	14	111	111	126	126	100.00%
1	重　庆	1	1	—	—	38	38	39	39	100.00%
1	贵　州	1	1	9	9	88	88	98	98	100.00%
1	西　藏	1	1	7	7	74	74	82	82	100.00%
1	甘　肃	1	1	14	14	86	86	101	101	100.00%
1	青　海	1	1	8	8	43	43	52	52	100.00%
1	宁　夏	1	1	5	5	22	22	28	28	100.00%
20	四　川	1	1	21	21	183	181	205	203	99.02%
21	浙　江	1	1	11	11	89	88	101	100	99.01%
22	安　徽	1	1	16	16	105	100	122	117	95.90%
23	湖　南	1	1	14	14	122	119	137	134	97.81%
24	河　北	1	1	11	11	168	163	180	175	97.22%
25	海　南	1	1	4	3	23	23	28	27	96.43%
26	云　南	1	1	16	16	129	121	146	138	94.52%
27	江　西	1	1	11	11	100	87	112	99	88.39%
28	陕　西	1	1	10	10	107	92	118	103	87.29%
29	辽　宁	1	1	14	14	100	82	115	97	84.35%
30	兵　团	1	1	14	11	—	—	15	12	80.00%
31	黑龙江	1	1	13	11	128	96	142	108	76.06%
32	新　疆	1	1	14	14	96	65	111	80	72.07%
合　计		32	32	348	342	2840	2707	3220	3081	95.68%

附件11　全国2018年卷三级综合年鉴公开出版统计排名表

（截至2018年第四季度末）

排名	行政区划	省级		市级		县级		合计		覆盖率
		应编纂出版	公开出版	应编纂出版	公开出版	应编纂出版	公开出版	应编纂出版	公开出版	
1	天　津	1	1	—	—	16	16	17	17	100.00%
2	江　苏	1	1	13	12	96	95	110	108	98.18%
3	山　东	1	1	17	16	137	131	155	148	95.48%
4	浙　江	1	1	11	9	89	80	101	92	91.09%
5	甘　肃	1	1	14	14	86	73	101	88	87.13%
6	吉　林	1	1	9	7	60	42	70	50	71.43%
7	广　西	1	1	14	11	111	70	126	82	65.08%
8	上　海	1	1	—	—	16	10	17	11	64.71%
9	广　东	1	1	21	19	121	70	143	90	62.94%
10	海　南	1	1	4	3	23	13	28	17	60.71%
11	北　京	1	1	—	—	16	9	17	10	58.82%
12	山　西	1	1	11	7	118	61	130	69	53.08%
13	安　徽	1	1	16	13	105	42	122	56	45.90%
14	四　川	1	0	21	10	183	78	205	88	42.93%
15	湖　北	1	1	13	11	103	38	117	49	41.88%
16	河　南	1	1	17	13	158	58	176	72	40.91%
17	河　北	1	0	11	6	168	63	180	69	38.33%
18	贵　州	1	1	9	3	88	29	98	33	33.67%
19	西　藏	1	0	7	1	74	19	82	20	24.39%
20	宁　夏	1	1	5	2	22	3	28	6	21.43%
21	福　建	1	0	9	1	84	19	94	20	21.28%
22	重　庆	1	1	—	—	38	7	39	8	20.51%
23	江　西	1	1	11	5	100	9	112	15	13.39%
24	湖　南	1	0	14	2	122	11	137	13	9.49%
25	云　南	1	0	16	1	129	9	146	10	6.85%
26	陕　西	1	1	10	4	107	3	118	8	6.78%
27	兵　团	1	1	14	0	—	—	15	1	6.67%
28	青　海	1	1	8	0	43	2	52	3	5.77%
29	黑龙江	1	1	13	2	128	5	142	8	5.63%
30	内蒙古	1	0	12	1	103	2	116	3	2.59%
31	辽　宁	1	0	14	0	100	0	115	0	0%
32	新　疆	1	0	14	0	96	0	111	0	0%
合　计		32	23	348	173	2840	1067	3220	1264	39.25%

关于印发《关于全国地方志系统支援西藏、新疆地方志工作的意见》的通知

中指组字〔2018〕10 号

各省、自治区、直辖市地方志编委会（办公室），新疆生产建设兵团志办公室：

在反复征求各方面意见尤其是国家发展改革委员会、财政部、国家民族事务委员会、国家宗教事务局、中央统战部等部委意见基础上，制定了《关于全国地方志系统支援西藏、新疆地方志工作的意见》。现印发给你们，请结合本地实际，按照意见要求，加强领导，明确任务，落实责任，切实做好援藏援疆工作。

中国地方志指导小组
2018 年 9 月 10 日

关于全国地方志系统支援西藏、新疆地方志工作的意见

西藏、新疆地方志工作是全国地方志工作的重要组成部分，近年来，根据中央治藏治疆方略和援藏援疆工作决策部署，全国对口援藏援疆省（市）及部分未纳入全国对口援藏援疆省（区）的地方志工作机构（以下简称支援方）主动作为，与西藏、新疆（包括新疆生产建设兵团）地方志工作机构（以下简称受援方）密切配合，开展了卓有成效的工作，取得了丰硕成果，积累了丰富经验。为进一步加强全国地方志系统援藏援疆工作，现提出如下意见。

一、重要意义

组织全国地方志系统支援西藏、新疆地方志工作，是贯彻落实中央一系列援藏援疆工作会议精神、下好全国上下一盘棋的重要举措，是贯彻落实中央治边稳边重要方略、响应中央全面建成小康社会“一个都不能少”决策的重要举措，有助于加强民族团结、维护祖国统一，推动西藏、新疆经济社会全面协调可持续发展，促进西藏、新疆地方文化大发展大繁荣；是贯彻落实《全国地方志事业发展规划纲要（2015—2020 年）》（以下简称《规划纲要》）的迫切需要，对提升受援地区地方志工作水平，以及在全国范围内全面推动地方志从一项工作向一项事业转型升级具有重要意义。

二、指导思想

全面贯彻落实党的十九大精神，以习近平新时代中国特色社会主义思想为指导，按照党中央、国务院决策部署，深入贯彻落实中央历次援藏援疆工作会议、座谈会精神，贯彻落实国务院《地方志工作条例》《规划纲要》，紧紧围绕《规划纲要》部署的目标任务，尤其是“两全目标”，结合受援方地方志工作实际，贴近需求，团结一心、创新思路、完善机制，拓展广度、挖掘深度、强化力度，依法推进全国地方志系统援藏援疆工作。

三、基本原则

1. 坚持政治方向、政治立场。牢固树立政治意识、大局意识、核心意识、看齐意识，坚持走中国特色社会主义文化发展道路，坚持为人民服务、为社会主义服务的方向，立足于巩固马克思主义在意识形态领域的指导地位，弘扬社会主义核心价值观，铸牢中华民族共同体意识，促进各民族交往、交流、交融，通过支

援受援方地方志工作，充分发挥文化援藏援疆的潜移默化作用，解决现实问题、促进文化传承、加强民族团结、维护边疆稳定。

2. 坚持对口支援、各尽所能。立足于中央对口援藏援疆工作总体部署，明确目标，突出重点，精准措施，进一步细化地方志援藏援疆工作举措，以对口援藏17个省（市）和对口援疆19个省（市）体制机制为基础，统筹安排。根据任务分工，以县为单位推动分块责任制落实，实现一对一帮扶。未纳入全国对口援藏援疆的省份各尽所能，积极参与，重点支援受援方省级地方志工作。受援地区地方志工作先进地区发挥优势，援助本地落后地区。

3. 坚持造血为主、输血为辅。明确支援方和受援方权利与义务，明确主体责任与援助义务，发挥援受双方两个积极性。支援方应根据自身实际，在经费、人员、业务等方面提供力所能及的援助；受援方应明确主体责任，加强学习、吸取经验、借助力量，克服“等、靠、要”思想，完善造血功能，将外来援助资源转化为本地地方志事业发展的内生动力。

4. 坚持精准援助、注重效果。立足受援方地方志工作实际，厘清受援方地方志工作存在的困难，针对受援方在志鉴编纂资金、专家业务指导、人才培养交流、工作业务探讨等方面的不同需求，分类施策开展有针对性的援助，精准发力，利用有限的资金、人力达到援助效果最大化。

5. 坚持突出重点、兼顾各业。援助重心应集中在协助受援方全面完成第二轮志书编修规划任务以及推进省、市、县三级地方综合年鉴工作上，即集中在“两全目标”的全面实现上。在此基础上，兼顾援助“馆、网、库、用、会、刊、研、史”各业并举。在推进“两全目标”工作上，支援方负责全程业务指导，重点从体例结构、篇目设置、行文规范等方面进行把关；受援方负责资料收（征）集、志稿编纂，重点把握史实、民族、宗教等问题。

6. 坚持创新思路、拓宽渠道。进一步解放思想，创新思路，认真总结既往地方志援助工作的经验教训，与时俱进，积极探索“互联网+”援助新方式，拓宽援助渠道，拓展援助内涵，推动地方志援助工作管理创新、方法创新、内容创新。

四、目标任务

（一）总体目标

聚焦《规划纲要》总目标，以推动如期实现“两全目标”为抓手，协调推进受援方地方志事业“志、鉴、馆、网、库、用、会、刊、研、史”十业并举，不断提升受援地区地方志发展水平。

（二）主要任务

1. 协助受援方全面完成第二轮志书编修规划任务。根据受援方志书编纂出版需求，支援方采取多种方式，指派专家或业务骨干指导受援方的志书编纂，帮助提高志书编纂出版质量。在修志过程中注重对民族团结进步模范人物、事迹等材料的收集、整理和记录。重点加大对边境地区特别是有领土争议地区地方志编修工作的支持力度，进一步梳理、厘清这些地区的历史和现状，为维护国家主权、领土完整以及加强边境边民工作提供文献支撑。在抓紧完成第二轮修志任务的同时，协助受援方全面总结第一轮、第二轮志书编修工作的经验教训，做好新一轮修志准备工作。推进民族地区与贫困地区志书出版资助工程。

2. 协助受援方推进三级地方综合年鉴工作。到2018年，支援方协助受援方基本实现省、市、县三级地方综合年鉴编纂工作全部启动。到2020年，协助受援方全面实现省、市、县三级综合年鉴全覆盖，做到一年一鉴，公开出版。协助受援方理顺管理体制，做到地方综合年鉴由地方志工作机构统一组织编纂。推进民族地区与贫困地区年鉴出版资助工程。支持有条件地方编纂出版少数民族文字版年鉴。

3. 协助受援方开展旧志整理研究工作。支援方协助受援方编制当地旧志整理规划、编辑旧志目录，为受援方开展旧志点校、提要、考录、辑佚、研究等工作提供支持。

4. 协助受援方加强方志理论研究，扩大学术交流与合作。支援方协助受援方加强与国内外高等院校、科研机构、档案机构与图书馆等单位的学术交流与合作；打造高质量方志期刊，活跃学术研讨，推动理论建设；支持受援方积极参与志鉴编纂、地方志事业发展等重要理论问题研究。

5. 协助受援方加强人才队伍建设。支援方结合受援方队伍建设需求以及自身实际，专门或兼顾组织业务培训，采取灵活方式协助受援方培养人才，建设专兼职结合、结构合理的人才队伍，打造一支思想素质高、业务能力强的地方志队伍。

6. 协助受援方深化地方志质量建设。支援方协助受援方严格执行《地方志书质量规定》《地方综合年鉴编纂出版规定》，规范编纂出版流程，完善志鉴质量评议、审查验收等制度，严把编审质量关。推进中国志书精品工程、中国年鉴精品工程，协助受援方打造一批精品志鉴。

7. 协助受援方提升地方志信息化工作水平。支援方按照循序渐进、由小到大、安全经济原则，协助受援方逐步建成省、市、县三级地方志网站体系、志鉴数据库和微信公众平台，向社会提供优质信息服务，实现资源共享。

8. 协助受援方提升地方志资源开发利用工作水平。支援方协助受援方发挥地方志资源在本地公共文化服务，尤其是深化民族团结进步教育中的重要作用，利用各类媒体广泛宣传地方志成果，推动方志文化进机关、进农村、进社区、进校园、进企业、进军营，推动地方城乡方志文化建设，推动方志馆建设，培育地方历史记忆。协助受援方积极参与国家文化“走出去”战略，推介一批高质量地方志成果，充分展示西藏、新疆地方志的当代价值。

五、保障措施

（一）组织保障。建立健全地方志对口支援工作体制机制。由中国地方志指导小组及其办公室牵头指导协调，支援方成立援藏援疆工作领导小组负责实施，受援方密切配合。中国地方志指导小组办公室、支援方、受援方指定专人作为具体经办人，分别负责各方管理、协调和落实工作。支援方结合工作实际，根据本意见要求，制定切合受援方地方志工作要求的实施方案。援受双方应加强沟通协调，形成援受双方沟通工作机制，明确支援方与受援方的权利与义务，如参与援助志鉴编纂人员的署名权等；共同制定对口支援工作规划和年度计划，不断实化细化实施方案，逐步提升地方志援藏援疆制度化、规范化水平。

（二）经费保障。针对受援方实际，积极协调对口援助省市前方指挥部、发改委、财政等有关部门，争取将地方志援藏援疆工作纳入各地对口支援大盘子。对口支援省份结合受援方所在地国民经济和社会发展五年规划等总体规划和专项规划，从现有援藏援疆经费中统筹考虑，调拨专门资金支持受援方志鉴出版、基础设施建设等地方志工作，特别是保障工作和出版工作经费，确保经费到位、设施到位。

（三）队伍保障。把地方志干部人才援藏援疆纳入各地对口援助计划，通过对口援建省市干部人才援助渠道，落实援助干部人才政策待遇，选派优秀业务骨干到受援方挂职或交流任职，切实解决受援方人手短缺问题。搭建多层次交往、交流、交融平台，推动“组团式”人才方式援藏援疆，通过“专家带团队，结对带交流，课题带人才”方式，发挥传帮带作用，打造能力强、带不走的人才队伍。

（四）督查工作。援受双方应层层落实主体责任和援助义务，构建责任清晰、各负其责、合力攻坚的责任体系。应充分发挥受援方的主体和主导作用，发挥支援方的援助和协同作用，助力夯实基层基础。中国地方志指导小组办公室将对口支援西藏、新疆地方志工作纳入各省地方志工作督查范围，对照援助方案，根据援受双方的工作范围和职责，适时进行专项督查，检查援藏援疆工作完成情况。

关于印发《国家方志馆分馆建设管理工作规定》的通知

中指组字〔2018〕12号

各省（自治区、直辖市）地方志编委会（办公室）、新疆生产建设兵团志办公室：

为规范国家方志馆分馆的报批及建设管理工作，在广泛征求意见的基础上，制定了《国家方志馆分馆建设管理工作规定》，现予印发，请遵照执行。

中国地方志指导小组

2018年10月11日

国家方志馆分馆建设管理工作规定

第一章　总　则

第一条　为规范国家方志馆分馆建设管理工作，依据国家相关法律法规，结合中国地方志指导小组《方志馆建设规定（试行）》和各地方志馆建设实际，制定本规定。

第二条　国家方志馆分馆建设管理工作应坚持以习近平新时代中国特色社会主义思想为指导，围绕经济社会发展需要，进一步发挥地方志存史、育人、资政功能。

第三条　国家方志馆分馆属于地方公共文化服务设施的重要组成部分。分馆建设和发展应当纳入地方经济社会发展总体规划。

第四条　国家方志馆分馆建设发展理念应当与国家方志馆协调一致，突出时代、行业、地方特色。

第五条　国家方志馆分馆审批、验收、管理、考核等工作，在中国地方志指导小组及其办公室领导下，由国家方志馆负责具体实施。

第二章　建　设

第六条　全国地方志系统省、市、县三级方志馆和地方专业特色馆均可申请设立国家方志馆分馆。

第七条　申请设立国家方志馆分馆的，应当具备下列条件：

（一）原则上应当独立建馆。与其他文化设施合建者，应当具备相对独立性。

（二）有相对独立的编制和稳定的人员配备。

（三）馆舍达到一定建筑规模，总建筑面积原则上不少于20000平方米。

（四）有相对独立、科学合理的藏书、展览、研编、阅览、服务、办公、会议等功能空间。

（五）建有完备的收藏、展示、研究、服务等各项规章制度，能够实施科学、规范、高效管理。

（六）有一定规模的图书资料馆藏，馆藏量原则上不少于15万册（件）。

（七）具备基本展览陈列空间，面积原则上不低于5000平方米。

（八）有必要的设施设备，电子计算机、网络设备设施等配置齐全，具备建设数字方志馆的基本条件。

（九）具备一定的科研能力和业务培训能力，能够承担国家方志馆交办的各类科研任务和业务培训。

（十）有开发当地地方志资源的基础条件，有独立完成的地情书籍、地情资料或地情研究报告等成果。

第三章　申　报

第八条　申请设立国家方志馆分馆，应当坚持突出特色、好中选优、典型引领的原则。

第九条　申报工作应当严格履行程序。申报审核程序为：

初审：申请单位提出书面申请（含申报书），报送所在省级地方志工作机构初审。

复审：省级地方志工作机构初审合格后，报国家方志馆复审。国家方志馆成立由中国地方志指导小组办公室领导、国家方志馆领导及相关专家、学者组成的评审委员会，依法依规进行审核。复审包括书面审核与实地考察两种形式。

终审：国家方志馆复审合格后，报中国地方志指导小组办公室终审。

终审合格后，由中国地方志指导小组办公室报请中国地方志指导小组批准。

第十条　申报一经批准，申请者应当与国家方志馆签订协议，规定各方权利、义务。

第四章　管　理

第十一条　国家方志馆分馆管理实行属地管理原则，由本级地方志工作机构负责，同时接受中国地方志指导小组及其办公室、国家方志馆的管理和业务指导。

国家方志馆分馆馆长一般由同级地方志工作机构主要负责人担任，并向国家方志馆报备。

国家方志馆分馆建设发展经费由同级地方财政负责解决。

第十二条　国家方志馆分馆应当每年向国家方志馆汇报年度工作情况。

第十三条　国家方志馆负责对分馆建设管理情况进行检查。

第十四条　国家方志馆分馆开展重大活动或者重要事务，应当及时向国家方志馆请示；遇有重大问题，应当及时向国家方志馆报告。

第十五条　国家方志馆定期或不定期组织对分馆建设发展情况进行考核评议。

考核优秀者，由中国地方志指导小组根据有关规定给予表扬。

考核不合格者，由国家方志馆提出整改意见，责令限期整改；整改无法如期完成或者仍不达标，应当停业整改；整改无法解决且问题比较严重的，国家方志馆将有关情况上报中国地方志指导小组及其办公室，取消其国家方志馆分馆资格。

第五章　附　则

第十六条　本规定由国家方志馆负责解释。

第十七条　本规定自公布之日起施行。

关于印发《中国名街志文化工程实施方案》的通知

中指办字〔2018〕67号

各省、自治区、直辖市地方志编委会（办公室），新疆生产建设兵团志办公室：

现将《中国名街志文化工程实施方案》印发给你们，请结合本地实际，认真贯彻落实。

中国地方志指导小组办公室

2018年6月20日

中国名街志文化工程实施方案

为全面贯彻党的十九大精神以及习近平总书记、李克强总理、刘延东副总理关于地方志工作的重要指示、批示和重要讲话精神，根据国务院办公厅《全国地方志事业发展规划纲要(2015—2020年)》《中华人民共和国国民经济和社会发展第十三个五年规划纲要》以及中共中央办公厅、国务院办公厅《关于实施中华优秀传统文化传承发展工程的意见》中关于地方史志工作的有关要求，充分发挥地方志存史、育人、资政功能，传承发展中华优秀传统文化，服务经济社会发展，制定本实施方案。

一、指导思想

全面深入贯彻党的十九大和十九届二中、三中全会精神，以马克思列宁主义、毛泽东思想、邓小平理论、“三个代表”重要思想、科学发展观、习近平新时代中国特色社会主义思想为指导，坚持实事求是、改革创新、修志为用原则，全面、客观、系统地记述中国街区的环境风貌、历史人文以及改革发展过程，传承城市发展文脉，保护历史文化遗产，彰显地方、民族特色，推动中华优秀传统文化的传承发展。

二、背景意义

我国是一个有着悠久历史的文明古国，孕育了诸多文化底蕴深厚的城市。作为历史文化名城的重要组成部分，历史文化街区承载着宝贵的历史元素和城市记忆，与传统历史文化一脉相承，与民众生产生活息息相关，是展示城市悠久历史和传统文化的独特窗口，也是地方经济、社会和文化发展的名片。在非历史文化名城的城市，同样保留有许多风貌完整、传统建筑集中、历史遗存丰富的街区，具有极高的历史文化价值。历史文化街区寄托了世代生活于此的人们的深厚情感，是人们美好的精神家园。此外，许多城市积极发挥区域优势、产业优势、经济优势，培育打造了一批现代高效、独具特色和充满活力的特色街区，在浓缩城市历史、彰显城市特色、展示城市形象方面效果显著，拉动了经济增长，提升了城市功能，满足了人们日益增长的物质文化和精神文化需求。

地方志是中华优秀传统文化的重要组成部分，有着丰富的文化信息和独特的价值功能，并在编修实践中不断创新发展，在服务经济社会发展方面发挥了不可替代的作用。为进一步保护、传承、开发、利用宝贵的历史文化名街遗产资源，推动特色街区的特色化、品牌化发展，中国地方志指导小组办公室决定启动中国名街志文化工程，编纂中国名街志丛书、拍摄中国名街影像志，全面、客观、系统、准确地记录中国街区的街巷肌理、特色风貌、人居环境、文化内涵以及社会生活结构，让人们了解街区，让世界了解中国。这对于推进街区文化延续与活力再生、良性发展，以及创新发展地方志事业、拓展地方志功能格局、扩大地方志工作影响力均具有重要意义。

三、主要任务

中国名街志文化工程包括组织编纂出版中国名街志丛书、拍摄中国名街影像志、举办全国名街论坛等。

（一）编纂出版中国名街志丛书

记述对象为城市中风貌完整、传统建筑集中、历史文化遗存丰富的历史文化街区和文化底蕴深厚、建筑风格鲜明、集聚效应显著、有较高知名度和美誉度的特色街区。中国名街志丛书选择收录的“街区”范围主要包括：

1. 中国历史文化名街

经文化部、国家文物局批准，2009—2013年由中国文化报社、中国文物报社主办的“中国历史文化名街”评选活动，公布的50条中国历史文化名街。

2. 中国历史文化街区

住房城乡建设部、国家文物局2015年公布的30个中国历史文化街区。

3. 省级历史文化街区

经各省级人民政府批准公布的保存文物比较丰富、历史建筑集中成片、较完整和真实地保留着传统格局和历史风貌的历史文化街区。

4. 其他历史文化街区

历史上曾经作为政治、经济、文化、交通中心或者军事要地，或者发生过重要历史事件，或者其传统产业、历史上建设的重大工程对本地区的发展产生过重要影响，或者能够集中反映本地区建筑的文化特色、民族特色，或在人们生活中影响深远、引起价值共鸣的街区。

5. 专业特色街

各地在商贸、金融、旅游、文化、城建、交通、休闲等城市功能中作用独特、地位特殊、名声显赫、特色明显并经国家相关政府机构或行业协会认定、具有社会公认度的街区。如××商业街、××金融街、××文化街、××工艺街、××产业街、××建筑街，老店名店街，以及精神文明建设街、餐饮美食街、民俗风情街以及其他获得国家级或省级荣誉称号、具有某方面特色的街区。

（二）拍摄中国名街影像志

联合新闻媒体，每年从申报对象中选取一定数量的名街作为对象，拍摄中国名街影像志。

（三）举办全国名街论坛

邀请有关行政管理部门、社团学会，科研机构、高等院校、全国地方志系统以及相关领域的专家学者，围绕街区保护和发展的热点、重点问题进行研讨。

四、工程要求

（一）中国名街志丛书编纂要求

中国名街志丛书质量要求参照中国地方志指导小组印发的《地方志书质量规定》执行。在坚持志体前提下，体裁运用、篇目设置、资料选择等可做适当创新。根据不同类型街区特点，有选择性地记述域内自然环境、历史风貌、风俗文化、居民生活，突出街区“名”与“特”等内涵。应执简驭繁，文约事丰，易于阅读，利于传播。杜绝虚假资料，避免广告色彩。

具体要求如下：

1. 志名、编者名、断限

志书直接以下限时的街区行政区划名称为书名，如《××县（市、区）××街志》。编者名统一为“××县（市、区）××乡（镇）××街志编纂委员会”。丛书统一标注“中国名街志文化工程”标识。

为全面反映发展演变脉络，各街志上限尽量追溯至事物发端，下限一般断至各志启动编纂年份。

2. 体例

采用纲目体，横分门类，纵述史实。篇目设置应特色鲜明、分类科学、主线清晰、大事必录。

合理运用述、记、志、传、图、表、录等体裁。以志为主，述而不论。

3. 资料

入志资料丰富、真实、准确、典型。注重选用特色资料、微观资料、调查资料和口述资料。

4. 图照

卷首设本街区在城市的位置图、街巷平面图和鸟瞰图，街区的标志景观图等。志中随文配图照，图照下附注说明文字。图照选用应注重典型性、资料性、艺术性，无广告色彩，无个人标准像。图照与文字的比例不低于1∶4。

5. 行文

使用规范的现代语体文。除引文外，一律从第三人称角度记述。文字应朴实、严谨、简洁、流畅，可读性强。

6. 字数

版面字数30万字左右。

（二）中国名街影像志拍摄要求

拍摄中国名街影像志所需资料主要来自中国名街志，要充分利用中国名街志编纂过程中收集到的各种资料。各级地方志工作机构要依法履行职能，统一管理指导中国名街影像志的拍摄制作，加强审核把关。

五、申报和审查验收

申报编纂中国名街志、拍摄中国名街影像志的单位，需根据工作进度，分别填写《中国名街志文化工程申报表》，经该街区所在地地方志工作机构逐级审核后上报。其中，编纂中国名街志的单位，需在篇目确定和志稿完成后申报；拍摄中国名街影像志的单位，需在策划方案提纲完成和脚本完成后申报。

（一）申报

由街区所在的街道（镇乡）等管理部门申报，填写《中国名街志文化工程申报表》，经所属县级地方志工作机构推荐、设区的市级地方志工作机构审核、省级地方志工作机构复核，逐级审核后由省级地方志工作机构上报中国名街志文化工程办公室。

各省级地方志工作机构要对本省（自治区、直辖市）符合入选条件的街区进行摸底调查，合理安排进度，做好申报规划。

（二）资格审查

中国名街志文化工程办公室对收到的编纂中国名街志、拍摄中国名街影像志的申报表进行初步审查。审查通过后，定期报中国名街志文化工程领导小组评议审定。

经中国名街志文化工程领导小组评议审定后的中国名街志和中国名街影像志获得工程入选资格。入选名单由中国地方志指导小组办公室公布，同时在中国方志网等媒体上发布。

（三）组织实施

中国名街志文化工程由中国地方志指导小组办公室统一领导，各级地方志工作机构组织实施。

中国名街志编纂，在有关地方志工作机构统一组织下，由各街区管理部门实施，承担具体编纂业务；各级地方志工作机构要加强组织协调、督促检查和业务指导。中国名街志文化工程办公室提供人员培训和业务指导。

中国名街影像志拍摄由中国名街志文化工程办公室联合有关新闻媒体单位进行。各街区管理部门等负责提供策划方案、脚本等材料。

（四）审查验收

中国名街志书稿完成后，均须按照管理层级三审定稿后上报。一般由名街所在地县级地方志工作机构组织初审，设区的市级地方志工作机构组织复审，省级地方志工作机构组织终审。省级地方志工作机构将终审、修改后的志稿上报中国名街志文化工程办公室。经中国名街志文化工程学术委员会评议审定后，由方志出版社出版发行。

中国名街影像志拍摄完成后，由中国名街志文化工程领导小组审定后公开播出。

六、组织领导

设立中国名街志文化工程领导小组、学术委员会和办公室作为组织领导机构。

（一）中国名街志文化工程领导小组

组　　长：李培林

常务副组长：冀祥德

副 组 长：邱新立

成　　员：由各有关省（自治区、直辖市）、新疆生产建设兵团地方志工作机构负责人担任。

领导小组负责统筹规划中国名街志文化工程实施，研究解决实施中遇到的重大事项。

（二）中国名街志文化工程学术委员会

主　　任：冀祥德

副 主 任：邱新立

委　　员：由中国地方志指导小组办公室以及国家有关行政管理部门、社团学会，有关科研机构、高等院校、地方志工作机构的专家、学者担任。

学术委员会负责研究解决中国名街志文化工程中的专业和学术问题；对中国名街志终审稿、中国名街影像志脚本进行评议审定。

（三）中国名街志文化工程办公室

主　任：冀祥德

副主任：邱新立　于伟平

办公室设在中国地方志指导小组办公室和方志出版社，负责工程的组织协调、督促指导，以及调研、培训、组织出版、宣传等工作。

（四）成立各省级地方志工作机构协作组

各省（自治区、直辖市）、新疆生产建设兵团地方志工作机构应根据实际成立中国名街志文化工程协作组，负责本区域中国名街志文化工程组织协调和申报、审核等工作。协作组由省级地方志工作机构主要负责人或分管负责人担任组长，并设1名联络员。协作组成员、联络员名单报中国名街志文化工程办公室备案。

七、经费保障

入选中国名街志文化工程的中国名街志、中国名街影像志所需编纂出版和拍摄费用由街区所在街道（镇乡）管理部门协调落实，建议纳入经费预算。

八、实施步骤

（一）第一阶段（自发文之日起至2018年12月）

召开中国名街志文化工程启动会议，全面启动中国名街志文化工程。各有关省（自治区、直辖市）组织申报第一批中国名街志。

（二）第二阶段（2019年1月至2019年12月）

推出首批质量较高、影响较大的中国名街志、中国名街影像志成果；通过举办出版座谈会及首发式、名街论坛，借助“互联网+”形式，加大宣传力度，扩大社会影响，探索开发利用途径，初步树立中国名街志文化工程品牌。

（三）第三阶段（2020年以后）

进一步扩大社会影响，创新开发利用方式和手段，打造独具特色的中国名街志系列文化和宣传产品、学术研究成果，提高社会认知度、市场认可度，扩大社会效益，形成中国名街志文化工程品牌。

关于印发《中国名山志文化工程实施方案》的通知

中指办字〔2018〕68号

各省、自治区、直辖市地方志编委会（办公室），新疆生产建设兵团志办公室：

现将《中国名山志文化工程实施方案》印发给你们，请结合本地实际，认真贯彻落实。

中国地方志指导小组办公室

2018年6月20日

中国名山志文化工程实施方案

为全面贯彻党的十九大精神以及习近平总书记、李克强总理、刘延东副总理关于地方志工作的重要指示、批示和重要讲话精神，根据国务院办公厅《全国地方志事业发展规划纲要（2015—2020年）》《中华人民共和国国民经济和社会发展第十三个五年规划纲要》以及中共中央办公厅、国务院办公厅《关于实施中华优秀传统文化传承发展工程的意见》中关于地方史志工作的有关要求，充分发挥地方志存史、育人、资政功能，传承发展中华优秀传统文化，服务经济社会发展，制定本实施方案。

一、指导思想

全面深入贯彻党的十九大和十九届二中、三中全会精神，以马克思列宁主义、毛泽东思想、邓小平理论、“三个代表”重要思想、科学发展观、习近平新时代中国特色社会主义思想为指导，坚持实事求是、改革创新、修志为用原则，坚持人与自然和谐共生基本方略，牢固树立和贯彻落实新发展理念，全面、客观、系统地记述中国名山自然与人文、历史与现状，弘扬山岳物质文化、精神文化，保护历史文化遗产，彰显地方、时代特色，推进生态文明建设，建设美丽中国，推动中华优秀传统文化的传承发展。

二、背景意义

我国是一个国土辽阔、地形复杂的多山国家，众多传承古老文明的历史名山，是我们伟大祖国壮丽河山的缩影和代表。在长期的历史发展中，形成了许多以具有美感、典型的山岳自然景观为主体，渗透着人文景观美、环境优良的山地空间综合体。人们对山岳的世代开拓、创建和积累，在名山中留下了极为丰富的文化遗迹。名山的自然景观千姿百态、美不胜收，人文景观历史悠久、丰富多彩，具有独特的景观风貌和文化内涵。自古以来，人们就对山有着特殊的感情，并且有热爱山水、崇尚自然的传统，人们对大自然的情感和精神，凝结成丰富多彩的山水文化。

地方志是中华优秀传统文化的重要组成部分，有着丰富的文化信息和独特的价值功能，并在编修实践中不断创新发展，在服务经济社会发展方面发挥了不可替代的作用。为挖掘凝练名山文化，宣传推介名山资源，中国地方志指导小组办公室决定启动中国名山志文化工程，编纂中国名山志丛书、拍摄中国名山影像志，全面、客观、系统、准确地记录中国山岳的自然景观和人文底蕴，突出山岳的区域特点、时代特征和名山特色。这对于保护名山、复兴名山、发展建设名山，向世界展示我国独具特色的名胜古迹和华夏文化具有重要意义。同时，也为发挥地方志存史、育人、资政功能，扩大地方志工作影响力，服务方志文化和名山文化“走出去”战略提供有益借鉴。

三、主要任务

中国名山志文化工程包括组织编纂出版中国名山志丛书、拍摄中国名山影像志、举办全国名山论坛等。

（一）编纂出版中国名山志丛书

以具有美感的、典型的山岳自然景观为主体，渗透着人文景观美、环境优良的山地空间综合体为记述对象。

中国名山既包括自然属性的地质名山、地理名山、气候名山和生物名山等，也包括社会属性的历史名山、文化名山、宗教名山、政治名山、军事名山等。中国名山志丛书选择收录的“名山”范围主要包括：

1. 列入《世界遗产名录》中的中国山岳。

2. 列入住建部2013年《中国国家自然遗产、自然与文化双遗产预备名录》中的山岳。

3. 列入国家公园或国家公园体制试点中的山岳。

4. 列入国家地质公园的山岳。

5. 列入国家级风景名胜区的山岳。

6. 列入中国国家级自然保护区的山岳。

7. 列入原国家旅游局5A级景区的山岳。

8. 列入原国家旅游局4A级景区及其他具有地理学意义，或者具有特殊历史文化价值、宗教意义的名山。

（二）拍摄中国名山影像志

联合新闻媒体，每年从申报对象中选取一定数量的名山作为对象，拍摄中国名山影像志。

（三）举办全国名山论坛

邀请有关行政管理部门、社团学会，科研机构、高等院校、全国地方志系统以及相关领域的专家学者，围绕名山保护和建设、发展的热点、重点问题进行研讨。

四、工程要求

（一）中国名山志丛书编纂要求

中国名山志丛书质量要求参照中国地方志指导小组印发的《地方志书质量规定》执行。在坚持志体前提下，体裁运用、篇目设置、资料选择等可做适当创新。根据不同类型山岳特点，有选择性地记述名山的产生、发展，自然景观、人文景观，保护和建设，以及山文化，突出山岳“名”与“特”等内涵。应执简驭繁，文约事丰，易于阅读，利于传播。杜绝虚假资料，避免广告色彩。

具体要求如下：

1. 志名、编者名、断限

志书直接以各山岳名称为书名，如《××山志》。编者名统一为“××山志编纂委员会”。丛书统一标注“中国名山志文化工程”标识。

为全面反映发展演变脉络，各山志上限尽量追溯至事物发端，下限一般断至各志启动编纂年份。

2. 体例

采用纲目体，横分门类，纵述史实。篇目设置应特色鲜明、分类科学、主线清晰、大事必录。

合理运用述、记、志、传、图、表、录等体裁。以志为主，述而不论。

3. 资料

入志资料丰富、真实、准确、典型。注重选用特色资料、微观资料、调查资料和口述资料。

4. 图照

卷首设名山所在行政区域位置图、鸟瞰全景图、交通位置图、标志景观图等。志中随文配图照，图照下附注说明文字。图照选用应注重典型性、资料性、艺术性，无广告色彩，无个人标准像。图照与文字的比例不低于1∶4。

5. 行文

使用规范的现代语体文。除引文外，一律从第三人称角度记述。文字应朴实、严谨、简洁、流畅，可读性强。

6. 字数

版面字数30万字左右。

（二）中国名山影像志拍摄要求

拍摄中国名山影像志所需资料主要来自中国名山志，要充分利用中国名山志编纂过程中收集到的各种资料。各级地方志工作机构要依法履行职能，统一管理指导中国名山影像志的拍摄制作，加强审核把关。

五、申报和审查验收

申报编纂中国名山志、拍摄中国名山影像志的单位，需根据工作进度，分别填写《中国名山志文化工程申报表》，经该山岳所在地地方志工作机构逐级审核后上报。其中，编纂中国名山志的单位，一般需在篇目确定和志稿完成后申报；拍摄中国名山影像志的单位，需在策划方案提纲完成和脚本完成后申报。

（一）申报

由山岳管理部门申报，填写《中国名山志文化工程申报表》，经所属县级地方志工作机构推荐、设区的市级地方志工作机构审核、省级地方志工作机构复核，逐级审核后由省级地方志工作机构上报中国名山志文化工程办公室。

对跨行政区域的山岳，由山岳管理部门或所在地地方志工作机构协调确定牵头单位、协作单位和责任单位，联合组织申报和编纂。

各省级地方志工作机构要对本省（自治区、直辖市）符合入选条件的山岳进行摸底调查，合理安排进度，做好申报规划。

（二）资格审查

中国名山志文化工程办公室对收到的编纂中国名山志、拍摄中国名山影像志的申报表进行初步审查。审查通过后，定期报中国名山志文化工程领导小组评议审定。

经中国名山志文化工程领导小组评议审定后的中国名山志和中国名山影像志获得工程入选资格。入选名单由中国地方志指导小组办公室公布，同时在中国方志网等媒体上发布。

（三）组织实施

中国名山志文化工程由中国地方志指导小组办公室统一领导，各级地方志工作机构组织实施。

中国名山志编纂，在有关地方志工作机构统一组织下，由各山岳管理部门实施，承担具体编纂业务；各级地方志工作机构要加强组织协调、督促检查和业务指导。各山岳管理部门、各级地方志工作机构应加强合作，互相配合，并积极创新组织形式，调动各方力量参与。中国名山志文化工程办公室提供人员培训和业务指导。

中国名山影像志拍摄由中国名山志文化工程办公室联合有关新闻媒体单位进行。山岳管理部门等负责提供策划方案、脚本等材料。

（四）审查验收

中国名山志书稿完成后，均须按照管理层级三审定稿后上报。一般由山岳所在地县级地方志工作机构组织初审，设区的市级地方志工作机构组织复审，省级地方志工作机构组织终审。省级地方志工作机构将终审、修改后的志稿上报中国名山志文化工程办公室。经中国名山志文化工程学术委员会评议审定后，由方志出版社出版发行。

中国名山影像志拍摄完成后，由中国名山志文化工程领导小组审定后公开播出。

六、组织领导

设立中国名山志文化工程领导小组、学术委员会和办公室作为组织领导机构。

（一）中国名山志文化工程领导小组

组　　长：李培林

常务副组长：冀祥德

副　组　长：邱新立

成　　员：由国家行政管理部门，各有关省（自治区、直辖市）、新疆生产建设兵团地方志工作机构负责人担任。

领导小组负责统筹规划中国名山志文化工程实施，研究解决实施中遇到的重大事项。

（二）中国名山志文化工程学术委员会

主　任：冀祥德

副主任：邱新立

委　员：由中国地方志指导小组办公室以及国家有关行政管理部门、社团学会，有关科研机构、高等院校、地方志工作机构的专家、学者担任。

学术委员会负责研究解决中国名山志文化工程中的专业和学术问题；对中国名山志终审稿、中国名山影像志脚本进行评议审定。

（三）中国名山志文化工程办公室

主　任：冀祥德

副主任：邱新立　于伟平

办公室设在中国地方志指导小组办公室和方志出版社，负责工程的组织协调、督促指导，以及调研、培训、组织出版、宣传等工作。

（四）成立各省级地方志工作机构协作组

各省（自治区、直辖市）、新疆生产建设兵团地方志工作机构应根据实际成立中国名山志文化工程协作组，负责本区域中国名山志文化工程组织协调和申报、审核等工作。协作组由省级地方志工作机构主要负责人或分管负责人担任组长，并设1名联络员。协作组成员、联络员名单报中国名山志文化工程办公室备案。

七、经费保障

入选中国名山志文化工程的中国名山志、中国名山影像志所需编纂出版和拍摄费用由山岳管理部门协调落实，建议纳入经费预算。

八、实施步骤

（一）第一阶段（自发文之日起至2018年12月）

全面启动中国名山志文化工程。各有关省（自治区、直辖市）组织申报第一批中国名山志。

（二）第二阶段（2019年1月至2019年12月）

推出首批质量较高、影响较大的中国名山志、中国名山影像志成果；通过举办出版座谈会及首发式、名山论坛，借助“互联网＋”形式，加大宣传力度，扩大社会影响，探索开发利用途径，初步树立中国名山志文化工程品牌。

（三）第三阶段（2020年以后）

进一步扩大社会影响，创新开发利用方式和手段，打造独具特色的中国名山志系列文化和宣传产品、学术研究成果，提高社会认知度、市场认可度，扩大社会效益，形成中国名山志文化工程品牌。

关于印发《中国名水志文化工程实施方案》的通知

中指办字〔2018〕69 号

各省、自治区、直辖市地方志编委会（办公室），新疆生产建设兵团志办公室：

现将《中国名水志文化工程实施方案》印发给你们，请结合本地实际，认真贯彻落实。

中国地方志指导小组办公室

2018 年 6 月 20 日

中国名水志文化工程实施方案

为全面贯彻党的十九大精神以及习近平总书记、李克强总理、刘延东副总理关于地方志工作的重要指示、批示和重要讲话精神，根据国务院办公厅《全国地方志事业发展规划纲要（2015—2020 年）》《中华人民共和国国民经济和社会发展第十三个五年规划纲要》以及中共中央办公厅、国务院办公厅《关于实施中华优秀传统文化传承发展工程的意见》中关于地方史志工作的有关要求，充分发挥地方志存史、育人、资政功能，传承发展中华优秀传统文化，服务经济社会发展，制定本实施方案。

一、指导思想

全面深入贯彻党的十九大和十九届二中、三中全会精神，以马克思列宁主义、毛泽东思想、邓小平理论、"三个代表"重要思想、科学发展观、习近平新时代中国特色社会主义思想为指导，坚持实事求是、改革创新、修志为用原则，坚持人与自然和谐共生基本方略，牢固树立和贯彻落实新发展理念，全面、客观、系统地记述中国名江大川的自然与人文、历史与现状，传承山水文化，保护历史文化遗产，彰显地方、时代特色，推进生态文明建设，建设美丽中国，推动中华优秀传统文化的传承发展。

二、背景意义

我国江河纵横，流域广阔，支流众多，湖泊密布，溪、泉、池、瀑分布广、种类多，又因海岸线长，海岛、岛屿多，海洋景观资源丰富。江河湖海不仅塑造了千姿百态的风景，也孕育出灿烂辉煌的文明，创造出丰富的旅游资源和文化资源。它们与文物古迹、神话传说和历史故事等人文内涵紧密相连，形成源远流长、特色别致的水文化，承载着中华民族的悠久历史。

地方志是中华优秀传统文化的重要组成部分，有着丰富的文化信息和独特的价值功能，并在编修实践中不断创新发展，在服务经济社会发展方面发挥了不可替代的作用。为挖掘凝练名水文化，宣传推介名水资源，中国地方志指导小组办公室决定启动中国名水志文化工程，编纂中国名水志丛书、拍摄中国名水影像志，全面、客观、系统、准确地记录江河及其流域的自然地理、历史变迁、生态环境、治理开发、资源利用等各方面情况，彰显各水域时代特色、地方特色和文化特色。这对于进一步治理保护、开发利用、宣传推介中国名水资源，记录山水中国，建设美丽中国具有重要意义。同时，也为发挥地方志存史、育人、资政功能，扩大地方志工作影响力，服务方志文化和名水文化"走出去"战略提供有益借鉴。

三、主要任务

中国名水志文化工程包括组织编纂出版中国名水志丛书、拍摄中国名水影像志、举办全国名水论坛等。

（一）编纂出版中国名水志丛书

以我国境内的著名江河、湖泊、海洋、湿地、冰川、瀑布、泉水和水利工程为主要记述对象，兼及所在流域和行政区域相关情况。名水志大致可分为江河志、水利工程志，中国名水志丛书选择收录的“名水”范围主要包括：

1. 现行流域管理体制下，我国境内的一级流域（国家确定的重要江河、湖泊，包括黄河、长江、松花江、珠江、淮河、海河、辽河和太湖流域）名水。

2. 世界及国家级名水。列入《世界遗产名录》中的；列入住建部2013年《中国国家自然遗产、自然与文化双遗产预备名录》中的；列入国家公园或国家公园体制试点中的；列入国家地质公园的；列入原国家旅游局认定的国家5A级、4A级旅游景区的；水利部评定的国家水利风景区。

3. 省级名水景观。能够反映重要自然变化过程和重大历史文化发展过程，基本处于自然状态或者保持历史原貌，具有区域代表性的江河、湖泊、冰川、瀑布、泉水、湿地等自然景观（如省级水利风景区、省级生态旅游示范区、省级生态文明风景区等）。

4. 著名水利工程、水库、水利遗产等。包括列入世界灌溉工程遗产名单中的水利工程，其他著名水利工程（如钱塘江海塘、洪泽湖、秦淮河等）。

5. 其他自然地理信息丰富且具有重大环境价值、人文价值和历史意义的江河、水利工程、水利遗产（如海洋、冰川、湿地、四渎、水道）等。

（二）拍摄中国名水影像志

联合新闻媒体，每年从申报对象中选取一定数量的名水作为对象拍摄中国名水影像志。

（三）举办全国名水论坛

邀请有关行政管理部门、社团学会，科研机构、高等院校、全国地方志系统以及相关领域的专家学者，围绕名水保护和利用、发展的热点、重点问题进行研讨。

四、工程要求

（一）中国名水志丛书编纂要求

中国名水志丛书质量要求参照中国地方志指导小组印发的《地方志书质量规定》执行。在坚持志体前提下，体裁运用、篇目设置、资料选择等可做适当创新。根据不同类型水域特点，有选择性地记述水域地理环境、历史变迁、自然景观、水资源开发与利用、水文化保护与传承，突出名水“名”与“特”等内涵。应执简驭繁，文约事丰，易于阅读，利于传播。杜绝虚假资料，避免广告色彩。

具体要求如下：

1. 志名、编者名、断限

志书直接以各名水名称为书名，如《××（水）志》。编者名统一为“××（水）志编纂委员会”。丛书统一标注“中国名水志文化工程”标识。

为全面反映发展演变脉络，各水志上限尽量追溯至事物发端；下限一般断至各志启动编纂年份。

2. 体例

采用纲目体，横分门类，纵述史实。篇目设置应特色鲜明、分类科学、主线清晰、大事必录。

合理运用述、记、志、传、图、表、录等体裁。以志为主，述而不论。

3. 资料

入志资料应丰富、真实、准确、典型。注重选用特色资料、微观资料、调查资料和口述资料。

4. 图照

卷首设名水流域水系图、所在行政区域位置图、鸟瞰全景图和交通图、标志景观图等。志中随文配图照，图照下附注说明文字。图照选用应注重典型性、资料性、艺术性，无广告色彩，无个人标准像。图照与文字的比例不低于1∶4。

5. 行文

使用规范的现代语体文。除引文外，一律从第三人称角度记述。文字应朴实、严谨、简洁、流畅，可读性强。

6. 字数

版面字数 30 万字左右。

（二）中国名水影像志拍摄要求

拍摄中国名水影像志所需资料主要来自中国名水志，要充分利用中国名水志编纂过程中收集到的各种资料。各级地方志工作机构要依法履行职能，统一管理指导中国名水影像志的拍摄制作，加强审核把关。

五、申报和审查验收

申报编纂中国名水志、拍摄中国名水影像志的单位，需根据工作进度，分别填写《中国名水志文化工程申报表》，经该水域所在地地方志工作机构逐级审核后上报。其中，编纂中国名水志的单位，需在篇目确定和志稿完成后申报；拍摄中国名水影像志的单位，需在策划方案提纲完成和脚本完成后申报。

（一）申报

由水域管理部门申报，填写《中国名水志文化工程申报表》，经所属县级地方志工作机构推荐、设区的市级地方志工作机构审核、省级地方志工作机构复核，逐级审核后由省级地方志工作机构上报中国名水志文化工程办公室。

对跨行政区域的名水，由水域管理部门或所在地地方志工作机构协调确定牵头单位、协作单位和责任单位，联合组织申报和编纂。有关国家行政管理部门、水行政管理机构、科研机构也可组织申报。

各省级地方志工作机构要对本省（自治区、直辖市）符合入选条件的水域进行摸底调查，合理安排进度，做好申报规划。

（二）资格审查

中国名水志文化工程办公室对收到的编纂中国名水志、拍摄中国名水影像志的申报表进行初步审查。审查通过后，定期报中国名水志文化工程领导小组评议审定。

经中国名水志文化工程领导小组评议审定后的中国名水志和中国名水影像志获得工程入选资格。入选名单由中国地方志指导小组办公室公布，同时在中国方志网等媒体上发布。

（三）组织实施

中国名水志文化工程由中国地方志指导小组办公室统一领导，各级地方志工作机构组织实施。

中国名水志编纂，在有关地方志工作机构统一组织下，由各水域管理部门实施，承担具体编纂业务；各级地方志工作机构要加强组织协调、督促检查和业务指导。各水域管理部门、各级地方志工作机构应加强合作，互相配合，并积极创新组织形式，调动各方力量参与。中国名水志文化工程办公室提供人员培训和业务指导。

中国名水影像志拍摄由中国名水志文化工程办公室联合有关新闻媒体单位进行。水域管理部门等负责提供策划方案、脚本等材料。

（四）审查验收

中国名水志书稿完成后，均须按照管理层级三审定稿后上报。一般由名水所在地县级地方志工作机构组织初审，设区的市级地方志工作机构组织复审，省级地方志工作机构组织终审。省级地方志工作机构将终审、修改后的志稿上报中国名水志文化工程办公室。经中国名水志文化工程学术委员会评议审定后，由方志出版社出版发行。

中国名水影像志拍摄完成后，由中国名水志文化工程领导小组审定后公开播出。

六、组织领导

设立中国名水志文化工程领导小组、学术委员会和办公室作为组织领导机构。

（一）中国名水志文化工程领导小组

组　　长：李培林

常务副组长：冀祥德

副 组 长：邱新立

成　　员：由国家行政管理部门，水行政管理部门，各有关省（自治区、直辖市）、新疆生产建设兵团地方志工作机构负责人担任。

领导小组负责统筹规划中国名水志文化工程实施，研究解决实施中遇到的重大事项。

（二）中国名水志文化工程学术委员会

主　任：冀祥德

副主任：邱新立

委　员：由中国地方志指导小组办公室以及国家有关行政管理部门、水流域管理机构、水行政管理部门、社团学会，有关科研机构、高等院校、地方志工作机构的专家、学者担任。

学术委员会负责研究解决中国名水志文化工程中的专业和学术问题；对中国名水志终审稿、中国名水影像志脚本进行评议审定。

（三）中国名水志文化工程办公室

主　任：冀祥德

副主任：邱新立　于伟平

办公室设在中国地方志指导小组办公室和方志出版社，负责工程的组织协调、督促指导，以及调研、培训、组织出版、宣传等工作。

（四）成立各省级地方志工作机构协作组

各省（自治区、直辖市）、新疆生产建设兵团地方志工作机构应根据实际成立中国名水志文化工程协作组，负责本区域中国名水志文化工程组织协调和申报、审核等工作。协作组由省级地方志工作机构主要负责人或分管负责人担任组长，并设1名联络员。协作组成员、联络员名单报中国名水志文化工程办公室备案。

七、经费保障

入选中国名水志文化工程的中国名水志、中国名水影像志所需编纂出版和拍摄费用由水域管理部门协调落实，建议纳入经费预算。

八、实施步骤

（一）第一阶段（自发文之日起至2018年12月）

召开中国名水志文化工程启动会议，全面启动中国名水志文化工程。各有关省（自治区、直辖市）组织申报第一批中国名水志。

（二）第二阶段（2019年1月至2019年12月）

推出首批质量较高、影响较大的中国名水志、中国名水影像志成果；通过举办出版座谈会及首发式、名水论坛，借助“互联网+”形式，加大宣传力度，扩大社会影响，探索开发利用途径，初步树立中国名水志文化工程品牌。

（三）第三阶段（2020年以后）

进一步扩大社会影响，创新开发利用方式和手段，打造独具特色的中国名水志系列文化和宣传产品、学术研究成果，提高社会认知度、市场认可度，扩大社会效益，形成中国名水志文化工程品牌。

·各省（区、市）地方志工作文件

天津市人民政府令

第3号

《天津市地方志工作办法》已于2018年2月23日经市人民政府第3次常务会议通过，现予公布，自2018年4月1日起施行。

天津市市长　张国清

2018年3月1日

天津市地方志工作办法

第一条　为了全面、客观、系统地编纂地方志，科学、合理地开发利用地方志，根据国务院《地方志工作条例》，结合本市实际，制定本办法。

第二条　本市行政区域内地方志的组织编纂、管理、开发利用工作，适用本办法。

本办法所称地方志，包括地方志书和地方综合年鉴。

第三条　地方志工作应当按照政府主持、地方志工作机构具体组织实施的原则开展，鼓励社会各界广泛参与地方志工作。

第四条　市和区人民政府应当加强对本行政区域地方志工作的领导，将地方志工作纳入国民经济和社会发展规划与绩效考核。地方志工作所需经费列入本级财政预算。

市和区人民政府地方志工作机构主管本行政区域内的地方志工作；市人民政府地方志工作机构应当加强对区人民政府地方志工作机构地方志编纂工作的指导和监督。

发展改革、财政、档案、保密、新闻出版等相关部门根据各自职责，协同实施本办法。

第五条　市和区人民政府地方志工作机构负责具体组织实施本行政区域的地方志工作，依法履行下列职责：

（一）组织、指导、督促和检查地方志工作；

（二）拟定地方志工作规划和编纂方案；

（三）组织编纂地方志书、地方综合年鉴；

（四）开展史志研究，组织编著地方史；

（五）搜集、保存地方志文献和资料，组织整理旧志，推动方志理论研究；

（六）组织开发利用地方志资源。

第六条　市人民政府制定全市地方志事业发展规划，报国家地方志工作指导机构备案；区人民政府根据全市地方志事业发展规划制定本行政区域的地方志事业发展规划，并报市人民政府地方志工作机构备案。

第七条　以市或者区行政区域名称冠名的地方志书、地方综合年鉴，应当由本级人民政府地方志工作机构按照地方志工作规划组织编纂，其他组织和个人不得编纂。地方志书每20年编修一次。地方综合年鉴按年度编纂，公开出版。

第八条　按照地方志工作规划和编纂方案承担地方志编修任务的单位（以下简称编修单位），应当明确具体工作机构和人员，保障经费和办公条件，按时完成编纂任务，并接受本级人民政府地方志工作机构的业务指导和督促检查。

第九条　地方志内容应当做到存真求实，确保质量，全面、客观地记述本行政区域自然、政治、经济、文化和社会的历史与现状，并符合法律、法规、规章的规定。

第十条　地方志编纂人员实行专、兼职人员相结合，编纂人员应当客观公正，尊重史实，掌握地方志编纂的基本知识和基本方法，具备相应的文字能力。

市和区人民政府地方志工作机构应当完善教育培训制度，有计划地组织地方志编纂人员培训。

第十一条　市和区人民政府地方志工作机构应当建立地方志专家库，吸收自然科学、人文社会科学各个领域的专家、学者参加地方志编纂。

第十二条　市和区人民政府地方志工作机构可以向机关、社会团体、企业事业单位、其他组织以及个人征集有关地方志资料，有关单位和个人应当提供支持。

市和区人民政府地方志工作机构及编修单位可以对有关资料进行查阅、摘抄、复制，但涉及国家秘密、商业秘密和个人隐私以及不符合档案开放条件的除外。

地方志资料所有人或者持有人提供有关资料，可以获得适当报酬。地方志资料所有人或者持有人不得故意提供虚假资料。

第十三条　以市或者区行政区域名称冠名的地方志书，由本级人民政府地方志工作机构组织审查；审查验收合格后，经本级人民政府批准，方可公开出版。

对地方志书进行审查验收，应当组织有关保密、档案、历史、法律、经济、军事等方面的专家参加，重点审查地方志书的内容是否符合宪法和有关法律、法规的规定，是否全面、客观地反映本行政区域自然、政治、经济、文化和社会的历史与现状。

第十四条　以市行政区域名称冠名的地方志书，编修单位应当自地方志书文稿完成之日起2个月内，将文稿提交市人民政府地方志工作机构审查。市人民政府地方志工作机构应当组织专家进行评审，编修单位根据评审结果对文稿进行修改完善。

市人民政府地方志工作机构应当对修改完善后的地方志书文稿进行验收；验收通过的，报市人民政府批准；验收未通过的，编修单位应当修改后再行报送验收。

第十五条　以区行政区域名称冠名的地方志书，区人民政府地方志工作机构应当组织专家对地方志书文稿进行评审，并根据评审结果对文稿进行修改完善。

区人民政府地方志工作机构应当将修改完善后的地方志书文稿报区人民政府批准。

第十六条　以市或者区行政区域名称冠名的地方综合年鉴，经本级人民政府批准，方可公开出版。

第十七条　市人民政府地方志工作机构应当在地方志出版后2个月内报送国家地方志工作指导机构备案。

区人民政府地方志工作机构应当在地方志出版后2个月内报送市人民政府地方志工作机构备案。

第十八条　以市或者区行政区域名称冠名的地方志编纂过程中收集的纸质资料、音像资料、电子文档、口述资料、实物等，以及编纂过程中形成的地方志文稿，由本级人民政府地方志工作机构管理保存，不得损毁；修志工作完成后，应当移交本级国家综合档案馆或者方志馆管理保存，个人不得将其据为己有或者出让、出租、转借。

第十九条　地方志书和地方综合年鉴为职务作品，其著作权由本级人民政府地方志工作机构享有，参与编纂的人员享有署名权。

地方志编纂、评审等报酬的支付，应当按照国家有关规定执行。

第二十条　市和区人民政府地方志工作机构应当积极开拓社会用志途径，按照国家标准建设方志馆，通过数字方志馆、地方志全文数据库、网站等方式提供地方志工作信息化服务。公民、法人和其他组织可以利用上述途径查阅、摘抄地方志。

方志馆应当将服务范围、开放时间等服务事项进行公示。

鼓励单位和个人向方志馆捐赠或者提供地方志资料。

第二十一条　市和区人民政府对在地方志工作中作出突出贡献的单位和个人，按照国家和本市有关规定给予表彰和奖励。

向方志馆捐赠或者提供地方志资料的单位和个人，市或者区人民政府地方志工作机构应当向其颁发入藏证书。

第二十二条　编修单位有下列行为之一的，由本级人民政府地方志工作机构责令限期改正；逾期不改正的，由任免机关或者监察机关按管理权限对直接负责的主管人员和其他直接责任人员依法给予处分：

（一）拒绝承担或者无故拖延地方志编纂任务的；

（二）故意提供虚假地方志资料的。

第二十三条　市和区人民政府地方志工作机构及其工作人员有下列行为之一的，由任免机关或者监察机关按管理权限对直接负责的主管人员和其他直接责任人员依法给予处分：

（一）故意在地方志编纂中加入虚假资料的；

（二）故意损毁地方志资料的；

（三）故意将搜集到的地方志资料和编写的地方志文稿据为己有的；

（四）擅自将地方志稿作为个人著作发表的；

（五）地方志书经审查验收或者地方综合年鉴经批准后，擅自删增和篡改其内容的；

（六）未按照规定对地方志书进行审查验收，未履行相关指导和监督职责的。

第二十四条 部门志、专业志、乡镇志、街道志和专业年鉴的编纂，参照本办法执行。

第二十五条 本办法自2018年4月1日起施行。

吉林省地方志编纂委员会关于印发《吉林省地方综合年鉴编纂规范》的通知

吉志发〔2018〕16号

各市（州）、长白山管委会，梅河口市、公主岭市，各县（市、区）地方志工作机构：

为确保我省地方综合年鉴编纂质量，省方志委根据国家有关法律法规和中指组印发的《地方综合年鉴编纂出版规定》，结合我省年鉴编纂实际，修改制定了《吉林省地方综合年鉴编纂规范》，现予印发，请结合本地、本单位实际情况执行。

吉林省地方志编纂委员会

2018年4月12日

吉林省地方综合年鉴编纂规范

第一章 总 则

第一条 为规范全省地方综合年鉴编纂出版，提高年鉴编纂出版质量，推动年鉴事业科学发展，根据国务院《地方志工作条例》《吉林省地方志工作条例》和中指组《地方综合年鉴编纂出版规定》，结合我省实际，制定本规范。

第二条 本规范所称地方综合年鉴（以下简称“年鉴”），是指吉林省行政区域内县级以上（含县级）人民政府地方志工作机构组织编纂，系统记述本行政区域自然、政治、经济、文化、社会、生态文明建设等方面情况的年度资料性文献。

第三条 年鉴编纂出版坚持以马克思列宁主义、毛泽东思想、邓小平理论、“三个代表”重要思想、科学发展观和习近平新时代中国特色社会主义思想为指导。坚持辩证唯物主义和历史唯物主义的立场、观点和方法，实事求是记录年度本行政区域各方面发展变化情况。

第四条 年鉴编纂出版应遵守国家关于保密、著作权、出版、广告等方面的法律法规、规章制度，遵守党和国家关于民族、宗教和对外关系等方面的法规政策，维护国家利益、民族团结和社会稳定。认真执行吉林省相关规定。

第五条 年鉴主要辑录上一年度的资料，一般不上溯下延。确有需要的，可适当辑录与本行政区域密切相关的内容。

第六条 年鉴编纂应做到观点正确，框架科学，资料翔实，内容全面，记述准确，出版符合国家相关标准。

第二章　框　架

第七条　年鉴框架应涵盖年度内本行政区域的基本情况，应体现年度特点和突出地方特色。

第八条　年鉴框架应做到分类科学、层次清晰、领属得当、编排有序。

第九条　年鉴框架可参照《国民经济行业分类》（GB/T4754—2011）等分类标准，结合社会实际分工和本行政区域特点设计。

第十条　省级年鉴一般采用类目、分目、次分目和条目4个层次；市（州）、县（市、区）级年鉴一般采用类目、分目和条目3个层次。

各级目要排列有序，上一级目不能引领单个下一级目。

第十一条　年鉴各级目标题应准确、规范、简洁，能够揭示所记述内容的特点，避免重复。

第十二条　年鉴框架应保持相对稳定，可依据年度特点和事物变化情况作适当调整。

第三章　体　裁

第十三条　年鉴以条目为基本记述单元，综合运用特载、专文、大事记、图片、表格、人物、文献、附录等多种形式，体裁要运用得当。

第十四条　条目。条目是年度信息资料的基本单元。分为综合性条目和单一性条目等类型。综合性条目反映年度内各个领域发展变化的总体情况和主要特点，具有高度的概括性；单一性条目一事一条，基本要素齐全。

第十五条　特载。特载即特别刊载或登载，是年鉴辑录具有特殊意义文献的一种资料形式。主题一般为内容意义重大、影响深远，同时不囿于时限要求，可以使用跨年度资料、回溯性资料、前瞻性资料。一般置于卷首彩页之后。

第十六条　专文。专文是年鉴辑录专题文章的资料形式。主要内容为权威性研究机构以及专家、学者对重大事件、重要问题、某一领域现状及其发展趋势的专题论述，以及对经济社会发展情况的调研报告、统计分析、研究成果等。一般置于百科之前。

第十七条　大事记。大事记是按时序记述年度内重要活动和重大事项。选录大事要得当，做到重要事项不漏，时间、地点、人物（单位）结果等要素齐备。可将编年体和纪事本末体相结合。

第十八条　图片。年鉴应有卷首专题图片和随文图片。图片选用注重典型性、资料性和存史性，突出反映重大事件、重要成果和热点问题。随文图片应图文相符，以图释文。

图片要清晰、美观，文字说明应简洁、准确，时间、地点、反映的事物以及主要人物的姓名、位置、时任职务等要素齐全，应署作者或提供者姓名。

少用会议照片，忌用人物标准照。

第十九条　地图。地图选用应遵守国家关于地图管理的法规和有关规定、办法，需经过有审核权的测绘地理信息行政主管部门审核，标注审图号。

第二十条　表格。表格包括表题、表体以及必要的表注等。表格内容要准确，设计要规范，要根据表的综合性、专业性等特点，置于各层次相应的位置，注意文表对应。

表格采用开放式。表题要素完整，除专项统计表外，一般应具有时间、地方（单位）、事项等要素。表格应标明计量单位。表内项目计量单位相同的，应标注于表格右上角；计量单位两种以上的，应在对应项目中分别注明。

转页续表时，横标目不能省略，续表第二页应标注“续表”，两页以上的，应分别标注“续表一”“续表二”等。

第二十一条　人物。人物记述可采用简介、名录、表等形式，入鉴人物应严格掌握标准，一般收录革命烈士、当年逝世的社会影响较大的各界人士；在世的模范人物、新闻人物、社会名流、专家学者、新任主要领导干部等。人物记述应做到客观、准确、公允。一般置于百科之后。

第二十二条　文献。主要收录年度内对本行政区域具有重要影响或重大标志意义的重要文献，包括地方法规、政府规章和政府规范性文件，党委、政府工作报告和公报文告，重要理论文章，具有重要存查价值的调研报告等。

第二十三条　附录。是对年鉴正文起补充、拓展、丰富、参考作用的辑录型资料，收录范围包括统计资料类、专题资料类、指南便览类等，篇幅不应超过全书的10%。

第二十四条　检索系统。年鉴具有工具书性质，应有完备的检索系统，包括目录和索引等。

年鉴目录应详至条目。根据需要可编制英文目录或少数民族语言目录。

索引应提供丰富的检索信息，名称概念清晰，标目符合主题原意，标引准确。

第二十五条　年鉴应列编辑说明，主要介绍年鉴编纂的指导思想、记述的时空范围、栏目的设置、调整情况、资料的来源等事项。

第四章　条　目

第二十六条　条目选题选材注重有效性、完整性和新颖、准确、系统。

第二十七条　条目标题中心词突出，题文相符。中心词前置，方便检索，一般不出现人名。中间不使用标点符号，不用形容词、表程度的副词、抽象词语，使用简化称谓应避免改变原意或产生歧义。

第二十八条　有效信息含量大，避免空洞无物和简单重复。消除工作总结、报告痕迹。不应记述非部门主要职能的信息。

第二十九条　条目编写使用第三人称，据实而书、直陈其事，坚持述而不论，寓观点于记述之中。

第三十条　条目一般由标题、释文、作者署名三个部分组成。

条目标题顶格书写，加方头括号（【 】），后空一格接写正文；综述类、概况类条目可分段书写，其他条目一般不分段。

第三十一条　综合性条目分为综述类和概况类两种，综述类条目置于分目之下，概况类条目置于次分目之下；综合反映年度内不同分目和次分目所记事物发展变化的全貌和趋势，应包括基本情况、主要成绩、存在问题及重要数据等几个方面的要素，注意资料信息的连续性和可比性。一般来说，综合性条目的信息含量应占全书的7%。为便于检索，综合性条目标题应冠以表明所记事物的定语。

第五章　行　文

第三十二条　年鉴使用记叙文、说明文等文体，文风要朴实，记述要流畅。应减少交叉重复，多处记述同一事物应各有侧重。

年鉴记述内容应存真求实，客观反映经济社会发展中取得的成绩和存在的问题。具有逐年连续性和可比性，能正确反映事物发展的脉络和轨迹，具有为现实服务和存史的价值。

第三十三条　年鉴中使用的名称应规范。人物直书其名，必须说明职务、职称、学衔的冠于姓名之前；会议、组织、机构、法律法规、文件、专项活动等专有名称，除通用简称外，第一次出现时一律使用全称并括注简称，续文中可使用简称；外国人名、地名、机构名称、学术名词等，均应译成中文，并视需要括注外文，译文一般以新华社和人民出版社的译名为准。

第三十四条　年鉴使用规范、统一的简称和缩略语。名称、时间、地点、事实、数据、计量单位、术语等的表述应前后一致。

第三十五条　涉及国家领土主权和港澳台用语，民族、宗教用语，国际关系用语，军事、计划生育工作用语，以及灾害、疫病、重大交通事故、安全生产、刑事案件和社会稳定等重大敏感性事件，严格执行国家相关规定，统一规范表述。

第三十六条　时间和纪念日表示。当年信息注明月日，不写年份，亦可用“年内”表示，不使用“今年、目前、现在、最近、明年、去年、本月”等时间代词；非当年的应写明具体年、月、日，不使用时间简称，如2018年不能写成18年。

第三十七条　年鉴采用数据应以统计部门提供的为准，未列入统计范围的，以业务主管部门提供的为准，数据不一致时，应加以说明。数字的用法，按照《出版物上数字用法的规定》（GB/T 15835—2011）执行。

第三十八条　标点符号的使用，执行国家技术监督局《标点符号用法》（GB/T 15834—2011）的规定。

第三十九条　计量单位的使用，按国务院《中华人民共和国法定计量单位》的规定执行。

第六章　出　版

第四十条　年鉴编纂应建立健全审读、审核和校对制度，确保质量。

第四十一条　语言文字、标点符号、汉语拼音、数字、计量单位和索引编制、图片选用等，应符合国家有关法律、法规和规章、规定。

第四十二条　年鉴内容应真实，人名、地名、时间、事实、数据、图片、引文等应准确。未经核实的资料不得收录。

第四十三条　编辑校对应符合国家出版物质量管理的规定。

第四十四条　一般采用16开本，文字横排。版面设计可分为两栏或三栏，版式设计应疏密得当，留白页少，字体、字号选择要既能区别结构层次，又有较好的视觉效果。

第四十五条　封面设计应庄重大方，完整著录年鉴名称与卷号、编者名、出版者名。年鉴名称、卷号要醒目。

年鉴名称，一般冠以行政区域名称，如“××年鉴”。如两级行政区域名称相同，下级年鉴名称另加“市（州）”“县（区）”字样，如“××市（州）年鉴”“××县（区）年鉴”。市辖区年鉴名称冠以上一级行政区域名称，如“××（市）××（区）年鉴”。

年鉴卷号，以所记述年度的下一年份标识。

第四十六条　印刷、装帧应符合国家出版物质量标准。

第四十七条　制作出版电子版年鉴，应遵守国家关于电子出版物管理的规定。

第四十八条　年鉴应逐年编纂，做到当年编纂当年出版。

第七章　附　则

第四十九条　吉林省行业年鉴（含部门年鉴和专业年鉴等）的编纂可参照本规范执行。

第五十条　本规范由吉林省地方志编纂委员会负责解释。

第五十一条　本规范自2018年5月1日起施行，《吉林省综合年鉴编纂规范（试行）》即行废止。

吉林市地方志编纂委员会
关于《实施地方志资料年报制度的意见》的通知

吉志发〔2018〕20号

各市（州）、长白山管委会，梅河口市、公主岭市，各县（市、区）地方志工作机构：

为进一步加强全省地方志资料的征集工作，吉林省地方志编纂委员会印发《实施地方志资料年报制度的意见》。请全省各级地方志工作机构认真学习和研究此意见，根据自身实际制定开展资料年报的计划，有效推进地方志资料征集工作。

吉林省地方志编纂委员会

2018年4月28日

实施地方志资料年报制度的意见

为建立规范长效的地方志资料征集机制，依据国务院《地方志工作条例》和《吉林省地方志工作条例》的相关规定，吉林省地方志编纂委员会决定在全省实施地方志资料年报制度。

一、指导思想

以马克思列宁主义、毛泽东思想、邓小平理论、“三个代表”重要思想、科学发展观和习近平新时代中国特色社会主义思想为指导，坚持历史唯物主义和辩证唯物主义，以“修志问道，以启未来”为根本要求，以“为当代提供资政辅治之参考，为后世留下堪存堪鉴之记述”为目标，全面系统征集本年度资料，逐年报送留存。

二、工作要求

地方志资料年报是由各单位根据地方志工作机构的统一部署和要求，逐年承报本系统、本行业上一年度事业发展状况的各类资料，以备志书编修之用。征集、保存资料年报是修志工作的重要环节，是保证志书质量的基础性工作。

各级党委和政府要充分认识资料年报工作的重要性，将其纳入年度工作计划，给予经费支持。

各级地方志工作机构应结合工作实际，启动资料年报工作。已经启动资料年报工作的，要在现有基础上做到连续、规范开展；完成二轮修志任务、启动了资料长编工作的地方，要力争在2019年完成2018年度资料年报的征集工作，此后形成工作惯例；尚未完成二轮修志任务的，要在2020年之前部署资料年报工作，从2021年起，地方志资料要以年报的形式报送。

三、工作职责

各级地方志工作机构负责本级地方志资料年报工作的组织实施，其主要职责为：

1. 负责资料年报工作的组织、指导、督促和检查；

2. 制定编写要求，确定承报单位，审定各单位的资料征集大纲；

3. 组织业务培训和研讨交流活动；

4. 组织审查验收与整理、汇编；

5. 保管资料年报并组织开发利用；

6. 不定期地对承报单位报送进度和质量等进行通报，每年年底对本年度资料年报工作情况进行总结。

各机关、社会团体、企事业单位、其他组织和上级派驻单位为地方志资料年报工作的承报单位，其主要职责为：

1. 将资料年报工作列入年度工作计划和绩效考核指标，保障工作条件；

2. 明确分管领导、职能部门、资料年报工作负责人及编辑人员（以下统称年报编辑人员），支持年报编辑人员参加业务培训及研讨交流活动；

3. 参照当地地方志工作机构制定的指导性大纲，拟定本单位的资料征集纲目，经当地地方志工作机构审定同意后，全面收集、整理、汇编、撰写本行业（事业）年报资料；

4. 及时组织内部审查并报送地方志工作机构审查验收；

5. 建立涵盖本行业（事业）的资料年报网络，建立工作队伍。

年报编辑人员应熟悉本行业（事业）的情况，完成相关业务培训，掌握资料年报工作的业务要求。同一行业跨部门的，根据实际情况，由地方志工作机构确定牵头承报单位。牵头单位负责组织、指导、督促和检查归口承报单位的资料年报工作。资料年报承报单位随着部门职能调整而作相应调整，应将调整结果及时告知本地的地方志工作机构。

四、年报内容

各承报单位报送的资料年报，主要包括概况资料、大事记资料、专题资料、人物资料、文献资料、图片、音像资料及其他具有存史价值的资料。其中，概况资料、大事记资料、专题资料、文献资料、图片资料属必报内容；人物资料属符合条件才报送的内容；音像资料和其他具有存史价值的资料也要积极报送。

（一）概况资料收录本行业（事业）的基本情况资料及主要统计数据；

（二）大事记资料收录本行业（事业）较大事件的资料；

（三）专题资料收录在本行业（事业）具有代表性、典型性事件的资料；

（四）人物资料收录对行业（事业）有较大贡献和重要影响的人物及事迹的资料；

（五）文献资料收录本行业（事业）具有重要存史价值的文献；

（六）图片、音像资料收录反映本行业（事业）基本面貌、发展变化、特色及重要人物及重大事件场景的照片、地图、规划图、示意图及音像资料；

（七）其他具有存史价值的资料。

五、质量要求

坚持辩证唯物主义和历史唯物主义的立场、观点和方法，贯彻存真求实的原则，符合宪法、法律、法规及保密规定，资料全面、真实、准确，内容无缺项和重大遗漏，时代特色、地方特色和行业（事业）特色鲜明，资料要素齐全、表述准确。具体编写业务规范详见《吉林省地方志资料年报编写要求》。

六、工作流程

（一）工作布置

市县级地方志工作机构根据实际情况，研究和拟定资料征集指导性大纲，以党委和政府“两办”（或政府办公室）的名义印发各承报单位。以后，每年由全省各级地方志工作机构协调印发文件、召开会议布置此项工作。

（二）业务培训

每年第一季度，各级地方志工作机构组织开展资料年报业务培训，明确体例、规范、主要内容、编写要求等。

（三）收集、整理、撰写

每年3月至5月，各承报部门根据地方志工作机构审核同意的本行业或单位资料征集大纲，全面收集、整理、汇编、撰写年度内本行业（事业）的资料。

（四）报送

承报单位组织熟悉本行业（事业）的人员，对照《吉林省地方志资料年报编写要求》对资料年报进行内部审查。按照内部审查意见修改后，形成送审稿（纸质文本2份及光盘1份），填写《地方志资料年报报送表》，于6月底前报送相应的地方志工作机构审查验收。

（五）审查验收与保管

各级地方志工作机构在收到资料年报的30个工作日内完成审查验收。通过审查验收的，地方志工作机构将对资料年报进行集中妥善保管。未通过审查验收的，承报单位根据审查验收意见于30个工作日内修改后再报送。报送工作须在每年年底前完成。

全省各级地方志工作机构、各相关部门和单位要站在“为党立言、为国存史、为民修志”的高度，把地方志资料年度报送工作摆上重要日程，选定责任心强、文字水平高的年报编辑人员，全面、客观、准确地反映本行业（事业）发展情况，保证按时完成资料的收集、整理、编写、报送任务。

吉林市地方志编纂委员会
关于印发《吉林省地方志资料年报编写要求》的通知

吉志发〔2018〕23号

各（市、州）、长白山管委会，梅河口市、公主岭市，各县（市、区）地方志工作机构：

吉林省地方志编纂委员会已将《实施地方志资料年报制度的意见》印发各地，现将《吉林省地方志资料年报编写要求》印发给你们，望认真学习理解并用以指导资料年报工作。

吉林省地方志编纂委员会

2018年5月31日

吉林省地方志资料年报编写要求

一、总体要求

（一）坚持以习近平新时代中国特色社会主义思想为指导，准确把握时代特征和地域特点，按照存真求实的原则，收集、整理、撰写和报送反映年度内本行业（事业）发展状况的资料，做到观点正确，资料翔实，内容全面、准确，分类科学。

（二）年报资料分为概况资料、大事记资料、专题资料、人物资料、文献资料、图片音像资料及其他具有存史价值的资料。其中，概况资料、大事记资料、专题资料、文献资料、图片资料属必报内容，人物资料属符合条件才报送的内容，音像资料和其他具有存史价值的资料也需要积极报送。

（三）年报资料以资料长编形式为主。

（四）主要原始资料和引文要注明出处。注要放在每类资料之后，做到要素齐备。

1. 档案资料：注明收藏单位、案卷号、目录号、全宗号、标题、作者等。

2. 文件资料：注明发文单位、时间、文件名、文号等。

3. 书籍资料：注明作者、书名、页码、出版单位、出版年月等。

4. 实地调查资料和口碑资料：注明调查对象的基本情况。

5. 报刊资料：注明报刊名、年月日及版次（期序）、作者、标题等。

6. 音像资料：注明作者、内容、时长、拍摄时间、格式等。

7. 网络资料：注明网站、网址、文章标题、作者、发布时间等。

（五）军事部门报送内容参照本要求执行。

二、资料年报征集大纲编写要求

各承报单位在当地地方志工作机构印发的资料征集大纲的基础上，要拟定本系统资料征集大纲。

1. 概况资料大纲：依据第二轮志书基本篇目或本单位“三定”方案中的工作职责拟定，以三级层次为宜。

2. 大事记资料大纲：可略。

3. 专题资料大纲：写明拟报送的材料主题。

4. 人物资料大纲：写明拟报送的人物名单。

5. 图片、音像资料和文献资料大纲：写明拟报送的条目目录。

三、报送内容及具体要求

（一）概况资料

收录本行业（事业）的基本情况资料及年度内主要统计数据。

1. 主要内容

（1）本行业（事业）的发展情况及重要决策、重要工作部署及其实施情况等。

（2）本行业（事业）发展的主要统计数据。

2. 撰写要求

（1）采用记述体编辑。

（2）要体现发展脉络、主要特点。

（二）大事记资料

收录本行业（事业）较大事件的资料。

1. 收录范围

（1）重要法规、方针政策、决策、决议、规划的颁布。

（2）做出重要决定的会议的召开。

（3）行政区划调整。

（4）主要机构变动以及主要负责人的任免。

（5）重要企（事）业单位的成立、改组、改制、重组、破产等。

（6）重大改革与创新的提出及实施。

（7）重大专项工作、活动的开展以及重大工程、项目、设施的建设。

（8）重大发明创造、科研成果的公布及获奖情况。

（9）党和国家领导人、著名人士在本行业（事业）的重要活动。

（10）对外、对港澳台重要交流活动。

（11）工作中的重大失误及事故、重大传染病的发生及防治。

（12）重大自然灾害及防灾、抗灾情况。

（13）主要物产的盛衰和重大环境的变化；珍贵文物的挖掘与重要名胜古迹的保护和兴废。

（14）其他重要事件。

2. 撰写要求

（1）应做到大事突出、要事不漏、常事不记。所记事件必须在本行业（事业）范围内有较大影响。

（2）时间、地点、人物（单位）、经过、结果等要素齐全。

（3）采用编年体编辑，以月、日为序排列，一事一条。日期不明者置于月末，称“是月”；日期、月份均不明者置于年末，称“是年”。

（三）专题资料

收录在本行业（事业）具有重大影响或代表性、典型性事件的资料。

1. 收录范围

（1）具有广泛性、综合性、开创性的重大决策、法规、决定、规划、改革、创新。

（2）重大事件、案件、专项工作、重要活动、自然灾害。

（3）影响较大的社会热点问题。

（4）对经济社会发展有重大影响的工程或项目。

（5）其他具有时代特色、地方特色与行业（事业）特色的重要事件和活动。

2. 撰写要求

（1）采取记实和以事系人的编辑方法，以纪事本末体为体例，一事一条。

（2）基本要素：包括事件（活动）、事物、问题发生的背景、时间、地点，涉及范围以及经过、结果、特点和影响等，体现事件发展变化结果，突出所记事件（活动）、事物、问题的独特性、典型性。

（3）跨年度事件原则上在完结的次年报送。

（四）人物资料

收录在本地区工作，对本地区、本行业（事业）、本单位发展有较大贡献、影响的各界人物（籍贯不限）及其事迹；或在外地各个领域中有国际性、全国性影响的本籍（或在本地出生的）人物及其事迹。人物资料分设人物传、人物表两部分。

1. 人物传

（1）收录范围

①担任本地党委、人大、政府、政协副职以上，本籍在当地担任相应副职以上领导职务的干部。

②战斗英雄、在历次革命战争和反侵略战争中的著名将士和爱国志士及经上级认定的烈士。

③教育、文艺、科技、卫生、新闻、出版、社会科学等领域在学术、科研和创作上卓有成就、有重大贡献者和主持重大工程设计的人物；中国科学院院士、中国工程院院士；市（州）、县（市、区）级以上（含）科学技术突出贡献奖的获得者。

④影响重大的企业家、慈善家。

⑤具有突出的独特技艺的人物。

⑥对体育事业有突出贡献、重大影响者。

⑦少数民族、宗教著名人物。

⑧华侨、华人、港澳台同胞中，对当地有重大贡献和影响者；祖籍本地，长期寓居海外的侨领或各界著名人物。

⑨有重大影响的反面人物。

⑩其他对社会各方面有重大贡献和影响者。

（2）撰写要求

①坚持“生不立传”的原则，报送年报收录时限内的去世者。

②基本要素。包括姓名、性别、生卒年月、籍贯、学历、政治面貌、履历、主要事迹、主要成果（如重大改革、学术思想、主要著作、科技及发明成果等）、曾获得的荣誉、组织作出的结论等。突出传主一生的主要事迹、主要思想观点。

③对入传人物的政治立场、思想观点和历史上的功过是非，作实事求是的编辑，不作评论。所记资料力求全面、真实、准确。凡有分歧的，应作必要的考证；无法确定的，选择一说，余说存疑待考。

④人物排列以卒年月日先后为序。

2. 人物表

人物表分名录表、任职表两项，具体收录范围和标准以及各类表格的栏目设置要求如下：

（1）名录表

①符合入人物传收录标准，年报收录时限内仍在世的人物。表中设姓名、性别、出生年月、籍贯、党派、工作单位、职务（职称）、主要事迹与成就等栏目；人物排列以出生年月日先后为序。

②县处级以上劳动模范、先进工作者、“五一劳动奖章”获得者，模范烈军属、拥军模范。

表中设姓名、性别、籍贯、党派、工作单位、职务（职称）、荣誉称号、授予时间、授予单位等栏目；人物排列以获得荣誉时间的先后为序。

（2）任职表

市（州）、县（市、区）委和政府及其组成部门、直属部门，法院，检察院，人民团体以及市（州）、县（市、区）属企业事业单位、上级单位派驻副处级以上负责人。表中设姓名、性别、籍贯、党派、职务、任职时间等栏目。人物排列以任职时间先后为序。

3. 在年报资料中已经报送的且未发生变化的人物可不重复报送。

（五）文献资料

1. 本行业（事业）具有重要存史价值的重要文献，如全市、全县性法规、政府规章、规范性文件、工作总结、主要业务项目总结、专题调研报告、重要会议纪要、县级以上媒体专题报道，影响重大的官方网络资料等资料全文。

2. 尽量报送原件，摘录的可采用复印件。

3. 文献资料应制作目录。

（六）图片音像资料

1. 图片资料

（1）综合要求：

①反映本行业（事业）基本面貌、发展变化以及时代特色、地方特色和行业（事业）特色，具有存史价值的照片、地图、规划图、示意图；照片以工作活动照为主，每年不少于5张。

②人物传每人附正面免冠照1张。

③根据内文配置适量的照片、地形图、行政区划图、交通图、分布图、规划图、示意图等。

（2）质量要求：

①图照选材准确、主题突出、纪实性强，重点反映行业（事业）主体业务，无广告色彩，无版权争议。

②扫描图片使用24位真彩色模式扫描，彩色分辨率应大于300dpi，黑白分辨率应大于400dpi。数码相机拍摄的照片不低于800万像素。

③照片要配有文字说明，注明照片的时间、地点、主要人物（标明身份和位置）、主要内容，括注拍摄者或供稿人姓名、单位、拍摄时间等。

④地图采用国家测绘部门和有关部门绘制或审定的，要配有审图号。

2. 音像资料

（1）综合要求：

①有关大事、要事、重要活动、人物等，可配置音像资料，要具备时间、地点、人物、事件主体、结果等基本要素。

②根据行业（事业）发展情况，可制作综合类的音像资料。

（2）质量要求：

①原始音频、视频资料或其复制件。

②运用编辑技术应无损于客观事实。

③内容无广告色彩和评论性内容。

（七）其他具有存史价值的资料。

四、报送格式

（一）除原件、复印件外，资料年报一律用A4纸打印。

（二）资料年报文本一式两份，附送电子版（采用一次性光盘刻录）。电子版内容应与纸质版完全一致。各项资料的排列顺序依次为：概况资料、大事记资料、专题资料、人物资料、文献资料、图片音像资料、其他具有存史价值的资料。

（三）电子文档格式要求采用Microsoft Office或WPS Office，扫描图片采用TIFF格式，数码相片采用RAW或JPEG格式，音频资料一般采用MP3格式，视频资料一般采用原始的AVI格式。

（四）每份材料均要标注名称、报送时间、作者、单位，同时填报《地方志资料年报报送表》（由各级地方志工作机构统一制作，承报单位加盖公章）。

江苏省地方志工作条例

（2018年9月21日江苏省第十三届人民代表大会常务委员会第五次会议通过）

第一条　为了规范地方志工作，促进地方志的开发利用，发挥地方志记录历史、传承文明、资政育人、服务发展的作用，根据国务院《地方志工作条例》和有关法律、行政法规，结合本省实际，制定本条例。

第二条　本省行政区域内地方志的编纂、开发利用和管理工作，适用本条例。

第三条　本条例所称地方志，包括以县级以上行政区域名称冠名的地方志书、地方综合年鉴。

地方志书是指全面系统记述本行政区域自然、政治、经济、文化和社会的历史与现状的资料性文献。

地方综合年鉴是指系统记述本行政区域自然、政治、经济、文化、社会等方面情况的年度资料性文献。

第四条　县级以上地方人民政府应当加强对地方志工作的领导，将地方志工作纳入国民经济和社会发展规划，协调解决地方志工作中的重大问题，督查推动地方志工作；建立健全地方志工作机制，配备工作人员，保障工作条件，将地方志工作所需经费列入本级财政预算。

省人民政府应当制定地方志事业发展规划，推动全省地方志事业平稳、健康、有序发展。

第五条　县级以上地方人民政府负责地方志工作的机构（以下简称地方志工作机构）主管本行政区域的地方志工作，履行以下职责：

（一）组织、指导、检查和督促地方志

工作；

（二）组织编纂地方志；

（三）征集、整理、保存地方志文献和资料，整理、出版旧志；

（四）组织开展地情调查研究和资源开发利用，开展地方志信息化建设，为社会提供服务；

（五）组织开展地方志业务培训、理论研究、宣传教育和对外交流；

（六）法律、法规规定的其他职责。

第六条 省、设区的市、县（市、区）应当编纂地方志。

地方志由地方志工作机构组织编纂，其他组织和个人不得编纂。

第七条 地方志书每二十年左右编修一次。地方综合年鉴一年一鉴、逐年编纂。

行政区划有重大调整的，应当及时组织编纂已撤销的设区的市、县（市、区）地方志书，适时组织编纂新设的设区的市、县（市、区）地方志书。

第八条 省人民政府应当制定全省地方志书编纂工作规划。

地方志工作机构应当拟定地方志编纂方案，报本级人民政府批准后实施。

第九条 编纂地方志应当坚持正确方向，遵循存真求实、确保质量的原则，做到全面客观、真实可靠、科学严谨、合法合规，不得篡改历史事实，不得杜撰历史事件。

地方志编纂人员应当恪尽职守、据事直书、忠于史实、保守秘密。

任何单位和个人不得要求地方志工作机构和编纂人员在地方志中作虚假记述。

第十条 编纂方案确定的承担地方志工作任务的机关、社会团体、企业事业单位和其他组织（以下统称承编单位），应当明确工作机构和人员，保障工作条件，按照编纂方案的要求完成编纂、供稿等工作，并对所提供资料的真实性和准确性负责。

地方志工作机构应当对承编单位的编纂工作进行指导、督促和检查。

第十一条 县级以上地方人民政府及其地方志工作机构应当建立地方志人才引进、兼职人员聘用、志愿服务、培训、激励等制度，建设专兼职相结合的地方志人才队伍。

地方志工作机构应当建立地方志专家库、人才库，吸收有关方面的专家、学者以及熟悉地情的社会公众参与地方志编纂工作。

地方志工作机构可以采取购买服务、项目合作等方式，委托高等院校、科研机构等专业机构承担地方志编纂有关工作。

第十二条 地方志工作机构和承编单位应当建立资料积累制度，收集文字、图表、照片、音像、实物等地方志资料。

地方志工作机构应当定期组织编写资料长编，有条件的地方可以组织对相关音像资料进行整理汇编。

第十三条 地方志工作机构和承编单位可以向机关、社会团体、企业事业单位、其他组织以及个人征集有关地方志资料，有关单位和个人应当提供支持。

地方志工作机构和承编单位可以对有关资料进行查阅、摘抄、复制，但涉及国家秘密、商业秘密和个人隐私以及不符合档案开放条件的除外。

第十四条 地方志工作机构应当指定专职人员负责保管在地方志编纂过程中收集到的各类资料以及形成的地方志文稿，不得损毁；编纂工作完成后，应当将资料和文稿依法移交同级档案馆或者方志馆保存、管理，个人不得据为己有或者出租、出让、转借。

第十五条 地方志工作机构组织编纂地方志，应当公开听取社会公众的意见、建议。

第十六条 地方志书经审查验收，报本级人民政府批准后公开出版。具体审查验收办法由省地方志工作机构制定，报省人民政府批准。

地方综合年鉴经本级人民政府批准后公开出版。

第十七条 地方志的著作权由地方志工作机构享有，参与编纂的人员享有署名权。地方志工作机构、承编单位应当依照国家和省有关规定，向参与编纂、评审的人员支付报酬。

第十八条　县级以上地方人民政府应当建立方志馆，或者在公共图书馆、文化馆、档案馆等公共场馆内开辟专门区域，用于本行政区域的地情展示和地方志的收藏研究、开发利用。鼓励建设数字方志馆。

第十九条　鼓励单位和个人向方志馆或者地方志工作机构捐赠地方志文献资料和纪念性实物。接受捐赠的，应当向捐赠者颁发收藏证书，并可以给予奖励。

第二十条　县级以上地方人民政府应当将地方志信息化建设纳入当地信息化建设规划，加强地方志信息化建设。

省地方志工作机构应当建立地方志全文数据库和地方志资源共享平台。

第二十一条　方志馆、地方志资源共享平台应当完善服务功能，公示服务范围和方式，免费向社会公众开放，并提供查阅、摘抄、下载、复制、检索等服务。

第二十二条　县级以上地方人民政府应当将地方志的开发利用纳入现代公共文化服务体系，推动地方志文化的创造性转化和创新性发展，为培育和践行社会主义核心价值观提供丰富、优秀的精神文化产品。

地方志工作机构应当通过整理出版旧志、编写地方志简本和地情资料、制作音像制品、举办展览等形式，运用现代信息技术和传播技术，进行地情宣传和地方志文化传播，引导全社会读志、用志、传志。

鼓励和支持单位、个人利用地方志资源开展影视作品及其他文学艺术创作和文化交流，传播地方历史文化。

第二十三条　地方志工作机构应当加强地方志基础理论和编纂实践研究。鼓励高等院校、科研机构等单位与地方志工作机构合作，开展地方志理论和地情研究。支持高等院校开设地方志课程。

地方志工作机构可以采取多种形式，加强与香港、澳门、台湾地区以及国外的高等院校、科研机构、档案馆、博物馆、图书馆等单位的学术交流与合作，扩大地方志文化影响力。

第二十四条　县级以上地方人民政府对在地方志工作中作出突出成绩和贡献的单位、个人，按照国家和省有关规定给予表彰和奖励；对地方志优秀成果给予通报表扬。

第二十五条　违反本条例第六条第二款规定，擅自编纂地方志的，由地方志工作机构责令限期改正；已经出版的，由地方志工作机构提请同级新闻出版主管部门依法查处。

第二十六条　违反本条例第九条规定，有下列情形之一的，由县级以上地方人民政府责令采取相应措施予以纠正，并视情节轻重追究有关单位和个人的责任：

（一）地方志存在违反宪法、法律、法规规定内容的；

（二）篡改历史事实、杜撰历史事件的；

（三）要求地方志工作机构和编纂人员在地方志中作虚假记述的。

第二十七条　违反本条例第十条第一款规定，未按照编纂方案的要求完成编纂、供稿等工作的，由地方志工作机构责令限期改正；逾期不改正的，对直接负责的主管人员和其他直接责任人员依法给予处分。

第二十八条　违反本条例第十四条规定，地方志工作机构的工作人员将在地方志编纂过程中收集到的各类资料以及形成的地方志文稿损毁、据为己有或者出租、出让、转借的，由其所在单位责令改正，依法给予处分。

第二十九条　违反本条例第十六条规定，未经审查验收或者批准将地方志文稿交付出版的，由县级以上地方人民政府责令采取相应措施予以纠正，并视情节追究有关单位和个人的责任；构成犯罪的，依法追究刑事责任。

第三十条　对本行政区域特别重大自然灾害，具有独立存史价值的重大事件、活动，以及独特的地域文化、地情特色，县级以上地方人民政府可以决定编纂地方专题志书。

地方专题志书的编纂、开发利用和管理工作，按照本条例有关地方志书的规定执行。

第三十一条　鼓励组织编纂部门志、行业志、乡镇（街道）志以及村（社区）志等其他志书，鼓励部门、乡镇（街道）编纂年鉴。

列入中国传统村落名录的村，省人民政府批准公布的历史文化名镇、名村，应当编纂志书，由乡镇人民政府、街道办事处组织编纂。地方志工作机构应当加强指导。

本条规定的志书和年鉴的编纂、开发利用和管理工作，参照本条例执行。

第三十二条 本条例自2018年12月1日起施行。

江苏名镇名村志评审验收办法

苏志办〔2018〕23号

一、总则

第一条 为规范江苏名镇名村志评审验收工作，确保志书质量，根据《省政府办公厅关于转发〈江苏名镇名村志编纂工作方案〉的通知》，制定本办法。

第二条 江苏名镇名村志实行三审一验收制度。

志书的评审验收，以中指组《地方志书质量规定》为依据，按照江苏名镇名村志的编纂要求，对志书质量进行全面、严格审查把关。

第三条 本办法适用于列入编纂计划的江苏名镇名村志的评审验收工作。

二、志书评审

第四条 志书评审实行初审、复审、终审三审制，依序逐级送审。

初审，由编纂单位负责组织实施。

复审，由县（市、区）地方志工作机构负责组织实施。

终审，由设区的市地方志工作机构负责组织实施。

第五条 评审人员。

每级评审的人数不得少于3人，由地方志系统及其他方面的专家、行家组成。地方志系统的评审人员必须熟悉名镇名村志编纂业务和要求。

终审人员名单须报江苏名镇名村志编纂委员会办公室备案。

第六条 评审人员的评审费根据实际情况商定，一般由组织评审的单位承担。

第七条 评审程序。

初审，编纂单位完成初稿编写后即可进行初审，填写《江苏名镇名村志初审意见表》。

复审，编纂单位应及时完成初审后的志稿修改，将申请复审报告、复审稿、《江苏名镇名村志初审意见表》，一式5份，报送县（市、区）地方志工作机构，然后组织复审。

终审，编纂单位必须认真完成复审后的志稿修改，将申请终审报告、终审稿、《江苏名镇名村志复审意见表》以及复审人员书面评审意见，一式5份，报送设区的市地方志工作机构，然后组织终审。

终审人员须在收到终审稿后20日内将评审意见、《江苏名镇名村志终审稿质量评估表》反馈给负责终审的单位。终审稿评估质量平均分在90分以上，方可以召开终审会；终审稿评估质量平均分未达到90分的，不得召开终审会，返回编纂单位按审查意见修改，达到终审质量要求后，再组织终审。

《江苏名镇名村志终审稿质量评估表》须报江苏名镇名村志编纂委员会办公室备案。

第八条 评审内容与形式。

初审，重点审查记述内容是否完整，史实是否准确，本地“名”“特”是否体现。

复审，重点审查史实是否准确，地方“名”“特”是否突出，名镇名村志体例和基本要求是否符合。

终审，重点审查篇目设计是否彰显“名”“特”，布局是否合理；内容记述是否突出重点，详略是否得当；条目撰写是否体现特色、是否注重创新；语言是否通俗流畅，行文是否规范。

参加复审、终审的人员应当全面、认真审

阅志稿，每人撰写3000字以上的评审意见。终审人员还须填写《江苏名镇名村志终审稿质量评估表》。初审、复审可以采用书面评审，也可以组织召开评审会。召开评审会的，上一级地方志工作机构应当参与指导；终审必须召开评审会，并由江苏名镇名村志编纂委员会办公室派人现场指导。

三、志书验收

第九条　志书验收由江苏名镇名村志编纂委员会办公室负责。

第十条　验收小组由有关方面的领导、专家、学者组成，人数不少于3人。聘请专家、学者的费用由江苏省志办承担。

第十一条　验收程序与要求。

志书通过终审后，设区的市、县（市、区）地方志工作机构应当加强指导，高标准、高质量地完成志稿修改后方可以申请验收。

申请验收时，编纂单位应当将终审稿修改情况、申请验收报告、验收稿（包括电子版）、《江苏名镇名村志终审意见表》《江苏名镇名村志终审稿质量评估表》，以及终审人员书面评审意见，一式8份，报送江苏名镇名村志编纂委员会办公室。

验收稿要做到齐、清、定，达到出版要求。

第十二条　验收形式与要求。

验收会由江苏名镇名村志编纂委员会办公室组织召开，并签发《江苏名镇名村志验收意见表》。

验收人员须对志稿进行全面审查，认真审阅、修改志稿，每人撰写3000字以上的验收意见，并填写《江苏名镇名村志验收稿质量评估表》。

验收人员须在收到验收稿后20日内将验收意见、《江苏名镇名村志验收稿质量评估表》报送江苏名镇名村志编纂委员会办公室。

第十三条　验收稿评估质量平均分在95分以上，方可以召开验收会，并对志稿修改定稿，进入出版程序，由江苏省志办统一组织出版；验收稿评估质量平均分未达到95分的，不予召开验收会，返回编纂单位按验收意见修改，达到验收质量要求后，方可以组织验收。

四、附则

第十四条　《江苏名镇名村志初审意见表》（表1）、《江苏名镇名村志复审意见表》（表2）、《江苏名镇名村志终审意见表》（表3）、《江苏名镇名村志验收意见表》（表4）、《江苏名镇名村志终审稿质量评估表》（表5）、《江苏名镇名村志验收稿质量评估表》（表6），由江苏名镇名村志编纂委员会办公室统一制作。

第十五条　本办法由江苏名镇名村志编纂委员会办公室负责解释。

第十六条　本办法自印发之日起施行。

江苏省地方志办公室
2018年7月10日

杭州市主城区区志编纂工作推进行动计划（2018—2020年）

为深入贯彻落实国务院办公厅《全国地方志事业发展规划纲要（2015—2020年）》和杭州市人民政府办公厅《关于贯彻落实〈全国地方志事业发展规划纲要（2015—2020年）〉的实施意见》要求，努力实现“两全目标”，进一步推动主城区区志编纂工作任务圆满完成，特制订本计划。

一、总体目标及任务

根据国家、省、市有关要求，加强督查、指导和服务，建立主城区区志编纂工作推动常态化机制，确保6个主城区于2020年底前全部完成区志编纂和出版任务。

（一）编纂阶段

2018—2020 年，在前期资料收集等工作的基础上，主城区区志编纂工作分初稿、分纂、总纂、三审、出版五个阶段。

1. 初稿阶段：各承编单位初稿全部提交并通过区志编辑部验收。

2. 分纂阶段：区志编辑部各部类负责人完成初稿分纂。

3. 总纂阶段：区志执行主编（总编）组织人员完成全书总纂并形成送审稿。

4. 三审阶段：总纂后的送审稿进行初审，初审以区地方志编纂委员会作为审查主体。根据初审意见修改后，进行复审，以杭州市志办作为审查主体。依据复审意见修改后，进行终审验收，由区人民政府作为审查验收主体。

5. 出版阶段：志书通过终审验收后，进入印刷出版。

（二）编纂进度

1. 2018 年底完成初稿，80% 以上稿件通过评审。

2. 2019 年上半年完成分纂，全部稿件通过评审，并在初稿基础上优化结构、核补资料、规范行文。

3. 2019 年下半年完成总纂，全志合成，统稿修改至基本定稿，确保任务的落实。

4. 2020 年上半年完成初审、复审、终审验收。

5. 2020 年下半年完成印刷、出版。

二、保障措施

为保障和推进主城区区志编纂工作，市志办建立“五项机制”。

（一）学习交流机制。由市志办主办、各城区志办承办，每两月开展一次主城区区志编纂业务交流活动。根据各区编纂进度情况，确定交流主题，以互相学习、共同提高修志业务能力。

各主城区也要结合区志编纂工作实际，定期开展修志业务学习和交流活动，并形成相应制度。

（二）结对帮扶机制。以主城区自主联系为主、以市志办协调推动为辅，建立杭州市已完成二轮修志任务的区、县（市）和未完成二轮修志的主城区之间的结对帮扶机制。帮扶单位和被帮扶单位间签订协议，开展相互交流、学习和帮助指导、审稿等活动。

（三）业务培训机制。市志办每年举办一期全市地方志业务学习培训班，邀请全国及省内具有丰富修志理论和实践经验的专家前来授课。其中，关于城区志编纂业务方面的专家不少于两位。

同时，根据各主城区不同阶段的具体需求，市志办将组织人员为区志编纂相关工作提供分头指导和培训。

（四）市级专家库机制。由市志办牵头，各区、县（市）志办推荐，在市域范围内遴选具有修志实践经验的专业人员，组建市级专家库，参与区志指导和评审。

（五）定期督查通报机制。全年定期开展主城区区志编纂工作走访、调研工作，及时了解城区修志工作进展、问题和需求。年终，对主城区区志编纂情况进行通报，以加强对主城区区志编纂的督查力度。

三、几点要求

（一）健全组织，明确责任

市志办拟成立杭州市主城区区志编纂工作指导组，具体负责推动主城区区志编纂工作。

总负责人蒋文欢，负责全面统筹 6 个主城区区志编纂推进工作，协调解决推进工作中有关全局性的重大问题，及时对推进情况进行督查。

总协调人张美虎，负责 6 个主城区区志编纂工作的整体推进，统筹各城区志的业务指导和培训，合理分配工作任务。

日常联络兼业务指导员：王苗（下城区、江干区、西湖区）、高丹（上城区、拱墅区、滨江区）。负责具体联络、对接工作，并及时向总协调人上报各城区进展情况，起草、审核各城区区志编纂工作相应材料。

通讯协作员王惟惟，负责协助总协调人对接省志办，汇总各城区志工作进展，并起草整体性材料。同时，参与指导工作。

各主城区也要相应建立有关组织，明确责任分工。

（二）科学谋划，善作善成

为科学谋划全市主城区区志编纂工作，市志办将加强对各城区志编纂工作的全面跟踪和指导。各主城区要在明确编纂任务、把握编纂进度的基础上，根据实际情况酌情调整、制定相应的区志编纂工作三年配套方案，力争尽早完成出版任务。

（三）加强协调，有序推进

为有序推进全市主城区区志编纂工作，市志办与各城区志办之间，要在编纂阶段、进度等方面加强沟通联系；市志办内部处室之间，应在会议保障、专家库组建、走访调研、督查通报等方面做好沟通协调工作，确保“两全”目标的顺利完成。

杭州市人民政府地方志办公室

2018 年 2 月 1 日

杭州市年鉴事业发展行动计划（2018—2020 年）

年鉴事业是地方志事业的重要组成部分，在我市经济社会发展和文化名城建设中发挥着重要作用。为贯彻落实国务院《全国地方志事业发展规划纲要（2015—2020 年）》和浙江省、杭州市实施意见，推进全市年鉴事业科学、全面协调发展，继续保持年鉴事业全国领先、全省领跑优势，制订本行动计划。

一、指导思想

深入贯彻落实党的十九大精神和习近平新时代中国特色社会主义思想，按照国务院《全国地方志事业发展规划纲要（2015—2020 年）》和《杭州市人民政府办公厅关于贯彻落实〈全国地方志事业发展规划纲要（2015—2020 年）〉的实施意见》提出的要求，解放思想，实事求是，锐意进取，改革创新，依法全面推动年鉴事业科学发展，为全面建成小康社会作出应有贡献。

二、基本原则

坚持依法治鉴。市、县两级人民政府要以国务院《地方志工作条例》和浙江省、杭州市实施办法为依据，加强对本行政区域地方志工作的领导，切实履行志鉴“两全目标”的主体责任。市、县级地方志工作机构要依法履行组织、指导、督促和检查年鉴编纂工作职责，确保年鉴编纂工作顺利开展。

坚持质量第一。质量是年鉴的生命，坚持存真求实、规范创新，将质量意识、精品意识始终贯穿于年鉴编纂出版工作的全过程，严把政治关、史实关、体例关、文字关、出版关，编纂出版经得起历史检验、具有鲜明时代特征、年度特点和地域特色的地方综合年鉴。

坚持统筹协调。正确处理质量与进度的关系，在保证质量的前提下加快主城区年鉴编纂工作进度，为实现年鉴事业创新协调发展夯实基础。以年鉴编纂出版为主业，统筹兼顾理论研究、开发利用、信息化建设、社会服务等工作，实现年鉴事业全面协调可持续发展。

三、总体目标

2020 年前，全面实现市本级和 13 个区、县（市）地方综合年鉴全覆盖。培养一支较为稳定的年鉴编纂队伍，为年鉴常编常新奠定人才基础。建立科学的年鉴质量保障体系和评价体系，提高全市地方综合年鉴竞争力、影响力。

第一阶段（2018 年），实现综合年鉴全域覆盖（全域覆盖年）。至 2018 年底，主城区年鉴全部创刊、公开出版。全市初步建立较为稳定的年鉴编纂队伍和长效工作机制。树立年鉴编纂工作典型，以点带面推动全市年鉴编纂工作协调推进、整体质量再上新台阶。

第二阶段（2019 年），全面提升年鉴编纂质量（提升质量年）。深入总结年鉴编纂工作经验和不足，推广先进典型经验，初步解决地区发展不平衡、创新动力不足、质量意识淡薄等影响年鉴事业发展的瓶颈问题，全面提升全市年鉴编纂质量和编纂规范化水平。

第三阶段（2020年），大力实施年鉴精品工程（争创精品年）。积极鼓励和扶持区、县（市）年鉴参加中指办组织的中国年鉴精品工程和地方志系统年鉴编纂质量综合评比，力争在全国性评奖中取得关键性突破。建立健全质量保障体系和评价体系，探索符合杭州实际的年鉴事业创新发展路径。

四、保障措施

（一）法治保障。积极推动《地方志工作条例》的贯彻落实，加大地方志工作法规规章的宣传、执行力度，定期开展年鉴工作监督检查。围绕国务院《全国地方志事业发展规划纲要（2015—2020年）》和《杭州市人民政府办公厅关于贯彻落实〈全国地方志事业发展规划纲要（2015—2020年）〉的实施意见》提出的目标任务，加强年鉴编纂工作进度、质量督查。

（二）制度保障。坚持和健全党委领导、政府主持、地方志工作机构组织实施、社会各界广泛参与的年鉴编纂工作体制。坚持“一纳入、八到位”的工作机制，市、县两级人民政府要将年鉴编纂工作列入政府常规性工作，所需经费列入财政预算。地方志工作机构设置和人员编制，要与其有效履行职能、顺利开展工作的要求相适应。

（三）队伍保障。强化年鉴事业人才队伍建设，保持年鉴编辑队伍和撰稿人员队伍的基本稳定。建立市级层面的年鉴专家库，统筹协调、分类指导全市年鉴编纂工作。完善学习培训制度，实施年鉴主编专项培训和撰稿人员培训，促进业务培训工作常态化。

（四）质量保障。严格执行《地方综合年鉴编纂出版规定》和《浙江省年鉴编纂规范细则》，制定质量管理、质量监督等规定，完善年鉴质量评议、审查验收制度，严把质量关。适时开展年鉴编纂质量综合评比和编校质量专项评比，不断提高年鉴编纂人员的质量意识、规范意识和创新意识。

各区、县（市）要根据本计划确定的目标任务，结合当地工作实际，制定符合本地区情况的年鉴事业发展方案或实施细则，全面提高年鉴编纂工作法治化、制度化、规范化水平，全面促进全市年鉴事业科学、协调发展。

杭州市人民政府地方志办公室
2018年3月6日

关于印发《山东省地方综合年鉴编纂出版业务规范》的通知

鲁史志编发〔2017〕6号

各市、县（市、区）史志办公室，省直各部门、有关企事业单位，中央驻鲁单位：

现将《山东省地方综合年鉴编纂出版业务规范》印发给你们，请认真遵照执行。

山东省地方史志编纂委员会
2017年12月23日

山东省地方综合年鉴编纂出版业务规范

第一章 总 则

第一条 为规范全省地方综合年鉴编纂出版，提高年鉴编纂出版水平，推动年鉴事业科学发展，根据国务院《地方志工作条例》《山东省地方史志工作条例》和《地方综合年鉴编纂出版规定》，结合我省实际，制定本规范。

第二条 本规范所称地方综合年鉴（以下简称“年鉴”），是指县级及县级以上系统记述本行政区域自然、政治、经济、文化、社会和生态等方面情况的年度资料性文献。

第三条 年鉴编纂出版坚持以马克思列宁主义、毛泽东思想、邓小平理论、“三个代表”重要思想、科学发展观、习近平新时代中国特色社会主义思想为指导，坚持辩证唯物主义和历史唯物主义的立场、观点和方法，坚持围绕中心、服务大局，充分发挥存史、资政、教化作用。

第四条 年鉴编纂出版要严格执行党和国家关于民族宗教、对外和对港澳台事务有关政策或法规，遵守国家关于保密、著作权、出版、广告等有关法律、法规或规章。涉及重大敏感性问题，必须严格执行新闻宣传有关规定。

第五条 年鉴编纂要从本地实际出发，体现时代特征、年度特点和地方特色，编纂质量达到观点正确、框架科学、资料翔实、内容全面、特色鲜明、记述准确、编写规范，出版符合国家相关标准。

第二章 框 架

第六条 年鉴框架设计应体现分类的科学性、年度的变化性、区域的特殊性、结构的合理性、编排的规范性。

第七条 年鉴框架要依据本行政区域经济社会发展特点，结合实际社会分工，参照相关分类标准，按所记述的年度资料属性进行合理分类。

第八条 年鉴框架应涵盖年度内本行政区域的基本情况。大致包括以下方面：（一）本地概要情况；（二）中国共产党、人民代表大会、人民政府、政治协商会议、民主党派和工商联、群众团体、法治、军事等；（三）经济管理、农业、工业、建筑业、商贸等；（四）交通运输、邮政电信、财政、税务、金融业、城乡建设、环境保护等；（五）科技、教育、文化、卫生和计划生育、体育等；（六）人民生活、社会保障、民族、宗教等。

第九条 年鉴框架一般分类目、分目和条目等层次，也可在分目和条目之间增设一个层次。

各层次标题应准确、规范、简洁，能够揭示所记述内容的特点，避免重复。

第十条 年鉴框架应保持主体结构相对稳定，依据经济社会发展变化与时俱进、改革创新，体现稳定性与创新性的有机结合。

第三章 资 料

第十一条 年鉴资料应反映上一年度本行政区域自然、政治、经济、文化、社会、生态等方面的基本情况，以及与本行政区域密切相关的内容，一般不上溯下延。

第十二条 年鉴资料应做到一、二、三次文献比例适当，以二、三次文献为主。可采用参见、互见等形式避免交叉重复。

第十三条 年鉴资料应具有连续性和数据的可比性，能准确反映事物发展变化的脉络和轨迹。

第十四条 年鉴资料必须真实，人名、地名、时间、事实、数据、图片、引文等应准确。未经核实的资料不得收录。

第十五条 年鉴采用的数据应以统计部门

提供的为准，未列入统计范围的，以业务主管部门提供的为准。数据不一致时，应加以说明。

第十六条　年鉴编纂单位应拓宽资料搜集渠道，资料除依靠各供稿单位提供外，还要通过查阅档案、报刊和提炼网络信息以及调查访问等方式进行搜集。

第四章　内　容

第十七条　年鉴内容应存真求实，客观反映经济社会发展中取得的成绩和存在的问题。

第十八条　年鉴内容记述应综合运用文字、图片、表格等形式，文字记述以条目为主体，辅以特载、专文（专记）、大事记、人物、附录等多种记述形式。

第十九条　条目分为综合性条目和单一性条目等类型。综合性条目反映年度内各个领域发展变化的总体情况和主要特点，具有高度的概括性；单一性条目一事一条，基本要素齐全。

条目选题选材注重有效性、完整性和新颖、准确、系统，突出新事、大事、特事、要事，反映社会热点。

条目一般由标题、释文、作者署名三个部分组成。标题精练、简约、规范，题文相符，中心词突出并前置。释文资料完整系统，一般应具备时间、地点、事件、人物、原因、结果等要素。作者署名文末。

条目编写应坚持述而不论、据实而书、直陈其事，寓观点于记述之中。消除部门工作总结、报告痕迹。不记述部门非主要职能的信息。

条目排列有序，避免单个条目构成分目。

第二十条　图片包括专题图片和随文图片。图片选用注重典型性、资料性和存史性，地方特色或年度特点鲜明，突出反映重大事件、重要成果和热点问题。

图片要清晰、美观，文字说明简洁、准确，反映的事物、时间、地点以及主要人物的姓名、位置、时任职务等要素齐全。应署作者或提供者姓名。

随文图片应与正文内容相符，以图释文。

使用领导人照片要严格把关，少用会议、楼堂馆所照片，不用人物标准照。

第二十一条　年鉴应刊载地图。地图的选用和绘制应遵守国家相关的法律法规，需通过有审核权的测绘地理信息行政主管部门审核，有审图号。行政区划图应使用最新版并与记述年度相关行政区划内容一致。

第二十二条　表格应包括表题、表体及表注。表格设计合理、要素齐全、数据准确，与正文内容有机组合、数据一致，摆放位置合理。

第二十三条　特载一般收录本行政区域具有重大影响和存史价值的重要文献。

第二十四条　专文（专记）一般收录对发生在本行政区域某一方面或某一问题撰写的重要专题文章。

第二十五条　大事记主要选录年度内本行政区域重大事件、活动和举措，做到重要事项不漏，准确无误，时间、地点、人物（单位）、结果等要素齐备，以时为序，采用编年体或纪事本末体记述。

第二十六条　入鉴人物要严格掌握标准，一般包括先进人物、新闻人物、著名专家学者、重要逝世人物等。可采用简介、名录、表等形式记述。人物记述应做到客观、准确、公允，重点介绍主要经历、重要事迹和成就。

第二十七条　附录收录年鉴正文不便收录的其他重要资料，一般为原文照录或摘录。

第二十八条　年鉴应设编辑说明，主要介绍年鉴编纂的指导思想、记述的时空范围、栏目设置、资料来源等事项。

第二十九条　年鉴应有完备的检索系统，包括目录和索引。目录置于卷首，详至条目，完整地体现年鉴的框架结构和整体内容，根据需要可编制英文目录。索引置于卷尾，一般为主题索引。

第五章　行　文

第三十条　年鉴行文应遵循国家语言文字规范和标准，使用现代语体文记述，用词准确、规范、精练、朴实，语句流畅。忌用模棱两可、感情色彩强烈、夸张性词语，杜绝虚浮之语和溢美之词。

第三十一条　年鉴的文体，除专文、引文外，均应为记述文体或说明文体。

第三十二条　年鉴行文除一次性文献外均应使用第三人称，人物直书其名，必要时可在姓名前冠以职务或职称；会议、组织、机构、法律法规、文件、专项活动等专有名称，除通用简称外，第一次出现时一律使用全称并括注规范简称，续文中可使用规范简称；外国国名、地名、人名、机构名称、学术名词等，均应译成中文，并视需要括注外文，译文一般以新华社或人民出版社的译名为准。

除入鉴人物外，记述内容涉及人物的，应以事系人，人随事出。

第三十三条　使用缩略语应准确传递本意，不产生歧义，避免使用地域性、专业性或行业性较强的缩略语。缩略语首次使用时应括注具体内容。英文缩略语使用应符合有关新闻出版规范。

第三十四条　涉及国家领土主权和港澳台用语，民族、宗教用语，国际关系用语，军事、计划生育工作用语，以及灾害、疫病、重大交通事故、安全生产、刑事案件和社会稳定等重大敏感性事件，严格执行国家相关规定，规范统一表述。

第三十五条　时间表述要准确，应写明具体年、月、日，避免使用模糊不清的时间代词；以月、日为标志的事件或节日，用汉字数字表示时，只在一、十一和十二月后用间隔号；当直接用阿拉伯数字表示时，月、日之间均用间隔号（半角字符）。

第三十六条　同一事物名称、事实、数据、时间、地点、计量单位、术语表述全书要统一。

第三十七条　标点符号、数字、计量单位等，按国家有关规定使用。

第六章　出　版

第三十八条　年鉴编纂应建立健全审读、审核和校对制度。编辑校对应符合国家出版物质量管理的规定，差错率不超过万分之一。

第三十九条　年鉴封面应印有年鉴名称、年度卷号、编者名和出版者名。封底应有条形码、书号及定价。

年鉴一般以本行政区域名称中的地名专名冠名（如：××年鉴），若使用地名专名产生歧义，可以行政区域名称冠名（如：××区年鉴），或冠以上一级行政区域名称（如：××市××年鉴）。年鉴名称使用国家标准字体，不使用个人题签。

年度卷号以记述年度的下一年份标识卷号。

封面、封底设计美观大方，年鉴名称、卷号醒目。

第四十条　年鉴书脊应有年鉴名称、年度卷号和出版者名。

第四十一条　年鉴主书名页（扉页）的信息要素及其版式应与封面一致。

第四十二条　年鉴版权页内容要全面、规范。

第四十三条　年鉴版权页后应设置编纂委员会成员名单、年鉴编审人员名单等。编辑说明置于年鉴编审人员名单之后。

第四十四条　年鉴正文排版设计疏密得当，版心规格合理，版面利用率高，留白少。

第四十五条　年鉴印刷、装订质量符合国家出版物质量标准。

第四十六条　年鉴开本一般采用16开本，文字横排。

第四十七条　年鉴应逐年编纂，连续出版。要在出版年度内由国家新闻出版广电行政部门审定的正规出版社公开出版。在保证质量的前提下，提速增效，缩短周期，增强为现实服务的能力。

第七章　附　则

第四十八条　专业年鉴、乡（镇、街道）年鉴等其他年鉴参照本规范执行。

第四十九条　本规范由山东省地方史志办公室负责解释。

四川省地方志工作办公室
关于实施地方志工作质量提升行动的意见

各市（州）地方志（工作）办公室，《四川省志》参编单位：

为认真贯彻党的十九大和省委十一届三次全会精神，切实把《中共中央　国务院关于开展质量提升行动的指导意见》、中指组“质量年”建设要求和《中共四川省委关于深入学习贯彻习近平总书记对四川工作系列重要指示精神的决定》《中共四川省委关于全面推动高质量发展的决定》决策部署落实到全省地方志各项工作中，以扎实、有力、有效的工作举措，全面实施质量提升行动，奋力推进新时代四川地方志事业高质量发展，提出以下实施意见。

一、提高政治站位，强化质量建设意识

（一）高质量发展是习近平新时代中国特色社会主义思想的基本要求

党的十八大以来，习近平总书记多次强调，坚持新发展理念，推动高质量发展。党的十九大作出“我国经济已由高速增长阶段转向高质量发展阶段”等重大判断，提出坚持质量第一、推动质量变革、增强质量优势、建设质量强国等重大命题。2013 年和 2018 年，习近平总书记分别来川视察，两次就推动高质量发展作出重要指示。2017 年 9 月，中共中央、国务院出台《关于开展质量提升行动的指导意见》。坚持新发展理念，推动高质量发展，是习近平新时代中国特色社会主义思想的重要组成部分，是新时代各项事业发展的基本要求。

（二）高质量建设是我省各项事业可持续发展的内在动力

为深入贯彻落实《中共中央　国务院关于开展质量提升行动的指导意见》，2018 年 3 月，省委、省政府印发《四川省开展质量提升行动实施方案》（川委发〔2018〕6 号），对我省质量提升行动作出全面部署。省委十一届三次全会深入学习贯彻习近平总书记对四川工作系列重要指示精神，结合我省人口多、底子薄、不平衡、欠发达的基本省情，对新时代治蜀兴川的发展阶段性特征作出准确判断，明确指出“经济增长转向高质量发展阶段”是四川经济社会发展的基本特征之一。基于这个判断，省委十一届三次全会通过《中共四川省委关于全面推动高质量发展的决定》，对我省全面落实党中央推动高质量发展决策部署作出安排，提出以习近平新时代中国特色社会主义思想为指导，坚持问题导向，全面落实新发展理念的总要求，奋力推动治蜀兴川再上新台阶，为地方志事业实施质量提升行动指明了方向。

（三）高质量建设是地方志事业代代赓续、永葆生机的本质要求

质量是志书的生命。《全国地方志事业发展规划纲要（2015—2020 年）》（以下简称《规划纲要》）提出，“坚持质量第一。坚持存真求实，确保地方志质量。正确处理质量与进度的关系，将精品意识贯穿于地方志编纂出版工作全过程，严把政治关、史实关、保密关、体例关、文字关、出版关，编纂出版经得起历史检验、具有鲜明时代特征和地域特色的地方志成果”。四川方志系统要按《规划纲要》要求，牢固树立高质量发展理念，把质量建设摆在突出位置，确保多出精品良志，增强存史价值、当代功能，真正堪存堪鉴，确保志鉴经得起时间和历史检验，成为后人珍视的历史瑰宝，永葆地方志事业发展生机。

二、立足重点工作部署，全面推进质量提升行动

（一）提升依法治志质量

深入贯彻落实国务院《地方志工作条例》、《四川省地方志工作条例》、《中共四川省委办公厅　四川省人民政府办公厅关于进一步加强和改进新形势下地方志工作的意见》，进一步

建立健全地方志工作规范。各级地方志工作部门要坚持学习相关法律法规、规章制度，实现领导机关、领导干部、编纂骨干学法经常化、常态化。强化宣传普法，运用期刊、广播、电视、网站、微博、微信等宣传平台，加大地方志相关法律法规宣传力度，浓厚依法治志氛围。健全执法体系，建立省、市、县三级地方志执法队伍，严格持证执法，明确各级执法职责范围、行为规范。建立“两全目标”督查制度，协调政府督查部门开展专项督查。积极争取各级人大教科文卫委、政府法制部门支持，不定期开展地方志执法调研，加速推进新时代地方志事业步入法治化轨道。

（二）提升志鉴编修质量

牢固树立质量第一的观念，以“堪存堪鉴”为标准，不断增强“为党立言、为国存史、为民修志”使命感，始终把提高质量贯穿于地方志工作各方面、全过程。

1. 认真落实《地方志书质量规定》（中指组字〔2008〕3号）、《地方综合年鉴编纂出版规定》（中指组字〔2017〕6号），严格执行《〈四川省志〉各分卷审查验收办法》（川志发〔2009〕15号）、《四川省第二轮市县级志书编纂规范》（川志发〔2007〕6号）、《四川省地方综合年鉴编纂出版规范》（川志发〔2007〕42号）等质量规范要求，制定《〈四川省志〉质量体系建设纲要》《四川省市县志质量体系建设纲要》《四川综合年鉴质量体系建设纲要》，确保志鉴的政治性标准、资料性标准、著述性标准、规范性标准。

2. 强化志书编纂审查验收，落实初审、复审和终审的“三审”制度，探索科学规范的审验方法，严把志稿质量关。

3. 建立地方综合年鉴编纂大纲审定制度，下一级地方综合年鉴编纂大纲报上一级地方志工作部门审定。

4. 开展志鉴质量评比活动，鼓励引导省直部门、市（州）、县（市、区）打造精品志鉴。

5. 建立部门大事记年报制度，加强指导与服务，为提高志鉴编修质量打牢基础。

（三）提升服务中心质量

围绕服务“五位一体”总体布局、“四个全面”战略布局和省委提出的构建“一干多支，五区协同”区域发展新格局，强化地方志“资政、育人”功能建设，大力推进地方志资源的整合、共享与开发利用。

1. 围绕中心工作，主动谋划，高质量编纂《资政参阅》，推出一批可资借鉴的资政报告，为党委、政府决策提供历史智慧；鼓励精编地方《简史》《概览》等地情书，为地方经济、形象宣传、学习培训服务；推动名山、名水、名街、名镇、名村和大熊猫、金丝猴等特色志书编纂，为推动全域旅游发展、建设旅游经济强省服务。

2. 围绕乡村振兴，主动融入，支持参与乡村文化振兴，筹划川酒、川粮、川猪、川茶、川薯、川药、川桑、川菜、川果、川鱼、川盐、川竹等“四川造”产品历史文化内涵挖掘整理，助力“川字号”品牌创建行动；加强文物古迹、传统村落、民族村寨、传统建筑、农业遗迹、灌溉工程遗产文化保护利用，推动乡土文化活态传承；依托蜀锦、蜀绣、藏族唐卡、彝族火把节、羌族刺绣、绵竹年画、竹编木雕等国家级非物质文化遗产，加强藏、羌、彝、苗等少数民族文化资源的研究保护和开发利用，助力地方文化旅游融合发展。

3. 围绕群众需求，主动发力，积极为地理原产地标识认证、名优土特产品牌塑造等提供佐证服务，助力脱贫攻坚；加强对农耕文化、孝道文化、林盘文化等研究开发，编纂整理村志村史，指导建设民俗生态博物馆、乡村博物馆、村史馆等，留住乡村记忆；配合开展“诚信·孝敬·勤俭”“传家风、立家规、树新风”等主题教育活动，培育新型农民，涵育文明乡风。

（四）提升平台建设质量

按中指组印发的《方志馆建设规定（试行）》（中指组字〔2017〕3号）要求，加强沟通汇报，结合公共文化场所建设，争取有关方面支持，采取新建、合建、融入等多种途径，整合推进方志馆（室）建设，让四川地方志“立起来”“活起来”“强起来”。通过交换、购买等方式，丰富馆藏内容。完善全省地方志工作部门信息化工作机制，推进数字方志馆建设，提高志鉴数字化和编纂数字化水平。推进《巴蜀史志》改版提档升级，加大市县期刊建设指导力度，提高办刊质量。按照建设“最全四川省情信息”目标，加快“四川地方志”网站改版增容步伐，打造“方志四川”微信公众号、微博、今日头条号、企鹅号等新媒体矩阵，鼓励引导市县地方志工作部门开设新媒体传播平台。加大与现代媒体合作力度，借助知名媒体平台，弘扬巴蜀文化，传播方志强音，提升方志事业知名度和服务力。

（五）提升干部队伍建设质量

加强编纂人才队伍建设，采取培训、研讨、送学等方式，加大业务知识学习力度，每年组织专题业务培训，力争覆盖所有市县。严格主编队伍选拔培养，提高主编“主管、主见、主编”能力。加强交流学习，积极组织赴省内外交流，学习先进经验，提高编纂队伍创新力。大力提倡干部潜心业务，采取自主培育、外部引进等措施，加大专家型人才队伍建设，着力培养一批理论精通、业务精湛的方志学科带头人。加大与高等院校、科研院所等合作力度，提高理论研究系统化、优质化水平。探索建立各级方志专家人才库，整合动员社会力量为方志事业转型提质献计出力。

三、加强质量提升工作领导，确保质量提升行动实效

（一）建立健全领导机构

主动汇报、积极争取各级党委、政府对质量提升工作的重视与领导，健全体制机制。在推进“两全目标”任务的关键时期，各市（州）、县（市、区）地方志工作部门、《四川省志》各分卷承编单位要提高认识，将质量兴志提上重要议事日程并贯穿于“两全目标”任务落实全过程，确保以高质量的精品志鉴圆满完成目标任务。

（二）加强质量兴志行动的督促考核

各级地方志工作部门要结合实际，进一步完善质量兴志工作考评机制，将志鉴质量作为志稿审查验收的硬指标。按照层级管理原则，抓好各地各部门质量兴志工作的督促和指导。省地方志办将联合有关部门不定期对各地各部门实施质量兴志行动情况开展督导调研。建立健全通报制度，对因履职不力，发生严重质量问题的单位和个人进行通报。对志鉴编纂质量较高的市县和部门，在社科评奖、干部培训、年终评比、大会经验交流等方面倾斜。

（三）狠抓质量兴志行动落实

各市（州）、县（市、区）地方志工作部门、《四川省志》各分卷承编单位、机关各处（社）要按中央和省有关质量提升行动的总体部署，结合本地本部门实际，制定具体工作措施，明确工作任务和工作目标，严格质量标准，严格管控制度，确保质量兴志行动落地落实。

四川省地方志工作办公室

2018 年 9 月 19 日

四川省地方志工作办公室
关于印发四川省地方志系统贯彻落实
传承发展中华优秀传统文化实施意见工作方案的通知

各市（州）地方志（工作）办公室：

《四川省地方志系统贯彻落实传承发展中华优秀传统文化实施意见的工作方案》已经 2018 年 9 月 28 日主任办公会议审议通过，现印发你们，请结合实际，制定具体措施，认真抓好贯彻落实。

附件：四川省地方志系统贯彻落实传承发展中华优秀传统文化实施意见的工作方案

四川省地方志工作办公室

2018 年 11 月 5 日

四川省地方志系统贯彻落实
传承发展中华优秀传统文化实施意见的工作方案

为传承发展中华优秀传统文化，弘扬巴蜀文化，推进全省地方志事业创新发展和转型升级，服务经济社会发展，根据中共中央办公厅、国务院办公厅《关于实施中华优秀传统文化传承发展工程的意见》，中共四川省委办公厅、四川省人民政府办公厅《关于印发〈关于传承发展中华优秀传统文化的实施意见〉的通知》，中共四川省委、四川省人民政府《关于印发〈四川省乡村振兴战略规划（2018—2022年）〉的通知》，中共四川省委宣传部《关于印发贯彻落实〈关于传承发展中华优秀传统文化的实施意见〉责任分工方案的通知》，结合实际，制定本方案。

一、指导思想

高举中国特色社会主义伟大旗帜，坚持以马克思列宁主义、毛泽东思想、邓小平理论、“三个代表”重要思想、科学发展观、习近平新时代中国特色社会主义思想为指导，深入贯彻落实党的十九大精神、习近平总书记对四川工作系列重要指示精神和省第十一次党代会、省委十一届三次全会精神，围绕中心、服务大局，充分发挥地方志“存史、资政、教化”功能，推动巴蜀文化繁荣发展，为助力治蜀兴川再上新台阶贡献方志力量。

二、主要任务

（一）聚焦主业主责，夯实优秀传统文化传承根基

以记载传承巴蜀文化、红色文化、藏羌彝民族文化、乡村文化以及地震感恩文化为主体，积极开展志鉴编纂和文献整理，反映中华民族文明史四川篇章，夯实文化根基。

1. 立足巴蜀文化传承保护。全面推进全省第二轮三级志书编修工作。在出版《四川省志·川菜志》《四川省志·川剧志》《四川省志·川酒志》基础上，加快编纂出版《四川省志·川茶志》《四川省志·大熊猫志》，推动名山、名水、名街、名镇、名村等特色志书编纂，延续与传承四川特色文化记忆。出版《四川省志·都江堰志（1986—2005）》《四川省志·九寨沟志》《四川省志·武侯祠志》《四川省志·乐山大佛志》《四川省志·青城山志》《四川省志·黄龙志》等志书，展示我省秀美山川、厚重文化、经济发展、社会变迁的欣欣向荣景象。在《四川历代方志集成》丛书编纂出版基础上，深入推进四川珍贵旧志、史料文献的整理及点校工作，汇编《四川历代旧志图册》《四川历代旧志序跋集》，强化珍贵方志文献的保护利用。编纂出版《四川乡镇简志》，组织指导乡镇志、村志编纂，展示四川独特乡土文化、农耕文化，增强巴蜀文化的感召力和吸引力。组织编纂《四川民间歌谣集粹》，推动民间歌谣广泛传唱，以生动活泼的形式展现四川民间文化的独特魅力。

牵头部门：省志工作处

责任部门：市县志工作处、省情信息工作处、各市（州）地方志（工作）办公室

2. 着力红色文化和四川抗战历史记载。加强对红军长征路线、革命遗址遗迹、革命文物、帅乡故里等红色文化保护利用。加快推进《四川抗战历史文献》编纂出版，全面反映四川政治、经济、军事、文化、社会等领域在14年抗战中的重大贡献。对接国家社科基金抗战研究专项工程项目——《中国抗日战争志》编纂工作，启动《四川抗日战争志》编纂，系统、真实记述四川抗战恢宏历程，全面反映四川抗战的历史贡献。

牵头部门：市县志工作处

责任部门：各市（州）地方志（工作）办公室

3. 着重藏羌彝民族文化发掘。支持藏羌彝

民族地区做好地方志编修工作；支持有条件的民族地区运用汉语言文字和当地通用的少数民族语言文字编纂出版志书、年鉴；出版《西康通志》《四川羌族通志》；积极开展藏族唐卡、格萨尔史诗、彝族火把节、羌族刺绣等国家级非物质文化遗产研究，加强少数民族文化资源的保护和开发利用。

牵头部门：市县志工作处

责任部门：省志工作处，绵阳、乐山、达州、雅安、阿坝、甘孜、凉山等市（州）地方志（工作）办公室

4. 大力保护传承乡村文脉。加强对农耕文化、孝道文化、林盘文化中优秀乡村文化资源的保护研究和转化利用。围绕乡村振兴，筹划川酒、川粮、川茶、川菜、川果、川竹等“四川造”产品历史文化内涵挖掘整理，助力“川字号”品牌创建行动；收集整理农业谚语、时令节气、传统礼仪道德、风土人情等，留住农耕文化记忆和美丽乡愁符号；指导建设民俗生态博物馆、乡村博物馆、村史馆等，延续乡村记忆；开展蜀锦、蜀绣、竹编、年画、剪纸、灯戏、清音、陶艺、漆器、井盐等传统技艺、民俗文化的地情资料开发，传承优秀技艺与民俗文化；开展文物古迹、传统村落、民族村寨、传统建筑、农业遗迹、灌溉工程遗产等资料的收集整理，服务乡村建设与旅游开发。

牵头部门：市县志工作处

责任部门：各市（州）地方志（工作）办公室

5. 做好地震感恩文化记录。编印《百日攻坚——四川省“4·20”芦山强烈地震抗震救灾大事辑要》《“4·20”芦山强烈地震文献辑存》《四川“8·8”九寨沟地震抗震救灾大事记》《四川“8·8”九寨沟地震抗震救灾文献辑存》，客观真实记录抗震救灾历史进程，服务减灾防灾工作。继续做好重灾市（州）、极重灾区、重灾区县（市、区）抗震救灾志指导、审查、验收工作。

牵头部门：省志工作处

责任部门：市县志工作处、重灾市（州）地方志（工作）办公室

（二）发挥方志资源优势，协同推进优秀传统文化传承发展

围绕省委、省政府传承发展中华优秀传统文化工作部署，根据省委宣传部《贯彻落实〈关于传承发展中华优秀传统文化的实施意见〉责任分工方案》，各级地方志工作部门要发挥优势，主动作为，协同推进方案落地落实。

1. 服务党委、政府中心工作。深入开发利用地情资源，编发《资政参阅》，为党政决策提供参考；编纂出版《四川当代史》，为治蜀兴川提供历史智慧；编纂《四川省情》，提高省情教育普及水平；加强与省水利厅、省林业和草原局协作，指导《四川江河志》《四川自然保护区志》《川金丝猴志》编纂，服务生态优先绿色发展战略；探索利用音频、视频和3D（三维数字化）、VR（虚拟现实）等新技术，开展古驿道、古村落、古建筑、古镇、古民居等富有四川风情、四川特色的民俗文化专题开发工作，服务全省文化、旅游发展；组织指导各级地方志工作部门编纂脱贫攻坚图志、图鉴等，记录脱贫攻坚的艰苦奋斗历程和辉煌成就；围绕群众需求，主动发力，积极为地理原产地标识认证、名优土特产品牌塑造等提供佐证服务，助力产业发展；主动融入“一带一路”建设，加强四川与“一带一路”沿线国家、地区交往资料搜集、整理，出版《四川年鉴》（英文版），探索四川特色文化志书多语种翻译出版，加强与外事部门的联系协作，以志书为媒介，实现优秀传统文化的广泛传播。

牵头部门：省志工作处

责任部门：市县志工作处、省情信息工作处、综合处、四川年鉴社、各市（州）地方志（工作）办公室

2. 助推传统美德传承。加大对乡贤文化、家风家训、慈孝文化等文献的整理、传播力度。开展家谱、族谱搜集整理及数字化工作，深入挖掘、传承四川优秀传统美德。按四川省乡村振兴战略部署，配合开展“诚信·孝敬·勤俭”“传家风、立家规、树新风”等主题教育活动，充分发挥家规家风家训、乡规民约的教化作用，培育新型农民，涵育文明乡风。

牵头部门：市县志工作处

责任部门：省情信息工作处、各市（州）地方志（工作）办公室

3. 助力公共文化服务。认真落实中指组印发的《方志馆建设规定（试行）》，着力推进各级方志馆建设，将方志馆打造成展示省情地情、培育家国情怀、树立方志文化自信、弘扬中华优秀传统文化的重要平台。强化办馆特色，突出全方位地情展览展示和地情信息服务，加快方志馆数字化、网络化、信息化建设，打造方志馆服务品牌，提升方志馆服务能力。积极参与公益性文化活动，充分发挥地方志在公共文化服务体系建设中的重要作用。

牵头部门：省情信息工作处

责任部门：各市（州）地方志（工作）办公室

（三）强化开发利用，助力优秀传统文化传播

立足新形势下地方志传承发展实际，强化开发利用，拓宽宣传渠道，创新宣传形式，增强方志文化影响力，助力优秀传统文化传播。

1. 强化方志资源开发利用。注重已出版地方成果的开发，深入挖掘历史文化资源，推进资源的整合与共享。主动谋划，以生动活泼的形式编发系列专题文章，展现地方志历史价值和独特文化魅力。积极编撰反映四川民族文化、红色文化、乡村文化、慈孝文化等特色乡土教材，举办地情培训、专题讲座，开展方志文化进机关、进学校、进村社、进企业、进军营等活动，推广优秀传统文化，培育人民群众的爱乡爱国情怀，增强美丽繁荣和谐四川形象的知名度和美誉度。

牵头部门：省情信息工作处

责任部门：各市（州）地方志（工作）办公室

2. 注重年鉴编纂出版与应用。以省级综合年鉴为引领、以市（州）年鉴为支撑、以县（市、区）年鉴为基础，推进部门（专业）年鉴编纂出版，加快形成全覆盖、多层级的综合年鉴体系。充分发挥综合年鉴作为“政府蓝皮书”，及时、系统权威反映区域发展成就、展示区域整体形象的宣传平台功能，围绕精品年鉴工程的实施，打造一批省内一流、国内有影响的综合年鉴品牌。加快推进综合年鉴资源的再次开发利用，鼓励编纂出版少数民族语言文字版及年鉴简本等各类衍生成果，丰富综合年鉴产品序列，有力服务全省经济社会发展。

牵头部门：市县志工作处

责任部门：省志工作处、四川年鉴社、各市（州）地方志（工作）办公室

3. 构建“互联网＋地方志”模式。依托“互联网＋”及政务一体化平台建设，加大地方志资源数字化力度，加快建设“四川数字方志馆”。充分运用“四川地方志”网站，“方志四川”电台、微信公众号、微博账号、头条号、企鹅号等新媒体，形成多点多层级立体传播模式，全方位、多角度宣传四川优秀传统文化。市（州）地方志办进一步加强网站建设，形成四川地方志系统网站群，构建系统的文化传播体系，扩大优秀传统文化传播面。

牵头部门：省情信息工作处

责任部门：各市（州）地方志（工作）办公室

4. 打造期刊品牌。各级地方志工作部门要将方志期刊作为推介方志文化成果、传承中华优秀传统文化的重要载体。开辟传统文化、巴蜀文化、革命传统教育、四川历史文化名人、家风家训、改革创新文化等宣传专栏，讲好中国故事，讲好中国故事四川篇章，传播四川好声音，塑造四川好形象，让四川地方文化活起来，成为展示四川省情的重要窗口。

牵头部门：政策法规宣传处

责任部门：各市（州）地方志（工作）办公室

三、保障措施

（一）加强组织领导，强化政治保障

各级地方志工作部门要按“一纳入、八到位”要求，从坚定文化自信、坚持和发展中国特色社会主义、实现中华民族伟大复兴的高度，切实把中华优秀传统文化传承发展工作提上重要日程，加强宏观指导，发挥地方志工作部门优势，整合资源，形成合力，完善机制，

把各项任务落到实处。

牵头部门：综合处

责任部门：各市（州）地方志（工作）办公室

（二）积极主动作为，营造法治环境

各级地方志工作部门要围绕党委、政府中心工作，在建设“一核四带”文化产业区，传承发展优秀传统文化中，深入挖掘本地优秀传统文化，积极申报优秀传统文化传承发展相关项目和课题，多措并举，助推文化建设，以高度的文化自觉、坚定的文化自信，持续推进中华优秀传统文化传承发展在四川落地生根。加大依法治志工作力度，按国务院《地方志工作条例》和《四川省地方志工作条例》等法规规定，对各级地方志工作部门开展优秀传统文化传承发展工作推进情况进行监督检查，加强文化法治宣传教育，增强地方志工作者运用法治思维和法治方式开展文化挖掘、文化宣传、文化保护的能力，增强全社会依法传承发展四川优秀传统文化的自觉意识，加快推动形成依法治志的良好社会环境。

牵头部门：政策法规宣传处

责任部门：各市（州）地方志（工作）办公室

（三）加强队伍建设，培养方志人才

弘扬“修志问道、直笔著史”的方志人精神。将加强人才队伍建设、增强干部本领摆在重要位置，打造一支政治素质、理论素质、文化素质、专业素质优良的方志人才队伍，为传承中华优秀传统文化和地方志事业的长远发展奠定坚实基础。在四川省地方志专业人才库建设的基础上，着力打造巴蜀文化、藏羌彝民族文化、乡村文化等主题研究队伍，多角度、全方位探寻方志文化服务中华优秀传统文化传承发展的切合点。积极开展致力中华优秀传统文化传承发展相关课题研究，汇集方志界及各级社会科学研究机构、高等院校、文化文物单位和学术团体等各类优秀传统文化高端研究人才智慧，形成结构合理、梯次优化的人才队伍，助推我省方志系统传承发展中华优秀传统文化工程建设。

牵头部门：综合处

责任部门：政策法规宣传处、各市（州）地方志（工作）办公室

· 领导讲话摘要

把握机遇　乘势而上　站在新起点开创地方志工作新局面

——在四川省地方志工作会上的讲话

（2018 年 1 月 22 日）

冀祥德

大家上午好！很高兴受四川省地方志工作办公室的邀请，出席四川省地方志工作会议。四川省在新年伊始就召开这次地方志工作会议，贯彻落实全国地方志机构主任工作会议、第二次全国地方志工作经验交流会精神，总结5年来的地方志工作，部署全省2018年地方志工作，充分体现了四川方志人“高铁”般的方志速度和强烈的使命担当。

四川人杰地灵，编史修志历史悠久，是传统方志大省。马小彬主任在地方志系统工作多年，是一位有担当、有实干、有理想、有谋略、讲规则、重感情、专家型的领导。近年来，四川省各级地方志机构在他的带领下，围绕中心，服务大局，转型发展，多项工作亮点纷呈，取得了非常大的业绩，实现了从方志大省到方志强省的转变。一是领导高度重视。四

川省地方志工作办公室5年来连续交流提任6名厅级干部。2017年四川省委常委会5次研究省地方志办班子建设，新增了省地方志办副主任领导职数，使四川省地方志工作办公室班子形成一正两副、厅级干部职数达到5名的格局。二是依法治志卓有成效。率先修订《四川省地方志工作条例》，印发《关于进一步加强和改进新形势下地方志工作的意见》《四川省地方志事业第十三个五年发展规划（2016—2020年）》等。全省21个市（州）、20余个县（市、区）出台地方志工作“十三五”规划或实施方案。三是“两全目标”有序推进。2017年底，规划编修的《四川省志（1986—2005）》93个分卷已终审验收75个分卷，其中已出版印刷40部；21部市（州）志已出版16部；181个县（市、区）志已出版173部。《四川年鉴》实现（中、英文）双语出版。全省21部市（州）年鉴全部实现一年一鉴，183个县（区）年鉴中有165个已实现一年一鉴和公开出版。四是平台建设不断强化。方志馆建设取得突破性进展。四川省方志馆可行性研究报告通过财评。成都市方志馆完成终审验收，并于2017年6月23日开放试运行。五是信息化工作有力推进。完成“四川省情信息库”（四川省数字方志馆）项目平台建设。“方志四川”政务账号入驻“今日头条”，开通“方志四川”企鹅号。省、市、县建成地情网站34个，数字方志馆（数据库）5个，新媒体建设29个。六是旧志整理扎实推进。《四川历代方志集成》（共四辑）全部出版。完成《西康通志稿》《刘赞廷·康藏图志36种点校》出版。完成了《日本藏巴蜀珍稀文献汇刊》（第一辑、第二辑）、《雅州府志》、《金川妖姬志》等25部历代方志的整理出版，旧志“古为今用”的作用得到有效发挥。七是方志资源开发利用不断拓展。利用方志资源，积极编纂出版地情读物、教材、理论著述、工具书，《治川史鉴》《大唐西域记珍稀文献汇刊》《日本藏巴蜀珍稀文献汇刊》《成都精览》《蜀警录》等一批拓展成果编纂出版。

以上成绩的取得，是四川省委、省政府高度重视的结果，是四川省广大方志人凝心聚力、开拓创新、奋力拼搏的结果，在此我代表中国地方志指导小组及其办公室向你们表示衷心的感谢和热烈的祝贺！

2018年是贯彻党的十九大精神的开局之年，是改革开放40周年，也是决胜全面建成小康社会、实施“十三五”规划承上启下的关键一年。下面，我结合全国地方志事业的发展，谈几点意见。

一、明确地方志事业发展的新方位

新时代，新方位。习近平总书记在党的十九大报告中提出：“经过长期努力，中国特色社会主义进入了新时代，这是我国发展新的历史方位。”当前中国特色社会主义进入新时代，全国地方志事业也进入了新时代。地方志事业正从传统的“一本书主义”到志鉴馆史四驾马车并驾齐驱，志、鉴、馆、网、库、用、会、刊、研、史“十业并举”的转变。地方志正全力在全国范围内实现从一项工作到一项事业的转型升级。

全国地方志事业进入新时代主要表现在：其一，新时代是地方志承前启后、继往开来，在新的历史条件下进入实现在全国范围内全面推动地方志从一项工作向一项事业转型升级的时代。其二，新时代是地方志实现省省、市市、县县有志有鉴，实现国志、省志、市志、县志、乡镇志、村志、社区志和综合年鉴从中央到社区的全覆盖，地方志成为国家、民族、社会、各级党委、政府不可或缺的伟大事业的时代。其三，新时代是全国方志人不懈奋斗、开拓创新、不断扩大地方志的功能和影响力，让每一个中国人都能在地方志中找到自己的位置，地方志实现家喻户晓，方志人挺直腰杆的时代。其四，新时代是全体方志人勠力同心，弘扬精神，奋力挖掘弘扬方志文化，继而助推建设社会主义文化强国的时代。其五，新时代是方志文化引领中华文化日益走向世界文化舞台中央，向世界贡献中国智慧和中国方案的时代。

二、把握地方志事业发展的新机遇

新时代，新机遇。习近平总书记2018年1

月5日在学习贯彻党的十九大精神研讨班开班式上发表重要讲话中指出，当前，我国正处于一个大有可为的历史机遇期。对于全国地方志事业而言，也同样面临着一个大有可为、千载难逢的历史机遇期。

党和国家领导高度重视地方志工作。党的十八大以来，党中央、国务院高度重视地方志工作，习近平总书记、李克强总理、刘延东副总理多次就地方志工作发表重要讲话，作出重要指示、批示。中办、国办出台一系列重要文件，将地方志工作纳入国民经济和社会发展规划，纳入党中央、国务院部署的工作任务，地方志顶层设计更科学，地方志发展方向更明确。

各级政府大力支持地方志工作。近年来，各地党委、政府高度重视地方志工作，采取措施大力支持地方志工作，按照“一纳入、八到位”的要求，把地方志工作纳入国民经济和社会发展规划、各级政府工作任务之中，做到认识到位、领导到位、机构到位、编制到位、经费到位、设施到位、规划到位、工作到位，为地方志事业的发展提供了良好的环境和条件。地方志资料的权威性、准确性得到了广泛认可，地方志工作机构在做好志鉴主业的同时，也为党委、政府承担了更多的宣传、育人、资政工作。

社会各界普遍关注地方志工作。586家方志馆在全国建成，向社会公众全面展示了“方志中国”魅力。中国国情网、中国地情网、中国方志网、“方志中国”微信平台等方志文化传播阵地相继建成，成为与社会各界互动交流的桥梁纽带。名镇、名村、地情、年鉴等一系列论坛的举办，以及《中国影像方志》的连续播出，使得地方志日益走进群众的生活。地方志从一本落满灰尘无人识的冷门书，变成人们认识地情、了解过去首选工具书的不二选择。

可以说，地方志事业迎来了千载难逢的发展机遇，迎来了最好的发展时期。而这一机遇的出现，看似偶然，实则必然。首先，这是中华民族伟大复兴中国梦的必然要求。中华传统文化复兴是中华民族伟大复兴的重要组成部分。而在中华传统文化中，地方志自成一脉，独树一帜，具有独特的魅力，成为中华民族特有的文化基因，是最具有民族特征的标志性传统文化形式之一。其次，这是经济社会发展到一定阶段的现实需求。“仓廪实而知礼节。”人民群众在物质需要得到较大满足的时期，会对文化需求提出更高的要求。盛世修志，历史经验告诉我们，这是社会发展的趋势。地方志事业长期不平衡不充分的发展已经与人民日益增长的读志用志美好生活需要产生了矛盾。再次，这是方志人长期努力奋斗的必然结果。长期以来，地方志机构被视为冷部门，地方志工作者被描绘为“白首太玄经”的腐儒形象。然而他们不甘寂寞，弘扬“三耐一强”的“仙人掌”精神，奋发作为，特别是近年来，“十业并举”，开展了一系列的创新文化工程，在冷部门做出了热事业。这是对他们无数次殚精竭虑、苦思冥想的褒奖，是对他们无数次加班加点、推敲苦吟的赞赏。

“来而不可失者时也，蹈而不可失者机也。”机遇对事业的发展至关重要。如果我们能牢牢把握当前的重大机遇，经过一段时间的努力，未来将会是这样的画面：方志成果硕果累累，有许多伟大的人和伟大的事被我们记录，我们中的许多人也名垂青史；方志事业蒸蒸日上，各项业务全面发展，方志事业作为重要的工作被各级党委、政府提上议事日程；方志机构体制理顺，设置健全，有法可依，运转良好顺畅；方志人扬眉吐气，成为受人尊重、被人欢迎的社会群体。

三、开创地方志事业发展的新辉煌

新时代，新作为。“时来天地皆同力，运去英雄不自由。”机不可失，失不再来。面对大好局面，全国方志人一定要凝聚共识、激发自信、勠力同心、奋发有为、开拓创新，进一步推进地方志事业全面转型升级，开创新时代地方志工作新辉煌。

（一）2018年全国地方志系统的主要工作

2018年全国地方志系统要认真学习贯彻党的十九大精神，在习近平新时代中国特色社会主义思想的指导下重点做好以下工作：开展

《地方志工作条例》修订、《中华人民共和国地方志法》立法可行性研究、《地方志工作条例》、《全国地方志事业发展规划纲要（2015—2020年）》落实督查等工作，进一步推动地方志事业法治化建设。加大二轮志书任务完成力度，进一步扩大年鉴覆盖面，推动“两全目标”高质量完成。有计划地推动全国旧志整理、保护工作。积极推进方志馆建设，全面提升公共文化服务水平，不断扩大社会影响力。推进全国信息方志与数字方志建设工程，用好信息平台，大力发展“互联网+地方志”。围绕国家利益、经济社会发展、人民需求三个方面，开拓创新性工作。加强方志理论研究，推进方志学一级学科建设。出台《关于全国地方志系统支援西藏、新疆地方志工作的意见》，落实《关于进一步做好全国地方志系统援藏援疆工作实施方案》，推进全国地方志系统援藏援疆工作。出台地方志资料收（征）集、保存、管理制度，强化地方志资料建设。加强对地方史编写出版工作的统筹规划、组织领导，出台相关文件，稳步推进地方史纳入地方志工作范畴。进一步走出去传播中国方志文化，推介新方志编纂成果，面向世界贡献中国方志智慧。完善教育培训制度，建立国家级、省级地方志专家库，全面加强队伍建设，等等。

（二）对进一步做好四川省地方志工作提几点要求

一是树立方向意识，进一步强化思想政治建设。要把学懂、弄通、做实党的十九大精神和习近平新时代中国特色社会主义思想作为一项政治责任，要充分认识、认真思考、深刻理解方志人在把我国建成富强民主文明和谐美丽的社会主义现代化强国中所肩负的新使命和新担当，做到真学、真懂、真信、真用。持续推进“两学一做”学习教育常态化制度化，在全省地方志系统开展“不忘初心，牢记使命”主题教育，用理论武装头脑，指导实践。及时传达学习落实四川省委、省政府各项工作安排，中国地方志指导小组及其办公室举办的各类会议精神，结合实际，形成有针对性的贯彻措施，做到事事有着落。

二是树立责任意识，按时保质全面实现“两全目标”。“两全目标”是刚性任务、法定责任。2018年是实现“两全目标”的攻坚年、决胜年，距离2020年实现志鉴“两全目标”不足三年，时间紧、任务重。四川省要高度重视，采取得力措施，科学规划，全力推进，力争早日全面完成第二轮三级志书编修任务。要尽快完成《四川省志》年度复审、终审、出版的任务。对志书编纂进度缓慢和尚未实现一年一鉴的县（区）予以重点督促指导，对已经完成第二轮修志的省志分卷承编部门，要抓好部门年鉴、部门志或部门大事记编纂工作；已经完成第二轮修志的市（州）要指导开展名镇（村）志、特色志编纂工作。及时总结第二轮三级志书编修经验，精心做好第三轮修志的规划与资料准备。

三是树立法治意识，深入推进依法治志。要继续争取省委、省人大、省政府、省政协以及有关部门的重视支持，以“一纳入、八到位”为抓手，完善管理工作体制机制。围绕贯彻落实中办、国办及省委办、省政府办《关于实施中华优秀传统文化传承发展工程的意见》，尽快拟定四川省《〈关于全省地方志系统贯彻落实实施中华优秀传统文化传承发展工程的意见〉的实施意见》。继续加强对地方志工作法规规章贯彻落实情况的检查、调研。继续完善四川省地方志工作机构依法行政工作，指导各市（州）做好四川省行政权力依法规范公开运行平台上的监控和管理、行政执法证管理，完善执法队伍建设。

四是树立创新意识，切实发挥地方志在促进经济社会发展中的重要作用。要围绕国家利益、经济社会发展中心和人民群众需要三个方面开展服务工作，彰显地方志价值、展示地方志魅力、提升地方志影响力。将深入挖掘、抢救保护地情资源作为常态化工作，继续完善地情资料收（征）集制度和资料管理制度，做好抗日战争史料的收集工作，完成《四川抗战历史文献》《四川当代史》全面编纂出版任务。围绕四川省发展战略和文化产业发展布局，加大对地情信息资料的研究力度，加强与相关单位的交流合作，实现资源整合、工作联合，推进廉政文化、抗战文化、中华优秀传统文化、文化小镇建设、旅游与文化、自然保护区志等相关工作，服务全省工作大局、服务于党委政府中心工作。要丰富传播形式、拓展传播渠道，弘扬巴蜀文化，讲好四川故事，利用各种传播媒介，开展方志文化进机关、进农村、进社区、进校园、进企业、进军营等各类活动，服务于人民群众的方志文化资源需求。

五是树立服务意识，拓宽平台建设渠道。持续高效推进方志馆建设。加快推进省级方志馆建设进度，积极指导市（州）、县（市、区）开展方志馆建设的方案论证、立项、布展等工作。加大地方志信息化建设力度。丰富“四川数字方志馆”的内容，加强“四川省地方志”网站及网站群维护管理，用好“方志四川”微信公众号、微博、政务头条号、企鹅号等新媒体平台，做活地方志和地情文化宣传。推进各地地方志网站建设，整合省、市、县三级网络资源，逐步实现地方志信息资源的共享互通。

同志们，党的十九大吹响了新时代的号角，我们地方志工作迎来了前所未有的发展机遇。新的时代有新的使命，新的使命意味着新的征程。让我们牢牢把握机遇，齐心协力，在转型升级中不断开创地方志事业发展新局面，朝着地方志“两个一百年”的目标奋力前进！

认真学习实施宪法修正案
全面推进地方志转型升级

——在黑龙江省第十次地方志工作会议上的讲话

（2018 年 3 月 27 日）

冀祥德

很高兴受邀出席黑龙江省第十次地方志工作会议，此次会议的召开，充分体现了黑龙江省委、省政府对地方志工作的高度重视，必将对全省地方志事业的发展产生重要而深远的影响。在此，我谨代表中国地方志指导小组及其办公室，向会议的召开表示热烈的祝贺！向一直以来关心和支持地方志工作的黑龙江省各级党委、政府和各级领导、相关部门、各界人士表示衷心的感谢！向多年来辛勤耕耘、甘于奉献的黑龙江省广大地方志工作者致以崇高的敬意！

黑龙江省地域辽阔，资源丰富，虽然开发较晚，但从清代至今也有了数百年编史修志的优良传统。20 世纪 80 年代以来，黑龙江省地方志工作在省委、省政府的坚强领导下，在全省地方志工作机构和广大地方志工作者的共同努力下，各项工作都取得了不平凡的业绩。第二轮修志工作开展以来，黑龙江省响应早，起点高，举措多，成果丰，取得了良好的工作效果，特别是黑龙江省委、省政府高度重视地方志工作，先后出台了《黑龙江省地方志工作规定》，制定了《黑龙江省地方志事业发展规划纲要（2016—2020 年）》等重要规定规划，并将推进“两全目标”列入省委、省政府督办督查事项，为黑龙江省地方志事业发展和转型升级奠定了坚实基础。黑龙江省地方志办公室按照中指组及其办公室的顶层设计和规划部署，狠抓落实，严格督查，坚定不移地推进和落实“两全目标”，并结合实际大力拓展地方志事业发展格局，特色志、名镇名村志、名酒志编修等多点开花，理论研究不断深入，网馆建设佳绩频传，队伍建设有声有色，为黑龙江省经济社会发展作出了积极贡献。特别是今年以来，省地方志办公室在新领导班子的带领下，统筹谋划，重点推进，以打好打赢依法督查、年鉴编纂出版发行、全面启动自编志编纂、创办资政史志内参、提升网馆建设水平“五个硬仗”为突破口，在打好“两全目标”年度攻坚战上狠下功夫，各项工作开展得有声有色，扎扎实实，呈现了良好的工作态势。

黑龙江省地方志工作取得这样显著的成绩，离不开黑龙江省委、省政府和各级党委、政府对地方志工作的重视与支持，离不开各行业、各部门和社会各界的密切配合与关心关注。同时，也与全省拥有一支爱岗敬业、开拓进取、甘于奉献的方志队伍密不可分，像今天在大会上获得表彰的先进集体、先进工作者，就是这支出色队伍当中涌现出来的杰出代表。

下面，我结合全国地方志事业的发展，对黑龙江省的地方志工作提几点意见，供大家在工作中参考。

一、认真学习贯彻习近平新时代中国特色社会主义思想和党的十九大精神，引领地方志事业发展新征程

当前和今后一个时期，希望黑龙江省地方志系统要继续认真学习、贯彻落实党的十九大精神，深刻领会和全面贯彻习近平新时代中国特色社会主义思想，切实提高政治理论水平，强化理论武装。要把学懂、弄通、做实党的十九大精神和习近平新时代中国特色社会主义思想作为一项政治责任，要充分认识、认真思考、深刻理解方志人在把我国建成富强民主文明和谐美丽的社会主义现代化强国中所肩负的新使命和新担当，做到真学、真懂、真信、真用。要突出地方志政治性这一主题，将宪法修正案和深化党和国家机构改革的决定落实到地方志工作中去。要深刻领会习近平新时代中国特色社会主义思想、中国共产党领导是中国特色社会主义最本质的特征等载入宪法的重大意义，紧紧把握历史脉搏，在新的历史起点上，不断开拓创新。要立足地方志工作实际，充分认识党的十九大精神对全国地方志事业转型升级的重大指导意义，认真思考坚定文化自信，不断铸就中华文化新辉煌，以我为主加强中外人文交流，在历史进步中实现文化进步等新论述对地方志工作的新期待、新要求，进一步明确方志人在把我国建成富强民主文明和谐美丽的社会主义现代化强国过程中所肩负的新使命，准确把握全国地方志事业进入新时代的具体内涵。

二、明确新时代新定位，深入推进地方志事业转型升级

党的十九大报告中指出：“经过长期努力，中国特色社会主义进入了新时代，这是我国发展新的历史方位。”当前中国特色社会主义进入新时代，全国地方志事业也进入了新时代。全国地方志事业进入新时代主要表现在：其一，新时代是地方志承前启后、继往开来，在新的历史条件下进入实现在全国范围内全面推动地方志从一项工作向一项事业转型升级的时代。其二，新时代是地方志实现省省、市市、县县有志有鉴，实现国志、省志、市志、县志、乡镇志、村志、社区志和综合年鉴从中央到社区的全覆盖，地方志成为国家、民族、社会、各级党委、政府不可或缺的伟大事业的时代。其三，新时代是全国方志人不懈奋斗、开拓创新、不断扩大地方志的功能和影响力，让每一个中国人都能在地方志中找到自己的位置，地方志实现家喻户晓，方志人挺直腰杆的时代。其四，新时代是全体方志人勠力同心，弘扬精神，奋力挖掘弘扬方志文化，继而助推建设社会主义文化强国的时代。其五，新时代是方志文化引领中华文化日益走向世界文化舞台中央，向世界贡献中国智慧和中国方案的时代。新时代，地方志事业迎来了新的历史起点和新的历史方位，更需要不断创新发展和全面推动转型升级，在全面建成小康社会和建设社会主义现代化强国的进程中发挥自己应有的作用，为实现“两个一百年”的奋斗目标贡献“志”力。

三、把握发展新机遇，不断提升服务经济社会发展能力

当前，地方志事业迎来了千载难逢的发展机遇，迎来了最好的发展时期。党中央、国务院高度重视地方志工作，习近平总书记、李克强总理、刘延东副总理多次就地方志工作发表重要讲话，作出重要指示、批示。中共中央办公厅、国务院办公厅出台一系列重要文件，将地方志工作纳入国民经济和社会发展规划，地方志顶层设计更科学，地方志发展方向更明确。各地党委政府高度重视地方志工作，采取措施大力支持地方志工作，为地方志事业的发展提供了良好的环境和条件。社会各界普遍关注地方志工作，地方志资料的权威性、准确性得到了广泛认可，地方志日益走进群众的生活。

机不可失，时不再来。面对大好局面，希望黑龙江省地方志系统进一步凝聚共识、激发自信、勠力同心、奋发有为、开拓创新，进一步推进地方志事业全面转型升级，开创新时代地方志工作新辉煌。一是要坚持志鉴双修，按时保质实现“两全目标”。“两全目标”是刚性任务，是各级政府的法定责任。2018 年，是实现“两全目标”的攻坚年，现在距离 2020 年实现志鉴“两全目标”不足三年，时间紧、任务重。希望黑龙江省高度重视，借助省委、省政府督办督查优势，科学规划，全力推进，力争早日全面完成“两全目标”。对志书编纂进度缓慢和尚未实现一年一鉴的县（区）予以重点督促指导。在首轮修志中，黑龙江省高质量地完成了 253 部志书编纂任务，还出版了各类志书 1230 部，进度上居全国第三位。但目前在推进“两全目标”进度上，黑龙江省已经落后于全国很多省（自治区、直辖市），要正视差距，自我加压，迎头赶上，再创辉煌。对已经完成第二轮修志任务的地区和部门要指导好开展名镇名村志、特色志编纂工作，及时总结编修经验，精心做好第三轮修志的规划与资料准备。特别是当前一些部门即将启动新一轮机构改革，涉及机构整合重组，要在改革的过程中注意留存好史志资料，避免下一轮修志时面临资料缺失的问题。二是要坚持依法治志，为地方志事业的健康持续发展提供坚强保障。依法治志是依法治国的必然要求，是地方志事业转型升级的根本保障。要以宪法修正案为统领，全面理解习近平总书记依宪治国的理论内涵，以“一纳入、八到位”为总要求，以地方志法规规章为根本依据，以行政督促检查为重要手段，全面推进依法治志，为地方志转型升级提供坚实的法治保障，实现地方志从单一的依法修志到依法识志、依法修志、依法用志、依法管志、依法存志和依法传志的转型发展，完成从围绕自身工作向围绕经济社会发展大局转变，实现地方志事业的全面化、法治化。三是要坚持人才强志，抓好队伍建设和理论研究。事业能不能发展，主要在队伍，关键在人。近年来黑龙江省地方志系统对人才队伍建设高度重视，不断加大培训交流力度，拓展人才培养形式，壮大专家人才队伍，为“两全目标”的实现提供了人力和人才资源保障。希望你们继续保持和发扬，为建立地方志人才队伍培训常态机制、不断完善用人机制和激励机制，发扬老一辈方志人学理论、钻理论的传统，不断提升方志人才队伍的政治素质、业务本领和理论研究水平，在方志基础理论和应用理论研究方面创造出更多成果。四是要坚持科技兴志，提高地方志信息化建设水平。要主动适应信息传播的新趋势、新要求，努力抓好地方志网站和方志馆建设，不断拓展地方志资源数字化应用的新途径、新手段，推动地方志与时俱进，贴近大众，贴近发展，贴近需求，开创方志利用工作的新局面。要积极指导市、县开展方志馆建设的方案论证、立项、布展等工作，丰富“黑龙江省数字方志馆”的内容，做好中国龙志网站维护管理，用好微信、微博、政务头条号等新媒体平台，加强地方志和地情文化宣传，推进各地地方志网站建设，整合省、市、县三级网络资源，逐步实现地方志信息资源的共享互通。五是要坚持主动用志，切实发挥地方志在促进经济社会发展中的重要作用。要围绕国家利益、经济社会发展中心和人民群众需要三个方面开拓创新，彰显地方志价值、展示地方志魅力、提升地方志影响力，做“活”做“热”地方志事业，开创地方志高质量发展的新局面。刚才何伟志主任的报告中提到，省志办围绕全省中心工作编纂出版了一批特色志书，各市县也结合本地实际，进行了许多有益尝试，收到了很好的反响。希望同志们继续发挥优势，围绕黑龙江省发展战略和文化产业发展布局，加大对地情信息资料的研究力度，加强与相关单位的交流合作，实现资源整合、工作联合，推进中华优秀传统文化、抗联文化、创业文化、旅游与文化、对外交流交往历史研究等相关工作，服务全省工作大局，服务于党委、政府中心工作，弘扬龙江精神，讲好龙江故事，不断提升地方志资源开发利用水平，打造鲜明的文化名片，创造更多的文化成果，为经济社会发展发挥独特作用。

同志们，进入新时代，踏上新征程。让我们紧密团结在以习近平同志为核心的党中央周围，深入学习贯彻习近平新时代中国特色社会主义思想和党的十九大精神，不忘“修志问道，以启未来”的初心，牢记“为当代提供资政辅治之参考，为后世留下堪存堪鉴之记述”的使命，在转型升级中不断开创地方志事业发展新局面，朝着地方志“两个一百年”的目标奋力前进！

最后，预祝会议取得圆满成功，祝各位代表身体健康、工作顺利！

实施名村名镇志文化工程
助推国家乡村振兴战略实现

——在中国名镇志、中国名村志丛书编纂业务培训班开班式上的讲话

（2018年4月2日）

冀祥德

迎着新时代的春风，鼓足干劲的广大地方志工作者已踏上新的征程，抒写着新时代地方志事业发展的新篇章。今天，我们相聚在雪域江南林芝，召开中国名镇志、中国名村志丛书编纂业务培训班。此次培训班得到了西藏自治区党委、政府、西藏自治区地方志办公室、林芝市、巴宜区的高度重视和大力支持。在此，我谨代表中国地方志指导小组办公室（以下简称中指办），向为筹备此次培训班付出艰辛劳动的同志们表示衷心的感谢！向参加培训班的各位专家、各位学员表示热烈的欢迎！

2018年是贯彻党的十九大精神的开局之年，是决胜全面建成小康社会、实施“十三五”规划承上启下的关键一年。2018年也是地方志工作的“攻坚年”“质量年”，承担的任务艰巨而繁重，要不断推进从“一本书主义”向“志、鉴、馆、网、库、用、刊、会、研、史”“十业并举”转型升级；要为到2020年实现省省有志鉴、市市有志鉴、县县有志鉴的伟大的世界文化创举攻坚克难。各级地方志工作者，要以高度的政治责任感和强烈的历史使命感，扎扎实实推进各项工作，履职尽责、不辱使命，推动地方志事业跨越式发展，形成地方志事业发展的新高潮；要撸起袖子加油干，紧跟中指办实施的中国名镇志、中国名村志文化工程等“十大工程”，紧抓“时间表”“路线图”，确保按期保质完成“两全目标”；要放大事业格局，围绕国家利益、党委政府中心工作、以人民为中心开拓创新，弘扬“修志问道、直笔著史”的方志人精神，培育“三耐一强”的“仙人掌精神”，强化方志文化自信，努力开创地方志事业转型发展的新局面。

近年来，在西藏自治区党委、政府的高度重视下，西藏地方志办公室克服重重困难，推动地方志工作取得了可喜成绩。中国地方志指导小组及其办公室高度重视西藏自治区地方志工作。早在2015年9月，王伟光组长、李培林常务副组长来西藏自治区调研地方志工作时，专门指示在中国名镇志文化工程要充分考虑西藏，选择林芝市八一镇作为试点，编纂出西藏第一部名镇志——《八一镇志》，用志书记录八一镇历史发展变迁。中指办根据领导的要求

作出专项部署，动员多方力量，组建专家编纂团队。2017 年 1 月，召开篇目论证会，正式启动《八一镇志》的编纂。前天召开了《八一镇志》编纂座谈会，会后又到八一镇巴吉村、加定村、章麦村等村调研；昨天到鲁朗镇调研名镇志工作；今天举办中国名镇志、中国名村志丛书编纂业务培训班开班式，全力支持西藏推进名镇志、名村志及《八一镇志》的编纂工作，实现西藏自治区名镇志编纂零的突破。

这次培训班的举办，目的就是要统一思想，提高编纂业务能力，确保编修出一系列高质量的名镇志、名村志，将工程不断推向深入。下面，我就本次培训谈几点意见。

一、要充分认识实施中国名镇志、中国名村志文化工程的重要性

（一）实施中国名镇志、中国名村志文化工程是适应新型城镇化建设和乡村振兴战略的主动作为

近年来，党中央、国务院就深入推进新型城镇化建设作出了一系列重大决策部署，我国城镇化水平快速提高。国家统计局最新发布的数据显示，2017 年末，我国城镇常住人口和城镇化率较上年末均有大幅度提高。城镇化是现代化的必由之路，是我国最大的内需潜力和发展动能所在，对全面建设社会主义现代化国家意义重大。党的十九大报告首次提出“实施乡村振兴战略”。2017 年 12 月召开的中央农村工作会议明确了实施乡村振兴战略的时间表、路线图。2018 年 1 月颁布的《中共中央　国务院关于实施乡村振兴战略的意见》对实施乡村振兴战略进行了全面部署，确定了思路愿景，明确了目标任务，制定了政策体系，提出了总体要求。2018 年 3 月习近平总书记在参加十三届全国人大一次会议山东代表团审议时强调，实施乡村振兴战略是一篇大文章，要统筹谋划，科学推进。基层社会的乡镇、村落是一个可以大有作为的广阔天地，借着新型城镇化和乡村振兴战略的东风，迎来了难得的发展机遇。乡村振兴，文化为魂。要实现城乡统筹发展、乡村振兴，蕴藏在广袤土地上历史悠久的农耕文明、传统文化、民族文化、乡土文化，是可持续地把新型城镇化和乡村振兴战略向前推进的重要基础和保障。在经济快速发展中，我国的乡镇、村庄经历着急剧的变迁，乡土文化弱化问题日益凸显，乡土文化所特有的内涵、价值体系在城市化过程中受到了严重的挑战。通过中国名镇志、中国名村志文化工程的实施，让乡土文化回归并为新型城镇化、乡村振兴提供动力，让农耕文化的优秀菁华成为建构乡村文明的底色，为切实提升一个地方的文化自信提供重要支撑，可以传承历史文明，让历史文明薪火相传，永不断章，可以更好地服务地方志的科学发展，是具有重要现实意义和深远历史意义的时代课题。

（二）实施中国名镇志、中国名村志文化工程是实现地方志创造性转化、创新性发展的内在要求

古人说：“理者，物之固然，事之所以然也。”面对地方志事业发展新趋势、新机遇，新矛盾、新挑战，必须确立新的发展理念，用新的发展理念引领发展行动。发展理念是发展行动的先导，是管全局、管根本、管方向、管长远的，是发展思路、发展方向、发展着力点的集中体现。发展理念确立了，目标任务就好定了，政策举措也就跟着好定了。为此，中指办以完成“两全目标”为重心，以事业转型升级为主线，以“十大工程”为抓手，对全国地方志事业发展进行谋篇布局，抓好地方志创造性转化、创新性发展新机遇，将创新、协调、绿色、开放、共享的新发展理念融入地方志工作中，在坚守地方志优秀文化传统的同时，不断创新地方志发展理念，转变发展思路。创新是引领地方志事业发展的第一动力。发展动力决定发展的速度和可持续性。如果动力问题解决不好，要实现地方志持续健康发展是难以做到的。坚持创造性转化、创新性发展，是新时代地方志事业开拓创新与转型升级的根本之策。新时期的地方志工作不能“养在深闺人未识”，乡镇村志的编纂不能还走老路子，必须挖掘传统方志文化新生命与现代社会的相结合，展现当代历史价值、社会价值和文化价值，在“四个全面”战略布局中找准定位，在

全面建成小康社会和实现中华民族伟大复兴中国梦的进程中体现价值，肩负起方志人的历史使命和责任担当。中国名镇志、中国名村志文化工程是实现地方志创造性转化、创新性发展的内在要求，是地方志系统以国家利益为导向、以经济社会发展为中心、以人民为中心的开拓创新之举，是地方志拓展领域、延伸触角、主动走进千家万户、与现实相融相通的积极尝试。

（三）实施中国名镇志、中国名村志文化工程是坚定方志文化自信，打造全国“名志”系列文化品牌的重要举措

泱泱中华，历史悠久，文明博大。方志文化表现了中华文化的本质特征和根本属性，是中华文化的重要代表，是中华文化的丰富滋养。方志文化自信重大命题的提出，是贯彻落实习近平新时代中国特色社会主义思想的必然要求，是建设社会主义文化强国和实现中华民族伟大复兴的客观要求，是对地方志事业发展规律的科学把握，是对方志学理论的又一次提升。坚定方志文化自信离不开地方志事业的科学全面发展，离不开以中国名镇志、中国名村志文化工程为代表的创新实践：中国名镇志文化工程自2015年启动以来，第一批名镇志11部已于2016年5月出版，并在北京人民大会堂召开了首届全国名镇论坛暨中国名镇志丛书出版座谈会，第二批26部已于2017年12月出版，并在贵州黔东南召开了第二届全国名镇论坛暨中国名镇志丛书出版座谈会。中国名村志文化工程自2016年启动以来，第一批27部已于2017年12月出版，并在北京人民大会堂召开首届全国名村论坛暨中国名村志丛书出版座谈会。与此同时，中指办又陆续启动中国名酒志、中国名山志文化工程，正式启动中国影像志名镇、名村系列，全力打造“名志”系列文化品牌。如今，“名志”系列文化品牌正不断显现出方志文化的吸引力和号召力，在推动方志文化进机关、进农村、进社区、进校园、进企业，推动城乡方志文化建设，培育地方历史记忆，引导人们更加深刻地认识方志、了解方志，充分展示方志文化的当代价值及永恒魅力等方面发挥着不可替代的重要作用。

二、要充分认识举办中国名镇志、中国名村志丛书编纂业务培训的必要性

地方志事业要做“活”做“热”，就要从整体上把握地方志与当下经济社会发展的关系，打造“名志”系列文化品牌，从而更好地发挥地方志“存史、育人、资政”的作用，谱写中华民族伟大复兴中国梦的方志篇章。文化的繁荣与创新首先需要文化的继承，通过志书这一载体，讲清楚乡镇、村落的中国特色，讲清楚中华民族的历史传统、文化积淀，记录、反映中国人民意愿和时代发展进步，以人们喜闻乐见、具有广泛影响力的方式推广开来，从而进一步提升方志文化自信，激发地方志更为持久强劲的内生动力。近年来，中指组及其办公室高度重视影像志工作，推出了一系列举措。中指办与中央电视台联合拍摄的大型纪录片《中国影像方志》在央视科教频道已播出60集，以直观、形象、立体的方式介绍县域的方方面面，用影像记录当下，以地方表达中国，在社会上反响热烈。下一步，我们要把影像方志从县域推向镇、村。今年2月，中指办发布《关于开展中国影像志·名镇·名村系列影像志制作的通知》，各地要积极参与进来，把名镇、名村通过影像志形式“立”起来，“活”起来，做成对外宣传乡村的文化名片。

现阶段中国名镇志丛书已进入第三批的编纂，中国名村志丛书已进入第二批的编纂。在前一阶段，我们更多的是抓学习、打基础、定标准，而现在我们要促规范、树典型、出经验。因此，举办本次中国名镇志、中国名村志丛书编纂业务培训班非常必要和迫切。

（一）中国名镇志、中国名村志丛书编纂进入新阶段

中国特色社会主义进入新时代，我国社会主要矛盾已经转化为人民日益增长的美好生活需要和不平衡不充分的发展之间的矛盾。这里所说的发展不平衡不充分，其中就关涉到乡镇、农村的发展。名镇志、名村志的主编要站在社会的观察者、记录者和思考者的角度，以高度的责任意识，对当下乡镇、农村的社会变

迁、改革发展、文化传统等作出真实的记载，书写好一个个中国故事，同时还要精心做好对外宣传工作，创新对外宣传方式，传播好中国声音，让更多的读者可以了解中国。

为服务国家文化“走出去”战略，充分展示方志文化的当代价值及独特魅力，推动方志文化走向世界。2017 年以来，中指办、方志出版社与加拿大新学术出版社联合，将第二批名镇志中的《乌镇志》翻译成英文版，并经中央网络安全和信息化领导小组办公室批准，被纳入第四届世界互联网大会的必备会议材料推介给与会代表，同时还在加拿大英属哥伦比亚省出版发行，成为第一本在海外出版发行的中国名镇志。《周庄镇志》《枫泾镇志》英文版也正在紧锣密鼓翻译编校中，即将正式出版。相信将来会有更多的中国名镇志、中国名村志成为“方志文化走向世界工程”的桥头堡，成为弘扬中华文化的重要载体。

（二）中国名镇志、中国名村志丛书编纂出现新问题

中国名镇志、中国名村志文化工程实施近三年来，出现了新问题。

一是区域推动的不平衡问题。中国名镇志、中国名村志文化工程在组织管理上要按省区推动，发挥省志办的统筹作用。目前，各省区市地方志工作机构对于本区域推进中国名镇志、中国名村志文化工程仍然缺乏规划，没有按照统一部署、全面摸底、规划推进、协调发展的要求组织开展，难以在本省（自治区、直辖市）形成成建制、成规模的整体效应。同时，在组织发动上要注意区域平衡。从目前申报情况看，还有部分省（自治区、直辖市）尚未启动中国名镇志、中国名村志丛书编纂工作。下一阶段需要注重区域平衡，做到遍地开花、全面铺开。各省应将推进名镇志、名村志编修和传统镇村志编纂相结合、评选优秀镇村志和提高编修质量相结合、读志用志和服务当地经济社会发展相结合，进一步推进中国名镇志、中国名村志丛书的编纂。

二是质量与速度问题。习近平总书记在福建省宁德地区任地委书记时，就曾谈道：“志书要注意质量，能经得起时间和历史的检验。时代发展了，社会分工越来越细，我们一定要在规模、质量上超过前人。现在的志书都要在国内外公开发行，因此我们更需要注重质量。各部门都要把质量放在第一位，对社会负责，对事业负责，对子孙后代负责。”近年来，地方志事业实现跨越式发展、根本性转变，名镇志、名村志编纂取得了很大的成绩。地方志工作者在明确任务的同时，注意处理好质量和速度的关系。2018 年是全国地方志的“质量年”，志鉴编纂要讲求质量，要合理安排时间，精心组织人员，科学调度计划，细心打磨精品，切记“贪多嚼不烂”。在丛书编纂之初，要着力发挥市、县级地方志工作机构的业务指导，特别是对篇目设计、志稿撰写的职能作用，充分发挥省级地方志工作机构在志稿终审环节严格把关的作用，切实提高志稿质量。加强专家团队建设，尤其是在每个省、市、县培养专家团队，为名镇志、名村志的编纂提供学术支撑。

三、对本次培训班的要求

（一）认真理解中国名镇志、中国名村志丛书编纂的基本要求

这次培训班对课程做了精心设置，涵盖组织管理、编纂规范、理论探讨等多方面内容，总结近年来名镇志、名村志编纂中存在的重点、难点、误区，结合案例分析，针对性强。授课专家也均具有丰富的名镇志、名村志编纂指导经验。希望大家要多思多记，深刻领会，入脑入心，真正做到学有所成、学有所用，实实在在地提高编纂业务能力。

（二）积极发言，加强交流，互相借鉴

《中国名镇志文化工程实施方案》作为“名志”系列工程开展之初的重要指导性文件，一直以来备受关注。在编纂过程中，名镇志的编修也出现了新变化，申报、编修和出版中也出现了一些亟待解决的新问题，我们对《中国名镇志文化工程实施方案》进行修订。在本次培训的分组讨论期间，各位学员要充分讨论，积极发言，群策群力，力求使《中国名镇志文化工程实施方案（修订稿）》能更加契合当前

中国名镇志文化工程发展的需要，更加科学合理，便于操作。会务组的同志要做好记录整理，便于进一步修改完善。对编纂中遇到的一些问题，要加强学习交流，分享心得体会，通过发现问题和解决问题，使本次培训落到实处，取得实效。

（三）严格遵守纪律和培训期间的安排

参加本期培训班的学员要端正态度，珍惜学习机会，遵守培训班的各项安排，遵守纪律，认真学习。参加了这次培训，就要真正成为名镇志、名村志合格的编纂者，还要涌现出一些专家或行家里手，成为典型，做到出书、出人、出经验。没有规矩，不成方圆，会务组的同志一定要加强管理，对于培训期间缺席的同志要登记下来，通知各省（自治区、直辖市）地方志工作机构。

同志们，中指办将始终和全国地方志工作者一道，秉承“修志问道，直笔著史”的方志人精神、创造“高铁”般的方志速度、提高“质量效益并重”的方志效率、弘扬“家国天下”的方志情怀、树立“盛世修志，志载文明”的方志文化自信、践行“为当代提供资政辅治之参考，为后世留下堪存堪鉴之记述”的方志担当，进一步推进地方志事业全面转型升级，开创新时代地方志工作新局面，为决胜全面建成小康社会，夺取新时代中国特色社会主义伟大胜利，实现中华民族伟大复兴中国梦，实现广大人民对美好生活的向往作出方志人应有的贡献。

最后，预祝培训班取得圆满成功，祝各位学员工作顺利，身体健康！

方志，从宁德出发

——在全国地方志系统行政管理干部培训班暨福建方志与地情文献人才培养专修班开班式上的讲话

（2018年4月19日）

冀祥德

刚才，福建省地方志编纂委员会（以下简称福建省方志委）陈秋平主任、宁德市委常委统战部长林鸿同志、宁德师范学院夏良玉书记分别介绍了福建省地方志、宁德市、宁德师院的有关情况，其中蕴含的内容，充分展现出福建人敢闯敢试、勇立潮头的改革创新精神和做实事、善做事、做成事的干事创业理念。这种精神和理念，在福建省的地方志工作中表现得很突出，事例可圈可点。近年来，福建省方志委努力做好地方志资源开发利用这篇文章，让地方志“活”了起来。比如举办“与历史同行”喜迎十九大“方志之夜”文艺晚会，在全国首开用文艺晚会形式表现方志文化的先河；配合《妈祖文化志》的出版发行，策划在台湾地区和莆田妈祖祖庙举办首发式、文艺演出等配套活动；结合精准扶贫和习近平总书记在宁德工作期间“三进下党乡”“三上毛家坪”访贫问苦的经历，与宁德市地方志编纂委员会在福安毛家坪村等乡村建成全省首批农村方志书屋，有效地将方志文化向农村延伸。宁德市委、市政府继续发扬习近平总书记主政宁德期间重视地方志工作的优秀传统，创建地方政府主导的县级综合年鉴督查制度和评价体系，将年鉴工作纳入国民经济和社会发展规划、地方政府工作任务，为全市地方志工作开展提供坚实的政策保障。今天，我们又共同见证了全国地方志系统宁德培训基地、福建地方志培训基地、福建省方志委宁德师范学院方志文献中心揭牌仪式和福建方志与地情文献人才培养专修班开班仪式，观看了一系列具有浓郁地方文化特色的表演展示，亲身感受到福建省和宁德市浓厚热烈的中华优秀传统文化尤其是方志文化氛围。

中国地方志指导小组办公室（以下简称中指办）同意在宁德师范学院设立全国地方志系统第一个培训基地——全国地方志系统宁德培训基地，并决定在宁德举办首期全国地方志系统行政管理干部培训班，就是对福建省方志委做“活”地方志工作、盘活地方志资源的充分肯定，也是对宁德师范学院重视史志教育的肯定。这期培训班，得到了福建省方志委，宁德市委、市政府的大力支持。在此，我谨代表中指办向福建省方志委，宁德市委、市政府表示衷心的感谢，并向参加培训班、专修班的各位专家、各位代表、各位学员表示热烈的欢迎！

当前，全国地方志系统正在深入贯彻落实习近平新时代中国特色社会主义思想和党的十九大精神，全面贯彻落实全国两会精神，以功成不必在我的历史担当，为全面建成小康社会、谋求人民幸福生活而努力奋斗。在这样一个激荡澎湃的大变革时代，地方志工作怎样才能被党委、政府重视，为社会各界认可，从而站得稳、立得住；地方志事业怎样才能不停滞、不退步，从而继续保持高位运行的良好态势，是我们必须思考的重大课题。回顾总结党的十八大以来地方志事业的丰富实践和成功经验，下面我谈几点意见，供大家参考。

一是以习近平新时代中国特色社会主义思想为指引，明晰地方志事业发展中的重大理论问题。十八大以来的五年，中指办根据党的十八大及历次全会精神和习近平总书记、李克强总理对地方志工作的重要指示、重要批示精神，提炼出“修志问道，直笔著史”的方志人精神，提出依法治志这一关系到地方志事业长远发展的战略举措，提出方志文化自信的重大课题并进行了系统的理论探索。强调地方志工作要突破“一本书主义”的束缚，实现志书编修、年鉴编纂、方志馆建设、地方史编写“四驾马车”统筹并进、协调发展，志书、年鉴、方志馆、地情网、数据库、地方志资源开发利用、期刊、学会、理论研究、地方史“十业并举”，在全国范围内全面推进地方志工作从一项工作向一项事业转型升级。这些理论、理念和举措，已经普遍为方志界所接受，并成功地运用于地方志工作实践，引领推动了地方志事业的快速发展。

党的十九大标志着中国特色社会主义进入了新时代，也引领地方志事业进入了新时代。新时代呼唤地方志事业要有新的气象、新的作为，更要有新的理论、新的方向。中指办审时度势，在学懂弄通习近平新时代中国特色社会主义思想和党的十九大精神的基础上，提出了新时代地方志事业的五大内涵，即新时代是地方志承前启后、继往开来，在新的历史条件下进入实现在全国范围内全面推进地方志从一项工作向一项事业转型升级的时代；是地方志实现省省有志鉴、市市有志鉴、县县有志鉴，实现国志、省志、县志、乡镇志、村志、社区志和综合年鉴从中央到社区（村）的全覆盖，地方志成为国家、民族、社会、各级党委、政府不可或缺的伟大事业的时代；是全国方志人不懈奋斗、开拓创新、不断扩大地方志的功能和影响力，让每一个中国人都能在地方志中找到自己的位置，地方志实现家喻户晓，方志人挺直腰杆的时代；是全体方志人勠力同心，弘扬精神，奋力挖掘弘扬方志文化，继而助推建设社会主义文化强国的时代；是方志文化引领中华文化日益走向世界文化舞台中央，向世界贡献中国智慧和中国方案的时代。确立了地方志事业发展的“两个一百年”奋斗目标，即在中国共产党成立一百周年时，实现省省有志鉴、市市有志鉴、县县有志鉴的伟大世界文化创举；到中华人民共和国成立一百周年时，完成《中华人民共和国国志》的编纂，实现志鉴各系统、各领域的全覆盖，让地方志成为不可或缺的事业。这些宏观理论和宏伟目标，是着眼于党和国家事业发展全局而提出来的，是为了保持地方志事业的长盛不衰而提出来的，全国地方志系统要认真学习领会，努力实践这些理论，奋力完成这些目标。

二是以如期实现“两全目标”为核心，高质量完成《全国地方志事业发展规划纲要

（2015—2020年）》提出的工作任务。2015年8月国务院办公厅印发的《全国地方志事业发展规划纲要（2015—2020年）》（以下简称《规划纲要》），是在国家层面上首次对全国地方志事业发展进行全面系统的顶层设计，是党中央、国务院关心支持地方志事业的集中体现，在中国方志发展史上具有里程碑式的意义。《规划纲要》提出到2020年，全面完成第二轮修志规划任务，实现省、市、县三级综合年鉴编纂出版的全覆盖，即“两全目标”，是全国地方志系统向全面建成小康社会的献礼，是方志人向党中央、国务院和全国人民立下的军令状，更是衡量方志人公信力和检阅全国地方志系统实力的标杆，是政治硬指标、硬任务。全国各级地方志工作机构都要以事业发展大局为重，切实增强使命意识、责任意识，明确完成“两全目标”的时间表、路线图，确保志鉴如期按时编纂出版。

《规划纲要》还提出了地方史编写、人才培养、理论研究和学科建设、信息化建设、地方志资源开发利用以及方志文化传播等工作任务，其核心就是中指办组织实施的民族地区与贫困地区志书出版资助工程、中国志书精品工程、中国年鉴精品工程、中国名镇志文化工程、中国名村志文化工程、全国地方志“一体两翼”用志工程、全国信息方志与数字方志建设工程、方志馆研究建设及全国地方志专业出版基地建设工程、中国地方志学科建设与人才队伍建设工程、中国方志文化走向世界工程，即全国地方志“十大工程”。各级地方志工作机构要积极配合，确保“十大工程”顺利实施。

今年是高质量完成《规划纲要》提出的目标任务承上启下的一年，是关键的一年。中指办决定将2018年作为全国地方志系统“攻坚年”“质量年”，计划按季度通报各省（区、市）“两全目标”完成情况，组成督查组检查“两全目标”完成情况，从编纂、出版等环节提升志鉴质量，力争集中全国地方志系统的力量，打一场志书编修、年鉴编纂的攻坚战、质量战，努力推动地方志工作又好又快向前发展。

三是以服务党和国家利益、各级党委、政府中心工作、人民群众需要为目标开拓创新，充分发挥地方志推动经济社会发展的重要作用。党的十八大以来，党和国家对地方志工作提出了明确要求，习近平总书记将修史修志提升到激发民族自豪感和自信心，坚定全体人民振兴中华、实现中国梦的信心和决心的高度。李克强总理希望地方志为当代提供资政辅治之参考，为后世留下堪存堪鉴之记述。中共中央办公厅、国务院办公厅下发的《关于实施中华优秀传统文化传承发展工程的意见》《国家“十三五”时期文化发展改革规划纲要》，将地方志作为国家文化发展战略的重要组成部分来看待，强调地方志工作要为建设社会主义文化强国发挥更大作用。

按照党和国家的要求，中指办高举开拓创新的大旗，努力盘活地方志资源，做“热”做“活”地方志事业。围绕捍卫中国南海主权和海洋权益，举办了南海主权与地方志论坛，启动编纂《中国南海志》《三沙市志》；以习近平总书记关于中国人民抗日战争的系列重要讲话精神为指导，紧紧围绕“铭记历史、缅怀先烈、珍爱和平、开创未来”的主题，组织实施国家社科基金抗日战争研究专项工程项目“中国抗日战争志”和中国地方抗日战争志工程；为推动各地经济发展、社会进步和文化繁荣，举办了中国地情论坛、全国名镇论坛、全国名村论坛，大力实施中国名酒志文化工程、中国名山志文化工程；为推动全社会共享地方志成果，让地方志走进寻常百姓家，建成了中国国情网、中国地情网，启动中国名镇影像志拍摄工作，有序推动中国名村影像志开展，与中央电视台合作拍摄并播出《中国影像方志》。地方各级地方志工作机构也积极利用掌握地方文献、熟悉当地地情的独特优势，编纂专题志和地情资料书，从事经济社会发展专题研究，参与旅游开发、招商引资、减灾防灾、申报世界文化遗产等工作，为党和政府决策服务提供了重要参考，有力推动了经济社会发展。

进入新时代，围绕党和国家事业发展大

局、党和政府中心任务开展地方志工作，是各级地方志工作机构必须做好的一篇大文章。我们要主动作为，继续发挥优势，使地方志工作机构成为党委、政府科学决策的重要咨询部门，成为经济社会发展改革的资源信息库，使地方志成果成为广大人民群众的精神食粮。

四是以积极稳妥推进史志立法为抓手，全面加快地方志法治化进程。2006 年 5 月，国务院颁布施行了《地方志工作条例》（以下简称《条例》），标志着地方志工作从长期依靠行政命令推动到实现有法可依，开启了依法修志、依法治志的新局面，在稳定地方志工作机构队伍，调动社会各界支持和参与地方志工作，繁荣发展地方志事业等方面发挥了重要作用。但是，在中国特色社会主义进入新时代以后，随着党和国家各项改革的深入推进，地方志事业面临新的机遇和挑战，《条例》作为一部行政法规，已经不能适应依法治国、依法治志的要求。基于地方志事业转型升级的现实需要，从助力中华民族伟大复兴，推动社会主义文化强国建设，维护国家安全，反对历史虚无主义，为党和国家管好史志的高度出发，迫切需要制定一部《中华人民共和国史志法》，把为党立言、为国存史、为民修志依法落到实处，为地方志事业发展提供坚强的法律保障。

近两个月来，中指办先后在京召开《中华人民共和国史志法》立法专家论证会、《中华人民共和国史志法（立法建议稿）》专家研讨会和《关于史志立法的建议》、《中华人民共和国史志法（立法建议稿）》法学专家论证会，听取全国人大常委会法制工作委员会有关负责人和法学界、方志界的意见和建议，并在黑龙江哈尔滨、江苏扬州召开立法调研座谈会，最大范围地征求各方面的立法意见。目前，根据全国人大常委会法制工作委员会和中国社会科学院要求，中指办起草完成《关于史志立法的建议（代拟稿）》、《中华人民共和国史志法（立法建议稿）》，并报送到全国人大常委会法制工作委员会。

应当指出，史志立法是一项艰巨复杂的工程，需要一个稳步推进的过程。史志立法的完成，也绝不是轻轻松松、一蹴而就的，中间会出现曲折反复甚至中断。中指办将努力争取各方支持，将这项史志伟业坚持不懈地做下去，为史志事业的百年大计提供坚定的法律支撑。

同志们、同学们，地方志事业发展第一位的要素是人才，永葆地方志事业生机活力的关键是人才，成功实现地方志事业转型升级的基础是人才，推动地方志事业发展的不竭动力还是人才。因此，当前和今后一个时期，我们不仅要培养一批业务素质高的地方志专业技术人才，还要培养一批管理能力强的行政干部队伍，更要造就一批业务和管理兼备的复合型人才。宁德是习近平新时代中国特色社会主义思想重要发源地之一，是习近平同志任宁德地委书记期间发表题为《深刻认识修志意义，认真做好修志工作》重要讲话的地方，可以说是习近平总书记地方志思想形成与发展的起点，也是第五届中国地方志指导小组建设全国地方志系统培训基地的起点。在宁德举办首期全国地方志系统行政管理干部培训班，是我们针对地方志事业发展的需要，培养行政管理人才和复合型人才的一个重要步骤，我们要从这里起航，为全国地方志人才培养扬帆起航。希望各位代表、各位学员珍惜这次培训机会，认真听讲，互相交流，互相切磋，共同提高，拓宽自己的视野，提升自身的水平，为做好各项工作打牢坚实的知识根基。

最后，祝愿首个全国地方志系统培训基地、首个设在高校的方志文献中心——福建省方志委宁德师范学院方志文献中心、首个由方志机构和高校合作开办的福建方志与地情文献人才培养专修班越办越好，在实现中华民族伟大复兴中国梦的伟大征程中，奏响方志梦的新乐章，书写方志梦的新篇章。祝各位代表、各位学员身体健康，心情愉快，学有所得。

方志人应该在捍卫国家与民族利益上敢于担当

——在国家社科基金抗日战争研究专项工程“中国抗日战争志”项目暨中国地方抗日战争志工程研讨会上的讲话

（2018年4月25日）

冀祥德

今天，我们相聚在具有悠久革命历史传统的山东枣庄，召开国家社科基金抗日研究专项工程“中国抗日战争志”项目暨中国地方抗日战争志工程研讨会。这次会议选在山东枣庄，意义深远。山东是中国人民抗日战争的重要战场，在民族危亡的紧要关头，中共山东地方组织高举抗日民族统一战线的旗帜，在全省各地组织发动抗日武装斗争，并组建八路军山东纵队。无数齐鲁儿女众志成城、同仇敌忾，在中国共产党领导下，前赴后继、浴血奋战，有力支援了全国抗战，为夺取抗战全面胜利作出了卓越贡献。枣庄在山东抗日斗争乃至全国抗日战争中占据重要地位，威名远播的铁道游击队的发祥地之一正是枣庄。铁道游击队以临城（今枣庄市薛城区）为中心，在中国共产党领导下，依靠群众，利用游击战术，顽强抵抗日本侵略者，谱写出可歌可泣的英雄史诗。发生在枣庄的另一件彪炳史册的抗战大事是台儿庄大捷，这是中华民族全面抗战爆发后正面战场取得的重大胜利，沉重打击了日本侵略者的嚣张气焰，坚定了全国军民坚持抗战的信心和决心。

山东省和枣庄市的地方志工作成绩斐然。山东省地方史志办公室勇挑重担、敢于担当，全面推进志鉴馆“三全目标”，在围绕中心、服务大局方面创造性地开展工作，取得包括编纂出版山东抗日战争史丛书等在内的一系列重大成果，推动全省从方志大省向方志强省迈进，得到了山东省委、省政府领导的充分认可，形成了独具特色、可资借鉴的“山东经验”。枣庄市的地方志工作在市委、市政府的高度重视和大力支持下，工作成绩也是可圈可点。此次会议选择在山东枣庄召开，不仅因为山东是中国人民抗日战争的重要战场，威名远播的铁道游击队在枣庄开展抗日斗争，台儿庄大捷在枣庄取得，更是对山东省和枣庄市地方志工作的肯定。

山东不仅有光荣的革命历史，显著的地方志工作成绩，而且素有礼仪之邦的美誉，有淳朴、热情的好客民风。这次会议，就得到了山东省史志办，枣庄市委、市政府的高度重视和大力支持。在此，我谨代表中国地方志指导小组办公室（以下简称中指办），向给予本次会议大力支持的山东省史志办，枣庄市委、市政府，以及为承办会议付出辛勤劳动的枣庄市地方史志办公室的同志们表示衷心感谢！向参加会议的各位抗战史专家学者、方志同仁表示热烈欢迎！

党的十九大标志着中国特色社会主义进入了新时代，地方志事业也相应跨进了新时代。在新的时代，全国地方志系统要努力实现地方志事业发展的“两个一百年”奋斗目标，即在中国共产党成立一百周年时，实现省省有志鉴、市市有志鉴、县县有志鉴的伟大世界文化创举；到中华人民共和国成立一百周年时，完成《中华人民共和国国志》的编纂，实现志鉴各系统、各领域的全覆盖，让地方志成为不可或缺的事业；要紧紧围绕党和国家利益，各级党委、政府中心工作，人民群众需要开拓创新，充分发挥地方志服务经济社会发展的重要作用。

实施“中国抗日战争志”项目和中国地方志抗日战争志工程就是中指办主动作为，推动地方志围绕“三个中心”开拓创新的重要举措。《中国抗日战争志》是为贯彻落实习近平总书记在十八届中央政治局第二十五次集体学习时的重要讲话精神，由全国社科规划办批准、中指办组织实施的国家社科基金抗日战争研究专项工程项目；中国地方抗日战争志工程是中指办组织各省区市地方志工作机构，以国家利益为中心而开展的政治工程、文化工程。其宗旨就是要以志书形式记录、传承中国人民用鲜血和生命铸就的伟大抗战历史，记录、传承中国人民为维护民族独立和自由、捍卫祖国主权和尊严建立的伟大功勋，记录、传承中国人民为世界反法西斯战争胜利作出的伟大贡献，激发实现中华民族伟大复兴中国梦的不竭斗志，可谓功在当代、利在千秋，意义重大、影响深远。

抗日战争志工程自 2017 年 4 月正式启动，到现在已经一年了。一年来，中指办对该工程高度重视，成立了由中国社会科学院副院长、中国地方志指导小组常务副组长李培林担任主任的编纂委员会，组建了方志界和史学界专家构成的学术委员会，设立了具体办事机构——抗日战争志专项工作室，定期编辑《〈中国抗日战争志〉编纂工作简报》，编制印发了《〈中国抗日战争志〉编写规范（试行）》《〈中国抗日战争志〉项目实施方案》《中国地方抗日战争志工程实施方案》，制定《中国抗日战争志项目经费管理办法》，为《中国抗日战争志》各课题组拨付了必要的科研经费，参加新疆、北京等地区召开的地方抗日战争志编纂工作会议，努力为抗日战争志的顺利开展提供有力的组织保证、智力支持和经费保障。

一年来，《中国抗日战争志》各课题组按照项目工作安排，认真开展篇目研讨活动。其中，军事志课题组先后在山东龙口和南开大学组织召开两次编写研讨会，《大事记》《人物志》《文献辑录》课题组在陕西延安召开专家论证会，政治志、经济志、文化志等课题组也分别召开不同形式的研讨会，讨论本卷篇目的设计问题。目前，各课题组都编制出了详细的篇目或篇目大纲，为下一步资料搜集和初稿编写打下了坚实的基础。此外，各课题组还围绕《中国抗日战争志》的编纂，积极开展学术研究，取得了一系列学术成果。据统计，各课题组已发表相关学术论文十多篇，其中一篇被《人大复印报刊资料·中国现代史》全文转载，出版学术专著一部，这不仅推进了国内抗战史的研究，在一定程度上也扩大了“中国抗日战争志”项目在学术界的影响力。

一年来，各省区市地方志工作机构按照中指办统一部署，积极推进中国地方志抗日战争志工程。截至目前，绝大多数省份已经将抗日战争志编纂纳入年度工作计划，成立了编纂委员会和学术委员会，其中北京、山西、黑龙江、四川、贵州、新疆等省区市的编委会主任由省级领导担任；19 个省区市已初步拟订编纂工作实施方案，其中北京、河北、山东、海南、重庆、四川、贵州、甘肃、广西等省区市已形成篇目大纲初稿。部分地区工作开展卓有成效，形成了可资借鉴的成功做法和有益经验。比如，北京市成立学术委员会，聘请部分抗日爱国将领后代作为顾问，对具体史实进行把关；在编纂志书的同时，搭建地方史志研究平台，开展“北京抗日战争资料库”建设工作；举办抗战志业务培训班，着力提高编纂人员业务水平。新疆维吾尔自治区党委、政府对抗战志编纂高度重视，将其作为服务新疆社会稳定和长治久安总目标的一项重要政治工程、文化工程、学术工程来抓，自治区财政拨付专项经费作为督办项目给予推动。山东省史志办对抗战志工程定位高，着眼于中华人民共和国成立 70 周年的重要历史节点，2017 年先期启动编纂《山东抗日根据地志》《山东解放区志》，共计 300 万字，将其纳入 2018 年工作重点，计划 2019 年出版，向中华人民共和国成立 70 周年献礼。

我们在充分肯定抗战志工程成绩的同时，也要清醒地看到工作中存在的问题，主要表现在：从体例、标题来看，一些篇目有明显的史书痕迹，还不是真正意义的志书篇目；各卷篇目存在交叉重复、概念不一致的现象；各课题组拥有一流的学者队伍，但围绕抗战志研究取得的学术成果有限；一些省份的抗战志编纂工作进展缓慢，甚至有的还没有正式启动，按时完成编纂任务难度较大。

以上问题，要引起足够的重视，采取有力措施切实加以解决。各地要按照这次会议提出的要求，克服犹豫、懈怠、畏难的情绪，以强烈的时代责任感和历史使命感，以奋力拼搏、攻坚克难的精神，如期编纂出资政辅治、堪存堪鉴的精品佳作。

第一，要以习近平新时代中国特色社会主义思想尤其是习近平总书记关于中国人民抗日战争的系列重要讲话精神为指导，坚持志书编纂的正确政治方向。习近平新时代中国特色社会主义思想博大精深，包含十分丰富的内容，是完整科学的思想理论体系，其中对抗日战争的性质、意义、过程、贡献和历史启示等问题也作了深刻阐释，形成了关于抗日战争历史、抗日战争研究和抗日战争纪念的系列重要观点，为全面系统研究抗日战争提供了一个完整的、科学的框架。我们要在全面学习的基础上，着重把握其精神实质、基本内涵，做到学懂、弄通，作为编纂抗日战争志的科学指导和基本遵循。要紧紧围绕“铭记历史、缅怀先烈、珍爱和平、开创未来”这个主题，坚持正确方向、把握正确导向，准确把握中国人民抗日战争的历史进程、主流、本质，正确评价重大事件、重要党派、重要人物，让历史说话，用史实发言，以事实批驳歪曲历史、美化侵略战争的错误言论，以史实证明以爱国主义为核心的伟大民族精神是中国人民抗日战争胜利的决定因素，中国共产党的中流砥柱作用是中国人民抗日战争胜利的关键，全民族抗战是中国人民抗日战争胜利的重要法宝。

第二，要严格按照志书编纂的基本要求，确保编纂质量。方志是官书，是记录中华民族悠久历史的重要载体。编修地方志是中华民族优秀的文化传统，经过上千年的传承发展，逐步形成了独特的、成熟的志书体例体裁。志书编纂讲究事以类从，类为一志，横排竖写，述而不论；提倡追求资料的完整性和真实性，不刻意总结历史经验教训，揭示历史发展规律；主张明确时空界限，原则上不跨越区域、不超越时限而书。抗战志的整个编纂过程，要始终遵循志书的编纂要求，实现抗战史研究和志书编纂的完美融合。我们务必认清编纂的既不是抗日战争史，也不是民国史、民国志，而是围绕军事抗战、政治抗战、经济抗战、文化抗战、社会抗战、国际援助抗战等方面编纂的志书，坚决防止最后生产的文化产品既非志书，也非史书。

质量是志书安身立命之本，关系到志书的功能价值。抗日战争志的编纂，要始终坚持质量至上原则。习近平总书记 1988 年在宁德地方志工作会议上的讲话中曾谈道：“志书要注意质量，能经得起时间和历史的检验……要把质量放在第一位，对社会负责，对事业负责，对子孙后代负责。”编纂抗日战争志，是国内首次将抗日战争研究和志书编纂进行创新性结合，存在较大难度。必须秉持精品意识，将质量观念和质量管理贯穿于抗战志编纂的全过程，着力打造精品良志。要全面整理我国各地抗战档案、文献、照片、实物等资料，同时要面向全球征集影像资料、图书报刊、日记信件及各类实物，做好战争亲历者头脑中活资料的搜集工作，组织开展实地考察和寻访，尽量掌握第一手材料，广泛搜集未刊资料和新发现资料，把历史结论建立在翔实准确的史料支撑和深入细致的研究分析基础之上。要立足学术前沿，增强研究成果的原创性和开拓性，严把学术质量关，着力推出有分量有深度、经得起历史和实践检验、代表国家水准的成果，切实维护抗战志工程的权威性和示范性。

第三，要采取有力措施，扎实推进抗战志编纂工作。明代著名学者王阳明曾讲：“知者行之始，行者知之成。”思想是行动的先导。做好抗战志编纂工作，首先要提高认识，唯此，才能增强行动的自觉，继而转化为工作的动力。要充分认识抗战志忠实记录中华民族不屈不挠反抗外来侵略的重大历史意义，充分认识抗战志编纂开国内历史研究与志书编纂创新性结合之先河的时代价值。这是参与其中的我们每一个人的荣幸，更是我们肩上沉甸甸的责任。为此，必须采取有力措施，将抗战志编纂工作扎实有效地推进下去。首先要科学规划。“凡事预则立，不预则废”。到 2020 年完成抗战志编纂工作，是硬任务、硬指标，《中国抗日战争志》各课题组及各省级地方志工作机构要制定清晰的任务书、时间表、路线图，以科学规划引领编纂工作的有序进行。各课题组要细化任务、明确分工、强化责任、督促检查，确保各阶段性任务圆满完成。各省级地方志工作机构要让主管领导明白抗战志编纂工作的重要意义，努力争得他们的关心和重视，解决人员、经费、资料搜集等问题，按时保质保量完成任务。其次要加强协作。历史学界与方志学界有着天然的联系，但各有专长。俗话说，“兄弟同心，其利断金”，历史学者和方志工作者要团结起来，以不耻下问、虚怀若谷的态度，相互学习与切磋，发挥优势，补齐短板，在交流中激荡思想，在合作中实现共赢。再次要加大培训研讨力度。打造出高质量的传世志书，要求编纂人员不仅具有较高的学术水准和知识水平，还要掌握志书的基本理论和编纂方法，具备较强的编纂能力和业务素质，各课题组及各省地方志工作机构要下大力气组织培训班，邀请历史学界及方志学界的专家学者授课，答疑解惑，提高编纂水平；要有针对性地开展学术研讨活动，解决志书编纂中的体例、史实、文字等问题。

树立自信，开拓创新
做“活”做“热”地方志事业

——在郑州市地方志业务培训班上的讲话

（2018 年 5 月 14 日）

冀祥德

党的十九大报告指出，中国特色社会主义进入了新时代，全国地方志事业转型升级也进入了新时代。今天，郑州市地方志业务培训班正式开班，这是郑州市地方志系统深入学习贯彻党的十九大精神，以习近平新时代中国特色社会主义思想统领地方志工作，全面推进地方志事业转型升级的重要举措。在此，我谨代表中国地方志指导小组办公室，向培训班的举办表示热烈的祝贺，对前来参加培训的郑州市各位史志工作者表示热烈的欢迎！

去年 6 月和今年 4 月，我两次听取了郑州市地方史志办公室的工作汇报，留下了很深的印象。近年来，郑州市地方史志部门严格落实“两全目标”要求，紧紧围绕上级史志部门要求和市委、市政府中心工作，全面谋划发展，积极主动服务，取得不少成绩，体现了郑州市史志人不等不靠，撸起袖子就干，甩开膀子就做的精神风貌。一是积极主动，“资政辅治”意识明显增强。郑州市史志办能够积极贯彻习近平总书记关于加强修史修志工作的重要指示精神，以及中指办关于加强地方志工作的部署要求，紧紧围绕郑州国家中心城市建设的中心目标，充分发挥史志资源优势，提出了抓好精品志书、年鉴、方志馆建设、信息化建设和地方史研究等重点工作的工作思路，围绕中心、服务大局的政治自觉和行动自觉进一步增强。二是突出重点，法治化建设和方志馆建设取得突破性进展。《郑州市地方志工作规定》已于 2017 年 12 月 22 日起正式颁布施行，这是郑州市在深入推进依法治志上的重大成果。其中，还将开发区地方志工作和地方史工作纳入了管理范畴。在方志馆建设上，国家方志馆中原分馆筹建项目得到了中指办的支持，最近又获得郑州市政府的批准，建筑面积达 35850 平方

米，是目前全国建筑面积最大的一个国家级分馆。三是求精求质，转型升级创新发展迈出坚实步伐。郑州市提前三年全面完成了全国地方志事业发展“十三五”规划纲要规定的“两全目标”任务。《郑州年鉴》通过参加全国精品年鉴工程，质量也得到了很大的提升。《陈砦村志》也成功入选全国首批名村志文化工程，基本形成了多门类、全覆盖的年鉴、志书编修和成果体系。

当前，全国地方志系统正在深入贯彻落实习近平新时代中国特色社会主义思想和党的十九大精神，全面贯彻落实全国两会精神，以功成不必在我的历史担当，为全面建成小康社会、谋求人民幸福生活而努力奋斗。在这样一个激荡澎湃的大变革时代，地方志工作怎样才能被党委、政府重视，为社会各界认可，从而站得稳、立得住，地方志事业怎样才能不停滞、不退步，从而继续保持高位运行的良好态势，是我们必须思考的重大课题。下面，我就结合全国地方志事业的发展，对郑州市的地方史志工作提几点意见，供大家在工作中参考。

一、提高政治站位，引领地方志事业转型升级

2018年是全面贯彻落实党的十九大精神的开局之年，也是落实《全国地方志事业发展规划纲要（2015—2020年）》（以下简称《规划纲要》）各项目标任务、加快转型升级创新发展的攻坚之年。希望郑州市地方史志系统在当前和今后一个时期里，要继续认真学习贯彻落实习近平新时代中国特色社会主义思想和党的十九大精神，贯彻落实习近平总书记关于加强修史修志工作的重要指示精神，坚持正确方向，切实提高政治理论水平，强化理论武装。立足地方志工作实际，充分认识党的十九大精神对全国地方志事业转型升级的重大指导意义，认真思考坚定文化自信、不断铸就中华文化新辉煌、以我为主加强中外人文交流、在历史进步中实现文化进步等新论述对地方志工作的新期待、新要求，进一步明确方志人在把我国建成富强民主文明和谐美丽的社会主义现代化强国过程中所肩负的新使命，准确把握全国地方志事业进入新时代的具体内涵。同时抢抓机遇，突破“一本书主义”的藩篱，实现志书编修、年鉴编纂、方志馆建设、地方史编写“四驾马车”统筹并进、协调发展，志、鉴、库、馆、网、用、会、刊、研、史“十业并举”，全力推动地方志事业转型升级。

二、提升责任担当，紧盯“两全目标”不放松

“两全目标”是刚性任务、法定责任。虽然郑州市史志系统提前三年全面完成了全国地方志事业发展“十三五”规划纲要规定的“两全目标”任务，但郑州市史志系统仍要高度重视，采取得力措施，科学规划，确保至2020年保证“两全目标”的持续完成，并及时总结第二轮两级志书编修经验，精心做好第三轮修志的规划与资料准备。在此基础之上，要扎实培育精品意识，坚持深耕细作，在保证完成“两全目标”的同时，打造出一部分精品志鉴。质量是地方志的生命，近年来中指组及其办公室推出中国志书精品工程、中国年鉴精品工程、中国名村志文化工程、中国名镇志文化工程等，研究出台了一系列质量制度，严把地方志质量关。中指办还把2018年定位为全国地方志的“攻坚年”“质量年”，要求在质量上下功夫，严抓、狠抓、猛抓，将质量观念和质量管理贯穿于地方志事业发展的全过程。在今后的工作中，要充分认识提高志鉴质量的重要意义，进一步增强责任感和使命感，以对党、对人民、对历史高度负责的精神，以一丝不苟、精益求精的态度，全面、客观、准确地记载历史和现实，确保志鉴可信、可读、可用。

三、强化创新意识，做“活”做“热”地方志事业

修志为用，提高地方志资源开发利用水平是《地方志工作条例》《规划纲要》规定的主要任务之一，是建设中国特色社会主义文化、展示文化自信的名片，更是修志编鉴的“出口”。提高地方志资源开发利用水平，充分发挥“存史、资政、育人”功能，是地方志事业永远的课题。地方志系统要围绕党和国家利益、经济社会发展和人民群众需要三个方面开拓创新，扩大影响力。一是要加强方志馆建设。要把国家方志馆中原分馆打造成展示国情地情、培育家国情怀、弘扬中华优秀传统文化、树立方志文化自信、传播方志文化的一个重要平台，同时要结合中原特色、郑州特色，着力提升方志馆服务能力，广泛开展和参与公益性文化活动。要加快推进县级方志馆建设，着力构建市、县两级方志馆全覆盖的方志馆群。二是要加强信息化建设。要立足地方志实际，坚持互联网思维，准确把握新形势，从单一纸质志鉴向广泛运用数字媒介志鉴转变。要主动适应信息传播的新趋势、新要求，努力抓好地方志网站和数据库建设，不断拓展地方志资源数字化应用的新途径、新手段，推动地方志与时俱进，贴近大众，贴近发展，贴近需求，开创方志利用工作的新局面。

四、拓展工作范畴，"史""志"结合做出"郑州经验"

随着我国经济社会取得巨大发展，各类专业志鉴编纂、乡镇村志编纂日渐普遍，地方史编写也日益增多，如何加强指导管理，促进"史""志"并行发展成为一大难题。今年1月，郑州市史志办设立地方史工作处获得正式批复，这是郑州市史志办贯彻落实《规划纲要》精神，顺应新形势新要求，理顺工作机制，推动地方志事业科学发展和转型升级的重要举措。郑州市史志部门要做好把地方史纳入地方志工作范畴的试验田，立足郑州本地特色，开展地方史工作的指导、管理与研究，力争在全国范围内推出"郑州经验"，扩大影响力。编纂地情报告是广大方志人立足自身优势，开拓创新，主动服务中心，参与现代国家治理体系建设的积极尝试。通过记述各地实际情况，反映现实问题，为党委、政府和有关部门分析形势、制定政策、科学决策服务，将大大凸显地方志的"资政辅治"功能。编纂发布地情报告还将有助于使地方志从一本死书变成活资料，提升公众的地方志意识，提高地方志部门的社会影响力。郑州史志部门要主动作为、主动发声，围绕经济社会发展中心工作开拓创新，编纂发布《郑州地情报告》，做出郑州特色。

五、加强人才保障，为地方志发展提供智力支撑

党的十九大报告指出，"人才是实现民族振兴、赢得国际竞争主动的战略资源。要坚持党管人才原则，聚天下英才而用之，加快建设人才强国"。当前，地方志事业正处于转型升级的关键期、推进"两全目标"的攻坚期、实现地方志"两个一百年"奋斗目标的历史交汇期。人才队伍是地方志事业的重要基础和根本保障。近年来，郑州市地方史志系统对人才队伍建设高度重视，不断加大培训交流力度，拓展人才培养形式，壮大专家人才队伍，完善教育培训制度。在现有基础之上，要建立健全分级分类培训制度，尤其注重对地方志高端人才的培养储备和对基层地方志工作者的培训。要拓宽、加大与高校、科研机构人才培养与合作的方式和力度，鼓励支持地方志工作者参加继续教育。要探索适合地方志事业发展的人才政策和机制，重视人才的选拔、引进和任用。坚定不移将加强人才队伍建设摆在重要位置，打造一支政治素质、理论素质、文化素质、专业素质兼备的地方志队伍，为地方志事业的长远发展奠定坚实基础。

同志们，盛世修志，惠泽千秋。党的十九大吹响了新时代的号角，地方志事业迎来了前所未有的发展机遇。让我们以习近平新时代中国特色社会主义思想为指导，不忘初心、牢记使命，抢抓机遇，齐心协力，在转型升级中不断开创地方志事业发展新局面。

最后，预祝培训班取得圆满成功！祝同志们身体健康、工作顺利！

同心协力　加快立法
为中国强起来盛世修志提供坚实法律保障
——在依法治国与依法治志论坛上的总结讲话

（2018年5月18日）

冀祥德

在全体与会代表的共同努力下，依法治国与依法治志论坛——《地方志工作条例》颁行12周年座谈会马上就要闭幕了。下面，我从三个方面对此次论坛作总结。

一、论坛总体评价

正如李林研究员在开幕式致辞中所说，这次论坛是坚持以习近平新时代中国特色社会主义思想为指导，深入贯彻党的十九大和十九届二中、三中全会精神的具体体现，是推进全面依法治国的具体法治实践，必将对建设中国特色社会主义法治体系、深化依法治志产生重要影响。这次论坛会集方志学界和法学界及相关领域专家学者，共商共谋全面推进依法治志、加快史志立法进度等。论坛学术气氛浓厚，与会专家学者持论严谨、发言踊跃、交流深入，达到了共识，明确方向，同心协力，为中国强起来盛世修志提供坚实法律保障的预期目的，是一次成功的全国性学术研讨会议。我认为此次论坛可以用几个字概括。

一是“高”。其一，领导重视程度高。作为一次横跨方志界和法学界的盛会，此次论坛得到中国地方志指导小组领导的高度重视和大力支持。中国社会科学院副院长、学部委员，中国地方志指导小组常务副组长李培林在繁忙工作中，到会并致辞，对史志立法工作寄予殷切希望。中国法学会副会长，中国社会科学院学部委员、法学研究所所长李林凌晨返京，马不停蹄地出席会议并致辞，从依法治国的高度解读史志立法的意义，对《中华人民共和国史志法》在文化立法方面的积极意义予以高度肯定。两个学部委员的参会更是对我们会议的极大认可。其二，学者关注程度高。今天到会的法学界专家有：中国社会科学院法学研究所副所长、研究员莫纪宏，所长助理、研究员周汉华，民法室主任、研究员谢鸿飞，宪法与行政法研究室主任、研究员李洪雷，国际法研究所研究员赵建文；中国法学会《民主与法制》杂志社总编辑刘桂明；军事科学院军队政治工作研究院副院长张社卿，解放军党史军史研究中心军事志研究室主任李涛，军事科学院解放军党史军史研究中心副研究员刘心嵩；北京大学法学院教授湛中乐，中国人民大学法学院教授冯玉军，中国政法大学法学院副院长、教授许身健，中国政法大学法学院教授侯淑雯，浙江大学光华法学院教授王敏远，临沂大学法学院院长、教授姚建涛及院长助理罗亚海。到会的方志界专家有：北京市地方志编纂委员会办公室原主任王铁鹏，河北省地方志办公室主任杨洪进，山西省地方志办公室党组书记、主任张志仁，吉林省地方志编纂委员会党组书记、副主任李云鹤，江苏省地方志编纂委员会办公室负责人漆冠山，江西省地方志编纂委员会办公室党组书记、主任梅宏，湖北省地方志编纂委员会办公室党组书记、主任吴凤端，广西壮族自治区地方志编纂委员会办公室党组书记、主任梁金荣，四川省地方志工作办公室党组书记、主任陈建春。短短一天的会程中，有24位专家发言，4位专家点评，发言深入，点评到位，共商依法治志向纵深迈进、史志立法加快推进，共同展望地方志工作法治化前景，形成浓厚的学术氛围。其三，媒体关注程度高。《光明日报》、《中国青年报》、《法制日报》、

《法制晚报》、人民网、《中国社会科学报》等众多媒体关注史志立法，参会并进行了宣传报道。有关领导、专家、媒体的高度重视，确保了此次会议成功举办。

二是“新”。此次论坛是第一次方志学界与法学界、理论界与实务界、高校与科研院所专家学者之间大规模思想交流的碰撞。会上，法学家与方志学家们发表真知灼见，共谋依法治志。有法学家表示不参会不知道地方志如此重要，地方志工作任务如此艰巨；有方志学家表示感觉像参加了一次高水平的法学培训。此次论坛是方志学第一次向法学打开了一扇窗户，是法学第一次走进方志学，法学与方志学在依法治志这一个点的交汇与撞击，产生了巨大的能量。

三是“广”。其一参会范围广。这次论坛不仅有地方志系统的专家学者，还有来自中国法学会、北京大学、中国人民大学、浙江大学、中国政法大学、中国社会科学院大学、中国社会科学院法学研究所等全国一流高等院校、科研机构的法学家参加，是近年来我们召开的一次重要学术会议。其二，研讨视野广。围绕依法治国与依法治志的关系，有探讨依法治志价值、目标、原则、功能、实现路径等理论方面的，有聚焦史志立法相关问题的，还有关注志鉴图书出版的相关法律、修志编鉴中的著作权等实务问题的。

四是“实”。其一，主题切合实际。此次论坛主题是全面推进依法治志，推动《中华人民共和国史志法》立法可行性研究。这个主题非常契合新时代地方志事业发展的需要，非常“接地气”。这次会议必将在地方志法治化进程中留下浓墨重彩的一笔。其二，后勤保障扎实。中国地方志指导小组办公室两年前就开始筹备依法治国与依法治志论坛。我们面向全社会征集论文，并从200多篇论文中，优中选优，选了30篇论文的作者参加论坛。同时积极与各大高校、科研机构的法学家约稿，向地方志系统专家约稿，确保论坛质量。近期，又抽调各处室精干力量组成会务组，多次召开会议，协调、督促工作进展，精心谋划，周密安排，做了大量扎实细致的工作，保证了会议的实效。

在此，我代表中国地方志指导小组及其办公室向为会议顺利召开付出艰辛劳动的会务组同志表示衷心的感谢！向投稿的各位作者表示感谢！向应邀而来的各位法学家、方志学家表示感谢。

二、会议的主要收获

大会主要围绕全面推进依法治志和加快史志立法两个主题展开热烈研讨，与会专家学者积极建言，提出了许多极具价值、可资借鉴的重要理论与观点。

第一，关于依法治志的探讨。与会专家们认为，依法治志是依法治国方略在地方志工作领域的具体体现，是依法治国的有机组成部分。有的专家从方志传统、文化立法的需要、文化安全等方面阐述了依法治志的历史价值和时代价值。有的专家重点梳理了中国地方志指导小组办公室在地方志转型升级与依法治志方面的工作，从无法可依到《地方志工作条例》《全国地方志事业发展规划纲要（2015—2020年）》颁布，从“一本书主义”到“十业并举”等七大方面阐述了中国地方志指导小组办公室在地方志法治化建设上所做的探索。有的专家则重点分析一个省份的地方志法治化建设情况，剖析个案，指出地方志事业法治化进程中存在的诸多问题，并提出依法治志的实现路径。有的专家从理论和实践两方面提出了依法治志的实现路径，指出在理论层面要开拓地方志行政法理论研究领域，建立地方志行政法学学科体系；在实践层面要完备地方志行政法律体系，规范参与地方志活动各主体的权利、义务，确立地方志工作机构行政执法主体资格并使工作职责法定化，明确地方志工作者行政执法人员身份，严格地方志行政执法，严惩地方志违法行为。

第二，关于史志立法必要性的探讨。与会专家认为，史志立法是全面推进依法治国的必然要求，并且从不同角度探讨了史志立法不仅必要，而且紧迫。有的专家通过分析地方志事业发展模式的升级，即由原来的线性发展到多元系统的发展等，提出地方志事业转型升级需要立法保障。有的专家重点分析了在新时代下《地方志工作条例》的局限性与不适应性，提出需要迫切提升《条例》法律位阶，指出史志立法是时代的呼唤。有的专家结合全面推进依法治国，深化依法治国实践，加快建设中国特色社会主义法治体系和法治国家的大背景，分析地方志事业发展所面临的问题，提出必须加快史志立法。有的专家从《史志法》的历史渊源和现实基础入手，指出在依法治国的大背景下，史志法的编修应该也必须成为全社会的共识。有的专家从新时代弘扬优秀传统文化的角度，阐述了加快史志立法的必要性和紧迫性。

第三，关于史志立法过程中应重点考虑的几个问题。专家们从立法理念和立法技术角度，从不同的侧面指出了史志立法过程中应注意的问题。其一是史志立法站位问题。专家们指出，史志要从国家需要出发，站在国家层面，跳出部门触角的局限性，根据宪法开展立法，符合中央加强道德领域突出问题专项立法的相关意见，彰显社会主义核心价值观。其二，史志立法要注意结合史志工作的特点，回应地方志本质属性、呼应地方志事业发展、顺应地方志工作实践、解决事业发展中的突出问题。例如要拓展地方志工作的内涵和外延、强化面向全社会征集地方志资料的法律规定、切实维护地方志工作者的权益、明确对拒不执行和违反《条例》行为的惩处、突出贯彻落实“一纳入、八到位”工作主线等。其三，史志立法要注重科学性、准确性，应该明确调整范围、立法宗旨、管办关系、事企分开等。其四，史志立法应该注意粗细结合，首先解决方向性、框架性问题，同时要给地方立法留出空间。其五，史志立法应该立足于全民史志事业。其六，史志立法应处理好纵向与横向的关系，处理好史与志的关系，处理好方志编纂与中华多元一体的关系。还有专家指出史志立法应该重点解决法律责任问题；还有专家指出史志立法应明确费用与组织保障、著作权与稿费等问题；还有专家强调，史志立法应该关注地方史的管理、主管部门管理指导范围等问题；还有专家提出地方志立法中应当注重三个转向：位阶上的从法规到法律、强制力上的从软法到硬法、实践性上的从纸面的法到行动的法。

与会专家学者还提出许多具体的、可操作的意见建议，如有的学者结合自身工作实际，对志鉴图书出版中的著作权、图书出版合同、图书出版政府采购等相关问题作了论述，在此不再一一列举。论坛气氛热烈、节奏紧凑，在思想的交流与碰撞中，迸发出丰富的思维火花。专家学者的意见建议、理论观点，极大地拓展了史志立法的视野与思路，为修订完善立法建议稿打下坚实基础，为在依法治国背景下、在社会主义文化大发展大繁荣背景下，全面推进依法治志提供了智慧与力量。

三、关于全面推进依法治志、加快史志立法的几点思考

第一，要从大局出发来推进史志立法。十八大以来，我们党明确提出全面推进依法治国、加快建设社会主义法治国家战略任务。依法治志是全面推进依法治国的题中之意与重要组成部分，也是依法治国的必然要求，是依法治国在方志领域的具体展开。史志立法是实现依法治志最有效的途径，要从党和国家的需要出发，站在实现中华民族伟大复兴中国梦、维护国家文化安全、推进社会主义文化强国建设的高度来考虑史志立法工作，统一思想，把为党立言、为国存史、为民修志落到实处。

第二，要抓住机遇推进史志立法。十八大以来，以习近平同志为核心的党中央高度重视文化建设，围绕文化强国战略提出了一系列重大战略思想和要求，十九大报告将文化建设提高到前所未有的高度。在地方志层面，习近平总书记、李克强总理、刘延东副总理多次发表重要论述、重要讲话和作出批示。大到文化事业，小到地方志工作，都面临千载难逢的发展机遇。同时，公共文化市场缺乏监管现象突出，史志工作也存在法律空白，“反者道之动”，我们要变挑战为机遇，落实中央“加强文化法制建设，依法管理文化事业”和“要重视哲学社会科学领域立法工作”指示精神，推动史志立法，助力中华民族伟大复兴中国梦的实现，维护国家文化安全，建设社会主义文化强国，完善文化方面法律体系，推进史志事业科学健康发展。

第三，要群策群力推进史志立法。“万人操弓，共射一招，招无不中。”今天的论坛可谓群贤毕至，希望法学界专家发挥优势，积极投入《史志法》立法研究，推进史志工作立法实践，助力中国特色社会主义法治建设与文化建设。希望地方志工作者利用多年来从事地方志工作的经验，沿《地方志工作条例》的方向继续前行，切实加强地方志法治化建设，着力开展《史志法》立法的理论与实践问题研究，在全国范围内全面推动地方志工作转型升级。相信在大家的群策群力、共商共议下，史志立法工作一定能够再上新台阶。

第四，要发扬精神推进史志立法。党的十八大以来，全国地方志工作者以习近平新时代中国特色社会主义思想为指导，提出“修志问道，直笔著史”的方志人精神、“三耐一强”的仙人掌精神，奋发有为，开拓创新，地方志工作卓有成效。在全面推进依法治志、加快史志立法进程中，要继续保持这股韧劲。在地方志转型升级的过程中，要聚焦法治化建设，迎难而上，稳住阵脚，拿下高地。

依法治国，依法治志，是全体法学和地方志工作者的共同责任。希望在大家的共同努力下，加快史志立法，营造风清气正的文化氛围，打造出高质量的史志作品，为人民日益增长的美好生活需要提供文化载体，为中国强起来盛世修志提供坚实法律保障。方志自信方能文化自信，期待在不久的将来，每一个中国人都能在地方志中找到自己的位置，让地方志“立”起来、“用”起来，让地方志“活”起来、“强”起来。

走进新时代的地方志

——人民网访谈

(2018年7月12日)

冀祥德

地方志是我们中华文化的一个独有的传统，在世界文化历史长河中，只有中国有方志文化，这也是中国作为世界四大文明之一，其他三大文明都有不同程度的中断，但是只有中华文明没有中断的原因之一。自方志成形以来，历代君王都不同程度地重视史志编修。新中国成立以来，党和国家领导人对地方志工作都很重视，像毛泽东、邓小平、江泽民、胡锦涛等党和国家领导人，都对史志工作作出很多批示。党的十八大以来，党中央、国务院更加高度重视地方志工作，习近平总书记曾多次对史志工作作出重要讲话，比如，2014年2月25日，习近平总书记在视察首都博物馆的时候，就提出要高度重视修史修志。总书记在2015年7月31日中共中央政治局就中国人民抗日战争的回顾和思考进行集体学习时强调，要整合全国学术机构和研究队伍，协调各地党史、军史、档案、政协文史资料、地方志、社科院、高校等部门和机构的力量，对抗战进行系统研究。另外，在其他一些场合的讲话中多次提出要重视史志工作。李克强总理也非常重视史志工作。李克强总理对地方志有很深的情结，十八大以来他曾三次对地方志工作作出批示，提出了“修志问道，以启未来”的地方志在新时期的工作定位和“直笔著信史、彰善引风气，为当代提供资政辅治之参考，为后世留下堪存堪鉴之记述”的新时期地方志工作者的定位。正是在这样的形势之下，十八大以来，中国特色社会主义进入新时代，全国地方志事业也进入了新时代，新时代的地方志和以前相比，发生了深刻的巨大的变化，全国地方志工作面貌可以说是焕然一新。

党的十八大以来，各部门、各系统都在认真学习贯彻习近平总书记的系列重要讲话精神。作为全国地方志系统，中指组及其办公室要求在学习贯彻落实总书记系列重要讲话上，要学懂、弄通、做实，不摆花架子，不唱高调，要真学、真用，活学、活用，所以，我们按照总书记系列重要讲话精神，以习近平新时代中国特色社会主义思想为指导，在如下几个方面贯彻落实党的十八大、十九大精神。比如，党的十八大以来，国家提出“四个全面”战略布局，十八届三中全会作出了《中共中央关于全面深化改革若干重大问题的决定》，把全面深化改革作为“四个全面”战略之一。我们就提出，地方志也要改革，地方志不改革，将是路越走越窄，甚至可能会是死路一条。我们在全面深化改革这样一个国家战略背景要求之下，提出地方志要围绕三个方面进行改革。第一方面，地方志要以党和国家利益为导向开拓创新。比如，在南海仲裁案发生之后，我们就启动了南海主权与地方志论坛，启动了《中国南海志》《三沙市志》的编纂。比如，总书记在中央政治局就中国人民抗日战争的回顾和思考进行集体学习时的重要讲话发表以后，我们提出了《中国抗日战争志》的编纂，这些都是地方志以党和国家利益为导向进行改革创新的一些举措。第二方面，地方志要围绕经济社会发展开拓创新，如启动中国名酒志、中国名山志、中国名水志、中国名街志等文化工程等。第三方面，地方志要以人民为中心开拓创新，如启动中国名镇志、中国名村志文化工程，谋划编纂社区志、居民小区志，建立村史馆、村情网等，拍摄中国影像方志、中国影像志·名镇名村系列等，就是让每个中国人都能在地方志中找到自己的位置，让地方志走进千家万户。再比如说，在十八届四中全会上，党中央作出了《中共中央关于全面推进依法治国若干重大问题的决定》，为落实十八届四中全会精神的要求，我们及时地提出了依法治志，要在依法治国的背景中作出方志人依法治志的贡献，对此我们进行了系统的论述和研究，得到了国务院办公厅的认可。2015 年 8 月 25 日，国务院办公厅印发《全国地方志事业发展规划纲要（2015—2020 年）》（以下简称《规划纲要》），“坚持依法治志”被作为 6 项基本原则之一写到《规划纲要》中。这就是地方志系统贯彻落实十八大以来习近平总书记系列重要讲话精神的重要体现。再比如，像扶贫工程、乡村振兴战略，我们地方志正在编纂扶贫志，中国名镇志、中国名村志，包括拍摄中国名镇志、中国名村志的影像志，这些都是配合国家扶贫工程和乡村振兴战略而采取的一系列重要举措。

总书记提出“四个自信”，特别强调文化自信。我们地方志系统在贯彻落实文化自信方面进行了深入思考和探索。我们在认真学习和领会中就认识到，方志文化是中华文化的一个亮丽的篇章，具有独特属性，所以，我们提出方志文化自信。方志文化自信的提出，具有它的理论基础和实践根源，因为地方志从古到今2000 多年的历史，在它传承的过程中，呈现出与其他文化明显不同的特性。比如说它的政治性、民族性、区域性、资料性、客观性、权威性等等，这些都是其他文化所不都完全具有的一些特点。正是这样一些特点，使方志文化自信的生成具有了生命基础。在世界文化历史的长河中，中国的方志文化是一颗灿烂的明珠。6 月下旬，我带领中国方志文化学术交流访问团到英美加拿大去做访问和传播，当讲到中国方志文化的时候，国外的学者都特别重视，表现出极大兴趣，希望我们做进一步的解释和传播，也希望我们把现在中国的方志文化和古代中国的方志文化都向海外进行传播，甚至有些国外的学者提出，他们是不是可以借鉴中国地方志这样一种形式，记载一下他们国家、民族社会发展的历史，以及在一定行政区域内的自然、政治、经济、文化与社会的发展状况。

这个问题是我们这几年非常重视的一个问题。确确实实是这样，虽然，中国方志的历史有 2000 多年，我们编写的古志就有 8000 多种；新中国成立以来，我们的新方志，包括省、市、县三级志书，以及专业志、部门志等已达到3万多种。省、市、县三级综合年鉴以及有关部门和行业的专业年鉴也已经超过3万种，但是，这样的一个浩瀚的史志资料库，究竟发挥了多大的作用，有多少人能够去查阅这些资料，使用这些资料，是摆在我们面前的一个很重要的问题。历代地方志工作者，对这个问题其实也一直在探寻解决的路径。第五届中指组成立以来，中指组的领导就要求我们在读志用志上下功夫，要想办法把地方志“用起来”，让地方志“活起来”“立起来”“强起来”，所以，中指办按照中指组领导的要求，在地方志“用起来”“立起来”“活起来”“强起来”这几个方面做了一些全国的顶层设计和思考。比如，在地方志“用起来”这个方面，我们开始建立地方志数据库。我这次带团到美国斯坦福大学，斯坦福大学图书馆的馆长就对我讲，买一本志书成本都很高，除去资金上的原因外，厚重的志书漂洋过海运过去，成本也比较高，能不能把它数字化来处理，这正好与我们的想法一致。怎么样把地方志“用起来”，让人们用这样一种更简便、更现代化的方式来读志用志，是我们目前正在做的一项工作。包括吉林省延边自治州用《三字经》的方式告诉大家地方志中的爱国、爱家的史料，现在中指办正在推广这样的典型经验。还有山东省，用方志动漫的形式把山东的名人记录下来，让老百姓去看。在地方志“立起来”这个方面，我们这几年也做了一些工作。按照《规划纲要》的要求，要加强方志馆建设。过去一谈地方志，大家都认为就是平面的一本书，是一个平面的形象，现在我们建了方志馆，把一本书平面的形象用立体的方式展示出来。当然方志馆里面不仅要放纸质的志书，更重要的是把方志馆定位为一个地方的地情展示中心。习近平总书记在宁德任地委书记的时候曾经讲过这样一段话，我有一个习惯，到一个地方，首先要看这个地方的志书，因为地方志是了解一个地方历史最直接、最可靠的方法。我们在认真学习领会总书记重要讲话的过程中就认识到，志书是了解历史最可靠、最直接的方法，方志馆就应该成为人们了解一个地方的历史最应该去的场所。看完方志馆以后，他就应该对这个地方的历史有一个最直观、最可靠的了解。也就是说，人们既可以通过看志书了解，也可以走进方志馆，用这样一种方式去了解。

现在全国已经建成了597家方志馆，包括国家方志馆，以及省、市、县三级方志馆等。5月29日，我们在山东东营揭牌了国家方志馆黄河分馆，这个方志馆展览面积2万多平方米，体现了国家性、黄河性、方志性和东营性的特点。建设国家方志馆分馆，是在国家方志馆目前面积比较小、发展空间受限制的情况下，有效拓展地方志空间，让地方志在全国范围内进一步“立起来”的一个重要举措。目前全国各地都在按照《规划纲要》的要求和中指组的统一部署，推进方志馆建设。像山东省就提出要到2020年实现省、市、县三级方志馆全覆盖。目前他们的方志馆从县到市再到省，都在积极地推进。前两天，泰安市的领导来跟我们谈泰安方志馆的建设，甚至谈到国家方志馆泰山分馆的建设等等，这些都是在新时代怎么样把地方志做活，让地方志“立起来”的表现。另外，我们还在探索怎么样让地方志“活起来”。比如说我们和央视合作，已经播出了60多集的《中国影像方志》，还有我们正在和央视合作拍摄的《中国影像志·名镇名村系列》，福建省在这方面已经率先启动。我们最近在江苏周庄的名镇影像志开机仪式已经举行了，正式进入实际拍摄阶段。这些也都是把地方志做活的一些举措。通过把地方志“用起来”，让地方志“立起来”，使地方志“活起来”，最终做到让地方志“强起来”。“强起来”的地方志才是我们强调的盛世修志，才是我们中国人民从“站起来”到“富起来”到“强起来”的一个重要的体现和记载。所谓的盛世修志，什么是盛世？强起来的中华民族，强起来的中国就是盛世。这个盛世之下最需要地方志工作者的担当。地方志工作者要把中华民族伟大复兴中国梦实现的过程真实而客观地记载下来，并传承下去，这是我们应当有的历史与时代担当。

现在全国各族人民都在以习近平同志为核心的党中央领导下，致力于中华民族伟大复兴中国梦的实现。在中国梦实现的过程中，我们方志人也有我们的方志梦。我们认为，在中华民族伟大复兴的篇章中，有一章叫方志篇章。我们的方志梦就是要围绕国家经济社会发展的中心，要围绕国家“两个一百年”奋斗目标的实现去设计。国家有“两个一百年”奋斗目标，我们地方志也要有“两个一百年”奋斗目标，国家的第一个一百年的奋斗目标是当建党100周年，也就是到2020年的时候，要全面建成小康社会；我们方志人第一个一百年的奋斗目标，就是到2020年，要实现省省、市市、县县志书和年鉴的全覆盖，这是一项伟大的世界文化创举。2000多年以来，历朝历代都没有做到让每一个省、每一个市、每一个县都有志有鉴，但是现在我们提出，到2020年，一定要做到省、市、县三级综合志书、三级综合年鉴的全覆盖，用中指组常务副组长李培林同志的话来说：“一个都不能少。”我们用这样的一项方志人的业绩，向国家第一个一百年奋斗目标贡献方志人的“志”礼。国家的第二个一百年奋斗目标是，当新中国成立100周年的时候，也就是到2050年，国家要建成富强民主文明和谐美丽的社会主义现代化强国；我们方志人的目标是什么？我们设想方志人的第二个一百年奋斗目标，就是要完成中华人民共和国志的编纂，要全面完成第三轮志鉴编纂。从国家到省、市、县，并且向乡镇和行政村、自然村延伸，实现志书、年鉴全覆盖。我们目前正在和广东东莞探讨试验这样一种全覆盖的方式。我们也是想用这样的一种方志人的工作业绩，向国家第二个一百年奋斗目标献礼。当然，梦想不能只是梦想，还需要我们脚踏实地敢担当、敢作为，才能一步一步地实现。国家“两个一百年”奋斗目标的实现是一个浩大的、光荣的、艰巨的工程。方志人的“两个一百年”奋斗目标，对我们而言，也是一项浩大的、光荣的、艰巨的工程。但是，我们有信心，也有决心，在以习近平同志为核心的党中央坚强领导下，和全国各级地方志机构以及广大地方志工作者一起，不忘方志人“修志问道，以启未来”之初心，牢记方志人“为当代提供资政辅治之参考，为后世留下堪存堪鉴之记述”的使命，为国家实现“两个一百年”奋斗目标贡献我们方志人“两个一百年”奋斗目标的“志”礼。

坚定信心，凝心聚力，为全面建成小康社会贡献“志”礼

——2019年全国地方志工作机构主任工作会议工作报告

（2018年12月14日）

冀祥德

2018年是在全国范围内全面推动地方志从一项工作向一项事业转型升级的重要一年，是全国地方志系统实现“两全目标”的攻坚年、质量年。一年来，各级地方志工作机构和广大地方志工作者以习近平新时代中国特色社会主义思想为指导，以贯彻落实《全国地方志事业发展规划纲要（2015—2020年）》（以下简称《规划纲要》）为总抓手，按照中指组的统一部署要求，在各级党委、政府的领导支持下，坚持政治立场，坚定信心目标，团结拼搏，攻坚克难，开拓奋进，圆满完成了年度各项工作目标任务，推动全国地方志工作上了一个新台阶。

一、学习贯彻习近平新时代中国特色社会主义思想扎实深入

一年来，全国地方志系统始终把学懂弄通做实习近平新时代中国特色社会主义思想、深

入学习贯彻党的十九大精神，作为首要的政治任务，掀起学习习近平新时代中国特色社会主义思想热潮。中指组及其办公室带领全国地方志系统在深入学习贯彻习近平新时代中国特色社会主义思想过程中，不摆花架子，不唱高调，做到真学真用、活学活用。比如，在全面建成小康社会战略布局中，围绕国家“两个一百年”奋斗目标，提出地方志“两个一百年”奋斗目标；在国家全面深化改革战略布局中，提出地方志围绕党和国家根本利益、经济社会发展、以人民为中心开拓创新；在全面依法治国战略布局中，大力实施依法治志；围绕文化自信，提出方志文化自信等。各级地方志工作机构以理论中心组学习为重点，深入学习、深刻领会习近平总书记关于修史修志、文化自信方面的重要论述，统一思想，提高认识，紧紧围绕党中央、国务院的重大决策部署，谋划地方志事业转型升级，进一步增强了干事创业的责任感和使命感。各级地方志工作机构把党建工作纳入党委（党组）重要议事日程，与业务工作同部署、同推进、同检查、同落实，进一步加强了全国地方志系统党的建设。

二、志书编修工作成效明显

第二轮修志进展顺利。截至目前，全国第二轮规划志书年内出版 361 部，累计出版 3009.5 部，占规划总数的 54.51%。其中，继广东省已经完成第二轮修志规划任务后，安徽、山东第二轮修志基本完成，安徽、四川、宁夏、湖南、吉林、甘肃、天津、重庆、江苏、河北、河南、湖北修志工作进度高于全国平均水平，宁夏完成省级规划志书出版任务，安徽完成市县级规划志书出版任务，湖北完成县级规划志书出版任务。部门志、行业志、专题志编修蓬勃发展。截至目前，全国年内出版部门志、行业志、专题志 240 多部。中国地方志指导小组办公室（以下简称中指办）扎实推进中国志书精品工程，中国精品志书《威海市志》出版发行并召开首发式，《天津市志·公安志》《赣州市志》入选中国志书精品工程。

三、年鉴编纂工作成绩显著

2018 年卷应编纂出版 3220 种，启动编纂 3067 种，覆盖率为 95.25%。公开出版覆盖率排在前 3 位的是山东、甘肃、海南。专业年鉴编修成果丰富。中指办深入实施中国年鉴精品工程，精心打造中国精品年鉴。《山西年鉴（2017）》《南京年鉴（2017）》《辽源年鉴（2017）》《北京海淀年鉴（2017）》《海安年鉴（2017）》5 部年鉴入选中国年鉴精品工程。中指组、中国地方志学会组织开展第五届全国地方志优秀成果（年鉴类）评审，年内通报表扬各类年鉴 270 部。

四、推进“两全目标”措施得力

年初，中指组成立“两全目标”督查小组，从 2018 年第一季度起实行季度通报制度，每季度末向省级人民政府办公厅和省级地方志工作机构通报“两全目标”工作进度。截至目前已通报 4 次，对于推进“两全目标”工作发挥了积极作用。江苏、福建、山东、重庆、陕西、青海等省（市）分管领导多次作出批示、指示，对推进“两全目标”工作提出明确要求。建立“两全目标”完成情况督查台账，实行督查销号制度，对工作进度相对滞后的规划志书、综合年鉴进行全过程督查。天津、山西、江苏、安徽、甘肃等省（市）把“两全目标”纳入政府绩效目标考核。河北、宁夏克服“小马拉大车”，机构级别低、人员少等困难，积极推进“两全目标”。山西省政府连续两次将志鉴“两全目标”进展缓慢市县、部门的修志工作纳入“13710”督办系统重点督办。内蒙古成立 6 个“两全目标”督查攻坚组，实行月调度、季通报和挂账销号制度。四川对“两全目标”完成情况实行季通报制度。青海省政府办公厅印发《关于加快推进全省地方志编纂“两全目标”工作的通知》。

五、乡镇志、村志编修高潮迭起

为助力全国城镇化建设和乡村振兴战略，推进乡村文化振兴，中指办持续实施中国名镇志文化工程、中国名村志文化工程。12 月 5—7 日，在湖北孝感举办第三届全国名镇论坛暨第三批中国名镇志丛书出版座谈会，出版发行中国名镇志丛书 28 部。12 月 24—26 日，还将在云南德宏举办第二届全国名村论坛暨第二批中国名村志丛书出版座谈会，出版发行中国名村志丛书 20 部。江苏、安徽、湖北、山东、广东、重庆等省（市）参与中国名镇志、中国名村志文化工程的积极性高，志稿质量好。北京开展全市 21 部国家级传统村落、23 部市级传统村落志书编纂。上海第一部社区（居住区）志《时光里的家园——上海市静安区社区微志选辑》出版发行。江苏印发《江苏名镇名村志评审验收办法》，规范评审验收流程。截至目前，全国年内出版乡镇志、村志 330 多部。

六、旧志整理成果丰硕

截至目前，年内全国地方志系统整理出版旧志 170 多部。嘉靖《山西通志》，《河南历代方志集成》，光绪《湖南通志点校》，乾隆《甘肃通志》，《宁夏珍稀方志丛刊》出版发行。《江苏历代方志全书》影印出版旧志 141 种、140 册。《山东省历代方志集成》（潍坊、济宁、临沂卷）影印出版旧志 101 种、37 册。《广西历代方志集成》项目开展前期论证。福建与中国台湾地区合作出版《闽台历代方志集成》，向台湾世界宗教博物馆、新北市图书馆、台北故宫博物院、辅仁大学、佛光山大乘寺庙赠送福建历代方志文献 2186 种、3754 册，并在这 5 个机构分别设立闽台方志文献中心。

七、方志馆工作稳步推进

年内，继国家方志馆一期工程“方志中国”展览开展后，国家方志馆二期工程“魅力中国”顺利完成开展。与此同时，国家方志馆黄河分馆、国家方志馆知青分馆相继在山东东营、黑龙江黑河开馆。中指办出台《国家方志馆分馆建设管理工作规定》，规范国家方志馆分馆的报批及建设管理。国家方志馆知青分馆被确定为黑龙江省爱国主义教育示范基地。国家方志馆黄河分馆自今年 5 月开馆以来，参观人数超过 5.7 万人，社会反响良好。北京参与筹建西山方志书院。福建出台《全省市、县（区）方志馆（书库）建设指导意见（2017—2020）》，对全省方志馆（书库）的整体建设原则与建成时间、面积、设计布陈、管理运行等作出规定。江西省方志馆被确定为该省首批中小学生研学实践教育基地。山东成立全省方志馆专家咨询组，指导市县两级加强和推进方志馆建设管理。截至目前，全国累计建成方志馆 601 个。

八、理论研究和学科建设实现新跨越

中指办召开依法治国与依法治志论坛——《地方志工作条例》颁行 12 周年座谈会、第八届中国地方志学术年会暨中国社会科学院历史学部第十七届史学理论研讨会、纪念章学诚诞辰 280 周年座谈会，举办“南岳衡山杯”首届全国地方志系统优秀论文评选活动。全国首届方志学方向博士研究生和公共管理硕士研究生顺利毕业。全国地方志系统首个培训基地——宁德培训基地在宁德师范学院挂牌成立。北京市地方志办公室等单位联合主办第八届北京文史论坛——清北京学术研讨会。上海地方志办公室与复旦大学共建的“上海市地方志发展研究中心”签约揭牌。上海市年鉴学会承办 2018 上海年鉴国际学术论坛。第四届皖冀方志理论研讨会在安徽蚌埠召开。《方志之乡文化浙江——改革开放以来浙江省地方志系统论文成果选编》等成果出版发行。

九、资源开发利用开创新局面

一年来，中指组及其办公室继续落实全面深化改革战略部署，紧紧围绕以党和国家根本利益、经济社会发展、以人民为中心开拓创新地方志工作，提出把地方志“用起来”，让地方志“立起来”，叫地方志“活起来”，使地方志“热起来”。一是地方志围绕服务党和国家根本利益开拓创新。中指办指导编纂《中国南海志》《三沙市志》《八一镇志》，其中《三沙市志》完成专家评审，《八一镇志》完成出版；策划实施国家社科基金抗日战争研究专项工程“中国抗日战争志”项目，组织编纂《中国抗日战争志》及地方抗日战争志，组织召开中国地方抗日战争志工程研讨会和中国抗日战争志编纂研讨会。北京、河北、山西、安徽、山东、湖北、广东、广西、海南、重庆、四川、贵州、云南、陕西、甘肃、新疆等地的抗日战争志编纂工作取得阶段性成果。福建与中国台湾地区有关机构联合编纂《妈祖文化志》，以志为媒，进一步拉近两岸同胞心灵距离，深化两岸对命运共同体的共识。二是地方志围绕经济社会发展开拓创新。海南编纂出版《特区足迹——海南建省办经济特区30年大事记》；陕西组织开展“坚定文化自信讲好陕西故事”活动；黑龙江创办《资政史志专送》，专送副省级以上领导，发挥地方志资政功能；广东自然村落人文历史普查取得阶段性成果；四川《汶川特大地震四川抗震救灾志》出版发行；河北《老保定丛书》（第一辑）出版发行，解读保定历史文化，讲述保定故事。三是地方志围绕以人民为中心开拓创新。中指办继续实施全国地方志“一体两翼”工程，发布《中国地情报告（2018）》《中国方志发展报告（2018）》《中国年鉴发展报告（2018）》；与中央电视台合作，以县志为基础，联合拍摄《中国影像方志》，年内在中央电视台累计播出112集，引起强烈反响；与中央电视台合作拍摄“中国影像志·名系列”，其中《中国影像志·名镇名村系列》首批入选6个单位，已拍摄制作3集，年底将在中央电视台播出。辽宁地方志文献研究助力“经远舰”考古发现。《中国影像志·福建名镇名村影像志》首批拍摄6集，在福建电视台、海峡卫视播出。广东举行“多彩乡村·情系故里”主题教育实践活动。湖北启动编纂“湖北要览丛书”，拍摄湖北方志形象宣传片，社会反响热烈。四川在“喜马拉雅FM”开通“方志四川”官方电台，音频节目《舌尖上的四川》已陆续上线播出。

十、信息化建设达到新水平

年内，中指办大力实施全国信息方志和数字方志建设工程，建成开通中国国情网；升级改造中国地情网，中国地情网二期上线；国家数字方志馆建设项目通过中国社科院立项审批；“方志中国”微信矩阵正式上线；开发“两全目标”在线统计系统，实时掌握规划志书和综合年鉴的工作进度。各地信息化建设精彩纷呈。天津地方志网站、广东省情网改版上线，云南省情网正式开通。全国首个省级方志云项目——贵州省方志云项目正式立项。甘肃地方史志网上传数字化志鉴609部、5亿字，实现了全文检索。新疆实施“互联网+地方志”工程，与华为技术有限公司、克拉玛依市人民政府签署三方云计算发展战略合作协议，携手开展基于云计算、大数据的智慧研发与应用。截至目前，全国地方志系统年内有数十个地情网站改版升级；新建数字方志馆（数据库）100多个；建设方志新媒体260多个。

十一、中国方志文化走出去实现新突破

中指办应邀参加在马来西亚举行的国际图联第84届世界图书馆与信息大会，并作为中国唯一代表作大会主旨演讲。中指办与中国香港、澳门、台湾地区以及美国、加拿大、英国、法国、德国、马来西亚等国家开展学术交流活动。中指办首次在加拿大维多利亚大学、美国加州大学洛杉矶分校举办学术讲座，传播中国方志文化，并与美国伯克利大学、马来西亚拉曼大学等磋商建立中国地方志海外收藏研究中心。《中国名镇志·枫泾镇》《中国名镇志·周庄镇》英文版、《中国名村志·开弦弓村》英文版出版发行。《中国名镇志·乌镇志》入选国家“丝路书香出版工程”，将被翻译成越南语版和泰语版，进入越南、泰国等“一带一路”国家。《中国名镇志·周庄镇》（英文版）亮相世界遗产城市组织第三届亚太区大会，为周庄申报世界文化遗产助力。

十二、依法治志取得新成果

中指组及其办公室就《中华人民共和国史志法》（以下简称《史志法》）立法可行性进行调查研究，举行系列专家论证会、研讨会，撰写《史志法》立法建议稿，举办“依法治国与依法治志论坛”。各地出台系列地方法规和规定制度，如《天津市地方志工作办法》《江苏省地方志工作条例》《广东省地方志工作条例》。北京印发《关于进一步加强市区两级地方志工作保障的通知》，天津印发《天津市区级地方志书编修及审查验收规定》，山西制定《地方综合年鉴编纂出版规范》，吉林出台《地方志系统信息化建设指导意见》，福建出台《全省市、县（区）方志馆（书库）建设指导意见（2017—2020）》，湖南印发《关于建设地

情专家库的意见》，四川印发《关于实施地方志工作质量提升行动的意见》《四川省市（州）地方志工作考核办法（试行）》，新疆生产建设兵团（以下简称兵团）印发《关于进一步加强新形势下兵团史志工作的实施意见》，地方志法治体系逐步完善，依法治志成果显著。

十三、民族地区与贫困地区地方志援助工作实现新进展

全国地方志系统主动服务国家精准扶贫战略，中指组出台《关于全国地方志系统支援西藏、新疆地方志工作的意见》，深入实施民族地区和贫困地区志鉴出版资助工程。截至目前，共有29部志书列入志书资助出版工程，46部年鉴列入年鉴资助出版工程，覆盖贵州、甘肃、黑龙江、宁夏、内蒙古、云南等省（区）。中指办抽调精干力量援助西藏编修革命红色文化名镇志——《八一镇志》，在兵团党校举办第一期援疆志鉴编纂业务培训班。西藏印发《全区地方志援藏工作对接方案》，为全系统有序开展援藏工作做好准备。各对口支援单位积极行动，推进援藏援疆结对帮扶措施落地。北京在结对帮扶的兵团第十四师昆玉市开展培训调研，并捐赠10万元史志编纂经费。浙江方志援藏工作组与西藏对口支援单位进行调研对接。浙江、山东举办的业务培训班免费邀请对口支援单位派员参加。安徽召开援藏援疆修志编鉴工作座谈会。湖北地方志系统到对口支援的新疆博尔塔拉州和兵团第五师双河市进行对接。

2018年各项成绩的取得，离不开党中央、国务院的高度重视，离不开地方各级党委、政府的大力支持，离不开有关部门和社会各界的密切配合，更离不开各级地方志工作机构和广大地方志工作者的锐意进取、团结协作、甘于奉献和辛勤付出。

在肯定成绩的同时，还必须清醒地认识到全国地方志工作依然存在一些薄弱环节。一是部分地区对完成“两全目标”重要性认识不足，工作措施不够得力；二是志鉴质量参差不齐，有的地方志工作机构存在重数量、轻质量问题；三是有的地方志工作机构围绕当地经济社会发展开拓创新的能力不够，地方志资政辅治作用发挥不够；四是有的对正在进行的地方志工作机构体制改革患得患失，产生等待、观望、埋怨消极情绪等。

同志们，新年的钟声即将敲响。2019年是中华人民共和国成立70周年，也是全国地方志系统完成“两全目标”的拼搏年、冲锋年。让我们高举习近平新时代中国特色社会主义思想伟大旗帜，按照中指组的统一部署要求，明确目标，坚定信心，勇于担当，积极作为，坚决完成“两全目标”任务，为全面建成小康社会贡献“志”礼。

冲锋拼搏，攻坚克难，决胜地方志“两全目标”

——2019年全国地方志工作安排及要求

（2018年12月14日）

冀祥德

2019年主要工作安排

2019年是中华人民共和国成立70周年，是全国地方志事业转型升级的承上启下之年，是中指组的换届年，也是全国地方志系统完成“两全目标”的拼搏年、冲锋年，各级地方志工作机构和广大地方志工作者要高举习近平新时代中国特色社会主义思想伟大旗帜，按照中指组的统一部署要求，明确目标，坚定信心，勇于担当，积极作为，紧紧围绕“两全目标”

中心任务，全力推动全国地方志事业转型升级向纵深发展。

一、加强学习，切实提高政治站位

要通过学习原文、理论培训、主题教育、社会实践等方式，认真学习贯彻党的十九大精神，进一步学懂弄通做实习近平新时代中国特色社会主义思想。要教育引导广大地方志工作者提高政治站位和政治觉悟，牢固树立“四个意识”，切实增强“四个自信”，做到“两个坚决维护”，始终在政治立场、政治方向、政治原则、政治道路上同以习近平同志为核心的党中央保持高度一致。策划组织好地方志系统庆祝中华人民共和国成立 70 周年系列活动。同时加强业务学习，练强内功，外树形象，努力成为习近平新时代中国特色社会主义思想的活学活用者、中华优秀传统文化的传承者、中华文化自信的引领者、中华民族伟大复兴中国梦实现的记录者。

二、攻坚克难，坚决完成“两全目标”

目前，距离全面完成“两全目标”的最后期限只剩下两年的时间，时间紧迫、任务繁重、压力巨大。如果再不采取超常规的措施、手段和办法，完成“两全目标”就要打上一个大大的问号。因此，推进“两全目标”是 2019 年工作的重中之重。中指组“两全目标”督查小组要严格执行督查销号制度，完善“两全目标”督查台账，明确工作进度滞后志鉴的具体责任人和省级包保责任人，实行挂牌督办。“两全目标”督查小组将向各地派出巡查组，督查“两全目标”工作进度，对于工作推进不力、进展不大的地方志工作机构予以通报批评。要加大援藏援疆、志鉴资助出版工作力度，深入实施中国志书精品工程、中国年鉴精品工程，组织好全国年鉴质量评审，切实提高志鉴质量。各地要将《规划纲要》落实情况纳入本级政府的督查范围，强化督查手段，全力打好“两全目标”攻坚战。

三、统筹规划，开好地方志系统“两会”

按照要求，第六届中指组换届正在进行。要切实提高认识、周密部署，及时认真完成第六届中指组换届工作。换届工作完成后，组织召开中指组六届一次会议和第六次全国地方志工作会议，认真谋划当前和未来五年全国地方志事业转型升级的工作思路、目标任务、实现路径和保障措施等。

四、与时俱进，做深做实“三个创新”

在围绕党和国家根本利益开拓创新上，继续推进《中国南海志》《三沙市志》《中国抗日战争志》和中国地方抗日战争志丛书编纂，积极推动香港志、澳门志编修。在围绕经济社会发展开拓创新上，继续推进中国名镇志文化工程、中国名村志文化工程，办好在湖南召开的第四届全国名镇论坛和在宁夏召开的第三届全国名村论坛。深入推进中国名酒志、中国名街志、中国名山志、中国名水志等文化工程。在围绕以人民为中心开拓创新上，继续实施以《中国地情报告》为主体、以《中国方志发展报告》《中国年鉴发展报告》为两翼的“一体两翼”工程。做好《中国影像方志》及《中国影像志·名镇名村系列》的制作和播出工作。进一步谋划编纂社区志、居民小区志，推动方志文化进机关、进农村、进社区、进校园、进企业、进军营。

五、加强合作，推进方志学一级学科建设

通过与高等院校、科研机构加强合作，联合培养硕士、博士研究生、博士后，开展方志学理论研究、人才培养、教材编写等，探索方志学学科体系建设，制定方志学学科建设规划，为方志学一级学科建设奠定理论、人才基础。积极推动在中国社会科学院大学等院校设立方志学系，依托中国社会科学院、中国历史研究院设立方志学研究所。召开第九届中国地方志学术年会，举办第三届年鉴论坛，加强方志学术交流。推进《中国地方志》名刊建设，充分发挥史志期刊平台和阵地作用，提高全国地方志期刊工作水平。继续编好《中国年鉴研究》《中国方志馆研究》。

六、巩固阵地，加强全国方志馆建设

实施国家方志馆三期工程，完成院落景观改造升级，真正使国家方志馆具有国家气派、国家水准，引领全国方志馆建设。认真贯彻落实《方志馆建设规定（试行）》《国家方志馆分馆建设管理工作规定》，统筹推进国家方志馆分馆建设。强化质量第一意识，指导各地因地制宜开展实体方志馆和数字方志馆建设。通过业务培训、座谈研讨、交流学习等方式，进一步提高全国方志馆建设水平。

七、共享共用，不断提高信息化建设水平

深入实施全国信息方志与数字方志建设工程，完成国家数字方志馆（一期）建设，继续做好中国国情网、中国地情网、中国方志网的日常维护、信息发布、安全保障等工作，进一步办好“方志中国”微信公众平台。加快推进各级地方志信息化建设步伐，支持民族地区地方志信息化建设。

八、主动发声，推动中国方志文化走向世界

加强与中国香港、澳门、台湾地区以及北美、西欧、东亚、东南亚、大洋洲相关学术机构的交流与合作，利用好国际图联大会等国际舞台主动发声、加强联系，宣传中国方志文化，讲述中国故事，传播中国声音。通过建立中国地方志海外收藏研究中心、召开国际学术论坛、互派访问学者、志鉴成果翻译出版等，推动中国方志文化走向世界取得实质性进展。

九、多措并举，强力推进《史志法》立法

持续关注文化立法，进一步修改完善文本草案，多渠道推进《史志法》立法进程。与全国人大法工委、国务院办公厅、司法部等加强沟通联络，争取全国人大代表、全国政协委员的理解和支持，力争早日将《史志法》立法纳入全国人大的立法规划。

十、上下联动，构建全国地方志法治体系

继续贯彻落实《规划纲要》，深入开展依法治志理论和实践问题的学术研讨和调查研究。启动《全国地方志事业发展规划纲要（2021—2025年）》编制调研工作。推动有关部门出台《地方史工作规定》、地方志资料工作规定，修订中国名镇志、中国名村志文化工程实施方案，初步建立起全国地方志法治体系。

十一、深化改革，加强全国地方志专业出版基地建设

继续推进全国地方志“十大工程”、重点品牌图书的出版工作，努力提升方志出版社服务各级地方志工作机构、特别是服务“两全目标”实现的能力。继续推进图书出版“走出去”工作，将更多精品志书（年鉴）和“中国名镇志丛书”“中国名村志丛书”等系列图书，以更多语种出版，积极为国家“一带一路”建设提供服务。完成《方志出版社发展规划（2014—2020年）》规定的目标任务，着手制定《方志出版社发展规划（2021—2025年）》，全力推动全国地方志专业出版基地建设。

下一步工作要求

当前，新时代地方志事业面临的形势更加复杂、任务更加繁重、挑战更加巨大。为做好2019年工作，现提出以下要求。

一、要旗帜鲜明讲政治

地方志是官书，官书具有官性，官性即政治性，新时代地方志的政治性就是要把中国共产党的领导是中国特色社会主义最本质的特征客观而真实地写入志鉴，把地方志的政治性与方志人直笔著史的品格特征作统一性认识。实践证明，旗帜鲜明讲政治是做好新时代地方志工作的基础和前提。离开了这个前提，地方志工作就成了无本之木、无源之水，就会偏离正确的发展方向。全国各级地方志工作机构一定要以习近平新时代中国特色社会主义思想为指导，把增强政治意识、提高政治站位贯穿到推动地方志事业转型升级的全过程。全国广大地方志工作者一定要讲党性、重品行、守纪律、讲规矩，做政治上的明白人、信念上的守护人。

二、要抓实抓牢主责主业

“两全目标”是国务院办公厅对地方各级党委、政府下达的法定任务，是全国地方志系统的核心目标任务，是各级地方志工作机构的主责主业。只有紧紧抓住这个“牛鼻子”，才能正确把握全国地方志事业发展的方向，明确工作重心，找准工作的着力点和落脚点。“两全目标”是硬指标、硬任务、硬约束，必须下硬功、出硬招、打硬仗。中指组及其办公室要及时掌握工作进度，加强分析研判和督促检查，扎实推进“两全目标”工作。尚未完成“两全目标”的地区，要积极争取领导重视，科学统筹谋划，加强业务培训，定期督查通报，按时保质完成“两全目标”任务。

三、要进一步融入中心服务大局

落实党和国家战略部署，融入党委政府中心工作，服务经济社会发展大局，是推动全国地方志事业转型升级的重要途径。只有积极融入中心，主动服务大局，地方志才能充分发挥作用，全面体现价值，落实“存史、育人、资政”的功能。全国地方志系统要进一步解放思想，更新观念，开拓创新，锐意进取，积极应对新时代中国特色社会主义建设面临的新形势、新任务、新挑战，切实增强方志文化自信，充分利用信息化手段，提高地方志资源开发利用的效率和水平，为经济社会发展服务。

四、要持续推进依法治志

依法治志是新时代地方志事业转型升级的重要保障，地方志事业科学发展离不开地方志法治体系的支撑。要坚持法治思维，增强法治意识，深化对依法治志重要性、必要性的认识，深入开展调查研究，进一步修改完善《史志法》立法建议稿，推动地方志立法工作取得实质性进展；要严格贯彻落实《地方志工作条例》和《规划纲要》，依法全面履行相关职能，列出并执行政府权力清单；要将相关规定真正落实到地方志编纂、审查验收、出版、开发利用等全过程；加大地方志法规规章的执行力度，坚持有法可依、有法必依、执法必严、违法必究。

五、要更加注重质量建设

地方志成果的质量是衡量地方志事业发展水平的重要标尺，要把质量建设贯穿到地方志事业转型升级的方方面面。要发扬“追求卓越、精益求精”的工匠精神。精密设计篇目，精心搜集资料，精细打磨志稿，精准修正错误，精致追求完美，打造精品志鉴。要处理好速度和质量的关系。既要克服片面强调速度无视质量的问题，又要避免以“加强”质量建设影响工作进度的倾向。要加强质量控制。严格执行《地方志书质量规定》《地方综合年鉴编纂出版规定》，通过培训考核，量化评比，进一步完善地方志质量控制体系。

六、要加强机构队伍建设

“基础不牢，地动山摇”。人才队伍建设是决定地方志事业兴衰成败的基础性因素。当前全国机构改革正稳步推进，全国地方志系统和广大地方志工作者要统一思想，积极配合，全力做好机构改革。对涉及地方志工作机构的改革方案不议论、不抵制，对个人工作安排不抱怨、不排斥。要牢记方志人的使命和初心，心往一处想、劲往一处使，做到思想不乱、工作不断、队伍不散、干劲不减，一张蓝图绘到底，稳步推进《规划纲要》确定的各项工作任务。希望地方各级党委政府在机构改革完成后一如既往地关心、支持地方志事业，特别是要按照《规划纲要》的要求，把地方志工作纳入国民经济和社会发展规划、各级政府工作任务之中，做到认识到位、领导到位、机构到位、编制到位、经费到位、设施到位、规划到位、工作到位，保持地方志机构的稳定性、地方志人员的积极性和地方志工作的延续性。

同志们，事业的蓝图已经绘就，冲锋的号角已经吹响。让我们以习近平新时代中国特色社会主义思想为指导，以传承弘扬中国方志文化为己任，以增强中国方志文化自信为目标，励精图治，砥砺前行，奋斗新时代，筑梦新征程，实现新作为，坚决完成《规划纲要》确定的各项目标任务尤其是“两全目标”，为全面建成小康社会做出方志人的贡献。

真抓实干　认真落实方志事业发展新要求
拼搏冲锋　全力冲刺完成“两全目标”总任务
——在2019年全国地方志机构主任工作会议暨第三次全国地方志工作经验交流会上的总结讲话

（2018年12月15日）

高京斋

2019年全国地方志机构主任工作会议暨第三次全国地方志工作经验交流会圆满完成各项议程，马上就要闭幕了。下面，受大会委托，我从三个方面对会议作简要总结。

一

这次会议是全面学习贯彻习近平新时代中国特色社会主义思想和党的十九大精神一次重要会议，也是中国地方志指导小组（以下简称“中指组”）主要领导同志调整后的一次重要会议。中国社会科学院党组书记、院长，中指组组长谢伏瞻同志出席会议，并专门与全国省级地方志机构负责人座谈。会议回顾成绩，总结经验，探讨问题，指明方向，部署任务，推进工作，是一次成功的年度工作会议和经验交流会。具体表现在：

（一）主题突出。谢伏瞻组长指出，要以习近平新时代中国特色社会主义思想为指导，着力在全国范围内全面推动地方志从一项工作向一项事业转型升级，努力开创新时代地方志事业高质量发展新局面。与会同志在认真学习研讨谢伏瞻组长讲话精神后一致认为，讲话站位高远，思路清晰，既反映了党和国家对地方志工作的新要求，又体现了地方志工作实际，对做好当前及今后一个时期地方志工作具有重要的指导作用。

（二）内容丰富。会议对2018年的工作进行系统总结，对2019年任务进行全面部署，颁发“你真方志”“中国精品年鉴”荣誉牌匾和证书，开展地市级工作经验交流，围绕谢伏瞻组长讲话、冀祥德秘书长报告学习讨论，提出了有价值的意见和建议。

（三）成果丰硕。会议总结了取得的成绩和经验，梳理了存在的困难和问题，分析了面临的形势和机遇，提出了目标任务，统一了思想，提高了认识，振奋了精神，凝聚了力量，增强了大家进一步做好地方志工作的信心和决心。

这次会议得到了河北省委、省政府，保定市委、市政府，以及为承办会议付出辛勤劳动的河北省地方志办公室、保定市地方志办公室同志们的大力支持。这里我提议大家以热烈的掌声向他们表示衷心的感谢！

二

习近平总书记在广东考察期间强调：“我们要不忘改革开放初心，认真总结改革开放40年成功经验，提升改革开放质量和水平。”从2016年起，中指组及其办公室在组织召开全国地方志机构主任工作会议的同时，组织召开全国地方志工作经验交流会，目的是建立起一个国家级地方志工作经验交流平台，供大家交流总结地方志事业发展中的经验教训，探寻规律，借鉴智慧，为新时代地方志事业转型升级提供参考。今年是第三次经验交流会，主要是全国地市级地方志工作经验交流，全国31个省（自治区、直辖市）和新疆生产建设兵团各推荐了一家具有典型性、代表性的地市级（含副省级）地方志工作机构介绍其经验，我们认真地进行了梳理，形成了以下经验，希望大家继续坚持、落实、深化和发扬。

（一）坚持正确的政治方向是引领地市级

地方志事业发展的根本原则。地方志工作必须坚持以习近平新时代中国特色社会主义思想为指导，站稳政治立场，牢固树立“四个意识”，坚决与以习近平总书记为核心的党中央保持思想上、政治上、行动上的高度一致。福建省宁德市以习近平同志 1989 年在宁德地区地方志工作会议上的重要讲话为正确指引和思想保障，不断突破固有观念束缚、破除障碍、“跨界”求变，调动系统内外资源，把握党委政府的中心大局、社会对地方志的新需求，拓展地方志服务渠道，充分利用福建省地方志工作优势和宁德师范学院师资力量，建成全国地方志系统首个培训基地，扩大了人才培养途径。新疆维吾尔自治区昌吉州在地方志工作中认真贯彻中央关于新疆若干历史问题的基本结论和基本政策，聚焦社会稳定和长治久安总目标，加强意识形态领域反分裂斗争，严把政治关、史料关。各地坚持以习近平新时代中国特色社会主义思想作为新时代推进地方志事业高质量发展的强大思想武器，在学懂、弄通、做实上下功夫，努力做到真学、真懂、真信、真用。

（二）坚持正确的体制机制是促进地市级地方志事业发展的根本保障。坚持“党委领导、政府主持、地方志工作机构组织实施、社会各界广泛参与”的工作体制，明确“一纳入、八到位”的工作要求，是地方志工作的根本保证。天津市北辰区、上海市浦东新区、福建省宁德市等地将地方志工作纳入当地国民经济和社会发展规划。山西省晋中市、江西省吉安市、广东省广州市、新疆维吾尔自治区昌吉州等地还将地方志工作纳入政府工作报告及重点工作分工方案之中。黑龙江省黑河市、广西壮族自治区桂林市、海南省儋州市、云南省红河州、西藏自治区昌都市、陕西省宝鸡市、青海省海北藏族自治州、新疆生产建设兵团第十一师等地党委政府领导高度重视地方志工作，落实“官职”“官责”，不断完善体制机制，全力推动，保障到位。山东省潍坊市面临第二轮修志工作历史欠账较大、整体上在全省较为落后的被动局面，采取顶格推动、全员参与、开门修志、项目化运作、全程督导等“超常规”举措，市委书记、市长分别作出批示，分管副市长亲自督办，打出了一套“组合拳”，地方志工作落后局面迅速扭转，进展加快。实践证明，“一纳入、八到位”是推进地方志高质量发展的牛鼻子，贯彻落实得好，地方志事业发展就红红火火、后劲充足。

（三）坚持依法治志是推动地市级地方志事业发展的重要保障。将地方志事业纳入法治化轨道，是依法治国方略在地方志事业中的必然体现，是依法治国的重要组成部分。吉林省吉林市、河南省郑州市、广东省广州市等地通过出台地方志工作规定、实施办法等规范性文件，形成较为完善的法规体系，为地方志高质量发展提供法治保障。云南省红河州、宁夏回族自治区银川市、新疆维吾尔自治区昌吉州等地将地方志工作纳入政府绩效考核体系，成为推动修志编鉴工作的有效抓手。山西省晋中市、江西省吉安市、山东省潍坊市、广西壮族自治区桂林市、海南省儋州市等地建立督促检查考核机制，开展专项督查，成效显著。天津市北辰区、内蒙古自治区兴安盟、浙江省杭州市等地开展形式多样的地方志法规宣传推介活动，普及方志知识，提升地方志的社会影响力。各地坚持依法治志，通过建章立制、督促考核等深化制度化、法治化建设，构建了保障地市级地方志事业长远发展的完整体系。

（四）坚持科学规划是促进地市级地方志事业发展的必然要求。科学规划是地方志事业发展的必然要求，只有通过科学规划，才能搞清地方志事业要朝哪里发展，要怎样发展，才能找准前进路径，发现存在问题，提出解决措施。各地市级地方志工作机构注重科学规划，做好顶层设计，合理构建发展格局。天津市北辰区、山西省晋中市、吉林省吉林市、黑龙江黑河市、广东省广州市、广西壮族自治区桂林市、云南省红河州、甘肃省酒泉市、青海省海北藏族自治州等地先后出台本地地方志事业发展规划或规划纲要，内蒙古自治区兴安盟、辽宁省沈阳市、江西省吉安市等地先后出台贯彻《规划纲要》的实施意见或方案，新疆维吾尔自治区昌吉州出台加快地方志事业发展的意见，注重谋篇布局，统筹规划本级的地方志事业发展。只有科学规划，才可以对一个时期地方志事业发展谋划布局、统筹安排，提出明晰的任务书、时间表和路线图，才能促进地市级地方志事业合理、协调发展。

（五）坚持质量第一是推进地市级地方志事业发展的必由之路。质量是地方志的生命线，关乎地方志事业发展的根本，将质量观念和质量管理贯穿于地方志事业发展的全过程，是推动地方志事业进入高质量发展阶段的必由之路。各地不断完善质量控制体系，制定编纂规范，健全志稿评议、审查验收、质量评估等制度，在确保志鉴质量方面做了大量工作。北京市海淀区、天津市北辰区、内蒙古自治区兴安盟、辽宁省沈阳市、上海市浦东新区、安徽省六安市、河南省郑州市、湖北省武汉市、湖南省张家界市、陕西省宝鸡市、青海省海北藏族自治州等地坚决克服“重进度，轻质量”的苗头，加强研讨，举办培训，反复打磨，严把政治关、资料关、史实关、体例关、文字关、出版关，认真编纂出版经得起时间和历史检验、具有鲜明时代特征和浓厚地域特色的地方志成果。广东省广州市、甘肃省酒泉市等地出台审查验收指导意见、编纂行文规范等指导性文件，规范审查流程和出版要求。江苏省苏州市在编修名镇志、名村志过程中，实行“一、二、三、四、五”工作法，从确定项目到纲目制定，从搜集资料到初稿编写，从志稿修改到定稿排版，都是市、县、镇三级地方志系统全线投入、齐抓共管，确保质量。严格质量意识，编纂出版堪存堪鉴的地方志成果，是地市级地方志事业发展的命脉，必须牢固坚持。

（六）坚持服务党委中心工作、服务经济社会发展大局、服务人民群众是创新地市级地方志事业发展的根本遵循。修用并举，修志为用，地方志具有存史、资政、育人的功能，要深入思考、开拓创新，在服务党委中心工作、服务经济社会发展大局、服务广大人民群众方面发挥地方志应有之作用。江苏省苏州市、安徽省六安市、湖北省武汉市、湖南省张家界市、广东省广州市等地积极开展名镇志、名村志文化工程，留住乡村记忆，留住传统文化的根脉。北京市海淀区、天津市北辰区、山西省晋中市、吉林省吉林市、上海市浦东新区、浙江省杭州市、云南省红河州、陕西省宝鸡市等地坚持发挥自身优势，不断提升站位，通过开办资政刊物、编纂地情书籍、为当地名胜旅游开发筹划、与本地媒体合作开办地情介绍节目等方式不断开拓地方志资源开发新领地，不断推动地方志“用起来”“立起来”“热起来”“活起来”“强起来”。黑龙江黑河市志办通过查阅志书地情资料，成功帮助俄罗斯人娜杰日达·库索娃寻找到在中国境内70年没有音讯的姑姑娜塔莉娅及其后人；通过打造国家方志馆知青分馆，成为黑河市乃至黑龙江省的重要文化名片，全年接待知青和游客超过70万人次。甘肃省酒泉市志办在“首届丝绸之路（敦煌）国际文化博览会”召开期间，修订出版《敦煌文化与敦煌学》5000册赠送会议代表；承办首届敦煌文化学术论坛，围绕“一带一路”视野下的敦煌与中西文化交流等课题进行研讨，赢得了良好的社会声誉。增强服务意识，创新服务手段，拓宽服务渠道，充分发挥地方志的服务功能，让地方志走进千家万户，是地市级地方志事业创新发展必须遵循的重要途径。

（七）坚持“互联网+地方志”是促进地市级地方志事业发展的重要手段。顺应世界“互联网+”发展趋势，推动地方志基于互联网各类要素的资源聚集、开放和共享，融合发展，使互联网成为提供地方志公共服务的重要手段。天津市北辰区、吉林省吉林市、广西壮族自治区桂林市、陕西省宝鸡市、宁夏回族自治区银川市、新疆生产建设兵团第十一师通过微信、网站、数据库、新媒体平台等建设，推动志鉴信息化和数字化建设步伐。广东省广州市制定了专门的信息化规划，通过在线修志系统及知识库、办公自动化系统、电子化评稿室等建设逐步实现办公自动化，通过数字化展览厅、多媒体电子查阅大厅、网络全景虚拟展厅、客流统计系统、微信预约参观系统、移动讲解及语音交互智能机器人等建设逐步实现方志馆智能化，通过地情信息发布、电子地情书籍上传将门户网站数字化，并与港澳高校、研究机构等共享特色数字信息资源，不断完善地方志信息化工作体系。贵州省贵阳市将大数据信息应用技术与地方志资源有机融合，建成集方志资源采集存储、数据对比、史实核查、文史知识服务等功能于一体，以提供地方志资料为主体、兼顾政务性功能的“贵阳方志云”平台，其中“我的家谱”“方志城市”等项目内容深受百姓欢迎。各地依托互联网，地方志事业理念不断提升，管理不断创新，领域不断拓展，信息化水平不断提高。

（八）坚持人才队伍建设是保障地市级地方志事业发展的重要基础。近年来，广大方志人凝心聚力，精神面貌焕然一新，并逐渐形成了群体认同的以“修志问道、直笔著史”方志人精神、“三耐一强”仙人掌精神等为核心的价值取向的“方志六有”。内蒙古自治区兴安盟、安徽省六安市、福建省宁德市、江西省吉安市、河南省郑州市、湖北省武汉市、甘肃省酒泉市、青海省海北藏族自治州等地注重制定人才培养计划，通过实践锻炼、业务培训、轮岗交流、学习考察等途径，不断提高干部队伍素质和工作能力。四川省成都市聚焦“和、融、精、良”的目标，以事业聚人心，以机制建格局，以管理转风气，以文化养情怀，建成一支安定团结、讲规矩、守纪律、能干事的方志干部队伍，绩效考核由过去的全市倒数，一下向前跃升了20多名。西藏自治区昌都市发扬“老西藏”精神，克服山高谷深、高寒缺氧、交通不便的不利条件，强化工作组织保障，健全建强地方志机构队伍，在西藏自治区地方志工作考核中排名大幅跃升。各地以弘扬方志人精神为核心，建立健全方志人才培养长效机制，强化人才队伍建设。

除上述基本经验外，各地还有不少创新做法，如本次会议的承办方河北省保定市，以创新为引领，以实干促发展，服务现实，立足长远，以完成修志编鉴“两全目标”为先导，带动志鉴馆网用、旧志整理、地情书编辑、地方志理论及地情研究全面推进，特别是2017年雄安新区建立后，主动靠前服务，参加雄安新区规划设计，提供历史文献和地方志资料，助力雄安新区建设。以上所述这些经验来自于实践，也必将指导实践，全国方志人要进一步要结合本地实际，吸收各地好的经验做法，不断创新，形成适合自身高质量发展的新经验，进一步推进地方志事业全面转型升级。

三

要切实做好会议精神的贯彻落实，会后，认真做好以下几项工作。

第一，深刻领会好会议精神。这次会议坚持以习近平新时代中国特色社会主义思想为指导，贯彻党的十九大，十九届二中、三中全会精神和习近平总书记关于继承弘扬中华优秀传统文化、高度重视修史修志系列重要讲话精神，紧紧围绕走进新时代的中国地方志，深刻分析了当前面临的形势和任务，明确了进入新时代地方志的定位、目标、任务，系统总结了2018年工作，并就2019年的全国地方志工作进行了部署。会议研究了新情况，交流了新经验，形成了一系列重要的共识，与会代表要深刻领会好会议精神。

第二，及时汇报好会议精神。各地、各部门要尽快将会议基本情况、会议主要精神，尤其是谢伏瞻同志的讲话精神、冀祥德同志的工作报告，及时、准确向党委、政府主要负责同志和主管领导同志汇报，并尽快把会议精神传达到各级地方志工作机构，传达给每一位地方志工作者，进一步坚定信心、认清形势、明确任务、凝聚力量，把思想和行动统一到此次会议的工作部署上来。

第三，贯彻落实好会议精神。要结合本地工作实际，对照谢伏瞻同志讲话要求，以及2019年的工作要点，形成本地的工作重点，制定好路线图、任务书，明确完成时间。同时要积极吸收在会议上交流的各地好经验，系统梳理自身存在的问题，查找不足，探索适合本地地方志事业高质量发展的新举措，以实际行动来抓好会议精神的贯彻落实。

同志们，全国地方志事业进入转型升级的关键期、推进“两全目标”的冲锋期，站在新的历史方位，我们要携起手来，撸起袖子加油干，切实将会议精神转化为推动地方志事业发展的巨大力量，全面推进地方志事业高质量发展，将改革开放进行到底！

方志馆建设的春天

——在首届全国方志馆建设经验交流会上的总结讲话

（2018年5月30日）

邱新立

在莺飞草长的初夏时节，我们在黄河入海口的美丽石油城市——东营，召开了首届全国方志馆建设经验交流会暨国家方志馆黄河分馆开馆仪式，共议全国方志馆建设大计。经过近两天紧张有序的活动，会议已圆满完成了主要议程。现在，根据会议安排由我作会议总结。这次会议旨在全面总结五年来我国方志馆建设取得的成果和形成的基本经验及存在的不足，推动方志馆建设事业进一步发展。这次会议由中国地方志指导小组办公室（以下简称中指办）、国家方志馆主办，山东省地方史志办公室承办，东营市地方史志办公室协办，在此我谨代表中指办、国家方志馆对为此次会议付出辛勤劳动的山东省地方史志办公室和东营市地方史志办公室同仁表示衷心感谢！

这次会议是在全国地方志系统深入学习贯彻落实党的十九大精神和习近平新时代中国特色社会主义思想，全国地方志事业加速发展、转型升级之际召开的。在这次会议上有19个单位分别代表省、市、县三级方志馆作了大会交流发言，从不同角度与侧面对五年来我国方志馆建设经验与做法作了概括。未作大会交流的单位，在分组讨论中积极发言与讨论，一些好的经验与做法也由各组代表进行总结概括，在大会上作了汇报。另外，会上各地汇报了方志馆建设成果，提出各地方志馆建设存在的问题，讨论了《国家方志馆分馆管理规定》，还举行了国家方志馆黄河分馆开馆仪式。会议达到了预期目的，取得了较大成果。

综观此次会议，呈现出如下特点：

一是领导高度重视。这次会议得到中国地方志指导小组（以下简称中指组）领导的重视，王伟光组长和李培林常务副组长会前多次过问并听取会议筹备情况汇报。两位领导还拨冗专程出席会议，并分别在开幕式和开馆仪式上发表重要讲话。黄河水利委员会很重视此次会议，工会主席王健出席开馆仪式并致辞。山东省委省政府也很重视此次会议，副省长孙继业出席会议并在开幕式上致辞。东营市委市政府高度重视此次会议，对会议的筹备、服务进行了专门研究，市长赵豪志出席开馆仪式并致辞，副市长刘美华出席会议并在开幕式上致辞。

二是具有开创性。新中国的方志馆是伴随着20世纪80年代首轮修志的大规模开展而逐步开始建设的，但此时的方志馆数量少、建筑规模小，且多为修志的办公场所和存放图书资料之地。近年来，随着全国地方志事业转型升级与加速发展，各级方志馆异军突起，全国方志馆建设呈现出跨越式发展局面。不但在数量上、规模上激增，而且在建设模式、展陈内容、管理方法、图书资料收藏、开发利用资源形式、服务社会路径等方面因地而异，因时而异，形成了各地独到而丰富多彩的，既具有鲜明地方特色，又不乏具备普遍借鉴价值的宝贵经验。这些经验应该被及时总结、交流与分享。这次会议就是为此而召开的。因此，此次会议开创了新中国方志馆建设经验大交流和集中交流的先河，填补了我国方志馆建设历史的一项空白，其开创性不言而喻。

三是时机独特。2018年是贯彻落实党的十九大精神的开局之年，是改革开放40周年的纪念之年，是决胜全面建成小康社会、实施“十三五”规划承上启下的关键之年，是全面落实国务院办公厅印发《全国地方志事业发展规划纲要（2015—2020年）》的攻坚年。同时，全国地方志事业转型升级进入关键时期，方志馆建设面临老馆升级改造、新馆规模性增长的工作局面。仅就全国方志馆建设而言，今年又是贯彻落实中指组印发的《方志馆建设规定（试行）》的开局之年。当前，全国方志馆建设成绩巨大，但困难与问题也不少，亟须总结经验，研究问题，克服困难，确保质量，推动方志馆建设又好又快发展。

四是内容丰富。这次会议除了安排各地交流方志馆建设的经验与做法外，还讨论了《国家方志馆分馆管理规定》，对国家方志馆黄河分馆揭牌，组织参会代表参观了国家方志馆黄河分馆。既有工作经验的交流与切磋，也有行业管理规范的讨论与思考，还有展览陈列的实地观摩学习，内容丰富，形式多样。

党的十八大以来，第五届中指组及其办公室抓住机遇，开拓创新，加大顶层设计力度，提出在全国范围内，全面推动地方志从一项工作向一项事业转型升级，为作为地方志转型升级一部分的方志馆建设与发展提供了难得机遇，开辟了广阔空间。同时，方志馆建设的异军突起与方志馆事业的蓬勃发展，又成为地方志事业发展的新亮点和新增长点。各级政府及社会各界的持续给力，地方志工作者特别是方志馆工作者的持续发力，汇聚成了全国方志馆建设的磅礴之力，推动了我国传统方志馆浴火重生和方志馆建设事业跨越式发展，演绎了我国现代方志馆建设的鲜活历史，谱写了方志馆建设的新篇章。其成果如下。

一是馆舍建设成就斐然。据统计，截至今天，全国共建成（含在建与已立项）国家方志馆1个，国家方志馆分馆1个，省级方志馆25个，市级方志馆131个，县级方志馆439个，四级方志馆共597个。其中，已落成的建筑规模在20000平方米以上的有2个，10000平方米以上的有6个。另外，郑州拟建3万余平方米的国家方志馆中原分馆，山西拟建2万平方米的省方志馆。绝大多数省份建有省级方志馆，不少市、县也建有方志馆，遍布全国各地，如黑龙江建有县级方志馆50余家，河南、新疆县级方志馆均超过20家，特别是山东17个地级市均建有市级方志馆，建筑面积在1000平方米以上的县级方志馆达100余家，而且在全国率先提出到2020年方志馆建设省、市、县三级达标且全覆盖的宏伟目标。馆舍建设模式呈现多样性，或独立建馆，如江苏、广西、广州、费县等，或与其他文化设施合建，如北京、广东等，或与大学或企业合作建馆，如安康、香河等，或利用改造旧建筑，如杭州、常州、余杭、尉氏等。建设地点或在人口密集的闹市区，或在文化设施集中的城市文化区，或在发展前景看好的城市新开发区。在管理上也不拘一格，或为政府管理，或为地方志工作机构管理，或为几个单位共管。各地各级方志馆的纷纷落成与矗立，不但向世人宣示了本地一种新的文化设施的诞生，而且昭示着本地方志馆建设事业的大突破和地方志事业的大发展。

二是功能开发日见成效。首先是注重展陈功能的开发。新建或对旧馆改造的方志馆均对展陈非常重视，一改老旧方志馆基本无展陈内容的做法。国家方志馆举办的“魅力中国”“方志中国”展览集中展示国情和全国方志历史与现状，自开展以来，方志系统内外前往参观者日渐增多，社会效益逐步显现；各地方志馆展陈内容多为地情及地方志概况，突出地方特色；展览形式多为声光电等手段相结合，展现时代特点，如国家方志馆黄河分馆，北京方志馆、广州方志馆等。其次是注重地情资料收藏。收藏志书、年鉴等地情资料是方志馆的基本功能。近年来国家方志馆在加大收藏新志和年鉴等地情资料力度的同时，逐步加大了对原版和再版旧志的收藏。各地方志馆也加大了收藏力度，扩大了收藏范围，如江苏省方志馆、四川省方志馆、苏州方志馆、绍兴柯桥区方志馆等，深圳市方志馆在加大收藏同时，还设立影像编辑和口述中心。丰富而独特的馆藏是方志馆立足与富有张力的基础，也是方志馆本身建设发展的内在要求。再次是注重地域文化研究与开发。方志馆作为地方文化设施理应也必须纳入地方公共文化服务体系。为此，各地方志馆积极探索服务于地方经济社会发展的方式与途径，积极利用馆藏资源研究并编撰地情图书，开办各类专题讲座、论坛、学术沙龙等活动，如北京市方志馆常年举办“京华讲坛”，上海通志馆坚持地情研究，江苏、广东、苏州、安康等省市方志馆与高校合作建设学生社会实践基地，泉州市泉港区方志馆为推进两岸文化交流服务等，成效显著。复次是注重爱乡爱国教育。爱国源于爱乡，各地方志馆在利用馆藏与展陈宣传地情方面不遗余力，它们向社会特别是广大中小学生开放，培育年轻人的爱乡爱国情怀，如北京市方志馆被确定为市级中小学生社会大课堂资源单位、挂牌北京市首个离退休干部活动基地。部分方志馆被有关部门批准为“爱国主义教育基地”，如西昌方志馆等。最后是加快数字方志建设。主要包括网站、微信、手机版网站以及实体馆信息化服务设施建设，实现“方志+平台+终端”的新型传播体系，如上海、江苏、江西、广东、内蒙古、南京、成都、西昌等省市县方志馆。当然，这里列举的是各地方志馆功能开发利用的主要方面，没有也不可能穷尽所有方面。这些方志馆功能的开发利用，提高了方志馆的服务能力与服务水平，扩大了地方志工作的社会影响。

三是理论研究逐步深化。方志馆及其理论研究尽管中华人民共和国成立前即已有之，但对现代方志馆的研究及对我国方志馆历史系统梳理始于近年。随着近年来我国方志馆建设实践的不断深入，对相关理论研究提出了新的要求，各地方志工作机构及方志工作者因应客观需要自觉加强了对方志馆的理论研究，并陆续有一些成果问世。如国家方志馆创办了《中国方志馆研究》期刊，这是我国第一种专门以方志馆为研究对象的学术刊物，标志着我国方志馆研究进入了新阶段。必将极大推动我国方志馆理论研究，并成为该项研究的阵地。该期刊已出版1期，目前新一期正在组稿中。另外，浙江省地方志办公室集中力量开展方志馆研究，申请了国家社科基金课题，现课题已完成，其成果《中国方志馆》已出版，这是我国第一部方志馆研究学术论著，对丰富和推动我国方志馆研究作出了贡献。此外，还有一些方志界、学术界的学人，对方志馆历史或当代方志馆进行研究，并相继有成果发表，也丰富了方志馆研究。总之，方志馆理论研究尽管从整体上看仍很薄弱，但呈现发展深化之势。

四是自身建设不断加强。近年来，随着各地各级方志馆的纷纷建立，加强方志馆自身建设已变得十分必要而急迫。首先是加强标准化、制度化建设。为指导、规范全国各级方志馆建设，2017年中指组印发《方志馆建设规定（试行）》，对各级方志馆建设的功能定位、申报立项、设计布局、建设发展等作出明确规定；在加强实体方志馆建设的同时，加强虚拟方志馆建设，中指组印发《全国信息方志与数字方志建设工程实施方案》，对“三网一馆两平台”建设提出明确要求。各地积极响应，如北京市出台了《关于加强北京市方志（地情）馆（室）建设的指导意见》，山东省人民政府办公厅印发了《全省方志馆建设管理规范》，江苏省正加快《地方志元数据规范》《地方志数字化处理规范》制定和修改完善工作等。其次是加强队伍建设。国家方志馆发挥引领作用，于2016年开办了第一期方志馆工作人员培训班，组织了首届方志馆讲解员业务比赛，极大推动了全国方志馆队伍建设。同时，不少地方也加强了该方面工作。各级相关规定的出台，保障了方志馆建设的规范化、标准化，有力推动了方志馆由传统型向现代型的转化升级。

五是方志馆在地方志事业中的地位大幅提升。随着方志馆崛起及其功能的不断开发，特别是随着集地情展示中心、地情文献收藏中心、数字地情服务中心、地域文化研究中心四大功能于一身的各级方志馆不断建设，方志馆逐步成为全国地方志事业发展的重要依托和新增长点，成为地方志事业中与方志编修、年鉴编纂、地方史编写并驾齐驱的“四驾马车”之一。因此，方志馆不仅是地方志“立”起来的主要形式，而且是地方志“用”起来的新型阵地，“活”起来的重要平台，“热”起来的有力助推器，“强”起来的必由之路。

近年来，经过广大方志馆工作者的不懈努力，方志馆建设取得了巨大成绩，但我们也要清醒地看到还存在不少问题，概括地讲有如下几个方面。

一是各地发展不平衡。首先是方志馆建设数量与规模各地差别较大。从总体上看，经济社会较发达的东部地区建成方志馆较多且规模较大，如山东、江苏、广东等地。建筑面积在20000平方米以上的有2家，即广州市方志馆、国家方志馆黄河分馆，都集中在东部地区。广大中西部地区，因经济相对落后，方志馆建成数量不多，建成的往往建筑面积不大，目前尚未有超过10000平方米的。有的省份三级方志馆有几十家甚至上百家，有的省份只有几家，有的省份甚至只有1家。同一区域内也不平衡，如东部地区各省份之间差别较大，有100余家的，也有几家的；再如中西部地区各省份差别较大，有20余家的也有不足3家的。其次是各地方志馆机构与编制五花八门。有方志馆、机构、编制三者都有的；也有只有方志馆，但没有机构与编制的；还有有方志馆，有机构，但无编制的；甚至还有有机构、有编制，但未建方志馆的。

二是领导认识不够到位。有些地方领导对方志馆的功能认识不到位，对建设独立的或相对独立的方志馆的意义认识不足，总认为有图书馆、档案馆、博物馆、展览馆、规划馆等文化设施就够了，无须再建功能与之交叉重复的方志馆。这种认识的误区，导致领导在方志馆建设工作上，不重视、不积极、不支持，这是一些地方该项工作推动困难的主要认识方面的原因。

三是理论研究薄弱。近年来，尽管方志馆研究有一些成果呈现，但从总体上看，仅仅处于起步阶段，就其成果本身而言，广度、力度、深度尚有很大提升空间。且不说与其他学科相比，就是与方志学科中的诸如志鉴等研究相比，也差之甚远。从学科建设的角度看，作为方志学分支的方志馆研究，其基础理论、应用理论和方志馆史的研究均很薄弱，而将来方志馆学能否立足并取得一席之地，这三个方面的研究成果是重要的考量。

四是开发利用不够。方志馆建设的终极目标是为地方经济社会发展服务，为满足当地人民群众的生活需要服务。不少方志馆在建立之初即不忘使命，不断践行着此职责，在方志馆资源开发利用上成绩突出。但也有少数方志馆在建成后，未走开放办馆之路，要么成为方志工作者办公场所；要么展览无人问津，前往参观者甚少；要么馆藏资源束之高阁，常年尘封，无人查阅利用。方志馆前门可罗雀，方志馆里静悄悄，这种缺乏人气的现象是方志馆功能开发不够造成的。

同志们，经过方志馆工作者的不懈努力，方志馆建设取得了令人瞩目的成绩，但与地方志事业快速发展的形势相比，尚有很大进步空间，距党和人民的要求还有很大差距。在成绩面前我们要不骄不躁，在困难面前我们要知难而进。下面我就下一步方志馆建设工作谈几点意见。

一是深入贯彻落实党的十九大精神和习近平新时代中国特色社会主义思想。党的十九大是在全面建成小康社会关键阶段、中国特色社会主义发展关键时期召开的一次十分重要的大会，对鼓舞和动员全党全国各族人民继续推进全面建成小康社会、坚持和发展中国特色社会主义具有重大意义。在此次大会上提出的习近平新时代中国特色社会主义思想，是对马克思列宁主义、毛泽东思想、邓小平理论、“三个代表”重要思想、科学发展观的继承和发展，是马克思主义中国化最新成果，是党和人民实践经验和集体智慧的结晶，是中国特色社会主义理论体系的重要组成部分，是全党全国人民为实现中华民族伟大复兴而奋斗的行动指南，必须长期坚持并不断发展。方志馆工作者一定要认真学习并深入贯彻落实党的十九大精神和习近平新时代中国特色社会主义思想，始终高擎中国特色社会主义伟大旗帜，坚持以党的十九大精神和习近平新时代中国特色社会主义思想为行动指南，始终秉持为党立言为民写史的理念，始终绷紧政治这根弦，始终坚守正确的政治方向。要把讲政治与自身的工作紧密结合起来，做有政治觉悟、有政治敏锐、有政治红线意识的新时代方志馆工作者。

二是积极探索为地方经济社会发展服务的新路径。习近平同志在党的十九大报告中指出："文化是一个国家、一个民族的灵魂。文化兴国运兴，文化强民族强。"又要求："完善公共文化服务体系，深入实施文化惠民工程，丰富群众性文化活动。"方志文化是我国传统文化和中国特色社会主义文化的重要组成部分，地方志工作是我国社会主义文化工作的重要方面，方志馆作为各地重要的公共文化设施，在各地公共文化体系建设与完善中要站在前位，充分发挥其独特的服务功能，积极探索服务地方经济社会发展和满足人民群众生活需求的新途径。当前，各地经济社会发展迅猛，转型升级快速，人民群众生活日新月异，方志馆的公共文化服务内容与方式也要因时而变，与时俱进。要不断整合馆藏资源，加强数字方志馆建设，充分利用现代科技手段，积极借助网络平台，在信息化、网络化和数字化中探索服务新路径。要把方志馆地情展示中心、地情文献收藏中心、数字地情服务中心和地域文化研究中心等功能开发与各地经济社会发展以及人民群众的需求紧密结合起来，既不可急躁冒进，也不可消极等待，要因时制宜、因地制宜。要把国家投入巨资建立起来的方志馆，用之于服务政府，用之于服务社会，用之于服务民众，避免方志馆资源任何形式的浪费与闲置。真正做到以服务地方为旨归，实现地方志事业与方志馆建设的创造性转化、创新性发展。

三是在地方志事业发展的全局中规划自身发展。方志馆建设是地方志事业的有机组成部分，地方志事业存在与发展是方志馆存在与发展的基础与前提，离开方志事业，方志馆就成为无源之水，无本之木。因此，谋划方志馆建设必须将其置入地方志事业发展的全局中。随着各地方志馆如雨后春笋般建立，方志馆逐渐成为各地方志事业发展的新的动力和新的增长点，方志馆建设得如何，在很大程度上决定着地方志事业的发展势态。同样，地方志事业的裹足不前，也必然窒碍着方志馆的建设。从各地方志馆建设的情况看，大凡地方志事业大发展的地方，方志馆建设也往往跟进很快；相反，凡是地方志事业相对落后的地区，其方志馆建设也很滞后。当前，我们要大力推动方志馆建设事业，绝不是要求各地一哄而上，而是主张有序开展，方志馆的建设除了建筑规划外，还包括图书资料收藏、展览陈列、数字化建设、制度建设、理论研究、队伍建设等，都要与整个方志工作相统筹、相协调，纳入方志工作的全盘之中。希望各地一定要一切从实际出发，紧密结合各地经济社会发展状况，紧密结合地方志事业发展实际，把方志馆建设规划好、谋划好、建设好，为各地方志事业发展注入新的活力，为地方公共文化体系建设作出贡献。

四是要高度重视方志馆建设工作。方志馆尽管已存在多年，但现代方志馆的功能往往不广为社会所知。社会各界特别是部分地方政府领导对现代方志馆的功能认识比较模糊，导致部分地方领导不重视方志馆建设，部分民众不理解方志馆建设。另外，尚有少数方志工作者甚至是方志工作机构的领导，对建设方志馆的意义认识不到位，认为只要把志鉴修好就够了，对方志馆建设的必要性和紧迫性认识不足。这就需要广大地方志工作者特别是方志馆工作者正视现实，坚持不懈地做好宣传工作。首先是在系统内大张旗鼓地宣传现代方志馆的功能及建设意义，让广大地方志工作者统一认识，凝聚共识；其次是向政府领导及相关部门作细致的宣传工作，宣传国家相关要求，宣传地方志工作成绩，宣传方志馆的功能及建设意义，让相关领导及有关部门认可地方志工作，认同方志馆建设；再次是向社会和群众宣传地方志和方志馆，让他们了解地方志，接受方志馆。我相信，通过持续有针对性的宣传，不但可扩大地方志的社会影响，而且可为方志馆的建设廓清认识障碍。因此，方志馆建设如何得到领导重视、相关单位支持、群众理解，是我们要修好的一门必修课，也是我们要努力做好的一篇文章。

五是进一步推进理论研究工作。加强理论研究是推进事业发展的基础性工作，开展理论创新是事业永续发展的不竭源泉。方志馆理论研究起步晚、规模小、成果少，尚处于初始阶段，这是由方志馆建设工作的现状决定的，也是由方志理论研究的现状决定的。理论源于实际工作，又对实际工作有指导意义。近年来，随着各级方志馆的纷纷建立，提出了许多亟待解决的理论问题，需要方志理论界加强方志馆研究，不断回答和解决方志馆建设实际工作中提出的各种问题，为方志馆建设提供理论指导与智力支持。目前，各地各级方志馆集中建立并方兴未艾，在一定程度上造成了方志馆研究的滞后与不足，凸显了该项理论研究的薄弱。为此，我们呼吁方志界和学术界的学人加强对方志馆的关注与研究，多出成果，出好成果，补足方志馆研究的短板，为方志馆研究取得在方志研究中的一席之地，以与方志馆建设工作在地方志工作中的地位相匹配。中指办将适时集中方志系统的相关专家，开展理论攻关，对方志馆建设中遇到的重大理论问题集中研究，以推动方志馆研究的实质性突破和方志馆建设的持续发展。各地方志工作机构和广大地方志工作者也要从实际出发，积极主动地开展方志馆研究，形成研究合力，掀起研究高潮，为全国方志馆建设提供强大动力。

同志们，“操千曲而后晓声，观千剑而后识器”。这次会议上大家交流的经验，都是各单位在实际工作中积极探索、反复提炼的结果，是集体智慧的结晶，是每个单位的宝贵财富，也应成为而且必将成为整个方志系统共享的宝贵财富。希望会后各地各单位认真学习贯彻中指组组长王伟光、中指组常务副组长李培林在此次会议上的讲话精神，并以此次会议为契机，同心协力，砥砺前行，不断推动全国方志馆建设工作又好又快发展，不断推动地方志事业转型升级和持续快速发展。

·各省（区、市）领导讲话摘要

在2018年北京市地方志工作会上的讲话

（2018年4月13日）

北京市副市长　王　宁

这次全市地方志工作会，是经市委、市政府批准召开的一次重要会议，主要任务是以习近平新时代中国特色社会主义思想为指引，深入学习贯彻党的十九大精神，深入学习贯彻习近平总书记对北京工作的重要讲话精神，认真落实市十二次党代会决策部署，总结2017年全市地方志工作，部署2018年工作。

刚才，宏兴同志传达了全国地方志机构主任会议精神。延庆区、北京出入境检验检疫局、经济技术开发区等单位介绍了各自开展地方志工作的情况，讲得都很好，听了很受启发。他们的经验值得提炼总结，希望全市各区、各部门、各单位认真学习他们的经验和做法。陈玲同志代表市地方志办作了一个很好的工作报告，我也很赞成。近几年来，市地方志办带领全市地方志工作者围绕中心、服务大局，主动作为，工作取得很多新突破，特别在服务首都新发展中发挥了独特作用。这是全市地方志工作者勇于担当、团结拼搏、开拓进取的结果。在此，我代表市委、市政府以及市地方志编委会，代表述强同志，向全市地方志工作者取得的成绩表示衷心感谢和崇高敬意。

同志们，每年召开的全市地方志工作会，既是统一思想、开阔思路、明确任务的部署会，也是振奋精神、凝心聚力、鼓劲加油的动员会。我每年参加全市地方志工作会，都要认真准备一个讲话，主要目的就是从不同的角度来谈一谈地方志工作对一个国家、一个民族，还有一个地区经济、社会、文化发展所起的重要作用，进一步增强我们的责任感，做好地方志工作。2016 年的地方志工作会上，我谈了“进一步提高对地方志的认识”“进一步发挥地方志在城市工作中的作用”“进一步挖掘利用地方志的丰富资源”的问题；去年的地方志工作会上，我谈了“怎么用好志”“怎么修好志”“怎么管好志”的问题。今年，我想围绕文化和文化建设，特别是从文化自信的角度，谈一谈地方志工作。下面，我讲三个方面的问题，供大家参考，与大家讨论。

一、深刻认识地方志在文化建设中的地位和作用

地方志作为记录历史、弘扬文化、传承文明、服务社会的重要载体，在文化建设中具有独特作用。编纂地方志是文化建设的基础性工程，地方志工作是文化工作的重要内容，地方志事业也是文化事业的重要组成部分。重视和支持地方志工作，发展好地方志事业，是文化自信的具体体现。

党的十八大以来，习近平总书记多次强调文化自信，特别指出，文化自信是更基础、更广泛、更深厚的自信。文化自信是道路自信、理论自信、制度自信的精神基因和根脉，是对“中国特色”的最好诠释。坚定文化自信，我们是有底气的。一方面，我们的文化自信是有现实基础的，改革开放 40 年来，我国社会主义建设取得了举世瞩目的伟大成就，走出了一条前无古人的崭新发展道路，为解决人类发展问题提供了中国智慧和中国方案，展示了中国自信，这种中国自信实质上就是文化自信。另一方面，我们的文化自信是有文化根基的，这就是源自中华民族五千年文明史所孕育的中华优秀传统文化，熔铸于党领导人民在革命、建设、改革中创造的革命文化和社会主义先进文化。

文化包含的内容十分广泛，很难用一个准确的定义来概括，既可以是衣食住行、建筑风貌、器皿用具、书画雕刻，也可以是价值观念、风俗习惯、语言文字、诗歌艺术，比如说饮食文化、服装文化、制度文化、民俗文化、建筑文化、环境文化等等，几乎人类的一切活动都可以说是文化活动。正如《易经》所说那样，“刚柔交错，天文也；文明以止，人文也。观乎天文，以察时变，观乎人文，以化成天下”。文化最能打动人，触动人的心灵。任何一件事，一旦提升到文化层面，就显得深沉厚重、底蕴丰富。这几年《舌尖上的中国（第一季)》《中国诗词大会》《国家宝藏》《朗读者》《我在故宫修文物》《养生堂》等综艺节目或纪录片大受欢迎的重要原因就在于它们在讲文化，传播文化。

中华文化之所以在世界各民族文化中独树一帜，不在于出现最早，也不在于历史最长，而在于延续五千年从未间断，薪火相传、继往开来。去年 11 月，总书记在故宫接待美国总统特朗普时专门强调了这一点。他说，文化没有断过流、始终传承下来的只有中国。

中华文化不间断传承的原因，在于“国有史、方有志、家有谱”。国史、方志、家谱构成了中华优秀传统文化的三大基石，是中华文化的“根”与“魂”，保证了中华民族的历史传承和文化延续。志者，记也。地方志作为“一方之全史”“一地之百科全书”，有些同志形象地说，是上记天，下记地，中间记空气。中华大地的山川、河流、气候、物产、沿革、贡赋、人物、事件、艺文等尽收于地方志中。

地方志是文化传统，是文化载体，其本身就是文化。这是地方志与文化的关系。地方志编纂始于春秋战国，至今 2000 多年绵延不衰，形成了中华民族特有的文化传统。“治郡国者以志为鉴”，历朝历代的封建统治者都极为重视修志。新中国成立后，在党的领导下，我们开始编纂社会主义新方志，完成了第一轮修志，正在进行第二轮修志。据 1985 年《中国地方志联合目录》记载，我国现存旧方志 8264

种 12.32 万卷，约占全部古籍总数的十分之一。我市现存新中国成立前编纂的各类旧志百种千卷，包括府州县志和各种类型的专志、杂志。这些丰富的地方志文献，完整地展现了不同时期不同地域经济社会发展的方方面面，成为传承中华文化的重要载体。从历史上看，明永乐十年（1412）和十六年（1418），明成祖朱棣两次颁发《纂修志书凡例》，要求志书要记述建置沿革、分野、疆域、城池、山川、城郭镇市、土产、贡赋、风俗、户口、学校、军卫、郡县廨舍、寺观、祠庙、桥梁、古迹、宦迹、人物、仙释、杂志、诗文等 22 个方面的内容。民国时期编纂的《北京市志稿》，记述了建置、民政、度支、文教、礼俗、宗教、前事、货殖、金石、艺文、人物、选举、职官等 13 个方面的内容。地方志记述的内容具有鲜明的时代特征和地域特色，随着社会的发展而扩大。明代人沈榜任顺天府宛平知县时编著的《宛署杂记》，以“日月光天德，山河壮帝居。太平无以报，愿上万言书”的诗句二十字为序标分卷目，反映了北京地区地方志的主要特点是“光天德”“壮帝居”。一些府州县旧志中还专门记述宫禁、坛庙、苑囿行宫等。民国三年（1914）编纂的《密云县志》，增加了对学堂、议会、警务、商会等新生事物的记述。这些都反映了北京的都城特点和地域文化。地方志本身蕴含着文化基因和海量文化信息，在成为中华文化传统和中华文化载体的同时，也成为中华文化的重要组成部分，是了解中华文化的重要窗口。

记录文化、传承文化、发展文化，这是地方志的文化作用，是民族自信的源头。一则，地方志记述的内容就是广义上的文化，同时还设置艺文、诗文、风俗、古迹等篇目专章记述狭义上的文化，不仅记述文化形态，而且还记述文化内涵，实现了历史文化的永续利用。二则，中华民族在顽强拼搏、奋斗发展中形成的，包括生活方式、理想信念、价值追求、精神品格等在内的中华优秀文化，通过地方志的形式传承下来。比如“自强不息”的奋斗精神，“精忠报国”的爱国情怀，“天下兴亡，匹夫有责”的担当意识，“国而忘家，公而忘私”的价值理念，“以人为本”“民惟邦本”的治国理念，“与人为善”“己所不欲，勿施于人”的处世之道，“和为贵”“和而不同”的处事智慧等，都可以在地方志中找到相应代表的人、事、物。三则，地方志在文化建设特别是地方文化建设方面作用巨大。十里不同音，百里不同俗，千里不同风，一方水土养一方人。地方志具有鲜明的地域特征，反映了不同地域的自然地理、风土物产、民风习俗、文学艺术、行为规范、价值追求等，是一座丰富的精神文化宝库，使人们记住乡愁，更加热爱家乡的山山水水、风土人情和独特历史。同时，历久弥新的地方志编修，在坚守中华文化立场，传播当代中国价值观念，展示中华文化独特魅力上具有天然优势。

习总书记指出，只有回看走过的路、比较别人的路、远眺前行的路，弄清楚我们从哪儿来、往哪儿去，很多问题才能看得深、把得准。只有将地方志放在历史发展的长河中，放在经济社会发展的大局中，深刻认识地方志对于传承中华文化的价值和意义，深刻认识地方志在中国特色社会主义文化建设中的地位和作用，才能切实增强做好地方志工作的责任感、使命感和自豪感。

二、努力在全国文化中心建设中积极作为

去年，党中央、国务院批复了《北京城市总体规划（2016—2035 年）》。在“四个中心”建设中，全国文化中心建设不仅是“四个中心”功能建设的重要部分，而且文化作为软实力，也贯穿于其他三个中心之中。去年 8 月，市委、市政府成立了推进全国文化中心建设领导小组，明确做好首都文化这篇大文章要重点抓好“一核一城三带两区”，即以培育和弘扬社会主义核心价值观为引领，以历史文化名城保护为根基，以大运河文化带、长城文化带、西山永定河文化带为抓手，推动公共文化服务体系示范区和文化创意产业发展引领区建设。

蔡奇书记指出，做好首都地方志工作，推动地方志事业健康发展，对于服务首都核心功能，加快全国文化中心建设，发挥国家文化软实力作用，具有重要的意义。目前，市地方志办作为推进全国文化中心建设领导小组成员单位，已经承担了多个专项组的工作任务，地方志的一些重点工作已经列入全国文化中心建设重点任务清单。各区地方志办基本上都参与了本区推进全国文化中心建设领导小组的工作。市地方志办编发的《地情参阅》，已经成为市领导决策的一个重要参考资料，发挥了很重要的作用。比如，在4月天气冷暖交替的时候，《地情参阅》把志书上记载的北京天气变化情况梳理总结出来，对决策提供了很重要的帮助。蔡奇书记到河北等省区调研扶贫工作前，要先看一看当地的方志资料。这说明，地方志已经成为市委、市政府决策的重要参考，也是文化建设不可缺少的部分。全市地方志工作者要牢牢抓住落实北京城市总体规划、建设全国文化中心的重大机遇，紧密围绕“一核一城三带两区”建设，以深挖文化内涵为抓手，以提供公共文化服务为增长点，敢于作为、有新作为，推动把首都文化优势转化为首都发展优势，为全国文化中心建设做出方志人的积极贡献。

（一）深入挖掘地方志中蕴含的历史文化资源，为全国文化中心建设提供文化内涵支撑

建设全国文化中心，首先要传承保护好北京丰富的历史文化遗产，擦亮北京历史文化名城“金名片”，这是首都的职责，也是全市地方志工作者的使命。

一是系统整理各类地方志资源。发挥地方志作为资料性文献的优势，贯通旧志、新志、年鉴以及各类地情资料，分门别类加以整理，为建设全国文化中心提供历史资料支撑。要特别重视对包括旧志在内的历史典籍的保护和利用，摸清底数，加强统筹、规划与合作，按照现实需要的紧迫程度、保护利用的轻重缓急，列出历史典籍整理的时间表和任务书。要发扬匠人精神，从浩如烟海的地方志资料中抽丝剥茧，理出头绪，梳理清楚历史文脉。我国的古琴艺术是世界非物质文化遗产，传承3000年多年不曾中断，现存琴曲3000多首、琴谱130部、琴歌300多首。我市非物质文化遗产项目古琴艺术代表性传承人王鹏，根据清代《五知斋琴谱》等古籍中记载的古琴样式，重新整理定型了30多种古琴经典传统样式，并几十年如一日，持续地整理古琴谱。我们挖掘地方志资源要有像王鹏那样的精气神和执着心。

二是大力弘扬社会主义核心价值观。育人是地方志的基本功能。无论是旧志，还是社会主义新方志，都蕴含着中华民族宝贵的精神品格和崇高的价值追求。“自古志书半人物”，旧志中大都不惜篇章对一地的各类人物用传、表、记、录进行记述，主要包括名宦、武功、乡贤、忠烈、孝友、耆英、义行、文学、技术、仕籍、流寓、列（烈）女等，通过人物的志记，表明一时一地的教化程度，或褒扬社会贤达，或贬斥大奸大恶，将尊士、崇德、向善、忠义、孝亲等传统价值以志书形式传播出去。社会主义新方志编纂以来，更是通过对各类先进模范人物及其事迹的记述，展现和倡导着社会主义核心价值观。全市地方志工作者要强化意识形态工作的责任担当，在将中国特色社会主义事业全面、立体、多层次记录下来的基础上，将蕴含其中的社会主义核心价值观传播出去，努力把北京建设成为引领意识形态的价值高地。今年年初我们已经部署了《北京抗日战争志》的编纂工作，要通过编纂《北京抗日战争志》，大力弘扬伟大的抗战精神和以爱国主义为核心的民族精神；通过即将编纂的《改革开放40周年大事记》，大力弘扬以改革创新为核心的时代精神，既要为当代人提供历史智慧，也要为后来人留存当代经验。要注重家庭建设，系统收集家谱、族谱、谱牒、乡规民约等资料，弘扬优良家风家训，发扬光大中华民族传统家庭美德，促进家庭和睦，促进亲人相亲相爱。

三是大力保护历史文化名城和三个文化带。一方面，我们要加强对“一城三带”有形文化遗存的保护利用，应保尽保；另一方面，我们还要加强对有形文化遗存文化内涵的挖掘，能挖尽挖，两者有机结合，才能做到见物见人。地方志对于“一城三带”的保护利用不

同于文物部门，不是对有形文化遗存本身的保护，而是将这些文化遗存记录下来，不仅记录文化遗存本身，还要记录文化遗存中的历史事件及其蕴含的文化内涵。这是地方志的独特优势。在历史文化名城保护方面，要积极服务中轴线申遗等重大文化建设项目，充分挖掘旧志、新志以及地情资料中关于中轴线的丰富资料，理清发展脉络，讲清文化意义，夯实史料基础。我市老市政工作者孔庆普同志写了《城：我与北京的八十年》一书，翔实记录了北京历史上各个城门的原始数据，成为十分珍贵的文献。这是地方志工作者应该做的，应该把这些现存的历史遗存和消失的历史遗存中的文化内涵和数据资料挖掘出来。在“三个文化带”建设方面，要深入挖掘各个文化带的文化内涵，点校整理包括旧志在内的相关历史文献。这是非常重要的工作。前一段时间，我看《北京日报》有一篇文章《从景山搬到雍和宫的“大佛楼”》，讲了乾隆皇帝重建寿皇殿，并将原后殿的万福阁移至雍和宫，现在雍和宫的很多建筑都源自寿皇殿。这些历史资料，既是文物的历史，也反映了城市的变迁。今年，要做好《永定河文化志》等史料丛书和特色志书编纂工作。要规划设计好西山方志书院，突出特色，精心布展，既要服务社会大众，丰富市民文化生活，也要服务专家学者，成为研究西山文化带、传播方志典籍和文化的学术交流场所。

（二）加强地方志公共文化服务能力建设，为人民群众提供丰富多彩的精神文化食粮

中国特色社会主义进入新时代，我国社会主要矛盾已经转化为人民日益增长的美好生活需要和不平衡不充分的发展之间的矛盾。地方志要按照公共文化服务体系示范区建设要求，积极承担公共文化服务职能，为人民群众提供更好的精神文化产品。相较于其他文化部门，地方志公共文化服务还处于起步和摸索阶段，必须着力加强公共文化服务能力建设，努力满足首都人民日益增长的对高品质精神文化生活的需求。

一是利用大数据加大地方志资源开发利用的深度和广度。地方志资源是地方志公共文化服务的基础，地方志资源开发利用的程度决定了地方志提供公共文化服务的能力和水平。我在2016年工作会上讲过这个问题，今天我想强调利用大数据开发地方志资源的问题。当前，我国已经进入“互联网＋”时代，要主动将修志这项古老而传统的行业与互联网、云计算、大数据等新领域积极融合起来，促进地方志与科技深度融合。如果我们能将所有志书、年鉴和地情资料数据化，实现大数据检索，到那个时候，输入“规划”二字，就能检索出所有志书和年鉴中有关“规划”的资料，这样会大大提高对地方志的使用效率和质量。要进一步加强数据资料的统计、收集和管理工作，继续加强北京地情网、地情数据库建设。这次会上印发的《北京市地方志资料工作管理规定》就是要夯实这个基础性工作，这是地方志工作常态化建设的重要内容、关键环节。要充分利用北京的科技创新优势和地方志的文化资源优势，用好大数据手段，推动地方志资源开发利用取得新突破。

二是推动地方志公共文化服务设施的建设和发展。方志馆是地方志公共文化服务的重要载体，要纳入市、区公共文化服务体系建设规划和任务之中。按照公共文化服务设施建设要求和标准，规划建设好方志馆，同时向社会提供服务，提升收藏保护、展览展示、编纂研究、专业咨询、宣传教育、业务培训、文化交流等功能。我去年已经讲过，今年再次强调，方志馆建设不搞“一刀切”，鼓励和支持有条件的区建设方志馆，有条件的乡镇（街道）、村（社区）建设乡情村史馆，既可以单建，也可以结合，讲求效益，也可以和博物馆、档案馆结合，在这方面思路要开阔，要不断创新。市、区地方志办要加强业务指导、主动服务。总之，不管叫什么名字，关键是要立足地情、突出特色，对外开放、健全服务。近期，我走访了一些村史馆。比如，平谷区大华山镇的大华山村村史馆，不但记录了这个村的历史，还记录这个村村民生活方式的转变情况；延庆区沈家营镇下花园村建了仁宗故里民俗文化馆，

以元仁宗的诞生地“香水园”为起点，详细介绍了当地民居文化特点、元仁宗的个人功绩以及沈家营镇的发展历史。这些当地举办的村史馆、文化馆、博物馆都很有特色。在全市倡导建设方志馆（室）的同时，还要考虑，在没有条件设立方志馆（室）的街道、乡镇、村、社区，因地制宜，充分利用社区服务站、文化站、图书室、宣传栏等现有的公共文化服务设施，把志书、年鉴摆在这些地方，方便人民群众查阅。还可以结合“一刻钟社区服务圈”，打通“最后一公里”，做好统筹部署，不断扩大地方志公共文化服务覆盖面。市、区文化主管部门要给予支持，加强合作，资源共享。

三是丰富地方志公共文化服务产品。地方志提供公共文化服务，对老百姓来说更多的是“讲故事”，讲好北京的故事。提升“讲故事”的能力，丰富“讲故事”的方式方法，把故事讲得鲜活，要加强调查研究，了解社会不同群体的需求，在地方志公共文化产品的内容、形式、节奏、空间上下功夫：推动产品内容向规划志书与特色志书相辅相成、基础修志工作与专题修志项目各美其美的方向发展；推动产品提供形式从单一的纸质志鉴图书向电子文本、视频声像、网络信息（如微信、微博）、文献资料数据库等多元化发展；推动产品提供节奏由一年一鉴、数年一志的速度向“长线工作”与“短平快项目”相结合的方向转变；推动产品提供空间从线下转向线上，走出地方志机构工作场所，走向社会大众，走向千家万户。地方志是巨大的文化宝库，要让更多的人来查询、来理解。地方志里有很多好的东西，能不能转变思路，由纸质图书向一些文化产品转化？随着信息技术的发展，现在通过音频、视频技术把很多过去和人们隔得很远、人们不愿翻阅的大部头图书等，转化为一种新的文化产品，使广大群众容易接受、乐于接受，从而使广大群众受益。比如，现在有一个叫“为你读诗”的微信公众号，通过邀请一些名人读诗，把脍炙人口的诗句朗读给听众，使这些诗句入心入耳。乐评人陈立开设了“陈立讲音乐”微信号，用通俗的语言讲述音乐，用趣味的故事传播音乐和文化。还有“小顾聊绘画”，通过书籍和网站给大家介绍西方古典绘画和中国传统绘画。这些手段和方式，都值得借鉴。如果我们将地方志开发出“解读志书”等文化产品，利用讲的这种方式和老百姓多接触，将会大大提高地方志的使用率和利用率。通过改革创新，增加创意，真正让志书能够活起来。

三、当前和今后一段时期地方志事业发展需要关注的重点问题

进入新时代，解决地方志事业发展不适应的地方，必须深化改革、转变思路，从“编地方志”转向“管地方志”，转职能、转方式、转作风，摒弃“临时性”“阶段性”工作的思想，促进地方志工作的常态化制度化，建立具有首都特色的地方志编修体系、理论研究体系、质量保障体系、资源开发利用体系和工作保障体系。要深入研究人民群众的精神文化需求，研究和推进地方志领域供给侧结构性改革，使地方志事业发展和人民群众精神文化需求相互联通并有效匹配，努力提供具有鲜明地方志特色、人民群众喜闻乐见的地方志文化产品。

（一）深入研究地方志工作主题

地方志工作要关心国家大事、首都发展、人民需要，这样才能找准方向和道路。

一是要把握历史节点，主动开展工作。今年是改革开放40周年，2019年是新中国成立70周年，还是“五四运动”100周年。北京是新中国的首都，也是“五四运动”的发源地。要结合这些重大的历史节点，主动设计工作主题，通过编纂相关专志、地情书、大事记，举办专题展、座谈会、报告会，拍摄专题片等形式，从首都的视角记录共和国的成长历程，反映共和国的发展轨迹。这是坚定文化自信的基础性工作，意义十分重大。总书记一再强调，看北京首先从政治上看。作为首都的地方志工作者，要有这样的政治敏锐性，要有这样的政治觉悟和政治责任。这是地方志工作落实首都职责的重要体现。

二是要围绕市委、市政府中心工作主动作为。当前北京工作可以用“4433”来概括，即加强“四个中心”功能建设，提升“四个服务”水平，抓好三件大事，打好三大攻坚战。这些工作中，有些是地方志可以直接参与的，有些是要为领导决策、部门执行提供地情服务和史志资料的。要划分门类，找准切入点。在这里，我强调三件事：第一件事是加强京津冀地方志合作，助力京津冀协同发展。去年，市地方志办联合津冀两地地方志办参加文博会，共同举办了“京津冀运河文化展”。今年还要一起编纂《京津冀概览》，共同举办西山永定河文化展。这些做法都很好，希望坚持下去，以项目带动合作，不断拓展合作领域，深化合作内容，健全合作机制，深入挖掘三地历史文化资源，推动京津冀三地历史文化实现同平台谋划、联动式合作、协同化发展。

第二件事是编好《北京冬奥会志》，加强与冬奥组委的沟通协作，实现筹办工作与编纂工作同步进行，今年力争完成申办篇的编纂任务。要通过编纂《北京冬奥会志》，全过程记述北京冬奥会残奥会申办、筹办、赛时运行历程，以阶段性成果扩大冬奥会残奥会的宣传和影响力，实现地方志这种中华传统文化与奥运文明融合发展。

第三件事是编好《北京日记》《北京月志》，全面记述首都现代化建设历程，全面记述每一天北京方方面面的大事要事，日积月累，留下宝贵的一手资料，夯实资料工作常态化基础。

三是拓展延伸，查遗补缺完善种类。第一轮《北京志》154部，涵盖了36个门类。二轮《北京志》68部，大部分延续了一轮涵盖的门类。由于规划志书是政府主持、各委办局具体编纂的，因此缺乏对于一些新行业新事物新技术的记述，比如互联网业、快递物流业等新生业态就没有记述。要加强对新技术新事物新业态的研究，完善志书记述内容。

对于已经编纂的志书要做进一步的深加工。虽然我们编纂了胡同志、四合院志，但是缺乏对有代表性胡同、四合院的深入挖掘。比如，砖塔胡同在元代就已存在，元杂剧《张生煮海》中就有与其相关的记载，鲁迅、张恨水等文化名人曾在这里居住。比如，左宗棠、张之洞、谭嗣同、张自忠故居等院落都十分有历史。再比如，琉璃厂西街、南锣鼓巷等社区在全国具有较高的知名度。今年春节，我用半天的时间走了九条胡同，从东四北头条到九条，这里有大量的丰富的文化遗存，有古老的院落，有名人的故居，但是现在还没有充分挖掘。现在去看这些名人故居和保护院落，除了门口立一个“文化保护院落”或“传统保护院落”外，没有文化线索，没有挖掘里面的故事，也不知道这个院子曾经发生过什么故事。类似这样的故居，北京太多了。因此，要对这些文化积淀深厚、具有历史掌故和较高知名度的胡同、院落、社区进行深入研究，形成专志或地情资料。

要加大对与人民生活息息相关、使用率高的志书的编纂力度。目前，全市各区都在编纂地名志地名词典。地名的演变反映了时代的变迁。在编纂过程中，要对地名进行分类整理，特别是对那些历史底蕴深厚的地名要深入挖掘，找出历史人物、历史事件与地名的内在联系。要提前考虑地名志的开发利用问题，探索建立地名历史人文信息查询系统，方便群众查询自己感兴趣的地名，为市民出行和外地人、外国人旅行提供人文地情信息服务。

（二）推动制定《北京市地方志工作条例》

2006年国务院颁布的《地方志工作条例》，2007年市政府颁布的《北京市实施〈地方志工作条例〉办法》，满足了当时地方志工作的需要。但是随着时代的发展、社会的进步，原有条例和实施办法已经不能满足地方志事业的转型发展。目前，国家和一些兄弟省市正在开展新一轮地方志立法工作，通过立法解决地方志事业发展的问题。市地方志办在深入调研的基础上，向市人大常委会提出要制定《北京市地方志工作条例》。对此，市委、市政府是支持的。制定一部好的地方性法规，真正发挥法的约束和保障作用，要把握好以下几个环节。

一是明确立法目的。要站在实现“两个百年”奋斗目标和首都发展大局的高度，从“四个中心”功能建设出发，找准地方志事业发展的定位和方向，立法的目的在于保障首都地方志事业科学发展，繁荣首都文化，推动全国文化中心建设和国际一流和谐宜居之都建设。

二是找准立法要解决的问题。要树立问题导向，找全找准首都地方志事业发展需要解决的问题，列出问题清单，划分问题门类，这些问题既有现实存在的，也有未来可能出现的，提升立法解决现实问题的针对性、应对未来问题的前瞻性。

三是科学设计制度安排。立法最终是以制度安排来体现的。制度设计得科学不科学、合理不合理、可行不可行，是立法成败的关键。而制度设计是以解决问题为基础和前提的。要一项一项地研究立法所要解决的问题，提出科学合理、切实可行、行之有效的制度安排。

四是群策群力，加强统筹协调。要加强与市人大常委会法制办公室、教科文卫体办公室及市政府法制办公室的沟通协调，深入征求文化、编制、法制、出版等部门的意见，追踪国家层面立法进程，关注兄弟省区市立法动态，把握好立法节奏。要动员全市地方志工作者参与立法工作，积极为地方志立法建言献策，利用多种方式征求社会的意见，广集民智、广纳贤言，把立法过程变为宣传地方志、扩大地方志影响的过程。

（三）加强各级地方志编委会建设

今年年初，市委、市政府调整了市地方志编委会的领导和组成人员，目的还是从有利于工作的角度出发，更好地协调和解决地方志工作中遇到的问题，更好地推动地方志事业的发展。早在1988年，市政府在《关于成立市地方志编纂委员会和印发市地方志工作规划纲要的通知》中就明确了编委会的任务，主要有三项：审定规划，协调关系、解决工作中的重大问题。现在关键是落实。目前各区、各部门都成立了地方志编委会，各区、各部门行政一把手，作为编委会主任，要切实承担起修志工作第一责任人的使命，既挂帅又出征，加强本地区、本部门编委会建设，关心本地区、本部门地方志工作进展情况，落实好“一纳入、八到位”要求，为地方志工作开展创造有利的条件。

在这里，我与大家重温一段总书记29年前的讲话。1989年8月，总书记时任福建宁德地委书记，他在宁德地区地方志工作会议上说：“现在存在一些不良的倾向。有的领导强调工作忙，把修志当作一个软任务，提不上议事日程；有的是中心工作或临时性工作一来，就把修志人员抽走，修志工作停停打打。这样做不利于修志工作的开展。修志工作如果要抓，就要一气呵成，不要停停打打。要当个事业来办，把它作为社会发展的基础工程，把它作为一种有文化的表现，也作为一种有远见的表现，一定要把这项工作摆在议事日程上。各级领导各部门领导，在你离任之后仍然还能够使人们想起来的一项工作，我看也莫过于此。”总书记的这段讲话，在今天听起来仍振聋发聩，具有很强的针对性和指导意义，希望各区、各部门领导对标对表，向总书记学习，重视、关心和支持地方志工作。

（四）高度重视村志编纂工作

农村文化建设是文化建设的重点难点。市、区地方志工作机构要把更多的精力、人力、物力投向村志编纂，通过编纂村志凝聚人心，促进乡村文化建设。要把编纂村志作为乡村振兴战略的一个很重要的内容，帮助人们记住“乡音”“乡愁”，为保护乡村传统文化遗产、推动实施乡村振兴战略尽到历史责任。

目前，全市有4069个行政村，空壳村、留守村比比皆是，只保留村委会建制的村也占有相当比重。根据二轮《农业农村志》记载，仅1996年至2010年的15年，全市行政村的数量减少了400多个。随着城市副中心建设、首都新机场建设的不断推进，城市化进程仍在加速，不少自然村正在消失，据大兴区地方志办不完全统计，截至2016年底，大兴区自然村消失了149个。要增强工作的紧迫性和主动性，对于这些消失或正在消失的村落，具备修志条件的要抓紧修志，暂不具备修志条件的要收集保存好资料，为将来修志打下坚实的资料基础。

去年，市地方志办与市农委制定了《北京市特色乡镇村志编纂工作实施方案》，对编纂传统村落志有了一个整体规划，要以此为抓手，推动全市村志的编纂工作。可以分成两步走，第一步是实现 21 个国家级传统村落和 44 个市级传统村落修志全覆盖；第二步是到 2020 年，实现全市有条件的村落修志全覆盖。通过编纂村志带动乡镇志编纂工作，力争到 2020 年，实现全市 38 个乡、144 个镇修志全覆盖。如果完成上述目标，我们就真正尽到了我们这一代人的历史责任。希望大家做好这项工作。

村志的编纂，需要政府统筹规划，地方志工作机构具体组织实施，也需要一大批热心人来参与。市地方志办给我找了一些村志，我都看了，比如《三合村志》《沁水营村志》《川底下村志》《常庄村志》编得都不错。我负责联系平谷区大华山镇，镇党委给我汇报工作时还专门讲了他们的镇志和村志。《大华山镇志》《大华山村志》，这两部志书的主编是大华山村的党总支原副书记王进才。他不是文化人，但是有情怀，要把乡愁留下来，我很受感动。这都是非常有意义的事情，对于保存当地文化传统、风俗习惯、乡规民约等具有重要价值。要保护好这些热心人的积极性，发挥好他们的作用。

目前，朝阳区通过试点带动、资金扶持、政策配套、业务指导等方式，实现了全区 19 个乡修志全覆盖。区财政每个乡补助 10 万—15 万元，各乡还自筹一部分经费。区财政拿出 40 万元支持高碑店村编纂村志，《高碑店村志》成功入选中国名村志工程，豆各庄乡还自筹经费近 200 万元编纂了《豆各庄乡志》。朝阳区的经验和做法值得各区学习和借鉴。

（五）健全社会各界有序参与地方志工作的途径和渠道

随着地方志工作领域不断扩大，越来越需要社会各界的有序参与。我市一轮修志基本上是政府各部门直接组织、直接编纂；而在二轮修志中，不少承担规划志书任务的委办局承担的是组织编纂职能，将具体编纂工作委托给科研机构、行业协会和专业学会，也取得了积极成效。当前，基层修志、社会修志的意愿日益强烈，基层修志、社会修志从萌芽状态开始茁壮成长，社会力量对地方志事业的参与和贡献不容忽视。我在去年工作会上提出要从五个方面扩大修志选题范围，完成这些修志任务，仅靠各级地方志工作机构和各委办局是不够的，必须要调动社会参与的积极性，发挥市场在配置资源中的决定性作用，培育和规范修志文化市场，吸引更多的社会力量参与地方志编纂工作，真正实现开门修志、众手成志。

一是正确处理政府、社会、市场的关系。深刻认识、谨慎处理政府、社会、市场三者的关系，地方志工作机构要履行政府有关职能，加强规划、政策、法治、监管、服务职能，进一步健全地方志工作机构主导、社会各界有序参与地方志工作的途径和方式，积极吸纳社会力量，稳健利用市场机制，发挥好社会和市场的作用，为今后不间断地修志积累组织管理、运作模式等方面的有益经验。由于培育修志文化市场、利用社会力量修志编鉴是一项新生事物，很多问题需要作深入系统的研究，在此基础上，进一步解放思想、开阔思路，点子要多、措施要实、步子要稳。

二是稳健推动修志文化市场和相关产业发展。目前地方志文化产品的生产能力不强，产品流通不足，消费渠道不畅，市场准入标准、运行规范、监管制度尚未建立。要加强市场调研和摸底，研究制定修志文化市场准入标准和规范、促进地方志文化产品流通发行办法，做好修志文化市场培育工作，探索培育各类修志编鉴文化企业，加强政府对民间修志的积极引导和规范监管，拓宽人民群众接受地方志文化产品的渠道。要加强与旅游、广播电视、动漫、视觉艺术、工艺设计等的深度融合，依托科技创新力量，探索发展独具特色的地方志文化创意产业。

同志们，地方志事业发展面临着很好的形势，党中央、国务院重视，市委、市政府重视，盛世修志、志载盛世，我们正当其时。希望同志们更加紧密团结在以习近平同志为核心的党中央周围，在市委、市政府的坚强领导下，不忘初心、奋力前行，存史、育人、资政，以强烈的事业心和责任感进一步做好地方志组织编纂、管理和开发利用工作，积极履行好公共文化服务职能，全面落实《北京市地方志事业发展规划纲要（2016—2020年）》提出的各项任务，忠实记录首都快速发展的历程，延续首都城市历史文脉，把历史智慧告诉人们，为首都发展提供历史借鉴，为建设国际一流的和谐宜居之都、谱写中华民族伟大复兴的北京篇章作出积极贡献！

在2019年全国省级地方志机构主任工作会议暨第三次全国地方志工作经验交流会上的致辞（摘录）

（2018年12月14日）

河北省委常委、常务副省长　袁桐利

今天，中指组、各省（区、市）方志办的领导、专家齐聚保定，召开全国省级地方志机构主任工作会暨第三次全国地方志工作经验交流会，这充分体现了中指组对河北的关心厚爱，也为我们提供了一次向兄弟省（区、市）学习的难得契机。

河北是人口大省、经济大省、资源大省，人口7500多万，面积18.8万平方公里，生产总值居全国第八位。河北历史文化厚重。五千多年前，黄帝、炎帝和蚩尤在河北涿鹿由征战到融合，开创了中华文明史。春秋战国时期河北属燕国和赵国，故有“燕赵大地”之称。长城、承德避暑山庄等世界文化遗产享誉中外，神医扁鹊、地理学家郦道元、数学家祖冲之、天文学家郭守敬等人都是河北的文化名片。河北区位优势独特。内环京津、外沿渤海，西依太行、北靠燕山，是首都北京的“护城河”，是连接全国各地的交通重地，也是全国唯一兼有高原、山地、丘陵、平原、湖泊和海滨的省份。河北革命传统优良。中国共产党主要创始人之一李大钊是河北唐山人。抗日战争时期，河北是主要的敌后抗日根据地之一。解放战争时期，中共中央所在地设在西柏坡，毛主席在这里指挥打赢了“三大战役”，新中国从这里走来。河北发展潜力巨大。正处在历史性窗口期和战略性机遇期，面临着京津冀协同发展、雄安新区规划建设、北京冬奥会筹办等重大机遇，特别是习近平总书记亲自谋划推动的雄安新区，即将进入大规模建设阶段，为河北发展注入了强劲动力、插上了腾飞的翅膀。

治天下者以史为鉴，治郡国者以志为鉴。地方志是传承文明、发掘历史的重要载体，具有存史、资政、育人的重要作用。河北是方志大省，旧志总量约占全国的十分之一，名志佳作众多，纪晓岚纂修、乾隆皇帝御批的《钦定热河志》，方志大家章学诚主修的《永清县志》等倍受史学界推崇和珍视。河北也是修志大省，省、市、县三级地方志书、综合年鉴编纂任务均居全国第二位。

盛世修志，志载盛世。河北省委、省政府对地方志工作高度重视，坚决落实党中央、国务院决策部署和中指组安排，精心组织谋划，扎实有序推进，地方志工作取得了积极成效。一是坚持高位推动，王东峰书记、许勤省长多次提出明确要求，成立了以省人大常委会原副主任龚焕文为组长的总纂组，建立修志工作调度会、集中督查、定期通报等制度，保障了工作顺利开展。二是坚持依法治志，制定了《河北省地方志工作规定》，联合省人大开展地方志工作专项执法检查，有力促进了工作落实。三是坚持规划引领，出台了《河北省地方志事业发展规划（2016—2020年）》，明确了地方志工作的目标任务、保障措施，为方志事业发展提供了有力指导。四是坚持统筹推进，对照国家“两全目标”（到2020年，省、市、县三级地方志书全部出版，年鉴一年一鉴公开出版，实现省市县三级综合年鉴全覆盖），加快省志、市志、县志和综合年鉴编纂工作，陆续出版了一批精品佳作。整理旧志300多种，抢救保护了一批优秀文化遗产，地方志工作不断开创新局面。

修志问道，以启未来。这次会议在河北举行，是对我省地方志工作的极大鼓舞和有力促进。我们将以此次会议为契机，坚决贯彻习近平总书记关于地方志工作的重要指示精神，认真落实谢伏瞻院长的重要讲话要求，积极学习借鉴兄弟省市先进经验，进一步做好地方志编纂、管理和开发利用工作。统筹抓好省市县三级志书和综合年鉴编纂工作，确保到2020年实现“两全目标”。履行好地方志承载乡愁、延续文脉的重要使命，深入挖掘地情资源，大力推动村镇志编纂，努力讲好河北故事。加强地方志网络、场馆和人才队伍建设，宣传地方志、传播地方志，鼓励和倡导全社会“读志”“传志”“用志”，为弘扬优秀传统文化、服务经济社会发展作出新的贡献。

（摘自《河北地方志》2019年第1期）

在省地方志编纂委员会奋战志鉴“两全目标”工作推进会上的讲话

（2018年4月11日）

山西省副省长　曲孝丽

楼阳生省长在政府工作报告中提出了“加快推进省市县方志年鉴全覆盖”的工作要求。完成志鉴编纂“两全目标”是省、市、县三级政府必须完成的刚性任务。

2017年以来，省委、省政府采取多种举措推动我省方志事业。2017年3月，经骆惠宁书记、楼阳生省长批示同意，调整组成了新的省地方志编纂委员会。骆惠宁书记任顾问、楼阳生省长任主任，相关省直单位主要负责人和11市市长为委员。编委会的成立，充分体现了省委省政府对方志事业的高度重视及全面完成我省志鉴“两全目标”任务的决心和信心。

进度通报大家都听到了，情况不是很乐观。所以，我们召开今天的推动会，请相对有问题的单位负责同志来参加会议，我们再进一步统一思想、统一步调、压实责任，按期完成这项工作。这里，讲三个方面的意见。

一、正视差距，进一步增强补齐短板的责任感和紧迫感

2017年以来，省委、省政府将志鉴工作缓慢的厅局和市县列入省政府“13710”督办系统，强力推进，到2017年12月，全省完成率为49%，比中指组（中国地方志指导小组）年中通报提高9个百分点。尽管如此，我省志鉴“两全目标”完成进度仍处于全国中下游水平，和上级要求相比还有较大差距，到2020年全面完成“两全目标”时间紧迫，任务艰巨。党中央、国务院有这样的要求，作为地方政府和负责这项工作的同志，应该有执行力，这是法定职责。

要清醒认识到，完成志鉴“两全目标”是法定职责。2006年国务院公布施行的《地方志工作条例》明确规定，县级以上人民政府应当加强对本行政区域地方志工作的领导。2011年省人大公布施行的《山西省地方志工作条例》明确规定，承担地方志编纂任务的单位应当按时保质完成编纂任务。完成志鉴“两全目标”是地方志事业的重中之重，也是各市县政府、省直部门履职尽责的必然要求。

要清醒认识到，志鉴“两全目标”是国家

下达的刚性任务。到2020年全面完成省、市、县三级规划志书编纂出版，省、市、县三级综合年鉴一年一鉴，公开出版的“两全目标”任务。时间要求十分明确，对山西省来说，一个县、一个部门没完成，都不算完成。我相信哪个市哪个县都不愿意拖山西的后腿。国务院办公厅将适时在全国开展志鉴“两全目标”专项督查。这些要求，我们不能不管不顾，必须心中有数，严格落实。

要清醒认识到，我省志鉴“两全目标”任务进展较慢，质量也不容乐观。刚才，志仁主任通报了全省志鉴“两全目标”进展情况。从编纂出版情况分析，近百部省志出版42部，完成率不到一半。《民族宗教志》《城镇集体工业志》《名优产品志》进展非常缓慢。《社会团体志》《华国锋志》尚未启动。《政府志》《农业志》《现代书画家志》等25部省志需要快马加鞭，迎头赶上。

全省11部市志已出版3部、付印2部，进入招标程序1部，完成54.5%。《运城市志》已经进入出版程序，但一些内容作了时间下延，正在补充资料。《忻州市志》《吕梁市志》已经评审，但《吕梁市志》质量不够高，需要修改完善的地方很多。大同、朔州还在编纂初稿。

119部县志已出版62部，完成52.1%。评审、终审28部，上交送审稿2部，正在编纂27部。一些问题比较突出，比如《古县志》2012年评审后，由于种种原因至今尚未出版；《屯留县志》也存在类似问题；吕梁市的离石区、临县、柳林县将志书外包给同一家文化传播公司，部分内容直接粘贴复制，评审稿质量不理想。

省级和11部市级综合年鉴全部实现一年一鉴、公开出版。全省119个县（市、区）除晋中市榆次区外，其余118个县（市、区）均启动综合年鉴编纂工作。实现一年一鉴的73部，占应编纂出版数的61%。

“两全目标”任务虽有较大进展，但整体进度较慢，现在距2020年全面完成“两全目标”任务只有两年多时间，完成任务的压力依然较大，各地各部门要正视差距，下大力气补齐短板。

二、落实责任、强化担当，保质保量完成志鉴“两全目标”

今天与会的各市、省直各部门分管领导回去要把会议精神及时向主要负责人汇报，各地各部门要坚持问题导向，采取有针对性的措施，切实保证按时保质完成“两全目标”。

一要对号入座，加快进度。刚才点到的市县和省直部门要查一查工作差在哪儿，奋起直追，明确时间表、路线图和责任人，集中力量，切实加快所承担志鉴的编修进度，确保2020年全面完成出版工作。

二要强化保障，狠抓落实。各级政府要加大“人、财、物”投入力度，着力解决工作中存在的突出问题和实际困难；要组织协调相关方面形成合力，明确责任，狠抓落实。

三要做好督查、督导、通报。省直单位和各市要定期统计、汇报志鉴编纂进度。省方志办要统筹协调、靠前指导，精确掌握每一部志书、每一部年鉴的进度安排，加强管理。对进展迟缓的市县和部门，要及时列入省政府“13710”督办系统进行督办，这个已经做了。本次推进会之后还进展缓慢的市县和省直单位，问题就更严重了，要强化责任追究。

四要提高志鉴编纂质量。在加快志鉴“两全目标”进度的同时，要保证编纂质量，不能光有数量，没有质量。必须执行国家《地方志书质量规定》《地方综合年鉴编纂出版规定（试行）》等规范要求，确保出版的各类志鉴指导思想正确、体例结构科学、内容全面完整、资料丰富翔实、行文规范流畅、时代和地方特色鲜明。省方志办要加强业务指导和质量把关。

三、适应新形势新要求，全面推动方志事业发展

中国特色社会主义进入新时代，也赋予了史志工作新的使命。各地各部门要充分发挥方志在助推文化建设中的作用，及时跟进历史的步伐，真实、客观、准确地记载好历史，接通好本地、本部门历史文化的发展脉络。

一要切实做到“一纳入、八到位”。各级政府要认真落实国家要求，把地方志工作纳入国民经济和社会发展规划、各级政府工作任务之中，做到认识到位、领导到位、机构到位、编制到位、经费到位、设施到位、规划到位、工作到位，保障方志事业的顺利发展。

二要加快推进山西省情（方志）馆和信息化建设。省方志馆建设要加快进度，尽快实现地情资料的数字化，包括查阅资料的电子化、信息化。力争到2020年完成省、市、县三级方志网络的互联互通，实现全省方志信息资源的共享共用，提高地方志公共服务能力。

三要提高方志资源的开发利用效率。要充分发挥方志资政育人、服务经济社会发展大局的积极作用。省方志办要落实习近平总书记视察山西提出的“要重视做好包括于成龙、裴氏家训等在内的廉政文化资源挖掘弘扬工作，用以涵养党内政治文化”精神，精心编纂出版《山西家规家训精选》，弘扬优秀传统文化。各级方志办要围绕我省中心工作，深入研究省情地情，加强对历史与现实相结合的重大课题的专项研究；深入挖掘山西厚重的历史文化资源，讲好山西故事，助力山西美好形象的不断塑造；要在做好各地志鉴工作的同时，做好《山西抗日战争志》《山西改革开放四十周年大事纪要》的编纂工作，联合山西电视台拍摄好《影像晋志》。创新表现形式，通过群众喜闻乐见的方式让更多方志成果走入寻常百姓家，发挥地方志在丰富群众文化生活方面的积极作用。

同志们，完成“两全目标”时间紧、任务重，今年很关键，可以说是决胜年。我们要坚决贯彻国务院的安排部署和省委省政府的工作要求，提高政治站位，强化责任担当，加快进度，狠抓落实，确保到2020年全面完成志鉴“两全目标”，为全面推动山西地方志事业繁荣发展作出新的贡献。

在《山西抗日战争志》编委会工作会议上的讲话

（2018年8月7日）

山西省副省长　曲孝丽

今天召开《山西抗日战争志》编委会工作会议，这是我省方志界、史学界的一件大事、一件喜事，在此，我代表省政府、编纂委员会，对为此项工作付出辛勤劳动的同志们表示衷心的感谢！刚才，志仁同志宣读了《山西抗日战争志》编纂工作方案，部署了下一步编纂工作。下面，我再谈几点意见。

一、充分认识编纂《山西抗日战争志》的重大意义

（一）编纂《山西抗日战争志》是一项重要的政治任务。《山西抗日战争志》是《中国抗日战争志》的重要组成部分。《中国抗日战争志》是为贯彻落实2015年7月30日习近平总书记在中央政治局第二十五次集体学习时的重要讲话精神，由全国社科规划办下达的国家社科基金抗日战争研究专项工程项目，《山西抗日战争志》是规划部署的《中国抗日战争志》系列丛书的重要组成部分。编纂《山西抗日战争志》，是深入学习贯彻习近平总书记关于中国人民抗日战争的系列重要讲话精神的具体体现，也是深入学习贯彻习近平新时代中国特色社会主义思想的重要体现。我们必须站在讲政治的高度认识这项工作，落实好这项任务。

（二）编纂《山西抗日战争志》是深化拓展山西抗战史研究的重要举措。从1937年7月7日抗战全面爆发，到1945年9月抗战胜利，全面抗战期间，山西是党领导的抗日民族统一战线的先行区，是八路军总部和三大主力师所在地。平型关大捷、忻口战役、夜袭阳明堡日军飞机场，以及百团大战、黄崖洞保卫战、沁源围困战等重大战役战斗都发生在山西，创造了八路军抗战史上的辉煌战绩。抗日军民在山西境内歼灭的日军占侵略华北日军总数的三分之一，在中国抗日战争史上书写了光辉的篇章。山西人民为夺取抗战胜利作出了巨大牺牲和突出贡献，据不完全统计，全面抗战期间，在山西伤亡的群众和抗日将士达 300 万人，山西全省参加八路军和新四军的青壮年达 70 多万人，参战支前的打游击的民兵自卫队有数百万人之多。党领导八路军和山西人民在取得抗战伟大胜利业绩的同时，用鲜血和生命铸就伟大的太行精神、吕梁精神。太行精神、吕梁精神是以党的政治优势、党的优良传统作风为核心内容的崇高革命精神，是井冈山精神、长征精神在抗日根据地的发扬光大，是延安精神在抗日根据地的具体实践和生动体现，是以爱国主义为核心的中华民族伟大精神在抗日战争年代的升华发展，是中华民族伟大抗战精神的象征。多年来，在各界特别是史志界广大专家学者的不懈努力下，山西抗战史的研究取得了丰硕成果，但还有深化拓展的空间。地方志是记录保存中华民族历史的重要载体。编修地方志是中华民族的优秀文化传统，绵延千载，历久弥新。编纂《山西抗日战争志》，以志书的形式，全面系统、客观真实地记述党领导八路军和山西人民开展抗战的历史，是研究山西抗战的一个新的视角，也是深化拓展山西抗战史研究的重要举措。

（三）编纂《山西抗日战争志》是深入学习贯彻习近平总书记视察山西重要讲话精神的重要抓手。去年 6 月，习近平总书记在我省视察时指出："革命战争年代，吕梁儿女用鲜血和生命铸就了伟大的吕梁精神。我们要把这种精神用在当今时代，继续为老百姓过上幸福生活、为中华民族伟大复兴而奋斗。"山西是全国著名的革命老区，革命精神底蕴深厚，底色鲜红。抗日战争时期，是包括吕梁精神、太行精神在内的山西红色文化和革命精神形成和厚积的重要时期。编纂《山西抗日战争志》，是一个调查研究、收集整理史料、深化认识和发掘抗战时期山西厚重的红色革命资源的过程，这样一个修志过程及其成果，是传承弘扬红色革命精神，将红色革命精神运用到当今时代，激励全省广大干部和人民群众不忘初心、担当作为、奋进新时代的重要举措，是深入学习贯彻习近平总书记视察山西重要讲话精神的重要抓手。编纂好这样一部志书，意义重大。

二、努力把《山西抗日战争志》编纂成精品佳作

编纂《山西抗日战争志》，不仅是一项重大的学术文化工程，更是一项重大政治工程。我们要以强烈的时代责任感和历史使命感，下大力气、下大功夫，努力将《山西抗日战争志》编纂成资政辅治、堪存堪鉴的精品佳作。

一要坚持正确的政治方向和学术导向。2014 年以来，习近平总书记发表了一系列关于中国人民抗日战争的系列重要讲话，对抗日战争的性质、意义、过程、贡献和历史启示等问题作了深刻阐释，形成了关于抗日战争历史、抗日战争研究和抗日战争纪念的思想体系，为全面系统研究抗日战争提供了一个完整的、科学的框架，为编纂抗日战争志提供了科学指导和基本遵循。编纂《山西抗日战争志》，要以习近平总书记关于中国人民抗日战争的系列重要讲话精神为指导，坚持正确历史观，准确把握党领导八路军和山西人民抗战的历史进程、主流、本质，客观记述历史活动、历史事件、历史人物，努力做到让历史说话、用史实发言。

二要正确处理好史和志的关系。史和志是研究和记述历史的两种不同载体，志书和史书在性质功能、体例体裁、行文要求、语言风格等方面有明显区别。编纂《山西抗日战争志》是山西抗日战争研究和志书编纂的一次创新性结合，也是方志界和史学界首次大规模跨界合作。作为一项创造性的工作，《山西抗日战争志》的编纂，要遵循志书编纂基本要求，认真研究、反复探讨，真正实现志书形式和抗战内容的有机结合。

三要坚持质量至上原则。质量是志书安身立命之本，关系到志书的功能价值。习近平总书记曾谈道：“志书要注意质量，能经得起时间和历史的检验……要把质量放在第一位，对社会负责，对事业负责，对子孙后代负责。”《山西抗日战争志》编纂，要始终坚持质量第一的原则，将质量观念和质量管理贯穿于修志全过程，着力打造精品佳志。

三、统筹推进抗战志编纂和志鉴“两全目标”工作

按照国家的统一部署，《山西抗日战争志》编纂，到2020年初要完成送审稿，2020年11月完成定稿。到2020年，全省地方志部门还要完成省、市、县三级第二轮修志规划任务和实现省、市、县三级综合年鉴编纂出版全覆盖任务的志鉴“两全目标”工作。抗战志编纂和志鉴“两全目标”工作，时间紧，任务重，要统筹推进，努力做到“两不误两促进”，确保任务如期完成。

《山西抗日战争志》编纂，是一项涉及面较广、专业性和创新性很强的系统工程，要特别注意加强组织领导。省政府对这项工作高度重视，专门成立了编纂委员会。编委会要发挥好统筹全局、协调各方的领导支持作用。省方志办要制定清晰的任务书、时间表、路线图，以科学规划引领编纂工作有序进行，有针对性地组织开展学术研讨活动，解决志书编纂中的体例、史实、文字等问题。要在确保质量的前提下，按计划快速推进编纂工作。

同志们，编修地方志是中华民族的优良传统，我们山西是改革开放后较早开展地方志编修工作的省份之一，是全国社会主义新方志的发祥地。按照国家的统一部署，编纂《山西抗日战争志》，推进完成全省志鉴“两全目标”工作，是当代史志界、方志部门的重要使命。全省地方志工作者要进一步提高政治站位，强化使命担当，狠抓落实，确保到2020年全面完成抗战志编纂和志鉴“两全目标”，为推动全省地方志事业繁荣发展和全省经济社会发展作出新贡献。

在《江苏省地方志工作条例》贯彻实施座谈会上的讲话

（2018年11月27日）

江苏省人大常委会副主任　许仲梓

省十三届人民代表大会常务委员会第五次会议通过的《江苏省地方志工作条例》（以下简称《条例》）将于2018年12月1日起施行。今天，省人大常委会和省政府在这里联合召开贯彻实施座谈会，目的是推动《条例》的学习宣传和贯彻实施。刚才，省人大常委会法工委副主任李后龙同志就《条例》的主要内容作了说明解读，省政府副秘书长徐莹同志就《条例》的贯彻宣传提出了明确要求，省志办、省司法厅、扬州市志办、南通海安市志办、苏州吴中区东山镇、南师大文学院等部门单位的负责同志就落实《条例》作了交流发言，提出了具体措施，讲得都很好。下面，我代表省人大常委会再讲几点意见。

一、要充分认识《条例》颁布实施的重要意义

地方志是我国的文化瑰宝，编修地方志是中华民族独特的文化传统，已传承两千多年。江苏作为方志之乡、方志大省，制定《江苏省地方志工作条例》显得尤为重要。《条例》是我省第一部关于地方志工作的地方性法规，对于依法推动全省地方志工作规范有序发展，具有十分重要的里程碑意义。

（一）条例的颁布实施，是贯彻落实习近平新时代中国特色社会主义思想，推动中国特色社会主义文化繁荣兴盛的必然要求。习近平总书记指出，“历史是最好的教科书”“不忘历史才能开辟未来，善于继承才能善于创新。只有坚持从历史走向未来，从延续民族文化血脉中开拓前进，我们才能做好今天的事业。”他强调，“要高度重视修史修志，把历史智慧告诉人们，激发我们的民族自豪感和自信心，坚定全体人民振兴中华、实现中国梦的信心和决心”。地方志是社会主义文化事业的重要组成部分，发挥着记录历史、传承文明、资政育人、服务发展的作用，是我国的标志性文化，中国特色社会主义文化的繁荣兴盛离不开地方志事业的发展壮大。习近平总书记视察江苏时，要求我省推动包括文化建设在内的五个方面迈上新台阶，《条例》的出台为繁荣发展地方志文化提供了坚实的保障。

（二）条例的颁布实施，是贯彻落实地方志事业发展规划纲要，推动依法治志的必然要求。党的十八大以来，党和国家高度重视地方志工作。2015 年 8 月，国务院办公厅印发了《全国地方志事业发展规划纲要（2015—2020 年）》，明确新时代地方志工作定位、地方政府工作职责、地方志工作原则和具体工作任务，把“坚持依法治志”列为推动地方志工作的基本原则之一，强调要用法治思维破解发展难题，用法治手段解决问题。《条例》的出台是我省依法治志的必然要求，确保地方志工作的各个环节有法可依，推动建立各级政府依法履行领导责任、推动各级地方志工作机构依法履行组织实施和管理职责、推动社会各界依法参与和提供支持的法治化工作格局。

（三）条例的颁布实施，是适应我省地方志事业发展，做强做优地方志工作的必然要求。省委、省政府高度重视地方志工作，2006 年国务院颁布《地方志工作条例》后，2008 年省政府出台了实施办法，规范我省地方志的组织编纂、开发利用和管理工作。2016 年，为落实《全国地方志事业发展规划纲要（2015—2020 年）》工作部署，省政府办公厅印发了《江苏贯彻〈全国地方志事业发展规划纲要（2015—2020 年）〉实施方案》，对全省地方志工作提出了新目标新要求。近几年来，我省地方志工作不断拓展，各项工作在全国居于领先地位，《江苏援藏援疆建设志》《中国东海水晶志》《中国淮扬菜志》等专题特色志以及江苏名镇名村志等编纂工作成为全国地方志工作的亮点和名片，中指组要求我省要以更高的标准，发挥更大的作用。《条例》全面规范了地方志工作行为，确立了地方志工作职责，理顺了地方志工作关系，明确了地方志工作保障条件，将为我省地方志事业发展注入强大动力，有力推动我省地方志工作做强做优，继续走在全国前列。

二、要准确把握《条例》的立法精神和重点内容

《江苏省地方志工作条例》紧紧围绕规范地方志工作，促进地方志开发利用，发挥地方志记录历史、传承文明、资政育人和服务发展的立法精神。明确了推动方志文化传承创新的法定责任、法定义务和法律要求，确保地方志机构组织编纂志书和年鉴的法律权威。《条例》共 32 条，主要包括：立法宗旨、适用范围、工作原则、工作部门及职责、工作要求、社会服务、社会参与、人才建设、法律责任等。既体现了对全国性法规的深入贯彻落实，又呈现出鲜明的江苏特色、时代特色。

（一）突出了地方志工作新担当新使命。党的十九大对坚定文化自信推动文化繁荣作了全面部署，要求培育和践行社会主义核心价值观，推动中华优秀传统文化创造性转化、创新性发展，更好构筑中国精神、中国价值、中国力量，为人民提供精神指引。立足于新时代新要求，《条例》开宗明义，明确地方志要发挥记录历史、传承文明、资政育人和服务发展的作用。强化地方志工作管理职能，一手抓志鉴史的组织编纂，一手抓地方志资源开发利用，通过具体法律条文对新时代我省地方志工作的新担当新作为新使命提供具体要求。

（二）进一步明确了各级地方政府的职责。编纂地方志历来是“官职”“官责”，是各级地方政府应尽的责任和义务。《条例》强化了各级政府的职责，规定：“县级以上地方人民政府应当加强对地方志工作的领导，将地方志工作纳入国民经济和社会发展规划，协调解决地方志工作中的重大问题，督查推动地方志工作；建立健全地方志工作机制，配备工作人员，保障工作条件，将地方志工作所需经费列入本级财政预算。”并规定省人民政府应当制定地方志事业发展规划以及全省地方志书编纂工作规划，推动全省地方志事业平稳、健康、有序发展。

（三）拓展了地方志的内涵和工作范畴。2006年国务院颁布的《地方志工作条例》所称地方志，只包括省、市、县三级地方志书、地方综合年鉴，但经过十多年的发展，我省地方志工作有了很大拓展。从横向看，由编纂综合志书、综合年鉴向编纂部门志、行业志、专题志、部门年鉴拓展；从纵向看，由省、市、县不断向乡镇（街道）、村（社区）延伸。国务院《全国地方志事业发展规划纲要（2015—2020年）》明确规定要重视各类专业（部门）年鉴和乡镇村志的编纂。按照新时代党和国家对地方志工作的要求，《条例》对地方志工作范围进行适当扩充，规定“对本行政区域特别重大自然灾害，具有独立存史价值的重大事件、活动，以及独特的地域文化、地情特色，县级以上地方人民政府可以决定编纂地方专题志书。”“鼓励组织编纂部门志、行业志、乡镇（街道）志以及村（社区）志等其他志书，鼓励部门、乡镇（街道）编纂年鉴。”“列入中国传统村落名录的村，省人民政府批准公布的历史文化名镇、名村，应当编纂志书”，为我省地方志工作实现“横向到边、纵向到底”的工作格局提供法律保障。

（四）强化了地方志公共服务功能和社会参与度。坚持服务中心工作、服务社会经济发展、服务人民群众需求是地方志工作的出发点和落脚点。《条例》把强化地方志公共服务功能、扩大社会参与作为立法宗旨贯穿始终，明确了地方志工作机构开展地情调查的职责，充实了地方志信息化建设任务、方志馆建设要求和地方志开发利用途径等职能，要求县级以上地方人民政府应当将地方志的开发利用纳入现代公共文化服务体系，为培育和践行社会主义核心价值观提供丰富、优秀的精神文化产品。其中，第十八条要求“县级以上地方人民政府应当建立方志馆，或者在公共图书馆、文化馆、档案馆等公共场馆内开辟专门区域，用于本行政区域的地情展示和地方志的收藏研究、开发利用”。第二十一条要求“方志馆、地方志资源共享平台应当完善服务功能，公示服务范围和方式，免费向社会公众开放，并提供查阅、摘抄、下载、复制、检索等服务”。在强化地方志公共服务功能的同时，为了扩大社会参与度，《条例》第十一条规定：“地方志工作机构应当建立地方志专家库、人才库，吸收有关方面的专家、学者以及熟悉地情的社会公众参与地方志编纂工作。”“地方志工作机构可以采取购买服务、项目合作等方式，委托高等院校、科研机构等专业机构承担地方志编纂有关工作。”进一步拓宽了公众参与的渠道。

（五）强调了地方志质量要求以及相应的法律责任。质量是地方志的生命，是地方志的价值所在。《条例》第九条强调：“编纂地方志应当坚持正确方向，遵循存真求实、确保质量的原则，做到全面客观、真实可靠、科学严谨、合法合规，不得篡改历史事实，不得杜撰历史事件。”“地方志编纂人员应当恪尽职守、据事直书、忠于史实、保守秘密。”“任何单位和个人不得要求地方志工作机构和编纂人员在地方志中作虚假记述。”

三、要切实抓好《条例》的贯彻实施工作

“天下之事，不难于立法，而难于法之必行。”这部《条例》从起草、提请审议、修改，到最后正式颁布实施，一路走来很不容易。《条例》的出台，凝聚了众多关心地方志、热爱地方志事业的专家学者的智慧和心血，希望各地各部门高度重视，抓好学习宣传和贯彻落实工作，让《条例》的法律效应得到真正体现。

（一）广泛学习宣传，努力营造氛围。《条例》的颁布实施为全省地方志工作提供了有力的法律保障。政府及宣传部门要高度重视《条例》的宣传工作，按照刚才省政府副秘书长徐莹同志的要求，把学习宣传贯彻好《条例》作为当前地方志工作的重点。要抓好各级领导干部特别是与地方志工作相关的各部门领导干部的学习，要按照学用结合的原则，在本系统内分期分批组织对《条例》各项规定的学习和培训，做好条文释义，组织专家解读。相关人员要准确理解、全面掌握《条例》的内容，领会《条例》实质，把握核心要义，既要知道“是什么”，更要知道“怎么做”，既要吃透立法精神，更要结合实际认真执行。要创新宣传形式，注重宣传实效，坚持日常宣传和集中宣传相结合、线上宣传和线下宣传相结合，通过多种形式多个渠道的宣传与解读，在全社会形成识志用志、依法治志的良好氛围。

（二）制定配套制度，狠抓贯彻落实。《条例》内容丰富，专业性和原则性较强，省政府及相关部门要抓紧研究制定和《条例》相配套的具体实施细则，细化条例有关规定，使之更加具体可操作。例如，《条例》规定地方志书经审查验收，报本级人民政府批准后公开出版。具体审查验收办法由省地方志工作机构制定，报省人民政府批准。那么，省地方志工作机构就要抓紧制定验收办法，以便各级地方志工作机构遵照执行。再比如，《条例》中有关地方志人才引进、兼职人员聘用、志愿服务、培训、激励以及建立地方志专家库、人才库制度，信息化和方志馆建设规定等制度都要及时制定具体细则。对不符合《条例》规定的制度要及时修订调整，逐步形成以《条例》为基础，以规范性文件、部门工作制度和业务规范为补充的地方志法规体系。

（三）加强人大监督，确保条例实施。加强监督检查是法律法规得到贯彻落实的重要保障，监督法律法规实施是人大常委会的法定职责。全省各级人大及其常委会要充分发挥权力机关的监督职能，切实加强监督检查力度，综合运用执法检查、专题调研、代表视察、听取和审议专项工作报告等多种形式，全面了解和掌握《条例》贯彻实施情况，发现问题及时提出意见和建议，督促政府及有关部门严格依法行政，确保《条例》贯彻到位、执行到位，达到预期的立法效果。省有关部门对《条例》在贯彻实施中遇到的新情况、新问题，也要及时加强分析研究，积极寻找解决对策和措施，确保《条例》顺利贯彻实施。

同志们，修志编鉴、以志通古、以鉴谋今。中国特色社会主义进入新时代，地方志工作正处于一个大有可为的历史机遇期。新时代要有新作为，我们要以《江苏省地方志工作条例》颁布实施为契机，以系统化思维，努力推进《条例》的贯彻落实，为我省地方志事业平稳、健康、有序发展作出新贡献！

在纪念章学诚诞辰280周年座谈会上的讲话

（2018年10月31日）

浙江省副省长　成岳冲

今天相聚文化之乡上虞，纪念章学诚诞辰280周年，一起探讨、研究章学诚的学术思想和历史贡献，能加深我们对章学诚的一种新认识。

章学诚先生曾被梁启超誉为“方志之圣”，他很好地构建了完备的方志编撰体例，形成了当时方志学理论体系，所以被后人认为是中国古代方志理论的奠基者，可见章学诚先生在中国方志史上的崇高地位。

“有天下之史，有一国之史，有一家之史，有一人之史。”在历史上浙东学派经历南宋和清朝两个高潮。清代的浙东学派以史学研究为根基，把史学当作一门改造社会的工具，章学诚曾提出，经学也可纳作史学范畴，这种思想极具深刻性，鲜明地继承和发扬了黄宗羲以来的清代浙东史学派的特色。治天下者，以史为鉴，治郡国者，以志为鉴，地方志作为我国特有的优秀文化传统，一直为世人所重。

浙江建设离不开对传统文化资源的挖掘和梳理，我们要进一步利用好像章学诚先生这样的先贤留给我们的宝贵财富和学术资源，进一步汲取优秀传统文化蕴含的丰富滋养，并矢志创造性转化，为深入实施习近平总书记为浙江科学发展而提出的八八战略，全面实现新时代浙江发展“两个高水平”目标，发挥积极作用。

在2018年广西壮族自治区地方志机构主任工作会议上的讲话

(2018年3月14日)

广西壮族自治区副主席　黄俊华

今天在这里召开2018年全区地方志机构主任工作会议，主要任务是全面贯彻落实党的十九大精神，坚持以习近平新时代中国特色社会主义思想为指导，全面总结既往工作成绩，深入交流工作经验，研究部署2018年全区地方志工作。下面，我讲几点意见。

一、充分肯定我区地方志工作取得的成绩，进一步增强做好地方志工作的使命感和责任感

地方志是传承中华文明、发掘历史智慧的重要载体，具有存史、资政、育人等重要功能，做好地方志工作，对于传承和弘扬中华优秀传统文化、提升文化自信具有重大意义。多年来，在自治区党委、政府的高度重视和各级各有关部门的大力支持下，全区方志工作者开拓创新、努力工作，编纂出版了一大批优秀的志鉴成果，为全区改革开放和现代化建设提供了十分有益的历史借鉴。一是志书编修扎实推进。第二轮计划编修的67部《广西通志》已出版25部，审查验收15部，评稿13部。计划编修的121部市县志，已出版38部，审查验收29部，评稿35部。桂林、北海两市率先实现市、县两级二轮志书审查验收全覆盖；钦州、玉林、来宾、贺州4个市实现市、县两级二轮志书评稿全覆盖。二是综合年鉴编纂出版全面铺开。《广西年鉴》连续5届获得全国年鉴编纂出版质量特等奖，成为省级综合年鉴的典范。截至2017年底，全区125个市、县全部启动了综合年鉴编纂工作，119个市、县（市、区）出版了综合年鉴，出版覆盖率达95%。三是古籍旧志整理取得新成效。加快推进《广西古籍丛书》出版工作，对广西方志馆存藏的224部古籍旧志进行了整理，完成整理出版近60部。四是地情开发利用初见成效。编纂上海支边企业在广西、广西大学院系调整和恢复重建史略、北部湾沿海地区隶属关系变化等重要史料，为全区经济、文化建设提供决策参考。五是基础设施和信息化建设有序推进。广西方志馆一期项目建成并投入使用，成为全国方志馆建设的标杆。广西方志馆二期工程项目有序推进。广西地情网顺利开通，实现了区、市、县三级资源共享。六是人才队伍建设得到加强。认真落实国家“一纳入、八到位”要求，逐步健全各级地方志工作机构，地方志人才队伍不断发展壮大，一批业务新秀和业务骨干脱颖而出。

这些成绩的取得，离不开各级党委、政府的坚强领导和各相关部门的大力支持，离不开广大地方志工作者的辛勤工作和默默耕耘。在此，我代表自治区人民政府，向为全区地方志事业作出巨大贡献的广大地方志工作者表示衷心的感谢并致以崇高的敬意！

在肯定成绩的同时，我们也要清醒地认识到，当前我区方志工作还存在不少困难和问题，一些地方的地方志工作“一纳入，八到位”机制不够健全，部分市、县推进“两全目标”工作进度滞后，地方志资政作用还没有充分发挥，等等。我们必须高度重视这些困难和问题，进一步增强做好地方志工作的使命感和责任感，在弘扬文化、服务大局、借史鉴今、启迪后人中肩负起方志人的使命和担当！

二、深入贯彻落实党的十九大精神，加快推进全区地方志事业转型升级

党的十九大吹响了建设中国特色社会主义文化强国的号角。地方志工作是建设文化强国的重要组成部分。全区地方志系统要深入贯彻落实党的十九大精神，以习近平新时代中国特色社会主义思想为指引，进一步明确地方志事业发展的历史新定位，着力构建新时代地方志工作新格局，促进全区地方志事业转型升级。

（一）牢牢把握地方志事业转型发展的大方向

十九大报告提出，要坚定文化自信，促进中华优秀传统文化创造性转化和创新性发展，推动社会主义文化繁荣兴盛，为我区地方志事业转型发展指明了方向。做好新时期地方志工作，要把创新摆在改革发展大局的核心位置，以改革创新驱动地方志事业转型升级，努力推动地方志工作实现“六个转变”。一是从围绕自身工作向围绕经济社会发展大局转变，实现地方志事业的大局化；二是从单纯修志编鉴向多业并举全面发展转变，实现地方志事业的全面化；三是从依规修志向依法治志转变，实现地方志事业的法治化；四是从地方志机构修志向党委领导、政府主持、地方志机构组织实施、社会各界广泛参与转变，实现地方志事业的社会化；五是从单一纸媒体的“志”向广泛运用数字媒体的“志”转变，实现地方志事业的信息化；六是从修志囿于当地向把地方志推向全国、走向世界转变，实现地方志传播的全国化、国际化。通过“六个转变”，使地方志成为记述、传承中华民族优秀文化的重要载体，成为展示广西地情的重要窗口。

（二）着力构建地方志工作改革发展新格局

当前，中国特色社会主义进入新时代，地方志事业也进入了新时代。全区地方志系统要抓住新时代发展的新机遇，促进地方志事业从传统的“一本书主义”向志、鉴、馆、网、库、用、会、刊、研、史“十业并举”转变，构建志（志书）、鉴（综合年鉴）、库（数据库）、馆（方志馆）、网（地情网）、用（开发利用）、研（理论研究）全面发展的新格局。

对内，要苦练内功，夯实基础。一是要全力以赴提高志书编纂质量。编修志书和年鉴是地方志的两项主业，是地方志事业的立身之本。要继续坚持质量第一原则，把提高志书编纂质量放在更加突出的位置。要建立组织管理、编纂规范、内容评价、业务考核、行政督查等保障机制，从篇目设置、资料收集、资料长编，到初稿撰写、总纂、初审、复审、终审，再到印刷、出版等各个环节把好质量关，既要把握住进度，又要掌控好质量。二是要大力抓好队伍建设，不断提高主编、总纂、编修人员的业务能力和水平。三是要建立经常性的收集征集资料工作制度，把志书、年鉴、旧志、地情书、相关工具书、理论研究成果等有价值的东西收集、整理、保存好。四是要狠抓基础设施建设，进一步加强方志馆、地情资料库等硬件设施的建设。五是要积极建设地情网站、地方志数据库，开设微信公众号、手机地情网，编制资政简报、干部读本、地情读物、旅游指南等，为实现方志资源共享提供有力支撑。

对外，要加强协作，服务大局。要突破地方志工作自身“一亩三分地”的传统藩篱，积极主动出击，加强与各方的协作，综合利用文博、档案、图书、文化、影视、高校等各方力量和资源推动方志事业推陈出新，向纵深拓展。要采用多种形式，加强与国内外高等院校、科研机构、档案机构和图书馆等单位的学术交流与合作。要积极服务国家“一带一路”倡议，精心组织推介一批高质量地方志成果，充分展示我区方志文化的当代价值和永恒魅力。特别要抓住服务中心工作、服务领导决策这一根本方向，抓好地情资源的开发与利用。

（三）努力打造地方志工作六大升级版

一要努力打造修志编鉴升级版。加快实施精品工程，科学制定编纂大纲，加强对核查、评审、验收等各个环节的总体把控，推动修志编鉴从面上覆盖向精品打造提升。鼓励并支持有条件的部门和单位编纂部门志、行业志、部门年鉴、行业年鉴，鼓励并支持有条件的市县编修地方史及名镇志、名村志，鼓励编修家谱、家训等，推进志书修编向纵深拓展延伸。

二要努力打造古籍旧志整理升级版。要积极借鉴先进省区成功经验，谋划启动《广西旧志集成》项目，推动从零敲碎打的局部整理向系统综合集成转变。自治区方志办要协同各地认真做好广西古籍旧志普查和收集工作，重点抓好散存于海内外的广西古籍旧志资料收集，摸清广西现存古籍旧志的“家底”。要围绕服务国家“一带一路”倡议，推动从单纯的旧志整理向综合性、协同性专题开发转变。

三要努力打造地情开发利用升级版。各级地方志机构要结合各自实际，加强地情资料收集整理，配合开展相关工作，不断提升地方志工作服务经济社会发展的能力。要以服务社会各方需求为导向，依托方志馆、地情网等平台，大力开展地方志文化进校园、进课堂、进机关、进企业、进社区活动。要打破单一、传统的修志模式，积极协同有关部门综合利用多种手段，推出一批读志用志精品，充分展示我区方志文化的价值和魅力。

四要努力打造基础设施和信息化建设升级版。条件成熟的市县要积极争取、支持市、县方志馆建设，力争实现自治区、市、县三级方志馆全覆盖。要加快推进数字方志馆及信息化建设，大力实施“互联网+地方志”行动，让古老的地方志焕发出新的生机和活力。

五要努力打造依法治志与人才队伍建设升级版。要紧紧围绕党的十九大重大决策部署，围绕新时代赋予方志工作的新使命新要求，配合自治区法制部门组织专题调研，加快推进《广西壮族自治区实施〈地方志工作条例〉办法》修订，为全区地方志事业转型升级提供保障。同时，要以广西地方志学会、《广西地方志》期刊、桂志文化讲堂以及各类学习培训为依托，着力加强全区地方志队伍建设，努力打造一支想干事、能干事、干成事的地方志人才队伍。

六要努力打造对外合作交流升级版。要主动融入国家“一带一路”倡议，服务国家文化“走出去”战略，主动作为，协同攻坚，积极开展相关研究，讲好广西故事，传播广西声音，向海内外推介广西发展成果，让地方志成为地方文化的名片、形象展示的窗口和联结海外华人华侨桑梓乡情的纽带。

三、全力确保各项工作落到实处，奋力谱写广西方志事业发展新篇章

2018年是自治区成立60周年和改革开放40周年，是决胜全面建成小康社会、实施“十三五”规划承上启下的关键一年，也是全区地方志系统推进“两全目标”的攻坚年。全区地方志系统要以更加务实的作风、更加昂扬的姿态、更加奋进的举措，创新思路，主动作为，全力推动我区地方志事业跨越发展。

（一）抓好全局谋划和顶层设计

要继续围绕贯彻落实《全国地方志事业发展规划纲要（2015—2020年）》，以决胜“两全目标”为中心，在总结地方志工作经验的基础上，科学规划下一阶段主要工作，做好区市县第三轮修志、乡镇志、村（社区）志、居民小区志启动准备工作，着手实现综合年鉴、行业年鉴全覆盖，把地方史纳入地方志工作范畴，继续加强方志馆、信息化、方志学理论、人才队伍等地方志基础建设，为推动地方志事业全面繁荣发展奠定坚实基础。

（二）切实做到“一纳入、八到位”

各市要继续高度重视和支持地方志工作，将地方志工作摆上重要议事日程进行研究和部署。要坚持和完善“党委领导，政府主持，各级地方志工作机构组织实施，社会各界广泛参与”的地方志工作体制，把地方志工作纳入国民经济和社会发展规划、各级政府工作任务，做到认识到位、领导到位、机构到位、编制到位、经费到位、设施到位、规划到位、工作到位，保障地方志事业顺利发展。

（三）全力打赢“两全目标”攻坚战

《全国地方志事业发展规划纲领（2015—2020年）》明确提出，要在2020年全面完成第二轮修志规划任务，实现省、市、县三级综合年鉴全覆盖，这是国家下达各级地方政府的硬指标、硬任务。去年7月底，中指办对全国地方志系统“两全”工作进行专题通报，我区三级综合年鉴公开出版覆盖率82%，在全国排第15位，而我区第二轮三级志书出版仅完成29%，在全国排第24位，通过审查验收仅完成48%，在全国排第21位。截至目前，全区专志未评稿的还有14部，评后待审查验收的还有13部；市县志未评稿的还有19部，评后待审查验收的还有35部。除桂林市、北海市、南宁市、崇左市4个市外，相当部分市、县志书和部分厅局专志的编修推进迟缓，要在2020年完成“两全目标”，任务相当艰巨。全区上下必须以攻坚克难的勇气和作风，合力打好这一攻坚战，确保“两全目标”如期完成。

（四）主动服务经济社会发展大局

各级地方志机构要紧紧围绕自治区成立60周年大庆和庆祝改革开放40周年等重大活动安排，结合志书年鉴编纂和地情资源开发利用工作，从历史的维度深入梳理我区民族自治和改革开放的历史轨迹，提炼其内涵与亮点，进一步扩大广西的对外影响力。同时，各级地方志机构要按照自治区关于实施乡村振兴三年行动计划的决策部署，结合名镇名村志编纂和家谱家训收集工作，深入挖掘我区乡土文化资源，激活我区传统文化基因，助推广西乡村振兴计划实施。

（五）加强党风廉政建设

全区地方志系统要切实把思想和行动统一到中央的部署要求上来，始终把党风廉政建设作为“一把手”工程来抓，作为一项重要政治任务来抓，认真贯彻落实中央“八项规定”和廉洁从政有关要求，切实履行党风廉政建设“一岗双责”。要加强党风廉政教育，认真组织开展“不忘初心、牢记使命”主题教育，坚持以上率下，以更严更实的履职要求，把全面从严治党要求落到实处，大力营造风清气正、干事创业的政治生态，为地方志事业科学发展保驾护航。

同志们，在新的历史起点上，全面推进我区地方志事业转型升级，责任重大、使命光荣。让我们紧密团结在以习近平同志为核心的党中央周围，以习近平新时代中国特色社会主义思想为指导，重整广西方志资源、重构大方志格局、重塑地方志形象，让修志明道这棵“古树”发出“新芽”，让藏在深阁的旧志故纸散出“浓香”，为谱写新时代广西发展新篇章作出新的更大贡献！

在调研云南省地方志办工作时的讲话

（2018年2月6日）

云南省副省长　李玛琳

按照云南省政府领导班子的分工，我分管省地方志编纂委员会办公室，我很高兴有机会和大家一起工作。这是我到省政府后首次到部门调研，今天来的目的主要是来认认门、认认人、看望大家，了解地方志工作的情况，听听大家对做好这项工作的意见和建议。

对地方志工作，很多业务知识还需要向大家学习、请教，在今后的工作中，也请大家对我的工作多给予支持和帮助。刚才，任玉华同志代表云南省地方志办公室汇报了近年来的工作情况，使我对地方志办公室的工作有了一些初步的认识和了解。借此机会，我讲两点感受和希望。

一、潜心修志，云南省地方志工作为全省经济社会发展作出了应有贡献

地方志工作是一项辛苦耗时、默默无闻的工作，需要耐得住寂寞、守得住清苦，需要甘于奉献、坚韧执着，但这项工作责任重大，肩负着记载历史、传承文明、服务当代、启迪后世的重要使命。近年来，在中国地方志指导小组办公室的指导下，在云南省委、省政府的坚强领导下，省地方志办认真贯彻落实党的十八大及十八届三中、四中、五中、六中全会精神和党的十九大精神，以习近平新时代中国特色社会主义思想为指导，坚持围绕中心、服务大局，坚持依法治志，努力发挥修志问道、资政育人作用，各项工作很有亮点，也很有特点，为云南经济社会发展作出了应有贡献。一是坚持了正确的修志方向。始终坚持中国特色社会主义文化发展道路，坚持为人民服务、为社会主义服务方向，坚持实事求是，直笔著史，为培育和践行社会主义核心价值观提供了丰富优秀的精神文化产品。二是顶层设计不断完善。制定出台了《云南省地方志事业发展规划纲要(2016—2020年)》，召开了第六次云南省地方志工作会议，为今后一段时期地方志事业发展明确了方向和目标，奠定了基础。三是第二轮修志取得阶段性成果。省、州市、县三级志书编修工作全面推进，截至目前，《云南省志》有37个分志完成审查验收，8个分志完成初稿；已出版州市志书6部、县市区志书73部；名山志、江河志、名镇志和茶叶通志等特色志书编纂有序推进；全省16个州市、129个县市区的年鉴编纂基本实现了全覆盖。四是服务能力不断增强。从单纯的按计划编纂志书，发展到挖掘开发地方特色和时代特色的地情资料，编辑出版了一大批特色志、专业志、行业志、部门志、乡镇村志和地方史等，地方志为经济社会发展、为地方文化建设、为决策服务的能力不断提升，成效不断显现。五是自身建设成效明显。云南省地方志办及各州市县志办组织开办了一系列编纂业务培训班、培养了一大批中青年修志人才，目前已形成一支1100余人的专职修志队伍，为“两全目标”（即到2020年，全面完成第二轮省、市、县三级志书编纂规划任务，以及实现省、市、县三级综合年鉴编纂全覆盖，一年一鉴，公开出版的任务）的实现提供了人才保障。还有不少的工作成绩，在这里就不一一列举。在此，我代表云南省人民政府向省地方志办全体同志，并通过你们，向全省的地方志工作者，表示亲切的慰问、衷心的感谢并致以崇高的敬意！

二、真抓实干，努力推进云南省地方志事业繁荣发展

2018年2月1日，阮成发省长在云南省政府党组会上对省政府领导班子提出了务必牢固树立“四个意识”、务必忠诚干净担当、务必有所作为、务必全面增强本领的“四个务必”工作要求；在2月5日召开的第十三届云南省人民政府第一次全会上，阮成发省长再次强调了“四个务必”的工作要求，要求大家撸起袖子加油干、扑下身子抓落实，要求大家提高站位抓落实、瞄准目标抓落实、克难攻坚抓落实、开拓创新抓落实、聚焦问题抓落实，站在新的起点上有新的作为。我们一定要把阮成发省长的工作要求，扎扎实实落实到每一天、每一项工作中去，以新业绩践行新使命。

一要提高政治站位。当前，地方志工作的头等大事，是要以习近平新时代中国特色社会主义思想和党的十九大精神为指导，进一步把思想和行动统一到党中央和省委决策部署上来，准确把握省委、省政府对地方志工作的新要求、新期待，自觉在思想上、政治上、行动上与以习近平同志为核心的党中央保持高度一致，进一步增强干事创业的积极性和主动性，担负好服务中心、服务大局的重任，切实把党的十九大精神、云南省委十届四次全会精神和《云南省政府工作报告》目标任务落到实处。

二要强化使命担当。地方志是一个地方的精神名片，其价值和活力不仅在于修志存史，还在于对历史智慧与文明的记述与传承，在于育人与资政，在于服务地方发展大局。近年来，党中央、国务院十分重视地方志工作，习近平总书记多次关注地方志工作，强调“高度重视修史修志”。云南省委、省政府历来高度重视地方志工作，对地方志工作寄予厚望。我们有幸生活在一个伟大的时代，到2020年，将实现决战脱贫攻坚、决胜全面小康，开启社会主义现代化新征程。云南各族人民在以习近平同志为核心的党中央领导下，到2020年，将摆脱绝对贫困，与全国同步全面建成小康社会。这些将在云南历史上写下浓墨重彩的一笔。全面客观系统地记载这段光荣的历史，意义重大。站在新的时代和新的历史起点上，我们要进一步增强做好地方志工作的责任感和使命感，增强工作的主动性和自觉性，在做好二轮修志工作基础上，对三轮修志工作提前谋划，以高度的责任感去见证历史、记录历史，不断把地方志事业推向前进，把云南省的地方志工作做得更好、更有水平、更有质量。

三要明确目标任务。2015年8月，国务院办公厅印发了《全国地方志事业发展规划纲要(2015—2020年)》，2016年6月，云南省人民政府办公厅印发了《云南省地方志事业发展规划纲要（2016—2020年)》，这两个规划是全国、全省地方志事业发展的顶层设计，是今后一段时期全省地方志工作的“总目标”“总抓手”。今后3年，地方志工作要紧紧围绕国家和云南省《规划纲要》，准确把握云南未来的发展愿景、定位、目标和重点工作，按照国家对修志编撰的总体要求，确保到2020年顺利完成“两全目标”要求，为全面建成小康社会献上一份“志”礼。

四要做好宣传挖掘。地方志工作“贵在史识，重在致用”，生存之基是记录历史，发展之道是育人资政。地方志不仅仅是史学的基础和史学家的专利，而应该更广泛地应用于社会发展之中，更大地发挥服务国家和地方经济社会发展的作用。特别是在信息化和新媒体时代，地方志要积极通过技术手段，进一步加大宣传力度，充分实现地方志成果的公开化和使用的便捷化，让地方志与经济社会发展实现“外循环”，让社会更广泛了解地方志、更需要获取地方志、更方便使用地方志。同时，要善于和勇于把那些具有时代特色、民族特色、地方特色、民俗风情特色和社会活动特色的重大内容题材挖掘出来，把它写足、写实、写活、写好、写出特色，充分发挥地方志的智库作用，使其在社会主义精神文明、物质文明、政治文明和生态文明建设中发扬光大，让地方志更有效地服务决策、服务经济建设、服务产业转型升级。

五要加大与外部交流合作力度。云南省地方志办要主动加强与科研院所、高校的交流合作，借助外力、整合资源，促进地方志工作更具活力、更有作为。要加强与云南省社科院的合作，共同开展课题研究，为云南经济社会发展、为政府决策提供咨询服务；云南省地方志办和州市地方志办要加强与有历史学专业高校的合作，研究将地方志办建设成为高校历史学专业毕业生的实习基地，同时，探索地方志办资深工作人员到高校兼职任教的途径和办法。

六要狠抓党风廉政建设。要始终高度重视党风廉政建设和反腐败工作，坚决落实全面从严治党要求，认真履行好党风廉政建设“两个责任”，紧盯廉政风险点的防控，依法依规做好编纂经费的使用、监督和管理，把管和治更多地体现在日常，真正实现提醒、监督的日常化，为全省地方志事业的发展营造良好的环境，努力打造一支忠诚、干净、有担当的地方志工作队伍。

同志们，站在新的历史起点上，希望云南省地方志办的同志们要当好全省地方志工作的领头羊，带领全省地方志工作战线上的全体同志，不断开拓创新、扎实工作，全面推进云南省地方志事业繁荣发展，努力打造无愧于时代、无愧于人民、无愧于历史、无愧于民族的系列精品佳志，为全省经济社会发展和与全国同步全面建成小康社会作出新的贡献。

新春佳节在即，在这里向大家拜个早年，祝大家身体健康、阖家幸福、吉祥如意！

在甘肃省地方史志编纂委员会主任会议上的讲话（摘要）

（2018 年 8 月 16 日）

甘肃省副省长、省地方史志编纂委员会主任　何伟

要严把志书质量关的最后一个重要环节。各志书承编单位和省史志办公室都要高度重视、严格把控志书终审以后的修改完善，确保志书质量，真正使我们审核审查过的每一部志书成为“官书”“信史”，切实发挥好地方志书在“存史、资政、育人”中的重要作用；要紧盯目标任务，按期保证完成修志任务。按照国家规定，到 2020 年要全面完成第二轮地方志书编修任务。我省的《地方志事业“十三五”发展规划》也对这一任务提出了明确的时限要求。近三年来，省史志办公室加大工作力度，全面加强了省、市、县三级地方志书和地方综合年鉴的编纂工作，使我省地方志编纂和年鉴编辑进度长期落后的状况有了很大改观，特别是今年以来全省地方志书和地方综合年鉴编纂在全国的排名有了明显变化，这个排名来之不易，希望进一步总结经验，再接再厉，把全省地方志工作抓得更好；要深入开展读志用志活动，着力提升地方志工作宣传力和影响力。修志为用，要在把志书编纂好、出版好的同时，重视和加强读志用志工作，让地方志在开展地方历史地理研究、宣传地方各类优势资源、促进地方开放发展等方面发挥更多更好的作用。

附　　表

全国第二轮省市县三级志书规划与出版情况统计表

（截至2018年12月31日）

单位：部

序号	项目 行政区划	省级志书		市级志书		县级志书	
		规划数	出版数	规划数	出版数	规划数	出版数
1	北　京	70	25	—	—	18	10
2	天　津	61	51	—	—	16	12
3	河　北	59	9	7	3	148	128
4	山　西	89	52	12	6	119	71
5	内蒙古	76	18	12	4	103	52
6	辽　宁	84	11	57	18	100	53
7	吉　林	60	35	9	8	59	54
8	黑龙江	95	25	13	5	143	91
9	上　海	196	27	—	—	24	20
10	江　苏	60	15	13	11	96	92
11	浙　江	113	9	11	7	87	54
12	安　徽	87	59	17	17	110	110
13	福　建	77	34	9	4	84	44
14	江　西	102		11	9	100	97
15	山　东	74	74	17	17	137	137
16	河　南	135	24	18	16	150	148
17	湖　北	83		17	17	97	97
18	湖　南	66	49	14	9	121	97
19	广　东	43	43	19	19	99	99
20	广　西	65	32	15	4	106	44
21	海　南	55	6	2		20	
22	重　庆	86	62	—	—	39	30

续表

序号	项目 行政区划	省级志书		市级志书		县级志书	
		规划数	出版数	规划数	出版数	规划数	出版数
23	四　川	93	50	21	16	179	171
24	贵　州	64	33	9	3	88	57
25	云　南	68	15	16	9	128	84
26	西　藏	56	4	7		74	7
27	陕　西	72	30	11	2	106	46
28	甘　肃	72	54	14	7	86	58
29	青　海	59	19. 5	8	2	46	15
30	宁　夏	25	25	5	2	22	15
31	新　疆	10		11	3	68	15
32	兵　团	5	4	14		1	1
合　计		2359	893. 5	389	218	2775	2010

说明：此表各项数据均参照《关于2018年第四季度全国第二轮省市县三级志书和综合年鉴全覆盖完成情况的通报》（中指组字〔2019〕1号）附件1－附件4。

到2020年全面完成地方综合年鉴编纂任务及出版情况统计表

（截至2018年12月31日）

单位：种

序号	行政区划	省级综合年鉴（2017年卷）				省级综合年鉴（2018年卷）			市级综合年鉴（2017年卷）				市级综合年鉴（2018年卷）			县级综合年鉴（2017年卷）				县级综合年鉴（2018年卷）		
		应编纂（出版）	启动编纂	一年一鉴	公开出版	应编纂（出版）	启动编纂	公开出版	应编纂（出版）	启动编纂	一年一鉴	公开出版	应编纂（出版）	启动编纂	公开出版	应编纂（出版）	启动编纂	一年一鉴	公开出版	应编纂（出版）	启动编纂	公开出版
1	北　京	1	1	1	1	1	1	1	—	—	—	—		—	—	16	16	16	16	16	16	9
2	天　津	1	1	1	1	1	1	1	—	—	—	—		—	—	16	16	16	6	16	16	16
3	河　北	1	1	1	1	1	1	0	11	11	11	11	11	11	6	168	160	108	87	168	163	63
4	山　西	1	1	1	1	1	1	1	11	11	11	11	11	11	7	119	119	76	77	118	118	61
5	内蒙古	1	1	1	1	1	1	0	12	12	10	3	12	12	1	103	75	61	15	103	103	2
6	辽　宁	1	1	1	1	1	1	0	14	14	14	14	14	14	0	100	7	4	4	100	82	0
7	吉　林	1	1	1	1	1	1	1	9	9	9	9	9	9	7	60	60	49	47	60	60	42

续表

序号	行政区划	省级综合年鉴（2017年卷）				省级综合年鉴（2018年卷）			市级综合年鉴（2017年卷）				市级综合年鉴（2018年卷）			县级综合年鉴（2017年卷）				县级综合年鉴（2018年卷）		
		应编纂（出版）	启动编纂	一年一鉴	公开出版	应编纂（出版）	启动编纂	公开出版	应编纂（出版）	启动编纂	一年一鉴	公开出版	应编纂（出版）	启动编纂	公开出版	应编纂（出版）	启动编纂	一年一鉴	公开出版	应编纂（出版）	启动编纂	公开出版
8	黑龙江	1	1	1	1	1	1	1	13	13	11	7	13	11	2	128	86	47	14	128	96	5
9	上　海	1	1	1	1	1	1	1	—	—	—	—	—	—	—	16	16	16	16	16	16	10
10	江　苏	1	1	1	1	1	1	1	13	13	13	13	13	13	12	96	93	93	91	96	96	95
11	浙　江	1	1	1	1	1	1	1	11	11	11	11	11	11	9	89	82	80	71	89	88	80
12	安　徽	1	1	1	1	1	1	1	16	16	16	16	16	16	13	105	86	57	69	105	100	42
13	福　建	1	1	1	1	1	1	0	9	9	9	9	9	9	1	84	84	84	83	84	84	19
14	江　西	1	1	1	1	1	1	1	11	11	11	8	11	11	5	100	77	77	30	100	87	9
15	山　东	1	1	1	1	1	1	1	17	17	17	17	17	17	16	137	137	133	133	137	137	131
16	河　南	1	1	1	1	1	1	1	17	17	17	17	17	17	13	158	120	120	101	158	158	58
17	湖　北	1	1	1	1	1	1	1	13	13	13	12	13	13	11	103	101	102	57	103	103	38
18	湖　南	1	1	1	1	1	1	0	14	14	13	12	14	14	2	122	108	91	52	122	119	11
19	广　东	1	1	1	1	1	1	1	21	21	21	21	21	21	19	121	121	121	121	121	121	70
20	广　西	1	1	1	1	1	1	1	14	14	14	14	14	14	11	111	107	105	92	111	111	70
21	海　南	1	1	1	1	1	1	1	4	4	3	3	4	3	3	23	23	23	23	23	23	13
22	重　庆	1	1	1	1	1	1	1	—	—	—	—	—	—	—	38	38	37	19	38	38	7
23	四　川	1	1	1	1	1	1	0	21	21	21	21	21	21	10	183	183	179	142	183	181	78
24	贵　州	1	1	1	1	1	1	1	9	9	9	8	9	9	3	88	88	88	80	88	88	29
25	云　南	1	1	1	1	1	1	0	16	16	16	16	16	16	1	129	127	122	101	129	121	9
26	西　藏	1	1	1	1	1	1	0	7	7	6	6	7	7	1	74	57	41	41	74	74	19
27	陕　西	1	1	1	1	1	1	1	10	10	10	8	10	10	4	107	61	39	38	107	92	3
28	甘　肃	1	1	1	1	1	1	1	14	14	14	13	14	14	14	86	81	81	57	86	86	73
29	青　海	1	1	1	1	1	1	1	8	8	7	4	8	8	0	43	43	22	5	43	43	2
30	宁　夏	1	1	1	1	1	1	1	5	5	5	3	5	5	2	22	22	22	10	22	22	3
31	新　疆	1	1	1	1	1	1	0	14	14	10	3	14	14	0	96	95	52	8	96	65	0
32	兵　团	1	1	1	1	1	1	1	14	7	7	7	14	11	0	—	—	—	—	—	—	—
合　计		32	32	32	32	32	32	23	348	341	329	297	348	342	173	2841	2489	2162	1706	2840	2707	1067

说明：此表各项数据均参照《关于2018年第四季度全国第二轮省市县三级志书和综合年鉴全覆盖完成情况的通报》（中指组字〔2019〕1号）附件5－附件11。

全国地方志系统行业志、部门志、专业志、乡镇村志、街道社区志、山水名胜古迹志、地情书、教材、理论著述、工具书、历代方志整理出版情况统计表

(2018 年 1 月 1 日至 2018 年 12 月 31 日)

单位：部

序号	项目 行政区划	行业志 部门志 专业志	乡镇村志 街道社区志	山水名胜 古迹志	地情书	教材 理论著述 工具书	历代方志整理
1	北　京	3	4	0	4	0	1
2	天　津	1	0	0	4	2	0
3	河　北	11	36	0	19	1	11
4	山　西	16	27	0	29	0	10
5	内蒙古	12	9	0	6	6	0
6	辽　宁						
7	吉　林	2	2	0	3	0	0
8	黑龙江	2	1	0	4	0	0
9	上　海	2	49	0	21	2	0
10	江　苏	18	21	1	37	2	15
11	浙　江	21	39	4	72	4	22
12	安　徽	1	6	0	12	0	6
13	福　建	6	9	1	17	2	15
14	江　西	13	6	1	34	0	20
15	山　东	32	32	0	32	5	25
16	河　南	0	29	0	38	0	0
17	湖　北	11	48	2	29	4	10
18	湖　南	22	20	1	25	0	10
19	广　东	9	18	0	84	1	12
20	广　西	3	1	0	10	0	4
21	海　南	0	0	0	0	0	0
22	重　庆	10	1	1	4	1	5
23	四　川	28	36	1	110	2	15
24	贵　州	6	5	1	13	4	16
25	云　南	12	4	0	7	0	1
26	西　藏	0	0	0	0	0	0
27	陕　西	33	26	4	22	2	13
28	甘　肃	13	5	3	44	0	0
29	青　海	1	0	0	0	0	0
30	宁　夏	4	0	0	14	1	0
31	新　疆	0	0	0	1	0	1
32	兵　团	1	0	0	0	0	0
总计		293	434	20	695	39	212

说明：辽宁省因机构改革，数据暂无，本统计不包括该省。

行业年鉴、部门年鉴、专业年鉴出版情况统计表

（2018年1月1日至2018年12月31日）

序号	行政区划	行业年鉴、部门年鉴、专业年鉴
1	北　京	26
2	天　津	9
3	河　北	5
4	山　西	13
5	内蒙古	3
6	辽　宁	
7	吉　林	3
8	黑龙江	6
9	上　海	20
10	江　苏	52
11	浙　江	57
12	安　徽	3
13	福　建	4
14	江　西	29
15	山　东	22
16	河　南	10
17	湖　北	19
18	湖　南	35
19	广　东	39
20	广　西	7
21	海　南	2
22	重　庆	12
23	四　川	33
24	贵　州	5
25	云　南	7
26	西　藏	0
27	陕　西	7
28	甘　肃	29
29	青　海	3
30	宁　夏	3
31	新　疆	1
32	兵　团	4
总　计		468

说明：辽宁省因机构改革，数据暂无，本统计不包括该省。

全国地方志系统方志馆建设情况统计表（2018 年度）

（截至 2018 年 12 月 31 日）

单位：个

序号	行政区划	方志馆建设情况			
		省级	地市级	县区级	国家级
1	北　京	1	—	3	1
2	天　津	1	—	1	
3	河　北	0	2	18	
4	山　西	1	5	11	
5	内蒙古	1	7	8	
6	辽　宁				
7	吉　林	1	7	14	
8	黑龙江	1	14	53	
9	上　海	1	—	4	
10	江　苏	1	8	7	
11	浙　江	0	3	11	
12	安　徽	1	9	13	
13	福　建	1	3	13	
14	江　西	1	8	9	
15	山　东	1	17	130	
16	河　南	1	8	28	
17	湖　北	1	8	4	
18	湖　南	1	5	14	
19	广　东	1	9	10	
20	广　西	1	1	0	
21	海　南	1	0	0	
22	重　庆	1	—	9	
23	四　川	1	7	20	
24	贵　州	0	4	19	
25	云　南	0	1	4	
26	西　藏	1	0	0	
27	陕　西	1	3	4	
28	甘　肃	0	2	10	
29	青　海	1	0	0	
30	宁　夏	0	2	1	
31	新　疆	1	3	24	
32	兵　团	0	0	0	
总　计		24	136	442	1

说明：辽宁省数据暂无，本统计不包括该省。

全国地方志系统信息化建设情况统计表

（截至2018年12月31日）

单位：个

项目 种类	地情网站数		数字方志馆（数据库）建设		新媒体建设	
	规划数	建成数	规划数	建成数	规划数	建成数
省级	29	32	25	29	30	33
市级	201	207	87	69	99	150
县级	384	363	351	169	249	302
总计	614	602	463	267	378	485

说明：1. 辽宁省因机构改革，数据暂无，本统计不包括该省。

2. 山东省县级地情网站建成数137个，正常运行87个。

全国地方志系统信息化建设情况统计明细表

（截至 2018 年 12 月 31 日）

序号	行政区划	省级地情网站数		省级数字方志馆（数据库）建设		省级新媒体建设		市级地情网站数		市级数字方志馆（数据库）建设		市级新媒体建设		县级地情网站数		县级数字方志馆（数据库）建设		县级新媒体建设	
		规划数	建成数	规划数	建成数	规划数	建成数	规划数	建成数	规划数	建成数	规划数	建成数	规划数	建成数	规划数	建成数	规划数	建成数
1	北　京		1		1									3	6				1
2	天　津	1	1	1	1	1	1		2										
3	河　北	1	1			1	1		5				9		7		2		67
4	山　西		1				1		3		1		2		2				8
5	内蒙古	3	3	2	2	2	2	6	6			1		1	2	1			4
6	辽　宁																		
7	吉　林	1	1	1	1	1	1	9	9					1	1				
8	黑龙江	1	1	1	1	1	1	5	5			2	2	1	1	1	1		
9	上　海		1		1		1								12		3		8
10	江　苏	2	2		7	3	3	13	13		3	13	13		29				14
11	浙　江	1	1	1	1			11	8	2	2	0	3		29		7		25
12	安　徽	1	1	1		1	1	16	11	16	2		4	2					5
13	福　建	1	1	1	1	1	1	10	6	10	6	10	3	0	8	0	0	0	11
14	江　西	1	1	3	2	1	1	11	6		1		10		4		4		16
15	山　东	1	1	1	1	2	2	17	17	17	17		13	137	137	137	137		22
16	河　南	1	1	1	1	2	2	18	18	18	17	18	20	158	24	158	8	158	20
17	湖　北	1	1	1	1	2	2	14	14	2	1	10	10	20	20	2	0	19	19
18	湖　南	1	1	1	1	1	1		11		1		3		24				1
19	广　东	1	1			2	2	14	21	3	4	12	20		2	3		8	16
20	广　西	1	1	1	1	1	1	10	10	1	1	5	5			12		0	1
21	海　南	1	1	1	0	1	1	1	0	0	0	0	0	1	1	0	0	0	0
22	重　庆	1	1	1	1	1	1							6	4	3	1	3	2
23	四　川	1	1	1	1	1	1	16	15	9	3	9	8	35	21	27	5	37	26
24	贵　州	1	1	1	1	2	2	4	6	5	1	4	2	10	8	7	0	3	4
25	云　南	1	1	1			1		3		1		4		2		1		9
26	西　藏																		
27	陕　西	1	1	1	1	1	1	7	7	2	1	10	10	8	8			8	8
28	甘　肃	1	1	1	1			14	10		7		6		10				11
29	青　海	1	1																
30	宁　夏	1	1	1	0	1	1	5	1	2		5	2					12	3
31	新　疆	1	1	1	1	1	1						1	1	1			1	1
32	兵　团																		
总　计		29	32	25	29	30	33	201	207	87	69	99	150	384	363	351	169	249	302

说明：1. 辽宁省因机构改革，数据暂无，本统计不包括该省。

2. 山东省县级地情网站建成数 137 个，正常运行 87 个。

全国地方志系统工作机构情况统计表

（截至2018年12月31日）

单位：个

种类＼项目	独立	属政府办公厅（室）	与党史办合并	与档案局（馆）合并	与党史办、档案局（馆）合并	无机构	其他
省　级	13	5	7	1	0	0	6
地市级	136	71	102	21	12	1	0
县区级	658	492	869	286	309	78	68
合　计	807	568	978	308	321	79	74

说明：

1. 省级地方志工作机构中，北京市地方志编纂委员会办公室与中共北京市委党史研究室合署办公，计入“其他”。原辽宁省人民政府地方志办公室被整合并入辽宁省档案局，辽宁省档案局加挂省档案馆、省工业文化发展中心、省政府地方志办公室三块牌子，为省委办公厅所属事业单位，计入“其他”。原湖北省地方志编纂委员会办公室并入湖北省文化和旅游厅，计入“其他”。贵州省地方志编纂委员会办公室与贵州省档案馆合并，贵州省档案局剥离出去，计入“其他”。浙江省地方志办公室隶属省社科院，宁夏回族自治区地方志编审委员会办公室为自治区社科院代管，计入“其他”项。新疆生产建设兵团志办公室既属兵团办公厅又与党史办公室合并，不再计入党史办公室。

2. 北京：县区级“其他”1个：石景山区方志办与档案局合署办公。

3. 河北：县区级“其他”3个：献县方志办、东光县方志办与民政局合并；任县地方志办公室属县民政局下属单位。

4. 内蒙古：县区级无机构18个：玉泉区、赛罕区、和林格尔县、回民区、清水河县、武川县、白云鄂博矿区、元宝山区、松山区、阿鲁科尔沁旗、巴林左旗、林西县、克什克腾旗、喀喇沁旗、丰镇市、集宁区、商都县、杭锦后旗。

5. 黑龙江：县区级无机构9个：哈尔滨市松北区，佳木斯市前进区、向阳区、东风区、郊区；七台河市桃山区、新兴区、茄子河区，大兴安岭地区新林区。

6. 江苏：县区级无机构1个：扬州市宝应县，县区级“其他”3个：南通市崇川区地方志编纂委员会办公室、港闸区地方志编纂委员会办公室分别在崇川区委办公室、港闸区委办公室挂牌。

7. 浙江：县区级“其他”3个：乐清市地方志编纂委员会办公室归口乐清市社会科学界联合会管理；义乌市志编辑部是临时机构；舟山市椒江区地方志编纂委员会办公室为区委办公室内设机构。

8. 安徽：县区级无机构7个：大通区、田家庵区、潘集区、毛集区职能由政府办行使。谢家集区职能归属文化局。新站高新区属新站高新区管委会办公室（党工委办公室）；合肥高新区属经济贸易局；县区级“其他”1个：宜秀区地方志办公室属文化委。

9. 福建：县区级无机构4个：厦门市湖里区、海沧区、集美区、翔安区。

10. 湖北：县区级无机构5个：屈家岭管理区工委（管委会）办公室地方志科室，鄂城区、华容区、梁子湖区、龙感湖管理区。

11. 广东：县区级其他2个：韶关市乐昌市地方志办为档案局内设机构，河源市连平县地方志办公室与县委宣传部合并，属于下设股室。

12. 广西：县区级无机构5个：桂林市秀峰区、桂林市叠彩区、桂林市象山区、桂林市七星区、桂林市雁山区。

13. 海南：市级无机构1个：三沙市；县区级无机构8个：海口市（秀英区、龙华区、琼山区、美兰区），三亚市（吉阳区、天涯区、崖州区、海棠区）。

14. 西藏：县区级“其他”45个：21个县（区）委办代管、20个县（区）政府办代管、2个宣传部代管、1个政协办代管、1个编译局代管。

15. 陕西：县区级无机构2个：彬州市、永寿县。

16. 青海：县区级无机构13个：海西州德令哈市、海西州乌兰县、海西州都兰县、海西州天峻县、海西州大柴旦行委、海西州冷湖工委、海西州茫崖行委、玉树州玉树市、玉树州称多县、玉树州囊谦县、玉树州杂多县、玉树州治多县、玉树州曲麻莱县；县区级“其他”10个：果洛州玛沁县、果洛州甘德县、果洛州达日县、果洛州班玛县、果洛州久治县、果洛州玛多县属于县政府办公室临时机构，黄南州同仁县、黄南州尖扎县、黄南州河南县属于临时机构，黄南州泽库县为政府代办机构。

17. 宁夏：县区级无机构3个：银川市金凤区，吴忠市利通区、中卫市沙坡头区。县区级“其他”1个：中宁县党史县志办公室是县委组织部内设机构。

18. 新疆：县区级无机构1个：伊犁州霍尔果斯市。

19. 新疆生产建设兵团：师级单位中，第八师石河子市志办公室是独立机构，同时与党史研究室合并，统计时只纳入独立机构。另外13个师既属于师（市）办公室，又与党史研究室合并，统计时候只纳入师（市）办公室。团（场）级单位中，图木舒克市志办既属于市政府办公室，又与党史研究室合并，统计时候只纳入市政府办公室。

20. 辽宁省因机构改革，数据暂无，本统计不包括该省。

省级地方志工作机构情况统计表

单位：个

序号	项目 / 行政区划	机构名称	独立	属政府办公厅（室）	与党史办合并	与档案局（馆）合并	与党史办、档案局（馆）合并	无机构	其他
1	北　京	北京市地方志编纂委员会办公室							1
2	天　津	天津市地方志编修委员会办公室				1			
3	河　北	河北省地方志编纂委员会办公室		1					
4	山　西	中共山西省委党史研究院（山西省地方志研究院）			1				
5	内蒙古	内蒙古自治区地方志编纂委员会办公室		1					
6	辽　宁	辽宁省档案局（辽宁省档案馆、辽宁省工业文化发展中心、辽宁省地方志办公室）							1
7	吉　林	吉林省地方志编纂委员会	1						
8	黑龙江	中共黑龙江省委史志研究室			1				
9	上　海	上海市地方志办公室	1						
10	江　苏	江苏省地方志办公室	1						
11	浙　江	浙江省人民政府地方志办公室							1
12	安　徽	中共安徽省委党史研究院（省地方志研究院）			1				
13	福　建	中共福建省委党史研究和地方志编纂办公室			1				
14	江　西	江西省地方志编纂委员会办公室	1						
15	山　东	山东省委党史研究院（省地方史志研究院）			1				
16	河　南	河南省地方史志办公室	1						
17	湖　北	湖北省文化和旅游厅							1
18	湖　南	湖南省地方志编纂委员会	1						
19	广　东	广东省人民政府地方志办公室	1						
20	广　西	广西壮族自治区地方志编纂委员会办公室	1						
21	海　南	中共海南省委党史研究室（海南省地方志办公室）			1				
22	重　庆	重庆市地方志办公室	1						
23	四　川	四川省地方志工作办公室	1						

续表

序号	项目 行政区划	机构名称	独立	属政府办公厅（室）	与党史办合并	与档案局（馆）合并	与党史办、档案局（馆）合并	无机构	其他
24	贵　州	贵州省档案馆（贵州省地方志编纂委员会办公室）							1
25	云　南	云南省地方志办公室		1					
26	西　藏	西藏自治区地方志办公室			1				
27	陕　西	陕西省地方志办公室	1						
28	甘　肃	甘肃省地方史志办公室	1						
29	青　海	青海省地方志编纂委员会办公室		1					
30	宁　夏	宁夏回族自治区地方志编审委员会办公室							1
31	新　疆	新疆维吾尔自治区地方志编纂委员会	1						
32	新疆生产建设兵团	新疆生产建设兵团志办公室		1	1（不计入总数）				
合　计			13	5	7	1			6

地市级地方志工作机构情况统计表

单位：个

序号	项目 行政区划	独立	属政府办公厅（室）	与党史办合并	与档案局（馆）合并	与党史办、档案局（馆）合并	无机构	其他
1	北　京							
2	天　津							
3	河　北		11					
4	山　西	9		2				
5	内蒙古		6	3	3			
6	辽　宁	—	—	—	—	—	—	—
7	吉　林	9						
8	黑龙江	7		1	4	1		
9	上　海							
10	江　苏	3		8	1	1		
11	浙　江	3	1	5		2		
12	安　徽	9		5	2			
13	福　建		1	9				
14	江　西	2	2	7				
15	山　东	13	4					
16	河　南	12	3	1	1	1		
17	湖　北	3		7	2	5		
18	湖　南	8	1	5				
19	广　东	8		7	4	2		
20	广　西	8	1	5				
21	海　南	1		2			1	
22	重　庆							
23	四　川	11	3	7				
24	贵　州	4		4	1			
25	云　南	10	2	3	1			
26	西　藏		2	5				
27	陕　西	8	4	1				
28	甘　肃	5	8	1				
29	青　海	1	6		1			
30	宁　夏	1	3	1				
31	新　疆			13	1			
32	新疆生产建设兵团	1	13	14（实际按0计算）				
合　计		136	71	102	21	12	1	

县区级地方志工作机构情况统计表

单位：个

序号	项目 行政区划	独立	属政府办公厅（室）	与党史办合并	与档案局（馆）合并	与党史办、档案局（馆）合并	无机构	其他
1	北　京			11	2	2		1
2	天　津		8	2	6			
3	河　北	11	107	8	13	26		3
4	山　西	45	4	67	1	1		
5	内蒙古		7	27	9	41	19	
6	辽　宁	—	—	—	—	—	—	—
7	吉　林	6	17	9	26		1	
8	黑龙江	25	33	6	52	7	9	
9	上　海	2		7	3	4		
10	江　苏	8	3	43	19	21	1	2
11	浙　江	3	9	52	6	15		3
12	安　徽	28	19	17	19	18	7	1
13	福　建	70	9	1	1		4	
14	江　西	17	28	47	3	5		
15	山　东	57	44	25	9	2		
16	河　南	92	30	23	5	11		
17	湖　北	7	2	49	4	35	5	
18	湖　南	4	9	84	16	13		
19	广　东	31	9	43	12	26		2
20	广　西	58	10	35		3	5	
21	海　南	1		14			8	
22	重　庆	7	2	10	14	6		
23	四　川	74	23	70	9	7		
24	贵　州	2	1	36	29	20		
25	云　南	61	8	60				
26	西　藏		24	5				45
27	陕　西	19	28	22	9	26	2	
28	甘　肃	29	31	22	3	1		
29	青　海		23				13	10
30	宁　夏	1	3	8	3	3	3	1
31	新　疆			66	13	16	1	
32	新疆生产建设兵团		1	1（实际按0计算）				
合　计		658	492	869	286	309	78	68

索 引

说 明

1. 本索引采用主题分析索引法编制，主题词以正文出现的地方志工作机构名、志书年鉴名、地情资料书名为主。特载、大事记、理论研究、文献、志鉴人物等类目以及年鉴出版等分目的内容不在标引范围内。

2. 本索引按汉语拼音音序排列（阿拉伯数字0~9放在汉语拼音前），首字相同时，则以第二字排序，依次类推。

3. 索引款后的数字和拉丁字母（a、b）分别表示内容所在的页码和栏别（a表示左栏，b表示右栏）。

0~9

"4·20"芦山强烈地震大事辑要 64a
"4·20"芦山强烈地震文献辑存 64a
"6·23"特大龙卷风冰雹盐城抢险救灾暨灾后重建志 61b
《中国煤炭工业志》编委会 41b 42a

A

阿合奇县志 65b
阿勒泰地区志 65b
爱辉区志（1983—2005）83a
瑷珲县志 104a
安定区志 65a
安国年鉴 114a
安国市地方志编委会 81b
安国市志（1991—2010）81b
安徽省方志馆 195b
安徽省委党史研究院（省地方志研究院）284b
安徽省志 61b 268b
安徽省志办 245a 247b 248a 260a 268b 281a 284a
安康家园志 96b
安康市方志馆 199b
安康市汉滨区方志馆 199b
安宁年鉴 134a
安宁区志 65a
安丘年鉴 136a
安仁村志 93b
安顺市档案志 103a
鞍山史志工作 250b
鞍山市档案馆（市史志办）178b 188a 250b

鞍山市志（1986—2005）59b

B

八桂地情参阅 27a
八宿年鉴 118b
八一镇志 43b
巴东县史志办 109b
巴东县志 109b
巴林左旗志 59a
巴蜀史志 175b 255a
巴县志 105b
巴音郭楞州志 65b
白朗年鉴 289a
白马寺镇志 95b
白沙黎族自治县志 63b
白山市地方志编委会 281b
白银市年鉴 132a
百色市志办 110b
拜城县志 65b
坂头村志 93a
包钢志 59a
宝钢志 281a
宝鸡年鉴 132a
宝应图经 164a
保冲村志 96b
保定年鉴 124a
保定市北市区志（1989—2008）80b
保定市竞秀区地方志编委会 81a
保定市莲池区地方志编委会 80b 81a
保定市南市区志（1987—2009）81a
保定市志办 124a 161a
保亭黎族苗族自治县志 63b
碑排乡志 91b
北仓镇志 58b
北辰区志办 293a
北辰审计志 97a
北关社区志 95b
北海年鉴 130b
北海市海城区地方志编委会 116b
北京地方志学会 244b 245a 290b
北京方志馆 191b 295a
北京工业大学年鉴 280a
北京海淀年鉴 47a 132b 280a
北京海淀年鉴编委会 132b
北京街志 63a
北京经济技术开发区年鉴 142a 280a
北京密云年鉴 133a
北京年鉴 119b 276
北京年鉴社 119b
北京市地方志编委会 53a 119b 264a
北京市地方志编纂委员会 295a
北京市方志馆 147a
北京市志办 178a 187b 250a 279b 280a 280b 281b 289a 290
北京通州年鉴 132b
北京志 264a
北京志·北京经济技术开发区志 58a
北京志·财政志 58a
北京志·残疾人事业志 58a
北京志·地方税务志（1994—2010）66b
北京志·电信志（1991—2010）66b
北京志·对外经济贸易志 58a
北京志·发展改革志 58a
北京志·工商行政管理志 58a
北京志·工业志 58a
北京志·公安志 58a
北京志·共产党志 58a
北京志·规划志 58a
北京志·国家税务志（1994—2010）66b
北京志·国土资源志 58a
北京志·海关志（2000—2010）66b
北京志·环境保护志 58a
北京志·监狱志 58a
北京志·检察志 58a
北京志·检验检疫志（2001—2010）67a
北京志·教育志 58a
北京志·金融志 58a
北京志·劳教志 58a
北京志·旅游志 58a
北京志·民防志 58a

北京志・民政志 58a
北京志・民主党派・工商联志 58a
北京志・民族志・宗教志 58a
北京志・气象志（1996—2010）66b
北京志・青年组织志 58a
北京志・人口志 58a
北京志・人力资源和社会保障志（1995—2010）67a
北京志・人民代表大会志 58a
北京志・人民政协志 58a
北京志・商业志 58a
北京志・市政管理志 58a
北京志・文物志 58a
北京志・信息化志 58a
北京志・药品监督管理志 58a
北京志・云居寺志 67a
北山村村志 63a
北陶村志 247b
北屯年鉴 132b
北屯年鉴编委会 132b
北镇市志（1986—2005）82b
北镇市志 59b
本溪市志（1986—2005）59b
本溪市志办 258b
璧山年鉴 138a
璧山年鉴编辑部 138a
璧山区志办 106a
璧山县志（2006—2014）64a
边城镇志 62b
滨海新区志 58b 59b
滨湖渔史 150b
滨江年鉴 135a
兵团党委党史研究室 300b
兵团年鉴 124a
兵团年鉴编委会 124a
兵团年鉴社 124a
兵团史志办公室 300b
兵团志办公室 300b
亳州市志办 108a
亳州志 105a 108a
博鳌镇志 63b
博乐市志 65b
博野县地方志编委会 81b
博野县志（1993—2010）81b
渤海国志 104a

C

苍南年鉴 184a
苍南县史志办 184a
苍南县志（1981—2005）184a
苍梧片影 104b
苍溪县地方志编委会 87b
苍溪县志（1991—2005）87b
沧州年鉴 124a
沧州市运河区年鉴 114b
沧州统计年鉴 142a
曹县史志办 171b
册亨县地方志编委会 88b
册亨县志（1999—2015）88b
察右中旗志 59a
察隅县地方志编委会 88b
察隅县志 64b 88b
昌都地区志（2001—2010 年）65a
昌江黎族自治县志 63b 288b
昌平区北七家镇志 58b
常德市志办 105b
常德文库 105b
常山县志 166b
常熟老街巷 151a
常熟市志办 151a
常州方志馆 194a
常州史志论文集 247a
常州市志（1986—2010）61a
朝阳年鉴 125b
朝阳市交通志 97b
朝阳市史志办 178b
朝阳市双塔区史志办 83a
朝阳市双塔区志（1984—2005）60a 83a
潮阳史志读本 173a
郴州年鉴 301b

成都年鉴 131a
成都年鉴社 131a
成都市成华区志办 158b
成都市金牛区志办 158a
成都市郫都区史志办 158a158b
成都市青羊区史志办 158b
成都市武侯区志办 158a
成都市新都区志办 158a
成都市志办 54b 158a 258a
城东镇志 61a
城阳区档案局 254a
城阳纵横 254a
澄迈县志 63b
池州府志 105a
赤石镇志 63a
重安镇志 64b
重庆地方志 182a 255a
重庆府涪州志 106a 111a
重庆年鉴 123a
重庆年鉴社 123a
重庆三峡移民志·库区建设与发展 102a
重庆三峡移民志 63b
重庆市巴南区志（1995—2011）64a
重庆市北碚区志（1986—2005）64a
重庆市大渡口区地方志编委会 87b
重庆市大渡口区志（1989—2008）64a 87b
重庆市地方志办公室 299a
重庆市涪陵区志（1986—2007）63b
重庆市涪陵区志办 111a 111b
重庆市合川区史志办 111b
重庆市合川区志（1986—2010）64a
重庆市江北区方志馆 199a
重庆市南川区史志办 175a
重庆市黔江区史志办 174b
重庆市沙坪坝区志（1986—2015）63b
重庆市石柱土家族自治县志办 157b
重庆市双桥区志（2003—2011）64a
重庆市铜梁区史志办 175a
重庆市万盛区志（1986—2011）64a
重庆市万州区志办 714b
重庆市永川北山中学校校志（1938—2016）102a
重庆市渝中区志办 175a
重庆市志·政协志 74b
重庆市志办 52b 157b 182a 186b 191a 255a 272b
重修涪州志 106a 111a
崇祯志 106b
楚雄彝族自治州志（1978—2010）45a
楚雄州志 45a
楚雄州志办 44b
创新创业在杭州 301a
淳安县志办 248a

D

大京村志 169a
大朗年鉴 140b
大理州年鉴 131b
大连年鉴 281a
大连市档案馆 178b
大柳村志 258b
大名县地方志编委会 81a
大名县志（1979—2005）81a
大宁县志 106a 111b
大庆市志办 301a
大田县地方志编委会 84b
大田县志（1993—2008）84b
大同方志馆 191b
大同年鉴 124b 183b
大同县地方志编委会办公室 82a
大同县志（1996—2013）82a
大同县志 59a
大同志 108b
大洼县志 60a
大武口区志（1993—2014）65b
大峡谷村志 94a
大兴区采育镇志 58b
大邑县志 112b
大邑县志办 112b
大竹县志办 159a
大足县志（1986—2011）64a
丹东民间语文 148a

丹东年鉴 125a 259a
丹东市志 59b
丹东市志办 148a 188a 258b
丹阳市志（1986—2005）301b
儋州市志 63b
当代上海研究所 296b
档案志 281a
德安县志 62a
德昌县史志办 159a
德清年鉴 166a
德清史志 252b
德清县委党史研究室 252b
德清县志 166a
德州地区市志 185a
德州市地方史志编委会 79a
德州市志（1986—2011）79a
地方志工作条例 246b
第八师石河子市史志办 176b
第二师铁门关市年鉴 119b
第二师铁门关市史志办 89a 119b 176b
第二师铁门关市志 66a
第九师史志办 177a
第九师志 66a
第六师五家渠市史志办 263b
第六师五家渠市志 66a
第七师史志办 176b
第七师志 66a
第十二师志 66a
第十三师志 66a
第十师北屯市史志办 177b
第十四师志 66a
第四师可克达拉市年鉴 176b
第四师可克达拉市史志办 176b
第四师可克达拉市志 66a
第五师双河市史志办 286a
第五师双河市志 66a
第一师阿拉尔市十三团史志编委会 89a
第一师阿拉尔市史志办 160b
典礼备要 111b
迭部县志 65a
丁桥镇志 92a
丁青县志 64b
丁栅镇志 92b
定安县志 63b
定襄县志 59a 82a
定兴县志（1979—2009）81b
定兴县志编委会 81b
东昌府年鉴 171a
东昌府区志 171a
东方市志 63b
东港方言 148a
东莞故事·东莞影像志 63a
东莞年鉴 129b
东莞市志办 129b
东海水晶 291b
东丽区志 58b
东明县史志办 171b
东明县政协志（2003—2017）100a
东明县志 171b
东平风物志 171a
东平年鉴 171a
东平县教育志 101a
东平县史志办 171a
东青村志 94a
东胜区志 59a
东台市志（1988—2005）301b
东西湖年鉴 155b
东西湖区志 155b
东阳年鉴 135b
东营市方志馆 47b 26a
东营市河口区人民代表大会志（1995—2016）100b
东营市河口区史志办 154a
东营市河口区水利图志（1984—2016）100a
东营市史志办 41b 52b 293b
东营市志（1996—2013）79a
东洲区志 59b 258b
洞头区史志办 251b
洞头史志 251b
都江堰市志办 112b
敦化年鉴 133b 281b

E

鄂伦春旗志 59a
鄂温克族自治旗志 59a
二连浩特市志 59a
二十二团志（1996—2010）89a
二十二团志 66a

F

樊城年鉴 172
方城旧志丛书 109b
方城县史志办 109b
方城县志 109b
方志出版社 40a 57b 105b 108a 111b 112b 113a 147a
方志之乡 文化浙江——改革开放以来浙江省地方志系统论文成果选编 244a
方志中国 250a
房山区水峪村志 58b
费县史志办 154b
丰南志 108b
风雅建阳 153a
枫泾镇志 57b
凤凰出版社 106b
涪乘启新 106a 111b
涪陵区志办 106a
涪陵县续修涪州志 106a 111b
涪州志 106a 111a
福城年鉴 141b
福建建设年鉴 284b
福建名镇名村志 168a
福建年鉴 284b
福建省地方志编委会 42b 50a 53b 167a 168a 180b 184b 189b 196a 253b 260a 268b 269a 284b 285a 294b
福建省地方志学会 248b
福建省方志委 22a
福建省年鉴研究会 248b
福建省志·水利志（1991—2005）71a
福建史志 248b 253b
福州市地方志编委会 78b
福州市台江区方志馆 196a
福州市志（1995—2005）78b
抚宁县人民代表大会志 97a
抚顺年鉴 281a
抚顺市志（1986—2005）59b
抚顺市志办 258b
抚顺县年鉴 258b
阜宁县新志 106b
阜宁县志 106b
阜宁县志办 106b
阜平县地方志编委会 82a
阜平县志（1996—2010）82a
阜新年鉴 125a
阜新市志（1986—2005）59b
阜新市志办 125a
阜阳市志办 260a
阜阳县志 105a
復山鸿集 104b
富阳区志办 248a

G

甘南州年鉴 132a
甘肃抗日战争志 41b
甘肃年鉴 123b
甘肃省地方史志办公室 299b
甘肃省地方史志编纂委员会 275a 275b
甘肃省地方史志学会 249b
甘肃省史志办 41a 106a 159b 255b 275b
甘肃史地考述 159b
甘肃史志 255b
甘肃通志 106a
甘溪村志 94a
甘孜州志办 159a
赣榆县志（1990—2009）61a 83b
赣州市南康区志办 136a

赣州市志 62a
港南年鉴 117a
高淳县志（1986—2005）301b
高沟酒志 61b
高沟镇志 61a
高邮市地方志年鉴编委会 84a
高邮市志（1986—2005）84a
弓长岭区 60a
公明街道志 63a
公主岭年鉴 134a
巩留县志 65b
拱墅年鉴 135a
贡觉年鉴 118b
姑苏郡邑志稿 106b
姑苏郡邑志序 106b
古北口村志 58b
古籍中的龙游 105a
古鄄新韵 254a
古朐考略 104b
古塔区志 59b
古州志 104b
鼓楼微鉴 150a
关岭布依族苗族自治县地方志编委会 88a
关岭布依族苗族自治县志（1999—2015）88a
观澜年鉴 141a
馆陶县地方志编委会 80b
馆陶县志（1997—2013）80b
灌县志 112b
灌阳县地方志编委会 86b
灌阳县志（1991—2005）86b
灌云县地方志编委会 84a
灌云县志（1984—2005）84a
光明年鉴 137a
光塔街道志 63a
光绪湖南通志 105b
光绪赣榆县志 104b
光绪嘉兴府志 104b
广安市广安区志办 159b
广安市志办 112b
广播电视志（1991—2005）185a
广东建设年鉴 144b
广东建设年鉴编纂委员会 144b
广东历代官箴 293a
广东年鉴 122b
广东年鉴编纂委员会 122b
广东年鉴社 298b
广东省方志馆 28b 186a 197b 284a 298b
广东省人民政府地方志办公室 298a
广东省志办 26b 44a 105b 156 172b 173a 181b 185b 254b 260b 286b 291a 293
广东史志 254b
广东卫生和计划生育年鉴 144b
广东资政年鉴 293a
广饶县人大志（2005—2017）100a
广铁集团志（1993—2015）66a
广西地方志 254b
广西方志馆 198b
广西方志馆馆藏图书目录 199a
广西风物图志 293b
广西风物图志（第一辑 · 服饰）101b
广西风物图志（第一辑 · 古村镇）102a
广西风物图志（第一辑 · 铜鼓）101b
广西风物图志（第一辑 · 圩集）101a
广西风物图志（第一辑 · 戏剧）101b
广西海外华侨华人志 294a
广西环境年鉴 145b
广西建设年鉴 145b
广西建设年鉴编辑委员会 145b
广西历代方志集成 294a
广西年鉴 122b 277b
广西年鉴社 156b
广西钦州保税港区十年 293b
广西通志 105b 110b 271b 287b
广西通志 · 报业志（1998—2005）73b
广西通志 · 广播电影电视志（1996—2010）74a
广西通志 · 机构编制志（1950—2005）74b
广西通志 · 教育志（1986—2005）74a
广西通志 · 审计志（1993—2005）74a
广西通志 · 医疗卫生志（1991—2005）73b
广西通志 27a 63a
广西通志稿 293b
广西图鉴 156b 277b

广西壮族自治区地方志编委会 73b 74 122b 257b
广西壮族自治区地方志编纂委员会办公室 298b
广西壮族自治区志办 47a 51b 56b 110b 156b 182a 254b 261a 271b 277b 278a 287a 293b 294a
广雁荡山志 107b
广州年鉴 129b 173a 174a
广州年鉴社 129b
广州市地方志新馆 198a
广州市越秀区志办 137a
广州市志办 156b 173a 174a 190b 254b 257b 271a 291a 293b
贵阳方志馆 48b
贵阳市志办 48b
贵州年鉴 123a
贵州省档案馆（省地方志编纂委员会办公室）299a
贵州省地方志编委会 75a 75b 76a
贵州省抗日战争志 274a
贵州省志（1978—2010）·环境保护 75b
贵州省志（1978—2010）·金融 75b
贵州省志（1978—2010）·审计 76a
贵州省志（1978—2010）·司法行政 76a
贵州省志（1978—2010）·体育 76a
贵州省志（1978—2010）·烟草 75a
贵州省志（1978—2010）·邮政 75b
贵州省志（1978—2010）·政协 75b
贵州省志办 123a 187a 262a 274a 289a
桂林年鉴 130b
桂林市七星区地方志编委会 87b
桂林市七星区志 87b
国家方志馆 40a 42b 43b 47a 52b
国家方志馆黄河分馆 41b 47b 52b
国家方志馆黄河分馆建设工作领导小组办公室 41b
国家方志馆沙滩文化分馆 54a
国家方志馆特区分馆 48b
国家方志馆冶炼分馆 48a
国家方志馆知青分馆 49b 50b 51a
国家方志馆中原分馆 52b
国外年鉴选介 243b

H

哈尔滨年鉴 126a
哈尔滨年鉴社 126a
哈尔滨市南岗区地方志编委会 134a
哈尔滨市志办 148b
海安年鉴 47a 283a
海安县志（1993—2008）301b
海城年鉴 116b
海口年鉴 131a 186b 301b
海口市史志办 54b 186b 287b
海口市委党史研究室 287b
海口市志 63b
海门市志 301b
海门市志办 165a
海南年鉴 122b 278b 287b 288a
海南年鉴社 122b
海南区志 59a
海南省地方志学会 287b
海南省史志办 54a 157a 157b 174b 186b 249b 261a 288a 301b
海南省中共党史学会 255a 287b
海南史志 255a
海南史志馆 199a
海南与海上丝绸之路 157b
海宁档案史志 252a
海宁方志文献馆 194b
海宁年鉴 184a
海宁市档案局 252a
海宁市史志办 104b 184a 248a
海宁市史志编委会 84b
海宁市志（1991—2010）84a 84b
海宁州志稿 104b
海西年鉴 132a 132b
海峡书局 108b
海盐史志 252a
海盐市志办 252a
海盐县史志办 104b 194b

海盐县志 107b 108a
海阳市地方史志编委会 86a
海阳市志（1978—2010）86a
海原县志办 160a
海州文献录 104b
邗江年鉴 247a
邗江县志（1988—2000）301b
邯郸市邯山区地方志编委会 81a
邯山区志（1988—2010）81a
寒亭区志（1989—2013）85b
汉书评林 198b
汉阳府志 110a 197b
汉阳年鉴 136b
汉阳县志 110a
汉阳县志校注 110a
杭锦旗志 59a
杭县志 107a
杭县志稿 107a
杭州府志 107b
杭州市滨江区志办 135a
杭州市地方志学会 247b 301a
杭州市方志馆 194a 248a 290b 292b 293a
杭州市拱墅区志办 135a
杭州市临安区志办 107b
杭州市上城区志办 134b
杭州市下城区志办 135a
杭州市萧山区志办 135a
杭州市志办 107a 251a 284a 294b
杭州月志 251a
合川区史志办 106a
合肥年鉴 127a
合肥市方志馆 196a
合阳县志 106a
和静县志 65b
和平区志（1986—2005）59b
和硕县志 65b
河北金融年鉴 142a
河北年鉴 119b
河北省地方志 250b
河北省地方志编委会 67b
河北省地方志编纂委员会办公室 295b
河北省方志馆 191b
河北省改革开放 40 年史事录（1978—2018）147b
河北省志 56a 258a
河北省志 · 国土资源志（1979—2005）67b
河北省志 · 国有企业改革志（1979—2005）67b
河北省志 · 林业志（1979—2005）67b
河北省志 · 水利志（1979—2005）67b
河北省志 · 信访志（1979—2005）67b
河北省志办 42a 53b 119b 147b 161a 245a 248a 250b 258b 264b 280b 282a
河东区志 58b
河湟文明志 103b
河南大学图书馆藏稀见方志丛刊 193b
河南历代方志集成 109a
河南年鉴 122a
河南省地方史志办公室 297b
河南省史志办 109a 122a 154b 155a 190a 254a 256b 270a 285b 286a 292b
河南省志（1978—2000）62a
河南省志 · 人物篇 62a
河南史志 254a
荷叶镇志 62b
菏泽年鉴 128a
黑河市爱辉区志办 83a
黑河市知青博物馆 49b
黑龙江历代方志集成 104a
黑龙江年鉴 120b
黑龙江省档案馆 104a
黑龙江省地方志办公室 296b
黑龙江省地方志编委会 69b
黑龙江省方志馆 192b
黑龙江省委史志研究室 104a
黑龙江省志 · 测绘志（1986—2005）69b
黑龙江省志 · 出版志（1986—2005）69b
黑龙江省志 · 电信志 266a
黑龙江省志 · 共青团志（1986—2005）69b
黑龙江省志 · 政协志（1986—2005）69b
黑龙江省志办 41a 49b 179a 250b 259b 265b 266a 266b
黑龙江统计年鉴 142b
黑山县志 59b

衡南县志办 105b
宏伟区志 60a
侯冲社区志 89b
后郭村志 94a
后黄村志 94b
厚街年鉴 140a
呼图壁县志 65b
湖北年鉴 122a
湖北省地方志编委会 122a
湖北省地方志编纂委员会办公室 297b
湖北省地方志学会 286a
湖北省地方志纂修委员会办公室 297b
湖北省方志馆 46a 197a
湖北省年鉴研究会 286a
湖北省图书馆藏稀见方志丛刊 193a
湖北省文化和旅游厅 298a
湖北省文旅厅地方志工作处 105b 155a 172a
湖北省志 62b
湖北省志办 46a 47a 55a 155a 260b 270b 286a 291a 292a 292b
湖南方志馆 197b
湖南年鉴 122a 286b
湖南省地方文献研究所 298a
湖南省地方志编委会 26b 41b 105b 185b 190b 249a 260b 270b
湖南省地方志编纂委员会 298a
湖南省地方志学会 249a
湖南省教育厅史志研究所 271a
湖南省志（1978—2002）·妇女团体志 62b 73b
湖南省志（1978—2002）·有色金属工业志 62b
湖南省志（1978—2002）·政协志 62b
湖南统计年鉴 144a
湖南统计年鉴编辑委员会 144a
湖南乡镇简志·常德市卷 62b
湖南乡镇简志·郴州市卷 62b
湖南乡镇简志·衡阳市卷 62b
湖南乡镇简志·湘潭市卷 62b
湖南乡镇简志 62b
湖州史志 252a
湖州市方志馆 184a 195a
湖州市史志办 152b 166a 252a
虎门年鉴 140a
花茂村志 44a 54a
华亭县志 65a
化隆回族自治县年鉴 139b
淮安府志 164a
淮北地名印记 153a
淮北票盐志略 104b
淮北市志办 153a
淮川街道朝阳社区梅花小区志 62b
淮川街道西正社区志 62b
淮南市志办 260a
环境保护志（1996—2005）185a
桓台年鉴 170b
桓台县史志办 170b
桓台县志 170b
黄冈市志办 110a
黄姑镇志 92b
黄河年鉴 143a
黄河年鉴社 143a
黄花岗街道志 63a
黄骅年鉴 114b
黄骅市志办 114b
黄山市徽州区志办 108b
黄岩方志 253a
黄岩区志办 253a
黄州府志 105b 110a
黄州府志拾遗 110a
珲春年鉴 133b
辉煌的合江 148b
徽州府志 105a
回车镇志 62a 285b
回民区志 59a
霍尔果斯市志 65b
霍州年鉴 133a
霍州市志办 133a

J

鸡东县地方志编委会 83a
鸡东县志（1986—2005）83a

鸡西市地方志编委会 78b
鸡西市志（1986—2005）78b
吉安府志 108b 109a
吉安市志办 108b
吉家营村志 58b
吉林方正县志 104a
吉林年鉴 120a 183b 282a
吉林年鉴编辑部 120a
吉林省档案馆 104a
吉林省地方志编委会 68b 69a 104a 163a 183b 245b 250b 259a 265b 269b 276b 281a 281b 282a 291a
吉林省地方志编纂委员会 296a
吉林省地方志学会 244a
吉林省地方志学术年会论文集 244a
吉林省方志馆 192a
吉林省体育发展实录（1986—2015）148a
吉林省志 60a
吉林省志（1986—2000）·大事记 69a
吉林省志（1986—2000）·检察志 68b
吉林省志（1986—2000）·民航志 69a
吉林省志（1986—2000）·人民政府志 245b
吉林省志（1986—2000）·中医药志 69a
吉林省中东铁路建筑研究 245b
吉林市龙潭区方志馆 192b
吉林市年鉴 125b
吉林市志办 291a 301a
吉林通志 104a
吉林统计年鉴 142b
吉林文史出版社 148a
吉木萨尔县志 65b
吉阳区年鉴 118a
即墨古今 254a
即墨区史志办 254a
棘洪滩街道志 95a
纪念改革开放 40 周年暨海南建省办经济特区 30 周年征文获奖论文集 249b
济南年鉴 169b
济南史志 169b
济南市史志办 154a 169b 292b
济宁年鉴 127b
济宁市地方史志编委会 79a
济宁市兖州区地方史志编委会 85b
济宁市志（1991—2010）79a
加查县志（2001—2010 年）65a
佳木斯市志办 148b
嘉庆广安州志 112b
嘉庆海州直隶州志 104b
嘉庆宜宾县志 112b
嘉善史志 252a
嘉善县史志办 104b 108a 165b 252a
嘉善县志 104b 108a
嘉祥县方志馆 197a
嘉兴档案史志 252a
嘉兴年鉴 127a 180a
嘉兴市史志办 104b 108a 152a 165b 166a 252a
嘉兴市桐乡市史志办公室 290b
嘉兴市志 180a
尖扎年鉴 119a
尖扎年鉴编委会办公室 119a
监利县地方志编委会 86a
监利县志（1912—1949）86a
建本风流 153a
建德市家谱学会 248a
建德市志办 248a
建工师志 66a
建宁府志 169a
建瓯市地方志编委会 169b
箭泾村志 90b
江岸年鉴 136b
江津区志办 112a
江津市志（1993—2006）64a
江津县志 106a 112a
江津县志办 106a
江宁街道志 301b
江苏地方志 163b 251a
江苏邗建集团公司志 97b
江苏好家训 164a
江苏历代方志地图选 164a
江苏历代方志名胜图选 164a
江苏历代方志全书 104b 256b
江苏名酒志 61b

江苏名胜志三种 164a
江苏年鉴 121a 163b 257a
江苏年鉴杂志社 121a 297a
江苏省档案馆江苏旧志电子书专辑 291b
江苏省地方志办公室 24b
江苏省地方志编纂委员会办公室 296b
江苏省方志馆 193a 297a
江苏省民防志 97b
江苏省志（1978—2008）· 发展改革志 301b
江苏省志（1978—2008）· 纪检监察志 301b
江苏省志（1978—2008）· 人大志 301b
江苏省志 61a 163b 164b 183b 247a 247b 251a 256 257a 266b 267a 282b 283a 284b 291b 294b
江苏省志丛书（1978—2008）· 测绘志 70a
江苏省志丛书（1978—2008）· 央行志 70a
江苏省志丛书（1978—2008）· 银行志 70a
江苏省志简编 163b
江苏市县概况 291b
江苏援藏援疆建设志 61b 256b 267a 282b
江西地方戏 153b
江西地方志 253b
江西古祠堂 153b
江西古代名人 153b
江西古楼塔及牌坊 153b
江西古桥古渡 153b
江西古窑 153b
江西进士 153b
江西名人墓 153b
江西年鉴 121b
江西省地方志编委会 253b
江西省地方志编纂委员会办公室 297b
江西省方志馆 196b 290a
江西省志 62a 269b
江西省志办 55a 153b 269b 277a 285a 290a 290b
江西书院 153b
江西寺观 153b
江阴年鉴 134b
江阴市标准地名图集 151a
江阴市地名志 98a
江阴市史志办 134b 150b
江永县史志办 105b
江永县志 105b
江源年鉴 281b
椒江区志 260a
介休市志（1992—2013）82b
介休市志 59a
今古大观 250b
金凤区志 65b
金湖县地方志编委会 84a
金湖县志（1986—2005）61a 84a
金华年鉴 127a
金华市志办 166b 184b
金陵古迹图考 150a
金寨年鉴 135b
锦州年鉴 125a
锦州市志（1986—2002）59b
晋城年鉴 183b
京津冀概况 264a
京剧大观 147a
荆州名村 156a
荆州市史志办 156a
精河县志 65b
景德镇市志 62a
九保村志 57b
九峰镇志 63a
九江教育年鉴 116a
九江年鉴 127b
九江市史志办 127b 290a
旧序 106b
旧序目 106b
句容市志 291b
军事志学 47a
军事志研究室 41a 47a

K

开发区志 58b
开封府志 109b
开封老街志 101a
开封市地方史志编委会 79b

开封市史志办 109b
开封市志（1986—2004）79b
开化县志 105a
开化县志办 105a
开弦弓村志 61b 301b
康马县志 64b
康熙赣榆县志 104b
康熙海盐县志 104b
康熙海州志 104b
康县志 65a
抗日战争志 292b
柯坪县志 65b
柯桥年鉴 135b
柯桥区方志馆 195a
柯桥区史志办 252b
克拉玛依档案史志局 263b
克拉玛依市志 65b
库尔勒市志 65b
奎东农场志 66a
夔州府志 112a
昆明年鉴 131b
昆明史志办 289a
昆山经济技术开发区志 98a
昆山市张浦镇党政办公室 139b
昆山市周庄镇志办 115b

L

拉萨城关年鉴 138b
莱芜市钢城区史志工作机构 257a
莱芜市志办 257a
涞水县地方志编委会 81b
涞水县志（1979—2009）81b
兰溪史志 253a
兰溪市史志办 166a 253a
兰州市红古区志办 160a
崂山春秋 253b
崂山区档案局 253b
老城镇志 63b
老司城志 62b
乐安县志 62a
乐东黎族自治县志 63b
乐陵县志 185a
乐山年鉴 131b
雷山县地方志编委会 88a
雷山县志（1988—2013）88a
类乌齐年鉴 118b
里耶镇志 62b
丽水史志 253b
丽水市史志办 167a 184b 253b
利津村镇图谱 · 北宋镇卷 154b
利津县史志办 154b
利通区志 65b
荔湾区年鉴 173a
溧水年鉴 134b
溧水区档案馆 106b
溧水区志办 106b
溧水县国土资源志（1996—2013）97b
溧水县志 106b
连云港历史文献集成 104b
连云港年鉴 301b
连云港市地方志编委会 78b
连云港市地方志学会 247a
连云港市赣榆区地方志编委会 83b
连云港市志（1984—2005）61a 301b 302b
连云一瞥 104b
凉州区志 65a
梁平年鉴 138a
梁平区志办 105b
梁平县志 105b
梁山县地方史志编委会 85a
梁山县志（1994—2013）85a
粮食志 281a
辽宁方志志 60a
辽宁改革开放志 60a
辽宁古塔志 60a
辽宁年鉴 120a 161b
辽宁省地方志学会 245a
辽宁省志 296a
辽宁省志 · 财政志 59a
辽宁省志 · 档案志 59a

辽宁省志·工会志 59a
辽宁省志·公路水运志 59a
辽宁省志·共青团志 59b
辽宁省志·国土资源志 59a
辽宁省志·海洋与渔业志 59b
辽宁省志·检察志 59a
辽宁省志·农业志 59a
辽宁省志·水利志 59a
辽宁省志·司法行政志 59a
辽宁省志·铁道志 59a
辽宁省志·外事志 59a
辽宁省志·邮政志 59a
辽宁省志·政协志 59a
辽宁省志办 147b 161b 162a 178b 258b 265a
辽宁图志 60a
辽阳市志 59b
辽阳县志 59b
辽源年鉴 46b 126a 281b 301a
辽源市志办 281b 301a
聊城市东昌府区史志办 171a
聊城市志 171a
林业志 281a
临安区志办 107b
临高县志 63b
临海史志 253a
临海市志办 253a
临河区志 59a
临洮年鉴 139a
灵川县地方志编委会 86b
灵川县志（1991—2005）86b
灵山年鉴 137b 138a
灵山县县志办 138a
凌海市志 59b
凌河区志 59b
陵川县志 104a
陵水黎族自治县史志办 105b
陵水黎族自治县志 63b
岭北乡志 92a
令公村志 58b
浏阳年鉴 137a
浏阳县志 105b
留住城市的记忆——哈尔滨历史建筑寻踪 148b
琉球入学见闻录 105b
柳边纪略 104a
柳州市志办 157a
六安市志办 284b
六合方志馆 193b
六和村村志 63a
六盘水市钟山区史志办 103a
龙城街道年鉴 141b
龙华区志 63b
龙山年鉴 115a 116a
龙田村村志 63a
龙湾大事记 180a
龙湾年鉴 179b
龙湾区委史志办 251b
龙湾史谭 180a
龙湾史志 179b 251b
龙岩市地方志编纂委员会 285a
龙游史志 253a
龙游县地方志编委会 84b
龙游县方志馆 195b
龙游县史志办 105a 153a 166b 253a
龙游县志 84b 105a
隆庆海州志 104b
娄烦县志 59a
泸州市江阳区志办 159a
泸州市志办 158b
鸬鸟镇志 93b
角直镇志 301b
陆川县地方志编委会 87a
陆川县志（1990—2005）87a
陆巷村志 301b
鹿城方志 184a
鹿城记忆 184a
鹿城建区 30 年纪事 184a
鹿城年鉴 184a
鹿城区志 184a
栾川乡志 95b
滦南年鉴 133a
滦南县志办 133a
轮台县志 65b

罗城县志 105b
罗甸县地方志编委会 88b
罗甸县志（1991—2015）88b
罗阳镇志 91b
螺髻山图志 103a
洛扎年鉴 139a
雒南县志 106a

M

马鞍山市志办 46a
马金镇志 93a
马头溪村志 62b
满城县地方志编委会 82a
满城县志（1991—2008）82a
满洲里市志 59a
美兰区志 63b
门头沟区斋堂镇志 58b
门头沟区志 58a
孟集村志 95a
民国赣榆县续志 104b
民国赈灾史料初编 193a
民乐县志 65a
民治年鉴 141b
闵行区志（1992—2011）61a
闽宁扶贫协作图志 50a
闽台方志万祥馆 260b
名山统计志（1953—2013）102b
明史 · 艺文志 106b
明溪县地方志编委会 85a
明溪县志（1991—2005）85a
莫艳梅方志探论 244b
漠河县志 104a
穆云畲族乡志 94b

N

纳溪年鉴 138a
乃东年鉴 138b
南安市地方志编委会 85a
南安市志（1989—2008）85a
南昌市史志办 290a
南城年鉴 141b
南充年鉴 131a
南充市嘉陵区志办 159b
南充市志办 131a
南丹年鉴 117b
南岗年鉴 134a
南关年鉴 115a
南海年鉴 137b
南海年鉴社 137b
南湖档案史志 252a
南湖年鉴 116a
南湖区档案局 252a
南湖社区志 97a
南京年鉴 46b 50a 126b 283a 291a
南京年鉴社 284b 285a
南京史志 251a
南京市地方志学会 247a
南京市方志馆 193b
南京市鼓楼区志办 150a
南京市溧水区志办 106b 134b
南京市六合区志办 193b
南京市秦淮区志办 150a
南京市志办 126b 149a 149b 150a 164a 247a 247b 251a 294b
南靖土楼 153b
南开区志 58b
南康年鉴 136a
南宁地情手册 157a
南宁年鉴 130a
南宁市地方志编委会 79b 130a
南宁市良庆区地方志编委会 87a
南宁市志（1991—2005）79b
南宁市志办 157a 186a 190b
南宁铁路局志（1993—2017）66a
南平市建阳区地方志编委会 153a
南社村志 63a
南社后裔口述历史 193b
南通市委党史工作办公室 179b

南院乡志 92a
南岳衡山志 42a
南郑县志 106a
内蒙古方志馆 192a
内蒙古年鉴 281a
内蒙古自治区地方志编纂委员会办公室 296a
内蒙古自治区志·大事记 59a
内蒙古自治区志·政府志 59a
内蒙古自治区志办 178a 256a 258b 290b
尼木县志 64b
年味乡愁——上海滩民俗记趣 149a
聂市镇志 62b
宁安年鉴编委会 134a
宁波市志办 291a
宁德地区志 169a
宁德家训·乡规民约 169a
宁德年鉴 169a
宁德市地方志编委会 45a 169b
宁德市志 45a
宁古塔山水记 104a
宁国府志 105a
宁夏红寺堡扬水工程志 103b
宁夏回族自治区志办 65b 255b 290a
宁夏史志 255b
农八师石河子市志 66a
农三师图木舒克市志 66a
农四师志 176b
农一师阿拉尔市志 66a

O

瓯海区委党史研究室 251b
瓯海史志 251b
欧桥村志 90a

P

攀枝花市人大志（1968—2018）102a
盘锦年鉴（2018）188a
盘锦市志（1991—2005）59b
盘锦市志办 188a
盘山县志 60a
裴石家风志 103a
彭山年鉴 138b
彭山年鉴编纂委员会 138b
彭水苗族土家族自治县志（1986—2005）64a
鹏城社区（村）楼村村志 63a
平坝县志 262a
平顶山年鉴 128a
平顶山市史志办 128a
平定县志（1991—2012）82b
平定县志 59a
平果年鉴 117b
平乐县地方志编委会 86b
平乐县志（1991—2005）86b
平凉方志录 160a
平凉市志办 160a
平陆县志 104a
平顺年鉴 133a
平顺县志办 133a
平乡县人民医院志 97b
平阳府志 104a
平原省志 62a
坪环村村志 63a
坪山镇志 63a
蒲城县地方志编委会 169a
蒲城县志 169a
蒲圻县志 105b
濮院志 104b
浦北县地方志编委会 87a
浦北县志（1991—2005）87a
浦江百年人物 189b
浦江话中的狗 189b
浦江县方志馆 195b
浦江周记 189b
浦口镇志 62b
普福村志 248a

Q

栖霞市地方史志编委会 85b
栖霞市志（1985—2002）85b
祁县志 59a
祁县志（1978—2014）82b
奇台县志 65b
启东市志（1986—2005）301b
启东市志办 164a
迁安市志办 161b
铅山县志 62a
钱公良测语（外一种）104b
黔江年鉴 118a
黔西县史志办 112b
黔西州志 112b
乔里村方志馆 191b
且末县志 65b
钦南年鉴 117a
钦州市地方志编委会 79b
钦州市钦南区志办 117a
钦州市志 79b
秦皇岛市志办 97a 161a
秦州区志 65a
青岛年鉴 127b 170a
青岛世园会志 99b
青岛市城阳区史志办 170b
青岛市史志办 127b 154a 170a 181a 253b 270a 277b
青岛市市北区档案馆（区方志馆）196b
青岛市市北区史志办 154a 170a
青岛市市南区史志办 170a
青岛市市南区志 170a
青岛市志 181a 253b
青岛援藏志 100a
青海年鉴 123b
青海年鉴社 123b
青海省地方志编委会 77b 78a 103a 123b
青海省地方志编纂委员会办公室 300a
青海省志·地震志 77b
青海省志·共产党志（1991—2006）78a
青海省志·教育志（1990—2010）78a
青海省志·邮政电信志·邮政（1986—2010）77b
青海省志办 176a 263a
青海统计年鉴 146a
青铜峡市志 65b
青羊街巷——他们的地方史 158b
青州市人大志 100b
青州市志（1988—2013）49a
清代陵水县志 105b
清泉县志 105b
清水县志 65a
庆城县志 65a
庆远府志 105b
琼海市志 63b
琼山区志 63b
琼中黎族苗族自治县志 63b
球川镇志 166b
朐海诗存 104b
朐阳纪略 104b
衢州市志办 153a 166b
曲阜年鉴 136a
全塘镇志 92b
全州县地方志编委会 87a
泉州市地方志编委会 168b

R

任县年鉴 114a
日本藏中国罕见地方志丛刊 109a
荣昌县志（1986—2005）64a
容城县地方志编委会 80b
容城县志（1990—2010）80b
榕江县地方志编委会 88a
榕江县志（1978—2012）88a
瑞安年鉴 165b 184a
瑞安市志 165b

S

萨迦县志 289a
三沙市志 54a 63b
三十一团志（1996—2010）89a
三十一团志 66a
三亚市年鉴 131a
三亚市志 63b
沙扒镇志 63a
沙栏吓村村志 63a
沙坪坝年鉴 118a
沙坡头区志 65b
沙滩村志 44a 54a
沙湾县志 65b
山丹年鉴 139a
山东地方史志年鉴 185a 277b 285b
山东国土资源年鉴 143a
山东国土资源年鉴编辑部 143a
山东简史 185a
山东年鉴 121b 185a 277b 285b
山东尚舜化工有限公司志 100a
山东省方志馆 293a 294b
山东省方志馆聊城大学分馆 196b
山东省方志馆山东中华文化学院分馆 196b
山东省历代方志集成 105a 109a
山东省情概览 185a
山东省史志办 26a 72a 109a 154a 269b 270a 277b 285 293a
山东省委党史研究院（省地方史志研究院）291a 294b
山东省志·报业志（1991—2005）72b
山东省志·出版志（1988—2005）73a
山东省志·电信志（1996—2005）71b
山东省志·凡例目录（1986—2005）72a
山东省志·妇联志（1995—2005）72b
山东省志·工业志（下）（1986—2005）72a
山东省志·工业综合管理志（1991—2005）73a
山东省志·建设志（1986—2005）301a
山东省志·科学技术志（1986—2005）73a
山东省志·气象志（1986—2005）71b
山东省志·侨务志（1991—2005）73b
山东省志·人物志（1986—2005）72b
山东省志·社会科学志（1996—2005）71b
山东省志·水利志（1986—2005）72a
山东省志·体育志（1986—2005）72a
山东省志·文化志（1986—2005）73a
山东省志·文物志（1991—2005）72b
山东省志·信息产业志（1986—2005）71b
山南年鉴 131b
山西家规家训精选 147b
山西抗日战争志 265a
山西年鉴 46b 183b 119b
山西省党史书刊开发发行中心 295b
山西省地方志编委会 265a 284b
山西省地方志研究院 23a 68
山西省方志发展中心 295b
山西省委党史研究院 68
山西省志·出版志 68a
山西省志·国家税务志 68b
山西省志·教育志 68a
山西省志·粮食志 68a
山西省志·民俗志 68a
山西省志·轻工业志 68b
山西省志·统计调查志 68a
山西省志·政治协商会议志 68b
山西省志·中共山西省委志 68b
山西省志·中小（民营）企业志 68a
山西省志办 23a 147b 161b 280
山西统计年鉴 142a
山西志辑要 104a
陕甘宁盐环定扬黄工程志 103b
陕西地方志 255b
陕西科技年鉴 146a
陕西科技年鉴编辑室 146a
陕西年鉴 123b 299b
陕西年鉴编辑部 123b
陕西年鉴社 299b
陕西省地方志办公室 299b
陕西省图书馆藏稀见方志丛刊 193b

陕西省志办 53a 159b 176a 182b 199b 275a 287a 293b
陕西统计年鉴 145b
商丘地区志 172a
商丘年鉴 172a
商丘市史志办 172a
上城年鉴 134b
上海地方志编委会 259b 266b
上海六千年 148b
上海年鉴 120a 121a
上海市地方志办公室 296b
上海市静安区志办 149a
上海市年鉴事业发展调查报告 246a
上海市年鉴学会 276b
上海市社会主义学院志 61a
上海市志办 24a 120a 121a 148b 163a 179a 246a 246b 276b 282b 284a 284b 291a 291b
上海滩 291b
上海滩丛书 149a
上海铁路局志（1996—2017）66a
上海通志馆 149a 193a 294b 296b
上海掌故 193a
上合村志 96a
上九山村志 95a
上虞地名志 99a
上虞区史志办 152b 252b
上虞史志 252b
上虞卫生志 98b
上虞五千年 152b
烧窑峪村志 58b
韶山灌区志 62b
绍兴市柯桥区史志办 135b 152b 184a 291a
绍兴市商务志 98b
绍兴市上虞区地方志研究室 108a
绍兴市上虞区委党史研究室 108a
绍兴市史志办 78b 108a 152b 153a
绍兴市志（1979—2010）55a 78b
深圳科技年鉴 145a
深圳年鉴 129b
深圳市方志馆 48b 198a
深圳市光明区史志办 137a
深圳市史志办 48b 291a 293b
深圳统计年鉴 145a
深圳文艺年鉴 145a
深圳文艺年鉴编辑委员会 145a
深州市光明新区玉塘办事处年鉴 141a 141b
神池县志 59a 82b
沈村村志 93a
沈阳华侨志 162b
沈阳街道乡镇志（第二辑）89a
沈阳十县简志 162b
沈阳市志（1986—2005）59b
沈阳市志办 89a 124b 162 281a
沈阳铁路局志（1996—2015）66a
沈阳图志 162a
沈阳综合年鉴 124b
审判志 281a
嵊州年鉴 180a
十八洞村志 62b
十二团志 66a
十三团志（1997—2013）89a
十三团志 66a
十堰市志办 286a
十一团志 66a
石碣年鉴 140a
石狮市志办 260a
石圳志 168a
石钟山志 99b
时光的家园——上海市静安区社区徽志选辑 149a
史记评林 198b
史鉴 253b
史志学刊 250b
寿光市方志馆 197a
寿光市孙家集街道志编委会 154b
舒兰年鉴 281b
双城县乡土志 104a
双沟酒志 61b
双口镇志 58b
双流县中医医院志（1956—2015）102b
双桥村志 91b
双台子区志 60a

水城老城志 103a
顺平县地方志编委会 81b
顺平县志（1979—2009）81b
顺庆地方志志 102b
顺义区焦庄户村志 58b
顺义区南法信镇志 58b
舜帝陵志 62b 101a
丝绸之路青海道志 103a
思南府志 113a
思南府志（校注本）编委会 113a
四川大学图书馆馆藏珍稀四川地方志丛刊续编 193b
四川改革开放 40 周年大事记 273b
四川年鉴 187a
四川年鉴社 299a
四川省“8·8”九寨沟地震抗震救灾大事辑要 64a
四川省“8·8”九寨沟地震抗震救灾文献辑存 64a
四川省地方志编委会 74b 75a
四川省地方志工作办公室 299a
四川省志 187a 262a 273a 289a
四川省志（1986—2005）64a
四川省志·安全生产管理志（1986—2005）74b
四川省志·测绘志（1986—2005）74b
四川省志·出版志（1986—2005）75a
四川省志·大熊猫志 74b
四川省志·人物志 273a
四川省志·铁路志（1986—2005）75a
四川省志·政府志（1986—2005）75a
四川省志办 45b 56b 175b 182b 187a 191a 255a 258a 261b 262a 273a 273b 288b 289a 291a 291b 293b 294b
四渡赤水志 44a
四合村志 96a
四平年鉴 281b
四平市方志馆 192b
四子王旗志 281a
泗州通志 164a
松陵志 106b
松陵志自序 106b
松山湖高新区年鉴 140b
松山新区志 59b
松夏志 108a
松阳县机构编制志 99a
宋元通鉴 199a
苏尼特右旗志 59a
苏州地方税务局志（1994—2018）98a
苏州府志 106b
苏州旧志序跋汇编（府县志辑）106b
苏州年鉴 126b
苏州年鉴编委会 126b
苏州市地方志学会 247a
苏州市方志馆 193b 290b
苏州市埇桥区档案馆（方志馆）196a
苏州市志办 106b 284a 290b 292b
粟山村志 94b
孙家集街道村庄志略 154b
孙家集街道志 154b

T

台安县志（2001—2015）59b
台儿庄区志（1986—2013）85b
台江县地方志编委会 88a
台江县志（1991—2010）88a
台州地区志 184b
台州市志 184b
台州市志办 167a
太和区志 59b
太平二村志 95a
太原年鉴 124a
太原市志（1978—2011）78a
太原市志 59a 183b
太原市志办 78a 124b
太子河区志 60a
泰安市方志馆 49a
泰安市史志办 49a
泰宁村志 61a
泰州市海陵区地方志编委会 83b

泰州市海陵区志（1988—2008）83b 84a
覃塘年鉴 117a
汤沟酒志 61b
唐山年鉴 124a
唐山市丰润年鉴 133a
唐山市志办 290b
唐县地方志编委会 80b
唐县志（1991—2010）80b
塘厦年鉴 141a
塘尾村志 63a
桃山林业局志（1986—2005）83b
滕州市史志办 85b
滕州市志（1988—2016）85b
体育志 281a
天等年鉴 137b
天津军事史话 280a 280b
天津史志 250b
天津市档案馆（天津市地方志编修委员会办公室）295a
天津市志·高新区志 67a
天津市志·工会志 67a
天津市志办 147a 160 178a 183a 187b 280a 280b
天津运河文化图集 147a
天台方志 253a
天台县地方志编委会 253a
天台县志稿 105a
天涯区年鉴 117b
天一阁藏历代方志汇刊 193a
田垛里村志 90a
铁岭市志（1984—2005）59b 78a
铁岭市志办 78a
通化年鉴 126a
通惠河志 264a
同弓乡志 166b
同里镇志（增订本）301b
同仁年鉴 119a 139b
同心县志 65b
桐城市志办 108a
桐城县志 108a 108b
桐城县志略 108a 108b
桐城续修县志 108a 108b
桐庐县志办 248a
桐乡市史志办 104b
桐乡文化体育志 98b
铜仁市万山区转型发展志（2007—2017）64b
潼南县志（1986—2005）63b
图木舒克市志 66a
图说商丘名胜 172a
屯昌县志 63b

W

万历赣榆县志 104b
万宁市志 63b
万县乡土志 106a
万县志 106a
万州区志办 106a
王家坪镇志 62b
王益年鉴 119a
旺山村志 90b
望都县地方志编委会 81a
望都县志（1990—2005）81a
望花区志 59b 258b
望奎县志 104a
威海市史志办 293a
威海市志 49a
潍坊年鉴 128a
潍坊市寒亭区地方史志编委会 85b
潍坊市史志办 154b
潍坊市志（1991—2012）49a
卫生和计划生育志 281a
尉氏县史志办 155a
温岭市地方志编委会 84b
温岭市志（1988—2007）84b
温泉县志 65b
温州公安年鉴 142b
温州经籍志 107b
温州年鉴 165a
温州史志 251a
温州市鹿城区慈善志 98b
温州市史志办 107b 165a 165b

温州市委党史研究室（市史志办）251a
文昌市志 63b
文成史志 251b
文成县史志办 251b
文化寻梦——江苏省海外交流基地资料汇编 194a
文圣区志 59b
文物博物馆志 58b
汶川特大地震广元市元坝区抗震救灾志 102b
汶川特大地震江苏援建志 163b
汶川特大地震抗震救灾志 57a
汶川特大地震青川抗震救灾志 102b 273a
汶川特大地震四川抗震救灾志 64a
涡阳县志 105a
乌尔禾区志 65b
乌拉特后旗志 59a
乌马河区（林业局）志（1986—2005）83b
乌青镇志 104b
巫山导刊 255a
巫山县党史办 106a 186b
巫山县地方志编委会 112a 255a
巫山县志 106a 112a
巫溪县志办 106a 111b
无锡方志馆 194a
无锡市史志办 151a 165a 188b
无锡市志 165a
芜湖县年鉴 247b
吴江区档案局 290b
吴起县方志馆 199b
吴振民纪念文集 180a
吴忠市志 65b
五常年鉴 134a
五常年鉴编辑部 134a
五指山市志 63b
武昌年鉴 136b
武城县地方史志编委会 86a
武城县志（1986—2013）86a
武汉城市圈年鉴 143b
武汉春秋 254a
武汉改革开放 40 年鉴 155b
武汉公安年鉴 143b
武汉建设年鉴 144a
武汉交通运输年鉴 143b
武汉年鉴 128a
武汉市东西湖区志办 155b
武汉市方志馆 197b
武汉市汉阳区志办 110a
武汉市洪山区党史办公室 156a
武汉市黄陂区史志和档案局 155b
武汉市硚口区党史（地方志）办公室 155b
武汉通揽 155b
武汉新编地方志序跋选 244b
武汉志办 143b 155 172a 181b 185b 244b 254a 256b 260b 270b 286a 291a 292b
武隆年鉴 138a
武隆年鉴编纂委员会 138a
武隆县志·广播电视台志 102a
舞钢市年鉴 136a 136b
舞钢市史志办 136a

X

西安地方志 255b
西安年鉴 132a 289b
西安市方志馆 199b
西安市雁塔区志（1994－2010）88b 89a
西安市长安区志（1990－2010）88b
西安市志办 255b 294b
西藏地方志 255a 255b
西藏年鉴 123b
西藏统计年鉴 145b
西藏自治区党史馆（方志馆）199b
西藏自治区地方志办公室 29a 299b
西藏自治区矿产机械化学工业志 275a 289a
西藏自治区志·财政志 289a
西藏自治区志·测绘志（2001—2010 年）65a
西藏自治区志·劳动和社会保障志 64b 77b
西藏自治区志·商业志 65a
西藏自治区志·审计志（2001—2010 年）65a
西藏自治区志·审判志（2001—2010 年）65a
西藏自治区志·体育志（2001—2010 年）65a

西藏自治区志·政区建置志 64b 77b
西藏自治区志·政务志（2001—2010 年）65a
西藏自治区志·政协志（2001—2015 年）65a
西藏自治区志办 248a 255a 262b 274b 275a 292a
西城区天桥街道志 58b
西堤头镇志 58b
西峰区志 65a
西湖新志 107a
西湖新志补遗 107a
西南庄村志 94b
西宁市城西年鉴 139a 139b
西塘镇志 92b
西乡塘年鉴 137b
西乡塘年鉴编纂委员会 137b
溪尾村志 94a
下城年鉴 135a
下洪乡志 92a
夏津史志学刊 254a
夏津县史志办 245a
厦门市同安区志（1997—2007）84b
厦门市同安区志办 84b 108b
厦门市志办 168a 185a 269b
仙居文献录 105a
仙稔乡志 91b
仙游王氏文化志 99b
咸淳临安志 107b
咸丰县志 105b
咸阳年鉴 132a
咸阳市方志馆 199b
献县年鉴 114b
香港志办 293a
香花墩志 105a
香泉镇志 93b
湘溪村志 248a
湘阴县志（1978—2015）86b
襄阳年鉴 128b
襄阳市樊城区史志办 172a
向海志 245b
象县志 105b
萧山年鉴 135a
萧山区志办 248a
萧山湘湖志 107a
萧县综合档案馆（方志馆）196a
小岗村志 46b
小明沙村志 90a
小南京村志 93b
小越镇志 93a
辛安街道志（1993—2014）94b
辛店街道志 95a
新坝镇志 61a
新方志编纂管见 243b
新抚区志 59b 258b
新干县志办 180b
新和县志 65b
新河县地方志编委会 82a
新河县志（1989—2008）82a
新户镇郭局村志 94b
新疆兵团第十四师昆玉市统计年鉴 146b
新疆地方志 183a 255b
新疆方志馆 200a
新疆生产建设兵团党史工作办公室 300b
新疆生产建设兵团方志馆 200b
新疆生产建设兵团统计年鉴 146b
新疆生产建设兵团志办 56b 263b 292b
新疆生产建设兵团志办公室 300b
新疆通志（1986—2005）29b 65b
新疆通志·兵团志 66a
新疆维吾尔自治区地方志编委会 30b 56b 66a 183a 248a 255b 263a 285a
新疆维吾尔自治区地方志编纂委员会 300a
新津年鉴 118b
新民市志（1996—2005）59b
新青区（林业局）志（1986—2005）83b
新时代·东莞影像志 63a
新吴年鉴 115a
新乡市地方史志局 62a
新修合川县志 106a 111b
新余年鉴 127b
新余市史志办 127b
兴安盟方志馆 192a
兴安州志 106a

兴隆台区志 60a
兴庆区志 65b
兴仁县民族宗教志 103a
兴义市史志办 113b
兴义县志 113b
幸福村志 93b
雄县地方志编委会 81b
雄县志（1990—2012）81b
修文县地方志编委会 88a
修文县志（1978—2010）88a
宿迁市宿豫区志办 151a
宿迁市志（1983—2005）61a
宿州志 105a
秀山土家族苗族自治县地方志编委会 87b
秀山县志（1912—1949）64a 87b
秀新村村志 63a
秀英区志 63b
徐霞客《楚游日记》考察记 105b
徐州市地方志编委会 78b
徐州市鼓楼年鉴 115b
徐州市鼓楼区志办 115b
徐州市志（1978—2005）61a 78b
许昌市魏都区地方史志编委会 86a
许昌市魏都区志 86a
续修璧山县志稿点校本 106a
续修台北市志 · 文化志 165a
宣化区年鉴 114a
薛城区志（1991—2013）85b
寻路关东——长白山区移民口述实录 148a
浔中镇志 94b

Y

崖城镇志 63b
烟台市芝罘区地方史志编委会 86a
烟台市芝罘区志（1983—2002）86a
延安方志馆 199b
延庆区大庄科乡志 58b
延绥镇志 106a
岩镇志草 108b
炎帝陵志 62b
盐城年鉴 126b
盐城市志办 126b
盐山年鉴 114b
盐山县地方志编委会 80b
盐山县志（1987—2005）80b
盐山县志办 115a
盐田街道志 63a
兖州市志（1996—2013）85b
雁山志 107b
扬州历代地方名宦 151a
扬州年鉴 247a
扬州市史志办 151a
扬州市园林志 98a
扬州市志（1988—2005）301b
羊城古今 254b
阳曲年鉴 133a
阳曲县史志办 133a
阳泉方志馆 191b
阳泉年鉴 124b
阳泉市志 59a
阳山村志 62b
杨店镇志 55b
杨柳青镇志 58b
杨庙镇志 92a
杨湾村志 61a
洋河酒志 61b
依安县志 104a
仪征市志办 164b
夷情志 110b
沂水年鉴 171a
沂水县史志办 171a
沂水县水利志 100b
沂水县志（1991—2008）171a
沂水县志 171a
沂源县史志办 170b
宜宾市精准脱贫图鉴 158b
宜宾市志办 159a
宜宾市志编委会 112b
宜宾县志办 112b
宜宾县志编委会 112b

宜昌府志 105b 109b
宜昌市志办 109b
宜川县方志馆 199b
宜春市粮食志 99b
宜兴市志（1988—2005）301b
宜章县史志办 105b 110a
宜章县志 105b 110a 110b
倚天丛载 107a
义乌方志 252b 253a
义乌市方志馆 195b
义乌市志编纂委员会 253a
义县志 59b
艺文诗 106b
峄城区志（1991—2010）85a
银川市志（1979—2005）65b
银海年鉴 116b
银座华兴志（1994—2017）100b
印台年鉴 139a
印台年鉴编纂委员会 139a
营口春秋 250b
营口年鉴 162b
营口市史志办 162b 178b 188a 250b
营口市志 59b
颍州志 105a
邕宁县志（1991—2005）87a
永川市志 64a
永春县芦柑志 99a
永定河文化志 264a
永福县地方志编委会 86b
永福县志（1991—2005）86b
永和县志 59a 82b
永嘉方志 251b
永嘉县史志办 251b
永宁县史志办 160a
永寿县志 106a
永新县志 108b
永州年鉴 129a
永州年鉴编委会 129a
酉阳土家族苗族自治县志（1986—2005）64a 87b
酉阳土家族苗族自治县志办 175a
酉阳县志 175a
酉阳直隶州总志 175a
酉阳州志 175a
於潜县志 107b
余杭古籍再造丛书 107a
余杭县志办 107a
渝中年鉴 118a
渝中区志办 105b
榆次县志 104a
榆林方志馆 199b
虞乡县新志 104a
虞乡县志 104a
禹城县志 185a
玉苍山志 98b
玉环胜迹图志 167a
尉犁县志 65b
裕州志 109b
岳麓山志 62b
岳阳年鉴 301b
岳阳县年鉴 137a
岳阳县委党史志办 137a
越城年鉴 116a
越地茶史 152b
越地春秋 252b
越秀年鉴 137a
粤港澳大湾区城市群年鉴 145a
粤港澳大湾区年鉴（2018）145a
粤港澳大湾区年鉴 293a
云龙年鉴 115b
云南年鉴 123a
云南年鉴社 123a
云南省地方志编委会 76a 76b 77a 77b
云南省地方志编纂委员会 299b
云南省地方志编纂委员会办公室 299a
云南省志 64b 262b 289a
云南省志·财税志（1978—2005）77b
云南省志·出入境检验检疫志（1978—2005）76b
云南省志·电力工业志（1978—2005）77a
云南省志·公安志（1978—2005）77a
云南省志·环境保护志（1978—2005）76b

云南省志·劳动和社会保障志（1978—2005）76b
云南省志·气象志（1978—2005）76a
云南省志·侨务志（1978—2005）76b
云南省志·审计志（1978—2005）77a
云南省志·审判志（1978—2005）77a
云南省志办 255a 262b 274b 289a 290b
云南省志编审委员会 299a
云南省志编纂委员会 299b
云南史志 255a
云台导游诗钞 104b
云台山志 104b
云台新志 104b
云霄名特产志 99b
运城方志馆 191b
运城市志 59a 78a
运城市志办 78a
郓城县工会志 100b
郓城县人大志（1949—2017）100a
郓城县史志办 171b
郓城县志（1840—1985）171b
郓城乡村志 171b

Z

杂多年鉴 119a
赞皇旧志集成 106a
赞皇县乡土志 106a
赞皇县志 106b
赞皇县志办 106a
枣庄年鉴 171a
枣庄市史志办 170b
枣庄市台儿庄区地方史志编委会 85b
枣庄市薛城区地方史志编委会 85b
枣庄市峄城区史志办 85a
枣庄市志 171a
增订渭南县志 106a
扎赉诺尔区志 281a
扎赉特旗志 59a
寨市镇志 62b
张谷英镇志 62b
张家港市志（1986—2005）301b
张家口市桥东区地方志编委会 82a
张家口市桥东区志 82a
张浦年鉴 139b
张氏帅府志 162a
章学诚研究概览——章学诚诞辰 280 周年纪念文集 244b
獐岛村志 265b
长春汽车经济开发区地方志编委会 142b
长春汽车经济开发区年鉴 142b
长春市地方志编委会 301a
长春市方志馆 192b
长春市志办 163a 282b
长沙年鉴 42a 128b 301b
长沙市地方志编委会 105b 128b
长沙市统计年鉴编辑委员会 144b
长沙统计年鉴 144b
长寿区志办 106a
长寿县乡土志 104a
长寿县志 106a
长兴史志 252b
长兴县史志办 252b
长治县志 59a
哲里木盟志 59a
浙江年鉴 121a
浙江省地方志学会 247b
浙江省东阳市志办 135b
浙江省方志馆 291a
浙江省人民政府地方志办公室 297a
浙江省社会科学院 247b 248a
浙江省志办 105a 259b 267b 268a 283b 284a 284b 291a 292a 294b
浙江通志 61b 107b 260a 283b 284a
浙江通志·财政志 71a
浙江通志·蚕桑丝绸志 71a
浙江通志·公安志 71a
浙江通志·国土资源志 283b
浙江通志·海关志 70a
浙江通志·乡镇企业专志 70b
浙江通志·医疗卫生志 70b

浙江通志·哲学社会科学志 70b
浙商通志 25a
镇安府志 105b 110b
镇江市志（1983—2005）301b
镇远县史志办 159b
郑州市史志办 44a 52b 256b
政和茶志 99a
中共安徽省委党史研究院（省地方志研究院）297a
中共福建省委党史研究和地方志编纂办公室 297a
中共海南省委党史研究室（省地方志办公室）298b
中共黑龙江省委史志研究室 296b
中共崂山区委党史研究室 253b
中共山东年鉴 143a
中共山东省委党史研究院（省地方史志研究院）297b
中共山西省委党史研究院（省地方志研究院）250b 295b
中共山西省委志 58b
中共沈阳市委党史研究室 178b
中共新疆生产建设兵团委员会党史研究办公室 300b
中关村年鉴 142a 280a
中国（浙江）地方志学术研究中心 244b
中国·秦皇岛经济技术开发区年鉴 142a
中国地方志 250a
中国地方志荟萃 193b
中国地方志集成 107b 108b
中国地方志集成·山志专辑 193b
中国地方志集成·善本志辑 199a
中国地方志学会 54b 55a 57a 247b 249a
中国地方志艺文荟萃 193b
中国地情报告 147a
中国东海水晶志 61b
中国方志发展报告 243b
中国扶贫第一村·赤溪村志 45b
中国革命纪念建筑物志·国家级烈士纪念设施卷 47a
中国古籍影印丛书查询数据库 193a
中国国家人文地理·德清卷 152b
中国淮扬菜志 61b
中国抗日战争志 45b 46a 56a 57a
中国历史人物传记资源数据库 193a
中国名村影像志·高碑店村 58b
中国名村志·荷花村志 96b
中国名村志·黄瓜山村志 96b
中国名村志·隆里所村志 96b
中国名村志·陆巷村志 91a
中国名村志·三山村志 91a
中国名村志·石牌村志 95b
中国名村志·杨湾村志 91a
中国名村志·肇兴村志 97a
中国名山志·南岳衡山志 42a
中国名镇志·八一镇志 97a
中国名镇志·北京街道志 95b
中国名镇志·凤凰镇志 90b
中国名镇志·孤山镇志 89b
中国名镇志·光福镇志 91a
中国名镇志·金港镇志 90b
中国名镇志·来凤街道志 96a
中国名镇志·梅李镇志 90b
中国名镇志·双林镇志 93a
中国名镇志·塘桥镇志 90a
中国名镇志·新生村志 89b
中国名镇志·兴隆华侨旅游经济区志 96a
中国名镇志·杨舍镇志 90a
中国名镇志 22a
中国名镇志丛书 193a
中国名镇志丛书编纂委员会办公室 56a
中国年鉴发展报告 243b
中国年鉴研究 250a
中国社会科学院 22a
中国石化上海石油化工股份有限公司志 61a
中国石油青海油田公司年鉴 146a
中国石油青海油田公司年鉴编委会 146a
中国铁路志 66a
中国铁路总公司档案史志中心 300b
中国五大连池山水志 259b
中国影像方志 57a
中国影像志·福建名镇名村影像志 25b

中国影像志·高碑店村 53a
中国影像志·名镇名村 53b
中山年鉴 130a
中山年鉴编委会 130a
中山市古镇镇年鉴（2018）116b
中卫市志 65b
中兴镇志 89b
中指办 39 40 41 42 43 44 45b 46 47 48 49 50 51 52 53 54 55 56 57 243b 245a 247a 250a
中指组 244a
忠县史志办 186b
忠县年鉴 118b
仲巴县志 64b 88b
舟山市史志办 184b
周庄年鉴 115b
周庄镇志 57b 61b 301b
洲岭乡志 91b
朱姓家谱 192a
珠江三角洲城市群年鉴 145a
株洲年鉴 129a
株洲市地方志编委会 79b
株洲市志 79b
诸城市方志馆 197a
诸暨徐氏志 99a
祝陵村志 61a
祝枝山正德兴宁县志手稿本 293a
庄浪县志 65a
涿州市地方志编委会 82a
涿州市志（1993—2005）82a
资源县地方志编委会 87a
资源县志（1991—2005）87a
淄博史志 249a
淄博市方志馆 196b
淄博市史志办 249a
秭归县移民志（2003—2010）101a
紫阳年鉴 139a
邹城市方志馆 197a
槜李文系（海盐卷）104b
槜李文系 152b
遵义红军街志 44a 54a
遵义市地方志编委会 79b
遵义市志 79b
遵义市志办 44a
左贡县志 64b